中国合格评定国家认可委员会

China National Accreditation Service for Conformity Assessment

坚持集中统一的国家认可体系
走国际化和中国化相结合的中国认可发展之路

中国合格评定国家认可委员会（CNAS）是经国家认监委授权开展合格评定认可工作的国家认可机构。主要依照《中华人民共和国认证认可条例》以及其他相关法律法规的规定，以相关国际标准、导则和指南等为基本要求，依法开展认证机构、实验室及相关机构和检验机构三大门类的认可服务。

“十二五”时期：

- 认可制度范围增长38%，国际通行的认可制度基本都能提供
- 认可数量增长59%，约占全球国际互认总量的八分之一，在国际同行中居领先地位
- 认可的认证数量增长65%，连续12年位居世界前列
- 为近20个政府部门提供支撑服务，认可技术支撑服务的范围和内容进一步扩展
- 签署的国际互认协议范围覆盖至全球86个经济体，占全球经济总量的95%以上
  - ◎ 质量管理体系认证机构认可
  - ◎ 环境管理体系认证机构认可
  - ◎ 食品安全管理体系认证机构认可
  - ◎ 产品认证机构认可
  - ◎ 全球良好农业规范
  - ◎ 检测实验室认可
  - ◎ 校准实验室认可
  - ◎ 医学实验室认可
  - ◎ 标准物质生产者认可
  - ◎ 能力验证提供者认可
  - ◎ 检验机构认可
- 签署的双边认可合作协议达到16项，协议范围覆盖至21个国家
  日本 韩国 英国 希腊 美国 澳大利亚 新西兰 法国 印度尼西亚 瑞士 乌兹别克斯坦
  德国 丹麦 沙特 阿联酋 阿曼 巴林 卡塔尔 科威特 也门 蒙古国
- 2015年11月，CNAS秘书长当选国际认可论坛（IAF）主席，成为担任该国际组织最高领导职务的首位发展中国家代表

认可理念

使命：证实能力、传递信任
愿景：权威可信——社会公信、政府采信、国际互信
核心价值观：科学、公正、诚信、责任

中国
认证认可年鉴
2016

CNCA

中国质检出版社

图书在版编目（C I P）数据

中国认证认可年鉴. 2016/国家认证认可监督管理委员会编 .—北京：中国质检出版社，2016.11
ISBN 978-7-5026-4385-0
Ⅰ. ①中… Ⅱ. ①国… Ⅲ. ①产品质量—质量管理—中国—2016—年鉴 Ⅳ. ① F279.23-54
中国版本图书馆 CIP 数据核字（2016）第 277486 号

中国认证认可年鉴 2016
责任编辑：薛 斌

中国质检出版社出版发行
北京市朝阳区和平里西街甲 2 号（100029）
北京市西城区复外三里河北街 16 号（100045）
网 址：www.spc.net.cn
总编室：（010）68533533 发行中心：（010）51780238
读者服务部：（010）68523946
中国标准出版社秦皇岛印刷厂印刷
各地新华书店经销
*
开本 889×1194 1/16 印张 38.75 字数 1350 千字
2016 年 11 月第 1 版 2016 年 11 月第 1 次印刷
*
定价：360.00 元

6月12日，国家认监委副主任王大宁赴云南出席“云南国际认证联盟”推介会，并与出口食品生产企业、相关认证机构代表进行了座谈。

7月8日，国家认监委在广东深圳组织召开自贸试验区检验检疫标准化工作研讨会，国家认监委副主任王大宁出席会议并讲话。

9月21日，国家认监委副主任王大宁在出席国家认监委2015年三季度认证认可业务工作会议期间，对陕西省质监系统部分单位和认证机构进行了考察调研。图为王大宁副主任在杨凌示范园区查看种植记录。

4月9日，陕西、甘肃、宁夏、青海、新疆检验检疫局在银川举办《西北五省区检验检疫认证执法监管区域合作联动机制建设备忘录》签署仪式暨第一次联席会议，国家认监委副主任谢军出席会议并讲话。

6月5日，以“对接‘一带一路’，融入长江经济带——认证监管区域一体化建设”为主题的第十次泛长三角区域认证执法监管工作联席会议在上海召开，国家认监委副主任谢军出席会议并讲话。

7月28日，国家认监委副主任谢军出席由南京市人民政府举办的“南京检验检测服务业集聚区发展推进会”并致辞。

1月16日，认证认可国际合作与外事工作会议在北京召开，国家认监委副主任刘卫军出席会议并讲话。

7月30日，中国“互联网+”招标采购发展论坛在北京召开。国家认监委副主任刘卫军出席论坛并作“携手共治、创新发展，检测认证助力电子招标投标系统规范建设运营”主旨演讲。

11月19日，国家认监委副主任刘卫军会见了来访的芬兰新任驻华大使马寰雅（Marja Rislakki）女士，双方就芬兰猪肉、水产品卫生注册事宜进行了会谈，并表达了在注册认证领域进一步深化合作，探索签署合作协议的意向。

5月19日，国家认监委总工程师许增德一行就江西省会昌县基于ISO 9000的廉政风险防控管理体系建设以及认证实施的情况进行调研。

11月10日，国家认监委总工程师许增德出席第21届亚太质量组织国际会议暨第十届上海国际质量研讨会，并作“国家质量基础 认证认可的发展”主题演讲。

12月10日，国家认监委总工程师许增德会见了美国船级社质量认证公司总裁威森伯格（Alex Weisselberg）一行，双方就我国认证机构行政审批改革、认证新领域推动等议题交换了意见，并就下一步合作进行了交流。

5月28日，国家认监委与江西万载县人民政府在江西举行“认证认可工作联系点”合作备忘录签字仪式，国家认监委纪检组长许武何出席签字仪式并致辞。

6月11日，国家认监委在北京召开2015年财务暨内审工作会议，国家认监委纪检组长许武何出席会议并讲话。

11月30日—12月1日，国家认监委举行直属机关纪检干部“两项法规”专题学习班。国家认监委纪检组长许武何出席学习班，并提出了明确新规定、认清新形势的要求。

11月24日，陕西、甘肃、青海、宁夏、新疆、重庆、四川、贵州、云南、西藏等十地检验检疫局在重庆召开丝绸之路经济带检验检疫认证执法监管合作联动机制第一届联席会议，国家认监委副主任董乐群出席会议并讲话。

11月26日，认证认可检验检测发展“十三五”规划前期重大课题成果汇报会在北京召开，国家认监委副主任董乐群主持了会议。

12月22日，认证认可技术研究所召开2015年度党建工作述职会议及处级以上党员领导干部专题民主生活会，国家认监委副主任董乐群出席会议并讲话。

11月17日，北京出入境检验检疫局到北京经济技术开发区某企业就CCC认证监管工作进行调研。

天津空港出入境检验检疫局监督销毁320部进口CCC免办设备。

广东出入境检验检疫局对出口食品生产企业进行监管。

河南出入境检验检疫局检查思念集团对美国出口的奶黄面包。

湖北省副省长许克振、湖北省质监局局长王兴於到京山县公共检测中心进行专题调研。

贵州省质量技术监督局参加2015年能力验证现场测试。

湖南省质量技术监督局开展“有机认证知识企业行”活动。

“有机宣传周”活动期间，内蒙古自治区质量技术监督局和兴安盟质量技术监督局在有机产品获证企业水稻育种车间调研。

世界认可日期间，上海出入境检验检疫局向市民宣传认证认可相关知识。

福建出入境检验检疫局对辖区首家进口企业实施自愿性注册，并实现口岸快速验放。

深圳市跨境电子商务检验认证联盟成立大会暨揭牌仪式现场。

7月，江苏出入境检验检疫局开展强制性产品认证监管。

6月9日，陕西省质量技术监督局联合陕西出入境检验检疫局在陕西建工第五集团公司组织开展了《认证认可知识大讲堂——走进五建》活动。

重庆市铜梁区质监局检查辖区CCC企业，开展走访调研帮扶“质量季”活动。

云南省质监系统检测机构（产品质量检验）技能大比武。

宁夏、陕西、甘肃、青海、新疆五省区质监系统联合执法检查。

《中国认证认可年鉴》编纂顾问委员会委员名单

《中国认证认可年鉴》编纂委员会委员名单

《中国认证认可年鉴》编纂办公室名单

《中国认证认可年鉴》编辑部成员名单

编 辑 说 明

一、《中国认证认可年鉴》（以下简称《年鉴》）是逐年记载中国认证认可事业发展进程的编年史册，也是一部资料丰富的工具书，《年鉴》（2016）记载的是中国认证认可事业2015年的发展情况。

二、2015年，认证监管工作主动适应经济发展新常态，深化改革创新，推进法治建设，为夯实国家质量技术基础、建设质量强国作出了新贡献。

一是深化改革全面推进。圆满完成中央深改办下达的重点改革任务"完善认证机构审批程序"。二是服务发展作用凸显。成功举办了世界认可日活动，发布《共同推动认证认可服务"一带一路"的愿景与行动》等。三是部际协作成果突出。国家认监委会同各单位共同推进部际联席会议运作机制改革，采取了一系列改进服务、提高效率的新举措，取得了较好效果。四是能力建设整体推进。法治保障能力进一步提升，完成8部认证认可规章的"立改废"工作，修订《认证认可法律法规体系框架图》，完善了认证认可法律法规和规章体系。

以上几方面的详细内容，可见于《年鉴》（2016）的第三部分至第二十二部分的相关文章、领导讲话和统计资料。

三、"文献"一栏中刊登了2016年全国认证认可工作会议暨第十四次全国认证认可工作部际联席会议上的领导讲话稿，是2016年认证认可工作发展的指导性文件。"特载"一栏刊登的一组文章，是国家认监委各级领导关于2015年认证认可工作方针和工作重点的论述和安排。这两个栏目的内容均具有重要的指导意义。

四、"专文"一栏刊登了各地方局工作人员对认证监管系统的思考与探讨，这些为今后认证认可工作的开展起到了一定的借鉴作用。

五、《年鉴》（2016）尚未包括香港、澳门特别行政区和台湾省关于认证认可发展情况的内容。

六、《年鉴》（2016）稿件由国家认监委及地方两局提供，并由提供单位领导审核，稿件一般的截止日期为2015年底，但是由于内容需要，也可能上下延伸一段时间，采用时请予注意。

七、由于知识和经验所限，《年鉴》（2016）编撰中的错误和缺点在所难免，欢迎各界批评指正。同时向积极参与和关心《年鉴》的各界同仁和朋友表示衷心感谢。

《中国认证认可年鉴》编辑部

2016年8月

中国认证认可协会

CHINA CERTIFICATION & ACCREDITATION ASSOCIATION

10月23日，中国认证认可协会召开二届八次常务理事会。会议回顾了协会建会十年以来在各方面工作中所取得的成绩，同时围绕进一步推进深化改革，分享改革红利，提升服务质量等方面进行了安排与部署，提出了新要求。

12月11日，中国认证认可协会在京召开了食品安全管理体系认证专项技术要求团体标准草案专家审定会。此次会议是协会团体标准制度建立以来的首次团体标准审定会，也是首次针对采用快速程序申报团体标准所组织召开的专家审定会。

中国认证认可协会（简称CCAA） 成立于2005年9月27日，是由认证认可行业的认可机构、认证机构、认证培训机构、认证咨询机构、实验室、检测机构和部分获得认证的组织等单位会员和个人会员组成的非营利性、全国性的行业组织。依法接受业务主管单位国家质量监督检验检疫总局、登记管理机关民政部的业务指导和监督管理。

中国认证认可协会以推动中国认证认可行业发展为宗旨，为政府、行业、社会提供与认证认可行业相关的各种服务。

主要职能 加强社会责任监督和行业自律；调查研究中外行业发展及市场趋势，参与制定行业发展战略规划，向政府提出政策和立法建议，向社会提供信息与咨询服务；倡导科技进步，促进信息化建设，组织行业从业人员资格管理教育和培训；参与制、修订国家行业标准，并组织贯彻实施；组织国际对话，促进国际合作；开展认证推广工作；编辑、翻译出版认证方面的标准、期刊、书籍、文集和资料等。

主要业务 认证人员注册、培训开发、会员服务、自律监管、技术标准和开展国内外认证认可业务交流合作等。为加强认证认可行业自律监管和推进规范化管理，中国认证认可协会成立了行业自律与诚信建设工作委员会和人员注册技术与申投诉委员会；承担了全国认证认可标准化技术委员会（SAC/TC261）秘书处日常工作；与中国国家认证认可监督管理委员会共同主办了由国家质量监督检验检疫总局主管的《中国认证认可》杂志，该杂志成为了中国认证认可行业指导性刊物。

中国认证认可协会着力于行业、企业与政府间的沟通协调，并加快国际合作步伐，努力为中国认证认可行业发展营造良好的氛围。

中国质量认证中心
CHINA QUALITY CERTIFICATION CENTRE

中饮标（北京）安全饮品认证中心

CHINA SAFE BEVERAGE CERTIFICATION CENTER (BEIJING)

中饮标（北京）安全饮品认证中心是经国家认证认可监督管理委员会（CNCA）批准（CNCA-R-2002-107）成立的；获中国合格评定国家认可委员会认可（认可号CNAS C107-P）；在工商行政管理局登记注册，具有法人资格，是独立从事安全食品、安全饮品的第三方认证机构。是国内食品行业实施安全食品、安全饮品认证的专业机构。

中心将奉行客观公正、科学规范准则开展安全食品、安全饮品认证工作。为国内食品企业提供优质高效的服务。认证具有行业的权威性。

本中心建立并保持行之有效的质量控制体系，拥有一支具有高度敬业精神和专业服务能力的技术专家，将以饱满的热情，为食品行业发展服务。为提高中国食品安全、保障广大消费者健康水平做出贡献。

认证标志:

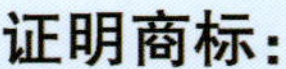

中心网址：http://www.aqyp.org.cn　　电子信箱：aqyp@aqyp.org

中心地址：北京市海淀区中关村南大街12号中国农业科学院质标所南楼302室

电　话：010-62191600　　传　真：010-62195968

邮　编：100081

CCS

中铁检验认证中心
国家铁路产品质量监督检验中心

China Railway Test & Certification Centre(CRCC)

中铁检验认证中心（CRCC）/国家铁路产品质量监督检验中心，成立于2002年，是国家认监委批准的、唯一一家具有铁路产品认证及城轨装备认证资质的第三方技术机构。

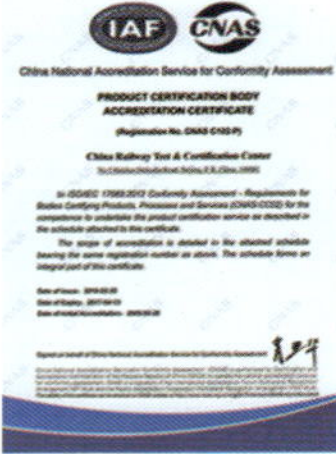

CRCC业务能力范围覆盖铁路及城轨机车车辆、牵引供电、通信信号、工务工程、运输包装、金属化学等专业领域，建立了从零部件到整车、从固定设施到移动设备全覆盖的铁路技术装备检测、检验、型式试验及运用考核体系，形成200km/h及以下速度等级全部覆盖、200~350km/h速度等级基本覆盖的产品检验检测体系。拥有规模系统配套、技术装备精良的检测检验实验室，整体检测检验能力达到国内同行业领先水平，部分检测能力达到国际先进水平，其中世界唯一的高速弓网关系试验台，最高试验速度超过500km/h，综合性能达到国际领先水平。

时速500km高速弓网关系试验

预应力混凝土铁路桥简支梁现场检测

高速铁路钢轨-扣件系统性能检测试验

时速350公里CRH380BJ型高寒检测车称重试验

电磁兼容试验

截至2016年5月，中铁检验认证中心累计颁发产品认证证书7277张、涉及企业1816家，现行有效证书4557张、涉及1555家。2015年试行城轨装备认证，颁发城轨装备认证URCC证书11张，涉及企业8家。

CRCC将以“认证认可助力中国高铁发展战略合作”为契机，以中国轨道交通检验检测认证联盟成立作为新的起点，联合集中优势资源，瞄准世界“技术一流、能力一流、管理一流、服务一流”的国际化发展目标，向着“专业化、集团化、国际化”的发展方向做强做大，合力打造国际知名的检验检测认证品牌，为国内外轨道交通行业提供优质高效的检验检测认证服务。

2016年6月7日，国家质检总局支树平局长，中国铁路总公司盛光祖总经理亲自为联盟成立揭牌

地址：北京市海淀区大柳树路2号
邮编：100081
邮箱：crccywb@rails.cn
网址：http://www.crcc.org.cn

目　录

第一部分　文　献

第二部分　特　载

第三部分 专 文

第四部分 法制建设与政策研究

第五部分 认可监管

第六部分　认证监管

第七部分　注册管理

第八部分　实验室与检测监管

第九部分　科研与标准建设

第十部分　认可约束

第十一部分　人员注册

第十二部分 行业自律

第十三部分 国际合作

第十四部分 信息化建设

第十五部分 全国认证认可部际联席会议

第十六部分　地方认证监督管理

第十七部分　认证及相关机构

第十八部分　认证实效

第十九部分　国家认监委机关综合管理工作

第二十三部分　附　录

2016

Yearbook of Certification and Accreditation of China

第一部分　文　献

Part One　Documents of Importance

认证认可检验检测发展“十三五”规划

（讨论稿）

一、发展环境

（一）“十二五”发展成就

——服务发展成效显著。推动生态文明建设更加扎实，新增低碳产品、能源管理体系等认证服务，获证节能、节水等资源节约型产品逐年递增，“十二五”期间获证产品共节约或替代电能6 890.91亿千瓦时，节约水资源1 545.17亿吨。推动有机产业发展状况纳入生态文明建设评价体系，全国共54家县区获批为有机产品认证示范创建区，植物类有机产品生产面积达197.5万公顷。保障质量安全方面更加有效，强化了强制性产品认证事中事后监管，强制性产品认证市场抽查合格率由2011年的78.5%提高到2015年的90.3%，将水产品、肉类、乳品境外生产企业纳入进口注册管理，提升了进口食品安全保障能力。服务转型升级提质增效更加有力，共授权设立了206家国家产品质检中心，批准上海闸北、苏州吴中等5地创建国家公共检验检测服务平台示范区，浙江制造、深圳标准等产品认证制度成为推动地方经济转型升级的重要平台。建立实施了知识产权、保健服务、非金融机构支付等新型服务认证，促进了现代服务业发展。2014年，认证认可对国民经济、社会发展贡献率分别达到0.932%、0.339%。

——基础地位日益提升。认证认可检验检测创新能力、引领作用更加突出，赢得更多国际话语权。以评价技术、质量保证技术及支撑性检验检测技术为核心的认证认可技术体系初步建立。“十二五”期间，组织实施国家级科研课题27项，经费1.04亿元，在节能低碳、信息安全、海上风电、司法鉴定认可等多个领域取得技术突破。HACCP认证已经成为1.4万余家出口食品生产企业增强食品安全保障能力的重要手段。光伏、节能产品认证等被纳入政府采信范围，有效发挥了政策引导作用。与美国、欧盟、俄罗斯国家/地区实现了机制化合作，在新西兰、韩国、瑞士等自由贸易协定谈判和实施中发挥了重要作用，进口食品生产企业注册有力提升了我国与巴西等国外交外贸合作的层次和水平。

——制度建设取得重大进展。全面推进深化改革，进一步完善了认证机构行政审批制度，简化了审批程序，推动了检验检测机构资质管理制度整合，优化了强制性产品认证制度，中国特色认证认可制度体系已基本建立健全。部际联席会议制度进一步创新发展，“统一管理、共同实施”工作机制日益完善。法规体系建设稳步推进，先后制修订涉及认证认可检验检测的法律法规、部门规章共52部，提升了立法质量，巩固了改革成果。行政执法监管体系进一步健全，执法监管一体化格局基本形成，认证执法监管区域合作机制覆盖到全国90%省区，省级质检部门认证执法监管体系建设覆盖面达到100%。认可制度进一步加强，认可约束机制充分发挥。认证认可国际合作国内运作机制进一步完善。

——产业发展保持良好势头。“十二五”时期，检验检测认证服务业作为国家重点发展的11类生产性服务业、8类高技术服务业以及9类科技服务业之一，写入有关重点规划和政策文件。到2014年，全国共有检验检测认证机构28 524家，从业人数92.3万，行业总产值1 754.2亿元。检验检测认证机构整合工作进一步加快，规模化、专业化、品牌化发展初见成效，并涌现出了中检、方圆、华测等一批优势企业和知名品牌。

（二）“十三五”发展形势

“十三五”时期我国仍处于大有可为的战略机遇期，也面临诸多矛盾叠加、风险隐患增多的严峻挑战，质检事业发展同样机遇和挑战并存。如何准确研判形势、分析任务，主动把握机遇、沉着应对挑战，是“十三五”认证认可检验检测科学发展的前提和保障。

——“四个全面”战略布局为认证认可检验检测发展带来新的机遇。随着全面建成小康社会奋斗目标的日益临近，认证认可检验检测在服务国家治理、提升质量安全、促进供给侧结构性改革等方面发展空间巨大，政策和市场需求强劲。服务业在经济社会发展中地位的日益提升，市场环境的日益优化，也将给认证认可检验检测行业带来更多的发展机遇。同时，深化改革为认证认可检验检测增添了新的发展动力，依法治国为认证认可检验检测提供了坚强有力的法治保障。

——经济发展新常态为认证认可检验检测发展带来新的机遇。经济新常态下，供给侧结构性矛盾更加突出，发展模式发生转变，创新发展显得尤为重要。借助认证认可检验检测手段，可以促进创新要素集聚和辐射，给产业发展带来技术外溢效应，提升创新驱动能力，从而为主动适应和引领新常态创造必要的技术条件。

——新一代产业及技术发展为认证认可检验检测发展带来新的机遇。新兴产业及新兴市场的形成发展，新技术的持续升级，带来了新的认证认可检验检测服务需求，也提出了创新服务模式、增强服务能力的更高要求。充分运用先进的技术与设备，加快互联网、云计算与大数据技术应用，全面提供“一站式”综合服务，将是认证认可检验检测向现代服务业转型的必由之路。

——“一带一路”等国家战略实施为认证认可检验检测发展带来新的机遇。“一带一路”战略明确将认证认可作为合作重点，将会为认证认可检验检测促进贸易便利、增进双边互信、推动国际质量共治带来更大的作为空间，自贸区、京津冀协同发展、长江经济带战略的实施，将会提升认证认可检验检测制度创新水平，推动认证认可检验检测监管一体化和区域协调发展。

“十三五”认证认可检验检测发展必将面临众多新要求和新挑战。经济社会的快速发展对认证认可检验检测提出了新要求，近年来认证认可检验检测服务能力虽然有了长足进步，但服务深度和广度尚不能满足发展需要，服务成效有待增强，部分领域亟待认证认可检验检测手段积极跟进服务。创新发展对认证认可检验检测提出了新要求，“十二五”期间创新能力显著增强，但仍以模仿型创新为主，集成创新、协同创新力度有待加强，原始创新有待深化，缺乏一批叫得响、立得住、影响大的创新成果。全面深化改革对认证认可检验检测提出了新要求，近年来认证认可检验检测领域深化改革工作取得了突出成果，但在放管结合、优化服务上仍有较大提升空间，仍需持续改革创新。经济新常态对认证认可检验检测提出了新要求，面对新产业、新业态、新技术以及新的消费趋势和新的增长动力，认证认可检验检测如何主动适应. 引领新常态，在“四个全面”战略布局中发挥更大的作用，仍是一个亟待破解的命题。

二、指导思想、发展目标

（一）指导思想

高举中国特色社会主义伟大旗帜，全面贯彻落实党的十八大和十八届三中、四中、五中全会精神，以马克思列宁主义、毛泽东思想、邓小平理论、“三个代表”重要思想、科学发展观为指导，深入贯彻习近平总书记系列重要讲话精神，严格遵循创新、协调、绿色、开放、共享发展理念，按照建设质量强国总体部署，加快推进实施认证认可强国发展战略，以服务经济社会发展为主线，以深化改革和创新发展为动力，以巩固发展国家质量技术基础为着力点，建立健全与经济社会发展水平相适应，在推进国家治理体系和治理能力现代化、全面建成小康社会进程中发挥支撑保障作用，在国际同行业发挥引领作用的中国认证认可检验检测体系。

为贯彻落实认证认可检验检测发展指导思想，应遵循以下基本原则。

坚持深化改革，服务发展大局。改革是发展的强大动力，服务发展大局是认证认可检验检测本质属性所决定的基本功能。坚持不懈地推进全面深化改革，健全完善认证认可检验检测体系，更好地发挥中国特色认证认可制度优势。紧贴发展大局，充分体现认证认可检验检测的价值和作用，并加快推进认证认可检验检测自身发展。

坚持创新发展，夯实质量基础。创新是引领认证认可检验检测发展的第一动力，也是始终保持中国认证认可制度先进性、适用性和有效性的必然选择。深入实施创新驱动发展战略，培育认证认可检验检测创新活力，进一步提升其技术支撑能力和创新引领作用。加强原始创新、系统创新和协同创新，构建完善的认证认可检验检测创新发展体系，进一步夯实认证认可检验检测在质量发展中的基础地位，为着力提高发展质量和效益注入新动为。

坚持市场导向，优化政策引导。充分发挥市场在资源配置中的决定性作用，发挥从业机构的主体作用，强化主体责任。限制政府对从业机构经营决策的干预，切实维护其自主经营权。坚持不懈优化政策引导，加快建立行业发展政策与财政、金融、土地、产业政策联动机制。加强政策支持，推动政策落地，为认证认可检验检测服务业发展营造良好环境。

坚持统筹兼顾，促进协调发展。统筹认证认可和检验检测发展，促进深度融合，提升我国合格评定水平。统筹国内和国外、政府和市场的不同需求，着力推动认证认可检验检测结果在国内普遍采信和在国外广泛互认，为国家治理和经济社会发展提供可靠的技术保障。统筹各行业、各部门发展需求，在统一管理的基础上，推动各部门共同开展认证认可检验检测工作。统筹东部、中部和西部认证认可检验检测发展，优化认证认可检验检测资源布局，在具备条件的地区推动检验检测认证产业化发展，在基础薄弱的地区推动检验检测认证资源共建共享，实现认证认可检验检测区域协调发展。

（二）发展目标

认证认可检验检测服务能力显著增强。服务领域更加广泛，基本覆盖国民经济主要门类以及社会发展的重点领域；服务结果更加有效，在保障质量安全、推动供给侧结构性改革、促进生态文明、加快国家治理现代化等方面发挥不可替代的重要作用；服务手段更加丰富，充分利用大数据、互联网、物联网等新一代信息技术手段；认证认可检验检测在政府、市场及消费者中得到广泛采信。

认证认可检验检测创新能力明显提升。推动创新方式从模仿创新向自主创新转变，原始创新比重加大、作用更加突出，制度、技术、服务、管理创新取得全面进展。着力打通认证认可检验检测创新与产业、政策需求的连接通道，加快创新成果向生产力转化。在绿色认证、服务认证等关键领域率先取得突破，引领国际同行业发展。

认证认可检验检测行业治理日益完善。进一步简政放权，行政审批制度改革基本到位。监管创新不断推进，维护认证认可检验检测市场秩序、促进公平竞争的能力不断增强。多元主体共同参与，积极发挥作用，认证认可检验检测行业治理能力不断优化。法治建设水平稳步提升，体制机制更加健全，中国特色认证认可检验检测制度体系不断巩固发展。

检验检测认证服务业实现较快增长。质量品牌提升活动取得重大成果，从业机构核心竞争力显著增强，品牌作用更加突出，检验检测认证服务业成为生产性服务/高技术服务业的重要组成部分和特色鲜明的技术性基础产业。

国际化水平迈上新的台阶。双边合作机制化水平有新的提高，多边合作取得新的进展，我国在国际认证认可的话语权显著增强。国际互认取得显著成效，认证认可检验检测走出去形成规模，服务"一带一路"战略卓有成效。

国家质量技术基础更加稳固。认证认可检验检测自身能力建设稳步推进，在先进制造业、现代服务业、现代农业发展中发挥支撑作用，在供给侧结构改革、发展动力转换中发挥引领作用，在国家治理体系和治理能力现代化过程中发挥保障作用。

认证认可"十三五"主要发展指标

序号	指标名称	2015年	2020年	增长率	指标性质
1	法人单位（或规模以上企业）认证覆盖率	4.1%	4.6%	12.2%	预期性
2	对GDP贡献率	0.947%	0.96%	1.4%	预期性
3	有效认证证书总数	140万张	240万张	71.4%	预期性
4	对外出具检验检测结果报告数	3.4亿张	4.4亿张	29.4%	预期性
5	绿色产品认证服务覆盖领域	2个	10个	400%	预期性
6	新增认证认可项目中原创性项目占比	待测算	待确定	—	预期性
7	主导制定认证认可检验检测国际标准项数	40项	50项	—	预期性
8	从业机构高新技术企业认定占比	6%	10%	66.7%	预期性
9	检验检测认证服务业总产值	2 000亿元	3 000亿元	50%	预期性
10	1 000万元以上年产值从业机构占比	12%	16%	33.3%	预期性
11	双边国际合作协议数	103份	118份	14.6%	预期性
12	加入国际互认体系检测认证机构数	54家	64家	18.5%	预期性

三、发展任务

（一）全面服务经济社会发展

围绕发展质量和效益提升，落实供给侧结构性改革要求，实施认证认可检验检测助推经济发展桥梁工程，着力增强检验检测认证服务的全面性、针对性、专业性和有效性，使认证认可检验检测在国家经济结构优化、发展动力转换、发展方式转变以及国家治理现代化中发挥更加重要的推动作用。

1.服务质量品牌提升

强化管理基础。进一步强化质量、环境、职业健康安全管理体系认证质量，充分发挥管理体系认证量大面广、适用性强的特点，推动认证机构开展有针对性的增值服务、延伸服务。面向行业质量品牌提升需求，鼓励引导认证机构加强技术研发和服务创新，着力提升管理体系认证在批发和零售业，住宿和餐饮业，金融、房地产、出租服务，教育、卫生、社会保障和社会福利业等服务业重点领域的覆盖率。

保障产品安全。调整强制性产品认证目录管理模式，参照国际通行的技术法规形式，以发布产品认证通用要求为主，辅以适用目录的方式，形成更加通俗易懂、科学合理、边际清晰的认证适用范围表述。强化企业分类管理，完善强制性产品认证模式，在控制认证实施风险的前提下，推动“自我声明”模式由特殊化需求向制度化安排方向改革。严格市场准入要求，加大对获证产品市场抽查力度，强化指定机构和认证人员监管，提高发证质量。

发挥认可作用。关注多元化认可服务需求，为政府及行业部门提供范围更广、效果更好的技术支撑服务，为认可对象提供速度更快、效率更高的能力证实服务。持续提升管理体系和产品认证机构认可水平，积极推进温室气体审定核查机构认可、低碳产品认证机构认可。保持实验室认可数量稳步增长，重点加强食品药品安全、节能减排、疾病防控等领域的认可工作。提升检测实验室认可能力，推广和完善司法鉴定/法庭科学实验室认可评价体系，推进医学病理学实验室、医学影像实验室、核医学实验室及样本库等新领域认可技术研究。推动能力验证提供者认可发展，重点发展食品、医学、校准等领域的能力验证提供者认可。推进实验室安全认可，推动形成较完备的四级实验室评价体系，研究建立实验动物机构制度。适应各行业检验活动发展新趋势，细化商品检验领域认可要求，推进建设工程领域二合一评审工作，继续研究金融、信息安全、交通司法鉴定等新领域认可技术创新和制度设计。

2.服务提质增效转型升级

支撑制造强国建设。推进强制性产品认证与自愿性产品认证共同发展，支持先进制造业、新兴产业崛起以及传统产业优化升级。推动产品认证在新兴领域进一步拓展，成为质量、性能/产品特性的主要评价手段。形成市场机制为主导，政府进行事中事后监管的产品认证工作机制。大力推动我国自愿性产品认证工作多领域、多层次、多元化发展，构建以需求为导向，以认证机构为主体，国家制度、联盟认证、区域认证、独立开发等多种形式并存，采信度高的自愿性认证工作体系。重点推动光伏、风电、机器人、汽车网联产品认证体系建设。到“十三五”末基本形成发展充满活力、规范有效、服务作用凸显的自愿性产品认证工作局面，在5～10年内形成一批社会公信、有广泛影响的自愿性产品认证品牌。

提升检验检测服务水平。在新材料、新能源、重大装备、信息技术、节能环保、食品安全、化学品安全等重点领域，支持一批技术有特长、服务有特色的专业化检验检测机构发展，不断满足市场多样化、个性化需求。加强物联网、云计算、大数据、新一代移动通讯、新能源汽车等战略性新兴产业领域检验检测能力建设，加大技术储备、培育力度，不断满足新的市场需求。支持传统领域检验检测机构积极开展技术研发创新，加强业务培训，完善专业化服务网点建设。推动中小微检验检测机构开展服务能力建设，进一步填补生产和生活末端的检验检测需求。

服务绿色发展。以制度创新为基础，以共性技术研究为突破口，加快推动出台统一的“中国绿色产品”标识与认证（合格评定）体系建设方案，统一标识、统一产品目录、统一管理要求、统一技术支撑和信息平台。研究建立针对产品全部绿色指标、覆盖产品全生命周期的评价体系，建立各有关行业主管部门、各级地方政府共同参与、共同推动，认证机构及企业自愿参加的绿色产品体系建设实施工作机制。

强化信息安全。不断完善信息安全标准和认证认可体系，提高信息安全综合服务能力。推动完整统一的信息安全国家认证制度建设，与相关信息安全管理制度实现有效衔接，避免重复检测和认证，进一步保障国家网络空间安全。建立完善全面覆盖信息技术产品、系统、服务、管理和人员的信息安全认证评价体系。扩大国家信息安全产品认证目录范围，建立信息技术产品信息安全认证认可制度。推行国家信息安全服务认证制度，加强信息安全服务认证对政府部门、基础网络和重要信息系统信息安全管理、风险评估、应急处置、安全开发、安全集成、安全运维和安全检查等工作的技术支撑。推动实施信息安全保障从业人员认证。加强国家级网络安全检验检测机构能力建设，完善网络安全检验检测机构资质认定评价规范。

促进食品农产品认证。发展有机产品、绿色食品、无公害产品认证，提高农产品食品增加值和农业质量效益。继续加强覆盖全产业链的食品安全认证制度建设，发展良好农业规范认证，推动农业生产向优质高效发展；发展危害分析与关键控制点体系认证，提高重点食品生产企业的安全保障能力。改进管理，用3～5年时间实现国内肉类、水产、乳制品等行业企业全面建立实施危害分析与关键控制点体系认证。

筑牢进出口食品安全基础。推动进口食品境外生产企业全面注册管理实施，充分发挥进口注册在进口食品治理体系中的作用。创新境外源头监管手段，推行进口商或进口商委托第三方认证机构对境外食品生产企业实施检查的管理制度。利用信息化手段，加强进口食品境外企业注册编号等产品标识和产品追溯管理。积极推动进口注册信息系统与其它政府监管信息系统的互联互通，促进通关便利化，建立进口食品企业社会信用基础档案。完善出口食品企业先备案后监管模式，推进备案采信企业自我检查声明和第三方认证机构的HACCP等认证结果。指导出口食品备案企业内销转型，推动出口与内销产品实现同一生产线、按照相同标准生产的要求，以推动危害分析和关键控制点体系应用与认证为主要措施，与有关部门合作推进“出口食品内销交易公共服务平台”建设，帮助出口食品企业实现内外销“同线同标”、“同质同价”，以高品质食品内销引导相关消费回流。

推动现代服务业发展。坚持创新为先，提高宣传推广力度，突破发展瓶颈，加快推动服务认证建立与实施。加强部门协作，推动政府采信，调动企业积极性，在交通运输、金融服务、医疗保健、知识产权、旅游、商务、体育等领域加快建立认证认可体系。吸引更多社会专业力量加入，扩大服务认证影响力和公信力。

3.服务国家治理现代化

支持宏观政策实施。在产品、食品、信息安全，绿色发展等方面，加强检验检测认证手段创新，配合相关国家重大政策实施，提供评价手段，提升实施效果。推动认证认可在去产能、降成本、补短板过程中发挥更大作用，为战略性新兴产业发展中提供评价手段和技术支撑。推动绿色产品标识和认证在相关政府优先采购政策中发挥实施保障作用。

服务行政执法监管。鼓励第三方检验检测认证机构为行政执法监管提供公正数据和技术支持，进一步提升政府监管的可靠性和公信力。构建信息平台，畅通政府部门、行业组织采信认证认可检验检测结果的信息渠道，加强对相应检验检测认证服务质量的专项监督抽查。

推动社会信用体系建设。积极探索认证认可检验检测信息与社会信用数据互联互通，推动第三方评价结果成为社会信用信息的重要组成部分。大力完善认证认可检验检测相关业务数据、监管数据、风险信息的统计和监测工作，推动重点信用数据和信息纳入国家统一建设的社会信用信息系统，提升认证认可检验检测信用信息的可靠性、可用性。

引导消费倾向。主动适应大众消费结构转变的新趋势，加强消费品领域认证检测创新，加大宣传力度，加快技术平台建设，为消费者提供权威、可靠的专业技术服务，保障消费者知情权，推动消费向绿色、健康、安全方向转变。

专栏1　助推经济发展桥梁工程

1.制造业质量提升支撑工程

围绕工业强基，在航空航天装备、能源装备、轨道交通、节能汽车、现代农业装备、文物保护装备、工业机器人、节能环保、电子信息等领域创新认证认可服务。

配置检验检测资源，授权国家产品质检中心。

围绕智能制造、绿色制造提供认证认可检验检测技术支撑。

围绕战略性新兴产业发展强化认证认可检验检测基础。

加强应急产品、铁道产品认证认可检验检测体系建设。

2.服务业质量提升支撑工程

围绕交通运输、第三方物流、网联网、电子商务、信息技术服务、节能环保服务、售后服务等生产性服务业强化认证认可手段，引导检验检测资源配置。

围绕居民和家庭、健康、养老、旅游、体育等生活性服务业加快认证认可技术支撑能力建设。

3.绿色发展支撑工程

加快推动建立统一的绿色产品体系，整合目前分头设立的环保、节能、节水、循环、低碳、再生、有机等产品评价制度，建立统一的绿色产品认证和标识体系。在节能量审核、碳排放核查、碳减排、循环经济、清洁生产审计、“两型”社会建设以及合同能源管理等领域探索引入认证认可手段。

4.农产品食品安全支撑工程

加强农产品食品检验检测体系建设，加强HACCP、GAP以及有机产品、绿色食品、无公害农产品认证工作。

建立木本食用油质量认证体系。

5.检验检测认证品牌提升工程。

培育3～5个具有较强市场竞争力和影响力的检验检测认证品牌，指导、支持机构着力发展品牌战略，做好品牌经营和品牌宣传，提升中国检验检测认证品牌形象，打造具有世界知名度的检验检测认证品牌。

续表

专栏2 认证认可检验检测公共服务工程
1.检验检测认证"放心云"建设 利用云计算等信息化手段，在线收集食品消费品标准、认证检测结果等信息，赋予相关食品消费品以二维码，建立利用移动、固定设备进行检索查询的在线系统，实现产品质量安全可追溯性，为引导消费者科学消费、重建"中国制造"信心打造可靠技术基础。 2.检验检测认证监管大数据应用平台建设 整合信息资源，研究建立数据采集处理、分析挖掘、大数据应用、风险监测与预警、产品质量治理和管控等子系统；与制造、电子商务及批发零售等企业实现产品质量安全监管数据互联互通和信息共享，利周企业信息增强行政监管的针对性和精准执法能力，利用监管数据提高企业生产经营的质量保证能力。 3.公共检验检测认证服务平台示范区创建 在严格标准、规范要求的基础上，再增加3~5家公共检验检测认证服务平台示范区。 4.进口食品境外企业注册管理与质量信用信息平台建设 建设进口食品境外企业注册管理与质量信用信息系统平台，提高进口食品境外企业注册监管效率，与检验检疫主干系统实现互联互通和资源共享，实现进口食品境外企业质量信息的搜集、研判、处置等信息化管理，进一步促进进口食品境外企业质量信用体系建设，构建进口食品境外企业社会信用基础档案。

（二）大力推进创新驱动发展

面对不断变化的政策和市场需求，以创新驱动作为认证认可检验检测发展的主要动力，进一步完善创新机制，突出创新重点，提升创新水平，为经济社会发展提供可靠的技术支撑和服务平台。

1.深入实施创新驱动发展战略

强化创新引领。以创新作为认证认可检验检测发展基点，积极推动从利用后发优势向发挥先发优势转变。加强创新发展理念宣传教育，有计划分批次组织开展创新培训和辅导。加快推动大众创业、万众创新，充分激发从业机构的创新活力，形成创新创业的良好氛围。

提升创新水平。加强基础研究，强化原始创新、集成创新和引进消化吸收再创新，全面推动技术、制度、服务、管理及营销模式创新。加快推动认证认可检验检测原始创新，引导资源、经费和项目重点向原始创新倾斜。提高引进技术及项目的质量，鼓励引进基础上的二次研发和再创新。整合检验检测和认证评价技术，提高集成创新能力。加大投入，加强政策理论研究，组织开展国家质量技术基础等重大理论问题研究，攻克一批认证认可检验检测基本理论和政策问题，以理论创新推动制度创新。推动《国家质量基础共性技术研究与应用》的实施。系统改进认证认可检验检测创新能力，使之成为国家质量技术基础中创新最为活跃、引领作用最为突出的组成部分之一。

2.健全认证认可检验检测创新体系

发挥从业机构作用。强化从业机构在认证认可检验检测创新体系中的主体地位和主导作用。支持从业机构面向市场和政策需求研发检验检测认证新技术和新认证项目，推动从业机构增加创新投入，逐步提高研发经费在营业收入中的占比。鼓励检验检测认证机构以专利、版权、商标等形式保护自有知识产权，促进认证认可检验检测知识产权在不同创新主体之间依法自愿转让，实现创新社会效益最大化。准确界定认证创新活动中知识产权的边界，认证机构自行研发的认证项目应以加注企业名称、商标等方式设立排他性名称。加强管理、服务创新，提升检验检测认证产业发展质量和效益。加快推进从业机构申请高新技术企业认定工作，充分激发认证认可检验检测创新活力。

优化创新治理职能。科学制定规划、计划，加强政府对创新活动的政策支持和引导。根据国家战略需求，将政府投入聚焦于战略性、基础性、前瞻性重大科学问题攻关以及重大共性关键技术研究上，充分发挥公共投入的创新导向作用。加强重大创新活动的过程管理，建立健全监督评估制度。建立创新主体各负其责、共同推进的创新体制机制，国家认监委负责强制性认证以及战略性、政策性和公益性认证等制度创新的组织、建立和实施，国务院各相关部门负责提出政策需求并协助建立实施相关认证制度，认证机构自行负责本机构市场化认证项目的创新及实施，各级地方认证监管机构负责相关认证制度（项目）实施情况的监督管理。完善创新成果转化机制，简化程序、提高效率，加快创新型认证项目及技术规范备案，逐步增加新增认证项目中原始创新的比重。探索设立认证认可检验检测创新引导基金、建立创新孵化器。

推动创新多元发展。加强协同创新，建立官产学研创新机制，形成优势互补、协同推进的创新模式。支持以从业机构、企业、科研院所为主体组建认证（创新）联盟，自主研制标准规范，开展联盟认证。推动整合创新资源，支持在具备条件的地区建立检验检测认证创新集群，探索跨区域、跨领域开展检验检测认证协同创新活动。加快建立一批认证认可检验检测创新基地，推动认证认可检验检测创新能力建设。

3. 科学规划创新发展战略量点

紧贴国家战略需求。面向中国制造2025，加强智能制造、绿色制造检验检测认证支撑技术攻关，搭建认证认可检验检测创新服务平台。聚焦服务评价共性技术，突破服务认证发展瓶颈，构建完善的服务认证创新体系。依托行业及地方标准，支持有条件的地区和行业开发新型认证项目，推动区域、行业质量品牌提升以及特色经济发展。

适应市场发展需求。以市场为导向，围绕产业链部署创新链，推动认证认可检验检测创新纵深发展。针对市场差异化需求，探索开展定制服务，提供检验检测认证一站式服务。加快攻克快速检测、在线检测、智能检测等市场急需的关键技术，利用新一代信息技术，创新认证评价技术和模式。支持检验检测认证机构创新营销模式，建设网上营销平台，打通检验检测认证走向企业和消费者的“最后一公里”。

专栏3 认证认可检验检测创新驱动能力建设工程

1.国家认证认可检验检测创新基地建设
集聚行业创新资源，集中建设2~5家国家级认证认可检验检测研究试验基地，面向战略新兴产业、先进制造业等重点产业领域提供公共技术服务。
2.认证认可检验检测大数据应用和网上服务平台建设
整合信息资源，研究建立数据采集处理、分析挖掘、大数据应用、产品质量治理和管控、在线服务等子系统。
3.国家实验室能力验证科技服务平台建设
攻克能力验证项目集成、标准化运作以及数据处理、业务信息系统等关键技术。
4.国家信息安全认证认可和基准体系平台建设
重点建立完善基础环境、标准规范体系、关键认证技术、信息安全基准体系、核心机构技术能力。
5.国家节能减排认证认可服务平台建设
重点攻克节能减排、循环经济、低碳发展以及新能源等领域的关键认证技术。

（三）不断完善行业治理能力

发挥改革的突破性和先导性作用，不断推进检验检测认证市场准入制度改革，着力推动事中事后监管创新，完善“统一管理、共同实施”工作机制，健全适应新形势要求的行业治理体系，基本构建完善“放、管、服”三位一体的认证认可检验检测工作体系。

1. 推进准入制度改革

继续推行简政放权。进一步完善认证机构行政审批技术要求，规范程序，提高效率，充分保障从业机构的自主经营权利和自主创新活力。积极推动产品质量检验机构计量认证、产品质量检验机构资格认定和实验室和检查机构资质认定“三合一”行政审批改革方案。坚持统一性、开放性、便利性原则，统筹推进检验检测机构资质认定制度建设，完善“通用要求+行业特殊要求”模式，减少各类资质资格审批，打破行地区行业条块分割，推动形成统一开放、公平竞争的检验检测市场。探索产品认证“权力清单/负面清单/责任清单/服务清单”建设，依托自贸区等制度创新平台，试点汽车平行进口等改革创新举措。继续推动出口食品企业先备案后监管审批模式改革。

建立行政审批便捷化渠道。全面公开行政审批的依据、条件、流程、结果，进一步提高行政审批工作的公正性。建立并逐步完善认证机构行政审批、强制性产品认证机构实验室指定审批网上系统。积极探索建立“互联网+”资质认定管理模式，实现资质认定网上审批，建立完善全国资质认定获证机构信息查询平台，推动社会各界监督。

完善准入退出机制。全面建立从业机构信用承诺制度，明确检验检测机构违法失信经营应当接受资质处罚的情形、条件和程序，并对从业机构、地方监管部门予以公示告知。基于从业机构诚信经营信息、风险管理信息，实施分类监管，建立动态化、流程化监管惩戒机制，增强检验检测认证市场退出机制的程序性、科学性。将失信联合惩戒记录输入相关监管信息平台，建立跨部门监督信息联动响应和失信联合约束机制。

2.强化事中事后监管

加强监管体系建设。进一步明确地方质量技术监督和检验检疫的认证监管事权划分，大为推进认证监管“信息互换、执法互助、监管互认”机制建设，实现监管全覆盖。继续推动区域监管一体化建设，并加快推进联通地方质检两局的全国执法监管一体化进程。进一步建立健全国家、省、市、县四级认证执法监管体制，强化统一管理、分级负责的工作机制，机构资质监管以国家认监委为主，地方认证监管机构负责信息收集及调查取证工作；机构行为监管以地方认证监管机构为主，省市县分工负责，加强省级监管机构在认证监管中的综合协调职能。探索建立认证监管行政指导制度。支持地方综合执法体系建设，研究建立对接地方综合执法平台的工作机制和工作模式。

加强监管制度创新。强化问题导向，丰富风险信息收集渠道，完善风险监测、评估和预警制度，建立分级分类监管制度，将监管重点向高风险领域及对象转移，实现精准监管。全面推进执法内容、执法程序、结果处置标准化，制度化推进"双随机"监管。加强监管工作规范化建设，实施以依法依规为核心的合规监管。

加强监管手段创新。利用新一代信息技术，积极探索"互联网+监管"模式，实行在线监管、全程监管。积极对接社会信用评级体系，推动实现信息互联互通和共享共用，提高对市场主体信用评价的准确性、可靠性。探索在生产、进出口、销售等重点监管环节利用物联网等手段进行跟踪监管，进一步提高监管效率。利用二维码技术，实现食品消费品等重点监管对象以及检验检测认证证书报告的全程可追溯。

3.改进部际合作模式

深化"统一管理、共同实施"工作机制。面向市场需求和各产业部门的要求，重点推动国务院各部门主动参与认证认可检验检测工作，共同实施认证认可制度，充分利用检验检测手段。完善部际联席会议运作机制，进一步充实职责、健全机制，加强宏观协调、强化动态协调、完善日常交流，为共同推进认证认可检验检测工作开展创造必要条件。提高共同实施工作力度，以服务为宗旨、以需求为导向，提高各部门在认证认可检验检测工作中的参与程度，改进各部门"共同实施"的工作机制。

完善认证认可检验检测结果采信机制。研究建立认证认可检验检测配合宏观政策、产业政策、财税政策实施的联动机制，逐步完善与各部门的信息互联互通渠道。提出政府部门在政策实施和技术监管过程中采信认证认可检验检测结果的工作措施，推动政府购买检验检测认证服务政策的制定实施。

4.健全行业治理体系

强化主体责任。明确从业机构主体责任，推动机构自我监督、自我完善。在诚信经营、履行社会责任以及工作质量等方面健全自我承诺制度，完善从业机构对检验检测认证过程内部监控机制。

改进认可约束。不断完善认可风险分析及防控机制，强化认可约束措施。进一步改进认可工作，充分发挥认可事中事后监督检查作用。加大在风险分析基础上的专项监督、确认审核等监督检查的力度。建立健全认可工作警示机制，不断提升认可工作对检验检测认证的有效性和权威性。

完善行业自律。加强认证认可检验检测行风建设，营造风清气正的行业新气象。为行业自律组织的发展营造宽松政策环境，鼓励和推动行业自律组织以同行评议、通报等多种方式参与到行业治理中来，推动行业自律组织在检验检测认证领域的认证有效性提升及行业自我监督等方面的发挥更大作用。

加强社会监督。进一步加强社会监督，广开信息收集渠道。健全社会公众对检验检测认证认可机构申投诉渠道，完善调查、处置及回复工作机制，提高公众参与积极性。探索利用大数据技术、委托第三方调查等方式，收集舆情、调查行业满意程度以及认证认可检验检测公信力状况。加强行风义务监督员队伍建设。

建立联动机制。打通信息渠道，推动行政监管与认可信息互联互通、深度结合，探索在行政审批和日常监管工作中利用认可手段、采信认可结果。充分发挥行业自律组织桥梁纽带作用，加强行政监管与行业自律的有效互动。

（四）加快促进产业化发展

坚持政府引导、社会参与和市场驱动，实现检验检测认证服务主体多元化和服务方式多样化，进一步扩大检验检测认证市场规模，培育良好市场环境，提升服务能力、服务水平和服务质量，使其真正成为我国高技术服务业、生产性服务业的重要组成部分，成为连接第二、第三产业的重要桥梁，成为具有知识化、创新性和增值效应，特点鲜明的技术性基础产业。

1.增强检验检测认证市场主体活力

加快国有检验检测认证机构改革。鼓励引入社会资本参与国有机构改革，推动具备条件的国有检验检测认证机构上市。引导国有检验检测认证资源向关系行业发展的关键领域集中，向技术密集、资源密集的基础性、战略性领域集中。推动检验检测认证事业单位分类改革，明确公益类认证认可检验检测机构的功能定位，加快具备条件的经营性事业单位与行政部门脱钩、转企改制，完善过渡政策。

引导促进第一方、第二方合格评定健康发展。支持和推广应用第一方、第二方合格评定手段，与第三方认证认可检验检测互相促进、互为补充，共同为产业发展和贸易便利提供技术支撑。加强通用性合格评定技术共享共用，推动第二方合格评定技术、服务模式创新。规范和促进第二方合格评定健康发展，构建合格评定市场新业态。

加快形成公平开放的检验检测认证市场体系。简政放权，打破部门垄断和行业壁垒，限制政府对机构经营决策的干预，推动形成竞争性检验检测认证全国统一市场。鼓励民营企业和其他社会资本参与投资检验检测认证产业，支持具备条件的生产制造企业申请相关资质，面向社会提供第三方检验检测认证服务，支持第三方检验检测认证机构提供第二方合格评定服务。继续扩大开放，实行准入前国民待遇加负面清单管理制度，积极有效引入境外资金和先进的认证认可检验检测技术，健全国家安全审查和风险防范机制。

2.推动检验检测认证服务业转型

推动检验检测和认证一体化发展。支持检验检测认证机构从提供单一服务向综合服务发展，逐步提高技术咨询、标准研制、培训等增值服务的比重。鼓励检验检测与认证一体化发展，在市场准入、项目投资等方面给予支持。

支持检验检测认证规模化发展。鼓励从业机构通过资本纽带、市场运作等手段，以兼并重组、股权互换、资产置换以及投资建设等方式实现产业的规模化、集团化发展。加快各级各类业务相同、相近的检验检测认证机构整合，推进跨部门、跨行业、跨地区整合，适度提高检验检测认证市场集中度。

支持检验检测认证品牌化专业化发展。提升检验检测认证机构品牌意识，鼓励机构实施品牌经营和品牌发展战略，依法进行商标注册、品牌保护和推广，着力培育一批技术能力强、服务水平高、规模效益好、具有一定国际影响力的检验检测认证知名品牌和优势机构。在新材料、新能源、重大装备、信息技术、节能环保、食品安全、化学品安全等重点和战略性新兴产业领域，支持一批技术有特长、服务有特色的专业化检验检测认证机构发展。

3.促进检验检测认证市场协调发展

推动检验检测认证基本公共服务均等化。发挥政府作用，引导检验检测认证公共资源重点向中西部以及革命老区、民族地区、边疆地区、贫困地区以及民生、安全、环保等领域倾斜。发挥示范带动作用，推动公共检验检测认证平台示范区建设。

促进检验检测认证区域协调发展。坚持需求导向，完善检验检测认证机构规划布局。加强中西部地区检验检测认证公共基础设施和能力建设，支持中部地区面向优势产业发展检验检测认证服务，鼓励东部地区检验检测认证产业集聚区建设，服务重点产业转型升级和做大做强。发挥认证认可检验检测在推进京津冀交通一体化建设、产业转型升级和生态环境保护等方面的保障作用，在推进长江经济带发展现代物流、航运服务等生产性服务业的支撑作用。鼓励“一带一路”核心区及相关地区发挥地缘优势，深化与中亚国家、东盟等经济体的认证认可检验检测合作。

推动检验检测认证产业集聚发展。优化资源配置，推动具备条件的地区引导检验检测认证机构集聚发展。将集聚区建设纳入城市建设、经济社会发展总体规划，创新产业集聚区管理和服务，促进检验检测认证服务业发展进一步适应地方经济发展需求。

（五）显著提升国际化水平

以服务更高层次的开放型经济为目标，实施互利共赢的国际化战略，加快推进认证认可检验检测双多边合作与互认进程，提高我国在国际认证认可检验检测领域的影响力和话语权，推动中国认证认可检验检测走出去。

1.开创国际合作互认新局面

进一步提升国际合作互认的质与量。机制化发展双边合作，扩大双边互认，拓展合作领域区域，积极推动与主要贸易国以及区域重点国家的双边合作，积极参与自贸谈判中涉及认证认可检验检测部分的磋商，推动双边认证认可检验检测合作与双边经贸合作同步发展。充分发挥IEC合格评定体系、国际认证机构和实验室认可互认体系等国际多边互认体系作用，稳步扩大加入国际多边互认范围，优化多边互认体系国内应用，强化双多边互动。开展国际合作互认评估，加强国际合作目标国认证认可检验检测体系研究、互认评价关键技术研究以及互认策略和战略研究。

构建大国际合作格局。加强与相关政府部门、行业协会、科研院所及企业的沟通联络，谋求国际合作互认的最广泛利益。建立国内从业机构国际合作联络官机制，加强国际组织国内对口工作组建设，扩大国际合作参与主体，支持从业机构自主开展国际合作，搭建高效信息平台，大力推动认证认可检验检测国际合作互认共谋共治共享。

全面参与认证认可检验检测全球治理。巩固我国在IEC、ISO、IAF等认证认可国际组织中重要管理任职，加大技术层面参与力度，建立完善国内支撑体系。优化国际组织任职管理，加大复合型人才发掘和培养力度，确保国际任职的可持续性。参与和主导国际规则制修订，逐步实现由被动跟随到主动引领的转变。

2.加快开放发展

推进服务“一带一路”建设。积极落实《共同推动认证认可服务“一带一路”建设的愿景与行动》，逐年提升我国与沿线国家合作覆盖率。加强与沿线国家政府主管部门间的沟通交流，共同开展国别制度研究、标准比对、能力验证等活动，举办“一带一路”认证认可合作论坛，鼓励沿线各国从业机构开展技术交流合作，以体制、技术、能力互信促进结果互认，加大推介我国认证认可检验检测制度，共同推广我国认证认可检验检测的优良实践。

深入落实走出去战略。以自由贸易区及"一带一路"沿线国家为重点，加强"走出去"战略研究和政策推进。在行政审批、结果互认、认可服务、创新支持等方面，为认证认可检验检测服务出口集中区域提供支持。加强部际合作，建立健全"走出去"联动机制，推动认证认可检验检测"走出去"相关政策制定和实施，加大"走出去"投融资支持措施，推进认证认可检验检测与政府援助项目、政府招标项目、亚投行项目等的深度融合，鼓励检验检测认证机构通过各种形式进行资源整合，充分利用国际国内两个市场、两种资源，增强竞争能力，加强风险防范，积极推动中国认证认可检验检测服务、机构、制度跟随装备制造、工程建设等优势产业和过剩产能走出去。

3.深化内地和港澳台合作

加快落实CEPA各项协议中认证认可相关内容，推动内地与港澳间服务贸易自由化进程，拓宽合作广度，加强合作力度，提升合作水平。积极围绕CEPA协议中认证认可相关开放措施，制定发布实施方案并推动落实，切实提高合作成效。发挥港澳服务贸易平台优势，助力内地与港澳经济的共同发展。深化两岸认证认可合作工作组机制，积极促进两岸认证认可主管部门、认证检测机构和行业协会间的紧密交流，推进工作组下设各项目组的合作进程，扩展新领域合作。

专栏4 "认证中国，联通世界"工程

1.认证认可检验检测走出去战略

以"一带一路"沿线国家为重点，加强我国认证认可检验检测技术及规范的推介与输出，加快推进国际互认，积极推动中国认证认可检验检测服务、机构、制度跟随装备制造、工程建设等优势产业和过剩产能走出去。推动高铁、电力、工程机械、化工、有色、建材等产品认证认可结果互认和采信。

2.支撑"一带一路"贸易便利化的认证认可关键技术研究与应用

围绕我国优势产业和过程产能，研究互认评价关键技术；围绕高风险食品农产品，研究境外生产企业符合性评价和风险防范技术；开展"一带一路"沿线不同发展水平经济体认证认可体系评估、认证认可支撑贸易便利化重要机理和关键要素研究，评估认证认可技术差异化程度，集成认证风险防范技术；研究认证认可数据质量控制与信息共享技术，围绕认证认可信息、智库、技术能力建设，研发支撑"一带一路"国家间贸易便利化的认证认可数据系统。

（六）夯实国家质量技术基础

持续提升技术能力，加强"智慧认证认可检验检测"建设，实施人才优先发展战略，强化舆论宣传引导，为认证认可检验检测行业健康发展筑牢根基。

1.提升技术支撑能力

改善通用技术能力。立足认证认可检验检测工作实际，围绕通用性评价手段和技术，加大认证认可基础技术、区域认证实施等效性评价技术等关键共性技术的研究，提升评价技术智能化水平和评价可靠性，为认证认可技术手段的持续创新奠定基础，发挥认证认可检验检测在国家质量技术基础中的支柱作用。

提升应用技术能力。围绕国家改革发展大局，找准认证认可检验检测与经济社会发展重点领域的契合点，主动开展应用评价技术创新工程。以保障质量安全、环境保护以及信息、能源安全为目标，聚焦重点领域和新兴产业，在资源环境、信息产业、新能源、智能制造以及电子商务、旅游、养老、金融等领域进行重点攻关，着力攻克一批急需的应用型关键技术，取得一批具有自主知识产权和具有国际先进水平的认证认可重大科技成果。

建立完善标准体系。坚持政府主导与市场自主制定协同发展，建立布局合理、领域完整、结构清晰、系统完善、功能协调的新型认证认可行业标准（RB标准）体系，加快形成统一协调、运行高效的标准化管理体制，力争"十三五"认证认可标准发布总数超过300项。积极参与和主导国际标准和国家标准的制修订工作。鼓励制定团体标准、企业标准，形成政府引导、市场驱动、社会参与、协同推进的标准化工作格局，以先进认证认可标准保障技术能力的提升。

2.加强信息化建设

应用互联网技术。以"互联网+认证认可检验检测业务""互联网+监管""互联网+公共服务"为抓手，推进"智慧认证认可检验检测"建设。加强信息化顶层设计，促进以云计算、物联网、大数据为代表的新一代信息技术与认证认可检验检测的深度融合。

突出大数据分析。以大数据技术为支撑，加强认证认可检验检测各类信息数据的实时采集、深度挖掘、整合处理，建立风险分析模型，通过"智能化"手段实时进行风险监测和预警，为认证认可检验检测各项决策和推进提供依据。

构建共享化网络。按照"共建共享、互联互通"的原则，加快建立跨区域、跨部门、跨行业的认证认可检验检测共享管理服务网络。打通与各相关部门、从业机构的横向互联，实现信息共享、互联互通，建立多元主体互利共赢的生态圈。

优化云信息服务。加快推进认证认可检验检测“数据铁笼”建设，改进标准化业务组件设计，优化重组业务流程，倒逼行政审批改革，推动简政放权，力争“十三五”末70%以上的社会服务事项实现线上服务。规划建设认证认可检验检测云应用体系，努力将认证认可检验检测云应用打造成面向公共服务的第一门户和行业大数据直接获取的第一入口。

3.加强人才队伍建设

实施人才优先发展战略。加大人才引进和培养力度，深化用人制度和收入分配制度改革，构建一支结构合理、素质优良，既符合国际化需要又具有中国特色的认证认可检验检测人才队伍。围绕重点学科领域和创新方向，突出“高精尖缺”导向，重点聚焦高层次领军人才和紧缺急需人才，坚持引进和培养并重，着力造就一批高水平创新团队。积极与高等院校开展联合办学，共建认证认可检验检测相关专业门类和人才培养体系。充分发挥检验检测认证机构的主体作用，组织开展从业人员岗位技术培训，举办各类技能大赛，促进从业人员职业技能水平提升。

激发人才队伍活力。引导检验检测认证机构深化用人制度改革和收入分配制度改革，充分调动技术机构工作人员的积极性和创造性。鼓励检验检测认证机构推动建立从业人员技能水平与职业发展挂钩的激励机制，激发人才队伍活力。

加强人才队伍管理。推进认证人员注册制度改革，严格落实注册执业人员的法律责任，发挥从业人员在检验检测认证工作中的独立性及中坚作用。

4.加强舆论宣传引导

加大宣传力度。依托“世界认可日”“全国检验检测机构开放日”“有机产品宣传周”等重大主题活动，加强认证认可检验检测制度宣传、成就展示。深入开展认证认可检验检测“下工厂、进社区、到课堂”等活动，普及认证认可检验检测知识，扩大公众认知度。

拓宽宣传渠道。在巩固报刊、广播、电视等传统媒体宣传的基础上，积极探索与网络、移动等新兴媒体的合作，做强官方网站、官方微信等宣传载体。主动加强与媒体的沟通交流，接受舆论监督，加强舆情监测处置，建立舆情快速反应机制，及时回应媒体关注。

扩大对外宣传。主动配合“一带一路”“走出去”战略实施，加强对重要贸易伙伴、周边国家和“一带一路”的政策法规沟通和宣传。创造条件，积极鼓励从业机构开展境外宣传、推介活动，营造认证认可对外宣传立体化网络。

四、保障措施

（一）创造良好法治环境

加强认证认可检验检测领域立法研究和协调，坚持立改废释并举，完善认证认可检验检测法律框架体系。加快推动《检验检测机构管理条例》立法，加强合格评定立法研究，支持具备条件的地区率先进行合格评定地方立法。梳理现行部门规章，对不适应改革发展要求的部门规章进行修订或者废止。加强技术法规研究，进一步完善技术法规体系。利用部际合作和部省/市合作机制，推动在行业、地方管理和立法中引入认证认可检验检测手段，为认证认可检验检测发展提供法治保障。

（二）加强配套政策支持

进一步加强对公共检验检测认证服务平台的支持力度，探索建立检验检测认证发展基金，发挥财政资金对社会资金投入的引导效应。加强检验检测认证机构申请高新技术企业配套政策落实。创新金融支持，鼓励金融机构按照风险可控、商业可持续原则，开发适合检验检测认证服务业特点的各类金融产品和服务。拓宽检验检测认证机构融资渠道，支持符合条件的从业机构上市融资、发行债券。

（三）强化重大工程引领

广泛征求意见，加强需求调研，围绕服务经济发展、提供公共服务以及提升创新驱动能力等重点领域，谋划建设一批重大工程。充分发挥重大工程的辐射作用，以财政资金保障工程实施，以工程实施带动能力提升，以能力提升推进规划落实，为全面实现“十三五”认证认可检验检测发展的各项目标任务奠定坚实的基础。

（四）健全规划实施机制

国家质检总局、国家认监委要加强领导、创新机制，加大组织实施力度。各部门要充分发挥认证认可部际合作机制优势，加快制定各领域内的相关配套政策，共同推动规划实施。各级认证监管机构、认可机构、行业自律组织要按照规划要求，制定并落实与本规划相衔接的实施方案。国家认监委要加强对规划实施情况的跟踪分析，及时研究解决实施过程中出现的新情况、新问题，定期组织有关方面对规划实施情况进行评估和监督检查，确保高质高效完成“十三五”时期认证认可检验检测发展各项目标任务。

强化认证认可工作　推动质量强国建设

——国家质检总局局长支树平在全国认证认可工作会议暨第十四次全国认证认可工作部际联席会议上的讲话

（2016 年 1 月 25 日）

一年一度的全国认证认可工作会议和全国认证认可工作部际联席会议是质检总局的重头戏，非常重要，我担任质检总局局长以来每年都出席。这次全国认证认可工作会议与往年有所不同，一是开在“十三五”开局之际，意义重大；二是与全国认证认可工作部际联席会议套开，形式新颖，有利于更好地凝聚各方智慧，谋划好“十三五”认证认可事业发展、质检事业的发展乃至国家各方面事业的发展。刚才，大伟同志作了工作报告，国家知识产权局贺化副局长代表部际联席会议成员单位讲话，还邀请地方的同志作了交流发言，真正把认证认可当作大家共同的事业。大伟同志的报告已经很全面、很系统了，下面，我代表质检总局党组讲几点意见。

刚刚过去的“十二五”是我国发展很不平凡的五年。对我们从事质检工作的同志来说，感受最深的就是党中央、国务院对质量特别是国家质量技术基础的重视和要求前所未有。十八大明确提出要把推动发展的立足点转到质量和效益上。2012年中央经济工作会议明确提出要以质量和效益为中心。党和国家的重要会议、重要文件都把强调发展质量和效益放到了很重要的位置。习近平总书记上任以来，关于质量的论述一共有133处。国务院召开了中国质量（北京）大会，批准设立质量奖，推动对省级人民政府的质量考核，出台了一系列的重大措施。

我们所说的质量是“大质量”的概念，是指经济社会发展的质量。大质量的发展离不开具体工作的质量，包括产品质量、服务质量、工程质量、环境质量等。比如，今年教育部工作的主题重点就是教育质量。重视质量就要重视质量基础。质量包含着科学技术和科学规律，现阶段抓质量需要抓计量、标准、认证认可、检验检测等质量技术基础工作。离开质量技术基础抓质量，质量是上不去的，必须向技术层面、技术领域进军，所以国家质量技术基础是非常重要的。国家质量技术基础这个概念是从国际上引进的，联合国的贸易发展组织和工业发展组织、世界贸易组织以及国际标准化组织都提出过国家质量技术基础的概念，世界银行在2011年、2012年连续发表过国家质量技术基础的专题报告。

正是因为党和国家的高度重视，作为国家质量技术基础重要组成的认证认可，在过去五年也实现前所未有的跨越式发展。一是国家推动认证认可工作力度不断加大。“十二五”规划纲要、服务业发展规划把认证认可定位为现代服务业、高技术服务业。中央深改办、国务院审改办把认证机构审批制度改革、完善检验检测机构资质管理办法等列为重点改革任务。二是各地各部门开展认证认可工作不断加强。在全国认证认可工作部际联席会议的框架下，还增加了人民银行、司法部、军队系统等特邀单位。各地对认证认可更加重视，创造了上海自贸试验区认证认可制度创新、陕西富县良好农业规范认证示范区创建和“浙江制造”、“深圳标准”、湖南长株潭“两型”认证等很多好的经验。三是认证认可的能力和作用不断提升。全国累计颁发有效认证证书近150万张，获证组织近60万家，连续多年世界第一。检验检测认证机构数量达3.2万家，服务产值超过1 700亿元，年均增长21%。我国加入了所有国际和区域多边互认体系，我国代表成为发展中国家中首位当选的国际认可论坛主席。总的来说，我国已经成为认证认可大国，正在由大转强、越来越强。

这些成绩的取得，是党中央、国务院正确领导的结果，是各地各部门各有关单位共同努力的结果，是认证认可工作者辛勤工作的结果。这里，我代表质检总局党组，向全国认证认可工作部际联席会议成员单位，向关心支持质检工作、认证认可工作的社会各界表示衷心感谢，向全国认证认可战线的同志们表示崇高敬意！

“十三五”时期，我国经济发展的显著特征就是进入新常态。关于新常态，习近平总书记早在2014年就作了系统阐述，2015年又作了重点强调，最近在省部级主要领导干部学习贯彻十八届五中全会精神专题研讨班开班式上再次指出，要把适应新常态、把握新常态、引领新常态作为贯穿发展全局和全过程的大逻辑。新常态的突出特点之一是，发展方式从规模速度型转向质量效率型，要实现更高质量、更有效益、更加公平、更可持续的发展。在新常态下，质量也是其中一个重点和关键。最近，我们召开了全国质检工作会议，认真学习贯彻习近平总书记的系列重要讲话精神，特别是关于新常态的重要论述，强调要紧紧围绕“五位一体”总体布局和“四个全面”战略布局，面向五大发展，发挥质检作用；强调要坚持质量为本、安全第一、改革当先，着力提升质量供给水平，尤其要加强计量、标准、认证认可、检验检测等国家质量技术基础建设，打好“技术牌”，念好“服务经”。

我曾经多次讲过，认证认可在国家质量技术基础中发挥着“传动轴”的作用。我们这个“技术牌”能不能打好，这个“服务经”能不能念好，认证认可就显得很关键。大伟同志在工作报告中提出，要把建设认证认可强国作为“十三五”的战略目标，这个目标非常响亮，令人振奋。大家知道，认监委成立时，就曾提出“三步走”的发展战略，第三步目标就是要进入认证认可强国的行列。我们搞认证认可的同志，就应该有这样的雄心和抱负。我认为，建设认证认可强国，必须牢固树立“五大发展理念”，特别是要围绕经济发展新常态、供给侧结构性改革，找准定位、服务大局，使认证认可的作用更强；必须深化改革、创新发展，使认证认可的能力更强；必须协调各方、汇聚合力，使认证认可的力量更强。这就要做到“三个强化”。

第一，强化作用，不断放大认证认可制度优势。认证认可的核心作用是传递信任，这也是认证认可区别于其他管理制度的突出优势。我们要充分发挥认证认可的制度优势和职能作用，找准发力点，形成两端发力的“倍增”放大效应。

一是从底线和高线两端发力，在提升质量安全水平上强化作用。中央提出，在适度扩大总需求的同时，加强供给侧结构性改革，提高供给体系的质量和效率。诸多事实证明，我国不是需求不足，而是需求变了，供给却没有变，质量和服务跟不上，有效供给能力不足导致大量的“消费外溢”。全国质检工作会议提出，要坚持质量为本，狠抓供给质量提升，提升消费品质量，提升出口商品质量，提升服务质量，提升品牌竞争力。这就需要发挥认证认可的独特作用，既管准入，能够“兜底线”；又促提升，可以“拉高线”。

比如强制性产品认证，主要是保证产品安全、防止人身伤害，这就是“兜底线”。比如，农机产品在实施强制性认证以前，51%的企业不清楚国家强制性标准要求，75%的企业不进行产品检验，国家监督抽查合格率只有19%。认证后产品合格率稳定在90%以上；过去拖拉机缺乏安全防护装置，每年都发生人员伤亡事故，通过强制性认证要求安全问题得到根本解决。强制性认证在推动强制性标准的实施、保证产品安全底线方面发挥了基础作用。而自愿性认证，主要是促进质量优化、满足差异化需求，这就是“拉高线”。现在，有的有机产品通过认证后，价格比普通农产品高出几倍甚至十几倍，空气净化器这些新产品更是靠认证赢得消费者信任。因此，我们要一手“兜底线”，把好强制性产品认证、进出口食品企业注册备案等准入关，强化检验检测资质认定管理，突出加强消费品、食品的认证监管；一手“拉高线”，大力发展各种质量安全自愿性认证，积极开发满足市场差异化、高端化需求的认证服务。通过两手抓、两促进，着力提高供给质量，传递质量信号，提振消费信心，进而促进供需的良性循环。

二是从微观和宏观两端发力，在激发市场活力上强化作用。认证认可是全球通行、社会通用的先进管理工具。大家熟知的质量管理体系、环境管理体系、职业健康安全管理体系、卫生体系、良好生产规范等认证，都是世界公认的管理体系。微观上，能够帮助市场主体提升质量和效益，规范市场活动。大伟同志的报告中讲到的ISO 9000获证企业调查，总体认证有效率达98%，采购商满意率达96%，就很有说服力。宏观上，能够作为政府部门的政策工具，提高管理效能。最近，认监委组织编印的《政府监管应用合格评定指南》，对政府监管如何运用认证认可作用提供了指引，其中有好多国内外政府部门应用认证认可的例子，比如新加坡推行水效标签计划，美国推行电子电器产品IECEx认证，巴西建立玩具安全认证体系等等。我国也有很好的实践范例，比如多个部委共同推行的节能节水产品认证，“十二五”累计节能1.83亿吨、节水531亿吨、减少二氧化碳排放4.58亿吨。我国的低碳认证、碳排放核查等制度在国际上广受关注。最近我看了一份专报，其中提到《巴黎协议》中有多项第三方认证、核查的安排。

我们要加大认证认可的推广力度，激发微观经济活力，增强宏观政策有效性。当前，去产能、去库存、去杠杆、降成本、补短板是重中之重，通过认证认可的评价引导和激励约束作用，可以为淘汰落后产能、降低发展成本提供有效手段。比如电机行业过去长期良莠不齐，很多条件简陋的小作坊就是一张图纸、几件简单工具，强制性认证后，促使一批不具备稳定生产能力的企业关停转产，促进了行业的优胜劣汰。我们与能源局采用认证检测手段限制落后过剩光伏产能，山西提出开展循环经济认证淘汰“三高一低”煤炭产能，也是典型例子。我想这也将是认证认可今后提升作用、补齐短板的一个新的发力点。

三是从国内和国际两端发力，在培育对外经济新优势上强化作用。中央提出要统筹国内国际两个大局，实行全方位开放、高水平双向开放，加快推进“一带一路”、自贸区战略，这为认证认可提供了更加广阔的施展舞台。当初我们从国际上引入认证认可，就加快了国内市场与国际市场接轨，赢得了广阔的发展空间。今天，我们更要运用好认证认可的国际通行规则，提升互信互认水平，形成互联互通机制，形成对内对外大开放、大市场格局。面向国际，要充分运用认证认可这一“世界语言”，全方位深化国际合作，掌握好国际规则的“话语权”；面向国内，要积极引入国际上认证认可的先进管理理念和技术，帮助国内企业建立国际化质量管理模式，促进“同线同标同质”，推动产业提质升级。

第二，强化能力，全面提升认证认可供给水平。认证认可的作用要强化，离不开自身能力的强化。用供给侧改革的思维来讲，就是要全面加强认证认可的制度供给、服务供给、人才供给，进而提升认证认可总体供给水平。

一要做强体系，提升认证认可制度供给水平。一个可靠的认证认可体系应不依赖于国家授权的任务，而是依靠证实自身的技术能力获得国际公认。我国要成为世界上的认证认可强国，制度体系建设必须走在国际同行前列。要深化认证认可领域改革，将着力点放在顶层设计的整合优化上，使改革形成的制度体系更加成熟、更加定型。要围绕国家对外战略，做实做强“一带一路”等国际合作机制，积极参与和引导国际规则的制定，在国际经济治理体系中发挥更具建设性的作用。

二要做强产业，提升认证认可服务供给水平。大伟同志的报告提到要使检验检测服务业成为现代产业体系的重要增长极，“十三五”末争取实现产值翻一番。实现这个目标，就要加快简政放权、放管结合、优化服务，完善政策措施，优化发展环境。要拿出反映认证认可服务供给水平的“硬指标”、“硬手段”，采取“引进来”、“走出去”的新招、实招，进一步激发行业的创新活力和服务能力，为中国经济迈向中高端提供优质的认证认可服务。

三要做强队伍，提升认证认可人才供给水平。中央提出全面从严治党，践行“三严三实”，落实“两个责任”，对认证认可队伍提出了严格要求，同时也为建设认证认可强国提供了坚强保障。我们要把从严要求转化为做强队伍的动力，一手抓队伍能力建设，推进人才培养计划，完善能力评价制度，打造一支国际水准的认证认可专业人才队伍；一手抓行风廉政建设，严格纪律规矩，针对关键环节、突出问题一抓到底，务求在队伍管理和行风建设上取得新的明显成效，打造一支服务优良、社会满意的认证认可从业队伍。

第三，强化合力，共同建设认证认可强国。这些年，我国认证认可之所以突飞猛进地发展，很重要的一点是有“统一管理、共同实施”这样的好机制，有部际联席会议这样的好平台。建设认证认可强国，一定要建设好、运用好这些机制和平台，广泛发挥各方面的积极作用，形成叠加效应。

一是要强化部际协作合力。要一步深化改革，提高效率，优化服务，把国家发展需求、部委工作需求、认证认可管理需求三者紧密结合起来。要秉持开放理念，让更多单位、更多方面参与进来，让更多发展需求、社会需求融入进来，使得部际协作机制不断壮大、不断加强。我们也希望各兄弟单位对认证认可工作更加看重，给予更多关注、更大支持。当前，各单位都在着手制定“十三五”规划，总局和认监委也在制定质检事业和认证认可的“十三五”规划，欢迎大家提出认证认可方面的需求和安排，纳入到认证认可“十三五”规划及相关专项规划当中，使各个规划更好地衔接起来，成为合力推动认证认可工作的“共同纲领”。

二是要强化多元共治合力。实现多元共治，关键是处理好政府、市场、社会三者的关系。政府层面，要注重发挥地方政府的首创精神。今天会上有一个鲜明亮点就是认证认可在各地方都有很多鲜活、典型的经验，这些都是各地政府结合当地实际创造出来的，值得肯定、值得推广。今后我们工作也要多接地气，重心下移，把基层探索和顶层设计结合起来，鼓励基层先试一步探索经验，适时转化为上层建筑的制度创新成果。市场层面，要注重落实从业机构的主体责任。认证认可也有落实“两个责任”的问题，要把监管责任和市场主体责任结合起来，通过落实从业主体的首负责任，带动监管责任的落实。社会层面，要注重形成多元叠加效应。把共享与共治结合起来，以共享促共治，让社会各方共享认证认可的信息资源和工作成果，为各方所用，为各方所需，才能真正达到共治效果。

三是要强化质检整体合力。我们提出要大力完善质检工作体系，重点是加快质检互联互通、加强质量技术基础建设。质检部门要结合质检改革和监管创新，突出发挥认证认可在能力评价、过程控制、结果验证等方面的作用，抓住质量信用建设、产品质量追溯管理、重点消费品质量提升这些共性目标、共性要求，将认证认可融入质检工作全过程，加强与标准、计量、检验检测的协调联动，形成聚焦发力、同向发力、叠加发力的格局。总局机关、各地方两局、各质检技术机构都要更加重视、更加强化认证认可工作，形成纵向贯通、横向融合的质检工作新格局，为建设质量强国提供坚强支撑。

新的一年刚刚开始，“十三五”蓝图刚刚开篇，周而复始，万象更新，衷心希望大家在这个开局之年、关键之年，取得新业绩，展现新面貌，为建设质量强国、认证认可强国打下坚实基础。

深化改革　创新发展
为建设认证认可强国而奋斗

——国家质检总局副局长、国家认监委主任孙大伟在全国认证认可工作会议上暨第十四次全国认证认可工作部际联席会议上的讲话

（2016年1月25日）

今天，我们召开全国认证认可工作会议暨第十四次全国认证认可工作部际联席会议，目的是学习贯彻党的十八届五中全会及中央经济工作会议精神，贯彻落实全国质检工作会议的部署要求，总结"十二五"及2015年认证认可工作，谋划"十三五"认证认可事业发展蓝图，部署2016年重点工作，深化改革，创新发展，为建设认证认可强国而奋斗。下面，我代表国家认监委党组报告工作。

一、"十二五"及2015年认证认可工作回顾总结

"十二五"期间，国家认监委围绕党中央、国务院战略决策，认真贯彻质检总局党组的部署要求，坚持"抓质量、保安全、促发展、强质检"工作方针，按照"统一管理，共同实施"的原则，紧紧依靠全系统全行业和社会各界，奋力开创中国特色认证认可事业发展新局面，为建设质量强国、服务经济社会发展做出了积极贡献。

——认证认可在国家发展大局中的地位作用进一步提升。"十二五"时期，党中央、国务院对质量工作高度重视，各部门各地方和全社会对认证认可等质量基础建设更加支持。认证认可写入国家"十二五"规划纲要和60部专项规划，明确列为高技术服务业、生产性服务业、科技服务业等现代服务业的重要门类，认证机构审批、检验检测机构资质管理改革纳入中央全面深化改革的重点任务，认证认可作为国家质量技术基础、市场经济运行基础性制度安排、国际通行技术性贸易措施、行政管理改革创新工具的地位日益重要，"传递信任，服务发展"的作用日益显现。保障质量安全方面，消防产品、儿童安全座椅、进口乳粉等一批重点产品分别纳入强制性认证和进口注册目录，CCC产品抽查合格率由2011年78.5%提高到90.3%，联合国工业发展组织调查中国企业ISO 9001体系认证有效性达到98%，进口食品注册企业数量比"十一五"末增长49倍。服务经济转型升级方面，节能环保、服务认证证书数量分别比"十一五"末增长6倍和2倍，累计实现节能折算标准煤1.83亿吨、节水531亿吨、减少二氧化碳排放4.58亿吨，认证认可成为落实节能减排目标和构建碳交易市场体系的重要手段。大力推广有机产品、良好农业规范等认证，国家有机产品认证示范区达到54个。着力推进检验检测技术体系建设，"十二五"新增检验检测机构9 808家、国家质检中心201家，建立国家检验检测认证公共服务平台7个。累计向社会出具8亿余份检测报告。服务外交外贸和开放发展方面，积极运用认证认可、注册备案等技术性措施促进外贸"快进快出、优进优出"，有效组织应对美国食品安全现代化法案、欧盟RoHS指令、日本肯定列表制度等国外技术壁垒，围绕一带一路、京津冀协同发展、长江经济带等国家战略制定一系列支持政策，出台22项自贸试验区认证认可制度创新举措。认证认可对国民经济所创造的增加值由2010年的3 619亿元增加到2015年的6 440亿元。

——中国特色认证认可工作体系进一步完善。一是构建了以20部法律、17部法规、15部行政规章为主体的认证认可法律法规体系，组织制修订一系列法规、规章，圆满完成"五五"普法任务，巩固了认证认可事业发展的法治基础；二是完善了认证认可、资质认定、注册备案等构成的工作制度体系，强制性产品认证制度覆盖20大类158种产品，自愿性认证制度覆盖产品、体系、服务、过程和人员领域，认可制度覆盖三大门类11项基础认可制度、

24个专项认可制度，检验检测机构资质认定制度覆盖30多个行业，进出口食品企业注册备案制度覆盖全部出口食品生产企业和4类进口食品生产企业，强化了认证认可事业发展的制度保障；三是夯实了基础理论、标准规则、信息化平台等构成的认证认可技术体系，累计制定38项认证认可行业标准、2 641项检验检疫行业标准、256件技术规范，推进认证认可标准化组织和智库建设，建立认证认可综合管理信息平台，强化了认证认可事业发展的技术支撑；四是健全了"法律规范、行政监管、认可约束、行业自律、社会监督"五位一体的监管体系，认证监管执法体系建设覆盖90 %的地方认证监管部门，建立11个认证监管区域联动机制，制定17件行业自律规范，开展认证认可和检验检测行业诚信建设，建立行政监管、机构认可和人员注册协查机制，创新风险分析、溯源管理、自我声明、分类监管、信息公示等监管方式，完善了有机产品认证、CCC认证等监管制度，查处一批从事非法、虚假认证检测活动的典型案件，营造了"青山绿水"的良好行业生态，优化了认证认可事业发展的治理环境。

——认证认可工作机制进一步拓展。按照"统一管理，共同实施"原则，广泛建立部际协作、行业采信、地方联动、社会共治等工作机制，形成多部门、各地方、全社会协同推进的工作格局，成为大质量工作机制和大质检文化建设的重要组成部分。全国认证认可工作部际联席会议成员单位及相关部委共同推动认证认可工作，将认证认可作为转变政府职能、深化行政体制改革、提高管理效能、促进行业发展的重要手段。"十二五"期间共通过部际协作平台建立认证认可制度49项，共同推进认证认可工作128项。部际联席会议运行机制不断完善，工作效率不断提高，参与范围不断扩大。各级地方党委、政府出台一系列政策措施，围绕质量强省、质量强市等目标，运用认证认可手段促进地方经济发展。云南、北京、上海、浙江、重庆等多个地方出台推进认证认可工作的政策文件，社会各方积极推行认证认可制度、采信认证认可结果，共同构建宣传引导和社会监督机制，打造了世界认可日、实验室开放日、有机宣传周等活动品牌。认证认可事业发展的工作合力不断增强，社会环境日益优化。

——检验检测认证市场活力进一步增强。加大简政放权、放管结合、优化服务的力度，推进认证机构审批、强制性产品认证、检验检测机构资质认定、进出口食品企业注册备案、人员注册和机构认可等一系列改革，降低准入门槛，建立退出机制，激发创新活力，形成了统一开放、公开透明、有序竞争的市场环境。建立检验检测国家统计制度，落实高新技术企业认定待遇，出台鼓励从业机构创新发展的相关政策，引导从业机构专业化、规模化、品牌化发展。"十二五"末，全国认证机构和检验检测机构数量分别达到221家和31 768家，分别比"十一五"末增长32%和45%；检验检测服务业产值达1 700余亿元，比"十一五"末增长1.6倍，检验检测认证对经济社会的辐射带动作用日益显现，我国已成为全球最具活力的检验检测认证市场之一。

——认证认可国际合作成效进一步扩大。围绕国家外交外贸大局，全方位开展国际交流合作。我国已加入13个认证认可多边互认体系，比"十一五"末增加1个；与29个国家和地区签署了103份双边合作协议类文件，比"十一五"末增长33.8%。我国代表担任国际标准化组织、国际电工委员会、国际认可论坛、国际人员认证协会等一系列国际组织重要职务，主导推动了国际认可发展战略，在引领国际认证规则制定方面取得突破。建立国际互认体系国内运作机制，推动了国际互认成果的落地转化，提升了认证认可行业整体的国际化水平。

经过"十二五"发展，我国已累计颁发各类有效认证证书147.9万张、认可证书7 592张、检验检测机构资质认定证书3.96万张，证书及获证组织数量连续多年位居世界第一，成为名副其实的认证认可大国。

刚刚过去的2015年，我们主动适应经济发展新常态，深化改革创新，推进法治建设，为夯实国家质量技术基础、建设质量强国作出了新贡献。

一是深化改革全面推进。圆满完成中央深改办下达的重点改革任务"完善认证机构审批程序"，减少10项审批、6项备案事项，取消6项申请材料要求，审批时限由90日缩短为45日。落实《整合检验检测认证机构实施意见》相关要求，建立统一的检验检测机构资质认定制度，将原先3项资质认定项目合并为1项，首次发布我国检验检测行业统计信息，强化了资质认定在检验检测行业管理中的基础作用。落实国务院深化行政审批制度改革、清理中介服务等要求，取消出口商品注册登记和计量认证收费项目，全国检验检测机构一个资质评审周期即减负约12亿元；出台强制性产品认证制度改革新举措，引入企业"自我声明"模式，完善指定机构常态化调整机制，出台平行汽车进口CCC认证模式调整等便利化措施，制定《关于加快发展自愿性产品认证工作的指导意见》，改革成果惠及更多企业和社会公众；实施认证技术规范备案改革，由审查式备案改为告知式备案，新增备案数量同比增长4.5倍；加快人员注册改革和认可工作改革，初次认可时限减少18%、复评时限减少42%；扩大注册备案采信第三方认证的范围，与比利时、荷兰等国官方建立进口食品注册监管合作机制，强化了境外源头监管。改革红利释放后，检验检测认证市场活力显著增强，认证机构和检验检测机构数量分别比上年增长20%和14%。

二是服务发展作用凸显。成功举办了世界认可日活动，发布《共同推动认证认可服务“一带一路”的愿景与行动》。在中韩自贸协定框架下达成了电子电器合格评定互认协议，我国HACCP认证、GAP认证分别获得“全球食品安全倡议”组织和“全球良好农业规范”组织承认，全面参与IEC可再生能源认证互认体系，全方位促进中国企业走出去。配合国家领导人高访，积极做好巴西肉类企业、东盟燕窝企业进口注册工作，运用卫生注册手段对进境三文鱼、乳品等实施严格把关和合理调控。积极推动出口食品内外销“同线同标”生产，支持建设供港生鲜食品内销交易平台；我国水产品企业对俄注册取得突破，注册企业比上年增加65%；帮助出口氨糖企业成功应对欧盟新规恢复注册，挽回近30亿元出口损失。建立实施电子商务认证制度，开通“云桥”认证认可信息共享服务平台，推动了电商企业加强质量管控。在智能制造、机器人等战略性新兴产业建立一批国家质检中心，批准一批国家检验检测认证公共服务平台，鼓励地方试点开展“浙江制造”“深圳标准”“两型”认证，支持产业升级优化。建立了统一的节能低碳产品认证制度，在京津冀、南水北调沿线、陕北生态保护区等地开展有机产品认证、良好农业规范认证示范区创建活动，有机产品认证成为生态文明体系评价指标。在联合国巴黎气候大会上，国家认监委首次作为中国边会主办方，介绍了我国运用认证认可手段提升气候变化治理能力的经验，受到国际社会好评。

三是部际协作成果突出。一年来，认监委会同各单位共同推进部际联席会议运作机制改革，采取了一系列改进服务、提高效率的新举措，取得了较好效果。全年依托部际协作平台完成70项重点工作。会同发展改革委建立节能低碳认证制度；会同财政部等部委开展电子招投标系统产品认证工作；会同发改委、工信部落实中国制造2025，筹建机器人国家质检中心及产品认证制度；会同公安部推进刑侦技术机构能力建设；会同科技部推进检验检测认证机构高企认定和认证认可科技课题立项等工作；会同林业局正式推行森林认证制度；会同统计局推进检验检测服务业统计工作；会同知识产权局完善知识产权管理认证认可体系；与中医药管理局、全国供销合作总社建立合作机制，共同推进中医药健康认证体系和农产品检测认证体系建设等工作。此外，我们还得到了中编办、发改委、人社部、财政部、法制办等部委在事业单位改革、法规制修订等方面的大力支持，工作合力不断加强。

四是能力建设整体推进。首先，法治保障能力进一步提升，完成8部认证认可规章的“立改废”工作，修订《认证认可法律法规体系框架图》，完善了认证认可法律法规和规章体系。深化认证执法监管区域合作联动机制，首次对省级质检部门认证行政执法和专项业务工作开展统一监督检查。其次，科技创新能力进一步提升，“十二五”科技支撑计划认证认可课题验收，“十三五”申请课题通过立项论证，新制定认证认可标准15项、检验检疫行业标准516项，启动认证认可检验检测大数据中心建设。其三，监管执法能力进一步提升，落实国务院“双随机”抽查办法，将管理体系认证监督检查由网格化检查改为随机抽查，对电商平台获证产品实行“双随机”抽查，确保了执法检查的公正性。其四，国际合作参与能力进一步提升，“一带一路”国际合作取得突破，全年新签订9份国际合作互认协议，中国代表首次当选国际认可论坛（IAF）主席，在国际认证认可领域逐步发挥引领作用。其五，行风队伍形象进一步提升，强化纪律规矩意识，扎实开展“三严三实”教育活动，深入落实“两个责任”，切实加强行风廉政建设，着力提升干部队伍的凝聚力、战斗力，较好完成了全年工作任务，实现了“十二五”的圆满收官。

总结回顾中国认证认可事业发展历程，我们的认识在不断升华，实践在不断前行。认监委五年前曾经总结了七条基本经验，通过“十二五”的发展又深化了新的经验启示：一是坚持把服务国家战略需求、适应市场新生需求作为履行职责、服务发展的着力点，不断提升认证认可在国家工作大局中的站位和作用影响；二是坚持结构性调整，把激发市场主体活力、增强行业内生动力作为认证认可创新发展的根本动力，通过深化改革不断完善认证认可行业发展的体制机制；三是坚持把依靠地方、联合部门作为落实“统一管理、共同实施”工作原则的基本方式，形成协同行业发展与区域发展的认证认可推进机制；四是坚持把加强基础建设、强化法治保障作为完善中国特色认证认可工作体系的战略举措，筑牢认证认可事业长远发展的根基。

这些成绩和经验的取得，得益于党中央和国务院的英明决策、总局党组的正确领导、部际联席会议成员单位和相关部门的大力支持、社会各界的关心帮助，也是全系统干部职工共同努力的结果。党中央、国务院领导多次对认证认可工作作出重要指示，王勇国务委员去年还亲自出席“世界认可日”活动并发表重要讲话，强调充分发挥认证认可的质量技术基础作用，加强认证认可国际合作，促进互信互认和互联互通，与有关各方共同提升质量水平和贸易便利化程度，共同推进“一带一路”建设。支树平局长先后对认证认可工作提出了“找准定位，创新发展”、“传递信任，服务发展”、“完善制度，凸显作用”、“主动改革，更有作为”、“创优服务，创新治理”等一系列要求。国务院领导和总局领导为认证认可工作指明了方向。各部门、各地方领导对认证认可工作高度重视，给予了有力支持。在此，我代表国家认监委，向关心支持认证认可工作的各级领导、社会各界表示衷心感谢！

二、"十三五"认证认可事业发展总体思路

"十三五"是全面建成小康社会的决胜阶段，也是质检事业改革发展的攻坚时期。刚刚召开的全国质检工作会议确定了"十三五"质检事业发展思路，部署了2016年度质检工作。我们要认真学习领会、坚决贯彻落实，以此为指引，谋划好认证认可"十三五"发展思路，将认证认可事业推向新阶段。

回顾15年前认监委成立之初，以凤清主任为班长的认监委领导班子提出了我国认证认可事业发展的"三步走"战略，提出了建设认证认可强国的宏伟目标。经过15年的接力实践、爬坡奋进，我们已基本完成"三步走"的第二步，成为认证认可大国，奠定了迈向认证认可强国行列的坚实基础；在全面建成小康社会的决胜阶段，我们迎来了加快实现认证认可强国目标的战略机遇期，面临我国在全球的实力地位快速提升、全面深化改革纵深推进、全方位开放格局日益完善、质量强国战略加快实施等一系列难得机遇，认证认可在经济发展新常态下日益显现出制度优势和独有作用，具备各种有利条件。我们要把握机遇，增强信心，牢固树立"五大发展理念"，科学确定"十三五"目标任务，加快建设认证认可强国，为国家发展大局作出更大贡献。

（一）牢固树立"五大发展理念"，坚定"十三五"认证认可工作的正确方向

十八届五中全会提出的"创新、协调、绿色、开放、共享"五大发展理念，是"十三五"及今后一段时期统领各项工作的指引，是制定认证认可"十三五"规划、建设认证认可强国的基本遵循。

坚持创新发展，把创新作为推动认证认可事业发展的第一动力。我国认证认可从国际引入国内，走过了一条创新发展的道路。"十二五"期间，我们将创新发展正式确立为我国认证认可事业发展的总体战略，提出制度、科技、服务、监管、体制机制等"五个创新"，着力推进认证认可领域深化改革，释放认证认可制度的创新活力。"十三五"将是创新活力集中迸发、创新步伐显著加快的时期，十八届五中全会和中央经济工作会议都提出要转变发展方式，实施创新驱动发展战略。全国质检工作会议要求深化质检改革创新，提出一系列新思路新部署。认证认可要充分发挥制度优势，就必须牢固树立创新发展理念，强化创新意识，提高创新能力，通过改革创新不断为认证认可事业发展注入新动力，激发新动能。

坚持协调发展，正确处理影响认证认可事业长远发展的各种关系。十八届五中全会指出，必须正确处理发展中的重大关系，促进协调发展，不断增强发展整体性。全国质检工作会议强调提高质检工作的整体性和协调性，推进国家质量技术基础的协同发展。结合认证认可工作实际，我们要牢固树立协调发展理念，找准自身工作在国家大局中的定位，着力解决制约事业发展的深层次矛盾和结构性问题，处理好认证认可与发展全局、统一管理和共同实施、立足当前与规划长远、改革创新与法治规范、国际合作与国内协作等各种关系，充分发挥部际联席会议的主平台作用，建立健全纵向和横向、内部和外部各种协调推进机制，充分调动一切积极因素，推动认证认可事业更协调、更平衡、更可持续发展。

坚持绿色发展，不断拓展认证认可工作新内涵新领域。十八届五中全会鲜明提出绿色发展理念，促进人与自然和谐发展。中央一系列政策文件明确提出建立统一的绿色产品认证、加强应对气候变化能力建设等要求，全国质检工作会议提出推动绿色制造、完善节能低碳认证认可体系等工作任务，这些都与认证认可工作直接相关。我们既要把握绿色发展提出的新要求，也要把握绿色发展带来的新机遇，敏锐意识到绿色发展不仅仅带来经济发展方式的深刻变革，而且带来治理方式的深刻变革，充分发挥认证认可的制度优势，在推动绿色经济发展中作出应有贡献，在相关国际标准规则制定中力争发挥引领作用，拓展认证认可工作领域。

坚持开放发展，统筹推进认证认可中国化和国际化发展。十八届五中全会强调，加快构建更高层次的开放型经济新体制，提高我国在全球经济治理中的制度性话语权。全国质检工作会议提出充分利用国家质量技术基础这一"世界语言"，积极参与全球经济治理。我们要树立开放发展理念，切实发挥好认证认可的市场化、国际化优势，坚持中国化和国际化相结合的方针，统筹推进认证认可"引进来"和"走出去"。一方面，要遵循国际规则，积极引进国际先进技术和管理经验，扩大检验检测认证市场对外开放；另一方面，又要提出中国方案，积极向外输出中国认证认可标准规则和管理经验，推动中国认证认可和检验检测机构、证书"走出去"，在认证认可国际发展中发挥引领作用，为我国参与国际经济治理掌握更多制度性权利。

坚持共享发展，推动认证认可发展成果惠及全社会。十八届五中全会提出，作出更有效的制度安排，使全体人民在共建共享发展中有更多获得感。全国质检工作会议强调"质检为民"，提升质量供给水平。我们要秉持共建、共治、共享的理念，充分发挥认证认可的桥梁纽带作用，将认证认可作为推进结构性改革、提高供给质量效率、促进需求优化升级的有效途径，大力推进公共服务

平台建设，提升公共服务水平；同时要吸收社会各方广泛参与认证认可工作，完善推广应用和采信机制，构建多元共治体系，让质量发展成果、认证认可工作成果为全社会共享。

（二）围绕建设认证认可强国，科学确定“十三五”认证认可发展目标任务

按照“十三五”国家总体发展目标，我们要把握历史机遇，加快推进“三步走”战略，科学制定认证认可“十三五”规划，力争到“十三五”末基本实现建设认证认可强国的战略目标。

“十三五”时期认证认可工作的总体要求是：牢固树立创新、协调、绿色、开放、共享的发展理念，以提高发展质量和效益为中心，以改革和创新为动力，坚持“抓质量、保安全、促发展、强质检”工作方针，深入实施质量强国战略，着力强化国家质量技术基础，加快形成适应经济发展新常态的认证认可体制机制和发展方式，不断完善中国特色认证认可体系，使我国认证认可工作整体达到国际先进水平，迈入世界认证认可强国行列。围绕建设认证认可强国，努力实现以下目标：

——认证认可制度成为国家治理体系的重要组成部分，制度供给和制度保障能力显著增强。认证认可深化改革取得决定性进展，改革成果全面实现制度化、法治化、长效化，认证认可制度建设与经济社会发展协调同步，在经济社会和国家治理各领域得到广泛应用，更加适应多元化需求。到2020年，认证认可各项制度基本成熟定型，形成相互支撑、紧密衔接的认证认可制度体系。

——检验检测认证服务业成为现代产业体系的重要增长极，产值贡献和市场活力显著增强。建立比较完善的检验检测认证市场监管及服务体系，形成统一开放、有序竞争、充满活力的检验检测认证市场，检验检测认证服务业与现代产业体系深度融合，服务能力明显提升。到2020年，检验检测认证产值力争比“十二五”末翻一番，创建一批检验检测认证公共服务平台，形成一批检验检测认证产业集聚区域，打造一批检验检测认证机构知名品牌，检验检测认证成为最具活力的服务业门类之一。

——认证认可技术体系全面优化升级，创新能力和支撑作用显著增强。认证认可技术创新平台形成体系，认证认可检验检测大数据中心基本建成，“互联网+”认证认可检验检测模式初步建立，合格评定基础理论和技术研究实现整体突破，标准体系和技术机构布局更加合理、结构更加优化，对国家重大战略需求的支撑作用更加显著。到2020年，初步建成国际先进水平的认证认可技术体系。

——认证认可国际化程度达到世界先进水平，国际影响和引领作用显著增强。取得一批新的双多边合作互认成果，我国在国际合格评定组织中发挥重要影响力，在国际规则和互认体系建设中实现同步和引领发展。到2020年，认证认可国际化的主要指标达到国际先进水平，初步建立“一带一路”和自贸区认证认可互联互通机制，认证认可和检验检测“走出去”战略取得突破性进展。

——认证认可行业治理能力整体提升，认证认可有效性和公信力显著增强。认证认可法治环境更加健全，部际协作和区域联动机制更加顺畅，行业自律和社会监督机制更加完备，事中事后监管模式更加完善，从业主体的诚信水平和服务水准整体明显提升，行业自我管理、自我完善的长效机制基本形成。到2020年，基本建成多元共治的认证认可行业治理体系，认证认可行业投诉率、第三方调查的行风满意度等指标明显改进。

为了实现建设认证认可强国的各个发展目标，“十三五”时期要重点采取以下战略性举措：

一是建立认证认可强国评价指标。紧紧围绕建设认证认可强国这个战略目标，对国家“十三五”系列规划指标及相关要求进行对标研究，对国际认证认可发展趋势进行跟踪比对，制定符合国情实际的认证认可发展评价指标，推动将其纳入“十三五”政府质量考核及经济社会发展目标和指标体系。

二是强化认证认可基础建设。紧紧抓住基础建设这个根本，大力加强认证认可理论、政策、技术研究，全面推进信息化建设、法治建设、行政效能建设、人才队伍建设等四大基础建设，建设开放型专业型认证认可智库，建立认证认可检验检测公共资源共享平台，整体提升基础研究、基础建设水平。

三是实施认证认可创新示范工程。紧紧依靠创新驱动这个引擎，大力实施认证认可创新发展战略，推进制度、科技、监管、服务、体制机制的协同创新，在重点行业、重点区域实施一批认证认可创新示范工程，重点加快电子商务、智能制造、绿色发展等领域认证认可创新步伐，着力突破“互联网+”模式下认证认可关键评价及保障技术，力争取得一批具有国际先进水平和显著应用效益的认证认可自主创新成果。

四是开展认证认可有效性提升行动。紧紧抓住有效性这条命脉，着力完善事中事后监管、行业自律和社会监督机制，建立信息公示、追溯管理、质量分析、风险控制、技术验证、执法监督等综合配套的认证认可有效性保障体系，形成法治监管保障下的机构自主约束、行业自主调节、市场自主选择的有效性持续提升机制。

五是完善认证认可规划实施保障机制。紧紧抓住执行力这个关键，建立健全组织领导、宣传推动、投入保障、绩效考核、监督问责等机制，突出职能整合和流程集

约，强化目标任务的责任落实，将五年规划与年度计划、专项工作紧密衔接起来，为规划实施提供有力保障。

三、2016 年认证认可工作安排

2016年是“十三五”开局之年，也是推进结构性改革的攻坚之年。按照“十三五”总体布局，今年认证认可工作要以服务供给侧结构性改革为重心，从转变观念和工作方式入手，着力抓好基础性、先行性的工作，突出“规划引领、整合提升、协调推进、追溯管理、效能建设”，努力做到“五个坚持、五个着力、五个转变”，为“十三五”开好局、起好步：一是坚持破立并举，着力抓好深改成果长效化机制建设，由注重出台改革措施向注重整合深化改革成果转变；二是坚持质量为本，着力抓好认证有效性建设，由注重满足用户需求向注重提高供给质量转变；三是坚持放管结合，着力抓好监管一体化模式建设，由注重放宽事前准入向注重强化事中事后监管转变；四是坚持多元共治，着力抓好协作机制建设，由注重审批监管向注重协调服务转变；五是坚持内外联动，着力抓好国际合作互认机制建设，由注重同步发展向注重引领发展转变。重点抓好以下五项工作：

（一）制定认证认可“十三五”发展规划

以国家“十三五”规划纲要和质量发展纲要为依据，组织制定认证认可“十三五”规划及各分项规划，抓好与国家专项规划的衔接配合，加强对地方规划的协调指导，积极争取各行业、各地方出台相关配套政策和项目，推动建立以认证认可为评价方法和管理手段的约束性指标、考核机制，形成目标明确、路径清晰、任务落地、配套完备的“十三五”认证认可规划体系。要抓好“十三五”规划的年度分解和任务分工，建立健全规划实施的组织保障机制，确保目标任务落到实处。制定“十三五”规划过程中，要充分吸收各部门、各行业、各地方的需求和意见，建立共同研究、共同制定、共同实施的工作机制，促进“十三五”认证认可工作协调发展。

（二）推进认证认可服务能力建设

围绕供给侧结构性改革，切实发挥认证认可职能优势，突出精准发力和协同发力，全面提升认证认可的服务能力及供给质量。一是抓好认证认可基础服务平台建设。重点之一是加快国际合作互认机制建设，落实《共同推动认证认可服务“一带一路”愿景与行动》实施方案，推进自贸区框架下合格评定互认安排；重点之二是加快认证认可信息公共服务共享平台建设，推动认证认可纳入社会信用信息共享平台、企业信用信息公示平台、重点产品追溯平台和质量信用管理平台，加快“云桥”信息共享平台向社会开放；重点之三是加快检验检测认证公共服务平台建设，明确职能定位、建设要求、运行条件和验收标准，使检验检测认证公共服务平台真正体现公共服务属性，提高公共资源使用效率。重点之四是支持出口食品内外销、农产品流通、跨境电商等公共服务平台建设，发挥认证认可和注册备案的职能优势，促进“同线同标同质”和“快进快出、优进优出”。二是优化认证认可制度供给。重点之一是促进质量技术基础整体效能提升。强化计量基标准在检验检测资质认定和认可中的应用，充分发挥认证认可对标准实施和计量发展的反馈促进作用。重点之二是加快研发新型认证认可制度。完善强制性产品认证的动态调整机制，大力发展自愿性产品认证和服务认证，积极开发满足高端化、差异化需求的新型认证认可项目。根据重要产品追溯体系建设要求，积极开发追溯管理的第三方评价技术，研发追溯管理体系认证制度；推进生态文明体制改革，建立统一的绿色产品认证标识制度；配合消费品质量提升，重点开发一批认证新项目。重点之三是运用互联网和大数据技术创新认证认可模式。重点构建认证认可追溯管理模式，积极推行在线审核、在线检测模式，探索建立“互联网+”检验检测认证一体化模式，形成需求差异化、服务一体化、流程溯源化、制度体系化的新型认证认可工作格局，为新消费、新供给释放新动能。

（三）构建认证认可监管一体化模式

适应经济全球化、区域协同发展以及质检体制改革等对认证认可监管提出的新要求，建立以风险管理为基础、以信用管理为核心、以追溯管理为重点的事中事后监管一体化模式，整合监管资源，提高监管效能。一是统一规范监管要求。按照总局统一部署，做好权责事项梳理，为开展权责清单编制做好准备，制定实施“双随机”抽查方案，研究制定检验检测认证市场准入负面清单。二是推进协同监管。将监管上下游环节进行梳理，建立追溯管理新模式，形成环环相扣的监管链条；将监管对象重叠、监管流程重复的监管任务进行整合，集中下达年度监管任务，组织多部门联合监管，加强监督检查活动安排的协调，避免重复监管、重复检查。对总局统一部署的10种重点消费品以及电商产品、进出口食品等开展联动监督检查，形成协同监管的合围态势。三是健全监管信息共享机制。开展信息资源集中整合行动，加强信息化建设和业务统计的统一规划、统一管理，建设认证认可检验检测大数据中心，构建“单一窗口”的综合业务管理平台，建立健全监管数据信息公开和分级共享机制。四是强化区域监管联动。适应“三互”、“单一窗口”和检验检疫一体化等要求，完善认证执法监管区域联动机制，拓展执法监管合作领域，促进信息互享、监管互认、执法互助。五是深化跨境监管合作。加强与境外官方机构的合作，建立跨境监管信息通报、协查、互信等国际合作机制，落实境外监管责任，强化源头管控。六是推行行政监管与社会共治联动模式。建立认可信息和行业自律信息通报制度，对管理体系认证试点采用同行评审与行政监管相结合的方式，加大检验检测机构能力验证、盲样考核的力度，探索提升认证认可合规性和有效性的新方法。

（四）完善认证认可工作协同推进机制

首先，要切实发挥部际联席会议的主平台作用，增强部际协作合力。继续深化部际联席会议运行机制改革，全面提升部际协作效率。当前，要以共同研究制定和实施认证认可“十三五”规划为抓手，加强工作联络和协调，增进相互沟通和配合，推进重要产品追溯体系建设、重点行业检验检测认证平台建设、第三方认证结果采信及高新技术企业认定等重点工作。这次会议的一个重要议题就是将认证认可“十三五”规划草案提交部际联席会议审议，下午会上还将专题讨论，希望各成员单位和特邀单位代表多提需求、多提意见，使这部规划能够切合各方需要，促进各项工作协调发展。其次，要大力总结推广各个地方开展认证认可工作的宝贵经验。要进一步重心下移、服务基层，积极回应地方对检验检测认证的需求，鼓励各地将认证认可纳入地方“十三五”规划，融入政府质量考核、地方立法、行政审批制度改革、示范区创建等工作，鼓励自贸试验区、“一带一路”核心区、综合配套改革区探索推广认证认可方面的制度创新成果，优先在产业政策配套条件良好的区域建设一批检验检测认证示范项目。各地认证监管部门要转变工作方式，当好地方经济的“服务员”、委地协调的“联络员”，切实提升认证认可服务地方经济发展的地位作用。其三，要动员全行业加大宣传推广力度。完善认证认可信息公开平台和公众宣传机制，加大绩效考核、投入保障和行业协作力度，向国内外广泛宣传中国认证认可制度和理念，集中打造一批叫得响、有特色的认证认可服务品牌和宣传品牌。

（五）加强认证认可基础管理

一是继续推进改革，建立深化改革长效化机制。加快已有改革举措落地，开展改革效果评估；出台新的改革举措，形成更多可复制可推广成果。今年要以改革措施及成果的系统整合为基础，出台一批新的改革举措，重点抓好自愿性认证制度改革、监管模式改革、人员注册改革、事业单位分类改革和社团组织改革，制定新的认证认可制度体系框架图，做好质监分级改革后认证监管职能配置的指导协调，推动认证认可领域改革向纵深推进。二是大力加强法规体系建设，提升认证认可法治化水平。积极参与和推动《质量促进法》、《消费品安全法》、《检验检测机构管理条例》等立法，对涉及改革调整的认证认可规章和规范性文件加快“立、改、废”进度，推进行政审批标准化和行政执法责任制建设。三是落实从严管理要求，引领行风队伍建设新常态。以党建工作引领业务工作，严格落实“两个责任”，总结推广联系点支部共建、支部工作法等经验做法；加大人员培训力度，开展多层次、多途径的监管队伍和从业队伍教育培训，对地方认证监管部门新上岗人员建立培训档案；加强行政效能建设，完善质量管理、绩效评价、审计监督和工作督查机制，严格专项经费和政府采购项目管理，抓好重大部署任务的督办落实，抓好问题隐患的排查整改；大力推进廉洁行业建设，加强基层执法队伍管理，强化执法层级监督，建立认证机构年报公开和投诉处理公示制度，健全行风调查、绩效考核、财务审计、申投诉处理联动机制，认真纠正并严肃查处损害行业和群众切身利益的问题，树立良好行风形象。

“十三五”宏伟蓝图已经开启，认证认可事业进入了新的战略机遇期和改革攻坚期。我们要振奋精神，增强信心，真抓实干，开拓进取，精诚团结，凝心聚力，为建设认证认可强国、为实现全面建成小康社会目标而奋斗！

2016

Yearbook of Certification and Accreditation of China

第二部分　特　载

Part Two　Essays

开创认证认可事业改革发展新境界

国家质检总局副局长、国家认监委主任　孙大伟

2014年，我们深入学习贯彻党的十八大和十八届二中、三中、四中全会精神，按照“主动改革、更有作为”的总要求，全面推进认证认可改革创新，取得了新成效。

过去的一年，我们在国家质检总局党组的正确领导下，牢牢把握国家大力发展认证认可和检验检测服务业的历史机遇，全面深化改革，坚持创新驱动，释放认证认可制度红利，在认证市场准入监管、强制性产品认证、检验检测机构资质管理、人员注册、进出口食品企业注册备案等领域都迈出了有力的改革步伐，有效激发了认证认可和检验检测市场活力，拓展了认证认可事业的发展空间。我们紧紧围绕经济社会发展和质检工作大局，主动找准结合点、切入点，不断提升服务发展的能力，为经济转型发挥积极作用。我们运用市场化、产业化和国际化思路，把促进检验检测认证服务业发展作为工作出发点，真正转变职能，加强宏观管理和服务协调。我们从单纯地减少和取消行政审批事项，转向通过多元共治实现事中事后监管和促进事业发展做强做大，在新的形势下继续展示特色、发挥优势，保持领先地位。我们积极探索运用创新思维处理认证认可监管与发展问题，更加重视发挥社会监督作用，更加重视落实从业机构的主体责任，构建具有认证认可工作特色的“放、管、治”相结合的治理体系。

在新的一年里，我们要深入贯彻落实中央经济工作会议和中国质量（北京）大会精神，在经济发展新常态下，更加充分发挥认证认可制度优势，大力促进经济提质增效升级。运用认证认可手段促进微观和宏观质量全面提升，夯实质量发展基础；集聚认证认可和检验检测等合格评定手段，强化产品准入管理；完善节能减排等国家重点领域的认证认可体系，助推经济结构调整升级；运用认证认可手段服务简政放权，促进政府治理创新；加快“一带一路”和“亚太自贸区”合作互认进程，服务国家外交外贸，促进更高水平的对外开放。

我们要加大简政放权力度，激发检验检测认证产业发展活力。加快改革落地步伐，充分释放认证认可改革红利；强化政策引导，促进检验检测认证机构提升能力；搞好发展规划，科学引领认证认可和检验检测行业发展；完善配套条件，优化检验检测认证服务业发展环境。

我们要构建多元共治格局，完善“放、管、治”相结合的认证认可行业治理体系。结合简政放权，落实从业机构主体责任；推行清单管理模式，创新认证认可行政监管机制；推动社会共治，突出发挥社会监督作用。

我们要落实依法行政要求，全面推进认证认可法治建设。加快立法立规进度，完善认证认可法律法规体系；完善标准规则体系，强化认证认可技术规范；规范监管执法行为，健全认证执法监管体系；巩固作风转变成果，推进认证认可行风建设；加大培训教育力度，建设高素质认证监管队伍。

2015年将是认证认可事业的又一个新起点，机遇与挑战并存。在新的一年里，我们要团结协作，励精图治，求真务实，改革创新，充分发挥认证认可制度的作用，夯实国家质量基础，为推动我国经济保持中高速增长、迈向中高端水平，努力实现“三个转变”做出新贡献。

立法促进改革　推动事业发展

国家认监委政策与法律事务部　刘仲书

2015年，国家认监委政策与法律事务部工作计划主要体现在3个方面。

一、立法与法规协调工作

把检验检测机构管理、检验检测机构资质认定管理、认证机构和认证人员管理、节能低碳产品认证管理列为2015年认证认可立法工作的重点。配合国家质检总局法规司对相关法律法规、部门规章等进行制修订。

完成列入国家认监委2015年立法计划的规范性文件的制修订工作。

继续开展《检验检测机构管理条例》立法研究，完成相关立法背景材料的准备，完成《检验检测机构管理条例》草案。

加强立法协调，重点针对《食品安全法（修订草案）》《食品安全法实施条例（修订草案）》《大气污染防治法（修订草案）》《网络安全法》《商用密码管理条例》等法律法规。

二、法制监督工作

深入推进认证执法监管体系建设。巩固认证执法监管区域联动机制的成果，推动区域和区域之间质检部门资源共享和执法联动，深化合作内涵。继续加强中心城市认证执法监管体系建设、检验检疫口岸认证行政执法监管联盟建设等重点工作，构建“纵横联动、协同管理、多元共治”的认证执法监管机制。继续加强认证执法事中事后监管机制建设试点工作，尽快形成可复制可推广的经验。

根据《中共中央关于全面推进依法治国若干重大问题的决定》要求，加快建立国家认监委内部重大决策的合法性审查机制，确保决策制度科学、程序正当、过程公开、责任明确。

加强认证行政执法队伍建设。重点结合质监系统管理体制调整工作的落实，将认证执法监管培训资源进一步向市、县级质检部门倾斜。坚持推动“省市县三级全覆盖”的培训模式，切实提高基层执法监管人员的执法水平和业务素质。

深入推进依法行政，提升认证行政执法监督检查和执法指导工作水平。结合地方行政执法体制改革的大背景，对地方质检部门的认证执法情况进行专项监督检查，推动各级质检部门完善认证行政执法程序，全面落实行政执法主体责任制，细化、量化行政裁量标准，规范执法自由裁量权。加强对各级质检部门的认证执法指导，进一步规范认证行政执法行为。

继续做好申投诉处理工作，强化风险防控。加大重大申投诉案件督办力度，做好申投诉处理数据分析工作。严格控制申投诉案件处理过程的行政风险。

继续加强认证执法监管信息化建设。继续完善对认证机构执行自愿性认证活动执法监管信息动态上报制度的监督抽查工作。推动“认证行政执法信息报送系统”与国家质检总局“12365投诉举报系统”实现互通互联，共享执法信息。

密切关注改革动向，加强前瞻性研究和预判，继续做好国家认监委行政审批改革的协调工作。

三、政策研究工作

继续围绕深化改革和产业发展政策研究工作，重点加强放管治监管体制建设政策研究和“十三五”规划编制工作。

继续履行好深改办工作职责，加强与各改革专项的磋商协调，加大改革推进的综合统筹力度。

以放管治监管体制建设为重点，加大重大改革政策文件跟踪梳理、政策研究、实证调研，提出改革政策建议。

以认证认可事业发展“十三五”规划编制为契机，继续深化认证检测产业发展政策研究，跟踪国家规划编制进展，开展"十二五"规划实施情况调研，提出规划编制工作建议，推动完善规划编制工作机制。

落实改革措施　激发行业活力

国家认监委认可监管部　赵宗勃

2015年，国家认监委认可监管部工作总体思路是：简政放权，强化事中事后监管，细化并落实《认证机构准入审批和监督管理方案报告》中规定的各项改革措施，激发行业活力，净化市场环境；及时发现改革过程中出现的问题并加以研究解决。

一、继续完成认证机构准入审批和监督管理改革方案确定的改革任务

一是在《认证机构管理办法》修订后，对认证机构准入审批和监督管理改革方案中涉及的审批、备案等工作的取消公告，以及《认证机构批准书》更换等工作。

二是做好认证机构行政审批流程的改变和优化工作。

三是以突出问题为导向，规范认证活动市场监管。制定并组织实施《不符合质量管理体系认证规则要求应处罚的违规行为列表》《不符合能源管理体系认证规则要求应处罚的违规行为列表》，根据认证规则关键条款明确"出具虚假认证结果"和"遗漏认证程序"的认定方法，加大查处力度。

四是实施认证机构分类管理。基于问题导向确定认证活动异常的认证机构名录，把名录中的机构作为重点监督对象，加大对其认证结果的抽查比例。

五是强化社会监督，完善认证活动监督机制。建立认证机构年度报告和社会责任报告公示制度；增加国家认监委网上查询认证结果的信息内容；建立"管理体系认证活动监督"网页专栏，发布非法和虚假认证警示信息，实现国家认监委官方网站的认证结果权威发布；研究制定认证认可活动监督举报奖励办法。

六是建立联动机制，形成多元共治。制定并组织实施《管理体系认证活动监督工作规范(试行)》，完善行政监督、认可约束、行业自律在监督检查和受理投诉举报工作中的联动机制；建立暂停和撤销认证机构认可资格信息报送制度；适应自愿性认证收费改为市场调节定价要求，指导认证认可行业自律工作。

七是进一步完善信息系统，为认证活动监管提供保障。根据《质量管理体系认证规则》等要求，完善管理体系及服务认证证书信息上报字段项目和校验规则，协调认可中心、信息中心等相关方面，开发新的证书信息上报系统，试运行后正式推行。建立完善"管理体系认证监督"网页。在新的管理体系及服务认证证书信息上报系统基础上，丰富国家认监委网站上管理体系及服务认证证书公众查询显示信息，进一步强化社会监督作用。

二、将重构事中事后监管体系相关举措应用到行政监管工作实际，改进管理体系认证活动监督工作，提高监督针对性

一是继续加强对质量管理体系认证活动监督检查力度。把加强事中事后监管相关举措制定为监督检查工作方案，向地方两局部署监督工作，指导地方局以问题导向确定监督检查内容、范围、方式，强调对检查出的问题严格依法处理。突出问题导向制定专项检查方案，扩大随机抽样检查数量，强化检查结果的依法处理。

二是强化能源管理体系认证活动监督。将新批准扩大认证范围的认证机构的相关认证结果作为监督重点，督促严格按照认证规则开展认证活动。

三是进一步加大对认可有效性的监督，督促认可机构更多更好发挥认可约束作用。

三、按照已确定的部际联席会议工作机制改革方案，做好相关工作

一是深化改革，提升部际联席会议办公室工作能力。在2014年改革基础上，进一步完善工作机制，提升工

作能力，充分发挥平台作用，促使全委各部门形成合力，共同做好部际联席会议工作。

二是加强信息宣传工作。以电子简报为抓手，在做好信息宣传的同时，构建双向交流沟通的渠道，改善国家认监委和成员单位间的信息沟通状况。

三是将部际联席会议办公室的工作重点放在配合政府部门职能转变，与成员单位共同推动认证认可工作上。一方面是鼓励和帮助成员单位采信检验检测认证结果，另一方面是根据需要，帮助成员单位推出新的认证制度。

保证强制性产品认证公信力　大力发展自愿性产品认证制度

国家认监委认证监管部　薄昱民

2015年，国家认监委认证监管部要做好以下几方面的工作。

一、进一步简政放权，激发相关参与方活力

一是围绕强制性产品认证(CCC)“保安全”的本质属性，贯彻十八届四中全会精神，落实“依法治国、依法行政”的要求，在工作中探索强制性产品认证“权力清单、负面清单、责任清单”建设，规范制度发展，释放制度红利，激发机构活力。

二是解决制度灵活性问题，加紧研究制度顶层设计的优化，探索自我声明认证模式的试点工作。深入改革政策层面CCC认证实施要求和模式，简化认证程序，切实减轻企业负担，逐步解决制度设计“简政放权”的问题，激发生产企业的自我约束能力和质量主体责任意识。

三是使CCC认证制度更加友好便捷。继续简化CCC标志申购流程，督促标志中心与指定认证机构合作实现“一站式”无缝对接服务，简化安全关键件的认证变更程序，服务经济发展。

四是创新监管方式，完善CCC认证指定机构监管模式，加强对CCC目录内产品无证生产销售的执法打假。深化开展地方局对CCC检测实验室的监督管理，逐步扩大开展范围。

五是督促已有改革措施落实到位，保障改革红利的释放。在制度层面强化指定机构主体责任，研究推进CCC认证利用企业检测资源、采信企业检测结果的工作要求。研究强制性产品认证收费管理规范工作。根据国家发展改革委关于价格改革的举措，会同有关部门共同制定行为规则。

二、强化事中事后监管.落实主体责任

一是推进覆盖认证全过程的“大监督”机制的建立，严格对问题机构的退出管理。同时，狠抓认证机构的认证主体责任，要求其对认证结论和认证证书负责，强化认证机构对发证企业的证后监督工作，防范不正当行为的出现，保证CCC认证实施的工作质量和有效性。

二是根据各方面信息，有针对性地开展重点领域的分类监督。深化开展CCC认证专项监督内、外联动监督工作，在对指定认证机构、实验室、检查员、获证产品、获证企业“五位一体”联动式监督检查体系中，有针对性地重点选取相关产品领域，在各类监督工作中进行覆盖检查，并建立信息共享、措施联动机制，进一步提高监督工作有效性。

三、强化多元共治，保障CCC认证公信力

一是加强对地方执法人员培训，强化基层执法能力建设。依托季度业务工作会的平台，向省级质检两局开展工厂质量保证能力通则、工厂检查通则及相关培训教材的宣贯，强化其执法能力，保障基层执法准确有效。

二是深入开展CCC产品质量分析、国抽CCC目录内产品质量分析、CCC认证风险信息预警等工作，多方面寻找CCC认证领域的不足，推进CCC认证制度健康发展。

三是强化信息化工作，重点加强对CCC证书数据库、CCC免办审批系统等已有信息系统和证书附件数据库的升级完善，推动信息上报更新的及时性；加速推进自愿性产品认证信息化建设进程。

四是进一步完善CCC目录产品与2015年海关HS编码

对应分析工作。结合CCC产品目录界定表的发布，组织认证机构、直属检验检疫局的专家代表，进一步梳理CCC目录产品与2015年海关HS编码对应，并适时发布，为口岸CCC入境产品的监管提供技术支撑，为进口报检企业提供便利。

四、大力发展自愿性产品认证制度

一是形成《进一步推动加强自愿性产品认证，服务经济社会发展的指导意见》，明确自愿性产品认证战略定位、发展规划目标，完善制度的顶层设计，形成自愿性产品认证中长期发展规划。

二是制定自愿性产品认证制度建立的基本规范、要求和程序，形成指导性文件。

三是推进《节能低碳产品认证管理办法》发布和相关领域节能低碳产品认证，进一步扩大节水产品政府采信范围，不断完善光伏严品认证体系，完善资源节约产品认证指标量化体系，积极推进XBRL软件认证，适时扩大国推污染控制认证产品范围，推进北斗认证体系建设，继续推进国家信息安全产品认证制度建设和认证采信。与地方政府合作推动区域认证开展，服务地方经济转型。

稳步推进出口备案改革进程

国家认监委注册管理部　顾绍平

2015年，国家认监委注册管理部工作计划包括九个方面。

一是加快推进进口注册制度和治理体系现代化建设。组织进口乳品、肉类、水产品技术工作组探索相应组织机构参与进口注册工作，形成独立风险分析、预警研判的新机制，探索建立以直属检验检疫局为依托的多层级进口注册监管体系；对试点示范工作进行绩效评估，建立进口注册工作采信HACCP认证结果工作机制，突破治外法权和进口注册监管资源不足的限制，实现进口食品的境外源头监管。

二是研究扩大进口食品注册实施范围。整理分析近5年所有输华葡萄酒的来源、类别、数量、货值及查验等贸易数据。对葡萄酒的生产环节风险及控制技术进行研究，分析研究葡萄酒的产品分类和进口注册产品范围。整理分析近3年我国口岸查验发现的问题，研究国外葡萄酒生产的风险环节及控制策略。

三是进一步加强进口乳品、肉类、水产品注册企业的动态监督管理工作。根据各检验检疫局口岸查验、国家认监委专项监督检查、国家食药总局与商务部等部门的监管信息对进口乳品、肉类、水产品注册企业实施动态监督管理，“硬化”后续监管措施。

四是继续做好出口企业备案管理和对外推荐工作。将继续做好《出口食品生产企业备案管理规定》的后续贯彻落实工作和推荐企业对国外注册工作；继续加大对国外推荐食品企业注册的力度，特别是加大对新目标市场国家的注册制度的研究和交涉工作，帮助企业开拓在新国家注册；做好对各直属局出口食品企业备案注册工作的督查工作。

五是稳步推进出口备案改革进程。继续做好转变出口食品企业备案监管模式改革各项工作，推进备案认证监管联动，完善出口备案电子信息系统的使用情况；整合注册备案监管和认证监管资源，进一步做好出口食品企业备案采信第三方认证深化改革；促进出口食品生产企业提质增效升级，在出口食品生产企业中全面推行HACCP，帮助引导出口备案企业建立实施具有食品防护功能的HACCP体系，帮助出口食品企业实现内销转型，与进口食品国外企业争夺国内市场；进一步完善出口食品企业备案信息化工作；组织做好《美国FDA食品安全现代化法》配套法规的研究借鉴工作；开好第十三届全国HACCP研讨会；与FDA协商开展食品防护计划方面的合作；继续创新发展进口燕窝、水产品、乳制品、肉类产品等国外企业的注册工作，结合“一带一路”建设，积极开展特殊国家、特殊产品进口注册采信认证的试点改革工作。

六是全面完成深化改革各项任务。积极开展有机、HACCP等认证制度的国际互认合作，推动中国食品农产品认证“走出去”，发挥其在稳定出口份额和推动出口中的作用。推动适应进出口需要的新型食品认证（如清真、燕窝认证等），研究适应新型食品认证发展要求的认证机构、认证审核人员注册管理办法。规范符合出口目标市场要求的境外认证制度（如BRC、FSSC、SQF等）在中国境内开展认证活动的管理。

七是改革HACCP认证制度，配合进出口注册备案采信。增强HACCP认证制度的包容性，明确专项审核技术要求的管理方式，适合各方面监管要求及采信需要。

八是不断强化监管，提高认证有效性，建立信任传递。继续坚持问题导向，组织开展食品农产品认证专项监督检查和日常监管工作。对认证机构实施风险管理，利用第三方技术机构加强对风险较高认证机构的监管，提高针对性。

九是加强科技支撑，做好"十二五"国家科技支撑计划项目"区域优势特色有机产品认证关键技术与示范"有关工作，为有机产品认证制度发展打好基础。

全面深化检验检测机构资质认定改革

国家认监委实验室与检测监管部　乔　东

一、全面深化落实检验检测机构资质认定改革措施

落实《检验检测资质认定管理办法》、《检验检测机构资质认定评审准则》的新要求。具体包括：行政许可数量、延长检验检测机构资质认定证书有效期、放宽检验检测机构资质认定主体范围、规范评审行为、强化评审队伍、简化评审程序和内容等惠及检验检测机构的具体措施。

二、创新工作机制，研究加强检验检测市场监管

研究制定《检验检测机构监督检查工作规范》，指导资质认定监督检查工作的执行以及结果的处理。

组织开展"打击虚假检测"专项行动，在全国范围内部署开展对不检测出报告、篡改数据出报告以及其他虚假检验检测的专动，查处违法违规机构并对社会公布。

搭建"社会监督"工作体制，组建检验检测市场监督队伍，鼓励社会各界人士监督、举报检验检测机构的违法违规行为；建立检验检测机构违规问题的投诉举报热线（或专用网站），及时公布违反违规及失信的检验检测机构，形成检验检测机构的"红黑榜"。

在重点领域开展技术能力专项检查，通过"能力验证、集中考试、盲样考核、技术比武、测量审核、实验室间比对"等方式，核查检验检测机构技术能力维持的有效性。

研究建立"职业检查员"制度，根据风险监控情况，不定期对检验检测机构进行突击检查，形成监管的新手段。

研究建立全国性的检验检测机构案件查处信息库并推动信息共享。

三、做好《检验检测机构资质认定管理办法》及评审准则的宣贯工作

《检验检测资质认定管理办法》及《检验检测机构资质认定评审准则》发布后，国家认监委将面向地方局、行业评审组做好宣贯工作。

四、配合国家质检总局做好检验检测机构整合工作

配合做好检验检测机构整合后的资质认定工作。随着检验检测机构整合工作的不断深入，相关行业针对检验检测机构的资质资格管理制度也会调整，要对资质资格整合和改革问题进行研判，与资质认定行业评审组、国家质检总局科技司、中国合格评定国家认可中心协调，提出相应措施。

五、继续推动检测服务业统计工作

在完成2013年度检验检测统计工作的基础上，部署

2014年度统计数据的上报工作，力争于2015年5月按时汇总2014年度统计数据，并报送国家统计局。

继续稳妥执行国家统计局批复的统计报表制度，开展一系列技术研究，挖掘既有数据的规律和特点，分地域和行业开展检验检测服务业发展状况研究，由有关技术机构编制形成系列研究报告，成熟的报告统一对社会发布。

继续研究和修正统计报表制度，完善统计指标体系，完善网络直报系统、数据挖掘系统以及统计分析系统。

六、继续加强国家产品质检中心规划建设，推动国家公共检验检测服务平台示范区创建工作

继续在国家战略性新兴产业领域开展国家产品质检中心规划建设，扩大与国务院相关部委的合作交流力度，重点在战略性新兴产业领域、信息安全、节能减排、环境保护等领域开展新国家产品质检中心的规划论证。

及时总结提炼已批复的国家公共检验检测服务平台示范区的工作经验，并进行宣传推广。必要时，可扩大示范区创建的范围和数量。

七、做好检验检测机构培训工作

针对国家质检中心、出入境检验检疫实验室以及其他行业检验检测机构需求，做好检验检测机构培训工作。

八、举办“检验检测机构开放日”活动

继续利用好“检验检测机构开放日”这一平台，宣传检验检测活动对质量发展的基础性支撑作用，提升检验检测行业的影响力。

九、研究完善资质认定评审员管理制度，加大评审员培养和管理

进一步深入研究资质认定评审员管理制度，修订《资质认定评审员管理办法》。建设国家级资质认定评审员数据库，继续开展新任评审员培训和继续教育培训，改革评审员管理模式，提升准入门槛，推行“注册”制度以及升降级、动态管理机制。推动国家级资质认定评审员与省级资质认定评审员的资源共享和资格互认。

十、处理好各类申投诉、信访举报案件

在处理好各类信访、申投诉案件的同时，及时进行总结提炼，一方面形成相对固定程序的工作机制，另一方面提出完善有关申投诉案件管理的意见建议，从制度层面加强检验检测机构监管，整肃检测市场。

十一、继续加强良好实验室规范GLP监控体系建设

继续密切跟踪国内外GLP工作动态，不断完善国家认监委GLP监控制度，扩大GLP检查范围，加强与商务部、环保部、农业部、食药总局等部门的沟通和合作，继续加强与OECD/GLP工作组以及德国、芬兰、英国、美国、新加坡以及我国台湾地区等GLP监控机构的双边或多边交流，派遣检查员参加OECD/GLP年度会议及GLP检查员培训，为今后我国申请加入OECD/GLP MAD奠定基础。

构建“放、管、治”结合的国际双边互认体系

国家认监委国际合作部　陈　英

2015年，国家认监委国际合作部将全面贯彻落实中国质量大会会议精神，紧密围绕外经贸大局和产业政策，坚持理念创新和机制创新，秉持开放的态度发展国际合作，构建“放、管、治”结合的国际双多边互认体系。

一、配合国家战略和规划，开拓国际合作新领域

围绕国家生态文明建设，积极开拓和发展与绿色低碳相关的双多边交流合作和互认。配合国家“一带一路”战略，挖掘与相关国家在认证认可领域的合作潜力。继续深入参与国家自贸区及其他重要经贸协定谈判与实施。

二、多层次多渠道发展，推进双边合作

全面开展双边合作战略研究，初步形成多层次多渠道双边合作途径图。重点推动与发达国家和地区的合作，稳步推进合作机制务实发展，加大对外宣传力度；大力开展与发展中国家合作，支持发展中国家能力建设；落实国家政策，推进与港澳台合作。

三、开放运作，促进多边互认

扩项加入IECEx体系防爆维修服务认证，IECQ体系防仿冒元器件管理计划、航空电子元器件管理计划。开展IECEE体系功能安全认证研究，推进加入进程。进一步做好相关技术准备，配合国家需求择机加入OECD/GLP。更加开放地运作国际互认体系。

四、强化国际合作平台建设，促进社会共治

打造认证认可行业国际合作网络，启用从业机构联络官机制，促进从业机构更多地参与国际合作。进一步完善IEC合格评定体系国内运作机制建设，增设IEC合格评定局国内对口工作组，开展IEC合格评定体系国内运作机制第二届工作组改选换届工作，吸纳工业界代表参与体系建设。建设认证认可人才队伍，巩固认证认可国际组织管理层和技术工作组任职，加强国际组织工作组人才培养；逐步从认证认可行业中挑选人才，组建相对稳定的双边合作参谋队伍；积极开发对外人员交流项目；启动引进国外认证认可行业公共教育机制研究项目，为国家认监委宣传工作搭建平台。

五、规范管理，促进国际合作有序发展

严格按照外事管理出访的要求，从外事计划制定、执行全过程从严开展因公临时出国境管理；出台《参加认证国际互认体系程序规定》，规范认证国际多边互认体系的参与程序，加强参与过程监督。

创新发展　着力打造认证认可高技术服务业

国家认监委科技与标准管理部　葛红梅

目前，国家科研体制改革正在进行，其基本原则“强化统一管理、聚焦重大战略任务、促进科技与经济深度融合、明晰政府与市场的关系、坚持公开透明和社会监督”，对于认证认可科技工作具有指导意义。在国家“创新驱动发展战略”中，也提到要着力围绕产业链部署创新链、围绕创新链完善资金链，聚焦国家战略目标，集中资源、形成合力，突破关系国计民生和经济命脉的重大关键科技问题。围绕打造检验检测认证高技术服务业，提升整个行业的创新能力是国家认监委科技与标准部今后的努力方向。

2015年，国家认监委科技与标准部的改革思路是：根据深化改革的总体要求，围绕“放、管、治”结合的管理思路，调整工作重点，转变管理方式，从重项目管理向能力建设转变，发挥调动认证认可相关各方的积极性，完善认证认可技术体系，推动认证认可科技与标准化工作及检验检疫标准化工作改革各项措施有效落实。

具体工作举措包括以下几方面：

与高新技术企业认定主管部门联合出台《推动检验检测认证机构创新发展的指导意见》。将“检验检测认证”作为子目录列入《高新技术企业认定管理办法》附件《国家重点支持的高新技术领域》范围。在现有《工作指引》的基础上补充完善“核心自主知识产权”内容。

修订《认证技术规范管理办法》。认证技术规范备案改革总体方向是激发行业活力，形成有利于行业自主创新和健康发展的导向。

组织编制《国家“十三五”认证认可科技与标准化发展规划》，在信息安全等急需领域提出重大项目建议。该规划是认证认可创新发展的需要，是“十三五”认证认可科技与标准化工作的纲领性文件，也是申报“十三五”重大项目的依据。

积极深入推进SN标准化改革工作。包括：拟制定350项左右SN标准，发布450项左右SN标准，对100项左右的SN标准组织方法验证。围绕质量和效益的指导思想，进一步完善方法标准验证制度和关键实验材料评价制度；研究制定检验检疫标准化工作管理体制改革方案；确保市场从业机构广泛便利地参与检验检疫标准化工作；建立符合检验检疫监管新机制的标准化专家队伍。

推动认证认可行业标准化工作深入发展。包括：进一步完善管理制度；拟制定50项左右的认证标准，发布20项左右的认证标准；配合国家认监委全面深化改革举措的落实，结合“放、管、治”的新要求，不断扩展新领域制标工作；完成认证认可行业标准化发展战略研究和体系研究等基础研究工作；在部分领域尝试组建专家组，支撑认证标准相关工作，充分发挥从业机构和从业人员的积极性。

大力推进认可工作深化改革创新发展

中国合格评定国家认可中心　肖建华

2014年，在国家质检总局、国家认监委的领导下，中国合格评定国家认可中心以推进深化改革为中心，在提高能力、提升质量方面取得了新的进步。2015年，将进一步推进认可工作深化改革、创新发展，不断完善国际化和中国化相结合的认可制度，更好地服务市场，服务监管。

一、积极配合，增强深化改革的主动性

围绕中央全面推进深化改革的总体部署，敏锐把握国家全面深化改革的政策机遇和发展需求，积极服务深化改革，主动适应新的行业形态、业务形态，着力构建覆盖更多领域、更多行业的认可制度体系，更好地服务于全面深化改革大局，服务于检验检测认证机构整合等工作。

二、大胆探索，提高深化改革的实效性

质量是认可工作综合实力和外在形象的集中体现，追求质量永无止境。我们将紧紧抓住提高服务效率和增强认可效果两个关键点，切实加强质量建设，不断满足认可客户日益增长的现实需要。

在提高服务效率方面：一是优化认可作业流程。在优化程序、压缩时限上加大力度，为认可对象带来速度更快、效率更高的认可服务。二是简化认可作业文件。将在简化认可申请书、评审报告和作业文件等方面推出更多举措。三是调整评审方式。减少变更事前评审；调整检测能力评审方式；明晰检测能力界定，降低认可风险。四是改进标准转换评审程序。加强对相关认证和认可标准制修订工作的跟踪和参与，将有关标准的转换宣贯培训提前到认证机构开展转换工作的准备阶段。

在增强认可效果方面：一要加强专项监督和非例行监督。继续加强确认审核与认证机构专项监督的配合与联动；进一步完善认证机构认可监督方案的设计，确保抽样合理性；提高实验室和检查机构评审质量，增强认可有效性。二要完善关键场所评审模式。加强对从事关键活动的认证机构分支机构的监督和能力评审；合理调整分支机构评审抽样量，在确保有效性的前提下提高评审效率。三要增强例行评审的针对性和有效性。提升认证机构例行认可评审的针对性；完善认证机构认可评审记录和报告要求，强化评审员发现问题、把握问题、反馈问题的机制，增强认可评审的效果；加强实验室和检查机构的评审策划，确保评审的技术可靠性与服务及时性。

三、夯实基础，强化深化改革的保障性

2015年，认可工作将夯实几个基础：一要继续加强战略研究，加强顶层设计，认真做好“十三五”综合规划和专项规划的制定工作；二要继续加强信息化建设，完善业务系统，确保稳定性，统筹规划信息系统建设，建立统一的信息化平台；三要继续加强文化建设；四要继续加强人才队伍建设；五要继续加强组织管理；六要继续加强党风廉政建设。

今后，我们将继续以党的十八大和十八届三中、四中全会精神为指导，在国家质检总局和国家认监委的领导下，用改革推动进步，用创新驱动发展，在提高认可服务质量和水平方面，争取取得更大的成绩，做出更大的贡献。

创新改革　大胆实践

中国认证认可协会　生　飞

中国认证认可协会（以下简称“协会”）将结合学习贯彻十八届四中全会精神，做好2015年的工作谋划，创新改革，大胆实践。协会将围绕国家质检总局和国家认监委的总体要求和工作主旨，抓好工作落实和自身建设，着力提升改革实效。

一、围绕认证认可中心工作，深入开展行业发展研究

协会将结合工作实际，坚持围绕改革的指导思想和总目标、改革规划和具体实施过程，进一步释放改革红利，在稳步提升对会员机构和从业人员的服务水平等基础工作的同时，持续推动行业自律和诚信建设工作，研究、改进、实施人员注册管理新制度，深化认证人员继续教育工作，做好SAC/TC 261、技术标准等工作。

二、全面实施人员注册、考试培训改革措施

按照国家认监委行政审批改革要求，协会将对人员注册实行“放、管、治”相结合的改革措施，既要发挥机构的主体作用，也要在人员注册方面有所突破。按ISO/IEC 17024要求，在人员注册方面，采取“一考一人”的方式，在管理体系人员注册方面，简化实习审核员考试，取消高级审核员注册；首创性地建立自愿性的以技能、知识领域和专业发展为侧重点的主任审核员注册资格制度，提升审核员自我提升能力的积极性和主动性。协会取消了对培训机构的确认管理，转变为对培训课程提供者所提供的培训课程进行确认，充分调动培训主体自主开发培训课程的主动性，更好地发挥市场主体的作用。在产品认证人员注册方面，增加产品认证基础考试要求，提高产品认证检查员对产品认证本质、作用及标准的理解和应用，其中，专业领域的划分由机构自主确定，由协会组织统一考试。在服务认证人员注册方面，采用了鼓励政策，鼓励机构主动开发服务认证项目。2015年协会将全面落实人员注册方面的各项改革措施，协会将和机构共同参与改革，让机构和认证人员切实享受到改革的红利。

三、继续深化行业自律改革措施

十八届四中全会提出发挥社会组织对其成员的行为导引、规则约束和权益维护作用，为协会工作指明了方向。这三项原则主要体现在行业自律和会员服务方面，协会将按照十八届四中全会精神，在坚持已经开展的自律工作的基础上，建立和完善行业自律管理的新模式，由单纯的自律监管向自律诚信转变；加快制定完善行为导引和权益维护的措施机制，形成行业自律、行政监管、认可约束协调互动的监管体系，促进形成政府、行业、从业机构、从业人员共同参与、多元共治的新局面。完成对组建认证咨询机构专业委员会的前期研究与方案制定，做好基础数据整理工作；继续监督认证机构违规行为，确保行业发展健康、和谐、有序。

四、继续完善会员管理服务制度建设，组织会员单位开展行业战略研究

充分发挥检测分会作用，进一步提升为检测机构会员服务的能力，建立检测机构职业责任保险机制；参与认证认可创新工程建设，坚持“走出去，请进来，常接地气”的工作方法，通过了解会员需求，制定和完善更加符合当前实际形势的政策机制，不断提高对会员单位，特别是为普通会员服务的能力、水平与质量。

五、提升协会自身的服务能力和服务水平

加强学习型组织和精神文明单位的建设。进一步完善社团标准，积极改进和加强协会管理和服务工作；不断丰富服务内容、优化服务流程、规范服务方式，切实解决协会业务工作中的实际问题，进一步提升协会管理和服务工作的科学化；进一步完善协会人事管理和业绩考核制度，积极创造条件支持员工专业学习和技能提升，提升协会全体员工的工作能力、创新能力和执行能力。

积极履职尽责　主动深化改革 推动认证认可各项工作健康有序发展

国家认监委认证认可技术研究所　刘宗德

2015年，国家认监委认证认可技术研究所（以下简称“研究所”）按照全国认证认可工作会议部署，紧密围绕“创优服务、创新治理”和“大力实施创新驱动发展战略，深化改革创新，推进法治建设，构建中国特色认证认可治理体系”等总体要求，以“三严三实”专题教育活动、事业单位分类改革、行政审批项目下放为契机，努力在“固本强基、行业发展、智库建设”三方面探路子、下工夫、出成果、创经验，积极推进各项工作，较好完成了年度工作任务。

一、抓住机遇主动作为，智库建设水平进一步提升

（一）领会新要求

深刻学习领会党的十八届三中、四中、五中全会精神和习总书记“四个全面”战略布局要求，深入贯彻党的建设和政府职能转变新要求，严格执行相关人事、财务、事业单位改革新政策，认真梳理行业对智库建设的新需求。积极开展事业单位分类改革，找准发展方向和定位；不断深化财政预算管理制度改革，加强风险管理和制度保障；全面梳理行业对智库建设的需求，提升服务行业发展水平；紧密配合行政审批项目下放，创新推进行业治理能力；深入贯彻“三严三实”专题教育活动要求，推进党的思想政治建设和作风建设。

（二）融入新趋势

系统归纳、全面梳理历年工作，深化事业单位分类改革，研究拟定三定方案，不断拓展发展思路和方向，不断明晰研究所定位和职能。认真研究探讨，深度参与了国家认监委任务分解工作，主动请缨、勇挑重担，共提出意见建议25条，在国家认监委2015年工作要点中的任务数量由1项增加至7项，并较好地落实了相关任务工作。紧密配合认国家监委深化改革工作，紧扣行业热点、难点和重点问题，围绕认证市场准入及监管制度改革、检验检测认证机构整合改革、进口食品生产企业注册改革等方面为认证认可认识和处理重大理论与实践问题提供学理支撑和政策建议。

（三）用好新机遇

积极探索改革发展新机制，根据党中央、国务院对深化财税体制改革作出的重大决策，按照质检总局和认监委有关预算改革的具体要求，研究所根据自身业务需求，编制了为期三年（2016~2018）的中期财政规划，申请了认证认可技术支撑与保障专项，方案得到了有关部门的认可；持续推进思想政治建设和作风建设，将“三严三实”专题教育活动作为规范和开展各项工作的基础和保障，以“三严三实”新常态推动研究所工作再上新水平；紧密围绕“固本强基、行业发展、智库建设”的发展目标，将“服务行业、创新发展”作为兴所方针，从资金来源保障、交流平台搭建、专家队伍组建、学理支撑能力、内控管理水平等各方面不断加强智库建设力度。

二、开拓创新厚积薄发，服务行业能力进一步提高

（一）苦练基本功

一是积极推动学习型党组织建设，拓宽学习渠道和交流平台，以部门为单位、以业务为载体，深入学习总书记系列讲话，树平局长、大伟局长系列讲话，创新形式营造学习氛围，多措并举增强学习实效。二是进一步巩固和拓展党的群众路线教育实践活动成果，按照中央及国家质检总局、国家认监委党组要求，扎实推进“三严三实”专题教育活动，践行“课题式设计、项目式管理、工程式推进、台账式督查、绩效式考核”为五位一体的

支部工作法，领导班子带头学习、亲自教授党课、组织自查自纠整改活动，本着“三个着力解决”的要求，认真查摆“不严不实”问题，严肃开展批评和自我批评，形成问题整改清单，切实增强践行“三严三实”要求的思想自觉和行动自觉。全所同志通过教育活动深刻认识到“三严三实”是建设行业智库的根本保障、认真领会到“三严三实”是锻炼研究队伍的有力抓手、切身体会到“三严三实”是实现“固本强基”的重要平台。三是进一步落实党风廉政建设和反腐倡廉工作，按照十八届五中全会精神及总局、认监委的工作要求，召开专题学习会议，对照分析自身工作，展开主体责任落实情况自查、监督责任落实情况自查、“三严三实”专题教育工作情况自查、遵守中央八项规定精神情况自查。通过专门会议和每周例会，进一步细化主体责任和监督责任，强化教育提醒，坚持违纪必究，畅通监督渠道，加大问责力度，深入推动研究所党风廉政建设和反腐倡廉工作。四是进一步加强内部管理，根据最新政策修订和改进了多项管理办法和内部工作流程，同时，通过会议学习等方式进一步强化了规矩意识和纪律观念，规范了各项工作，提高了工作效率。五是完善财务制度，规范资金管理。针对研究所经费来源于财政补助、专项费用和服务收入三类渠道的复杂性，从制度上强化了财务管理。按照国家财经政策法规，认真做好预决算编报工作，加强了预算执行，提高了资金使用效益，规范了报销程序，严格执行“三重一大”审核、研究、决策机制；加强了财务内部监督，提高了内审工作风险防范，聘请了会计师事务所对财务状况进行了审计。六是进一步加强科研项目管理，细化项目管理主体责任和监督责任，提高风险管理意识，查找项目管理漏洞和风险，修订《科技管理办法》，完善科研绩效管理机制，促进科研工作水平的持续提升；七是梳理研究所与所属全资公司业务关系，拟定研究所三定方案，规范了公司的岗位设置和业务流程，明确了公司的定位和发展方向。

（二）开放搭平台

在国内层面，与国务院研究室、国务院发展研究中心、科技部科技发展促进中心、国家行政学院、清华大学、人民大学、同济大学等国家级学术智库机构跨界联合，通过项目、科研课题建立纽带、稳步推进、展开合作，交换相关产业政策规划、相关理论技术研究以及认证认可发展相关信息；在国际层面，接待了德国联邦经济和能源部、德国联邦材料研究院（BAM）一行对研究所的访问，双方就各自贡献率研究工作进行了深入介绍和交流，德方充分肯定了我方研究的成果和做法，并提出了希望借鉴中国的研究思路和方法的想法。双方正在就下一步工作的合作进行深入的探讨；接待了全球可持续性标准联盟（ISEAL Alliance）执行总裁Ms Karin Kreider一行的来访，双方就研究所与ISEAL共同开展可持续性标准发展和认证认可技术领域相关合作进行了会谈。编写完成《社会与环境标准良好实践规范》及《评价社会与环境标准体系影响良好实践规范》，两个规范清晰介绍了国际自愿性标准编写的基本原则，为中国的自愿性标准的国际互认给出了良好的建议；与GLOBALG.A.P进一步加强合作，完成了中国良好农业规范（ChinaGAP）新版标准与GLOBALG.A.P标准的基准比较工作，这意味着国家认监委批准的认证机构颁发的ChinaGAP的认证证书得到了GLOBALG.A.P的认可，中国企业跨越了国际零售商施加的无形技术壁垒，获证企业的信息将通过GLOBALG.A.P的网站向全球主要零售商发布，从而获得广阔的国际市场空间。同时，全面系统梳理专家资源，组建了涉及13个学科共184名的专家队伍，初步形成了支撑行业发展的基础专家库。

（三）唱好重头戏

一是作为综合组和秘书组成员，参与完成国家“十三五”重点研发任务“国家质量基础共性技术研究与应用”编写工作。二是围绕认证认可“十三五”发展规划编制工作，配合国家认监委法律部开展“十二五”规划调研、评估等前期工作，形成“认证认可事业‘十二五’发展规划”相关评估报告，参加“十三五”前期重大课题研究工作，形成了《认证认可检验检测“走出去”路径分析及战略建议》、《基于认证覆盖率的认证认可发展研究》等研究成果，同时，参与认证认可检验检测“十三五”规划框架的编制研讨等工作，为认证认可检验检测“十三五”规划输入智力成果提供有力支撑。三是配合认监委法律部开展《检验检测机构管理条例》（草案）的制定工作，完成了《条例》（草案）起草说明和《条例》（草案）初稿的编写工作，参加《检验检测机构资质认定管理办法》（163号令）及其释义、《检验检测机构资质认定评审准则》、全国国家级资质认定评审员培训权威教材讲义的编写工作。四是完成《认证认可发展报告（2015）》编撰研究，为认证认可政策研究提供支撑。五是积极配合认监委实验室部和注册部开展检验检测机构监督检查、资质认定评定、能力验证、有机领域重点研究等工作。六是完成认证认可行业标准体系框架编写工作，建立了按照合格评定活动划分的认证认可标准体系框架，对认证认可标准进行全面梳理，查漏补缺，识别各类认证认可制度对标准的需求，逐步完善标准明细表。同时，在研究所网站建立认证认可行业标准专栏，开通标准报批审查，建立出版发行信息发布渠道，组织开展标准培训工作。七是完成CCC监督抽查及相关质量分析工作，完成2015年国抽CCC第一、二、三批次产品质量分析工作，创新建立“神秘买家”电商抽查机制，开展《CCC获证产品专项监督抽查实施规范》（编写指南）和管理办法的制修订工作。八是开展总局公益性课题“认证认可行业发展综合指标体系设计应用研究”工作，初步形成了统计报表、指标体系和指数模型，配合委内相关部门推进认证统计制度的建立工作，同时，结合认证认可监管制度改革，开展认证认可行业发展综合评价指标体系、认证机构评价指标体系、检验检测评价指标体系的研发和建设，初步形成了行业相关指标体系和指数模型，推进认证认可治理体系的完善和治理能力的提高。九是开展以一带一路为重点的“国际化检验检测认证互利共赢发展模式与评价关键技术研究”，并向科技部申报“十三五课题”：“支撑‘一带一路’贸易便利化的认证认可关键技术研究与应用”。

（四）研究上水平

1.学理支撑力度进一步加强

建立各中心分领域和侧重方向的理论研究长效机制。针对行业发展中的热点、难点和重点，结合国家战略布局和方针政策，撰写了《认证认可理论政策研究》《基于服务业理论的认证认可功能定位研究》《推动现代农业发展的认证有效性保障技术》《基于电商平台的CCC认证有效性研究》《“一带一路”加快清真产业发展步伐》和《基于治理理论的认证认可功能定位研究》6篇认证认可研究专报，提出了“认证认可已经成为现代产业发展体系的重要内容、国家战略推进的有效手段、现代治理框架的核心枢纽”“认证认可逐渐演变成国家经济社会发展的战略性新兴产业”以及“‘认证认可+’逐步成为国家治理新机制”等创新性观点，为行业发展提供了科学有效的理论支撑。上述研究专报得到了委领导的高度肯定。

2.贡献率测算与研究机制进一步完善

进一步完善了贡献率测算研究工作的常态化机制。创新采用行业普查与重点省调查相结合的数据搜集方法，对1 200家实验室进行了调查，提高了贡献率测算的覆盖面和代表性；调配专职人员完成了数据的审核、录入，调整完善了贡献率测算软件，加强了测算数据的管理，保障了数据的安全性。

3.科研成果转化水平进一步提升

承担了国家“十二五”科技支撑计划项目《支撑认证认可的评价分析、检测验证及有效性保障技术研究与示范》项目的技术集成和项目管理工作，并顺利完成了项目的验收工作，项目实施期间研制国家/行业标准69项，申请国家专利12项，SCI论文18篇，出版科技著作17部，建设示范基地35个。创建了司法鉴定/法庭科学机构专项认可制度，建立了基于测量不确定度的试剂盒定量评价制度。该项目的实施在司法鉴定、信息安全、海上风电、生产性服务业等领域取得了较为明显的经济效益。承担了国家“十二五”科技支撑计划课题“适宜我国农业生产条件的良好农业规范质量保证关键技术研究与示范”项目并顺利验收，课题发布了18项良好农业规范国家标准；完成了中国良好农业规范认证实施规则和产品认证目录修订；完成了新一轮与国家良好农业规范的互认；根据课题研究成果，提出了发展我国良好农业规范认证发展的建议。承担了国家“十二五”科技支撑项目“国际背景下我国重点行业碳排放核查及低碳产品认证认可关键技术研究与示范”项目，完成了项目的中期汇报，制定了《我国行业碳排放核查通用技术规范》和《碳排放和碳减排核查管理办法》。

承担了科技部“十二五”科技支撑计划子课题“基于认证风险的有机产品认证目录的筛选标准研究和风险分析评估模型在监管部门的应用”研究工作，成功申报认证认可行业标准《有机产品认证目录评估准则》1项，完成《有机产品认证增补目录(三)》新增35个产品的增补评估；承担了科技部“十二五”科技支撑计划子课题“天然藏羊地毯有机产品认证关键技术研究与示范”研究工作，制定了符合《有机产品》（GB/T 19630）要求的《有机天然色地毯加工生产技术规范》及《有机天然色地毯认证技术规范》，同时建立了有机天然色地毯生产投入物品评估程序，并列出了有机天然色地毯生产加工允许使用的投入物品清单；承担了总局公益性课题“基于实名制质量信用信息化平台应用技术研究”并顺利验收，形成《基于实名制质量信用信息元数据规范》，为总局系统建立质量信用信息化系统提供了依据。

4.认证制度创新能力进一步提高

针对相关部委政府职能转变需求，研究所结合自身优势，扎实开展新领域认证制度研究工作。形成了“先政策研究和可行性研究，后技术研究”的研究模式。摸索出了一套完整的工作流程和方法。一是顺利完成了保健服务认证和新能源电网发电认证两项新认证制度的建立和申报工作，为我国“服务认证领域”的发展提供了新的思路，这两项制度已得到认监委的批准。二是启动了教育装备认证制度、继电保护设备产品认证、矿用产品安全评价等制度的研发工作，推动了认证认可在国家能源局、教育部、安监总局等行业主管部门行政管理中的应用。三是为配合我国“一带一路”发展战略，积极开展了清真食品认证研究，完成了国际清真食品认证系列研究报告，并提出我国清真食品认证制度建立的相关建议。配合认监委注册部完成2015年中国–东盟合作基金项目及2016年外交部亚洲区域合作专项资金项目之注册认证服务“一带一路”建设促进清真食品贸易发展的申请。在清真食品认证研究中，逐步完成了新西兰清真食品认证研究报告，提出我国清真食品认证制度建立的相关建议，编写《“一带一路”催热清真认证产业发展》《新西兰清真食品认证管理制度》2篇研究动态，《“一带一路”加快清真食品认证产业发展》1篇学术理论研究。

三、居安思危清醒研判，阻碍研究所跨越式发展的主要问题

回顾2015年，研究所的工作得到了国家认监委领导的高度重视，委各部门的大力支持，全行业的广泛关注。但在整体发展上距离委党组和委内部门的要求还尚有差距。具体表现为以下三个方面：

（一）队伍建设有待进一步加强

科研人员虽自身条件较好，学历水平较高，但工作经验不足，理论知识欠缺，视野不够开阔。由于研究所自身条件所限，近年来在人才引进方面遇到了瓶颈，仍缺乏认证认可科研管理领域领军人才的问题始终没能解决。

（二）研究思路有待进一步调整

理论研究、规划制定以及对行业政策完成情况的评估影响力较大，认可度较高，但基础性、创新性研究，特别是标准研发、开创性运用新方法、创立新学科的研究不多，贡献不够，影响不大，认可度不高，还习惯于解释既定政策，缺乏创造性和战略性思维。

（三）支撑机制有待进一步完善

宏观有效固定支撑机制尚未完全形成，人事政策、财务政策、事业单位改革政策密集出台，研究所存在着基础薄弱、认识不够、利用不充分的问题，与相关部门的沟通还需要进一步加强，人事政策和财务保障机制还有待进一步突破，发展方向和定位还有待进一步规划和引领。

四、2016 年工作思路

2016年是“十三五”的开局之年，也是研究所寻求突破的关键之年，按照党的十八届三中、四中、五中全会精神以及认监委相关工作要求，研究所将着重围绕以下三个方面开展工作：

（一）围绕固本强基，加强队伍建设

积极推进以科研应用为导向的绩效管理机制，将科研全过程以多维度的量化指标承载在绩效考核体系中，充分体现不同岗位科研人员工作价值，营造公平浓厚的学术氛围；制定并实施为期5年的认证认可科技创新领军人才培养计划，在人财物方面、技术路线方面逐步赋予科技人员更大权限，持续提高科研人员成果转化分享比例；进一步加强研究所专家库建设，系统梳理相关信息，扩大专家规模，提高队伍质量；进一步拓展合作交流平台，加强与国内、国际学术智库机构跨界联合。提升科研能力，练就过硬本领，做好政策储备，为行业发展提供有力支撑。

（二）围绕行业发展，提升服务能力

积极参与认证认可“十三五”规划编制工作，将前期评估和研究成果有效输入到规划中，为规划编制提供有力的理论支撑；以“十三五”重大科研项目为契机，开展认证认可基础性前沿性研究和共性关键技术研究；紧密围绕行业发展，将研究重点放在揭示认证认可发展趋势和规律上、放在“五位一体”的监管体系与智库支撑的联动上，放在政府职能转变、“一带一路”、“中国制造2025”等国家重大战略上，为行业发展提供有效的学理支撑；加强课题的研究应用与示范，加大课题成果的转化力度，完善课题成果的转化机制，为行业发展提供有力的技术支撑。

（三）围绕智库建设，完善服务机制

加强人事政策、财务政策、事业单位改革等相关政策的学习，系统梳理认证认可理论建设、政策咨询与评估和社会引导需求，拓展研究理论和方法，提升识别和研究认证认可相应理论和实践问题的能力，开展有关认证认可、检验检测理论阐释、政策解读、舆情引导、技术开发、人员培训、咨询评价等社会化服务，完善智库面向政府和市场的服务机制，促进科研成果通过行业智库向政府和市场的合规有序流动。

国家质检总局副局长、国家认监委主任孙大伟在中国合格评定国家认可委员会第三届全体委员会第二次会议上的讲话

（2015年3月27日）

今天的会议和大家一起学习贯彻中央经济工作会议和全国“两会”精神，共同研究落实全国质检工作会议和全国认证认可工作会议的部署要求、推进认可工作改革发展的新思路、新举措。

一、认真总结成绩经验，巩固认可工作的良好发展势头

我国的认可工作遵循社会主义市场经济的发展要求，遵循国际上认证认可制度发展的主流趋势，经历了从分散发展到集中发展、从多头管理到统一管理、从全盘引进到全面创新的历史进程，期间经历了多次制度的创新、管理模式的变化、组织机构的整合，直至2006年中国合格评定国家认可委员会成立，标志着我国集中统一的国家认可体系最终确立。认可委员会成立以来，制定了一系列引领中国认可事业长远发展的组织架构、战略规划和规章制度。按照国家认证认可事业“三步走”的战略布局，我国认可工作始终保持了与国际同步发展、在国内协调推进的良好格局，一步一个脚印，一年一个台阶。到今天，我们已经建立起了包括11项基本认可制度、23个专项认可制度和32个分项认可制度在内的认可体系，认可的机构总量和证书总量在世界上都处于领先位置，在国内日益体现出认可作为技术评价权威方的地位，在国际上初步奠定了认可大国的地位。

在过去的一年里，认可工作紧密配合国家新的战略目标，主动服务改革发展大局，又取得了新的成绩。认可委员会按照树平局长对认证认可工作提出的“主动改革、更有作为”这个总要求，认真贯彻落实质检总局和认监委的各项决策部署，围绕完善中国特色质检和认证认可工作体系，扎实推进认可事业发展迈向新水平，突出体现在三个方面：一是努力适应发展需求，在服务大局中彰显了认可作用。围绕促进节能减排、应对气候变化、发展战略性新兴产业、维护国家安全等国家战略目标，加快推进温室气体审定核查、低碳产品、能源管理体系、食品安全管理体系等认可制度建设，有效配合了检验检测认证机构整合、认证行政监管、有机认证示范区创建等重点工作，出色地完成了防控埃博拉疫情、南京“青奥会”、中法建交50周年庆典等重大事项的服务保障任务，彰显了认可制度的作用。二是主动响应用户期望，在深化改革中改进了认可服务。在科学规划基础上，围绕“提高效率，提升效果”的目标，主动推进认可制度和管理模式改革，优化流程，改进服务，提升了认可能力和质量水平。三是积极顺应国际潮流，在国际合作中提升了认可国际化水平。顺应全球贸易的结构变化，加快推进国际互认，取得了IAF全球良好农业规范认证机构认可、PAC食品安全管理体系认证机构认可和APLAC能力验证提供者认可等一批新的互认成果，为促进相关领域国际贸易便利化发挥了桥梁作用；顺应全球业界的变革趋势，积极参与国际认可治理，由中国合格评定国家认可委员会牵头制定的IAF五年战略计划正式发布，体现出我国在国际认可领域的参与程度不断深化，而且逐步开始发挥组织领导作用。

这些成绩的取得，是认可委员会坚决贯彻落实总局党组和认监委党组决策部署的结果，是全体认可工作者坚持弘扬我国认可事业改革发展历史经验的结果，是在座的各位委员和同志们履职尽责、群策群力的结果。

我们要通过回顾我国认可工作走过的发展历程，不断总结积累认可事业发展的成绩经验，不断深化对认可工作本质作用和内在规律的认识，尤其要紧密联系当前经济发展新常态下质量工作、认证认可工作面临的阶段性新特征，全面深入地分析研判认可工作的成绩和不足、机遇和挑战、存量和增量、目标和路径、外因和内因等辩证关系，深入思考认可工作如何主动适应新常态、把握新常态、引领新常态，努力开创认可事业自身发展的

新局面、服务发展的新境界。

二、围绕提质增效升级，进一步提升认可作用

2015年全国质检工作会议和全国认证认可工作会议，以习近平总书记"三个转变"重要论述和三中、四中全会以及中央经济工作会议、中国质量（北京）大会精神为指导，对当前形势任务作了全面分析，对新一年度工作进行了全面部署。全国质检工作会议强调要以改革和法治精神推进质检事业发展，着重提出要"全力夯实国家质量基础"，明确标准、计量、认证认可、检验检测这"四大基础"是"中国特色质检技术体系的主体"，也是"中国特色质检工作的主干和根基"这个定位，要求强化认证认可的桥梁作用和检验检测的服务作用。在全国认证认可工作会议上，支树平局长提出"创优服务，创新治理"的总要求，同时会议还作出了"开创服务新格局、激发发展新活力、完善监管新模式、构建治理新秩序、展现队伍新风貌"这"五个新"的总体部署。在经济发展新常态下，质量安全的重要性更加凸显，国家质量基础的作用更加显现。认可工作要认清形势任务，把握主攻方向，认真落实好质检总局和认监委的各项部署，进一步发挥好认可"证实能力、传递信任、服务发展"的作用。

首先，要着眼于促进经济提质增效升级，进一步发挥认可作用。中央经济工作会议提出要以提高质量和效益为中心，把转方式调结构放在更加突出的位置，加快推动经济提质增效升级。今年《政府工作报告》明确提出要实施"中国制造2025"，制定"互联网+"行动计划，以创新驱动、智能转型、强化基础、绿色发展为支撑点，大力发展一批新兴产业和新兴业态，加快从制造大国转向制造强国。科技创新和产业升级的全面加快，为认可工作打开了全新的领域，赋予了更深的内涵。从制度层面讲，如何发挥认可工作的质量基础作用，释放认可制度的创新活力，从实施层面讲，认可工作如何与新经济、新业态深度融合起来，都有很多潜力甚至有很多空白点。比如说，认可工作不但与实体经济水乳交融，而且与社会信用体系、金融体系也有结合点、支撑点，这是从更高层面、更广视野来构建国家质量基础设施，是值得我们深入思考探索的新课题。希望认可委员会把握新常态下的新机遇，努力加快认可的创新发展，推动认可工作与产业经济更加紧密地融合起来，与产业经济发展方向同步前行，更好地发挥认可的作用，为经济提质增效升级提供有力支撑。

其次，要着眼于促进全方位对外开放，进一步发挥认可作用。认可制度最突出的优势在于国际化程度高，这一优势在统筹国际国内"两个大局"、"两个市场"的战略格局下更为明显。当前，以"一带一路"战略、自贸区等国家战略为牵引，全方位开放格局正在加快形成。中央提出要实施新一轮高水平对外开放，加快构建开放型经济新体制；从对外贸易角度讲，要扩大出口，增加进口，推动外贸转型升级，培育外贸竞争新优势。认证认可作为国际通行的技术性措施和贸易便利化工具，要适应对外开放的新格局、新要求，充分发挥桥梁作用，为中国经济"走出去"服务。其中，认可在推动合格评定的国际互认方面更是奠定基础、先行一步，认可的国际化水平很大程度影响着贸易便利化程度。近年来，国际上认可的互认体系发展步伐很快，认可与标准、法制计量等其他国际互认体制的相互协调融合也出现了值得关注的新动向。认可工作要紧密配合"一带一路"等国家战略的实施，密切跟踪国际上认证认可发展的趋势，加强实质性参与力度，当好在相关国际事务中的组织领导角色，争取在国际认证认可舞台发挥更大作用，在国家对外开放平台做出更大作为。

第三，要着眼于促进检验检测服务业做强做大，进一步发挥认可作用。认证认可和检验检测是国家大力发展的现代服务业、高技术服务业。去年，国家又出台了等一系列政策文件，进一步完善了政策措施。认可处在合格评定链条的顶端，对于检验检测认证服务业的发展至关重要。当前，检验检测认证服务业突出面临着"小、散、弱"的问题，面临着提质增效、做强做大的课题。这从前不久发布的检验检测统计调查结果可见一斑，全国2.4万余家检验检测机构中，年营业收入200万元以上的规模以上机构仅占机构总数的1.56%，将近四分之三的机构从业人数在30人以下，将近三分之二的从业人员仅具备初级及以下技术职称，反映出我国检验检测认证机构规模偏小，布局分散，创新能力和综合实力不强，产业带动力和国际竞争力偏弱。从宏观来看，这些问题实质上是我国检验检测认证服务业发展阶段的集中体现，是经济发展新常态在认证认可领域的集中反映。今年全国认证认可工作会议上，我们着重分析了新常态下认证认可行业呈现出"7个方面"的新特征，包括发展速度、发展结构、业务类型、需求动力、市场格局等等，反映出我国认证认可事业发展正处在向中高端水平迈进的关键时期。为此，我们提出要打造中国认证认可升级版，其中心任务就是要推动检验检测认证服务业提质增效、做强做大。认可在促进检验检测认证机构能力提升方面发挥着基础作用，是推动我国检验检测认证服务业做强做大的重要力量。要充分运用认可的评价手段和评价结果，为制定检验检测认证服务业的发展规划和政策措施提供可信依据，为推进检验检测认证机构整合改革提供切实保障，为政府购买检验检测认证服务、采信检验检测认证结果提供能力保证和指引导向。要突出发挥认可评价的约束

和激励作用，引导检验检测认证机构加强管理，提升能力，释放活力，带动检验检测认证服务业做强做大。

三、深化改革创新，全面提升认可工作水平

把握认可事业发展的新机遇，更好地发挥认可制度的作用，关键是要加强自身建设，全面提高认可工作的能力水平。结合今年质检工作和认证认可工作的总体部署，我重点强调几个方面：

首先，要深化改革。今年是全面深化改革的关键之年，各项改革举措还将密集出台。行政审批制度改革方面，今年政府工作报告提出要再取消和下放一批行政审批事项，全部取消非行政许可审批，建立规范行政审批的管理制度，同时加快商事制度改革步伐，实现"三证合一"；质检改革方面，将加快检验检测认证机构整合、检验检疫通关模式等改革，推进质检业务互联互通，扩大采信第三方检验检测认证结果；认证认可改革方面，将全面推进认证机构审批、强制性认证、人员注册等制度改革，其中"完善认证机构审批程序"更是被中央深改办列入今年重点任务。认可工作要紧密配合国家和系统的整体改革部署，加快推进自身领域的改革。一要把握方向，总揽全局，以发挥集中统一体制优势、释放制度红利为根本出发点，全面完善制度安排；二要找准定位、主动站位，搞好认可自身改革与国家和系统总体改革的衔接，通过有序衔接，有效承接行政让渡的事务，确保承起住、管得好；三要把握改革原则，树立问题导向，坚持以便民高效为目标，优化流程，简化环节，增强认可的公正性、便利性和持续有效性。认可评价环节，随着认可体系日趋复杂化，评审工作量和风险不断增加。针对"一个主体、多项认可需求"越来越普遍的情况，要抓住关键管控点，通过制度创新和技术创新手段，梳理优化认可类别和流程环节，减少重复劳动，提高认可效率，促进认可对象集约化管理。证后监督环节，这是认可监督的难点，也容易成为薄弱环节。要完善制度设计，强化认可对象主体责任，加强事中事后监督，保证认可评价结果的持续有效。此外，今年还将推进认可收费的改革，既关系到认可对象的切身利益，也关系到认可组织的自身形象，要着眼大局，立足国情，通过改革进一步规范管理，提高认可服务质量。

其次，要加强能力建设。认可的核心作用是证实能力，自身能力的高低，直接关系到能力证实水平的高低，也直接影响到认可对象能力的高低。要坚持以提高质量为中心，以能力建设为牵引，推动认可自身建设上新水平。技术评价能力方面，要以完善认可标准和技术规范为抓手，推动认可评价技术与各项质量基础技术、与产业技术条件同步发展，突出加强新领域、新业务的认可能力；风险管控能力方面，要以全面风险管理为基础，探索风险管控工具的高效应用，完善认可风险分级管理机制；国际合作能力方面，要以多双边互认安排和技术工作组为平台，打造全方位的国际合作互认格局，着力加强战略规划、规则制定、宣传推广等工作，整体提升中国认证认可的国际影响，力争在能源、碳排放、生物安全等关系国家战略利益的领域掌握更多的话语权。规则制定是国际合作和国际竞争的焦点，国家构建开放型经济新体制，其着眼点也在于规则制定的话语权。我们在认可的规则制定上能有哪些作为？对此要加强研究，争取更大作为。

第三，要完善内部治理。国家治理体系和治理能力的现代化，既为认可参与国家治理提供了新机遇，也对认可自身的治理提出了新要求。集中统一的国家认可体系，其内核也在于内部治理结构的优化。我们既建立了统一的认可制度，同时又建立了包括全委会及多个专业委员会在内的共同参与机制，这既体现了治理的整合高效原则，也体现了多元共治的理念。在全面深化改革的新形势下，我们要主动适应认可工作规范化、科学化、社会化、专业化等要求，通过完善内部治理机制，来更好发挥集中统一的认可制度优势。一是要坚持依法认可，加强认可法治建设。依照法律法规要求，完善规章制度，规范认可活动，确保认可的合规性。二是要坚持从严管理，改进认可工作作风。按照从严治党、从严治检的要求，加快构建认可领域的惩防体系，以更高更严的标准来推进反腐倡廉和行业建设，确保各项纪律和规矩落到实处。三是要坚持用户至上，提高认可服务水准。用好信息公开、满意度测评等方式，及时了解和回应用户需求，使认可工作更好地服务社会。四是要坚持多元共治，巩固认可工作的社会基础。今年全国质检工作会议和全国认证认可工作会议就构建质量共治格局和认证认可行业治理体系作出了新的部署，突出强调互联互通、工作联动。认可工作要积极参与到质检和认证认可的大机制、大平台当中，充分利用部际联席会议这些机制平台，推动认可工作融入到整体工作之中，努力扩大认可工作的参与面、辐射面，从更大范围推进多元共治。同时，要充分发挥全委会和各专门委员会的作用，吸收各方面广泛参与决策、执行、监督全过程，充分满足社会化应用、专业化分工、规范化管理的需要，探索完善具有认可特色的工作机制和多元共治格局。

2015年是全面深化改革的关键之年、全面推进依法治国的开局之年，完成"十二五"规划的收官之年，做好认可工作意义重大。希望认可委员会坚持改革和法治"双轮驱动"，谋划好长远发展，安排好今年工作，确保认可发展"十二五"规划和"十三五"的顺利衔接，从更高起点上推动认可事业创新发展，为建设质量强国做出更大贡献！

严以修身 加强党性修养
做忠诚于党、个人干净、敢于担当的好干部

——国家认监委“三严三实”专题党课

孙大伟

根据中央统一部署和国家质检总局要求，当前我们正在认监委系统处级以上领导干部中开展“三严三实”专题教育，现在进行到专题一阶段，即严以修身，加强党性修养，坚定理想信念，把牢思想和行动的“总开关”。4月29日，总局以党组书记讲党课的形式启动了“三严三实”专题教育活动，我们全委的党员干部都聆听了树平局长的授课，也标志着认监委的“三严三实”专题教育全面启动。树平局长在党课上对如何看待“三严三实”、如何认识“三严三实”主题教育、如何理解质检系统“三严三实”专题教育的必要性、如何组织开展好“三严三实”专题教育和党员干部如何学习践行好“三严三实”做了深入浅出的讲解，认监委各级党组织和全体党员干部要严格按照总局的部署，认真学习、贯彻落实。按照我委专题教育工作方案安排，今天由我围绕“三严三实”专题教育第一专题，即：“严以修身，加强党性修养，坚定理想信念，把牢思想和行动的‘总开关’”上一次党课，与其说是讲党课，不如说是结合学习习近平总书记系列重要讲话精神，就我本人对“三严三实”专题教育活动的理解，以及如何加强党性修养，成为中央要求的“对党忠诚、个人干净、敢于担当”的好干部，和大家进行共同交流学习。主要交流五个方面的内容。

一、新常态下需要什么样的党员干部

当前我们正处在改革发展的关键时期，在实现中华民族伟大复兴的道路上，还有许多艰难险阻等待我们去克服、去战胜。在这样一个伟大的征程中，我们需要一大批适应“新常态”的党员干部参与进来，发挥自己的才智、贡献自己的力量。

毛泽东同志指出：“政治路线确定以后，干部就是决定因素”。纵观我们党的发展历程，无论是在艰苦卓绝的革命战争年代，还是在百废待兴的社会主义革命建设时期，无论是在改革开放初期，还是在全面建成小康社会的伟大征程中，党的干部始终是推动发展的中坚力量，党的事业始终需要一批好干部，也离不开一批好干部。在新的历史条件下，面对改革发展稳定反腐败的艰巨繁重任务，各种困难、挑战、风险、诱惑随之而来，更需要一批政治上靠得住、工作上有本事、作风上过得硬的好干部，推动党的事业发展薪火相传、生生不息，推动社会主义现代化建设和全面建成小康社会。

那么什么样的干部才是好干部呢？

《党章》有明确规定。好干部的标准，大的方面来说，就是德才兼备。

而在不同历史时期，对好干部德才的标准又有着不同的具体要求。革命战争年代，对党忠诚、英勇善战、不怕牺牲的干部就是好干部；社会主义革命和建设时期，懂政治、懂业务、又红又专的干部就是好干部；改革开放初期，拥护党的十一届三中全会确定的路线方针政策，有知识、懂专业、锐意改革的干部就是好干部。进入21世纪，胡锦涛同志提出政治上靠得住、工作上有本事、作风上过得硬、人民群众信得过的干部就是好干部。

党的十八大以来，习近平总书记高度重视干部队伍建设，就培养党和人民需要的好干部作出一系列重要论述，2013年6月，习近平总书记在全国组织工作会

议上，明确提出了信念坚定、为民服务、勤政务实、敢于担当、清正廉洁的好干部“二十字”标准，2014年3月，习近平总书记在参加十二届全国人大二次会议安徽代表团讨论时又明确提出，各级领导干部要既严以修身、严以用权、严以律己，又谋事要实、创业要实、做人要实。2014年10月，习近平总书记在对云南工作作出的重要指示中，要求党员干部对党忠诚、个人干净、敢于担当。习近平总书记在不同场合对好干部标准的高度概括，赋予了好干部新的时代内涵，是对党员干部的基本要求，也是我们加强新时期干部队伍建设的基本遵循。

“对党忠诚、个人干净、敢于担当”与我们党的好干部标准是一脉相承的。尽管各个历史时期党对干部的要求不同，尽管不同时代的优秀干部各有特点，但信念坚定、为民服务、勤政务实、敢于担当、清正廉洁是始终不变的价值底色，德才兼备是始终贯穿的价值主线。“对党忠诚、个人干净、敢于担当”体现了做人做事做官的高度统一，对党忠诚是党员干部的政治品格，个人干净是党员干部做人的底线，敢于担当是党员干部为官的职业素质，“三句话”实质上是党员干部安身立命、做人做官做事的“三要素”，缺一不可。这“三句话”既朴素又简洁、既好记又易懂、既有现实性又有针对性，要求明确、掷地有声。“对党忠诚、个人干净、敢于担当”是辩证统一的整体，涵盖了政治建设、思想建设、业务建设、作风建设、品德建设等各个方面，更加突出了对党员干部的政治品格要求、党性修养要求和职业素质要求，是对新时期好干部标准的丰富和发展。每一位党员干部特别是领导干部，都要按照习近平总书记提出的“信念坚定、为民服务、勤政务实、敢于担当、清正廉洁”五条标准和“三严三实”要求，把“对党忠诚、个人干净、敢于担当”作为座右铭，作为修身之本、为政之道、成事之要，融入党性修养全过程，贯穿于工作各方面，内化于心、外化于行，做让党放心、让人民满意的好干部。

二、忠诚、干净、担当是党员干部党性修养的核心要素

办好中国的事情关键在党，首先在党的各级干部。党员干部素养是多方面的，贯穿其中最重要的内容，可以集中到忠诚、干净、担当这三个方面。忠诚，就是心中有党、对党忠诚，保持了忠诚，关键时刻才能靠得住；干净，就是清正廉洁、一尘不染，做到了干净，才能赢得群众认可；担当，就是牢记责任、恪尽职守，敢担当、善担当，才能完成党和人民赋予的使命。忠诚、干净、担当，内含着正确政治方向、政治立场，内含着高尚精神境界、道德操守，内含着强烈责任意识、进取精神，是党员干部理应具备的人格、品格、风格，是党员干部党性修养的具体体现。

强调党员干部做到忠诚、干净、担当，具有很强的针对性。现在大多数党员干部政治上是可靠的、作风上也是好的，同时要看到，一些人对党不忠、为政不廉、为官不为的现象还比较突出。有的信仰信念动摇，对马克思主义、中国特色社会主义心存疑虑，甚至求神拜佛、迷信西方；有的与党和人民离心离德，把党的宗旨、群众利益抛在脑后，信奉个人主义、拜金主义；有的台上一套、台下一套，成了表里不一的“两面人”；有的热衷于“潜规则”“小圈子”，搞团团伙伙、亲亲疏疏；有的无视党纪国法，搞权钱交易、权色交易、权权交易；还有的浑浑噩噩、无所作为，碰到难题绕着走，等等。这些现象和问题如果任其发展，就会像病毒一样侵害党的肌体。强化忠诚、干净、担当，已成为加强党员干部队伍建设的紧迫任务。

忠诚、干净、担当，相辅相成、有机统一。忠诚是为政之魂，干净是立身之本，担当是成事之要，三者犹如鼎之三足、缺一不可，共同铸就着共产党人的精神风范，共同诠释着领导干部的政治本色，共同支撑着党的事业的健康发展。现在，我们党正在协调推进“四个全面”战略布局，肩负的任务艰巨繁重，需要攻克的难题也很多。同时，面临的国内国际环境也十分复杂，政治考验增多，风险挑战增多。所有这些，都迫切需要党员干部增强忠诚、干净、担当的思想自觉和行动自觉，切实贯穿到改造主观世界之中，更好地为党分忧、为国奉献、为民谋利。

三、严以修身，是强化党性修养的根本保证

“三严三实”是党员干部的修身之本、为政之道、成事之要。其中严以修身是起始，是前提，是基础，离开严以修身，其余五个方面的要求都难以做到。

“三严”首先是严以修身。孔子讲“修身齐家治国平天下”，修身是排在第一位的。对党员干部来讲，修身是成长进步之基，也是工作事业之本。做“官”先做人，做人必先修身，其身正不立而行，其身不正虽令不从，只有正直正派正德的人，说话才有人听，干事才有人跟。河南的一个县衙有这样一副对联，“吏不畏吾严，而畏吾廉；民不服吾能，而服吾公。”就是这个道理。

严以修身既是领导干部立身之本，也是干事创业搞改革之本。不管是在我国古代还是当今社会，都有“严以修身”的典范，被人广泛传诵。还有许多就发生在我们身边的真实的人、真实的事，都是我们学习的榜样，激励着我们谋事创业。

（一）诸葛亮的修身自律

三国时期，蜀国境内“刑法虽峻而无怨者”，很重要的一个原因，是蜀国丞相诸葛亮严于修身，一身清廉使然。

诸葛亮一生“抚百姓，示官职，从权制，开诚心，布公道”。蜀国国事，事无巨细，每必亲躬，他5次亲率大军，北伐曹魏，与曹魏短兵相接。他严格要求后辈，不以自己位高权重而特殊对待。他亲派养子诸葛乔与诸将子弟一起，率兵转运军粮于深山险谷之中。为此，他专门给其兄诸葛瑾写信说，诸葛乔“本当还成都”，但“今诸将子弟皆得转运”“宜同荣辱”。马谡失街亭后，他引咎自责，上疏后主刘禅，“请自贬三等”，从此更兢兢业业、勤勉有加。“夙兴夜寐，罚二十以上，皆亲揽焉；所啖食不至四升”。长期的废寝忘食使他心力交瘁，积劳成疾，54岁便去世了。诸葛亮以他的实际行动验证了自己“鞠躬尽瘁，死而后已”的诺言。

（二）郑培民的“不要闯红灯”

新时期领导干部的优秀代表郑培民，始终坚持廉洁自律、严以修身，保持着一个优秀共产党员的本色。

作为一名省部级领导干部，郑培民经常警示自己：“情浓钱淡，永葆清白”“对待身外之物要铁石心肠”。所以在各种诱惑和考验面前他都能始终做到“灯红酒绿不迷眼，不义之财不伸手”，决不利用手中的权力谋取私利。

郑培民不仅严以律己，而且对家人要求也非常严格。他虽然身居“高官要职”，而他妻子仍然是新华书店的一个普通营业员。他经常告诫子女：“与其留给你们财富，不如给你们留下创造财富的能力。”他带领全家一起“拒腐蚀，永不沾”，把别人送“红包”看成送“错误”。

1986年，他到中央党校学习，临行前在财务室借了5 000元差旅费备用金。到党校报到后，他把余款存进储蓄所。学成归来，他到财务室按规定报销了有关费用后，又交给财务人员8.72元钱，财务人员不知道这是什么钱。他解释说：这是我预借差旅费余额的活期存款利息，应该交公。

2002年3月，中央抽调他到北京临时工作一段时间。3月11日，他在考察干部找人谈话时，突然感到胸口特别难受，原来是心肌梗塞又犯了，吃下随身带的药也无济于事。身边的同志赶紧送他去医院。途中，秘书焦急万分，催司机：快！快！救护车司机拉响警笛，开始闯红灯。这时，郑培民艰难地睁开眼睛，一字一字地说：“不要闯红灯！”听到这句话，身边同志眼泪一下就冒了出来。到了救命的时候，他想到的还是不违规啊。

“不要闯红灯！”这就是郑培民留给人们最后的话语。

（三）程方同志的“我把所有人都得罪了，也就都不得罪了”

大家知道，4月17日，我们的程方同志因积劳成疾累倒在工作岗位上，至今还昏迷在病床上。程方同志就是发生在我们身边的最典型的严以修身的模范。

他以干事为责、干事为荣、干事为乐，把自己的人身追求和价值目标融入到认证认可改革发展的事业之中。程方同志给大家的印象是他是一位公正处事、甘守清贫、任劳任怨、廉洁自律的好领导。

程方同志勤勉奉公、兢兢业业，在工作中恪守规定，要求别人做到的，他也总是先做到。我们很多同志都有这样的经历，早上八点多上班打开电脑，发现OA里程方同志给批示的文件竟然是早上六点多钟，就连平时因车辆限行七点赶到单位的同志都不知道他是什么时候已经到单位了。细心地同志还会发现程主任批阅过的文件，不仅文件的内容，而且连标点符号和排版格式都被修正过了。在河北局工作期间，当时还没有公车改革，周末回家时，他就坚决乘坐高铁，不用局里派车接送。公车改革之后，他模范遵守改革规定，每天与年轻人一样，挤地铁上下班。我们很多人知道，程方同志家中有90多岁的父母，家中也没请保姆，每天晚上老人起夜他都要亲自照顾，早上他还很早上班，加之白天工作量有很大，劳累了一天，下班回家挤地铁对他来说是一件很辛苦的事，但他却始终非常乐观，他还笑着说：“我常常是被挤着进去，又被挤着出来的。”

在工作中，他不徇私情，有错必纠，不管什么人什么事，只要是有悖规定，哪怕是打一点擦边球的，他就坚决不同意，有些好心的同志劝他说：“你这样做下去会把同志们得罪的。”他笑着说：“我把所有人都得罪了，就都不得罪了。”

在生活中，他严格要求自己，出差坚决不住套间。着装简朴，不到非常必要一般不添置新衣服。我们很多同志对程方同志生病前穿的那件灰色的西装印象都很深刻，不少同志还和他开过玩笑说：“程主任，您穿上这件西装年轻了很多。”他笑着告诉大家，这是他年轻的时候穿的。

不管是古代的诸葛亮、新时期的郑培民，还是我们身边的程方同志，可以说都是严以修身的典范。

总体来看，我委干部队伍的精神面貌是好的，但是认真对照检查，不严不实的问题在我委机关仍有不同程度而存在。

在“严以修身”方面：由于业务工作繁忙，客观上影响了党员和领导干部的学习时间，理论学习不够积极主动自觉、不够深入系统全面。对党性修养和理论指导实践的重要性认识不足，有时学用脱节。人生观、世界观和价值观持续改造的主动性还不够强，部门班子带动全体支部党员学习的示范作用还没有完全发挥出来。

在“严以用权”方面：能够正确认识和看待手中的权力，基本能做到有权不任性。但是，权为民所用的政治觉悟还有待于进一步提高，以法治思维和法治方式行政的自觉性还不够强，行政权力运行的相关规则、制度不够完善。具体工作中由于工作量大，工作繁忙，还存在部分业务办理不及时，文件周转出现拖延的情况。同时，在开展相关工作、制定政策时，存在不能完全契合实际、可操作性不强的问题。

在“严以律己”方面：领导干部和党员总体上能够自觉遵守党的政治纪律、组织纪律、廉政纪律，落实中央八项规定精神。存在的问题是在社会大环境下，有时还存在侥幸和从众心理，对一些发生在身边的铺张浪费、豪华奢侈现象还存在不以为然的现象，甚至出现心理不平衡，理想信念不坚定的情况。

在“谋事要实”方面：工作作风还可以更扎实，工作中下发文件还是偏多，文风还需进一步改进。工作深入性不够，深入基层、群众不多，调查研究的力度还不够大，主观因素挖掘比较少。真正沉下去、坐下来、深入调查研究并指导工作的时间不多，深入基层、深入群众之中调查研究做得不够，还没有真正做到“沉到底”“接地气”，摸不到真实情况，形不成系统的调查研究成果。

在“创业要实”方面：党员领导干部中还不同程度存在认为从事工作多年，有松口气的念头和安于现状的思想，不断建立和追求新目标，锐意进取的意识有待加强。对待复杂棘手问题，浅尝辄止、不愿碰硬、怕担担子。面对新形势新问题，分析问题、解决问题能力有限。遇到深层次问题时有畏难情绪，攻坚克难、迎难而上的勇气不足，为领导出谋划策和主动分忧的意识不够。

在“做人要实”方面：党员和领导干部能按照党章的要求，基本做到对党忠诚老实，言行一致，深入钻研业务工作，不做虚功、不拉关系、不搞奉迎，符合“做人要实”的要求。但是，敬业精神和责任心有待进一步加强，有时精神懈怠，特别是任务多、压力大的时候更是如此，没有时刻以高标准严格要求自己，影响了工作效果，致使不少工作有布置无动作，有要求无效果。

上面点到的这些问题，直接损害了群众利益、损害了认证认可人形象，对个人、事业，甚至对党和国家产生了不良影响。这些都警示着我们，“不严不实”的问题在我们系统确实有生存的土壤，“三严三实”专题教育确有开展的必要。我们要抓住专题教育的契机，经常照镜子、时常正衣冠，做到勤修、真炼，弥补思想认识上的不足，清除行动作为上的弊病。既要对自我严格要求，又要接受党的政治纪律和规矩的严格约束，是党员干部加强修养有别于普通人自我修养的特点。党员干部要以毫不松懈的态度和毅力，扎扎实实地加强党性修养，坚定理想信念，提升道德境界。

四、如何做到严以修身

做官先做人，做人必修身。党员干部要修身做人，必须加强党性锻炼与自身修养，坚定理想信念，提高忠诚意识、执行意识、干净意识、担当意识，提升道德境界，追求高尚情操。只有这样，严以修身才能发挥到实处，才能把握住思想和行动的“总开关”。

一要加强学习，坚定理想信念。作为党员领导干部，要积极加强自身修养，慎独慎微、勤于自省，常修为政之德，常思贪欲之害，常怀律己之心，不断完善人品操行，提高人生境界，做“一个高尚的人，一个纯粹的人，一个有道德的人，一个脱离了低级趣味的人，一个有益于人民的人”。

加强党性修养，坚定理想信念离不开学习。党性修养是共产党人的立身之本，理想信念是共产党人的精神支柱。加强党性修养，坚定理想信念，要求党员干部必须要坚持不懈地学习马克思列宁主义、毛泽东思想、邓小平理论、“三个代表”重要思想和科学发展观，特别是要学习领会贯穿其中的马克思主义立场、观点和方法，牢固树立正确的世界观、人生观、价值观，始终保持政治上的清醒和坚定，进一步坚定中国特色社会主义的道路自信、理论自信、制度自信，在思想和行动上自觉按党性原则办事。

提高道德境界，追求高尚情操离不开学习。面对世界范围内思想文化交流、交融、交锋形势下价值观较量的新态势，面对改革开放和发展社会主义市场经济条件下思想意识多元、多样、多变的新特点，我们的党员干部必须要大力培育和践行社会主义核心价值观。培育和践行社会主义核心价值观就要认真学习以马克思主义指导思想、中国特色社会主义共同理想、以爱国主义为核心的民族精神和以改革创新为核心的时代精神、以社会主义荣辱观为基本内容的社会主义核心价值体系，以此不断提高道德境界和高尚情操，带头做到爱国、敬业、诚信、友善。

自觉远离低级趣味，自觉抵制歪风邪气离不开学习。做“一个脱离了低级趣味的人”，是毛泽东早在抗日战争时期就向党员干部发出的号召。情趣低俗、玩乐奢靡成风极易销蚀一个人的理想、信念和进取心，使人变得精神空虚、意志消沉、思想颓废、行为猥琐、生活奢靡、道德败坏。学史可以看成败、鉴得失、知兴替；学诗可以情飞扬、志高昂、人灵秀；学伦理可以知廉耻、懂荣辱、辨是非。广大党员干部要通过学习各种文史知识和优秀传统文化，努力提高自身的鉴赏能力和审美能力，陶冶情操，培养高尚的生活情趣。

新时期我们每一位党员干部都应当自觉把严以修身作为为官做人的基本遵循，作为为官用权的警示箴言，作为干事创业的基本准则。

二是加强政治纪律，提高忠诚意识。党的政治纪律是维护党的政治原则、政治方向和政治路线，规范党组织和党员的政治言论、政治行动、政治立场的行为规则，是党最重要的纪律，是党的全部纪律的基础。习近平总书记指出："遵守党的政治纪律，最核心的就是要坚持党的领导，坚持党的基本理论、基本路线、基本纲领、基本经验、基本要求，同党中央保持高度一致，自觉维护中央权威。"古往今来，忠诚是考量一个人道德的基本要求，是一种品质、一种责任，更是一种美德，一种发自内心的情感。对党的干部来说，就是要诚一不二，以忠诚立身。不忠诚是十分可怕的、极端危险的、极其致命的。古有岳飞谨遵母训"精忠报国"，亦有秦桧"勾结党羽、专横权势"；今有杨善洲、王瑛、高德荣等人民公仆忠心为党为民，亦有周永康、刘志军、李云忠等"贪腐老虎苍蝇"践踏法纪。忠与奸自古以来便是是与非、善与恶的分界线。党员干部应把对党和人民的忠诚，作为干事创业的思想灵魂。

当前，少数党员干部政治纪律观念淡漠，违反政治纪律的问题仍时有发生：有的哗众取宠，口无遮拦当大嘴巴，对涉及党的理论和路线方针政策等重大政治问题公开发表反对意见，不讲"正能量"，传播"负能量"；有的缺乏政治敏感性和政治鉴别力，对违反党的基本理论、基本路线的错误言行不报告、不抵制、不斗争，甚至随声附和、随波逐流；有的对中央有关规定和决策部署合意的执行，不合意的就不执行，甚至阳奉阴违、有令不行、有禁不止，搞"上有政策、下有对策"，我行我素；有的党员干部做事从本部门的利益出发，缺乏全局意识，各自为政，遇到问题推诿扯皮，甚至上交矛盾。共产党的事情，共产党员都不相信，都不拥护、都不执行，那人民群众又怎么看？这些违反政治纪律的言论和行为，有些是很致命的，在党内和社会上的影响恶劣，会给党的事业和形象造成严重损害。

无规矩不成方圆。我们首先要明白自己是一名在党旗下宣过誓的共产党员，是党组织的一员，就要服从党的组织和党的原则，自觉接受党纪的规范和监督，用入党誓言约束自己。要以焦裕禄和身边的典型杨善洲、高德荣为榜样，彻底的、无条件的、不掺任何杂质的、没有任何水分的忠诚于党，永不背叛自己的入党誓词和神圣使命。每一个共产党员特别是领导干部必须自觉遵守和维护党章，按党的规矩办事。始终同党中央保持高度一致，自觉维护中央权威，任何时候任何情况下都要政治信仰不变、政治立场不移、政治方向不偏，要与党同心同德、同心同行，做到入心入脑讲纪律，谨言慎行守纪律，团结一致护纪律。以严明的政治纪律作保障，才能建设一支忠诚于党的认证认可监管队伍，真正做到用权为民、谋利为民。

三是加强组织纪律，提高执行意识。党的组织纪律是党的组织和党员必须遵守的，维护党在组织上团结统一的行为准则，也是提高执行力的重要保证。党要管党，从严治党，靠什么管，凭什么治？就是要靠严明组织纪律。增强组织纪律性，党性原则是根本，组织制度、组织管理、组织纪律是重要保障，而关键是要执行党章规定的"四个服从"：个人服从组织，少数服从多数，下级服从上级，全党服从中央。如果党组织松松垮垮、各行其是，像个大市场一样，想怎么样就怎么样，没有统一的意志和行动，就不可能形成强大的组织能力和领导能力。我们党90多年的风雨历程告诉我们，没有强有力的组织纪律就没有新民主主义革命的胜利，更没有社会主义建设取得的巨大成就。单枪匹马干不成革命，建设富强民主文明的社会主义现代化国家、实现中华民族伟大复兴的"中国梦"更离不开千千万万中国人民齐心协力和共同奋斗。

而在我们的实际工作中，也出现了一些不遵守组织纪律的现象：有的各行其是、我行我素，对集体研究决定了的事项执行不到位，或想变就变；有的摆不正个人与组织的关系，过分强调个人意志，过多向组织索取，不能自觉服从组织的决定；有的组织观念淡薄，对上级重大事项事前不请示、事后不报告；有的无视纪律，把党组讨论工作特别是组织人事工作的情况透漏给当事人，牺牲原则，讨好个人。这些都会使党成为一盘散沙。我们每名党员干部要始终牢记自己是党组织的一员，任何时候任何情况下都决不能游离于组织之外，要尊重组织、相信组织、依靠组织、服从组织，脑子里要时刻有组织、有领导、有制度、有程序，随时接受组织的约束和监督。真正做到不该讲的话不讲、不该做的事不做，该履行的职责必须履行，该承担的责任必须承担，该报告的必须报告，决不允许各行其是、各自为政，更不允许有令不行、有禁不止。有了严格的组织纪律，大家心往一处想，劲往一处使，增强了战斗力和活力，才能形成合力、产生效力，保证食品药品监管工作的执行力。

三是加强工作纪律，提高担当意识。工作纪律是维护集体利益并保证工作正常进行而制定的。担当是一种责任，是一种境界，同时也是工作纪律的内在要求。有权必有责、责任要担当。

现在我们认监委系统在个别同志身上也出现了一些“庸、懒、散、拖”的不良现象：少数干部以加强党风廉政建设为由头，不干事、不作为，精神萎靡，工作不在状态，无激情、无热情，对于安排的任务不能及时有效地完成，计较干多干少，甚至推诿扯皮、贻误工作；工作不负责，敷衍了事，甚至出现行政不作为、乱作为；工作时间做与工作无关的事；工作时间想来就来、想走就走，常迟到早退；个人去向不及时报告，不及时履行请销假手续，想找个人找不到，不知道去哪儿了……虽然这只是极个别现象，我们的主流是好的，风气是正的，老老实实做人、兢兢业业干事的是绝大部分同志，但不刹住这种歪风，歪风就有可能会蔓延，会极大地影响我们工作的开展和认证认可监管队伍的形象。

要切实加强工作的主动性。我们要的不是单纯的复印机，而是具备多种功能的打印机，对全年重点工作谋划的前提下，开拓性地开展工作，走在时间前面，主动思考、主动谋划、主动攻坚克难。

要形成务实的工作作风。坚持敢于负责，勇于担当，解决推诿扯皮和避重就轻的问题；坚持勤奋工作，勇于创新，解决为官不为和不思进取的问题；坚持守土负责、守土尽责，解决失职渎职和为政不勤的问题。以严格的工作纪律和敢于担当的精神，营造团结协作、干事创业的和谐氛围，树立勤政、务实、廉洁、高效的良好行业形象。为国家和行业的发展改革做出应有的贡献。

五是加强廉政纪律，提高干净意识。廉政纪律是指以法律法规形式规定的指导、调整、约束、规范公务员廉洁从政行为的准则，是公务员的行为规范。干净是执行廉政纪律的基本要求。党员干部倘若思想观念里沾上了“不洁之土”“贪腐之蛆”，那么很容易在腐败的歧途上越走越远，迟早会受到党纪国法的惩罚。为此，一要进一步强化廉政教育，形成“干净”的思想基础。提高思想政治素质和道德修养，树立正确的权力观，坚持立党为公、执政为民，把纪律和规矩内化于心、外化于行，做到“不想”。当前，要守好廉政关，用好、用活各种资金的同时，绷紧干净的弦。二要进一步强化制度建设，形成“干净”的制度基础。建立完善学习例会制度，坚持重大事项集体讨论决策的原则，重点针对廉政方面存在的问题，提出解决对策，制定和落实整改方案，注重从制度机制上解决问题、巩固成果，做到“不能”。三要进一步强化正风肃纪，形成“干净”的惩治基础。对于腐败行为，始终保持零容忍的态度，做到有腐必反、有案必查、有贪必肃，引导党员干部时刻牢记“手莫伸，伸手必被捉”的道理，对条规戒尺心存敬畏，做到“不会”。四要进一步强化风险管理，形成“干净”的防控基础。对干部在廉洁、作风和效能方面的苗头性、倾向性问题或情节轻微的违纪问题予以早发现、早提醒、早纠正，要及时提醒和监督，通过提前介入，主动干预，有效防范廉政风险，做到“不要”。五要进一步强化党风廉政建设主体责任和监督责任，逐级签订廉政责任书，明确责任，一级抓一级、层层抓好落实，形成“干净”的责任基础，做到“不敢”。

六是加强群众纪律，提高服务意识。群众纪律是党为保持党员、党组织与人民群众的密切关系而制定的行为准则，是我们党在各个历史时期处理党群关系的总的规范，是党的各级组织和党员个人与人民群众交往过程中不能踩踏的行为底线。其核心要求是全心全意为人民服务，在任何时候都要把群众利益放在第一位。毛泽东同志曾指出：“党群关系好比鱼水关系，如果党群关系搞不好，社会主义制度就不可能建成，社会主义制度建成了，也不稳固”。一语道破了党群、干群“鱼水关系”的真谛。各级党组织和党员干部都要努力加强同人民群众的血肉联系，反对形形色色的官僚主义，主动拉近党群关系，化解矛盾，不断树立党在人民群众心中的良好形象，促使群众拥有对党的领导、党员干部为民谋利的信心。

五、认监委系统开展“三严三实”专题教育提几点要求

今年中央决定在县处级以上党员干部中开展“三严三实”专题教育，这是巩固和深化群众路线教育实践活动成果、落实全面从严治党要求的一项具体举措，非常必要，也非常有实际意义。利用这次上党课的时机，就如何在认监委系统开展好“三严三实”专题教育，强调几点要求。

一是突出抓好学习研讨。要按照“吃透精神、融会贯通”的要求，采取个人自学、集中培训、专题辅导、调查研究、集体研讨等形式抓好学习研讨。重点学习习近平总书记系列重要讲话精神，学习党章和党的纪律规定，重点研读《习近平谈治国理政》《习近平关于党风廉政建设和反腐败斗争论述摘编》。学习《优秀领导干部先进事迹选编》和认证认可系统先进典型，以先进人物为楷模，树立标杆，对照优秀领导干部找差

距、见贤思齐；研读《领导干部违纪违法典型案例警示录》，从违纪违法案件中汲取教训、自警自省。学习要互动交流、互相启发，交流观点、达成共识。学习要紧扣问题，要读原著、学原文、悟原理，不能以辅导报告、辅导材料代替对原文的学习。全委处以上党员干部都要积极参加总局围绕"三严三实"举办的"质检大讲堂"，同时结合业务开展好各支部的学习研讨。党组成员要认真按照《方案》要求开展好每个专题的党组中心组学习，以研讨和交流为主，党组成员要撰写发言提纲，围绕研讨主题积极发言。

二是突出抓好关键环节。领导干部要讲好党课。我讲完以后，委领导也要在适当的范围内讲好党课，发挥好带学促学的作用，鼓励机关党支部书记在认证认可联系点和在本支部讲党课。开好专题民主生活会和组织生活会，去年群众路线教育实践活动的专题民主生活会和组织生活会我们开的都很成功，今年我们要借鉴其中好的经验，处级以上党员领导干部要对照"三严三实"的要求、对照党章所规定的内容、对照党的优良传统和工作惯例，深入查摆"不严不实"的问题，严肃认真的开展批评和自我批评。组织生活会要以党支部为单位，全体党员参加，全面接受党内教育和党的生活锻炼。抓好整改落实和立规执纪。要紧紧围绕中央《通知》中要求着力解决的3个方面的问题，抓好对照检查和整改落实。要做到领导带头、边查边改、完善机制。要敢于较真碰硬，对于"不严不实"的党员干部该教育的教育、该批评的批评、该处分的处分，对群众意见大、不能认真查摆问题，没有明显改进的，要进行组织调整。

三是突出强化督促检查。结合群众路线教育实践活动整改工作，采取巡回检查、专题调研、随机抽查等方式，及时了解掌握情况，加强督促和指导。要以从严从实作风开展专题教育，推动各项工作落到实处；坚决防止和杜绝形式主义，对思想上不重视、工作上不得力的要及时提醒、提出批评，对搞形式、走过场的要严肃问责。要做好对本部门、本单位"不严不实"现象和问题的收集、梳理和分析，要制定切实可行的整改措施，及时跟进整改情况，抓好立规执纪。

四是突出两手抓两促进。要把开展"三严三实"专题教育与贯彻落实总局"十二字"方针结合起来；与开创认证认可服务新格局、激发发展新活力、完善监管新模式、构建治理新秩序、展现队伍新风貌结合起来；与完成认监委重点工作结合起来，特别是要与推进认证认可系统重点领域改革、构建中国特色认证认可治理体系结合起来；与"纪律教育月""质量月""世界认可日"等工作结合起来；与推动认证认可联系点和支部共建工作结合起来，充分发挥发挥认证认可服务和保障经济发展的作用，夯实国家质量基础，为建设质量强国作出新贡献。要积极探索在全面从严治党中加强党的思想政治建设的有效办法和措施，认真总结推广支部工作法，做到专题教育与日常工作有机结合、相互促进，两手抓、两不误。

五是突出注重宣传引导。机关党委已经在认监委的网站上开设了"三严三实"教育专栏，下一步还要继续做好对中央、总局文件精神、部署要求的宣传，及时做好对委党组的安排举措和认监委系统的教育进展、成效等的宣传，办公室要及时将委里的活动动态向总局推荐，各部室、下属单位党组织要及时撰写活动动态、及时总结好的做法，要结合业务工作开展做好本部门的专题教育经常性宣传工作。

"三严三实"是党中央在全面深化改革开局之年、加强作风建设取得阶段性成效的关键时期，向全党发出的深入推进作风建设的动员令。"三严三实"从锤炼党性、用权为民、为政清廉、求真务实、敢于担当、公道正派这几个方面，深刻阐明了新时期作风建设的新要求，是党员干部的修身之本、为政之道、成事之要。领导干部要经常用"三严三实"这面镜子照一照、想一想，用这把尺子量一量自己的行为，看看是不是达标合格，是不是坚持了立党为公、以执政为民的理念，是不是践行了权为民用、情为民系、利为民谋的要求，搞清楚了往哪里走、怎么走，才能走得对、走得正、走得稳。党员干部必须以"严实"的标准立身立行立言立德，赢得群众信赖。从习近平总书记"点赞"过的好党员、好干部中，我们看到：他们固然级别不高，但都是实干一线、实绩突出、清正廉洁、群众喜欢。无论是焦裕禄还是张广秀、吕玉兰、郑九万……，无论是杨善洲、陈俊还是高德荣……，他们扎根一线、耐得寂寞、默默实干，他们就是"三严三实"的典型代表。以人为镜可以正衣冠。我们的党员干部就要以他们为标杆，一心想着群众、一切为了群众、与群众打成一片、与群众同甘共苦，一步一步脚印地实干党的事业，才能在推动全面深化改革中，创造经得起实践、人民、历史检验的实绩。

风清则气正，气正则心齐，心齐则事成。我们只有按照中央和总局"三严三实"专题教育的要求，做到真学真懂、真查真改、真信真用，才能真正做到"三严三实"，才能将专题教育不断引向深入，内强素质，外树形象，才能推动认证认可事业持续健康发展，夯实质量基础，为全面建成小康社会而做出新的更大的贡献。

统一资质管理　释放改革红利
促进检验检测服务业又好又快发展

——国家质检总局副局长、国家认监委主任孙大伟
在第三次全国检验检测机构资质认定工作会议上的讲话

（2015 年 7 月 16 日）

这次会议是在《检验检测机构资质认定管理办法》即将实施之际，总结和部署全国检验检测机构资质认定工作的一次重要会议。国家质检总局和国家认监委十分重视此次会议的召开，特别邀请了国务院法制办郭启文司长亲临会议指导，总局法规司、计量司、检验司、监督司、科技司的领导出席会议并发言。资质认定制度实施三十多年来的各项工作，得到了各兄弟部委、行业组织的关心支持，以及各级质检部门的积极推进，在此我代表质检总局、认监委，向大家表示衷心的感谢！刚才，谢军同志作了工作报告，下面，结合党中央、国务院对深化改革和质检工作的总体要求，我再讲三点意见。

一、立足发展大局，充分认识检验检测机构资质认定工作的重要意义

计量、标准、认证认可、检验检测共同构成了世界公认的国家质量基础设施。检验检测作为其中不可或缺的重要组成部分，为保障经济运行、加强质量安全、推动科技进步、服务产业发展、维护群众利益和保障国家安全提供了坚强有力的技术支撑。资质认定是我国检验检测市场的一项基本准入制度，也是检验检测领域的一项基础性制度安排。三十多年来，我们始终坚持在改革中创新、在发展中完善，通过加强法治建设、创新监管手段，逐步建立起了与我国经济社会发展要求相适应、与国际通行准则相衔接，具有中国特色的检验检测机构资质认定制度体系，并成为依法规范检验检测活动、有效提升检验检测机构技术和管理能力、切实保障检验检测行业健康发展的重要制度保障。充分认识资质认定工作的意义和作用，就要站在推进国家治理体系和治理能力现代化和服务经济社会发展的战略高度，科学把握检验检测行业发展的内在规律，进一步发挥好资质认定制度的服务和保障作用。

第一，检验检测机构资质认定是推动政府职能转变的重要手段。党的十八届三中全会通过的《中共中央关于全面深化改革若干重大问题的决定》指出，“建设统一开放、竞争有序的市场体系，是使市场在资源配置中起决定性作用的基础”。资质认定制度依据法定程序和国际通行准则，统一对各行业检验检测机构进行评价，确认检验检测机构的能力，从而打破行业壁垒和条块分割，为真正形成统一开放、竞争有序的检验检测市场创造了条件，为减少重复评审和认定、节约社会资源、降低行政成本打下了制度基础，其实质正是在打造公平竞争环境的前提条件下，放手让市场发挥其决定性作用。资质认定制度在检验检测领域具有较强的普适性，以此为核心和基础平台，将有力推动检验检测领域各项行政管理制度改革“从分头分层级推进向纵横联动、协同并进转变”，使改革逐步走向深入。同时，该制度所具有的公正性、科学性、开放性等基本特点，有助于提升政府监管的透明度和社会公信力，有利于厘清政府权力和责任的边界，顺应了简政放权、职能转变和建设法治政府的总体方向。

第二，检验检测机构资质认定是实施行业管理的重要工具。检验检测是各行各业都离不开的技术活动，随着行业发展和行业管理对检验检测的需求不断提高，资质认定已经覆盖国民经济各个领域，逐步成为各部门实

施行业管理和制定产业政策的重要手段。越来越多的行业主管部门将行业管理所必需的技术评价纳入资质认定范围，将通用的资质认定要求与行业的特殊要求相结合，形成了富有行业特色的资质管理制度。司法部、公安部、工信部、食药监总局等部委在运用资质认定手段、实施行业管理等方面进行了探索创新，取得了积极成效，已广泛开展的司法鉴定、食品检验、机动车安全检验机构等资质认定工作，就是资质认定和行业管理密切配合、共同促进的典型例证。实践证明，资质认定制度能够广泛服务于各个公共管理领域、各行各业发展，已经为提高行业治理能力发挥了越来越为重要的作用，成为政府实施行业管理的必不可少的技术工具。

第三，检验检测机构资质认定是促进检验检测认证服务业健康发展的制度保障。检验检测认证是新兴服务产业和新型服务业态。近年发布的国务院一系列重要文件中，分别将检验检测认证列为国家重点发展的8大高技术服务业、11大生产性服务业和9大科技服务业之一。2014年度我国检验检测服务业统计结果显示，全国共有2.83万家获得资质认定的检验检测机构，年出具3.11亿份检验检测报告，检验检测总营业额1588.38亿元，我国检验检测认证市场已经成为全球除欧美之外的第三大市场和重要增长极，也是我国生产性服务业的重要组成部分。在蓬勃发展的同时，我国检验检测服务业也面临着整体水平不高、无序竞争加剧等问题，个别检验检测机构忽视主体责任和能力要求，存在管理混乱、能力不足、诚信缺失的问题，严重损害了检验检测公信力，影响到检验检测认证服务业的良性发展。资质认定制度为检验检测市场设立了必要的准入门槛，为从业机构提供了衡量尺度，为监管部门提供了执法监管手段，从而保证检验检测市场规范有序，引导检验检测机构注重能力提升、实现企业治理，进而为检验检测认证服务业健康发展提供了可靠的制度保障。

二、坚持改革创新，推动检验检测机构资质认定科学发展

《国务院办公厅转发中央编办质检总局关于整合检验检测认证机构实施意见的通知》（国办发［2014］8号）明确提出“完善检验检测认证机构资质认定办法，避免重复资质认定，科学设置检验检测认证机构资质审批事项”。为此，按照“主动改革，更有作为”和“创优服务，创新治理”的认证认可工作总体要求，我们主动优化制度设计、推动制度整合，启动了检验检测机构资质认定制度改革。《检验检测机构资质认定管理办法》的颁布实施，标志着资质认定制度改革取得了阶段性成果；统一规范、科学高效的资质认定工作体系的建立，体现了简政放权、放管结合的行政审批制度改革要求，顺应了整合检验检测认证机构、促进检验检测服务业加快发展的客观需要。检验检测机构资质认定制度改革，是质检和认证认可工作领域深化改革的重大成果，具有全局性的示范意义。

检验检测机构资质认定制度改革实践告诉我们，没有任何制度是一成不变的，一套管理模式包打不了天下，固步自封只会损害制度的先进性和有效性。回顾过去，资质认定制度的建立就是适应经济社会发展要求，主动改革创新的必然产物；放眼未来，只有始终不渝地坚持改革创新，才能推动资质认证制度的完善和发展，进一步凸显资质认定制度应有的价值和优势。

第一，坚持统一性，准确把握资质认定工作的正确方向。“统一管理、共同实施”是中国特色认证认可工作体系的基本原则，也是检验检测机构资质认定制度的核心内涵之所在。建立统一的资质认定制度，是打造统一开放的全国检验检测认证市场体系的客观要求，是检验检测领域全面深化改革的重要目标。推进资质认定制度改革，必须坚持正确的改革导向，不断增强资质认定工作的统一性、规范性和完整性。《检验检测机构资质认定管理办法》进一步确立了统一管理的资质认定工作原则，在评价依据、评价条件、评价程序和资质批准等四个方面实现了统一，体现了资质认定制度的权威性和约束力。在资质认定分级实施过程中，各级各部门要进一步统一思想、提高认识，遵循基本原则，坚持统一标准，依照法定程序，切实履行职能。要按照全国一盘棋的思想，加强统筹协调，坚持规范实施，发挥整体优势，完善监督机制，充分保障资质认定工作的严肃性和权威性。

第二，坚持开放性，推动资质认定制度更好地适应经济社会发展需求。我们讲资质认定的统一性，是指资质认定工作的统一管理、共同实施基本原则，以及资质认定制度对于经济社会发展各领域的广泛适用性，按照这一要求，要依法建立各行业通用、全社会广泛承认的检验检测市场准入管理制度。与此同时，还要充分考虑不同行业、不同领域的特殊技术要求和管理需求。随着经济发展步入新常态，这种差异化的市场需求将越来越明显。因此，要在坚持统一管理、保证通用要求（即最低要求）的基础上，积极研究探索满足不同行业特殊需求的对策，以更加开放和包容的姿态创新制度设计，构建资质认定制度体系，这就是资质认定制度的开放性。此次修订的《检验检测机构评审准则》，突破了以往几乎是单一评审准则一统天下的固有模式，建立起“通用要求+特殊要求”的新型模式，适应了不同行业对检验检测机构的特殊需求，增强了资质认定的制度张力。在资质认定制度的发展过程中，还会面对形式各异的特殊需求，

应对各种各样的困难和挑战，我相信，只要坚持不懈地积极探索资质认定普适化和差异化相结合发展之路，资质认定制度将具备更加强大的生命力和更为宽广的应用空间。

第三，坚持便利性，提高资质认定工作效率和服务水平。简政放权是深化改革的先手棋，便民高效是服务发展的重头戏。这次检验检测资质认定制度改革从多个方面为检验检测市场主体松绑减负、释放红利，应该说拿出的是硬措施，打出的是组合拳，总体上看改革举措的含金量比较高。要在坚持完善顶层设计、确保风险可控的基础上，进一步纵深推进改革，推出更多便利化措施，确保各项举措落地生根，让改革红利从更大范围、更深层次惠及更多从业主体，为“大众创业、万众创新”营造良好环境。

三、完善治理手段，全面构建检验检测机构资质认定工作体系

深化检验检测资质认定制度改革，要按照放管结合、多元共治的理念，广泛动员社会各方，积极采取各种举措，共同构建法治保障、技术支撑、行业治理和社会采信相结合的中国特色检验检测机构资质认定工作体系，全面提升资质认定工作水平和服务成效。

第一，加快完善法治保障体系。资质认定是法定的行政许可事项，必须始终在法治轨道上进行，严格做到有法可依、有法必依。要加快完善资质认定法律法规体系，做好与《计量法》《中华人民共和国标准化法》等上位法修订的衔接工作，积极推进《检验检测机构管理条例》立法进程，配合推动出台政府购买检验检测认证服务的相关政策，完善资质认定工作的法律依据。按照国办发[2014]8号文件“清理相关政策法规，完善检验检测认证机构资质认定办法”的要求，在此恳请国务院法制办和有关部委继续支持资质认定法律制度建设，及时通过行政法规和部门规章将资质认定改革成果固化下来，形成上下位法有效衔接、部门规章相互协调的资质认定法律法规体系。同时，各级资质认定部门要切实增强法治意识，严格依法行政，严格按照法定权责、法定条件、法定程序实施资质认定，严格规范行政自由裁量权，坚决落实“法无授权不可为”、“法无禁止即可为”的法治精神。

第二，加快完善技术支撑体系。加快制定资质认定评审准则等技术规范，完善技术评审、能力验证等程序，为资质许可和后续管理提供科学可靠的技术依据。要充分运用大数据等现代网络信息技术，构建资质认定信息化平台，积极探索建立“互联网+”资质认定管理模式，全面实现资质认定网上办理、在线监管。要切实发挥统计工作的支撑作用，完善检验检测服务业统计制度，为社会各方提供权威可信的统计信息服务。

其三，加快完善行业治理体系。要创新监管手段，转变监管方式，完善惩戒和退出机制，营造检验检测发展的良好环境。要建立健全协作联动机制，积极支持相关行业部门根据职能行使行业管理权限，多措并举、多管齐下，共同推动检验检测机构资质认定管理水平提升。要积极落实检验检测机构主体责任，引导机构主体自觉履行诚信义务和社会责任，实现自我约束、自我激励、自我完善。要高度重视社会监督的作用，加大信息公开力度，充分发挥新闻媒体的舆论监督功能，让失信者曝光，让违法者自食苦果。要以《检验检测机构诚信基本要求》为抓手，加快推进检验检测诚信体系建设，让这个以诚信为立身之本的行业真正成为全社会诚信的楷模、治理的典范。

第四，加快完善社会采信机制。积极推动资质认定信息纳入社会信用信息共享平台和质量诚信评价体系，支持行业主管部门采用资质认定手段创新行业管理方式，引导社会各方广泛采信资质认定结果，让资质认定成为社会通用、权威公信的技术评价基础手段。各级质检部门要带头创新监管方式，将资质认定作为重要抓手，扩大采信第三方检验检测结果的范围，为资质认定服务社会发挥示范效应。

检验检测机构资质认定工作是检验检测领域的一项基础性制度安排，对于规范行业秩序、引领行业发展作用重大、效果明显。我们要紧密围绕中央“四个全面”的战略部署，牢固树立大局意识、改革意识和创新意识，扎实做好资质认定工作，扎实推进检验检测领域改革，为建设质量强国、推动中国经济实现“双中高”目标作出新的、更大的贡献！

加强事中事后监管　完善多元共治格局
共同推动认证认可事业创新发展

孙大伟

今年认证机构工作会议是在全面深化改革向纵深推进、认证认可行业发展呈现新面貌的背景下召开的，主题是如何进一步释放改革红利，激发创新活力，强化事中事后监管，完善多元共治新格局。我代表国家认监委重点讲三点意见。

一、认证认可全面深化改革的进展

党的十八届三中全会以来，按照中央和质检总局的统一部署，国家认监委全面启动了认证认可工作深化改革，取得了明显进展和成效。近一年多来，按照国务院“简政放权、放管结合、优化服务”的总要求，以深化行政审批改革为牵引，加快各项改革举措的落地和配套完善，构建“放、管、治”相结合的行业治理新机制，主要体现在以下几个方面：

认证机构审批制度改革方面：今年，“完善认证机构审批程序”被列为中央深化改革领导小组确定的重点改革任务，成为国家层面的一项工作。我们积极落实中央要求，积极推进认证机构审批制度改革，确定了认证机构审批与认证人员注册、认证制度建立分离的原则，取消对认证机构设立分公司的行政审批、认证机构分包境外认证机构认证业务的行政审批和对认证机构设立办事机构、境外认证机构设立驻华代表机构的备案事项，同时调整了管理方式。认证机构设立审批由“先证后照”改为“先照后证”，取消了对专职认证人员执业资格、外方在华设立合资合作机构、以及认证新领域申请、认证机构扩项等方面的限制性规定。同时，延长许可期限，简化许可程序，缩短许可时间，审批申请材料减少6项要求。将原有《认证机构批准书》有效期由4年延长为6年；将认证机构设立审批的许可期限由90日缩短为45日，今年上半年实际审批时间与去年同比减少15个工作日。此外，将《认证机构批准书》的延续批准复查修改为书面复查，将行政许可中的专家评审环节由必经环节修改为可选择环节。修订后的《认证机构管理办法》已经于今年4月由质检总局发布,并于8月1日正式实施。改革进度快于原定计划，政策落地后业界广泛欢迎，社会反映良好。

检验检测机构资质许可制度改革方面：检验检测机构方面放宽检验检测市场准入限制，营造公平竞争、有序开放的市场环境，明确凡是依法成立并能够承担相应法律责任的法人或者其他组织，均可申请资质认定，取消了在华设立外资检验检测机构的限制，简化资质许可评审环节，减轻检验检测机构负担，优化了资质许可评审程序，资质认定实行了一次受理、一次评审、一次许可决定，将原有资质认定证书有效期由3年延长为6年，强化检验检测机构主体责任，促进机构自律管理和能力提升，加强事中事后监管，严格落实法律责任，强化检验检测机构从业规范要求，突出客观独立、公平公正、诚实信用行业属性。

认证制度和人员注册制度改革方面：一是在强制性产品认证领域，探索建立自我声明模式，标志发放管理实现“一站式”服务，引入负面清单管理模式，进一步扩充强制性产品认证、检测机构，适度开放CCC认证检测市场，鼓励指定机构提供“一体化”服务；二是在进出口食品企业注册备案领域，加大采信第三方认证的力度，出口食品生产企业试行了“先备案后监管”模式；三是在认证规则备案领域，由审查式备案改为告知式备案，扩大认证依据用标准范围；四是在人员注册改革领域，以建立与行政审批相分离的水平评价类制度为目标，按照落实机构管人责任、引导人员能力提升的原则，简化了实习审核员准入门槛，建立了主任审核员注册资格制度。

监管模式创新方面：管理体系认证监督检查由有效性检查变为合规性检查，检查方式由网格化检查改为随机检查，大幅度增加专项监督检查的企业数量，调整认证机构年度工作报告审查方式，对CCC认证小家电、有机产品电商平台试行“神秘买家”方式抽检；确定了认证机构异常活动名单，对异常活动状态机构加大了抽查比例；探索“互联网+”监管模式，加快综合监管信息平台建设，扩大信息公示查询范围，认证结果网上查询项目增加25项；加强认可监督和行业自律机制建设，全面推行社会责任报告制度，180家认证机构提交了社会责任报告，占机构总数的97.8%；推进认证监管执法区域联动机制建设，提升了监管一体化水平。

这些改革举措有效激发了检验检测认证市场的发展活力，提升了从业机构的创新能力和服务能力，推动了认证认可制度的创新完善，促进了检验检测服务业的良性发展，得到了行业内和社会各方的广泛好评。今年以来，认证机构比去年底新增27家（总数达到211家）、检验检测机构新增1 985家（总数30325家），新颁发认证证书9万张（总数139.5万张），分别同比增长15%、7%、7%。这些成绩的取得，是与所有认证机构的努力分不开的。

二、准确把握认证认可行业治理新要求

当前，经济发展进入新常态，认证认可工作面临全面深化改革、全方位对外开放、加快发展方式转型升级的新形势，总体上处于发展机遇期、政策效应叠加期，也处在转型换档期、矛盾突显期。正确分析研判形势，正确把握任务要求，对于推动认证认可事业长远发展至关重要。结合当前中央对质检工作、认证认可工作提出的新要求，我们要着重深化对关系事业改革发展的原则性、方向性问题的认识。

（一）“放、管、治”是有机统一整体

中央关于全面深化改革的要求，是一个有机统一的整体。具体到我们行业而言，构建“放、管、治”相结合的新机制新格局，同样是一个有机统一的整体，是同一事物的不同方面，不可偏废。三者相互关联、相辅相成，要整体谋划、协调推进。脱离了“管”和“治”，单纯地谈“放”，既无意义，也不可行。同样的道理，单纯强调“管”或“治”，也是不可取的。这就是中央领导同志强调的“既要放得下，又得管得住”的道理。放，要有顶层设计，统筹兼顾，目的是激发市场主体的活力；管，要有机制、有办法、有手段，目的是维护市场正常秩序；治，要发挥各方面的功能作用，调动各方面的积极性，目的是形成多元共治的整体合力。我们要遵循改革的大方向，勇于探索创新，推动“放、管、治”相互适应、相互磨合、相互补充、相互完善，在实践中实现三者的有机统一。

（二）强化事中事后监管是关键环节

随着市场的开放，市场主体数量增多，市场竞争加剧，市场行为不确定性增加，市场的积极因素和消极因素必然会表现出来。在这种情况下，加强事中事后监管尤为重要，这也是关键点和难点所在。必须通过事中事后监管，为市场划出明确的红线，将市场的不确定性向积极方向引导，最大程度地调动积极因素，最大程度地抑制消极因素。事中事后监管要管得住、管得好、管得久，要有机制、有办法、有手段。管不到位，就可能影响“放”的效果，甚至否定“放”的做法。加强事中事后监管，必须转变监管理念，创新监管机制，明确监管职责，充实监管力量，使市场和行业既充满活力又规范有序。就目前情况看，我们在完善和创新事中事后监管模式方面还处于探索过程之中，一些设想和做法还需要实践的检验，需要不断总结积累经验，逐步形成一套完整、有效、成熟的机制做法。

（三）多元共治是核心理念

创新治理的目标是要建立一套长期行之有效的工作机制，形成多元共治的合力。要形成多元共治的治理格局，就要从利益协调、责任分解、信息互通等多方面入手，形成一套有利于调动各方积极性、整合资源、凝聚合力、协调一致的工作机制。作为监管部门来说，需要转变观念，转变职能，转变方式，更好地发挥市场主体和社会力量的作用；作为从业机构来说，也需要更新思维观念，增强主动意识和责任意识，克服被动监管心态，更加注重担当主体责任，更加注重诚信操守，更加注重主动作为；作为相关利益方，也需要加强沟通协调，增进相关方对认证认可工作包括相关政策、规定、做法的理解认识，提高相关方参与认证认可行业治理的积极性、主动性、有效性，形成良性互动的格局。

随着改革的深入和宏观环境的变化，认证认可事业发展进入了新阶段。我们要最大限度地利用有利因素，尽可能地克服不利因素，才能更好地适应新常态、引领新常态，推动事业发展进入新阶段、迈上新水平。

三、认真落实当前各项任务和要求

今年是全面深化改革的攻坚之年，也是“十二五”的收官之年，“十三五”即将拉开序幕。处在这个重要的历史节点上，我们务必要更加振奋精神，增强信心，扎实做好认证认可各项工作，在更高起点上推动认证认可事业更好更快发展。当前，要着力抓好以下重点工作。

（一）做好“十三五”发展规划

中央即将召开十八届五中全会，部署安排“十三五”规划。当前，我委正在按照国家相关部署，组织制定认证认可的“十三五”规划，同时展开“十二五”规划实施情况的评估工作。要在全面认真总结“十二五”各项工作的

基础上，注重总结提炼经验，科学研判形势，特别是要深入学习领会习近平总书记关于“十个重点突破”的论述，结合认证认可工作实际找准服务大局的结合点和突破口，充分把握国家未来改革发展带来的新机遇，推动认证认可事业取得更好更快发展。认证认可事业发展的根基血脉和活力源泉在于行业的发展、机构自身的发展。我们将把“十三五”规划工作的重心更多地放在如何促进行业发展、营造良好环境上，在政策导向、制度设计、措施安排等方面更加贴近国家发展和行业自身的需求。希望广大机构按照我委的部署，积极为认证认可“十三五”规划建言建策，配合委里做好相关情况调研、课题研究；同时认真谋划未来发展方向，努力使自身发展与国家发展、事业发展合拍。

（二）强化和创新事中事后监管

加强事中事后监管是深化行政审批制度改革、建立新型市场监管体制机制的目标任务，是落实“简政放权、放管结合”的必然要求。事中事后监管的成效，直接关系到改革的成败。如果管不了、管不好，造成监管的缺失和市场的失范，实际上也就否定了改革的成果。今后，认监委将在继续加大简政放权力度、持续推进各项改革的基础上，将工作重心逐步转移到加强事中事后监管上，这也是本次认证机构工作会议的主旨。为此，我们要着重抓好以下环节：一是要突出制度建设和机制创新。加快出台改革后各项配套规章制度，为完善事中事后监管机制提供制度保障。今年以来，总局、认监委已连续发布一系列规章和公告，初步形成了加强事中事后监管的制度体系和机制平台。今后，我们将以“随机抽查”机制和“三项清单”建设为引领，进一步创新监管模式，全面提高监管效能，构建“放得下、管得住、治到位”的事中事后监管新机制。二是要优化“五位一体”监管体系的整体功能作用。今年全国认证认可工作会议提出要完善“法律规范、行政监管、认可约束、行业自律、社会监督”五位一体的多元共治格局，促进各个监管环节之间互联互通，形成叠加效应和整体合力。今后，要更加充分地发挥行业主体、社会各方的联动作用，把行业自律和社会监督情况作为事中事后监管的重要基础和依据。三是要充分运用信息化手段。国务院近期连续出台运用大数据技术加强市场主体服务监管的一系列政策文件，加快打造“互联网+监管”新模式，未来将通过大数据、云计算等信息化手段的支撑，建立覆盖事中事后监管全过程的综合信息平台。我委正在建设认证认可检验检测大数据中心，建立监管数据和行业数据集聚融合、内部数据和外部数据交互共享的大数据采集运用模式，充分发挥信息化对事中事后监管的支撑保障作用。

（三）完善多元共治的行业治理格局

多元共治是市场机制条件下发挥市场主体和社会力量各方面作用的长效机制。建立多元共治格局，必须摈弃政府唱主角、一个部门包打天下的传统思路，充分发挥市场主体作用，加强与相关部门的协调联动，广泛吸收与认证认可工作相关的从业机构、从业人员、获证组织、最终用户、社会公众参与进来，建立，建立相互监督、相互制约的责任链条和利益共享、风险共担的协调机制，形成多元共治的行业治理新格局。为此，我们今后将着力推进部际协作机制、区域监管联动机制、行业自律机制、社会监督机制、信息公开共享机制等机制平台建设，充分调动各方面积极性，整合各方面资源，形成多元共治、联动互补的整体合力。

（四）加强行业诚信体系建设

认证认可工作以传递信任为根本，必须加强自身诚信建设。认证认可行业诚信体系建设需要整体规划、整体推进，作为今后一项长期任务和重要工作来抓。当前，国家正在推进社会信用信息共享平台和企业信用信息统一归集公示平台建设，构建以信用管理为基础的市场监管新体制。市场主体的诚信状况将作为市场监管服务的基础依据，“一处守信，处处通行；一处失信，处处受限”。目前认证审批和监管相关信息已纳入国家相关信用管理平台。我委正在建设统一的认证认可行业诚信管理平台，建立从业机构、从业人员的诚信档案，根据行业主体的诚信状况实施分类监管；同时，新出台的认证机构管理办法、检验检测机构资质认定管理办法都建立了从业机构自我声明、黑名单等诚信体系建设方面的制度。认证认可行业协会组织也在按照国家相关要求，加快推进行业诚信体系建设。总之，行业诚信体系建设是强化事中事后监管、完善多元共治体系的重要基础，是对从业机构主体提出的重要任务。

（五）营造有利于创业创新的发展环境

我们将进一步简政放权、转变职能、优化服务，深入落实国家加快检验检测认证服务业发展的扶持政策，出台促进检验检测认证机构创新发展的指导意见，继续推进高新技术企业认定、检验检测认证服务业统计调查等工作，优化政策环境；完善检验检测认证机构参与国际合作机制，鼓励相关机构走出去，深度参与“一带一路”、自贸区等国际合作项目，优化国际合作环境；加强宣传引导和信息交流，塑造检验检测认证行业的良好形象，优化社会舆论环境。通过优化服务举措，形成有利于大众创业、万众创新，有利于检验检测认证机构做大做强做优的发展环境。

认证机构是认证认可行业的市场主体、责任主体、服务主体和创新主体，承载着服务经济社会发展、建设质量强国的光荣使命和神圣职责。随着检验检测认证服务业在国家经济社会中的地位作用日益显现，对认证机构的要求和期望越来越高。广大认证机构要认清形势，牢记使命，增强大局意识、责任意识、服务意识和创新意识，在国家发展、行业发展中做出更大贡献，实现自身的更好发展。在此，我向大家提几点希望：

第一，抓住机遇，勇于创新。随着国家各项改革举措的逐步到位，政策红利不断释放，外部环境日益优化，为认证机构提供了难得机遇。但归根到底，还是内因起决定作用。能不能够抓住机遇，取决于机构自身的创新意识和能力。如果坐等靠要，再好的机遇也失去意义。希望广大机构主动而为，勇于创新，克服吃老本的心态，积极参与合格评定新领域、新项目、新标准、新模式的开发，从正在迅猛发展的新业态、新需求中找到增长点，提高综合实力和市场竞争力。

第二，自觉维护行业发展秩序。简政放权、放管结合的目的是形成有利于行业主体自我管理、自我完善、自我约束、自我激励的体制机制，充分释放行业发展活力。行政监管和行业自律是良性互动的关系，行业自律越规范，监管成本就越低。每个机构都有自觉维护行业秩序的义务，也都能从行业有序发展中受益。希望广大机构自觉遵守国家法律法规和认监委的各项规定，自觉做行业发展秩序的维护者、促进者，形成良性发展格局。

第三，紧密结合国家需求和市场需求。当前，国家正在实施一带一路、中国制造2025等新战略，推动经济迈向中高端水平。国家需求和市场需求，就是行业发展的风向标，也是最强大的驱动力。希望广大机构发挥自身的特色优势，坚持以国家需求和市场需求为导向，找准结合点，多开发有需求、有市场、有前景的认证业务，把国家和市场的需求转化为生产力和竞争力，实现同步发展。

第四，加强人才培养，提高能力素质。现在人员的能力素质不适应创新发展要求的情况还比较突出，甚至还有个别不良人员败坏认证行业声誉。随着认证审批、人员注册制度改革的推进，从业准入门槛逐步降低，人员能力的保证与提高主要靠市场机制发挥调节作用，主要靠用人单位行使管理职责，认证机构将承担更多的责任和义务。希望广大机构坚持以人为本，练好内功，把加强人才培养、提升人员能力素质作为根本大计，舍得投入，加强培训，严格管理，搞好服务，增强吸引力、凝聚力，形成有利于人才稳定持续发展的机制氛围，造就一支高素质的认证从业队伍。

认证认可事业改革发展正处于关键时期，需要全行业齐心协力，团结奋斗。我们要抓住机遇，乘势而上，加快深化改革步伐，完善多元共治格局，共同推动认证认可事业创新发展，为迈向质量时代、建设质量强国做出更大贡献！

顺应改革　锐意创新　努力开拓协会工作新局面

——国家质检总局副局长、国家认监委主任孙大伟在中国认证认可协会二届八次常务理事会上讲话

（2015年10月23日）

这次会议的意义非同寻常，我们是在协会成立十周年、进入“十三五”新阶段的节点上，以历史的视野和改革的视角，来审视协会十年来的发展历程，研讨当前及未来改革发展的重大问题。

一、充分肯定协会十年来的成绩经验

今年是中国认证认可协会成立十周年。作为总局和认监委的下属单位，中国认证认可协会肩负着光荣使命，发挥着重要作用。十年来，中国认证认可协会在风清会长的带领下，按照国务院领导、总局领导的嘱托，认真贯彻落实总局党组、委党组的决策部署，切实发挥职能作用，主动服务国家大局、服务质检事业、服务认证认可行业，做出了积极贡献。

首先，中国认证认可协会在探索中国特色认证认可发展模式、完善认证认可监管体系上做出了积极贡献。我们很早就认识到，中国的认证认可必须在立足中国国情的基础上走国际化的道路。不能单纯讲国际惯例，而是要与国情实际结合起来；不能单纯强调政府作用，而是要与市场机制、社会团体的作用结合起来；不能走先发展、再治理的老路，而是要边发展、边治理。这就是认证认可领域的中国特色之路。为此，我们赋予认证认可协会行业自律管理的职能，也赋予其行业协调、人员注册、标准研制等等职能，就是要把协会打造为五位一体监管链条的坚强一环，进而使之推动中国认证认可与国际接轨、与国家战略协同、与社会需求对接、与政府监管合拍。协会坚持以服务为宗旨，以促进行业发展为己任，努力探索认证认可行业实现自我管理、自我完善的途径，不断健全行业自律机制，完善人员注册制度，强化综合服务功能，在规范行业秩序的基础上，推动引导全行业走创新发展的道路。中国在认证认可行业自律和行业建设中所作的探索，得到了国际同行的高度肯定。

其次，中国认证认可协会在探索创新行业治理、发挥社会组织作用上做出了积极贡献。中国认证认可协会的成立，不仅是认证认可行业的一件大事，而且在当时历史背景下还担当着为行政管理体制改革、创新行业治理探索经验的使命。用吴仪副总理的话说，中国认证认可协会要成为社会主义市场经济建设中维护公正、建立诚信、促进发展、构建和谐社会的一支重要力量。徐绍史同志也指出，中国认证认可协会的成立适应了政府转变职能、依法行政的要求，要为我国政府行政管理体制改革探索经验。十年来，中国认证认可协会立足行业、面向社会，率先引入国际先进的管理模式和管理方法，积极承接行政职能转变，在行业自律、诚信体系建设、会员服务等诸多方面都迈出了领先步伐，取得了一批示范成果，在行业协会组织中产生了积极影响。中国认证认可协会在协会组织自我管理上也勇当标杆，严格坚持依法办会、规范办会、民主办会，发挥了较强的行业凝聚力，连续多年被民政部授予5A级行业协会的称号，还承担了民政部下达的《行业协会商会等级评估标准》起草任务，为社会组织管理发挥了积极作用。这些优良经验，都为我国行业协会组织的建设、行业管理模式的创新，提供了有益借鉴。

站在今天深化改革的背景下，回顾协会十年来的历程，我们由衷地感到，协会在治理理念、思路、方式等很多方面都是比较超前的，与当前简政放权、放管结合、多元共治、创新驱动这些改革方向是高度契合的，充分体现出认证认可制度和治理模式的先进性。我们要认真总结协会十年来的成绩和经验，进一步坚定发展的自信心，增强改革的主动性，凝聚创新的驱动力，继续在探索

完善中国特色认证认可发展模式、行业治理体系上迈出更大的步伐。

二、正确认识协会面临的改革发展新形势

当前，随着全面深化改革的步步深入，社会组织改革以及质检工作改革都在加快推进步伐，不断向我们提出新课题、新要求。今年7月，国务院出台了《行业协会商会与行政机关脱钩总体方案》；9月，中共中央组织部印发了《关于全国性行业协会商会与行政机关脱钩后党建工作管理体制调整的办法（试行）》，中共中央办公厅印发了《关于加强社会组织党的建设工作的意见（试行）》，行业协会商会改革的总体方案已经确定。同时，全国职业资格制度清理改革也在全面实施，根据人社部的要求，第五批取消职业资格的目录将于年底前出台，将对认证人员注册制度带来重大影响。从我们自身讲，质检工作包括认证认可领域的改革事关全局，受到各方高度关注。检验检测认证机构整合、认证机构审批制度改革等等更是被国务院、中央深改办明确列为重点改革任务。国家各项改革的推进，反过来倒逼我们加快自身改革步伐。面对改革新形势新要求，质检总局、认监委坚决贯彻中央决策部署，以主动改革、更有作为的姿态，加快推进各项改革举措。就认证认可工作而言，今年以来，检验检测机构资质管理制度、自愿性产品认证制度等等取得了新的实质性成果。这些改革都涉及到协会的工作，都与协会的参与、配合和支持分不开。人员注册制度改革更是直接涉及协会的核心职能，也关系到协会未来的发展方向。对于这些改革尤其是协会自身的改革，大家都很关注。我想，关于下一步改革，中央将有统筹安排，总局、认监委将有专门部署，确保改革顺利平稳推进，这里不展开讲。我主要想谈谈如何认识和把握改革形势的问题。

首先，深化改革对于协会是难得机遇，改革红利直接体现在协会的职能加强、作用提升上。从宏观大局看，全面深化改革、推进国家治理现代化是要更好地发挥市场机制和社会力量的作用，形成更加科学高效、充满活力的治理格局。随着行政体制改革包括行政审批、市场监管制度的改革的推进，政府部门通过简政放权、转变职能，将更多的事权和职能交给行业协会商会这些社会组织来承担，行业协会所发挥的自治管理、组织动员、利益协调这些职能作用更加突显。从行业自身看，随着认证认可的外部需求和行业格局日趋多元化，特别是随着认证认可的创新改革不断深入，越来越需要行业协会组织在认证认可相关方之间发挥桥梁纽带作用，越来越离不开行业自律机制在认证认可监管体系中发挥基础保障作用。从认监委角度讲，这些年来，我们根据事业发展的要求，不断把一些通过行业主体自我管理、自我调节能够更好发挥作用的职能和事务交给协会来承担，比如支撑行政监管、服务行业发展的大量基础性、社会性工作等等，不但使得我们这套体系的职能分工越发明晰、监管链条越发严密、行业活力越发充沛，而且也促进了协会自身功能的健全、作用的提升。今后，随着相关改革的到位，协会承担的职能任务将会更加丰富、更加重要。因此，深化改革的大方向，赋予了协会更加广阔的施展舞台、更加有利的发展机遇，我们要有充分的信心，主动把握机遇。

其次，深化改革对于协会也是深刻挑战，对协会的职能定位、管理模式、工作方式等等都将带来重大调整并产生深远影响。不管是认证人员职业资格制度改革，还是协会管理体制改革，都可能对我们的主体业务、主要职能带来深层次变革，甚至是颠覆性改变。如果我们在思想观念、管理思路、工作方式上不能与之相适用，继续固守陈规旧习，就会跟不上改革潮流，有可能起到负面作用，甚至被改革所碾压。认证人员职业资格改革是国家职业资格改革的一部分，而且市场准入类的职业资格更是改革的重点，也是社会关注的焦点。我们如果不能拿出一套契合改革目标和发展需求的创新制度出来，就会陷入被动，给从业人员队伍的稳定发展、创新发展带来不利影响。往更深层次讲，我们还面临协会管理体制、管理模式的变革。根据《行业协会商会与行政机关脱钩总体方案》，这次改革重点围绕“五分离、五规范”展开，即：机构分离，规范综合监管关系；职能分离，规范行政委托和职责分工关系；资产财务分离，规范财产关系；人员管理分离，规范用人关系；党建、外事等事项分离，规范管理关系。这些更是全方位、根本性的变革，需要我们做出整体系统的调整和应对。与改革要求相比，我们在思维观念和实际工作当中还存在种种不适应现象，特别是长期定型的模式下所形成的思维固化和路径依赖，更会加大我们的改革成本和风险。所以，我们还要从接受挑战的角度来看待改革，正视改革中可能遇到的新情况新问题，保持清醒头脑，克服等靠要思想，主动而为，趋利避害，实现改革效益的最大化。

同时，深化改革对于协会也是重大考验，考验我们的政治素质、工作水平和各种能力。改革就是自我革命，不可避免地要触动旧有格局，甚至是利益调整，这对我们每一个人都是严格考验。能否正确认识和对待改革是考验；能否推动改革的顺利实施同样是考验；能否通过改革实现体系重构和流程再造，以制度化成果真正释放活力更是考验。认识到位，行动果断，措施得当，就可能在改革中占得先机，战胜挑战；认识糊涂，行动迟缓，措施失误，就可能贻误改革机遇，造成难以挽回的影响。我们要把改革当作全面加强自身建设、提升工作水平的契机，以高度的政治责任感、饱满的精神状态、严实的作

风，自觉主动改革，不折不扣地落实各项改革部署和要求，在改革面前经受住考验，并且取得更好更快的发展。

三、努力开创协会工作新局面

当前，我们正处在“十二五”收官、“十三五”开局的承上启下关口，进入了一个新的发展阶段。刚才，生飞同志在工作报告中对今后协会工作作了全面阐述，各位理事还要进行深入研讨。

第一，要认真谋划“十三五”改革发展的新开篇。再过几天，党的十八届五中全会就要召开了，这次会议的主要任务是审议通过关于“十三五”规划的建议。质检总局和认监委也正在组织开展质检事业和认证认可“十三五”规划的编制工作。“十三五”是实现全面建成小康社会目标的决战阶段，对于我们国家的发展、认证认可事业的发展都至关重要。对于协会而言，决定未来发展的关键性改革举措、政策举措都将在这一阶段到位，如果我们把握好“十三五”的机遇，就能为未来长远发展打下坚实基础。要以制订“十三五”规划为契机，认真总结协会成立以来的经验和不足，科学研判当前形势和未来趋势，明确下一步的路径方向和目标任务。通过制订规划，统一认识，凝聚力量，增强信心，动员全行业聚焦改革发展的重大课题来协力攻关，闯出一条超越以往的发展新路。

第二，要着力完善多元共治的新格局。构建多元共治的行业治理体系是认证认可领域深化改革的重要目标。认证认可工作要实现多元共治，必须调动各个方面的积极因素，打造相互制约、相互促进、环环相扣的监管链条，形成协调发力、合作共赢的工作机制和利益格局。在这其中，协会发挥着不可替代的作用，也具有不可替代的优势。协会要秉持多元共治的理念，一手抓自律管理，一手抓协调服务，在发挥行业主体的积极性、自主性多下工夫，综合发挥社会组织对其成员“行为导引、规则约束、权益维护”的职能作用，突出抓好行业自律与诚信建设工作，建立利益共享、风险共担、责任共负的关联制约机制，正确引导从业机构和从业人员的利益诉求，使认证认可行业真正成为全体成员的利益共同体、责任共同体。

第三，要探索建立人员管理的新模式。“抓机构、管人员”，是加强认证认可事中事后监管的应有之义，也是关键环节。改革人员注册制度不是放松人员管理，而是要转变准入限制的管理方式，取消与行政审批挂钩的做法，释放认证机构和认证人员的活力。在管理手段上，也要更多地发挥市场机制的调节作用，更好地落实用人单位的主体责任，形成优胜劣汰、持续改进的格局。协会要发挥多年实施人员注册制度的管理优势，发挥人员认证制度的国际化优势，积极研究推出适应新形势要求的认证人员能力评价办法，引导认证人员管理朝着自愿开展、自主调节、自我完善的能力评价方向发展，进一步发挥人员能力评价对于行业创新发展的支撑作用，而不是简单地撒手一放了之。国家认监委也正在组织力量专题研究改革后加强认证人员管理的办法措施，协会要积极参与、紧密协同，探索建立新型认证人员管理制度，引导认证人员队伍的平稳、持续、良性发展。

第四，要不断提升行业服务的新层次。新常态下，认证认可行业正面临全新的市场环境，自身也面临转型升级的艰难任务。协会要主动而为，做足做好服务这门功课。首先，要在优化行业秩序上下工夫。随着检验检测认证市场主体数量增多，竞争加剧，各种矛盾和问题呈现累积多发态势。协会要因势利导，着力理顺市场秩序、建立公平竞争规则，营造和谐共赢环境。其次，要在满足行业需求上下工夫。认证认可的市场需求、社会需求在升级，必然传导到行业需求上，带来政策、标准、规范、技术等多方面的多元化、差异化需求。协会要以行业需求为关注焦点，针对不同主体的多元化、差异化需求，采取针对性解决办法，变“端菜”服务为“点菜”服务。对行业普遍关注的权益保护、风险防控、产业扶持、税收优惠、职业资格承认等共性诉求进行专题研究，积极向相关部门提出政策建议。此外，要在提升行业形象上下工夫。由于多种主客观因素，社会上对认证认可行业还存在一些片面看法，特别是一些媒体的负面报道，对行业形象产生了恶劣影响。行业形象单靠机构个体的力量很难改观，需要全行业共同努力维护。协会要把提升行业形象作为重要任务，一方面，要加大行业自律力度，严惩害群之马；另一方面，要加强正面宣传引导，及时回应社会关注，引导行业主体自觉珍惜、自觉维护行业形象。

第五，要努力树立自身建设的新面貌。越是改革发展的关键时期，越对自身建设提出严格要求。中央最近下发《关于加强社会组织党的建设工作的意见》，对协会的党建工作提出新要求。协会要结合自身实际，吃深吃透新精神，研究制定加强自身建设的办法措施，把严格管理、依法依规办会贯穿协会各项工作始终。要坚持严字当头，树立高标准、严要求，切实加强内部管理，完善规章制度，继续争创行业协会组织的标杆；要突出班子带头，切实抓好协会领导班子建设，带动协会各级组织各职能部门的自身建设，一级管一级，一级促一级，把各项纪律要求层层贯彻到实处。要把好党建龙头，制定加强党建工作的有力举措，带动思想、作风、组织、文化建设协同发力，创出协会自身建设的特色品牌。

中国认证认可协会走过了不平凡的十年历程，迎来了更加美好的光明前景。我们要紧密团结，群策群力促改革，聚精会神谋发展，努力开创协会工作的新局面，为中国特色认证认可事业发展、为建设质量强国做出更大贡献！

国家质检总局副局长、国家认监委主任孙大伟在第四届全国合格评定机构认可工作会议上的讲话

（2015年11月18日）

很高兴出席第四届全国合格评定机构认可工作会议。对于即将到来的“十三五”，认可委员会进行了前瞻性的谋划和思考，为开好局、起好步作了扎实准备。下面，我代表国家质检总局和国家认监委，讲三点意见：

一、“十二五”期间认可工作服务大局成效显著

即将过去的“十二五”是我们国家全面建设小康社会进程中非常重要的发展阶段，也是我们质检和认证认可事业取得重大发展的战略机遇期。特别是十八大以来以习近平同志为总书记的党中央作出了“四个全面”、“五位一体”等一系列重大战略部署，树立了以提高质量和效益为中心的发展新模式，将质量工作摆在日益重要的位置，着力加强质量基础建设，这为认证认可事业的发展提供了前所未有的机遇。认证认可作为国家质量基础设施的重要组成部分、市场经济运行的基础性制度安排、推进国家治理现代化的有效手段，发挥着更加重要的作用。这其中，认可作为合格评定链条顶端的能力证实者、信任传递者，更是起着不可替代、不可或缺的作用，受到社会各方的日益重视。“十二五”期间，认可委员会紧紧围绕国家大局，深入贯彻中央一系列决策精神，认真落实总局党组和认监委党组的各项部署，以证实能力、传递信任为使命，以提高认可服务质量和工作效率为核心，坚持深化改革、创新发展，为服务经济社会发展作出了应有贡献，认可事业自身发展也取得了卓越成就。概括来说，主要体现在以下四个方面：

一是坚持改革创新，进一步健全了中国特色的国家认可体系。认可委员会坚持集中统一的国家认可体系，不断完善“统一体系、共同参与”的认可工作体制，既遵循国际标准，又结合中国国情，建立健全了风险分级、专项监督、确认审核等新制度新机制，走出了一条国际化和中国化相结合的中国特色认可发展之路。可以说，“十二五”这五年，是在我国集中统一的认可制度建立后，发展步伐最快、成果最丰富、作用最突出的时期，站在了引领国际认可制度发展的最前沿。

二是围绕中心大局，进一步发挥了认可服务经济社会发展的作用。围绕服务经济社会发展和政府监管，推出了能源管理体系认证机构认可、低碳产品认证机构认可、司法鉴定/法庭科学认可等多项新型认可制度，为各方面用户提供了权威、公信的能力证实服务，适应了经济社会发展日益增长的需求。认可在政府监管中有效发挥了技术支撑作用，认可结果获得近20个政府部门的采信，在防控埃博拉病毒、登革热疫情以及反恐防暴等重大任务中提供了技术保障。目前，认可委员会已建立三大门类11项基本认可制度，覆盖了绝大部分国际通行的认可制度，实现了与国际的同步发展；累计认可各类合格评定机构7 474家，认可现行有效认证证书92万多张，占全球认可总量的八分之一，在国际上处于领先位置。

三是深化国际合作，进一步提升了中国在认证认可领域的国际影响。 主动服务外交外贸大局，签署了多个双多边互认体系协议，为应对国外技术壁垒、促进贸易便利、扩大对外开放发挥了独特作用。五年来，认可委员会以优异的成绩两次通过由亚太实验室认可合作组织和太平洋认可合作联合组织的同行评审，巩固了国际互认地位。这个月初，建华同志成功当选IAF主席，这是中国实质性参与国际认证认可活动取得的重大突破，是我国认证认可工作整体影响力提升的集中体现，将进一步提升中国认可的话语权和影响力，为我国更加积极地参与国际事务、发出中国声音、彰显中国作用产生积极的影响。

四是加强基础建设，进一步增强了认可事业发展的后劲。作为认可大国，我们不仅具备了较强的技术能力，基础建设也不断踏上新的台阶。“十二五”期间，认可委

员会不断提升评审队伍整体实力，大力培养具有国际视野的复合型管理人才；不断加强科技能力建设，解决了一批制约发展的技术瓶颈问题；认可管理机制不断创新，公众宣传持续强化，信息化水平稳步提升，形成了一整套以“证实能力，传递信任”为使命的认可文化价值体系。

可以说，“十二五”期间，在同志们的共同努力下，我国认可事业在前期厚积薄发的基础上，取得了突飞猛进的发展进步，在国际上实现了从“跟踪”到“追赶”、直至“引领”的历史性飞跃，为我们加快进入认证认可强国行列奠定了坚实的基础。这些成绩的取得，得益于党和国家对质量工作的高度重视，得益于总局党组、认监委党组的正确领导，得益于风清主任带领认可委员会努力拼搏，也得益于各合格评定机构和所有认可用户的支持配合。

二、结合认可工作实际，深入学习贯彻十八届五中全会精神

即将到来的“十三五”时期，是全面建成小康社会的决胜阶段。10月底，党的十八届五中全会胜利召开，研究部署了“十三五”规划的重大问题，提出了“创新、协调、绿色、开放、共享”五大发展理念。这五大发展理念，是贯穿五中全会精神的一条红线，是我们各项工作必须牢牢把握的总方向、总遵循，是我们制定和实施“十三五”规划、引领认证认可事业迈向发展新阶段的思想指引和行动指南。在五大发展理念的指引下，五中全会确立了“十三五”阶段的五大发展目标：经济保持中高速增长，人民生活水平和质量普遍提高，国民素质和社会文明程度显著提高，生态环境质量总体改善，各方面制度更加成熟更加定型。这五大发展目标，为认证认可工作提出了新的更高要求，也提供了新的更大机遇。

认证认可作为国家质量基础的重要组成部分，是建立社会经济活动最佳秩序的重要工具和国家治理体系的重要组成，是推动经济转型升级、实现内涵集约式发展的基础保障，是实现技术创新的关键要素、激发市场活力的重要平台，是参与国际合作竞争、维护国家核心利益的有力抓手。围绕这“五大发展理念”，结构改革将更加重视经济发展的质量，简政放权将更加重视第三方机构的作用，创新创业将更加释放检验检测认证市场活力，提升开放水平将更加重视贸易的便利化和内外市场的融合。这些都对国家质量基础设施包括认证认可工作提出了巨大需求，这其中，认可又居于合格评定链条的顶端、对外开放体系的前沿，其意义将更加重要、作用将更加凸显。

我们要深入学习贯彻五中全会精神，深刻理解把握“十三五”发展的新形势新要求，用五大发展理念来统领思想、指引行动、开创未来。

要坚持创新发展，把创新作为推动认可事业发展的第一动力。我国认证认可从国际引入国内，经历了从无到有、从小到大、从模仿跟踪再到发挥引领作用的过程，实质上是走过了一条创新发展的道路，我们没有刻意模仿、生搬硬套，而是创造性地把国际规则与中国国情结合起来，并不断地用发展新要求新内涵来完善我们的制度、健全我们的体系。我们把创新发展确立为我国认证认可事业发展的总体战略，提出制度、科技、服务、监管、体制机制等五个方面的创新安排。按照五中全会提出的创新发展理念，我们更要坚定创新的自觉、明确创新的方向，强化创新的意识，提高创新的能力，通过改革创新不断为认证认可事业发展注入动力。

坚持协调发展，正确处理影响认可事业长远发展的各种关系。五中全会指出，协调是持续健康发展的内在要求。必须正确处理发展中的重大关系，促进协调发展，不断增强发展整体性。结合认可工作来讲，我们要着力解决制约事业发展的深层次矛盾和结构性问题，处理好改革、发展与稳定关系，立足当前与规划长远的关系，制度创新与制度规范的关系，国际互认与国内运作的关系等等；更高层面讲，还有认可在国家大局、在质检事业总体布局、在认证认可“五位一体”监管体系中的定位关系；更具体层面讲，还有政府部门、认可对象、认可用户之间的关系，认可组织内部的相互关系等等。我们只有牢固树立协调发展理念，更加注意发展的协调性、平衡性和可持续性，更加注重结构性改革和结构性调整，更加注重兼顾各方利益诉求，更加注重发挥各方面积极性，才能够推动认可事业在正确道路上保持适当的速度、保持引领的态势，实现更好、更快、更可持续的发展。

坚持绿色发展，不断拓展认可工作新内涵新领域。五中全会提出，必须坚持节约资源和保护环境的基本国策，坚持可持续发展，加快建设资源节约型、环境友好型社会，推进美丽中国建设，为全球生态安全作出新贡献。实施绿色发展战略、构建生态文明制度体系，为认证认可提供了更加广阔的发展空间。前不久刚刚发布的《生态文明体制改革总体方案》，明确提出“建立统一的绿色产品体系。将目前分头设立的环保、节能、节水、循环、低碳、再生、有机等产品统一整合为绿色产品，建立统一的绿色产品标准、认证、标识等体系。”为此，我们必须加快绿色低碳、节能环保领域认证认可制度建设和推进步伐，发挥第三方评价这一市场化、国际化先进工具的作用，在国家生态文明制度体系中占据一席之地，为促进结构转型、绿色发展作出应有贡献。对认可工作而言，要主动把握绿色发展带来的新机遇，把认可在传统领域发挥机制作用的成功模式，复制引进到绿色低碳这些新领域之中，全面拓展认可工作领域，提升水平层次。

坚持开放发展，把握国内国际两个大局不断提高市场化国际化水平。五中全会强调，必须顺应我国经济深度融入世界经济的趋势，奉行互利共赢的开放战略，发展更高层次的开放型经济，积极参与全球经济治理和公共产品供给，提高我国在全球经济治理中的制度性话语权，构建广泛的利益共同体。认证认可是市场经济、开放型经济的产物，是经济全球化、区域一体化的需要，也是构建高水平开放型经济体制、提升我国在全球经济治理中话语权的有效手段。认证认可在国内国际两个市场、两种资源当中发挥着不可替代的桥梁纽带作用，具有市场化、国际化的突出优势。按照五中全会的新精神，我们要坚持好、发挥好这些优势，着眼于统筹国内国际两个大局，着力解决好满足市场需求、促进国际合作两个课题，向社会、向世界提供中国认可这一优秀的公共产品，为提高我国在全球经济治理中的影响力和话语权作出贡献。

坚持共享发展，推动认可服务走向更宽范围更广领域。五中全会指出，共享是中国特色社会主义的本质要求。必须坚持发展为了人民、发展依靠人民、发展成果由人民共享，作出更有效的制度安排，使全体人民在共建共享发展中有更多获得感。对于认证认可而言，共享同样是其本质要求。认证认可的目的是建立互信、实现共赢，可以说最为典型地体现了共享发展的理念。我们应该贯彻五中全会要求，将其发扬光大。为此，认可委员会要坚持共建、共治、共享理念，把拓展服务用户、提高服务质量、扩大服务成效放在突出位置，完善认可工作推进机制和采信机制，不断提高认可有效性和公信力，让认可成果惠及更多用户、更大范围、更广领域，真正成为规范市场经济运行、让发展成果惠及全社会的一项行之有效的制度安排。

三、以五中全会精神为指导，努力开创“十三五”认可工作新局面

首先，要加强前瞻研究，做好“十三五”规划。在全力打好“十二五”的收官之战、确保各项目标任务圆满完成的同时，认可委员会要以改革创新的精神编制好“十三五”规划，绘制好新的发展蓝图。目前，总局和认监委正在按照国家相关部署，组织制定《质检事业发展“十三五”规划》《认证认可事业发展“十三五”规划》，认可工作“十三五”规划要以国家、总局、认监委的规划为依据，在全面认真总结“十二五”各项工作的基础上，总结提炼经验，科学研判形势，结合认可工作实际找准服务大局的结合点和突破口，充分把握国家未来改革发展带来的新机遇，推动认可事业取得更好更快发展。

第二，要发挥引领作用，提升国际话语权。作为国际通行的技术性措施和贸易便利化工具，认可工作最突出的优势在于国际化程度高，并通过签署国际认可互认协议发挥着基础性作用。认可工作要充分利用国际化的优势，为中国经济“走出去”服务。一是要加强和区域内经济体认可机构间的合作，开展多层次、多渠道磋商，推动认可双边合作，共同促进合格评定结果的互认采信，从而促进贸易和投资的便利化。二是要开展和区域内经济体认可机构的技术交流，分享认可制度建设的经验，共同促进区域内认可制度进一步发展。适时输出我国的认可体系，为互认和采信打下基础。三是要利用当选IAF主席的契机，当好在相关国际事务中的组织领导角色，争取在国际认可舞台发挥更大作用，让中国认证认可的声音更加响亮。利用好国际多边互认制度，为我国检验检测认证取得国际承认、服务对外出口，进一步搭建能力信任的平台。

第三，要加快制度创新，更好适应和满足发展需求。随着经济发展进入新常态，传统产业改造升级、新兴产业孕育发展步伐加快，对认可制度的创新发展形成了倒逼机制。认可工作要进一步挖掘高技术服务业属性，加快制度创新步伐，提高对发展新需求的敏感性、适应性、引领性。一是搞好对经济转型、产业升级的形势研判，密切跟踪网络安全、节能减排、互联网金融等新领域的发展动态和政策动向，从认可制度层面加快创新发展，推动认可工作与产业经济更加紧密地融合起来，与产业经济发展方向同步前行。二是加强认可新领域的前瞻性研究，如智能制造涉及的合格评定、电商的质量评价等，发挥认可工作对新兴业态的技术支撑作用。在现有认可制度基础上，抓紧作出推进认可制度建设的新部署，保持适度超前，为更好地发挥认可作用、促进战略新兴产业发展提供有力支撑。三是积极推进新认可制度的实施，加强与相关行业主管部门的沟通和衔接，扩大认可结果采信，提升认可在政府行政管理与行业技术管理中的技术评价地位，为政府向第三方购买服务提供技术支撑。

第四，要健全认可约束机制，完善行业治理体系。当前，国家正在推进社会信用信息共享平台和企业信用信息统一归集公示平台建设，构建以信用管理为基础的市场监管新体制。认证机构审批和监管相关信息已经纳入了国家相关信用管理平台。认监委正在建设统一的认证认可行业诚信管理平台，建立从业机构、从业人员的诚信档案，根据行业主体的诚信状况实施分类监管；同时，新出台的认证机构管理办法、检验检测机构资质认定管理办法都建立了从业机构自我声明等诚信体系建设方面的制度。认可约束是“五位一体”认证认可监管体系的重要一环。要强化认可约束的作用，用好分级管理、专项监督、确认审核等多重手段，发挥好专项监督评审的警示作

用，确保认可工作的有效性。要研究建立检验检测机构认可诚信考核指标，加大对不诚信行为的处罚力度。要突出认可约束的激励作用，引导检验检测认证机构自觉规范市场主体行为。要增强联动机制效能，将行政监管、行业自律、媒体监督、用户投诉的信息作为认可监督依据，为构建认证认可行业治理新秩序更好地发挥作用。

第五，要提升认可服务水平，促进合格评定机构创新发展。去年以来，我们持续推出了一系列认证认可改革措施，有效激发了检验检测认证市场的发展活力。"十三五"时期，我们还将继续采取新的措施，推动检验检测认证服务业提质增效、做强做大。认可在促进检验检测认证机构能力提升方面发挥着基础作用，是引导行业创新发展、做强做大的重要力量。要充分运用认可的评价结果，为制定检验检测认证服务业的发展规划和政策措施提供可信依据，为政府购买检验检测认证服务、采信检验检测认证结果提供能力保证。要适应检验检测认证机构整合后的新需求，增强主动改革、主动服务意识，及时调整认可政策，完善评审方式，在"提高认可效率、增强认可效果"上狠下工夫，为广大合格评定机构提供增值服务。

认可工作使命光荣、意义重大。在同志们的共同努力下，认可工作取得了"十二五"的辉煌成果，即将开启"十三五"的崭新篇章。我们要再接再厉，戒骄戒躁，同心协力，奋勇开拓，为推进认证认可事业新发展，为建设质量强国、实现全面建成小康社会宏伟目标做出新贡献！

2016

Yearbook of Certification and Accreditation of China

第三部分　专　文

Part Three　Research and Experience

释放认证认可制度创新红利
完善自贸试验区国际化营商环境

中国（上海）自由贸易试验区管理委员会

建设自贸试验区是党中央、国务院在新形势下推进改革开放的重大举措。作为国内首个自贸试验区，上海自贸试验区立足国家战略，坚持先行先试，通过制度创新不断释放改革开放红利。两年多来，上海自贸试验区建设得到了国家质检总局和国家认监委的高度重视和大力支持。目前，已有22项认证认可制度创新措施在上海自贸试验区落地，其中外商投资认证机构审批改革6项、支持检验检测认证产业和文化产业发展举措7项、CCC诚信示范企业贸易便利化举措6项、平行进口汽车认证模式改革3项。这些“大胆闯、大胆试、自主改”的举措，历经两年多的探索实践，认证认可制度创新效应不断显现，促进了区域经济持续健康发展，质量效益得到明显提升，形成了一批在全国范围内可复制可推广的制度创新成果，对于加快推进上海“四个中心”建设和科创中心建设，营造与国际接轨的营商环境具有重要意义。

第一，外资认证机构改革展示了我国进一步扩大开放的决心，是主动改革、制度创新的成功典范。

自贸试验区作为我国主动顺应经济全球化新趋势，自主提高对外开放水平的试验田，承载着面向世界、服务全国、为全面深化改革和扩大开放领航探路的战略任务。为营造公平开放的投资环境，上海自贸试验区率先探索建立了以准入前国民待遇加负面清单管理为核心的外商投资管理制度，实现了外商投资准入由审批制向备案管理模式的转变。目前，负面清单由2013版的190条减少到2015版的122条，外商投资准入门槛逐步降低，投资自由化、便利化水平显著提高。

在此过程中，国家质检总局、国家认监委等部门给予了大力支持，特别是在推动降低“外商投资认证机构”准入门槛方面，发挥了决定性作用，展示了新一届政府进一步扩大开放的决心和行动。由于《中华人民共和国认证认可条例》对设立外资认证机构有特别限制性规定，2013版负面清单将“外商投资认证机构”列入质检技术服务类限制准入领域。上海检验检疫局在对上海外资认证机构的现状、进出口贸易影响和政策风险等方面进行评估后认为，鼓励外资认证机构落户，能够更好地服务我国外贸进出口企业。经报请国家质检总局和国家认监委同意，将其从2014版负面清单中删除。两年来，国家认监委先后在上海自贸试验区出台外资认证机构审批改革政策6项，共计取消2项审批、1项备案和3项限制；6项成果中的4项已在全国落地，受惠机构8家。上海自贸试验区也成为全国拥有外资认证机构数量最多的自贸试验区。从长远来看，相关改革对于鼓励外资认证机构落户自贸试验区开展本土化服务，降低企业成本，促进国际贸易都将起到重要的促进作用。

第二，CCC认证制度改革及时回应了自贸试验区转型发展的需求，是推动跨境贸易发展、深化供给侧改革的有力举措。

CCC认证制度改革作为自贸试验区贸易监管制度创新的重要内容，在国家质检总局和国家认监委的关心支持下，2015年可谓亮点频出。

2015年初，为支持上海自贸试验区国家对外文化贸易基地特色产业——对外文化艺术产业的发展，进一步提高文化艺术品通关效率，国家认监委在上海自贸试验区探索实施CCC认证制度改革，区内进口涉及CCC目录的文化艺术品及展品，无需办理CCC认证。受益于这些创新措施，上海自贸试验区国际文化服务贸易平台已多次成功举办海外艺术品、古董家具的保税展示展销活动，经营范围不断拓展，交易规模显著增加。仅一期仓库艺术品进出库货值就已超过100亿元，交易额超过30亿元，占上海艺术品进出口通道服务市场的20%以上。

2015年中，在国家认监委的支持下，上海检验检疫局推出了对进口CCC产品诚信示范企业"一次审批、多次放行，一次确认、三年有效，直通放行、诚信监管"等贸易便利化措施，使每批进口CCC产品平均滞港时间从一周缩短到几分钟，每年可降低物流成本1500万元以上，有力推动了大型跨国公司、科研测试企业以及维修分拨中心等企业的发展，制度一经发布即被央视长时程报道。目前，首批34家获证企业已因此受惠，该项措施的企业受益面还在不断扩大。

2015年底，国家认监委发布自贸试验区平行进口汽车CCC认证改革试点措施的公告，对自贸试验区平行进口汽车实行"两宽一简"改革新政，为平行进口汽车产业发展扫除障碍。目前，上海自贸试验区已经做好充分准备，正在按照公告要求积极完善相关工作，力争在国家质检总局和国家认监委的指导支持下，率先落实该项试点任务，推动平行进口汽车试点工作顺利展开。

第三，公共检验检测认证服务平台示范区的创建有力推动了上海科创中心建设，是互相配合、协同创新的突出成果。

上海作为全国检验检测认证产业的主要集聚地，多年来，得到了国家质检总局和国家认监委积极培育和大力扶持。为更好地推动上海科创中心建设，去年10月，国家认监委将全国首家"公共检验检测认证服务平台示范区"授予浦东新区，并推出检验检测认证一体化发展的6项支持举措，示范区的建设对于上海加快推进"四个中心"建设和科创中心建设，促进制造业结构调整和产业升级，培育壮大战略性新兴产业，提高自贸试验区的市场开放度和国际化水平，具有十分重要的意义。目前，上海地区检验检测认证市场一直处于快速发展阶段，尤其是外资认证机构数量和进出口商品检验鉴定市场份额一直处于全国首位。2015年，上海进出口商品检验鉴定市场全年营收达84.5亿元，占全国的38.6%，同比增长21.8%，高于全国平均增幅6.5个百分点。

上海自贸试验区的每一项制度创新、每一回遭遇发展瓶颈，都得到了国家各有关部门的支持、帮助和指导。在此，我们衷心地感谢国家质检总局和国家认监委在认证认可和检验检测领域给予的鼎力支持！同时，我们也期待国家质检总局和国家认监委能一如既往地关注和支持上海自贸试验区发展，将上海自贸试验区建设成为认证认可深化改革和制度创新的高地，不断提高认证认可服务国家发展大局的能力和水平。

第三方认证促进两型社会改革建设

湖南省长株潭“两型社会”试验区建设管理委员会

湖南省长株潭城市群于2007年获批全国资源节约型和环境友好型社会（以下简称“两型社会”）综合配套改革试验区。湖南省委、省政府充分运用国家赋予的先行先试政策，探索建立两型标准体系，结合建设服务型创新型政府的要求，提出“将标准化代替红头文件、将第三方认证取代政府检查评比”的新思路。在国家认监委的指导和支持下，初步建立了两型认证制度，有效地推进了两型社会建设。

一、开展两型认证的主要做法

一是制定并实施两型标准。围绕“什么是两型社会”、“建设一个什么样的两型社会”，制定了60多项两型标准、规范、指南，率先全国构建两型标准体系。围绕推进绿色发展，制定了两型产业、企业、园区等标准指南；围绕推进新型城镇化，制定了两型县、镇、村庄建设标准和两型建筑、交通建设等标准指南；围绕推进社会生态文明进步，制定了两型机关、学校、医院、社区、旅游景区等标准指南。将两型标准落地，使两型在日常生产生活中看得见、讲得出、用得上。以标准促进产业转型,建立两型产业准入、退出、提升机制；以标准推动绿色财政,编制了两型产品标准,评选两型产品，在全国率先开展政府两型采购；以标准指导创建两型社区、园区、企业、学校、机关，培育两型文化，树立两型示范。

二是建立“两型”认证制度。2014年，组建了由长株潭试验区管委会牵头、省质监局等部门参加的专门小组，整体谋划两型认证工作。制定了《湖南省两型认证管理暂行办法》，实行“统一认证目录，统一认证标准、统一认证标志”，由第三方认证机构对贯彻实施两型标准的情况进行评价、监督和考核。政府职能部门定规则、抓监管，以政府购买服务的方式，授权方圆标志认证集团开展自愿性认证。认证不收费，由试验区管委会补贴。建立认证奖励政策，让通过认证的单位得到实实在在的支持，让认证品牌、声誉有价值。

三是开展“两型”认证试点工作。2015年4月，湖南确定在旅游景区启动两型认证试点工作。2015年5月，国家认监委总工程师许增德一行专程来湖南调研，对湖南两型认证的思路和前期准备工作给予了悉心指导和充分肯定。第一批8个试点景区从规划、设施、服务、环境等方面进行了全面升级改造，建立了符合“两型”标准要求的硬软件设施和运营管理模式。其中7家景区通过方圆标志认证集团的审核。9月23日，在全省清洁低碳技术推广工作推进会暨两型认证颁证会上为获证单位颁证授牌，国家认监委副主任谢军等亲临指导。

二、开展两型认证的主要成效

两型认证有效解决了过去两型社会建设缺乏可评价依据、可量化指标、可约束手段、可追溯管理、可持续机制等难题，通过第三方激活了市场机制活力，推动了生态文明建设目标的落地。同时，通过旅游这个可塑性好、传播力强的载体，对其他行业“两型化”过程起到示范带动效应。

首先，推动了区域环境的节能减排。试点景区按照两型标准进行规划建设和运营管理，实现了节能减排的控制目标，取得了良好的社会生态效益。如长沙洋湖景区充分考虑其作为城市泄洪区的功能，在规划设计中大量采用减少有害物质排放的设计方法，水质由四级提高到二级；南岳衡山风景名胜区发现环境污染的关键控制点，推行“环保香”，解决了长期以来因香火旺盛带来的环境污染问题；汝城福泉山庄投入2亿多元建设地热综合利用系统，将温泉热水延伸供应到餐饮、客房供暖、洗衣房烘干设备等环节，大大提高了地热资源的利用效率。

其次，促进了示范产业的转型升级。标准的强制执行,严格限制“两高一资”和投资过热的产业；标准和技术的融合，促进了一批环保技术脱颖而出，有效带动了新能源、节能环保产业加快发展。旅游产业尽管是生态经济，如果不规范，也会破坏生态。湖南以两项标准为指引，以两型认证为促进，从规划、设施、服务、游憩、管理等方面对两型旅游景区进行规范，既使景区成为教育和引导公众践行两型生活的生动载体，也带动了旅游服务业的提质升级和转型发展。初步统计，“十二五”期间，全省旅游业接待人次由2010年的2.03亿增长到2015年的4.73亿，增长133%；旅游总收入由1 425.8亿元增长到3 700亿元，增长159.5%。湖南旅游业的绿色转型，是习总书记“绿水青山就是金山银山”的生动实践。

第三，创新了两型建设的体制机制。一是发挥了标准在生态文明建设中的基础性和战略性作用，通过认证，将政策目标转化为具体的约束评价指标，进而变成有形的产品和服务,使两型具象化；二是促进了政府转变职能。政府购买服务，发挥第三方作用，职能部门定规则、抓监管,代表了政府职能转变的方向;三是推进治理能力和治理体系现代化的有益探索。两型标准的编制、实施、认证，不是政府自拉自唱，而是多元协同共治，把各方力量充分调动起来，不仅为政府职能部门提供了宏观调控和监督考核的政策工具，也为社会各方提供了可以指导生产消费的识别信息，让企业对于两型建设的投入获得社会认知和市场回报，激发了社会公众参与两型建设的热情。

优化检验检疫标准供给　支撑外贸经济转型升级

检验检疫纺织专业标准化技术委员会

面对经济新常态，求新、求进、求突破已成为检验检疫标准化工作的必然选择。检验检疫纺织专业标准化技术委员会按照国家认监委的具体部署，从服务国家发展战略、聚焦检验检疫业务改革、推动自身工作创新等方面入手，以“四个目标”探索工作新思路，推动检验检疫标准体系提质增效、转型升级，全面提升标准供给质量。

一、建立体系化标准，支撑事中事后监管

围绕简政放权、放管结合的改革要求，纺标委完成《基于后市场监管制度下消费品检验检疫标准体系研究》科研成果，在广泛汲取国外后市场监管经验的基础上，提出以“设路标、布天网、查违章”为手段的后市场监管思路，重构了以服务型、监管型、方法型和验证型为主体构架的标准体系，制定了以安全项目检验指南、企业自检自控、质量保证体系符合性验证、符合性声明编制、产品符合性验证等规范以及系列快速方法为基础的系列标准。

二、建立创新型标准，促进产品质量提升

标准实施的有效性取决于标准质量，标准质量好坏取决于标准过程的把关。围绕保证质量，我们努力做到“四个重视”：一是重视标准立项审查，确保标准立项符合标准体系的规定要求；二是重视标准制定过程中期研讨，确保标准制定人员按规定的标准体例完成标准；三是重视方法标准验证，确保标准按方法学验证要求完成协同实验，同时规程标准必须经试套试用；四是重视科研成果转化。目前，纺标委制定的六大系列标准大多是科研成果转化而成，既保证了标准适用有效，也保障了标准实施可靠，强化了检验检疫标准化的质量基础作用。

三、建立国际化标准，助推外贸优进优出

SN标准作为国家技术标准的组成，与其他行业标准相比，在我国对外贸易领域发挥着特殊的作用，是对接国际国内市场的桥梁和纽带。因此，推进SN标准国际化意义重大，在认监委的支持下，纺标委与国际机构的合作有了可喜的进展。一是加强了与ISO的合作，有5项标准成为或即将成为国际标准；二是与AATCC建立了良好关系,有11位委员成为AATCC委员，制定的系列快速方法有望转化为AATCC方法；三是纺标委委员高友军吸纳为国际棉花协会委员会委员，属全球九大委员之一；四是纺标委委员董锁拽吸纳为国际生丝协会委员，成功将《生

丝电子分级》SN方法转化为ISO标准；五是创新制定的系列纺织品安全项目检验指南标准涵盖了主要输入国法规性要求，为企业产品研发和自检自控提供指南，更在全球知名检测机构广泛采用。

四、建立服务型标准，服务产业转型升级

“供给侧改革”为产业升级提出了明确路径，其要义是使生产的产品符合需求。我国过去企业生产出口产品时往往比较盲目，或过多注意进口客户的商务要求而忽视输入国法规性要求，由此而出现被输入国政府强制销毁、召回、下架、通报、退运案例层出不穷，给企业造成重大损失。我们颁布服务型标准后赢得了企业交口称赞，如SN/T1649《进出口纺织品安全项目检验规范》标准在百度网络上查询，相关的信息多达100万条,大多信息集中为企业采标信息，为企业了解输入国产品的规定要求提供了指南；我们制定的企业自检自控能力建设、质量保证体系验证、符合性声明编制、产品符合性验证等规范为企业生产产品怎样达到规定要求、怎样证明达到规定要求提供了指导，为推进供给侧改革、促进产业提质升级提供了有力支撑。

运用认证认可手段　服务首都经济发展

北京出入境检验检疫局

一、服务会展经济，创新监管模式

伴随着京津冀协调发展规划的发布和首都“四个中心”的新定位，会展经济已成为北京发展高端服务业的重要组成部分。每年的大小国际性展览会有300多个，不仅在数量上位居全国之首，而且铸就了北京国际汽车展览会、北京国际机床展览会等一系列国际著名展会品牌，吸引了越来越多的国外厂商踊跃参展。

会展经济的迅猛发展，给检验检疫机构提出了新的课题：大量的境外展览品集中入境参展，需要实施强制性产品认证监管的CCC展览品也混杂其中。而且具有布展时间紧，展后流向复杂等特点。摆在北京出入境检验检疫局（以下简称“北京局”）面前的是一对“背向而驰”的要求：一方面，如何尽量压缩到岸后的报验、查验时间，使入境CCC展览品及时布展，助推会展经济的繁荣发展；另一方面，如何对大量的未获证CCC展览品实施有效监管，避免其非法流入销售渠道，给使用者的安全带来潜在的威胁？北京局转变思想观念，积极探索适应会展经济发展的监管模式。

经过充分调研和反复论证，北京局创建了一套“展前备案—到货报检—集中查验—展期巡查—展后监管”的全流程监管模式。其中，入境CCC展览品的展前备案机制，是整个监控流程的基础。由展会的主办方在到货前组织填报参展产品备案信息，使检验检疫部门能够提前掌握入境CCC展览品的情况，不仅缩减了到货后查验时间，也为后续监管工作奠定了基础。

在CIQ 2000系统上实施入境CCC展览品的全申报，是一项与备案信息对照验证的有效措施，可以使监管人员进一步掌握实际到货的信息，同时发现潜在的漏报、错报和瞒报的线索。在到货后的口岸查验方面，北京局与北京海关联合设置了监管库，实现了对入境展品的集中查验。既方便了报检单位，又提高了工作效率。展期的巡查和展后的监管、核销，则为防止未获证的CCC展览品非法流入销售环节提供了有效监控手段。此外，新的监管流程还针对入境CCC展览品在境内多地转展的特殊情况，设置了委托兄弟局协管的机制，为建立全国检验检疫机构合作监管机制进行了有益的探索。

北京局创建的入境CCC展览品全流程监管模式，取得了与CCC免办审批监管等效的监控效果，在切实履行认证监管职能的同时，大大提升了工作效率，助推了首都会展经济的发展，赢得了地方政府和企事单位的赞扬。

二、规范监管手段，制定行业标准

对获得CCC免办审批进口的产品实施后续监管和监

督销毁，是法律赋予检验检疫机构的一项重要职责。北京局在对以科研测试条件申请免办进口的手持式智能终端进行后续监管过程中，发现两个亟待解决的问题：一是实际销毁的测试手机数量与申请免办的进口手机数量不一致，清点时经常发现数量短缺。企业解释的原因是：手机在研发过程中部分项目涉及破坏性测试，部分手机由于破损程度严重无法计入最终统计。企业解释的原因是否属实，检验检疫监管人员难以获得有效证据。反映出企业在免办产品进口后，有必要建立一套行之有效的追溯制度，否则就会出现混乱。二是完成测试的产品在销毁过程中存在功能性破坏不充分的情况，比如对手机打孔没有打穿或者打孔位置不正确，不能实现去功能化的要求。经调查发现，类似问题在全国具有一定的普遍性。由于没有统一的手持式智能终端和信息技术类产品的后续监管和监督销毁规程，各地检验检疫机构在实际工作中把握尺度不一致，影响了认证监管的规范性和严肃性。

针对这些问题，有必要建立一套对批准免办进口的手持式智能终端和信息技术类产品从进口、入库、研发测试，到返库、清点、监督销毁的全过程的监管规程。为此，北京局成立了科研小组，并向国家认监委提出了制定全国首个CCC免办监管规程行业标准的立项申请。在国家认监委有关部室和技术专家的指导下，目前标准已进入结题阶段。通过制定行业标准，规范和完善了手持式智能终端和信息技术类产品CCC免办的后续监管制度，建立了对该类产品实施监督和销毁的标准化工作模式，增强了认证监管执法的专业性、一致性和权威性。

三、改进监管方式，探索分类管理

北京局年平均办理CCC免办审批2 500批左右。以往的审批和后续监管方式采用单一的以批次为单位的审批和后续监管思路。监管资源平均分配，重点不突出，精力不集中。在人力资源有限、检验检疫业务繁重的情况下，亟需我们探索一个提升监管效能、有效利用执法资源的审批和监管方式。

为此，北京局选择分支机构作为试点，引入企业诚信信息，探索实施分类管理的新方式。具体做法是：将CCC免办工作与诚信管理进行有机结合。在日常工作中，对企业在免办申请和后续监管中发现的问题、差错进行登记记录，对小问题多次重复出现或出现重大问题的企业，在诚信系统中进行登记扣分，督促企业在申办过程中提高信息录入的真实性与准确性。并且安排专人定期对诚信系统进行巡查，发现不诚信行为的辖区企业，及时启动约谈机制，督促其诚信守法。

根据北京地区CCC免办工作特点，北京局在开发区局试点编制了《开发区局免予办理强制性产品认证企业信用管理实施细则》。建立了以企业诚信为基础的分类管理办法。该分类管理办法的核心理念是将企业诚信等级、产品风险等级、免办条件类型以及企业诚实守法情况进行有机结合。针对信用等级不同的企业，实施有区别的口岸查验比例和不同频次的后续监管。给予高诚信等级企业适当优惠便利措施，对低诚信等级企业加严管理。

引入企业诚信分类管理后，取得了较好的效果。一是有效缓解了执法人力资源紧张的压力，提高了监管的针对性和有效性；二是引导企业建立更加完善的内部管理机制，形成了监管双方相互配合、良性互动的局面；三是促进企业诚实守信、遵纪守法。营造了守法得到扶持，违法受到惩戒的法制环境。

注册认证联动　监管服务并举
促进出口食品质量安全和对外贸易“双升级”

河北出入境检验检疫局

2015年，河北出入境检验检疫局（以下简称“河北局”）围绕“抓质量、保安全、促发展、强质检”十二字方针和“创优服务、创新治理”要求，以注册认证联动为契机，以监管服务并举为抓手，在全部出口食品生产企业推行具有食品防护功能的HACCP体系，帮助企业培育外贸出口新优势，实现了质量安全和外贸出口“双升级”。截止2015年底，河北省备案注册企业达619家，其中对外注册92家。在外贸出口下滑的不利形势下，辖区食品农产品出口实现了“大稳小增”，较上一年增长4.7%。

一、以重点产品为突破，两区建设为试点，标杆管理为抓手，实现了出口食品质量安全的全面升级

按照国家认监委工作部署，河北局开展了以“抓住一个行业、培育两个示范区、树立三个标杆”为主题的出口食品企业备案工作“提质　增效　升级”专项行动。

（一）重点产品为突破，开展提质增效升级专项活动

积极组织企业应对美国食品安全现代化法（FSMA），选取出口备案注册同类产品企业最多的罐头行业为突破口，强化监管，针对罐头类产品风险高、FDA反馈低酸罐头和酸化食品企业问题多的情况，围绕HACCP体系运行有效性，河北局组织系统内备案监管人员150余人次，对辖区71家罐头企业开展了HACCP提质增效升级专项检查活动，发现各类问题177项，经过认真整改并验证，在国家认监委组织的异地评审和FDA的官方验证中，所有迎检企业均取得了评审组的较高评价。

（二）两区建设为试点，开展提质增效升级专项活动

以平泉县出口食用菌和万全县出口鲜食玉米两个国家级出口食品农产品质量安全示范区为试点，在简化出口食品备案审批程序，优化对外推荐程序，缩短推荐时间等取得一定成效。8月10日，张庆伟省长在河北局报送的《关于出口产品质量安全示范区建设情况的报告》上批示：“加大示范区建设力度，以质量安全为核心，增强出口产品竞争力。”2015年10月26日，以河北省政府名义召开了“河北省推进出口食品农产品质量安全示范区建设工作现场会”，国家质检总局吴清海副局长和河北省秦博勇副省长到会并进行了现场观摩，对河北示范区建设均给予高度评价。在河北局的积极推动下，2015年平泉县食用菌示范区产值预计将达50亿元，出口额3 000余万美元，当地农民平均增收3 860元。

（三）标杆管理为抓手，开展提质增效升级专项活动

从热加工肉类、肠衣和低酸罐头这3类大宗敏感重点产品中，选出3家典型出口企业做为行业标杆开展对标活动，按照类别分3次举办了对标现场会。为使活动取得实实在在效果，河北局一是坚持把对标会开在工厂，开在车间，开在生产加工一线，二是聘请熟食、肠衣等加工行业专家现场授课，三是邀请国家认监委领导到会指导，使对标企业从生产技术、质量管理、行业发展趋势、国家相关政策方面实现了全面对标，辖区共计55家出口企业及检验检疫备案监管人员160余人分别参加了相关现场会，使对标企业质量提升有标杆，有方向。2015年，河北局推荐的8家对欧盟和韩国出口肠衣对外注册企业，均获得了较高的评价，特别是河北省首次对韩国推荐的3家肠衣企业均获得了零不符合项的最终结论。

二、以创新服务为目标，强化监管为宗旨，实现了企业服务发展的全面升级

（一）服务发展效果升级

重点推动出口食品备案企业内销转型，积极引导出口企业出口和内销产品“同线同标”生产，从供给侧为国内

市场提供质量卫生安全信得过的优质商品。一是向出口食品备案企业积极宣传国家认监委开展的“同线同标”工作的积极意义；二是推介10家企业参加国际品牌管理中心在北京举办的供港“同线同标”产品招标会。2015年下半年，河北省有秦皇岛正大食品有限公司、石家庄纽康恩食品有限公司、石家庄长城食品有限公司等企业已开始把生产的7%～19%与出口产品质量完全相同商品供应国内市场，既为企业找到了新的销售市场，又为国内消费者提供了优质优价的商品。

（二）简政放权效果增强

从简化国内备案与对外推荐注册评审程序入手，将出口食品备案的受理和发证权限下放至分支机构，力争一次评审达到符合不同进口国家和地区要求；加大对外推荐力度，拓宽对外注册国别和产品类别，帮助企业巩固和扩大国际市场份额。全年共推荐28家水产、低酸罐头、肠衣、蛋制品、屠宰加工厂对韩国、美国、欧盟、马来西亚注册和独联体国家注册，既巩固了传统出口市场，又开拓了“一带一路”沿线国家等新兴市场。

（三）采信等效效果增值

推动合理采信社会第三方合格评定结果，采信等效HACCP认证结果，加强和改进出口食品生产企业HACCP认证监管工作，推动备案监管与HACCP认证监管工作联动。从2015年开始，河北局对没有特殊要求的初级农产品获得第三方HACCP认证结果的一律免于备案现场检查，以后根据认证机构的规范程度逐步推开，同时组织了近50人次对18家出口食品生产企业开展HACCP认证专项监督检查，起到了监督规范认证行为、提升认证效果的目的。

三、以机制创新求发展，制度建设为根本，全力打造“放 管 服”三位一体新格局

（一）总结经验促管理，标杆管理促升级

在总结行业对标活动经验的基础上，制订了《出口食品生产企业标杆管理工作指南》，提出了“有机结合、动态比较、不断创新、持续改进”的具体对标路径，为本系统乃至其他系统开展“标杆”管理工作提供了可借鉴、可推广的理论参考。

（二）科技引领促改革，认证采信助转型

河北局完成的《进出口食品企业备案采信第三方工作研究与推广》课题，全面总结了近年来出口备案采信第三方认证的工作经验，横向吸纳了自贸区采信第三方结果的创新成果，提出了出口备案乃至行政监管领域采信第三方认证的管理模式，为质检系统和其他部门部门转变监管模式、深化行政管理体制改革提供了理论依据。

适应外贸经济新常态　探索认证监管新模式

浙江出入境检验检疫局

随着经济发展进入新常态，浙江作为外贸经济大省也面临深层次的结构性调整。浙江出入境检验检疫局（以下简称“浙江局”）针对外贸出口持续下行、跨境电商贸易快速发展、政府部门简政放权力度不断加大、检验检疫监管一体化改革加快推进等新情况，紧紧围绕“创优服务、创新治理”的总体要求和打造升级版浙检强局的总体目标，主动适应外贸经济发展新常态，更新观念，转变职能，围绕进口食品注册、跨境电商认证监管、出口食品备案等三项重点工作，积极探索推行认证监管新模式，为浙江外贸转型升级发展做出了积极贡献。

一、转变工作重心，积极探索进口食品注册事中事后监管新模式

近年来，浙江局逐步将工作重心从以往的出口备案为主转变到进出口注册备案并重上来，不断强化进口注册与认证监管。加强与检验监管部门协作，建立了一套由企业自主申报、系统风险布控、口岸监督查验和在线信息核查组成的全方位监管机制，实现进口注册口岸查验工作常态化。截至2015年底，浙江局已对3 284批注册目录内进口食品实施拦截，对2 261批产品实施入境查验。依托认证监管职能，积极与地方市场监管部门开展联合执法，对流通领域内进口食品的注册和认证信息进行核查，探索建立联动监管机制。2015年，浙江局组织对市场销售的进口婴幼儿配方乳品、燕窝的注册和认证信息进行核查，共检查等各类销售单位102家，近20个品牌80多个品种的进口婴幼儿配方乳品和燕窝，共派遣行政执法人员400余人次。在全省系统内建立进口有机产品口岸预警机制，设立进口有机产品风险数据库，实施进口有机产品口岸风险布控，杜绝违法违规的进口有机产品入境。

二、主动先行先试，积极探索跨境电商认证监管新模式

针对经济发展新常态、新要求，浙江局充分利用中国（杭州）跨境电子商务综合试验区先行先试的有利条件，加快探索和建立适应跨境电商新业态的认证认可监管新机制，主动融入浙江省“电商换市”战略。根据杭州综试区跨境电商快速发展的良好态势，浙江局坚持“在发展中规范，在规范中发展”的原则，扎实推进管理创新和服务创新，全面支持杭州综试区发展。分管局领导亲自挂帅，深入一线调查研究，多次走访以天猫国际为代表的电商平台，与惠氏、雀巢等国际知名乳品企业开展座谈，了解业态发展的现状和需求。在国家认监委的高度重视和直接指导下，浙江局根据《质检总局关于支持中国(杭州)跨境电子商务综合试验区发展的意见》，创新与新业态相适应、相协调的监管方式，制定了《中国(杭州)跨境电子商务综合试验区网购保税模式进口食品境外生产企业注册实施细则》，对跨境电商进口食品实施注册源头监管，推动认证认可职能在跨境电商这一新型贸易业态的全过程有效履行。借助信息化手段，实现跨境电商检验检疫监管平台与认监委进口食品境外企业注册系统自动校验，便利口岸快速验放。同时，强化事中事后监管和退出惩戒机制，通过“单一窗口”平台，加强跨部门、跨区域的监管信息共享、执法互助和监管互认。根据入境产品不合格信息通报、风险监控和市场监督抽查结果、网购投诉等信息，对跨境电商进口食品质量安全进行综合评估，对境外生产企业注册资质实行包括暂停、撤销等措施在内的动态监管，不断完善监管新机制。

三、坚持简政放权，积极探索出口食品企业备案“一站式”办理新模式

2015年3月，浙江局在总结前期试点工作经验的基础上，对原有的出口备案工作规范进行修订，以委托的形式，将出口备案办理所有环节的权限下放至各分支局，全面推行“一站式”的出口备案管理模式。优化备案程序，提高工作效率。浙江局将所有备案环节纳入“出口食品企业备案电子系统”办理，实现流程信息实时对外公

开，企业足不出户就可以自主查询备案办理进度。截至2015年底，辖区已有148家出口食品生产企业通过“一站式”办理取得或延续出口备案资质，备案时限较以往相比节约近30%。突出实效，优化监管模式。在风险分析基础上，积极探索具有浙江局特色的年度监管、业务督查、HACCP认证监管和技术服务“四位一体”的监管模式，实现出口备案监管和HACCP认证监管联动。主动采信第三方结果，为企业减负增效。浙江局充分发挥社会第三方认证机构协同治理的作用，积极推进出口食品生产企业备案采信工作，充分利用体系认证结果为企业减负。在对全省系统出口备案企业HACCP获证情况进行摸底调查的基础上，制定采信工作计划。在受理企业备案申请时，主动识别企业获得HACCP体系认证的情况，并与出口备案要求等效性、认证监管检查结果等信息进行审核确认。对于实施采信的企业，免于现场检查，文件审核合格者直接取得备案资质，进一步提高了备案工作效率，为企业减负增效。截至2015年底，已有9家出口食品企业在办理备案时获得HACCP认证结果采信，便利快捷的备案办理新模式受到了企业的一致好评。加强指导监督，确保工作质量。为确保备案权限下放后各项工作的平稳过渡，浙江局加强对各分支局的业务指导，前期组织专题培训，统一工作要求；注重工作质量监督检查，利用综合行政执法驻点检查、专项检查、飞行检查等多种方式，对分支局备案工作的规范性和时效性开展督查，并把上述工作要求列入浙江局认证认可工作绩效考核指标，在简政放权的同时，保持监管不放松，确保备案“一站式”办理新模式高效健康推行。

发展有机产业　共建生态文明

四川省质量技术监督局

2015年，在国家认监委的指导帮助下，四川省质量技术监督局（以下简称“四川省质监局”或“省局”）积极拓展认证认可服务农业现代化和生态文明建设途径，以创建国家和省级有机示范区为抓手，通过建规则、树典型、抓监管、强宣传、促联动，有效带动四川有机产业的快速发展。

一、基本概况

四川地处中国西部，辖21个市（州），183个县（市、区），是中国的三大林区、五大牧区之一，生态资源十分丰富，是长江上游重要生态屏障。良好的生态环境、多样的动植物资源和富集的劳动力，为开展有机产品生产提供了得天独厚的优越条件。目前，四川已建成西充、蒲江2个国家有机产品认证示范区，青川等5个国家级有机产品认证示范创建区，洪雅等12个省级有机产品认证示范创建区。截至2015年12月底，有机企业总数已达818家，获得有机产品认证证书937张，产品实物总量达到38.7万吨，认证面积110余万亩，产值25.6亿元。在北京、上海等地，西充的有机农产品生活旗舰会馆成为当地人的“最爱”；青川木耳、旺苍红心猕猴桃、巴中巴山土猪、蒲江茶叶和猕猴桃、沐川芋丝已畅销京沪及港澳台地区。有机产业发展不但促进了四川省农业产业化进程，更推进了地方经济快速发展，有效提高了全省农业人员收入，实现生态效益、社会效益、经济效益同步提升。

二、主要做法

四川省质监局学习借鉴国家认监委国家有机产品认证示范创建区做法，于2013年拟定下发了《四川省有机产品认证示范区（县乡镇）创建活动指导意见（试行）》（川质监发［2013］29号），启动了有机产业调研，调动各方参与到有机产品认证示范创建活动中。

（一）突出宣传引导，倡导绿色发展

一是在媒体刊播有机产品认证系列采访报道和专题节目，免费发放《有机产品认证知识问答》等图书，张贴宣传海报，营造浓厚的宣传氛围；二是组织消费者走进有机基地，实地参观体验有机种植、加工和消费过程，让消费者了解有机知识，辨识有机认证产品；三是开展“有

机知识进社区”、“有机知识进校园”公益活动。四是将发展有机产业，倡导绿色发展理念，纳入对市县政府分管领导专题培训内容。通过宣传引导，地方政府非常重视，发展有机产业信心坚定，全省各地开展有机产品认证热情高涨。

（二）狠抓示范引领，促进全面提升

2015年，四川省蒲江、西充被国家认监委首批授予有机产品认证示范区，四川省质监局及时总结经验，积极推广蒲江和西充成功经验，以点带面，各地纷纷学习借鉴，探索出了适合当地有机发展之路。西充县统筹推动有机农业与乡村旅游深度融合发展，修建了占地面积近7 000亩（1亩=666.7平方米）的中国有机生活公园。蒲江县举办中国（成都）有机农业论坛、中国（成都）国际猕猴桃节、中国采茶节等活动大力宣传有机产业。青川县建立了农产品（有机产品）质量追溯体系，实现了从田间地头到餐桌全过程安全监管系统；旺苍县实施互联网+有机产品行动，拓展线上电子商务模式与“有机观光之旅”融合；纳溪区依托有机原粮基地，打造“中国酒镇•酒庄”；宝兴县将有机办升格成宝兴县有机产业发展管理局；通江县巴山土猪独创“私人定制”销售模式；荥经县整合土地资源，形成“公司+农户+基地”集“产、供、销”为一体的新型有机产业的发展模式。

（三）加强监督检查，注重风险防控

2015年，四川省质监局将100多万元纳入部门预算，强化对示范创建区政府的考核力度，组织对示范区有机产品抽样检验。共抽检企业85家，抽检有机产品181个，合格172个，合格率95%，比2014年提高3.7个百分点，有机产品质量总体向好。对出现不合格产品的地区，我们及时约谈当地政府、有机生产企业和认证机构负责人，督促加强对有机产品的风险管控。省局组织省内科研院所和认证公司组建了一支有机认证专家队伍，指导帮助地方有机产业发展。

（四）搭建营销平台，提升产品认知度

四川省质监局承办了第十五届西博会“中国有机产品馆”，邀请省内外13个有机产品认证示范创建区90家企业参展，完成签约总金额达3.22亿元，受到国家认监委副主任王大宁和四川省委常委李昌平的极大关注和高度评价。省局还积极组织推荐企业、产品参与“川货全国行”、粮油展销会等大型展销活动，鼓励本土企业走出去解放思想，开拓市场，不断提升有机品牌的知名度和影响力。我们还通过四川认证认可微信平台（SCRZRK），微博、四川强省网等新媒体，拓展宣传渠道，提升产品认知度。

（五）争取政策支持，促进产业发展

在省局的全力争取下，《四川省生态文明体制改革实施方案》中将有机产品认证示范创建区（县）活动作为推广绿色产品体系的重要内容之一，纳入全省生态文明体制改革路线图。

实践证明，有机产品具有“点石成金”的品牌效应，是农民增收致富的“金钥匙”，是地方经济发展和生态保护的“助推器”。四川有机产业发展将助推四川生态发展、循环发展、科学发展、可持续发展，为实现伟大中国梦做出应有的贡献！

推行“浙江制造”认证 锻造区域质量品牌

浙江省质量技术监督局

构建“浙江制造”制度，是我局改革创新、转变职能的一项重要举措，也是浙江省实施质量强省、标准强省、品牌强省战略的重要载体。在国家质检总局、国家认监委的大力支持下，浙江省创建了“企业自主声明+第三方认证评价+政府监管”的“浙江制造”认证模式，积极探索质量建设引领产业升级的新路子，推动浙江经济发展走向质量时代。

一、打造“浙江制造”的主要背景

浙江是制造大省，制造业分量很重，是实体经济的主体，也是转型升级的主战场。2013年浙江省委十三届三次全会作出了关于全面提升浙江制造品牌影响力的重要决策，李强省长、朱从玖副省长都对实施创新驱动发展战略、品牌战略、打响“浙江制造”品牌作出了重要指示和批示要求，要求浙江省质量技术监督局（以下简称“浙江省质监局”或“省局”）进行研究落实。经前期大量的课题研究、广泛商讨，浙江省质监局积极借鉴“德国制造”“美国制造”“瑞士制造”等发达国家经验，从标准引领、第三方评价的品牌建设角度，研究建立“浙江制造”品牌建设的制度体系，并得到了国家质检总局、国家认监委的大力支持。2014年底，国家认监委正式批复，支持浙江省采用产品认证的第三方技术评价手段来打造“浙江制造”品牌，以认证联盟的形式来开展“浙江制造”产品认证试点工作。至此，“浙江制造”建设正式启动实施。

二、打造“浙江制造”的总体思路

浙江省质监局按照习近平总书记“三个转变”指示精神，以及省委、省政府关于联动推进三强战略部署，坚持市场化运作和政府引导推动相结合，以标准和认证为手段全力打造“浙江制造”。运用高标准来引领“浙江制造”高品质发展，对符合高标准、高品质要求的浙江产品进行“浙江制造”认证，努力打造品质高端、技术自主、服务优质、信誉过硬、市场与社会公认的“浙江制造”品牌。目标到2017年，“浙江制造”品牌企业导入卓越绩效管理率达到100%，年营业收入总额超过5 000亿元；“浙江制造”产品100%采用国际标准、国外先进标准或关键指标达到国际先进水平，100%拥有自主知识产权，自主品牌出口比重大幅提升，市场占有率居同行业领先。

三、打造“浙江制造”的工作举措

浙江省委、省政府对“浙江制造”高度重视，将其作为主动适应经济发展新常态，打造转型升级“组合拳”，推动经济进入“增长中高速、质量中高端”新轨道的重要举措。省政府印发《关于打造“浙江制造”品牌的意见》后，2015年浙江省政府工作报告中明确提出“积极打造‘浙江制造’品牌”工作要求。随着“中国制造2025” 重大战略的实施，李强省长提出“浙江制造”要成为“中国制造”的标杆，要按照“中国制造2025”部署，加快制订实施“浙江制造行动纲要”，并提出亲自抓这项工作，展开了一系列的专题调研活动。浙江省各级质监部门上下思想高度统一，围绕着“标准引领、市场认证、品牌培育”，主要采取以下工作举措。

（一）构建“浙江制造”标准体系

只有高标准，才有高品质。浙江省质监局坚持标准引领，以国内一流、国际先进为目标，加强“浙江制造”高标准体系建设，实施“浙江制造”标准提升工程，提升“浙江制造”核心竞争力和国际国内美誉度。2015年通过对全省制造业“单打冠军”摸底调查，确定了33类试点产品名单，积极引导产业龙头、骨干企业来主导制定一批达到国际先进、国内一流、拥有自主知识产权的“浙江制造”产品标准。截至2015年12月底，共制定完成40项“浙江制造”产品标准，涉及环保、信息、交通、时尚、高端装备等多个领域。

（二）创新"浙江制造"认证模式

按照"企业自主申明+第三方认证+政府监管"的思路，浙江省质监局以认证为基础强化规范保障，严格抓好认证实施工作，大力推进国际互认合作。在制度化管理方面，组建"浙江制造"认证联盟，建立10项管理制度，完善认证联盟运作流程，确保"浙江制造"认证的公正性和权威性。根据"浙江制造"产品标准，针对产品不同的质量特性以及寿命周期，组织认证联盟编制了系列认证实施规则，补充完善了"浙江制造"认证体系。在认证实施过程中，要求认证联盟严格工作程序，保证认证质量，确保"浙江制造"认证有效性。截至2015年12月底，共颁发40张"浙江制造"认证证书。在加强国际合作方面，省局已经与UL、BV、TUV、SGS、Intertek全球五大知名认证机构正式签署了《"浙江制造"认证国际协调合作备忘录》。随后与TUV公司确定共同开发箱包产品的认证合作项目，研究制定与国际接轨的"浙江制造"箱包产品标准，并颁发了第一张"浙江制造"国际合作认证证书，助推"浙江制造"产品走出去。

（三）开展试点培育工作

坚持"试点突破、点线面结合"的原则，在7个县（市）10个行业100家企业开展了试点培育工作，以传统优势产业、高新技术产业、高端装备制造业和战略性新兴产业为重点，以行业龙头骨干企业、中小企业"隐形冠军"、现代产业集群为主体，梯次选择一批制造业企业为培育对象，逐步实施"浙江制造"品牌企业培育工程。

（四）优化认证市场环境

一是争取政策扶持。联合发改、经信、财政等部门出台了《扶持"浙江制造"品牌发展的意见》，加大资金支持和认证采信，优化政策环境。全省有10个市级政府出台了关于"浙江制造"的实施意见，强化保障措施，加大财政资金和政策支持力度。二是大力宣传推广。开展"浙江制造"专业化宣传、推介，积极组织宣讲团、高端访谈等有影响力的活动，并联合电商平台建设"浙江好产品"频道，助力高质量浙货快速推广。

"浙江制造"建设最终要得到市场和消费者的认可，还需要一个过程，需要我们长期的付出和努力。在下一步的"浙江制造"建设过程中，我们将着重抓牢"创牌"与"定标"工作落实，通过第三方认证机制，打造"浙江制造"的区域高端质量品牌，加速推动我省制造业迈进"质量时代"。

提升公信力　提升贡献率

重庆市质量技术监督局

2015年，重庆市质量技术监督局（以下简称"重庆市质监局"或"市局"）部署开展了以"提升公信力，提升贡献率"为主题的检验检测"双提升"行动，试点"神秘买家"、检验检测报告质量抽查等创新性工作，积极构建"放、管、治"三位一体的工作格局，着力打造认证认可工作升级版。

一、创新治理促进检验检测公信力提升

创新治理理念、治理机制和治理方法，是适应检验检测行业发展新业态、强化事中事后监管、提升检验检测公信力的必然要求。重庆市质监局全面总结以往检验检测机构监管工作经验，把检验检测机构的"产品"——检验检测报告作为关注焦点，聚焦检验检测的最终结果，试点开展了检验检测"神秘买家"和检验检测报告抽查工作，取得了阶段性成效。

（一）检验检测"神秘买家"实现监管视角转变

重庆市质监局会同重庆市交通委员会工程质量安全监督局联合开展了检验检测"神秘买家"试点工作，选派自愿者以"普通客户"身份，把特定的钢筋样品送至23家资质认定获证实验室进行委托检验，并根据实验室的样品接收、检验情况和钢筋检测数据准确性情况，判定实

验室向社会提供检验检测"产品"的质量状况，站在客户的角度对检验检测的最终"产品"实施监督，及时发现了部分实验室出具虚假检测报告、检测结果失实和检测数据不准确等问题，提升监管工作的靶向性和有效性，有效强化了对检验检测活动的事中事后监督。

（二）检验检测报告抽查实现监管方式改变

重庆市质监局对全市415家实验室的8 321份检验检测报告试点开展质量抽查。通过对检验检测报告、原始记录和委托（抽样）书的合法性、规范性和可追溯性检查，以点带面倒查检验检测活动的合法性、体系运行的有效性、保持技术条件的持续性，既发现了超出资质认定范围出具检验检测报告、未按检测标准开展检测工作等严重违规问题，又查找出原始记录可追溯性差、数据信息前后矛盾、检验报告信息不全等不规范问题，强化了检验检测机构的主体责任意识和内部监控机制，落实了签字人和法定代表人的"双责任"。

二、创优服务促进检验检测贡献率提升

重庆市质监局以服务产业发展为导向，指导两江新区获批创建全国第四个、中西部第一个"国家公共检验检测服务平台示范区"；积极协调国家认监委批准在两江新区筹建国家级工业机器人质检中心，成为重庆打造工业机器人产业集群的重要技术支撑；指导国家服装与家用纺织品质量检验中心顺利通过"三合一"评审，为中西部地区服装纺织产业发展提供了技术保障；指导重庆市计量质检院、国家机动车质检中心等3家实验室新增3C认证检测资质11个，保障重庆和周边区域的相关产业发展；编撰《质量重庆（认证认可专刊）》，约请各区县领导和企业负责人畅谈对认证认可工作的认识体会，拓展认证认可的社会影响，得到了国家认监委孙大伟主任高度肯定。

通过"双提升"活动，我们结合重庆发展实际，在"创新治理"上取得了新突破，在"创优服务"上做出了新贡献。

第一，关注结果是适应行业需求、提高监管效率的优选途径。检验检测"神秘买家"和检验检测报告抽查工作将资质认定部门的监管视野由关注检验检测过程扩展至关注检验检测结果，监管角度由监管部门转变为普通顾客，监管方式由顺向式检查转移至逆向式检查，取得了事半功倍的成效。

第二，问题导向是创新监管方式方法、强化事中事后监管的必然要求。"神秘买家"以暗访方式开展，能够全面掌握实验室从样品接收，样品检验，报告出具等全过程的工作情况，有效解决了传统实验室能力验证工作中存在的各种问题，真实反映出实验室的检验检验能力水平和日常从业行为。

第三，风险管理是增强监管能力、促进行业发展的有效方法。通过"神秘买家"、质量抽查等工作，及时发现和管控实验室存在的风险，有利于改进对实验室的监管方式方法，及时发现"异常名单"，并对出现异常情况的机构加严监管。

第四，部门合作是形成监管合力、推进多元共治的内在需求。质监部门的资质认定工作与行业主管部门的行业监管工作有机融合，优势互补，方能达到"1+1>2"的效果。重庆市质监局与市交通委、水利局、农业局、环保局等单位加强沟通配合，开展联合评审、联合执法，不仅增强了监管合力，而且有效避免了重复评价，减轻了企业的负担。

2016

Yearbook of Certification and Accreditation of China

第四部分　法制建设与政策研究

Part Four　Legal System Construction and Policy Research

一、立法工作

2015年，国家认监委充分发挥认证认可立法对认证认可领域简政放权、放管结合、优化服务改革的引领、推动和保障作用，在重点领域继续加强认证认可法规、规章的制修订和立法研究工作，进一步完善认证认可法律法规体系建设；加强立法工作组织协调，进一步提高立法科学性和透明度，提高立法质量。

（一）在认证认可立法领域建章立制，打牢认证认可法治工作基础

2015年，国家认监委完成认证认可法律法规体系框架图的修订工作并印发至委内各部门，指导认证认可领域立法工作。为了规范规章起草程序和规范性文件制定程序，国家认监委制定发布《国家认监委规章起草程序规定》和《国家认监委规范性文件制定程序规定》（2015年第13号公告），明确委内各部门在认证认可规章起草、规范性文件制定工作中的职责和程序要求。

（二）重大改革，于法有据，认证认可部门规章发挥引领保障作用

为了保障认证认可行政审批制度改革的顺利实施，切实做到“重大改革，于法有据”，全面推进认证认可法治建设和依法行政，国家认监委配合国家质检总局对相应的认证认可部门规章开展了全面深入的“立、改、废”工作（共涉及8件规章）。包括修订发布《检验检测机构资质认定管理办法》、《认证机构管理办法》，适应形势，在检验检测机构资质认定领域、认证机构设立审批领域，主动深化改革，加强事中事后监管，营造公平竞争、有序开放的检验检测认证市场环境；制定发布《节能低碳产品认证管理办法》，体现国家生态文明建设以及节能减排低碳等相关政策，体现认证结果采信，促进我国节能、低碳产业的发展，达到建设资源节约型、环境友好型社会的目的；根据国家商事制度改革的要求，认证机构设立审批由“先证后照”调整为“先照后证”，修订《认证机构管理办法》《有机产品认证管理办法》；根据新发布的《食品安全法》和《检验检测机构资质认定管理办法》，修订发布《食品检验机构资质认定管理办法》，保持和上位法、相关部门规章的一致，体现法制的一致性；修订《认证证书和认证标志管理办法》，废止《认证培训机构管理办法》《认证咨询机构管理办法》，激发认证市场主体活力，贯彻落实国务院行政审批制度改革措施。

（三）全面梳理认证认可规范性文件，明确规范性文件的范围

根据《国家认监委规范性文件制定程序规定》的要求，国家认监委对认证认可规范性文件进行了全面梳理，发布《国家认监委关于公布现行有效规范性文件和废止部分规范性文件的公告》（2015年第31号公告），明确现行有效规范性文件26件，废止规范性文件5件。

（四）开展《检验检测机构管理条例》立法研究

2014年，《检验检测机构管理条例》（以下简称《条例》）列入国务院年度行政法规立法研究项目。2015年，《条例》列入国家质检总局年度行政法规立法研究项目，同时也列入国家认监委2015年度重点工作任务。根据委工作安排以及立法研究工作的要求，国家认监委组织开展了《条例》起草的相应工作，完成《条例》草案及其起草说明的相关工作。包括经过10余次研讨、论证、征求意见，形成《条例》草案及其起草说明；完成涉及调整范围、管理体制、管理方式等关键问题的《〈检验检测机构条例〉立法需要解决的重要问题研究报告》；完成美国、欧盟和日本涉及检验检测机构管理法律法规、文献的收集、翻译；完成《国内外实验室管理研究报告》，对我国以及国外实验室管理制度进行了比较研究，针对我国实验室管理的现状与发展趋势，提出起草《实验室管理条例》的必要性、可行性以及相关内容的设定建议；完成《〈检验检测机构管理条例〉法律责任研究报告》，在梳理现行法律法规有关法律责任章节规定的基础上，提

出检验检测机构法律责任的立法框架建议；完成我国涉及检验检测机构管理有关法律法规的梳理，经梳理，包括法律21部、行政法规38部、部门规章和规范性文件71件、地方法规和规章402件；完成我国检验检测机构行政许可情况的梳理。经梳理，国务院有关部门涉及检验检测机构的行政许可共计47项，涉及国务院23个部门；完成北京、上海、天津、广东、浙江等省（市）的立法调研。与上述省（市）的认证监管部门、检验检测机构，就《条例》拟设定的各项制度、《条例》草案条款进行座谈、实地走访、听取意见和建议。

（五）开展《强制性产品认证管理规定》立法后评估工作

为了全面客观地了解《强制性产品认证管理规定》（以下简称117号令）实施效果、实施过程中出现的问题，通过立法途径解决问题，进一步完善强制性产品认证制度，2015年，国家认监委组织开展了117号令的立法后评估工作。国家认监委负责承担强制性产品认证指定机构的立法后评估工作，6家地方认证监督管理部门（包括：重庆市、浙江省、广东省质量技术监督局；上海、北京、宁波出入境检验检疫局）承担所辖区域内的相关执法部门、指定机构、获证企业、专家以及社会公众的立法后评估工作。

经评估，117号令施行以来，取得了非常显著的成效，已经实现了“推动规范强制性产品认证工作，提高产品质量安全水平，提高认证有效性，维护国家、社会和公共利益”的立法目的。但也存在着强制性产品认证地方执法主体资格和上位法规定不一致、强制性产品认证目录的制定需要进一步完善、指定认证机构义务性规定落实不到位以及缺失、统一收费与现行政策规定不一致、某些规定与相关配套认证实施规则规定不一致等主要问题。下一步，国家认监委将根据立法后评估中发现的问题以及强制性产品认证制度深化改革工作，尽快适时启动对117号令修订的前期调研、研讨和论证，使重大改革于法有据。

二、立法协调

2015年，国家认监委贯彻落实国家质检总局支树平局长在全国认证认可工作会议上关于“创优服务，创新治理”的重要指示，加强法规协调工作，对涉及国家认监委职责和认证认可制度的法律、行政法规做到“全面协调，重点跟踪”，进一步发挥认证认可在全面深化改革和促进经济社会发展中的积极作用。

截至2015年12月31日，共回复法律、法规征求意见稿199件次。重点跟踪了《食品安全法》《计量法》《化妆品监督管理条例》《进出口商检法实施条例》《大气污染防治法》《土壤污染防治法》《种子法》《标准化法》《食品安全法实施条例》《网络安全法》《无线电管理条例》等法律法规的修订草案的立法进程；经过法规协调，新修订颁布的《食品安全法》中相关条款中规定了良好生产规范、危害分析与关键控制点体系认证，食品检验机构资质认定及进出口食品注册备案的有关内容；在《大气污染防治法》相关条款中规定了机动车排放检验计量认证的规定；在《种子法》相关条款中规定了种子质量认证制度。截至2015年12月31日，共进行合法性审查32件/次，保障委内各部门及下属单位的重要请示和对外合作协议合法合规，体现依法行政的理念。

三、普法宣传

2015年，国家认监委按照中宣部、司法部以及国家质检总局的统一部署，根据《国家认监委关于开展法制宣传教育的第六个五年规划实施意见》，结合认证认可法律法规规章的“立改废”，积极开展认证认可“六五”普法工作。

2015年，国家认监委对新制修订的规章，采取多种形式进行宣贯。包括：通过国家质检总局新闻发布会，向社会和媒体通报认证认可规章制修订情况，并介绍主要内容和制度；在国家认监委网站、《认证认可杂志》刊登《检验检测机构资质认定管理办法》《食品检验机构资质认定管理办法》和《节能低碳产品认证管理办法》等规章的解读文章；编印出版《检验检测机构资质认定管理办法》释义，组织编写的《节能低碳产品认证管理办法》释义已经提交国家质检总局法规司审阅；在委季度会议上，向地方认证监管人员宣贯《检验检测机构资质认定管理办法》《认证机构管理办法》《食品检验机构资质认定管理办法》等新修订的规章；结合委内培训计划，组织两场专门针对认证机构、检验检测机构关于《检验检测机构资质认定管理办法》《认证机构管理办法》的宣贯会，共有500余家机构的1 100余人/次接受普法培训；向9个地方局的认证执法监管人员进行了新制修订规章的宣贯，累计培训1 400余人次；针对两个行业管理部门（出入境检验检疫部门、石油管理部门）检验检测机构以及行业评审组进行《检验检测机构资质认定管理办法》的宣贯，累计培训700余人次。

为了提高领导干部依法决策和依法行政能力，树立行政风险意识，构建法治政府、法治机关、法治认证认可，国家认监委举办了面向委党组和机关全体人员的依法行政普法培训。2015年，随着我国依法治国、深化改革的不断推进，很多涉及认证认可工作的法律、行政法规、部门规章和规范性文件也随之进行了“立改废”。因此，国家认监委对2003年编印的《认证认可法规全书》进行了修订和完善，并配发至委机关及下属单位、国家质检总局法规司、认证认可部际联席会议成员单位和各级认证监督管理部门。

四、认证行政执法

（一）深入推动认证执法监管区域合作联动机制建设

2015年，国家认监委在推动认证执法监管区域合作联动机制建设工作上持续发力，认证执法监管区域合作联动已覆盖全国90%以上的省份。一是推动认证执法监管区域合作联动向认证执法一体化转变。泛长三角十个直属检验检疫局签订了《关于开展泛长三角区域认证监管一体化建设的合作备忘录》，实现泛长区域“一处认证，处处认可”。二是在华北、东北、中部、西南等地区，加大在认证执法监管区域合作平台上探索认证认可事中事后监管新模式的力度，积极推动强制性产品认证联合执法检查、检验检测机构交叉互查、执法信息平台共建等工作的开展。三是拓展区域合作联动覆盖面。以宁夏、重庆出入境检验检疫局为牵头单位，建立西北五省区检验检疫认证执法监管合作联动机制和丝绸之路经济带地区检验检疫认证执法监管合作联动机制。

（二）完善口岸检验检疫认证执法联盟合作机制，继续强化中心城市认证执法监管体系建设

在口岸检验检疫认证执法联盟合作框架下开展认证监管“三互”建设和服务“21世纪海上丝绸之路”建设。将西安市质监局纳入中心城市认证执法监管体系之中。

（三）强化认证认可属地管理，下沉监管资源，深入基层开展认证执法监管人员培训工作

将认证执法监管培训资源向市、县级质检部门倾斜。在5个省份的质检部门继续推动“省市县三级全覆盖”培训工作，推进执法监管业务研讨与案例分析、认证执法监管教材编撰等工作。

（四）坚决推进行政审批制度改革工作

一是加强行政审批标准化建设。编制完成了《审批事项受理单》《行政审批事项服务指南》《审批事项审查工作细则》《服务规范》《申请人满意度评价表》等五项制度性文件；完善了政务大厅服务设施和行政许可网上审批系统建设；二是继续推进行政审批项目取消下放工作，研究拟取消下放行政许可事项事中事后监管措施，完成《关于转变认可机构管理方式有关问题的建议》并向国家质检总局进行专题报告；三是针对国务院审改办汇总形成的审批事项清单项目进行逐项梳理，明确涉及国家认监委职能的三项中央设定地方实施的行政审批事项，并提出处理意见；四是明确了涉及国家认监委职能的行政审批中介服务事项和行政许可技术服务事项，并向国家质检总局建议取消“申请从事强制性产品认证活动的认证机构、检查机构及实验室取得国家确定的认可机构认可”中介服务事项；五是在取消“涉及人身财产安全健康的重要出口商品注册登记”行政许可项目的基础上，向国家质检总局提出了针对相关行政法规和9个规范性文件的修订和清理意见。

（五）开展2015年度认证行政执法监督检查

首次完成国家认监委各项专项监督检查的整合工作，实现了各部门对各省级质检部门认证行政执法和专项业务工作情况开展了统一的监督检查。部署全部67个省级质检两局开展自查工作，共计完成对22个省级质检两局的认证行政执法监督抽查。开展了对《强制性产品认证管理规定》的执行情况检查。

（六）多元共治，建立认证行政监管、认可资格、人员注册信息的联动机制

出台了认证行政监管、认可资格、人员注册信息的联动机制方案，规定认可机构和人员注册机构要及时将机构认可、人员注册变化信息通报各级认证监管部门，并根据行政监管结果及时对认可资格、注册资格进行核查处理。

（七）做好申投诉处理、行政复议和行政诉讼应对工作

国家认监委2015年全年共收到申投诉123件，经审核，符合《认证认可申诉投诉处理办法》规定的有效申投诉案件共60件，全部按法定要求进行了处理，按规定不受理的63件申投诉也进行了相应处理，处理率100%。共撰写申投诉工作及数据分析的专题报告2篇，国家认监委牵头组织调查的涉及重大违法违规的申投诉50件。对申投诉渠道反映的涉案主体，进一步加大行政执法和日常监管力度。

2015年，共发生针对国家认监委的行政复议案件13件，行政诉讼案件4件。行政复议案件经国家质检总局审查，最终驳回了行政相对人的全部13件行政复议申请。4起行政诉讼案件经北京市第一中级人民法院审理，国家认监委全部胜诉。

（八）完善信息化系统，提升科学监管水平

2015年，国家认监委将“自愿性认证活动执法监管信息系统”纳入“统一上报平台”，将“认证行政执法信息上报系统”纳入“综合监管平台”。同时将监管平台获取

的行政执法信息运用到认证机构审批等业务工作中去，有效提升了信息化运用和科学监管能力。

五、政策研究工作

2015年政策研究工作以改革推动和规划编制作为主线，围绕深化改革、创新驱动、产业发展、法治建设，始终贯彻服务领导决策、服务业务工作的职能定位，大胆创新政研工作机制建设，着力在提升政研服务的前瞻性、宏观性上下工夫，保证了国家认监委重点工作的推动完成，形成了一系列前瞻性的政策研究成果，年度计划工作顺利完成并取得了突出的工作实效。

截至2015年10月，政研室所承担的8项年度工作任务和2项深化改革工作要点分工任务均已按时限推进落实，牵头制定认监委2015年深化改革工作要点并通过认证认可深化改革领导小组第三次会议审议实施，牵头启动认监委“十三五”规划编制工作，组织开展规划编制组织机构构建、方案设立、前期材料报送、“十二五”规划实施情况评估等一系列工作，重点完成了16项规划前期重大课题研究并陆续以政策研究参考资料的形式报送重大研究成果，办理了367件业务综合文件，编写完成了发展报告等委内重要业务综合文件。同时，根据委领导指示要求，政研室还牵头承办了“质量月”活动、地方政府质量工作考核等重大综合协调工作。

（一）综合协调深化改革工作推进，重点推动自贸区认证认可制度创新

1.牵头制定《认证认可深化改革2015年工作要点》并加强改革要点的协调推动

根据委深改领导小组要求，改革办协同各专项小组及各部室认真组织筹备了认证认可深化改革领导小组第三次会议。改革办重点针对需要跨专项统筹协调的问题，先后组织召开了4次研讨和磋商会议，对落实2015年中央改革要点进行研讨，协调相关专项牵头部门对认证技术规范备案机制改革、认证检测人员职业资格改革等重要事项进行了沟通。在总结经验、聚焦问题、提出举措的基础上，改革办组织编制了2015年改革要点并经委改革领导小组三次会议审议实施。在改革推进过程中，法律部政研室及时提请组织开展督查落实，与办公室共同组织进行改革举措落实磋商，及时掌握进展情况并报送国家质检总局。

2.牵头创建自贸区认证认可制度创新联席会议制度和政策研究工作机制

联合4个自贸区7个直属检验检疫局，牵头创建自贸区认证认可制度创新联席会议制度和政策研究工作机制，召开合作备忘签署仪式，落实“统一规划、分步实施、试点推动、分类指导”的指导方针，明确认监委的统一领导，凝聚自贸区创新合力，同时充分发挥各自贸区因地制宜所产生的创新力量，拓宽了道路，造成了声势，《中国国门时报》等媒体对此项工作进行了专题报道。依托于自贸区制度创新机制，组织委内各部室开展自贸区支持政策协调研讨会，讨论认监委拟对自贸区实施的创新支持政策，并与重点业务部门开展反复沟通，目前已推动平行进口汽车相关支持政策的落实推广。

（二）科学谋划“十三五”规划编制，系统开展规划前期重大课题研究

1.启动国家认监委《认证认可检验检测发展“十三五”规划》编制工作

一方面，科学谋划规划编制的内部推进机制，形成工作签报并完成委内签批，印发《国家认监委关于成立认证认可检验检测发展“十三五”规划编制领导小组的通知》，形成编制工作方案，按计划安排组织开展“十二五”规划实施情况评估、规划编制前期调研、规划前期重大课题研究。另一方面，积极开展规划编制的外部协调沟通，根据国家规划编制部门和国家质检总局相关部署报送认监委纳入国家规划《纲要》基本思路内容、申报国家重点专项规划素材、“三个重大”申报材料、专项规划基本思路和框架、规划主要发展指标建议等一系列文件素材，充分体现认证认可工作的地位和作用。主动与国家发展改革委进行沟通汇报，形成2次走访、座谈会议纪要报送委领导圈阅。积极参与“十三五”质检事业发展规划编制工作，主动与国家质检总局计财司进行沟通交流。

2. 系统开展规划前期重大课题研究，形成了一系列具有前瞻性、长远性的研究成果

为了科学分析、准确判断“十三五”认证认可检验检测面临的形势和任务，从理论和实践两个方面解释、回答和解决影响认证认可检验检测长远发展的重大问题，经委领导批准，自2015年7月中旬，法律部政研室梳理、筛选了十四个方面的问题，启动了“十三五”规划前期重大课题研究工作（总共16项，业务部门报送课题2项）。目前，各课题均已形成了研究成果材料，并陆续以政策研究参考资料的形式报送委领导参阅。前期课题研究成果为国家认监委规划编制提供了重要的理论依据。

（三）大胆创新政策研究工作机制，努力夯实认证认可基础理论研究

以规划前期重大课题研究为契机，法律部政研室大

胆创新政策研究工作机制，通过深入研究明确改革和规划中所需解决的重大理论命题，在充分挖掘系统内部政策研究潜力的基础上，通过合作研究机制大胆借用外部研究力量，努力夯实关系认证认可长远发展的基础政策理论研究。

1.坚持以“内外结合、优势互补”的原则遴选课题承担单位

按照中央国务院关于加强新型智库建设的战略要求，在多方了解、充分研判的基础上，法律部政研室有效整合了现有的认证认可检验检测政策理论研究资源，积极拓展新的可资利用的研究力量，融合“官、产、学、研”四方力量建立起了一支既有研究深度，又能广泛覆盖各学科、各领域的研究队伍。其中，“官”包括国家认监委及上海、无锡等地方质检两局的政策研究资源；“产”吸收了中质协质量保证中心、中建材检测认证中心、北京国通培训等行业机构参与到研究工作中；“学”调动了中山大学、浙江大学、中南财经政法大学、江苏师范大学等相关研究力量；“研”则充分发挥认证认可技术研究所、上海市行政法制研究所等研究机构的作用。之所以在短时间内组织起如此广泛的研究队伍，目的不单是做好规划前期课题研究，更重要的是通过这一高强度、大范围的研究工作推进，逐步探索一条多渠道、多平台、多机制的认证认可政研工作路子，为充分发挥政研工作对领导决策咨询和一线工作指导作用打下坚实的基础。

2.坚持全过程参与、关键点控制的政策研究合作机制

工作启动之初，法律部政研室即制定了关于前期课题研究的10条要求发各课题组，在明确委托方和受托方权利义务的基础上，针对研究目标、计划、方案以及研究实施、资料和数据应用、成果输出等一系列研究过程提出了具体要求。工作推进中，委领导亲自参与课题指导，两次专题听取了相关课题组的工作汇报。法律部更是重点倾斜、全面靠上，全过程、全方位参与了各课题组的研究工作，尤其是研究计划制定、调研座谈方案确定、成果输出等关键环节，更是一对一进行面谈研讨、审核把关。据不完全统计，截至目前，法律部政研室及各课题组共组织研讨会/座谈会171次，参加人员1 770人次；检索、查阅中外文文献资料19 973篇，包括对国家认监委及认可中心“十二五”时期的出访报告进行了整理分析；完成调查问卷6 808份；深度走访企业及机构87家，参与走访392人次；形成研究成果报告37篇。调研、座谈、走访对象包括相关政府主管部门和监管机构、行业组织、从业机构、获证及未获证企业、消费者及终端用户，广泛覆盖了认证认可检验检测利益相关方。

撰稿人：黄　叙　王　振　陈腊梅　蔡煜刚　石书浩　罗元卓

审稿人：刘仲书　马　昆　张　威　杨　冬　王学胜

2016

Yearbook of Certification and Accreditation of China

第五部分　认可监管

Part Five　The Supervision of Accreditation

一、认证机构审批

2015年认证机构行政审批改革，在很大程度上解决了困扰行业发展的核心问题，如认证人员注册制度“先有鸡还是先有蛋”的问题、新认证领域制度建立程序复杂及时间长的问题、认证依据用技术规范备案程序复杂及时间长的问题、认证机构分包境外机构业务审批程序复杂等。这些问题的解决为机构发展松绑，使新机构申请活跃，审批领域出现了多样化趋势，机构根据市场需求自主研发认证项目的积极性提高，认证市场活力初现。

（一）认证机构数量打破多年的平衡趋势，增加迅速

截至2015年底，国家认监委共批准认证机构221家，内资认证机构180家，外资认证认证机构41家，2015年新批准认证机构38家。其中，产品认证机构100家，管理体系认证机构150家，服务认证机构21家。QMS认证机构133家，EMS认证机构121家，OHSMS认证机构117家，信息安全管理体系认证机构25家，信息技术服务管理体系认证机构23家，测量管理体系认证机构2家，能源管理体系认证机构50家，知识产权管理体系认证机构2家，森林认证认证机构2家，食品安全管理体系认证机构37家，危害分析与关键控制点（HACCP）体系认证机构26家，乳制品生产企业危害分析与关键点控制认证机构5家，乳制品生产企业良好生产规范认证机构5家。

认证机构审批领域多样化发展，一些新的认证领域特别是服务认证领域的机构增加迅速。新批机构中有11家机构原为检验检测机构，在原有机构基础上扩展认证业务。

（二）通过优化审批程序，有效缩短了审批时限，提高了审批效率

经统计，2015年认证机构审批平均时限由2013年的69个工作日大幅缩减为2015年的47个工作日，同比减少了22个工作日，工作效率提高了31%。

（三）相关政府主管部门对利用第三方认证手段替代原行政管理表现出积极的态度

随着行政审批制度的改革，国务院取消了行政主管部门400余项行政审批事项，转由市场调节，一些行业主管部门采用第三方机构服务的意愿增强，国家发改委、商务部、国家知识产权局、国家中医药管理局、中国人民银行等部委也积极与国家认监委联系，探讨在低碳、碳减排核查、产品追溯体系、知识产权管理体系、中医药管理等领域利用认证手段加强行业管理的可行性以及在政府管理过程中采信认证结果的可行性等，认证应用领域及认证结果采集呈现不断扩大的良好态势。

（四）新领域的研发进展显著，机构开发新认证项目的积极性增加

2015年，森林认证制度正式建立并进展顺利，服务认证制度研发工作加强，良好电子商务认证领域已批准3家认证机构开展工作，区域性认证制度也取得实质性进展。

二、认证市场监管

根据《国务院关于促进市场公平竞争维护市场正常秩序的若干意见》总体要求，国家认监委依据宽进严管、传递信认、公平竞争、促进认证认可高技术服务业发展的原则，主动改革监管方法，完善监管新模式，在认证活动监管中严格依法行政，合理区分行政监督与技术检查，强化对认证活动的合规性监管，统一裁量标准，突出问题导向，实施分类监管，加强多元共治，强化社会监督，减少一般性监督检查，加强“大数据”分析应用，形成退出机制，严厉打击违法和虚假认证，严肃查处违规认证活动。

（一）2015年管理体系认证活动监督检查工作成效

1.改革认证行政监管方式，加强事中事后监管

一是改革监管模式。合理区分认证活动行政监督

与技术检查，从实施多年的网格化认证市场监管模式向“双随机”抽取认证活动样本，有目的性的合规性检查模式转变，并合理确定认证活动行政监督对象和环节，减少了对获证组织和认证机构正常活动的影响。二是实行问题导向。改变以往的拉网式认证市场监督检查模式，在充分分析近几年认证市场突出问题的基础上，基于问题导向确定检查对象和检查内容。对认证活动的行政监督，重点放在问题隐患多、风险程度高的认证领域、认证活动和认证机构。三是实践分类管理。根据2014年认证市场监管情况初步试行建立动态调整《认证活动异常认证机构名录》，将三家认证活动出现异常的认证机构纳入名录并实行加严监督管理，针对纳入名录的认证机构存在异常情形的认证业务领域，国家认监委和地方认证监管部门在监督检查中加大相关认证结果的抽样比例。四是实行随机抽查。按照国办发［2015］58号文件精神以及《管理体系认证活动监督检查工作方案》（国认办［2015］25号）文件精神，2015年认证活动专项检查工作全面采取随机抽查认证结果的方式。通过认可部先期的按照问题导向、分类管理的原则分析，由认证认可技术研究所采取电脑随机抽取检查认证机构及认证档案，地方认证监管部门随机选派认证执法检查人员的“双随机”抽查机制，圆满地完成了认证活动专项检查工作。五是统一监管尺度。以合规性监管为重点，统一监管执法裁量标准，制定了《质量管理体系认证活动违规行为与违规性质对照表》，根据认证规则关键条款明确“出具虚假认证结果”和“遗漏认证程序”的认定方法，加大查处力度。同时制定了《管理体系认证活动监督工作规范（试行）》，统一执法尺度，规范监管行为，加强多元共治，建立联动工作机制。并修订了《质量管理体系认证规则》。

2015年，共有45个地方局完成了1 699家获证企业的认证活动监督检查工作，检查发现问题约谈认证机构整改的有507家，实施处罚3家。

2.完善基础制度，强化社会监督

一是公开认证结果信息。建立认证机构年度报告和社会责任报告公示制度，增加国家认监委网上查询认证结果的信息内容，建立“管理体系认证活动监督”网页专栏，公开各项认证规则、认证机构年报、认证证书样本、有效认证结果信息、监督检查工作动态、认证违法行为调查及处罚结果和案情，曝光非法和虚假认证证书及虚假认证宣传活动，发布失效认证证书信息，明确投诉举报途径及受理和处理举报的工作程序等。2015年共发布5起违法信息。二是及时回应协查和信息公开申请。2015年由于各地方公共资源管理部门在招投标过程中实施认证结果采信，导致地方行政部门协查函和信息公开申请不断增加，认可监管部克服工作任务繁重，人员紧缺的困难，积极办理各种协查和信息公开事宜，获得相关部门的赞许。三是及时调查处理投诉举报。随着社会公众对认证认可的认知度以及国家认监委的大力宣传，社会监督的作用也在不断地加强，2015年认证认可投诉举报案件也随之不断增多，与此同时其他行政部门以及社会公众对认证证书的真实性的质疑也不断增加，全年共认可部共办理案件12起。

3.推进多元共治，形成监管合力

加强对认可约束的检查督促。2015年对国家认可中心、认证认可协会的检查重点是贯彻落实全国认证认可工作会确定的“推进多元共治，构建认证认可行业治理新秩序”相关工作要求的情况，使认可约束在规范认证认可市场中发挥更大的作用。2015年在对认证活动的认可约束与行政监督的互动共治方面，国家认可中心和认证认可协会的工作有明显的改进和成效，形成了工作制度。

（二）2015年管理体系认证活动监督检查工作中取得的经验

一是合理区分合规性检查和技术检查，对行政监督操作性较好，有利于行政监督资源的投入，同时守住认证活动的底线，严厉打击认证认可违法活动，取得了很好的检查效果；二是先抽取认证档案后到企业现场核对，检查的针对性和操作性较好，检查有成效。通过“双随机”抽取认证样本，可以事先收集锁定认证违规证据、熟悉被检查获证组织基本情况，为进入现场检查和进一步取证提供一手资料，从而实现对违法违规认证机构实施精准查处，避免认证监管随意性和走过场。通过分类管理加大对异常活动机构的认证样本抽取量，体现了公平公正原则，使其一处违法处处受限，从而使认证认可行业真正起到传递信任的作用。

撰稿人：王孝霞　付　强　审稿人：赵宗勃

2016

Yearbook of Certification and Accreditation of China

第六部分　认证监管

Part Six　The Supervision of Certification

一、管理体系认证

2015年，管理体系认证业务健康发展。截至2015年12月31日，全国共有质量管理体系认证有效证书417 683张，环境管理体系认证证书127 888张，职业健康安全管理体系认证证书89 454张，食品安全管理体系认证证书10 613张，测量管理体系认证证书1 805张，信息安全管理体系认证证书2 772张。

二、产品认证

（一）强制性产品认证和自愿性产品认证工作按计划稳步推进

1.强制性产品认证

截至2015年底，强制性产品认证（CCC）目录内产品共20大类158种，指定认证机构22家，指定实验室180家。CCC认证有效证书45.2张，其中国内42.6张，国外2.6万张；获证企业6.2万家，其中国内企业5.8家，国外企业4 600余家。

2.自愿性产品认证

（1）信息安全产品认证

截至2015年底，针对13种国家信息安全认证产品，累计发放证书496张，涉及企业189家，本年度新增证书34张，涉及企业23家，目前有效证书共计423张，涉及企业181家。

截至2015年底，认证机构对33种产品开展信息技术设备信息安全性认证，累计发放证书196张，涉及企业99家，本年度新增证书43张，涉及企业35家，目前有效证书共计168张，涉及企业87家。

（2）国推污染控制认证

截至2015年底，3家认证机构累计发放国推污染控制认证证书2 122张，涉及企业307家，本年度新增证书100张，涉及企业29家，目前有效证书共计1 899张，涉及企业188家。

（3）可扩展商业报告语言（XBRL）软件认证

截至2015年底，2家认证机构累计发放XBRL软件认证证书11张，涉及企业11家，本年度新增认证证书1张，涉及企业1家。目前有效证书共计11张，涉及企业11家。

（4）资源节约（节能/节水/可再生能源）产品认证

截至2015年底，4家主要节能产品认证机构共对131种产品开展节能认证，累计发放证书56 740张，涉及企业3 622家，本年度新增证书5 822张，涉及企业1 002家，目前有效证书共计22 069张，涉及企业1544家。

截至2015年底，3家主要节水产品认证机构共对47种产品开展节水认证，累计发放证书9 098张，涉及企业1 278家，本年度新增证书1 042张，涉及企业259家，目前有效证书共计3 727张，涉及企业918家。

截至2015年底，2家主要可再生能源产品认证机构共对51种产品开展可再生能源认证，累计发放证书4 231张，涉及企业1 182家，本年度新增证书568张，涉及企业228家，目前有效证书共计2 418张，涉及企业731家。

（5）低碳产品认证

截至2015年底，低碳产品认证（包括国推低碳产品认证、碳足迹、碳核查等）有效证书共计918张。

（6）铁路产品认证

铁路产品认证今年新发证书757张，涉及企业356家；总有效证书2 749张，涉及企业832家。

（二）扎实推进强制性产品认证工作

1.巩固强制性产品认证改革成果，打通改革最后一公里

（1）建立和完善四个导向的监督体系，解决发展和可持续发展的问题

严格落实全国认证认可工作会议提出的“提升监管效能，强化事中事后监管模式”等工作要求，以“问题导向、改革导向、风险导向、共治导向”为原则，国家认监委于5月—10月组织31个省级质监局、3个副省级市质监局和35个直属检验检疫局，在全国范围对CCC获证产品

进行专项监督抽查；组织国家认可中心、有关技术机构和5个省级质监局对CCC指定认证机构、实验室、检查员进行了监督检查。监督检查对象覆盖生产、流通和进口领域的25种1 715批次的CCC获证产品、15家指定认证机构（含3个分中心）及检查员、113家次指定实验室和73家获证企业。

一是CCC获证产品专项抽查。部署全国31个省级质监局、4个副省级市质监局，以流通领域为重点，兼顾生产领域，对玩具、电线电缆、断路器等20种产品开展抽查；部署全国35个直属检验检疫局，根据口岸分布和入境商品特点，对汽车整车、玩具、断路器等9种进口产品实施抽查。依据有关规定，对抽查不合格的141家企业的150批次产品采取暂停或撤销CCC证书的严肃处理。

二是CCC指定认证机构及工厂检查员监督。共组织认可评审员、产品技术专家以及地方局的同志等80余人，分为43个检查组对全部15家指定认证机构（含3家分支机构）及获得CCC认证的73家企业进行了检查，共使用约860人日。

三是CCC指定实验室监督。部署国家认可中心、地方两局、有关认证机构，共组织10个现场检查组（涉及专家50余人，累计检查工作量755人日）对113家次CCC指定实验室进行了专项监督检查，覆盖了汽车、安全玻璃、玩具、家电、移动通信终端等5个产品领域的66家指定实验室，以及天津、重庆、上海、浙江、四川5省市辖区内的47家指定实验室。

四是其他监管工作。在开展对获证产品、认证机构、实验室的监管工作外，在2015年中，还有针对性地开展了对直属局的CCC免办监督、对儿童用品类产品质量安全专项排查、对国抽涉及CCC产品质量的分析工作。

（2）在CCC认证中试点引入企业"自我声明"模式

为进一步优化CCC认证制度设计，实现CCC认证的"友好性"，便利生产企业通过认证、激发企业自我约束能力和质量主体责任意识，研究制定《关于强制性产品认证实施中接受企业自我评价结果的指导意见》，指导相关指定认证机构在控制认证实施风险的前提下，优先在玩具产品及电测兼容（EMC）项目的强制性产品认证中开展接受企业自我评价结果的试点工作。

（3）一站式服务能力和服务程序构建

鼓励指定认证、检测机构提升"一站式"服务能力和检测、认证"一体化"发展模式，创造积极条件优先满足已指定机构扩展业务范围、指定认证机构设立的实验室或在指定实验室基础上成立的认证机构承担CCC业务的申请需求，在便利生产企业获得认证证书的同时，也进一步激发了检验检测认证市场活力，促进检测认证机构做强做优做大。

充分考虑到音视频、信息技术和电信终端等电子产品功能日趋融合、国际相关安全标准已经合并、生产企业"一站式"认证需求旺盛等因素，从整体上对承担3类电子产品的申请认证机构进行了指定。对于指定实验室提升"一站式"检测服务能力的指定需求，或是对于在小功率电动机等试点产品领域中申请指定需求，不再单独发布计划，随时受理并按程序作出指定决定。

（4）推动诚信自律和共治体系建设

一是落实指定认证机构主体责任。开展关于落实指定认证机构主体责任的研究和分析工作，以"问题导向、改革导向、风险导向、共治导向"为原则，引导并督促指定认证机构在主体责任方面的建立和实施。12月，印发《关于建立和落实强制性产品认证指定认证机构主体责任的指导意见》。

二是推动行业诚信与自律。组织制定强制性产品认证指定认证机构、指定实验室和检查员的行业诚信和自律规范，并组织实施、全面推行。形成强制性产品认证诚信和自律建设长效工作机制，推动强制性产品认证指定认证机构、实验室和检查员履行诚信及自律行为，提高强制性产品认证良好规范、整体工作质量和有效性。目前已发布《强制性产品认证检查员自律规范》。指定认证机构及实验室的自律规范已征求意见完毕。

三是加强共治体系建设。围绕共治导向，发挥合力作用，解决制度长远发展和可持续性问题。第一，督促认证机构在落实认证实施规则和细则的过程中，帮扶企业进一步强化首负责任。第二，引导认证机构之间加强交流与合作，在行业协会的推动下，建立"自我约束、自我规范、自我管理、自我提升"的行为准则，实现行业内部的自律和共治。第三，发挥新闻媒体的舆论引导和监督作用，高度重视并追踪媒体曝光的质量问题和案件，同时加强与媒体的合作，积极宣传CCC认证制度的价值和现实成果。第四，关注社会和消费者的认证信息需求，在儿童用品、家用电器等民生领域，帮助消费者提高质量意识，掌握对获得CCC认证产品的识别方法，引导社会公众拒绝购买未获得CCC认证的目录内产品。

（5）指导督促认证机构落实改革措施

组织对强制性产品认证实施机构开展生产企业分类管理相关机制及落实情况进行专项座谈，了解相关情况、存在的难点和问题。整合和消减同一企业相近产品单元的CCC认证证书发证数量方面，拟结合企业自我评价实施指导意见的编写，推动企业利用自有资源检测结果做出自我评价，同时督促认证机构积极落实新版认证实施规则中利用企业检测资源实施检测的有关要求。按照进一步减轻企业负担、便利企业管理的原则，进一步合并优化单元、减少企业证书数量。

（6）加强指定实验室指标评价考核

加强强制性产品认证指定实验室的日常管理，按照指定实验室指标评价考核体系要求，对2014年度收集到的各指定实验室遵守有关规定及与其指定业务有关的检测能力和工作质量的信息进行量化评价和排名，并发出《关于发布2014年度强制性产品认证指定实验室指标评价考核结果的通知》（认办证函［2015］65号）。

（7）出台进口CCC产品贸易便利化举措

指导上海检验检疫局与上海市商务委联合发布上海地区进口CCC产品贸易便利化举措，并向首批34家企业颁发"进口CCC产品诚信示范企业"证书。让企业享受"一次审批、多次放行，一次确认、三年有效，直通放行、诚信监管"等六项贸易便利化举措。推动地区CCC企业进出口贸易的同时，共筑上海诚信口岸，助推上海经济转型发展。

（8）促进汽车维修信息公开，推进制度采信

与交通运输部等8部委联合发文《汽车维修技术信息公开实施管理办法》（交运发［2015］146号），要求汽车企业公开维修信息，便利消费者维修。推进CCC认证信息在相关管理制度的采信，为行业管理提供信息与助力。

2.继续深化改革，实施由"问题导向"到"问题+目标"导向的政策举措，打通改革最前一公里

（1）解决独家垄断

2015年，强制性产品认证实施机构补充指定和调整相关工作在促进检测认证资源优化配置、便利企业申请认证的同时，彻底解决了部分产品领域有独家认证机构"垄断"实施认证的问题。

同时，为进一步顺应行政审批制度改革的需要，确保充分、高效利用检测认证资源，研究建立常态化的指定工作机制，国家认监委以2015年第34号公告形式发布相关工作举措。一是在对日常工作中收集到的各种指定需求建议充分评估的基础上，年度化地制定并公布机构补充指定/调整计划；二是对于指定实验室提升"一站式"检测服务能力的指定需求，或是对于在小功率电动机等试点产品领域中申请指定需求，不再单独发布计划，随时受理并按程序作出指定决定。

（2）完善CCC认证目录动态调整机制

推进对于未来指令与目录共存管理模式的研究，推动目录动态调整工作的法制化、科学化和机制化。目前正在研究提出"指令与目录"共存管理模式的基本方案和实施路线图；正在对现有目录进行梳理，将风险低、技术成熟及民生特点不突出的产品移出目录；正在根据有关方面建议，对目录产品增加进行论证。

（3）负面清单管理模式的应用

参照发改委《关于开展市场准入负面清单制度改革试点的办法》，推进以负面清单管理的方式对现有的认证机构审批及CCC机构指定工作进行调整，上报《关于在产品认证机构审批及强制性产品认证机构指定工作中实施负面清单管理的请示》，并向相关部委征求意见。

（4）CCC认证收费放开，引导机构有序竞争

转发《国家发展改革委关于放开部分检验检测经营服务收费的通知》并寄送全部CCC指定机构。目前已将各指定认证机构、实验室CCC认证检测收费实施情况总结报告送财务部。

（5）积极推进CCC标志改革

标志中心已与9家指定的强制性产品认证机构与标志中心签订"一站式"服务合作协议。其中标志中心已派人入驻办公的机构有4家。包括：中国质量认证中心、中汽认证中心、方圆标志认证集团、中化联合认证有限公司。其他认证机构正在陆续联系中。

（6）探索提升我国产业供应链整体管理能力的认证认可模式

为促进认证结果的有效使用，提升产品供应链整体质量管理水平，减少整机企业申请强制性产品认证费用，缩短认证时间，发布了国家认监委2015年第28号公告，提出了进一步推进被整机强制性认证承认的零部件产品自愿认证的有关措施，鼓励从事整机强制性产品认证的指定机构之间以及与开展零部件、原材料的认证业务机构建立认证联盟，形成有效的结果互认与采信机制。

（7）CCC认证收费放开，引导机构有序竞争

转发《国家发展改革委关于放开部分检验检测经营服务收费的通知》并寄送全部CCC指定机构。目前已将各指定认证机构、实验室CCC认证检测收费实施情况总结报告送财务部。

（8）积极清理行政审批中介服务

为贯彻落实国务院办公厅发布的《关于清理规范国务院部门行政审批中介服务的通知》（国办发［2015］31号）有关要求，积极开展自查梳理，并对于"申请从事强制性产品认证活动的认证机构、检查机构及实验室取得国家确定的认可机构的认可"这一行政审批前中介服务事项建议予以取消。同时为保证申请机构具备必要的技术能力，国家认监委在指定过程中将对申请从事强制性产品认证活动的认证机构/检查机构/实验室是否符合GB/T 27065《产品认证机构统一要求》/GB/T 18346《各类检查机构能力的通用要求》/GB/T 27025《检测和校准实验室能力的通用要求》进行现场审核，或采信认可结果。

（9）服务"一带一路"发展战略，推进指定认证机构服务前移

国家认监委认证监管部上报《关于CCC指定实验

室采信境外相关监测数据有关工作的请示》(委内签报2015第269号),并依据领导指示发文《关于对中检集团欧洲测试有限公司申请成为强制性产品认证指定实验室的复函》(认办证函[2015]173号),批准中检集团欧洲测试有限公司通过服务前移的方式参与CCC检测活动,为适应检测认证国际化发展需求,促进机构自身未来发展开展了试点工作。

(10)取消出口商品注册登记行政审批,简政放权释放红利

为贯彻落实国务院《国务院关于取消和调整一批行政审批项目等事项的决定》(国发[2015]11号)文件精神,国家认监委发文《国家认监委关于贯彻落实<国务院关于取消和调整一批行政审批项目等事项的决定>的通知》(国认证[2015]26号),部署各直属检验检疫局取消"涉及人身财产安全健康的重要出口商品注册登记"行政审批项目,并要求各局对相关产品创新管理方式、提高管理水平,按照"放、管、治"相结合的原则,加强事中事后监管,减轻企业负担,释放改革红利。

(11)研究国际认证制度,建立数据库,推动我国机动车产品"走出去"

组织完成《国际机动车认证制度研究》,形成中、美、欧、日、俄、东盟、海湾合作委员会等14个国家和区域的认证制度研究报告,并针对中外144组对应法规进行了比对分析,并形成涵盖这些国家和区域的、指导企业生产及出口的技术法规信息数据库,配合国家"一带一路"战略,为中国整车及零部件企业掌握国外认证及法规要求、规避出口贸易风险、更好地参与国际竞争提供了参考依据和技术支撑。

(三)积极推动自愿性产品认证发展

1.发布《进一步推动加强自愿性产品认证,服务经济社会发展的指导意见》,推动我国自愿性产品认证工作多领域、多层次、多元化综合发展

制定进一步推动加强自愿性产品认证服务转方式、调结构、促消费的指导意见,突出市场驱动、机构负责的原则,提出助推自愿性工业产品认证的工作措施和保障机制,放宽从业机构开发新业务的限制条件,在不影响公正性的原则下延伸合格评定服务线,鼓励检测机构、认证机构融合发展,大力发展复合型、一站式合格评定服务,引导从业机构规模化、品牌化、专业化发展。召开自愿性产品认证发展战略研讨会;完成《进一步推动加强自愿性产品认证,服务经济社会发展的指导意见》草稿并组织多次征求意见会,将于近期发布。

2.继续推动自愿性产品认证改革

改革认证实施规则管理模式,更新自愿性产品认证机构批准书。与认可监管部合作开展了认证实施规则管理模式的改革工作,发布《国家认监委关于认证规则备案的公告》(2015第18号),简化备案程序,实现网上备案,强化机构主体责任,释放改革红利。按照《关于发布自愿性认证业务分类目录及主要审批条件的公告》(2014年38号)精神,对全部91家自愿性产品认证机构批准书业务领域进行了重新梳理,并为其换发了机构批准书,营造了宽松的自愿性产品认证机构发展环境。

3.深化行业部门合作,在部际联席会议机制下共谋发展

(1)推动出台《节能低碳认证管理办法》

积极推进《节能低碳认证管理办法》制定工作,配合国家质检总局法规司和国家认监委法律部与发改委相关司局密切沟通。该管理办法已正式发布,认证监管部将根据管理办法有关要求,会同国家发展改革委等国务院有关部门,尽快建立节能低碳产品认证部际协调工作机制,并在已有相关认证机构自行开展的节能产品认证工作的基础上,依法行政、进一步营造公平竞争的节能认证服务市场环境,尽快确定和发布国家统一的节能产品认证目录、认证依据、认证结果采信等有关事项,推进节能、低碳产品认证制度全面实施。

(2)推出电子招投标信息系统产品认证制度

为推进李克强总理在政府工作报告中"互联网+"行动,落实《电子招标投标办法》中有关电子招标投标系统应通过检测认证的要求,规范电子招标投标活动,实现各招标投标系统互联互通、信息共享,促进招标投标信息及过程的公开透明,促进电子招标投标工作健康开展,国家认监委发布了《电子招标投标系统检测认证管理办法》,建立了统一规范的电子招标投标系统检测认证制度。

(3)不断完善光伏产品认证体系

会同能源局加强光伏产品认证工作,不断完善光伏产品认证体系,研究提出光伏产品认证目录、标准和认证标志。密切跟踪国务院关于风电产业的发展政策,及时落实相关要求,推进风电产品认证。密切跟踪IECRE体系建设,促进国内新能源认证体系与IECRE接轨。

(4)密切参与《电器电子产品有害物质限制使用管理办法》修订工作

待《电器电子产品有害物质限制使用管理办法》修订完成后,国家认监委将适时考虑进一步扩大国家统一推行的电气产品污染控制认证目录范围,探索建立健全多种模式并存的合格评定制度,进一步推动认证结果在国家有关政策中的采信使用。

(5)组织开展信息技术设备信息安全性认证工作

组织认证机构积极开展信息技术设备信息安全性认证工作,进一步扩展认证范围。本年度将端磁盘文件写

入控制产品、运维监控产品、环境监控产品、应用安全防护前置机产品、事务型数据库产品等5种产品纳入认证范围。同时为进一步发挥认证认可在保障国家信息安全工作中的重要作用，研究提出了国家信息安全产品认证目录范围扩大的方案。

（6）参与《能效“领跑者”制度实施方案》的设计和发布工作

参与《能效“领跑者”制度实施方案》的设计和发布，积极推动节能产品认证结果在终端用能产品能效“领跑者”制度中的采信使用，目前第一批能效“领跑者”目录已发布，包括家用电冰箱、平板电视和转速可控型房间空气调节器，申请能效“领跑者”的产品必须获得节能产品认证证书。

（7）积极与新闻出版广电总局沟通绿色印刷产品认证制度

与新闻出版广电总局沟通《绿色印刷产品认证管理办法》、《绿色印刷自我声明管理办法》及联合发文内容，力争尽快建立绿色印刷产品认证制度。

（8）协助更新《节能产品政府采购清单》

依据节能、节水产品认证结果，协助更新2015年第十七、十八期《节能产品政府采购清单》，包括计算机设备（台式计算机、便携式计算机和平板式微型计算机）、输入输出设备（激光打印机、针式打印机、液晶显示器）、制冷空调设备、镇流器（管型荧光灯镇流器）、生活用电器（空调机、电热水器）、照明设备（普通照明用自镇流荧光灯、普通照明用双端荧光灯）、电视设备、视频监控设备、便器、水嘴等产品为政府强制采购的节能产品。

4.积极与地方政府接触，推进联盟认证、区域认证制度

主动识别和激发行业部门、地方和市场的认证认可需求；积极推进在其他管理制度中体现认证作用和推动认证工作发展、采信认证结果。在稳步推进“浙江制造”产品认证工作的同时，积极引导深圳市在全面推进标准、品牌、信誉、质量“四位一体”建设中通过产品认证等技术评价手段推动“深圳标准”实施，提升“深圳质量”，建立“深圳标准”认证制度。

目前，“浙江制造”产品认证制度已顺利实施，并完成首批发证，并于9月与部分国际认证机构签订合作备忘录，拓展采信空间。委领导带队开展了对“深圳标准”产品认证制度的调研工作，发文《国家认监委关于对开展“深圳标准”产品认证试点工作的复函》（国认证函［2015］62号），批准“深圳标准”产品认证试点的开展，推动认证认可手段在地方质量战略中的应用。

5.培养认证主体，指导认证机构更好发展

（1）加强优良实践分享，营造氛围，培育信心

组织承办世界认可日合格评定与优良实践分论坛，邀请“一带一路”沿线主要国家合格评定领域专家分享各国的实践经验，委内各部门、地方两局、部分强制性产品认证指定机构共计100余名代表参加了此次活动。

组织将认证机构的优良实践与案例整理汇总并出版《产品认证优良实践》丛书，以分享制度建立及推广过程中的优良实践经验，进一步提高大宗采购商及消费者对工业产品自愿性认证的采信信心，从而掀起全社会推动产品认证特别是自愿性产品认证的高潮，促进自愿性产品认证快速、健康、有序发展。

整理并翻译国内认证认可领域优良实践案例，向有关国际组织提供中国采信认证认可、推动认证认可发展的参考素材，宣传中国认证认可成就的同时，促进我国认证认可制度“走出去”，得到更多国家的了解与信任。

（2）积极研究开拓自愿性产品认证新领域

为鼓励认证机构根据市场需要积极开发自愿性产品认证项目，对机构编制认证实施程序类文件进行规范和指导，组织有关认证机构针对一般工业产品认证制度建立及规则编制、方案设计等指南性文件编制工作开展研讨，并申报认证认可行业标准。

为提升我国电子元器件产业的核心竞争力，积极赴有关认证机构和实验室开展电子元器件产品可靠性认证、检测工作情况的调研，并形成电子元器件产品可靠性认证检测工作现状报告，为建立满足高可靠性要求的专业型认证模式做好技术积累。

为支持我国北斗卫星导航自主产业健康可持续发展，规范北斗卫星导航行业管理，提升北斗卫星导航产品质量，国家认监委积极与总参测绘导航局沟通联系，拟共同建立国家北斗卫星导航产品检测认证体系。目前，国家认监委正积极开展有关检测认证资源、认证依据标准、认证产品范围的梳理工作。

随着新一代信息技术在汽车领域的逐步应用，汽车互联网化和智能化呈加速发展趋势，为推进我国自主的导航和移动通信技术在汽车领域中的发展应用，提升相关产品质量，国家认监委积极开展汽车联网检测认证准备工作，并委托中国汽车工业协会牵头开展汽车联网检测认证情况调研和论证，争取2015年底前提出汽车联网检测认证体系建设方案建议。

三、食品农产品认证

2015年，国家认监委主动深化食品农产品认证监管领域改革，着力构建“放、管、治”质量提升体系，从“强

基础、抓提升、促采信”三个方面着手，做好了食品农产品认证监管各项工作。截至2015年12月31日，我国食品农产品认证制度共11种，有效认证证书113 724张，其中有机产品认证证书12 724张，食品安全管理体系认证证书10 311张，危害分析与关键控制点（HACCP）体系认证证书4 002张，无公害农产品认证证书73 900张，绿色食品认证证书23 515张。

（一）主动改革

食品农产品认证发展环境进一步优化。制定了食品农产品认证机构设立、开展具体认证业务的条件，将一般性食品农产品认证业务划分为01（农产品）和03（食品）两个领域。发布了《关于废止<食品农产品认证机构认证人员注册数量及专业要求>的通知》，理顺了人员注册、机构人员数量条件要求。鼓励认证制度创新，支持相关单位开展富硒认证、燕窝认证、芦荟认证等方面的研究。引导已实质开展认证活动的单位取得资质，规范清真食品认证活动。

食品农产品认证制度采信取得进展。发布HACCP认证标志及使用要求，着眼于提高认证有效性，满足各方采信要求，HACCP认证制度得到全球食品安全倡议组织的正式承认。引导检验检疫机构加强对备案后出口食品企业和相关社会第三方认证活动的监管，重点提升检验检疫监管人员GMP、HACCP检查和对认证活动进行确认和见证审核的能力，根据风险分析，实施对备案出口食品企业直接管和间接管相结合，实现出口备案和认证监管的深度融合。完成了HACCP规章制定可行性研究、在出口食品监管中采信GAP认证结果建议等。

（二）创新治理

监管方式创新取得突破。采取“神秘买家”方式进行抽查，在电子商务平台购买有机产品样品250个，涉及市场销售的所有主要类别共计13大类。加强事中、事后过程监管，委托第三方技术机构完成对风险较高的HACCP认证机构开展认证活动的现场见证（验证）检查。启动食品农产品认证专项监督检查，重点检查40家HACCP认证出口食品生产企业、75家有机获证企业、2个有机产品认证示范区和5家未获认可的认证机构，实施350个批次的有机产品专项监督抽查。

联动监管机制基本建立。注册、认证监管联动，实时公布已注册企业获得食品农产品认证的信息，制定“进口食品不合格信息处置程序”，根据国家质检总局、食药总局公布的进口食品不合格信息及直属局口岸查验不合格信息等，及时组织溯源并分析复查，对不能持续满足进口注册要求的企业采取风险警示、暂停、撤销注册等监管措施，对相关获证企业、认证机构依规进行处置。备案、认证监管联动，2014年即下发《关于改进出口食品生产企业HACCP认证监管工作的通知》，明确相关要求，持续督导各局以实现食品农产品认证活动监管与出口食品生产企业备案监管联动，推动出口食品生产企业备案管理提质增效升级。

多元共治体系初见成效。强化认证风险预警，以信息化为手段、以问题为导向，将全国两会建议提案答复、政府信息公开、网上留言、申投诉、舆情处置等联动处置，聘请媒体、消费者等作为有机产品认证义务监督员，组织召开有机产品认证社会监督座谈会，听取消费者、媒体等社会各界对有机产品认证工作的意见建议。通过建立食品农产品认证预警机制，加强风险监管和案件处置联动，提高监管处置效能。鼓励有机产品认证机构采取自律措施保护认证过程公正性，强化发证机构的“第一责任人”意识。大力培养从业机构与获证组织的主体自律意识，在HACCP认证制度中试行认证机构能力“自我声明”制度。以备案采信HACCP认证结果为牵引，实现不同检验检疫机构间认证监管信息的及时交流；加强国家认监委、国家认可中心、认证认可协会等相关管理部门的监管信息及时交流和处理联动，让认证活动一处违规，处处被动。

（三）创优服务

推动有机产品认证服务生态文明建设。结合国家科技支撑计划有机课题研究成果，引导地方政府以有机产品认证为工具建立生态文明发展考评机制，探索建立有机产业和有机产品认证服务生态文明建设的理论体系。以十八届五中全会及中央文件精神突出生态文明、支持有机产业为契机，加大宣传推广力度，开展“全国有机宣传周”，发布《中国有机产业发展报告》，启动京津冀共建有机示范区迎冬奥活动。深化有机产品认证示范创建，总结提炼示范区在服务生态文明、保护水源、促进地方经济等方面的经验，命名首批9家国家级有机示范区，协调成立“有机产业区域发展论坛”，帮助建立“有机产品产业区域合作发展联盟”。组织编写面向农民和小农户合作社的有机产品生产、加工、认证和良好农业规范（GAP）认证指导教材，服务国家扶贫战略。全力助推新疆、西藏食品农产品认证发展，加强两地认证监督技术能力建设。

成功举办世界认可日“注册认证保障食品农产品贸易便利化和质量发展分论坛”活动。邀请来自国家民委、国家宗教局、宁夏自治区政府，“一带一路”沿线国家主管部门及驻华使馆、相关国际组织、“走出去”企业等的超过150名代表参加本次活动，外方代表超过80名。各方就HACCP、GAP、有机、清真等认证制度在国际国内的发展情况进行了充分交流，达成了许多共识。中国与全球良好农业组织续签了《关于良好农业规范认证体系基准比较的谅解备忘录》。

食品农产品认证制度走出国门。参加全球食品安全大会，力促“全球食品安全倡议”组织正式承认我国危害分析与关键控制点（HACCP）认证制度，超过4 000家国内HACCP获证企业直接获益。与全球良好农业规范续签互认协议，超过1/3的出口农产品企业因此受益。与英国、新西兰签订有机产品认证合作协议，访问泰国就有机产品认证合作进行会谈，组织专家对新西兰、英国、丹麦、泰国的有机产品认证体系进行研究，并形成报告。访问马来西亚伊斯兰教发展署，参加中–阿博览会国际清真认证合作论坛和中国–东盟清真标准研讨会，推进清真食品认证国际合作。

四、服务认证

（一）体育服务认证新进展

北京华安联合认证检测中心是2005年12月经国家体育总局、国家认监委批准设立，从事体育服务认证的认证机构。主营业务有体育场所服务认证、体育场地设施功能检测等。

1.2015年体育服务认证工作情况

2015年，该中心专职人员共计18人，有效体育服务认证证书共计10张，认证场馆包括：国家奥林匹克体育中心英东游泳馆、江苏句容市全民健身中心、北京市朝阳体育馆、武汉体育馆、北京市地坛体育馆、首都体育学院游泳综合馆、北京大学生体育馆、北京郡王府游泳馆、北京首钢体育发展有限公司篮球中心、天津全民健身活动中心。

表1　认证注册资格有效场馆情况表

<table>
<tr><td>地 域</td><td>北京</td><td colspan="2">江苏</td><td>天津</td><td>武汉</td></tr>
<tr><td>数 量</td><td>7</td><td colspan="2">1</td><td>1</td><td>1</td></tr>
<tr><td rowspan="2">认 证
类 型</td><td colspan="4">开放条件</td><td rowspan="2">健身房等级</td></tr>
<tr><td colspan="2">游泳馆</td><td colspan="2">综合馆</td></tr>
<tr><td>数 量</td><td colspan="2">3</td><td colspan="2">7</td><td>0</td></tr>
</table>

2.业务推广工作

2015年，该中心利用多种渠道推广场馆标准化规范化管理理念，推进体育服务认证工作，在2015年5月、9月、12月等时间，中心在“江苏省公共体育场馆服务标准化培训班”“安徽省场馆管理职业技能知识培训班”“游泳协会场馆委员会年会”等培训班或会议上，进行了关于体育场馆标准化规范化管理的培训，通过培训推进体育服务认证工作。

2015年，该中心还通过努力在大型场馆评价中加入了将场馆通过体育服务认证工作作为评价的加分项内容。这也是通过认证手段转变政府职能推进工作的一项重要举措。

（二）2015年商品售后服务评价体系认证工作情况

北京五洲天宇认证中心是由国家认监委批准成立，专业从事商品售后服务评价体系认证的机构。2015年，颁发的商品售后服务评价体系认证证书数量不足百张，以大中型企业为主，主要分布在机械、家用、外包服务等有关企业，对社会售后服务水平提升起到了很大作用，各界对商品售后服务认证表示肯定。

从2007年至今2015年，该中心每年和中国商业联合会、中国人民大学共同发布《全国售后服务发展报告》，如《2008年中国售后服务报告》《2009年全国顾客满意度评测报告》《2010年全国售后服务报告》《2010年度中国境内跨国公司售后服务报告》《2010年度汽车行业售后服务报告》《2010年度家电行业售后服务报告》《2013年全国售后服务发展报告》《2014年全国售后服务发展报告》等，至今已出版发行了500多万字，是理论内容最丰富、行业权威性最强的研究文献。同时还公开出版了《售后服务与品牌评价宣贯指南》《售后服务与品牌评价相关法律文件集萃》。一百多万字的内容包括服务案例、法律法规汇总、国家标准释义、售后服务认证相关知识等内容，系统的《商品售后服务管理与评价研究报告》、《企业品牌评价与企业文化建设指南研究报告》等内容。

该中心自办了“中国商品售后服务网”“中国供应商网”“诚信交易网”“顾客满意度评测网”“品牌与企业文化网”等网站，对售后服务标准和认证进行常年专题宣传。并在《中国标准化》《商品与质量》《企业家日报》等刊物上撰写有关文章，对《商品售后服务评价体系》标准，认证工作、服务认证理论研究等，进行系统、全面的报道。

依据《商品售后服务评价体系》国家标准，由中国商业联合会等单位主办，北京五洲天宇认证中心承办支持，每两年举行一次“全国售后服务评价活动”，对标准进行宣贯，已开展了七届，有上千家大中型企业参加，取得了巨大的影响力。

（三）汽车玻璃零配安装服务认证工作情况

汽车玻璃零配安装服务认证是中国建材检验认证集团股份有限公司（CTC）联合中国建筑玻璃与工业玻璃协会汽车玻璃专业委员会，在汽车玻璃零配安装行业推出的针对汽车玻璃零配维修企业安装质量的一种认证服务，由汽车玻璃专业委员会提供技术支持，中国建材检验认证集团股份有限公司（原中国安全玻璃认证中心）承担具体的服务认证工作。

汽车玻璃零配安装是指在用汽车玻璃破损后，在售后维修市场按相关规定与技术要求进行更换的过程。中国已经成为汽车大国，截至2015年底，全国民用汽车保有量达到1.72亿辆。汽车数量仅次于美国居世界第二位。按照汽车风挡玻璃破损率8%的国际惯例计算，仅风挡玻璃我国就有约1 376万片需要在售后维修市场中更换。虽然汽车玻璃零配市场规模大，相关企业大大小小超过5 000家，但行业总体水平参差不齐，其中能成连锁规模的门店也就几十家，更多的是较小规模的安装店。且国内还没有主管机构对其安装的质量进行管理和规范，仅能依靠行业自律和市场规律来运行。没有统一的规范和衡量标准，很难保证其安装质量，由于汽车玻璃安装不合格导致乘驾人员二次伤害或死亡的事故时有发生。

中国的汽车玻璃认证是参照国际先进的ANSI/AGRSS 002-2002《美国汽车玻璃更换安全标准》以及德国Henkel公司的汽车玻璃原厂级的安装标准，制定了《汽车玻璃零配安装服务要求》作为安装服务认证的依据，于2008年8月起正式开展汽车玻璃零配安装服务认证工作。

2008下半年，华北地区福耀玻璃最大的经销商——北京福耀玻璃有限公司（雍和宫店）、在北京地区具有相当影响力的北京正美丰业玻璃有限公司（丽泽总店）首批率先通过了认证。2009年1月，天津中玻联合汽车玻璃有限公司通过了审核，成为第三家获得汽车玻璃零配安装服务认证的企业。2009年，湖北地区汽车玻璃安装的龙头企业湖北捷瑞汽车玻璃有限公司营房村店、江岸店、洪山店、汉阳店、秦园店5家连锁安装门店通过了汽车玻璃零配安装服务认证。2012年7月，在江苏地区汽车玻璃安装的龙头企业南京福耀汽车玻璃有限公司秦淮店、下关店2家连锁门店通过审核，获得汽车玻璃零配安装服务认证。

现有获证企业情况:北京福耀玻璃有限公司（雍和宫店）、北京正美丰业玻璃有限公司（丽泽总店）、南京福耀汽车玻璃有限公司（秦淮店、下关店），共3个企业、4个安装门店。CTC按照《汽车玻璃零配安装服务认证实施规则》的要求，分别定期对获证企业进行了年度监督和复评。对企业的汽车玻璃零配安装服务保证能力进行了评价，并对安装工的汽车玻璃安装过程进行了现场考核。上述获证企业的服务管理体系均能符合CTC/TVg-OPO5附件1《汽车玻璃零配安装服务保证能力要求》，并能得到实施，安装服务质量持续稳定，具备了保证企业服务方针目标实现的能力。上述企业的汽车玻璃零配安装服务认证获证资质继续保持。

2015年，原认证依据CNCA/CTS 0002-2008《汽车玻璃零配安装服务技术规范》变更为QC/T 984-2014《汽车玻璃零配安装要求》。CTC/TVg-OP05《汽车玻璃零配安装服务认证实施规则》也更新为2.0版本，对认证的依据进行了变更。三家获证企业中，南京福耀已按照新版认证依据接受复评审并换证，北京福耀、正美丰业已按照新版认证依据接受年度监督，旧版规则的认证证书将到期换证。

管理体系认证
撰稿人：林　峰
审稿人：赵宗勃
产品认证
撰稿人：汪俊峰
审稿人：薄昱民
食品农产品认证
撰稿人：王茂华
审稿人：顾绍平　何小群
服务认证
撰稿人：李凌志
审稿人：赵宗勃

2016

Yearbook of Certification and Accreditation of China

第七部分　注册管理

Part Seven　Registration of Establishment

一、积极推进出口食品生产企业备案工作

（一）加快出口备案管理制度的深化改革

出口食品生产企业备案监管模式深化改革措施全面到位。按照国务院行政审批改革“弱化事前审批，加强事中事后监管”的总体精神，依据“治到点，管到位，才能放到底”的指导原则，2015年在组织直属局全面落实HACCP认证和备案监管联动、促进企业“提质增效升级”实施具有食品防护功能HACCP、引导企业加强能力建设对企业内审员实施确认等工作基础上，督导直属局在备案过程积极采信企业自我检查声明和第三方HACCP认证证明。据统计，自2015年5月正式全面实施改革以来，全国共办理备案945件，采信209例（采信企业自我声明114例，认证证明95例）免于现场评审，采信率22.1%，办理备案平均时间由改革前的40天（规定在50天内完成）降至17天，缩短近58%。正式上线出口食品生产企业备案信息化2.0系统，实现与E-CIQ系统的衔接。

（二）积极帮助出口食品备案企业出口内销“两条腿”走路

1.“稳增长”帮助出口食品企业走出去

（1）积极帮助出口食品企业开拓国际市场，推荐符合要求的153家水产、肉类、罐头、蛋制品等食品企业对美国、日本、韩国、越南、印尼、马来西亚、新加坡、哈萨克斯坦、中国香港等国家或地区注册。

（2）帮助企业了解国际食品安全法规要求最新进展，2015年4月20日—24日，在北京组织开展了“出口低酸罐头和酸化食品企业法规监管培训班”，免费为300余名企业内审员和一线监管人员培训。

（3）组织开展出口食品生产企业内审员队伍建设调研工作，在上海、江苏、福建检验检疫局开展了内审员考核试点工作，组织专家编写出口食品生产企业内审员队伍建设教材、大纲等材料。

2.“调结构”指导出口食品企业升级转型

（1）促进出口食品企业“同线同标”生产成功内销转型取得阶段性成果。国家认监委上报的《建设供港生鲜食品交易公共服务平台推动出口食品内外销“同线同标”》专报获得李克强总理批示。总理要求落实“同线同标”要突出公共服务，不能增加企业负担。国家质检总局支树平局长批示要以HACCP为核心，综合应用质检特有职能优势，把“同线同标”文章做好做大。按照国务院和国家质检总局领导批示精神，国家认监委已完成《关于促进出口食品企业“同线同标”工作方案（草案）》并报国家质检总局领导批准。完成了 “同线同标”相关制度规范的草拟工作。与国家认监委信息中心协作完成“出口企业‘同线同标’公共服务信息平台”开发。支持商务部国际品牌管理中心等商务平台召开首期供港企业产品的招标会，预期2016年3月上线运行，预计采购额将达到200亿元。

（2）出口食品企业全面建立具有食品防护功能的HACCP体系，“提质增效升级”取得明显成果。2015年，依据《食品安全法》《出口食品企业备案管理规定》和《出口食品企业安全卫生要求》，经过近4年多的努力，于2015年10月1日前组织直属局确认全部出口食品企业建立实施具有食品防护功能HACCP体系，使我国在应对日益凸显的非传统食品安全问题研究、应用方面与美国等国共同处于世界领先水平。同时，也使我国出口企业与其他国家输美企业在应对美国食品药物管理局（FDA）2015年9月发布的HACCP新法规方面取得竞争优势。完成了《非传统食品安全及应对策略》书籍的编著工作，借鉴国际先进经验，与委信息中心合作，完成了适合中国食品企业的食品防护评估软件的开发工作，组织修订食品防护相关标准，为企业和监管部门加强能力建设提供了有力支撑。

3.“促发展”帮助出口企业了解国外最新法规，及时应对国际市场变化

（1）成功举办第十一届HACCP研讨会。为应对美国

FSMA要求所有食品企业建立实施HACCP体系的要求，帮助指导我国食品企业落实质量安全主体责任，在我国出口食品备案企业全面推行HACCP体系，提高我国食品安全整体水平。2015年6月10日—11日，在北京举办了“第十三届全国HACCP应用与认证研讨会”，来自美国FDA、国内食品安全监管部门、食品生产加工企业、认证机构、科研机构和大专院校的300多名代表现场参加了本届研讨会。研讨会还进行了网上现场直播、微博微信直播并开辟了互动讨论区。本届研讨会论文投稿踊跃，经专家评审，确定入选论文189篇，其中26篇论文从国内外HACCP领域最新研究进展、HACCP在我国各类食品企业中的应用研究、HACCP认证和监管过程中的经验总结、乳制品企业监管等方面进行探讨，并于会上进行了交流。

（2）组织开展《食品防护体系》建设教材的编写工作。为更好地向广大出口食品生产企业、检验检疫监管人员、其他食品安全监管部门、科研机构和院校介绍国内外非传统食品安全的最新相关理论研究成果、各国技术法规标准、企业应用关键技术，并提供丰富的实际案例分析，保障我国出口食品生产企业的顺利出口，帮助带动内销食品生产企业提升质量安全管理水平，国家认监委组织山东、上海等检验检疫局编写和出版《非传统食品安全问题及应对策略》一书，目前已进入统稿阶段。此书有望成为我国第一部系统研究和介绍非传统食品安全问题的专著，有利于扩大我国在该领域的国际影响。

（3）组织开展“进出口食品企业评审专家传帮带”活动。为落实全国认证认可工作会议精神，建设高素质的进出口食品生产企业注册备案评审专家梯队，传承工作经验丰富的评审专家和专项业务团队的经验，探索食品企业监管人员培养模式，培养爱钻研、有热情、素质高的青年评审专家，2015年以来，国家认监委组织开展了“进出口食品企业评审专家传帮带”活动。

经前期全国范围内注册备案认证领域的优秀评审专家和专家团队的报名和遴选，最终确定上海检验检疫局叶志平、山东检验检疫局秦红、浙江检验检疫局虞跃等3位为第一季导师人选，研究方向分别为乳制品、食品防护和水产品。45人被选定为第一批参加学员。

二、向境外推荐出口食品生产企业卫生注册登记的开展和监督管理

（一）指导企业持续获得国外注册资格，稳定我国食品的传统出口优势

积极推荐我出口食品生产企业对欧盟、俄罗斯、加拿大、巴西等国家地区注册。积极约见俄罗斯驻华经商处，推荐我200家水产品企业向俄罗斯注册。通过商务途径，向俄罗斯报送我国吉林、河南和湖南5家猪肉生产企业和28家山东禽肉生产企业，努力恢复我国肉类企业输俄注册。帮扶出口氨糖企业应对欧盟新规，推动我氨糖企业再次获得欧盟注册，挽救了近30亿元出口规模的行业危机。

（二）妥善应对“俄方单方面变更注册品种”事件

紧急召集辽宁、山东、福建、广东等水产品出口量较大地区检验检疫局代表，成立输俄水产品注册工作小组，制定了应急工作方案，迅速向输俄企业发布预警，要求企业做好核对自查并报告存在问题和受到影响的产品。就14家水产企业滞港问题紧急致函俄主管当局并同俄驻华大使馆交涉，要求俄方立即更正中国企业注册产品俄文译文和产品归类错误，协助因此导致正常货物滞港的中国企业通关。经交涉，俄主管当局于4月30日更新了上述出口企业的注册品种信息。

（三）多场合、多层次、多渠道与俄沟通，努力从根本上解决我国输俄水产品企业注册及通关问题

国家认监委多场合、多层次、多渠道与俄联邦兽医与植物卫生监督局、俄贸易协会、俄驻华使馆等磋商交涉。在全面梳理分析俄海关联盟对进口水产品新要求的基础上，组织35个直属局重新整理输俄水产品企业注册类别、成品形式及品名等详细信息，在2015年10月10日召开的中俄SPS技术工作组第4次会议上与俄方积极沟通，据理力争，最终取得输俄水产品企业注册突破性进展。一是俄方同意进一步规范其注册类别，提供注册类别涵盖范围的定义，明确中国水产品企业注册类别将按双方商定的大类别准入通关，从根本上解决因产品品名差异导致的通关受阻问题。二是俄方将积极审核国家认监委推荐注册的179家水产品企业，并承诺将30天内公布名单。三是俄方将对最近推荐注册的106家新企业尽快实施评估表决。会后俄罗斯批准我国179家企业在俄注册资格。

三、进口食品生产企业卫生注册和监督管理

（一）严格组织实施对境外食品企业实施安全质量自控体系评审抽查和回顾性检查

严格评估输出国食品企业注册监管体系、符合中国法规标准的审核认证体系和输出国对华推荐企业注册程序，落实境外生产企业主体责任和输出国主管机构的监管责任。对22个国家606家肉类生产企业注册情况进行了重新审查与确认，研究制定肉类进口注册回顾性检查方案，重点加强对高风险进口肉类境外企业的专项监

管。组织专家对波兰、西班牙、法国、德国、巴西、墨西哥、加拿大、阿根廷等国新增申请的123家肉类企业开展文件审核。

派出15个进口注册检查专家组赴澳大利亚、加拿大、荷兰、英国、哥斯达黎加、美国、巴西、西班牙、新西兰、法国、波兰、韩国、南非、马达加斯加等15个国家对申请注册企业及其企业注册管理模式进行评估与抽查验证。截至2015年底，已将86个国家地区15 144家境外食品生产企业纳入进口注册管理范围，其中批准注册境外乳品企业2 038家（包括婴幼儿配方乳粉企业73家），境外肉类企业614家，境外水产品企业12 470家，境外燕窝企业22家。

积极联系亚洲、非洲等有输华水产贸易的国家和地区开展进口注册工作。截至2015年底，共审核并公布了亚洲、非洲等31个国家（地区）6 000余家水产加工企业的名单，并组织开展了对马来西亚、泰国的水产注册企业的监督检查。以朝鲜水产企业进口注册工作为切入点，积极推进进口水产企业注册深化改革。对于朝鲜主管部门对我国在朝鲜投资水产企业不予推荐注册或推荐水产企业不能满足注册要求等问题，积极组织吉林检验检疫局，依据《进口食品境外生产企业注册管理规定》（总局145号令）和国务院9月28日常务会议确定的加强进口政策措施的要求，通过试点开展采信第三方HACCP认证结果等方式，发挥进口口岸直属检验检疫局认证监管作用为主要内容的解决方案，总结提炼特殊国家、特殊产品和“走出去”企业的进口注册办法。

2015年，共受理并批准韩国、泰国、马来西亚、印度、中国台湾等国家和地区8批次24家进口乳品境外生产企业（不含婴幼儿配方乳粉境外企业）注册并更新企业名单。组织专家对泰国、印度等国家注册材料进行审核。并借助认证认可手段，妥善介绍韩国进口巴氏杀菌乳问题。2014年赴韩国开展乳制品进口注册检查时发现，一些企业实际工艺与申报信息不符，以低营养价值的消毒奶，“假扮”成高营养的巴氏灭菌奶高价销售等问题，考虑到中韩两国的贸易发展，以及习近平主席访韩期间提出“发展贸易投资和财金合作”的精神，多次赴山东、辽宁、重庆等韩国鲜乳进口口岸调研，并形成了以韩国进口巴氏杀菌乳境外生产企业在华注册为试点的进口巴氏杀菌乳生产企业注册改革方案。2015年1月赴韩检查韩巴氏杀菌乳企业，检查组一方面与韩国主管当局加强沟通，确认韩方鲜乳企业整改后的基本情况，同时向韩国官方主管部门和企业介绍我方进口注册采信认证的程序和方法；另一方面，现场见证审核CQC的 HACCP认证审核活动，完善认证监管方法。评审组回国后，及时研究探讨，并根据实际情况批准韩国巴氏杀菌乳企业在华注册申请，既保证了进口食品的安全，把好了国门，又不影响贸易的正常开展，稳步推进改革工作。

积极开展进口肉类、燕窝企业注册工作。为中央“一带一路”工作部署，推动与蒙古、马来西亚、印尼等一带一路国家的食品贸易发展，落实习近平总书记出访上述国家在经济领域的合作要求，在文件审核、现场检查和整改复核等工作的基础上，先后派团赴蒙古开展熟制牛羊肉和牛羊肉屠宰企业的注册评审，首次批准蒙古2家蒙古热加工牛羊肉企业、4家牛羊肉屠宰企业、3家马肉生产企业对华注册。帮助“走出去”的中资企业顺利实现“运回来”，提升了中资企业与国外企业的竞争中的话语权。在进口燕窝企业注册方面，批准马来西亚8家燕窝加工企业的注册，并配合中泰外交外贸大局，适时赴泰国开展进口燕窝和乳制品企业注册工作。

试点开展对中国台湾进口食品企业全注册。为了保证进口食品质量安全，提高进口食品贸易便利化水平，按照国家质检总局要求，以平潭自贸区为寄托，依法依规依职能探索开展以注册认证等合格评定手段为核心的源头监管试点。组织福建、厦门出入境检验检疫局主动谋划试点改革方案，在“治到点、管到位”的前提下，将进口注册“放到底”，在有效保障平潭进口台湾输大陆食品的安全卫生前提下，最大限度地提高贸易便利化服务水平。

（二）积极配合国务院进口贸易政策，落实高访后续工作

对重点贸易国优先组织专家同步开展其文件审核、注册要求磋商和实地评审。在最短时间内完成技术材料审核，积极对外交涉，主动约谈巴西、阿根廷等国农业参赞，多次沟通进口注册评审发现的卫生隐患问题、提出整改建议并确认境外企业注册要求。响应国家“避免奶农倒奶杀牛”调控需求，研究制定加强进口巴氏杀菌乳、灭菌乳、调制乳、其他消毒乳等境外乳品生产企业注册监管技术措施。

积极配合我领导人访问巴西工作，主动与巴方工作人员进行多轮沟通，在最短时间内完成注册材料文件审查工作，保持与我前方代表团实时联系，确保在巴牛肉输华检验检疫议定书签署后，恢复巴西8家牛肉生产企业在华注册资格，确保我领导人在第一时间宣布恢复巴西牛肉输华贸易。落实我领导人访问巴西后续工作，主动与巴方工作人员进行多轮沟通，在最短时间内完成技术材料审核，积极对外交涉，迅速组织赴巴西开展肉类企业注册检查团组，高效协调报批和外事手续，确保国家质检总局领导在中巴高委会第四次会议上就巴西肉类企业在华注册方面掌握主动。克服困难，短时间完成《关于赴巴西开展进口肉类生产企业注册评审的报告（初稿）》，如实

反馈客观问题，主动提出改进建议，主动督促巴方企业整改，主动解释进口注册要求并催问24家巴西企业注册申请进展。履行中方承诺，批准巴方优先关注的企业在华注册。

四、卫生注册专业人员培训

2015年8月17日—21日，在辽宁大连举办了2015年度主任评审员培训班。针对包括43个检验检疫局的72名学员，对进口食品境外生产企业注册管理和赴外评审工作、出口欧盟等国家推荐工作程序，美国食品安全现代化法及配套法规的应对与借鉴等内容进行介绍，并外邀专家就出口欧盟、美国、俄罗斯、巴西企业注册卫生基本要求、食品防护的理论和实践进展以及主任评审员应具备的素质与修养等内容开展了进一步的讲解。

五、卫生注册工作的舆论宣传和国际合作

（一）组织举办“注册认证保障食品农产品贸易便利和质量发展”分论坛

该分论坛为6月9日“认证认可‘一带一路’建设”启动仪式暨2015年“世界认可日”系列活动之一。“一带一路”沿线国家政府部门及驻华使馆和国内出入境检验检疫机构、食品农产品认证机构、国内外食品行业的代表等150余人参加了论坛交流。

分论坛以“注册认证保障食品农产品贸易便利和质量发展”为主题，通报了推动进口食品境外生产企业“全面实施注册”实施方案，介绍了清真食品认证、危害分析与关键控制点体系（HACCP）认证、良好农业规范认证（GAP）发展概况和注册认证服务企业发展促进贸易便利化措施，发布了《中国HACCP应用发展报告》白皮书。波兰、加拿大、荷兰、新西兰等国外驻华使馆代表，马来西亚伊斯兰事务发展局（JAKIM）和宁夏自治区政府代表、中粮集团、新西兰蓝河乳业、澳优乳业、合生元集团、圣元集团等企业代表分别在论坛上进行了发言交流。

本次活动旨在贯彻党中央、国务院关于“一带一路”建设的战略部署，发挥认证认可和注册管理在“一带一路”建设中的作用，促进我国与沿线国家间食品农产品贸易畅通、质量共治。论坛活动还进行了网上现场直播、微博微信直播，并开辟了互动讨论区，数万网友进行了网上互动。

（二）打造“互联网+”进口食品注册监管新模式

6月9日，国家认监委与比利时联邦食品链安全局（FASFC）就比利时输华猪肉生产企业注册认证事宜签署谅解备忘录。这是国家认监委与境外官方主管机构在食品生产企业注册管理方面签署的首个谅解备忘录（MOU），也是国家认监委通过国际合作打造“互联网+”注册监管的进口食品注册安全监管新模式的重要成果。按照备忘录约定，中比双方将依托信息化系统建立一种全新的对比利时输华猪肉生产企业注册认证监管合作机制，比利时可以实时提供动态的输华猪肉注册企业相关生产数据、审核认证结果及产品卫生评估数据。只要登录信息系统，国家认监委就可以对比方输华猪肉注册企业数据进行实时查阅，对已注册的比利时猪肉企业进行监管。10月26日，国家认监委主任孙大伟在北京与荷兰王国农业大臣戴克斯玛女士共同签署了《荷兰输华猪肉生产企业注册认证合作意向备忘录》。

相关备忘录的签署，可进一步发挥认证认可的质量基础作用，有助于进一步落实境外食品企业主体责任和主管机构监督责任，从而实现对境外企业的源头监管，实现进口注册监管创新。在这种全新的合作机制和远程数据交互系统基础上，国家认监委作为我国进出口食品企业注册主管机构，实现了依靠数据和科学来执行基于风险的“源头管理”，有效克服了对境外企业实施监管面临的“信息不对称”问题，从而使批准注册的准入环节更准确更可靠，使得使注册事中事后监管的更有效更加高效。“互联网+” 进口食品注册监管新模式，将成为中外注册认证合作机制的里程碑。

（三）中美食品企业注册认证合作再上新台阶

为落实孙大伟副局长代表国家质检总局与美国食品药品管理局（FDA）签署的《中美关于食品安全检查员相关合作机制的实施安排》，2015年，认监委与美国FDA在“进出口食品企业注册认证工作组”平台下开展了大量卓有成效的工作，有力提升了检验检疫注册评审员、认证机构HACCP审核员、企业质量管理内审员等三支队伍的能力水平。一是积极研究应对美国食品安全现代化法（FSMA），联合FDA举办多期法规培训，帮助监管人员和企业内审员学习掌握国外最新法规动态；二是派出215名注册评审员和142名HACCP认证机构审核员观摩了FDA对我180家输美企业的现场检查，帮助监管人员和认证审核人员学习了解美国检查模式，为出口备案和HACCP认证联动监管和采信工作提供人员储备；三是将美国FDA认可的低酸罐头企业良好操作规范培训班（BPCS）引入国内，在FDA官员全程见证下，举办首次BPCS培训班，帮助我国输美相关企业更便捷地取得美国法规要求的人员资质；四是联合FDA举办了首次“输美食品企业现场模拟检查交流活动”，双方检查员相互见证了对方的现场检查过程，向美方展示我注册评审员的监管水平，也统一检查监管过程中的执法标准。

（四）积极参与CAC等国际会议

按照外事计划，组织人员参加CAC食品进出口检验与认证分委会、CAC 食品卫生分委员会、CAC大会等国际会议。

六、进出口食品生产企业卫生注册登记管理制度的完善和注册登记有效性的提高

（一）积极推进进口食品境外生产企业注册全面实施工作

一是组织调研分析进口食品贸易总体进展，研究进口食品分类及不同国家特点，整理提出进口食品境外生产企业注册全面实施目录初稿，起草完成全面拓展实施进口食品境外生产企业注册工作的工作规划与实施计划。二是在6月9日“认证认可‘一带一路’建设”启动仪式暨2015年“世界认可日”上，向相关国家宣介全面实施进口食品境外生产企业注册工作方案，已与27个主要输出国使馆与主管机构沟通并达成一致。三是开发完成进口食品境外生产企业全注册信息化平台建设。四是配合国家质检总局保障进口蜂蜜产品的安全质量，部署进口蜂蜜境外企业注册风险分析研究，研究天然蜂蜜认证工作，探索蜂蜜进口注册实施方案。

（二）积极推进进口食品境外企业注册信息与跨境电商平台实现自动校验

已到上海自贸区、浙江杭州跨境电商综试区，以及山东青岛保税港区、广东江门保税区进行跨境电商调研，统计汇总各试点城市跨境电商进口食品入境模式和质量安全隐患，组织技术专家研讨并提出跨境电商备货进口食品入境自动校验方案。

（三）加强已注册境外企业的事中事后监管

起草制定了“进口食品不合格信息处置程序”，根据国家质检总局、食药总局公布的进口食品不合格信息及其他后续监管信息，及时组织溯源并分析复查，对不能持续满足进口注册要求的企业采取风险警示、暂停、撤销注册等监管措施。截至2015年底，共调查处理49批次进口食品不合格信息，依法暂停4家不能持续符合注册要求的境外企业注册资格。

（四）指导各直属检验检疫局进一步加强进口注册监管工作

一是加强对进口食品注册、认证信息的口岸查验。列入《进口食品境外生产企业注册实施目录》（以下简称《目录》）的食品入境时，应查验其是否由获得注册的企业生产，注册编号是否真实、准确，食品外包装上是否如实标注注册编号。对使用“有机”等认证标志标识的进口食品，应依法查验其认证真实性和合规性，规范相应认证标识使用。经查不符合法定要求的，应依照相关法律法规予以处理。各直属局对口岸分支机构的查验实施情况进行了督导。二是探索加强进口食品注册、认证信息市场监管的有效途径。组织北京、上海、江苏、浙江、山东、广东、福建检验检疫局开展了进口婴幼儿配方乳品、燕窝专项监督检查，借助相关燕窝溯源信息查询平台等社会共治手段，依托认证监管职能，主动开展市场监管，对市售的相关食品是否来自于注册企业、外包装上是否如实标注注册编号等情况进行了监督检查。三是加强进口食品不合格信息等风险信息交流。对列入《目录》进口食品出现的安全质量、认证等方面的不合格情况，相关直属局能够应及时核实，确认进境食品不合格信息及境外生产企业的注册资格、获证情况，核实相关产品批次、生产日期、报检日期、检出日期、检出口岸、认证机构等信息并通过OA及时上报，对相关注册企业及其输华产品提出相应的处置建议，对相关获证企业、认证机构依规进行处置。

（五）扎实业务基础，积极研究贯彻法律法规新要求

组织专家主动参与食品安全国家标准“肉类屠宰卫生规范”制修订工作，对农业主管部门标准初稿提出修改意见和建议，派员参加卫计委组织的标准初审会议，为下一步进口肉类境外生产企业注册工作奠定坚实基础。贯彻落实新《食品安全法》关于婴幼儿配方乳品相关规定，进一步加强进口婴幼儿配方乳品境外企业注册审查与注册后监管，修订进口婴幼儿配方乳品境外生产企业注册申请信息，要求已注册和新申请注册的境外企业按照新规定更新注册申请材料并组织专家实施审核。

（六）积极探索建立进口食品境外生产企业注册监管多元共治体系

以美国乳品企业在华注册工作为试点，将企业获得国家认监委建立的食品农产品认证，作为企业证明其符合我国法律、法规、标准要求的证明性文件之一，实时公布已注册企业获得食品农产品认证信息；积极参与国家行政审批标准化试点工作，梳理完善进口食品境外生产企业注册行政审批工作系列文件，进一步规范进口食品境外生产企业注册工作。

七、卫生注册信息化建设

（一）组织委信息中心开发建设全注册信息平台

设计并开发数据模板、数据交换接口，可在线批量

录入企业的注册信息、实地评审信息，管理注册信息、状态，及时勘误。接受国外官方机构、境外生产企业在线填报、提交注册申请资料，并生成不可修改、可追溯的书面材料；认监委在受理其书面材料后，可以进行书面以及电子材料的核对和受理工作，线下完成技术评审，线上完成审批和注册结果反馈，并建立全程电子档案。

（二）以进口乳品为试点，推动进口食品境外生产企业注册信息在报检时实施自动校验工作

进口食品注册系统与国家质检总局检验检疫主干系统数据交换通道的贯通，简化了注册信息核查工作，提高信息核查准确率和通关效能。同时，从CIQ 2000系统提取的报检、检验检疫和通关单数据可以与进口注册数据形成较完整的数据结构脉络，对注册/备案监管工作提供了有效的数据支撑。2015年10月19日，国家质检总局通关司印发了《关于对CIQ 2000系统等升级的通知》，在全国范围内升级CIQ 2000和集中审单系统，启用进口乳品境外生产企业注册信息无纸化验证功能，要求各直属局于10月23日前完成升级工作，至此，国家认监委进口食品企业注册通关验证功能正式上线。

撰稿人：王　刚　黄　斌
审稿人：顾绍平　何小群

2016

Yearbook of Certification and Accreditation of China

第八部分　实验室与检测监管

Part　Eight　Supervision on Testing and Inspection Bodies

2015年，实验室与检测监管工作以支树平局长在全国认证认可工作会议提出的“创优服务，创新治理”的指示精神和孙大伟主任提出的“准确把握经济发展新常态下认证认可工作面临的新形势、新任务和新要求，扎实做好新年度认证认可工作”的要求为指引，紧密围绕2015年重点工作的安排，各个方面都取得了阶段性的成效。

一、认真履职，积极推进各项工作开展

1.上报行政许可项目调整方案

根据国务院清理行政许可项目的要求，提出将国家认监委涉及检验检测的三项许可——“为社会提供公证数据的产品质量检验机构计量认证”、“向社会出具具有证明作用的数据和结果的实验室和检查机构资质认定”、“产品质量检验机构资格认定”调整为一项“检验检测机构资质认定”，该方案已报国务院审改办。

2.推进检验检测机构资质认定制度改革

印发《检验检测机构资质认定管理办法》，放宽检验检测机构主体准入条件，延长许可有效周期，优化许可评审程序，强化检验检测机构从业规范，加强事中事后监管，严格法律责任。制定发布了《关于实施〈检验检测机构资质认定管理办法〉的若干意见》《关于印发检验检测机构资质认定配套工作程序和技术要求的通知》《关于实施食品检验机构资质认定工作的通知》《关于统一机动车安全技术检验机构评审要求并组织实施的通知》等相关配套文件，进一步统一CMA标志和评审要求，减少重复评审，减轻机构负担。

3.提出《检验检测机构服务质量提升的指导意见》

征求了国家质检总局相关司局和地方两局的意见，目前会签国家质检总局相关司局，等待局领导审批。

4.筹建国家产品质检中心

在国民经济重点领域和战略性新兴产业领域，规划建设了“机器人、功能及生态纺织品服装、激光器件、防水与节水材料、绿色建筑、大宗工业固废及资源化产品、电子工程建筑及环境性能、储能及动力电池、防爆产品、再制造汽车零部件、工业控制系统与产品安全、食品（云技术应用）”等国家产品质检中心。

5.取消计量认证收费

通过多次与财政部、发改委研讨、协调，财政部、发展改革委印发《关于取消和暂停征收一批行政事业性收费有关问题的通知》（财税［2015］102号），取消了计量认证收费。

6.发布检验检测服务业统计数据

3月2日，国家质检总局和国家认监委联合组织召开新闻发布会，发布了我国2013年度检验检测服务业统计结果。同期，下发文件部署开展2014年度检验检测服务业统计工作，并于5月向国家统计局上报相关统计数据；8月，完成《2014年度检验检测服务业统计报告》。

7.组织开展检验检测机构开放日活动

在江苏省南京市举办全国检验检测机构开放日启动仪式，并发文要求地方质监两局按照统一要求，在质量月期间组织开展检验检测机构向社会开放，增进消费者对相关知识的了解与认识，形成全社会关注质量建设、促进检验检测服务发展的良好氛围。

8.确保资质认定工作开展

全年受理2 033家检验检测机构资质认定申请，完成2 172家检验检测机构资质认定审批。包括光伏产品、北斗导航产品等检验检测机构，鼓励检测机构、认证机构融合发展，引导部分集团化检验检测机构规模化、品牌化、专业化发展。

9.处理申诉投诉

受理有关资质认定和检验检测机构的申投诉、信访案件27起，并依法开展调查处理。根据查处结果建立异常机构和违规机构、人员“黑名单”，并拟对社会发布。

10.完成国家中心社会责任报告公布

在国家认监委网站设置专门栏目，公布了600余家“国家产品质检中心”的社会责任报告。

11.参与法制建设

积极参与《计量法》《标准化法》《大气污染防治法》《食品安全法实施条例》等法律法规的立法协调，在法律法规中写入资质认定的相关内容。

12.联合监督检查

配合国家认监委法律部门，开展了对省级质量技术监督局资质认定工作的联合监督检查。

13.开展能力验证

在食品安全、动植卫检疫、建工建材、轻工纺织等检验检测领域确定了42个项目作为国家认监委2015年实验室能力验证计划，共计3 000余家次检验检测机构报名参加。目前各项能力验证计划正按照既定计划有序开展，部分相关已顺利完成专家评审验收。

14.国家产品质检中心专项监督检查

部署开展“2015年国家产品质检中心专项监督检查”，在全面部署自查基础上，抽取150个国家产品质检中心进行现场检查，对检查发现存在较为严重问题的7个国家质检中心进行了行政处理。

15.检验检测机构资质认定专项监督检查

部署开展了2015年度检验检测机构资质认定专项监督检查，按时发布检查通知并组织实施，抽取了15个省共150家实验室进行现场检查，目前已经完成全部现场检查，并责成发证机关对检查发现问题的机构进行了相应处理。

16.检查认可机构

会同国家认监委认可监管部拟定“认可机构监督检查方案”，并于11月底实施对认可机构的行政检查。

17.规范检验检测机构评审员管理

结合资质认定工作需要以及163号令的发布实施，制定了《检验检测机构资质认定 评审员管理要求》，代替了2008年国家认监委发布的《实验室资质认定评审员管理办法》。8月，组织开展了6期资质认定评审员师资培训，为各行业和省级资质认定部门培训了400名熟悉新管理要求的评审员师资，为新资质认定制度的有序过渡实施奠定了基础。并从11月中旬起，陆续举办6期国家级资质认定评审员换证教育培训。另外，会同公安部举办了1期“公安刑事技术机构资质认定评审员师资培训班”，并于12月初举办第二期；此外，会同国家质检总局监督司举办了1期“机动车安检机构资质认定评审员师资培训班”。

18.指导认可中心开展GLP实验室检查

2015年新增2家GLP实验室，同时，派员参加了OECD/GLP检查员培训，进一步培养了国内的GLP检查员队伍。11月初，举办了国家认监委GLP工作研讨会。

19.推进“国家公共检验检测服务平台示范区”创建

8月，召开了创建区域的工作会议，形成了初步的创建工作报告并报委领导批示。目前，正在将相关工作成果报送总局领导。2015年，已经批准6个区域进行创建，另外还有2个区域正在申报受理过程中。

二、适应许可制度改革，规范检验检测机构资质认定工作体系

推动《检验检测机构资质认定管理办法》（总局163号令）的发布，并于2015年8月1号正式实施。

为贯彻实施国家质检总局163号令及深化改革相关要求，制定并发布了《国家认监委关于印发检验检测机构资质认定配套工作程序和技术要求的通知》（共计15份配套工作程序和技术要求）、《国家认监委关于实施〈检验检测机构资质认定管理办法〉的若干意见》《国家质检总局 国家认监委关于统一机动车安全技术检验检机构评审要求并组织实施的通知》《国家认监委关于实施食品检验机构资质认定工作的通知》等，共计18份文件，对检验检测机构资质认定工作进行了系统性地规范。

三、贯彻落实党中央、国务院和国家质检总局、国家认监委相关政策及重点工作

1.改革成绩显著，促进检验检测行业“双创”发展

截至2014年底，全国共有28 340家检验检测机构获得资质认定证书，较上一年度增长了14.06%。其中，国家认监委发证3 481家。2014年度全国检验检测行业业务收入实现1 600亿元，较上一年度增长了16.62%。

2.简政放权，释放改革红利

根据《检验检测机构资质认定管理办法》及其配套文件规定，降低了主体准入条件，简化审批流程，延长许可有效期，减少重复评审，释放改革红利，激发检验检测机构活力。

3.强化检验检测机构实施监督检查

组织部署国家产品质检中心监督检查和全国资质认

定专项监督检查，对150家国家产品质检中心和15个省的150家资质认定获证检验检测机构实施了现场核查；并对申投诉信访举报的30家机构进行了调查。

4.创新体制机制，推动军民融合

创新开展军队检验检测机构资质认定工作，在建立北斗导航国家质检中心基础上，首次对空军的检验检测机构开展了资质认定。

5.探索创新"国家公共检验检测服务平台示范区"建设

为贯彻落实《国民经济和社会发展"十二五"规划》和《服务业发展"十二五"规划》要求，国家认监委于2015年初开展"公共检验检测服务平台示范区"创建工作，该项工作启动之后，立即引起了地方政府部门和质检两局的高度关注，上海市闸北区、宁波国家高新区、苏州市吴中区等积极参与创建。截至2015年10月底，国家认监委经审查，已经先后批准重庆市两江新区、北京中关村国家自主创新示范区、上海市浦东新区等3个区域开展了示范区创建工作。

6.首次开展中外能力验证合作

在中德认证认可合作框架下首次实施中德联合能力验证计划，由国家认监委和德国巴伐利亚州食品与健康安全署联合组织开展"玩具中塑化剂检测能力验证"，该项目由中方技术机构主导实施，并对国际标准、欧盟技术规范和国家检验检测标准（GB）的差异性进行了比对研究，有利于提升我国玩具产品安全性能检验检测能力水平，为相关产品出口满足欧盟要求提供技术保障。

7.检验检测机构诚信建设获得成果

为贯彻落实国务院发布的《社会信用体系建设规划纲要（2014—2020年）》和中央精神文明建设指导委员会发布得《关于推进诚信建设制度化的意见》，推动了我国检验检测行业首个关于诚信的国家标准《检验检测机构诚信基本要求》（GB/T 31880）发布，并积极推动该标准的宣传和落实初步开展了检验检测机构诚信档案建立试点工作。

8.统一机动车安全技术检验检机构评审要求并组织实施

国家质检总局、国家认监委联合发文《关于统一机动车安全技术检验机构评审要求并组织实施的通知》，统一机动车安全技术检验机构资格许可现场审查要求和资质认定（计量认证）评审要求并组织实施。

9.保障法庭科学，创新设立公安刑事技术评审组

全国公安系统共设立刑事技术机构3 689个，拥有鉴定人员4.1万人，为加强公安机关刑事技术实验室规范化建设，提高和保障鉴定质量，国家认监委和公安部联合发文，共同推进全国公安机关刑事技术机构资质认定工作，在公安部刑侦局设立公安刑事技术评审组。

10.取消"计量认证"收费，减轻机构负担

为加强检验检测机构评审负担，经与财政部、发改委多次研讨、协调，财政部、发展改革委正式发文取消了"计量认证"许可收费。

11.在战略新兴领域加强国家产品质检中心建设

在国民经济重点领域和战略性新兴产业领域，共筹建12个国家产品质检中心。其中，结合"中国制造2025"实际需求和国务院领导指示，筹建了工业机器人、再制造汽车零部件、激光器件、工业控制系统与产品安全、电子工程建筑及环境性能等质检中心；结合我国绿色经济战略需求，筹建了防水与节水材料、绿色建筑、功能及生态纺织品服装、大宗工业固废及资源化产品、储能及动力电池等质检中心。

撰稿人： 乔 东　齐 晓　沈 军　李华宁　谢 澄　周 刚　黎玉娥　王 莹　李 璇　张世鹤

审稿人： 乔 东

2016

Yearbook of Certification and Accreditation of China

第九部分　科研与标准建设

Part Nine　Research and Standard Making

一、认证认可科技工作

（一）认证认可科技工作基本情况

全年新增各类认证认可科研课题32项，其中国家质检总局科研课题6项，质检行业公益专项2项，国家认监委“短平快”课题2项，支撑计划课题10项，下属单位自立课题12项。截至2015年底，认证认可各类科研课题累计立项414项。全年完成各类科研课题并组织课题验收17项，其中包括国家科技支撑计划《支撑认证认可的评价分析、检测验证及有效性保障技术研究与示范》项目验收工作。组织召开“十二五”国家科技支撑计划《国际背景下我国重点行业碳排放核查和低碳产品认证认可关键技术研究与示范》《区域优势特色有机产品认证关键技术研究与示范》项目中期汇报会。完成“十三五”国家重点研发计划《国家质量基础的共性技术研究与应用》专项认证认可领域实施方案及项目申报指南编报。参与完成《质检总局“十三五”科技创新规》（征求意见稿）认证认可领域内容编写。

（二）认证认可专业技术委员会全体会议

4月29日，2015年度认证认可专业技术委员会（简称“专业委”）全体会议在北京召开。专业委专家顾问、专业委及分专业委全体委员、专业委秘书处及分专业委秘书处、国家质检总局科技司、国家认监委各业务部门相关领导等70余人参加了会议。会议审议通过了2014年度专业委工作报告和2015年专业委重点工作，并对“十三五”认证认可重点领域凝练的10个项目进行了交流。

（三）认证认可在国家低碳政策落实和国际应对气候变化领域发挥作用

认证认可已经成为国家低碳治理体系的重要环节，并在支持国家低碳政策实施的同时逐渐进入国际应对气候变化的舞台。一是持续推进“十二五”国家科技支撑计划《国际背景下我国重点行业的碳排放核查及低碳产品认证认可关键技术研究与示范》项目研究，9月23日，在北京组织召开了项目中期汇报会，项目完成了1个核查通用规范和建材行业、水运行业等5个特定行业核查技术规范技术体系文件，1+*n*模式（1个通用规范+*n*个具体行业的技术规范）的碳排放核查技术体系框架得到专家肯定。二是在发改委组织的针对31个地区进行的2014年度单位国内生产总值二氧化碳排放降低目标完成情况考核中，国家认监委作为考核工作成员单位，牵头第12考核组，对江西、湖南、河南和云南四省2014年度单位国内生产总值二氧化碳排放降低目标完成情况进行了考核评估。三是组团参加巴黎联合国应对气候变化大会，宣传我国低碳领域认证认可工作。12月8日，国家认监委在巴黎气候大会上成功举办了“中国可监测、可报告、可核查体系建设”主题边会，向国际社会介绍了我国碳排放核查认证认可工作的成果和经验，得到了国际同行的积极评价。

（四）《支撑认证认可的评价分析、检测验证及有效性保障技术研究与示范》项目通过验收

5月21日，《支撑认证认可的评价分析、检测验证与有效性保障技术研究与示范》项目在北京通过专家验收。项目突破了海上风电机组、基础一体化载荷仿真评估技术，IC卡产品渗透性攻击测试技术，GAP生产链质量信息追溯控制技术，司法鉴定/法庭科学量值溯源质量控制技术等认证认可关键技术。共完成计算机软件著作权登记等10项；研制国家标准/行业标准69项；获得国家专利授权6项，其中发明专利授权5项；发表科技论文108篇，其中SCI文章18篇；出版科技著作17部；建立研发及示范基地55家。为建立和实施我国司法鉴定/法庭科学专项认可制度提供了技术保障，为构建国家IT产品信息安全认证、海上风电认证、合同能源管理认证、金融与物流服务认证等新的认证制度提供了技术支撑，并在提升公共服务能力及支撑产业发展中发挥了技术支撑作用。如研究建立的司法鉴定/法庭科学专项认可制度，解决了单独依据一种认可标准难以对司法鉴定进行准确评价和国际认可标准不一致的问题。通过认可手段，统一了公安、司法、检察、安全等

行业管理部门司法鉴定/法庭科学有关技术和管理标准，提升了鉴定的科学性和可信性，目前，获得认可的鉴定机构已有337家。IT产品信息安全认证技术成果支撑开展的IC卡认证被中国联通运营商采信，作为3G网络USIM卡的招标采购的基本要求；通过信息安全认证的麒麟公司操作系统在国家电网系统中部署7 000余套，在商务部援外系统中累计预装60 000余套；海上风电评价技术成果在东海大桥、洋前风电场等地开展了评价示范，示范成果将为国家能源局公布的44个海上风电项目提供技术支撑；检测试剂盒评价研究成果已完成19个试剂盒的评价，与10家食品检测试剂盒生产或销售企业签订了评价合同，示范成果将为我国每年规模在2 000 亿元以上的实验材料市场提供技术支持。

（五）十三五认证认可科研重点需求纳入国家重点研发计划专项

《国家质量基础的共性技术研究与应用》专项（简称NQI专项）是国家质检总局面对国家科技体制改革，第一次组织系统内各领域共同参与，系统梳理质检领域“十三五”急需突破的科技问题，“一体化全链条”设计的国家重点研发专项。2015年2月，国家质检总局启动NQI专项动议的编写；9月，NQI专项实施方案通过科技部组织的特邀咨评委员会评议。认证认可领域组织行业科研力量，正式建立了“十三五”认证认可科研重点需求预研工作机制，参与完成了NQI专项动议、实施方案及申报指南撰写。通过NQI专项，认证认可领域完成了“十三五”重大科研需求的任务布局。在NQI专项中，认证认可领域设置了两大任务：基础认证认可技术和新兴领域认证认可技术。这两大任务，一是偏重自身基础关键技术，二是偏重在重点领域发挥作用，逻辑上覆盖整个认证认可领域科技需求。在基础认证认可技术中，下设基础通用认证认可技术、国际化认证认可技术等2个子任务。在新兴领域认证认可技术中，下设智能、绿色制造认证认可技术；能源、资源节约与环境保护认证认可技术；信息安全认证认可技术；服务业认证认可技术等4个子任务。

二、认证认可标准化

（一）认证认可标准化工作基本情况

全年下达认证认可行业标准制修订计划项目68项，累计立项163项。全年发布认证认可行业标准15项，现行有效认证认可行业标准数达38项。

（二）认证认可标准化工作取得新进展

认证认可行业标准化飞速发展,在工作制度建设和标准制定多个领域取得新突破。一是制度建设取得新进展。组织编写了《认证认可行业标准制修订工作细则》并开展了征求意见工作，引领和规范了认标制修订过程，对提升标准的质量起到重要作用。二是在制标领域方面取得新突破。2015年在电子商务、城市交通、物流、家庭服务、留学等服务认证领域下达《物流服务认证技术导则》等10项认标计划，并于2015年底前完成《合格评定 服务认证技术通则》等7项服务认证领域认标的审定工作。三是运行机制不断完善。认标管理信息系统的研发工作进入试运行阶段，在第二批申报审议工作中进行了试点，目前仍在继续完善。四是结合认证认可标准化工作开展基础研究。组织认标基础研究工作，包括认证认可发展战略研究、标准体系研究，以及组织《合格评定功能法标准体系设计与关键通用技术研究与示范》课题参与“十三五”认证认可科技与标准化规划编制工作。

三、认证技术规范备案改革

7月7日，《国家认监委关于认证规则备案的公告》（国家认监委2015年第18号公告）发布实施，《认证技术规范管理办法》（国家认监委2006年第3号公告）和《认证技术规范管理办法实施细则》（国认科［2007］81号）同时废止。根据新公告，认证技术规范由原来的审查式备案调整为告知性非审查式备案，统一纳入备案管理平台。新公告发布前，认证技术规范受理备案申请445项，批准备案309项，不予备案76项，现行有效213项。新公告发布后，截至2015年12月底，认证技术规范新增备案72项。

四、检验检疫标准化工作

（一）检验检疫标准化工作基本情况

全年累计下达检验检疫行业标准制修订计划项目311项，其中常规计划1批146项，科研输出计划1批68项，复审修订计划1批61项，专项制标计划1批30项（包括一带一路1项、自贸区11项及卫检16项，鉴定输出2项）。全年发布检验检疫行业标准4批516项，现行有效的检验检疫行业标准达4 856项。全年检验检疫系统承担国家标准制修订计划12项，新发布承担的国家标准42项，累计发布1 023项。组织国际交流活动11项，包括参加ISO、ASTM和AOAC的技术会议等。

（二）检验检疫标准化改革工作

检验检疫标准化改革工作扎实推进。一是上海自贸区专项制标工作顺利完成。为配合国家质检总局深化改革工作，配合推广自贸区可复制的成功经验，组织了自贸区检验检疫标准专项工作，完成审定并发布8项。二是对检验检疫标准化专业技术委员会进行调整。根据改革要求和工作重点的变化，2015年共增补委员和秘书30名，解聘5

名，调整岗位11名，新设方法验证工作组，成员17名。三是完成检验检疫重要技术标准实施情况检查。为落实国家质检总局年度重点工作的开展，进一步提升各单位贯彻执行标准的意识和能力，促进标准实施，组织了对检验检疫重要技术标准实施情况的检查，对《锦鲤疱疹病毒病检疫技术规范》等7个领域39项标准的实施情况进行了检查。此项工作加深了各单位对标准规定和内容的理解，提高了执行标准的意识与能力，增强了对标准执行的重视程度，在今后的工作中更加重视标准的科学性和实用性，以确保标准在检验检疫工作中发挥技术支撑作用。四是方法验证工作顺利完成，有效提升了标准质量。2015年，共有94项方法标准参加了验证，其中实际完成验证90项，2项标准延期，2项标准撤销。2015年验证工作中，各专业委根据自身专业特点，拓展了验证工作领域和方式。2015年度标准验证工作纳入国家质检总局绩效考核，各局参与验证工作的积极性得到了显著提高，各局科技管理部门也介入对验证工作的监督，保障了验证工作按时、有序地开展。方法验证工作的开展提高了起草人对制标质量的重视度，对项目技术路线的科学性和严谨性更加重视。五是战略研究工作取得阶段性成果。“战略研究工作组”结合理论研究成果提交了《检验检疫标准化改革创新发展策略研究》报告；根据法检制度改革提出了检验检疫标准化专业委的重构方案，并为配合国家质检总局和国家认监委深化改革工作，提出了检验检疫标准化和认证认可标准化有机融合的建议。

撰稿人：曹　鹏　吴　彤　审稿人：刘先德

2016

Yearbook of Certification and Accreditation of China

第十部分　认可约束

Part Ten　Accreditation

截至2015年底，中国合格评定国家认可中心（以下简称“认可中心”或者“CNAS”）共有认证机构、实验室和检验机构三大门类认可制度，包含11项基本认可制度、24个专项认可制度、33个分项认可制度。累计认可各类认证机构、实验室、检验机构三大门类14个领域7 592家机构，认可数量同比增加9.41%，占全球国际互认总量的八分之一。有效认可状态各类认证证书92万余份，同比增加11%，连续12年居世界第一。

认可中心积极配合质检、公安、高检、高法、司法、安全、工信、海关、卫生、农业、人民银行、住建、交通、体育等部门的有关政府监管工作，认可技术支撑服务的范围和内容进一步扩展。

2015年，认可中心签署的国际互认协议达到11项，同比增加22%，协议范围覆盖全球经济总量95%以上；签署双边认可合作协议达到16项，同比增加33%，协议范围覆盖21个国家。

2015年，认可中心累计派出评审组7 537个，总计人日5 2426.5，同比增加38.9%、38.3%。实施评定项目3 874个，同比增加11%。年内开展能力验证计划73项，累计12 000家次实验室参加。

一、认可业务信息统计

表1 认可的认证机构统计信息

认可领域			认可的领域数量	业务范围类型	分支机构
1	质量管理体系（QMS）认证		98	2 385	196
	通讯业质量管理体系（TL9000）认证		5	17	
	工程建设施工企业质量管理体系认证		54	783	33
	中国共产党基层组织质量管理体系认证		9	9	1
2	环境管理体系（EMS）认证		91	2 047	73
3	职业健康安全管理体系（OHSMS）认证		86	2 120	58
4	食品安全管理体系（FSMS）认证		32	120	19
5	危害分析与关键控制点（HACCP）体系认证		19	29	
6	良好生产规范（GMP）认证		5	5	
7	信息安全管理体系（ISMS）认证		9	29	
8	能源管理体系（EnMs）认证		12	51	
9	信息技术服务管理体系（ITSMS）认证		4	16	
10	产品认证（合计70家）	常规产品认证	44	2 307	13
		低碳产品认证	1	1	
		服务认证	2	3	
		良好农业规范（GAP）认证	15	50	
		有机产品认证	21	58	
		森林认证	2	4	
11	软件过程及能力成熟度评估（SPCA）		3	5	
12	人员认证		1	2	
认证机构总计：141			合计：513	认证机构业务范围类型 合计：10 041 其中管理体系认证机构业务范围类型合计：7 611	合计：393

表2 认可的实验室等机构统计信息

项目	数量
校准实验室	822
检测实验室	5 916
能力验证提供者	41
标准物质/标准样品生产者	12
医学实验室	200
生物安全实验室	64
合计	7 055

表3 认可的检验机构统计信息

项目	数量
检验机构	396

注：表1～表3的统计截止日期为2015年12月31日。

表4 暂停、撤销与注销机构认可资格统计信息

序号	机构	暂停	撤销	注销
1	认证机构	40	24	23
2	实验室	1 119	457	610
3	检验机构	30	57	33
总 计		1 189	538	666

注：表4的统计数据时间为2002年7月～2015年12月31日。

二、深化改革取得突破

2015年，认可中心在认可机构确定行政许可制度改革方面，紧跟上级改革政策和工作进程，及时向上级领导和有关部门汇报沟通，加强对统一认可体系和政府监管采信认可情况的宣传。在提高效率方面。加强质量控制和刚性要求研究，优化作业流程，将复评审环节压缩三分之一。简化作业文件，简化复评审申请书内容，完善认可制度评估机制，实现认可评定日常化，初次认可时间减少18%，认可复评时间减少42%。改进标准转换，转换工作前移，转换时间缩短6～9个月，为认可对象最多预留出1.5至2.5年转换评审和准备时间。重新设计和发布认可标识和认可证书，减少标识和证书种类。在增强认可效果方面。深化技术政策和要求；完善风险分级管理工作；增强例行评审针对性，规范认可受理工作，完善关键场所评审模式，调整综合类大型多地点合格评定机构管理模式和评审方式，加强评审过程的质量控制，完善认可评审一致性研讨；加强专项监督和非例行监督，深化和完善确认审核与专项监督、专项监督与认可管理联动机制，根据发现问题，编制典型案例并进行通报；实施重大事故核查机制，完善最终用户反馈机制；加大处置力度，及时处理申投诉，完善退出机制。

三、服务国家发展大局成效显著

2015年，认可中心配合国家认监委进行各项行政专项监督检查。在食品农产品、电子与电信产品、汽车安全、儿童用品等关系消费者人身和健康安全、领域，与行政监管加强联动，形成叠加效力。协助国家质检总局对动物检验二级实验室的管理工作。在高级别生物安全实验室建设方面，为发展改革委、科技部、农业部等部委提供技术支持，配合卫生计生委埃博拉病毒防控工作。推进公安部、司法部、最高检等系统司法鉴定/法庭科学机构认可工作，与相关行业主管部门形成更加完善的认可交流合作机制。拓展认可领域，温室气体审定核查机构认可制度、供应链安全管理体系认证机构认可制度、服务认证认可制度和医学病理学实验室认可研发工作基本完成。

四、认可国际影响进一步提升

2015年，认可中心正式签署食品安全管理体系认证和能力验证提供者认可互认协议。7月通过国际互认同行现场评审。服务"一带一路"，同新西兰、海湾七国、丹麦、蒙古等10个国家的认可机构签署双边认可合作协议。当选国际合作论坛主席，成为首次当选该国际组织最高职

务的发展中国家代表。继续在国际实验室认可合作组织和国际医学标准化组织中发挥作用；成为国际医学溯源联合委员会正式成员，在医学校准国际互认方面取得进展；承担国际能力验证计划。

五、自身建设进一步加强

2015年，中国合格评定国家认可中心贯彻落实党的十八届五中全会精神，开展“三严三实”专题教育，加强顶层设计和战略研究，配合“一带一路”启动认可机构对策研究。加强委员会建设，组织完成各级委员会会议和活动51次，组织审议各类文件80份，收集意见和建议280条。加强科技标准化，推进认可唯一性研究。加强信息化建设，开发业务系统，加强信息安全。加强干部监督，深化人事制度改革。开展评审员队伍管理和培训。加强党的建设，抓好支部工作和党员队伍建设，开展党风廉政建设。加强法制建设，处理法律事务，做好援疆援藏工作。加强认可宣传，建立“中国认可”微信平台。做好档案和公文管理。加强精神文明建设，开展工青妇各项活动。加强财务管理，完成2016年财政预算“一上”和“二上”项目申报工作；接受质检总局督查内审司任中经济责任审计和审计署经济执法局稳增长专项审计。

撰稿人：刘春潮　审稿人：肖建华

2016

Yearbook of Certification and Accreditation of China

第十一部分　人员注册

Part Eleven　Personnel Registration

2015年，中国认证认可协会（以下简称“协会”）深入学习贯彻党的十八大精神，认真落实国家质检总局与国家认监委关于认证认可工作的指示精神，进一步强化认证人员注册工作制度改革，不断提升人员注册的有效性。

一、强化人员注册工作共管共制制度的探讨与研究，继续深化改革

（一）探索加强事中事后监管模式

协会与中国合格评定国家认可中心就相关认证及人员注册工作合作进行探讨，结合认可评审员的现场评审，对机构认证人员专业能力评定及专业划分与本人申请注册的信息进行比对，对认证人员及机构上报信息的真实性进行评审与监督，为现场评审员对人员经历的核查提供参考，发挥了认可评审、监督与人员注册相结合在认证过程链上每个环节的重要性。

严格落实国家认监委深化行政审批制度改革，减政放权，加强事中事后监管的工作精神，坚持“抓机构、管人员”的原则，对能源管理体系审核员注册准则进行了修订，发布实施了《质量管理体系审核员建筑工领域专业注册要求》《乳制品生产企业GMP-HACCP认证审核员确认方案》。

（二）强化认证机构主体责任

始终坚持对人员注册实行“放、管、治”相结合的改革措施，凸显机构主体作用，培养审核员职业理念，进一步简化实习审核员准入门槛，为扩大从业人员队伍，提升从业人员技术水平搭建平台。

二、人员注册日常工作有序开展

（一）坚持完善继续教育考试体系

稳步推进行业人员继续教育工作，不断探索新的教育培训模式，丰富和优化培训考试课程，结合行业发展需求，持续完善、更新考试课程大纲，通过强化从业人员终向学习的意识，为不断提高认证知识水平夯实了基础。依据新版注册准则要求，起草或修订并发布了各类考试大纲24项，征集了QMS、EMS、FSMS、OHSMS的主任审核员试题，征集整理了CCC考试、自愿性产品检查员、信息安全管理体系审核员、信息技术服务管理体系审核员、有机产品认证检查员、良好农业规范认证检查员以及森林认证审核员考试试题；继续完善网络培训平台建设，丰富课程内容，通过参加国际会议、接待境外机构来访和机构访谈的形式，与ASQ、DEKRA、UL等外资机构进行了继续教育课程的交流合作，吸收引进了部分境外课程。组织全国统考3期，涉及24个考试科目，共计35 584人次考生报名，组织ISO 9001：2015全国转版考试1次，共计4 859人次考生报名；组织ISMS、有机产品、知识产权管理体系、低碳产品、森林认证、境外CCC、良好农业规范等考试项目27次，累计1 451人次。

（二）充分发挥协会会员之家作用

承接了民政部民间组织管理局委托任务与对社会组织评估等级标准及评定国家标准两个项目，实现了在承接政府采购服务方面取得突破；组织开展了认证机构履行社会责任经验交流及行政审批政策培训班，使机构在第一时间了解政策变化；利用协会认证认可政策法规研究与咨询工作委员会，承担政府课题研究项目；积极参与第二届中国质量奖评选表彰工作，推荐符合条件企业4家；组织会员参加了质检事业发展“十三五”规划征文活动，完成了国家认监委2015年第二批认证认可行业标准制（修）订项目申报工作。组织召开了第三届地方协会联席会与全国认证协会负责人联席会议，对进一步做好行业协会间的沟通交流、互助共赢提出许多建设性的意见和建议。

撰稿人：张　颖　审稿人：生　飞

2016

Yearbook of Certification and Accreditation of China

第十二部分　行业自律

Part Twelve　Self Disciplining of Acceditation and Certification Bodies

2015年，中国认证认可协会（以下简称“协会”）深入学习贯彻党的十八大精神，认真落实国家质检总局与国家认监委关于认证认可工作的指示精神，以行业需求为纽带，以抓好重点工作为关键点，以自身建设为落脚点，精心履职助力行业发展，较好地履行了自身职能。

一、全面推进行业自律工作，发挥行业诚信建设引领作用

（一）结合社团自律与主体自律，通过创新行业自律方式手段，完善自律管理规范

一是加强强制性产品认证行业自律与诚信建设工作，发布实施了《认证机构诚信经营规范》，全方位规范认证机构的竞争行为，引导认证机构诚信经营。二是对认证人员执业信用管理进行量化研究，发布实施了《认证人员执业信用管理规范》，实现了从业人员全过程信用记录可查询、可追溯。三是充分发挥协调功能，发布实施了《强制性产品认证检查员自律规范》，完善了检查员自我约束和自我管理机制，进一步规范了检查活动。

（二）自律工作通过尝试与行政监管、认可约束、社会监督之间的联动响应机制，发挥了叠加效应

一是成立了认证咨询专业委员会，就认证咨询机构备案管理制度的建立进行制度研究，形成了《认证咨询机构自愿性备案管理办法》。二是审议通过了《关于调整公平竞争信誉保证金利息使用管理方法的提案》，调整了公平竞争信誉保证金储存方式。三是承担了推动自愿性产品认证发展、加强强制性产品认证行业自律与诚信建设工作的相关任务，承办了“工业产品自愿性认证发展高层战略研讨会”，形成了《关于推动自愿性产品认证发展的指导意见》。四是按照“监督与引导并举，从业机构与从业人员并重”的思路，坚持开展良好认证审核（咨询）案例的同行评议交流活动，有效落实证书转换、认证人员转换执业机构等自律监管措施，严肃认真地对待每一件投诉处理。

二、支撑行业发展，认证认可标准化再上新台阶

一是在国际标准化工作方面，实质参与并引领认证认可国际标准方面取得了新进展。推荐我国专家11人次参与国际标准化组织合格评定委员会（ISO/CASCO）国际标准起草工作，新组建5个ISO/CASCO国际标准国内对口工作组，并成功推荐我国专家担任ISO/CASCO/WG45工作组共同召集人，继续保持了对ISO/CASCO国际标准的100%跟踪和参与，并在引领国际标准方面有所突破，同时编译并出版了ISO/CASCO重要出版物《政府监管应用合格评定指南》，在推广普及合格评定制度方面发挥了作用。

二是在认证认可国家标准方面，发布了GB/T27065—2015《合格评定　产品、过程和服务认证机构要求》等2项新国家标准，完成了《合格评定　合格评定机构和认可机构同行评审的通用要求》等6项国家标准复审，征集并上报13项国家标准提案，完成了《整合管理体系指南》等4项国标审定和2项国标报批，并组织召开了检测实验室安全系列国家标准宣贯研讨会，认证认可国家标准各项工作稳步推进。

三是在认证认可行业标准方面，发布了《认证认可行业标准制修订工作细则》，对提升标准的质量起到重要作用；认证认可行业标准管理信息系统的研发工作进入试运行阶段，并逐步完善；认证认可行业标准取得新突破，在物流、家庭服务、留学、电子商务、城市交通等领域下达《物流服务认证技术导则》等10项计划。

四是在认证认可团体标准方面，协会成为国家标准委第一批团体标准试点单位，制定并发布了《中国认证认可协会团体标准管理办法(试行)》《中国认证认可协会团体标准制修订工作细则》等团体标准制度文件，组建了中国认证认可协会团体标准审查委员会，初步形成了较为完整的团体标准运作制度，并组织专家审定了《食品安全管理体系食品安全管理体系　果蔬生产企业要求》等12项团体标准草案，走在了国家标准化改革的前列。

三、加强自身建设，稳步推进基础工作

（一）落实主体责任，扎实推进党建、党风建设和反腐倡廉工作

1.加强协会基层党建工作

协会把建立学习型党组织作为一项长期坚持和不断改进的重点工作，党总支认真学习习近平总书记系列讲话精神及党中央的各项重要方针政策，组织全体员工通过专题讲座、讲党课等方式，把思想和行动统一到中央的精神要求上来，增强党员干部的宗旨意识。不断加大党员干部教育培训力度，全年共进行各种集中培训13次；组织员工外出培训共计21人次，其中中层干部17人次，普通员工4人次，领导干部培训做到了100%覆盖。协会党总支专门建立了党员学习活动室，并配备系列学习书籍，利用工作之余向党员及全体员工开放。鼓励员工“多读书，读好书”，加强理想信念教育。通过读书沙龙的形式，以支部为单位，与全体员工进行读书心得体会的分享，既锻炼了员工的表达能力和沟通能力，又达到了很好的学习教育效果。采取多种措施，把党员培养为业务骨干，使党员干部不仅思想上先进，业务上也要过硬，发挥党员的作用，切实做到了将业务工作和党建工作互相结合，互相促进。

2.总结提炼支部工作法

协会将“三严三实”专题教育与基层党组织建设工作有机结合，不断提炼和总结支部工作经验。按照国家机关工委、国家质检总局和国家认监委机关党委的部署，党总支与第二党支部一起总结提炼的《自律工作法》，将自律的理念用于基层组织建设，同时反过来指导行业自律工作，实现了行业自律工作的可持续发展和提升，在实际工作中取得了良好成效，行业自律工作在认证认可行业树立了有影响的服务品牌，得到行业内广泛认可以及民政部、国家质检总局、国家认监委的充分肯定。

3.深入落实两个责任，加强党风廉政教育

协会领导班子及成员带头，认真落实党风廉政责任制建设，坚持党总支负总责，党总支纪检委员及各支部纪检委员立足本职，做好党风廉政建设相关工作。协会党总支采取党风廉政建设会议例会制度与重点问题重点解决的灵活方式，将党风廉政建设工作部署与中央及总局的新要求紧密结合，将两个责任落实到位。一是协会在已发布的贯彻落实八项规定具体措施的基础上，严格制定会议计划、科学管理会议活动，包括年初制定协会年度会议计划、培训计划，确保会议总数和会议经费总额不突破规定限额；加强会议（培训）监督，基本杜绝了一般性质的计划外会议。一般会议都在协会内部会议室召开（包括组织国际会议）。严格财务管理及外事管理，严格按照预算计划执行，控制经费开支；严禁超预算或无预算安排支出，不报销任何超范围、超标准以及与相关公务无关的费用。2015年公务接待费用比2014年下降82.12%（连年下降），因公出国费用比2014年下降47.78%，公车运行维护费用比2014年下降54.23%，会议费比2014年下降45.84%，差旅费比2014年下降46.19%。二是加强廉政教育，从根本上防微杜渐。认真做好党员领导干部的廉洁从政各县规定的贯彻执行。党总支书记及各支部书记通过讲党课等方式，是各位党员干部牢记宗旨，加强修养，树立表率作用。通过观看廉政教育警示片、爱国纪录片等方式，教育广大干部职工以史为鉴，树立责任意识。公开承诺，接受群众监督。协会党总支组织每位党员、非党员中层以上干部都签署了《廉政承诺书》，党员、中层以上干部带头严以律己，公开接受群众的监督。

（二）加强自身管理，日常工作有序开展

1.加强队伍建设

协会进一步完善了协会内设机构改革，对个别部门和人员岗位进行了调整，并对部门和相关的岗位职责进行了梳理规范。为加强干部队伍建设，通过集中学习、读书会、出国培训、出国经验交流会、内部学习培训等多种形式来提高干部的工作和能力水平。完善绩效考核和管理机制，加强监督管理。

2.进一步加强协会自身建设，服务员工内部管理

发布实施了《中国认证认可协会岗位绩效工资管理办法（暂行）》《关于岗位绩效工资管理办法补充说明的通知》《中国认证认可协会病、事假及探亲假工资发放补充说明》《2015年协会员工集体培训计划的通知》《关于进一步加强考勤管理的通知》等规章制度，完成了协会员工企业年金工作。积极开展工会文化建设和文体俱乐部活动。

3.不断提升自身管理质量与信息化服务水平

建立“在线帮助平台”板块，进一步缓解业务部门日常业务咨询压力，通过与业务部门和相关技术部门协商，将日常业务部门所受理问题进行汇总归类，全面实现全日制网站自动智能答疑功能，进一步拓宽了协会的服务渠道。对国家质检总局、国家认监委交办的重要工作予以认真落实，依据工作内容要求，及时面向协会各部门进行传达，严格做好内容征集、汇总上报环节；对上级部

门需要提供的各类业务数据，仔细进行查询、取数、核对，确保数据信息真实、有效、低误差；利用《认证认可杂志》与微信平台，深入报道全国认证认可工作会议精神与认证机构审批制度改革相关举措；协会办公室荣获了全国妇联、全国总工会评选的"全国巾帼文明岗"称号。

撰稿人：张 颖 审稿人：生 飞

2016

Yearbook of Certification and Accreditation of China

第十三部分　国际合作

Part Thirteen　International Cooperation

2015年认证认可国际合作工作以支树平局长在全国认证认可工作会议提出的“创优服务，创新治理”的指示精神和孙大伟主任提出的“准确把握经济发展新常态下认证认可工作面临的新形势、新任务和新要求，扎实做好新年度认证认可工作”的要求为指引，解放思想，改革创新，紧密围绕国家外交外贸大局，服务认证认可事业发展，取得新发展。

一、服务国家改革发展大局

为落实国家“一带一路”战略，6月9日，国家质检总局和国家认监委共同举办了2015年世界认可日活动暨共同推动“认证认可服务‘一带一路’建设的愿景与行动”启动仪式，发布了《共同推动认证认可服务“一带一路”建设的愿景与行动》，并着手制定《共同推动认证认可服务“一带一路”建设的愿景与行动三年滚动计划》。国务院委员王勇，质检总局支树平局长、孙大伟副局长，全国认证认可工作部际联席会议成员单位和特邀单位，质检系统有关单位，认证认可从业机构以及认证认可国际组织和“一带一路”沿线国家（地区）的政府部门、认可组织代表共300余人出席本次会议。会议期间，共签署了5份合作协议类文件，举办了3场高层合作会谈。

配合国家装备“走出去”战略，深度参与国际电工委员会可再生能源认证互认体系（IECRE）建设，积极推进中国认证机构和实验室实质性参与互认。2015年中国代表当选了IECRE副主席，15名专家加入了该体系各重要工作组，初步形成了中国在IECRE的任职体系，保证了话语权。按照IECRE互认推进进程，推荐了国内首批认证机构和实验室加入该体系。此外，还组建了国内对口工作组，吸纳认证机构、实验室和企业代表，为有效参与IECRE提供技术支撑，为中国风能和光伏装备走出去创造便利条件。

二、合力推进双多边互认

（一）大力推进认证认可双边国际互认

在中国–韩国自贸区框架下，成功召开了第十二届中韩合格评定分委会，会上中韩双方就合格评定互认合作进行了磋商并达成了初步共识。9月，在孙大伟主任访问韩国期间，国家认监委与韩国技术标准院（KATS）签署了《合格评定互认工作方案》以及《关于电子电气产品更紧密的合作安排》，将根据上述两个协议推进两国合格评定互认工作。

在中国–新西兰自贸区框架下，《中新互认协议》作为当年总理访问的6项成果之一，得到了国际社会的广泛关注。为深化落实该协议以及进一步解决协议执行中出现的新问题和困难，2015年国际部派员赴新西兰就相关问题与新方进行磋商。其中包括：互认协议中增加新产品问题、更新的CCC认证实施规则和标准更新问题、具体问题解决和双边机构间合作以及中新互认合作范围扩展等。此次出访进一步推进了两国合格评定互认合作。

（二）大力推进认证认可多边互认

国际多边互认体系参与力度进一步加强。有效维持既有的多边互认，组织迎接部分国际电工委员会电工设备及零部件合格评定体系（IECEE）CB实验室复评审、国际电工委员会防爆电气产品认证体系（IECEx）体系国际同行复评审。在IECEx领域，对外推荐了1家实验室，并预审了1家申请加入的实验室，通过国际评审后该体系国内实验室有望增加至7家；分别在IECEx和国际电工委员会电子元器件国际电工委员会电子元器件质量评定体系(IECQ)领域，开展了防爆维修服务认证和LED认证试点。积极跟踪新领域，开展可行性研究，继续跟踪IECEE工业自动化领域功能安全和信息安全（CYBER SECURITY）认证新进展；继续开展了中国加入IECEx体系矿用产品类别调研，探讨煤安标志采信IECEx体系设备认证结果可行性。

国际多边互认体系国内运作取得新成效。在认证认可国际组织相关工作中积极探索并初步实践“放、管、治”。在国内技术机构参与限制上“放”，以IECRE为试点，在认证机构和实验室对外推荐工作中，以符合条件为唯一门槛，放宽了数量限制。在国际参与有效性上“管”，完善了国际组织任职登记管理，并严格以国际任职表为依据审批参会项目，提升参加国际会议、参与国际规则制定的有效性。推进认证认可国际组织工作的社会共治，尝试吸纳相关行业协会、企业的专家参与商议国际组织相关工作，特别是与行业发展、企业出口贸易息息相关的多边互认事项。推进了 IEC 合格评定体系国内运作机制建设，具体包括：印发了第七届年会行动方案；11 月 11 日在广东广州召开第八届 IEC 合格评定体系国内运作机制年会；组织评估了 IEC 合格评定国内运作发展纲要（2011—2015）实施成效，并起草了下一个 5 年发展纲要框架；新设立了国际电工委员会合格评定局（IEC/CAB）国内政策研究工作组和 IECRE 国内对口工作组，并于 9 月 23 日—24 日在北京举行了两个工作组首次会议，针对 CAB 和 IECRE 当前的热点问题进行了研讨；完成了机制工作组成员换届；加强了机制分秘书处建设；并开展了机制信息平台改版升级工作。

三、积极应对技术壁垒

为应对欧盟 REACH 法规，积极跟进经合组织（OECD）良好实验室规范（GLP）数据多边互认协议新进展，做好中国加入互认协议技术准备。2015 年，国家认监委派团参加出席了 OECD/GLP 工作组第 29 次会议及培训。配合商务部，积极参与《中国与经合组织合作中期远景及 2015 年至 2016 年工作计划》的制定与实施。5 月 20 日，国家认监委接待了 OECD 环境总司环境、健康和安全处官员理查德·希格曼先生（Richard Sigman）。

加强世界贸易组织（WTO）技术性贸易壁垒及卫生与植物卫生措施方面的工作。积极配合国家质检总局和标法中心应对 WTO 第六次对华贸易政策审议，及时解决 WTO 成员对中国的认证认可政策及措施的关注，并积极参与了对 WTO/TBT 和 SPS 国外通报的评议工作。

四、发展新的双边合作关系

（一）大力推进现有双边机制合作

2015 年，国家认监委在中德、中欧、中瑞、中俄、中捷、中朝、中韩、中以、两岸以及港澳等固定合作机制项下开展了卓有成效的合作与交流，以举办机制年会、召开专题研讨会、开展相关合作项目与人员交流等形式稳步推进了与上述国家或地区的主管部门之间的认证认可政策沟通，增进相互了解和信任；为技术机构之间的合作搭建了平台，鼓励各国家、地区间技术机构积极开展技术交流合作，共同推广认证认可的优良实践，推动双边合作机制有效运行，促进我国认证认可行业的国际化发展。

中俄合作在中俄标准计量认证和检验监管常设工作组下有序开展，稳步前行。双方在认可领域、认证领域都有一定的交流和合作。

中欧机制继续推进。2015 年召开了中欧合格评定工作组会议，双方就合格评定领域的最新情况进行了充分交流。

中德合作全面推进。今年，在德国举行中德合作机制年度会议，探索检测报告互认的可能性，推进中德玩具检测认证协调化及贸易便利化。同时，启动多项研究和合作项目。

加强对朝鲜合作，与朝鲜国家质量委员会签署了 2015 年合作实施计划。与以色列经济部积极合作，双方商定推动举办第三次中以合格评定对话会。

11 月，国家认监委主任孙大伟与捷克工贸部部副部长哈弗里切克在李克强总理的见证下签署了《中华人民共和国国家认证认可监督管理局与捷克共和国标准计量检测局关于合格评定（认证和检测）领域的合作谅解备忘录》，开了我国与东欧国家认证认可合作的先河。

（二）配合自贸区和“一带一路”战略，拓展新合作区域

加强对印度、海湾合作理事会等区域和国别的研究，积极参与“短平快”研究项目。积极接洽“一带一路”沿线相关国家的政府部门和机构，拓展与印度、斯里兰卡、马来西亚、哈萨克斯坦、白俄罗斯等国在认证认可领域的合作。

五、深度参与国际组织

（一）国际组织任职取得新突破，话语权有效提升

在认证认可国际组织任职方面，取得了新突破。在认证领域，国家认监委副主任刘卫军连任 IEC/CAB 成员，总工程师许增德新任 IEC 理事局成员，由国家认监委推荐的中国专家还成功当选了 IECRE 副主席。在认可领域，中国合格评定国家认可委员会秘书长肖建华成功当选国际认可论坛 (IAF) 主席。截至 2015 年底，中国在认证认可国际组织中管理层任职 30 人次，技术层 120 人次，国际同行评审员 44 人次。此外，中国专家在国际组织发挥的作用也越来越受到国际上的肯定。继 2014 年中国合格评定领域专家获得 IEC 1906 奖之后，2015 年上海工业自动化仪表研究院副院长徐建平因其为 IECEx 体系作出的突出贡献被 IEC 授予 1906 奖。中国话语权的提升还体现在中国在国际认证项目建立方面

的突破。由中国在IECQ体系下建议并牵头起草的LED认证规则获批通过，IECQ/LED认证项目正式开始实施，这是中国首次在IEC合格评定领域牵头建立认证项目，实现了“国际引领”。

（二）全面完成国际组织合格评定投票和表决工作

认真完成了参会、投票、评议等国际组织活动，具体包括组织完成ISO/CASCO、IEC各合格评定体系对外投票和评议近30件。在IECEE领域，通过提前研究，集中商议，提出了高质量的提案多份，均被大会采纳并形成决议。在IECRE领域，利用IECRE国内对口工作组，组织评议和投票，全面参与了规则的制定，有效地维护了中国利益。

（三）组团或派员参加国际会议，紧密跟踪国际趋势

积极组织并参加国际会议团组。2015年，加入国家质检总局团组先后参加了亚太经济合作组织（APEC）等国际组织的活动；参加或组团参加了IEC大会、IEC理事局、IEC合格评定局、IECEE、IECEx、IECQ、IECRE，OECD拖拉机协定、GLP工作组、ISO/CASCO等重要国际组织会议；组织下属单位参加了IAF、PAC、ILAC、APLAC、IPC、IQNet、ANF年会及相关工作会议。

六、深化与中国台港澳合作

两岸认证认可合作向新领域扩展。两岸认证认可合作工作组第六次会议于11月在成都举行，会议上就工作组及下设各项目组在各自领域的交流合作进行了总结并提出了下一步推进计划。成功举办了两岸新能源产业研讨会，为在两岸认证认可合作工作组机制下进一步开展新能源领域合作奠定良好基础。中国质量认证中心（CQC）与台湾电子检验中心签署了《战略合作伙伴关系协议》，与台湾工业技术研究院签署了《光伏产品认证合作意向书》，两岸相关技术机构将在电子元器件、光伏产品等检测认证、共通技术标准制定、公共服务平台建设等领域展开合作，为便利两岸贸易发展注入更大动力。

进一步扩大与港澳在认证认可领域的合作。制定发布了《CEPA新协议中认证认可有关条款的实施指南》和《CEPA补充协议十中认证认可领域自然人流动条款的实施指南》，将香港检测实验室可承担的内地自愿性认证的检测地域范围由原来的广东省扩大到全境，并进一步扩大内地强制性产品认证检测业务对港开放，允许香港检测实验室承担在港设计定型、在广东省生产加工的音视频产品的检测，允许香港服务提供者雇用的合同服务提供者以自然人流动的方式在内地提供本部门或分部门分类项下的服务，并派团赴港围绕两项实施指南进行宣讲，加深了香港业界对内地政策和市场的认识。积极配合CEPA服务贸易协议中认证认可相关措施的制定。对澳门合作亦得到同步发展。

撰稿人：方　艳　魏　东　夏　芳
审稿人：陈　英　陈海洋　杜春景

2016

Yearbook of Certification and Accreditation of China

第十四部分　信息化建设

Part Fourteen　Informationization Construction

2015年，认证认可信息化建设以支树平局长在全国认证认可工作会议提出的“创优服务，创新治理”的指示精神和孙大伟主任提出的“准确把握经济发展新常态下认证认可工作面临的新形势、新任务和新要求，扎实做好新年度认证认可工作”的要求为指引，围绕开创认证认可服务新格局、激发事业发展新活力、完善监管新模式、构建行业治理新秩序、展现队伍新风貌的五个新要求，积极融入认证认可事业改革发展大局，不断创新、探索，力求更好地发挥信息化的服务、支持、保障作用。

一、认证认可信息化工作新进展

（一）开拓创新，积极探索认证认可信息化新发展

1.促进电商创新发展，协调推动良好电子商务规范认证工作

为落实国家和质检总局促进电子商务行业创新发展的相关举措，积极组织“良好电子商务规范”相关电子商务认证业务研究和探索，会同各相关方开展广泛调研和探讨，组织编写了《B2C电子商务交易服务　要求　商品类》技术规范和认证实施规则，以及《电子商务交易服务认证审查员培训教材》，并组织开展了两期电子商务交易服务认证审查员培训。

为更好推动电子商务认证的实施，会同上海质量体系审核中心、中国质量认证中心、方圆标志认证集团产品认证有限公司、中国信息安全认证中心、广州赛宝认证中心服务有限公司、杭州万泰认证有限公司共同发起成立了“中国电子商务认证联盟”，率先开展了针对B2C商品交易类型的电商认证。电子商务认证是符合“互联网+”时代特点的新型认证，在认证中可以充分发挥电子商务大数据、可追溯的技术优势，实现在线评价、在线认证、在线监督、动态调级的创新认证模式。同时，还建立了联盟章程、会员管理办法等一系列制度文件。11月6日，联盟成员机构第一张电子商务认证证书正式发出，中央政府网新闻、新华社等大量媒体广泛转载报道。截至2015年底，已有13家企业获得了22张电子商务认证证书。

2.认证认可检验检测大数据示范应用建设初见成效

根据国家全面深化行政体制改革要求、国家质检总局加强事中事后监管的工作部署，开展了认证认可检验检测大数据示范应用建设，围绕“认证机构分类管理”、“电子商务服务认证”、“进口食品注册监管”和“有机产品追溯”四个重点业务领域，运用大数据技术，深入挖掘认证认可检验检测数据价值。该系统通过对认证机构等基础数据的大数据分析，通过“机构监管异常模型”“机构健康度模型”“机构画像”“证书全生命周期管理”“人员活跃度模型”等模型的构建，利用大数据技术进行了信息化、自动化分析及风险预计，实现机构监管工作风险评估、质量分析和信息化建设的紧密结合。截至2015年底，已完成数据资源的梳理、大数据业务模型的构建、相关系统设计以及认证机构管理大数据示范应用的开发。

（二）融入大局、服务改革，开拓创新，努力做出新贡献

1.积极推进认证认可结果采信，服务新常态下监管方式改革

为落实国务院促进电子商务发展的相关政策及国家质检总局“推动认证认可结果采信，促进质检监管方式改革”的重点任务要求，针对新常态下互联网经济和电子商务的凸现作用，积极与国内大型电商平台加强沟通，实现认证结果信息直接服务电商平台，促进大型电商平台加强质量内控，采信认证结果，反馈相关情况，并开展相关电商联动执法检查。经双方多次会谈协商，与阿里集团拟定了合作框架意向，以CCC认证结果为重点，其他认证结果共享采信持续推进。12月24日，“云桥”国家认监委认证认可信息公共服务共享平台开通，向社会开放提供产品及企业认证信息、检验检测信息等公共信息资源

共享服务，推动认证认可及检验检测结果为社会广泛采信，助推供给优化和消费升级。开通仪式现场，认监委信息中心与阿里巴巴集团签订了认证认可信息互联互通及电子商务认证的合作协议。开通仪式上，央视、新华社等58家媒体做了现场采访和报道，取得了良好的社会效益。

2.全力推动进口食品境外生产企业注册备案通关验证工作落实，积极参与总局跨境电商监管改革

积极配合进口食品境外生产企业全注册工作推进，并努力参与国家质检总局跨境电商监管改革，持续开展协调沟通，会同各管理和建设单位，解决了大量政策沟通、试点运行、系统改造和接口衔接问题，10月19日通关司发出通知，各检验检疫局开展CIQ 2000系统软件升级，该项业务的通关验证工作圆满落实。

（三）整合信息资源，创优服务、创新治理

1. 开展统一上报系统和统一查询系统建设

根据国家质检总局关于认证认可工作服务质检整体工作、服务检验检疫大通关工作的要求，为提升认证认可治理体系和治理能力现代化，更好地服务社会公众与业务监管用户，满足其信息查询要求，继续开展数据治理和整合统一数据上报系统建设以及统一查询系统建设，分别上线了管理体系和服务认证证书数据上报模块、强制性产品认证工厂检查计划上报模块。8月份上线了自愿性认证规则备案信息上报/公开、分包境外机构业务、非法人分支机构备案、认证机构年度工作报告、社会责任报告信息公开等模块，9月份上线了强制性产品认证证书数据上报/信息公开模块，11月份上线了管理体系和服务认证审核计划上报等功能模块，初步实现了认证机构通过“认证认可业务信息统一上报平台”报送业务数据、社会公众通过“认证认可业务信息统一查询平台”获取认证结果、认证规则、认证机构、年度报告、人员信息的目标。现统一上报系统汇集合并了大量业务数据报送、验证和信息、通知下达，基本实现了认证认可相关证书数据、实施规则、技术规范、机构信息、年度工作及责任报告信息的资源整合，为认证认可管理科学化和现代化提供强有力的技术支撑，为用户提供了更加优质便捷的服务。

2. 开展综合监管系统建设

为提高地方监管部门的工作效率，加强事中事后监管，开展了面向国家认监委、地方两局的综合监管系统建设，建立了国家、省、市、县四级认证监管账号，将用户、组织、角色和所辖行政区划、岗位职责进行了重新配置。截至2015年12月底，监管系统账号共计2 877个，完成了认证结果查询、本行政区划内认证结果数据下载、认证结果统计报表、认证机构信息查询、审核人员信息及审核经历查询、认证活动检查、认证活动比对分析、认证活动违规统计、行政执法报送、认证机构异常活动监控、人员异常活动监控等功能开发。初步实现了地方监管部门通过“认证认可业务综合监管平台”获取认证结果、开展认证活动监管工作的目标，对于加强认证认可业务监管效能、推进事中事后监管体制机制改革创新发挥了巨大作用。

（四）适应食品农产品认证业务改革，提升信息化覆盖和服务能力

1. 开展中国食品农产品认证信息系统V3.0升级改造

完成了该系统V2.4的风险预警、综合统计等功能开发以及审核计划上报数据字段和接口调整。基于完善系统的需求，该系统V3.0计划新增六大功能模块，实现对接系统接口8个。11月28日，完成需求规格说明书的编制及系统原型设计。

2. 完成出口食品生产企业备案管理系统V2.0项目建设

该系统已正式上线运行，在全国35个直属检验检疫局全面推广应用，覆盖全国所有出口食品生产企业，实现出口食品生产企业备案工作的全国统一管理，并在备案管理、短信管理、查询统计等系统功能和用户体验上不断优化和升级。截至2015年12月31日，系统已登记备案证明15 789份，涉及出口食品生产企业12 629家，已经注册账号12 590个。

3. 积极推进进口食品注册信息化管理系统建设

完成了进口食品境外生产企业注册管理系统（一期）建设并投入试运行，建立了进口乳品境外企业数据库和主任评审员数据库，从无到有建立了进口乳品境外企业“户口簿”，为实现进口乳品产品的境外追溯奠定基础，落实了境外食品企业安全信用责任。7月，为进一步推进进口食品境外生产企业注册工作，在现有注册类别的基础上扩大范围，实现全类别注册，启动了该系统（二期）建设。截至2015年12月31日，已建设完成公共功能、境外企业端填报、境外主管机构处理、与第三方系统数据交换接口等功能建设并已上线试运行。

（五）开展认监委网站建设，加强政务公开和行业信息服务，力争扩大认证认可社会影响

组织开展了国家认监委新版网站建设，包括法律法

规与政策研究、党建与群工文化建设、国际合作专栏建设、强制性产品、自愿性产品、食品农产品、出口食品生产企业等业务专栏及相关热点专题。完善了新版网站页面设计，同时完成了新媒体平台建设，包括国家认监委官方英文网站设计以及认监委微信平台建设。截至2015年12月31日，国家认监委网站总流量7 515 871次，处理投诉130条，回复公众留言1 301条。

（六）不断夯实业务统计工作基础，强化统计服务能力

1. 扎实落实日常统计保障工作

开展日常统计服务，为《认证认可业务质量数据分析报告》和《认证认可业务发展报告》提供数据支持，积极配合相关部室及单位，提供应急业务统计服务30余次。9月，开展专题统计分析，结合业务关注点以及认证认可当前形势，编制了《食品农产品认证专题统计分析》和《强制性产品认证专题统计分析》，以图文并茂的形式对各个维度进行了全面分析。

2. 积极开展认证认可服务业统计指标体系建设

开展认证认可服务业统计指标体系完善工作，8月19日完成《认证认可服务业统计指标体系构建研究报告》。开展专题性关键统计指标的研究与测算，选取《认证认可创新评价调查指标》为测算主题，通过对行业内认证机构的调查及数据统计，完成了相关统计指标的测算和分析工作。

（七）进一步提升运维保障能力和信息安全水平

加强灾难备份系统和应急预案建设，制定了灾备管理和演练制度，完善了认监委网站、CCC免办电子审批系统异地灾备切换演练方案，新制定了统一上报系统的切换演练方案、国家认监委OA系统应急演练预案、点对点专线应急演练预案，并根据预案进行了演练；制定备份管理制度，明确了备份内容、方式和存储介质，为业务系统、管理系统、网络配置等不同备份内容制定了不同的备份目标和备份策略，并拟定了实施计划和初步的管理制度；开展系统和数据库优化工作，分析数据库运行情况和常用数据库操作执行效率，提出数据库结构及操作的优化建议，三季度以统一查询系统和出口备案系统为试点，开展了数据库优化工作；四季度以出口备案系统为试点开展了系统优化工作，取得了较好效果。

二、认证认可信息化组织与管理

认真贯彻2015年认证认可工作会议部署以及认证认可“十二五”信息化专项规划要求，充分发挥国家认监委信息化工作领导小组办公室（信息办）的组织协调职能和纽带作用，加强对各成员单位信息化工作指导，建立规范化、标准化管理制度，提升信息安全保障能力，积极促进认证认可信息化工作交流与持续发展。

及时组织编发《2015年认证认可信息化工作要点》，提出新一年度工作计划；为加强对信息系统实际运行效果的评价，信息办开展了认监委用户意见受理中心（应用系统评价管理系统）日常满意度调查功能的研发，并于6月上线投入使用，7月进行了信息办满意度调查，为及时对信息系统进行修改完善，从而为用户提供更优质的信息服务提供了有益的建议；8月，信息办组织各成员单位联络员前往工业和信息化部计算机和微电子发展研究中心开展了以“云技术与服务”为主题的技术交流活动，促进了各成员单位对云计算应用及发展前景的深入了解，同时也增强了各成员单位之间的沟通交流；9月1日，组织召开国家认监委信息化工作领导小组第十一次会议，汇报了近期信息化工作成果、信息化“十三五”规划思路、大数据业务分析模型及示范应用建设、认证认可服务业统计指标体系构建及相关专题研究工作。国家质检总局副局长、国家认监委主任孙大伟对认证认可信息化工作提出三点要求：一要高度重视，进一步夯实信息化基础性工作；二要研判准问题，着重解决好业务需求的准确性、预见性、有效性，以问题为导向抓好前期需求和后期应用，以共建促共享；三要扎实推进，坚持统一管理、统筹推进的方向，将认证认可检验检测大数据平台设计好、开发好、运行好，不断提升信息化建设水平和管理水平。

撰稿人：李 蕊 审稿人：王 海

2016

Yearbook of Certification and Accreditation of China

第十五部分 全国认证认可部际联席会议

Part Fifteen Inter-Ministerial Meeting

一、第十四次全国认证认可工作部际联席会议基本情况

1 月 25 日，2016 年全国认证认可工作会议暨第十四次全国认证认可工作部际联席会议在京召开。国家质检总局局长、党组书记支树平出席会议并讲话；国家质检总局副局长、国家认监委主任孙大伟作工作报告；国家知识产权局副局长贺化代表部际联席会议成员单位讲话；中国（上海）自由贸易试验区管委会等 4 个单位作经验交流。水利部副部长周学文、工商总局副局长马正其、食品药品监督管理总局副局长孙咸泽出席会议。

支树平在讲话中强调，建设认证认可强国，必须牢固树立“五大发展理念”，围绕经济发展新常态、供给侧结构性改革，强化认证认可工作，推动质量强国建设，为全面建成小康社会提供质量安全保障。支树平指出，“十二五”是我国发展很不平凡的五年，党中央、国务院对质量工作特别是国家质量技术基础的重视和要求前所未有。作为国家质量技术基础的重要组成，认证认可在过去五年实现前所未有的跨越式发展，国家推动认证认可工作力度不断加大，各地各部门开展认证认可工作不断加强，认证认可的能力和作用不断提升，我国已经成为认证认可大国，正在由大转强、越来越强。

支树平强调，要认真学习贯彻习近平总书记的系列重要讲话精神，特别是关于新常态的重要论述，紧紧围绕“五位一体”总体布局和“四个全面”战略布局，面向五大发展，发挥质检作用；强调要坚持质量为本、安全第一、改革当先，着力提升质量供给水平，尤其要加强计量、标准、认证认可、检验检测等国家质量技术基础建设，打好“技术牌”，念好“服务经”。

支树平要求，要加快实施“三步走”的发展战略，努力实现建设认证认可强国的目标。必须牢固树立“五大发展理念”，特别是要围绕经济发展新常态、供给侧结构性改革，找准定位、服务大局，使认证认可的作用更强；必须深化改革、创新发展，使认证认可的能力更强；必须协调各方、汇聚合力，使认证认可的力量更强。做到“三个强化”：一是要强化作用，不断放大认证认可制度优势。要从底线和高线两端发力，在提升质量安全水平上强化作用；从微观和宏观两端发力，在激发市场活力上强化作用；从国内和国际两端发力，在培育对外经济新优势上强化作用。二是强化能力，全面提升认证认可供给水平。要做强体系，提升认证认可制度供给水平；做强产业，提升认证认可服务供给水平；做强队伍，提升认证认可人才供给水平。三是强化合力，共同建设认证认可强国。要强化部际协作合力，把国家发展需求、部委工作需求、认证认可管理需求三者紧密结合起来；强化多元共治合力，处理好政府、市场、社会三者的关系；强化质检整体合力，加快质检互联互通、加强质量技术基础建设。

孙大伟代表国家认监委党组作了题为《深化改革，创新发展，为建设认证认可强国而奋斗》的工作报告。报告全面回顾总结了“十二五”及 2015 年认证认可工作，谋划了“十三五”认证认可事业发展蓝图，并部署 2016 年重点工作。

孙大伟指出，“十二五”期间，国家认监委围绕党中央、国务院战略决策，认真贯彻质检总局党组的部署要求，坚持“抓质量、保安全、促发展、强质检”工作方针，按照“统一管理，共同实施”的原则，紧紧依靠全系统全行业和社会各界，奋力开创中国特色认证认可事业发展新局面，认证认可在国家发展大局中的地位作用进一步提升，中国特色认证认可工作体系进一步完善，认证认可工作机制进一步拓展，检验检测认证市场活力进一步增强，认证认可国际合作成效进一步扩大，为建设质量强国、服务经济社会发展做出了积极贡献。孙大伟强调，“十三五”时期，认证认可工作牢固树立创新、协调、绿色、开放、共享的发展理念，以提高发展质量和效益为中心，以改革和创新为动力，坚持“抓质量、保安全、促发展、强质检”工作方针，深入实施质量强国战略，着力强化国家质量技术基础，加快形成适应经济发展新常态的认证认可体制机制和

发展方式，不断完善中国特色认证认可体系，使我国认证认可工作整体达到国际先进水平，迈入世界认证认可强国行列。

孙大伟要求，2016年要重点抓好5项工作：一是制定认证认可“十三五”发展规划；二是推进认证认可服务能力建设；三是构建认证认可监管一体化模式；四是完善认证认可工作协同推进机制；五是加强认证认可基础管理。

全国认证认可工作部际联席会议成员单位和特邀单位代表，质检总局有关司局、国家标准委和在京直属单位负责人，国家认监委领导班子成员、各部室及下属单位负责人，全国各直属检验检疫局，各省、自治区、直辖市、新疆生产建设兵团质监局，天津、深圳市场和质量监督管理委员会负责人参加会议。

二、部际联席会议成员单位认证认可工作开展情况

部委名称	合作成果序号	部委内对应具体部门	共同开展的相关工作对接政策联合开发的认证制度	共同开展的相关工作对接政策联合开发的认证制度	共同开展的相关工作对接政策联合开发的认证制度
发展和改革委	1	应对气候变化司	研究制定水运等5个行业核查技术规范草案和纺织品、建筑陶瓷等5种产品的低碳认证技术规范草案在发改委的组织下，国家认监委和清华大学在第21届联合国气候变化大会“中国馆”联合主办“中国MRV体系建设”主题边会对江西、湖南、河南和云南四省2014年度单位国内生产总值二氧化碳排放降低目标完成情况进行了考核评估	《质量发展纲要(2011—2020年)》《“十二五”国家自主创新能力建设规划》	推动国家低碳领域认证认可制度的建立与采信
	2	应对气候变化司	筹备成立温室气体审定与核查机构认可专门委员会；研发温室气体审定与核查机构认可制度，对《行业碳排放核查通用规范》等2项认证认可行业标准进行立项	《单位国内生产总值二氧化碳排放降低目标责任考核评估办法》《国家应对气候变化规划(2014-2020)》	温室气体审定与核查机构认可制度
	3	环资司	发布《关于加强万家企业能源管理体系建设工作的通知》发改环资[2012]3787号；发布《关于开展万家企业能源管理体系建设工作阶段性总结的通知》发改办环资[2013]2579号；发布《国家认监委国家发展和改革委关于联合发布第一批能源管理体系认证机构的公告》国家认监委2014年第41号联合公告；发布《国家认监委国家发展和改革委关于联合发布第二批能源管理体系认证机构的公告》国家认监委2015年第4号联合公告；建立能源管理体系认可制度，已有9家机构获得认可；发布《能源管理体系 GB/T 23331》、《能源管理体系认证实施规则》，开展重点用能单位能源管理体系认证，注册能源管理体系审核员1 411人	《国务院关于印发“十二五”节能减排综合性工作方案的通知》(国发[2011]26号)、《关于印发万家企业节能低碳行动实施方案的通知》(发改环资[2011]2873号)	能源管理体系认证认可制度
	4	资源节约和环境变化司	发布《低碳产品认证机构认可制度》；发布4份低碳产品CCC认证实施规则，审批2家认证机构开展低碳产品认证活动。注册低碳产品认证核查员75人，将各地方推进低碳产品认证情况列入对各省级单位地区生产总值二氧化碳排放降低目标责任评价考核	《十二五节能减排综合性工作方案》《万家企业节能低碳行动实施方案》	低碳产品认证制度
	5	应对气候变化司、资源节约和环境变化司	发布《节能低碳产品认证管理办法》(国家质检总局、国家发改委令第168号)	《十二五节能减排综合性工作方案》	节能低碳产品认证制度
	6	产业协调司	《国家发展改革委关于加强城市轨道交通规划建设管理的通知》(发改基础[2015]49号)		轨道交通装备认证制度

续表

部委名称	合作成果序号	部委内对应具体部门	共同开展的相关工作对接政策联合开发的认证制度	共同开展的相关工作对接政策联合开发的认证制度	共同开展的相关工作对接政策联合开发的认证制度
发展和改革委	7	国家能源局新能源和可再生能源司	《关于加强光伏产品检测认证工作的实施意见》（国认证联［2014］10号）；联合组建光伏产品检测认证技术委员会。截至12月31日，累计发放光伏产品认证证书4177张，目前有效证书2 485张，涉及企业460家	《国务院关于促进光伏产业健康发展的若干意见》（国发［2013］24号）	光伏产品检测认证
	8	资源节约和环境保护司		《关于印发能效“领跑者”制度实施方案的通知》（发改环资［2014］309号）	能效领跑者制度
	9	国家能源局新能源和可再生能源司	《节能减排“十二五”规划》《能源发展“十二五”规划》《质量发展纲要（2011—2020年）》	发布《中华人民共和国实行能源效率标识的产品目录（共十二批）》；发布《家用燃气灶具能源效率标识实施规则》；发布《家用燃气灶具能源效率标识实施规则》；发布《水（地）源热泵机组能源效率标识实施规则》；发布《溴化锂吸收式冷水机组能源效率标识实施规则》等设立国家资质认定（计量认证）节能监测行业评审组	其他工作
	10		《电子招标投标系统检测认证管理办法（试行）》（国认证联［2015］53号		其他工作
	11		开展机器人认证体系研究工作	《中国制造2025》《机器人产业“十三五”发展规划》	
科技部	1	资源配置与管理司	国家“十二五”国家科技支撑计划项目支撑认证认可的评价分析、检测验证与有效性保障技术研究与示范		推动认证认可关键技术发展
	2	资源配置与管理司	国家科技支撑计划项目： （1）碳排放和碳减排认证认可关键技术研究与示范 （2）国际背景下我国重点行业碳排放核查及低碳产品认证认可关键技术研究与示范；组织召开“国际背景下我国重点行业的碳排放核查及低碳产品认证认可关键技术研究与示范”项目中期汇报会，已完成了1个核查通用规范和建材行业、水运行业等5个特定行业核查技术规范技术体系文件，1+*n*模式（1个通用规范+*n*个具体行业的技术规范）的碳排放核查技术体系框架得到专家肯定	《国家中长期科学和技术发展规划纲要》《单位国内生产总值二氧化碳排放降低目标责任考核评估办法》	推动国家低碳领域认证认可制度的建立与采信
	3	资源配置与管理司	编制完成了国家重点研发专项《国家质量基础的共性技术研究与应用》实施方案及第一批项目申报指南	《国家中长期科学和技术发展规划纲要》《深化科技体制改革实施方案》	
	4	资源配置与管理司	国家“十二五”科技支撑计划项目“区域优势特色有机产品认证关键技术研究与示范”组织召开国家科技支撑计划“区域优势特色有机产品认证关键技术研究与示范”项目中期汇报会	《国家中长期科学和技术发展规划纲要》《科技部的科技扶贫政策》、《省部会商机制下科技部与云南省合作备忘录中体现有机产品认证》	推动国家有机产品认证技术发展
	5	资源配置与管理司	国家科技支撑计划项目“实验动物质量保证条件和认可评价关键技术研究与示范”	—	实验动物机构认可制度
	6	农村发展中心	为了引导科学消费和产业健康发展，共同开展芦荟产品认证的可行性研究		研究建立芦荟产品认证制度

续表

部委名称	合作成果序号	部委内对应具体部门	共同开展的相关工作对接政策联合开发的认证制度	共同开展的相关工作对接政策联合开发的认证制度	共同开展的相关工作对接政策联合开发的认证制度
科技部	7	办公厅政研室火炬高技术产业开发中心调财司	国家软科学研究计划项目《认证认可理论及政策研究》；开展调研并推动检验检测认证行业高企认定工作；依托国家科技基础条件平台建设项目建成国家检测资源共享平台建设，并通过政府网站	《国务院关于加快发展生产性服务业促进产业结构调整升级的指导意见》《高新技术企业认定管理办法》	其他工作
	8	火炬中心	开展调研并推动检验检测认证行业高企认定工作	《高新技术企业认定管理办法》	
工业和信息化部	1	装备司	发布《乘用车企业平均燃料消耗量核算办法》(2013年第15号公告)	《国务院关于印发节能与能源汽车产业发展规划（2012—2020年）的通知》（国发［2012］22号）	乘用车燃油消耗量测量管理办法
	2	计算机信息系统集成资质认证工作办公室	批准了3家认证机构从事软件过程能力成熟度评估认证，并已获得认可；发布了《软件过程能力及成熟度评估管理办法》；2013年开始被工信部采信，作为系统集成资质认定的一项考核条件，2014年其证书量较以往有较大增长	《计算机信息系统集成企业资质等级评定条件实施细则》工信计资［2013］20号；《软件过程能力及成熟度评估管理办法》	软件过程及能力成熟度评估认证制度
	3	节能与综合利用司	发布《国家统一推行的电子信息产品污染控制认证实施意见》国认证联[2010]28号；3家认证机构累计发放国推污染控制认证证书1972张，涉及企业288家，2014年度新增证书185张，涉及企业58家，目前有效证书共计1849张，涉及企业251家	《工业转型升级规划（2011—2015年）》《电子信息产品污染控制管理办法》	电子信息产品污染控制认证制度
	4	消费品司	编制《食品工业企业诚信管理体系》国家标准，待发布	《食品工业企业诚信体系建设工作指导意见的通知》工信部联消费［2009］701号	
	5	信息安全协调司	●发布《关于信息安全产品认证制度实施要求的公告》国家认监委2010年第26号公告·发布了信息安全产品认证实施规则及认可制度 ●批准成立了1家认证机构，并已获得认可针对13种国家信息安全认证产品，认证机构累计发放证书496张，涉及企业189家，目前有效证书共计423张，涉及企业181家		国家信息安全产品认证认可制度
	6	信息安全协调司	发布《关于加强信息安全管理体系认证安全管理的通知》工信部联协［2010］394号 ●已经注册信息安全管理体系认证审核员589人	《国家信息化领导小组关于加强信息安全保障工作的意见》中办发［2003］27号等	国家信息安全管理体系认证认可制度
	7	信息安全协调司	发布《关于开展信息技术服务管理体系认证工作的公告》国家认监委2012年第8号公告 ●已经注册信息技术服务管理体系审核员564人		国家信息技术服务管理体系认证认可制度
	8	科技司	筹建国家产品质量监督检验中心 ●联合印发《关于票据票证实施绿色印刷的通知》（新出联［2013］9号） ●设立国家资质认定（计量认证）信息产业行业评审组 ●发布《工业产品质量控制和技术评价实验室管理办法》（工信部科［2010］93号）	《节能减排“十二五”规划》	其他共同开展的工作
	9		《电子招标投标系统检测认证管理办法（试行）》（国认证联［2015］53号）		其他共同开展的工作

续表

部委名称	合作成果序号	部委内对应具体部门	共同开展的相关工作对接政策联合开发的认证制度	共同开展的相关工作对接政策联合开发的认证制度	共同开展的相关工作对接政策联合开发的认证制度
公安部	1	科技信息化局	修订发布2份安防产品CCC认证实施规则；批准了1家认证机构从事安防产品认证，并已获得认可		安防产品CCC认证认可制度
	2	消防局	发布《消防产品监督管理规定》（公安部令第122号）《质检总局公安部国家认监委关于部分消防产品实施强制性产品认证的公告》（2014年第12号联合公告） ●对共三批消防产品实施CCC认证，发布、完善消防产品CCC认证实施规则，并组织实施		消防产品CCC认证认可制度
	3	刑侦局	建立公安机关刑事技术机构资质认定工作机制 ●制定实施《司法鉴定/法庭科学机构能力认可准则》 ●已有177家来自公安系统的机构获得认可，包括司法部遴选的10家国家级司法鉴定机构、公安部遴选的全国公安机关重点实验室、在涉外案件或事件中被外方采信的司法鉴定机构等		公安机关刑事技术机构认证认可制度
	4	交通管理局		《“十二五”国家自主创新能力建设规划》	道路交通安全产品CCC认证认可制度
	5	网络安全保卫局	建立实施国家信息安全产品认证制度 ●在政府采购法规定的范围内强制实施 ●截至2014年12月15日已发证书459张	《“十二五”国家自主创新能力建设规划》	信息安全产品认证认可制度
	6	网络安全保卫局	筹建国家产品质量监督检验中心 ●公安刑事技术实验室资质认定工作 ●关于加强机动车安全技术检验机构管理有关工作的通知 ●联合打击互联网上认证认可违法行为	《“十二五”节能环保产业发展规划》等	其他共同开展的工作
	7	信息安全等级保护评估中心	实施“信息系统安全等级保护测评能力验证活动” 实施“CNAST0805信息系统安全等级保护测评能力验证活动”		其他共同开展的工作
环境保护部	1	科技标准司、污染物排放总量控制司	共注册环境标志认证检查员119人	《中华人民共和国清洁生产促进法》	环境标志认证、环境管理体系认证认可制度
	2	科技标准司、污染物排放总量控制司	批准了4家认证机构从事相关产品认证，并已获得认可		汽车强制性产品认证认可制度
	3	污染物排放总量控制司、环境监测司	2014年，国家认监委派员参与了环保部有关新化学物质登记测试机构的GLP检查及有关培训活动，也邀请环保部派员参加了认监委的GLP检查员培训及中德的GLP技术交流活动，形成了良好的沟通交流机制 ●设立国家资质认定（计量认证）环保行业评审组。负责行业检验检测机构管理，组织资质认定评审	《计量发展规划（2013—2020年）》《“十二五”节能环保产业发展规划》	其他共同开展的工作

续表

部委名称	合作成果序号	部委内对应具体部门	共同开展的相关工作对接政策联合开发的认证制度	共同开展的相关工作对接政策联合开发的认证制度	共同开展的相关工作对接政策联合开发的认证制度
环境保护部	4	科技标准司、自然生态保护司	开展有机产品认证技术研究，服务生态文明建设 ●推进有机产品认证服务区域经济发展，积极考虑将有机产品认证纳入生态文明建设、生态补偿政策中。2014 年度有机产品认证示范创建区评审等相关工作 ●在围绕雾霾治理、环境服务业、有机产品认证等热点和难点领域，开展科技和标准化合作 ●联合印发《关于票据票证实施绿色印刷的通知》（新出联［2013］9 号） ●国家资质认定（计量认证）环保行业评审组	《全国现代农业发展规划（2011—2016 年）》等	其他共同开展的工作
	5		联合印发《汽车维修技术信息公开实施管理办法》（交运发［2015］146 号）		其他共同开展的工作
	6	科技标准司	就“重点开展大气污染物排放量、减排量核定核查技术研究，研究清洁空气管理及相关产品评价技术”开展预研合作	《中华人民共和国清洁生产促进法》等	
住房和城乡建设部	1	标准定额司	联合发布“关于在建设施工领域质量管理体系认证中应用《工程建设施工企业质量管理规范》的公告”（2010 年）22 号 ●建筑施工领域专业注册审核员 3075 余人 ●联合修订 GB/T 50430《工程建设施工企业质量管理规范》	《新型城镇化规划（2014—2020 年）》	建筑施工领域质量管理体系认证特殊要求
	2	标准定额司	推行绿色认证制度，开展绿色建材、绿色建筑与绿色生产协同发展研究。将“绿色家具及建材认证认可关键技术”内容列入国家重点研发计划《国家质量基础的共性技术研究与应用》中	《新型城镇化规划（2014—2021 年）》	绿色认证
	3	标准定额司	制定和完善住宅产业的经济、技术政策，健全推进机制，鼓励企业研发和推广先进适用的建筑成套技术、产品和材料，促进住宅产业现代化。完善住宅性能认定和住宅部品认证、淘汰的制度	《国务院关于促进房地产市场持续健康发展的通知》（国发［2003］18 号）	建筑产品/住宅部品认证
	4	标准定额司	●推荐进入中国建设部保障性住房建设材料部品采购平台	《住建部关于建立保障性住房建设材料、部品采购信息平台的通知》建办保［2013］44 号；《保障性住房建设材料、部品采购信息平台实施办法》	自愿性工业产品认证（包括散热器、建筑管材管件等数百种产品）
	5	城市建设司	筹建国家产品质量监督检验中心·设立国家资质认定（计量认证）供排水水质行业评审组	《“十二五”节能环保产业发展规划》	其他共同开展的工作
	6		《电子招标投标系统检测认证管理办法（试行）》（国认证联［2015］53 号		其他共同开展的工作
交通运输部	1	科技司、公路司	正在研发相应的认可制度	《服务业发展“十二五”规划》	交通产品认证、道路交通安全管理体系认证认可制度
	2	科技司、公路司		《服务业发展“十二五”规划》	汽车强制性产品认证认可制度

续表

部委名称	合作成果序号	部委内对应具体部门	共同开展的相关工作对接政策联合开发的认证制度	共同开展的相关工作对接政策联合开发的认证制度	共同开展的相关工作对接政策联合开发的认证制度
交通运输部	3	科技司、公路司	共同推动交通运输行业节能产品认证和能源管理体系认证工作	《能源发展“十二五”规划》《“十二五”国家自主创新能力建设规划》《服务业发展“十二五”规划》	其他共同开展的工作
	4	科技司	筹建国家产品质量监督检验中心	《计量发展规划（2013—2020年）》《“十二五”节能环保产业发展规划》	其他共同开展的工作
	5	科技司	设立国家资质认定（计量认证）交通行业评审组		其他共同开展的工作
	6		《电子招标投标系统检测认证管理办法（试行）》（国认证联［2015］53号）		其他共同开展的工作
	7		联合印发《汽车维修技术信息公开实施管理办法》（交运发［2015］146号）		其他共同开展的工作
水利部	1	国际合作与科技司	●推动节水型社会建设，共同开展节水产品认证工作 ●建立了相关管理体系认证及产品认证认可制度 ●已认可相关认证机构2家	联合发布《关于加强节水产品质量提升与推广普及工作的指导意见》	交通产品认证、道路交通安全管理体系认证认可制度
	2	国际合作与科技司	●水生物领域资质认定工作 ●标准物质研制 ●国家资质认定（计量认证）水利行业评审组，负责行业检验检测机构管理，组织资质认定评审。 ●筹建国家产品质量监督检验中心	《计量发展规划（2013—2020年）》《“十二五”节能环保产业发展规划》	汽车强制性产品认证认可制度
	3		《电子招标投标系统检测认证管理办法（试行）》（国认证联［2015］53号）		其他共同开展的工作
农业部	1	农业机械化司	修订发布2份农机产品CCC认证实施规则	《国家认证认可事业发展“十二五”规划》	农机强制性产品认证认可制度
	2	农产品质量安全监管司	●无公害农产品认证管理办法（认监委农业部第231号公告）	《国家认证认可事业发展“十二五”规划》	无公害农产品认证认可制度（农业部质检总局2002年第12号令）
	3	农产品质量安全监管司	批准了1家认证机构，并获得了认可		饲料产品认证认可制度（认监委农业部2003年第17号公告）
	4	农产品质量安全监管司			绿色食品认证认可制度
	5	农产品质量安全监管司	共同推动多项农业领域的认证实施工作		有机产品认证认可制度

续表

部委名称	合作成果序号	部委内对应具体部门	共同开展的相关工作对接政策联合开发的认证制度	共同开展的相关工作对接政策联合开发的认证制度	共同开展的相关工作对接政策联合开发的认证制度
农业部	6	兽医局	●采信认可：高级别实验室获得认可资格是农业部兽医局对其实验活动进行审批的前置条件，截至2015年3月5日获得认可机构有7个 ●配合、支持农业部兽医局对高级别实验室进行实验活动的审批 ●发挥交流平台作用，在高级别生物安全实验室管理方面交流	中华人民共和国农业部令第52号《高致病性动物病原微生物实验室生物安全管理审批办法》	其他共同开展的工作
	7	农业部市场与经济信息司农产品质量与安全监管司	●国家资质认定（计量认证）水利行业评审组，负责行业检验检测机构管理，组织资质认定评审 ●共同发布食品检验复检机构名录		其他共同开展的工作
	8		支持并参加农业部组织的“绿色食品二十周年座谈会”、“有机博览会”等活动，加强对有机产品认证、绿色食品认证、无公害农产品认证等监督管理		其他共同开展的工作
商务部	1	市场运行和消费促进司	2005年9月，国家认监委和商务部联合向社会推出，新中国成立以来第一部中国食品质量认证法规《食品质量认证实施规则——酒类》，标志着中国食品质量认证制度的建立与开始，这是国家第一次针对一个食品类行业推出的产品质量安全认证法规。注册酒类质量认证检查员46人		食品质量认证实施规则—酒类
	2	对外贸易司	进口大宗农产品贸易数据共享与进口食品境外生产企业注册信息交流	《中华人民共和国食品安全法》《国务院办公厅转发食品药品监管总局等部门关于进一步加强婴幼儿配方奶粉质量安全工作意见的通知》（国办发［2013］57号）《国务院办公厅关于加强进口的若干意见》（国办发［2014］49号）	合作发展国际贸易调控
	3	世界贸易组织司	开展认证认可领域的WTOSBS/TBT和中美商贸联委会（JCCT）等多双边经贸机制下的技术跟踪和合规性应对等工作	《国务院办公厅关于进一步加强贸易政策合规工作的通知》（国办发［2014］29号）	参与WTO等多双边经贸机制
	4	市场秩序司	●注册绿色市场审核员104人积极配合商务部建立全程追溯体系中采用食品认证手段，积极争取将“绿色市场”等纳入《全国农产品市场体系发展规划》		绿色市场认证
	5	对外贸易司、国际经贸关系司、外资司	●出口汽车资质管理 ●就中国申请加入OECD/GLP工作组进展事宜，以及国内的协调事宜进行沟通，了解最新进展和商务部的总体考虑 ●质检总局关于上海自贸区内外商投资认证机构审批和监管有关问题的批复（国质检认函［2014］68号）		其他共同开展的工作
	6		联合印发《汽车维修技术信息公开实施管理办法》（交运发［2015］146号）		其他共同开展的工作
	7	国际合作司	●参加商务部OECD与中国合作20周年研讨会 ●参加商务部2015年度OECD工作协调会 ●就中国与经合组织合作中期愿景及2015—2016年工作计划提出意见 ●在商务部统一协调下，参加2015OECD/GLP年会		

续表

部委名称	合作成果序号	部委内对应具体部门	共同开展的相关工作对接政策联合开发的认证制度	共同开展的相关工作对接政策联合开发的认证制度	共同开展的相关工作对接政策联合开发的认证制度
工商总局	1	消费者权益保护司、市场规范管理司	《关于进一步加强有机产品认证监管工作的通知》（国质检认联［2012］214号）各级工商部门依法查处流通领域销售涉及认证和认证标识的假冒伪劣商品的违法行为	国务院《质量发展纲要（2010—2020年）》	强化流通领域的质量监管，维护市场秩序
	2		应工商总局邀请，对市县工商执法监管人员进行了认证认可法律法规和执法监管工作培训		其他共同开展工作
	3		计划就“同线同标”相关工作，与工商总局进行合作		其他共同开展工作
	4		联合印发《汽车维修技术信息公开实施管理办法》（交运发［2015］146号）		其他共同开展工作
卫生计生委	1	科技教育司	采信认可：高级别实验室获得认可资格是国家卫计委对其实验活动进行审批的前置条件，截至2015年3月5日获得认可机构有37个。完成了12家高致病微生物实验室的紧急扩项认可工作 ●近几年，与卫计委开展对实验室的联合评审工作，完成应对新冠状病毒、H7N9、埃博拉等疫情的实验活动紧急扩项工作，为国家重大疫情防控提供了基础保障，对南京青奥会等国家重大活动提供保障 ●为中法合作武汉P4实验室建设提供认可服务，按时竣工，完成中法建交50周年庆典中的这项标志性工作；积极参与了国家微生物实验室安全委员会的工作 ●配合卫计委对血站实验室的管理工作		强化流通领域的质量监管，维护市场秩序
	2	科技教育司	●国家资质认定（计量认证）卫生行业评审，负责行业检验检测机构管理，组织资质认定评审 ●共同发布食品检验复检机构名录 ●应卫生计生委医药卫生科技发展中心工作需要，批准设立卫生领域的认证机构开展认证工作	《中华人民共和国食品安全法》《服务业发展“十二五”规划》	其他共同开展工作
海关总署	1	监管司	加强强制性产品认证目录产品与海关HS编码的对应工作，将目前未列入海关进口条件A的强制性产品认证目录产品对应HS编码，增加海关进口监管条件A		共同开展的工作
新闻出版广电总局	1	印刷发行司	●关于实施绿色印刷的公告新闻出版总署公告2011年第2号 ●对票据票证实施绿色印刷产品认证 ●新闻出版广电总局、环保部、工信部、认监委联合印发《关于票据票证实施绿色印刷的通知》（新出联［2013］9号）		共同开展的工作
	2	科技司	●推荐成立国家出版产品质量监督检验中心		共同开展的工作
体育总局	1	体育经济司		《国务院关于加快发展体育产业促进体育消费的若干意见》（国发［2014］46号）	体育服务认证
	2	体育经济司	●体育用品和器材产品认证 ●GB19272—2011《室外健身器材的安全通用要求》 ●批准了1家认证机构从事相关认证，并获得认可	《国务院关于加快发展体育产业促进体育消费的若干意见》（国发［2014］46号）	体育产品认证制度

续表

部委名称	合作成果序号	部委内对应具体部门	共同开展的相关工作对接政策联合开发的认证制度	共同开展的相关工作对接政策联合开发的认证制度	共同开展的相关工作对接政策联合开发的认证制度
食药品监管总局	1	科技和标准司	●正在共同协商医疗器械检验机构资质认定工作 ●协商共同发布食品检验复检机构的名录	《医疗器械监督管理条例》《中华人民共和国食品安全法》	共同开展的工作
	2	科技和标准司	GLP 工作的有关技术研讨和培训		共同开展的工作
	3	科技和标准司	●进口食品境外生产企业注册监管与风险交流工作协调进口婴幼儿配方乳粉配方注册实施，下一步，计划就“同线同标”相关工作，与食药总局进行合作	《中华人民共和国食品安全法》《国务院办公厅转发食品药品监管总局等部门关于进一步加强婴幼儿配方奶粉质量安全工作意见的通知》（国办发［2013］57 号）	共同开展的工作
知识产权局	1	专利管理司	●联合发布《关于印发知识产权管理体系认证实施意见的通知》 ●注册知识产权管理体系审核员 136 人 ●正在研发相关的认可制度	国家实施创新驱动发展战略国务院《深入实施国家知识产权战略行动计划（2014—2020 年）》	共同开展的工作
	2		联合印发《汽车维修技术信息公开实施管理办法》（交运发［2015］146 号）		其他共同开展工作
铁路局	1	科技与法制司	●发布《铁路产品认证管理办法》（铁科技［2012］95 号） ●注册从事铁路产品认证检查员 800 余人 ●批准并认可了 1 家认证机构从事相关产品认证		铁路产品认证制度
	2	科技与法制司	●筹建国家产品质量监督检验中心	《计量发展规划(2013—2020 年)》《“十二五”节能环保产业发展规划》	共同开展的其他工作
	3	科技与法制司	●国家资质认定（计量认证）铁道行业评审组		共同开展的其他工作
中国铁路总公司	1	科技管理部	●发布《铁路产品认证管理办法》（铁科技［2012］95 号） ●注册从事铁路产品认证检查员 800 余人 ●批准并认可了 1 家认证机构从事相关产品认证以《国家认监委关于同意中国铁路总公司制定的技术规范用于认证的函》的形式，同意暂将中国铁路总公司制定的技术规范视同于铁道行业标准。中国铁路总公司制定的技术规范可用于铁路产品认证		铁路产品认证制度
	2	科技管理部	●筹建国家产品质量监督检验中心	《计量发展规划(2013—2020 年)》《“十二五”节能环保产业发展规划》	共同开展的其他工作
司法部	1	司法鉴定管理局	●共同研究：国家“十二五”科技支撑计划《司法鉴定 / 法庭科学认可评价技术研究与示范》 ●制定实施《司法鉴定 / 法庭科学机构能力认可准则》 ●双方合作完成对已认可的 93 家司法系统鉴定机构进行认可宣贯培训 ●已认可司法系统鉴定机构 104 家。包括司法部遴选的 10 家国家级司法鉴定机构、公安部遴选的全国公安机关重点实验室、在涉外案件或事件中被外方采信的司法鉴定机构 ●联合开展年度能力验证专项计划	《全面推进我国司法鉴定机构的认证认可工作的通知》(司法通[2012]114 号）、《关于全面推进我国司法鉴定机构的认证认可工作有关问题的通知》(司鉴[2012]16 号)、《关于联合开展 2014 年度司法鉴定（法庭科学）领域能力验证计划的通知》（司鉴［2014］5 号）	司法鉴定 / 法庭科学机构专项认可制度
统计局	1	服务业统计司统计设计管理司	检验检测服务业统计报表制度获批 ●开展全国首次检验检测服务业统计工作 ●在机械、铁道两个行业开展试点	《关于加强和完善服务业统计工作的意见》	检验检测服务业统计制度

续表

部委名称	合作成果序号	部委内对应具体部门	共同开展的相关工作对接政策联合开发的认证制度	共同开展的相关工作对接政策联合开发的认证制度	共同开展的相关工作对接政策联合开发的认证制度
统计局	2	普查中心、能源统计司、服务业统计司	初步建立了信息交流与共享机制。就检验检测统计直报系统数据采集情况多次进行沟通，并与国家统计局在经济普查过程中采集的部分认证认可数据初步实现了交流共享。探索建立认证认可、检验检测业务统计报表制度		共同开展的其他工作
总参测绘导航局	1	导航办	北斗卫星导航产品检验检测认证体系建设将“北斗卫星导航应用产品认证关键技术”内容列入国家重点研发计划《国家质量基础的共性技术研究与应用》中	《共同开展北斗导航检测认证体系建设的战略合作协议》	北斗导航检测认证体系
	2	导航办	●成立“国家通信导航与北斗卫星应用产品质量监督检验中心” ●成立“北斗卫星导航产品质量检测中心”	《共同开展北斗导航检测认证体系建设的战略合作协议》	其他共同开展的工作
财政部	1	会计司	●发布《关于开展可扩展商业报告语言（XBRL）软件认证工作的实施意见》（国认证联［2013］55号） ●联合五部委发布《关于做好2014年企业会计准则通用分类标准实施工作的通知》（财会［2014］9号） ●首批共4家企业已获得了XBRL软件认证证书		XBRL软件认证
	2	国库司	在政府采购法规定的范围内强制实施。截至2014年12月15日，对目录内13种产品发放国家信息安全产品认证证书459张，目前有效证书413张，涉及企业180家		信息安全产品认证制度
中国人民银行	1	科技司	●《非金融机构支付服务管理办法》（中国人民银行令［2010］第2号） ●《非金融机构支付服务管理办法实施细则》（中国人民银行公告［2010］第17号） ●《非金融机构支付服务业务系统检测认证管理规定》（中国人民银行公告［2011］第14号） ●《非金融机构支付业务设施技术认证审核员实施方案》（中认协注［2011］104号）		非金融机构支付业务设施技术服务认证
	2	科技司	●中国金融移动支付技术系列标准 ●中国人民银行关于推动移动金融技术创新健康发展的指导意见（银发［2015］11号）		移动金融技术服务认证
国家民委	1		按照国务院领导对进口牛羊肉清真食品认证问题的批示，注册部在对新西兰肉类清真认证制度进行评估的基础上，邀请国家民委、食药总局、中伊协、山伊协等部门单位专家对新西兰进口肉类清真标准、程序、标识等进行了研讨，为规范新西兰进口肉类清真标识打下工作基础		
供销总社	1		与供销总社相关部门共同推进食品农产品认证应用与推广，与供销总社共同赴陕西进行调研推广陕西富县开展良好农业规范示范创建经验，支持供销总社成立有机产品生产企业协会，共同帮扶河北省围场县创建有机产品认证示范县。下一步，计划就“同线同标”相关工作，与供销总社进行合作		
	2		对《富硒产品认证制度建立指南》进行认证认可行业标准立项，并开展起草工作		

撰稿人：安　东　部际联席会议成员单位　审稿人：赵宗勃

2016

Yearbook of Certification and Accreditation of China

第十六部分 地方认证监督管理

Part Sixteen Regional Supervision Certification

夯实基础　提升能力　服务首都经济发展

——北京出入境检验检疫局2015年认证监管工作概况

2015年，北京出入境检验检疫局（以下简称“北京局”）按照国家质检总局、国家认监委的总体工作部署，充分发挥认证认可工作基础保障作用，为首都经济发展做出了贡献。

一、认证监管工作完成情况

（一）出口食品生产企业备案业务情况

截至2015年12月31日，北京地区共有出口食品备案企业117家。其中有14家（32家次）出口食品企业的8个品种的产品获得14个国家（地区）的官方注册，占企业总数的29%；全年共受理出口食品企业备案申请35家，其中换证复查企业17家、新申请备案企业7家、变更申请13家。发出补证告知通知书8份；注销企业备案资格13家。北京局是国家认监委首批“采信第三方认证”试点单位，2015年采信第三方认证结果2家，试行三年以来共有12家企业通过第三方认证结果采信获得了出口备案资质。全年1家企业获得韩国水产品注册，完成1家出口猪肉产品的对俄罗斯注册推荐工作，完成了2家企业输美低酸罐头和酸化食品注册的预审工作，推荐3家企业向蒙古注册。

（二）强制性产品认证监管业务情况

截至2015年12月31日，受理强制性产品认证（CCC）免办申请2 882批，同比减少1%；发放CCC免办证明2 737份，同比减少0.7%；不符合免办要求退回申请145份，同比减少6.2%；涉及获证企业数量168家，均完成后续监管，覆盖了上述企业的所有免办证明，后续监管覆盖率达到100%。

口岸入境验证受理CCC产品进口报检88 636批次，同比增加22%，查验24 340批，同比增加41.72%。口岸查验不合格的550批次，同比下降35.04%。

（三）认证机构监管情况

北京地区原有5家外资认证机构驻京办事处获得北京检验检疫局备案和8家外资认证机构，按2015年监管计划，完成了全覆盖监管，发现有1家外资认证机构驻京办事处转换为外资认证机构，又新增1家外资认证机构，检查中未发现违规情况。

（四）开展监管一体化联动工作

根据国家认监委要求，作为北京局落实出口食品备案监管模式改革及国务院简化行政审批，加强事中事后监管与“放管治”的举措之一，北京局建立并完善了出口食品生产企业备案与HACCP认证有效性联动监管工作模式，制定了《出口食品生产企业备案管理与HACCP认证有效性联动监管工作指导意见》，将备案采信、监管联动、分类管理等改革措施以制度形式正式明确下来。指导意见要求结合各辖区年初制定的监管计划，根据HACCP监管联动的要求制定具体企业的监管方案，通过验证检查或见证审核等方式对出口食品备案企业和相关HACCP认证活动实现100%联动监管。

1月—11月，完成了对北京地区获得HACCP认证的18家出口食品备案企业的联动监管工作。累计派出监管评审组18个、监管人员40人次，发现备案方面的不符合项72项，认证活动不符合项5项，并向2家认证机构发出2份《HACCP认证监管情况告知书》。相关认证机构针对告知情况进行了说明和整改。

此外，北京局出口食品备案企业中有14家企业、32家次获得国外注册。为了使企业保持更高的管理水平，符合国外注册要求，随时能够接受国外检查，北京局完成全部对外注册企业的备案监管与认证一体化联动检查。重点检查企业认证有效性、备案合规性、注册国家法规以及合同要求符合性等，提升企业质量管理水平和第一责任人意识，自觉执行注册国法规要求，同时要求企业实现内外销产品"同线同标"生产要求，使出口产品质量与内销产品质量保持一致，推动食品海外消费回流和出口企业内销转型。

监管联动实现以认证为手段的备案后续监督管理，在备案监管中引入了诚信管理和风险分析，体现出口食品安全管理社会共治理念。

（五）全面启动2.0版备案信息系统

出口食品企业备案信息化系统2.0版自2014年11月上线运行以来已在北京局全面启用。截至2015年12月31日，北京局通过网上受理、审批、发证企业已有30家。在网上受理环节安排了主任评审员，加强对企业网上提交资料的审核力度，达到一次告知申请企业补证内容，加快备案速度。

二、开展专项监督检查情况

（一）儿童用品质量安全监督检查专项行动

2015年2月，按照国家质检总局和国家认监委要求，北京局多部门统一行动、协同监督执法。以《强制性产品认证目录》范围内6类48个HS编码的CCC儿童用品为重点，开展为期三个月的入境CCC产品专项抽查活动，将相关产品的口岸布控查验比例由15%提高到30%，期间共接受目录内产品报检157批，实施查验47批、货值225.7万美元，其中不合格17批，货值4.56万美元，对其中15批货物实施了监督销毁，2批货物整改合格后放行。

（二）开展进口婴幼儿配方乳品、燕窝的专项监管工作

4月—6月，根据国家认监委要求，北京局制定了《进口婴幼儿配方乳品、燕窝注册专项监管计划》。以多部门联动、多层面推进、多方位验证的形式开展此项工作。一是多维度部署，摸清底数，对北京局2个业务管理处室和包括3个进口食品口岸在内的9个分支机构提出明确要求。二是阶段化落实。第一步，确定本底水平。通过走访北京地区主要进口食品经营销售网点，特别是经营销售进口婴幼儿配方乳品、燕窝的大型商场、超市，开展上述产品注册、认证信息专项调研，对北京地区市售进口婴幼儿配方乳品、燕窝开展摸底调查。第二步，布置监管环境。召集多个相关业务综合管理部门及涉及口岸业务、保税区/库业务的分支机构共同召开进口食品农产品入境验证工作研讨会，研究落实国家质检总局第145号令及2013年第62号公告的相关规定。发布《关于明确进口食品农产品入境验证要求的通知》，明确报检受理、检验检疫、信息上报要求。第三步，监管与验证。口岸及分支机构对婴幼儿配方乳品、燕窝的进口食品实施全方位的注册信息查验和检验检疫。共验证检验进口婴幼儿配方乳品进口批次295批、进口燕窝共计31批次，未发生不合格情况。第四步，执法与送法。在执法监管的同时，关注对口岸检验检疫人员的相关业务培训，结合世界认可日和"质量月"活动对进口商、销售商、消费者进行了普法宣传、讲解。

三、积极开展强制性产品认证相关工作

（一）《强制性产品认证管理规定》（117号令）立法后评估工作

6月—10月，按照国家认监委工作部署，北京局承担并组织开展了117号令立法后评估工作。评估工作共分为三个阶段。第一阶段制定了立法后评估工作方案、召开了工作部署会，明确了评估目的、原则、标准、内容、涉及部门，成立了工作组、确定了工作负责人，严格要求各相关部门按规定步骤、时限完成立法后评估工作。第二阶段分两步骤，第一步是分支机构及一线业务部门进行立法后评估工作，共16个部门参与，研讨48次，回收有效调查问卷240份，实地调研64次，完成分报告16份；第二步是全局开展立法后评估工作，召开评估研讨会2次，召集32家企业63名代表和全局38名执法人员召开座谈会，走访企业2次，进行专家评估2次。第三阶段完成北京局117号令立法后评估分报告。

报告认为《强制性产品认证管理规定》（117号令）内容与上位法保持了一致，基本满足了当时历史条件下对于强制性产品认证的工作需求。但是，随着时代的发展和国家大政方针的调整，其部分内容需要进一步补充、修订和明确。

（二）开展年度CCC获证产品监督检查

按照国家认监委要求，北京局自2015年6月至8

月开展对部分重点类别产品实施获证产品的监督抽查，涉及厨房家电、信息技术、机动车零部件、玩具共23种产品49个HS编码，涉及认证实施规则13个，涉及强制性产品认证实验室3个。共实施抽查18批，未发现不合格批次，其中首都机场局16批，朝阳局1批，开发区局1批；抽查玩具1批，电源适配器2批，汽车零部件15批。

（三）举办强制性产品认证监管岗位技能培训班

按照《强制性产品认证岗位技能培训和练兵活动实施方案》。7月聘请中汽认证中心、国家工程机械质量监督检验中心的四位国家级汽车行业专家，于北京检验检疫局本部举办了进口机动车和儿童乘员用约束系统两个专题的培训班，全局11个分支机构从事强制性产品认证监管岗位70余人（次）参加。培训对一线业务人员准确理解目录范围、强制产品认证实施规则、强制标准、一致性查验要求，履行好进口CCC认证产品的监管职能和进口产品检验具有重要意义。本次培训还针对国家认监委2014年45号公告，对汽车零部件和内饰材料目录范围进行的新调整进行了解读。

（四）CCC免办工作专项监督检查

8月，北京局对9个分支机构的CCC免办工作进行了专项监督检查。选调了9名业务专家和骨干，组成了3个检查组累计抽查CCC免办审批档案258份，涉及各类CCC免办申请单位171家，抽查入境验证检务单据206份，现场检查企业5家，召开各类工作会议21次，完成了检查任务。

四、稳步开展其他各项工作

（一）取消出口商品注册登记行政许可事项

5月，按照国务院《关于取消和下放一批行政审批项目等事宜的决定》（国发［2015］11号），北京局取消了出口商品注册登记行政审批事项一项。向各分支机构下发通知，自2015年5月7日起不再受理出口商品注册登记的申请，由各分支局通知辖区获证企业。此前由北京局颁发的出口商品注册登记证书，如证书仍在有效期内的，自动注销，停止使用。删除了外网相关业务指南，修改了《认证监管控制程序》相关条款，删除了《出口商品质量许可（注册登记）工作作业指导书》。

（二）开展“世界认可日”宣传活动

2015年6月9日是第八个“世界认可日”，本着重申、强化了认证认可和检验检疫工作对提振经济稳定增长作用，提升认证认可制度的“公知度”和社会影响力的目的，北京局按照国家认监委的部署落实和开展了多种形式的“世界认可日”宣传活动。

由局领导带队，分别组织检验检疫人员和出口食品生产企业的质量管理人员60人次参加了2015年世界认可日活动暨认证认可服务“一带一路”建设愿景与行动启动仪式、认可支持健康和社会关怀分论坛和注册认证保障食品、农产品贸易便利和质量发展分论坛等场次的活动。

在2015年中国北京国际葡萄酒博览会上设置专柜，现场就认证认可的相关政策、有机认证、检验检疫有关展览的要求等认证监管和检验检疫规定开展了现场咨询和宣传。

张贴了“世界认可日”招贴画，营造认可日的氛围。

组织认证监管领域的专业人员到经营进口商品的商场，宣传认证认可“传递信任，服务发展”的作用。宣传和讲解有关强制性产品认证、有机认证、国外食品生产企业注册等认证认可的政策和要求，同时对商场经营进口商品的情况进行了调研和了解。

对免办进口的强制性产品认证目录内商品开展后续监督，对一批以测试等目的进口的样品进行了集中监督销毁。

（三）完成认监委委派对认证机构监管调查

8月，受国家认监委的委托，北京局组织执法人员对2家认证涉嫌出具虚假证书和专职审核员身份不满足规定要求等举报问题的认证公司进行了行政调查，向国家认监委提交了调查报告。此外还承担了国家认监委委托的对东方纵横认证中心涉电梯事故事件的相关认证合规性的鉴定工作。

9月，根据国家认监委管理体系认证活动监督检查工作的安排，北京局承担了对某认证有限公司的质量管理体系认证活动和认证结果的监督检查。该公司是一家注册地在新疆的认证机构，接到任务后，北京局制定检查计划，组织专业人员赴新疆开展检查工作，回京后又对该公司在北京地区实施认证的企业开展现场检查，通过抽取获证企业档案及现场检查等手段，发现了该公司有违反认证实施规则的情形，并将情况汇报国家认监委，等待下一步处理。

（四）完成认监委部署的其他工作

1月，北京局发布了《关于明确进口食品农产品入境验证要求的通知》，部署工作。全年，北京局共对三大类、一小类进口食品境外生产企业注册实施验证1 849批，其中有3批属于验证不合格，总体验证不合格率为1.5‰，情况基本良好；共受理25批次有机食品进口报检（其中 15 批次为婴幼儿配方乳粉），未发生认证信息不合格情况。各口岸机构按时上报境外食品生产企业注册的进口验证工作情况，向国家认监委报送了情况函和监管年度报。

5 月和 6 月配合国家认监委认证有效性检查工作，在两个月内完成对 110 家（次）认证机构的 4 000 份获证企业认证档案的现场抽取，为全系统开展质量体系认证有效性检查奠定了基础。

撰稿人：袁英健 审稿人：王尊岭

明确定位　严格把关　推动首都认证事业发展

——北京市质量技术监督局 2015 年认证监管工作概况

2015 年，在国家认监委和北京市质量技术监督局（以下简称“北京市质监局”或“市局”）党组的正确领导下，围绕中心，服务大局，创新进取，有所作为。一是在机制建设、资质管理、有效评价、认证帮扶工作中依法行政，创新方法，规范认证认可市场；在节水工程、清洁空气、示范区建设、宣传培训工作中加强协同，主动作为，发挥认证对政府中心工作推动作用；二是在资质管理、有机产品、地标产品工作中加强区域协作，有序推进京津冀质量发展合作框架协议的落实。通过强化认证认可的质量基础工作，持续推进质量首善之区建设。

一、落实市政府折子工程，推进节水型城市建设

会同水务部门全力推进节水型城市建设，推广使用节水型器具，引导全社会节约用水。制定了落实市政府折子工程的工作预案，确定了每季度的进度计划；与水务部门进行了座谈、沟通，形成发挥各自作用、协同推进共识；组织召开全国涉及节水产品认证的 5 家机构座谈会，通过集中调研，收集信息、统计分析，最终形成了调研报告；与市水务局联合主办的“推进节水型城市建设，推广使用节水型器具”主题宣传活动得到了生产企业、检测机构、认证机构的大力支持和消费者的积极响应，近百人参加了活动。水务部门表示今后将继续与相关职能部门密切协同，共同推广节水器具普及应用，推进节水型城市建设。2015 年市政府折子工程的有效落实是部门协作、企业响应、机构支持、社会认同的共同成果。

多年来，北京市通过技术、经济等多项措施，大力推广节水型生活用水器具，全市节水器具普及率已达 98% 以上。2014 年启动了高效节水型生活用水器具财政补贴试点工作，2015 年推广补贴换装数量为全市 5 万套，目前，换装工作基本完成。从 2015 年 12 月 1 日起，《节水型卫生洁具》国家标准开始实施。

该标准首次对高效节水卫生洁具给出定义，规定节水型坐便器单档或双档的大档用水量不大于 4.8 升；将淋浴用花洒分为三组，Ⅰ级为节水性能最好、Ⅱ级次之、Ⅲ级为基本要求。该标准的颁布实施，将更加有效地推进居民生活节水进程，将节约厨卫用水量 30% 以上。

二、落实《京、津、冀质量发展合作框架协议》，推动区域产品品牌建设

一是牵头组织召开了京津冀实验室资质认定协作第二次联席会议。通过三地在检验检测资质管理互联互通、能力验证对接协作、评审专家共建共享、培训资源要素双向流动等项工作，推进了京津冀检验检测资质管理一体化。

二是牵头组织召开了“京津冀有机产品认证示范区建设交流研讨会”。复制推广北京市延庆县成功创建“国家有机产品认证示范区”的经验，协助河北省局全力支持河北丰宁、隆化两县创建有机产品认证示范区，会同地方质监、农业等相关部门共同推动区域有机产品品牌建设。

三、推进重点用能单位能源管理体系建设

协同市发改委推进本市重点用能单位能源管理体系建设。在 247 家重点用能单位中，218 家已启动能源管理体系建设工作，占单位总数的 88%。在已启动能源管理体系建设的单位中有 53 家通过能源管理体系认证，其中 9 家单位（2013 年通过认证）已获得市财政资金

奖励。计划到2015年底完成177家，2016年3月前完成13家，2016年6月底再完成28家。目前，此项工作正在有序的进行中。

四、依法实施食品检验机构资质认定，加强事中事后监管

优化事前许可管理。组织制定《2015年检验机构资质认定监督检查计划》，开展食品检验机构资质认定行政许可工作。截至2015年底，经市局批准的食品检验机构共计57家。强化事中事后监管。组织完成了对4家获证食品检验机构的监督评审活动，督促其持续符合资质认定基本条件和评审准则要求。组织开展了49家食品检验机构的能力验证活动，满意率达98%。协调法规处、投诉举报中心、稽查总队等部门，为部分区县局接到的投诉举报案件的办理提供技术支持。这些工作的开展促进了检验机构主体责任的落实，有效防范能力风险和道德风险。

五、积极运用《认证有效性评价体系研究和示范应用》成果，开展认证有效性评价，促进认证公信力的提升

一是组织怀柔、顺义的强制性认证和延庆的有机认证共68家企业开展了认证有效性评价工作。通过发放调查问卷；开展专家现场评价；在企业自评和专家现场评价的基础上，对评价结果进行了统计分析，形成了评价报告。针对各获证组织不同情况形成相应的诊断建议，反馈给参与评价的获证组织，促进获证组织提高认证的质量和效益，支撑政府部门加强事中事后管理。

二是组织开展了通州区强制性产品认证相关知识的培训。通州区12个乡镇的质量负责人和123家强制性认证产品生产企业的280余位质量管理人员参加了培训。培训对加强基层强制性认证监管工作、推进企业质量安全主体责任落实起到积极的促进作用。

三是编纂《2014年度首都检验检测与认证资源统计分析报告》。北京市作为首都，在全国检验检测认证工作方面处于领先地位，已经形成了较为完善的检验检测认证服务体系。通过连续三年统计分析，对首都检验检测与认证资源的整合与发展具有一定的参考价值。

六、巩固和完善认证监管工作机制，强化落实认证机构主体责任，推动开展自愿性认证活动

通过落实和完善强制性产品、有机产品认证协调工作机制，强化落实认证机构主体责任，依法依规开展认证活动。充分发挥认证机构的技术支持作用，共同促进现代认证服务业的健康发展。

落实国家质检总局强制性认证产品和有机产品的监督检抽查计划。对本市企业生产的建筑安全玻璃及流通领域家用电器产品组织开展专项监督抽查工作。安全玻璃生产企业合格率为97.8%，产品抽样合格率为97.8%，家用电器产品合格率为95.0%。在流通领域对获得有机产品认证，证书数量较大、风险较高的茶叶、酒类、粮谷类、肉制品、乳制品、植物油、水果蔬菜类产品开展监督抽查工作，有机产品合格率为97.7%。配合产品处，开展生产领域汽车产品质量安全专项检查，未发现未经强制性产品认证出厂、销售机动车、证书暂停/撤销/注销后仍继续出厂、销售机动车的问题。

各区县质监局对本辖区内尚未申请认证、假冒CCC认证标志及未经认证或未正确使用标志等问题进行重点查处。截至2015年10月底，本市共立案查处20起，处罚金额1 288 295.04元，没收违法所得33 691.58元，合计罚没款1 321 986.62元。

“质量月”期间，联合北京国检局、市科委召开以“听需求、讲要求、商办法”为主题的电子商务与政府监管工作研讨会。阿里巴巴、京东商城等6家电子商务平台企业代表参加会议。用互联网的思维、大数据的手段，研究探索对电子商务产品质量安全的监管方式，促进电子商务产业的健康发展。

七、加强科技和认证宣传，提升公众质量意识和社会认知度

联合延庆县质监局、延庆县农业局等部门组织召开2015年世界认可日暨有机企业认证培训会，延庆县15个乡镇、43家有机认证企业、4家有机认证机构70余位代表参加会议。延庆县有机产品认证示范区建设，对全市的有机产业发展起到了引领和示范作用。

在全国“科技周”“质量月”期间，组织市质检院、市计量院等技术机构开展实验室开放、技术咨询、专业交流等活动，对外展示检验检测技术的良好形象，增强社会公众对检验检测能力的信心与信任。

八、深入推动政务公开和政府信息公开

与宣教中心研究制定了《2015年北京市质量技术监督局科技和认证监管宣传工作方案》。在市局网站发布信息20篇；在《北京质监》杂志发表署名文章1篇以上；微博刊发及舆情思考报送9条以上；中央、市属媒体采4篇以上；受理宣教中心安排宣传活动2次。网上咨询公开率和按时答复率均为100%。

开展食品检验机构资质认定行政许可工作，在对社会承诺的期限内办理行政许可审批业务，2015 年累计办理 78 件。按照相关要求对食品检验机构行政审批结果依法进行了信息公开。在市局门户网站公开食品检验机构资质认定的办事指南，收费标准、办理时限等信息，方便行政相对人。牵头制定《2015 年检验机构资质认定监督检查计划》，已向社会公示，接受社会监督。加强后续监管，开展食品检验机构能力验证活动并对能力验证结果进行了信息公开。

撰稿人：张淑敏 审稿人：李竞武

创新治理　优化服务 努力发挥认证认可服务天津经济发展基础作用

——天津出入境检验检疫局 2015 年认证监管工作概况

2015 年，天津出入境检验检疫局（以下简称“天津局”）围绕国家质检总局和国家认监委部署，立足地区工作实际，按照支树平局长“创优服务，创新治理”的要求，全面贯彻落实全国认证认可工作会议精神，着力深化改革，认真履行职责，扎实做好认证监管各项工作，把关与服务效能显著提升。

一、创新治理，认证监管基础作用进一步体现

（一）出口食品企业备案监管模式改革有效落实

按照国家认监委关于食品企业备案监管模式改革要求制定发布通知文件，对作业指导书中 23 项内容进行补充、修订；组织监管人员 120 余人次、企业质量管理人员 200 余人次开展专题培训，推动备案管理系统推广应用，为备案无纸化奠定基础；进一步规范备案采信第三方认证结果及备案与认证监管联动的方式、程序和问题处置，全面加强和完善出口食品生产企业备案与认证监管联动。2015 年，天津局全面采信第三方认证有效结果作为企业符合备案要求的技术证明材料，累计办理备案相关审批 62 家次，全部实现网上审批，对 212 家备案企业实施现场检查 360 厂次，其中 HACCP 认证监管 57 厂次，开具不符合项 912 个，备案与认证联动监管比例 100%。

（二）深化认证监管区域联动，凸显监管合力

继续深化华北五局认证监管联动机制，对区域内认证机构违法行为协查通报 2 次，促进区域内认证执法信息互通；与内蒙古局联合组织召开华北五局认证执法监管第三次联席会议，对各局认证监管工作进行交流讨论，对区域内信息互通、资源共享、执法联动等工作进行研究部署；联合开展“2015 年对强制性产品认证（CCC）无证行为执法查处专项行动”，探索建立 CCC 无证违法行为执法查处工作数据互通机制，进一步提升区域认证执法监管工作水平。2015 年华北五局共受理进口 CCC 产品报检 14.9 万批，审核发放免办证明 5 246 张，在入境验证与免办后续监管工作中共发现不合格货物 521 批。

地方两局合作进一步加强，联合市场监管委开展了天津辖区内认证机构走访调研活动，共同开展质量管理体系认证活动监督检查、CCC 指定实验室检查以及流通领域有机产品认证监督抽查工作，有力震慑了认证市场违法违规行为；共同开展了两局基层认证监管人员大培训，两局 150 余人参加培训，有效提升了基层认证监管工作人员业务素质。

（三）管理体系认证活动监督检查创新形式

首次与市场监管委联合开展管理体系认证活动合规性检查，采用随机抽调专家，随机分派企业的“双随机”工作模式，大力提升认证活动监管工作效能；创新检查结果反馈形式，首次与市场监管委联合召开了“天津市管理体系认证活动监督检查结果通报会”，将检查发现的六方面问题向相关认证机构进行通报。本次共检查企业 20 家，涉及证书 20 张，认证机构 7 家，出动检查人员 80 余人次。

（四）简政放权，取消了出口商品注册登记

根据国务院相关文件，对“涉及人身财产安全健康的重要出口商品注册登记”（出口商品质量许可）制度予以取消。

二、严守底线，执法把关能力进一步增强

（一）食品农产品认证监管有效性不断提高

2015年，天津局结合出口食品生产企业备案监管对39家获得HACCP认证、30家获得ISO 22000认证、2家获得FSSC 22000认证的备案企业实施了监督检查，检查情况总体良好，认证有效性进一步提升。

（二）有机产品认证监管针对性不断加强

2015年，天津口岸共查验发现不合格进口有机产品27批次，主要来自法国、美国、澳大利亚、德国等国家，产品涉及奶粉、果汁、植物油、果酱等多个类别，不合格原因主要为未获得中国有机产品认证，产品包装上标注有机字样或有机标识，已全部按照后续处理要求责令整改。在加强口岸入境验证的同时，积极与有关部门沟通协调，探索建立联动监管机制，与天津市市场委联合对伊势丹、佳世客、东疆直营店等商超专卖开展流通领域专项监督抽查，并对茶叶、肉类、酒类等7大类60个批次的有机产品进行了随机抽样。

（三）进口食品注册查验力度不断加大

按照国家质检总局相关文件要求，天津局积极落实进口食品国外生产企业注册、认证信息的口岸查验工作，对列入《目录》内的进口食品严格实施进口查验。2015年，天津口岸累计查验进口水产品2 246批、肉类30 125批、乳制品2 914批；检出不合格批次205批，不合格率0.58%，有效阻止未经注册的境外企业生产的《目录》内产品流入国内市场。

（四）CCC入境验证工作成效显著

全年共完成入境验证93 312报检批，货值196.04亿美元，对进口CCC产品无证违法行为加大了执法查处力度，空港局、开发区局、东疆局、武清局、保税办全年共发现入境验证不合格情况273批，均实施退运、整改或销毁处理。

（五）圆满完成强制性认证获证产品监督抽查工作

在进口汽车领域开展为期3个月的强制性产品认证监督检查，对25个来自不同国别生产厂家的进口汽车进行抽样检验，发现不合格车辆7台，不合格率28%，均通报认证机构采取了暂停证书处理。通过对结果和数据的深入分析，进一步掌握了汽车认证实施的总体情况，为进口汽车认证风险研判提供可靠依据。通过对问题车辆和违规企业严格处置，有效震慑了违规行为，提高了企业主体责任意识，为维护强制性产品认证制度的有效性打下良好基础。

（六）检测处理程序审批及监管有效推进

天津口岸2015年完成免于强制性产品认证的特殊用途进口产品检测处理程序共685批，其中汽车整车635批998辆，摩托车50批166辆；在进口查验和检测环节共发现不合格机动车辆7批8辆，涉及VIN打刻变动、排放、噪声等项目不合格，均已下达退运通知，发现的不合格批次数为历年最高，有效维护了检测处理程序的有效性，严把进口汽车安全关。

三、创优服务，认证监管服务发展作用凸显

（一）帮促出口备案企业适应质量型差异化的新常态

针对外贸食品行业整体出口形势萎靡，国内市场需求旺盛的新形势，天津局主动作为，加大与市场委等有关部门的沟通力度，搭建内外销企业沟通平台；向辖区内出口食品备案企业发放调查问卷，摸清底数，开展调查研究；走访困难企业，组织企业座谈，了解掌握备案企业内销需求；鼓励出口食品备案企业获得HACCP认证，引导出口企业加大国内宣传，参与“供港生鲜”等优秀销售平台，积极推动内外销产品“同线同标”，帮助企业适应外需不足和国内市场竞争呈质量型差异化的新常态，凭借优质的产品质量，合理的价格定位，树立良好企业形象，促进出口企业不断开拓国内市场。据不完全统计，2015年天津地区出口食品备案企业内销金额188.1亿元人民币，在外贸出口整体下滑的形势下，实现了逆势增长。

（二）提升CCC免办工作效率，确保国家生产建设急需物资快速通关

为进一步提升审批效率，在开发区局试点推行免办申请无纸化，考核并选取9家业务量大、管理规范的企业进行试点，共发放证明1 552份，无纸化办公的推行为企业提高效率、降低成本，取得良好社会效应；在后续监管工作中采用风险分析的方法，对不同类型、

不同风险等级的企业有针对性地采取不同监管频次和监管手段，合理分配执法力量，科学完善执法布局，重点监管申请企业建立起了科学有效的免办产品管理机制。全年共受理免办申请 3 609 批，审核并发放免办证明 3 480 张，货值 12.44 亿元人民币，涉及企业 234 家。

（三）围绕中心、服务大局认证认可宣传成效显著

以“3·15”、世界认可日、有机产品宣传周等为契机，广泛深入地开展认证认可宣传工作，各分支机构根据辖区特点开展了形式多样的宣传活动，比如针对不同公众的需求有针对性地提供认证认可宣传服务，围绕活动主题走进商场，向消费者宣传认证认可知识；针对消费者日常接触较多、社会普遍关注的进口有机产品的现状，组织开展了“有机产品知识进社区”活动，通过展板宣传、有机产品实物展示等形式，向社区居民进行法规宣传和知识普及，消除消费误区，提高认证认可社会认知度；全年共计发放宣传材料 1 000 余份，宣传海报 200 套，现场解答问题 180 余条，使认证认可传递信任服务发展深入人心。

四、固本强基，认证监管能力建设稳步推进

（一）实验室检验检测能力稳中有升

进一步提升检验检测能力，2015 年天津局化矿金中心、工业品中心、动植食中心和保健中心（以下简称“四大中心”）通过 4 次评审，共扩大检测范围 227 项，天津局四大中心检验检测机构资质认定和实验室认可项目达到 3 158 项。工业品中心首次获得检验机构资质，扩大棉花、纸浆、货物装运和危险货物鉴别等 4 个检验领域，共计 28 个检验标准或作业指导书。

（二）实验室能力验证活动稳步开展

2015 年，天津局动植食中心实验室组织完成国家认监委下达的能力验证计划 1 项 – 牛赤羽病 ELISA 检测，担任裁判员对全国 20 家实验室该项能力进行了评定；四大中心参加各类能力验证活动共计 100 项，其中国家认监委 A 类能力验证计划 10 项，B 类能力验证计划 12 项，能力验证机构组织的能力验证活动 78 项，共涉及 338 个参数，满意率达 93.2%，基本覆盖实验室检测全部领域。

（三）实验室管理体系有效运行

建立检验检测机构资质认定检查制度，通过检查提出问题，督促四大中心不断完善和改进实验室管理体系，持续保持实验室管理体系的适宜性、充分性和有效性；积极完成国家检验检测服务业统计工作，完成率和通过率达到 100%。

（四）加强培训夯实人才基础

持续加大培训力度，全年组织开展了专题培训 9 班次，参训人员近 500 人次。特别是在天津局党组的大力支持下，探索了从第三方购买服务的新形式，选派 30 名业务骨干参加了 CQC 举办的“质量管理体系国家注册审核员”培训班，这次培训属天津局近十年来的首次组织，通过专业、系统地学习培训进一步提升了天津局管理体系监管专家组业务水平。

经过持续不断地加大人才培养力度，天津局已经基本建立了强制性产品认证监管、出口食品生产企业备案、实验室资质认定和认可、管理体系认证活动监管等四个专家库，为天津局认证监管工作提供有力支撑。

撰稿人：殷 彪 审稿人：薛凯萍

求真务实　创新发展　全力提升认证认可履职能力

——天津市市场和质量监督管理委员会 2015 年认证监管工作概况

2015 年是“十二五”收官之年，天津市市场和质量监督管理委员会（以下简称“天津质监委员会”）紧紧围绕年初工作目标和“十二五”规划，齐心协力，较圆满地完成了 2015 年和“十二五”期间的各项重点工作，取得了一定成绩，得到国家认监委的肯定。

一、重点工作，稳步推进

天津市作为国家认监委首次以地方检查为组织主体的 2 个试点省市之一，对 CCC 指定实验室的监督检查，国家认监委在总结和肯定天津市工作经验的基础上，已向全国逐步推广且检查范围和领域逐步扩大和深入。

作为国家认监委对检验检测机构统计工作首批试点省市，2014 年试点工作得到了国家认监委充分的肯定。2015 年国家认监委总结甜酒酿市经验并在全国进行推广复制。

京津冀协同发展，内容丰富，范围扩大。在继续与北京加强“双城”合作，京津冀三地联合开展了食品检验机构质控考核（能力验证）活动，考核食醋中苯甲酸、山梨酸、镉和汞四个项目。最终天津 40 家机构的整体通过率 90.0%，对于 4 家结果不满意的机构已取消了相应的检验能力。联合河北省开展了煤炭检验检测机构的能力验证和对纺织纤维检验机构的神秘买家送检活动，对 1 家结果不满意的煤炭检验机构已取消了相应的检验能力，提高了机构在服务经济社会发展过程中的技术能力和技术支撑的作用。与北京、河北省联合开展培育发展有机产品示范区监督管理经验交流活动。为当前新形势下构建认证认可工作的区域联动监管模式，提升天津市的认证认可监管能力奠定了基础。

二、关注热点，服务大局

积极配合建设“美丽天津 · 1 号工程”建设，继续开展对煤炭检验机构现场监督检查和能力验证，进一步提高检验检测机构在服务经济社会发展过程中技术支撑和不可替代的作用。

扎实做好机动车安检机构标准变更工作。2015 年是安检机构标准由 2008 年版变更为 GB 21861–2014 版，天津质监委员会本着严格行政审批、全面开展培训、强化主体责任、实现网格管理的工作思路，扎实推进标准变更工作，不留后患。截至 2015 年底，全市安检机构全部完成了这次标变任务，达到预期效果。

三、强化监管，提高能力

强化事中事后监管。2015 年，天津质监委员会从认证过程、检验检测过程、监督检查等方面，特别注重从事中、事后关键环节入手，对 120 家计量认证获证检验检测机构和坐落在天津市的全部 8 家认证机构进行现场检查，主动发现问题。对现场评审中发现的违法违规行为和被举报存在违法行为的机构进行了立案查处；对超范围及空档期出具报告的机构，依法进行了严肃处理，对不按标准检验出具虚假报告的机构，进行了行政处罚，并移送相关部门做暂停其检验资格的处理。1 月—11 月，完成 139 家检验检测机构的认证，其中新增检验检测机构 22 家。积极推动天津市司法鉴定机构的认证工作，截至 2015 年底，已完成对 8 家机构的资质认定工作。积极联合市农委，推动对检验检测机构计量认证和农委认可“二合一”评审模式，实现部门联动。2015 年，共查处检验检测机构违法问题 5 起，罚没款 20 余万元，暂停检验资格 3 家。对在专项检查中发现涉嫌违法违规的 4 家检验检测机构正在调查核实。

开展强制性产品认证监督抽查。一是对童车生产企业获证产品开展监督抽查；二是开展强制性产品认证获证生产企业日常巡查。共计巡查强制性产品认证企业 648 家，巡查 708 家次，出动执法人员 1 500 余人次；三是开展强制性产品认证执法检查，自愿性管理体系认证专项检查和有机产品的监督抽查。对发现的问题已按要求相关单位，并做好后处理工作。

四、苦练内功，扩大影响

2015 年，天津质监委员会制定和完善了认证工作、检验检测机构等5项制度并认真组织实施。一是搞好认证业务培训。6月，由天津质监委员会牵头北京、河北、山西、内蒙古、安徽省质监局，天津检验检疫局在天津举办华北五省、市、自治区及兄弟省市认证监管联席会议暨认证监管人员培训班。天津检验检疫局及天津质监委员会系统全部认证监管人员共160余人系统地学习了认证监管相关法律法规和认证业务知识。结合总局163号令、165号令的实施，分别对全市近400家检验检测机构和54家食品检验检测机构负责人及评审专家进行培训，受训人数近千人次。二是加强部门联动。2015年，天津质监委员会次组织公安交管部门、天津检验检疫部门、市商务部门、司法部门以及认证机构共同参与对安检机构、司法鉴定机构、有机产品、能源认证、管理体系等工作进行联合执法检查，收到很好效果。三是加强认证工作宣传。充分利用“世界认可日”这个平台，多种形式开展认证知识进机关、进学校、进乡村、进社区、进企业、进单位活动，营造全社会“关心认证、参与认证、享受认证”的良好氛围。今年组织各类宣传活动29次，参与人数3 000余人次。发表信息简报及媒体稿件18篇。其中，《天津日报》1篇，市政府办公厅1篇，国家认监委3篇，《中国质量报》1篇，委网站12篇，进一步扩大了对认证工作的影响。

撰稿人：张　争　审稿人：王　静

突出创新发展　监管服务并举
以新理念开创河北认证认可工作新局面

——河北出入境检验检疫局2015年认证监管工作概况

2015年，河北出入境检验检疫局（以下简称“河北局”）以全面贯彻落实全国质检工作会议和全国认证认可工作会议精神为主线，按照河北局党组“全力改革攻坚、全面跨越发展”的工作部署，以“创优服务、创新治理”为总体要求，以“打造沿海强局”为目标，按照认证监管工作总体工作思路和任务目标，构建“放、管、治”三位一体质量提升格局，重点围绕机制与模式出新、优化与提升并重、精做与实做并举，充分发挥质量基础作用，全力服务经济发展新常态，认证监管工作步入发展新时期。

一、突出创新发展，五项举措推进简政放权初见成效

（一）程序“规范”

进一步规范河北局出口食品生产企业备案工作管理工作，简政放权，优化备案工作程序，修订了《河北出入境检验检疫局出口食品生产企业备案管理工作程序（试行）》，重点强化企业主体责任，提升监管效能。截至2015年12月底，年度新增63家。对30家《备案证明》有效期届满，未申请延续或经复查不符合延续备案要求且未提交年度报告的企业撤销了备案证明。621家备案企业全部提交年度报告，实现了备案企业的全覆盖。备案监管人员对企业年度报告进行了详细的核查，对每一家企业都出具了《出口食品备案企业风险评估报告》。

修订了《河北出入境检验检疫局免于办理强制性产品认证证明实施细则》。截至2015年10月31日，对69家的免于办理强制性产品认证证明的200项申请进行严格审核，有43项申请不符合免办条件，实际发放免办证明157份。

（二）权利“下放”

河北局将出口食品备案申请的受理及制发证工作和《备案证明》的注销工作全部下放至分支机构，同时规定，除七大类外，已纳入食品生产许可管理、国家质检总局出口食品农产品质量安全示范区内食品生产企业申请备案产品，经河北局确认，有效的第三方HACCP体系认证等可被采用，备案技术审核时可免予实施现场检查。

河北局根据免办CCC证明审批工作管理情况，进一步推进入境免办CCC证明产品后续监管的分类管理

水平。将免办CCC证明审批权限下放各分支机构下放，并将对流通领域进口强制性产品认证监督抽查的工作下放到分支机构完成，通过开展有效的督导，提升监管效率，全面推进通关贸易便利化。

（三）流程“优化”

河北局进一步优化审批流程，简化审批手续。通过采信企业自我声明、年度质量安全报告、HACCP认证信息，进一步优化备案监管模式，推进备案监管工作提质增效。简化国内备案与对外推荐注册评审程序，实施国内备案与对外推荐注册二合一评审，协调有关部门做好接待国外预检、注册复查工作，帮助企业巩固和扩大国际市场份额。

（四）监管“加强”

河北局通过加强对后续监管的日常督查，提高事中事后监管的能力，实现责任和权力同步下放、放活和监管同步到位及监管效能的大力提升。积极开展儿童用品类产品强制性产品认证质量安全专项排查工作。根据《国家认监委关于开展儿童用品类产品强制性产品认证质量安全专项排查的通知》，对全省进出口儿童用品类产品强制性产品认证质量安全进行了排查。最大程度上降低了进出口儿童用品质量安全风险。

（五）能力“提升”

开展《出口食品生产企业安全卫生要求》相关内容网络培训，全面提升出口食品生产企业备案监管人员和评审员审核技能和业务知识水平；举办了“河北检验检疫局免于办理强制性产品认证证明监管人员培训班”和“河北局系统出口食品卫生备案评审员培训班”，培训全系统100人，实现了提升监督管理人员能力与水平的预期目的。

为了强化后期监管，组织全省系统政策理论的研究工作，组织“第十三届全国HACCP应用与认证研讨会”并获佳绩。收集优秀论文30篇，深入开展质检政策研究工作要点，河北局将《进出口食品企业备案采信第三方工作研究与推广》列为2015年重点政策研究课题，为出口食品备案乃至检验检疫领域采信第三方工作奠定了基础。由河北局联合邢台局、燕郊办撰写的《出口食品企业备案采信第三方工作研究与探讨》获得征文优秀奖。在“河北检验检疫局免于办理强制性产品认证证明监管人员培训班”过程中，邀请了国家认监委专家和北京局、天津局的主管领导，就京津冀一体化协作进行了深入的沟通和探讨，达成统一的认识，有效提升了免办CCC证明工作的业务能力水平。

二、突出执法把关，管理体系认证执法活动成效显著

河北局为加强质量管理体系认证市场的监督管理，根据《国家认监委关于印发2015年认证认可各业务领域监督检查工作方案的通知》，结合河北省认证市场实际，认真查找以往监管过程的法律盲区，认真谋划，精心组织制定了《河北检验检疫局2015年管理体系认证活动监督检查工作方案》，由原来的以企业前置审批为工作重点向以认证机构合法性检查为工作重点的监管模式转移，突出依法行政与服务提升并举，全面构建认证认可行业治理新机制。

通过培训、现场指导、案例研讨、制定长效机制等一系列举措，深入开展管理体系认证活动监督检查工作，取得了显著成效。共对76家出口企业管理体系认证活动及HACCP认证活动开展联合执法监督检查，出动认证执法检查人员230余人次，涉及发证机构23家，认证证书131张。对1家违规认证机构实施了处罚，对4家认证机构进行了约谈。

（一）认真组织，加强领导

组织有关人员认真研究管理体系认证活动监督检查工作的新情况、新问题，积极探索创新有效监督检查方法和途径，采取周进度汇报和月督导检查的方式，努力提高监督检查工作执行力度，确保监督检查工作落到实处。

（二）深入调研，精心筹备

为加强质量管理体系认证市场的监督管理，进一步提高第三方认证机构审核活动的合法性和有效性，组织有关人员对全省出口企业按照获证类别、出口商品种类、认证机构名称进行摸底，全面掌握全省认证企业及机构分布情况，精心制定并下发了《河北检验检疫局关于印发2015年管理体系认证活动监督检查工作方案的通知》（冀检认函［2015］192号）和《河北检验检疫局认监处关于对管理体系认证活动监督检查工作进行督导的通知》（冀检认便函［2015］21号）文件，明确了检查重点与方法。

（三）定目标，提要求

以问题为导向对往年认证监管工作中发现问题较多的认证机构实施重点检查；精心挑选检查人员，将责任心强、有工作能力、具有质量管理体系知识的人员列入审核组，组成强有力的行政执法队伍；规范程序，把证据做足做实，充分利用现代科技手段进行检查，如有必要可携带照相机、摄像机、录音机进行取证，

要保存好相关资料，以备后查。

（四）抓培训，建队伍

及时召开动员培训会，交流了认证有效性监督检查的工作经验和技巧；利用网络平台组织了 ISO 9000、ISO 18000、HACCP、ISO 22000 等四个管理体系知识的培训。通过培训大大提高了监督检查技能，建立了一支业务精、作风正的认证执法队伍，确保了认证执法工作的有效开展。

（五）重督导，求实效

针对大多数分支机构存在查找违规事件难的问题。河北局组成三个督导组分别到不同分支机构进行督导，把控工作进度和质量。对在检查中发现的重大问题、疑难问题、把握不准的问题要及时沟通，集思广益，认真分析、准确定性，促进了管理体系认证活动监督检查工作的开展。

三、突出质量引领，扎实开展“世界认可日”主题宣传活动

河北局围绕 2015 年“世界认可日”的宣传主题，以认证认可服务“一带一路”及“京津冀一体化”为切入点，对全局系统的宣传活动进行了安排，扎实开展主题宣传活动。提前发放统一宣传海报 1 000 份。各分支机构明确主题、创新形式，在规定的时间内充分利用新闻媒体组织采访、专题报道等多种形式开展社会宣传，增强社会、企业对检验检疫部门和认证认可工作的深入了解。活动当日，河北局派员参加国家认监委认证认可服务“一带一路”愿景与行动启动仪式，参与认证认可系列主题活动；在河北局官网开辟“在线访谈”节目，接受在线用户咨询、解答问题 19 个。

四、以创优服务为目标，全力构建服务企业发展新格局

河北局紧紧围绕培育经济增长新优势、推进简政放权、积极开展对外注册等服务举措，全力构建服务企业发展新格局。

（一）培育经济增长新优势，推进出口企业转型升级

按照中央供给侧改革的有关精神和要求，积极推动出口食品备案企业内销转型，引导出口企业“同线同标”出口转型。秦皇岛正大食品有限公司、石家庄纽康恩食品有限公司、石家庄长城食品有限公司等 10 余家企业把同一生产线生产、同一安全卫生控制标准的商品供应国内市场，其中仅秦皇岛正大内销产品货值已达 5 000 余万元。同时，推介 30 家企业参加国际品牌管理中心在北京举办的供港“同线同标”产品招标会，积极帮助企业打开新的销售市场。

（二）落实简政放权，开辟出口企业便利化通道

从简化国内备案与对外推荐注册评审程序入手，将出口食品备案的受理和发证权限下放至分支机构，力争一次评审达到符合不同进口国家和地区要求。放宽准入条件，推动合理采信社会第三方合格评定结果，采信等效 HACCP 认证结果，经过探索，决定从 2016 年开始，对没有特殊要求的初级农产品获得第三方认证结果的一律免于备案现场检查，并逐步实现低风险换证复查备案企业的直接采信。

（三）积极开展对外注册，拓宽出口企业国际市场份额

加大对外推荐力度，积极帮助符合条件的企业开展对外注册，不断拓宽对外注册国别和产品类别，巩固和扩大国际市场份额。2015 年，河北省共有备案企业 621 家，新增备案企业 30 家，推荐 28 家水产、低酸罐头、肠衣、蛋制品、屠宰加工厂对韩国、美国、欧盟、马来西亚注册和独联体国家注册，既巩固了传统出口市场又开拓了“一带一路”沿线国家等新兴市场，新增备案企业和对外推荐企业数为近年来最多。

撰稿人：李树昭　审稿人：廉荣常

多措并举　服务发展

——河北省质量技术监督局 2015 认证监管工作概况

2015 年，河北省质量技术监督局（以下简称“河北质监局”或“省局”）紧密围绕“融入中心抓质量、多元共治保安全、转变职能促发展、适应形势强质检”的总要求，在推动协同发展、引导检验检测服务业发展、服务生态文明建设、服务环境治理等方面主动作为，扎实工作，狠抓落实，圆满地完成了各项工作任务。

一、行政审批工作得到了进一步规范

为进一步推进河北省行政审批制度改革，加强事中、事后监管，建立、健全长效机制，严把审核关口，严格依法行政，创新监管模式，提升工作质量，依据质检总局 2015 年 8 月 1 日实施的《检验检测机构资质认定管理办法》（质检总局令第 163 号，以下简称“《办法》”）等法律法规要求，结合河北省实际，出台了《河北省质量技术监督局关于深入推进检验检测机构资质认定工作的意见》。进一步明确检验检测机构资质认定受理、审批委托下放事项；强调优化工作程序，强化办事效能；完善事前管理，突出检验检测机构的规范诚信；加强评审员管理，严守资质认定工作的纪律规定；加强事中监管，确保审批各环节的严肃性；严格事后监管，明确证后监管责任。全年审批资质认定实验室共计 1 071 家，其中首次认证 126 家、复查换证 304 家、复查加扩项 281 家、扩项 171 家、不予许可 58 家。各类变更 132 家；暂停 19 家；注销 12 家；撤销 2 家。

二、积极宣贯新规章制度

新颁布的《检验检测机构资质认定管理办法》（国家质检总局 163 号令）和《检验检测机构资质认定评审准则》由于颁布的时效性的限制和贯彻实施的时间要求，给全系统的宣贯带来了压力。全系统共同努力克服时间紧、任务重的困难，首先组织经验丰富并有授课能力的同志参加了国家认监委组织的师资培训，各位授课老师认真准备讲义和课件，认证认可协会本着进一步降低成本的原则认真准备教材。在各市局的认真组织下，在认证认可协会和教育中心的精心安排下，圆满完成了《新资质认定管理办法》《新评审准则》宣贯、培训任务。来自全省各类实验室的最高管理者、技术负责人、质量负责人等共计 2 903 人和来自各检验检测机构的 6 000 余名内审员参加了宣贯培训。同时组织完成了对实验室评审员的换证培训考核工作，600 余名评审员参加了培训考核，考核合格的评审员经核查确认专业进入评审员专家库。

三、加强检验检测机构证后监管工作

省局开展了对获证实验室的飞行检查，检查实验室 40 家，抽查检验报告 1 000 余份。各市局均安排并组织了对检验检测机构的证后监督检查，许多市局注意了监督检查方式的创新，张家口市局集体约谈环境检验检测机构，要求检验检测机构牢固树立法律意识和责任意识。秦皇岛市局召开全市煤炭、机动车尾气检测机构专项整治工作会，要求切实加强日常管理，保证管理体系的有效运行，确保检验检测数据质量。与省环保厅联合开展了邢台、邯郸、石家庄、保定四市的机动车尾气检验检测机构能力验证活动，服务河北省大气污染治理。目前已对邯郸、石家庄、邢台等地机动车尾气实验室 110 家现场盲样考核，现场考核的数据反映参与能力验证的实验室约 20% 不合格；针对在 PM2.5 检测市场河北省缺乏话语权的问题，与环保厅环境监测处、环评处共商了关于 PM2.5 能力确认的问题，提出了比对方法认定量值及检测设备设施的要求、确保认证检测机构数据可靠等有效措施，对如何确认该检测能力找到了救济渠道，为我省检验 PM2.5 参数能力资质认定和争取检测市场提供了保障，特别是为服务河北环境治理提供了技术保障。

四、把握协同发展大局，推动京津冀认证认可工作的交流与合作

一是参与了北京市质监局主办的京津冀三地食品实验室的能力验证活动，河北省 47 家食品实验室参加了此次能力验证，合格率为 79%。二是联合京津两地

专家对河北省部分建工、煤炭检测实验室进行了现场监督检查，实现了三地实验室资质评审员的首次交流合作，为构建京津冀三地认证认可工作的联动监管新模式奠定了基础。三是河北省牵头会同天津市场委共同探索了“神秘客户”的监管新方式，委托河北德隆再生资源科技有限公司充当“神秘客户”，将定制的纺织品样品由“神秘客户”分别送到河北的13家实验室和天津的6家实验室进行委托检测，根据收回的检测报告，客观评价各实验室出具数据的可靠性和有效性，发现各实验室在委托检测流程和检测报告出具等方面存在的问题。四是联合北京市质监局共同组织举办了“京津冀有机产品认证示范区建设研讨会”，有力促进了京津冀有机产品认证示范区建设和有机产品认证监管长效机制的建设，达到了共同推进区域有机产品品牌建设的目的，得到了国家质检总局、国家认监委的好评，受到了国家级新闻媒体的关注。

五、服务区域经济发展，积极培育和推进有机产品认证示范区创建工作

为发挥认证传递信任、促进经济发展和生态文明建设的作用，落实十八大提出的“生态文明建设”的要求，2015年以来，在河北省张家口、承德等自然环境良好、区域特色突出的县、市，培育开展了“有机产品认证示范区（县、市）”的创建活动，并对创建积极性较高的丰宁县、隆化县、围场县予以了重点扶持和指导。一是进行政策性的指导，重点就示范区的创建条件、申报程序及政策要求等事宜进行了咨询指导，并组织承德市局、丰宁县政府的有关人员与国家认监委进行对接交流和座谈，赴全国第一批示范县北京延庆进行了学习考察和实地参观；在隆化县召开的动员会上，对有机认证知识及示范区创建要求进行了重点讲解。二是进行实地考察指导，帮助丰宁县、围场县厘清了各个有机产业经营组织的申报主体资格；指导和配合丰宁县政府召开了有机产品认证示范创建区推进会议，邀请国家认监委有关领导到会讲话并参观指导。三是进行申报工作的指导，在帮助丰宁县、围场县完善申报资料的同时，对申报材料的真实性和与申报条件的符合性进行了审核把关，并拟定评估报告和推荐意见报国家认监委审批。四是进行质询答辩的指导，率丰宁、围场县政府的有关人员，参加了国家认监委组织的有机产品认证示范创建区的专家质询答辩，并全程跟踪予以指导。

六、围绕管理机制建设，率先实施了实验室的分类监管

为强化证后监管手段，实现对检验检测机构的有效监督，率先在全国制定并印发了《实验室资质认定分类监管办法》，首次提出了用分值法对实验室实施分类监管的模式。国家认监委在河北省《办法》的基础上印发了《检验检测机构资质认定分类监管实施意见》。截至2015年底，已完成对1 435家实验室的分类工作（机动车安检除外），其中，A类实验室133家，B类实验室1 017家，C类实验室222家，D类实验室63家。下一步，将根据实验室的监管类别等级，实施监督力度和监督频次各不相同的分类监管。

七、加强宏观政策研究，起草了促进检验检测产业发展的指导意见

近年来，河北省检验检测实验室得到了飞速发展，形成了一定的产业规模和实力，但与新形势、新要求还不相适应，存在市场活力、创新动力不足，重复投入、服务形式单调，品牌意识不强、国际化程度不高，体制机制僵化、高端人才短缺等问题。这些问题已成为影响河北制造、河北创新、河北形象的短板。在新形势下，把促进检验检测产业发展放在更重要的位置，更新理念，完善体制机制，营造良好环境，加快发展检验检测产业，进一步发挥检验检测高技术服务业、产业服务业、科技服务业的作用。为此促进检验检测产业发展，力促省政府办公厅印发了《关于促进检验检测服务业发展的指导意见》。

八、积极创新监管方式，加强了对认证活动的事中监管

强制性认证监管方面，实施了对认证活动的现场观摩。组织省直管县（市）局一线监管人员和设区市局新轮岗人员，对中国质量认证中心和北京中轻联认证中心在我省开展的童车认证进行了现场观摩，了解认证流程和要求，发现认证企业、认证机构及认证检查员的问题。自愿性认证监管方面，实施了对认证活动的见证检查。组织市、县（区）局开展了有机产品认证的见证检查活动，对11家认证机构为27家企业实施的认证现场检查活动进行了见证，见证发现6家认证机构、24家企业存在不同程度的问题，已责令做出整改。无论是强制性认证的现场观摩，还是自愿性认证的现场见证，都是强化事中监管的一种手段，在达到监管目的的同时，也实现了锻炼认证监管队伍。全省全年共组织完成了对865家强制性产品认证企业、65家管理体系认证企业、221家食品农产品认证企业的监督检查；抽查强制性认证产品（手机）20批次，有机产品74批次。

撰稿人：杨　金　审稿人：李俊海

强化监管措施　提高认证认可监管效能

——山西出入境检验检疫局2015年认证监管工作概况

山西出入境检验检疫局（以下简称“山西局”）认证认可工作紧紧围绕山西经济发展新常态，认证认可工作新机遇、新特征、新考验，全面贯彻“十二字方针”，在唱响“家和万事兴”上做文章，突出“创优服务，创新治理”，全面推进认证认可各项工作顺利开展，为促进山西转型发展做出贡献。

截至2015年底，在册食品农产品企业共计133家。其中卫生备案企业96家，供港澳活牛饲养场4家，植物产品注册企业16家，种苗花卉注册企业9家，食用动物饲用饲料注册企业6家，出口动物及非食用性动物产品注册企业2家。其中2015年卫生备案企业完成情况，共完成卫生备案企业评审17家，其中延续备案6家，新申请企业11家，通过采信第三方认证方式通过的企业6家。

在质量许可方面，在册出口输美陶瓷企业5家，出入境检验检疫熏蒸消毒处理单位1家，出口木制包装熏蒸、热处理标识加施企业30家，出口竹草木制品企业2家，出口食品包装备案企业12家，出境水果包装厂40家，注册果园100家。其中2015年完成出口输美日用陶瓷年审3家，新申请考核1家；完成出口木制包装熏蒸、热处理标识加施企业复查换证考核13家；完成出口食品包装备案企业复查换证考核4家，完成出境竹木草制品生产企业年审1家；完成出入境检验检疫熏蒸消毒处理单位资格复查考核1家；完成出境水果包装厂注册登记考核12家，其中新注册6家；完成出境水果果园注册登记考核25家，其中新注册11家。

入境强制性认证（CCC）产品免办26批，涉及货值30亿元。六种产品，涉及手机、放电管、低压开关等产品。

一、进出口食品生产企业卫生注册登记工作概况

截至2015年底，山西辖区在册出口食品备案企业96家，其中，对国外注册企业13家，分别为对美国注册果蔬汁企业11家，对加拿大注册低酸罐头企业1家，对欧盟注册兔肉企业1家。2015年，出口食品备案企业新增11家，换证6家，取消5家，另有1家企业更名。

2015年，山西局着力推进永济宝达食品有限公司生产的低酸罐头对加拿大的注册工作，该企业已于6月经国家认监委推荐在加拿大注册，产品顺利出口，取得了良好的成效。截至2015年底，山西辖区有效对外注册企业13家，与2014年同期对比，对外注册企业增加1家。

二、认证监管相关工作完成情况

（一）深化行政许可改革，精简放权，保质量，保安全，促进山西食品农产品出口

1. 大力落实国家级出口食品农产品质量安全示范区检验检疫监管便利化措施

2015年通过便利措施注册的企业共计27家。主要是出口果园注册、出口食品企业备案。一是简化备案注册程序。国家级示范区内出口果园注册、出口食品企业备案初次申请企业，由施检单位先期进行技术指导，申报材料经审核组审核合格后予以备案。复查换证企业，申报材料经审核组审核合格后予以注册和备案。对于初次和复审通过便利化方式取得注册资格的组织，须在半年内接受山西局现场检查，现场发现不符合注册条件者，限期整改；限期整改无效者，取消注册资格。二是优先对外推荐注册。国家级示范区内出口食品生产加工企业符合进口国法律法规要求的，优先对外推荐获得进口国或地区的卫生注册。国家级示范区内出口水果包装企业和果园符合检验检疫双边协议要求的，检验检疫处室或分支机构优先对外推荐获得出口美国、加拿大、澳大利亚等高端市场。

2. 简政放权，提质增效

在出口食品生产企业备案管理简政放权，推出新机制，提质增效。一是充分发挥全局业务部门的职能作用，

共同推进行政许可各项工作建设，对从业人员的职责、权力进一步规范，强化属地管理，统筹出口食品生产企业定期监管任务，下放监管事权，做到职、权、责高度统一。二是积极探索备案采信方法，简化备案程序，调高备案效能。2015 年下半年，山西局逐步探索试行了三种采信模式：国家级食品农产品示范区内的出口食品企业备案、出口食品企业获得 HACCP 第三方认证、出口食品企业自我申明等。对 74 家出口食品备案企业的内审员进行了确认。三是在行政许可过程中全面推行的“三分离”原则，加严监督问责；在从业人员中全面开展职业道德教育，不断提升认证认可文化软实力；突出监督职能，强化监察部门对行政许可过程中的实时监督；严格落实中央八项规定和《厉行节约反对浪费条例》；完善行政许可廉政风险防控建设。

3. 精简流程，促进出口

经过山西局认证部门对出口果园和果园包装厂的全力推进，山西省现有出口果园 100 家，出口果园包装厂 40 家，注册果园面积 23 万亩。2015 年，山西局继续促进晋南地区的水果持续发展，1 月—10 月，出口水果近 10 万吨，苹果还销往了美国高端市场。一是积极推进示范区建设，提高山西农产品总体质量水平，实现生产基地的区域化布局、标准化生产、规范化管理和科学化种植。二是帮扶出口食品农产品企业通过 GAP 认证，加大对农业投入品的管理，确保农药残留不超标；在原料种植场、养殖场和生产加工企业推行便利化措施，促进有序竞争，保证市场活力，不断提升地方企业的出口实力。三是在出口水果企业中实施文件审核注册办法，加快许可速度，缩短许可流程。

4. 创新监管模式，服务举措升级，极大提升山西省外贸的发展

2015 年山西省进出口经济形势面临着下行的巨大压力，全省进出口贸易额极大下滑。山西局积极适应山西转型跨越发展思路，及时调整 CCC 免办管理模式，优化审批环节，缩短审批时间，积极促进富士康 CCC 免办产品通关便利化。1 月—10 月，经过山西局办理的入境 IPHONE 手机数量有 153 多万部（套），货值达到29亿元。据海关统计，富士康进口的IPHONE手机，进料加工口后出口总值占全省出口贸易的 40%。

为进一步提升对富士康 CCC 免办产品后续监管效能，采取了多项具体措施。一是创新 CCC 免办监管工作模式。通过制定《CCC 免办工作规范》，创新产品后续监管工作模式，确保产品通关及时，没有出现滞留港口现象。二是实施 CCC 免办核销监管，对进料加工的放电管和 IPHONE 手机随时核销。三是对放电管的报废管理进行监督，有效保证 CCC 免办产品用途和使用一致，防止报废产品流入市场。

（二）转作风，促进企业提质增效，扩大认证认可影响力

1. 大力宣传“世界认可日”基础作用

2015 年 6 月 9 日是第八个世界认可日。根据国家《推动共建“一带一路”建设的愿景与行动》和国家质检总局《关于推进“一带一路”建设工作的意见》和《国家认监委关于举行 2015 年世界认可日活动暨“认证认可服务‘一带一路’建设愿景与行动”启动仪式的通知》（国认办函［2015］41 号），和《山西检验检疫局“世界认可日”宣传活动工作方案》要求，在太原和大同、朔州、阳泉、长治、侯马、太原机场等地开展了“认证认可——健康与社会关怀”、“创优服务，创新治理，家和万事兴”等认证认可宣传活动。于洋局长亲临现场，向当地消费者发放认证认可各类宣传资料。全系统共出动 60 多名检验检疫人员，通过张贴“世界认可日”宣传画等方式，向山西消费者发放认可日宣传资料 30 种近 10 000 份，向消费者介绍了认证认可在健康与社会关注、家和万事兴的基础作用，认证认可已经成为山西省质量基础设施的重要组成部分，成为广大人民群众生活密不可分的重要组成部分。

2. 组织开展“有机宣传周”活动，加快发展现代农业、大力推进生态文明建设

9 月 29 日，山西局联合山西美特好连锁超市股份有限公司在山西太原美特好超市举办 2015 年“新《食品安全法》实施贯彻暨有机食品安全宣传活动”。全市 70 家美特好超市联合进行宣传，共制作吊旗 1 450 个，易拉宝 32 组，发放各类资料 10 余种，包括 10 000 份新《食品安全法》宣传页、有机产品认证、有机产品知识等宣传资料。检验检疫人员现场解答消费者的食品安全和有机产品安全等问题，并进行了互动。

为确保本次活动顺利开展，山西局联合山西美特好连锁超市股份有限公司成立“有机宣传周”系列活动领导小组，制定了《“新〈食品安全法〉实施”及“有机食品”宣传活动方案》，通过系列活动广泛宣传新《食品安全法》和有机生产、生活理念，全面展现有机产业发展及有机产品认证实施成果，构建多元共治的认证市场治理体系，促进山西食品农产品产业的健康发展，助推农业可持续发展和生态文明建设。活动期间，检验检疫人员和消费者积极互动，向市民宣传普及食品安全和有机生产、生活理念及基础知识。

（三）夯实素质，提高检验检疫人员把关能力

1. 对全系统卫生注册评审员进行再评价

为了完善人员出口食品企业备案制度，建立从业人员诚信档案，提高出口食品卫生注册人员从业效能，3月，山西局对全系统50名出口食品卫生注册评审员进行了再评价。一是从出口食品管理人员的知识结构适应性方面进行了专业能力评价；二是从近几年对出口食品备案企业监督管理的绩效方面进行了评价；三是从加强行业自律管理方面进行了评价。通过持续评价，促使山西局出口食品卫生注册评审员队伍不断提升执法能力，服务出口食品企业的发展。

2. 对出口食品卫生注册评审员持续培训

4月29日，对全系统近80名出口食品卫生注册评审员和食品检验监管人员进行了培训。落实主体责任，坚持"谁发证、谁担责"、"谁出报告，谁负责"，强化对检验监管全过程的管理责任，提高认证监管队伍的实践才干和专业能力。

根据出口食品备案管理新模式转变，强化事中事后监管，积极采信HACCP认证结果，山西局重点强化对HACCP原理和HACCP认证监管的培训，讲解了《危害分析与关键控制点（HACCP）体系认证实施规则》、《出口食品生产企业安全卫生要求》以及二者在采信备案之间的相关联系。

三、重点问题探索、分析及经验总结

山西局促进出口备案企业"同标同线同质""内销转型"发展。随着国际贸易形势的恶化和出口农产品价格持续低迷，山西局积极鼓励备案企业获得HACCP认证，引导企业加大国内宣传，帮助企业适应外需不足和国内市场竞争呈质量型差异化的新态势，落实国务院领导提出的实现内外销产品"同线同标同质"生产要求，推动食品海外消费回流。对于获得HACCP认证的出口食品备案企业，优先推荐至中国国际贸易学会下属的《国际品牌管理中心》，推动"本土品牌国际化、国际品牌本土化"，扩大出口，扩大消费。

一是鼓励企业在巩固出口市场的前提下，"同线同标"生产内销产品，开发国内市场。浓缩果汁是山西省运城地区主要出口产品。2015年，受国际需求疲软、出口价格走低、盈利持续下降等诸多不利因素影响，运城市浓缩果汁行业出口面临重重障碍，山西局积极引导果蔬汁企业"同线同标"开发下游果汁饮料产品，进行内销转型，疏解了企业困境。

二是促进企业转型升级，多渠道销售，适应国内市场竞争新常态。一是由高端礼品市场向大众休闲食品转型。近年，受国家严控"三公消费"影响，高度依赖高档礼品市场的红枣、苦荞茶企业营业收入和利润双双下滑，而电商的兴起和房租涨价，对于销售情况不佳的专卖店更是雪上加霜。为推动企业转型，山西局指导企业将产品定位由商务礼品向大众休闲食品转型，积极引导该企业入驻各电商平台进行销售。

三是由高端零售商超向电商销售转型。山西杏花村汾酒厂股份有限公司的汾酒系列产品，在山西局的帮扶下主动拓宽国内销售渠道，不但进入国内高端零售商超，还发展中低档酒网上内销贸易，满足国内消费者"质量型"、"差异化"的消费需求。

四是推动农产品内销转型。山西局鼓励出口食品农产品质量安全示范区企业与大型连锁超市对接，引导超市在示范区建立直采专供基地，超市设立示范区农产品专柜以及开设专营店，帮助企业不断创新对接方式，丰富对接品种，畅通对接渠道，让符合国际标准的农产品进入国内市场，使国内消费者享受到安全放心的农产品。

撰稿人、审稿人：闫玉芳

强化监管　全面履职　服务转型发展

——山西省质量技术监督局2015年认证监管工作概况

2015年，山西省质量技术监督局（以下简称“山西省质监局”或“省局”）认证认可工作以十八大精神为指引，以服务全省转型跨越发展和国家资源型经济转型综合配套改革试验区建设为目标，紧紧围绕省局年度工作部署和绩效考核目标，以实验室资质认定和认证认可监管工作为主线，创新工作机制，强化机构管理，加强队伍建设，全面履行职能，较好地完成了全年各项工作任务。

一、按照目标责任要求，积极完成省政府下达的年度考核任务并推进行政审批改革

为进一步规范行政审批工作流程，山西省质监局按照省审改办文件精神和省局领导的指示要求，不断完善实验室资质认定现场评审工作制度和审批流程，积极为申请机构办理实验室资质认定，提高了工作效率，保证了工作质量。

（一）圆满完成省政府下达的年度考核任务

省局集中力量完成了省政府下达的年度考核任务，能力验证取得了预期效果，按时限高标准完成了检验检测行业统计工作，受到了国家认监委的肯定。

（二）进一步完善实验室资质认定行政审批流程，不断提高审批工作的时效性

全省实验室资质认定工作实现了全面纳入省监察厅电子监督监察审批系统，进一步规范了受理、审查、批准的时效管理。截至2015年10月底，全省实验室资质认定行政审批工作按照规定要求和时限提前完成了审批工作；认真贯彻落实《山西省质量技术监督局行政许可管理办法（试行）》，进一步明确了各项工作的监督报告制度，推动和改进了现场评审工作质量和工作作风。

（三）加强实验室资质认定现场评审管理，不断提高评审质量

为进一步规范全省实验室资质认定现场评审工作，统一评审标准、评审程序、评审方法，确保现场评审工作的客观公正、科学高效。山西省质监局组织认证认可工作人员和相关评审专家，经过半年多的时间，反复讨论研究，在广泛征求意见和建议的基础上，制定出台了《山西省实验室资质认定技术评审工作指南》，从2015年5月1日起正式施行。该指南的出台和运行，规范了各行业评审组现场技术评审的基本程序、评审标准、工作纪律等相关内容，解决了多年来现场评审工作没有统一规范的标准问题，对现场评审这一至关重要的环节起到了基础性的奠基作用，得到了国家认监委、省局领导和有关检验检测机构的好评和认可。

（四）理清权力责任，提高了依法行政的自觉性

按照省审改办文件要求，山西省质监局及时组织学习了有关文件精神，并指定专人负责，采取集中梳理和集体讨论论证的方法，细化了省局涉及认证行政审批的权力清单和责任清单，通过学习归纳，加深了对相关法律法规的理解，完成省审改办下达的工作任务。

（五）坚持服务便民，全面落实政务信息公开制度

按照政务信息公开要求，山西省质监局每月在省局网站上公开当月获证实验室资质认定名单和注销实验室名单，保障了政务信息公开的时效性，为社会各界充分利用检验检测资源提供了可靠的依据。

二、加强证后监管，不断推进认证认可工作稳步发展

2015年，山西省质监局为加强认证行政监管，制定下发了《2015年全省认证认可工作要点》，明确了全省认证认可工作的总体思路和工作重点，提出明确要求，将认证认可工作融入区域经济社会发展规划中，严格规范认证市场秩序，规范企业认证行为，不断提高认证有效性。

（一）加强对获证实验室的日常监管

为落实《国家认监委关于开展2015年度检验检测机构资质认定专项监督检查工作的方案》精神，省局下发《山西省质量技术监督局关于开展全省实验室资质认定专项监督检查工作的通知》，对2015年全省实验室专项监督检查进行了部署。检查工作分两个阶段：一是各检验检测机构按照要求全面开展自查自纠；二是各市局在机构自查的基础上，对辖区内获证实验室开展一次检查，及时发现问题并督促整改。截至2015年底，全省700余家实验室已完成了自查工作。通过开展此项活动，较好地规范了检验检测机构的行为，提高了实验室依法检验检测能力和检测管理水平，促进了全省获证实验室的健康发展。

（二）认真组织实验室开展能力验证工作

为不断提升实验室的检测能力和管理水平，保障实验室资质认定工作的有效性和实验室技术能力持续提升。2015年，继续组织实验室开展了能力验证工作。一是为使能力验证项目更具有针对性，向全省各有关实验室就社会关注的重点产品征集能力验证项目，经筛选、审定后确定在全省组织了食品（白酒）、煤炭检测领域相关检测参数的能力验证工作。并以省局文件（晋质监局［2015］56号）下发到有关单位。二是依据确定的能力验证项目指定实施机构，对承担项目的实施机构提交的能力验证项目计划方案，组织专家技术审核，并印发了《关于下达2015年能力验证计划的通知》，具体安排布置了白酒中甲醇、乙酸乙酯、铅；煤炭中灰分、挥发分、全硫、发热量7个参数的能力验证活动。三是严格按照能力验证工作程序组织对白酒和煤炭7个参数的能力比对进行验收。本次参加实验室达70家次，涉及质监系统、疾病预防、药检、食品、煤炭、环境、地质等行业检验检测机构。四是对本年度能力验证工作进行分析总结，印发了《2015度山西省实验室能力验证结果通报》，对结果满意的实验室颁发满意证书；对结果可疑的实验室提出限期整改的处理。五是针对2015年能力验证补测后结果仍不满意的实验室撤销其相关项目的计量认证资质。六是要求各市质监局对有问题和不满意的实验室进行重点跟踪监督。

（三）加大强制性产品认证（CCC）的监管力度

指导各市局继续完善CCC企业档案，督促企业落实主体责任，加大对无证行为的查处力度；指导太原、临汾市局探索性地开展了CCC工厂检查见证监督活动；集中10天时间，完成了流通市场轮胎类产品的调查摸底，为下半年国家认监委安排的专项监督抽查奠定了坚实的基础；注重与华北五省联合联手，进一步改进分级管理后的监管模式，6月，国家认监委推荐山西省在天津联席会上介绍了“五定四查三联动”的证后监管经验，与会代表给予了充分肯定和一致好评。

（四）积极推进机动车安全技术检验机构新标准的顺利实施

为使《机动车安全技术检验项目和方法》（GB 21861-2014）标准顺利进行，使厂家软件及时准确升级。省局先后9次组织专家、厂家和检测机构进行了标准的学习和讨论，并就标准中不明确的事项，向标准起草人进行咨询。先后组织专家帮助设备厂家对3家检测机构进行了反复调试。对人工记录、仪器、仪表显示及软件等60多个问题进行了标准统一，得到了国家认监委、企业和机构的认可。目前，通过组织专家现场确认，全省机动车检测机构GB 21861—2014标准升级工作基本完成。

（五）组织开展了管理体系认证活动专项监督检查

2015年，山西省质监局注重监管与服务同步，采取省局重点抽查、市县开展巡查等多种形式对管理体系获证企业进行监管。5月，下发了《关于部署2015年管理体系认证监督检查工作的通知》，布置检查工作，明确检查重点，规范了检查的程序和完成的目标任务，7月中下旬，组织行政监管人员170余人次对辖区内获得质量管理体系认证的50余家企业进行监督检查，通过检查进一步起到了规范自愿性认证市场秩序和提高认证有效性的目的，提高了监管的针对性和有效性。

（六）加强了“世界认可日”的宣传活动

根据国家认监委《关于组织“世界认可日”宣传活动的通知》精神，及时组织学习了文件精神，为扩大“世界认可日”的宣传效果，针对群众关注的热点，认真筹划活动内容和形式，充分利用各种载体，发挥各类媒体作用，使宣传工作贴近实际、贴近生活、贴近群众，做到社会广为人知、群众深受教育。通过组织开放实验室、张贴宣传画、进行面对面咨询和座谈讨论等活动，营造了良好社会宣传氛围，树立了良好的社会形象。

三、圆满完成检验检测服务业统计工作

2015年是国家实施检验检测统计工作的第二年，山西省质监局在2014年统计工作经验的基础上，对本年度的统计工作进行了部署，保证了检验检测统计工作的圆满完成。

一是省局以晋质监局函[2015]43号文件转发了《质检总局、国家认监委关于开展2014年度检验检测服务业统计工作的通知》，并就2015年度检验检测统计工作提出了要求，保证了全省检验检测机构在规定时限内，高质量地完成了统计工作。

二是省局组织各市局和700余家获证实验室的工作人员，参加了国家认监委召开的2015年度检验检测统计工作视频会。会议介绍了2013年度检验检测统计工作情况，部署了2014年度检验检测统计工作，国家认监委副主任谢军作了讲话，统计技术人员就统计相关要求进行了讲解，为做好统计工作奠定了基础。

三是各单位高度重视此项工作，普遍成立了检测统计工作领导小组，分工负责，层层把关，确保填报质量。截至2015年5月底，全省共上报检验检测机构数据信息721条，从国家认监委检验检测直报系统上报情况看，山西省数据信息上报率为100%，是全国5省区数据信息上报率为100%的单位之一，高质量地完成了国家认监委赋予的统计工作任务。

撰稿人：马丽芹　审稿人：冉春生

创新机制提升实效　服务地方经济社会发展

——内蒙古出入境检验检疫局2015年认证监管工作概况

2015年，内蒙古出入境检验检疫局（以下简称“内蒙古局”）围绕国家质检总局和国家认监委各项部署，按照“创优服务、创新治理、主动改革、更有作为”的要求，全面贯彻落实全国认证认可工作会议精神，结合内蒙古实际，创新工作理念，完善工作制度，认真履职，主动作为，扎实推进认证监管工作取得新突破。

一、加强制度建设，抓好机制创新

一是修订了《内蒙古检验检疫局出口食品企业备案工作程序》，完善了出口食品企业评审和监督管理工作二级管理体系，建立了管理员和审批人员行政许可审批管理制度，进一步将出口食品企业的评审、监管权力下放至分支机构以提高工作效率，做到内蒙古检验检疫局与分支局分工明确、职责清晰、主动作为、监管高效。

二是本着提高工作效率、服务于出口食品企业、防范系统风险、指导工作前置的原则，在出口食品企业备案的评审、监督管理工作中采信第三方认证机构、相关部门的证书和检测结果，加强事后监管和宏观管理，使对出口食品企业的评审有取有舍，有的放矢，减少重复评审，取得了良好的效果。

三是在对出口食品企业监督检查过程中进行认证监管联动，同时做好各类监督检查活动安排的协调，避免重复监管、重复检查，减轻了出口企业的人力、物力和重复监管所带来的负担，得到了各级检验检疫人员和企业的好评。

二、出口食品企业备案管理工作取得新进展

全年完成68家出口食品备案企业的审批发证工作，其中34家新申请的出口食品备案企业和33家换证复查的出口食品备案企业。撤销了不能满足出口食品备案条件的23家的备案资格。

截至2015年底，内蒙古地区共有出口食品备案登记企业290家，数量比2014年增加9%，其中出口农产品企业备案的数量占到总数量的65%以上，通过HACCP官方验证的企业56家。现有13家出口食品备案企业获得国外官方注册，注册国家和地区分别是欧盟、美国、韩国、日本、以色列、马来西亚、南非、斯洛伐克、阿联酋、文莱等；对美国FDA备案企业有18家。2015年内蒙古地区对国外注册备案企业的数量比去2014年增长了138%。

三、帮扶出口龙头企业对外注册扩大出口带动地区经济发展

按照内蒙古局提出的“通过服务于出口食品备案的农畜产品龙头企业，以农畜产品龙头企业的示范效应带动出口食品企业备案工作，使出口产品走向更多的国家，以出口食品企业带动国内食品企业提高”的指导方针，积极帮助内蒙古科尔沁牛业股份有限公司顺利

通过马来西亚官方代表团现场复查，牛肉产品得以继续出口马来西亚，从而带动内蒙古乃至全国的农畜产品出口到相应的国家和地区。帮助内蒙古塞飞亚农业科技发展股份有限公司建立“五统一”管理模式，完善出口食品备案企业安全卫生控制体系，并积极推动企业开展对韩国和日本注册，使企业每年出口韩国和香港鸭肉熟食及冷冻产品原料最高达 4 000 吨；2015 年，该企业首次出口日本 2 848 千克鸭肉熟食制品，实现在出口韩国、香港之后新的突破。推动巴彦淖尔地区瓜子类产品加工企业改造升级，指导企业合理规划布局，实施设备改造，建立和运行安全卫生控制质量体系，提高实验室检测能力，产品品种由带壳瓜子向去壳瓜子的方向发展，提高了产品附加值，保证了瓜子出口，现在内蒙古检验检疫局备案的出口该类食品备案企业达 40 家。

通过内蒙古局的推荐和提供材料，塞飞亚和科尔沁牛业公司被国家认监委“一带一路认证认可在行动”选为重点报道企业，受到《国际商报》《国门时报》《认证认可杂志》等的采访和报道，收到良好效果。

积极推荐了鄂尔多斯乌里雅苏台猪肉加工企业和塞飞亚对蒙古国出口注册，目前正积极推动内蒙古塞飞亚农业科技股份有限公司向马来西亚、哈色克斯坦官方注册出口禽肉产品。

四、向政府建言献策争取政策支持，解决企业发展的瓶颈问题

以《我区应该加快推进国外官方注册工作，推动农畜产品加工企业走出去专报》向内蒙古自治区政府进行了报送，内蒙古自治区副主席王玉明作出了“同意两点建议，请农牧厅配合”的批示，使内蒙古地区的出口食品备案企业申请国外注册工作得到了农牧业部门、各级政府、伊斯兰协会等相关部门的大力支持，为农畜产品出口获得了政策的支持。

五、切实做好出口企业自愿性管理体系认证监管

根据新的形势和要求转变思想，建立新的管理模式，推动认证监管工作有效、持续开展。

一是努力建立一支执法能力强监管有效的认证执法监督检查队伍。将管理体系认证监管检查工作纳入对各地区局业务工作绩效考核项目，认证监管工作重点转移到部署、培训、指导、督查等方面，逐步实现工作重点由监管企业向监管责任部门转移。

二是强化培训，提升认证监管队伍的能力。按照更新理念、丰富知识、提高技能的原则，2015 年与内蒙古质量技术监督局合作开展了内蒙古检验检疫系统认证行政执法一线人员培训，有 34 名人员参加了培训。

三是精心组织，统筹规划，合理安排企业自愿性管理体系认证监管活动，本着节约经费、节省时间、不增加企业负担的原则，检查活动与带队伍相结合，采取异地交叉检查，同时与备案监管联动，促进相互合作、业务交流，收到良好效果。

全系统共出动执法检查 64 人次，历时 15 天，行程 5 000 多公里，检查企业 20 家，涉及认证机构（含分支机构）9 家，各类证书 53 张。同时对 2014 年检查后约谈的 3 家认证机构的整改效果进行了验证，体现了管理体系行政执法的连续性和严肃性。对于 2015 年检查发现问题的认证机构正在进一步调查核实中。

六、加强 CCC 免办及后续监管工作

1 月—12 月，共审核了 25 份 CCC 免办申请单，办理签发了 19 份 CCC 免办证明。开展了电话预约办证，便利企业，减少无效往返。组织相关分支机构开展了 CCC 免办后续监管工作，对申请 CCC 免办的企业，由所属分支检验检疫局进行到货检验或跟踪调查监管，核查辖区进口的所有 CCC 免办进口产品实际用途是否与申请单所述用途一致，在此基础上，内蒙古局派员对重点企业进行抽查核验，共检查 2 地 2 个企业的 10 份单据，没有违规现象。2015 年，还与华北五局共同开展了内蒙古地区部分进口 CCC 免办产品的监督活动，促进了交流和业务的提高。

七、积极开展强制性产品认证获证产品监督及抽查工作

为加强入境强制性产品认证对产品质量安全的监督保障作用，按照国家认监委的统一工作部署要求，与呼和浩特质量技术监督局联合开展了辖区流通领域进口强制性产品认证轮胎的监督抽查工作。质检两局联合调查了呼和浩特地区 6 家进口汽车轮胎经销店，了解掌握了辖区进口轮胎产地、数量、CCC 标识、质量、销售等情况，现场抽取了不同品牌和型号的 3 个批次轮胎，经强制性产品认证指定实验室进行质量安全性能全项目检测，判定为合格。与内蒙古技术监督局共同开展了进口玩具市场调查监管活动。

八、加强联合执法，促进区域认证认可监管效能提升

一是与内蒙古质监局在进口 CCC 产品流通领域、认证市场监管等方面开展了联合执法，双方将继续构建优势互补、信息资源共享，执法互动协作的合作机制，

实现在认证行政执法领域内全方位、深层次的合作。

二是举办了第三届华北五局认证监管联席会议，总结了两年以来五局在认证执法监管协作方面取得的成效和不足，提出认证监管信息互通、认证监管结果互通互认、认证监管资源共享、开展五局间认证市场互助检查等建议，并形成会议纪要报送国家认监委。

三是与西北八省检验检疫局共同发起建立泛西北“丝绸之路经济带”检验检验认证执法监管区域合作联动机制；参加了东北三省及内蒙古检验检验认证执法监管区域合作联动机制相关活动，建立协作机制。

四是与内蒙古质监局首次联合举办了全区系统认证执法监管人员培训班。此次培训规模大，涉及全区系统一线认证执法监管人员，培训内容全面，针对性强，旨在进一步提升基层认证执法人员业务能力与执法水平。

九、积极开展宣传，扩大认证认可服务理念

在2015年6月8日第八个世界认可日到来之际，与内蒙古质监局联合组织当地获得认证的进出口企业、认证机构、认可检测机构代表召开主题为“深化认证认可合作，推进一带一路建设”的座谈会。座谈会上，与会代表就加强与沿线国家在计量、标准、认证认可和检验检疫等方面的双多边合作、推动我国大型成套设备对外输出、促进机电产品和高技术产品出口、积极推荐我国食品企业在沿线国家注册等方面进行了深入探讨和交流。

与呼和浩特学府花园社区和内蒙古农业大学社区共同举办了主题为“关注质量安全 科学理性消费”的“消费品质量安全进社区、进校园、进乡镇”的消费者教育活动。

撰稿人：郅 莉 审稿人：于兴渤

凝心聚力　主动作为　积极融入地方经济发展

——内蒙古自治区质量技术监督局2015年认证监管工作概况

2015年，内蒙古自治区质量技术监督局（以下简称“内蒙古质监局”）为适应新常态、实现新跨越，按照国家质检总局、国家认监委的总体要求，紧紧围绕“抓质量、保安全、促发展，强质检”的工作方针，结合内蒙古自治区的实际情况，全面加强认证认可、检验检测工作制度建设，实现两个突破、提升三个能力，即：在推进企业低碳产品认证、能源管理体系认证方面有新突破，全面提升认证执法监管能力；在检验检测机构资质认定“放、管、治”的监管方式上有新突破，全面提升技术检验能力；坚决维护行风形象，提升认证监管队伍、专家评审队伍的服务能力，为内蒙古自治区经济社会健康发展做出新的贡献。

一、主动融入自治区经济建设

（一）认证监管服务发展规划，明确重点任务

内蒙古质监局制发了《内蒙古自治区推进认证监管工作三年服务发展规划（2015—2017）》，明确了以“政府引导、部门推进、监督检查、示范试点”的工作方针，建立了对全区产品、管理体系认证及检验检测服务业的监督管理体系，制定了服务企业、服务区域经济发展的政策措施，推动企业开展节能低碳、能源管理体系认证工作及有机产品认证创建示范区工作，为实施“质量强区”发展战略奠定了基础。

（二）全区低碳产品、能源管理体系认证工作有了新突破

积极采取三项措施，推动企业开展低碳产品、能源管理体系认证工作。一是下发了“关于推动企业开展低碳产品、能源管理体系认证活动”的两个通知，制定了推动认证工作开展的鼓励政策。二是联合自治区发改委、检验检疫局，免费为基层认证监管人员和低碳产品、能源管理体系认证企业进行培训，共计有46家企业、70家基层单位212人参加了培训班；三是组织技术专

家对准备申请认证的企业进行现场指导，帮助企业解决开展认证活动中的难题。截至2015年底，全区有10家企业通过了能源管理体系认证，1家企业通过了低碳产品认证；16家企业与认证机构开展了低碳产品、能源管理体系认证工作。

（三）首次建立了国家强制性产品认证指定实验室

针对调研中企业反映，内蒙古自治区无强制性产品认证（CCC）检验检测实验室，外检费用高，加大了企业成本这一问题，结合全区的实际情况，对符合条件的包头市产品质量计量检测所的电线电缆检测项目推荐国家强制性产品认证检测实验室，经国家认监委组织专家评审，包头市产品计量检测所通过了审核，实现了内蒙古自治区强制性产品认证指定检测实验室零的突破。

（四）开展国家有机产品认证示范创建区活动

内蒙古自治区地处祖国北疆，地域广阔，发展有机产业具有天然土壤、水质和空气的生态环境。2015年底，自治区有机产品认证证书625张，获证企业344家，位列全国第七位。自治区有机产品种类已涉及到植物、畜禽、加工、水产4大类86种产品，有机产品农作物总播种面积735.6万公顷。经自治区局推荐，国家认监委组织专家审查，达茂旗政府的有机牛羊肉、杂粮项目，扎赉特旗人民政府的有机水稻、玉米项目，被评为国家有机产品认证示范创建旗，此举弥补了内蒙古自治区无国家有机产品示范区的空白。

2015年，内蒙古质监局积极培育有机产品示范项目，考核通过了第一批自治区有机产品认证示范项目6家单位，并向项目单位颁发了证书，同时公布了第二批7家创建自治区有机产品认证示范项目单位。组织盟市质监部门、自治区有机产品认证示范项目单位和相关认证机构召开了“内蒙古2015年有机产品认证示范项目单位现场会”，参会人员对扎赉特旗创建国家有机产品认证示范区的工作进行了实地参观、指导，为质量强区、实施品牌战略，推动自治区有机产品向有机品牌转变奠定了坚实的基础。

二、转变职能、提高了证后监管有效性

（一）落实简政放权，提高行政审批实效

下发了《内蒙古质监局关于检验检测机构资质认定扩项评审有关要求的通知》，突出了机构技术能力考核，对机构申请扩项评审，从《实验室资质认定评审细则》要求考核的19个要素76条179款，精简为只对8个要素21条40款进行考核，评审填报表格由原来的21个，压缩合并到11个，进一步简化机构扩项的申请材料，减少了原申请材料中质量手册、程序文件及其他证明材料等。

2015年，共核查批准资质认定检验检测机构293家，涉及首次申请97家、复查申请机构140家、扩项申请机构56家。下放检验检测机构申请有关变更备案事项，各盟市局办理机构名称、地址、授权签字人五项变更事项149件，书面审查97件、现场审查52件。全年注销、撤销检验检测机构12批53家机构，主要集中在建工建材、消防电气、基层质监系统的检验检测领域。

（二）进一步加大机构的后续监管力度

组织对建工建材、消防电气、食品、环境监测、职业卫生、机动车等六个领域的110家检验检测机构开展了资质认定专项监督抽查。抽查结果基本符合要求的有102家，符合率为91.82%，较2014年提高了8.63个百分点。有8家机构存在较为严重的问题，分别作出责令整改、行政处罚和注销资质认定证书的处理。

抽查职业卫生检验检测机构11家、环境监测机构16家，符合率100%；抽查消防电气检验机构7家，有4家基本符合，符合率57.1%，比2014年符合率提高28.5个百分点；抽查建工建材检验检测机构35家，有33家基本符合，符合率94.3%，比2014年的符合率提高17.6个百分点；抽查食品检验机构16家，符合14家，符合率87.5%，较2014年降低3.1个百分点。

（三）联合开展全区机动车检验检测机构执法大检查

2015年自治区局联合公安厅、交通运输厅、环境保护厅四个部门联合开展了全区机动车检验检测机构执法大检查。对238家机动车检验检测机构进行执法检查，覆盖面达到91%。抽查机动车检验检测机构25家，其中21家基本符合，符合率84%，较2014年降低4.5个百分点。依法处罚4家违法违规机构，撤销了2家机动车综检机构。

（四）加强技术检验能力的监管

2015年，开展了实验室能力验证活动，全区459家检验检测机构参加了面粉、饮用水、水泥、钢材、复合肥、煤炭等10种产品19个项目/参数的能力验证。有418家机构能力验证项目/参数满意，满意率达91.5%，同比2014年能力验证满意率94.9%下降了3.4个百分点。2015年能力验证环境监测水和废水、煤炭、汽油、复混肥、绝热用聚苯乙烯泡沫塑料（EPS）中的8个项目，满意率为100%；能力验证面粉、生活饮用

水的项目/参数不满意21家，水泥、钢材、防水材料不满意18家。内蒙古质监局依照《实验室能力验证管理办法》规定，撤销了39家机构的47个项目/参数。

（五）配合国家认监委完成2015年国家资质认定专项监督检查工作

检查共分食品、轻工纺织两个组，抽查自治区呼和浩特、包头、鄂尔多斯三地10家检验检测机构，同时对内蒙古质监局资质认定工作进行检查，检查结果基本符合相关要求。

（六）认证执法监管工作有了新的进展

按照国家认监委2015年认证监管工作部署，结合内蒙古自治区的实际情况，突出问题导向，制发了“关于开展2015年强制性产品认证（CCC）、有机产品认证、管理体系获证企业监督检查的三个通知”，明确了检查对象，制订了检查方案。2015年，监督检查获证企业131家，其中自治区局直接组织检查企业36家，各盟市质监部门组织检查企业95家。对17家企业开展的有机产品认证活动进行了监督检查，涉及种植、加工、包装、销售、养殖、储存等活动，产品包含肉类、乳制品、谷物、蔬菜等4大类。其中见证检查企业4家、现场检查企业13家，监督检查了6家认证机构。对发现问题的企业和认证机构将进行约谈，督促整改。

按照国家认监委下达的CCC产品监督抽查要求，配合国家装饰装修检测中心，完成了内蒙古自治区70个批次溶剂型木器涂料抽检的工作，对4家经销假冒、无证产品的商户进行依法处理。

（七）树典型、创名牌，引领检验检测服务业发展

落实自治区政府质量强区决定，开展2015年内蒙古自治区名牌实验室评选活动。由各盟市质监部门和自治区行业主管部门推荐，经过申报材料初审、专家评审，评选出内蒙古自治区石油化工监督检验研究院、内蒙古自治区食品药品检验所、内蒙古第十二产品质量监督检验站、内蒙古第一机械集团有限公司计量检测中心4家检验检测机构为2015年内蒙古自治区名牌实验室；评选出内蒙古建材院等13家机构为“2015年度良好行为实验室”。截至2015年底，全区名牌实验室7家，良好行为实验室23家。

三、加大了认证认可宣传培训力度

一是联合内蒙古出入境检验检疫局、各大企业开展了世界认可日宣传活动，贯彻落实“认证认可服务一带一路”的建设愿景，提高了认证认可的社会影响力；二是在全区范围组织各盟市局开展“有机产品宣传周”活动，提升内蒙古有机产品知名度；三是在质量月活动期间，组织全区95家检验检测机构开展了“实验室开放日”活动，期间有6 000多人参观了实验室；四是积极鼓励处里人员撰写认证认可、检验检测方面文章，2015年共向国家认监委投稿33篇，采纳29篇，4篇有深度的文章在中国质量报发表；五是会同行业主管部门及配合培训中心举办12期检验检测机构资质认定内审员培训班，培训考核内审员2 000多人；免费培训基层认证执法监管人员、企业管理人员500多人；从而增进社会公众对认证监管、检验检测工作的了解，提升认证认可、检验检测工作的社会公信力。

四、扎实推进党风廉政建设，提高认证监管服务效能

2015年，内蒙古质监局以“提高服务发展的有效性，增强质量监管的实效性，推动质监事业的持续健康发展”这三篇大文章为主题，致力认证监管与经济工作高度融合、服务企业为命脉，在抓好认证监管业务工作的同时，抓好认证监管队伍的党风行风建设。一是提出了内蒙古质监局认证监管服务企业发展三年规划，确立了以“政府引导、部门推进、监督检查、示范试点”的工作方针，制定了有机产品认证服务县域经济发展、积极推进节能低碳企业认证、开通服务检验检测机构申请办证的绿色通道等多项措施；二是主动征求基层及企业对认证监管工作和认证监管人员工作作风的意见，并于2015年11月在赤峰市召开检验检测机构负责人座谈会，广泛听取意见和建议，找不足、比差距，结合内蒙古质监局机关开展“三严三实”活动，提出改进措施；三是抓落实、抓考核，以年度、阶段工作完成情况为主线，对各级认证监管人员、评审员的任务完成进行双考核，2015年共收到企业或机构的反馈意见单280份，对服务企业存在个人主观行为、方法不当的批评告诫13人，不注重党风行风影响，给予责令改正的5人。

撰稿人：丁文艺　审稿人：刘燕波

依法治检　创优服务　促进东北振兴

——辽宁出入境检验检疫局2015年认证监管工作概况

2015年，辽宁出入境检验检疫局（以下简称“辽宁局”）紧密围绕国家质检总局“抓质量、保安全、促发展、强质检”十二字方针，全面贯彻全国认证认可工作会议的各项部署和支树平局长“创优服务，创新治理”的指示精神，以“法制建设年”为载体，主动适应经济发展新常态，积极推进依法行政，深化改革创新，服务东北振兴，在认证监管工作中取得了卓有成效的进展。

一、推进依法治检，提升监管效能

（一）制度创新，双轮驱动，提升依法监管水平

以辽宁局“法制建设年”为载体，认真落实依法治检、依法行政要求，树立法治思维，完善认证认可法律法规体系。全面梳理评审33个认证文件，废止3个，修订5个，新制定2个。梳理权利清单和责任清单71项，明确55项职权边界。先后出台了备案采信监管和CCC免办监管等改革创新、简政放权管理措施等。

运用绩效管理和质量管理手段，双轮驱动，开展全覆盖认证执法监管大检查。建立了“以认证处为主导，以分支局认证执法部门为主力，以法制部门为监督”的法治监管体制。成立领导小组，制定检查方案，细化检查表至108个检查点。抽调27名认证专家或业务骨干，组成6个检查组，对系统内19个分支局、1个直属办事处开展检查。听取各单位工作汇报26次，查阅CIQ 2000系统检验检疫数据1 000余条，调阅检务档案465份，检查CCC免办和出口食品备案企业监管档案186份，走访企业24家。对各单位工作中的亮点、存在的不足、2016年工作计划以及意见、建议进行了梳理。通过监督检查，促进了监管人员相互学习和交流，强化了行政机关程序意识，规范了认证监管部门行政执法行为，提高认证监管工作的依法行政水平，推动了认证执法监管和注册备案管理工作机制的建设和完善。

（二）自主选择，联合开展，加强自愿性认证监督检查

自主开展管理体系认证活动监督检查。辽宁局经过摸底调查和风险分析，以问题为导向，确定了47家拟检查企业，并在国家认监委的大力支持下，抽调了认证机构审核档案。对照新修订的《认证机构管理办法》，精心制作检查方案和检查表，使检查实施更加准确，有依有据。6月—9月，辽宁局出动109人次，检查进出口获证企业，共检查质量管理体系、环境管理体系、职业健康管理体系、汽车行业质量管理体系等认证证书81张，涉及认证机构20家，发现各类问题41个（其中，开展见证审核6家，发现8个问题）。获证企业总体合格率95.7%（综合评价为“总体一般”以上）。发现认证机构主要存在问题有监督审核流于形式、审核计划不上报、证书信息不全等。发现获证企业存在主要问题有内审、管理评审走过场、不符合项纠正措施不到位、对管理体系认知不足等。

联合开展食品农产品认证监督检查。6月—9月，出动360人次，检查169家获证企业，获证企业总体合格率93.5%。本次检查将HACCP获证企业列为重点，制定了检查方案和详细的检查表。总计检查HACCP、ISO 22000、有机产品认证、无公害农产品认证、绿色食品认证等证书共计205张，涉及认证机构16家，发现各类问题28个。其中，对9家HACCP获证企业开展了见证审核，全程监督认证机构审核活动。发现认证机构存在的主要问题有监督审核超期、审核计划不上报或不提前上报、国家标准未更新识别，审核人日数不足等。获证企业存在的主要问题有对HACCP原理认知不足、卫生操作不规范、CCP点设置不合理、培训不落实等。在9月“质量月”活动期间，联合质监、工商、市场监管局等部门，出动36人次，对14家大型商场、超市实施有机认证专项检查，累计检查食品、化妆洗涤用品、轻纺产品55批次，发现未获证即标注“ORGANIC”“BIO”字样，对有机认证目录外产品加

贴认证标识等问题共 20 批次。针对这些问题，辽宁局已经全部通知进口商整改。

（三）严格把关，专项抽查，加强 CCC 产品监督管理

严格 CCC 产品入境验证管理，加强单证核查、货证核查等各环节自查和监督检查，严厉查处违法违规行为，有效提高不合格检出率。2015 年，共对 2.86 万批次 CCC 产品开展入境验证，发现不合格 76 批次。查获“不如实申报”“逃避 CCC 验证监管”违法案件 4 起，处罚金 1.2 万元。7 月—9 月，出动 50 人次开展进口汽车专项监督抽查，抽查 25 辆车，涉及进口商 10 家，整车 CCC 证书 25 张，品牌 10 个，核查一致性参数共计 3 120 项，未发现无证销售行为。总共发现不合格整车 4 辆，总体合格率 84.0%。对这些不合格车辆，全部实施了暂停 CCC 证书处理。存在的主要问题为轮胎生产厂名称、轮胎和车轮速度级别、安全带固定点位置、安全带型号与证书不一致。辽宁局在进口汽车抽查中，使用现场监控、移动货检提高信息化管理手段，开展检企双方专业技能培训，提升管理水平，开展诚信管理，加严不合格产品处置，采取“四方核查”模式，提高核查准确率。于 9 月“质量月”活动期间，出动 120 人次，检查大型商场、超市 40 多家，检查进口儿童用汽车安全座椅、消防产品、汽车配件、玩具、家电等 CCC 产品 180 多批次，发现不合格产品 15 批次。主要问题是未加贴 CCC 认证标志，已要求进口商进行整改。

二、深化改革创新，促进贸易便利化

（一）模式创新，完善计划，深化备案监管改革

完善监管计划，坚持“放、管、治”结合。全面推行出口食品生产企业备案网上审批。对备案管理规范进行全面梳理，进一步优化备案审批流程，提高审批效率，做到了即方便企业，又规范管理。2015 年，辽宁局发布了《出口食品生产企业备案技术审核采信目录》，确定了采信“HACCP 认证证书、国家级示范区名录、食品生产许可和企业自我声明”四种采信形式，明确具体采信条件和采信程序。2015 年，辽宁局共受理新备案和延续备案 109 家次，以采信形式减免现场检查 43 家，采信比率达到 39.45%。因为推广使用备案审批系统并在备案审批过程中实施采信，本年度辽宁局的备案审批平均用时 6.3 天，同比减少 5.97%。截至 2015 年 12 月 31 日，辽宁地区共有备案企业 819 家次。同时，对 151 家获得 HACCP 认证的企业实施了 100% 认证备案监管联动检查。针对认证机构认证活动的合规性、审核能力以及获证企业 HACCP 体系有效性和适宜性、生产过程持续符合认证标准的情况进行全面监管检查。

（二）简政放权，优化流程，提高免办产品通关效率

进一步发挥 CCC 免办政策对特殊用途 CCC 产品“豁免性入境”、“绿色通道”积极作用，促进认证认可服务“一带一路”建设和辽宁地区外贸增长。经过半年的前期调研和准备，打破 CCC 免办审批系统业务地域划分限制，创新管理模式，简政放权，制发了简化程序提高通关效率的通知，出台四项改革措施促进贸易便利化。一是简政放权，CCC 免办“受理、审批、发证和后续监管”全部下放至所有分支机构。辖区企业可以就地申请，就地领证；二是优化流程，取消前置纸质材料比对环节，合并至后续监管时开展，全面实现网上审批。企业无须再往返递送纸质资料，足不出户即可轻松办理；三是减时增效，压缩审批时限 50%，2 个工作日办理完成。延长 CCC 免办证明使用期限，一般企业的由 1 个月延长至 6 个月，诚信企业延长至 1 年，有效提高证书利用效率，免去多次重复办理之忧；四是奖优罚劣，加大分类管理力度，对诚信企业给予降低抽查比率、随到随办、优惠验放等措施。对违法违规企业列入黑名单加严审批管理，提高了企业诚信自律、守法经营意识。自 6 月 1 日起，辽宁地区 360 家企业 CCC 免办产品通关效率提高 50% 以上，年可节约企业成本 100 万元以上。2015 年，共办理 CCC 免办证明 3 770 份，同比减少 14.38%，涉及进口产品 2.1 万批，金额 2.2 亿美元。审批进口小批量汽车 162 辆，同比减少 38.17%。

三、服务东北振兴，实现提质增效升级

（一）风险分析，加强防护，形成竞争新优势

全面推广“HACCP+ 食品防护管理体系”，促进出口食品企业建立实施 HACCP 体系，加强食品防护。对新申请备案企业，全部审核危害分析工作单。对存在显著危害的，则进一步审核 HACCP 计划。加强对企业内审员培训，开展罐头、肉食 2 期专业技术培训，赴企业加工现场开展示范培训，对加工工艺、关键环节、必检项目等进行解读，有力提高企业一线人员自检自控能力。

（二）加强沟通，破解壁垒，积极对外推荐注册

为帮助企业应对目前严峻的外贸形式，谋求生存和

发展机遇，辽宁局充分利用“一带一路”的战略机遇，积极推荐辽宁地区企业向一带一路沿线国家申请注册，并以推荐对国外注册为切入点，引导企业向进口国的标准看齐。2015 年辽宁地区共有 116 家次企业新取得国外注册，同比增长 90.16%。截至 2015 年 12 月 31 日，辽宁地区共有 965 家次企业取得了欧盟、俄罗斯等 12 个国家或地区的注册。辽宁局积极与国家认监委沟通和配合，多次帮助企业解决在向俄罗斯、韩国等国家出口产品时遇到的问题。尤其是 2015 年 4 月发生俄罗斯单方面变更注册信息导致输俄 1 500 吨、价值 360 万美元水产品滞港后，辽宁局立即向对俄注册企业发布风险预警，主动上报国家认监委并承担应对工作。经国家认监委交涉，俄方纠正错误，滞港产品得以顺利通关。面对俄罗斯 3 年多不予注册僵局，辽宁局上下联动，一方面通过国家认监委主动与俄罗斯官方、协会和使馆进行磋商和交涉，打开注册通道；另一方面指导企业整改，满足注册要求，并帮助企业解决滞港、通报等问题。经过多方努力，辽宁地区有 46 家企业新取得了俄罗斯注册，累计对俄罗斯注册企业达 95 家。备案、注册工作成绩突出，得到国家认监委通报表扬。对俄注册专报得到辽宁省省长、副省长批示表扬。

（三）同线同标，内销转型，促进海外消费回流

借助人员培训、备案监管、技术指导、新闻宣传、推行 HACCP 和食品防护计划等措施，积极促进企业内销转型。配合企业开展国内宣传，帮助企业适应外需不足和国内市场竞争呈质量型差异化的新常态。辽宁地区已经备案的 819 家出口食品企业中，有超过 200 家企业正在开拓国内市场，其中很多企业在检验检疫部门帮扶下，得益于完善的食品安全卫生管理体系和良好的声誉，成功实现了出口和内销双驱动，在国内市场上树立了自己的品牌。配合国家认监委开展了 2 次有关内销转型的企业问卷调查工作，向国家认监委提供了 9 家备案企业成功实现内销转型的典型案例，为国家认监委了解企业需求，制定相关帮扶政策提供了第一手材料。

（四）深化合作，区域联动，推进认证执法一体化

切实履行区域合作组长单位作用，积极与吉林局、黑龙江局沟通协调，努力探索“资源共享、联合执法、区域联动、优势互补、服务发展”认证监管新模式。组织三局在大连召开区域认证监管合作会议，并特邀内蒙古局参加。四局充分分析中俄、中朝、中蒙边境口岸和“丝绸之路”经济带贸易特点，对认证认可服务“一带一路”建设中的作用进行了深入探讨；就 CCC 产品入境通关措施一体化、出口食品企业采信第三方认证备案模式统一化、认证监管人员能力提升同步化达成合作意向，草拟管理规范。在区域内形成了“一处认证，处处认可”“多局如一局”良好局面。

四、加强培训宣传，广泛传递认证认可的影响力

（一）找准方向，搭建平台，业务培训专业化

强化基层认证执法监管人员业务能力提升，多方联合开展培训。5 月和 6 月，在沈阳和丹东分别举办了出口肉类、出口罐头企业备案监管专题培训班，东北四省区检验检疫局（以下简称“东北四局”）卫生注册评审员和企业质量管理人员 227 人参加培训。培训内容的设置充分考虑质检两方面人员的需求，介绍了不同加工工艺产品的 HACCP 体系建立和实施要点、不同国家地区的注册要求、食品法规要求、近年来 FDA 低酸罐头和酸化食品检查情况和迎检要点等方面的内容，取得了很好的反响。7 月，辽宁局联合中国质量认证中心在大连举办“一带一路”国际认证技术宣贯培训，东北四局认证监管人员和企业代表共67 人参加培训。8月，辽宁局承办国家认监委卫生注册主任评审员大连培训班，东北四局共 19 人参加。12 月，辽宁局举办了认证行政执法和卫生注册评审员 2 期培训，东北四局共 181 人参加培训。通过培训，进一步提高了人员法律意识、业务素质和执法水平，实现了人员能力同步化、普遍化提升。另外对辽宁局专家队伍实施动态调整，使专家在开展政策研究、文件评审、培训和传帮带活动中，更好地发挥了重要的示范引领作用。

（二）搭建平台，精心组织，信息宣传扩大化

加强认证认可宣传。联合地方质监、工商部门和认证机构，采取编发宣传手册、张贴展板、讲公开课、微信视频、实物展示、网站推广、展会进驻等方式宣传、扩大认证认可影响力。6 月 9 日，自行编印《认证认可知识》宣传手册、印制宣传海报，出动 200 人次，举办 21 场“推进‘一带一路’建设，认证认可进学校”主题宣传活动。邀请 12 家驻辽认证机构参与宣传，深入辽宁大学、丹东地质学院等学校、企业、社区 100 多家，与大学生进行互动，现场解答有关节能、认证等方面知识，分发各类宣传材料 5 000 余份，接受认证认可宣传群众达 10 万余人。全国质量月活动期间，开展了“有机宣传周”主题活动，自行编印《有机认证知识宣传手

册》、印制宣传海报、《有机产品认证知识问答》3 000多份，出动90人次，深入46个机关、社区、商超和企业开展面对面宣传。以"文化展览""实物展示""标识认知""知识讲授"等多种形式，普及有机认证知识，指导消费者正确辨识有机认证产品。上述各种宣传活动得到新华社、《国门时报》、辽宁电视台、大连电视台、丹东电视台、《辽宁日报》和各市报刊等媒体集中宣传报道。

撰稿人：王 喆　审稿人：曹建华

创新思路　服务发展　扎实推进认证认可工作

——辽宁省质量技术监督局2015年认证监管工作概况

一、"十二五"期间主要工作完成情况

"十二五"期间，辽宁省质量技术监督局（以下简称"辽宁省质监局"或"省局"）认证监管工作在国家认监委和省局党组的正确领导下，认真贯彻落实党的十八大以及十八届三中、四中、五中全会精神，顺应质监管理体制变化和职能调整，深化审批制度改革，积极推进行政职权下放，强化事中事后监管，努力夯实能力基础，圆满完成了各项目标任务。

（一）积极推动质量、节能、低碳、环境、安全等管理体系认证工作

"十二五"期间，通过大力推动普及管理体系认证，进一步增强了企业质量、安全和环保意识，进一步夯实了企业质量管理基础，进一步提高了获证企业管理水平。截至2015年底，辽宁省共取得各类有效管理体系认证证书25 056张，其中，质量管理体系认证证书15 821张、环境管理体系证书4 598张、职业健康安全管理体系证书3 646张、食品农产品管理体系证书737张、其他管理体系证书254张。

（二）稳步推进检验检测机构建设

为解决中小企业检验检测难和行业垄断等问题，"十二五"期间，辽宁省不断推进检验检测机构服务业发展，通过取消资质认定收费减轻企业负担，通过压缩审批环节提高审批工作效率，以上措施调动了企业投资建设检验检测机构的积极性，"十二五"期间全省新增检验检测机构143家，在全国排第8位。目前，辽宁省检验检测能力覆盖建筑工程、环保、卫生、农业、质检、食品、药品、机械、电子、轻工、纺织、航空、国防等国民经济各个领域。

（三）深入实施简政放权放管结合

2014年8月，省局将检验检测机构资质认定和安检机构资格许可两项行政职权委托下放到属地市局办理，此举不但方便了行政相对人，还有效调动了市局的工作积极性。放权的同时更加注重监管，连续5年组织全省开展检验检测机构的监督检查，总计检查1 500多家次；连续三年组织能力验证工作，参加能力验证的检验检测机构达1 200多家次。对其中部分违法违规机构进行了严肃处理和行政处罚，起到了很好的警示教育作用。

（四）进一步加大产品认证监管力度

"十二五"期间，共组织强制性产品认证监督检查活动13次，查办违反强制性认证案件20多起；连续5年承担了国家认监委安排的强制性认证产品监督抽查任务；开展对有机产品的监督检查5次。截至2015年底，全省共获得有效强制性产品认证证书8 148张，有机产品认证证书522张。

（五）基础保障能力持续加强

"十二五"期间，省局组织开展各类认证监管工作业务培训15期，培训认证行政管理人员、执法人员、审查员和企业管理人员、内部审核员达到2 000多人次。以世界认可日、实验室开放日和质量月等为契机，积极组织开展认证认可知识普及宣传教育活动20余次。

二、2015年认证认可工作概况

（一）探索创新强制性产品认证监管模式

一是首次开展了针对强制性产品认证获证企业的监

督检查。编制印发了《辽宁省质量技术监督局关于开展强制性产品认证获证企业监督检查工作的通知》（辽质监函[2015]46号），组织各市局对省内部分低压成套开关设备和电线电缆产品生产企业进行现场监督检查。这次监督检查总计出动监督检查和技术指导人员共计132余人次，检查获证生产企业28家、获证证书117张。各市局共上报工作总结14份、强制性产品认证获证企业现场监督检查表27份，发现各类问题6项，针对发现的问题均要求企业进行了整改。此次监督检查既有效震慑了认证违法违规行为，规范了强制性产品认证活动，锻炼了认证监管队伍，丰富了认证监管人员的监管经历，取得了较好的监管效果。二是按照年初工作计划，开展了省级强制性产品风险监督抽查，在沈阳、大连、鞍山、营口、辽阳市的部分大型超市和商场，抽查了电熨斗、电吹风、电水壶、电风扇、电磁炉等5种小家电获证CCC产品50批次，其中2批次CCC产品不合格，抽样合格率为96%。三是会同国家自行车电动自行车质量监督检验中心完成了国家认监委安排的CCC产品监督抽查任务，在沈阳、盘锦、锦州市抽查儿童自行车、儿童三轮车、儿童推车、婴儿学步车等4种童车类获证CCC产品30批次，其中4批次产品不合格，抽样合格率为86.7%。根据省局提供的“监督抽查通报”信息，中国质量认证中心撤销了中山市多灵电器有限公司、宝儿妈电气集团有限公司、中山市爱贝尔日用制品有限公司和捷安特（昆山）有限公司生产的SX03-C4型电热水壶、FYT25-A2型转页扇、AB-904型儿童推车、ifun516男儿童自行车四个产品的CCC产品认证证书。

（二）加大对获证检验检测机构的事后监管力度

一是继续开展能力验证活动。通过广泛征求意见，最终确定机动车安检、肥料、水泥、热轧带肋钢筋、建筑保温材料、饮料、生活饮用水等7个检验项目中的23个参数作为2015年能力验证项目，除机动车安检项目外（后面有详述），全省共有540个检验检测机构参加了1 090个项次的能力验证，取得最终结果数据4 799组，满意结果数据3 923组占81.7%，有问题和不满意结果数据876组占18.3%，针对能力验证取得不满意结果和有问题结果的单位，省局通过辽质监办发［2016］19号文件提出了处理意见，各市正在抓紧落实。特别值得一提的是，为保证能力验证工作的科学公正准确，按照省局主要领导的要求，2015年能力验证承担机构是通过遴选竞争方式确定的。二是继续开展对检验检测机构的监督检查，各市局包括绥中昌图县局共检查获证检验检测机构338家，省局在各市检查基础上又抽查了90家，仅省局组织的监督检查就发现各类问题592个、平均每个单位存在6.6个问题，特别是被检查的90家检验检测机构都不同程度的存在问题，反映出资质认定事后监管的重要性。三是突出重点有针对性地组织实施检验检测机构资质认定监督评审。为了全面掌握取证后的检验检测机构检验检测能力保持情况、检验检测管理情况和遵纪守法情况，省局年初确定要有针对性地实施对部分检验检测机构进行监督评审。为此编制印发了监督评审的工作方案，组成8个监督评审组，对18家获证机构进行了监督评审。在这次监督评审中，共发现各类问题127个，其中属于体系运行方面的38个，占29.9%；属于技术管理方面的88个，占69.3%；属于评审方面的1个，占0.8%。通过监督评审更能深入反映检验检测机构的管理、技术和资质认定实施方面的问题，对做好今后的工作起到了积极作用。

（三）进一步加强对机动车安检机构的监督管理

针对机动车安检机构问题频发高发的现状，省局加大了监管力度。一是认真督促落实GB 21861—2014《机动车安全技术检验项目和方法》新标准，按照不留死角不漏一家的原则部署各市局开展检查，目前，省内所有安检机构都按照新标准要求组织开展安检工作。二是印发了《关于进一步加强机动车安全技术检验机构监督检查工作的通知》，部署各市局对辖区内安检机构进行全覆盖的监督检查。省局在此基础上，采取“双随机”方式开展重点监督抽查。所谓双随机是指随机确定监督检查人员，随机确定被检查对象。这次组织的双随机监督抽查，共检查6个市的12家安检机构，发现问题65项。根据检查情况，已印发检查情况通报，提出了整改要求，并请各市局按照省局要求协调做好后处理工作。三是委托省计量院为主导单位，组织开展安检机构检验能力比对工作，共有43家安检机构、67条检车线参加了能力比对，取得有效比对数据3 270个、1 090个比对结果。发布了《关于2015年机动车安全技术检验机构检验能力比对情况通报》，对2015年能力比对有问题或结果不满意的安检机构提出了整改要求。对2014年拒绝参加检验能力比对的机构进行了行政处罚。通过连续三年的能力比对结果分析，机动车安全技术检验质量一年比一年好。

（四）稳步推进有机产品认证监管工作

按照《国家认监委关于印发2015年认证认可领域监督检查工作方案通知》（国认办［2015］25号）要求，

组织各市局对有机产品认证工作进行了监督检查，从全省获得生产、加工有机产品证书的企业中抽查63家，检查销售有机产品的商场、超市35家，检查有机认证产品100余种，发现了8个方面存在的问题，对存在的问题已责成被检查单位认真整改。

（五）认真做好行政许可工作

按照省局的统一部署，进一步压缩了审批时限和办理环节，目前省级办理时限压缩到20个工作日（不含技术评审时间），审批环节缩减到4项，并实现了全过程网上审批，受理材料和办理过程实现了可查可控可监督，目前网上审批系统二期工程也正在完善中。截至2015年底，全省完成检验检测机构资质认定评审发证558张，其中省局发证94张，各市局及绥中昌图县局发证464张。全省颁发机动车安全技术检验机构检验资格许可71张，其中新增22张。

（六）不断夯实基础工作

一是完成了国家认监委部署的2014年度检验检测服务业统计工作。经对检验监测机构上报信息统计，截至2014年底，全省共有1 088家检验检测机构上报了数据，有23家由于停业、注销等原因未能上报，上报率为98%，比全国平均上报率多5个百分点，涉及检验检测资质认定证书1 220张。二是组织开展了2015年资质认定检验资格行政许可办理人员和认证监管人员培训班，全省共计有200余人参加了培训。三是联合辽宁出入境检验检疫局、沈阳市质量技术监督局、沈阳出入境检验检疫局在辽宁大学共同开展了“世界认可日”主题宣传进校园活动。将认证认可知识的普及推广作为宣传重点，现场共展出宣传展板20余张，发放宣传资料2 000余份，接受咨询答疑300余人次。通过这次活动，使大学生群体对认证认可知识有了更加深入的了解，起到了较好的社会效果。四是开展了检验检测机构开放日活动，全省所有检验检测机构在9月29日当天都向社会开放并主动邀请民众到实验室参观，据事后统计活动当天全省有50多家实验室接待了1 000多名社会各界群众参观了实验室，通过参观观摩了相关产品的检验过程。

（七）扎实抓好党建工作

抓好党建工作是履职尽责的基础和灵魂。2015年，认证监管党支部内先后召开13次专题会议，传达学习中央、省委，以及省局党组、局务、局长办公等有关文件会议精神，集体研究制定措施确保会议精神得到有效贯彻落实。12月30日，认证监管处党支部成功召开“三严三实”专题教育组织生活会。支部全体党员依次对照“三严三实”精神实质，结合“对党忠诚、个人干净、敢于担当”“七个有之”和“五个必须”以及《中国共产党廉洁自律准则》《中国共产党纪律处分条例》，遵守党的政治纪律、政治规矩和组织纪律，以及省局提出的“十个不”和“五个不到位”等方面存在的问题，认真开展了批评与自我批评，共查找梳理各类问题20项，全部制定了责任清单和整改清单。

撰稿人、审稿人：闫　荣

充分利用认证可手段　服务地方经济发展

——吉林出入境检验检疫局2015年认证监管工作概况

2015年，吉林出入境检验检疫局（以下简称“吉林局”）认真贯彻落实全国认证认可会议精神，充分认识认证认可工作面临的新形势、新任务，加强对全省认证监管工作的统筹管理，完善各项认证监管工作制度和工作规范，统一执法程序、统一执法尺度。同时，加强认证监管队伍建设，继续开展认证监管业务培训，建立全省认证监管专家队伍。不断创新认证监管工作，积极探索在全省认证监管工作中实行“双随机”模式，以及与周边国家认证认可交流合作的途径和方式。

一、积极创建“有机产品认证示范创建区”

吉林局充分发挥认证认可“传递信任，服务发展”作用，积极向地方政府宣传发展有机产业，带动农业增效、农民增收，保护农业生产系统和生态环境，是一条农业转型升级、生态文明建设的新途径。同时，积极推动地方政府创建国家有机产品认证示范区，选派专家到有关企业进行政策解读，免费提供标准和技术服务，全程参与方案制定，不断提供有力保障。2015年，乾安县、集安市被国家认监委批准为“国家有机产品认证示范创建区”。

二、不断加强出口食品生产企业备案工作

吉林局积极推进备案监管职能转变，出台了《出口食品生产企业备案采信HACCP体系认证管理办法》。督促备案企业全面建立实施具有食品防护功能的HACCP体系，并督促企业内外销产品“同线同标”生产，推动食品海外消费回流。组织省内2家企业参加了“2016年度供港生鲜招标发布会”。在延边地区开展水产企业HACCP体系培训，在珲春举办了东北三省HACCP体系（水产品）培训班。吉林省有4家企业备案采信HACCP认证，备案时间从20日缩短至5日。对备案企业HACCP认证活动实现100%联动监管。截至2015年底，吉林省有效出口食品生产备案企业共356家。2015年共批准33家，新增16家，延续备案17家，组成评审组33个，调动评审员80人次，备案办理时限符合率为100%。

三、热情扶持出口食品企业走出去

吉林局积极开展对外注册工作，重点加强推荐企业获得“一带一路”沿线国家注册，探索打开俄罗斯市场，推荐吉林省3家出口猪肉企业向俄罗斯注册，已完成对俄罗斯注册推荐工作。推荐吉林省德大公司等4家禽肉加工企业向哈萨克斯坦注册，推荐吉林卓越实业公司等5家企业向蒙古、韩国、马来西亚注册，推荐延边盛海工贸等2家企业对巴西注册，顺利完成了接待马来西亚、韩国、蒙古官方对辖区内六家企业的注册检查。

四、开展质量管理体系认证专项监督检查

吉林局严格规范认证市场，对国家认监委指定的50家省内企业进行了检查，并通过检查获证企业质量管理体系认证情况倒查认证机构。检查前开展了专项集中培训，从各分支机构抽调了30多名业务骨干组成了十五个检查组，出动监管人员近200人次，发出问题整改通知16份，发现涉嫌严重违规行为1例。

五、强化强制性获证产品监督抽查工作

2015年，吉林局在流通领域开展进口小家电产品的抽查，抽取了日本进口的电饭煲的样品，进行证书有效性和产品一致性的核查，并经权威机构检测，样品符合要求。CCC免办扩大汽车和客车配件进口，全省共受理了7种类型，申请企业56家，企业申请720批，发放证明644份，货值2.1亿人民币。同比批次减少46%，货值减少30%。减少原因是长春一汽集团办理免办证明数量大量减少。

六、提升实验室资质管理水平

2015年，吉林局完成了全省14家实验室2014年度检验检测统计工作。举办“全国检验检测机构开放日”活动。组织对12家资质认定到期实验室的复评审工作。组织技术中心承担国家认监委和国家认可委能力验证各一项。组织各实验室参加国家认监委A类和b类及国家认可委各项能力验证工作。

撰稿人：周广仁　审稿人：王可明

完善制度　创新发展　全面提升认证监管水平

——吉林省质量技术监督局2015年认证监管工作概况

2015年，吉林省质量技术监督局（以下简称“吉林省质监局”或“省局”）按照“创优服务、创新治理”的要求，紧紧围绕吉林省委省政府突出发挥“五个优势”、推进“五项举措”、加快“五大发展”的战略部署，进一步落实“抓质量、保安全、促发展、强质检”十二字方针，突出把握制度建设、职能转变、市场需求这三个环节，重点开展了以下几方面工作。

一、深化改革，理清关系，明确责任，提高效能

（一）改革检验检测机构资质认定行政审批制度，实现职能转变

为进一步突出职能处室事中事后监管职能，突显行政审批办行政审批的职能，吉林省质监局将行政审批的主要职能划转到了审批办，使检验检测机构资质认定的行政审批工作实现了一个“窗口”对外，这项改革不但满足了吉林省政府的要求，也避免了企业以前同时对两个部门的问题。

（二）改革机动车检测机构的资格许可（含资质认定）制度

为贯彻落实吉林省政府关于减少和下放行政审批职权的精神，吉林省质监局研究决定，将全省机动车检测机构的资格许可和资质认定行政审批职能委托各市州质量技术监督局进行。这使得机动车检测机构的许可及许可后的监督工作都由市州局来负责，一方面调动了市州局的积极性，另一方面也进一步明确了监管责权的统一。

二、强化监管，发挥职能，保证安全，守住底线

（一）强化强制性认证产品（CCC）的监督和抽查

吉林省质监局完成国家认监委下达的插头插座监督检查，共抽检12家企业26个品种，抽查合格率为100%。完成省级专项抽检任务，其中照明电器抽检20家企业的36个产品，合格率为94%；电饭锅、电动工具、电器开关共计抽检26家企业的20个产品，合格率为80%；电线电缆抽检18家企业的38个产品，合格率为89.5%，针对抽检不合格的产品，已责成有关单位依法进行处理，并要求企业分析查找原因，全面进行整改。

（二）强化机动车安检机构的监督

为贯彻落实新办法、新标准，吉林省质监局与吉林省公安厅联合下发了文件，对贯彻新标准提出了阶段性要求。组织机动车安检协会对机动车安检机构的相关人员进行了培训，两个标准共组织培训班4期，培训人员628人。同时，省局组织专家，对吉林省179家机动车安检机构的新标准贯彻情况进行了验收和评审，保证了全省机动车安检机构两个新标准得到及时有效贯彻实施，进一步规范了机动车安检机构的检测行为。

（三）强化检验检测机构的监督

2015年，检验检测机构面临着《资质认定管理办法》和《评审准则》的变化，为保证机构了解和掌握新法规和新准则的要求，及时变更机构的质量体系文件，实现无缝对接和转版，省局下发了《关于落实〈检

验检测机构资质认定管理办法〉有关事宜的通知》，组织吉林省合格评定协会和吉林省检验检测协会，对全省除机动车以外的638家检验检测机构质量负责人和内审员进行了培训，共组织培训班12期，培训人员1 259人。另外，组织专家对吉林省内的建材、食品、环境监测等行业共计56家检验检测机构进行了专项抽查。

（四）强化管理体系和有机产品等自愿性认证的监督

一是吉林省局指定了长春、吉林、延边三个市州的20家管理体系获证企业作为2015年监督检查对象，并拨付了检查经费。从检查情况看，目前管理体系认证机构和获证企业总体上都能按认证规则进行认证和保持良好运行，对个别认证机构不规范认证的行为分别进行了约谈。二是按照吉林省质监局下发了《关于开展对获证有机产品认证企业监督检查工作的通知》，各市（州）、市（县）质监部门对全省176个有机产品获证企业进行监督检查，对存在问题的企业和认证机构，均下发了限期整改要求。

二、依法行政，服务发展，提升能力，履职尽责

（一）建立和编制了权力清单和责任清单

吉林省质监局按照“职权合法、权力规范、运行公开、责任明晰”的原则，全面清理了行政职权，共确定行政许可项目2项、行政处罚项目69项，在此基础上，编制了包括职权名称、设立依据、实施主体、承办人、收费标准等内容的权利清单，并绘制行政权力运行流程图。权力清单和流程图均通过省政府门户网站和部门网站向社会公开，接受社会监督。同时，根据“职权法定、责权一致、公开透明”的总体要求，为进一步推进责任法定化，更好发挥部门职能作用，吉林省质监局按照有关要求编制了与权力清单相配套的责任清单，确定了与行政职权对应的责任事项，并建立和完善了两项事中事后监管制度。

（二）对有机产品认证示范区进行验收

为促进吉林省农产品的转型升级，吉林省质监局利用三年的时间培育了10户有机产品认证示范创建区，基本上保证一个地区有一个试点。2015年，组织专家对示范创建区进行了验收，其中有8家达到省级验收标准，颁发了“省级有机产品认证示范创建区”牌匾，有1家推荐到国家认监委争创国家级有机产品认证示范区。

（三）组织开展了能力验证

为促进吉林省建材和食品领域检测机构检测水平的不断完善和提高，省局组织60家建材检测机构参加了苯板中压缩强度；104家建材机构参加了防水卷材纵横向拉力；42家食品检验机构参加了白酒中总酸、总脂以及123家食品机构参加了水中铅、砷含量等检验检测能力的验证。结果是苯板压缩强度验证合格率为98.3%，防水卷材中横向拉力验证合格率是92.3%，白酒中总酸、总脂验证合格率为90.5%，水中铅、砷含量验证合格率为99.1%。对能力验证中不合格的检测机构责令停止工作，进行了限期整改。

（四）组织开展了全省认证监管人员培训

为提升吉林省认证监管人员的业务素质和能力，省局会同吉林省质量技术监督培训中心，开展了全省认证监管人员的业务培训，参加培训班的省、市（州）、县（市、区）质监部门的监管人员和稽查人员共计150人。培训内容涵盖了强制性产品认证、自愿性的有机产品认证，管理体系认证以及机动车检测机构，各类检验检测机构的资质认定和资格许可等管理和监督内容。

撰稿人：张　猛　审稿人：沈迪波

促进“一带一路”发展 加速黑龙江认证监管工作创新

——黑龙江出入境检验检疫局 2015 年认证监管工作概况

2015 年，黑龙江出入境检验检疫局（以下简称“黑龙江局”）全面贯彻落实全国质检工作会议精神和国家认监委的工作部署，落实全面深化改革，推进“改革创新促发展、提升质量建强局”，主动适应经济发展新常态，深化改革，依法治检，促进“一带一路”建设，创优服务外贸发展，创新龙江认证监管治理体系，坚持探索黑龙江特色检验检疫科技之路，全面提升科技检测能力，较出色地完成了全年工作目标。

一、提升监管质量，转变认证监管职能

（一）出口食品生产企业备案基本情况

截至 2015 年 12 月 31 日，全省获得备案资格出口食品企业 391 家，共涉及 19 类产品，没有茶叶类和速冻方便食品类，主要以大米和杂粮杂豆为主。本省出口备案企业品种多、规模小，主要分布在哈尔滨、齐齐哈尔、牡丹江、佳木斯四个主要城市。

根据国家认监委的要求，从 6 月 1 日起，已对辖区内获得 HACCP 认证的 16 家出口备案企业对外公布的备案信息中增加了认证证书号、认证机构和认证有效期等内容。

（二）转变备案职能，梳理优化备案程序，启用采信程序，缩短备案办理时间

2015 年，黑龙江局对 2 家 HACCP 认证企业进行了见证审核，对获得第三方认证的 11 家申报企业和对 3 家企业的自我声明进行了采信，采信企业 14 家，占黑龙江局受理备案企业总数的 30%，其中 11 家企业做了质量管理体系和食品安全管理体系认证，其中 1 家做了有机认证。黑龙江局对在当地是知名品牌、影响大的企业进行了优先采信，对本行业中全省前三名的企业也优先进行采信，实行采信后，办理时间由原来的平均 15 天缩短到 4 天，极大地提高了工作效率。

2015 年，黑龙江局将部分备案工作下发到分支局，下发比例占总数的 47%。

（三）全省进境强制性认证产品免办业务基本情况

截至 2015 年 12 月 31 日，黑龙江省辖区进境强制性产品认证免办申请企业数量 7 家，强制性产品认证免办申请数量 51 份、签发的免办证明 28 份、涉及免办条款共有 4 条，涉及货款 5 000 万人民币。

二、提升监管能效，激发市场活力，创优服务外贸发展

（一）提质增效，促进出口企业内销转型，服务地方经济发展和提升食品质量安全水平

2015 年“提质增效升级”和“内销转型”是黑龙江局重点工作之一，全局组织备案企业向管理先进、质量安全稳定的优秀备案企业学习，实现企业和区域经济质量安全管理水平的升级，鼓励各分支局结合当地特色遴选优秀备案企业作为备案管理标杆，组织开展比学赶超活动，为出口备案企业转型升级探索了经验。黑龙江局将黑龙江北隆食品加工有限公司等 3 家企业确定为提质增效升级的标杆。经对全省备案企业的筛选，确定了五家有代表性的企业为内销转型主推企业，利用检验检疫的优势，帮助企业开拓国内市场，扩大宣传，这五家企业以前均为 100% 外销企业，但近几年随着国际形势的变化，纯外销型企业效益明显下滑，只能在国内寻求市场，黑龙江局利用信息和技术优势，积极为企业的内销贸易牵线搭桥，同线同标生产优质优质产品，在国内市场不断拓展，呈现稳定增长态势。

黑龙江北隆食品加工有限公司和黑龙江正大实业有限公司是黑龙江省主要肉制品出口企业，两家企业一直以出口产品为主，鉴于国际市场疲软的状况，黑龙江局利用政策和资源优势，积极鼓励企业两条腿走路，2011 年开始两家企业逐步开拓国内市场。内销转型将是国内出口企业今后的发展趋势，也是海外消费回流的表现方式，作为认证监管部门，黑龙江局将利用业

务特长提高企业的管理能力，帮助企业多渠道、全方位开拓国内市场。

（二）制定出口食品生产企业备案监管计划，开展 HACCP 认证监管联动工作

根据《出口食品生产企业备案管理规定》（质检总局 142 号令）等文件的规定，制定了《黑龙江检验检疫局 2015 年度出口食品备案企业监管工作实施方案》和《黑龙江出口食品生产企业备案监管计划》。2015 年按照制定的计划执行，已对 25 家企业进行了现场检查。

制定了《黑龙江检验检疫局 2015 年 HACCP 认证备案企业监管联动计划》。一是通过“中国食品农产品认证信息系统”获得 HACCP 认证的备案企业的认证证书号、认证机构和认证有效期等信息，并于 2015 年 6 月 1 日前在黑龙江出入境检验检疫局外网对外公布。二是专人负责每天查看“自愿性认证活动执法监管系统”，及时掌握将要进行 HACCP 初审、监审的备案出口食品生产企业信息，以便及时安排人员在认证机构对企业实施现场审核中进行见证监督。三是梳理优化备案流程，提高采信企业自我声明和 HACCP 认证比例，缩短备案办理时间。四是通过验证检查或见证审核等方式对出口食品备案企业和相关 HACCP 认证活动 100% 实现监管联动，2015 年委派佳木斯局和哈尔滨局开发办进行了两次 HACCP 见证审核。

（三）黑龙江省 3 家猪肉制品企业顺利通过蒙古国官方批准

蒙古国检验检疫局首次对黑龙江省肉制品企业实施官方审核，检查期间历经黑龙江大雪及严重雾霾的恶劣天气状况，但由于行程安排合理，沟通及时，企业之间衔接紧密，检查工作顺利完成，3 家企业最终通过蒙古国官方批准。

三、提升监管能力，注重培训，全方面提高监管人员素质

（一）组织开展全省系统备案评审员培训

为提高出口食品备案评审员的业务技能，组织全省系统 70 名评审员开展了培训。培训班抽调黑龙江局业务专家现场授课，主要对质量管理体系认证、HACCP 体系认证、备案评审相关要求、食品安全防护计划的建立及出口食品备案管理系统的应用等内容进行培训。在培训中，评审员们还对出口食品卫生备案工作的调整、监管联动的落实、“一厂一策”备案监管模式的实施等相关工作提出了建议，为转变出口食品企业注册备案监管职能、加强事中事后监管打下了坚实的基础。

（二）组织全省出口食品生产企业内审员培训

2015 年，分别在齐齐哈尔和牡丹江举办 2 期企业内审员培训班，全省共 175 名人员参加。培训通过对安全卫生要求、HACCP 计划、食品防护、备案系统使用等方面知识的讲解，督促企业全面建立实施具有食品防护功能的 HACCP 体系，提高了企业管理人员的业务水平，以提升全省出口食品安全管理体系持续有效。

四、提升监管效能，服务区域经济，促进“一带一路”发展

（一）促进认证认可区域一体化模式

为了进一步落实《东北三省检验检疫机构认证执法监管区域合作实施方案》的具体内容。规范、统一、协调边境贸易认证执法工作。实现区域检验检疫机构间认证认可工作信息互换、监管互认、执法互助。促进相关业务协调推进，进一步促进监管科学化和贸易便利化，起草制定了《东北三省检验检疫机构边贸认证执法监管区域合作实施方案》。

（二）开展认证认可日宣传活动

根据国家认监委世界认可日活动要求，组织各分支机构结合辖区特点，通过张贴宣传海报，深入企业开展具有特色的认证认可活动。开展了“提升对俄认证认可区域合作，推动共建龙江陆海丝绸之路经济带建设”的主题活动，积极参与黑龙江《中蒙俄经济走廊黑龙江陆海丝绸之路经济带建设规划》，利用对俄罗斯地缘优势，发挥黑龙江“一带一路”节点城市绥芬河、黑河等口岸局的作用，与俄远东地区开展有关肉类出口卫生注册、检验检疫结果互认的研讨活动，解决出口俄罗斯遇到的技术贸易措施，为“一带一路”建设奠定基础。

（三）积极开展“质量月”活动

质量月期间，组织 120 余家企业管理人员座谈，面对面交流，交流企业发展中所面对的问题，积极宣传认证信息，听取企业的诉求和工作建议，企业对此种形式的交流非常赞赏。并运用新媒体，建立检企 QQ 群，与企业形成常态化交流，答疑排忧。

“质量月”期间开展“有机宣传周”活动，通过新媒体宣传有机产品，向社会公众宣传普及有机知识和有机生活理念，使大众了解有机产品的定义、识别等内容，派工作人员到超市、口岸一线开展有机产品入境监督管理工作。

五、提升监管力度，完善认证活动监管新模式，维护公平竞争的认证市场秩序

（一）组织强制性产品认证获证产品监督抽查

制定了《黑龙江检验检疫局2015年强制性产品认证获证产品监督抽查经费预算和实施方案》（黑检认函［2015］195号），并按照方案要求对辖区流通领域列入CCC目录的进口厨房家电电饭煲及电热水瓶两个品种实施抽样监管，产品CCC证书、标识符合要求，经辽宁检验检疫局（北方）实验室检测合格。

此次监督抽查发挥了强制性产品认证对产品质量安全的监督保障作用。强化了地方认证行政监管的职能，推进了产品安全监管工作。

（二）开展全省管理体系认证活动监督管理工作

为更好地提升认证行政执法监管效能，营造认证市场公平竞争环境，严厉打击违法和虚假认证，严肃查处违规认证活动。承担了由国家认监委指定的全省50家企业的管理体系认证活动监督管理工作。制定了《2015年黑龙江检验检疫局质量管理体系认证活动监督检查工作方案》。成立黑龙江局2015年质量管理体系认证活动监督检查工作领导工作组。开展检查工作前，组织全省包括黑龙江局、哈尔滨局、佳木斯局、大庆局、牡丹江局、齐齐哈尔局、鹤岗局、黑河局、漠河办事处的30名认证相关人员进行了培训。

本次监督检查历经2个月，共组织监管人员100人次进行了文件审核，105人次对获证企业进行了现场检查。通过文审查找问题、以问题为导向进行现场核实检查的检查模式，既提高了检查工作的效率，又能准确地发现了认证机构及获证组织存在的问题。最终汇总主要问题并总结上报国家认监委，并对严重问题进行跟踪调查。通过此次检查能提升获证企业运行管理体系的有效性，提高产品质量，规范认证机构的认证行为。

六、实验室管理

2015年，实验室管理科和设备科以“改革创新促发展，提升质量建强局”为己任，克服了人员短缺、时间紧等困难，在科技战线稳扎稳打，全力推进黑龙江局“科技创新工程”建设，各项工作推进有力，工作成效明显，工作中有突破，有创新。

（一）实验室规划有新突破，巩固检测优势

2月，国家质检总局科技司同意黑龙江局规划建设“国家质检总局食品转基因检测中心实验室（黑龙江）”等10个食品区域性中心实验室，这是黑龙江局在2003年后首次获准建设区域性中心实验室，本次规划的10个食品区域性中心实验室覆盖了省内重点口岸和区域性城市，对于黑龙江局巩固在黑龙江省内食品检测优势地位，进一步获得地方支持。

至此，黑龙江局累计规划6个专业门类重点、区域、常规实验室54个，在东北三省一区4个直属局中位列第一。

（二）实验室资质管理规范，运行效率提升

1. 实验室资质情况

2015年，齐齐哈尔分中心、东宁分中心、绥芬河局技术中心、省局技术中心、同江分中心顺利通过国家认监委和CNAS“二合一”“三合一”外审，省局珠宝玉石检测鉴定中心顺利完成迁址并通过“二合一”复评审。省局技术中心通过现场确认的检测能力达到4 330项，全省系统获得资质的检测能力超过10 000项次。全省正常运转的实验室100%获得资质并在有效期内。

2. 组织全省系统实验室参加能力验证活动

3月，国家认监委提出让黑龙江局参加2015年能力验证计划工作的要求。黑龙江局积极组织全省实验室参加国家认监委、CNAS和其他各类权威机构的能力验证活动，6月底，合计报送计划报名参加能力验证165次，参数288项，其中检测实验室122次，157项；医学实验室43次，131项。可以保证满足国家认监委对直属局技术机构（省局技术中心、省局保健中心）和CNAS对于认可实验室在获得资质的子领域能力验证频次的要求以及后续拟扩项能力范围的需要。

3. 完成2015年度检验检测机构资质认定专项检查

4月，下发了黑龙江局本年度资质认定专项检查工作方案。辖区14个独立获证实验室，有11个采取了与全省系统交叉内审同步进行的方式，在实验室自查完毕后，同“实验室交叉内审”同时进行，并由内审组长监督自查不符合情况的整改。

第一阶段自查自纠：5月—8月，14家独立获证实验室（含多地点覆盖30个实验室）100%进行了自查，总体情况较好，环境设备改善明显，内外审不符合项封闭良好。

第二阶段现场检查和第三阶段整改：未发现重大不符合，有工作行为与体系要求不符、记录信息不全、电子数据文档保护不完善等，部分实验室“四独立”情况落实得也不够好，涉及的实验室都在9月15日前完成了整改。

第四阶段：在9月30日，向国家认监委提交了《黑龙江检验检疫局2015年度检验检测机构资质认定专项检查工作总结》。

4. 开展实验室开放，扩大对外影响

9月，全省10个实验室开展了开放活动。本次开放的实验室均独立获得资质，在所在地处于领先地位。活动期间，面向政府机关、职能部门、大中小学生、企业、社区开展了15次主题开放，共计810人次到黑龙江局食品实验室进行了参观访问和指导。获电视台报道2次。东宁分中心走向街头，以“食品安全人人关心，健康和谐家家受益”为主题宣传活动。发放宣传单300余份，接受咨询人数达200余人，参与商家10余家。

（三）实验室管理模式创新，管理水平提升

1. 组织实施全省系统实验室交叉内审

针对黑龙江局部分实验室的对内审人员不足、内审重视不够、内审流于形式等问题，为提升内审工作质量和工作有效性，促进实验室间相互交流，3月，科技处决定对全省系统14个独立获证实验室（覆盖30个多地点实验室）进行100%交叉内审，从全省系统专家库中抽取了52名专家和骨干（占在编人数近20%），对被评审实验室进行审核，并担负了对于实验室资质认定专项检查工作的抽查和“无资质检测开展”情况的抽查核实工作，实施组长负责制，对于发现的重大问题直接向科技处汇报，必要时可终止评审，收到了满意的效果。目前除了省局保健中心，13个实验室已完成交叉内审，实验室普遍反映内审效果好，成效足，在2015年全部实施后考虑将本项工作常态化、制度化。

2. 组织实施全省系统实验室骨干高水平轮训

与迅猛增加的仪器设备、检测能力、检测业务量及国家和行业主管部门对实验室日益严格的管理要求不匹配的是，黑龙江局实验室骨干人员的高水平培训相对滞后，全省属于实验室管理和技术骨干中，只有10%左右接受过实验室评审员、实验室资质认定评审员或食品检验机构资质认定评审员培训。2015年3月，科技处经请示局领导，决定用三年左右时间对全省系统骨干，实施高水平实验室管理体系轮训，2015年度经科技处审核后安排了10个实验室15名人员进行学习，反馈良好。

3. 组织全省实验室骨干参加内审员培训

10月，组织全省系统54名实验室骨干参加了由中国检科院举办的新版“检验检测机构资质认定内审员”和“实验室内审员”培训并获证，由新版资质认定评审准则起草人之一的孙克江研究员授课，达到了培训效果，并将汇总整理学习资料后上传内部资料。

4. 召开了全局科技工作会议

5月召开全省系统科技工作会议，部署了2015年工作任务，对2015年工作提出了要求，会议还传达了国家质检总局质检科技会议精神，省局和各分支机构相关人员在19个分会场共计200人参加了会议。

5. 检测技能比武筹备情况

11月，检测技能比武活动在佳木斯分中心举行，本次竞赛由政工处协办，是黑龙江省2015年青年职工岗位技能大赛的一部分，黑青联［2015］15号文件的奖励办法规定，第1名将由团省委和省人社厅联合授予“全省杰出青年岗位能手”称号，第2名至第5名，授予“全省优秀青年岗位能手”称号。

（四）与地方合作交流加深，服务能力持续增强

1. 共享服务平台业务完成情况

5月，黑龙江局向省科技厅报送了年度平台服务完成情况，加盟实验室已达21家，仪器设备合计240台套，总值1.39亿元，完成服务机时数71 883小时，入网检测项目7 809项。

至此，黑龙江局下属技术机构在黑龙江科技创新创业共享服务平台共完成服务超过30万机时，目前入网检测项目合计7 809项次，年均新开验100项以上新检测项目，是平台食品检测能力、检测业务量和检测服务能力最强的单位，服务能力出色，辐射效应明显。在服务地方和提升能力的同时，进一步巩固了黑龙江局在黑龙江省食品和农产品检验检测的优势。

2. 黑龙江省检验检测服务创新联盟成立

9月7日，“黑龙江省检验检测服务创新联盟成立大会暨检验检测产业发展高峰论坛”在省科技大厦召开。黑龙江局党组成员、副局长冷连波到会致辞并代表联盟理事长单位介绍了联盟组建情况。黑龙江省检验检测服务创新联盟是黑龙江省科技厅和黑龙江局共同召集发起的，黑龙江省首个高科技服务业产业战略联盟，是以推进黑龙江省检验检测产业的技术进步和产业化为目标，整合产业科技资源，建立产学研信息和知识产权等资源共享机制，突破产业发展技术瓶颈以创新链带动产业链。

撰稿人：胡天阳　审稿人：张卫国

主动担当　积极作为
突显认证认可在黑龙江全面振兴中的作用

——黑龙江省质量技术监督局2015年认证监管工作概况

2015年，黑龙江省质量技术监督局（以下称“黑龙江质监局”或“省局”）以“抓质量、保安全、促发展、强质检”为指导，以改革创新、依法行政为主线，主动担当，积极作为，认证认可的基础作用不断突显，服务改革发展的能力持续提升。

一、在服务经济社会发展中突显作用

（一）开展强制性认证产品监督抽查

按照国家认监委的统一部署和要求，黑龙江质监局组织人员对在黑龙江省流通领域销售电动食品加工器具产品的11家企业的20组产品进行了抽检，其中合格产品19组，合格率为95.0%；不合格产品1组，不合格率为5.0%。不合格企业1家，不合格率为9.1%。对抽查的不合格产品已按相关法律法规进行了处理。通过几年来的专项整治和监督抽查，产品质量安全得到进一步规范，市场环境得到了净化。

（二）开展检验检测市场秩序专项整顿规范行动，进一步优化了检验检测市场环境

着眼黑龙江省委省政府提出的优化发展环境的目标，黑龙江质监局在第四季度，投入资金16万元，集中全系统认证认可监管人员近100人，全口颈检验检测专家近100人，分成若干个督查小组，集中开展了检验检测市场秩序专项整顿规范行动。对全省资质现行有效的888家检验检测机构进行了全覆盖监督检查。对督查中发现的存在超出资质能力范围的22家问题机构，做出了暂停检验检测业务，责令限期整改的决定；对30家检验检测机构依法注销其资质认证证书，并将这一结果及时向社会公开，在媒体上曝光，社会反响很好，进一步优化了检验检测市场环境。

（三）开展能力验证活动，提升检验检测机构技术保障能力

多年来，黑龙江质监局一直把能力验证作为检验和衡量机构能力水平的有效手段。2015年，黑龙江质监局在全省环境监测系统开展了能力验证工作。全省共有89家环境监测机构参加能力验证，其中隶属省、市、县环保厅（局）的环境监测站72家，企业法人性质的环境监测机构17家，重点考核了空气中二氧化硫、空气中甲醛、水中氨氮等项目，采取盲样测试的方式，检验样品由省环境保护科学院负责制作。对在能力验证中2个以上不满意值的17家检验检测机构，暂停其相应检验项目，不得对外出具报告，限期2个月进行整改，整改仍不合格的，撤销其相关项目的检验资质。通过开展能力验证，促进了各级环境监测机构检测能力的提升。

（四）深入推进司法鉴定机构资质认定，提高司法鉴定质量

在总结试点机构成功经验的基础上，黑龙江质监局在全省范围内开展了司法鉴定机构资质认定工作。为了确保资质认定工作质量，黑龙江质监局积极与省司法厅沟通协调，共同推进。从国家认监委认证认可技术研究所聘请专家，为司法鉴定机构负责人和部分评审员讲解司法鉴定机构资质认定评审准则、评审程序及现场评审过程中应重点关注的内容。通过开展司法鉴定机构资质认定工作，全面提升司法鉴定机构的技术能力和管理水平，为司法活动的顺利进行提供技术保障和专业化服务。

（五）在帮扶企业中，强化服务意识

在帮扶企业工作中，不限形式，尽职所能来帮助企业。例如，在2015年世界认可日期间，大庆市局组织大庆华谊电气工程自动化有限公司等多家低压配电器CCC生产企业，召开行业性的企业座谈会，通过加强交流与沟通，帮助企业开展产品质量分析活动，查找问题，分析原因，以达到提高产品质量管理水平为目的；在日常监管巡查工作中，大庆市局深入大庆深博电气设

备有限公司、华尔通电气有限公司等企业，指导其规范出厂检验、提高产品的出厂把关能力、帮助企业建立健全产品进货验收等各项管理制度，使企业提高整体管理水平；免费为检测机构提供检验检测资质认定及相关法律法规方面的业务咨询及培训，积极帮助指导大庆医学高等专科学校司法鉴定中心进一步建立完善质量管理体系，组织专业技术人员一起深入到机构，指导其规范实验室管理，完善人员、设备等档案及各项质量管理记录，使其顺利通过认证。鸡西市局全力指导鸡西市国家石墨产品质量监督检验中心（黑龙江）通过国家认监委检验检测机构资质认定和实验室认可。工作中，他们从“零”开始，学习国家级检验检测机构资质认定和认可的规定、标准、程序、要求，边摸索、边请教、边完善、边改造推进了国家石墨产品质量监督检验中心（黑龙江）的检验检测机构资质认定和实验室认可准备工作。1月，鸡西市局根据实验室建设情况，请示省局给评审实验室认定和认可准备情况。省局在接到市局申请的第一时间，经过反复研究专程派出能覆盖石墨检验专业的省内资深评审员黑龙江省化工研究院副院长李子江为组长的检验检测机构资质认定评审组1行4人，对国家级石墨产品质量监督检验中心（黑龙江）进行实验室资质认定，提出30余项整改意见，为国家级石墨产品质量监督检验中心（黑龙江）通过国家级资质认定打下了坚实的基础。之后，鸡西市局按照省局专家组意见积极落实整改，完善实验室改造，开展检验岗位练兵，完善检验检测机构管理体系，做好资质认定和认可准备，高质量填报“国家资质认定和认可申请材料”。6月13日—14日，国家认监委和认可委派出联合评审组，对石墨中心实验室情况进行资质认定和认可评审，给予高度评价，对中心申请的55种石墨及制品434个检验参数全部通过现场评审，该中心顺利取得了国家级检验检测机构资质认定证书和实验室认可证书。中心的建成有力地支持了鸡西市“石墨之都”的建设，有效地服务了地方的经济发展。

（六）全力推进有机产业发展

借着黑龙江省打造绿色有机龙江品牌的契机，全力推进有机产业发展。为响应省委、省政府建设“绿色黑龙江，中国大粮仓”的号召，黑龙江质监局一直想方设法来全力助推有机农业的发展。大庆市局在这方面做了扎实的工作：一是通过召开《有机认证管理办法》宣贯会、有机认证推广工作会，送法送知识到田间等方式不断推进有机认证发展。二是召开了全市有机认证工作座谈会，全市有规模24家已获或即将获证农产品企业、种植户参加了会议。会上通过对当前形势的正确分析，进一步明确全市农产品认证的任务和目标是：力争到2016年，使全市具备优势、特色的水稻、小米、红小豆等农产品挤进龙江品牌。会上3家龙头企业进行了典型发言，交流了经验。参会企业还就各项产品的市场开拓进行了认真、务实、热烈的讨论，收到了良好的效果，为全市下一步开展有机农产品认证奠定了坚实的基础。三是加强质量管理指导与服务，大庆市局与市农委积极联系，带领相关专家，多次深入有机认证企业，到田间地头进行详细指导，黑龙江万佳农业科技发展有限公司、黑龙江辽百现代农业发展有限公司等4家新认证企业顺利通过了认证。大庆市也从2006年的1家企业2张证书发展至今已有15家企业获得38张有机（转换）产品认证证书，包含小米、大米、谷子、杂粮、水产、植物性饲料等35种产品。

二、在依法行政监管中彰显职能

（一）提升强制性产品认证领域风险信息分析预警工作

一是完善风险信息预警工作机制，提高风险应对处理能力。为提升分析处理能力，确保风险信息预警工作有效实施，黑龙江质监局把风险预警工作提升到重要议事日程，制定风险信息应对处理工作方案和应急预案，有效降低了行政风险。市局和县局分别成立了风险信息分析预警工作领导小组，并指定一名联络人，负责具体工作。坚持风险信息预警工作制度化、规范化。二是严格履行职责，加强强制性认证领域风险信息分析预警工作。黑龙江质监局及时跟踪、密切关注国家认监委关于强制性认证领域的舆情信息，建立舆情监测和处置制度，舆情引导和处置积极主动、正确有效，将正面宣传、新闻调控、网评引导相结合，及时协调有关部门消除辖区内发生的有害、危害类舆情，有效控制影响面。牡丹江市局在市新闻传媒集团《新闻周刊》栏目组的配合下，对机动车儿童乘员用约束系统进行了检查。接受市电视台《新闻周刊》栏目的专访，针对强制性认证国家法律法规、消费者关心的儿童安全座椅等强制性认证产品等方面的问题集中进行了解释和说明，宣传了国家认证认可的法律法规，扩大了认证认可工作的影响力和公信力。三是加强交流，总结经验，建立风险信息预警长效监管工作机制。黑龙江质监局在日常工作中，及时加强了与国家认监委的请示、沟通与交流，工作信息及时上报，每年根据实际情况完善本年度强制性产品认证风险信息预警方案，及时分析，调查和总结遇到的实际问题，并切实采取有效处理措施，维护广大消费者的合法权益。

（二）强化认证有效性监督检查，提升认证认可公信力

黑龙江质监局采取专项监督检查与日常监督检查相结合的方式，组织市（地）局开展获证企业（组织）管理体系网格化检查、认证有效性检查和强制性产品监督检查工作，提高认证认可的采信度，推动政府采信、行业采信、全社会采信，为转型升级提供技术支撑，促进产品质量提档升级。一是各市（地）监管部门有效利用认证认可业务综合监管平台，充分摸清管理体系认证企业和强制性产品生产企业底数，建立企业档案，动态掌握生产企业现状及强制性产品质量安全。对认证活动实施有效监督检查，并及时通过网络上报监管结果。二是加强食品农产品认证监督检查，确保食品安全。按照国家认监委的统一部署，黑龙江质监局将认证监管工作的重点放在着力规范认证市场秩序，提高认证结果的采信度和公信力方面。通过制定计划、现场检查、落实整改、跟踪回访等有效形式，将各类管理体系认证监督检查与食品农产品认证监管有机结合，提高认证有效性，规范认证机构的认证活动。2015 年，共监督检查有机食品认证企业 163 家，认证证书 248 张；绿色食品认证企业 53 家，认证证书 87 张；质量管理体系认证监督检查 443 家；通过自愿性执法监管系统共跟踪检查认证机构 404 余次，出动检查人员 821 多人次。三是哈尔滨市局针对道外太古街大火事件，结合本处职能，制定行动方案，立即在全市范围内开展了为期一个月的强制性产品认证消防产品专项监督检查。共检查 25 家生产和经营企业，切实有效地规范和净化消防产品市场。四是按照黑龙江质监局要求部署，全省对车用儿童安全座椅专项监督检查活动，检查方式对所有生产和流通领域车用儿童安全座椅经营企业逐一进行调查摸底，认真登记填表，摸清底数，建立档案。通过检查，规范了市场，让百姓真正购买到安全放心车用儿童安全座椅。

（三）加强资质认定管理，规范检验检测机构行为

严格按照检验检测机构资质认定评审准则和相关规定认真开展评审工作，做到严格受理、严格评审、严格审核，依法许可。截至 2015 年底，累计受理资质认定申请 369 家，已审批发证 301 家。

三、在改革创新中提升能力

（一）立规矩，职责清

哈尔滨市局依据法律法规和职能分工，认真疏理监管事项，用程序规范工作。在认证工作中，先后制定了《有机产品认证监管工作指导规范》《强制性产品认证监管工作指导规范》《实验室监管工作指导规范》和《管理体系认证工作监管指导规范》等，用制度规范监管人员的行政行为。绥化市局按照《关于全面开展规范行政处罚自由裁量权工作的通知》（黑政法发［2014］44 号）文件要求，代表省局编制了全省质监系统行政处罚 50 条自由裁量基准（认证认可部分）。

（二）建队伍，业务精

黑龙江质监局一直将队伍建设作为重点基础工作长抓不懈。2015 年，质监管理体制下划期间，在黑龙江质监局积极协调，各市（地）局各积极争取下，现 90% 的市地成立的专职监管部门，100% 的区县局配备认证监管专、兼职人员，建成了全省认证监管体系。并通过举办培训班、召开现场会、组织研讨和经验交流会等多种形式，不断加强监管人员的认证知识和工作能力。不管体制怎么调整，认证监管工作的职能、法律赋予的责任不变，且更需要一支素质过硬，业务过硬的认证监管专职队伍来落实。队伍的能力提升也为省市级行政监管权下放做好衔接，努力做到认证工作职责清、分工明、不脱节，上下一盘棋。

（三）搞培训，技术强

黑龙江省共有检验机构资质认定评审员 305 名，评审组长 55 人。结合新颁布的《检验检测机构管理办法》和《检验检测机构资质认定评审准则》，省局及时组织开展培训宣贯。针对评审人员在检验机构资质认定评审过程中存在的制度执行不严格、把握标准不统一等薄弱环节，黑龙江质监局注重健全监督管理机制，强化评审过程监督，建立和完善相关制度和措施，努力提升评审工作质量。一是建立评审质量反馈机制。强化评审人员的责任意识、法规意识、质量意识。二是建立评审责任追溯机制。对评审工作中评审制度不落实、评审标准不坚持等问题，把问责机制与评审员的淘汰机制有效地结合起来。三是加强评审员的廉政法制教育，组织召开评审员研讨交流会，制定评审组成员承诺书，加大《评审准则》和有关法律法规的宣贯力度，力求将评审工作的风险降到最低点。大庆市局针对《检验检测机构资质认定管理办法》2015 年 8 月 1 日起实施的实际，在 2015 年 7 月 16 日，组织召开了宣贯会，来自全市 107 家检验检测机构负责人参加会议。会议特邀请资深的评审员老师授课，通过理论联系实际，详解了新旧评审准则的对比、资质认定对内审的要求、方法和技巧等重点内容，对办法的修订背景、制度框架、改革亮点作了重点宣贯，对条文做了解释，使各检验

检测机构对新《办法》有了更深层次的认识，对新《办法》的全面贯彻落实起到了有力的促进作用。通过这些培训，进一步增强了检验检测机构的法制意识，提升了机构的管理能力，为检验检测行业的规范有序发展打下良好基础。

（四）抓宣传，提信心

加强工作宣传，重点宣传认证是政府构建产品监管体系的关键要素，是减少行政采购风险，提高管理水平的有效手段，是对产品服务、供应商评价的重要依据，宣传有机认证是能带动地方经济、农民增效的典型例子，让地方政府和企业了解认证认可工作的作用，才能更好地服务经济社会发展。2015 年 6 月 9 日是第八个“世界认可日”，为了推进“一路一带”建设的国家及省委的重大战略部署，进一步扩大认证认可工作的社会影响力，在世界认可日前后，各市（地）局以“认证认可服务‘一带一路’建设”主题，通过设立咨询台、发放宣传资料、送法进社区、送服务到企业等多种方式手段，在报纸、电台等有影响的媒体上，对认证认可工作进行宣传介绍，使企业和老百姓进一步了解认证工作，真正做到“传递信任，服务发展”。

撰稿人：姜玉龙　审稿人：毕建明

提高履职能力　强化认证监管

——上海出入境检验检疫局 2015 年认证监管工作概况

2015 年，上海出入境检验检疫局（以下简称“上海局”）深入贯彻党的十八大和十八届三中、四中以及五中全会精神，认真落实国家质检总局和国家认监委总体思路和部署，按照“创优服务，创新治理”的总体要求，结合上海局工作重点和要求，锐意改革，积极推进认证监管职能转变，着力完善认证监管体系，各项工作取得了新成效。

一、便利贸易，CCC 认证执法创新监管

（一）加强入境把关

查获各类凭 CCC 证书进口产品不合格 401 批，涉及 CCC 证书 341 份，货物金额 404.39 万美元，较 2014 年同期分别增加 72.84%、76.68% 和减少 28.5%。在检出的不合格 CCC 认证产品中 140 批货物被责令退运或销毁，24 张涉嫌违规证书已向认证机构进行通报；查处未获证产品 42 批，均责令其退运或销毁。

（二）便利贸易发展

制定《上海地区 CCC 诚信示范企业管理办法》，与上海市商务委联合发布上海地区进口 CCC 产品贸易便利化举措，向首批 34 家企业颁发“进口 CCC 产品诚信示范企业”证书。给予诚信示范企业“一次审批、多次放行，一次确认、三年有效，直通放行、诚信监管”等六项贸易便利化举措。新政预计为这些示范企业每年降低物流成本 1 500 万元以上，相关产品的平均滞港时间从一周缩短到几分钟。该举措央视新闻进行了四分钟的报道。

（三）优化日常监管

对上海口岸 CCC 执法情况实施后台监督，形成监督检查机制的良性循环和闭环管理。通过集中审单平台、物流监控全申报系统、CCC 设限数据库、检务综合辅助平台等信息化手段，已基本实现 CCC 产品无纸化报检、无纸化传输。此外国家认监委给予上海自贸区进口文化艺术品无须办理 CCC 便利，一期仓库艺术品进、出库货值已超过 100 亿元。

（四）专项重点抽查

将进口厨房家电产品作为 2015 年 CCC 专项监督抽查的重点，深入开展上海口岸进口厨房家电产品安全隐患排查治理专项行动。共计对 244 批进口厨房家电产品实施重点货证核查和一致性检查。从抽查结果来看，检出 2 家生产企业、2 个型号规格产品不合格，产品合格率为 90%。

（五）合作监管共赢

在国家认监委指导下，首次联合上海市质量技术监

督局完成对上海地区 14 家 CCC 指定实验室专项监督检查，宣贯 CCC 实验室的资质认可要求，确保 CCC 产品质量安全检测水平。

二、提质增效，进出口食品、有机产品严密监管

（一）助推备案注册

自 2014 年 11 月—2015 年 10 月 31 日，共受理初次申请企业 4 家，延续备案 15 家，备案变更 20 家，备案办理时限符合率 100%。截至 2015 年底，上海地区已有出口食品备案企业 229 家。

（二）强化企业监管

通过采取年度报告审核、现场检查和专项检查的方式对备案企业实施监管，除企业注销、搬迁等原因无法实施监管外，年度监管计划完成率达 100%。共对 228 家企业实施年度报告审核，对问题比较严重的 8 家企业作出暂停使用《备案证明》的决定。

（三）力推“同线同标”新模式

以 HACCP+ 食品防护体系为核心，助力出口企业“提质增效升级”和“内销转型”，扩展国内市场。帮助松江区庞仕水产通过了宜家集团、百盛集团、麦当劳等供应商审核，帮助维他奶（上海）有限公司完成“同线同标”体系构建。

（四）严格有机产品监管

根据上海口岸具体情况，设计了一套由企业自主申报、系统风险布控、口岸监督抽查和网络证书核查等组合方式严把进口关，同时加强对国内市场销售环节的进口有机产品符合性检查。1 月—10 月，上海口岸共截获不合格进口有机产品 62 批，涉及金额 67.2 万美元。

（五）发挥标杆作用

针对出口食品企业组织“新修订实施《食品安全法》”“出口食品安全新规定”等两次法律法规宣贯活动，邀请质量体系较好、管理经验丰富的企业进行经验交流和分享，落实企业主体责任制度，实现提质增效。

三、简政放权，扶持认证产业新发展

（一）推动认证机构审批制度创新

在国家认监委的大力支持下，上海局推动国家质检总局在上海自贸区内取消设立质量管理体系认证机构政策性限制、认证机构非法人性质分支机构审批、境外认证机构驻华代表机构备案、外资认证机构对外商投资者的特别限制、外资认证机构申请扩大业务范围应当从业 1 年以上的限制、外资认证机构子公司扩大认证业务范围的审批，实现了自贸区内取消 1 个备案、2 项审批和 3 类限制的改革举措，突破法规 1 项、规章 4 项。其中 6 项成果中 4 项已在全国落地。

（二）助力浦东新区首创“检测认证”示范区

会同上海市质量技术监督局共同推动浦东新区成功创建国家公共检验检测认证服务平台示范区，使其成为首个将检验检测和认证同时纳入公共服务平台的示范区创建单位，并进一步推出支持浦东新区检验检测认证发展的举措。

（三）加强监管维护市场健康发展

开展质量管理体系认证监督检查，采取“指定检查企业”和“随机抽取检查企业”相结合的方法，对 126 家获证企业进行现场认证有效性检查。发现 35 家获证企业存在不同程度的问题，涉及 19 家认证机构。对此上海局共对 6 家认证机构发出 7 份《认证行政监管情况通报》，对 7 家认证机构发出 9 份《责令改正通知书》，并对 3 家认证机构开展进一步调查。

四、夯实基础，实验室能力持续提升

（一）推进资质认定

组织食品中心接受 CMA、CMAF 和 CNAS 实验室认可监督评审兼扩项评审、CNAS 生物安全二级实验室监督评审；组织机电中心接受 CNAS 实验室监督和扩项评审、保健中心接受 CNAS 实验室认可监督评审兼扩项评审。

（二）加强能力提升

4 个技术中心共承担了 4 项国家认监委 2015 年能力验证计划，其中 A 类 3 项和 B 类 1 项；同时技术中心积极参加国家认监委和国内外权威机构组织的各项能力验证计划和实验室比对活动一共 49 项，目前验证结果均为满意。

（三）开展“检验检测机构开放日”活动

上海局组织各技术中心开展了具有检验检疫特色的检验检测机构开放日活动，共展出各类展板近 30 块；共开展“危险化学品政策宣贯与参观座谈”“了解生物入侵、保护生态安全”等形式多样、社会公众普遍

关注的“实验室开放日”活动8次。

五、区域一体化，认证执法监管协同推进

（一）确立“一处认证，处处认可”一体化机制

通过泛长十局认证监管联席制度十年的协作，实现区域联动向区域一体化建设的转型，确立了“一处认证、处处认可”的一体化协作机制，签署了《关于开展泛长三角区域认证监管一体化建设的合作备忘录》。其中，2015年仅上海口岸凭CCC监管一体化互认放行的货物达46 808批43.5亿元。

（二）引领自贸区协同发展

在始终保持上海自贸区先发优势的同时，在国家认监委的指导下，积极推动和建立四区七局全国自贸区认证认可制度创新联席会议制度和政策研究工作机制，共同签署合作备忘录，确定了检验检测认证结果采信与互认、检验检测认证服务业开放、事中事后监管制度创新和认证认可促进贸易便利化等四个重点研究的制度创新领域。

（三）深化口岸有机联盟合作机制

上海局依托“口岸执法联盟”等合作平台，在国家认监委的指导下牵头组成了具有代表性的进口有机产品入境验证协作组，逐步建立进口有机产品上海口岸预警机制，设立进口有机产品风险数据库，1月—10月，进口有机产品入境验证协作组共截获不合格有机产品275批，4 667.8批次。

六、着眼未来，认证认可持续发展

（一）推进职能属地化和人员资质培训

明确职能下放清单和条件，发布认证监管岗位人员管理办法。在国家认监委和泛长十局认证监管专家的协作支持下，组织编写了3本培训教材计30万字和一本工作手册计25万字，完成500余名1 042人次7个岗位的培训和21场次在线岗位资格考试。

（二）中国好师父，做好“传帮带”

上海局叶志平副处长当选国家认监委第一季“中国好师父”乳制品团队导师，吸引了全国25名年轻的食品备案监管人员加入团队。该团队组织行业专家进行授课，还前往光明食品集团等企业实地调研学习，并编写相关评审教材，为全国培养了一批评审专家人才。

（三）加强认证认可政策理论研究

邀请国家认监委副主任谢军来沪做认证认可“十三五”规划战略思考专题讲座，承办上海地区检验检测认证机构“认证认可检验检测发展规划座谈会”，联合上海市行政法制研究所共同承担认监委认证认可检验检测发展“十三五”规划前期研究重大课题之一——“‘十三五’认证认可检验检测法治建设战略研究”，推动理论研究服务于顶层设计和宏观决策。

七、上海局认证认可年度重点工作总结

（一）泛长十局合作完成《出口食品生产企业安全卫生要求》视频培训教材

3月，由上海局牵头，联合泛长三角十局（江苏、安徽、湖北、上海、浙江、宁波、江西、湖南、福建、厦门等检验检疫局）及光明食品（集团）共同拍摄制作的《出口食品生产企业安全卫生要求》视频培训教材制作完成。该视频教学片历时一年半，按照确定大纲、编写剧本、编写分镜头剧本、分工拍摄素材、制作等标准流程进行。各参与单位拍摄并提供的素材相当于100多片DVD容量，制作时采用了其中近800个镜头，最终成片为四集，总片长约150分钟。

该视频教学片以国家认监委2011年第23号公告的《出口食品生产企业安全卫生要求》13个方面内容为基础，将食品法典委员会（CAC）《食品卫生通则》、美国《食品安全现代化法案》（FSMA）、欧盟、日本等主要进口国的相关法规和要求纳入其中；该视频教学片对条款进行释义、有拓展知识点并举例解释，内容详实、题材广泛、形式生动，对出口食品生产企业理解和掌握我国及国外食品安全卫生要求具有指导意义；该视频教学片为卫生注册评审员、出口食品企业人员、第三方审核人员对学习和理解出口食品生产企业安全卫生要求及国外相关法规要求，提供了标准化的培训教材。

（二）国家认监委批复同意上海自贸区文化艺术品无需CCC认证要求

5月，国家认监委批复同意对进口属于强制性产品认证范围内的文化艺术品实施无需办理CCC认证便利化通关措施。根据新政，文化艺术品在出自贸区交易时将不再需要提供CCC证书，仅凭借艺术品的证明文件就可直接向上海国检局报检通关。

上海自贸区内的国际文化服务贸易平台是我国探索对外文化贸易的首块“试验田”和全国仅有的2家国家文化贸易基地之一，多次成功举办了海外艺术品、

古董家具的保税展示和展卖业务。此次新政出台，是国家质检总局积极支持中国文化产业发展，解决当前社会热点难点问题，推动上海自贸区文化艺术交易平台健康有序的发展的重要举措，极大地促进了上海地区艺术品市场的开放繁荣。

（三）“一处认证、处处认可”，泛长三角区域认证监管合作实现历史性突破

6月5日，以“对接‘一带一路’，融入长江经济带，认证监管区域一体化建设”为主题的第十次泛长三角区域认证监管工作会议在沪召开。泛长十局共同签署《认证监管一体化建设合作备忘录》，标志着泛长合作机制从原来的区域联动全面转型升级为一体化建设，迈上了更高的台阶，进入了全新的领域，实现了历史性的突破。

本着“对接、融合、叠加”的思路，泛长十局将通过坚持深化改革和法制建设双轮驱动，开展更新领域、更高水平、更深层次的务实协作，形成监管一体化创优服务，创新治理新常态，实现“一处认证，处处认可”的一体化目标，最终起到便利对外贸易，服务开发开放，促进外贸进出，保障国门安全的重要作用，体现认证认可的核心价值。

（四）上海国检局和上海市商务委联合发布上海地区进口 CCC 产品贸易便利化举措

10月19日，上海局和上海市商务委联合发布上海地区进口 CCC 产品贸易便利化举措，并向首批 34 家企业颁发“进口 CCC 产品诚信示范企业”证书。即日起，首批 34 家诚信示范企业在上海口岸进口 CCC 产品时，将享受“一次审批、多次放行，一次确认、三年有效，直通放行、诚信监管”等六项贸易便利化举措。其中，仅免办 CCC“一次审批、多次放行”的贸易便利化举措，就将直接为这些诚信示范企业每年降低物流成本 1 500 万元以上，每批进口 CCC 产品的平均滞港时间从一周缩短至几分钟。

进口 CCC 产品诚信示范企业贸易便利化举措，是上海局和上海市商务委积极贯彻落实党中央、国务院关于深化中国（上海）自贸试验区改革开放、加快培育外贸竞争新优势以及改进口岸工作、支持外贸发展等一系列重大战略决策的部署要求，优化监管服务，减少行政审批，降低贸易成本，减轻企业负担，共同构思、共同谋划、共同发布的务实之举，入围企业也是经过双方的联合推荐，共同考核，予以确认，首批 34 家进口 CCC 产品诚信示范企业中，上海自贸区内企业 28 家，占 80% 以上，地区总部企业 7 家，占 20%。

（五）浦东新区公共检验检测认证服务平台示范区创建成立

12月14日，中国（上海）自由贸易试验区、浦东新区创建国家“公共检验检测认证服务平台示范区”暨检验检测认证产业推进大会在浦东新区政府举行。国家认监委宣读浦东新区创建国家“公共检验检测认证服务平台示范区”获批文件。

为全力支持示范区创建，促进浦东新区检验检测认证产业发展，实现转型升级和全国示范，上海局在《上海检验检疫局浦东新区政府关于推动浦东改革创新进一步扩大开放合作备忘录》及“24 条”的基础上，再推出六项支持举措，分别是：支持示范区检验检测认证制度创新；支持自贸区试点平行进口汽车 CCC 认证制度改革；支持示范区“互联网 + 检验检测认证”应用示范；支持示范区开展电子商务认证试点和示范；支持示范区检验检测与认证一体化发展；支持示范区检验检测与认证第三方采信。

（六）推进认证认可持续发展

上海局在 2015 年全面推进对认证认可岗位执法能力建设。一是推进职能属地化和人员资质培训。明确职能下放清单和条件，发布认证监管岗位人员管理办法。在国家认监委和泛长十局认证监管专家的协作支持下，组织编写了 3 本培训教材计 30 万字和一本工作手册计 25 万字，完成 500 余名 1 042 人次 7 个岗位的培训和 21 场次在线岗位资格考试。二是做好中国好师父“传帮带”活动。叶志平副处长当选国家认监委第一季“中国好师父”乳制品团队导师，吸引了全国 25 名年轻的食品备案监管人员加入团队。该团队组织行业专家进行授课，还前往光明食品集团等企业实地调研学习，并编写相关评审教材，为全国培养了一批评审专家人才。

撰稿人：张海峰　审稿人：张明霞

严格把关　强化监管　推动认证认可事业发展

——上海市质量技术监督局2015年认证监管工作概况

2015年，上海市质量技术监督局（以下简称“上海市质监局”或“市局”）按照国家认监委“创优服务、创新治理”总体要求，围绕上海自贸试验区建设和具有全球影响力的科创中心建设两项中心任务，不断深化检验检测审批制度改革，持续推动检验检测产业发展，切实加大事中事后监管力度，有效融入上海创新驱动发展战略。

一、围绕上海自贸试验区建设，不断深化检验检测改革创新

（一）积极开展审批制度改革探索

一是积极推动市卫计委、市安监局、市住建委、市农委等相关部门采信计量认证结果，探索检验检测机构联合评审和联合监管模式，取得积极成果。二是扩大检验检测机构资质认定告知承诺制度实施范围，会同市审改办下发了《关于对<产品质量检验机构的计量认证>部分变更事项实施告知承诺的决定》（沪审改办发［2015］24号），对变更类的告知承诺从自贸区扩大到全市，形成可复制、可推广的改革成果。截至2015年底，全市已有9家检验检测机构完成了告知承诺方式的变更。

（二）积极推动检验检测机构整合

结合检验检测机构整合工作的新形势新要求，会同市编办，加强与本市检验检测行业主管部门的沟通协调，并通过与浙江、湖北、新疆等外省市相关部门的调研交流，进一步细化改革思路，完善《上海市检验检测机构整合和体制改革方案》（建议稿），并向市领导作专题汇报。

（三）开展《上海市检验检测条例》立法调研工作

着眼于简化审批和转变政府职能、规范检验检测行为、加强事中事后监管、促进检验检测产业健康发展，深入开展面向国有、民营、外资检验检测机构和相关政府管理部门、行业协会的立法调研，充分收集涉及行政审批改革、突破行业发展瓶颈、完善法律规制体系的意见和建议，为科学立法奠定基础。

（四）完善检验检测机构资质认定许可制度

积极推动评审员队伍建设，组织开展对新评审准则条件下的评审员培训工作，完成对新老评审准则换版的要求。完善评审工作流程，推动盲样考核管理办法的制定，在环境、建工、食品等领域，率先启动一定比例的盲样考核机制，提高检验检测现场评审的公正性和客观性。

二、服务上海科创中心建设，持续推动检验检测认证产业发展

（一）落实推动检验检测产业发展的各项工作要求

结合国务院落实生产性服务业发展和高技术服务业发展等指导意见的新要求，推动《贯彻落实〈促进本市检验检测产业发展若干指导意见〉及相关指导政策意见的实施方案》的实施，会同相关委办局研究制定促进检验检测产业发展思路，进一步明确各部门职责，建立相关落实举措的评估机制。

（二）积极推动检验检测公共服务平台建设

继续推动闸北区国家检验检测公共服务平台示范区的建设，支持示范区内检测认证机构实现集聚发展，指导编制闸北检验检测认证发展“白皮书”。推荐浦东新区申报完成“国家公共检验检测认证服务平台示范区”，并在国家认监委门户网站完成公示。结合浦东新区产业发展实际情况，制定推动检验检测认证服务业的发展目标，借助自贸试验区和自主创新示范区“两自联动”效应，探索开展相关制度创新先行先试，强化检验检测认证服务业对国际贸易中心和科技创新

中心的技术服务支撑。支持松江区整合三方在线上线下有关检验检测的服务资源，组建完成“中国（上海）检验检测认证公共服务平台”，通过网络平台整合现有检验检测认证机构和中小企业检验检测认证的需求信息，更好地服务中小企业。

（三）完成2014年度检验检测认证行业资源统计工作

组织全市730余家检验检测认证机构通过市质监局网站完成了填报。统计显示，2014年度全市检测认证规模再创新高，超过166亿元，其中检验检测收入超过142亿元，认证机构收入近24元。

（四）研究编制重点检验检测产业发展目录

召开专题会议推动重点领域检验检测需求调研，部署落实对智能制造（机器人）、新材料、生物医药等检验检测领域的重点需求研究，服务检验检测服务发展的十三五规划；落实与上海交大等高校合作，对包括四川大学在内的首批向社会共享高校检测资源开展调研，完善高校内检验检测资源情况调研模型。

（五）推动自愿性认证制度发展

夯实中小微企业质量管理基础，组织各区县开展中小微企业管理体系培训，提升企业产品质量和服务水平，营造“大众创业、万众创新”良好氛围。开展重点能耗企业能源管理体系认证和节能低碳产品认证培训，宣传能源管理体系标准和管理方法，促进企业节能减排。面向本市电子商务平台企业和入驻商户开展电子商务认证制度宣贯，提升电商领域产品质量，提高平台企业服务水平。

（六）组织开展世界认可日宣传工作

联合浦东新区人民政府在张江高科技园区举办“技术基础服务上海科创中心建设”学者圆桌谈活动，借助“文汇－复旦管理学者圆桌谈”品牌论坛，邀请国内知名学者、检测认证行业专家和企业代表，围绕检验检测认证为上海科创中心建设提供技术支撑、依托自贸区进一步深化检验检测审批制度改革、对接本市战略性新兴产业推动检验检测产业发展等话题展开探讨。

三、创新治理方式，有效规范检测认证服务市场

（一）组织开展认证活动监督检查工作

落实国家认监委认证执法联动监管工作要求，联合江苏、浙江两省认证监管部门，对本市部分管理体系认证机构及相应获证组织，按照“双随机”抽查要求开展认证活动规范性专项检查，对违法违规机构进行重点约谈、责令限期整改，并对涉嫌存在严重违法行为的机构开展立案调查。加强与农业主管部门协作，对有机产品认证获证组织开展专项检查。委托有关检测机构，对本市有机产品生产、加工基地出产的各类有机产品及其土壤、水样等开展监督抽查，重点筛查农药、重金属残留，确保有机产品符合国家标准。以外地有机产品为主开展流通领域有机产品风险监测，并组织市区两级认证监管部门开展认证标识专项检查，维护消费者合法权益。

（二）加强机动车安检机构监督管理

组织全市各区、县认证监管部门开展为期3个月的机动车安检机构大排查行动，按照属地化监管原则，采取集中检查、突击检查等方式，加大暗访检查力度，对管辖区内的机动车安检机构开展安全大排查。会同交警、物价、环保等部门组织对本市80家机动车安检机构开展联合监督检查工作，加大执法力度。会同交警、环保等部门落实《机动车安全技术检验项目和方法》（GB 21861-2014）新国标的换版执行工作，保证新版标准的平稳衔接。组织申报《上海市机动车安全技术检验机构设置运行通用条件》地方标准立项，规范机动车安检机构准入要求和运行服务质量。组织修订《机动车安全技术检验操作规范》地方标准，进一步规范机动车安检机构检验操作程序和行为，提高机动车安全技术检验水平。组织研究机动车安检机构计量设备动态数据管理系统（电子封条）项目，及时掌握检验用计量设备的状况以判断出具的报告数据是否真实、可靠。会同公安、环保部门督促检测设备软件供应商认真开展自查，严禁受机动车安检机构为获取利益要弄虚作假反逼而提供篡改手段。组织对92家机动车安检机构开展检验能力比对试验工作。

（三）加强检验检测机构监管

围绕食品安全、环境卫生等重点领域组织开展17项能力验证工作。组织开展产品质量检验机构工作质量分类监管工作，组织对63家承担监督抽查、生产许可证检验、风险监测和委托检验的依法设置和授权的检验机构进行现场考核和分类评价。受国家认监委委托，组织对本市14家CCC指定实验室开展专项监督检查。组织研究检验检测机构普通送样人监管制度，监督检验检测机构日常检验实际情况，考核委托检验数据是否真实、准确和可靠，检验过程是否符合资质认定管理办法和评审准则的规定要求。组织开展本市检验检测机构资质认定专项监督检查工作，要求本市资质认

定获证检验检测机构100%进行自查；在全面自查基础上，抽取200多家检验检测机构进行现场检查。组织推进本市检验检测机构信用体系建设，研究制定检验检测机构征信、评信、用信系统。

（四）加强对强制性产品认证目录内产品生产企业的监管

明确以出厂、销售、进口的产品是否获得了强制性产品认证、生产企业是否建立了强制性产品认证标志使用的管理机制与使用记录、是否存在企业在获得证书之前或者暂停撤销期间擅自出厂、销售目录内产品的行为为检查重点，严把强制性产品认证市场准入关，防范无证商品流入市场。截至2015年10月底，本市质监系统共出动执法人员2 600余人次，检查生产、销售企业993家，查办无证违法案件82起，涉案货值1 079.76万元，罚没款合计288.42万元，涉及强制性产品认证目录内产品12种82批次，有力震慑了违法违规企业。

撰稿人：武 鹏 审稿人：刘春扬

深化改革 创新发展

——江苏出入境检验检疫局2014年认证监管工作概况

2015年，江苏出入境检验检疫局（以下简称“江苏局”）在国家质检总局和国家认监委的正确领导下，按照支树平局长对认证认可工作“创优服务，创新治理”的新要求，结合江苏局2015年“改革深化年”总体思路，纵深推进认证监管改革创新，全面提升监管效能和服务水平。

一、精于重点工作，彰显落实成效

一是强制性产品入境验证全程无纸化模式基本实现。年初制定详细的无纸化工作方案，成立专门的无纸化工作推进小组，并多次召集业务骨干，通过现场演示、模拟运行、反复论证等方式全面推进落实，先后完成了集中审单规则设计、原始记录模板制作等关键工作。基于风险分析、分类管理、问题导向思路，形成科学的二维布控规则，配合加严及特殊布控，构成了一套较为完善的报检、审单、布控规则。

二是认证执法事中事后监管体制建设初见成效。作为国家认监委试点局，组织南京、连云港、苏州、无锡、扬州、常州等六个分支局，在认证执法事中事后体制建设的各领域开展理论研究、实践试点等工作，全面提升认证执法效能，为认证执法事中事后监管体制的建立探索出一条“突出问题导向，提升认证执法效能”的新路。

三是认证监管简政放权工作落实到位。2015年将出口食品生产企业备案审批工作从受理、组织评审以及审批发证等全部流程都委托分支局实施，充分发挥分支局“贴近企业，服务企业”的优势，推行备案审批全程“网络化、无纸化、实时化”。2015年新增对5家分支局下放CCC免办办理权限，下放业务占到全省CCC免办业务的81.5%。江苏局认监处逐渐由“管理执行部门”转型为“管理督察部门”，逐步实现工作重点向监管之监管转移，确保认证监管简政放权工作“放得下、接得上、管得好”。

四是支持张家港汽车口岸健康发展措施到位。实施小批量汽车特殊检测处理程序申办的网络化，进一步规范办理流程，优化办理程序，方便企业申请。加强开展整车汽车进口业务涉及CCC政策法规、办理程序等宣传和咨询工作。截至2015年底，共受理小批量汽车特殊检测处理程序申请97批（台），已经完成检测的20批（台），已完成检测的车辆均未发现不合格问题。

五是对外注册出口食品备案企业数创历史新高。江苏局高度重视对外注册工作，将其作为发挥认证监管作用、服务地方经济发展的重要举措，对全省申请对外注册的企业开展国外注册技术帮扶，积极推荐符合条件的出口食品备案企业申请对国外注册，2015年共新推荐11家企业12厂次对国外注册。自2003年以来，江苏局辖区的对外注册企业数量逐渐由53家发展到现在的109家209厂次，数量位列全国前列，再创历史新高。

二、敢于制度优化，提升履职实效

一是以机关党建为引领，实现队伍建设长效化。严格贯彻“八项规定”，深入开展“三严三实”专题教育活动，完善作风建设、廉政建设长效机制，着力打造一支纪律严、业务强、素质优、作风硬的认证监管队伍。

二是以绩效考核为导向，实现重点工作目标化。按照“责任分解到位，保障措施到位，工作成效到位”的要求，扎实推进2015年国家质检总局绩效指标中认证监管方面工作。

三是以体系管理为核心，实现业务工作规范化。通过修订处室质量体系第三层次文件和内外审，梳理规范类业务文件，及时更新有效文件清单，以体系要求扎实做好认证监管各项基础工作。上半年发布出口食品生产企业备案管理工作指导意见，对出口食品生产企业备案审批实现全程网络化办理。截至10月31日，江苏省共有出口食品备案企业931家，有效证书数为977份。共受理企业备案申请108份，累计审批发证112份（含2014年底受理，2015年审批的企业）。办理证书注销18份，办理证书变更23份，证书扩项28份，不予备案企业1家。

四是以政策研究为导向，实现创新工作趋势化。围绕“如何发挥认证认可在宏观质量管理中作用”及“创新模式、加强事中事后监管”以及“备案技术审核采信第三方”等主题组织研讨，探索认证监管深化改革的方向。在全国系统首次开展对ISO 22000和出口食品生产企业安全卫生要求进行了比较研究，制定采信审核应用指南。

五是以技能竞赛为契机，实现岗位培训多样化。卫生注册评审员岗位竞赛采用网络机考初赛和同台现场竞技决赛，全面综合考核评审员应具备的评审专业能力、组织能力和语言表达能力。在2015年的认证行政执法人员、评审员岗位持续培训中，设置了ISO 22000、HACCP标准及认证实施规则等的更新课程，提高了履职能力水平。

三、勇于创新治理，探索监管改革

一是完成备案管理改革创新体系建设。落实备案深化改革的各项要求，将备案采信、监管联动、分类管理等改革措施以制度形式明确下来。2015年通过验证检查、见证审核等方式对全省56家获得HACCP认证的出口食品备案生产企业实施了100%的监管联动。在“基于风险、分类管理，立足诚信、落实责任”的原则下，积极试点探索备案审批和后续监管采信符合要求的第三方认证结果。

二是启动CCC产品监管新模式。截至10月31日，2015年共受理CCC免办申请5 432份，已发证明5 015份，免办后续监管率达到100%，涉及货值150亿美金。共实施CCC产品入境验证75 123批，发现不合格249批，其中214批实施整改后合格，退运26批，销毁9批。截至10月底，共有8个分支局查处39起涉CCC违法违规案件，对其中11起实施行政处罚，对28起实施行政警示。全省共抽查20批强制性认证获证产品，并首次尝试从电商平台抽取强制性认证获证商品，经实验室检测后共发现3批产品不合格，分别是塑料外壳式断路器、嵌入式烤箱和儿童推车。不合格产品信息已通报认证机构，相关产品已退货或整改。选择无锡局试点建立了“口岸直放，属地监管”的入境验证区域一体化新模式，充分发挥风险管理作用，建立信息化系统的自动布控，在低查验比例下大幅度提高入境验证实效。选择苏州局实施诚信管理，在加强事中事后监管的基础上，试行CCC免办7、8类产品快放特放模式。

三是探索口岸市场双重监管模式建设。在口岸加强对进口有机产品和有注册要求的进口食品入境验证的同时，加大对销售市场的监管。截至10月，南京、无锡、太仓口岸共查获违规进口有机产品126批，均已进行限期整改。9个分支局共出动56人次对当地大型超市、商场、进口食品专卖店等21家经销场所进行了进口有机产品的市场监督检查。查获9种产品涉嫌违规，共发出行政警示4份，约谈9家违规的经销商（进口商），处罚3家，处罚金额共计17 000元。试点对市售有注册要求的进口食品开展抽样检测验证，将抽样发现的问题发文上报国家认监委。

四是优化认证行政执法方式。以突出问题为导向，确定检查对象、检查内容和检查方式，把问题多的认证领域和机构作为监督重点，依法查处各类违法认证活动，提高认证执法的针对性、有效性。2015年江苏省管理体系系统认证执法检查企业127家，出动执法人员279人次，发现问题数190个，发出问题整改通知书52份，立案2起，处罚1起，罚金7万，约谈15家认证机构。食品农产品认证监管共出动执法检查552人次，检查企业计175家，检查获证产品数量208种。

五是试点采购第三方服务监管共治建设。探索社会参与、多元共治的监管模式，强化监管力量，提升监管效能。加强对凭CCC免办证明进口产品的管理，在2014年试点的基础上继续采购第三方服务开展CCC免办现场一致性核查工作。截至10月31日，已完成核查批次486批，发现差异129批，差异率26.5%，差异产品均已得到相应处置。2015年，在国外注册食品企业审核和监管工作中试点开展采购专业认证机构的审核技术服务，委托中检集团江苏公司对17家输美水产企业开展HACCP年度验证技术审核工作，既满足了对外注册企业的特殊监管需要，又为企业提供技术支持，减少费用支出。

四、善于创优服务，升级帮扶措施

一是优化政策促发展。在政策允许范围内，充分考虑企业实际情况，为企业提供最大限度的政策支持和便利措施。无锡局采用入境验证新模式，平均减少通关时间 12 小时。售后维修需要、产品升级、产线改造、科研测试、展览展示等急需进口涉 CCC 产品，按照“先进口后核销、宽审批严监管”等原则，在满足政策法规的要求下，加快办理 CCC 免办证明。

二是提质升级促转型。为企业开拓市场出谋划策。推进实现内外销产品“同线同标”生产要求，帮助企业以优质品质赢得“信誉、市场和发展”，帮助 7 家氨糖企业突破欧盟技术壁垒获得准入资质，鼓励出口食品企业积极开拓内销市场，其中多家企业成功从以外销为主，转变为内外销兼备。

三是柔性执法促自律。在 2015 年的认证监管执法中，针对检查发现问题不是特别严重的认证机构和企业，按照“教育为主，处罚为辅”的原则开展柔性执法。对认证监管执法中发现的问题，及时发送整改通知单、行政提示书等督促相关认证机构和企业及时整改。加强约谈工作，要求企业举一反三、自查自纠，通过帮助认证机构和企业开展有效整改来提升认证有效性。

四是帮扶培训促提升。为帮助备案企业符合美国食品安全现代化法案，美国酸化食品和低酸罐头法规，欧盟技术法规要求，组织开展国外法规研究和培训，企业现场指导等帮扶工作。持续开展备案企业质量管理人员的考核培训工作，运用“互联网 +”建立监管人员和企业质量管理人员网络培训平台。组织的强制性产品认证培训班达到 26 个，惠及企业 265 家 434 人次。

五是强化宣传促引导。2015 年，江苏省认证监管工作多次被新华网、人民网、地方行业电视报刊等新闻媒体报道。在国家认监委认证认可政务信息和信息报道通报中江苏局得分位列全国系统第二。利用江苏局东方国门微信平台刊发 2 期认证监管方面的微信推送。通过世界认可日、有机产品认证知识进校园等专题认证监管业务宣传活动，充分断提升认证监管工作影响力。

撰稿人：朱玉华　审稿人：赵金伟

总结经验　开拓创新　努力提高认证认可工作有效性

——江苏省质量技术监督局 2014 年认证监管工作概况

2015 年，江苏省质量技术监督局（以下简称“江苏省质监局”或“省局”）认证认可工作深入贯彻党的十八大和十八届三中、四中全会精神，按照省局党组确定的质监工作总体要求，以质量强省为主线，以改革创新为动力，以认证认可为手段，坚持“传递信任、服务发展”目标，主动适应经济发展新常态，积极创新认证认可监管模式，充分发挥认证认可工作基础和保障作用，服务江苏经济建设与社会和谐发展，努力为推动江苏经济社会发展迈向质量时代贡献力量。

一、扎实推进认证工作，努力为经济发展方式转变提供技术支撑

2015 年，江苏省质监局大力推进体系认证、强制性产品认证等各项工作，充分发挥认证认可在质量管理和安全保障方面的基础作用，促进经济发展质量和产品质量安全水平的提高。

（一）大力推进体系认证等自愿性认证工作

2015 年，认证认可工作紧紧围绕省局总体要求，充分发挥认证认可的基础作用，大力推进 ISO 9001 质量管理体系认证、ISO 14001 环境管理体系认证、OHSAS 18001 职业健康安全管理体系认证等自愿性认证，努力唱好质量提升、安全保障的后台戏。

截至 2015 年 11 月底，全省企业累计获得各类管理体系及自愿性产品认证证书 94 729 张，其中 ISO 9001 质量管理体系认证证书 64 462 张，ISO 14001 环境管理体系认证证书 17 810 张，OHSAS 18001 职业健康安全管理体系认证证书 10 513 张，证书总数继续位居全国第一。通过努力推进，积极帮扶，企业获得管理体系认证数有了大幅度提升，企业质量管理意识不断增强，

质量管理体系不断完善，质量管理工作不断规范。

（二）加大强制性产品认证的实施推进力度

在省局政务网站向全社会公告国家认监委《国家认监委关于发布机动车辆轮胎强制性产品认证实施规则的公告》（国家认监委 2015 年第 27 号公告）、《国家认监委关于母线干线系统（母线槽）产品强制性认证依据标准变更的公告》(国家认监委 2015 年第 33 号公告)、《国家认监委关于部分强制性产品认证指定实验室信息变更的公告》（国家认监委 2015 年第 20 号公告）等规范性文件，让企业和消费者及时了解国家相关政策，督促相关企业及时改进管理方式，严格按照新修订的认证实施规则要求组织生产，落实产品质量管理与检验，确保强制性产品认证制度的有效实施。

针对个别地区发现的 CCC 产品生产企业无证生产的情况，江苏省质监局要求各市（县）认证监管部门必须尽责尽力，采用拉网式检查，或利用明察暗访，投诉举报，督促无证生产企业做到凭证生产销售。对存在强制性产品认证区域性问题的地区，省局紧密联系当地政府，深入生产企业一线，加大强制性产品认证宣传力度，并组织 CCC 认证专家到企业开展强制性产品认证相关政策法规教育培训，帮扶生产企业尽快申请取证，做到持证生产。

截至 2015 年 11 月底，全省共获得 CCC 证书 84 024 张，较 2014 年底净增 4 538 张证书。

（三）积极推广能源管理体系认证

在与省经信委、省财政局、省教育局、省交通运输局共同制订下发《关于印发江苏省万家企业能源管理体系建设工作推进计划的通知》的基础上，要求各市局主动联合经信部门，并与相关部门形成合力，通过多种途径加强宣传、发动，针对江苏省重点用能企业，逐家摸清情况，有的放矢开展指导、帮扶，提高节能意识，建立健全能源管理体系，促进能源准确计量、高效管理，积极创造条件，实施能源管理体系认证。截至 2015 年底，全省共有 251 家企业取得了能源管理体系认证，位列全国前三。

（四）积极推进节能产品认证

为积极响应国家节能减排的政策要求，深入开展节能工作，促进江苏节能产品生产和消费，提升节能产业水平，2015 年以来，江苏省质监局采取有效措施，积极推进节能产品认证。继续拓展新的节能产品领域，在 2014 年推进产品节能认证的基础上，2015 年根据江苏产业现状，积极配合认证机构开展产业调研，拓展新的节能产品认证品种，重点推广二次供水、电梯和母线槽等产品节能认证。截至 2015 年 11 月底，全省共有 337 家企业获得节能产品认证证书 3 925 张，占全国证书的 14.5%。

二、切实加强监管力度，认真开展质量安全风险排查整治活动

省局切实履行监管职能，坚持强化监管力度，通过加强监管体系和能力建设、健全监管长效工作机制、转变监管方式，不断提高认证监管水平和监管效能。

（一）强化强制性产品认证日常监管

及时更新、完善全省 CCC 产品获证企业质量档案，并实施动态管理，按照分类管理的原则，加强对 CCC 认证获证企业的管理，针对全省现有 CCC 认证获证企业情况，结合产品监督抽查中省抽、国抽及与认证机构信息沟通情况，经分类筛选，确定了 193 家重点检查的企业，并将名单下发给市局，要求各市明确专人负责，实施任务分解，逐家落实现场检查，并切实做好检查记录，填写检查表格，督促存在问题的企业落实改进，促进产品质量稳定提高。对检查中发现存在严重问题的企业，要立即与认证机构沟通，并督促认证机构现场检查。截至 2015 年 11 月底，全省各地已完成对 CCC 认证获证企业的现场检查工作。

（二）加强体系认证获证企业监管

省局组织辖区市质监局和南京市各区市场监管局相关人员，并邀请上海市、浙江省认证认可监督管理系统的专家共 40 人，组成 10 个检查组，按照申请认证的基本条件和内容、管理评审、人力资源、基础设施和工作环境、采购供应、生产过程、质量管理、认证证书和标志的使用等八个方面内容，对南京市 30 家获得管理体系认证的组织开展了管理体系认证专项检查。共检查获证组织 29 个，检查管理体系认证证书 73 张，发现问题 64 条。

充分发挥地方质监部门工作主动性，在 2014 年全省各市组织实施体系认证获证组织区域性检查的基础上，要求各省辖市充分利用认证监管信息平台资源，准确掌握本地的认证信息，及时派行政监管人员前往认证现场，查看认证情况，全省各地共现场检查 976 家获证组织，涉及 100 余家认证机构，涵盖了生产许可证、强制性产品认证、食品生产许可证等生产型企业及服务型企业，较好地反映了江苏省管理体系获证组织体系运行情况。对本次检查中反映出的有关问题，江苏省质监局根据情节轻重以及违法违规性质，分别进行了处理，对存在问题的获证组织和认证机构开出了整改报告书，责令其限期整改到位，对涉嫌严重违规的

认证机构移送执法部门查处。

（三）开展 CCC 认证产品监督检查

为掌握江苏省 CCC 产品质量状况，省局每年都将 CCC 认证获证产品监督抽查列入省级监抽计划，单独统计、汇总、分析。截至 2015 年 11 月底，共安排抽查 CCC 产品 788 批次，合格 743 批次，合格率 94.2%。

根据国家认监委《国家认监季关于开展 2015 年强制性产品认证获证产品监督抽查工作的通知》统一部署，省局编写制定了《江苏省 2015 年强制性产品便携式计算机监督抽查实施方案》，认真组织开展了全省监督抽查工作，共在市场抽样便携式计算机产品 15 批次，检验合格 13 批次，合格率为 86.7%。

（四）加强检验检测机构行政管理

1. 开展实验室专项监督检查工作

为加强对全省实验室资质认定的行政监管，根据国家认监委《国家认监委关于印发 2015 年认证认可各业务领域监督检查工作方案的通知》要求，江苏省质监局认真制定检查工作方案，明确检查工作重点，要求各市局尽快通知辖区内所有资质认定获证实验室，并督促各实验室按要求认真做好自查工作，如实填写自查表。同时对食品和食品包装材料、水质、建筑装修材料、日用消费品四个领域获证实验室部署开展专项监督检查，截至 11 月 30 日，全省各市已顺利完成 337 家相关检验检测机构专项监督检查工作。

2. 开展实验室能力验证工作

江苏省质监局在全省范围内组织开展获证检验机构金属材料室温拉伸检测和食品检测（食品中苋莱红、胭脂红项目）能力验证工作，参加单位相当重视，积极参与，认真准备，全省共有 456 家检验检测机构参与了金属材料室温拉伸检测能力验证，94 家检验检测机构参与了食品检测能力验证。

3. 探索实验室分类监管模式

江苏省质监局组织专家，探索在实验室监管工作中逐步建立信用机制，试点开展实验室分类监管工作，《江苏省检验检测机构信用评价管理办法》已完成初稿编写工作。

4. 开展检验检测统计工作

根据国家认监委《关于开展检验检测统计工作有关事项的通知》要求，省局组织全省资质认定获证实验室开展检验检测统计上报工作，建立常态化检验检测统计制度，全面掌握江苏省检验检测机构动态，截至 4 月 30 日，全省资质认定获证实验室全部完成信息填写上报。

5. 开展实验室监督评审工作

2015 年，省局组织各市质监局安排部署了全省 596 家检验机构监督评审工作，截至 11 月底此项工作已全部完成。

（五）强化社会监督机制

积极发挥消费者的监督作用，充分利用 12365 电话、局长信箱、投诉举报等多种途径，完善申投诉处理机制，拓宽社会监督渠道，加强申投诉调查、风险信息收集分析预警及处置等工作，全年认证处共受理处置各类社投诉案件 12 件。

四、寓监管于服务之中，提升认证认可工作社会影响力

坚持贯彻“寓监管于服务”的方针，将认证监管与服务有机结合，做到边监管边指导，真心实意为企业服务，积极帮助企业解决存在的问题和困难；全心全意为消费者服务，严厉打击各类认证违法行为。

（一）组织承办“全国检验检测机构开放日”活动

根据国家认监委统一部署，2015 年“全国检验检测机构开放日”活动在江苏省举办。本次活动是 2015 年全国“质量月”的重点活动，由国家质检总局、江苏省人民政府和国家认监委共同主办，江苏省质监局作为承办单位。国家质检总局副局长、国家认监委主任孙大伟和江苏省人大常委会副主任史和平出席启动仪式并致辞。国家认监委副主任谢军主持启动仪式。国家质检总局和国家认监委有关部门及下属单位负责人，江苏质检两局和当地各级政府相关负责人，全国质检系统资质认定管理部门负责人以及社会各界代表共约 500 人参加了此次活动，现场还设置了中国检验检疫科学研究院、中国计量科学研究院、江苏省产品质量监督检验院、江苏出入境检验检疫技术中心等国家和地方检验检测机构的展台，供社会各界人士参观咨询。

（二）组织开展全省“世界认可日”暨“检测实验室开放日”活动

为了树立消费者对产品质量的信心，营造科学、安全、健康的消费氛围，结合国家质检总局《关于开展 2015 年全国“质量月”活动的通知》，江苏省质监局

组织开展全省“检测实验室开放日”活动，各市质监局分别组织一家检验检测机构向社会开放，共开放各类机构 78 个，采取参观实验室、展板展示、免费咨询、免费检测等丰富多彩的形式，广泛邀请人大代表、政协委员和消费者、企业、媒体的代表观看实验室检测工作，让观看者加深对检测实验室的认识和理解，形成人人关注检测工作质量的良好氛围。

（三）开展培训活动

为应对基层认证认可监管人员流动性强、业务不熟练的实际情况，江苏省质监局及时开办认证认可监管人员培训班，组织各市县认证认可主要负责人及一线监管人员，就认证认可监管业务知识开展了培训，进一步加强了认证认可专业知识培训，提高认证行政监管人员的专业知识、业务水平、行政能力。

为认真贯彻国家质检总局、公安部、国家认监委发布的《关于部分消防产品实施强制性产品认证的公告》，进一步规范消防产品生产企业的生产和销售行为，督促纳入强制性产品认证范围的消防产品生产企业及时取得 CCC 认证，省局组织开展了消防产品 CCC 认证实施细则宣贯活动。活动邀请专家系统介绍了消防产品 CCC 认证的有关知识，围绕消防产品的质量监管、检测服务、质量提升措施等，向企业进行了问卷调查。来自省内消防产品生产企业人员、各市质监局认证部门分管人员共 280 余人参加了活动。

联合省局培训中心举办了 20 期实验室资质认定内审员培训班，约 3 800 余人参加培训，帮助相关检测机构内审人员熟悉、掌握内审要求，提升内审水平，满足内部审核工作的需要，通过培训明确了检验检测机构工作职责，规范了管理要求，统一了管理尺度，为确保江苏省实验室检测工作质量打下了良好的基础。

（四）实施区域性检验检测机构调查

为规范和持续地开展认证认可工作对全省国民经济和社会发展贡献率的定量评价工作，进一步了解江苏省检验检测机构现状，为政府机关决策做好统计和前景规划，省局正式立项，在镇江地区试点，开展检验检测机构现状调查，本次调查采取书面调查与实地调查相结合的方式进行，镇江全部通过资质认定的检验检测机构（含计量校准实验室）均属此次调查的对象，目前调查工作已经全面结束，并形成了《镇江市检验检测机构调查报告》。

（五）建立江苏省认证机构联动工作机制

省局组织全省认证机构（分支机构），召开联席会议的形式，加强江苏省认证认可行业自律，增进各认证机构之间联系与沟通，相互学习借鉴认证工作经验，研究探索在经济社会新常态下，认证工作的新经验、新方法、新措施，不断推进全省认证认可事业的健康发展。

撰稿人：姚　迅　审稿人：汤　彪

转变职能　主动作为　努力服务浙江经济发展新常态

——浙江出入境检验检疫局2015年认证监管工作概况

2015年，浙江出入境检验检疫局（以下简称“浙江局”）按照国家质检总局和国家认监委的工作部署，全面贯彻落实全国认证认可工作会议精神，主动适应经济发展新常态，创新理念，深化改革，简政放权，转变职能，强化监管，优化服务，为服务浙江经济发展做出了贡献。

一、推进简政放权政策落实

（一）下放出口食品企业备案审批事权

3月起，浙江局在总结舟山、嵊泗两局试点工作经验的基础上，以委托的形式，将包括受理、评审、审批、发证在内的所有环节的权限下放至各分支局。同时所有的备案环节均通过“出口食品企业备案电子系统”办理，并实现流程信息实时对外公开。截至2015年底，各分支局共开展出口食品企业备案审批119家次，其中新申请企业审批37家次，延续备案申请企业82家次，备案办理周期较审批下放前缩短约30%。

（二）取消出口商品质量许可（注册登记）事项

3月起，浙江局取消了出口玩具生产企业注册登记，使外贸企业充分享受到检验检疫加快改革、简政放权所释放出的改革红利，受惠企业300多家。

二、探索跨境电商认证监管新机制

2015年，浙江局积极支持中国（杭州）跨境电子商务综合试验区建设。按照“边学习、边研究、边探索”的宗旨，加强政策研究，深入电商企业调研座谈，探索和建立杭州综试区认证监管新机制。在国家认监委的支持下，出台了《中国（杭州）跨境电子商务综合试验区跨境电商免予强制性产品认证进口产品监督管理办法（试行）》，起草了《网购保税模式进口食品境外生产企业注册管理实施细则》，力促国家质检总局的16条新政尽早“落地”。

二、扎实开展认证执法监管工作

（一）管理体系认证活动监督检查

5月—9月，浙江局组织对管理体系认证活动实施监督检查。共派出认证监管人员397人次，检查获证企业168家，涉及认证证书168张。共向问题企业开具不符合项102个。飞行检查认证机构17家，涉及获证企业38家，涉及认证证书37张。向问题认证机构签发《认证执法监管通知书》17份、约谈10家。对1家认证机构未派认证人员到现场审核的行为，处以8 000元人民币罚款。

首次开展管理体系认证活动专项监督检查。抽调13个分支局26名认证执法人员，对台州地区25家获得质量管理体系认证的玩具生产企业进行现场检查，发现问题认证机构9家，通过约谈、签发监管通知等手段，督促认证机构限期整改。

（二）食品农产品认证行政监管

4月—9月，浙江局组织对辖区内获得HACCP体系认证和有机产品认证的出口食品生产企业实施全覆盖检查，对认证机构开展飞行检查。共派遣行政执法人员220人次，检查各类食品农产品获证企业90家次，获证产品30种，飞行检查认证机构的认证审核活动25家次。共计发现问题企业24家次，出具监管通知书22份。对1家未及时变更认证证书状态的认证机构，处以9万元人民币罚款。

（三）强制性产品认证执法监管

2015年，浙江局修订并发布《浙江出入境检验检疫局免予办理强制性产品认证实施细则》，规范全省系统CCC免办工作。全年共办理CCC免办证明2 296份。制定并实施免办CCC认证企业后续监管计划，现场检查CCC免办企业179家，涉及免办证明588份。组织开展对流通领域获得CCC认证的进口电饭煲、电烤炉、果榨汁机等厨房小家电实施监督抽查，对抽查中发现的1批不合格产品，要求销售商下架在销商品，并通知认证机构对其做出暂停认证证书处理。

三、严格进口产品入境把关

（一）CCC目录内产品监管

2015年，浙江局组织开展CCC产品入境查验和无证查处工作。利用集中审单系统严格布控，共对718批CCC目录内进口产品实施入境查验。对发现的15批不合格产品，实施整改、退运、销毁处理，对1家擅自进口未经CCC认证的儿童安全座椅的企业，处以15 920元人民币罚款。

（二）进口食品注册和有机产品认证目录内产品监管

2015年，浙江局建立一套由企业自主申报、系统风险布控、口岸监督查验和在线信息核查构成的全方位监管机制，实现进口注册口岸查验工作常态化。共对3 284批进口注册目录内的肉类、水产品、乳制品和燕窝等进口食品实施拦截，对2 261批注册目录内产品实施入境查验。建立进口有机产品口岸预警机制，共对14批获得中国有机认证的进口食品开展入境验证，对检查发现的1批不合格产品实施标签整改。依托认证监管职能，主动与地方市场监管部门开展联合执法，派遣行政执法人员148人次，对流通领域进口食品的注册和认证信息进行核查，涉及近10个品牌的40多个品种的进口婴幼儿配方乳品。

四、提升实验室管理能力和检测水平

（一）实验室资质情况

2015年，浙江局落实《检验检测机构资质认定管理办法》（质检总局令第163号）的要求，强化实验室的资质管理，全省23家检测机构全部获得资质认定和CNAS认可，涉及61个实验室，其中，12家食品检测实验室获得食品检验机构资质认定。

（二）系统内实验室资质认定专项监督检查

4月—9月，浙江局按照国家认监委的统一部署，组织系统内实验室按照国家认监委获证实验室专项监督检查的要求进行自查，并在各实验室自查的基础上，组织对实验室实施现场监督抽查，共派出检查人员22人次，检查实验室7家，开具不符合项12个，并要求实验室限期整改。

（三）组织开展实验室能力验证活动

2015年，浙江局组织系统实验室积极参加国家认监委、国家认可委和国内外权威机构组织的能力验证活动共324项，均获得了满意结果；有4家实验室作为国家认监委能力验证项目组织者开展能力验证活动，圆满完成了工作任务，并通过国家认监委的验收。

五、提升食品备案注册监管效能

（一）出口食品备案企业监管

2015年，浙江局共发放出口食品备案证书148家，注销21家，暂停报检8家，累计有效证书613家；出动监管人员1 240人次，监管食品备案企业626家，监管覆盖率为100%，检查共开具不符合项1711个，并督促企业限期整改。

（二）出口食品备案企业年度报告审核

2015年，浙江局继续落实国家认监委关于出口食品备案企业年度报告审核工作的要求，组织全省辖区出口食品企业开展上一年度自查并递交年度报告。截至2015年底，浙江局辖区589家有效出口食品备案企业全部递交了年度报告，企业年度报告完成率为100%。浙江局对企业质量管理体系运行情况和出口产品质量安全状况进行汇总和分析，全面掌握出口食品企业体系持续合规情况，并将审核结果作为落实出口食品企业产品质量主体责任和实施出口备案风险管理的抓手。

（三）推广出口食品生产企业备案管理系统

1月，浙江局按照国家认监委全面推广应用“出口食品企业备案信息化系统”2.0版的要求，召开由各分支局备案主管人员参加的新系统推广工作布置会议，明确新系统上线的时间要求，并指定专人负责业务指导和系统维护工作，对分支局反馈的问题，及时予以答复和协调处理。自2月1日起，浙江局辖区600余家出口食品企业的备案工作已全部通过新系统运行。

（四）出口食品企业备案采信

2015年，浙江局推进出口食品生产企业备案监管模式改革，通过采信第三方认证结果免予现场检查等举措，提高备案效率，缩短备案周期近50%，为企业减负增效。截至2015年底，已有9家出口食品企业获得第三方采信。

（五）出口食品企业备案采信与HACCP认证监管联动

2015年，浙江局推进出口食品企业备案采信与

HACCP 认证监管联动，实现获证企业认证监管、认证机构见证检查、备案企业年度监管的“三合一”，进一步整合优化监管资源，为企业减负。截至 12 月 31 日，共完成对辖区 63 家 HACCP 获证企业的联动监管，联动监管率达 100%。

六、帮助食品企业扩大对外注册

（一）出口食品企业对外注册情况

2015 年，浙江局加大对外注册推荐力度，采取多种形式，为出口食品企业提供进口国关于食品安全和注册制度的技术法规、管理措施、注册要求等信息服务和培训指导，组织专家帮助企业改进硬件设施，完善软件管理，提升质量水平。全年共向国外推荐食品卫生注册企业 73 家次，新增对外注册企业 35 家次，注册企业累计达 696 家次。注册范围覆盖欧美、巴西、韩国、东盟等 10 多个国家和地区。特别是在国家认监委的努力下，10 月，浙江局辖区 11 家企业获得俄方注册，为浙江水产品企业 3 年来首获对俄注册资格。

（二）迎接韩国官方检查

5 月 17 日—23 日，韩国农林水产食品部和食品医药品安全局组成官方检查组，对浙江局辖区获得韩国注册的 3 家水产品加工企业进行现场检查。浙江局各部门密切配合，制定迎检方案，督促有关分支局做好迎检准备工作，对接受检查的企业开展现场指导和模拟演练。由于应对充分，3 家受检企业均顺利通过检查。

七、加强认证监管基础工作

（一）完善认证监管制度

2015 年，浙江局加强认证监管工作规范管理，制修订了出口食品生产企业备案工作规范、强制性认证产品入境验证管理工作规范等 4 个规范性文件。出版并发行《泛长十局”强制性产品认证执法案例》，帮助和指导一线认证执法人员规范执法活动，提升强制性产品认证执法监管水平。

（二）“评审专家传帮带”水产品团队活动

2015 年，浙江局作为首批入选的三个直属局之一，承担了国家认监委组织的第一季“评审专家传帮带”水产品团队活动。水产品团队立足浙江出口水产品加工的特点，以研究水产品企业生产加工工艺、安全卫生要求，注册评审（渔船等）要点等为主要内容，计划在一年的时间内完成捕捞渔船评审指南、养殖水产品评审指南、水产品评审员授课讲义的考核指标任务。8 月 25 日—27 日，水产团队在舟山举行第一次活动，活动采取培训授课、企业现场观摩、模拟审核等多种形式进行。来自全国 8 个兄弟局的师生共 20 余人参加。

（三）卫生注册评审员管理

2015 年，浙江局继续采取滚动的方式，对各分支局的卫生注册评审员开展评审能力现场监督和见证评价，共对 12 名评审组长和 52 名评审员开展能力评价。同时对评审员队伍进行资质清理，对长期不在专业岗位或不从事出口食品备案评审工作，经本人同意不再保留评审员资格的予以注销。2015 年，共注销 6 名离岗、转岗人员的评审员资质。

（四）CCC 免办业务知识培训

12 月 8 日—9 日，浙江局在嘉兴举办全省系统 CCC 免办业务知识培训班。浙江局副局长郑自强出席培训班并作开班动员讲话。来自全省系统从事强制性产品认证监管工作的相关检务、检验、认证人员共 48 人参加培训。浙江局认证处业务骨干为培训班授课。重点讲解 CCC 认证监管相关规范性文件、CCC 免办条款掌握要点、CCC 免办审批工作中存在的问题，并解答学员在工作中遇到的困难和问题。帮助学员们进一步加深对强制性产品认证监管工作要求的理解和认识。

（五）食品生产企业 HACCP 认证监管培训

9 月 7 日—9 日，浙江局在杭州举办出口食品企业 HACCP 认证监管培训班，全省系统 30 名出口食品生产企业监管人员参加了培训。培训班邀请中国合格评定国家认可委员会（CNAS）和认证机构的老师授课，分别从见证检查和认证实施的角度介绍了 HACCP 体系认证要求、实施规则和结果评价，重点讲解了对认证机构认证活动见证检查过程中的关注要点；同时组织部分学员赴湖州地区某出口食品企业，由 CNAS 老师就如何开展认证机构 HACCP 体系认证活动监督检查进行现场培训。

八、大力开展认证认可宣传工作

6 月 9 日，浙江局采用现场和视频相结合的方式，成功举办 2015 年世界认可日活动暨认证认可服务社会经济发展大型讲座，来自浙江局辖区生产企业及浙江检验检疫系统代表共计 280 人参加讲座。同时加强指尖上的沟通，打造“微宣传”，利用微信公众号等服务平台推送“世界认可日”相关宣传信息。

撰稿人：金映红　审稿人：程忠权

完善制度　创新发展　全面提升认证监管工作水平

——浙江省质量技术监督局2015年认证监管工作概况

2015年，浙江省质量技术监督局（以下简称“浙江省质监局”或“省局”）认真贯彻落实国家质检总局、国家认监委工作会议和全省质量技术监督工作会议精神，坚持“创优服务、创新治理”的工作总要求，围绕“三强一制造”建设目标，深化改革，转变理念，完善机制建设、制度建设和队伍建设，注重监管方式改进和监管能力提升，推动全省合格评定监管工作再上一个新台阶。

一、合格评定工作体系日益完善

夯实了合格评定监管工作的法治基础，积极推动《浙江省检验机构管理条例》完成修订，新条例已于2015年12月4日经省十二届人大常委会第二十四次会议审议通过并公布实施。完成国家认监委委托的国家质检总局117号令《强制性产品认证管理规定》立法后评估工作和《检验机构管理条例》立法调研工作，为国家认证认可法治建设打下坚实基础。构建了合格评定立体化监管工作体系，出台《关于加强检验机构资质认定事中事后监管工作的实施意见》（浙质评函［2015］32号），进一步理顺行政管理体制调整后的三级事权关系，明确了“省局指导督查，市局重点抽查，县局日常检查”的科学监管工作机制。拓展了合格评定监管工作格局，联合上海市、江苏省、江西省、安徽省局签订了《苏浙皖赣沪四省一市认证认可合作备忘录》，在现有长三角区域协作联动机制的基础上，进一步完善了区域一体化监管模式。

二、合格评定服务发展成效凸显

围绕“三强一制造”建设，建立健全“浙江制造”认证体系，规范认证联盟工作运作流程，建立了关于“浙江制造”认证联盟成员机构管理、认证业务管理等10项管理制度；探索国际互认合作模式，与UL、BV等五家知名涉外机构正式签署了《“浙江制造”认证国际协调合作备忘录》，助推“浙江制造”产品走出去；全年共编制发布了“浙江制造”认证实施细则24项，发出“浙江制造”认证证书40张，国际合作认证证书3张。坚持深化改革、转变职能，积极推进“1+X”资质审批整合工作，协调沟通13家检验检测机构资质审批相关厅局，制定整合工作实施方案，并完成网上审批系统平台搭建；开展资质认定“当场许可”试点工作，发放“当场许可”证书8张；全面委托下放101家省级检验机构行政许可事项。推动有机认证，服务生态文明，浙江省建德、武义正式入选全国首批“国家有机产品认证示范区”单位，在全国9家单位中占得两席。

三、事中事后监管力度持续加强

一是放管结合，注重资质认定委托下放的后续监管，对全省各市局资质认定行政审批工作情况和审批人员业务水平进行全面检查，对查实未严格按照评审要求开展评审工作的两名评审员暂停资质认定评审工作3个月。二是创新监管方式，注重风险评估作用，全年共发布了5期《合格评定风险评估通报》，并完成证后监管信息系统框架设计，强化大数据应用。宁波市局搭建系统信用管理平台，出台了《宁波市检验检测机构信用管理办法》，强化机构诚信意识。三是积极探索技术监督与行政监管有机结合，对全省104家检验机构开展了生活饮用水、食品饮料、建筑材料等四种产品10个项目（参数）的能力验证工作，结果满意率为60.6%，舟山、绍兴、金华、台州等市局结合本地实际，共对238家检验机构开展了特定项目的能力比对试验。四是注重部门协作，强化监管力度。与公安部门合作，对全省114家安检机构进行拉网式检查，并开展对安检机构的督查行动，成效明显。与农业厅联合对全省66家农产品检测机构开展了能力验证及现场技术检查工作，满意率为62.1％；首次自主开展管理体系认证活动的监督检查，联合上海、江苏两地认证监管人员，对湖州辖区内30家获证企业开展了监督检查工作。并与稽查部门协作，开展“蓝剑5号”检验机构专项执法行动，检查检验机构825家，立案查处26起，处罚金额42.8万元。五是加强CCC认证领域监管，对全省12家CCC指定实验室开展专项监督检查，针对断路器产品开展CCC获证产品监督抽查工作，共抽查产品55批次，合格率89%。联合稽查部门开展对CCC无证产品的违法查处工作，检查CCC认证相关企业106家，检查产品157批次，涉案货值462万元，立案查处79起。

四、合格评定基础保障稳步提升

认真贯彻国家质检总局163号令以及438号文的要求，完成《检验检测机构资质认定行政许可工作程序》、《浙江省机动车安全技术检验机构资格许可工作程序》等文件修订。对资质认定网上审批系统进行审批流程再优化，将实验室申请上传附件进一步简化为10项，技术评审工作日时间进一步明确为45个工作日。多层面、多角度开展宣贯培训工作，面向全省资质认定行政审批和合格评定监管负责人、经办人，资质认定评审组长、评审员，县（市、区）局基层行政监管工作人员，就检验机构资质认定行政审批工作、资质认定“当场许可”试点工作、163号令新办法新准则施行、认证认可监管工作实务等方面共举办了7期培训班，培训人员达1 529人次。成功开展“6·9世界认可日”主题活动，启动仪式现场组织75家检验机构开展《诚信检验承诺》签订活动，并在全省范围内开展了检验机构实验室开放、检测认证领域专项监督检查、认证专家入企服务等系列活动，共发放宣传材料两万余份，全力营造合格评定良好氛围。

撰稿人：江婧敬　审稿人：丁德祥

深化改革　科学监管　推进认证认可工作迈上新台阶

——宁波出入境检验检疫局2015年认证监管工作概况

2015年，宁波出入境检验检疫局（以下简称“宁波局”）积极贯彻落实全国认证认可会议精神，按照“创优服务、创新治理”的指导思想，积极转变工作模式，全面做好认证监管工作。

一、工作成效

（一）日常工作圆满完成

1. 出口食品备案工作顺利开展

全年，共办理出口食品生产企业备案15家次、实施输美水产品企业HACCP验证12家次。新增出口食品备案企业7家，注销备案企业3家。宁波地区共有出口食品备案企业150家。

2. 出口食品企业质量自控体系更加完备

开展2015年度出口食品企业实验室分级监管和检测能力确认工作。对20家出口食品企业实验室实施分级考核并开展微生物和农药残留检测能力比对活动，进一步提高企业自检自控能力。

3. 进口强制性产品认证（CCC）免办与进口强制性认证小汽车工作平稳实施

全年，CCC免办业务共收到申请585份，发放CCC免办证书415份，涉及7大类申请，货值1 585万人民币；共办理CCC目录外确认报检联系单221份，审批特殊用途进口小批量汽车22批次，30辆汽车。

4. 第三方检验鉴定机构管理有新进展

全年新增第三方检验鉴定机构4家，开展年度审核19家。目前宁波地区获得国家质检总局许可的进出口商品检验鉴定机构30余家。

（二）服务经济发展能力提升

1. 出口食品企业备案采信有序开展

出台《宁波检验检疫局出口食品生产企业备案采信及联动监管工作规范》。2家出口食品企业通过采信HACCP认证结果获得备案，1家企业通过采信企业自我声明获得备案。

2. 出口食品企业对外注册取得新成果

新推荐出口食品企业对外注册30家次，其中对欧盟注册5家次，美国2家次、对俄罗斯3家次、对韩国5家次、对越南8家次、对印尼6家次，对日本注册热加工偶蹄肉类企业1家次。首次获得远洋捕捞渔船欧盟注册。宁波地区共有对外注册企业140家次，对外注册数量和种类均创历史新高。

3. 开展CCC获证商品进口抽查

6月，发布了《2015年宁波检验检疫局强制性产品认证获证产品监督抽查实施方案》（甬检认［2015］137号），口岸布控共拦截到获证小家电产品2批次；通过市场采购，抽样进口小家电10批次，进口玩具20批次，电动工具4批次，共计抽样进口CCC产品36批次。经检测，共计不合格样品3批次。此次抽查的产品涉及加拿大、波兰、日本、越南和中国台湾等国家和地区的生产企业。

4. 加强认证市场监管

5月，出台了《宁波检验检疫局管理体系认证活动监督检查工作方案》（甬检认［2015］107号），本年度该项工作开展时间为6月—10月，共对165家企业开展监督检查，出动检查人员336人次，发现违规案例1起并立案。

（三）创新举措不断推出

1. 推进检验检疫认证执法一体化进程

主办“服务21世纪海上丝绸之路——沿线区域认证认可制度研究启动仪式暨口岸认证执法联盟第二次联席会议”，13个直属检验检疫局到会。会议讨论并签署了《检验检疫口岸认证执法联盟合作备忘录》，启动了服务“一带一路”国家战略的检验检疫对策研究，全面推进联盟成员间的认证监管信息互通、监管互认、执法互助，深化检验检疫认证执法一体化，是国家认监委本年度重点工作之一。

2. 深化进出口商品检验鉴定机构信用管理建设

在创建国家级检验检测服务平台示范区成功的基础上，获得宁波市软课题项目“进出口检验检测认证机构信用管理体系研究”，与风险处合作，顺利完成课题研究，并在高新区内初步进行了试点。

3. 出口食品备案和认证监管联动实施全覆盖

全面部署实施出口食品生产企业备案监管和HACCP等认证监管联动，通过验证检查、见证审核等方式，对备案企业和HACCP认证活动实施100%联动监管。截至10月底，通过联动监管注销备案证书3家，注销对外注册资格2家；对1家获HACCP认证企业提出限期整改要求，发现认证机构存在违规行为并提出限期整改1次。

4. 开展法律法规后评估工作

7月—9月，组织开展了《强制性产品认证管理规定》立法后评估工作。通过实地考察、召开座谈会、专题调研、调查问卷等多种方式共向获证生产企业、社会公众、行政执法人员及实验室机构等四类群体共发放调查表493份，回收调查表353份，回收率为71.6%，为该《规定》的修改完善提供了基层意见，为科学决策提供了参考。

5. 探索跨境电子商务管理新模式

对跨境电子商务这种新兴业态尝试“事前约谈、事中抽查、事后追溯”新机制。在电商运行前，逐一约谈，宣传进口食品注册及CCC产品有关规定；进境口岸要求提供有效第三方检验检测证书，并保持抽查；要求电商企业具备完善的追溯系统，确保出现问题可以立刻召回，有力地促进了宁波地区电商经济发展。

6. 完成口岸鉴定机构专项检查

在辖区内开展进出口商品鉴定机构的摸底调查活动，出动执法人员60余人次，调查各类鉴定机构21家次，递交调查报告3篇。基本摸清了宁波口岸从事鉴定业务的机构及人员情况。

（四）基础工作扎实推进

1. 认真开展“三严三实”教育活动

按照局里统一部署，开展“三严三实”专题学习，在国家质检总局教育平台上认真学习，组织处里同志集体讨论，支部活动参观新四军纪念馆，接受爱国主义再教育，并积极参加各种公益慈善活动。

2. 加强认证认可宣传工作

印制认证认可宣传展板及材料，大力宣传认证认可法律法规与知识。召开各类政策宣传会、座谈会等6次，邀请第三方检验鉴定机构、管理体系获证组织、出口食品备案和对外注册企业、CCC免办申请单位等认证认可相关企业人员83人参加。派员20余人次，专赴社区和企业深入宣传，发放各类认证认可法律法规与知识宣传资料300余份，宣传册100份，电子宣传资料300余份。

3. 开展国外认证对我出口贸易影响调查

与宁海局、鄞州局等联合开展国外认证对我出口贸易影响调查，尤其是贸易阻碍作用调查，主要包括SA 8000、大型国外零售企业认证等，涉及50余家出口企业，派出40余人次，形成专报两篇。

4. 举办各类能力培训

举办出口食品评审员培训2期，培训人员100余人次；举办检疫除害处理从业人员培训班1期，培训人员60余人次；举办食品安全质量控制人员培训班2期，培训出口企业人员110人次。

二、主要做法

（一）贯彻简政放权，优化认证监管工作流程

年初整理认证监管工作权力清单和责任清单，明确审批要求及流程。继将各项业务下放分支机构之后，5月，将小批量汽车进口审批工作的初审及实验室报告审核工作均下放梅山局，减少了审批环节，缩短通关时间。9月，将CCC目录外确认报检联系单业务下放至各分支机构，方便多地企业就地报检、提高通关效率。

（二）改变服务企业理念，促进企业转型升级

改变"保姆式"的服务理念，强化企业自我管理；改变促出口的单一服务理念，鼓励内外销并重。一是简化出口食品企业备案采信工作程序，通过采信带来的便利和时间效益，鼓励企业开展HACCP管理体系认证。二是引导和帮助企业"内销转型"。鼓励出口食品企业内销，将国内销售额与出口批次列为同等的采信条件。帮促企业建立并实施统一的质量安全管理体系，实现内外销产品"同标同线"生产。三是组织出口食品企业质量卫生管理人员培训，为企业免费提供技术服务，促进企业管理升级。

（三）突出问题导向，展现认证监管工作新风貌

一是加大对认证机构的见证评审。通过《自愿性认证活动执法监管信息系统》，要求各个分支机构实时抽取认证机构的认证活动，以便于全方位检查，获得第一手认证活动的资料。二是结合其他日常监管，对CCC免办后续监管、退货调查企业等开展管理体系认证有效性检查。本年度该项工作成果丰硕，目前正着手对已发现的违规案例深入调查取证，争取对此类机构进行立案处理，以规范第三方认证机构工作质量，改善第三方认证的市场环境。

（四）坚持依法行政，点面结合推进监管措施

针对入境CCC产品监管特别是口岸验证工作"面广"、"敏感商品多"、"产品判断难"等新常态和治理难题，一是科学布控。在原有入境验证抽查比例3%—5%的基础上，将入境抽查比例定为10%—20%。二是集中监管。加大对小家电、玩具和电动工具等敏感商品的抽查力度，集中在三个月内高频次拦截并检测进口CCC样品，查处3批次样品严重质量问题。三是引入技术协助。与风险处联合开发CCC目录外确认子程序，帮助企业提前在报检时提前处理，以达到提高效率、加快通关进程的目的。

撰稿人：周　伟　吴　丰　审稿人：陈继新

完善监管机制　提升服务水平

——安徽出入境检验检疫局2015年认证监管工作概况

2015年，安徽出入境检验检疫局（以下简称“安徽局”）以党的十八大和十八届三中、四中、五中全会精神和中央经济工作会议精神为指引，围绕国家质检总局、国家认监委的各项部署，按照“创优服务，创新治理”的要求，全面贯彻落实全国认证认可工作会议精神，扎实谋划认证认可各项工作，深入推进业务改革创新，为服务地方经济发展做出新贡献。

一、认证认可业务基本情况

截至2015年12月31日，辖区有效期内出口食品备案企业共288家（次），其中备案注册企业238家（次），备案登记企业50家（次）。2015年共新增备案企业34家（次），到期复查换证11家（次），变更(厂名、厂址、品种等)10家（次）。

共推荐3家（次）水产品生产企业对欧盟注册，2家（次）水产品生产企业对美注册，以上推荐均已得到国外官方和国家认监委批准。另外根据企业要求，推荐了2家（次）禽肉及其制品企业对美国注册，1家（次）禽肉制品企业对日本注册，4家（次）水产品生产企业对俄罗斯注册。

严格按照国家认监委规定进行获证检测机构监督及换证评审，共有7家检测机构资质认定证书在有效期内，其中4家具备食品检测机构资质。

共收到强制性产品认证（CCC）免办申请370批，出具CCC免办证明319份。

开展了食品农产品认证监管工作，全年共检查了74家（次）企业，涵盖有机产品认证、食品安全管理体系认证、HACCP认证、绿色食品认证、GAP认证等认证种类，56种获证产品，涉及12家认证机构，共派出监管人员167人次。

在质量管理体系认证活动专项监督检查工作中，共派出8个监督检查组对50家获证组织实施了文件检查和现场检查，派出监管人员102人次，约谈了7家出现违规问题的认证机构，较好地完成了国家认监委布置的专项监督检查任务。

二、实施备案和食品农产品认证监管联动，积极组织辖区内企业开展提质增效升级活动

（一）积极实施备案和食品农产品认证监管联动

安徽局以打造“放”“管”“治”相结合的出口食品企业备案监管模式为目标，创新工作方式，深化改革发展。一是加大了采信第三方认证结果工作力度，全年共采信第三方认证结果直接给予备案14家次，占备案办理比率36.8%；二是将采信管理应用到备案后监管中，试点开展了在后续监管环节采信企业自我检查声明和第三方HACCP认证技术证明；三是加强备案监管和认证监管联动的实施力度，对出口食品备案企业和相关HACCP认证活动实现100%联动监管；四是由认证监管处与食品检验监督处共同探索实施了备案监管和检验监管的联动。

（二）组织辖区内企业开展提质增效升级活动

组织输美低酸罐头企业参加了国家认监委组织的“出口低酸罐头和酸化食品企业监管培训班”，组织出口食品企业参加了“第十三届HACCP应用与认证研讨会”，并举办了辖区内出口水产品企业质量安全员培训班，共培训企业约300人次。此外，组织实施了输美低酸罐头企业及输欧水产品企业的专项检查，在帮助企业找出不足的同时，鼓励存在问题的企业向管理水平先进、质量安全稳定的标杆企业学习。

（三）帮促推进出口食品备案企业“内销转型”

为帮助出口食品企业成功内销转型，带动国内食品企业质量安全水平的提高，安徽局将辖区内黄山茶叶、砀山黄桃、和县蔬菜等一批优势食品农产品生产集中

地作为区域品牌向安徽省质量工作领导小组进行推荐，以进行集中宣传；并就出口食品农产品内销转型向省政府提出建议，在部分大型商场、连锁超市设立“出口农产品内销专区”开展“地超对接”等活动以带动内销。

三、大力加强事中事后监管，提高认证监管的有效性

（一）精心组织，开展管理体系认证专项监督检查

根据国家认监委要求，结合实际情况，安徽局制定了《2015年质量管理体系认证活动监督检查工作计划》，从人员培训、组织实施到结果汇总制定了具体步骤和要求，确保检查活动有序开展。在改革工作如火如荼进行、机构调整人员变动等复杂情况下，克服困难，在完成日常检验监管工作任务的情况下，通过合理调配人员，确保了检查工作顺利圆满完成。

检查结束后，安徽局按照检查中发现的问题性质，共约谈了7家存在问题的认证机构。要求相关认证机构及时核实问题，查找原因，并向安徽局提交书面整改报告。结合约谈，安徽局认证监管工作人员与认证机构共同学习了《认证机构管理办法》《质量管理体系认证规则》等法规和文件，对其认证活动的规范性提出了告诫。

（二）突出重点，提高食品农产品认证监管实效

认真履行认证监管职责，把食品农产品认证监管工作作为认证监管工作的重要内容。按照国家认委的要求，将食品农产品认证监管工作的重心放在HACCP认证、有机产品认证、清真食品等相关认证上。一是要求各分支机构在开展监管工作前通过“中国食品农产品认证信息系统”和企业年度报告对辖区内备案企业获食品农产品认证情况进行详细调查，准确掌握辖区内企业获证情况；二是配合出口食品生产企业备案监管模式深化改革，通过“两个联动”（备案监管和认证监管的联动、备案监管和检验监管的联动）监管，以出口食品HACCP获证企业为重点开展监督检查，确保了HACCP认证监管和备案监管联动监管率达100%；三是通过“质量月”“世界认可日”等活动，宣传对食品农产品的认证以及监管的意义，动员社会各界共同参与、推动多元共治、促进认证市场管理体系的构建；四是加强了与商务、农委等部门的协调配合，将食品农产品认证监管工作与出口示范区建设有机结合、共同推进。

四、加强标准、实验室资质认定管理，促进检验检测服务业创新发展

（一）加强资质认定监管管理

根据国家认监委对资质认定工作检查的要求，制定了监督检查工作方案，要求各检测机构进行全面自查、报送自查报告，并结合日常工作采取自查、现场检查等方式加强资质认定监督管理工作。一是结合检测机构现场评审以及飞行检查，对各检测机构进行资质认定工作检查；二是以绩效考核为抓手促进资质认定工作有效开展。把相关资质认定工作继续纳入绩效考核范围，有力保障了资质认定工作的推进；三是积极督促各检测机构贯彻国家质检总局资质认定新规定。对新颁布的《检验检测机构资质认定管理办法》（国家质检总局令第163号）以及《食品检验机构资质认定管理办法》（国家质检总局令第165号），安徽局专门发文要求各检测机构学习贯彻文件精神，并组织相关检测机构负责人进行专题培训，要求各检测机构进行对照检查并报送不符合项的整改落实情况；四是积极整改抓落实。对于资质认定现场评审、日常工作检查以及绩效考核中发现的问题，要求各检测机构报送整改方案，督促落实整改措施，同时加强跟踪，确保问题得到有效解决。

（二）组织实施实验室开放日活动

为深入贯彻落实国家《质量发展纲要》，宣传检验检测的质量基础作用和服务经济社会发展成效，引导检验检测机构提升自身能力和服务水平，促进检验检测服务业创新发展，安徽局举办了内容丰富的“实验室开放日”活动，并于9月28日举行“实验室开放日”新闻发布会，向安徽省经济电视台、中安在线、《新安晚报》《安徽商报》等十家媒体进行实验室开放日活动的情况介绍和新闻发布。

安徽局目前拥有国家级重点实验室5个、区域中心实验室4个、常规实验室16个。在“实验室开放日”活动中，安徽局组织了合肥、黄山、阜阳、芜湖、铜陵、马鞍山等地的技术中心、保健中心及各分支机构的9个部门所属实验室向社会开放，广泛开展宣传讲解、参观交流、走访座谈、公益检测、便民服务等活动。

（三）加强标准化工作督查

为确保检验检疫标准技术支撑作用得以有效发挥，进一步提升贯彻执行标准的意识和能力，促进检验检疫标准化工作的可持续发展，安徽局结合《锦鲤疱疹病毒病检疫技术规范》等7个领域39项标准的实施情

况自查，对检验检疫标准化工作情况进行了业务督察和总结。

建立标准管理制度，将标准化工作纳入绩效考核的重要指标，并积极参与SN标准的制修订工作。科技处承担标准化工作的管理和监督，各业务处室和分支机构确定专（兼）职标准管理人员；建立在用标准目录，在用标准定期查新；建立在用标准文本库，方便工作人员查阅使用；建立标准引用规则，统一业务工作规范。

撰稿人：尹阳阳　审稿人：吴忠仁

改革创新　强化监管
推动认证认可工作再上新台阶

——安徽省质量技术监督局2015年认证监管工作概况

2015年，安徽省质量技术监督局（以下简称“安徽省质监局”或“省局”）按照“创优服务、创新治理”的总体要求，以“放、管、治”三位一体为构架，进一步简政放权，完善监管机制，积极探索认证认可工作新模式，取得了显著的成效。

一、抓改革创新，提高行政审批效率

2014年10月，省局优化检验检测机构资质认定行政许可程序，进一步加强技术评审监督管理，定期召开评审机构、评审组长和骨干评审员工作会议，讨论研究技术评审工作中发现的重点问题、疑难问题，统一评审尺度。为进一步提高行政审批效率，2015年省局将检验检测机构资质认定和机动车安全技术检验机构检验资格许可由承诺件调整为即办件，省局政务窗口对检验检测机构资质认定申请资料进行审核，资料齐全的，当场发证。

二、抓制度建设，规范权力运行

2015年1月，由省局制定并经省法制办审核，印发了《安徽省质量技术监督局行政许可技术评审管理办法》。该办法涵盖了省局全部行政许可技术评审要求，对评审机构的资质条件和评审人员资格进行了明确规定，统一了技术评审工作程序，明确了评审机构、评审组和评审人员禁止性要求，对违反技术评审规定处理等都进行了明确的规定。管理办法的制定实施对省局规范技术评审行为，加强技术评审监督，促进廉政建设具有重要意义。

三、抓责任落实，提高认证活动的有效性

（一）组织开展电线电缆强制性认证产品（CCC）监督抽查

7月22日—8月26日，对合肥市流通领域电线电缆获证产品进行了监督抽查。本次抽查电线电缆获证产品37批次，合格30批次，批次合格率为81%；涉及15家生产企业，合格企业数为12家，企业合格率为80%。

（二）开展强制性产品认证监督检查和行政执法工作

一是开展强制性产品认证无证违法行为执法查处工作。截至2015年10月底，全省无证制售进口行为查处案例总数40个，涉及企业数40家，涉案货值138万元，处罚金额合计119万元。二是开展了目录内儿童乘员用约束系统及新增消防产品行政执法工作。9月，省局印发了《关于全面开展强制性产品认证目录内儿童乘员用约束系统及新增消防产品行政执法工作的通知》（皖质办函［2015］231号），行政执法内容：一查产品是否取得认证、认证是否在有效期内；二查标志使用情况，是否存在冒用标志情况；三查产品与证书的一致性，是否存在货证不符的情况。要求各单位充分认识并积极开展机动车儿童乘员用约束系统及消防产品认证行政执法工作，确保机动车儿童乘员用约束系统及消防产品认证行政执法工作顺利进行。

（三）开展强制性认证现场检查工作

根据国家认监委的安排，参加国家认可委组织的强制性认证现场检查工作。检查了合肥市辖区内汽车、汽车轮胎、音视频等9个生产企业的强制性认证情况。通过检查发现，安徽省强制性认证企业产品质量和能力总体保持较好。

（四）组织开展了质量管理体系认证活动监督检查

监督检查主要对象是获得质量管理体系认证的企业，各市质监局、工商质监局检查获证单位不少于5家，省直管县市场监管局检查单位不少于3家。工作要求：一是检查认证机构认证活动是否有违规行为；二是违规行为的认定统一按《质量管理体系认证活动违规行为与违规性质对照表》掌握；三是发现认证活动存在违规行为的，依照《认证机构管理办法》对相关认证机构进行处罚。

四、抓监督检查，促进检验检测机构有效运行

（一）做好国家质检总局163号令宣贯

《检验检测机构资质认定管理办法》于8月1号正式实施，省局在皖南、皖中和皖北共组织了6期《检验检测机构资质认定管理办法》和《检验检测机构资质认定评审准则》宣贯培训班，全省约1 400余人参加了宣贯培训。

（二）稳妥推进司法鉴定机构、刑事技术机构资质认定工作

对司法鉴定机构开展调研，明确了材料的申报、受理和现场评审等具体工作要求。目前，“中联司法鉴定中心”等两家司法鉴定机构已开展申报工作，两家机构完成材料补正后，将及时开展受理、现场评审等工作。省局和省公安厅协商制定安徽省刑事技术机构资质认定实施方案。

（三）加强检验检测机构资质认定证后监管

省局组成6个检查组抽查了42家获证实验室。对因过期未申报的来安县疾病预防控制中心等16家资质依法实施注销。对有关投诉举报，按照规定的要求和程序进行了调查和处理。

（四）组织全省获证检验检测机构能力验证活动

2015年能力验证项目为电线检测、水中亚硝酸盐检测、甜蜜素检测、水中总磷和保温材料导热系数检测五个项目，验证范围覆盖了食品安全、质量监督、环境、建筑建材等重点行业和领域。全省共有403家次检验检测机构报名参加，结果为“满意”的机构396家次。对能力验证最终结果为“不满意”的检验检测机构，将按照规定调整其能力参数附表范围。能力验证项目承办单位组织召开了“能力验证情况分析会”，对本项目能力验证情况进行通报、分析存在问题并提出解决措施。

五、抓证后监管，推动安检机构服务标准化

（一）强化安检机构监管力度

依法开展行政审批，2015年共办理机动车检验机构许可79件，其中，安检机构39家，综检机构18家，尾气检测机构22家。对全省105家获证机动车安检机构分类监管类别进行了重新确定，其中：A类7家、B类82家、C类16家。宣贯实施GB 7258–2014新标准，与省公安厅联合举办标准宣贯会，全省105家安检机构的负责人和授权签字人参加了培训。制定了安徽省新标准具体执行方案，明确了贯彻执行新标准的具体方法、时间及有关要求，全省安检机构均已完成了换标工作。105家安检机构均按要求提交了2014年度报告，省局按时完成了年度报告审查工作。做好2015年度机动车安全技术检验机构监督检查工作，各市局对辖区内安检机构开展分类监督检查，对B类机动车安检机构的监督检查不得少于1次，对C类机动车安检机构的监督检查不得少于3次。

（二）组织对全省综检机构和安检开展能力验证

全省共有73家综检机构参加了能力验证活动，有3家机构能力验证存在问题，其中有1机构能力验证结果为不满意。有99家具备大汽车检验能力的机动车安检机构参加了能力验证活动，有23家机构能力验证存在问题，其中有8机构能力验证结果为不满意。

（三）组织开展安检机构顾客满意度测评工作

全省117家安检机构按照要求参加了测评，103家完成了测评，共调查有效样本10 304份，顾客满意度最高得分为89.14分，最低得分为68.75分，平均分为80.85分。

（四）推动安检机构服务标准化建设

制定了《机动车安全技术检验机构检验服务规范》

（讨论稿）和《机动车安全技术检验机构检验服务评价规范》（讨论稿）两项地方标准。

六、抓教育培训，提升监管人员能力素质

为全面部署2015年度认证和检验检测机构监管工作，提高基层监管人员业务水平，强化认证和检验检测机构监管工作，5月26日—27日，省局在合肥举办2015年度认证和检验检测机构监管业务管理工作暨培训会。全省各市质量技术监督局、工商质监局分管副局长、认证和实验室监管科长及各县（市）、区市场监管局负责认证和实验室监管工作人员共160余人参加了会议。会议就机动车安检机构监管、检验检测机构资质认定基础管理体系认证监管等业务进行了培训，同时邀请国家认监委认证监管处负责人就强制性产品认证监管要求和方法进行了现场讲解和指导，为安徽省基层局开展认证监管工作打下了基础。

撰稿人：刘春生　审稿人：叶　炎

突出对台特色　强化认证认可

——福建出入境检验检疫局2015年认证监管工作概况

2015年，福建出入境检验检疫局（以下简称“福建局”）立足创优服务、创新治理，主动适应新常态，把握新机遇，在推动服务平潭综合实验区及福建自贸试验区开放开发、业务改革创新、推进海峡两岸认证和检验检测结果的采信等方面实现新作为，为推动地方经济及福建检验检疫事业发展作出了新的贡献。

一、推进对台采信，推动“一张证书、两岸互认”取得新进展

赴台开展研讨交流活动、举办政策说明宣讲会，与台湾TAF、关贸网、行业组织—优良食品发展协会（TQF）、检验检测认证机构等共同探讨进一步建立和深化两岸检验检疫认证认可“三互”机制的设想，这在全国检验检疫系统和中直驻闽机构中均尚属首次。牵头组织福建局技术中心承担“鳗鲡肌肉中喹诺酮类和磺胺类药物残留量的测定”2015年两岸能力验证项目。获得省商务厅对台互认基础研究经费资助，已对进入平潭对台小额商品交易市场的台湾小家电产品采信认证结果78批，14 912台，货值90.92万美元；对进口台湾白酒采信台湾“财团法人全国认证基金会（TAF）”认可的实验室检测结果，计152批，货值243万美元。

二、创新开展自愿性注册，服务福建自贸区发展

主动研究认证认可在服务福建自贸试验区发展中的定位，积极探索优化检验检疫体制机制、模式流程，在福建自贸区内实施“源头注册认证”的食品企业自愿性注册制度。通过运用风险评估、注册、认证、认可等合格评定技术，对台湾食品生产企业的安全卫生控制体系和产品质量安全控制过程进行审核，经审核符合要求的企业产品可以在口岸进口时实施快速验放，从而达到“保障安全、快速通关”的目的。实施该模式后，注册企业产品的检验放行时间由原来的5—7天，缩短到1—2天，大大促进两岸贸易的便利化。截至2015年底，已有3家企业获得自愿性注册资格。

三、承担台湾食品企业技术审核工作

发挥福建局对台区位优势和对台工作先行先试的桥头堡作用，进一步支持福建自贸试验区发展，已争取认监委支持、授权福建局开展台湾输大陆食品生产企业进口注册技术评审工作。结合台湾输大陆食品“源头管理、口岸验放”检验检疫监管模式探索、总结境外食品生产企业监管工作规范，进一步完善形成可复制可推广的工作经验。

四、提速增效，优化出口食品备案管理模式

一是联合厦门局共同对福厦两地的输美水产品企业实施联合监督检查，实现了信息互通、监管互认、执法互助。二是联合国家认可委专家完成10家输美罐头

企业的 HACCP 认证有效性监督检查，并指导分支机构通过验证检查、见证审核等方式，对出口食品备案企业和 HACCP 认证活动实现 100% 联动监管。三是在出口食品生产备案审批中大力推广采信第三方认证结果，全年共采信第三方认证结果 50 家。

五、帮扶出口企业实现内销转型

针对辖区内部分企业面临的国外购买力下降、价格下跌、产能过剩、员工流失等困难，积极帮扶企业“同标、同线”生产高品质产品开拓内销市场。与福建省食品药品监督管理局联合出台了出口食品生产企业备案和食品生产许可有关协调意见，实现食药部门采信出口食品生产企业备案及 HACCP 认证结果，为出口食品企业实现内销转型创造良好环境。

六、强化认证行政监管，提高认证有效性

制订《福建局 2015 年管理体系认证活动监管实施方案》，突出重点，确保有效，强化绩效管理，加强队伍能力培训，共派出管理体系认证行政监管人员 117 人次，涉及辖区 50 家质量管理体系认证获证企业（其中 2 家在实施监督检查前证书已被暂停或注销），涉及发证机构 13 家，出具问题整改通知书 1 份，行政建议书 2 份。

七、推动有机产品认证示范创建工作

帮扶“中国乌龙茶之乡”福建省安溪县成为第一批国家有机产品认证示范区，有机茶是我国第一个颁证出口的有机食品。安溪县是全国最大的产茶县，涉茶产业总产值达 125 亿元，居全国产茶区第一位。全县有机茶叶生产企业已从 2011 年的 13 家发展到现 18 家，认证面积从 34 128 亩增加到 38 358 亩，其中有机茶叶认证面积为全国产茶县第一位。

八、强化实验室资质和能力管理

组织开展福建局系统获证检验检测机构资质认定专项监督检查工作；组织开展了实验室间 9 个关键、敏感项目的比对试验，技术中心、保健中心两个序列所有已获得资质认定的 18 家检验检测机构均报名参加。促进检验检测认证机构改革，积极参与检验检测认证机构整合工作，协助解决福建中检检测有限公司资质认定、认可能力范围问题。

撰稿人：黄剑锋　审稿人：连文钦

强化监管　创新理念　服务发展

——福建省质量技术监督局 2015 年认证监管工作概况

2015 年，福建省质量技术监督局（以下简称“福建省质监局”或“省局”）认证认可工作积极贯彻落实国家质检总局、国家认监委认证工作会议精神，依据现行的法律、法规及各项规章制度，按照省委、省政府有关行政审批改革方案、简政放权，更新工作理念，积极探索新常态下监管方式，完善工作机制，注重事中、事后监管。

一、突出重点，持续加大认证监管力度

（一）强化强制性产品认证（CCC）监管

建立健全强制性产品认证（CCC）监管机制，开展对认证机构认证产品的质量专项监督检查，组织申报并争取承担国家认监委 CCC 产品的监督任务，承担并完成国家认监委 2015 年强制性产品认证获证产品（电源适配器）监督抽查工作，按要求对电源适配器生产企业进行现场监督抽样，抽查 29 家企业 40 批次产品，并将抽查结果上报国家认监委，促进了企业产品质量的提高。

（二）强化食品农产品认证监督

监督检查前由国家认监委派出专家组织培训并进行现场指导，根据辖区内的食品农产品认证情况制定本地区监督检查工作计划，检查辖区内获证企业持续符合认证要求的情况，充分利用“食品农产品认证信息系统”提供的信息，查看认证机构的现场活动与认证

基本规则、规范的符合性，加强对认证机构发证信息和相关组织持有证书的检查。

（三）强化管理体系认证监管

根据国家认监委安排，组织核查了50家管理体系认证获证企业。全系统积极开展管理体系有效性、证书及标识使用情况、执行法律法规情况、组织管理情况以及认证机构和认证从业人员工作的有效性、规范性等情况，提升获证企业产品质量和认证的社会公信力，规范认证从业机构、从业人员的认证行为。

（四）积极推动电子信息系统的使用

推进国家认监委电子信息系统使用，及时掌握认证执法活动开展情况，实现认证执法活动数据及时上报、汇总、分析。

二、多措并举，有序推进检验检测机构证后监管

（一）加强检验检测机构监管

多手段加强检验检测机构证后监管，提升获证实验室检测能力的持续性和有效性。实验室采取以市级为单位的划片监督管理，按照国家认监委关于分类监管要求逐步推行分类监管，并在条件成熟时实施“双随机”监管模式，使设区市局更好了解和掌握辖区内实验室运作情况。强化设区市局的监督责任，积极配合国家认监委做好对福建省10家获得计量认证的检验检测机构的监督抽查并协助做好国家计量认证的复评审工作，督促全省获得资质认定的实验室100%进行自查。按照国家认监委统一部署，开展省内实验室专项监督检查，专项监督检查覆盖了省、市、县三级共计75家实验室，并对检查中所发现的问题进行跟踪整改。

（二）组织开展检验检测机构能力验证

能力验证项目为国家认监委布置的建筑建材、环境食品大类，实施重点类型实验室风险防控，通过能力验证达到有效监控获证实验室的持续检测能力。

（三）加强专家队伍建设

不断充实和加强技术评审专家力量，保障实验室资质认定工作技术评审环节的有效开展，全省现有资质认定评审员队伍362人，其中教授级高工达60人、高级工程师近200人，覆盖了申请许可的全部专业领域，针对评审中出现或可能出现的问题定期或不定期组织评审组长及专家研讨会，听取专家意见和建议，尽量消除不同行业之间评审差异，同时促进不同行业之间的相互学习。

（四）推进司法鉴定机构资质认定工作

根据国家质检总局和司法部、公安部有关文件开展司法鉴定和刑事鉴定资质认定前期工作，积极与省司法及公安部门沟通，按国家质检总局工作布置有序推进。

（五）组织认证认可行政监管人员培训

为了提高基层局工作人员的认证监管能力，针对行政审批授权事宜，7月，举办了1期质监系统认证监管人员业务培训班，有效地提高了基层行政人员监管水平，为省市检验检测机构审批改革对接打下基础。

三、简政放权，优化企业发展环境

一是积极配合行政审批制度的改革，在审批改革前，按照年度工作目标和工作计划下达相关文件，推进实验室资质认定工作的有效开展，规范办事正规化、公开化、程序化。在取消计量认证收费情况下继续以财政经费支付资质认定专家的评审经费，并通过省财政列入专项资金予以保障，完善评审经费使用规定及支付流程，消除行政许可环节可能存在的不公正因素，降低了行政审批风险，强化了专家评审行为。

二是推动两岸检测机构开展产品检测报告（数据）互认合作。4月12日，厦门签署了两岸首个全球通行自愿性产品认证合作项目，积累了两岸在认证认可领域合作的经验。

四、强化宣传，扩大检测认证影响力

（一）举办现场宣传咨询活动

举办“世界认可日”为主题的宣传活动，认证监管人员、资质认定实验室专业技术人员现场开展咨询服务，通过摆放宣传展板、悬挂宣传条幅、滚动播放音像资料等多种形式，为群众讲解认证认可知识，解答群众疑问，受理群众投诉举报，提高公众对认证认可工作重要性的认识，广泛深入地宣传认证认可工作，并组织媒体对宣传活动进行全程跟踪采访、报道。

（二）召开座谈会和举办实验室开放日

邀请人大代表、政协委员、企业代表参加认证认可座谈会，同时邀请小学生、初中生参观检测实验室，介绍认证认可工作的现状，宣贯有机产品、绿色食品、无公害农产品、强制性产品认证等相关认证认可常识，并就目前企业和相关机构在认证认可方面的意见和建议进行收集、归纳、总结、整改，达到自我提升的目的。

撰稿人：杨 洁　审稿人：傅晓青

改革创新机制　高效监管服务

——厦门出入境检验检疫局 2015 年认证监管工作概况

2015 年，厦门出入境检验检疫局（以下简称“厦门局”）紧紧围绕国家质检总局和国家认监委的中心工作，深入贯彻“抓质量、保安全、促发展、强质检”工作方针，锐意改革创新，圆满完成全年各项认证监管工作任务，取得较为显著的工作成效。

一、厦门局认证监管工作

（一）出口食品生产企业备案

2015 年，办理出口食品生产企业备案 111 家次，注销 18 家；推荐对国外注册企业 39 家次，有效备案的出口食品生产企业 417 家，国外注册企业 173 家次。

（二）食品农产品认证监管

2015 年，现场监管食品农产品认证获证企业 83 家；见证审核 4 家食品农产品认证机构的认证活动。

（三）进口食品企业注册入境查验

2015 年，完成对进口水产品、肉类、乳制品和燕窝等 4 类注册产品生产企业的入境查验，共计 4 421 批、货值 2.6 亿美元。

（四）输美日用陶瓷认证

2015 年，输美日用陶瓷认证企业失效 1 家，有效输美日用陶瓷认证企业 7 家。

（五）管理体系认证活动监管

2015 年，现场监管管理体系认证获证企业 25 家，涉及 14 个认证机构，发现问题 31 项，约谈并告诫认证机构 2 家。

（六）强制性产品认证（CCC）入境验证工作及 CCC 免办工作

2015 年，累计受理 CCC 入境产品报检 32 141 批次，货值 9.6 亿美元；查验 CCC 入境产品 2 840 批次，货值 5 571.6 万美元，发现不合格 11 批，货值 104.8 万美元。受理 177 家企业提出的 CCC 免办申请 829 批次，审核签发 732 份 CCC 免办证明。

二、凸显作用，扎实开展认证监管各项工作

（一）食品农产品认证监管

2015 年，厦门局以出口食品生产企业 HACCP 认证、清真食品认证、有机产品认证为重点，组织开展食品农产品认证监管工作。

HACCP 认证监管工作从三个方面开展，共涉及 74 家获证企业、6 家认证机构。一是在年初制定出口食品生产企业备案监管年度检查计划时，提出 HACCP 认证监管与备案监管实现联动的工作要求，并以局质量体系文件发布的形式将作业表单予以固化。共计对 16 家获证企业开展监管联动，涉及 4 家认证机构。二是部署专项监管工作，对未列入年度检查的 HACCP 认证获证企业进行 100% 书面验证核查，对书面核查发现认证合规性存在问题，有可能影响认证有效性的企业，以问题为导向，进行认证有效性的现场验证，共验证 58 家获证企业，涉及 6 家认证机构。三是实现 HACCP 认证监管常态化，通过“自愿性认证活动执法监管信息系统”掌握认证机构在厦门局辖区开展认证活动动向，以非 CNAS 认可的 HACCP 认证活动为主要监管对象，部署开展见证审核，涉及获证企业 4 家，认证机构 4 个。监管结果显示，认证机构均能按照认证基本规范、认证规则规定的程序对认证全过程实施有效控制，未发现违法违规行为。

清真食品认证与有机产品认证监管活动以书面核查形式为主，对清真食品认证活动，主要核查认证机构是否具有相关资质；对有机产品认证，主要核查是否符合认证规则。经核查，厦门局辖区获得清真食品认证的企业共计 6 家，涉及 5 个认证机构，均无开展清真认证的资质，另有 3 家企业获得有机认证，涉及 2 个认证机构，认证产品包括茶叶、蔬菜，未发现认证

机构存在违法违规行为。

（二）管理体系认证活动监督检查

2015 年，厦门局管理体系认证活动专项监督检查工作，对辖区获得质量管理体系认证的 25 家企业进行认证活动监督检查，涉及 14 个认证机构，发现问题 31 项，约谈并告诫认证机构 2 家，向认证机构发出《认证监管情况告知书》4 份。4 月—9 月，跟踪厦门局辖区 5 家“环境违规省级挂牌督办”企业的环境管理体系认证情况，约谈并告诫涉及的 5 家外资认证机构，督促其重新评估环境管理体系认证有效性并提交验证材料。

（三）强制性产品认证获证产品监督抽查

6 月—9 月，厦门局在辖区内开展强制性产品认证获证产品监督抽查工作。以机动车零部件、玩具、童车、轮胎、厨房家电、灯具、电源适配器等产品为重点抽查对象。针对厦门局近年来监督抽查工作中多次发现轮胎类产品存在不符合强制性产品认证要求的情况，将轮胎类产品列为此次强制性产品认证获证产品监督抽查重点商品予以布控。陆续从口岸抽取 4 个报检批次共 7 个型号的进口产品，具体有摩托车轮胎 1 个品牌 2 个型号，轿车轮胎 1 个品牌 1 个型号，汽车转向灯 1 个品牌 1 个型号，汽车室内镜 1 个品牌 1 个型号，家用搅拌器 1 个品牌 2 个型号。同时通过市场采购渠道，抽查市场销售的家用电热水壶 1 个品牌 2 个型号。本年度监督抽查共出动监管人员 10 人次，抽查的产品共涉及生产商 5 家，生产工厂 5 个。监督抽查未发现进口产品不合格情况及违法违规案例。

三、“放、管”结合，监管效能提升显著

（一）贯彻国务院精神，终止部分许可备案工作

3 月，根据《国务院关于取消和调整一批行政审批项目等事项的决定》（国发［2015］11 号）要求，取消“涉及人身财产安全健康的重要出口商品注册登记”，终止出口玩具质量许可工作，清理和废止质量手册及厦门局外网相关配套文件，取消电子监管系统和集中审单系统中涉及出口商品质量许可（注册登记）的布控指令，通知各分支机构停止出口玩具质量许可受理、年审工作并清理自建网站及质量手册有关内容。

8 月，根据新修订的《认证机构管理办法》，取消外资认证机构、办事机构备案工作。

（二）简政放权，改革备案注册及认证工作模式

1. 改革备案注册工作模式

全面修订《厦门局出口食品生产企业备案注册工作实施细则》，实现简政放权，并形成操作性强的规范性文件，主要的改革举措包括：一是简政放权，将所有申请备案企业的资质审批权限和监管权限全部下放至分支机构，厦门局认监处仅保留国外注册企业的推荐权限，负责备案监管的规范性文件制修订和宏观管理。二是弱化事前审批，对三类企业实施直接备案注册：不需实施 HACCP 体系验证的企业直接备案，结合出口检验情况实施事后监管；获得经 CNAS 认可的第三方 HACCP 认证的企业免于备案评审，通过备案与认证监管联动工作核查认证有效性；获得高风险等级国外注册的企业在申请同一类别产品的低风险等级国外注册时免于现场评审，直接推荐国外注册。三是突出企业主体责任。以风险分析为基础，以问题为导向，充分发挥分支机构的主观能动性，取消对监管频次的硬性规定；通过采信第三方 HACCP 认证监管结果、与食品安全业务主管处室共享监管数据、开展备案注册与 HACCP 认证监管联动等措施，进一步压缩监管检查数量，优化监管资源配置，提高监管效能。

2. 实现属地认证

下放输美日用陶瓷企业首次认证申请受理和现场审核组织工作权限，方便企业，提高效能。

（三）全面启用“出口食品生产企业备案管理系统”，压缩 2/3 许可时限

自 2015 年 1 月 1 日起，厦门局全面实现备案网上审批。全年通过系统实现 80 家次企业的备案办理、390 家企业的年度报告提交与审批，以及 123 家企业的监管计划制定与实施等工作，极大提高了工作效率。同时，在日常工作中认真收集各方需求和建议，系统梳理分类，及时向国家认监委反馈，并于 2015 年 6 月邀请国家认监委领导和备案系统开发小组来厦门局实地调研，提出近 50 条完善系统功能的意见和建议。同时，整合优化相关工作记录表单，提高监管的针对性和指导性。实现备案网上审批后，厦门检区备案办理时限由 20 个工作日压缩至 7 个工作日，缩短了 2/3。

（四）注重“三互”工作建设，提升监管覆盖面

2015 年，厦门局着力加强与食品安全监管部门的协作，建立了“信息共享、监管联动、执法互助”工

作机制，商定进口食品注册企业入境查验工作充分依托口岸进口食品检验监管工作开展，共享进口食品注册企业入境查验信息及产品检验不合格信息，实现流程整合、工作表单整合、不合格处理措施整合，共享信息、互通数据、联合核查、共同培训。通过业务融合，有效提高工作效率和监管效能，减轻一线负担。同时，下发《关于加强进口食品注册企业入境查验工作的通知》（检认函［2015］17号），加强进口食品企业注册入境查验，规范进口食品注册及有机产品入境查验记录及不合格信息上报工作。

四、强基固本，夯实认证行政监管基础

（一）以制度建设为基础，狠抓认证监管规程制修订工作

2015年，厦门局为了进一步规范进口CCC认证产品入境验证工作，充分考虑法检制度改革、促进口岸通关便利化及自贸区实验工作的各项要求，出台《厦门检验检疫局强制性产品认证入境验证工作规程》和配套的《强制性产品认证入境验证不合格情况处置作业指导书》。指导各分支机构制定更新CCC免办作业指导书，确保工作有序开展。同时，还深入、细致地完成了《厦门局出口食品生产企业备案注册工作实施细则》的修订工作。

（二）以认证监管业务情况季度通报为抓手，提高全局认证监管工作的系统风险管控水平

自2015年起，厦门局按季度发布《认证监管业务情况通报》，对上一季度厦门局辖区认证监管各项业务开展情况进行全面通报，内容主要包括季度业务数据、督察与专项工作、风险关注、经验与案例交流、信息宣传等，全面覆盖厦门局及辖区各分支机构认证监管业务工作。

《认证监管业务情况通报》主要内容为：发布认证监管业务综合统计数据，对CCC入境验证、CCC免办证明、备案注册业务数据和水产品、肉类、乳制品、燕窝及有机产品进口批次、数量及注册信息和不合格情况进行统计分析，收集不合格典型案例，分析存在问题，通报第三方认证行政监管及认证监管重点工作开展情况和风险预警信息。

通过在厦门局范围内发布认证监管业务季度通报，全面统计分析辖区认证监管工作相关信息，有效提高了认证监管各项工作的系统风险管控水平，未雨绸缪，防患于未然。同时强化了认证监管业务专项督查效果，统一了执法尺度，使其成为提高认证监管工作质量的有力抓手。

（三）以加强队伍建设促提高，全面提升认证监管能力

厦门局通过监管队伍建设、监管人员培训、监管信息通报、监管经验交流等多举措，对监管人员开展多形式、内容丰富的培训，更新知识结构，全面提升认证监管人员能力，有效提高监管工作效能。2015年，厦门局共组织近200人次认证监管业务骨干参加了培训。

一是加强内部培训。组织评审员网上学习《出口食品生产企业安全卫生要求》视频培训教材；结合出口备案注册监管工作管理权限下放，召开备案注册改革新思路宣贯会，对分支机构备案注册经办人员开展新工作规程专题培训，提高经办人员业务管理能力；对辖区从事相关工作的人员专题讲解进口食品企业注册入境查验工作要求，增强一线人员对进口注册法规的理解和把关能力；实施“点对点”培训，针对分支机构认证监管工作薄弱环节与需求，主动派员“上门”举办CCC免办、输美低酸罐头法规、美国FDA迎检、管理体系认证监管工作总结及经验交流会等小型“点对点”培训。

二是加强对外交流培训。厦门局还通过“请进来，走出去”方式，加强与国家认监委及兄弟局的交流合作，开拓视野，更进一步增强培训效果。与福建局联合开展输美水产品注册企业监督检查，统一评审目光，交流评审经验，互通有无，取长补短；邀请国家认监委专家讲解备案管理系统；派员参加国家认监委举办的2015年认证活动监督检查工作培训；派员参加上海局组织的泛长地区认证执法监管培训教材评审工作；邀请兄弟局从事HACCP认证和监管的专家对局监管工作人员组织相关培训；邀请江苏局认证执法专家来厦门讲座，交流认证执法经验和案例。

（四）认证行政执法检查获好评，以上级监督促提高

根据《国家认监委关于印发2015年认证认可各业务领域监督检查工作方案的通知》（国认办［2015］25号），9月10日—11日，国家认监委检查组对厦门局认证行政执法工作进行全面现场监督检查，通过自查、总结、汇报，厦门局认证执法各项工作获得检查组认可与好评，顺利通过了国家认监委对厦门局首次全方位的认证行政执法体系建设工作督查，有效促进了厦门局认证行政执法体系建设工作能力的提升。

五、主动作为，服务自贸区建设和地方经济提质增效升级

（一）积极参与自贸区制度创新建设，发挥认证认

可服务经济发展作用

厦门局积极落实自贸区和“一带一路”发展战略，深入开展制度创新研究和区域认证执法监管联动，取得一系列成效。

1. 主动开展两岸强制性产品认证研究

2015 年，厦门局承担完成了海峡两岸同步向社会发布的《海峡两岸强制性产品认证制度比对研究报告》的编写、出版校对工作。

完成由国家认监委牵头厦门局为主承担的国家认监委《海峡两岸强制性产品认证互认合作实施研究》短平快课题。12 月 10 日，该课题顺利通过国家认监委专家组的鉴定，国家认监委副主任刘卫军担任课题鉴定组长主持课题鉴定工作。课题鉴定专家组认为，项目组超额完成研究目标，并开发了配套的信息系统，研究制定出互认实施的具体操作流程，形成具体程序、步骤和所需工作文件，具备一定程度的针对性、科学性、可操作性，形成了指导海峡两岸未来合作的附加成果，为后续两岸强制性产品认证互认的实施提供了技术准备。该项目作为福建自贸区厦门片区的制度创新研究工作任务同时按期完成，厦门局拟将该项目研究成果应用于中国（福建）自由贸易试验区厦门片区创新工作的开展。

2. 加强区域协同交流合作

2015 年，福厦两局联合发文，向国家认监委申请承担台湾输大陆食品生产企业进口注册评审工作，主动申请承担台湾输大陆水产品企业注册评审工作。征得国家认监委同意，由厦门局牵头负责水产品生产企业和捕捞渔船的技术评审工作。2015 年，厦门局还首度与福建局联合开展输美水产品注册企业监督检查，统一监管尺度，积极探索福建自贸区认证监管工作一体化。

根据国家认监委《自贸区认证认可制度创新第二次联席会议纪要》工作部署，作为检验检测认证结果采信和互认政研课题组长单位，厦门局承担国家认监委“自贸区认证认可制度创新政策研究课题（采信互认工作组）”组长单位职责，牵头开展相关政研课题，推动自贸区认证认可制度创新和政策研究工作。7 月 28 日—29 日，厦门局组织召开自贸区检验检测认证结果采信和互认政研课题组第一次会议，启动自贸区互认采信政研工作。

3. 积极尝试自贸区制度创新服务发展各项举措

2015 年，厦门局力促进出境邮快件以及跨境电商产品中涉及 CCC 认证的个人自用物品通关便利化政策的制定实施。主动探索将课题研究成果应用于福建自贸区厦门片区对台小额贸易，提出《厦门检验检疫局关于推动两岸强制性产品认证互认工作方案》，调研制定台湾输大陆小家电产品在福建自贸区厦门片区的通关便利化措施，努力促进相关对台贸易产业的发展。

（二）主动作为，努力帮扶辖区企业出口

2015 年，厦门局主动帮助企业，努力联络沟通国家认监委，促成辖区 8 家企业获准俄罗斯注册，解决多年遗留的对俄罗斯注册“老大难”问题，并及时帮扶企业解决出口俄罗斯滞港的 72.5 吨、货值 54.5 万美元冷冻水产品通关受阻问题。

厦门局还密切关注美国 FDA 在厦门局辖区开展企业检查的情况，及时总结 FDA 检查特点和关注内容，指导企业应对国外官方检查。在“质量月”活动中，举办面向输美低酸罐头和酸化食品生产企业的质量分析会，帮助企业查找 8 个质量隐患，指导 13 家输美低酸罐头和酸化食品企业的质量管理小组对照排查，结合美方法规要求提出解决对策，指导企业对照隐患开展质量攻关和关键工序人员培训，逐一消除质量隐患。

（三）推动内外销食品“同线同标”生产，帮促企业内销转型

2015 年，厦门局以漳州、同安两辖区为试点，在帮促企业提升质量管理水平的同时，引导企业采用国内外市场兼顾的经营战略，实现内外销产品“同线同标”生产、统一调配，打造自主品牌，多渠道宣传推介，实现内销转型，提高市场竞争力。辖区内有意向开拓内销市场的企业越来越多，截至 2015 年底，已有 152 家企业按照出口食品生产标准开拓了内销市场，打造中国驰名商标 4 个，中国出口罐头十强企业 3 家。通过推动 HACCP 认证帮助企业提高自身管理水平，实现内外销产品“同线同标”生产，帮促企业内销转型，提高市场竞争力。

（四）大幅调低 CCC 入境验证抽批率，加快口岸通关速度

4 月，厦门局根据促进通关便利化工作需求，在风险分析基础上，细化产品分类，将 CCC 入境验证抽批率在原设定 10% 的基础上，依据产品风险等级调整为：CCC-A 类 5%，CCC-B 类 1%，CCC-C 类 5%；CCC-D 类 0%。此外，将 CCC 免办分类管理与切实为企业提供服务相结合，创新监管模式，对 CCC 免办分类管理一、二类企业的 CCC 免办产品进口实行口岸直接放行，以

加强后续监管的方式实现风险可控，提高口岸通关效率和企业物料周转效率。

（五）持续推进 CCC 免办分类管理工作，实现惠企便民

5 月，厦门局对 CCC 免办分类管理一、二类企业实施第一次年度监督检查，检验各分支机构对 CCC 免办分类管理企业的监管情况，并受理分支机构对新的一、二类企业推荐，扩大免办分类管理的实施范围，在更大范围内服务企业。通过监督检查，2015 年新增 CCC 免办分类管理二类企业 1 家，共确认了 20 家企业的一、二类资格，其中一类企业 7 家，二类企业 13 家。

通过持续推进 CCC 免办申办企业分类管理，厦门局对于诚信度高、内部管理制度完善的企业，在定期后续监管的基础上，结合现有的“CCC 免办电子审批系统”，采取“分级管理，周期监管，集中核销”的新模式，企业仅需通过网上申请即可完成相关手续，不仅减少了往返递送材料的人力物流成本，同时实现了 CCC 免办申请发证全面“无纸化”，使诚信企业享受极为便捷的审批通关程序，满足了企业对物流速度的高要求，提高了口岸通关效率。

六、多方宣传，扩大认证认可社会影响力

厦门局高度重视认证认可信息宣传工作，2015 年国家认监委通报认证认可政务信息上报及采用情况，厦门局以报送 60 条，采用 46 条，得分 143.4 分的成绩，列山东局、江苏局和重庆局之后，在全系统排名第 4 位。

除日常宣传外，6 月，厦门局利用“世界认可日”活动这一良好载体，围绕“认证认可服务‘一带一路’建设愿景与行动”，组织开展第八个“世界认可日”系列宣传活动，扩大认证认可社会影响力。一是主动对接“厦门市融入‘一带一路’重点项目”，组织厦门燕窝主要进口企业及相关方，举办“东南燕都”燕窝进口注册与燕窝产业发展研讨会，特邀央视对厦门市“东南燕都”燕窝产业发展作专题拍摄采访，促进认证认可服务“一带一路”建设愿景。二是结合厦门局检区出口产品特点，走访检区出口罐头重点企业，组织对“一带一路”沿线国家注册工作交流，帮扶企业开拓东南亚市场。三是组织认证认可在线访谈，为社会公众普及认证机构管理相关知识。四是在厦门局机关、各分支机构和直属单位的显著位置张贴“世界认可日”宣传海报，并利用各单位网站和 LED 显示屏宣传“世界认可日”活动主题。五是利用检企微信互动平台推送“世界认可日”宣传资料。

撰稿人：李盛杰等　审稿人：蔡怡鹃

寓服务于监管　多措并举开展认证监管

——厦门市质量技术监督局 2015 年认证监管工作概况

2015 年，在国家认监委的指导下，厦门市质量技术监督局（以下简称“厦门市质监局”或“市局”）认真贯彻全国认证认可工作会议精神，发挥创新意识，抓好监管任务，各项工作有序开展，稳中有进，有效提升认证工作的有效性、贡献率和影响力，服务本市经济社会转型发展。

一、2015 年完成的主要工作

厦门市拥有强制性产品认证证书 2 885 张、管理体系证书 3 879 张、食品农产品认证证书 171 张；资质认定检验检测机构 83 家，认证分支机构或办事处 9 家。

（一）突出体系建设，提升认证执法监管效能

一是完善监管制度。建立强制性认证动态监管制度，每月编印《CCC 认证简报》，加强获证企业监管信息通报，及时跟踪监督检查认证信息变更企业。严格执行获证企业分类监管制度和日常巡查制度，突出监管重点实施网格化检查。严格请示报告制度，对重大认证违法案件执行逐级报告制度。落实认证活动行政监督制度，突出“事中监督”加强认证评审活动现场抽查，

重点跟踪存在不良行为的认证机构。建立检测机构分类监管制度，制定《厦门市检测机构分类监管参考意见》，对全市检验检测机构实施分类监管。

二是健全监管机制。进一步强化"以认证监管机构为主导、专职执法机构为主力、法制工作机构为监督"监管机制，特别注重发挥认证专家技术优势，形成"执法人员＋认证专家"的认证监管模式。落实厦门质检两局认证监管合作意见、质监工商两局有机产品认证监管合作意见，加强与环保、卫生、建设等相关部门信息通报和监管协作，形成执法监管联动机制。落实《全国中心城市质量技术监督认证执法监管工作合作备忘录》、厦漳泉质监行政执法稽查合作备忘录，形成区域合作机制。

三是提升监管能力。通过举办有机产品认证、食品农产品认证、管理体系认证监管等专题业务培训班、典型案例交流等形式，提高认证执法监管人员依法履职能力。加强认证信息动态及社会舆情分析，落实《舆情监测程序》，针对有机、玩具等认证产品舆论热点，迅速部署玩具产品认证、有机产品认证两大领域专项整治。

（二）突出重点任务，加大认证执法监管力度

一是加强自愿性认证监管。根据国家认监委部署，制定实施《厦门市质监局2015年管理体系认证有效性监督检查工作方案》，监督检查22家获证企业，现场检查共出动监管人员88人次，聘请7名认证审核专家提供技术支持，对10家获证企业、9家认证机构共发出问题整改通知19份，约谈认证机构2家，立案调查1家，有效发挥监管震慑作用。

二是加强强制性产品认证监管。围绕重点行业、重点产品开展专项整治，全年共巡查CCC获证企业105家次，立案查处CCC认证案件8起，罚没款21.7万元，处理CCC认证投诉20起。

三是加强食品农产品认证监管。印发《厦门市质量技术监督局关于开展2015年食品农产品认证监管工作的通知》，以有机产品认证为重点开展专项检查及日常巡查，检查获证企业24家，涉及有机产品认证证书37张，涉及产品数量49种，发出整改通知书3张，有效规范了认证活动。

四是加强资质认定机构监管。积极改革实验室监管模式：一方面取消监督评审，切实减轻实验室负担；另一方面印发《关于开展2015年全市实验室资质认定专项监督检查工作的通知》，督促检验检测机构开展自查、加强自律，并采取突击检查方式，针对食品、环境、建设等重点民生领域监督抽查实验室6家，同时主动向行业主管部门通报监管信息，共同促进实验室能力水平提升。

（三）突出优化环境，促进行业发展活力

一是加强政策导向。贯彻落实《厦门市人民政府关于加强认证工作若干意见》，促成认证扶持政策写入《厦门经济特区中小企业促进条例》，以立法形式推动认证工作发展。规模以上制造业认证通过率达69.42%。作为厦门市发展检验检测认证生产性服务业牵头部门，积极促进检验检测认证产业发展。将生物医药企业认证补贴写入市政府《加快生物与新医药产业发展的若干措施》，对通过相关认证的企业给予百分之五十的费用补助。

二是营造良好氛围。结合世界认可日、全国质量月、有机宣传周等主题活动，通过张贴海报、发放宣传册、设立群众咨询台等形式，营造良好的社会舆论氛围。设立社会监督员，发挥"12365"投诉举报平台作用，加强认证社会监督。近年来认证相关新闻报道宣传达157条次，公益短信达2万条。

三是深化诚信建设。运用厦门市"企业和中介机构信用网"平台，加强检验检测认证市场中介机构信息管理，采集76家市场中介机构信用档案，发布74条信用信息。开展自律承诺活动，增强检验检测认证机构主体法律责任和社会责任意识。

四是推动两岸交流。国家质检总局《关于支持厦门市深化两岸交流合作综合配套改革试验的意见》，为厦台质量技术交流合作搭建了先试先行的政策平台。每两年举办一届"海峡两岸质量论坛"，由国家质检总局和厦门市政府共同主办、厦门市质监局承办，已举办四届，台湾认证主管部门及有关机构均组团参加，推动两岸认证行业技术资源共享及两岸认证结果互信互认。签署两岸首个《ITRI自愿性产品验证测试合作契约书》，在厦门工博会暨第十九届台交会之2015海峡两岸经贸论坛上，发布两岸首个全球通行自愿性产品认证合作项目。市质检院通过台湾工研院量测中心/绿色产品验证机构委外测试实验室评审，具备相应认证资格。

二、存在的问题

（一）认证监管力量比较薄弱

由于历史原因，厦门质监局机构编制较少（在全省9个设区市中倒数第二，副省级市倒数第一），分局没有专职认证监管人员，认证监管业务水平和执法实践有待加强。特别是关于自愿性管理体系有效性监管，专业性强，执法人员业务水平存在一定差距。

（二）认证监管法律法规支撑不足

如环境管理体系、职业健康安全管理体系认证缺乏实施规则，在违法行为认定方面存在一定困难。

（三）政府监管与强制性认证机构监管未能形成合力

就强制性认证监管，主要有政府监督抽查和认证机构验证检查两种，目前结合度不高，相互借鉴和结果共享机制还没有形成。

（四）违规证据获取难度大

比如管理体系有效性检查，因个别企业与发证机构某种程度形成利益共同体，不愿提供证据，对违规行为无法进行有效认定；另外，获证企业体系运行是否符合认证要求的判断，仍然存在操作上困难。比如强制性产品无证生产行为，需获取出厂销售证据方可进行处罚，但可能存在企业故意不做账导致无法获取证据。

（五）认证机构良莠不齐

在监督检查中发现大型认证机构能按照认证基本规范和认证规则规定的程序实施认证，而认证行为不规范问题，如对认证全过程的记录不完整、认证不具可追溯性等，大多集中出现在中小型认证机构。

（六）认证宣传普及程度不够

目前部分获证企业对有机认证政策法规了解不足。监督检查结束后，对相关违法违规行为的曝光力度不够。

撰稿人：廖　忠　审稿人：高　彤

创优服务举措　强化监管效能　助推经济发展

——江西出入境检验检疫局2015年认证监管工作概况

2015年来，江西出入境检验检疫局（以下简称“江西局”）认证认可工作积极落实国家质检总局和国家认监委部署，紧紧围绕“抓质量、保安全、促发展、强质检”工作方针，以“创优服务，创新治理”为主题，积极推进“简政放权、放管结合、优化服务”改革，通过落实企业质量安全主体责任，发挥认证认可工作的质量基础作用，主动适应新常态，服从服务于江西经济发展战略目标。以夯实质量基础为手段，着力促进江西省优质农产品出口。以创建万载、婺源两个国家级有机产品认证示范区为抓手，融入江西生态文明先行示范区建设。

一、认证监管基本情况

（一）成功创建首批国家有机产品认证示范区

经过三年多的帮扶，在江西局的推荐下，万载县成功升格为国家有机产品认证示范区，成为全国第一批九个国家级示范区之一。同时，万载县政府2015年还与国家认监委签署“合作备忘录”成为全国仅有的四个“认证认可工作联系点”。婺源县的有机示范创建工作也取得新的进展，有机绿茶出口欧盟占市场份额的60%以上，成为有机茶出口中国第一县。

（二）出口备案注册行政监管情况

全省出口食品生产企业备案144家，有效备案企业数量比2014年增加18家，获得对外注册食品生产企业70家次，新增1家企业对俄罗斯注册；输美陶瓷认证企业达22家。依法撤销有效期内企业备案资格2家，注销失效企业3家。接待了美国FDA、韩国和中国香港地区官方对注册企业的多次检查，对江西局的监管成效给予了高度评价。

（三）进口CCC产品认证监管情况

截至2015年10月31日，强制性产品认证（CCC）免办证明共受理申请94份，签发免办证明47份，并进行了全覆盖的后续监管。因不符合条件拒绝签发47份。全省口岸受理报检入境验证CCC产品183批，现场检验验证337批（含外省报检入赣），进口汽车验证2 282辆。在全省口岸开展了进口汽车喇叭及压缩机CCC产品的国家专项监督抽查检测，3批产品均符合我国标准要求。与安徽局、湖北局联合开展了进口CCC认证联动执法检查，加强了泛长三角区域认证监管一体化合作。

（四）认证行政执法监管情况

对全省50家质量管理体系认证获证企业实施了专项监督检查，总工作量达150多人日，通过检查发现认证有效性问题和涉嫌认证违规问题共220多个，涉及10家认证机构和45家获证组织，反映出在江西省范围内质量体系认证有效性总体较差，状况不容乐观。根据检查结果，江西局首次约谈了4家认证机构，要求认证机构撤销了1份认证证书、暂停了12份认证证书。

（五）检验检测机构监管情况

积极开展进出口商品检验鉴定机构的资质审批，推进进出口商品检验鉴定第三方结果的采信。成功推荐了江西瑞翔卫生处理有限公司、吉安局进出口机电检测中心、景德镇局检验检疫研究所、省局综合技术中心等4家机构取得了国家质检总局颁发的进出口商品检验鉴定机构资格证书。完成了江西局各实验室检验检测服务业统计上报工作。组织实施了各实验室按照自身的实际情况开展的2015年实验室能力验证活动。

（六）认证监管队伍建设情况

对江西局全系统认证监管人员开展了5次培训，培训人员达220人次。首次组织分支局业务骨干现场观摩美国FDA官员对江西省注册工厂检查，提高了队伍的业务监管能力。赣州局、宜春局、上饶局、南昌办成立了认证监管专职科室。全省系统现有认证监管人员50余名，出口食品卫生注册主任评审员14名，评审员46名。一年来，接待国家认监委领导来赣考察调研3批次，接待安徽、湖北、云南局等来江西局交流，参与了泛长三角地区10个局的认证监管联合执法活动。

二、主要实践与成效

（一）万载县有机认证示范区创建开花结果

万载县是江西局推荐的全国首批有机产品认证示范区创建单位。通过三年多的示范区创建，万载有机农业生产面积达27.4万亩，10余个系列100多个品种进入欧洲、美国、日本、中国香港等国家和地区，年产值超过20亿元。农民参与有机种植，人均增收2 000多元，同时，放下了斧头，山上林木得到有效保护，丢开了喷雾器，农业面源性污染大幅减少，初步实现了“有机富农”“生态兴县”。5月，国家认监委与万载县人民政府正式签订“认证认可工作联系点”合作备忘录，全面帮扶万载县打造全国有机产品认证示范区，助力有机农业发展，促进实现农民增收和生态保护双赢，努力将万载打造为全国有机产业发展促进生态文明建设的示范区。10月，万载县顺利成为全国首批九个国家有机认证示范区之一。

（二）改革备案注册审批方式优化了监管模式

积极推进出口备案监管模式改革，出台了江西局《优化出口食品生产企业备案注册监管模式实施方案（试行）》，实行新的出口食品企业备案管理模式，将受理企业备案注册申请的评审权由省局下放到各分支机构，并全面应用“中国出口食品生产企业备案管理系统”，启动信息化审批，实现备案管理无纸化、电子化和属地化。提出了“有效性、等效性、事中事后监管”三个要求的采信条件，确立了“先申请，后采信”的工作机制，建立了适应实际的备案监管和HACCP认证监管联动工作机制。通过网上审批，极大方便了出口企业，大大简化了纸质申请材料，平均缩短备案批准时限17个工作日，省时66%。

（三）认证执法监管震慑了违规机构

2015年的管理体系认证专项监督检查工作取得显著成效。将在检查中发现的问题，分为涉嫌违规问题和一般性问题。对违规问题进行了严肃处置。一是约谈通报。江西局采取发出书面函件约定时间、地点、人员的约谈方式，向北京中大华远认证中心、北京海德国际认证有限公司、北京新世纪检验认证有限公司、北京大陆航星质量认证中心有限公司等4家认证机构（共涉及38家获证组织），面对面地严肃通报了江西局2015年质量管理体系认证专项监督检查中发现的认证机构存在的问题和涉嫌违规行为，要求被约谈的认证机构在7日内以书面形式报告整改措施，30日内提供整改处理结果。这是江西局创新认证监管形式，首次约谈认证机构，并取得良好效果。被约谈的4家认证机构均表示认同检查发现的问题，服从约谈提出的处置要求，并表示今后加强管理严格规范管理。二是书面通报。对其他获证组织存在的一般性问题，分别以书面方式向相关的6家认证机构予以通报，要求限期整改并报告整改结果。通过这次专项监督检查活动，极大震慑了江西省认证市场的不规范行为，维护了管理体系认证的公信力。

三、面临的问题与不足

认证监管工作面临的主要问题包括：一是认证市场缺乏“以质取胜”理念。大多认证机构，特别是中小机构为抢占市场，采取低价竞争，不是以认证质量来赢得市场，认证质量总体不容乐观。二是现场审核演变成“资料审核”的怪象严重。认证机构的现场审核人员多数时间用于写记录，基本不会花时间去关注体系运行的实际情况，脱离了以实际出发的思想。三是体系认证“两张皮”现象普遍。体系文件写一套，实际管理做的是另一套，完全脱节或者不相互关联。四是认证市场监管任重道远。认证有效性的责任主体不明晰。在认证监管工作中，一定程度上可以说认证机构和获证组织都不欢迎监管，认证市场监管的受益者不明晰，认证市场监管的直接对象也不明晰。这都是目前认证市场监管体制机制要思考和解决的问题。五是稳定的专业的认证行政执法监管人员不足，没有专项经费保障，日常监管存在落实难。六是管理体系认证监管人员专业能力和监督检查水平有待提高，通过监管发现问题的能力有待进一步加强。七是管理体系监督检查的规范性和工作质量还有待进一步提高，对存在问题查处程序和适用法律法规不够明确，存在处置难的问题。八是地方两局特别是出入境检验检疫局的执法权限和监管职责不明，使监管人员存在诸多顾虑，存在执法难的问题。

撰稿人：蓝祥光　审稿人：易克钦

改革创新　提质增效
激发认证认可工作新活力

——江西省质量技术监督局 2015 年认证监管工作概况

2015 年，江西省质量技术监督局（以下简称“江西省质监局”或“省局”）认真贯彻全国质检工作会议精神和全国认证认可工作会议精神，积极适应经济发展新常态，紧紧围绕“抓质量、保安全、促发展、强质检”工作方针和“创优服务、创新治理”的工作要求，认真履职，扎实做好服务与监管，各项工作取得了明显成效。

一、围绕释放改革红利，在促进检验检测机构发展上创优服务

一是积极出台“放宽检测市场准入，鼓励不同所有制检验检测机构进入非国家明文禁止的检验检测领域，平等参与市场竞争，指导并帮助其通过实验室资质认定”的服务举措。目前，全省取得资质认定证书的民营检测机构已达 350 余家，占已获证检验检测资质认定证书的 1/3 强。二是配合省编办推进权责清单制度的实施。完成对全省认证行政监管权责的梳理，绘制了权力清单和责任清单，明确了责任事项、责任岗位、追责情形和责任设定依据，主动接受社会监督。修订完善检验检测机构资质认定办事指南并在省局官方网站公布，行政许可相对人只需进入办事指南便可一站式的全面了解到检验检测机构资质认定办理依据、申请条件和申请材料、办理流程、收费依据及标准等各类信息，同时还可进行相应表格的下载，实现了资质认定工作的便民化。三是根据国家“加快行政审批制度改革、大力简政放权”要求，积极为检验检测机构释放改革红利。一方面，自 2015 年 2 月 1 日起，将省级以下检验检测机构资质认定的有关变更事项交由各设区市局、省直管试点县（市）局认证监管部门实施，此举减轻了企业负担，提高了办事效率。另一方面，积极落实《检验检测机构资质认定管理办法》，自 2015 年 8 月 1 日起，对于提出首次、复查换证申请的机构，经评审确认后，统一颁发有效期为 6 年的检验检测机构资质认定证书，大大减轻机构因许可有效期短带来的频繁评审负担。

二、围绕提升认证认可影响力，在加强认证认可信息宣传上创新方法

一是组织开展世界认可日宣传活动。召开“世界认可日”座谈会，解读了新修订的《检验检测机构资质认定管理办法》和《认证机构管理办法》。各设区市局、各省直管试点县（市）局积极响应，结合本地实际，通过广泛悬挂标语、张贴宣传画报、咨询讲解、论坛交流、普法宣贯、便民服务等多种途径方式，重点宣传了认证认可和检验检测服务地方经济社会发展的作用成效，积极邀请新闻媒体进行深度正面报道，

向社会各界传递了认证认可声音。活动期间共张贴"世界认可日"宣传画450余份，发放各类认证认可宣传资料1 200余份，出动宣传人员220多人次，接待咨询100余次，现场为群众、企业解决涉及认证认可业务问题近20个，取得了较好的宣传效果。二是组织涉及民生领域的省金银珠宝饰品质检站、省无公害农产品质检站、省建筑工程质检中心等10余家省级检验检测机构面向社会开放。现场讲解了检验检测相关知识，开展了检验检测便民公益服务。据不完全统计，此次活动全省共接待参观人员1 200余人次，发放各类检验检测知识宣传册1 000余份，向近200人免费提供了现场检测服务，搭建了检验检测机构与社会各界人士沟通的桥梁，普及了检验检测相关知识。三是组织召开2015年中部五省质监局认证执法监管工作区域联席会议。研讨了国家质检总局163号令和新准则的实施情况，交流了检验检测机构证后监管工作，商定了2016年中部五省质监局认证执法监管工作区域联席会议承办单位，河南省质监局现场演示了认证认可动态监管系统，并审定通过了中部五省质监局检验检测机构资质认定评审员动态监管库。期间，参会代表还现场调研了国家有机产品认证示范区创建工作、参观了质监史料馆。国家认监委法律部相关同志、中部五省质监局分管领导、认证处处长及江西各设区市质监（市场和质量监管）局认证科科长共40余人参加会议。

三、围绕做好检验检测服务业统计工作，在依法履职上积极作为

按照《质检总局 国家认监委关于开展2014年度检验检测服务业统计工作的通知》（国质检认联［2015］80号）要求，大力推动检验检测统计工作有序开展。一是明确将检验检测统计工作列入《2015年江西省认证认可工作要点》，作为2015年的一项重点工作进行了部署。二是组织召开2014年度全省检验检测服务业统计工作部署会，集中收看国家认监委2014年度检验检测服务业统计工作部署视频会，并专门对检验检测工作进行了动员部署。三是印发了《江西省2014年度检验检测统计工作实施方案》，明确了填报对象、职责分工、时间安排及相关工作要求。四是结合检验检测统计直报系统审核中发现的相关问题，组织制定江西省检验检测机构统计数据现场核查表，通过实地查阅检验检测机构场地面积、人员档案资料、财务报表及报告台账等方式，保证了检验检测机构提交数据的真实、准确、完整。914家机构上报了相关数据并通过了审核，在国家认监委规定的期限内圆满完成了全省的检验检测统计上报工作。五是组织编写完成江西省检验检测服务业统计报告。通过对2014年度检验检测统计数据的梳理分析，编写了《2014年度江西省检验检测机构统计分析报告》，为全省检验检测服务业的发展提出了指导性的意见。

四、围绕助推经济提质增效升级，在服务绿色崛起上有新突破

一是与省发改委联合举办全省低碳产品认证培训会，指导帮助企业开展节能低碳产品认证。与省发改委在上饶联合举办全省低碳产品认证培训会，传达国家发改委、国家认监委文件精神，邀请中国质量认证中心上海分中心专家授课和咨询答疑，宣贯低碳产品认证申报程序及要求。80余人参加了培训，为更好地推动江西省低碳产品认证工作夯实了基础。二是大力推进江西省节能产品认定工作。与省工信委联合制定了《江西省工业节能产品评审认定管理办法》，对江西威沃节能科技有限公司等4家企业生产的动力设备节电器等4个系列产品进行了江西省工业节能产品评审认定。三是指导会昌县委、县政府开展廉政风险防控体系建设。得知会昌县委、县政府要开展基于ISO 9001标准的廉政风险防控体系认证，我们主动跟进，就QMS标准在基层党组织建设、廉政风险防控体系中的应用、如何更好地开展项目建设等内容，与会昌县政府领导及方圆标志认证集团公司的专家们进行了深入调研与研讨，商定了工作进程。目前，会昌县已通过了基于ISO 9001标准的廉政风险防控体系认证。国家质检总局支树平局长还亲自赴会昌县出席了ISO 9001廉政风险防控管理体系认证颁证仪式，见证了方圆标志认证集团专家向会昌县颁发在全国首创的基于ISO 9001标准的廉政风险防控管理体系认证证书，并与李炳军、谢茹等省领导共同启动了会昌县"智慧防腐"平台。

五、围绕落实检验检测机构资质认定新要求，在推动资质认定工作开展上有新举措

为落实好《检验检测机构资质认定管理办法》（简称《办法》）及国家认监委《关于实施〈检验检测机构资质认定管理办法〉的若干意见》《关于印发检验检测机构资质认定配套工作程序和技术要求的通知》等文件精神，妥善做好有关衔接工作，确保新的检验检测机构资质认制度的顺利实施。省局精心部署，有序推进。一是组织选派10名综合素质高且专业技术知识扎实的专家参加国家认监委检验检测机构资质认定评审员师资培训班学习，进一步统一了认识，为新资质认定制度的有效实施提供了师资保障。二是组织制定《江

西省检验检测机构资质认定评审要点（试行）》。为做好新的《检验检测机构资质认定评审准则》（简称《准则》）要求下的现场评审工作，省局先后3次召集全省建筑、交通、食品、环境等领域的10余名专家进行深入研讨，按照新的《办法》和《准则》规定，草拟了《江西省检验检测机构资质认定评审要点（试行）》，将《准则》内容逐项细化、分解，梳理出了173条评审条款（其中否决项2条、重点项30条），提出了评审结论判定标准，统一了评审尺度。此项工作的开展不仅仅有利于保证新的《准则》在2016年1月1日的顺利实施，而且为进一步强化检验检测机构资质认定事中、事后监管提供了更直观的参考依据。三是组织开展检验检测机构资质认定评审员考核。为贯彻落实《办法》，建设好江西省检验检测机构资质认定评审员队伍，依据《检验检测机构资质认定评审员管理要求》，组织对各设区市质监（市场和质量监管）局、行业评审组和有关检验检测机构推进的专家进行了审查、考核，227人合格，其中高级评审员56人，评审员171人，进一步统一了资质认定评审员对《办法》的认识和理解，为依据新的《准则》开展好资质认定现场评审工作提供了有力的保障。四是组织各设区市和省直管试点县（市）质监（市场和质量监管）局，各国检中心检验检测机构资质认定管理人员参加《检验检测机构资质认定管理办法》暨《准则》培训。通过培训学习，使他们全面了解了《办法》和《准则》的最新精神和相关要求，有效提升了监管人员的监管能力，为《办法》和《准则》的贯彻实施夯实了基础。五是创新开展2015年度检验检测机构资质认定专项监督检查工作。组织对从事食品、建材、机动车等领域及在发证评审和往年监督检查中发现存在严重问题的检验检测机构开展专项监督检查。此次检查创新了组织形式，采取了省局组织实施和试点设区市局组织实施两种形式。南昌和九江市作为试点设区市，自主开展并完成了监督检查。全省共检查176家获证检验检测机构，依据《检验检测机构资质认定管理办法》规定，对10家部分检验能力不能维持或资源条件不具备的检验检测机构进行了资质认定证书附表调整，对不能满足资质认定要求的6家检验检测机构作出了暂停其资质认定资格的行政处理。

六、围绕提高CCC认证的有效性，在开展强制性产品认证获证产品的监督抽查上稳中有序

组织部署流通领域强制性产品认证电线电缆产品监督抽查工作。抽查了广东、江苏、上海、浙江、湖北、湖南、江西、福建和四川等9个省市90家经销商，99家生产企业生产的100批次CCC证书有效的电线电缆产品，合格企业92家，企业合格率为92.9%；合格产品93批次，产品批次抽样合格率为93.0%。从本次监督抽查的结果看，江西省流通领域的电线电缆总体质量较好，产品批次抽样合格率93.0%、企业合格率92.9%，较之2014年的产品批次抽样合格率91.0%，企业合格率90.9%稍有提高，这充分表明强制性产品认证的有效性得到不断提高。

撰稿人：邹建芳　审稿人：宋建群

创优服务　创新治理
努力开创山东认证监管工作新局面

——山东出入境检验检疫局 2014 年认证监管工作概况

2015 年，山东出入境检验检疫局（以下简称“山东局”）在国家质检总局和国家认监委的正确领导下，认真贯彻党的十八大和十八届三中、四中、五中全会精神，按照“四个全面”的指导思想，深入开展“三严三实”教育活动，全面落实《2015 年全国认证认可工作要点》、《山东检验检疫 2015 年工作要点》和《山东局 2015 年认证监管工作要点》的各项任务，加强风险管理，强化服务意识，积极推动认证监管模式改革，提高认证监管工作有效性，取得了初步成效。

一、业务概况

截至 2015 年 12 月底，全省共新办理出口食品备案企业 217 家，注销 124 家，延续备案 110 家，累计 3 149 家企业获得备案证书，占全国总数的 22.85%；向国外推荐企业 121 家，新获国外注册 80 家，吊销 26 家，全省累计 1 661 厂次获国外卫生注册，稳居全国首位。全省出口食品备案企业中获得 HACCP 认证证书 620 张，全部实施了备案认证监管联动，HACCP 认证采信企业数量为 27 家。全省受理强制性产品认证入境验证 25 422 批，实施现场查验 14 821 批，检出不合格 986 批，不合格率为 3.9%。受理免于办理强制性产品认证申请 2 201 批，签发证明 1 515 份，686 批次的申请因不符合要求而退回。进口有机产品实施入境验证 104 批次，检出不合格 80 批次，检出不合格批次 76.9%，主要涉及葡萄酒、橄榄油、咖啡、婴幼儿奶粉、果汁、果泥和卫生巾等产品。

二、主要工作

（一）简政放权，稳步推进认证监管业务改革

1. 全面深化业务改革

为进一步深化进出口食品企业备案注册业务改革，突出企业食品安全主体责任，提高检验检疫监管效能，促进贸易便利化，根据党中央、国务院和国家质检总局关于进一步转变政府职能、简政放权的部署要求，基于风险评估、分类管理的原则，进一步完善进出口食品生产企业备案注册管理工作，推动进出口食品质量安全全面提升。制定印发了《山东检验检疫局关于进一步深化进出口食品企业备案注册业务改革的通知》（鲁检认［2015］195 号），全面深化出口食品备案业务改革。

2. 进一步下放审批权限

全面下放出口食品生产企业备案行政审批事项，与分支局签订行政许可委托书，将备案申请的受理、评审、审批、发证等全过程委托分支局办理，据统计审批下放后，企业申请出口食品生产企业备案证明周期可缩短 5 个工作日以上。

3. 进一步简化审批程序

一是对于获得国家级出口食品农产品质量安全示范区内的食品企业，增加同类备案品种的或取得有效 HACCP 认证进行初次备案的，可在文件审核合格后予以备案；二是优先推荐国家级示范区内的备案企业申请进口国家或地区的卫生注册；三是将集中审单系统备案信息维护权限下放分支局，进一步方便企业。

4. 建立“双随机”抽查机制

根据国务院“双随机”抽查工作推广要求，制定印发了《山东检验检疫局关于在出口食品生产企业备案监管中开展“双随”抽查规范事中事后监管的通知》（鲁检认［2015］241 号），结合山东辖区内企业特点，率先实施出口食品生产企业备案监管工作的随机抽取检查对象和随机选派执法检查人员的“双随机”抽查工作模式，切实解决了当前出口食品生产企业备案监管中存在的针对性不强、效率不高、检查任性甚至选择

性检查等问题，提高了备案监管工作有效性。

5. 进一步创新备案监管模式

推行一次申请、一次评审和一次批准的“三个一”模式，发现的问题一次告知企业，简化审批手续。对于企业申请对外注册的，在满足进口国家或地区官方要求的情况下同时向多国推荐，实现“一次评审，多国推荐”。

6. 进一步扩大采信范围

一是出口食品企业备案采信。在风险评估基础上，逐步扩大采信企业自我评估合格声明、第三方认证机构认证结果，扩大文件审核批准范围。二是进口食品口岸查验采信。以进口巴氏杀菌乳为突破，加快实施HACCP认证采信工作。建立国外认证、口岸通关、检验检测、质量追溯、风险可控的全程监管体制，打造“前期认证采信＋口岸快速放行＋事后严格监管”的“双采信”新模式，实现了检验检疫流程再造和检验监管的“前延后拓”，降低了口岸抽批比例，缩短了检验检疫流程时限，全面提高口岸验放效率和贸易便利化水平。

（二）依法行政，全面加强综合管理体系建设

1. 重新梳理体系文件

认真汲取临沂局未按规定执行法规所出现问题的教训，重新梳理认证监管相关的法律法规和规范性文件，应用体系内审、监督检查、日常改进流程、采取纠正措施等手段，持续改进综合管理体系，对1个工作过程进行了删除，新增1个工作过程，对10个作业指导书进行修订换版。

2. 进一步推行清单管理模式

研究制定权力清单，梳理认证认可管理职能，科学划分事权。对与法律法规不相符的监管事项和监管方式，坚决取消调整，做到法无授权不可为。研究制定责任清单，逐一厘清与职权对应的责任事项、责任主体和追责情形，完善督责问责机制，做到法定职责必须为。

3. 科学开展业务督察

山东局科学规划，以问题为导向，将业务督察工作分为电子档案审核和现场督察两个阶段进行。对电子档案督察中发现的问题进行归类分析，以问题为导向选取代表性的六个分支局实施现场督察，共发现问题337个，均按规定进行了整改，使得督察工作更有针对性，避免督察流于形式，走过场。

（三）转变职能，加强事中事后监管

1. 推进实施分类管理

基于风险管理的原则，研究制定《出口食品备案企业分类管理办法》，全面推行分类管理。根据企业的质量安全体系建设、产品质量安全控制、食品安全监控、日常监管、质量管理体系认证情况及诚信体系建设等情况，确定风险类别，实施分类管理，将有限的认证监管资源用在高中风险企业及高中敏感产品的监督管理上，进一步提高进出口食品检验检疫监管的针对性和有效性。

2. 创新监管方式

改革传统的“保姆式”监管，探索符合实际的监管方式，在风险评估、分类管理的基础上，集中人力、物力资源，有针对性地加强企业监管，成立监管小组，实施“一查多项、一查多天”，全部彻底查清企业存在的问题。改变“包干式”监管，实施“管放分离”，形成相互监督制约的工作机制。

3. 实施备案认证监管联动

加强对第三方认证机构的监督管理，对获得HACCP认证的企业，开展备案监管与认证监管联动，进一步提高监管效率，规范第三方认证活动。加强对备案认证监管联动工作的绩效考核，利用备案认证监管信息化电子平台，推动备案认证监管工作走上规范化、标准化和信息化轨道。

4. 推行企业年度报告制度

在辖区备案企业中推行企业年度报告制度，突显企业质量安全主体责任，完善企业追溯召回制度，强化事中事后监管，同时减轻了一线监管人员的工作压力。

（四）服务外贸，助推地方经济发展

1. 积极应对国外技术性贸易措施

一是组织专家收集与我国主要贸易伙伴相关的认证标准，追踪研究国外最新法规、技术及标准等技术性贸易措施，提升技术性贸易措施应对能力；二是积极开展认证认可技术贸易措施的培训和宣传，提高行业协会、企业等单位应用技术性贸易措施的能力；三是积极帮助进出口企业解决遇到的认证认可领域技术性贸易壁垒，成了FSMA小组，持续关注美国相关法规出台和生效情况。经与国家认监委、俄罗斯驻华经商处磋商，帮助山东3家出口食品生产企业输俄水产品滞港问题。

2. 加大企业对外注册推荐力度

大力推荐远洋渔船对外注册，充分发挥自身优势帮助企业突破国外壁垒，积极促进水产企业转型升级，山东局共推荐82艘新建远洋渔船对欧盟注册，为推动全省远洋渔业经济发展，打造山东半岛蓝色经济区做出积极贡献。

3. 开展质量提升活动

为进一步加强全省输美低酸罐头及酸化食品企业监管，提高监管队伍工作能力，规范此类企业备案监管工作，制定印发了《山东检验检疫局关于印发输美低酸罐头及酸化食品提质增效活动方案的通知》，确保辖区输美低酸罐头及酸化食品质量安全，避免出现区域性、系统性和行业性质量安全风险，保证此类产品出口安全。

4. 积极引导企业内销转型

上报辖区30家出口食品备案企业同线同标、内销转型成功案例，组织辖区6家企业参加“2016年供港生鲜招标发布会”，推荐3家企业参与同线同标上线试运行“内销公共服务信息平台”，促进出口食品农产品企业内销转型，实现出口内销“同线同标、同质同价”，满足国内消费者质量型差异化的消费需求。

5. 圆满完成国外迎检任务

圆满完成迎接马来西亚官方对山东7家禽肉企业的质量控制及清真屠宰管理的现场检查任务，成功迎接韩国官方对3家输韩禽肉企业、3家输韩肠衣企业的现场检查任务，成功接待美国农业部食品安全检验署（FSIS）官员对山东4家拟申请输美禽肉企业的检查。

6. 积极开展业务培训

帮扶辖区出口食品生产企业建立食品安全体系内审员制度，对企业开展国内外食品安全法律法规及相关食品安全标准的培训，提高内审员的政策水平和业务素能。举办新《食品安全法》视频宣贯培训，全省2 000余名企业质量管理人员、内审员参加了此次培训。针对正大食品企业（青岛）有限公司在省政府外资企业座谈会上提出的问题，联合青岛局主动上门为企业答疑解惑、提供技术支持。

（五）问题导向，切实提升认证执法有效性

1. 积极开展强制性认证获证产品监督抽查工作

一是组织青岛局、烟台局和济宁局在各自辖区开展了强制性产品认证获证产品监督抽查工作，共抽取轮胎、厨房家电等产品11个批次，样品检测全部合格；二是加强强制性产品认证入境验证力度，全年共查处强制性产品认证违法违规24起，对4起违反《认证认可条例》的行为实施5万元以上的处罚。

2. 认真做好认证监管行政执法工作

在质量管理体系认证行政执法监督检查中，共检查获证组织43家，发现问题120个，对发现问题较多的4家认证机构进行了约谈，发放《管理体系认证行政监管检查结果通知书》30份。对12家HACCP认证出口低酸罐头生产企业监督检查工作中，共发现问题20余个，对1家认证机构进行约谈，发放《食品农产品HACCP认证行政监管检查结果通知书》8份。

3. 组织开展进口有机产品市场监督检查行动

深入开展流通领域进口产品有机认证行政执法，有效净化进口有机产品流通领域秩序，共发现16批次的卫生巾、卫生棉条、婴儿配方奶粉及牙膏等产品不符合《有机产品管理办法》规定的行为。对存在问题的产品，按照规定进行了处置，树立了检验检疫履职尽责的良好社会形象。

（六）多措并举，加强认证监管信息化建设

1. 全面推广应用备案管理系统

全面推广运行电子化出口食品生产企业备案管理系统，实现了出口食品企业备案工作从企业申请、材料审核、现场评审、企业整改、审批、备案变更、年度报告提交等实现全程无纸化，实现了检验检疫部门对企业监管的全程无纸化管理，平均缩短备案流程时限达30%以上。

2. 实现认证信息一站式查询

对管理体系认证、服务认证、食品农产品认证、强制性产品认证等多个认证证书信息多个查询系统实施集成管理，通过一个账号登录即可集成查询强制性产品认证、管理体系认证、服务认证等认证证书信息，同时还实现了认证机构及其年度报告信息、认证规则、认证活动检查、认证活动违规情况的查询。

3. 开发建设认证监管信息化平台

依托山东局电子内务平台，开发建设认证监管信息平台，通过该平台实现认证监管业务系统聚合、认证认可法规政策收集、执法信息查询、认证监管动态、风险预警提醒、技术性贸易措施收集、业务培训等内容的集成管理。同时为丰富平台内容，对部分版块内容开放分支局维护权限，增强认证监管平台的可用性和互动性。

4. 研发“双随机”抽查信息化系统

制定了《出口食品企业备案监管“双随机”抽查信息化系统工作方案》，研究建立“双随机”抽查信息化系统，进一步提高全省系统出口食品备案监管工作有效性。目前，“双随机”抽查信息化系统正在研发中。

（七）直面新形势，服务国家战略

1. 协助国家认监委开展进口注册工作

成立进口注册工作组，配合国家认监委开展进口食品注册工作，先后派员参加加拿大、斯洛文尼亚、塞浦路斯、马其顿、澳大利亚、巴西、南非、日本等国家进口肉类、乳品、水产品境外生产企业注册评审，圆满完成任务。

2. 出台优惠措施，服务特殊监管区域

复制推广首批中国（上海）自由贸易试验区检验检疫创新制度，出台特殊监管区域认证监管措施，对进入特殊监管区域生产加工所需的原材料、零部件，仓储货物，设计、研发、产品测试所需的料件或样品免于实施强制性产品认证，对特殊监管区域自用的办公用品以及与其他特殊监管区域之间往来的应检物免于实施强制性产品认证，对食品、农产品生产加工所需的原料免于实施有机产品认证和验证。

3. 开展有机示范区创建工作

10月中旬，在“西充有机产业发展与生态文明建设论坛”会议中，潍坊市峡山生态经济发展区被正式授予国家级有机产品认证示范区，成为我国仅有的九个示范区之一、山东省唯一一个国家级有机产品认证示范区，也是唯一一个连续五年作典型发言的有机产品认证示范区。

（八）开展业务培训，提升队伍素质

1. 开展注册评审“鲁检好师傅”传帮带活动

为配合国家认监委“传帮带”活动，在各分支局前期推荐的基础上，经审核和遴选，确定秦红、宋海红、孔繁明、刘星火等四名同志为山东局进出口食品备案注册评审第一季“鲁检好师傅”，全省共有63名学员报名参加该项活动，活动于2015年10月开始，各导师组织开展了丰富多彩的带教活动。

2. 精心组织筹划各项业务培训

组织了出口食品备案系统推广应用视频培训、出口食品备案注册评审员骨干培训、出口食品生产企业HACCP认证监管培训班和认证行政执法监管培训，举办了认证岗位技能比武活动，通过一系列培训，提升了分支机构一线人员的专业水平和工作能力。

3. 开展中美食品企业官方检查交流活动

在国家认监委和美国FDA的共同策划下，美国FDA驻北京办事处四位官员来青岛与CIQ评审员共同现场检查1家输美水产企业和1家输美果汁企业。这是中美两国间官方首次开展的针对企业检查的交流，是平等的，具有的深远的意义，对于今后我国与贸易相关国家进行平等官方检查，具有很强的借鉴作用。

（九）加强对外宣传，提升认证认可影响力

1. 积极开展认证认可宣传日活动

积极谋划，紧贴“认证认可服务‘一带一路’建设愿景与行动”主题，组织开展了宣传报道、咨询讲解、普法宣贯、便民服务、走访企业、认可日进商超等一系列形式多样的专题活动，提升公众对于认证认可的关注度和认知度。

2. 积极开展“有机宣传周”活动

开展有机生活进校园宣传活动，宣传有机生活知识，培育健康生活方式，借助小手拉动大手，以孩子带动家庭，家庭辐射亲朋，促进社区、社会健康发展，助力生态文明建设。

3. 积极开展认证认可信息宣传工作

积极向国家认监委报送认证认可宣传稿件，宣传报道山东局认证认可工作，在国家认监委公布的信息宣传排名中，山东局连续三年在全国系统排名第一。

（十）提前谋划，科学规划认证认可“十三五”工作

为全面总结“十二五”时期山东局认证认可工作，深刻分析认证认可面临的形势，全面谋划“十三五”时期认证认可工作目标和任务，推动认证认可工作全面、协调、可持续发展，根据党的十八届五中全会通过的《中共中央关于制定国民经济和社会发展第十三个五年规划的建议》，结合山东局工作实际，编制了《山东检验检疫局认证认可“十三五”规划》，明确“十三五”期间认证认可工作的目标和任务，更好地指导全省系统认证认可工作。

（十一）不折不扣，深入开展“三严三实”专题教育

按照山东局党组要求，深入开展“三严三实”专题

学习教育，查找整改“不严不实”问题，发放征求意见建议表。对分支局反馈的关于“不严不实”问题、整改建议等，积极汇总、梳理、整合，并研究整改措施，形成山东局认证监管方面“不严不实”问题整改清单，逐条分析原因，制定整改措施加以落实，从而确保“三严三实”取得扎实效果。

撰稿人：李雨亭　审稿人：乔华峰

创新工作思路　推动全省产业优化升级

——山东省质量技术监督局2015年认证监管工作概况

2015年，山东省质量技术监督局（以下简称“山东省质监局”或“省局”）认证工作按照省局和国家认监委的部署要求，围绕省局重点工作任务，以促进经济发展方式转变为主线，紧紧围绕“抓质量、保安全、促发展、强质检”工作方针，创新工作思路，认真履责，加强实验室资质认定行政许可管理，强化检验检测机构和认证活动监督，发挥认证工作的基础性作用，推动山东省产业优化升级，为全省经济发展作出了应有的贡献。

一、全面完成重点工作任务和科学发展观考核指标

2015年，按照省局的统一部署，将列入省局重点任务及全省科学发展观考核指标的重点任务进行了认真的分析研究和策划，将任务分解落实。按照2014年在资质认定实验室监督检查过程中发现的行业集中性问题及社会关注的热点产品，在广泛征求意见的基础上，最终确定了小麦粉、民用建筑工程室内环境污染物、聚氨酯防水涂料、水、食品用塑料包装、柴油、钢结构焊缝等7个项目开展能力验证活动。项目涉及食品、建材、环保、危化品等重点行业。其中对食品检验机构的能力验证项目涉及小麦粉、水、食品用塑料包装等3个产品、5个项目，均为食品及相关产品的能力验证活动，占全年开展能力验证项目总数的43%。目前，按照能力验证实施计划，两次能力验证活动已全面完成，全省1 003家次机构参与了本年度的能力验证比对活动，占全省检验检测机构的45.5%；其中，食品等重点检验检测机构能力验证449家，占全省检验检测机构的20.3%。全省重点检验检测机构能力验证覆盖率远超15%的重点任务及科学发展观考核指标。从而全面完成了山东省质监局重点任务目标要求和科学发展观考核指标任务。

二、积极推进行政许可改革，严格检验机构资质认定

截至2015年底，共对956家检验检测机构实施了资质认定行政审批，其中，不予许可51家，不予许可率5.3%，发放资质认定证书1 303张。截至2015年底，全省共有2 202家机构获得检验检测机构资质认定，有效证书3 021张。

（一）深化行政许可改革，建立有效管理体系

一是理顺工作分工。1月，与行政审批处完成了“许可审批”工作交接，明晰了行政审批各项工作职责和工作分工，确立了受理发证两集中，委托专业机构实施技术评审，业务处室负责许可审批和政策制定的工作体系。二是实施许可改革。根据省局简政放权、转变职能总体要求，制定了《检验检测机构资质认定行政许可改革方案》（试行），选择泰安、滨州、德州、聊城和威海等5个市作为审批委托下放试点市，负责办理辖区内除省直部门直属检验检测机构外的其他机构资质认定许可审批事项；对符合条件的机构延续换证免予现场评审；适当简化部分机构资质认定技术评审的文件审查，缩短审批时限；明确许可改革审批条件、工作程序和事中事后监管措施。三是优化工作流程。根据许可改革需要，在省局的统一部署下梳理优化了检验检测机构资质认定（机动车资格许可）工作流程，对检验检测机构资质认定（含机动车资格许可）网上审批系统提出修改意见，并进行了审议验收。制定下发了《山东省质监局关于贯彻落实检验检测机构资质认定许可改革若干事项的通知》、《免予现场评审机构监督检查规定》等文件，完善了检验检测机构资质

认定（机动车资格许可）事中事后配套制度。

（二）严格许可审批，提高审批质量

一是根据省编办文件要求，完成资质认定部分行政审批事项基础清单、权力清单、责任清单梳理工作，理清省、市、县三级职责范围及相关法律法规依据，编写检验检测机构资质认定、机动车安检机构资格许可2项行政审批事项的办事指南和业务手册，促进许可工作规范化。二是严格把关，规范许可审批工作。严格许可审批条件、时限，强调审批材料的合法性、一致性、规范性，对机构不规范、不合法行为及时纠正处理，2015年在审批环节共发现5起机构许可材料造假，均及时移交省局稽查局进行处理。与省审评中心定期召开座谈会，讨论检验检测机构资质认定行政许可事项，统一政策理解和尺度把握，规范行政许可审批行为。经请示国家质检总局，明确从事特种设备核准目录检验检测项目的机构不需再申请检验检测奇偶股资质认定；多次组织法规处（行政审批处）、审评中心、市局的管理人员以及部分专家召开了研讨会，对申请医学检验机构资质和压缩天然气汽车专用装置检验机构资质及是否放开参数认证等事宜，进行合法性和合规性研讨。认真做好《检验检测机构资质认定管理办法》及其配套文件的落实工作，对文件实施过程中行政许可方面的困难和问题，积极向国家认监委反映，并逐项进行统一规范。将检验检测机构资质认定变更事项纳入“山东质监局行政审批管理系统”，方便服务对象，提升审批效率。三是加强业务指导。对委托下放市局的检验检测机构资质认定（含机动车资格许可）进行业务培训和业务指导，确保下放市局资质认定许可审批工作质量。

（三）强化监督力度，提高评审质量

适时进行证前抽查复核，2015年，共对7家机构安排了抽查复核工作，对发现的问题限时整改，严格落实工作责任；同时将机构证后监督检查与资格许可换证审批结合，通过省局监督检查发现部分正在办理扩项或换证手续的机构资质认定现场评审工作存在失误或疏漏，2015年，共暂停3家机构的许可审批，并责成省审评中心对相关评审人员进行通报处理。

三、大力宣贯新的《资质认定管理办法》，不断加大检验检测机构监管力度

（一）宣传贯彻《检验检测机构资质认定管理办法》

4月9日，《检验检测机构资质认定管理办法》（质检总局第163号令）颁布，7月31日颁布了《关于贯彻<检验检测机构资质认定管理办法>若干意见》和《检验检测机构资质认定评审准则》等15个配套文件。为贯彻落实好该规章及其配套政策文件，省局认真学习探讨了新旧资质认定管理的异同，找出了贯彻落实的重点，分层次对监管人员、技术评审人员和检验检测机构人员进行了培训，共培训市、县两级监管人员400人次，资质认定评审员600人次，委托山东认证协会分11期对检验检测机构从业人员进行了2 300人次的培训。通过培训，统一了思想，提高了认识，领会了实质，为贯彻落实好新规章及其配套政策文件奠定了坚实基础。

（二）扎实开展检验检测机构监督检查工作

下发了《关于开展2015年度资质认定检验检测机构监督检查工作的通知》，明确了省局政策指导、市局全面抽查、县局具体实施的分级管理制度。5月，全省17市按照“对机动车安检机构和危化品包装罐体（运输罐体）检验机构的检查实施全覆盖，其他食品、建工建材、环境保护等行业的检验机构不低于30%”，各市、县质监部门按照省局的工作部署共对704家机构进行监督检查，抽查比例占全省获得资质认定检验检测机构总数的37.47%。通过检查对144家机构的586项问题提出了责令改正，对181家机构的409项问题提出了责令整改，对5家机构提出了撤销资质认定证书的建议；对发现的问题，限期整改，严格落实责任，有力地规范了检验检测机构的检验行为，较好地保障了工作质量。

为了直接掌握全省检验机构运行情况，加大监督检查工作力度，省局直接组织对40家省直属检验检测机构进行了监督抽查。其中，有36家机构由于存在各种问题被要求整改；1家机构被调整了资质认定范围；1家机构被暂停检测工作；2家机构被移交省稽查局立案调查。

同时，为了加强对建工建材类检验检测机构的监督管理，11月，省局联合省住建厅，抽调24名专家，分8组对全省80家建工建材检验建材机构进行了监督检查，经检查，共提出不符合待整改项790项，4家检验机构因存在严重不合格项正等待处理。

（三）加强对市县检验检测机构监管工作的督导检查

为了提高全省监督检查工作的质量，2015年，省局首次对全省17市的检验检测机构监督工作进行了督查，抽查了58家检验检测机构，抽查覆盖率达到年度监督检查任务的12.2%，涉及机动车安检、危化品包装罐体（运输罐体）、食品、化工、矿用产品，以及卫生疾控等领域的检验检测机构，重点检查了检验资格、

检验设备、管理制度、检验环境、检验过程、检验报告等，通过抽查发现不符合项508项，按照《检验检测机构机构资质认定管理办法》（质检总局163号）的有关规定，移交当地市、县级监管部门处理。

（四）大力开展检验机构能力验证，提高能力验证有效性

2015年，开展了对小麦粉、民用建筑工程室内环境污染物、聚氨酯防水涂料、水、食品用塑料包装、柴油、钢结构焊缝等7个项目的能力验证活动。能力验证项目涉及食品、建材、环保、危化品等重点行业。全省1 003家/次检验检测机构参与了相关产品的能力验证活动，占全省获得资质认定检验检测机构证书数量的45.5%，有80家机构由于不能持续保持其获证时的检验能力或机构改革等原因，能力验证结果为可疑或离群，被进行现场复核。此次验证活动，确保了全省食品及相关产品检验机构的检验能力水平不断提升。

四、严格机动车资格管理，不断加大监督力度

截至2015年底，山东省获得机动车安检机构资格许可的机构有368家。2015年，全省完成机动车安检机构资格许可（包括换证和扩项）182家，不予许可12家，不予许可机构数比2014年增加11家。

（一）做好机动车安检机构GB 21861—2014标准过渡工作

2014年12月22日，公安部制定发布了《机动车安全技术检验项目和方法》（GB 21861—2014）代替了2008年的老标准，新标准于2015年3月1日正式实施，由于该标准没有设置强制标准实施的过渡期，但标准提高了检验要求，增加了检验设备，且要求的部分检验设备购买困难，给标准实施带来了困难。为了做好标准实施，确保安检机构规范、有序，省局做了大量工作。一是进行了标准宣贯。发挥山东认证协会的作用于2015年1月31日起，分4期对全省270家机动车安检机构进行了标准宣贯。二是统一了标准理解和行政许可审批尺度。经过组织专家多次对标准进行研究讨论，在对相关安检机构进行了实地调研和充分论证的基础上，印发了《山东省质监局关于调整安检机构申请检验资格许可时对计量认证项目要求的通知》，出台了按照新标准申请资格许可/资质认定的项目表和标准变更的有关要求，指导机动车安检机构做好新标准执行工作。三是开辟绿色通道，对不涉及机构实际能力变化的车型（小型非营运车辆），简化部分许可审批流程，加快许可审批速度，以便机动车安检机构能够尽快按照新标准开展检验工作，有效缓解了部分压力，方便了群众。四是积极协调解决标准实施过程中遇到的困难。2月12日，省局主动与公安交警部门进行协调，设置标准实施过渡期，以便尽快解决有关矛盾。积极向国家质检总局监督司、国家标准委、公安部道路交通管理标准化技术委员会有关部门反映标准实施过程中的问题。3月12日，正式行文请示国家质检总局反映有关问题，希望国家质检总局协调公安部，对标准实施设置过渡期。及时了解外省的有关情况，帮助机构协调解决设备采购问题。五是妥善处理媒体有关安检机构无法检测车辆的舆情。与省公安厅积极沟通，密切配合，于3月20日联合印发了《关于实施GB 21861—2014标准意见的通知》（鲁质监发电［2015］5号），文件的实施对安检机构规范、有序开展检验工作，维护群众合法权益，顺利实现新旧标准的过渡，起到了至关重要的作用。通过行业协会及专家，密切关注舆情，掌握行业及舆情动态，及时化解矛盾，防止出现群体性事件。多次调度安检机构新标准许可审批进展情况。截至2015年底，山东省GB 21861—2014标准变更工作基本完成。

（二）强化机动车检验机构的监督检查力度，保证机动车检验工作质量

2015年，省局安排部署省市县三级共对目前正常开展工作的337家机动车安全技术检验机构全部进行了监督检查，覆盖率100%。本次监督检查发现有197家检验机构不同程度的存在各种问题，占机构总数的58.45%；其中对66家机构的333项问题提出了整改要求，对52家机构的151项问题被限期责令改正，有8家机构受到行政处罚，占监督检查机构总数的2.3%。为了保证监督检查的有效性，省局加大了整改后处理的工作力度。截至2015年底，已有153家机构完成整改并验收合格，占机构总数的77.66%；正在整改尚未完成的有38家，占存在问题机构数的19.28%。省局将继续监督机构整改情况，直至所有发现的问题全部整改完毕。

为了进一步加大监督力度，省局在各市县监督检查的基础上又直接组织了对全省部分机动车检验机构的飞行检查。为了打破本省技术专家都是熟面孔的人情怪圈，这次飞行检查，共聘请了北京、天津、河北、安徽等外省市10多位专家参加检查，共突击检查了28家机动车检验机构（包括安检机构和尾气检验机构），经检查共查出了232项不符合项并移交相关市局督促落实整改，对2家存在违法行为的机构，移交省局稽

查局立案查处。

（三）及时对机动车安检机构进行行业分析，向省政府提出建议

针对山东省机动车安检机构存在着检验能力严重过剩，恶性竞争，不按规定检验等问题，省局对全省机动车保有量和机动车检验机构检验检测能力、运行状况和社会需求进行了调查分析，得出山东省机动车检验能力过剩 48% 的调查结论。为此，省局撰写了《关于我省机动车安检机构的分析报告》上报省政府，被省政府政务信息所采用。在此基础上，进一步对目前我省机动车检验机构由于能力过剩导致相互压价、恶性竞争、降低工作质量等现象进行了分析，拟于近期联合省公安厅交警部门给省政府提交一份报告，建议省政府出台相应政策措施，要求各市政府根据当地机动车数量和检验需求，对机动车安检机构进行规划布局和实行动态管理，防止低水平重复建设，保证检验工作质量。

五、加大认证推广力度，强化认证活动监管

（一）组织开展强制性产品认证监督检查工作

按照国家认监委的统一部署，结合山东省具体情况，与省稽查局联合制定下发了《关于加强对强制性产品认证无证违法行为执法查处工作的通知》，在全省安排部署了 2015 年强制性产品认证执法检查工作，明确了强制认证执法检查的重点行业、重点领域和执法检查的重点，要求以问题为导向开展认证执法检查工作，严厉查处强制性产品认证无证违法行为。各市局依据国家认监委“强制性产品认证证书执法单位查询系统”提供的信息，按照制订的检查工作方案，针对本辖区的重点产品、重点企业、重点区域和重点问题，开展了执法检查。一是出厂、销售的产品是否获得了强制性产品认证；二是生产企业是否建立了强制性产品认证标志使用的管理机制与使用记录；三是是否存在企业在获得证书之前或者暂停撤销期间擅自出厂、销售目录内产品的行为，对出厂、销售未通过 CCC 认证的产品，假冒或伪造 CCC 认证证书及标志等违法违规行为，出动执法人员 3 000 余次，截至 2015 年 9 月底，全省查处不符合强制性标准案件 283 起；伪造或冒用产地、厂名、厂址、认证标志案件 114 起；制售伪劣产品案件 109 起；标识不符合规定案件 118 起；制售淘汰产品案件 42 起。

根据《国家认监委关于开展 2015 年强制性产品认证获证产品监督抽查工作的补充通知》（国认证函［2014］47 号）要求，为了协助国家认监委做好汽车产品的监督抽查，组织济南汽车检测中心开展了强制性认证获证产品（汽车产品）的监督抽查和汽车产品部分参数核查工作，制定了“2015 年强制性认证获证产品监督抽查工作方案（汽车产品）”确定了核查区域在济南、青岛、济宁、烟台、潍坊等地市，以随机抽取的方式明确了核查的企业名单和产品批次数量。7 月—9 月，核查监督检查组共对 30 家汽车生产企业生产的 58 个批次、58 辆样车，涉及 56 个 CCC 证书编号的汽车部分参数进行了一致性核查。对检查中发现的问题，上报国家认监委予以处理。

（二）大力开展管理体系认证和食品农产品认证执法监督检查

印发了《关于做好 2015 年管理体系认证和食品农产品认证监管工作的通知》，全省部署开展管理体系认证和食品农产品认证监督检查工作，要求各市局依据国家认监委“自愿性管理体系认证信息系统”和“食品农产品认证信息系统”提供的信息，汇总、分析以往对企业监管的情况，结合当地实际，以质量管理体系认证、有机产品获证企业为抽样重点，根据当地获证企业数量，自定比例确定检查企业名单、制定检查工作计划并实施。市局制定了监督检查方案，组织各区、县认证执法监管部门和稽查队开展了管理体系监督检查工作。此次检查全省共抽调认证执法监管人员、稽查人员 1 500 余人次，分别对全省 540 家获证企业进行监督检查。通过监督检查上报情况来看，总体上获证生产企业管理体系符合企业实际，基本满足认证标准的要求。企业管理体系通过认证后，通过第三方的监督检查，促进了企业进一步改进管理体系的符合性和运行的有效性。

但在检查中也发现，个别认证机构的审核计划未及时传递到企业，企业不了解审核计划的安排；个别企业在体系运行过程中仍存在文件化体系与实际有差异，不同程度的存在两张皮的现象；有的企业为了应对不同的认证审核，制定了多套体系文件，文件、记录多而繁杂造成执行人员无从下手，不能将标准要求与实际工作有机的结合，使体系的运行流于形式；个别认证机构对企业管理体系认证证书中的地址、使用标准等信息变更后未及时上报国家认监委，导致认监委网站体系查询系统中该企业证书失效或信息滞后。通过检查，各区市分局、稽查局对在检查过程中发现的不足督促企业及时整改，对发现的认证机构运作不规范

的问题依法查处，例如，滨州市稽查局在管理体系检查中，发现北京中水卓越认证有限公司认证的企业，发证范围是生产许可证产品，但该企业没有获得相应的生产许可证，不符合认证规范的要求，滨州市稽查局依法依规予以处罚。

（三）开展认证行政执法工作

印发了《关于开展2015年认证行政执法自查自纠工作的通知》，要求各市局、稽查局认真查找认证行政执法和专项业务工作中存在的不足，全面总结认证行政执法工作开展及案件查处情况，并及时做好“认证行政执法信息系统”填报工作。各市局、稽查局按要求完成了自查，对提高认证行政执法工作的规范性起到了一定的促进作用，增强了认证执法的针对性和实效性。加强对市县局认证执法的业务指导，指导济南市局对山东运良安装工程公司认证实施过程规范性调查取证，并将检查情况及时上报国家认监委；指导诸城局、邹平局在有机产品、CCC产品认证执法检查中遇到的问题。指导青岛市局对“青岛检测认证协会”涉嫌假冒、违规开展业务，进行调查核实、查处。

六、加强统计调查，摸清全省情况

一是认真做好检验检测服务业统计报表工作。2015年国家认监委首次正式部署在全国开展检验检测服务业统计调查，为了使这项工作更加有效，省局联合省发改委、省统计局下发了《关于做好2014年度检验检测服务业统计工作的通知》，将山东省检验检测服务业统计调查纳入了省统计局的统计调查范围。同时依托省局审评中心成立了专项工作小组，制定出填报统计、汇总分析的具体工作方案，通过制定申报、审核指导文件、每日盘点、重点跟踪等措施，明确任务分工和上报时间表，全面推动和部署山东省检验检测服务业统计数据的上报审批工作，5月20日，全省1 980家资质认定实验室全部完成了2014年度检验检测服务业统计填报工作，是全国第一个全部完成统计数据填报的省份。为了使统计调查工作更加有效，全面掌握山东省检验检测行业发展现状，促进山东省检验检测行业健康发展，为各级政府制定政策和规划、为检验检测机构改革提供依据。对全省检验检测机构现状进行了全面统计分析和调研，较全面地摸清了全省检验检测机构情况，特别是事业性质检验检测机构状况，在此基础上，省局组织专家编写了山东省首份《山东省检验检测服务业统计分析报告》，为山东省检验检测服务业整合发展提供了较为翔实、准确的基础数据，为检验检测机构整合发展和政府决策提供了依据。

二是对全省认证情况开展调研，编写了《山东省认证工作情况报告》。为了更好地掌握山东省的认证工作情况，促进今后全省认证工作发展，省局对全国、全省认证发展基本情况进行了分析，总结认证工作几年来取得的成绩、发挥的作用、存在的问题和今后发展的对策建议，并提出下一步工作措施，形成了《山东省认证工作情况报告》，为山东省各级政府及行业主管部门充分发挥认证认可的评价作用，积极采信认证机构的认证结果，用认证推动节能减排、环境治理、质量提升以及产业优化升级，为促进国民经济发展提供了信息和依据。

七、加大认证认可宣传力度，积极组织好“世界认可日”宣传活动

为了贯彻落实“一带一路”建设的国家重大战略部署，充分发挥认证认可、检验检测在促进贸易便利畅通和国际互信，减少贸易技术壁垒，服务经济发展中的重要作用，按照国家认监委的要求，对2015年的“世界认可日”进行了认真的策划，于6月9日世界认可日前后举办一系列纪念活动。首先转发了国家认监委《关于举行2015年世界认可日活动暨“认证认可服务‘一带一路’建设愿景与行动”启动仪式的通知》，部署各地质监部门，结合当地实际开展多种形式的“世界认可日”宣传活动，同时制定了山东省质监局“世界认可日”宣传活动方案，6月8日组织召开了省发改委、省经信委等省直有关部门和部分新闻媒体参加的《全省认证认可信息通报会暨认证工作座谈会》，通报了全省认证工作情况和检验检测机构统计调查情况，通报了山东省机动车安检机构发展情况，发布了山东省质量技术审查评价中心《认证工作服务中小企业行动计划》，各相关部门就如何推动山东省认证事业发展，加强部门协作配合，强化认证市场和检验检测机构监管，充分发挥认证认可促进贸易便利畅通和国际互信的有效作用，更好地为山东省“一带一路”建设服务等有关内容进行了座谈交流。6月9日，组织省属重点检验检测机构开展了“品牌实验室开放日活动”。6月11日，邀请省内部分重点检验检测、认证机构召开了《检验检测、认证机构服务“一带一路”暨国际互认座谈会》，山东省质检院、SGS等22家机构参加了座谈，5家机构做了典型发言，与会代表共同签署了《山东检验检测、认证服务“一带一路”建设倡议书》，向全省检验检测认证机构发出了加强国际交流与合作，提高服务质量和水平，服务“一带一路”建设的倡议。张宁波局长亲自参加了会议并作了重要讲话。整个“世界认可日”系列活动取得了很好的宣传效果。

八、认真开展三严三实教育活动，加强党风廉政建设

（一）加强政治理论学习，始终与党中央保持高度一致

强化理论学习和业务培训，坚持把学习作为改善工作作风，树立良好形象的基础工作，不断提高干部职工理论素养和自身素质。坚持领导干部带头学习，做好表率。2015 年以来支部采取集中学习、个人自学、组织讨论等形式，深入开展习近平总书记重要指示精神的研讨，结合正在开展的“三严三实”专题教育，认真学习十八大四中、五中全会精神、习近平总书记重要论述及讲话、新党章、党的纪律处分条例等，使党员干部不断提高政治理论水平，始终与党中央保持一致。同时，加强专业知识的培训学习，并将理论与业务实践相结合，不断提高干部职工工作能力，树立“服务型政府”的工作理念和服务意识，坚决杜绝“不作为、慢作为、乱作为”。

（二）认真开展“三严三实”教育活动

按照省局统一部署，周密安排，认真开展“三严三实”专题教育，将活动与处室的业务工作紧密结合，制定计划，明确学习时间、内容，切实抓好每一个专题学习。紧密联系思想实际和工作实际，以严的精神、实的作风深查真究工作中“不严不实”的具体表现，认真查摆存在的问题，认真开展批评和自我批评，对照问题，认真制定措施整改。在以下几个方面进行了即知即改：一是加大政治理论学习的力度和深度，理论联系实际，结合工作生活和学习实际，进行认真思考，深入剖析；二是加大基层调研力度，通过监督检查和基层人员培训，广泛听取基层一线人员的意见和建议，出台政策文件多从基层人员角度考虑，使政策文件在基层可以真正贯彻执行；三是加大对认证工作宣传力度。2015 年通过“世界认可日”、监管人员进机构实训等活动，加大了对认证、资质认定等方面法律法规的宣传力度，取得了良好效果。

（三）加强党建工作，严格组织生活

严格落实基层党组织“三会一课”等制度，定期召开民主生活会，定期在同志之间开展谈话谈心，深入开展批评和自我批评。领导干部以身作则，勇于担当，做好表率。坚持工作和业务工作一起抓，针对认证监管工作面临的新特点、新情况、新要求，定期请党外同志及借调、帮助工作的同志一起认真学习、研讨，听取意见，通过抓好党建工作，提高干部职工的组织意识、纪律意识、规矩意识，提高干部职工的服务意识和办事效率，持续推进处室作风转变，增进了处室内部的团结，增强了处室凝聚力和战斗力。

（四）加强党风廉政建设，以德为先，廉洁勤政

坚持从领导干部做起，带动党员和群众共同遵守政纪党纪，以德为先，廉洁勤政。支部组织全体党员认真学习《党章》《党内两个条例》和习近平总书记关于反腐倡廉的重要论述，通过学习研讨，进一步夯实党风廉政建设思想基础，牢固树立了“顾大局、守纪律、改作风”的政治意识。认真贯彻落实中央廉政工作精神，持续改进工作作风、密切联系群众，要求党员干部严格准守《廉政准则》和党员标准，自重、自省、自警、自励，慎独慎微。按照中央提出的“八项规定”和“三严三实”的要求，严格党风党纪，严格遵守单位的工作纪律，持之以恒纠正“四风”，严格执行各项议事规则，收到了良好的效果。

撰稿人：展　红　审稿人：李　泉

简政放权　优化服务

——河南出入境检验检疫局 2015 年认证监管工作概况

2015 年，河南出入境检验检疫局（以下简称“河南局”）坚持“抓质量、保安全、促发展、强质检”的工作方针，深入贯彻落实全国认证认可工作会议精神，按照“创优服务、创新治理”工作要求，积极开展出口食品生产企业备案监管模式改革工作、全面实现备案“无纸化”审批，加强了后续监管和督查，着力服务对“一带一路”沿线国家注册，促进出口备案企业“提质增效升级”和“内销转型”工作，有力推动了河南认证认可事业的发展。

一、认证认可业务基本情况

（一）出口食品生产企业备案业务

2015 年，出口食品生产企业备案数量持续增长，新增备案企业 63 家，备案企业总数达 397 家，在 14 各内地直属局中排名第一位，在全国 35 个直属局中排名第八位。其中，速冻及脱水果蔬类为 108 家，粮食制品及面糖制品类为 61 家，肉及肉制品类为 42 家，罐头类 34 家，调味品类 26 家，蜂产品 22 家，饮料类 16 家，其他类别 88 家。组织完成出口食品企业备案评审 116 家次，办理出口食品企业备案信息变更手续 28 家次，延续备案 10 家次，依法注销了 24 家出口食品生产企业的备案资格。

（二）出口食品生产企业对外推荐注册业务

截至 2015 年底，河南局国外注册企业总数达 144 家次，其中，出口食品生产企业在不同国家或地区注册 85 次（53 家），食用和非食用动物产品对外注册 59 次。

2015 年，河南局共组织审核、推荐和变更河南出口食品企业对外注册 27 家次，其中，推荐 2 家禽肉加工企业分别对俄罗斯、吉尔吉斯斯坦共和国注册，推荐 9 家禽肉加工企业对哈萨克斯坦注册；推荐 11 家企业（禽肉、猪肉、蔬菜）对蒙古国注册，推荐 1 家水产企业对俄罗斯注册，推荐 1 家果蔬汁企业对美国注册，变更 1 家禽肉企业对日本注册。同时，为保证出口食品安全，依法注销了三门峡 3 家罐头、果汁企业备案资格，同时向国家认监委申请撤销其对美国注册的资格。

河南局食品生产企业对外注册包括日本、韩国、美国、俄罗斯、新加坡、欧盟、加拿大、巴西、以色列、南非、智利、中国香港 12 个国家或地区；对外注册食用和非食用动物产品包括供港澳活猪注册饲养场 17 家，供港澳蔬菜基地备案 13 家，出口水果果园对外注册 12 次，出口水果包装厂对外注册 6 次（主要为加拿大、智利、美国），水生动物对韩国注册 1 次，非食用动物产品（蜂产品）对外注册 10 次（欧盟）。

（三）入境强制性认证产品验证业务

2015 年，河南局共验证入境涉证产品 36 406 批，与 2014 年同期相比增长 117.14%，实现倍增。查出入境电线电缆类、机床类产品等不合格产品 151 批。

（四）免于办理强制性认证（CCC）产品审批业务

2015 年，是河南局 CCC 免办业务下放后的第一年，全年共办理 CCC 免办审批业务 145 批，比 2014 年同期增长 47.96%，免办审批证后监管已全部完成。

（五）输美陶瓷备案业务

在国务院 2015 年第 11 号文发布后，出口质量许可全部取消。目前只有输美日用陶瓷备案工作依据中美陶瓷备忘录的规定仍保留。河南局输美日用陶瓷器皿生产备案企业共有 27 家，全年未新增备案企业。

二、开展主要工作

（一）贯彻落实全国认证认可工作会议精神

1 月 23 日，河南局 101 人在 13 个分会场通过视频系统收听收看了全国认证认可工作会议实况，聆听了国家质检总局支树平局长的讲话和孙大伟副局长的工作报告。主管局长亲自到会，会后又组织相关单位人员学习会议精神，结合认证认可监管工作实际，谋划和部署2015年认证监管重点工作。一是深化认证监管模式改革，创新监管方式；二是开展好世界认可日宣传活动；三是服务对外注册、郑州航空港经济实验区、试点跨境电子商务、郑欧专列，支持开放型经济发展；四是加强自身建设，提高行政效能。

（二）多举措推进出口食品企业备案、注册便利化改革

1. 简政放权、优化备案审批模式

为推进认证认可便利化改革，进一步简政放权和优化出口食品备案审批制度，探索建立“放管治”有效监管体系，促进河南食品企业出口，河南局主要通过召开全局改革座谈会、深入11个直属局调研、随机对13家企业实地调研和30家企业调查问卷，慎重选取试点推进，于7月27日发布《河南检验检疫局关于出口食品生产企业备案业务调整的通知》，正式将受理和组织审核环节调整至各分支机构，确保了政策落地，企业受惠。同时，通过专项督查等方式，加强对各分支机构的监督和对企业事中、事后的监管。新模式使河南出口食品企业数量再上新台阶，出口食品备案企业达到397家，数量居全国第8位，中西部第1位，创历史新高。据统计，备案业务调整后，平均为每家企业节省路费、住宿费、人员支出等业务办理费用2 000多元。

2. 备案实现全程无纸化

6月25日，河南局正式运行“出口食品生产企业备案管理系统”，实现了备案申请和审批全程无纸化。一是完成了全省企业资料、档案、证书管理等数据的录入工作；二是发布《出口食品生产企业备案系统各流程处理意见参考用语》和《常见问题解答手册》，进一步规范系统使用，方便企业。电子系统的全面运行，实现了流程公开透明，缩短了备案时限，平均办理时间7.5天，比规定时间缩短了12.5天。

3. 力促企业在“一带一路”沿线国家注册

为扩大河南肉制品企业出口优势，河南局及时抓住国外新兴市场商机，加大对重点规模企业和优势产品在“一带一路”沿线国家注册的帮扶力度，扩大河南肉制品企业出口优势，推荐华英、永达、大用、贵友、福喜等25家企业对俄罗斯、哈萨克斯坦、吉尔吉斯斯坦、蒙古国等国家注册32次。12月14日—15日，蒙古国官方检查团对河南永达道口食品有限公司进行了现场注册检查，这是河南省企业首次迎接蒙古国检查。据统计，2015年，贵友实业集团有限公司、河南华英农业发展股份有限公司、河南省方圆食业发展有限公司等企业已向吉尔吉斯斯坦出口肉及肉制品2.5万吨，6 000多万美元。

（三）加大备案注册宣传力度

1. 积极向地方政府汇报

河南局加大与地方政府沟通力度，受到河南省委省政府高度重视，先后印发《河南省人民政府关于扩大农业对外开放促进食品农产品出口的意见》等重要文件，指出：“对外注册工作是打开国际市场的重要途径，是当前制约我省食品农产品出口的重要因素……”河南省人民政府第256期《政府工作快报》报道：“出口食品生产企业备案是我国企业打破技术壁垒，占领国际市场的金钥匙……该局创新工作模式和监管方式，采取有效措施，力促我省食品扩大出口。”

2. 扩大新闻宣传

河南局多次召开新闻发布会，宣传扩大河南食品农产品出口措施，多家网站刊载。其中，中新网有报道：“中原粮仓”河南食品农产品出口现逆势增长。

3. 开展课题研究

河南局将出口食品备案便利化改革列为重点课题研究，10月20日全国百强报刊《河南科技报·理论研究》刊发河南局研究文章——《出口食品便利化改革对河南省食品农产品出口影响的研究》。

（四）积极推进备案采信工作

2015年，河南局积极推进备案采信工作，要求各分支机构通过采用核验备案企业自我声明和评估表、采信QS证书内容、实施HACCP验证检查、认证活动见证审核等方式开展备案采信工作，激发企业出口活力，服务外贸发展。全部分支机构已积极稳妥的开展了备案采信工作，在出口食品生产企业申请变更/重新办理、延续备案时，对于无需现场检查的情形，直接采取“文件审核”与“采信自我评估和声明、QS证书内容、HACCP认证结果等”结合的方式，合格后予以备案。

（五）积极开通强制性认证特殊产品检测（小批量）审批系统

郑州进口汽车整车口岸开通后，河南局积极与国家认监委、国家汽车质量监督检验中心（襄阳）等部门沟通，尽快开通河南进口小批量汽车审批工作。经多方努力，4月23日，国家认监委正式开通“小批量审

批系统”河南局端（列全国第 15 位）。

（六）积极开展世界认可日宣传活动

2015 年 6 月 9 日是第八个“世界认可日”。为深入贯彻落实习近平总书记关于“一带一路”建设的重要指示精神，建设“一带一路”沿线国家互鉴互信、合作共赢局面，推动河南省经济稳定增长，全力服务企业发展，推动质量效益提高，河南局积极与河南省质监局联系，6 月 8 日两局在郑州联合举办 2015 年世界认可日“认证服务生态文明建设，认证服务诚信体系建设”研讨会，来自于河南质检两局、认证机构、检测机构和河南省部分企业的 110 余名代表参加了研讨会。同时，通过电视、报刊、在线访谈、微信公众号、展板、服务大厅电子屏幕、发放宣传贴等进行广泛宣传，并结合“2015 年河南省食品安全宣传周”活动，宣传讲解质量管理体系、食品安全管理体系、有机产品认证等知识和认证认可在社会、市场、政府等群中发挥的巨大支撑性作用，活动中，向社会各界发放认证认可海报、食品安全手册、检验检疫宣传册 500 余份。

（七）进口食品注册、认证信息的口岸核查工作

2015 年，国家认监委首次要求各直属局开展对在我国注册的境外生产企业进口食品的注册、认证信息核验工作。河南局共查验进口注册食品 75 批次，货值 353.52 万美元。其中水产品 43 批次，货值 191.6 万美元，主要贸易形式为一般贸易，主要产地为挪威和斯里兰卡；进境肉类 1 批次，货值 3.6 万美元，主要贸易形式为为一般贸易，主要产地为澳大利亚；乳品 31 批次，货值 158.32 万美元，主要贸易形式为一般贸易，主要产地为新西兰、德国、西班牙和卢森堡。河南局查验的进口注册产品均为获得注册的境外生产企业生产，注册编号真实、准确，食品外包装上如实标注注册编号，查验的进口食品中未发现使用“有机”等认证标识等情况。

（八）组织开展出口食品农产品认证监督检查

2015 年，河南局组织开展食品农产品认证监督检查，共检查获证企业 102 家，涉及认证机构 10 家，认证证书 113 份。其中，HACCP 认证 44 个，食品安全管理体系认证 20 个，有机产品认证 1 个，绿色食品认证 2 个，其他认证 46 个。检查未发现违规现象。

（九）落实出口备案和 HACCP 认证活动联动监管工作

为进一步规范 HACCP 体系认证活动，提高认证有效性，促进认证结果在社会经济和政府管理活动中更广泛地获得采信，河南局结合 2015 年监管计划，全面落实备案认证联动监管，将出口食品生产企业备案监管与 HACCP 认证有效性监管相结合。截至 2015 年底，河南出口食品生产企业中获得 HACCP 认证的有 124 家，全省检验检疫系统依据《国家认监委关于加强和完善出口食品生产企业备案监督管理工作的通知》（国认注［2013］8 号）、《国家认监委关于改进出口食品生产企业 HACCP 认证监管工作的通知》（国认注［2013］20 号）、《国家认监委关于落实好相关工作进一步提高 HACCP 体系认证有效性的通知》（国认注［2013］57 号）文件要求，通过验证检查、见证审核、专项督查等方式，对需监管的出口食品备案企业和相关 HACCP 认证活动进行了联动监管，完成率达到了 100%。

（十）出口备案和对外注册监管工作

河南局共有 11 个分支机构办理辖区出口食品生产企业备案及监管业务，共有评审员 54 名，主任评审员 17 名。为有效提高对出口食品生产企业的监管能力，河南局按照国家认监委相关文件要求，在风险评估的基础上，制定并发布了《河南检验检疫局关于印发 2015 年进出口食品生产企业监管方案和监管计划的通知》（豫检认函［2015］119 号）。按计划，2015 年河南局派出 1 281 次监管人次数（人数 × 次数）对出口食品生产企业进行了监管，共发现不符合项目 729 个，其中，“生产人员操作问题”最为突出，占总数 13%；“车间设备清洗消毒维护保养”排名第二，占总数 7%；“防虫防鼠等”排名第三，占总数 6.03%；“标识问题”排名第四，占总数 4.66%；“洗手消毒”排名第五，占总数 4.53%，等等。目前，不符合项目已要求企业全部整改合格。开展系统内培训 567 人次数（CIQ），对企业开展参加培训 1 939 人次数（企业）。

三、促进出口备案企业“提质增效升级”和“内销转型”

（一）促进出口备案企业“提质增效升级”，形成出口竞争新优势

1. 督促备案企业全面建立实施 HACCP 体系

要求企业在办理备案时提供相应产品的危害分析工作单，危害分析存在显著危害的，还需提供相应的 HACCP 计划，获得 HACCP 认证的企业仅需提供 HACCP 认证证书。要求备案企业提供的自我检查声明

和年度报告，要有经确认符合要求的企业内审员签名，内审员要有相关资质证明。

2. 加强企业培训，提升质量管理水平，增强企业质量主体责任人意识

河南局通过对企业质量管理人员、内审人员培训，进一步加强了企业对出口食品企业安全卫生要求、HACCP 原理以及欧盟、美国、日本等国家或地区的食品相关法规知识的学习，同时提高了出口食品企业人员学习技术法规的积极性，提升了自检自控能力，增强了企业质量主体责任人意识。

3. 创新服务举措，促进优势产品出口

一是选择“一类产品”，开展提质增效升级专项活动。河南局选择出口数量较高的食用菌罐头行业，结合罐头类产品的高风险性和美国 FDA 对低酸罐头、酸化食品反馈的问题，在南阳市开展提质增效升级专项活动，帮助企业提升质量管理能力，助推产业发展升级，扩大优势产品出口。

二是选择“两个产业的标杆企业”，开展出口食品企业示范带动活动。从备案企业最多的脱水蔬菜和罐头类出口企业中选择两家典型企业开展“对标先进、比学赶帮”活动，使企业在生产技术、质量管理、卫生监督管理和产品风险监控等方面得到整体提高。

三是发挥技术优势，帮助企业提升产品质量和开拓国际市场。欧美市场对出口冻煮龙虾仁微生物指标要求非常严格，在加工过程中卫生控制稍有不当，就易造成产品微生物超标，河南局指导河南省宝树水产有限公司研究探索包装后二次杀菌的新工艺，解决了卫生控制难题，提升了产品的品质。1 月—5 月，该公司出口冻煮龙虾仁 92 吨、130.5 万美元，同比分别增长了 59.7%、54.6%。

4. 发挥技术优势，服务“一带一路”

一是从“一带一路”的战略高度认识冻肉出口独联体国家的重要性，帮助河南贵友实业集团有限公司通过吉尔吉斯斯坦官方注册审核，该公司冻肉产品于 2013 年底在停止出口 10 年后重新恢复出口，2015 年初至今已出口 1 000 多万美元。

二是积极帮助河南贵友实业集团有限公司按照俄罗斯肉类注册要求进行整改提高，加强与河南省商丘市畜牧局沟通，完善动物屠宰检疫体系，成功迎接了国家认监委专家组评审，并于 2014 年 9 月向俄罗斯官方部门推荐注册。河南局一直保持与俄罗斯官方沟通并随时准备迎接检查。该公司注册成功后将成为俄罗斯恢复进口中国冻肉以来河南首家输俄肉类企业。

（二）促进出口备案企业“内销转型”，服务地方经济发展

1. 鼓励企业在巩固出口市场的前提下，“同线同标”生产内销产品，开发国内市场

经过调研，河南省商丘市 3 家肉类罐头企业 70% 以上的产品出口香港，单一市场和同质化产品导致出口企业产品价格竞争激烈，导致企业利润微薄。为了帮助企业适应外需不足的现实，改企业的同质化竞争为差异化竞争，河南局积极帮助出口企业开发国内市场，实现内外销同步发展、两条腿走路。帮助商丘通宝食品有限公司开发了内销产品，引导企业注册了商标（田黄石），指导企业通过中粮集团有限公司合格供方审核，并促使双方达成开拓国内国外两个市场的合作模式。同时，河南局跨地区联系开封雏鹰肉类加工有限公司，促使双方强强联合、优势互补。经过河南局和企业共同努力，商丘通宝食品有限公司的产品实现了“内销零突破”，内销产品比例达到 30% 以上。

浓缩果汁是河南省三门峡市主要出口产品。2015 年，受国际需求疲软、出口价格走低、盈利持续下降等诸多不利因素影响，三门峡市浓缩果汁行业出口面临重重障碍，河南局积极引导三门峡缘份果业有限公司等企业“同线同标”开发下游果汁饮料产品，进行内销转型，纾解了企业困境。

2. 指导企业以质量创品牌，以品牌拓市场

河南局积极指导企业以外销的质量开发内销产品，并创建自己的品牌开拓国内市场，指导漯河亿康工贸公司及其产品先后通过了 ISO 9001、HACCP、欧盟 IFS 等体系认证，原料基地也通过了“绿色食品”、欧盟“有机食品”认证。目前该企业已经拥有“哈哈康”、“恰西亚”、“亿康”三大品牌，该公司的鲜芦笋畅销北京、深圳，其黄桃罐头产品以质量优势战胜其他老品牌而畅销山东、北京等地。河南省华英集团随着自身养殖和生产规模不断扩大，已有的国外市场份额已达到饱和状态。河南局利用出口食品技术优势，帮助华英集团开发国内市场和研发适合国人的禽肉产品。经过检验检疫和企业的共同努力，“华英”牌肉类产品获中国名牌产品、中国名牌农产品、河南出口名牌、中国肉类产业最具价值品牌、全国三绿工程畅销品牌等荣誉。

3. 促进企业转型升级，多渠道销售，适应国内市场竞争新常态

一是由高端礼品市场向大众休闲食品转型。近年，受国家严控“三公消费”影响，高度依赖高档礼品市

场的“好想你”枣业营业收入和利润双双下滑，而电商的兴起和房租涨价，对于销售情况不佳的专卖店更是雪上加霜。为推动“好想你”企业转型，河南局指导企业将产品定位由商务礼品向大众休闲食品转型，积极引导该企业入驻各电商平台进行销售。

二是由高端零售商超向电商销售转型。信阳市文新茶叶有限责任公司的“文新牌”茶叶，在河南局的帮扶下主动拓宽国内销售渠道，不但进入国内高端零售商超，还发展网上内销贸易，满足国内消费者“质量型”、“差异化”的消费需求。

三是试行“区超对接”，推动农产品内销转型。河南局鼓励出口食品农产品质量安全示范区企业与大型连锁超市对接，引导超市在示范区建立直采专供基地，超市设立示范区农产品专柜以及开设专营店，帮助企业不断创新对接方式，丰富对接品种，畅通对接渠道，让符合国际标准的农产品进入国内市场，使国内消费者享受到安全放心的农产品。

4. 加强与地方政府沟通，增加出口食品标准的认可度

河南局积极向双汇、三全、思念、南街村、杜邦、亿康、大用、永达等重点规模出口食品企业宣传李克强总理在中国质量（北京）大会上提出的实现内外销产品“同线同标”生产要求；借助南街村产品出口德国咨询、河南福喜迎接香港食环署视察、双汇对日本新产品研发等机会，加强与质量技术监督局、食品药品监督管理局等部门的沟通力度，促进出口食品企业备案和 HACCP 体系被其他监管部门、市场和消费者认可；通过宣传和指导，帮助生产内销产品的漯河龙汇首公司获得 HACCP 体系认证，使企业体会到采用出口标准把关给企业带来的质量信心，该企业虽然建厂时间不长，但其产品质量深得客户和消费者青睐。

四、科研、实验室与检测监管工作

（一）完善科技管理制度，强化科技人才队伍建设

围绕河南局内设机构调整，及时组织人员对有关体系管理文件进行了梳理、修订，先后修订了《科研和制标管理程序》《检验检疫专用仪器设备管理作业指导书》等 9 份文件，废除了《基础设施及环境控制程序》《科研和制标档案建立与管理作业指导书》等 9 份作业文件及 27 份记录表格。

结合河南局实际情况，对河南局科技委架构进行了调整、对科技委成员进行了换届。一是局主要领导任科技委主任委员，强化了科技委的地位与作用，并首次在科技委引进外部专家学术顾问；二是根据检验检疫职能调整，调整了科技委专业委结构，涵盖检验监管、检测应用、卫生检疫、动植物检疫、食品安全、业务综合、行政管理 7 个专业领域，重点更加突出；三是在调研基础上，起草了《河南检验检疫局科技委章程》。

组建了“食品质量安全检测技术及风险评估研究”等 4 个创新团队，作为第一批重点培育对象向河南省科技厅进行了推荐，同时分别向科技部国家科技专家库推荐 9 位、国家认监委检验检疫标准化专业技术委员会推荐 5 位专家，焦作检验检疫局陈建宏顺利入选轻工专业委委员。

（二）推进实验室整合，加强规划与布局，对河南检验检疫系统实验室实行一体化管理

根据河南局事业发展，组织人员赴局内、局外多家单位开展调研，经过反复论证制定了《河南检验检疫局十三五实验室发展规划方案》，涵盖重点、区域、常规检测实验室 40 个，覆盖河南各分支机构及口岸一线办事处。

河南检验检疫系统实验室一体化管理是河南局事业保障工程的具体内容，按照局领导指示，河南局技术中心主动推进实验室一体化管理工作。一是多方调研，编制和发布了河南局实验室一体化管理实施方案，并为此召开了实验室一体化管理推进会；二是为做好管理方案的实施，制订了统一的窗口标准化服务程序，印制了标准服务规范和信息公示的资料汇编，实施统一的内部质量控制等具体措施；三是为实现对整个检测业务流程的一体化动态管理，安装了统一的实验室资源管理系统，采用先进的计算机信息技术，规范了整个检测业务流程；四是做好实验室一体化管理阶段性评估工作，提交了一体化管理实施推进情况评估报告。

（三）开展实验室设备摸底调查，提升利用率和计量管理水平

从设备现状、利用率情况以及业务开展情况等多个方面对河南局所有实验室仪器设备开展了详实的调查摸底，涉及 11 个部门、17 158 万元 /214 台套，形成了《河南检验检疫系统实验室设备利用情况分析报告》，建立了实验室设备利用率“月通报”制度，强化了单位责任意识与成本意识，同时建立了仪器设备共享资源库，为进一步提高设备利用率、优化资源配置提供依据。对河南局实验室检测与口岸单位查验设备计量情况进行了调查摸底，拟对全省实验室检测与口岸单位查验设备计量实行统一管理，确保设备良好运行。

（四）做好实验室能力验证督促工作

该项工作是国家认监委绩效考核指标之一。为做好督促完成，一方面明确专人负责协调，在人力、物力、资金等方面给予各参验单位支持，另一方面与国家认监委有关部门保持沟通，确保各项评分标准理解清晰，并准确传达。在督促过程中，对各实验室完成进度定期跟踪，采取“月通报”制度，还专门召开推进会。截至 2015 年 10 月底，河南局各实验室共参加能力验证 159 项，已获满意结果 33 项。

（五）实验室基本检测业务

截至 10 月 31 日，河南局技术中心本部共检测样品 18 268 批（13 630），163 174 个样品（48 687），出具 394 576 个检测结果（182 515），出具检测结果比 2014 年同期增长 116%（注：括号内为 2014 年度同期数据）。其中，法检样品 5 110 批（4 987），39 378 个样品（37 161），出具 130 873 个检测数据（137 745），出具检测结果比 2014 年同期基本持平；风险监控检测样品 1 518 批（942）批，111 089 个样品（1 233），出具 211 999 个监测数据（4 407），出具监测数据比去年同期增长 4 710%；委托检测样品 11 640 批（7 701），12 707 个样品（10 293），出具检测结果 51 704 个（40 363），出具检测结果比 2014 年同期增长 28%。风险监控数据与 2014 年相比大幅度增加，主要是医学媒介风险监控项目发生变化所致。

（六）不断提高检验检疫行政执法技术保障水平

一是针对 2015 年各项业务风险监控计划和风险监控实施方案要求开展工作。配合业务部门顺利完成了《2015 年度出口动物源性食品残留物质监控抽样与检测计划》等 9 项风险监控计划。

二是按照口岸各项应急预案要求，做好技术储备，开展新开验项目的能力验证和测量审核。首次完成了“登革病毒分型检测”和“基孔肯雅病毒核酸检测－实时荧光 RT-PCR 法”的能力验证，完成了假高粱、菟丝子、南芥菜花叶病毒的测量审核。

三是认真做好法检业务的技术保障。配合业务处室完成了从澳大利亚进口冷鲜肉产品检验工作，完成了河南首次进境 3 000 只种羊的疫病检测任务，完成了从丹麦、法国进境的种猪疫病检测任务。

四是为促进河南省电子商务的快速健康发展，更好地满足检验检疫行政执法技术保障工作，2015 年出台了现场收样、快速检测、技术咨询、质量分析、技术交流、加急检测等六项优质服务措施，有效提高了跨境电商产品的检测速度和检测质量。首次将 Q Exactive 质谱仪用于建立婴幼儿乳粉指纹图谱与非法添加物鉴别技术，为婴幼儿食品质量安全预警体系提供了重要保障。

（七）注重科技创新，不断提高检测技术水平

一是积极开展新商品、新检测项目的开验。根据法检业务和政府部门委托检测业务的需求，组织技术人员进行检测方法的研发，2015 年，新开检测项目 145 项次。尤其是首次完成了狐狸源和貉源两个肉源成分新项目的鉴定工作和虾的“白斑综合征”检测方法的开验工作。成功研制了农药多残留快速分析方法，12 分钟可快速筛查 180 种农药残留。

二是注重科研管理工作。2015 年，组织申报国家级科研项目 1 项，省部级科研项目 6 项，行业制修订标准项目 12 项，地方标准项目 4 项。2015 年，通过鉴定验收的省部级科研项目 3 项、行业制修订标准项目 4 项。发表科技论文 9 篇，其中核心期刊发表 7 篇。植检实验室发明的实蝇羽化器获得国家专利。

三是多渠道申请科研项目。首次申报国家自然科学基金项目 1 项，并已通过专家评审。积极与河南省卫计委联系，申报河南省地方食品安全标准 4 项。

（八）持续提高实验室质量管理水平

一是通过工作质量检查和技术评价等，持续完善实验室质量管理体系文件。2015 年修订体系文件 56 个，修订记录 29 个。

二是加强内部审核工作。发现不符合项 30 个，提出改进问题 132 个，针对内审中发现的不符合项进行整改落实，持续有效地改进了实验室质量管理体系。

三是通过能力验证持续提高检测技术水平。河南局技术中心 2015 年报名参加能力验证 55 项，比 2014 年增加 45%。

四是通过盲样测试、人员监督、实验室间比对试验等形式，开展内部质量监控，并针对质量监控发现的问题进行分析和整改，持续提高内部质量管理水平。

五是中心始终把技术培训、提升员工技术能力，作为提升质量管理水平的基础。举办了全系统 SOP 编写和实验室内部质控培训班，CNAS-CL01 检测和校准实验室能力认可准则理解及应用、质量控制和测量不确定度内审员培训班。

撰稿人：吴　超　审稿人：和长利

深化改革　创新发展
努力展现认证认可监管新作为

——河南省质量技术监督局2015年认证监管工作概况

刚刚过去的2015年是“十二五”收官之年。一年来，河南省质量技术监督局（以下简称“河南省质监局”或“省局”）认证认可监管深入贯彻落实国家认监委工作会议和省局质监工作会议精神，紧紧围绕“创优服务、创新治理”，按照省局党组工作决策部署，着力全面深化改革，着力提升服务水平、监管治理能力，着力提升基础保障作用，积极适应新常态、新趋势、新变化，全省认证认可工作发展平稳，保证产品质量安全、服务经济发展的技术基础作用进一步发挥，各项工作取得了明显成效。

截至2015年底，全省共受理实验室资质认定申请793家，颁发证书742张，不予受理申请12家，终止行政许可7家。全省获得各类管理体系认证证书19 786张，获得CCC认证证书8 709张，有机产品认证证书460张。

一、全面推进认证认可监管体制深化改革

一是全面推进认证监管行政许可转变职能、简政放权。对全省检验检测机构资质认定变更事项的办理手续进行简政放权，多次召集包括省辖市和县级认证监管部门参加的征求意见座谈会，2015年初实现了检验检测机构资质认定有关变更事项的审批（标准变更、人员变更、名称变更、地址变更）的简政放权，检验检测机构在网上足不出户就可以办理相关事项的变更手续，真正发挥两动态监管系统的作用，减轻了企业的负担。二是减少行政许可事项的中间环节，将检验检测机构资质认定行政许可审批后证书打印与发证整合并联进行，由省局服务大厅提供更加高效便利的服务。三是加强事中事后监管、建立评审工作通报会制度。召开了三次评审工作通报会，共参加评审组长和监管人员470余人次，征集归纳到对评审工作有建设性的意见和建设236条。通过会议及时通报了资质认定评审工作中存在的问题，起到了督促落实评审组责任和组长负责制的引导作用，提升了许可工作质量，并利用评审工作通报会，对《检验检测资质认定管理办法》《食品安全法》《检验检测机构资质认定评审准则》等法律法规的修订部分进行了全面宣贯和学习，通报会制度以审查工作质量为切入点，进一步规范了河南省检验检测机构资质认定评审工作，提高了评审组长现场评审的工作能力和行为规范。四是认真贯彻落实《河南省质量技术监督局行政许可实施办法》，优化和简化资质认定行政许可换证程序，一方面减轻了企业负担、落实了检验检测机构主体责任，另一方面提高了行政效能，推行以加强事中事后监管为主的监管模式。

二、认证认可服务发展能力不断提升

一是推动有机产品认证示范区创建活动。为更好服务生态河南建设，积极引导有条件的市（县）区域创建有机产品认证示范区，根据国家认监委“有机产品认证示范区创建”的工作要求，经当地政府申请、推荐，由国家认监委对开展有机产品认证示范创建的单位组织开展了文件评审、专家咨询和公示，河南省在2014年三门峡灵宝市、濮阳范县两个市成功获批“国家有机产品认证示范创建区”后，2015年又在南水北调首渠淅川培育和申报了有机产品认证创建示范区，实现了创建有机产品认证示范工作新的突破。二是拓展中部五省质监局认证认可合作领域。组织参加了国家认监委召开的中部五省质量技术监督局认证执法监管工作区域联动联席会议。在会议上对评审员信息管理软件进行了介绍和推广。三是建立认证认可专项工作综合分析报告制度。通过分析报告制度实现对本地区检验检测工作数据清、情况明、问题准，为政府科学决策提供基础保证。

三、认证监管一体化专项检查全面实施

2015年大力规范检测认证市场秩序，组织了五个

专项检查。一是完成了国家专项监督检查和省级专项监督检查。根据国家认监委《关于开展2015年度实验室资质认定专项监督检查工作的通知》的相关要求和部署，国家认监委共6人组成专项检查组对河南省洛阳市、济源市辖区内的10家检验检测机构及河南省局开展资质认定行政执法情况进行了现场检查。检查组认为河南省质监局在检验检测机构监管中能够按照法律法规和有关规定，高度重视，精心组织，周密安排，成效明显。加大了对违规实验室处罚力度。在全省监督检查中，加大对违法违规实验室的处理力度，对汝州市环境监测站、新乡县昌新建设工程检测有限公司、光山县疾病预防控制中心三家违规检测机构进行责令整改，整改期间不允许以上三家检测机构对外出具检测报告。二是开展强制性认证产品监督抽查，提高认证产品质量水平。组织开展国家监督抽查，完成了国家认监委安排部署的强制性产品认证获证产品瓷质砖的监督抽查。委托国家建筑装修材料质量监督检验中心（郑州）承担了2015年强制性产品认证获证产品（瓷质砖）监督抽查工作。本次共抽查了河南省郑州市、安阳市及鹤壁市等3个地市的67家陶瓷砖经销商销售的瓷质砖产品120批次，涉及生产企业63家、CCC证书64个、发证机构4个。共120批次产品。经检验，所抽查的63家企业生产的120批次产品的放射性全部符合国家标准要求，产品合格率为100%。涉及认证证书数64个，合格证书数64个，认证证书合格率为100%。组织开展省级监督抽查，完成了全省的强制性产品认证获证产品油漆、电线电缆的监督抽查。电线电缆产品抽取60家企业100批次电线电缆产品。聚氨酯漆、硝基漆、醇酸漆等溶剂型木器涂料商品抽查数量为40批次，合格39批次，合格率97.5%。三是开展执法专项检查，提高依法监管能力。按照国家认监委的要求，省局统一安排部署了2015年全省认证行政执法专项监督检查。分派8个检查组采取召开座谈会、查阅资料、调阅案卷等形式对8个省辖市进行了抽查，从整体情况看，各单位的认证行政执法工作，领导重视、执法规范、效果明显。从国家认监委监督检查组反馈的情况，河南省较好地完成认证行政执法各项监督抽查工作。四是开展食品农产品认证专项检查，提升食品质量安全水平。按照国家认监委2015年度有机产品认证专项监督检查的工作安排，省局下发了《关于做好2015年食品农产品认证见证监管检查的通知》要求，成立了三个有机产品认证创建示范区工作检查组，分别对濮阳市范县、三门峡市灵宝市、南阳市淅川县等15个企业重新获证组织进行了有机产品认证现场见证检查。截至2015年底，共检查有机产品认证企业115家，其中，国家认监委派专家到现场见证检查15家，涉及认证机构12家，各地市质监局，省直管县质监局重点检查有机产品认证获证企业100家，有力推动了河南省食品农产品认证监管工作。

五是开展管理体系认证有效性网格化检查，规范认证市场秩序。按照国家认监委的工作部署，省局下发了《关于印发2015年认证认可各业务领域监督检查工作方案的通知》，随机抽查质量管理获证企业名单的50家获证企业。各市、县局自主检查质量体系认证企业5家，全省共监督检查800多家企业。通过检查活动，进一步提高获证企业第一责任人的意识，严厉打击认证从业机构、从业人员的违法违规行为，提高认证监管的有效性和针对性，对认证市场的规范发展起到推动作用。

四、基础保障能力全面加强

一是不断完善认证认可动态监管，实现认证认可工作信息化。《河南省认证认可动态监管系统》正式运行后，所有申报资质认定的检验检测机构实现了从网上申报，评审组网上传送技术评审资料、行政机关进行网上审核等工作事项，创新了监管模式，提升了许可工作质量，提高了工作效率，实现了市、县两级主管部门能够对本辖区内的实验室快速查询、科学管理、动态监管等，行政许可跟踪问效更加便捷、公开，提高了认证认可工作监管水平。二是大力宣贯新办法、新准则，提高认证监管队伍素质。国家质检总局《检验检测机构资质认定管理办法》(总局163号令)颁布以后，从8月开始，省局集中精力，分层次、分步骤搞好各级各类人员培训。分别举办了评审专家换证、全省认证监管和执法人员、监督员、司法鉴定机构评审员等培训。培训班分别邀请了国家认监委领导、省局领导、国内知名专家授课指导。评审专家培训500人，认证监管和执法人员、监督员培训190人，使各级各类人员较好地掌握了新的评审规定和要求，为换版后的评审工作打下了坚实基础。三是举办形式多样的宣传活动，提升社会认知度。开展“世界认可日”活动，6月8日下午，省局联合河南出入境检验检疫局在郑州隆重召开2015年世界认可日“认证服务生态文明建设、认证服务诚信体系建设”研讨会。省直相关认证检测机构负责人，万家能源管理体系企业河南省部分贯标企业负责人以及《中国质量报》《河南日报》和河南电视台等新闻媒体共100余人参加了研讨会。6月9日，《河南日报》第四版全文刊登了省局局长李智民《加强认证认可工作　推进质量强省建设》的署名文章和副局长傅新立就《检验检测资质认定管理办法》答记者问。

活动期间，全省共悬挂宣传横幅 2 300 多幅，形成了良好的宣传氛围，取得了较好效果。开展全国质量月活动。按照国家认监委的布署和省局的统一安排，全国质量月期间，省局直属检验机构以及各省辖市、省管县质监局开展了以“改革、诚信、创新”为主题的“实验室开放日”活动，活动期间，全省共展出宣传版面 230 块，开放实验室 109 个，邀请人大代表、政协委员企业代表 80 多人，广泛接待社会群众咨询 1 100 多人次，发放宣传册（本、张）3 550 多份。

五、认证监管队伍形象全面提升

一是认真开展“三严三实”专题教育活动，把“三严三实”专题教育作为 2015 年首要的政治任务抓好抓实，以上率下抓推进，查摆问题抓落实，认证认可监管处每位同志严格查摆了自身在党风上和工作中存在的问题，全处高质量地开好了民主生活会，推动了作风建设常态化，认证认可行风进一步风清气正。二是严格落实“一岗双责”，按照省局统一部署，切实履行“一岗双责”，坚持“两手抓，两手都要硬”，全处每个党员签订了《党风廉政建设目标分解责任书》，把党风廉政建设责任分解到每一个工作岗位。三是严格资质认定评审管理，省局提出规范检验检测机构资质认定评审员劳务费的建议，并认真贯彻省局出台的《行政许可事项评审费管理办法》，解决了评审工作中存在的廉政风险问题，也极大地减轻了检验检测机构资质认定行政许可中的负担。现场评审中评审组签署公正性声明，被评审单位签署承诺书，切实做到将党风廉政建设责任制贯穿各项工作，将行风政风建设落到实处。五是建立了严格审查通报制度，从严带队，对待审查出的问题定期通报，及时约谈，不留情面，树立“人民质监、质监为民”的形象。六是跟踪问效，就《省局认监处及评审人员行风政风调查问卷》《实验室现场评审观察员表》《实验室评审活动监督主要内容及记录表》开展调查活动，收回 60 多份。对问题逐条研究解决，通过扎实有效的工作传递信任，树立勤政廉政认证监管队伍良好形象。

六、河南省认证认可监管事业总结

（一）认证认可监管工作体系进一步完善

三年来，河南省认证认可监管工作体制从资源分散的多头管理实现了认证认可管理资源整合，从职责不明的职能交叉实现了认证认可统一管理，省局成立认证认可监管处，统一负责组织实施全省认证认可监管工作，省辖市和省直管县质监局全部成立了认证认可监管工作机构，认证工作职能全部调整到位，为认证事业的健康发展奠定了坚实的基础。豫鄂湘皖赣五省签署了《中部五省质量技术监督局认证执法监管工作区域联动合作备忘录》，通过了《关于建立实验室资质认定工作合作机制的意见》，搭建了认证执法监管区域联动平台，在共同推动重点领域认证、建立认证执法监管资源的开放和共享机制等方面创新了认证执法监管工作模式。制定了《认证认可监管处岗位工作标准体系》《河南省实验室资质认定评审员管理暂行办法》《强制性产品认证企业信誉档案管理制度》等 20 多项规章制度和规范性文件，废止文件二份，修订文件一份，建立并实施了全省认证认可监管工作目标考核体系，实施了行政许可事项集体审批，认证认可监管工作基本实现了有章可循，有规可依，全省认证认可监管法治建设日趋完善。

（二）认证认可服务发展大局作用进一步提升

三年来，河南省质监局坚持“人民质监，质监为民”的理念，大力开展提质增效、服务发展，《河南省认证认可动态监管系统》从实施运行到动态监管，实现了检验检测机构资质认定行政许可事项网上申报、网上办理技术评审、网上审核，实现了市、县两级认证主管部门对本辖区内检验检测机构快速查询、高效管理、有效监控，服务企业的工作质量和效率明显提高。三门峡灵宝市、濮阳范县、南水北调首渠淅川三个县市成功获批“国家有机产品认证示范创建区”，实现了河南省创建有机产品认证示范工作新的突破。转变服务观念，大力推进简政放权，实施检验检测机构资质认定人员变更、名称变更、地址变更等变更事项网上告知办理，减轻检验检测机构办理变更事项手续的负担，真正做到让信息多跑路、群众少跑腿。通过建立资质认定专家审定、季度评审通报会制度，有效提升检验检测依法规范自觉性，引领了检验检测行业发展，目前河南省检验检测机构数量居全国第三位。创新监管模式，建立认证认可专项工作综合分析报告制度，实现对本地区检验检测工作数据清、情况明、问题准，为“四个河南”建设和三大国家战略规划实施提供有力的技术基础服务。

（三）认证认可执法监管能力进一步加强

河南省质监局坚持质量为本、安全第一，狠抓监管体系一体化建设，连续两年组织全省开展认证行政执法专项监督检查，完成了对 18 个省辖市和 10 个省直管县的认证执法一体化建设监督检查全覆盖。连续两年完成国家认监委安排对河南省食品、农资、机动车等领域 25 家获证检验检测专项监督检查和对河南省资质认定行政许可工作的考量。加强获证产品质量安全监管，对强制性产品认证获证企业实施分级监管，全省对列入《强制性认证产品目录》中的2000多家CCC认证企业和产品建立质量档案，全省强制性产品认证巡查率达90%以上。按照国家认监委和省局的统一安排，连续三年完成强制性产品认证获证产品电线电缆监督抽查119批次，共合格109批次；抽查溶剂型木器涂料产品170批次产品，共合格163批次；抽查陶瓷砖产品460批次，共合格456批次。全省各地结合日常工作巡查，建立食品农产品认证基本信息，共检查各类涉及食品农产品认证生产企业和商超3 623家次，出动监管执法人员4 330人次。开展管理体系认证有效性网格化检查，确定新乡市辉县、平顶山市新华区两个试点区域，共组织检查自愿性认证企业788家次，严厉打击认证从业机构、从业人员的违法违规行为，提高认证监管的有效性和针对性，有力地规范了全省认证市场。

撰稿人：毛 选　审稿人：傅新立

践行“三严三实”　努力形成认证监管工作新常态

——湖北出入境检验检疫局2015年认证监管工作概况

2015年，湖北出入境检验检疫局（以下简称“湖北局”）结合开展“三严三实”专题教育，以更加严实的态度积极贯彻落实国家认监委工作要求，逐项落实年度工作计划，秉行“五个坚持”，做好“十项工作”，加强内部处室建设，努力形成湖北局认证监管工作新常态。

一、备案核准改革取得阶段性成果

湖北局以全面修订和实施《湖北检验检疫局出口食品生产企业备案管理办法》为契机，在行政审批方面的改革取得阶段性成果。落实“放管治”要求，吸纳了包括增加采信、网上审批、扩大下放、减少检查、强化监管等多项新要素的改革，在保证质量的同时，大幅提高审批、监管效率，减轻企业负担，以更有效的履职行动支持“双创”、推行企业内销转型、促进企业“同线同标”、帮助企业提质增效。

全年共办理备案核准及备案监管事项347家次，其中，备案核准事项84家次，办理完成平均时间为4.3个工作日，工作效率在各直属局中走在了前面，与过去相比也有显著提升，真正实现了对备案核准工作的全面提速。共对254家企业实施了现场检查，共发现提出整改问题520项次，有12家企业因不合格被取消备案资质。

二、进口领域认证监管得到加强

湖北局扩大强制性产品认证（CCC）业务下放范围，加强免办后续监管，把武汉辖区原集中在业务处室的具体办理事项下放到武汉各办事处，并于四季度组织了湖北局首次CCC免办业务后续监管专项检查。2015年，共受理CCC免办申请591份，发放CCC免办证明534份，涉及条款7个，货值135 1312万元人民币。分别在3·15消费者权益日和六一儿童节前后，联合湖北食药局和工商局开展了进口有机产品和民用进口儿童产品市场抽查监督活动，保护国内消费者，扩大社会影响。全年共验证入境民品8 401批、货值96 531万美元，验证入境有机产品32批、货值900.58万美元。

三、认证执法监管实现常态化

2015年，湖北局针对往年认证执法比较随机的情况，严格规定并实施了每月至少开展一次的认证执法活动，实现了对外资认证机构在湖北辖区的认证活动以及内资认证机构在出口企业的认证活动进行监管的常态化，共开展了13次见证审核或飞行检查，发现问题36项次。通过约谈、督促整改，促进了辖区内认证活动质量的提高，也为开展第三方结果采信奠定了坚实基础。

四、对外注册工作呈现新活力

湖北局合理安排人员分工，收集整理对外注册企业信息和推荐注册状态，摸清家底，增强透明度，进一步奠定了强化监管、优化服务的基础。全年共推荐对外注册企业8家次，获批6家次；对20家输美水产品加工企业开展HACCP体系验证，提高企业持续符合国内外相关技术法规要求的水平；加大企业迎接国外官方检查指导，现场全程跟踪国外检查活动，2015年，2家接受检查的企业全部通过。

五、“两支队伍”素质进一步提高

2015年，湖北局注重认证监管和出口食品企业内审员“两支队伍”建设，按照“需要什么、缺少什么、培训什么”的思路开展了5次业务培训。其中利用系统内外高水平师资力量，有针对性地开展了3次认证监管人员业务培训，共有200多人次参加了培训；按国家认监委统一部署外派5批13人次参加各类培训；为企业组织内审员等培训2次，共培训230人次。湖北局创新完善卫生注册评审员管理，实行评聘分开，通过广泛征求意见，修订了《湖北出入境检验检疫局卫生注册评审员管理办法》，建立健全评审员准入退出机制，对评审员实行资格管理和评聘分离，既满足了许多同志保留评审员资格的愿望，又精简了评审员队伍。实际聘用评审员由原来的106人精简到64人，尽管如此，评审的质量和效率依然得到了提高。

六、对分支机构业务指导和督查得到强化

湖北局通过十多次对口交流、定向帮扶、现场见证等形式对新设机构、分支机构开展的认证监管工作进行指导，在CCC免办、CCC产品入境验证、出口食品生产企业备案核准及监管、认证机构执法监督和入境有机产品验证等方面为各机构开展认证监管工作培训了人员，提升工作能力。

七、完善检验检测机构规划布局

积极探索检验检测认证机构整合改革，进行检验检测认证机构整合试点，为改革作出了有益的尝试并取得良好的成效。推进实验室资质认定工作，组织实验室通过资质认定监督扩项评审、复评审及监督检查等工作，保证资质认定证书的有效性和实验室管理体系优质高效运行。加强实验室能力建设，积极参加并承担国家认监委等组织的能力验证活动，不断提高管理和技术水平。加大人员培训力度，通过学科带头人与中青年专家制度，抓好科技人才队伍建设，积极鼓励科技创新。

八、内部处室建设引入新机制

按照内部处室建设“四个切实”的计划，坚持开好处务例会、支部会和民主生活会，及时研究、安排、落实和推进工作；注意开展谈心活动，做细致的思想工作；注意做好绩效考核工作和信息宣传工作；注意逢会强调党风廉政建设，做到警钟长鸣。在“三严三实”专题教育中，开展“我为处室建设注入正能量”等讨论，倡导严实做人做事；10月初，与国家认监委注册管理部党支部和仙桃检验检疫局机关党支部共同启动了“支部建设三级联动，积极践行‘三严三实’，探索注册认证创新发展活动”，签署了联动承诺书，制订了具体活动计划。国家认监委内设部门选定我们湖北局两个支部开展三级联动，是2011年选择山东局两个支部开展此类活动以来的第二家，是对湖北局的看重，也是对我们两个支部的信任。

2015年，湖北局认证监督管理工作还存在一些不足，主要是涉及进口领域的认证监管工作加强力度还不够，信息宣传工作任务完成不够到位，人员工作积极性调动还不充分。

撰稿人：黄文峰　审稿人：杜德庆

提质增效　主动改革
实现湖北认证认可工作新突破

——湖北省质量技术监督局2015年认证监管工作概况

2015年是全面完成“十二五”规划的收官之年，是全面深化改革的关键之年，是全面推进依法治国的开局之年，也是谋划湖北省质量技术监督事业发展“十三五”规划的转折之年。湖北省质量技术监督局（以下简称“湖北省质监局”或“省局”）认证认可工作以党的十八届四中、五中全会精神为指引，围绕国家《质量发展纲要》和国家质检总局“十二字方针”，以及湖北质监事业改革发展目标和形势，认真贯彻落实全国质量大会、全国质检工作会议、全国认证认可工作会议和全省质量大会精神，努力探索、稳步推进检验检测机构整合改革，各项工作重点突出、推进顺利。

一、提质增效，大力提升认证认可监管工作效能

按照国家质检总局的总体部署，2015年湖北省局认证认可工作深入贯彻落实全国质检工作会议和全国认证认可工作会议精神，主动适应新常态，大力提升认证认可监管工作效能。

一是进一步加强检验检测机构事中事后监管工作。1月，印发了《关于加强全省资质认定获证实验室事中事后监管工作的通知》；1月—3月，组织完成全省所有获证检验检测实验室的普查摸底工作，全面掌握全省检验检测机构的基本情况；完成全省2015年检验统计直报工作，并及时进行了汇总上报；根据检验检测实验室普查摸底及直报统计工作数据，撰写了《湖北省检验检测服务业务发展分析报告》并报送湖北省发改委、湖北省统计局；8月5日，联合湖北省统计局发布了《2014年湖北检验检测服务业发展情况分析》报告，截至2015年底，全省共有检验检测机构1 089家，实验室总面积220万平方米，从业人员26 000余人，设备135 000余套，固定资产总值46亿元，年业务收入50亿元。

截至2015年底，湖北省局全年共完成检验检测机构资质认定审批756家，其中审批发证701家，不予许可55家。审批完成的756家中，二合一实验室123家，单计量认证633家。检验检测实验室资质认定行政审批工作全年无红牌、黄牌。

二是注重能力建设，加强监督检查。委托湖北省质检院、疾控行业评审组、建工行业评审组分别组织开展了白酒中甲醇、总酯，饮料中糖精钠、甜蜜素、安赛蜜，食品中铜的测定和主体结构中沉降观测试验比对等能力验证活动，并根据能力验证情况下发了通报；加强了信息化建设力度，委托湖北省标准化与质量研究院开发的“检验检测机构综合服务系统”经过充分征集需求，于11月份上线试运行；11月，组织开展了全省检验检测机构资质认定评审员能力提升及换版培训班，为新准则的贯彻实施打下了基础。

按照国家认监委的统一部署，组织完成了湖北省2015年检验检测机构资质认定专项监督检查工作，抽查实验室244家；依据规定对荆门市通旺达机动车检测有限公司违规出具虚假报告的情况进行了核查，情况属实，撤销了其检验检测资质；及时处理了有关检验检测机构资质认定方面的信访件。

三是积极组织项目申报，努力提升技术机构能力建设水平。湖北省质检院“太阳能热利用产品及部件耐久性测试系统升级改造”等7个技术改造项目获得国家质检总局2015年度技术改造技术装备项目立项，国补资金70万元；湖北省计量院的“电荷放大器自动校准标准装置”等5个科研项目获得2015年度国家质检总局科技计划项目立项。2015年湖北省局推荐的科研项目立项率达到100%，其中35岁以下青年人员主持的科技项目占到了立项数的40%。组织并推荐了湖北省质检院承担的“纳米材料净化环境效果评价体系的研究”等12项科研成果参与了2015年湖北省科技进步奖和国家质检总局“科技兴检奖”角逐。

四是稳步推进有机产品认证示范区创建活动。会同

湖北省标准化与质量研究院，组织对湖北鑫东生态农业有限公司进行了省级有机产品认证示范区现场验收并授牌；10 月 15 日，在四川南充召开的 2015 国际有机农业区域产业发展（西充）论坛暨国家有机产品认证示范创建工作会议上，湖北省赤壁市喜获国家认监委授牌成为第一批 9 个“国家有机产品认证示范区”之一。

五是全面完成认证各业务监管工作。5 月，组织开展了全省质监系统认证监管执法典型案例分析研讨班，全省 90 余名认证监管、执法人员就认证监管执法工作进行了交流研讨，进一步提升了基层认证执法办案能力；7 月，湖北省局抽调各市州局认证监管骨干力量 10 人，与湖北省局认证监管人员组成 5 个检查工作组，对国家认监委下达的 50 个管理体系认证活动样本进行了监督检查；8 月 2 日—9 月 21 日，组织实施了对全省（武汉、襄阳、十堰和随州市）强制性认证获证产品（汽车产品）的监督抽查工作，对 20 家企业生产的 31 个批次、31 辆样车，涉及 31 张 CCC 证书的汽车产品部分参数进行了一致性核查；9 月 14 日—9 月 18 日，组织国家认监委专家、湖北省局和各市州局认证监管人员以及湖北省标准化与质量院专家共 9 人，分两组对恩施州宣恩县和鄂州市梁子湖区两个国家级有机产品认证示范创建区的 15 家企业进行了现场监督检查。

截至 2015 年底，全省有效期内管理体系证书 17 244 张（含质量管理体系、环境管理体系和职业健康安全管理体系证书），食品安全管理体系证书 319 张，强制性产品认证证书 11 596 张，有机产品认证证书 431 张，绿色食品认证证书 1 449 张，无公害农产品认证证书 2 520 张，HACCP（危害分析和关键控制点体系）认证证书 70 张。

二、主动改革、探索推进检验检测机构整合工作

2014 年以来，根据中央、国家质检总局和湖北省委省政府的改革部署，结合湖北实际，坚持市场化改革方向、坚持分层次推进路径、坚持创新发展，全省各有关部门联合，在全面完成湖北省特种设备检验检测机构整合基础上，按照“市县整合组建政府直属综合性公共检验检测中心”和“省本级与重点市州检验检测机构整合组建长江检测认证集团”两个思路，积极推进全省各级检验检测认证机构整合。

（一）基本完成长江检测认证集团组建方案

1 月，湖北省政府办公厅就《长江检测认证集团组建方案》向武汉市人民政府及湖北省编办、省经信委、省财政厅等 10 个省直部门书面征求了意见。鉴于涉及整合的一些部门均存在的不同意见，经请示省政府领导后，湖北省局对《组建方案》进行了修改完善，重点是缩小横向整合范围，加大湖北质监系统纵向整合力度，明确政策保障措施。5 月 15 日，湖北省政府召开专题会议，协调确定了长江检测认证集团组建工作的有关重大问题，进一步明确了整合思路。

按照目前的方案，长江检测认证集团组建工作采取“三年四步走”的改革方法：第一步，2015 年底前，厘清检测机构公益性和经营性检测业务，对公益性检测业务，建立“政府购买服务”的公共服务供给机制；第二步，2016 年 6 月底前，各检测机构在事业单位基础上，依托经营性检测业务分别组建检测公司；第三步，2016 年底前，各检测公司建立完善企业化管理机制，做强做优经营性检测业务；第四步，2017 年本届政府届满前，整合各经营性检测公司，组建长江检测认证集团，实现集团化运作。在“十三五”期间，着力把长江检测认证集团打造成为中部检测认证行业龙头品牌，以此带动全省检验检测行业打破行业壁垒，实现快速增长。争取到 2020 年，湖北检验检测产业成为产值突破 200 亿的新兴产业，支撑“湖北制造”加快国际化、全球化进程。

（二）协调推进市县政府组建综合性公共检测中心

10 月 27 日，湖北省政府在京山县召开全省检验检测机构整合工作现场会，贯彻落实国办发［2014］8 号文件和湖北省质量大会精神，号召全省上下站在建设质量强省的高度，统一思想认识，学习推广“京山经验”，抓紧全面推进检验检测机构整合工作，为实施质量强省战略提供强有力的技术支撑。省委常委、常务副省长王晓东出席会议并讲话，副省长许克振主持会议，京山县政府、襄阳市政府、宜昌市政府等单位先后作经验交流，省编办和省质监局负责人作大会发言，省直各行业主管部门主要领导，各市（州）、县（市、区）政府分管负责人参加会议。会上，王晓东副省长强调，各级政府和部门要把思想和行动统一到省委、省政府的决策部署上来，尽早落实“3 个抓紧”，即抓紧建立工作机制、抓紧制定改革方案、抓紧执行到位。国务院和湖北省政府对县级检验检测机构整合都有原则要求和刚性规定，必须不折不扣落实到位，确保 2016 年 6 月底前基本完成。有条件的市州要加大力度，整合资源，抓紧组建公共检验检测平台。情况复杂，短期内难以实施的，要创造条件，逐步推进。

截至 2015 年底，市州层面，鄂州、荆门、恩施、仙桃等市（州）政府正在推进当地检验检测认证机构的整合工作。湖北省编办在各市（州）、省直管市、

神农架林区人民政府直属事业单位设置方案中，已明确黄石、襄阳、十堰、宜昌、荆门、鄂州、恩施、仙桃、天门、神农架等10个市（州）组建政府直属的综合性检验检测中心。县（市）层面，已有20多个县（市）政府王在推进综合性公共检测中心组建工作。

（三）进一步加强检验检测机构整合的基础工作

一是加强组织领导。按照湖北省政府领导要求，湖北省编办已向省政府请示建立湖北省整合检验检测机构工作领导小组，省政府常务副省长任组长，分管省长任副组长，省编办、发改委、经信委等17个部门负责人为组员，负责推进各市、县政府整合组建政府直属的综合性公共检测中心和组建长江检测认证集团等工作，领导小组办公室设在省编办。二是加强政策保障。《湖北省人民政府关于加快服务业发展的若干意见》（鄂政发［2015］7号）将检验检测认证服务作为突出发展的十大重点生产性服务业，部署了“组建长江检测认证集团，打造专业化、规模化、市场化、国际化的国内一流检验检测认证品牌”的具体任务。湖北省经济体制改革专项领导小组将加快检验检测机构整合、组建长江检测认证集团列入2015年工作要点。国家质检总局将湖北列为全国质检系统检验检测机构整合综合试点省份。三是加强顶层设计。湖北省政府研究室对长江检测认证集团组建和湖北省检验检测产业发展问题进行了专题研究。四是化解历史遗留问题。2015年以来，湖北省局进一步加大了技术机构历史遗留问题化解力度。在2014年将2 035名市县质监参公编制逐一落实到人的基础上，进一步将湖北省编办核定的4 180名市县全额拨款事业编制落实到人，并争取湖北省财政自2015年起按照新核定的省以下质监部门行政参公编制和事业单位编制编列人员和公用经费预算，增加人员和公用经费预算超过2亿元，基本解决了机构性质不明、人员混编混岗、收费养人养事的问题，增强了全系统干部职工在改革中的“获得感”，形成了“越改越好、不改不行”的共识，为检验检测机构整合工作奠定了良好基础，营造了良好氛围。五是深化配套改革。借鉴全省特检机构整合经验，完成全省13个纤检机构深度整合；试点计量、质检机构纵向整合，湖北省编办已批准鄂州市计量所、质检所加入省本级同类机构；试点跨部门整合，湖北省计量院全面整合了湖北省消防产品质检站检测业务；探索转企改制路径，湖北省计量院与天祥集团签署了成立合资公司的协议，湖北特检院注册成立了湖北省圣信特种设备检测有限公司。

撰稿人：曹　勋　审稿人：吴红涛

改革创新　主动作为　服务湖南经济社会平稳健康发展

——湖南出入境检验检疫局2015年认证监管工作概况

2015年，湖南出入境检验检疫局（以下简称“湖南局”）认证认可工作在国家认监委以及湖南局党组的正确领导下，深入贯彻落实全国认证认可工作会议和湖南检验检疫工作会议精神，围绕认监委和湖南局年初工作要点，坚定不移地抓质量、保安全、促发展、强质检，改革创新，利用认证认可优势主动作为，服务外贸大局，有力助推湖南经济社会平稳健康发展。

一、认证认可工作基本情况

截至2015年底，湖南辖区累计各类出口认证（注册、备案、登记、许可）企业1 373家，其中出口食品生产备案企业129家、进口食品进口商备案168家、国境口岸卫生许可72家、进境检疫162家、检验登记155家、其他认证企业687家。对国外注册企业18家，33厂次。

2015年，湖南局受理各类认证申请530家，其中出口食品生产企业备案43家，其他487家。组织评审530家，符合要求的517家，不合格企业13家，向企业颁发各类认证证书530份。注销或取消或吊销或撤销认证企业资格20家。推荐国外注册企业7家，获国外注册4家（其中食品企业卫生注册1家，输美日用陶瓷认证企业3家）。完成进境4种食品（水产品、肉类、乳品和燕窝）生产企业注册信息、认证信息口岸查验467批。完成HACCP认证监管28家，完成获证企业管理体系认证活动监督检查50家，完成入境机认证产品验证抽查15家，累计出动认证监管检查人员526人次。组织签发CCC免办证明240份，完成CCC产品抽查1类/1种。组织完成各类认证业务培训和派员学习362人次。

二、强化证后监管，构建认证监管新秩序

（一）全面落实出口食品生产企业备案监管

一是结合上年度湖南备案企业年度报告审查结果和年度备案监管工作情况，制定出口食品生产企业备案监管方案和年度监管计划，采取报告审查、现场检查和专项检查的方式实施监管。二是制定HACCP认证监管计划，提高HACCP认证的有效性，实现备案与认证监管的联动。三是加强出口食品备案企业年度报告审核评定工作。制定年度报告审核评定记录，组织监管和审核人员指导企业完善年度报告。四是实行备案企业网上注册、网上提交年度报告、网上审批，全年完成出口食品生产企业备案管理系统用户注册119家，135份年度报告通过网上审批，关联中类100多家。五是加强审批材料的复核。湖南局对各分支机构上报和审批情况进行认真复核，发现问题及时反馈分支机构，按期纠正。六是强化结果运用。根据审核评定结果，对年度报告审查存在问题的企业督促落实整改，将审核结果作为下一年度备案监管工作的重要依据，有针对性地制定监管计划，将问题点作为出口食品备案企业监管工作的重点。七是通过CIQ系统设置，对失效的《出口食品生产企业备案证》或《全国工业产品生产许可证》进行拦截，确保“两证”有效性保持一致。截至2015年11月，备案监管发现企业不符合项目264个，涉及卫生质量体系、SSOP、设备设施、HACCP、产品、监控计划6个方面；产品不符合项目38个，涉及安全问题37个。H ACCP认证监管联动28家，发现问题4个，具体表现为未按要求开展内审、管理评审；对工厂认证活动记录不全；认证资料的保管存在漏洞（不能提供认证合同、审核计划、审核报告以及未保留认证机构认证人员资质证明文件等）。共出动监管组539个，监管人数1 250人次，监管计划完成率为100%。

（二）首次开展进口食品注册信息及认证信息口岸查验工作

1月—10月，湖南局按照国家认监委的要求，对进境的467批水产品、肉类、乳品和燕窝生产企业注册信息及认证信息进行口岸查验，未发现境外生产企业未注册和不提供认证证书现象。完成湖南局2015年进口食品企业注册入境查验监管情况、检验不合格情况及进口食品相关境外生产企业及产品质量趋势年度分析，针对检验发现的3批不合格燕窝，提出风险预防控制建议，分析报告呈报国家认监委。

（三）组织开展管理体系认证活动监督检查

2015年，湖南局组织开展管理体系认证活动监督检查。一是制定《湖南检验检疫局2015年管理体系认证活动监督检查工作计划》，明确目标任务、职责分工、检查方式和实施要求。二是加强管理体系认证规则和认证认可业务综合监管知识培训。举办认证监管知识培训，邀请国家认监委专家授课，全系统45人参加培训。三是组织全系统认证监管人员200余人次对国家认监委抽取的50个认证检查样本进行了文件审核和现场核查，发现问题点173项次，涉及15家认证机构及其签发的质量管理体系认证证书，未发现涉嫌严重违法违规认证的事项。

（四）开展CCC获证产品专项抽查

2015年，湖南局开展CCC获证产品专项抽查。一是根据辖区口岸入境CCC获证产品的情况进行布控，开展CCC获证产品的销售市场调查，锁定抽查目标，编制《湖南检验检疫局2015年强制性产品认证获证产品监督抽查及其经费预算方案》。二是加强沟通，多向协调。经请示国家认监委主管部门同意，湖南局进口CCC获证产品抽查采取市场购买厨用电器－虎牌电饭锅2份样品送国家认监委指定实验室进行检测实验。联系中国质量认证中心和指定实验室开展检测样品的一致性核查工作。经深圳检验检疫局工业品检查技术中心按照《认证实施规则》及其检验依据对样品进行检测和一致性核查，未发现不符合认证标准的问题，合格率为100%。

（五）组织开展食品农产品认证监督检查

2015年，湖南局组织开展食品农产品认证监督检查。一是在局网站补充完善《有机产品认证监管指南》，为有关申请人提供便利。二是将有机产品认证宣传纳入“质量月”活动，加强对社会公众有机认证知识的普及。三是对15家HACCP认证企业和13家食品安全管理体系认证企业，实施联动监管。四是严格入境有机认证产品查验验证和检验检疫。1月－12月，对入境15批次有机认证产品，按照标准要求进行了100%的查核验证和抽样检验。出动101人次对31家企业、7家认证机构开展了有关认证监管检查。

三、促发展，帮助外贸企业提质增效

（一）促进出口备案企业“提质增效升级”

一是创新监管模式。修订《湖南检验检疫局卫生注册备案、检疫注册登记备案、质量许可、口岸卫生许可等认证工作程序》，明确对备案获证企业采取备案认证监管联动、年度报告审查、现场检查、专项检查和日常监管等方式的监管手段。二是缩短办理时限。确定文件评审和采信范围，提高文件审核或采信 HACCP 认证等比例；全面控制文件审核、现场评审、不符合项验证、审核 / 审批发证等时间节点，将备案时限由原来的 20 个工作日缩短为 7 个工作日。三是下放审批权限，简化办理程序。将出口食品备案企业 HACCP 验证（年审）工作下放，审批时间由原来的 6 个工作日缩短为 3 个工作日。四是按照国家认监委的要求，举办食品安全知识培训班，宣讲了食品安全相关法律法规和出口食品备案管理规定等规章制度，积极帮扶辖区出口食品企业建立实施具有食品防护功能的 HACCP 体系，提质增效升级。

（二）促进出口企业内销转型，服务地方经济发展和食品质量安全水平提升

一是开展促进食品农产品出口和内销转型调研，向企业发放出口食品企业内销转型情况调查问卷 126 份，收到企业反馈 120 份。二是鼓励获得 HACCP 认证的备案企业，参与“供港生鲜食品交易公共服务平台”，通过“统一认证，统一品牌、统一渠道、统一结算”的方式，促进内销转型。三是筛选推荐 6 家有代表性的企业参加国家认监委和中国国际贸易学会国际品牌管理中心共同主办的“2016 年度供港生鲜招标发布会”，帮助获得出口备案和认证的供香港食品企业产品进入内地中高端市场，实现出口内销“同线同标、同质同价”。

（三）跟进对外注册工作，帮助辖区企业“走出去”

2015 年，湖南局跟进对外注册工作，帮助辖区企业“走出去”。一是向国家认监委推荐国外（俄罗斯、蒙古等）注册的水产品、冻猪肉加工企业 4 家次。二是帮助企业适应香港市场需求，增加冰鲜猪肉供港，指导企业改造生产线，经评审整改后及时通过国家认监委推荐香港注册，顺利通过香港食环署检查，成为湖南省首家有资质向香港供应冰鲜猪肉的加工企业。三是针对新加坡农业兽医局复查湖南颐丰食品有限公司输新冻乳猪加工企业提出需进一步补充整改措施，及时督促企业整改，通过了新加坡 AVA 复查。三是帮扶偶蹄动物熟肉制品的热加工企业对日相、新加坡注册。邀请专家对汉寿华乐农业发展有限公司出口食品加工厂的布局、装修、设备安装等进行技术指导。四是持续关注已推荐国外注册企业是否获注册的新动态，特别是推动冻猪肉企业对俄罗斯注册工作的不懈努力等等。截至 2015 年底，湖南辖区累计获国外卫生注册 18 家，33 厂次，主要是水产品、罐头、肠衣和肉类等生产加工企业，注册国家和地区包括美国、欧盟、俄罗斯、加拿大、新加坡、马来西亚、韩国、日本和香港。

（四）帮扶企业获出口备案资质，助推湘菜首次通过海上丝绸之路进入国际市场

一是生产企业备案申请前期，多次派人赴企业介绍出口食品生产企业备案要求，指导工厂改造建设、做好人员培训、完善质量安全体系等事项，使其顺利通过出口食品生产企业备案。二是方便湘菜首次通过海上丝绸之路进入国际市场。2015 年 8 月，公司生产的 8 万余份、货值 10.1 万美元的冷冻方便菜（预包装食）顺利出口肯尼亚，受到当地人们的喜爱。

四、开展认证认可服务“一带一路”宣传活动

2015 年，湖南局开展认证认可服务“一带一路”宣传活动。一是组织分支局、办事处，中检集团湖南公司和进出口企业开展认证认可服务“一带一路”宣传活动，发放世界认可日招贴画 298 份，广泛宣传认证认可知识。完成认证认可服务“一带一路”建设宣传素材的征集和报送工作。二是组织人员参加 HACCP 研讨会，论文投稿，3 人论文被 HACCP 研讨大会收录。三是开展“质量月”宣传活动，在局外网上传有机认证相关文字资料 5 万余字。

五、强化内部管理，展现认证监管队伍新风貌

（一）加强认证监管队伍建设

选派 4 人次参加国家认监委的业务培训，组织全系统认证监管业务培训 2 次、培训 335 人次，新增 14 名卫生注册评审员，邀请国家认监委有关部门专家授课 2 次，派出 2 人次赴兄弟局交流学习，受国家认监委的委托选派 1 人协助马来西亚检查团来华检查，组织推荐进出口食品生产企业专家传帮带学员 10 人，1 人进入专家团队学习。通过培训，让监管人员、评审员对新法规、认证监管专业知识、评审技巧等有了全新的认识和深入的了解，提升了监管能力和水平。截至 11

月底，组织完成各类认证业务培训和派员学习362人次。

（二）认真开展“三严三实”专题教育，加强党风廉政建设

2015年，湖南局认真开展“三严三实”专题教育，加强党风廉政建设。一是根据湖南局的统一部署，制定学习方案和学习计划，加强理论学习，提高思想认识。二是开展满意度调查，共收集到本系统8单位（部门）意见和建议15条。三是组织参加“党纪条规知识”网上考试。四是严格落实党风廉政建设“两个责任”，把廉政建设同认证监管业务工作紧密联合、共同部署，做到制度落实、责任到人，增强干部反腐倡廉的自觉性，树立检验检疫新形象。

（三）规范内部管理工作

2015年，湖南局规范内部管理工作。一是发布综合行政管理体系文件和工作记录205个。组织开展综合行政管理体系自查，接受评审组检查，落实整改。二是完成“认证认可综合监管平台”20个单位（部门）、97名工作人员用户名和密码的设置。三是参与湖南局档案升级管理。按照档案管理规定，整理规范档案1 005件。清理销毁失效、过期档案2 153份。移交封存烟花爆竹生产企业档案348件。

六、规范实验室实监管，提升实验室检测综合能力，扩大认证认可工作社会影响力

（一）开展实验室资质认定专项监督检查

按照国家认监委统一部署，制定《2015年实验室资质认定专项监督检查工作方案》。对10家获证实验室存在的建设与发展产生的问题、检验检疫业务调整带来的问题、贯彻执行国家质检总局令第163号存在的问题进行了督促整改。

（二）组织实验室认可和资质认定评审工作

2015年，湖南局10家获证实验室中的7家通过“二合一”或“三合一”监督评审或换证复评审。

（三）组织开展了“实验室开放日”活动

邀请检学研合作单位、企业、出境劳务人员、外籍留学生参与实验室开放日活动。通过开展“实验室开放日”活动，充分展示了湖南局在依法行政和把关服务中的技术支撑和保障实力，展现了检验检测机构保障质量安全的能力，增强了公众对检验检测机构的信心。

撰稿人：杨　越　审稿人：毛　捷

严格把关　强化监管　推动认证认可事业发展

——湖南省质量技术监督局2015年认证监管工作概况

2015年，湖南省质量技术监督局（以下简称“湖南省质监局”或“省局”）认证监管工作坚持“发展质监事业，服务经济社会”的指导思想，认真落实全国认证认可工作会议和全省质监工作会议精神，积极践行“抓质量、保安全、促发展、强质检”工作方针，进一步夯实工作基础，强化认证监管手段，全年工作取得了预期成效。

一、资质认定实施有序

严格按照《检验检测机构资质认定管理办法》《食品检验机构资质认定管理办法》以及《机动车安全技术检验机构监督管理办法》等行政管理文件的要求，对全省各级各类向社会出具公正数据和结果的检验检测机构进行资质申请受理，组织现场评审，达到检测能力要求的审批颁发资质认定证书。2015年，全省受理检验检测资质申请并下达评审计划773家，审批发证781家。在已审批发证的机构中，新申请资质认定的112家。截至2015年底，湖南省拥有检验检测机构总数1 543家（不包括国家认监委发证的检验检测机构），其中，持有计量认证+验收证书的质检机构（含省级质检中心）143家，持有计量认证+授权证书的授权站39家，206家机动车检验站，总计有效计量认证证书1 635张。没有发生检验检测资质认定工作违规和投诉举报事件。

在做好成熟领域检验检测资质认定工作的同时，不

断推进新领域司法鉴定和刑事技术机构资质认定工作。湖南省质监局按照公安部和国家认监委关于分阶段开展公安机关刑事技术机构资质认定工作的要求，多次与省公安厅进行沟通协商，并结合当前正在启动的司法鉴定机构资质认定工作，会同省司法厅一起，于11月上旬组织了全省司法鉴定和刑事技术机构有关技术评审人员、相关管理人员进行业务学习培训和工作动员部署，为下步全面实施司法鉴定和刑事技术机构资质认定做了工作铺垫，打下了坚实的技术和管理基础。

二、行政监管开展有效

（一）按照资质认定证后监管的要求，对检验检测机构开展监督评审工作

省局年初统一下达172家检验检测机构监督评审计划，省、市及行业16个评审组按照相关工作程序和评审要求组织实施，共有百余家机构接受了监督评审。8月以后，按新的《检验检测机构资质认定管理办法》，不再对检验检测机构开展监督评审。因此，自动终止了相关评审工作。

（二）强化风险管理，开展强制性产品认证日常监督检查

为了进一步加强强制性产品认证风险信息分析预警工作，湖南省质监局每年都对涉及强制性产品认证的风险信息进行收集和及时处理，每月将武汉CQC分中心等认证机构的认证信息传递到各市州质监部门，便于进行核实、查处和风险管控。2015年还专题转发了国家认监委关于加强对强制性产品认证无证违法行为执法查处工作的通知，提出了对日常监管要源头把关、从严执法、明确重点、增强实效、加强沟通、及时总结的要求，明确了以CCC认证目录内的轮胎、农机、汽车零部件、电线电缆、电动工具以及家用电器等消费类产品作为监管重点。

（三）加大对食品农产品认证和管理体系认证的监管

按照国家认监委2015年管理体系认证活动及食品农产品认证监督检查工作方案的要求，全省共检查食品农产品获证企业223家，涉及食品安全管理体系认证70家、绿色食品认证89家、无公害农产品认证101家、有机食品认证84家、HACCP（危害分析和关键控制点）体系认证23家，涉及各类食品农产品130种，指导完善内部质量管理运行180人次，其中有机产品获证企业为全覆盖网格化监督检查。2015年，湖南省质监局还开展了管理体系网格化监督检查工作。全省共计检查企业502家，涉及证书890张，其中质量管理体系认证证书471张，环境管理体系认证证书242张，职业健康安全管理体系认证证书147张。涉及发证机构19家。

三、宣传培训组织有力

有力的宣传是做好工作的基础。2015年，省局继续以“世界认可日”“质量月”等活动为契机，强化认证认可工作宣传。省局会同长沙市局组织开展了“有机认证知识企业行”“实验室现场观摩”“世界认可日座谈会”等相关活动，并对活动进行了宣传报道。据初步统计，全省在以“世界认可日”为主题的宣传活动中，宣传报道60余篇（次），共张贴、发送宣传图片及相关资料千余套。

2015年，国家质检总局、国家认监委先后修订并颁发了新的《检验检测机构资质认定管理办法》和《检验检测机构资质认定评审准则》，内容变化很大，调整规范很广。与此同时，新的《机动车安全技术检验项目和方法》（GB 21861—2014）于2015年3月正式实施。湖南省质监局及时组织相关检验检测机构和有关人员对上述《办法》《标准》和《准则》进行学习，请高水平的师资力量进行宣讲。仅《机动车安全技术检验项目和方法》的宣贯，就有近350人参加了培训学习。对新《办法》、新《准则》的宣贯，省局尤为重视，决定分层次按批次在全省有序展开。前期已对454名检验检测机构资质认定评审员进行了培训宣贯，11月—12月，以市州为单位组织检验检测机构内审员及相关管理人员进行宣贯培训，共有2 646人参加培训，2 498人取证。

此外，日常认监培训考核工作抓得稳、抓得早、抓得到位。2015年，省局提出了认监培训工作要细化培训内容、严格培训管理、增强培训效果的要求，并切实在培训课程设置上做了重大调整，内容贴近实用，取得实效。截至2015年底，湖南省质监局举办了评审员培训考核班1期，180人参加学习并顺利通过考核；内审员培训班7期，参加培训1 161人，考核合格1 085人；车检机构技术负责人和授权签字人培训班3期，参加培训343人，考核合格268人；机动车检验人员培训班9期，参加培训1 399人，考核合格964人。

四、专项工作推进有成

一是及时完成检验检测机构服务业统计工作。检验检测机构服务业统计工作已经纳入国家统计工作范围，是一项经常性工作。按照《质检总局国家认监委关于开展2014年检验检测服务业统计工作的通知》（国质

检认联［2015］80号）的统一部署和要求，3月—5月，在全省统一组织开展了检验检测统计专项工作，集中全省15个地市及行业评审组的有关人员，认真学习了国家认监委关于统计直报系统操作流程，并对工作进行了明确分工。湖南省应上报数为1 319家，有1 315家完成统计上报，完成率为99.7%。

二是积极开展CCC产品质量监督抽查。按照《国家认监委关于印发2015年认证认可各业务领域监督检查工作方案的通知》要求，湖南省承担流通领域低压断路器的监督抽查任务。省局按要求及时制定了监督抽查实施方案，并组织指定检验检测机构——湖南省电器研究所开展产品抽查及检验检测工作，10月下旬将抽查结果上报国家认监委，较好地完成了本次监督抽查任务。本次监督抽查，在流通领域抽查了16家企业生产的22个批次断路器产品。经检验，其中有4批次产品不合格，18批次产品合格，产品合格率为81.8%。

三是开展认证行政执法专项监督检查。根据国家认监委认证行政执法专项监督检查的通知要求，省局对全省专项工作做了安排部署，并按要求在规定时间内上报了湖南省认证行政执法专项监督检查自查情况。

四是开展2015年度检验检测资质认定专项监检查。根据《国家认监委关于开展2015年度检验检测资质认定专项监检查工作的通知》要求，湖南省给予了高度重视，对全省资质认定专项监督检查工作进行了专门的安排部署，制定了全省检验检测机构资质认定监督检查方案，明确了从事食品和食品包装材料、水质、建材装修材料、日用消费品等领域获证检验检测机构为本次专项监督检查的重点抽查机构，确定了10%的抽查比例和100%检验检测机构自查自纠检查方式。针对本次专项监督的重点检查内容编制了抽查和自查的检查表，要求各市州质监局要将本次专项监督检查纳入年度工作目标考核，提出了检查工作的时效性和有效性，严格了轻车简从、厉行节约和廉洁自律的制度要求，确定了检查工作信息沟通和总结报送时间。2015年的检验检测机构专项监督工作较往年相比，自查工作进行得更全面、更扎实、更有效。

五是结合湖南省实际，自行组织了车检机构专项监督检查工作。为贯彻落实全省安全生产工作会议精神，认真吸取“7·19”事故教训，决定组织开展车检机构资质认定专项监督检查，并以省局名义下发了《关于在全省开展机动车安全技术检验机构专项监督检查的通知》，召开了动员会议，对相关工作进行了具体部署，要求各市州组织实施，省局对市州工作情况进行指导和抽查。从工作开展和完成的情况看，各地都在5月—9月结合对车检机构的合法性、管理体系运行的有效性及检测行为的规范性等一并实施检查，取得了一定的效果。

六是协同推进“两型认证”工作。按照省委省政府《关于加快经济发展方式转变，推进“两型社会”建设的决定》等文件精神，协同省两型办推进两型相关工作。与两型办共同制定了《湖南省两型认证管理暂行办法》；对接国家认监委对两型认证工作的指导，邀请国家认监委领导来湖南开展“两型认证”调研；到9月底，通过各方努力，有7家旅游景区企业获得两型认证证书，并举行了“两型认证”颁证仪式。

撰稿人：刘社爱　审稿人：彭利锋

改革创新　服务发展　适应经济发展新常态

——广东出入境检验检疫局 2015 年认证监管工作概况

2015 年，广东出入境检验检疫局（以下简称“广东局”）主动适应经济发展新常态，认证监管工作坚持提高质量和效益为中心，深化改革、创优服务、创新治理，进一步推动广东外贸经济发展。

一、简政放权，激发市场活力

（一）优化备案程序，提高采信 HACCP 认证比例

2015 年，广东局制定《出口食品生产企业备案采信 HACCP 体系认证工作指引》，按照“放、管、服”三位一体架构提升广东出口食品生产企业备案工作，提高备案采信 HACCP 认证有效结果。全年共有 22 家企业以采信第三方 HACCP 认证结果方式获初次备案和重新备案资格，平均备案审批时间缩短一半以上。

（二）全力配合打造广东自贸区创新制度

一是比照内地认证机构、检查机构和实验室，给予区内港澳服务提供同等待遇。取消对外商投资方的资质要求，支持外资认证认可、检验检测机构在广东局辖区设立分支机构并开展业务，鼓励它们在辖区内成立进出口商品第三方检验鉴定机构和强制性产品认证指定机构。

二是实施国际会展检验检疫监管制度，对按规定需办理强制性产品认证的展品，凭参展证明实行登记管理，免予实施强制性产品认证。

二、抓质量，开展提质增效升级活动

（一）帮促出口食品生产企业提质增效升级

广东局持续加强对出口企业质量管理人员和内审员的培训，推动企业建立健全质量安全管理体系，帮扶出口食品企业全面推行具有食品防护功能的 HACCP 体系，引导企业通过认证认可手段实施品牌战略。2015 年在所有分支局范围开展出口食品生产企业内审员暨评审员持续培训，内容包括新修订的《食品安全法》、备案注册监管模式改革和联动监管工作要求、食品防护计划和危害分析与关键控制点标准以及安全卫生质量控制体系内部审核知识等，为出口食品生产企业全面建立和实施具有食品防护功能的 HACCP 计划奠定了良好的基础。

（二）积极探索创新优化出口输美陶瓷认证监管工作

针对出口日用陶瓷调出法检目录的情况，广东局深入企业一线调研，实地了解输美陶瓷出口情况，研究调整输美日用陶瓷的监管方式，采取提前介入、主动介入，强化标识发放管理，加强事中事后监管，确保输美日用陶瓷监管到位。

（三）加强行政执法的技术保障工作

一是组织辖区系统内多家实验室接受国家认可委的现场评审，维护好实验室和食品检验机构资质认定资格，扩充提升检测能力，全系统实验室新增认可检测项目 2 380 项，截至 2015 年底，广东局获得认可的实验室 45 家，获得食品检验机构资质认定资格的实验室 30 家。

二是组织各实验室参加国家认监委年度能力验证计划 728 项，参加项目总数及结果满意率均位居直属局前列，促进了广东局系统内实验室和处理机构的管理和技术能力提升，为检验检疫行政执法工作提供了坚实的技术保障。

三、保安全，着力提升认证监管有效性

（一）全面开展联动检查，提高监管效能

为加强食品农产品认证活动的监管，提升认证有效性和产品安全卫生质量，广东局通过召开认证机构座谈会，制订“监管方案”，出台两个“工作指引”，有序开展了 HACCP 认证监管与备案监管的联动。全年共检查 HACCP 认证企业 194 家，共派出认证监管人员 638 人天，检查证书 196 份，涉及认证机构 10 家。检查中做到联动监管与备案采信互相促进，在监管中帮扶出口食品企业“提质增效升级”和“内销转型”，取得了良好的经济效益和社会效益。

（二）强化 CCC 入境查验和 CCC 免办审批及后续监管工作

一是加大口岸 CCC 入境查验力度，查处无证进口 CCC 产品的行为，2015 年广东局共查处涉及 CCC 的案例 180 宗，排名位居全国直属局第一。

二是强化 CCC 免办审批及后续监管工作，2015 年广东局共办理 CCC 免办证明 4 994 份，派出 12 600 多人次对 4 866 份免办证明实施了现场后续监管，切实维护 CCC 认证制度的有效落实。

三是按照国家认监委的统一部署，落实对汽车零部件、灯具、玩具等 6 类产品布控抽查。

（三）以问题为导向，组织管理体系认证检查

2015 年，广东局将自主检查工作与国家认监委组织开展的管理体系认证监管专项检查工作相结合，引入风险机制，突出认证活动合规性检查的重点。继续推动“自愿性认证活动执法监管系统”的应用，充分利用系统资源，参与对认证机构认证活动的审核现场进行监督检查，对审核员不到现场、冒名顶替、缩短审核时间等违规行为进行查处。

全年广东局共检查企业 113 家，共计发出整改通知 87 份，对 4 家存在较严重问题的认证机构，分别做出责令认证机构对体系运行情况进行全要素复审，或上报国家认监委要求撤销审核员资格的处理。

四、促发展，创优服务地方经济的发展

（一）推动出口食品内外销“同线同标”，服务地方经济发展和食品质量安全水平的提升

自今年 4 月开始，广东局以高度的政治敏锐性和责任感，积极配合国家认监委、商务部国际品牌管理中心开展出口食品内销平台建设调研工作，在出口企业基本情况摸底调查、内外销标准差异比对、与地方政府沟通对接、公共服务平台设计方案等方面做了大量深入细致的基础工作，促成了首个供港食品企业产品集中采购中心落户广东省江门市。通过公共服务平台建设，帮扶出口食品企业实现出口、内销“同线同标”，同质同价，以外促内，满足消费者差异化的需求，实现食品农产品质量安全由出口保障转向全民共享，带动我国食品行业整体发展，全面提高我国食品安全水平，推动 HACCP 认证的推广普及，擦亮备案注册品牌，形成食品安全社会共治的社会氛围。该项工作得到国家认监委、国家质检总局和国务院领导的高度赞扬和认可。

（二）促企业转型升级，提高市场竞争新优势

一是扶持大型、新兴企业做大做强。充分利用 CCC 免办政策，积极扶持支持东风风神汽车等企业科研测试项目，在监管有效的情况下，允许其利用 CCC 免办产品跨区进行项目测试。

二是积极探索法检目录调整后，出口日用陶瓷的管理模式，推动分支局送技术、标准、管理下厂服务，推动潮州、梅州等分支局为企业提供产品技术研发的检测服务，提升产品升级转换。

（三）帮助企业应对美国 FDA 检查，促进食品出口

针对美国 FDA 驻华办事处年度检查计划，广东局组织监管人员 65 人次完成了 16 家拟被检查企业的专项检查，积极帮扶企业做好迎检准备，向企业宣传美国相关法律法规要求，指导企业对照排查并做好各项准备工作。最后 12 家被检查企业都顺利通过了美国 FDA 的严格检查，没有因检查发现严重问题导致产品输美受阻。在当前日益严峻的外贸形势下，降低了企业产品自动扣留的风险，稳定了企业的外贸出口。

事后广东局及时组织相关人员总结工作做法，提炼工作经验，撰写了《接待美国食品药品管理局检查工作指引》，得到国家认监委的高度赞许，并拟在全系统推广应用。

五、强质检，提高自身能力建设水平

（一）加强人才队伍建设

多形式提高认证监管评审员水平，包括开展对备案评审和 HACCP 认证审核见证活动，提高评审工作质量和认证审核有效性；加强对 CCC 免办审批工作的网上监督检查，提高 CCC 免办审批人员工作责任感；加强业务培训，通过政策宣贯会、专项培训班等对全系统认证监管人员进行培训，提高人员能力素质，有效保障认证行政执法工作质量。

（二）抓好制度建设

2015 年，广东局全面实施 CCC 免办审批人员资质管理，出台《广东检验检疫局免予办理强制性产品认证工作人员管理办法》，强化审批责任制，做到谁审批谁负责，落实审批责任制。同时制定下发《广东检验检疫局出口食品生产企业备案采信 HACCP 体系认证工作指引》和《广东检验检疫局 HACCP 体系认证见证监督和备案监管联动检查工作指引》，进一步规范广东局辖区 HACCP 认证与备案联动检查和备案采信工作。

撰稿人：陈思强　审稿人：林　仪

创新监管理念　服务经济发展
努力推动认证认可监管工作再上新台阶

——广东省质量技术监督局 2015 年认证监管工作概况

2015 年，广东省质量技术监督局（以下简称“广东省质监局”或“省局”）质监部门严格贯彻落实国家认监委和省局的工作部署，围绕“质量强省”目标，以“抓质量、保安全、促发展、强质检”为工作方针，加强对检验检测认证机构、获证企业和产品的监管，强化能力验证和比对，规范检验检测认证行为，推进合格评定与认证认可体系建设。

一、2015 年主要工作及成效

2015 年，广东省认证认可工作的作用和地位得到进一步的强化，全省共取得 109 797 张 CCC 证书，证书数量居全国第一；共有 91 822 家企业通过管理体系认证，居全国第二；共有 2 210 家检验检测机构获得省级计量认证，居全国第一；共有强制性认证产品检测指定机构 22 家，跃居全国第一。特别是在质监部门的机构改革中，部门市局如江门、茂名等新设立了认证科，地方政府对认证工作更加重视，全省系统认证监管体系进一步完善。

（一）加快政府职能转变，提高行政审批效率和质量

2015 年，省局落实省委省政府深化改革、加快政府职能转变的要求，进一步简化计量认证办事程序，提高行政许可效能。

一是梳理职权清单，推行行政审批标准化。根据省编办关于编制“负面清单”要求，厘清省局计量认证的许可范围及相关法律法规依据，进一步完善检验检测机构计量认证和产品质量检验机构资格两项行政许可的办事指南与作业手册，促行政审批标准化。同时还严格行政审批各个环节的时间节点和岗位职责以及责任追究的工作要求，进一步提高行政审批规范化水平和审批效率。

二是建章立制，严把检验检测机构资质认定关。为了加强对全省检验检测机构资质认定评审工作的规范管理和指导，统一检验检测机构资质认定评审尺度、每个环节的时限，省局在编制实施《广东省检验检测机构资质认定评审指导书》的基础上，又组织编制了公路水运、珠宝首饰、环境 3 个行业的检验检测机构资质认定评审工作指南，规范广东省相关行业检验检测机构资质认定评审工作，统一技术评审尺度。

三是积极开展检验检测统计工作。在全省系统各地市局的大力协助下，完成了国家认监委和国家统计局布置的广东省资质认定检验检测机构的依法统计工作和分析研究工作，理清“家底”，摸清行业状况，为推动广东省检验检测机构改革提供科学的决策依据。其中广州市局从机构性质、规模、业务收入、检测能力等方面全面掌握辖区内检验检测行业状况，并抽取 3 家亿元产值的机构进行检查调研，为分类监管奠定基础。

（二）强化认证监管，提高证后监管有效性

2015 年，全省质监部门大力加强对计量认证获证机构、强制性认证机构及获证企业、自愿性认证体系获证企业等认证对象的监督检查，严厉打击违法违规认证行为，确保认证的权威性，保障重点产品质量安全。

1. 加强对计量认证获证检验检测机构的证后监管

一是统一部署，覆盖面广。全省质监系统按照国家认监委和省局的部署统一开展了检验检测机构资质认定专项监督检查。全省质监部门共收到检验检测机构自查表 1 986 份，出动检查人员 2 900 人次，抽查检验检测机构 957 家，共发出整改通知 293 份，立案 5 宗，处罚 27.4 万元。通过专项监督检查，进一步促进检验检测机构规范管理。二是重点突出，针对性强。部分市局如广州、东莞、河源、阳江等市局结合本辖区工作实际，突出风险监控，针对涉及民生健康安全的机动车安检、消防、食品等检验检测机构开展专项检查。查证照是

否齐全、查人员是否持证上岗、查检测设备是否完好、出具的检测报告是否规范。三是组织开展了涂料产品中苯、甲苯、二甲苯、乙苯的检验能力验证工作。评价结果为“满意”的检验检测机构占参加总数的94.7%；对评价结果为“不满意”的检验检测机构进行整改。

2. 加强对认证机构、获证企业和获证产品的监管

一是加强强制性产品认证活动监管。全省质监系统进一步加强对列入强制性产品认证目录的产品的监管力度，查处无证违法行为。中山市质监局针对辖区建立了产品质量巡查队，在对产品质量开展日常巡查的同时对CCC认证企业实施现场检查，督促企业按要求申办CCC认证证书，按要求标注CCC认证标志，有针对性地向企业宣贯相关法律法规和政策要求，督促企业履行产品质量主体责任，对现场发现企业不规范的行为督促整改，对企业存在质量违法行为则移交稽查部门依法查处。二是积极完成专项监督抽查任务，制定广东省生产领域强制性认证获证产品（电饭锅）专项监督抽查预算和实施方案，组织广东质检院抽查了辖区生产领域内48家企业生产的55批次产品，不合格4批次，不合格产品发现率为7.3%。涉及产品证书55张，证书均为中国质量认证中心签发。对于不合格产品生产企业通报认证机构及企业所在地质监局做好后处理工作，并会同省局召开了电饭锅产品监督抽查质量分析会，分析不合格项目，宣贯新版电饭锅产品CCC强制性产品认证实施规则和细则，帮助企业进一步提升产品质量水平。三是开展了管理体系认证活动监督检查工作，组织对认证机构颁发的获证企业进行了管理体系认证活动监督检查，对存在问题的企业进行严肃处理，进一步提升了管理体系认证的有效性。深圳市局以质量管理体系认证为突破口，组织各辖区局和认证专家对全市100家获证企业开展集中检查，对认证机构开展认证活动规范性进行全面检查，发现涉嫌违规开展认证活动的认证机构有15家。

（三）着力促发展，助推经济结构转型升级

2015年，广东省认证认可工作坚持服务于地方经济建设要求，服务于企业发展需要，为推动服务贸易自由化、企业加强质量检测和实施认证搭桥铺路。

1. 围绕广东自贸试验区建设、推动广东与港澳服务贸易自由化配合做好相关工作

一是按照省政府的安排，积极研究制定便捷管理与服务的措施，主动服务区内企业发展。二是为落实中央、广东省政府扶持港澳政策，召开粤港、粤澳检测认证工作专责小组2015年度工作会议，与港澳有关部门协调、沟通，为港澳认证机构和检测机构在广东省开展认证检测业务创造条件，促进合作共赢。为适应日渐丰富的粤港、粤澳合作需要，向省港澳办去函建议将粤港标准化专责小组、粤澳标准化专责小组更名为粤港质量和检测认证专责小组、粤澳质量和检测认证专责小组，检测认证已成为粤港澳合作的重要内容之一。三是积极与国家质检总局、国家认监委沟通，为推动广东自由贸易区献言献策以及助推粤港澳自由贸易区的建设进程。

2. 积极推动认证检测机构上规模化、品牌化、专业化

广东省各级质监部门紧紧抓住服务地方支柱产业发展的中心工作，积极推动强制性产品认证机构和检验检测机构向省局、国家认监委申请认证检测项目的扩项，并取得了积极成果，广东省综合检测能力由原来第三上升至全国第一。检测能力的提升为广东省企业申领CCC认证和产品质量检验创造了便利条件，缩短了企业产品认证周期、降低认证费用。广州市政府通过国家检验检测高技术服务业集聚区（广州）规划建设配套文件，标志着全国首个国家级检验检测高技术服务业集聚区建设，从规划阶段转入具体建设实施阶段。

3. 注重将认证认可工作充分融入地方经济社会发展大局，纳入地方经济创新驱动发展

如珠海市局推动地方政府出台文件，对获得清洁生产、节能认证、体系认证的企业给予资金资助及政策扶持，同时鼓励企业在质量、节能、环保、职业健康、文化教育、医疗卫生等领域开展管理体系认证，对进一步强化认证认可工作提供了政策依据。

（四）着力强质检，提升认证认可监管水平

1. 积极推进广东省资质认定检验检测机构监管信息系统的建设

为提升对全省资质认定检验检测机构科学和有效的监管水平，省局根据辖区认证监管业务的实际情况进行了深入的研究和调研，并制定广东省资质认定检验检测机构监管信息系统的功能需求方案，希望通过系统的建设能全面实时掌握检验检测机构资质认定受理、评审、审批、证后运行、能力比对、监督检查等动态信息情况，为科学决策有效监管提供准确的依据，目前该项工作正在推进中。

2. 加强学习培训，提升监管和评审水平

一是组织了机动车安全性能检验新标准的宣贯，积极推动广东省认证认可协会做好评审员的日常培训，分两批完成了检验检测机构资质认定评审员的考核换证工作。进一步提升评审员的评审水平，保障了检验检测机构资质认定评审工作的有效性和规范性。二是举办了全省质监系统认证监管人员及检验检测机构资质认定评审员视频培训会，对《检验检测机构资质认定管理办法》及其新评审准则进行宣贯学习。

3. 注重宣传，提高认证认可社会认知度

为深入宣传认证认可的作用，动员社会各方共同推进认证认可工作，更好地服务经济社会发展，全省系统通过世界认可日主题宣传活动、质量月检验检测机构开放日活动等方式，向公众宣传检验检测。省局会同惠州市质监局举办了第八个世界认可日宣传系列活动。在惠州市仲恺高新区举办了主题为“认证认可促进经济发展”的现场宣传咨询活动。在《羊城晚报》等媒体开展认证认可设立专题宣传，通过现场活动、新闻媒体宣传扩大认证认可工作影响，向群众、向社会宣传产品认证、质量管理体系认证和服务认证的相关知识。

4. 积极推动国家质检总局对认证认可法律体系的制修订工作

针对现有认证认可法律体系设计存在问题的实际，省局认证处、法规处广泛收集基层局意见建议，向上积极建言献策，协助国家认监委起草认证认可法律体系修订的调研报告，解决《认证认可条例》《检验检测机构资质认定管理办法》等行政法规规章以及技术法规不适应新时期的实际问题，尤其解决取消垂管后有关省市县三级的职责和职权问题等，目前认证认可法律法规体系修订工作已经取得积极成果，市县局的认证监管工作已“有法可依”。已于 2015 年 8 月 1 日起正式实施的《检验检测机构资质认定管理办法》（总局 163 号令）明确了市县局对计量认证的证后监管职责。国务院于 2016 年 2 月 6 日发布了决定，对《认证认可条例》进行了修改，明确国务院认证认可监督管理部门授权对认证活动实施监管的地方认证监管部门为县级以上地方人民政府质量技术监督部门和国务院质量监督检验检疫部门设在地方的出入境检验检疫机构，从而明确了市县局对强制性认证的监管资格。

二、存在的主要问题

过去一年，认证认可监管工作虽然取得了一些成绩，但认证认可监管工作仍存在一些问题。

一是监管制度还须进一步完善。现有监管制度中，有些制度设计不尽科学、严谨，产品质量安全责任机制以及产品质量监管的长效机制尚未健全，质监部门履职的责任风险过大。如在现行质监业务中，部分许可、监督、处罚工作要依据专家评审、检验检测、现场检查等结果来作出，但现有的工作流程对其所依赖的专家评审、检验检测、现场检查等环节缺乏有效监督，一旦专家评审、技术检测和现场检查结果失实，将给质监部门带来巨大风险。

二是 CCC 认证制度在实施过程中积累的问题和矛盾还没有得到有效解决。CCC 认证制度实施以来，争议不断，发证环节和证后监管环节的脱节、信息资源的不对称、对企业经营成本、投产周期等的影响等问题一直制约着 CCC 认证制度的顺利实施，这些问题对监管工作也造成很大的困扰，有些基层局的执法人员在严格执行处罚和谅解企业经营难处两边左右摇摆。

三是认证认可监管信息、渠道仍需进一步完善和畅通。行政体制调整，对国家认监委发布的认证机构审核和获证企业名录等数据信息的依赖将日渐加强，相关数据库建设力度还有待进一步加强，信息渠道有待进一步畅通。

撰稿人：汪宣穗　审稿人：梁洪荣

夯实基础 加强监管 打造认证认可公信力

——深圳出入境检验检疫局 2015 年认证监管工作概况

2015 年，深圳出入境检验检疫局（以下简称“深圳局”)依照国家认监委“创新发展、创优服务”的整体思路，牢牢把握“适应经济发展新常态，创造质检工作新水平”发展方向，围绕“提升工作质量，提升改革发展质量”，“让社会满意、让地方政府满意”的工作目标，扎实开展认证认可各项工作，取得了一定成效。

一、成立跨境电商检验认证联盟，借助认证认可手段打造电商质量品牌

2015 年，深圳局在深圳前海自贸区发起成立跨境电子商务检验认证联盟，吸引成员单位 50 余家。该联盟是国内首个在民政部门正式注册的跨行业电商社会团体，通过搭建跨行业的社会公益服务平台，实现规范检验认证市场和促进跨境电商行业健康发展的目的。目前，联盟成员中的中检集团等 6 家机构正在积极推广跨境电商自愿性认证。深圳局已促成联盟与腾邦国际达成初步合作意向，通过战略合作，争取打造国内第一家取得五星认证的跨境电商企业，打造联盟认证平台品牌，扶持深圳本土品牌电商。

二、配合深圳市“一带一路”建设，倡导认证认可的信任传递作用

“世界认可日”前夕，深圳局联合深圳市市场和质量监督管理委员会举办了 2015 年世界认可日认证机构座谈会，会议主题为认证认可服务“一带一路”建设，全市 20 余家内、外资认证机构代表参加会议。与会代表围绕以认证认可促进“一带一路”沿线国家间贸易畅通和相互信任、减少贸易技术壁垒、推动国际质量共治，发挥深圳作为 21 世纪海上丝绸之路重要节点的作用，推动中国制造走出去等议题，展开了深入的讨论和交流。

三、深化出口食品备案监管与 HACCP 认证监管联动，积极推动出口备案采信 HACCP 认证工作

深圳局对 2015 年出口食品企业现场检查和 HACCP 认证监管进行了统筹安排，实施出口食品企业延续备案 25 家，出动检查 74 人次，实施 HACCP 认证监管 19 家，出动检查 57 人家，实现了对深圳辖区出口食品 HACCP 获证企业的 100% 覆盖，减少了对 HACCP 获证企业的检查频次，达到“一次检查，两项评估”的目的。截至 12 月 31 日，深圳局共对 6 家获得 HACCP 认证的出口食品企业免除现场检查，通过文件审核予以备案，向“轻准入、重监管”出口食品备案模式迈出了重要一步。

四、扶持出口食品企业开展内销转型和提质增效升级活动

一是实施网上备案，简化备案手续。2015 年 1 月 1 日起，深圳局全面启用出口食品生产企业备案管理系统，省去了企业往返提交资料的时间；二是鼓励帮助外销需求减弱的企业向内销转型。开展提质增效活动，树立标杆企业，协助国家商务部推动供港生鲜产品以“同线同标、同质同价”方式回流国内市场；三是帮助龙头企业扩大对外注册范围，向潜力较大的高端市场进军。深圳局 2015 年共组织 3 次赴外地开展远洋捕捞渔船备案评审活动，为企业节约航行时间和成本，并推荐 2 家水产品企业向巴西、俄罗斯注册，拓宽其出口市场。

五、加强进口食品及有机产品入境验证工作，保障国内消费者合法权益

2015 年，深圳局加强了进口注册企业产品入境检验信息调查，协助国家认监委对 4 批次的挪威及日本进口水产品不合格信息进行调查，暂停 1 家企业的出口资格，通过后续管理提高进口食品质量安全。派员参与美国进口乳品企业注册评审工作。进口有机产品入境验证工作方面，2015 年深圳口岸共截获不合格有机产品 6 批，首次查处未获认证但标识为有机的进口服装。中央电视台、省市媒体等对深圳局进口有机产品验证工作进行了报道，切实保障了国内消费者权益。

六、积极配合国家认监委开展食品新法规新理论的研究和应用

为响应国家认监委“非传统食品安全理论”研究工作，深圳局广泛发动分支机构青年业务骨干，于 2015 年 5 月成立进出口食品注册备案非传统食品安全工作组，重点研究蓄意掺假等食品安全新问题，协助国家认监委完成《非传统食品安全》一书的编写工作。同时，深圳局积极参加国家认监委对美国《食品安全现代化法》（FSMA）及配套法规的专题研究，编写解读手册 1 本，参与编写《质检专报》3 篇，并代表国家认监委在 2015 年中国国际食品安全与质量控制会议（CIFSQ）上介绍研究成果，受到美方好评。

七、进一步完善 CCC 免办及获证产品闭环管理

一是进一步优化 CCC 免办业务流程，简化资料比对方式，加快证明发放，新模式可以为企业节省 2 天的通关成本。二是督查分支机构后续监管力度，通过业务座谈会及企业调研为下一步修订《免办业务后续监管办法》做准备。三是加强 CCC 获证产品的监督检查力度。按照国家认监委工作部署完成了深圳地区流通领域获强制性产品认证进口产品专项监督抽查工作。查获 1 批不合格产品并上报国家认监委。

八、开展 CCC 入境验证督查工作，提高口岸一线把关能力

为防止未获证产品进口，杜绝安全隐患，将 CCC 入境验证工作纳入年度督查计划，对分支机构《入境验证商品监督管理办法》执行情况进行督查，对发现的 9 个问题逐一反馈，限期整改。通过督查工作，入境验证把关能力有效提升。截至 2015 年底，深圳口岸共实施 CCC 入境验证 83 727 批，货值 66.9 亿美元，发现不合格 1 039 批，涉及货值 9 370 万美元。批准 CCC 免办证明文件 1 751 份，其中 CCC 免办证明 480 份，CCC 免办手册 1 271 份。

九、积极运用“后市场”监管措施提升管理体系认证有效性

为做好深圳地区管理体系认证的监督管理工作，深圳局利用“后市场”监管措施对深圳地区 50 家已获管理体系认证证书企业开展了管理体系认证活动监督检查活动。现场监督检查阶段，深圳局共派出 4 个分支机构监管人员 110 人次，检查获证企业 50 家，涉及 50 份认证证书；检查共反馈检查案例 33 个，涉及认证机构 19 家。

十、组织开展第三方检验结果采信工作，探索检验监管新模式

按照国家质检总局复制推广“检验结果采信制度”的意见，牵头成立了深圳局第三方检验结果采信工作领导小组，结合深圳实际业务，制定并公布了深圳地区第三方检验结果采信工作方案，在进口汽车整车、进口食品接触产品等 4 类产品分 2 批试点推广第三方检验结果采信，支持广东自贸区前海蛇口片区改革创新发展，提升了监管效能和执法水平。

十一、配合广东省生态文明建设和深圳市低碳城市建设，全面推广入境商品能效标识管理系统

2015 年，深圳局在各口岸全面推广应用“能效标识管理系统”，系统解决了实施能效管理商品 HS 编码识别、不需加贴能效标识商品界定等问题，能效标识入境验证能力显著提升。截至 2015 年底，2015 年深圳口岸共实施能效标识入境验证 3 842 批、货值 4.04 亿美元；通过系统办理无需加贴能效标识 833 批，货值 4 099 万美元；查获未加贴能效标识产品 1 批，货值 239 万美元。

十二、探索小批量进口模式，满足热销产品市场需求

深圳局在国家认监委《免于强制性产品认证的特殊用途进口产品检测处理程序》指导下，在自贸区探索对未获证的强制性产品认证目录内产品实行“小批量”特殊检测处理程序，支持以跨境电商模式进口小家电、儿童座椅等海外热销产品，满足国内消费者的合理需求。

撰稿人：吴菁云　审稿人：蔡正国

依法行政　改革创新
推进珠海局认证监管工作创新发展

——珠海出入境检验检疫局 2015 年认证监管工作概况

2015 年，珠海出入境检验检疫局（以下简称“珠海局”）深入贯彻党的十八大和十八届三中、四中以及五中全会精神，认真落实国家质检总局和国家认监委总体思路和部署，按照“创优服务，创新治理”的总体要求，结合珠海局工作重点和要求，锐意改革，积极推进认证监管职能转变，着力完善认证监管体系，各项工作取得了新成效。

2015 年，新批备案出口食品企业 3 家，延续备案 1 家，重新备案 3 家，变更 4 家，注销 2 家，暂停 1 家；按照监管计划对辖区出口食品备案企业开展年度报告审核、现场检查及专项检查，监管计划完成率达 100%，共发现不符合项 157 项。强化进口食品境外企业注册认证入境查验监管，经查发现 5 批次货物检验不合格；1 批违规加贴“有机产品”标识。组织实施认证活动监督检查，发现认证机构存在问题 3 项。组织开展对 2 家检验检测机构资质认定监督检查，发现 8 项问题。HS 编码监管条件为“L”的 CCC 入境验证产品 13 218 批，其中认证目录内产品 2 985 批，查验不合格 33 批，不合格率为 1.1%。受理免办申请 500 份，审批通过 426 份，不通过率为 14.8%。

一、认证监管制度体系进一步完善

一是完善出口食品企业备案模式。按照“放、管、治”及弱化事前审批强化事中事后监管的要求，制定《珠海检验检疫局出口食品生产企业备案采信 HACCP 体系认证工作指引》，实施备案采信 HACCP 认证，免于现场审核，进一步简化备案流程，缩短办理时间可达 5 天，并率先在全局范围内采信第三方结果。

二是制定《检验检测机构资质认定监督管理作业指导书》，进一步完善和规范检验检测机构资质认定的监督管理工作。

三是根据国务院及国家质检总局对相关审批事项改革要求，及时落实取消涉及人身财产安全健康的重要出口商品注册登记和外资认证机构办事机构备案事项，废止相关作业指导书，并通过珠海局微信平台等方式宣传相关政策。

四是认真落实“两个清单”的梳理与确认，规范权力运行。

二、认证监管效能进一步提升

一是全面落实出口食品企业备案和认证监管联动机制。通过验证检查、见证审核等方式开展备案认证联动监管，整合优化监管资源，对 11 家 HACCP 获证企业实现了 100% 联动监管，提高监管的有效性，监管效率约提高 20% 以上。监管共发现不符合项 157 个，平均为 2.8 个 / 家次。

二是改进出口食品备案企业专项检查工作。突出问题导向，侧重对上年度检查发现存在问题较多的、出口量较大以及 2014 年新备案的企业进行检查，增强专项检查的针对性。依规严肃处置专项检查中发现的问题，责令 1 家不能持续保证食品安全卫生控制体系有效运行的出口食品备案企业限期整改、暂停使用备案证明，强化了专项检查的威慑性。

三是转变监管理念，运用稽查手段，强化对认证市场合规性监管。认真做好重点业务领域和关键环节可能存在违法违规问题的风险分析和评估，组织开展管理体系认证活动和 CCC 免办产品违规使用行为专项监督检查，对 7 家认证机构的认证活动和珠海辖区 25 家企业的 272 份免办证明的使用情况进行稽查，共发现并处置 23 个问题项，查处了 3 宗认证违规行为。

四是强化进口食品境外生产企业注册信息核查监管工作。组织相关人员为进口食品新经销商提供“一对一”普法服务，宣传进口食品境外生产企业注册和入境查验的相关要求，促进进口食品经销商知法守法。组织开展进口食品境外生产企业注册信息口岸核查工作业务督察，促进口岸进口食品境外企业注册认证信息核查能力提升。共核查目录内产品 118 批次，货值 1 600 万美元，共查获 5 批次目录内货物不合格。

五是强化信息化运用。全面运行出口食品生产企业备案管理系统，申请、评审、企业整改、审批和监管等均通过系统完成，实现备案程序透明化、结果公开化；办理时间明显缩短，平均缩短 5 天；通过系统直接查阅企业基本情况、年度报告、监管情况等信息，提高后续监管针对性，方便监管人员互相学习借鉴监管经验，做到对企业备案监管把关的无缝对接，提高监管效能。

三、认证认可服务发展进一步作为

一是积极推进自贸区认证监管制度创新。积极参与国家认监委组织的自贸区认证认可制度创新政策理论课题研究，承担"粤港澳检验检测认证结果采信和互认"课题。根据横琴片区的功能定位，深入调研，充分考虑"澳门元素"，拟定自贸区内强制性产品认证监管创新举措 4 个，推动粤港澳检测认证结果采信和互认，促进横琴澳门服务业发展。

二是力促出口食品企业"提质增效升级"。改进培训方式，与珠海中检公司联合举办企业内审员培训，充分发挥其师资的优势，增强培训的实用性，有效提升企业内审能力；引导企业建立实施具有食品防护功能的 HACCP 体系；积极引导出口备案企业利用自身优势实现"同线同标生产"，帮促出口备案食品企业"提质增效升级"和"内销转型"取得一定成效。珠海溢兴食品有限公司和珠海元朗食品有限公司等企业不断扩大内外销市场，品牌知名度逐步提升。

三是有效运用备案注册手段服务外贸发展。充分利用检验检疫机构的资源优势向企业宣贯国外食品相关法规标准，推动出口食品企业备案采信 HACCP 体系认证，优化注册品种分类，缩短备案注册时间，减少变更品种注册频次，为出口食品企业外贸发展赢得空间和时间。指导 4 家通过 HACCP 验证的输美水产注册企业持续满足出口备案条件及美国水产品的相关法规要求，帮助企业突破国外技术贸易壁垒。发挥技术优势帮扶 3 家对外注册企业做好迎接美国 FDA 和香港食环署检查准备，向企业宣传相关法律法规要求，指导企业对照排查并做好各项准备工作，帮助企业顺利通过了美国 FDA 和香港食环署官方检查。

四是优化公共技术服务。深度开发珠海进出口公共技术服务平台，扩大合作伙伴，拓宽服务领域，延伸服务链条，组织申报国家中小企业公共服务示范平台，着力打造有利于吸引创业投资的珠海技术服务品牌。推出"重点企业培育计划"、"技术研发补贴计划"鼓励质量进步和技术创新，利用地方支持的平台建设资金，对符合要求的企业给予检测补贴，共支持研发项目 277 项。平台全年发布技术性贸易措施、预警通报、技术法规等信息累计 1 195 条；为 105 家企业提供了一对一的技术咨询，开展个性化技术支持活动 16 家次；举办各类技术法规和操作培训 34 场，参加企业达 1 476 家次，人员共 2 343 人次；组织了 5 场实验室间比对活动；首次承办 WTO/TBT 通报评议会。

四、认证监管基础进一步夯实

一是强化培训，持续提升队伍能力。举办出口食品企业备案监管业务培训、大力选派人员参加认监委组织的"评审专家传帮带"活动及其他培训、组织备案监管人员参加国家质检总局网络学院"出口食品生产企业卫生要求"网络视频交流学习、组织出口食品备案监管人员参与第十二届 HACCP 研讨会征文以及网上交流等方式，共计培训近 50 人次，持续提升队伍能力。组织专题培训，宣贯新发布的《检验检测机构资质认定管理办法》，提高相关单位守法执业的自觉性。

二是合理设定绩效考核指标，完善实验室资质认定和能力验证监督管理，推动实验室落实主体责任，不断规范检测行为，增强技术支撑作用。

撰稿人：吴小伦　审稿人：吴新荣

转变职能　创优服务　助推海南国际旅游岛建设

——海南出入境检验检疫局 2015 年认证监管工作概况

2015 年，海南出入境检验检疫局（以下简称“海南局”）认真贯彻落实全国质检工作会议和全国认证认可工作会议精神，按照支树平局长对认证认可工作“创优服务、创新治理”和海南局党组提出的“四个坚持”、“四种担当”的工作要求，全面深化业务改革，重点推进职能转变、监管模式创新，较好地凸显了认证认可对质量安全的保障作用，在服务“一带一路”和海南国际旅游岛建设中取得了新成效。

一、坚持质量为先，担当起创新机制抓质量的重托

（一）加强监督检查，不断提升出口食品备案企业质量安全水平

一是认真落实备案企业年度报告制度。对 66 家在册备案企业上报的年度食品安全卫生控制体系运行报告，进行系统审核，管控好企业体系运行和食品安全情况。二是做好现场检查。共对 61 家出口食品备案企业开展现场检查，确保监管计划 100% 完成。对检查中发现的问题，要求企业认真整改并进行跟踪回访，较好地促进了企业主体责任的落实。三是开展专项检查。针对 9 家出口食品备案企业 14 次被国外通报的不合格信息等情况，海南局组织专家深入企业实施专项核查和调查，分析存在的问题和隐患，并落实纠偏及预防措施。对问题严重的 2 家企业，约谈主要负责人，要求企业落实主体责任，完善自检自控体系，确保出口食品质量安全。

（二）强化备案准入和退出机制，持续保持备案企业具有良好的管理水平

一是严格备案准入。通过严把申请材料审核关、现场评审关和审批核准关，达不到准入条件和标准的，一律不予准入。全年经评审新准入出口食品备案企业 6 家。二是不断完善退出机制。通过现场检查、专项检查、延续备案等手段，强化备案企业的监管。对不能持续满足体系运行要求、不能保证产品质量安全的企业，一律按照规定采取暂停、注销等处理措施。全年共注销备案企业 6 家，其中注销对美国注册企业 3 家。

（三）推进认证监管模式创新，提高认证监管有效性

按照国家认监委转变备案监管方式、做好监管联动的工作要求，海南局将出口备案监管和 HACCP 认证、ISO 9001、有机产品认证等监管工作结合进行，有效地提高了监管的深度、广度，及时消除出口企业质量安全风险隐患。2015 年，海南局共实施监管联动企业 50 家次，减少出动监管人员 106 人次，减幅达 43%。这既节省了监管行政成本、减少对企业生产的影响，又提高了监管的有效性。

（四）加大第三方认证采信力度，推动食品安全社会共治

制定了《出口食品生产企业备案采信第三方认证结果工作规范》，为开展出口食品企业备案采信第三方认证结果提供了工作依据。在备案办理的技术评价和后续监管环节，不断加大采信第三方 HACCP 等认证技术证明的工作力度，较好地发挥社会化、市场化的质量安全保障作用。在现场检查、备案评审、国外注册企业监管中，积极探索采信第三方 ISO 22000 体系认证技术证明和有资质的检测机构技术证明，减少对相关要素的检查工作。海南局通过监管手段创新，提升监管效能，较好地发挥了第三方认证机构、检测机构等社会力量治理食品安全的作用。

二、坚持安全为重，担当起依法行政保安全的重职

（一）加强出口备案监管风险评估工作

结合对出口食品备案企业的年度报告审核分析、出口检验不合格情况和国外对出口食品不合格的通报等

信息，进一步加强对出口备案监管的风险评估工作。根据出口备案企业产品质量安全状况，对备案企业进行动态分类监管，并制定相应的监管计划，确定监管方式、监管重点和监管频次等，做到因厂制宜和“一厂一策”，提高监管的针对性和有效性。

（二）组织强制性产品认证获证产品监督抽查

结合辖区实际情况，先后开展对玩具和小家电获证产品的监督抽查工作。共抽取玩具 3 批、电压力煲 2 批、榨汁机 2 批。经检测，榨汁机不合格 1 批次，并将相关检测情况函告国家认监委和认证机构（中国质量认证中心）。认证机构复函要求：暂停企业使用该批强制性产品认证证书编号。海南局及时监督该批产品从商场下架，有效地维护消费品质量安全。

（三）强化强制性产品认证（CCC）入境验证和 CCC 免办工作

一是抓好 CCC 入境验证口岸执法工作的监督检查，确保重点工业项目建设所需的进口设备及其配件便捷通关。二是严格《CCC 免办证明》的审批程序，对不符合免办条件的货物，一律不予以办理免办证明。三是加快《CCC 免办证明》的审批速度，为企业报检通关和投入安装缩短时间。四是创新 CCC 免办的后续监管工作机制，联合辖区分支机构人员深入 CCC 免办产品使用单位开展后续监督管理。全年共对 43 批 CCC 免办产品实施后续监管，监管覆盖率达 100%。五是对海口港平行车进口指定口岸首次进口的会展用车，予以快速办理 CCC 免办审批，有效地服务企业会展如期开幕。

（四）加强进口食品企业注册和认证信息的口岸查验

按照国家认监委要求，加强进口食品境外生产企业注册入境查验和产品质量分析。对列入《进口食品生产企业注册实施目录》内的食品，入境时查验其是否由获得注册的企业生产，注册编号是否真实、准确，食品外包装是否如实标注注册编号。对使用“有机”、“HACCP”等标志标识的进口食品，依法查验其认证真实性和有效性。经现场查验，口岸进口的婴幼儿配方乳品，个别品种外包装上标有“HACCP”认证标志，但经核查，该认证标志与生产企业获得的原认证标志不同，系企业自己随意更改。为此，及时约谈进口商，要求其严格执行《认证证书和认证标志管理办法》规定。此外，有 1 批进口乳制品（爱薇牛中老年人奶粉）存在违规添加营养强化剂问题。海南局及时监督企业作销毁处理，较好地确保了中老年人的消费安全。

三、坚持发展为大，担当起提升效能促发展的重责

（一）积极帮促出口食品企业提质增效升级

一是落实国务院领导提出的实现出口和内销产品“同线同标同质”的要求，加强对“同线同标同质”工作的指导，促进企业在出口困难的情况下“内销转型”。海南翔泰公司在检企联手“抓质量、促发展”的共同努力下，公司出口 22 762 吨，同比增长 5.2%，内销 7 245 吨，同比增长 9%，实现国外国内“两个市场”同开拓、同增长的双赢局面。二是督导企业建立和完善以危害分析和预防性控制为核心的质量安全管理体系，加强对食品生产中潜在危害的控制，确保出口食品质量卫生安全。三是指导企业按照 ISO/IEC 17025 标准建立实验室质量管理体系，督促企业完善实验室检测质量控制机制；组织和鼓励出口食品备案企业参加能力验证和实验室间比对活动。四是加强企业质量安全内审员的管理，开展对内审员资质的确认工作，着眼于帮扶企业提升质量安全主体责任的执行能力，满足进口国技术法规对出口食品企业相关人员能力资格的认定要求。全年已确认 195 名企业内审员。

（二）积极服务外贸出口稳增长

一是简化备案手续。海南局对申请的 18 项次出口食品企业备案，办理时限符合率 100%，办结天数平均 6.3 天，比规定天数提速 68.5%，最快办理天数为 2 天。二是提高行政办事效能。在备案注册工作中，“繁事简办、难事易办、急事快办、马上就办”。2015 年 9 月，海南源远通公司申请向日本出口冻河豚鱼备案。河豚鱼含有剧毒的河豚毒素，消费者历来谨慎。接到申请后，及时选派评审专家深入企业，共同分析加工原料和生产工艺，确定潜在危害和设置关键控制点，指导企业落实河豚鱼加工过程中的控制措施，有效地确保河豚鱼顺利出口，同时也有效地确保了消费安全，维护海南制造的良好形象。

（三）积极做好“一带一路”沿线国家的注册推荐工作

一是做好国外注册前的帮扶工作，上门宣讲国外相关技术法规要求，指导企业制定和实施符合进口国技术法规的 HACCP 计划书和体系文件，对符合条件的企业，努力争取国外注册准入。全年共 15 次推荐 7 家出口食品企业分别向欧盟、美国、俄罗斯等国家和地区

注册，比上年度增加4倍。二是对拟增加出口品种的企业，以最快的速度组织评审，并向国家认监委推荐，确保海南更多的产品走出国门。三是在做好美国注册企业HACCP验证的同时，做好欧盟、俄罗斯等国家和地区注册企业的检查工作，确保出口产品符合相关进口国（地区）技术法规或中方承诺的卫生要求。

（四）积极做好迎接国外官方考察工作

11月29日—12月5日，韩国官方派出检查团，对海南省8家出口韩国水产品注册企业，进行了为期8天的实地考察。为做好这次迎检，海南局高度重视，积极作为，各分支机构通力协助。海南8家水产品加工企业全部顺利通过了检查，其中2家企业以0项不符合通过检查。

四、坚持自强为上，担当起凝聚合力强质检的重任

（一）加强法治建设，提升依法行政水平

根据《质检总局关于印发〈关于全面深入推进法治质检建设的意见〉的通知》（国质检法［2015］376号）要求，海南局加强法治建设，依法履职尽责。一是抓好相关规范性文件的“立、改、废”工作。结合海南局内审和风险再排查“回头看”活动，及时修订认证监管“三位一体”体系文件，增加和完善相关认证监管作业指导书。制定了《出口食品生产企业备案采信第三方认证结果工作规范》，增加了《食品安全管理体系认证监管作业指导书》等3个作业指导书，修订了《出口食品生产企业备案监督检查作业指导书》等3个作业指导书。二是不断推进依法行政。结合制定“权力清单”和“责任清单”工作，强化认证监管人员权责法定意识，落实认证执法监督责任制。要求执法人员在工作中依法行政，按程序办事，促进监管模式创新和监管效能提升。三是强化法治教育。加强“六五”普法活动学习和认证监管体系文件的学习运用，不断提高学法用法水平，提高体系文件执行的有效性；加强基层培训工作，不断提升基层队伍的法律素质和执法能力。

（二）加强队伍和业务建设，全面提升能力素质

一是组织评审员队伍和认证监管人员学习国外新的食品安全法规和国家认监委有关认证监管工作的最新要求，不断提升海南局认证监管队伍的整体水平。二是加强认证监管人员培训力度。尤其是创新培训方法方式，加大分支机构认证监管人员培训力度，将往年的集中培训改为到基层一线开展形式多样的业务培训和经验交流，到企业生产车间演练现场操作，大大提高了培训工作的有效性和针对性。三是有计划地安排监管人员参加现场检查、专项检查、认证执法检查、备案注册评审、HACCP验证评审和国外注册评审工作，提升一线人员实践才干和专业能力。四是开展认证监管业务督察，防控工作风险。采取多种方式和方法，对分支机构认证监管业务工作开展专项督察。五是做好聘任期满的评审员的续聘工作，同时新聘部分见习评审员，为认证监管工作提供了人才保障。

（三）加强检验检测机构资质认定工作，提升技术保障水平

按照国家认监委的工作部署，海南局在3家获证检验检测机构完成自查自纠的基础上，组织对所属检验检测机构资质认定情况进行监督检查。检查结果表明：3家检测机构认可证书和资质认定（含食品检验检测机构）证书均在有效期内，并建立了较为完善的管理制度，对获得资质的检测项目，实施了有效的内部和外部质量控制，能够规范地、诚信地为行政执法或社会委托提供有效的检测服务，未发现有出具虚假数据、伪造数据等违法违规现象。

（四）加强宣传工作，提升认证认可形象

一是利用“3·15”“世界认可日”等活动，开展了多种形式的宣传活动，扩大认证认可的影响力和公信力。二是开展有机产品认证系列专题宣传活动，在门户网站设立了“有机宣传周活动专栏”，并在基层一线的工作场所及口岸窗口开辟宣传栏，制作宣传海报，向公众发放宣传手册，普及有机产品知识，推广有机生产和消费理念。三是组织开展实验室开放日活动。通过一系列的宣传活动，营造“人人重视质量、人人创造质量、人人享受质量”的质量共治氛围。

撰稿人：符世霞　审稿人：杨祖江

严格把关　强化监管　推动认证认可事业发展

——海南省质量技术监督局2015年认证监管工作概况

2015年，海南省质量技术监督局（以下简称“海南省质监局”或“省局”）认证认可工作全面落实全国质检工作会议和全国认证认可会议精神，围绕“抓质量、保安全、促发展、强质监”工作方针和“创优服务、创新治理”的工作要求，服务省委、省政府坚持把发展集约、集群、园区化的新兴工业作为壮大经济实力的重要支撑工作部署，全面筑牢工业、农业、服务业以及环境保护等领域的认证管理基础工作。积极推进“简政放权、放管结合、优化服务”改革，着力完善具有海南特色的认证认可体系，促进海南经济提质增效升级和对外贸易稳定发展，取得了显著成效。

2015年，海南省大力推进认证认可工作，全面提升质量管理水平。积极宣贯ISO 9000系列标准，新增质量管理体系认证组织28家，累计全省1 960家企业（组织）通过质量管理体系认证和产品质量认证等相关认证，获得认证证书2 092张。其中，获得强制性（CCC）认证证书26张，累计467张；药品生产企业获得GMP认证94家，增加了48家；绿色食品认证17家26个产品；无公害农产品认证197家345个产品；有机农产品认证32家证书41张。

认证认可管理工作。一是制订认证认可工作计划。按照《海南省质量发展纲要》的要求，将认证认可工作纳入海南省贯彻落实质量发展纲要2015年行动计划，明确工作任务、责任部门，加强指导和监督检查，切实推进海南省的认证认可工作，充分发挥认证认可在提升企业管理水平、服务和保障地方经济社会发展的作用。二是加强认证认可证后监管。加强监管制度建设，明确责任分工，细化监管要求，加强信息通报；强化管理体系、有机产品、强制性产品及检验机构检验检测工作的监督检查，采取随机抽查的方式，对认证机构开展的现场审核进行突出检查，打击不规范的认证行为。三是开展能力验证工作。在疾控及环境监测方面安排2015年度能力验证工作。四是加强认证认可监管队伍建设。开展对海南资质认定评审员的继续培训及考评评议工作，根据两年来的考核反馈，对专业能力差、组织纪律差，被评单位反映作风不够好的评审员终止聘请，调整评审员队伍，加强评审员的自律和廉洁教育，确保评审工作的公正。开展监管人员的培训，进一步提高监管人员的能力素质。

实验室认可工作。按照《计量认证/审查认可（验收）评审准则（试行）》和《实验室资质认定评审准则》的要求，完成了对13家质检机构开展专项监督检查，15家40项计量标准的考核（复查）工作，构建起以省疾控中心为龙头，海口、三亚、儋州、琼海等区域重点疾控中心为骨干，第三方实验室为补充的全省食品污染物和有害因素监测网，现有15个市县疾控中心参与食品中化学污染物及有害因素监测检验，17个市县疾控中心参与食品微生物及其致病因子监测检验，开展食品中化学污染物和有害因素监测，食品中微生物及致病因子监测，安全风险达到可控。

机动车安检机构认可工作。截至2015年底，海南省共有获得资格许可机动车检验机构52家。其中，摩托车安检机构10家，汽车安检机构42家（其中11家有摩托车检测线）。全省共有摩托车检测线21条，汽车检测线63条。新增汽车安检机构3家、机动车安检线3条。海口市有1家汽车安检机构搬迁，至今未开展工作，屯昌市有1家摩托车安检站，资格许可证到期后，因不符合条件，至今没有再申请取证。

一、强制性产品认证获证产品监督抽查工作

（一）强制性认证产品抽查具体情况

根据《国家认监委关于印发2015年认证认可各业务领域监督检查工作方案的通知》（国认办［2015］25号）和《国家认监委关于开展2015年强制性产品认证获证产品监督抽查工作的补充通知》（国认证函［2015］47号）要求，7月—9月，海南省质监局对海南省流通领域销售的已获得CCC认证的吸油烟机产品进行了专项监督抽查，并委托广东产品质量监督检验研究院检验。

本次监督抽查在流通领域抽查了7家经销商销售的23家企业生产的25批次吸油烟机产品，经检验，其中有7批次产品不合格，18批次产品合格，产品合格率为72.0%。抽查的23家生产企业中，合格17家，合格率为73.9%，不合格6家，不合格率为26.1%，此次抽查涉及产品认证证书25张，证书全部是由中国质量认证中心签发。

本次监督抽查共涉及检验项目16个，其中有6个检验项目出现不合格。不合格项目为标志和说明、对触及带电部件的防护、结构、接地措施、电气间隙、爬电距离和固体绝缘、耐热和耐燃等方面不规范。本次监督抽查标志和说明项目只检不判，有9批次产品该项目不符合检验依据的要求。

（二）本次抽查活动的经验总结

本次监督抽查在国家认监委的精心组织下顺利地完成了监督抽查工作。本次监督抽查工作本着公平、公正，实事求是的原则，以抽查方案和相关标准为依据开展抽样检测工作，争取做到检测结果让企业信服，社会认可。本次抽样是在海南省流通领域内随机抽取已获得CCC认证在有效状态的吸油烟机产品。本次检测工作采用检验员初检，项目工程师和主任复核的方式，这样既提高了工作效率，又保证结果的准确性，防止检测结果出差错。针对不合格项目，检验员、审核人和批准人共同复核，重新进行试验，防止检测结果出现差错。本次吸油烟机产品的抽查合格率与以往吸油烟机产品的抽查合格率相比较低，这说明我国二、三线城市销售的吸油烟机产品质量有待提高。虽然被抽查企业都拿到CCC证书，但仍然发现部分企业提供的证书信息与样品信息存在差异，部分企业在原材料的质量控制、生产过程质量管理以及出厂检验等方面都不同程度的存在着问题，获证后不能持续稳定地生产合格产品。

由于地域特点，本次监督抽查的品牌覆盖面小涉及的生产企业也不多，导致抽查的结果可能存在局限性。抽查中，有些经销商无法针对抽样样品提供对应的CCC证书复印件，抽样现场无条件查证抽查样品的CCC获证情况，需抽样后待生产企业回函确认CCC认证证书号，大大降低了CCC核查工作效率。抽查中，由于销售商无法提供准确的CCC证书信息，而事后生产企业不配合、不及时提供抽查样品的CCC证书信息，需依靠检验员自行上网查询抽查样品的CCC证书信息，也为后期检验工作和总结工作的准确性带来了一定的风险。

通过抽查发现导致海南省销售领域吸油烟机产品不合格的原因主要是：一是企业的质量管理人员对相关标准不熟悉，导致在产品设计、生产、检验等各环节均存在各种漏洞；二是企业不同程度存在着偷工减料的情况；三是个别企业存在一个证书生产两个质量等级产品的情况。因此，建议相关部门今后加强对生产企业的培训和监督，责令对不合格产品的生产企业整改；持续对该产品保持相当频率及较大范围的质量监督抽查。

二、机动车安检机构专项检查工作情况

本次监督检查机动车安检机构43家，其中汽车安检机构36家，摩托车安检机构7家，存在问题机构数24家，有2个市县对存在问题的安检机构下达责令整改通知书。

（一）机动车安检机构专项检查工作具体开展情况总结

精心组织，明确要求。2015年的专项检查，海南省质监局采取属地管理属地检查，省局抽查的方式进行。下发了《海南省质量技术监督局关于开展全省机动车安全技术检验机构监督检查工作的通知》（琼质技监质［2015］13号），明确了检查范围、检查内容、检查的时间、组织实施、工作要求等5个方面的内容。编制专门的检查表，将安检机构的法人资格、资质、检验设备、检验项目、人工检验单和检验报告、人员资质、停车场地、站内道路、业务大厅、检验厂房、档案管理等方面作为检查的重点，同时将校车、大中型客车、重中型货车及挂车等车辆外观项目和分类监管的内容融入到检查内容中。

严格要求，强化检查工作的有效性。本次检查要求各直属质监局选派参加过培训并熟悉机动车检测业务的人员专门负责，以“严”和“实”的作风，对所辖区域内已获许可的安检机构，按照《机动车资格许可技术条件》、GB 21861—2014标准的要求全面进行一次检查梳理。符合要求的安检机构，继续准予许可，不符合要求的安检机构，及时督促落实整改。逾期仍不满足要求的安检机构，要求及时上报省局，并做出限制检验车辆类型，直至撤销检验资格的处罚。

强化后续管理，督促整改落实。各直属质监局针对检查中发现的问题，提出了明确的整改要求，督促安验机构严格落实整改工作。海口市质监局在向省质监局上报工作总结前，已督促安检机构将检查中发现的不符合整改完成。昌江市、临高市质监局对存在问题的安检机构下达责令整改通知书，部分直属局对发现较多问题的和工作质量基础薄弱的安检机构负责人开展约谈。

（二）检查中存在的主要问题

从检查情况看，全部43家机构基本保持取证时的条件，规章制度基本健全，检测设备均已按时进行了检定或校准，各安检机构监控设备均已安装，且运行正常，但还存在一些薄弱环节和突出问题。

1. 制度建设方面

公示栏信息不全，业务大厅的监督栏内没有技术负责人的公示，或不在大厅等地方公示。质量手册等管理体系文件未根据新标准GB 21861—2014进行更新。

2. 人力资源和培训方面

关键人员变更后，不及时上报发证部门。标准更新、软件升级、设备更换没有培训计划和培训记录。

3. 设备管理方面

对路试检验条件和设施的维护保养不重视；部分仪器设备未在醒目位置粘贴检定或校准标识；停车场地不规范，车辆停放较乱；电缆沟部分线路裸露在外；个别安检机构的驻车坡道不符合规定要求；设备档案不齐全。

4. 检验报告与记录方面

检验报告未严格按照GB 21861—2014版规定的检验项目来实施，部分项目不适用的也进行检验；人工检验部分（车辆外观检查、底盘动态检验和车辆底盘检查）的检测工作和记录不认真，存在着隐患；检验报告单上的记录信息填写不全或填写错误。

（三）整改措施

1. 落实整改，提高监管效能

针对本次监督检查中发现的具体问题，要求各安检机构要举一反三认真进行整改，向当地质监局提交整改证实报告。属地直属质监局负责监督安检机构抓好落实整改工作，确保不留问题死角。

2. 开展跟踪检查，加强后续监管

各相关直属质监局密切跟踪安验机构的工作质量，进一步加强对本辖区安检机构的监管工作。对整改不到位的，责令暂停检验工作，对重复出现问题的安验机构要依法做出严肃处理，或停止其检验资格。

3. 加强培训，提高素质

一方面加强对各直属质监局的分管领导和工作人员监管知识、监管责任的培训，进一步增强监管工作能力和责任意识；另一方面督促安检机构加强内部培训，进一步提高安验机构从业人员的整体素质。

三、开展“世界认可日”宣传活动

根据《国家认监委关于举行2015年“世界认可日”活动暨“认证认可服务‘一带一路’建设愿景与行动”启动仪式的通知》（国认办函［2015］41号）精神，海南省质监局领导高度重视，认真筹划，紧密结合海南实际，组织开展了6月9日的“世界认可日”活动，活动取得了预期的效果。

（一）高度重视，精心组织

接到国家认监委的部署文件后，海南省质监局领导及时作出批示，按照国家认监委的文件部署和省局领导的批示要求，组织相关部门人员认真学习，同时制定海南省开展“世界认可日”活动方案，印发全省质监系统，要求各直属局和相关单位结合实际在各自辖区内开展宣传活动，确保了活动有序开展。

（二）突出特色，力求实效

海南省质监局要求各直属单位把“世界认可日”活动与年度工作结合起来，找准认证认可服务地方中心工作和“一带一路”建设的结合点和创新点，采取得力措施，推进认证认可在促进地方经济社会发展相关方面的采信，提高认证认可的社会认知度和影响力。省本级活动在海口市举行，印制了认证认可相关知识宣传资料，现场解答群众关心的认证认可问题，受理珠宝检测、放射性检测和室内空气检测等，受到了群众的关注。各直属局在公共场所张贴宣传资料和张挂条幅及开展群众喜闻乐见的宣传活动。本次活动共发放宣传资料200多份，帮助消费者解答疑问近30个。活动借助广播电视、网络、报刊、短信等媒体平台，多途径广泛宣传，努力营造“世界认可日”公众共同参与的活动氛围。

（三）依法依规，勤俭节约

开展“世界认可日”活动期间，各直属单位严格执行“八项规定”，未发现以开展活动为由向监管对象收取或变相摊派费用，活动在勤俭节约中开展，并取得预期效果。

四、存在问题和不足

一是基层认证监管人员掌握的监管知识、监管技能和监管对象情况不足，对日常监管不力。二是部分企业生产设备和检测仪器能力不足，不能满足产品质量标准要求，或缺少相应的设备仪器。采购和进货检验失控，不能对影响安全的关键原料和材料进行有效控

制，未按照实施规则的要求进行检验和确认，其提供的检验记录完整性和有效性都很差。三是对获证组织的监督检查主要依赖认证机构一年一次的现场检查和国家主管部门的年度抽样检测，无论是认证机构监督检查的频次还是国家主管部门抽样的覆盖面都存在很大的不足，使不诚信企业存在很大的侥幸心理。同时，对问题企业的处罚力度明显较轻，威慑作用不够，不能从根本上杜绝不诚信企业的生存空间。

五、工作建议

一是加大工厂检查力度，提高监管有效性。根据产品特性、行业特点以及管理情况，对高风险产品、质量管理薄弱、缺乏诚信的企业加大现场检查、飞行检查的频次和力度，尤其要对企业经常出现的问题加大现场检查力度，以切实保证不符合内容得到有效整改。

二是提高监督效率，减少企业费用。针对突出问题加强检查，但要杜绝收受咨询费，减少企业负担，让企业有限的资金投入到正常的生产中去，提高产品质量，保证企业的顺利发展。

三是加大对市场流通领域的监管力度，杜绝假冒伪劣产品流入市场。监管部门必须严把市场关，断绝假冒伪劣产品的销售渠道。

四是加大对强制性认证产品企业人员的技术培训。各有关部门应有针对性地举办培训班和质量分析会，帮助企业正确理解认证要求，提高其质量意识和质量管理水平。另外，为方便获证企业自觉执行认证要求和减少其认证成本，认证机构应简化认证程序，明确且细化认证要求，使企业愿意履行 CCC 认证申请，自觉按 CCC 认证要求去组织生产。

五是加强年鉴编纂人员编纂知识的培训并总结年鉴编纂经验，表彰优秀编纂人员，鼓励撰稿人努力提高年鉴编纂水平。

撰稿人：杨　振　审稿人：林诗光

抓好工作落实和自身建设　提高监管能力和水平

——广西出入境检验检疫局 2015 年认证监管工作概况

2015 年，广西出入境检验检疫局（以下简称“广西局”）围绕国家质检总局、国家认监委“创优服务、创新治理”的工作要求，以“抓质量、保安全、促发展、强质检”十二字方针为主线，全面践行“和谐严明、规范高效、管理有序、创新发展”治局理念，求真务实、深化改革，着力加强队伍建设、业务建设、科技建设、基础建设、能力建设、廉政建设，努力开创认证认可工作新局面，服务地方经济发展，各项工作取得了可喜的成绩。

一、进出口食品生产企业卫生注册登记工作概况

2015 年，广西局共对 22 家出口食品生产企业初次申请备案、11 家重新申请（增加品种）、7 家延续备案、7 家变更备案信息企业进行了评审和 HACCP 验证，注销 13 家企业出口食品备案资格，广西辖区现持有有效出口食品备案证明企业 181 家。同时帮助并推荐广西更多的出口食品备案企业获得国外注册资格，特别是加大广西对“一带一路”沿线国家出口食品备案注册力度，全年新推荐 12 家次企业获得国外注册资格，同比增加 30%；对外注册企业数量已达到 135 家次，注册国家有欧盟、美国、韩国、俄罗斯、越南、新西兰、加拿大、印度尼西亚和马来西亚共 9 个国家或地区，扩大了广西食品的出口。

二、认证、认证监管及相关工作概况

（一）“放”“管”“治”“三位一体”抓质量安全

1. 简政放权，推行第三方采信机制

一是积极贯彻落实《国务院关于取消和调整一批行政审批项目等事项的决定》（国发［2015］11 号）精神，对文件中取消“涉及人身财产安全健康的重要出口商品注册登记”的行政审批项目，及时对外公布信息，告知获证企业相关政策，集中清理废止与之相关

的7个规范性文件、2个作业指导书和30个质量记录清单。二是放宽准入，进一步促进企业履行质量安全主体责任，弱化事前审批，简化备案流程，按照国家认监委要求全面启用《中国出口食品备案管理系统》（2.0版），在出口食品生产企业备案的技术评价和后续监管环节采信企业自我检查声明和第三方HACCP认证技术证明，充分发挥第三方HACCP认证等市场化的质量安全保障机制的作用。2015年上半年，仅用21天就为产值达3亿元专业生产“蒙牛”品牌冰淇淋产品出口东南亚的广西东蒙乳业有限公司办结《备案证明》，比平常节省近一半时间，赢得企业好评。其他食品备案企业平均节省近1/3的时间，大大缩短了办结时间，提高了工作效率。

2. 加强对备案企业和认证机构的事中事后监管

按照《国家认监委关于改进出口食品生产企业HACCP认证监管工作的通知》（国认注[2014]20号）、《国家认监委关于加强和完善出口食品生产企业备案管理工作的通知》（国认注［2014］8号）和《国家认监委关于落实好相关工作进一步提高HACCP体系认证有效性的通知》（国认注［2013］57号）要求，完成2014年度广西出口食品生产企业备案及监管工作质量分析报告和178家出口食品备案企业年度报告的质量审核。进一步完善规章制度，制定了《出口食品生产企业备案与监管采信第三方认证结果工作规范》等规范性文件，重新修订发布了相关作业指导书，确保出口食品企业备案监管模式改革落实到实处。转变出口食品企业备案监管模式，将出口备案企业监管与HACCP等认证监管有效结合，全面落实备案认证联动监管；结合出口食品生产企业备案开展有机认证情况调研和食品农产品认证监督检查，即在监管出口食品备案企业的同时也监管了第三方认证机构认证活动的合规性，实现100%联动监管目标，提高第三方认证结果的可信度。整合优化了认证行政监管资源，提高了行政监管效能。

3. 转移工作重心，确保进口质量安全准入

一是强化边贸进口食品和进口有机产品的认证监管。按照国家质检总局、国家认监委进口食品境外企业注册管理的有关规定，着眼于广西边贸特点实际，坚持以质量安全底线为导向，以风险分析为基础，进一步探索破解边贸监管难题，健全监管体系。出台了《广西进口有机产品入境验证》等规范性文件。加强对凭祥、水口口岸边贸进口食品境外生产企业注册及口岸证书核查业务督查，探索进口食品注册、认证信息市场监管的有效途径。二是继续加强入境CCC获证产品的认证监管和CCC免办后续监管。继续加大对入境CCC获证产品验证工作，确保口岸CCC产品入境查验率达到100%；全年共办理CCC免办进口审批82批，货值3.19亿元人民币；加强CCC免办后续监管，全面实行专门制度、专门管理、专人负责、专门台账、专门存放地点的“五专”管理，按规定对29辆进口免办小汽车和1 068件免办进口汽车轮胎及汽车零部件实施报废销毁处理；针对上汽通用五菱汽车股份有限公司未按申报用途使用CCC免办进口汽车的违规行为对企业负责人开展行政约谈，责令其对违规行为进行整改，对违规车辆作报废销毁处理、降低企业信用等级、加大对企业CCC免办后续监管力度。2015年，CCC免办后续监管覆盖率达100%。同时，按照国家认监委的统一部署，以问题为导向，结合广西辖区实际，开展2015年度对进口重点强制性认证产品的专项整治。共抽查CCC获证进口产品10批，其中口岸入境抽查6批，流通领域抽查4批，抽查范围涉及机动车轮胎、玩具和小家电等产品，并对其中检测不合格的1种轿车轮胎进行复验，经检测和复验全部产品符合标准要求，圆满完成国家认监委2015年强制性产品认证获证产品监督抽查工作任务。严把入境CCC产品准入关，保证广大消费者的合法权益。三是积极探索跨境电子商务贸易检验认证监管模式，加强CCC产品跨境电子商务的监督管理。

4. 创新治理，强化认证市场监管

认真履行对认证市场的监管职责，着重问题导向，创新认证监管模式，强化对认证市场的监管。按照国家认监委2015年管理体系认证活动监督检查方案的安排，派出138人次对国家认监委指定的50家获证组织、涉及15家认证机构开展对认证机构质量管理体系认证活动专项监督检查。本次检查共发现问题总数245个，其中涉认证机构问题9大类218个，获证组织问题2大类78个，发出整改通知单15份，联合广西钻壮族自治区质监局召开由这15家认证机构负责人参加的检查结果通报会，提出整改要求；按照国家认监委《2015年进出口食品生产企业注册备案及食品农产品认证工作方案》的安排，派出120人次，对46家次出口食品农产品企业、涉及9家认证机构开展认证合规性监督检查，未发现买证、卖证或超期、超范围使用认证证书等违法违规现象。通过认证行政监管，净化了认证市场，营造公平竞争的认证市场环境，向社会公众传递信任。

（二）发挥认证认可作用，服务国家“一带一路”发展战略

1. 发挥认证认可作用，积极促进外贸稳增长

落实国务院和国家质检总局一系列稳增长促发展政

策措施，发挥认证认可作用，主动作为，服务国家“一带一路”发展战略，促进经济稳增长。一是帮助并推荐广西更多的企业获得国外注册资格，特别是加大广西对“一带一路”沿线国家出口食品备案注册力度，扩大了广西食品的出口。二是帮助大型出口项目钦州九联食品有限公司快速取得出口食品备案资格和推荐对马来西亚出口禽肉注册，仅用15天时间办结出口食品备案资格并同步推荐向马来西亚出口鸡肉产品卫生注册推荐工作，顺利通过马来西亚兽医局（DVS）和马来西亚清真委员会（JAKIM）官员的现场检查，填补广西无禽肉产品出口空白，赢得各方好评，企业为此送来感谢信和锦旗。三是指导、帮扶已获国外注册的出口食品备案企业做好应对美国FDA官方检查，广西志超食品有限公司和广西西河食品有限公司两家企业先后顺利通过FDA官员现场检查，并赢得FDA检查官的高度评价，尤其是广西西河食品有限公司创造了现场检查零问题（NAI）的记录，确保企业持续保持国外注册水准。四是帮助促进出口水产品、罐头食品、酵母产品等企业内销转型，推广“同线同标”“四统一”试点工作。发挥龙头企业作用，树立了罐头、水产、酵母3家标杆企业，开展比学赶帮活动，帮助、引导企业提高管理水平，促进企业提质增效升级；帮助多个出口企业调整产品结构，在外销订单减少的情况下，推广“同线同标”“四统一”，按照出口食品生产标准努力开拓内销市场，向国内消费者提供出口等级食品安全信心。四是联合中检广西认证中心开展出口食品备案企业质量管理人员（内审员）的培训、考核和资质认定工作，共培训来自136家企业的204名专职质量管理人员，帮助企业提高管理水平，全方位推动出口食品生产企业落实质量主体责任。五是深入北海出口加工区，为来自北海出口加工区10多家进口企业共20多名代表开展CCC免办培训，帮助企业了解并掌握CCC免办相关规定，在加速通关方面起到积极的作用。

2. 开展世界认可日“认证认可服务‘一带一路’建设”主题宣传活动

落实国家质检总局、国家认监委在2015年世界认可日启动的“认证认可服务‘一带一路’建设愿景与行动”，在北海召开由北海市常务副市长、政府相关部门领导、认证机构、检测机构、企业代表、新闻媒体等共60余人参加的宣传交流座谈会，为地方政府、检验检疫、认证机构、检测机构、企业、社会搭建公共平台，共同推动认证认可服务“一带一路”建设，服务广西地方经济的发展，取得了良好的效果。

（三）深化改革创新，加强自身建设

1. 推进清单管理模式，努力实现认证监管规范高效、管理有序

以管理体系建设为切入点，推进清单管理模式，明确并落实权力清单和责任清单，进一步完善认证监管体系建设，完成了《广西出口食品生产企业备案监管采信工作规范》《广西进口有机产品入境验证工作程序》等多个规范性文件的制定和修订，进一步规范、优化认证监管工作流程并确保有效运行。按照国家认监委的统一部署，组织开展辖区范围2015年认证行政执法专项监督检查自查，查找存在问题、明确整改方向，减少认证行政执法工作的随意性进一步规范认证监管执法工作。

2. 强化监督，提高分支机构认证监管能力

继续保持对分支机构的工作督查，采取飞行检查的方式，不定期开展认证监管工作质量检查。突出风险管控，加强重点敏感出口食品的监管，引入对分支机构监管人员监管效果评议机制，重点指导督查梧州、贺州、桂林、北海检验检疫局开展监管联动、见证审核活动，不断提高分支机构认证监管能力。

3. 推进检验检疫口岸认证执法联盟建设

与山东、北京、上海、宁波、广东、深圳等13个直属检验检疫局签订《检验检疫口岸认证执法联盟合作备忘录》，推动联盟成员认证监管信息互通、监管互认、执法互助，切实推进联盟一体化建设，全力服务国家“21世纪海上丝绸之路”建设战略。

4. 创新培训方式，提高认证监管队伍水平

创新培训方式，通过模拟现场演练的自主培训、外送培训和邀请专家现场通过“传、帮、带”等多种方式，对系统内50名认证监管人员开展了管理体系认证监管人员技能培训，提高系统认证监管队伍的能力和水平。同时，对分支机构的出口食品生产企业备案评审员及监管人员同时进行了系统培训，学习了修订后的出口食品生产企业备案与监管采信第三方认证结果作业指导书和广西局出口食品生产企业备案采信工作规范以及备案管理系统（2.0版）的操作使用等。

撰稿人：周　菁　审稿人：余　敏

深入推进改革发展　服务经济提质增效升级

——广西壮族自治区质量技术监督局2015年认证监管工作概况

2015年，广西壮族自治区质量技术监督局（以下简称“广西质监局”）深入贯彻党的十八大和十八届三中、四中、五中全会及全国质检工作会议、全国认证认可工作会议精神，以“抓质量、保安全、促发展、强质检”十二字方针为指导，按照“创优服务，创新治理”的总要求，主动适应经济发展新常态，改革创新，认真履责，积极服务地方经济发展，广西认证认可工作取得明显成效。

一、广西2015年认证认可基本情况

强制性产品认证方面，广西获得强制性产品认证的企业442家，证书3 308张，主要获证产品为机动车辆及安全附件（78家企业1 522张证书）、低压电器（137家企业681张证书）、安全玻璃（77家企业337张证书）、信息技术设备（12家企业166张证书）、电线电缆（51家企业116张证书）等5类产品。

管理体系认证方面，全区获得管理体系认证的各类组织有4 252家，证书6 736张，其中质量管理体系4 073张、环境管理体系1 183张、职业安全健康管理体系975张。

食品农产品认证方面，全区共有875家组织获得1 573张证书，其中，有机产品认证获证组织187家320张证书。

资质认定方面，广西检验检测机构资质认定获证实验室939家963张证书。

二、开拓创新，不断加强认证认可工作

（一）主动作为，加快检验检测技术机构改革发展，积极服务“一带一路”国家发展战略

广西质监局认真落实国家质检总局支树平局长与彭清华书记、陈武主席等自治区领导会谈成果，争取国家质检总局支持，中国－东盟检验检测认证高技术服务集聚区正式落户广西，项目已列入广西实施“双核驱动”战略、广西“十三五”规划、中国－东盟信息港和《广西现代服务业集聚区发展规划（2015—2020）》、《广西服务发展重点项目实施方案（2015—2020）》等自治区相关重大规划，南宁市政府大力支持集聚区建设，规划2平方公里土地用于集聚区建设。5月18日，广西质监局与国家质检总局直属相关国家院（中心、集团）以及南宁市政府签署战略合作协议，合作共建6个东盟检验检测认证中心和中国－东盟检验检测认证高技术服务集聚区，6个东盟检验检测认证中心已挂牌筹建，项目前期工作进展顺利。

（二）积极开展有机示范区创建活动，培育地方品牌和特色产业，服务地方经济发展

按照国家认监委有机示范区创建活动的相关要求，广西质监局通过调查摸底，切实了解掌握全区有机产品认证现状，确定培育对象，选择贺州市昭平县申报国家有机产品认证示范区，并组织国内知名有机产业专家帮助和指导昭平县开展创建活动，经过文件评审、专家咨询和社会公示，12月24日，昭平县获得广西首个“有机产品认证示范创建区”称号。

（三）加强认证认可监管工作，强化认证认可的桥梁作用

一是严格把好资质认定行政许可审批关。2015年以来，广西质监局在行政许可工作中严格执行行政审批“受理、审查、批准”三分离制度和机关效能建设三项制度，严格贯彻落实国家和自治区有关审批事项改革的相关要求，截至2015年底，共完成资质认定行政许可805件，办理及时率为100%，差错率为0。为服务好广西支持蔗糖产业，指导帮助自治区农机鉴定站获取粉垄深耕机等新产品检验资质，使其顺利完成这些新产品鉴定工作。

二是积极贯彻实施新的资质认定管理办法。在新修订的《检验检测机构资质认定管理办法》（质检总局令第163号）发布实施后，认真组织学习领会相关会议和文件精神，结合广西实际制定新制度实施方案，

明确实施步骤和时间要求；精心选派人员参加国家认监委组织的师资培训，先后培训师资人员12人；积极开展资质认定新制度宣贯工作，举办自治区级评审员新制度培训班2期，共培训337人。截至2015年底，共颁发新的检验检测机构资质认定证书168张。

三是组织开展全区资质认定获证检验检测机构专项监督检查。2015年，全区资质认定获证机构专项监督检查重点为机构遵守法律法规，规范、诚信提供检验检测服务和履行统计义务等情况，在市局检查的基础上，区局组织检查组分批次对柳州、桂林、贵港、梧州等地31家获证机构进行飞行检查，主要检查食品、环保、建工、水质等高风险行业机构，其中检查自治区级机构4家、市级机构11家、县级机构16家，根据检查结果对机构暂停资质3家（其中立案查处1家），注销资质1家，责令整改1家，同时将检查结果及时通报相关主管部门，有力推进了部门联动，形成多元共治的行业治理格局。

四是积极开展实验室能力验证工作，提升检验检测机构技术能力和管理水平。2015年，广西质监局开展的能力验证项目有食品中氨基酸态氮、食品中二氧化硫和建材钢筋等三项，共有370家获证机构报名参加，对结果为可疑或离群的15家机构取消相关检测项目资质，责令整改并要求必须通过现场考核合格后方可恢复相关项目的检测能力。

五是认真做好年度检验检测统计工作。广西质监局高度重视检验检测统计工作，组织全区各市相关工作负责人参加2014年度检验检测统计工作部署视频会，明确各部门责任分工和时间进度要求，并及时对各市统计工作开展情况进行监督检查，确保按时完成统计工作，并保障上报数据准确、有效。2015年4月底前全区所有正常运行的821家机构已按时上报，圆满完成年度统计工作。

六是开展强制性产品认证获证产品监督抽查工作。按照国家认监委的部署，广西质监局于7月至9月组织在全区流通领域对已经获得强制性产品认证的灯具产品开展了监督抽查工作，在广东质检院的大力支持和配合下，按计划完成27家企业34批次样品抽样工作。根据抽查结果，针对灯具产品合格率不高的情况下，在全区部署开展全区灯具产品专项执法检查工作。

七是广泛宣传，扩大认证认可的社会影响。在2015年的世界认可日、“全区检验检测机构开放日”等大型活动中，通过召开座谈会、参观实验室、深入社区宣传等多种方式，广泛宣传认证认可和检验检测服务经济社会发展的作用成效，扩大了认证认可和检验检测的社会影响。6月4日，广西质监局联合贺州市人民政府举办了第八届世界认可日活动暨“广西第二届有机产业发展论坛”，国家认监委、环保部相关司局，贺州市人民政府、中国有机产业发展联盟以及区内外代表130余人参加论坛。

撰稿人：农贵林　审稿人：廖文军

推进认证监管改革创新　建设创优服务新动力

——重庆出入境检验检疫局2015年认证监管工作概况

2015年，重庆出入境检验检疫局（以下简称“重庆局”）认证监管工作以“创优服务、创新治理”和支树平局长对重庆局提出的“三个新突破”为统领，深入落实全国认证认可工作会议精神、重庆局认证监管工作要点，主动改革认证监管模式，创新认证认可质量发展基础，在提升认证监管效能方面取得成效。

一、狠抓认证监管重点改革创新工作，创优服务外向型经济发展

（一）率先创新跨境电商强制性认证产品监管新模式

为服务新业态发展，重庆局在系统内率先探索跨境电商领域强制性认证特殊监管新模式，制定小家电、儿童安全座椅、儿童玩具、手机、计算机等跨境电商强制性认证产品的特殊检测规范，发布重庆局《跨境电商小批量进口免于强制性产品认证特殊用途检测管理办法》，搭建了跨境电商CCC产品“进得来、管得住、放得快”的市场准入新渠道。准入时限从传统的2～3个月缩短到5个工作日内，检测费用减少90%，2015年共批准完成49批跨境电商小批量进口产品特殊检测，货值共243.15万人民币。

（二）率先创新特殊监管区进口食品生产企业监管新制度

为主动服务口岸经济发展，在系统内率先创新探索，发布《重庆检验检疫局特殊监管区域进口食品生产企业监督管理规范》，确立了“境内关外”食品企业生产产品实现进口的合法身份，为重庆相关保税区发展高端食品产业和企业产品入市奠定法规基础。

（三）积极推动创建丝绸之路经济带境内地区检验检疫认证监管合作联动机制

重庆局主动申请作为牵头单位，组织西部十局创建丝绸之路经济带境内地区检验检疫认证监管合作联动机制，确定了10个合作机制、9个工作组及相关任务分工，并确定了合作联动机制联席会议的有关事宜，以开展认证执法合作为基础，以推进认证监管改革创新合作为重点，推进丝路境内地区检验检疫认证监管工作“监管互认、执法互助、信息互享”，推动丝绸之路沿线国家和地区认证认可制度合作互认，提升中欧大通道和泛亚大通道贸易便利化水平、向西开放水平和内陆开放高地建设水平。

（四）全面推行出口食品备案管理改革

一是回顾试点成果，完善制度，进一步突破创新，修订采信第三方体系认证结果相关的规范性文件，发布《重庆检验检疫局出口食品备案采信第三方评价实施细则》，全面推行以采信第三方为核心的备案监管模式改革。二是进一步简化备案程序。加强事前帮扶和事后监管，简化备案审批。在采信的广度、深度、采信对象和采信应用面上，进一步创新突破，特别是对低风险食品生产企业实行“先照后证”。三是公开和固化程序，全面应用出口食品备案信息系统，实现备案网上申请、网上审批，实现了100%网上办理。四是全面推行采信工作常态化，全面采信广义第三方机构的符合性证明。2015年采信率达100%，办理备案时限从上年度的9.72个工作日加快到3.45个工作日，办事效率提高64.51%，得到出口食品企业的广泛认同。

（五）深入推进CCC免办管理模式改革，服务外向型经济发展有新贡献

一是进一步贴近重庆支柱外向型产业调结构的需求，推进改革CCC免办监管模式，拓宽CCC免办适用面，用活市场准入政策服务经济发展。全年共创新服务涪陵国家级页岩气工程、京东方8.5代薄膜晶体管显示器件生产线等重点项目29个。二是进一步改进CCC免办管理制度，不断优化CCC免办审批、监管和核销工作流程。全年共批准CCC免办134批，货值共6 284.4万元，同比增加10%；实施后续监管259批，监管覆盖率达100%。

二、创新模式，强化监管，提升认证认可质量基础服务能力

（一）全力推进重庆口岸汽车整车进口

一是结合渝新欧物流通道特点，制定《免于强制性产品认证特殊用途进口汽车检测处理程序实施规范》，优化工作流程。全年共批准小批量汽车进口 7 批，货值共 54.99 万欧元。二是依托汽车整车进口技术工作组，组织开展重庆进口汽车的政策法规、技术标准研究、服务咨询。三是主动协调意大利杜卡迪、FMW 等摩托车获得 CCC 认证，并顺利实现进口。

（二）强化入境强制性认证产品监管工作

一是创新开展进口强制性认证产品监督抽查工作，采取以“神秘买家”方式，监督抽查电热水壶、电烤炉和食品加工机三类跨境电商进口小家电，并按照实施方案组织实施监督抽查工作。二是加强对重庆口岸入境 CCC 验证工作的部署，组织开展入境 CCC 产品无证行为执法检查工作，有力地提升入境验证工作质量。全年共完成强制性认证产品入境验证 14 069 批，货值 27.10 亿美元，其中不合格 38 批，入境验证不合格率为 0.27%。全年共办理 CCC 目录外确认书 1 135 份，同比增长 32%。

（三）创新认证联动监管共治机制，夯实质量发展基础

一是创新开展“四合一”管理体系认证行政监管工作，创新将体系认证监管、出口产品认证监管、出口退运召回、CCC 免办监管整合联动的认证执法联动监管工作新机制，共出动检查人员 68 人次，对 6 家汽车生产企业、9 家摩托车生产企业和 5 家出口食品备案企业及相关 11 家认证机构开展了检查。二是创新开展出口食品农产品“三合一”联动监督检查。对 16 家 HACCP 获证企业、8 家体系获证企业开展了食品农产品认证监管、管理体系认证监管和出口食品备案监管的“三合一”监督检查，帮扶企业建立具有食品防护功能的 HACCP 体系，推动食品生产企业提质增效升级。

（四）推进食品生产企业从管向治转变，促进农食产业转型升级

一是开展“渝新欧”沿线国家食品注册法规制度的研究，以技术性贸易措施为抓手，助推重庆市农食产品向西扩大出口。二是加大对外推荐注册力度，针对肉类产品、罐头、肠衣等大宗出口食品，实施常态化对外注册工作。全年对外推荐 3 家食品企业，即重庆阜康公司对巴西对俄罗斯出口肠衣注册、重庆德佳公司对菲律宾出口肉类罐头注册、重庆康大聚鑫公司对俄罗斯出口兔肉注册，均已获得国家认监委的对外推荐。三是全面开展出口食品生产企业提质增效升级活动。制定出口食品备案监管工作方案和工作计划，将提质增效升级工作作为备案工作的长效行动贯穿始终。通过座谈交流、现场指导、QQ 群在线咨询等灵活多样的形式开展了出口食品企业 HACCP、食品防护计划和 GAP 等培训，鼓励督促已备案企业和新申请企业全面建立实施具有食品防护功能的 HACCP 体系，不断提高从业人员能力和素质，增强企业持续改进能力。联合重庆市出口肠衣行业协会和重庆局技术中心、中检重庆公司，开展输美低酸罐头企业的热力杀菌能力检测、出口肠衣企业产品溯源体系建设工作，多元治理，做好国外政府注册检查的准备工作。四是开展出口食品生产企业内销转型，“同标同线”提升内销质量安全保证能力。组织 12 家出口榨菜企业，积极利用出口保障资源，转型生产内销产品，同标同线，推动国内市场发展，今年全行业内销增长 11%。五是按照工作计划，全力推进重庆石柱出口莼菜有机认证示范区创建工作。

（五）试点开展进口食品企业注册入境查验，加强进口食品注册和认证监管

按照国家认监委部署，组织开展重庆口岸进口食品企业注册查验和有机认证产品查验工作。全年共查验四类敏感食品进口注册 191 批，货值 581.5 万美元，不合格率为 6.81%。按认监委部署，开展对 2 批不合格食品的进口注册调查工作。全年查验进口有机认证产品 5 批，发现不合格 2 批，并监督按照规定进行了整改。

（六）加强认证监管队伍和制度建设

一是狠抓认证监管队伍建设。全年举办 3 次培训，开展小批量进口产品管理系统、质量管理体系认证监管、食品农产品认证监管、联动监管、进口有机产品入境验证、进口注册食品入境查验等相关内容的培训，推进监管人员业务能力建设。二是加强认证监管制度建设。发布规范性文件 4 个，公文 21 个，公告 15 个，修订综合行政管理体系文件 10 个。

（七）加强认证认可信息宣传工作

组织开展“世界认可日”“质量月”等宣传活动。全年共上报认证认可信息 119 条，认证认可信息综合得分在全国质检系统 69 个单位中排名第三，仅次于山东局、江苏局，在中西部地区排名第一。

撰稿人：周　娟　审稿人：陈开茂

提升认证公信力和贡献率
全力打造认证认可工作升级版

——重庆市质量技术监督局2015年认证监管工作概况

2015年，重庆市质量技术监督局（以下简称“重庆市质监局”或“市局”）积极探索构建“放、管、治”三位一体认证认可监督管理工作的新格局，着力在提升认证公信力、提升认证贡献率下工夫，全力打造认证认可工作升级版。国家质检总局副局长、国家认监委主任孙大伟分别于6月9日和6月11日对重庆市质监局开展检验检测“神秘买家”、检验检测报告质量抽查和编撰《质量重庆（认证认可专刊）》等工作作出了2次重要批示，并给予了“感谢重庆市质监局为认证认可事业发展作出的努力和贡献”的高度肯定。

一、打造认证认可工作升级版唱响新旋律

在全面总结连续开展7年的“认证促发展，认证促和谐”行动成功经验的基础上，提出把“提升认证公信力、提升认证贡献率”作为当前和今后一段时期全市认证认可工作的主旋律和奋斗目标。以检验检测领域为切入点，形成了《重庆市检验检测机构“提升检验检测公信力、提升检验检测贡献率”行动实施方案》，召开了“全市检验检测机构提升公信力和贡献率座谈会”，举办了“全市检验检测机构资质认定政策宣贯培训班”，要求全市各级质监部门和检验检测机构切实落实检验检测主体责任，激活检验检测“双提升”最大潜能，切实落实区域监管主体责任，加快推进检验检测“双提升”，加快构建社会共治新格局，形成检验检测“双提升”新合力，并着手启动强制性产品认证和自愿性认证领域的认证“双提升”工作。

二、创新治理方法拿出新实招

坚持以问题为导向，从思路上、措施上聚焦于对认证认可和检验检测结果质量的关注，推行了多项开创全国先河的创新性工作。一是检验检测“神秘买家”实现监管视角转变。会同重庆市交通委员会工程质量安全监督局开展了检验检测“神秘买家”工作，把以普通消费者的身份把国家认监委盲样考核所用的钢筋样品送至23家资质认定获证检验检测机构进行委托检验，判定检验检测机构向社会提供检验检测报告的“产品”质量状况，对2家出具虚假报告、1家检测结论失实、14家检测数据存在离群情况依法作出处理，达到了规范检验检测机构发展，震慑检验检测不法行为的预期目的。二是检验检测报告抽查实现监管方式改变。以关注检验检测“产品”质量为核心，2015年2月以来，组织全市各级质监部门开展检验检测报告专项抽查工作，把检验检测报告作为检验检测机构的“产品”进行质量抽查，已抽查了415家检验检测机构的8 106份检验检测报告，累计发现各类问题3 444个，并对问题较为突出的检验检测机构采取约谈、行政处罚、等级评价降级甚至暂停检测等措施，促进检验检测机构强化对检验检测报告质量把关。三是强化检验检测机构能力验证工作。组织食品、水质、建设用砂、沥青混合料四个项目的能力验证工作，改进检验检测机构能力验证方式，首次采取区县质监局对能力验证实施现场监督的新措施，用照相或录像的方式对样品开封和出具数据结果过程进行了监控，防范检验检测机构弄虚作假，共有502家次检验检测机构参加能力验证，其中结果满意490家次，合格率为97.61%。四是检验检测安全大排查实现安全责任意识增强。集中组织开展了资质认定获证检验检测机构安全“大排查、大督查、大整治”行动，对全市404家检验检测机构进行了检验检测安全风险大排查，发现检验检测安全风险隐患300余个，并及时督促检验检测机构对检验检测活动过程中存在的安全风险隐患做到早发现、早预防、早解决。五是建立检验检测机构人员诚信档案。正式启用检验检测机构人员诚信档案数据库，对20余名检验检测机构管理人员和检测人员的违法违规行为纳入了诚信考核，进一步落实检验检测机构从事检验检测活动的管理人

员和技术人员的主体责任。

三、创优服务手段体现新作为

积极在全市检测高地建设、特色新兴产业发展等方面发挥认证认可的“催化”作用，彰显认证认可“传递信任、服务发展”的核心价值。一是服务检测高地建设取得新成绩。举办全市检验检测机构负责人、资质认定评审员和区县质监局监管人员 1 700 余人参加的“全市检验检测机构资质认定政策宣贯培训班”，结合最新政策要求和重庆实际，切实抓好《检验检测机构资质认定管理办法》《食品检验检测机构资质认定管理办法》及相关配套政策文件的宣贯工作；积极帮助指导两江新区获得国家认监委批准创建“国家公共检验检测服务平台示范区”；圆满完成了 2014 年重庆市检验检测机构统计调查工作任务。二是服务特色产业发展取得新成绩。积极协调国家认监委批准在两江新区筹建国家级工业机器人质检中心，成为重庆打造工业机器人产业集群的重要支撑；指导国家服装与家用纺织品质量检验中心顺利通过国家认监委和国家认可委的“三合一”评审，为重庆乃至中西部地区服装纺织产业发展提供了更加有力的技术保障；开展“富硒产品认证”前期调研工作，为提升重庆富硒产品核心竞争力贡献力量。三是服务认证认可事业发展取得新成绩。加大“6·9 世界认可日”宣传力度，编撰《质量重庆（认证认可专刊）》，会同市认证认可协会开展检验检测机构不确定知识免费培训。大力推进低碳产品认证试点工作，6 家企业 14 个产品获得低碳产品认证证书，指导重庆金质质量认证有限公司增加质量管理体系认证资质，全市强制性产品认证证书达到 10 077 张，管理体系认证证书 11 652 张，自愿性工业产品认证证书达到 1 577 张，分别比 2014 年底增长 6.4%，14.9%，5.8%。

四、加强共同管治实现新合力

跨区域开展能力验证活动，18 家云南省、四川省检验检测机构参与重庆市检验检测机构能力验证活动，促进检验检测机构跨区域技术交流；与市水利局联合开展了全市水环境监测机构不定期监督检查工作，已对 32 家水环境监测机构实施监督检查；与市交委质监局、市农委等行业主管部门实现了检验检测机构资质认定与行业检测资质许可合并评审；与建筑工程检测、环境监测等行业主管部门就加强相关检验检测机构监督管理、环境监测市场开放等情况进行了多次研讨和充分沟通，达成多项共识。

撰稿人：黄　杰　审稿人：周　雪

强化监管职能　加大改革步伐　不断提升监管水平

——四川出入境检验检疫局 2015 年认证监管工作概况

2015 年，四川出入境检验检疫局（以下简称“四川局”）在国家质检总局和国家认监委的领导下，按照“创优服务，创新治理”的要求，主动转变职能，不断创新监管模式，优化服务措施，加强队伍建设，全面完成各项任务，认证监管工作取得了明显的成效。

一、强化认证监管职能，发挥质量安全基础保障作用

（一）加强强制性产品认证（CCC）监管工作

一是强化 CCC 产品入境验证管理。加强对机场、陆运办和分支机构的业务督查和组织协调，督促口岸部门加强入境验证工作，严格凭证报检和货证核查。截至 2015 年 10 月底，四川系统入境 CCC 产品 8 083 批，货值 21.69 亿美元，查出不合格品 10 批，货值 1.39 万美元。二是严格 CCC 免办和后续监管工作。截至 2015 年 10 月底，四川受理 CCC 免办申请 420 份，发放免办证明 362 份，货值共计约 1.75 亿元人民币。建立了 35 家企业的后续监管台账，实施现场监管 32 人次，书面核销 32 次，涉及免办证明 362 份，后续监管率达 100%。三是开展强制性产品认证获证产品抽查工作。按照国家认监委 2015 年强制性产品获证产品监督抽查工作要求，结合辖区情况开展对进口 CCC 获证产品的专项监督检查，在流通领域抽取了 2 批 2 种型号的进

口玩具送至CCC指定实验室检测，检测50%的产品被判定为不合格，并将不合格情况及时上报国家认监委并通报有关认证机构。

（二）加强管理体系认证行政监管工作

一是大力加强认证有效性行政监督管理工作。根据国家认监委2015年度管理体系监督检查工作要求，6月—9月，对相关企业开展了质量管理体系认证有效性监督检查。共检查获证企业14家，涉及7家认证机构及14张质量管理体系认证证书，出动检查人员31人次，检查车辆13台，共发现问题22大类共计70项，创历年之最。二是对认证机构认证活动开展同步监管。利用国家认监委“自愿性认证活动执法监管信息系统”，及时掌握辖区内各认证机构认证活动开展情况，实施认证活动的现场检查，截至10月底，已对辖区内相关认证机构的认证活动开展了10次现场监管，未发现违法违规行为。

（三）扎实开展食品农产品认证监管

一是开展出口食品农产品获认证企业检查工作。截至10月底，共派出检查人员136人次，对85家获证企业进行了检查，涉及证书92张，其中，HACCP体系认证75张、ISO 22000体系认证15张、有机产品认证2家。通过检查，提出一般不符合项29个，督促企业进行整改，未发现严重违规行为。二是开展HACCP认证联动监管。根据企业认证情况并结合出口食品企业备案监管，确定了74家获证组织HACCP验证方式，其中，47家现场验证；25家文件验证；另1家企业停厂；1家企业老厂停产，新厂2015年备案。三是开展低酸罐头HACCP认证企业专项检查。将见证检查和现场培训相结合，在绵阳举办了为期4天的HACCP见证检查培训班，四川共有8个相关分支机构的15名监管人员参加了此次培训。四川局检查了辖区内10家低酸罐头HACCP认证企业，其中，有1家企业检查时间与认证审核时间相符合，开展见证检查；其余9家企业检查时间与认证审核时间不匹配，均开展HACCP认证现场检查。此次专项检查共派出检查人员35人次，共发现认证机构的问题3项，企业问题13项。

（四）加强进口注册食品、有机产品的认证监管

截至2015年10月底，共验证进口注册食品386批，货值2 015.4万美元，无进口有机食品。进口的产品有冰鲜大西洋鲑鱼和奶粉。主要产地是英国、加拿大、澳大利亚、新西兰和荷兰。一是加强对口岸验证人员的业务培训。重点培训进口注册食品及有机产品的验证要求，提高口岸把关执法能力。二是明确入境验证要求。按照国家认监委要求，对四川辖区内列入《进口食品境外生产企业注册实施目录》的进口食品及使用“有机”等认证标识的进口产品进行验证工作进行了部署。三是强化业务督察。6月底，对口岸部门开展了一次进口注册食品入境验证专项业务督察，受检部门对发现的问题及时进行了整改。

（五）强化对备案企业的风险管理

加大失信企业和违规企业的监管力度，推动企业落实质量安全主体责任，形成有利于质量安全发展的市场环境，有效防范出口食品质量安全风险。对国家质检总局通报的自贡百味斋、在备案监管中发现违规行为的四川振鹏达两家企业给予了暂停备案资格的处理。

二、不断改革创新，优化措施服务地方经济发展

（一）制度创新，服务国家发展战略和重大产业发展

一是完善工作制度，推行管执分离。为适应简政放权、管执分离总要求，提高通关速度，按照国家认监委相关要求，结合工作实际，修订了四川局《无需和免于办理强制性产品认证管理办法》和《强制性产品认证产品入境验证工作管理办法》，下放了审核权限，简化了审核流程，减少了审核层级，强化了对免办工作“事中”“事后”的监管，并在入境验证货证核查环节引入了分类管理理念，使验证工作更加高效有针对性。二是推进综保区查验模式改革。帮助综保区局建立西区和南区查验新制度，通过对仓储类CCC产品实施“预检验”、线上查验等方式，不断提高区内产品通关速度，以全面实现差异立体化的管理模式；实行先放行后核销等特殊验放方式高效服务英特尔“骏马”、一汽大众成都基地扩能等重大项目，支持四川战略性新兴产业发展。三是积极支持四川“一带一路”战略，大力帮扶优势企业拓展国际市场，对中石油集团川庆钻探有限公司采取“特事特办”，采取现场指导企业完成免办申报、制定特殊监管计划等4项措施，帮助企业的关键工程设备快速通关，确保按时完成土库曼斯坦气田外输管线的建设项目。四是积极推动丝绸之路经济带境内地区检验检疫认证监管合作联动工作机制的建立。承担了联动工作机制组中“出口食品企业备案改革工作组”组长、“丝绸之路沿线国家食品注册监管制度工作组”副组长、“内陆进口汽车口岸认证监管工作组”副组长、

"跨境电商强制性认证监管创新工作组"副组长工作。

（二）以"提质增效升级"和"内销转型"为抓手，帮促备案企业形成国内外市场竞争新优势

一是开展技术培训。通过培训会、座谈交流、现场指导、在线咨询等灵活多样的形式开展培训，指导和督促备案企业不断完善加工卫生条件，推动备案企业在硬件和软件方面得到整体提升。二是大力服务四川藏区外向型经济发展。为解决民族地区发展经济的迫切需要与藏区生产企业基础差、底子薄的矛盾，四川局对藏区出口生产企业实行了"先纳入、后达标"的备案新模式，对生产企业实施备案帮扶三年规划，帮助企业尽快达到备案的条件。2015 年采取此项措施已为 5 家藏区出口冷冻虎掌菌生产企业办理了临时备案，推动藏区农产品走出了国门，为藏区农牧民脱贫增收带来实惠。三是大力宣传引导。充分利用培训会议、备案考核、后续监管、检验检疫等途径，鼓励出口食品备案企业努力开拓国内市场，实现由外转内的新业态，并向国家认监委推荐了内江佳美公司、成都爱华公司等成功内销转型的典型案例。

（三）实施"五项工程"，支持企业开拓国外市场

一是全力帮扶企业做好对外注册工作。重点帮扶猪肉、肠衣、兔肉、果汁及罐头等产品对美国、欧盟等注册，向国家认监委推荐了 14 家企业对俄罗斯、蒙古、新加坡、菲律宾等国注册。截至 2015 年底，四川对外注册企业已达 70 家，完成年初既定目标。二是全力支持出口食品企业迎接国外官方检查。先后派出 21 人次到四川白家食品有限公司和安岳安得利柠檬产业有限公司指导企业做好迎接美国 FDA 检查的准备工作。

（四）在备案及后续监管中大力推行 HACCP 认证采信

在 2014 年 HACCP 采信试点的基础上，2015 年在企业备案和后续监管中全面推行 HACCP 采信工作。制定并下发了《四川检验检疫局出口食品生产企业备案采信第三方认证工作管理办法（试行）》。按照四川局管理办法的规定，通过评审，确定了中检集团四川分公司及其 12 名 HACCP 审核员获得采信资格。在企业备案和后续监管中大力推行 HACCP 认证采信。截至 10 月底，有 2 家企业通过采信完成备案考核和 81 家企业通过采信完成备案监管。

三、加强执法人员培训，提高认证监管人员履职能力

一是加强评审员队伍建设。6 月，举办了 1 期卫生注册评审员培训班，重点对 20 余名新近从事相关工作的人员进行了培训和考试。二是加强认证监管人员培训。6 月，举办了认证监管人员培训班，对 30 余名认证监管工作人员进行了培训。通过培训，参训人员进一步加深了对 CCC 免办工作相关要求的理解，增强了做好工作的责任感和信心，对规范流程、把好后续监管关，加快企业通关速度都起到了积极的推动作用。三是创新免办培训方式。打破以往传统课堂的"填鸭式"授课模式，采取跟班培训，对四川 CCC 免办审核监管人员进行实际操作培训，反响良好。四是加大政务公开力度。制定出口食品生产企业备案和进出境检疫处理业务单位及人员认定的"权力清单"和流程图，及时在四川局网站更新备案企业名单和备案相关法律法规、技术标准规范。

撰稿人：张映彤　审稿人：杨　诚

凝心聚力抓监管　创新发展抓服务 充分发挥认证认可技术支撑作用

——四川省质量技术监督局2015年认证监管工作概况

2015年，四川省质量技术监督局（以下简称“四川省质监局”或“省局”）四川省认证认可工作在省局党组的正确领导下，紧紧依靠全系统全行业和社会各界，围绕“创优服务，创新治理”和“放、管、治”的总体要求，创新监管模式，强化联动机制，创优服务质量，充分发挥了认证认可在传递信任、服务发展中的突出作用。多项工作获国家认监委肯定和表扬，有机产品认证示范创建工作在全国认证认可工作会上作经验交流。

一、抓政务环境优化，提高行政效率

坚决落实省局党组“两集中、两到位”工作要求，认真清理行政审批事项，顺利完成行政审批工作交接。下放一批标准变更、法人变更、技术负责人、授权签字人变更等检验检测机构资质认定审批备案事项到市州质监局，简化流程，提高服务效率。优化检验检测机构申请和审批表格设计，扎实推进检验检测统计信息平台、行政许可网上申报平台建设，完善认证信息数据库管理，开展了统计调查、统计分析，发布检验检测认证统计信息，引导行业有序发展。

二、抓事中事后监管，确保认证有效性

一是加强检验检测机构监管。受理和换发检验检测机构资质认定证书684家，其中首次办证236家，换证313家，扩项135家；办理检验检测机构名称变更55家，地址变更30家，授权签字人变更120家，标准变更500家。截至2015年底，全省共有检验检测机构1 533家；开展专项监督检查，检查机构机动车安检机构10家；开展定期监督检查，检查机构426家；暂停了7家监督检查不符合的机构，注销过期未申请复评的资质认定证书7家；组织开展了茶叶、生活饮用水、土壤、铜矿、钢筋、大米产品6个项目共计274家实验室的能力验证。制定《四川省实验室分类分级监管办法》和《加强检验检测机构资质认定事中事后监管实施意见》，会同省公安厅推进公安物证鉴定机构资质认定。成都市质监局组织近50多家检验检测机构开展公正检测行为公开承诺活动。二是强化强制性认证产品和自愿性认证产品的监督抽查。组织开展“六一”儿童节专项执法，对童车、电玩具、弹射玩具、金属玩具、娃娃玩具、塑胶玩具、手推车和儿童安全座椅等8类强制性认证儿童玩具产品开展了认证执法检查。制定流通领域玩具类产品国家专项监督抽查实施方案，抽检儿童玩具40批次，合格率为93.0%。受国家认监委委托对6家CCC国家指定实验室进行监督检查。对50家企业质量管理体系认证活动开展监督检查，其中28家未发现问题，12家发现企业存在问题，2家发现认证机构存在问题，8家发现企业和认证机构均存在问题。截至2015年底，全省共有强制性产品认证有效证书10 840张，2015年新增强制性产品认证证书4 038张，较2014年同期增加2 970张，增长378%；共有管理体系有效证书22 247张（质量管理体系认证13 786张，2015年新增5 550张；环境管理体系认证4 570张，新增1 939张；职业健康安全管理体系认证3 637张，新增1 546张；其他认证254张），有机产品认证有效证书937张，占全国7.3%；绿色食品认证有效证书1 217张，占全国5.3%；无公害农产品认证有效证书3 327张，占全国4.6%；HACCP认证有效证书172张，占全国4.3%。

三、抓示范区创建，助推有机产业发展

一是抓宣传造势。在媒体刊播有机产品认证系列采访报道和专题节目，到有条件、有积极性的地方宣传、讲解有机认证，解答疑虑，鼓励地方政府参与创建工作；免费发放《有机产品认证知识问答》等图书，张贴宣传海报，营造浓厚的宣传氛围；开展“有机知识进社区”、“有机知识进校园”公益活动，组织消费者走进有机基

地，实地参观体验有机种植、加工和消费过程，让消费者了解有机知识，辨识有机认证产品。通过宣传引导，大大提高了多地政府对发展有机产业的认识，增强了发展有机产业的信心，全省各地开展有机产品认证和示范区创建热情高涨。二是搭建营销平台。举办浦江、西充等2次全国有机产品认证峰会，积极组织推荐企业、产品参与“川货全国行”、西博会、农博会、粮油展销会等大型展销活动，鼓励本土企业走出去解放思想，开拓市场，不断提升有机品牌的知名度和影响力。省局还通过四川认证认可微信平台（微信号：SCRZRK）、微博、四川强省网等新媒体，拓展网络营销渠道，提升有机产品认知度。三是加强对示范区政府工作督查。2015年，四川省质监局将100多万元纳入部门预算，强化对有机产品认证示范创建区政府的工作督查，督促加强对有机产品的风险管控。组织对示范区有机产品抽样检验，共抽检企业85家，抽检有机产品181个，合格172个，合格率95%，比2014年提高3.7个百分点，有机产品质量总体向好。对出现不合格产品的地区，四川省质监局及时约谈当地政府、有机生产企业和认证机构负责人，督促加强对有机产品的风险管控。四是加强帮扶指导。根据示范创建区县自愿申请和地方质监部门推荐，经专家评审通过，蒲江、西充获批国家有机产品认证示范区，纳溪成功申报国家有机产品认证示范创建区成功，沐川、洪雅、朝天、安居、平昌、南江等县（区）获批省级有机产品认证示范创建区。目前，四川省国家级有机产品认证示范区达7个、省级有机产品认证示范创建区12个，均居全国第一。在创建的同时，省局组织省内科研院所和认证公司组建有机认证专家队伍，指导帮助地方有机产业发展。五是抓亮点树典型。全省有机产业发展各具特色，西充县以建设“中国西部有机食品第一县”为依托，统筹推动现代农业、有机农业、乡村旅游、文化创意深度融合发展，修建了占地面积近7 000亩的中国有机生活公园。蒲江县建立村级综合服务室78个，统一配送生产所需的农业投入品和提供技术服务，该县通过举办中国（成都）有机农业论坛、中国（成都）国际猕猴桃节、中国采茶节等活动大力宣传有机产业，扩大营销渠道；通江县提出“整县打造有机县”发展理念，确立了建设“中国秦巴山区特色有机产品生产示范县”的战略目标；青川县建立了农产品（有机产品）质量追溯体系，实现了从田间地头到餐桌全过程安全监管系统；旺苍县实施互联网+有机产品行动，拓展线上电子商务模式与“有机观光之旅”、专营店直销等线下创新体验有机融合；宝兴县将有机办升格成宝兴县有机产业发展管理局。

四、推动低碳绿色产品认证，争取政策支持

成功申报省发改委“四川省低碳产品认证试点”项目。争取各方支持，将品牌创建、有机产品认证、地标保护、绿色产品标准实施、绿色产品检验机构建设等内容纳入“四川省生态文明体制改革实施方案”，其中2016年有机产品认证示范区创建活动被列入“四川省生态文明体制改革路线图”。

五、抓人员业务培训，提升队伍业务素质

强化人员培训，分阶段组织市、县认证监管人员培训和业务交流活动，提高监管队伍的实践才干和专业能力。分7大行业，5个片区（成都、自贡、德阳、乐山、广安）组织新准则的宣贯，共1 400余家实验室，近4 000人参加培训。承办国家级师资培训班，承办公安部、国家认监委联合举办的全国公安系统师资培训班，组织新准则师资培训、评审员继续培训450人次。

六、抓检测统计，完善网络监管信息

为了确保此项工作顺利推进，四川省质监局把检验检测统计工作纳入2015年认证认可工作重点，及时将检验检测统计网上直报工作安排到各市州认证科（处）、辖区内重点检验检测机构，明确省、市、县及检验检测机构职责，制定相关工作措施，组织完成了1 065家检测机构网上填报并通过数据审核，完成率达到94%，切实保障统计数据的真实准确，较为圆满地完成全省检验检测统计工作。

七、抓合作联动，形成多元共治新格局

一是加强区域联动。牵头召开西南四省市认证认可区域合作会，签署合作协议，对实现区域内认证认可信息互通、结果互认和执法互助，更好地服务西南地区经济发展方式的转变和产业结构优化升级具有重要意义。二是加强厅局联动。牵头省经信委、省科技厅、省公安厅、省司法厅、省国土资源厅、省环保厅、省住建厅、省交通厅、省水利厅、省农业厅、省卫计委、省食药局、四川出入境检疫局等14家厅局建立认证认可厅局联席会议机制，签署合作备忘录，加强在行业认证和准入资质管理制度的协调，强化信息通报、技术培训和政策咨询，努力推进机构整合、认证监管、采信机制建设等工作。三是加强行业联动。与四川检验检疫局、省农业厅、省农科院等四单位签署了“农产品质量安全四方合作备忘录”，在基地互认、技术合作、

交流培训等方面切实加强部门联动、资源整合、信息共享。四是加强社会联动。通过网站、微信、12365热线、阳光政务等渠道，构建服务平台，及时发布认证认可动态，答疑解惑，服务公众，接受监督。“四川认证认可”微信平台，已有固定受众1 100余人。

八、抓节日宣传活动，积极营造良好氛围

充分利用“3·15”“质量月”“世界认可日”等时间节点，开展认证认可宣传活动。一是邀请相关专家在绵阳对中国工程物理研究院开展了检验检测机构培训活动，培训人员110人次。二是在办公和公共场所张贴认证认可宣传海报，引导全社会广泛关注和重视认证认可工作。三是组织开展对大型商场、超市、批发市场等流通领域销售的认证产品专项检查，全省共出动执法人员520人次，检查认证产品近1 000余种。四是开展以“改革、诚信、创新”为主题的“检验检测机构开放日”活动，组织社会各界人士40余名代表参观成检公司、省纤检局等单位，有效搭建起检验检测机构与社会各界人士的技术交流平台。活动期间，全省共发放《认证认可条例》《有机产品认证管理办法》等宣传资料4 000余份，接受群众咨询1 000余人次，张贴海报200余张。

撰稿人：韩　军　审稿人：冯　勇

创优服务　创新治理　扎实做好认证认可工作

——贵州出入境检验检疫局2015年认证监管工作概况

2015年，贵州出入境检验检疫局（以下简称“贵州局”）认真落实全国质检工作会议和全国认证认可工作会议精神，紧紧围绕“抓质量、保安全、促发展、强质检”工作方针和“创优服务、创新治理”的工作要求，立足地区工作实际，严格履行职责，扎实开展认证认可各项工作，服务贵州地方经济发展做出新贡献。

一、出口食品生产企业备案基本情况

2015年，贵州局共办理出口食品生产企业备案业务34份，其中，初次申请企业28家，备案变更企业2家，重新申请（增加品种）企业4家。

二、深入推进“认证执法监管体系”建设

一是结合国家认监委2015年认证行政执法专项监督检查工作方案和具体部署，认真组织开展贵州局2015年认证行政执法自查工作；二是积极派员参加国家认监委举办的消防产品强制性产品认证监管培训；三是充分运用“中国食品农产品认证信息系统”“认证认可业务综合监管平台”等信息系统，不断增强认证执法监管履职效能，努力加快执法监管体系建设进程。

三、加强质量管理体系的监督检查工作

贵州局高度重视2015年质量管理体系监督检查工作，召开专门会议，研究部署检查工作，并及时制定检查工作计划，明确任务分工，落实主要责任，成立检查组，分阶段、分步骤对10家获证企业进行了监督检查，累计出动检查人员近30人次，涉及的认证机构包括中国质量认证中心、北京东方纵横认证中心、华夏认证中心有限公司、北京世标认证中心有限公司、方圆标志认证集团有限公司、中质协质量保证中心等。

检查结果表明，大部分获证企业的认证档案资料较详实，但是也有小部分获证企业的认证档案资料相对较少，认证机构审核报告基本真实可靠，未发现重大的认证活动违规行为，但也有出现审核时间减少的情况，企业质量管理体系文件与企业实际基本相符，检查过程中现场抽取的记录和表格都能如实提供并正常填写，大部分获证企业质量管理体系能够有效运行。

四、认真做好CCC免办审核和后续监管工作

一是年初制定CCC免办证明后续监管工作计划并有效执行，年初正式启用CCC免办电子审批系统，所

有CCC免办证明均实现网上申报和审办。全年共受理CCC免办申请36批次，发放CCC免办证明36份，现场检查率达100%。

二是对获得CCC免办证明的5家企业进行了入境产品的后续监督检查工作，后续监管工作覆盖率100%。从现场监管情况看，办理了CCC免办证明的企业，内部管理情况总体比较好，大部分企业能够按照CCC免办相关管理规定的要求进行管理，并建立CCC免办产品台账，申请的免办产品符合实际的用途，都能提供相关的证明材料。截至2015年底，未发现企业有违法、违规行为。但也存在一些问题：一是部分企业管理不到位，不能按CCC免办证明的相关规定进行最终的处置，如报废、销毁和退运等。二是有的企业进口CCC免办货物数量及批次较少，有的企业数年只进口一次，对该项工作不重视，也对CCC免办相关政策和管理要求不了解。

五、积极开展强制性产品认证获证产品监督抽查工作

为全面贯彻落实2015年全国认证认可工作会议提出的“提升监管效能，强化事中事后监管模式”等工作要求，切实发挥强制性产品认证对产品质量安全的监督保障作用，贵州局结合业务工作实际，对流通领域小家电产品实施了监督抽查工作，抽查结果表明，涉及安全项目的质量情况总体良好，所检项目均合格。但由于经费限制，抽查的批次数量也相对偏少，代表性体现并不充分。

六、落实措施，有效加强食品农产品认证监管

为进一步加强贵州辖区HACCP体系等食品农产品认证有效性的监管，保障食品农产品质量安全，维护消费者和获证企业的合法权益，贵州局组织开展为期5个月的食品农产品认证专项监督检查，全年共检查食品农产品获证企业20家次，累计出动检查人员近45人次，涉及HACCP体系认证7家次、食品安全管理体系5家次、有机产品认证5家次、无公害农产品认证3家次、涉及的产品类别包括酒类、茶叶类、调味品类等，涉及包括中国质量认证中心、华夏认证中心、南京国环有机认证中心等多家认证机构。

监督检查结果表明，获证企业的业务合规总体情况稳中向好，能规范使用认证标志、认证证书，无伪造、冒用、超期、超范围使用认证标志、认证证书的行为，认证机构无违反认证程序、超范围开展认证等情况，企业主体责任的落实得到明显增强。

七、加强人员培训，提高认证监管队伍素质

为有效加强对出口食品备案企业的事中事后监管工作和备案评审员队伍建设，提升备案监管人员能力和备案监管工作水平，贵州局举办了2015年度卫生备案评审员和第三方认证结果采信培训班，省局动植食处和各分支局、办事处的卫生备案评审员和一线认证监管人员参加了培训。

培训充分调动了备案评审员学习的积极性，更新了备案评审的理论知识，有效提升了卫生备案评审员和一线认证监管人员的现场评审、认证监管和第三方认证结果采信的能力，为全面落实认证监管各业务领域工作对业务人员的新要求奠定了新基础。

八、形式多样，加大认证认可工作宣传力度

根据国家认监委的统一安排和部署，结合贵州局工作实际，制定了2015年世界认可日宣传活动方案，部署开展系列宣传活动。一是在省局和各分支机构办事大厅张贴宣传画，积极宣传认证认可工作；二是在局门户网站链接国家认监委网站制作的“世界认可日”宣传专栏内容，大力宣传“世界认可日”有关知识；三是组织贵州局认证执法监管业务知识的学习和研讨活动，有效提升监管能力和水平；四是加大认证执法监管，整治认证认可的违法行为。

九、认真开展检验检测机构资质认定专项监督检查

2015年，重点围绕获证检验检测机构遵守法律法规，规范、诚信提供检验检测服务和履行统计义务的情况，对贵州局2家获证检验检测机构进行了细致全面的检查。一是要求获证检验检测机构按照《2015年度检验检测机构资质认定专项监督检查——检验检测机构自查表》要求，开展自查工作；二是在自查的基础上，组织检查组，按照该《自查表》及检验检测领域资质认定的要求，开展了现场抽查工作，对照自查的情况进行复核，对自查发现的问题进行整改。经检查，贵州局2家获证检验检测机构均基本符合资质认定的要求。

撰稿人：李成奉　审稿人：熊　剑

创优服务　创新治理　服务发展

——贵州省质量技术监督局2015年认证监管工作概况

2015年，贵州省质量技术监督局（以下简称“贵州省质监局”或“省局”）深入贯彻全国认证认可工作会议精神，紧紧围绕省政府工作目标以及国家认监委的各项工作部署，积极探索和创新监管方式和服务模式，进一步强化服务和监督职能，充分发挥认证认可服务经济发展的作用，以创优服务、创新治理、服务发展为主要工作要求，不断提高认证监管工作有效性，圆满完成了各项工作任务。截至2015年底，辖区累计颁发检验检测机构资质认定有效证书825张，比2014年同期增加11.6%。累计获得强制性产品认证证书1 649张，与2014年相比增长42.3%。累计获得有机产品认证有效证书785张，与2014年相比增长20.4%。累计获得自愿性体系认证有效证书4 122张，与2014年相比增加4.7%。

一、围绕新常态发展要求，积极推动认证认可工作

在认真总结以往工作的基础上，贯彻落实全国认证认可工作会议和全省质量技术监督工作会议精神以及省政府提出的2015年重点工作目标和任务，积极适应贵州省经济发展新常态要求，以保证质量安全为底线，围绕探索创新监管方式和服务模式，进一步强化服务和监督职能，结合贵州省实际提出了“突出问题导向，改进监管方式，加强事中事后监管；围绕省政府工作目标和任务，有力推动有机农业发展；加强指导，提高认证认可服务水平；夯实基础工作，进一步提高监管能力；建立联合监管机制、构建多元共治格局；加强纪律约束、落实从严管理要求。”等六个方面23条工作意见和工作措施，指导和推动贵州省认证认可工作。

二、突出问题导向，提高证后监管有效性

（一）组织开展检验检测机构资质认定行政许可专项检查

为督促和指导各地行政许可工作，进一步规范检验检测机构资质认定和机动车安全技术检验资格许可，提高行政许可工作质量和水平，重点对2014年9月行政许可事项下放后各地工作开展情况进行检查和督导。组成专项检查组，先后对九个市（州）和贵安新区、贵阳高新区的检验检测机构资质认定等行政许可实施情况进行了检查，重点检查自2014年9月检验检测机构资质认定等行政许可事项工作下放后各地是否明确承接机构、是否制定相关配套制度、是否在权限范围内依法定程序实施审批、是否公开行政许可信息等。从检查情况看，承接行政许可事项的各市（州）、贵安新区、省管县、高新区质监局都明确了资质认定职能管理部门，成立了行政审批中心，统一受理行政许可申请，均制定了行政审批事项的许可办事流程，明确办理时限，基本按照省局《委托下放实验室资质认定行政许可工作规范》的要求，在规定时限内作出受理和许可的决定，但部分地区在行政许可各环节还存在以下问题：申请材料补正阶段没有书面一次性告知，采用口头告知方式且不做记录；行政审批事项流转中存在无签名或代签、无签批日期等现象；档案归档资料不齐全，缺受理通知书、补正告知书、专家评审通知书、送达回执、证书复印件、证书附表等；评审组组成不符合要求，个别评审员的专业背景与所评审机构的检测领域不相关，个别地区还存在评审组成员全部来自同一个单位的情况；没有对获证检验检测机构的基本情况、证书、证书附表进行公告；对行政审批的部门分工、岗位配置等没有明确的文件规定。贵州省质监局向全省通报检查情况，督促相关单位进行整改，要求各地要举一反三，进一步检查、梳理存在的问题，规范检验检测机构资质认定工作。

（二）探索开展监督性质检验检测机构能力验证活动，发挥能力验证在证后监管的积极作用

从2013年开始，探索创新资质认定部门组织能力验证的工作模式，设立能力验证专项费用，不向参加的检验检测机构收取费用，要求所有涉及能力验证范

围的检验检测机构必须参加。严格后处理工作，向社会公布和向行业主管部门通报能力验证结果，组织各级监管部门指导和督促不合格检验检测机构分析原因，落实整改，暂停和撤销相关检验检测资质。近几年，贵州省质监局组织了建材建工、食品、煤炭、环境保护等领域检验检测机构能力验证，参加检验检测机构总计 388 家，占全省检验检测机构的 47%，注销检验检测机构资质证书 3 张，注销部分参数的检验检测机构 10 家。充分发挥能力验证在证后监管中的作用。

（三）探索实施道路客货运输车辆“三检合一”工作举措

为解决道路客货运输车辆检车难、重复检验周期长的问题，主动联合省公安厅、省发展改革委、省交通运输厅、省环保厅提出了《关于改进道路客货运输车辆检验工作的意见》，对贵州省道路客货运输车辆实施“三检合一”的工作措施。确保各项工作措施落实到位，2015 年联合公安等部门组织开展了“三检合一”措施落实情况督促指导检查。全省共有 171 家机动车检验机构，目前，具备“三检合一”条件的检验机构 88 家，其中，已按照“三检合一”要求开展检验的机构 43 家。不具备“三检合一”检验资质、正在进行技术改造的检验机构 47 家。

三、夯实基础工作，强化指导和服务能力

（一）认真组织实施检验检测统计工作

按照国家检验检测统计制度的工作要求，建立了各市（州）质监局、省管县（市、区）市场监管局指定专人负责具体实施的检验检测统计工作制度，通过动员培训，圆满完成了 2014 年度检验检测服务业统计工作。根据 2014 年检验检测服务业统计调查结果表明，近年来省委省政府的高度重视和支持检验检测服务产业发展，产业发展势头良好，与 2014 年相比贵州省检验检测机构数量和收入实现双增、机构规模有较大提升。固定资产原值 1 000 万元以上的机构有 49 家，占比 10%，比 2014 年增长 36%，固定资产原值 200 万元以下的机构有 243 家，占比 50%，比上年减少 3%；各类仪器设备共 39 567 台（套），比 2014 年增长 24%，仪器设备资产原值 13.54 亿元，比 2014 年增长 30%；行政事业性质的 256 家，企业性质的 446 家，其中国有及国有控股企业 74 家，集体控股企业 26 家，私营企业 242 家，其他 104 家，无外资机构；检验检测业务领域依次集中在机动车技术性能、建筑工程（含交通工程）、环境监测、医药卫生和农林牧渔等 5 个行业，分别占比 30%、25%、14%、12% 和 6%；检验检测机构主要集中在贵阳市和遵义市，分别占比 31% 和 15%，其次为铜仁市、黔东南州、六盘水市、黔南州、毕节市等地，黔西南州、安顺市检验检测机构数量较少，分别占比 5% 和 4%；检验检测服务业各类从业人员共有 1.7 万人，其中本科以上学历人员 7 180 人，占比 42%；中级以上专业技术职称人员 5 511 人，占比 32%。根据统计调查结果分析，行业分布不均、区域发展不平衡、小规模机构数量较多、品牌影响力较小、核心竞争力较弱、国际互认度低等是当前贵州省检验检测服务业发展中存在的主要问题。截至 2015 年底，本年度检验检测统计工作完成率已达 99%。

（二）以有机产品认证为主要抓手，推动贵州省山地高效特色农业发展

一是组织开展全省有机产业调研工作。摸清贵州省有机产业发展基本情况，全面掌握辖区有机产业发展动态。调研结果显示，贵州省共有 292 家企业取得有机产品认证证书 708 张，年产量 604 700 吨，总产值达 577 亿元，其中有机种植面积 91 405 公顷、年产量 478 717 吨，有机野生采集面积 1 716 公顷、年产量 789 吨，有机畜禽养殖面积 889 公顷、年产量 521 吨，有机加工企业 84 个、年产量 123 309 吨。贵州省有机种植和野生采集面积位居全国第二位。在调研的基础上，全面分析了贵州省有机产业发展实际情况和产业发展特点以及面临的困难，编制了《贵州省有机产业发展调研报告》，上报省政府并同时下发给各市（州）质监部门，要求各市（州）局结合当地实际，认真分析发展中存在的问题，采取积极主动的措施，寻找切入点和突破点，推动区域有机产业发展。省政府办公厅根据调研情况编制专题政务信息发送至各级政府和相关部门并报送国务院办公厅，省政府孙志刚省长为此作了重要批示。

二是积极推动国家有机产品认证示范区的创建工作。根据全省调研情况，确定了贵州省有机产业发展情况较好的重点区域，对德江、石阡、凤冈、正安、雷山等自然生态环境好、有机产业种植基地和生产加工企业的生产管理比较规范的地区进行了调研。贵州省质监局对这些区域的有机产业发展的扶持力度及推动机制、支持扶持政策落实情况、区域性有机产品的管理制度等情况进行了深入的调研。根据调查，对照国家有机产品认证示范区申报条件，2015 年组织了雷山县和正安县向国家认监委申报国家有机产品示范区创建单位，目前雷山县和正安县已获国家认监委批准创建国家有机产品示范区，贵州省已有 4 个县获批创建示范区。

三是为贯彻落实省委省政府大力发展以绿色有机无

公害为标准的现代山地高效农业有关精神，宣传普及有机产品生产与认证知识，促进全省有机产业健康发展，编制了《有机产品生产与认证指导手册》。该指导手册包含有机产品基本知识、有机种植、有机养殖、有机加工、贵州省有机产业发展概述、发展区域性有机产业的做法、有机产品认证示范区的创建等七个方面。贵州省质监局组织发放3 000余册给各级政府及相关职能部门，作为各级政府、有关职能部门指导有机产业发展和监督有机产品认证工作的参考，为生产者从事有机产品生产、加工、销售活动提供帮助。

（三）制定贵州省加快检验检测认证服务业发展实施方案

为深入贯彻落实国务院关于加快服务业发展一系列文件精神、按照《省人民政府关于加快现代服务业发展的意见》的工作要求，加快检验检测认证等重点领域生产性服务业发展，培育市场主体、服务创新创业、推动产业升级，促进经济提质增效，结合贵州省社会经济发展新常态，总结分析检验检测认证服务业发展经验和发展态势，起草了《贵州省加快检验检测认证服务业发展实施方案》，并经省人民政府同意，省人民政府办公厅于3月31日批准印发了该实施方案。该实施方案包括总体要求、主要目标、重点任务、政策支持、组织保障等五个方面的内容。在总体要求中提出了坚持深化改革、市场导向、创新驱动、集聚发展的基本原则，围绕人流、物流、资金流、信息流，突出转型发展“五大新兴产业”和重点产业发展，培育和壮大检验检测认证公共服务市场，促进检验检测认证服务业实现专业化、规模化、品牌化，与贵州省工业化、城镇化相协调的深度融合发展，构建具有贵州特色的检验检测认证服务业产业体系。提出了到2017年和2020年的主要目标以及加大财税支持、创新金融服务、完善定价政策等三个主要方面的政策支持。在强化组织领导、强化人才保障、强化统计考核等方面提出组织保障措施，并明确了责任单位。

四、积极发挥认证认可制度推进供给侧结构改革的作用

按照省委省政府关于推进贵州省供给侧结构改革的工作要求，充分释放质监功能优势，积极发挥认证认可制度的作用，提出了推进工作措施。

（一）以推动有机农产品认证区域发展为抓手，提高和改善农产品供给质量

指导重点区域制定有机产业发展规划、工作计划，引导和协调重点区域地方政府与技术机构建立合作发展机制；重点推进鼓励发展的重点农产品、林业产品、特色中药材和地方特色产业开展有机产品认证；建立有机认证面积增长考核和评价激励机制，将扩大有机认证面积纳入对地方政府质量考核的工作指标，增加有机产品认证在“贵州名牌产品”中农产品评价体系中的权重；到“十三五”末，全省有机认证面积比“十二五”增长20%以上，超过11万公顷，组织指导10个以上的县（市、区）申报国家有机产品认证示范区，4个以上的县（市、区）获批国家有机产品认证示范区。

（二）提升市场主体质量和效益，规范市场活动

在农业生产经营、工业制造以及旅游、健康养生和现代物流等服务行业中推动质量管理体系、环境管理体系、职业健康安全管理体系、卫生体系、良好生产规范等方面的认证，引导企业建立世界公认的先进管理体系，促进市场主体提升产品和服务供给的质量和水平。到“十三五”末，全省各类有效认证证书数比“十二五”增长50%以上，力争突破1.5万张，满足政府和市场的不同需求，为社会治理和经济发展提供可靠的技术支撑。

（三）发挥杠杆作用，为增强宏观政策有效性服务

通过认证认可的评价引导和激励约束作用，激发微观经济活力，有效落实国家宏观政策，为淘汰落后产能、降低发展成本提供有效手段。到“十三五”末，全省强制性认证证书数比“十二五”增长50%以上，超过2 600张，提高供给产品的安全保证水平。积极推动低碳、节能节水产品认证和在重点用能企业开展能源管理体系认证，促进行业优胜劣汰，引导企业降低能源成本，节能节水，减少二氧化碳排放。到“十三五”末，全省生产用能企业通过能源管理体系认证50家以上，通过低碳、节能节水产品认证的生产企业数量有所突破。

（四）提高检验检测认证供给质量和服务水平

搭建高层次公共技术服务平台，运行好贵阳高新技术区建成贵州国家质检中心园，拓展园区建设，增强服务功能。到“十三五”末，在全省形成2个基础条件好、规模效应较为突出、产值上亿元的检验检测服务业集聚区，全省检验检测认证服务业总产值超过25亿元，年均增长15%以上；对外出具检验检测结果报告数超过450万张，年均增长15%以上；1 000万以上产值从

业机构占比10%以上；从业机构高新技术企业认定占比5%以上，基本建立适应贵州省经济社会发展的“布局合理、功能完善、创新驱动、开放融合”的检验检测服务体系。以现有的“国检中心”为基础，合作引进国际知名检验检测认证集团进驻贵州国家质检中心园，建立质量发展战略伙伴，为产业发展、市场监管和满足社会需求提供优质服务和技术保障，为技术机构服务转型、改制奠定基础。

撰稿人：朱 莉 审稿人：卢 涛

主动作为 创优服务 发挥作用

——云南出入境检验检疫局2015年认证监管工作概况

2015年，云南出入境检验检疫局（以下简称“云南局”）认真贯彻落实国家质检总局和国家认监委对认证监管的总体工作部署，在“创优服务，创新监管”方面积极探索，以“打造一个平台、强化二项监督、体现三项作用”为重点，使认证监管工作全面融入云南经济社会和检验检疫的发展大局中，各项工作有了新进展和新突破。

一、进出口食品生产企业备案管理工作概况

（一）以风险分析为基础，全面优化出口食品生产企业备案审批程序

全面采用《中国出口食品生产企业备案管理系统》，100%实现网上无纸化审批。通过采信HACCP认证等三方认证结果或企业其他自证材料等作为技术评审合格的依据，使审批平均时限缩短为8个工作日，部分事项实现了即报即批。其间为行政相对人提供了近千人次问询服务，受到企业及商务部门的一致好评。截至10月31日，云南省有效的出口食品生产企业备案共419家（同比增加59家），对外推荐注册9家次，有效促进云南省食品、农产品出口的稳定增长。1月—9月，云南省食品农产品出口额达24.2亿美元，同比增长27.8%。

（二）发挥制度优势，为外贸转型升级和地方社会经济发展服务

加强宣传和协调，积极争取地方政府支持，促进从生产源头管理方面持续提升高原特色食品、农产品的质量安全。云南局提出的相关意见已被云南省委发布的《关于强化改革举措落实加快高原特色农业现代化建设的意见》（云发［2015］1号）、《中共云南省委关于深入贯彻落实习近平总书记考察云南重要讲话精神闯出跨越式发展路子的决定》（云发［2015］9号）和云南省政府《云南省人民政府关于促进云南省生产性服务业发展的实施意见》（云政发［2015］13号）等文件采纳。

（三）加强出口食品企业的事中事后监管，保住安全底线

对云南省372家出口备案企业实施了年度监管，对其中27家获HACCP认证的出口食品生产企业实施了100%联动监管及专项检查。重点对输美低酸罐头、水产品、乳制品、果汁等高风险企业进行了质量安全风险隐患排查，提出了270多项改进意见；同企业负责人进行约谈，确认了相关整改措施；多次外请检验检疫部门内外技术专家对企业重大设施改进事项进行重点技术帮扶。

（四）开展进出口食品生产企业注册备案的专项业务督导，提升一线人员的履职意识

对昆明机场局和瑞丽局开展了进口食品境外生产企业注册的口岸验证的督察工作。针对部分超过边贸界定范围的进口水产品未在外包装上标识生产企业注册编号的问题，在全局范围进行了专项整改，从5月起未再发现类似问题。

将出口食品生产企业备案监管工作纳入云南局业务督察计划，对各业务处和分支机构的备案监管情况进行了一次全面督察，并对档案不全、记录不规范等问题进行了全面整改。

二、认证及认证监管相关工作

（一）开展管理体系认证活动监督检查

为进一步探索认证监管与出口生产企业监管方式转变相结合的工作模式，减轻企业负担，云南局在保证上报国家认监委的20家监督检查计划完成的基础上，增加了对获管理体系认证的18家出口食品生产企业的结合监督检查。共出动执法人员106人次，检查14个认证机构的58张证书。为了培养分支局认证监管人员队伍，还抽调分支局7名相关人员参加异地检查，开展现场交流指导。

检查中没有发现获证组织管理体系与实际不符、运行严重失效的情况，也没有发现认证机构弄虚作假、遗漏程序等严重情况，没有需要立案查处的情况。检查中共发现问题113项，其中归属认证机构59项、归属获证组织的72项（有同时归属2者的情况），均已要求归属主体进行说明或整改。

云南局还与云南省包装协会开展工作联动，以共同提升认证行政监管的社会效益。行业协会和获证企业将这样的检查比作“国抽”，给予了充分的肯定和支持。

（二）开展进口强制性产品认证获证产品抽样检测

鉴于云南局为内陆口岸局，辖区各口岸基本没有直接列入抽查的重点进口产品，最后从市场以全价购买的方式抽取日本、波兰和阿根廷生产的65系列轿车子午线轮胎各一组送到指定实验室进行检测。3组样品在高端SUV轿车市场有较大的市场容量，与广大驾乘人员出行安全息息相关。经检测各项指标、外观质量和标志均符合GB 9743—2007国家标准要求，未发现不符合或不一致的情况。这说明进口轿车子午线轮胎产品通过强制性产品认证（CCC）管理和入境验证，能够保证产品安全符合国家强制要求。

三、搭建了云南国际认证联盟服务平台，为培育外贸竞争新优势提供技术支撑

云南局联动云南省商务厅等部门，以云南省商务研究院为工作平台成立了云南国际认证联盟，6月12日，在第3届中国－南亚博览会暨第23届昆明进出口商品交易会（服务）采购大会主会场上举办了“履行责任便利贸易”为主题的“云南国际认证联盟专场主题推介会”，国家认监委副主任王大宁和云南局局长田壮到会致辞。期间，还开展了出口备案标杆企业专项宣传活动，云南局代表云南国际认证联盟与云南省玉溪市商务局签署了合作协议共同推进“出口食品、农产品国际认证标准管理示范区建设”工作。

9月23日，云南国际认证联盟组织云南企业赴北京参加中国国际贸易学会主办的“2016年度供港生鲜招标发布会”，云南局代表云南国际认证联盟作了“共铸信任基础感受云南味道”的专题发言，云南代表团向来宾展示了香格里拉鲜松茸及冻干产品、建水酸甜石榴、特色蔬菜、云腿月饼等高原优质食品，获得参会嘉宾的特别青睐。云南企业向社会郑重承诺，将秉承对外贸易形成的商业和质量信誉优良传统，严格按国际认证管理标准进行生产过程“同线同标”控制管理，通过“供港生鲜食品交易平台”实现“同质同价、优质优价”。

四、问题探索、分析

新常态下，经济发展的质量和效益、非传统安全的威胁，已成为检验检疫面临的重大课题，传统的监管模式已不能满足大质量、大安全、大通关、大物流的需要，检验检疫工作水平和效能与快速扩大的对外贸易形势之间的矛盾日益凸显，使得检验检疫工作面临着繁重的质量安全工作任务和各种风险挑战。

云南局认证监管虽然工作取得一定成绩，但仍然存在着与当前发展形势不相适应的困难和问题。一是需进一步提高对认证认可工作重要作用的认识。作为国家的四大质量技术基础之一，认证认可是规范管理、传递信任的重要手段，不仅要管准入“兜底线”、而且要促提升“拉高线”，云南局的认证监管工作与服务云南社会经济发展新常态和供给侧结构性改革还不适应。二是需充分发挥认证认可的技术支撑作用。云南局认证监管工作要进一步克服与业务管理两张皮的问题，深度融入检验检疫工作的各个方面，成为各级各部门的工作抓手。三是认监部门需从侧重具体业务工作向侧重认证监管业务管理转变。要站在全省的高度研究、规划、推动和督促认证监管工作开展，动员和发挥检验检疫各部门和各级检验检疫机构的力量共同推动认证监管工作。四是需进一步强化认证监管队伍力量。必须突破传统思维和工作模式，开阔思路，有效地把认证监管工作同检验检疫实际更好地结合起来开展工作，尤其是要提高一线检验检疫人员对认证监管工作的认识，增强业务能力，使之能独立、自觉运用认证监管来提高服务经济发展新水平。

云南局将认真反思工作差距，解放思想，转变观念，提高认识，主动作为，充分发挥认证认可的技术支撑作用，坚持“用特殊的思考解决云南特殊的问题”的工作理念，主动融入中国和云南省发展战略中，把执法把关与促进边疆繁荣稳定紧密结合起来，继续探

寻破解防控难题与培育新的经济增长点、保安全与促发展有机统一的契合点，与地方形成共识、拧成合力，共同为云南开放型经济发展提供精准、优质的服务，当好质量发展的推动者、质量安全的守护者，当好增长转型的"服务员"，在服务发展中体现检验检疫应有的作用，在服务发展中推动检验检疫事业的更大发展。

撰稿人：张壮耘　审稿人：李　先

强化监管措施　提高认证认可监管效能

——云南省质量技术监督局 2015 年认证监管工作概况

2015 年，云南省质量技术监督局（以下简称"云南省质监局"或"省局"）认证认可工作在省委省政府和国家认监委的有力支持下，在省局党组的坚强领导下，以习近平总书记系列重要讲话和考察云南重要讲话精神为重要指导，深入落实中国质量（北京）大会、全国认证认可工作会和省委九届九次、十次、十一次全会精神，主动适应经济发展新常态，突出创新驱动，认真开展"三严三实"和"忠诚干净担当"专题教育，充分发挥认证认可传递信任、服务发展的桥梁和纽带作用，为促进云南地方经济发展提质增效升级做出新贡献。

一、融入沿边开放合作

围绕"一带一路""长江经济带"战略、建设面向南亚、东南亚辐射中心的需要，积极协助抓好认证认可相关针对性支持政策，加强沿边认证认可合作，2015 年重点配合开展好与老挝科技部共建检验检测机构的援助与推进。

二、服务产业转型升级

2015 年任务分解要求充分利用认证认可手段，推动全省产业转型升级和结构调整。一是继续推动检验检测产业发展，出台了《云南省检验检测机构统计分析报告》，为云南省检验检测认证机构整合提供了强有力的数据支撑和决策依据，同时全面抓好 2015 年检验检测服务业统计工作，全省 1 186 家检验检测机构上报了数据，上报进度 96%，远远高于同期全国 86% 的平均上报进度。进一步加强检验检测机构资质管理，提升检验检测能力，2015 年开展了全省检验检测机构资质认定专项监督检查，检验检测机构进行 100% 自查，同时结合国家认监委部署，抓住社会热点，把握检验检测机构发展的现状，在食品和食品包装材料、水质、建筑装修材料、日用消费品等 4 个检测领域开展飞行检查，省局抽查 50 家检验检测机构。2015 年实验室能力验证在粮油检验、食品中重金属、艾滋病检测、白酒中塑化剂测定、果蔬汁饮品中着色剂和防腐剂测定等检验检测领域征集到 23 个参数的能力验证项目，在粮油检验、艾滋病检测两个领域开展了能力验证工作，35 家检验检测机构参加了粮油检验能力验证，231 家检验检测机构或实验室参加了艾滋病检测能力验证。资质认定标准化管理工作任务完成，《实验室资质认定评审规范》（DB53/T 595—2014）如期发布并予以实施，初步完成了 60 余名评审组长的宣贯培训，《检测实验室内部校准规范》（DB53/T 681—2015）地方标准正式发布并于 6 月 12 日开始实施，通过标准化管理的推进，2 项地方标准的实施，努力实现了资质认定检验检测机构数据的溯源，达到了资质认定技术评审的规范化和标准化，提升资质认定工作的有效性和公信力。二是低碳认证促进跨越发展，先后组织召开了云南省低碳产品认证试点项目落实推进会、低碳产品认证制度宣贯培训会，稳步扎实推进了辖区低碳认证的试点工作，指导并帮助扶持企业申请开展产品的低碳认证，为实现云南省低碳产品认证证书"零"的突破迈出了关键一步，为云南省节能低碳工作做出贡献。

三、稳步推进检验检测机构改革

充分利用检验检测机构资质管理的优势，积极配合人事处抓好检验检测机构改革相关工作，草拟了全省检验检测机构调研报告，截至 2015 年 12 月 31 日，全省通过资质认定检验检测机构数量达到 1 165 家、1 312 张证书，机构数量同比增长 4.11%，为云南省检验检测机构改革奠定详实的数据基础，加快了云南省检验检测产业化发展进度。

根据中共中央十八届五中全会有关“简政放权、放管结合、优化服务”的要求，进一步深入贯彻落实公安部、国家质检总局《关于加强和改进机动车检验工作的意见》（公交管［2014］138号）和《质检总局、国家认监委关于统一机动车安全技术检验机构评审要求并组织实施的通知》（国质检认联［2015］438号），联合云南省质量技术监督局、云南省公安厅交通警察总队，简政放权，取消安检机构筹建审批，进一步简化我省安检机构审批流程。

四、完善法规制度体系

根据工作计划，出台了《云南省人民政府办公厅关于加强认证认可工作的意见》，经过深入细致的前期调研，精心策划准备，充分剖析编撰，起草工作得到省局主要领导的大力支持，文件及资料最终得到省政府办公厅的认可，经省政府领导同意，将工作上升到省政府的层面进行规划设计，并出台了《云南省人民政府关于加强认证认可工作的实施意见》。

五、全面夯实质量发展基础

工作重点内容是强化认证认可桥梁作用。在机动车安检机构方面，坚持了联合监管机制的运行，先后召开多次联席会，研究摩托车检测的审批与监管事宜，继续抓好全省机动车安全技术检验人员考核发证工作，通过考核合格取得检验员上岗资格证共计282人，有效提升云南省安检机构的检验工作质量。积极开展对GB 21861—2014《机动车安全技术检验项目和方法》强制性国家标准的宣贯活动。在强制性认证（CCC）产品监督管理方面，根据省财政下达的2014年度开展CCC强制性认证产品监督检查的项目经费，对全省的监督检查工作及检查产品进行了安排，组织云南省具有CCC强制性认证产品检验资质的检测机构与相关州、市局进行工作衔接，全面完成全省2015年50批次电磁灶产品、80批次建筑用安全玻璃、62批次移动通信终端的CCC产品风险监测任务。根据国家认监委安排的强制性认证产品监督检查任务，云南省及时与上海电器设备检测所取得联系，按期完成了18批次断路器强制性认证产品国家监督抽查任务。在食品农产品认证监管工作方面，一是开展好日常监管工作，针对有机产品认证标志及有机码使用是否符合要求；有机产品销售证使用情况；认证机构现场检查对投入品关注情况；企业是否有使用禁用物质现象，是否保存采购、使用投入品记录；环境和产品检测情况是否符合要求；认证机构对有机生产缓冲带设置、平行生产、物料衡算、轮作计划制定和执行等关键生产环节审核及企业实施是否到位等行为组织了有机产品认证监管。针对清真食品认证重点部署了查处未经批准开展清真食品认证的情况，依法取缔未经批准设立的清真食品认证机构。二是开展好专项监管，主要是对有机茶获证企业进行现场见证检查，有机产品认证示范区监督检查。三是继续推动有机产品认证示范区创建工作。2014年10月，在大理宾川召开云南有机产品认证示范创建区现场工作会后，经过对申报材料的初步审核，甄选出7个申报省级有机产品认证示范创建区的县区，并邀请有机产品认证专家对各个县区的申报材料进行了文件评审论证，开展了以召开文审论证会与现场审核相结合的评审工作，并向综合评审绩优的7个县区授予“云南有机产品认证示范创建区”称号，其中3个县区被评为“国家有机产品认证示范创建区”，目前正在公示。在管理体系认证监管工作方面，为加强管理体系认证建设，制定了云南省质量管理体系监督检查的工作方案，并上报国家认监委，下半年在全省全面开展质量管理体系认证的监督检查。

六、狠抓质量基础载体活动

已按要求完成检验检测技能大比武活动。2015年是云南省质监系统取消垂管，15家地州中心上划省局统一管理的第一年，为进一步提升检验检测能力，加强机构之间沟通交流，携手共进，共同发展，协同进步，在省质检院的具体承办下，于8月31日—9月1日，组织了15家州市综合检测中心组队60名参赛队员参与的检验检测技能大比武活动，省局杨榆坚局长等领导参加活动并亲自对各获奖参赛队和个人进行了表彰。

七、深入开展“三严三实”和“忠诚干净担当”专题教育，认真落实党风廉政建设主体责任

以开展“三严三实”和“忠诚干净担当”专题教育为契机，紧紧围绕忠诚履职、严以律己、担当尽责抓好教育，紧紧围绕落实党风廉政建设主体责任抓作风建设，为认证认可事业发展提供保障。在廉政教育学习方面，党支部组织全处党员坚持积极参加省局开展的每月党风廉政建设学习教育日的廉政教育和警示教育活动，及时认真传达学习省局党风廉政建设工作会议精神，利用每月的处务暨党支部会组织理论学习。2015年，在学习党章、党政条规的基础上，结合“三严三实”和“忠诚干净担当”专题学习教育，重点学习了习近平总书记《关于党风廉政建设和反腐败斗争论述摘要》和系列重要讲话中关于党要管党、从严治党的内容。

组织深入学习《中国共产党廉洁自律准则》《中国共产党纪律处分条例》，使每名党员明确知道自身应有的行为规范和准则。支部全体党员积极参加省局机关党委组织到党性教育基地开展的现场体验活动，同时，支部还组织党员到杨善洲林场和独龙江，学习杨善洲先进事迹和“一心为民老县长”高德荣同志的先进事迹，通过理论学习和实践活动不断提高支部党员的廉洁自律意识，从思想上筑牢拒腐防变的防线。在制度建设规范行政行为方面，根据认证认可处的工作实际，结合党风廉政建设的各项规定要求，积极开展岗位廉政风险排查，完善规章制度。按照行政许可事项公开、透明和受理、审批、发证三分离的要求，认真梳理本处的行政许可审批流程，制定工作岗位的职位职责，使行政审批工作的运行更加程序化和公开透明。按照省局要求，依标准编写了《行政审批事项业务手册》和《行政审批事项办事指南》，按照省局落实党风廉政建设责任制主体责任要求制定了处党支部党风廉政建设计划和措施，逐级签订了《落实党风廉政建设责任制主体责书》，通过各项制度的建立和落实，把权力的运行关进制度的笼子，规范行政行为，进一步强化了对本处行政权力的制约和监督，防止违法违纪行为的发生。在接受监督落主体责任方面，按照年初签订的党风廉政建设责任书规定的责任目标和责任内容要求，处党支部书记切实履行“一岗双责”的政治责任，党员按照工作分工和岗位职责认真履行自身的主体责任。认真开展“三严三实”和“忠诚干净担当”专题学习教育、理想信念和宗旨教育、党风党纪和廉洁自律教育、反对浪费和警示教育，落实集中学习教育制度。经常向分管局领导汇报党风廉政建设情况，处理重要业务工作和具有行政风险的事项时主动向驻省局监察室报告并邀请监察室对工作过程进行监督。落实副处级以上干部个人有关事项，按省局要求如实填写《廉政档案》和《领导干部个人有关事项报告表》，严格遵守中央“八项规定”，在加强处党支部内检查的同时，主动接受各级领导、监察部门和干部职工的监督。积极支持省局纪检组、监察室依法依纪调查办案。对各级转办或直接收到的群众举报信函及时进行调查处理，并按工作程序回复相应部门。通过制作《自觉践行“三严三实”深入推进作风建设》展版，加强廉政文化建设。

2015 年，云南省的认证认可工作，从省政府层面完成了《云南省人民政府关于加强认证认可工作的实施意见》（云政发［2016］2 号）文件的起草，完成云南省低碳认证零的突破和有机产品示范区的建设与认证工作，这些历史性成绩的取得，为云南省认证认可事业开拓了新的发展空间。但要把这些成绩实实在在的转化为推动和服务云南省经济发展的动力，促进云南省特色产业转型升级、提高经济社会发展质量和构建开放型经济，使云南省特色资源及区位优势切实转化为产业优势还有许多艰巨和繁重的工作需要我们一步一个脚印的努力去做。

撰稿人：赵红梅　审稿人：付亚杰

认真履职　稳步发展西藏认证认可工作

——西藏出入境检验检疫局 2015 年认证监管工作概况

2015 年，西藏出入境检验检疫局（以下简称“西藏局”）在国家质检总局“抓质量、保安全、促发展、强质检”十二字方针的指引下，以十八大精神为指导，深入贯彻科学发展观，坚持党的群众路线，按照国家认监委的总体要求，认真贯彻落实全国质检工作会议和国家认监委工作会议精神，从维护社会稳定，促进对外贸易发展的大局出发，扎实工作、认真履行把关服务职能，积极加强西藏自治区认证企业和认证产品的监督管理工作，努力推进西藏认证认可事业健康发展。

一、做好宣传，加强执法监管能力建设

由于西藏企业少、距离远，西藏局将认证认可宣传融入日常监管执法中，将专项检查与宣传结合起来。此外，在“6·9”世界认可日进行重点宣传活动中，通过张贴横幅、发放宣传资料等方式，向社会与公众介绍讲解了认证认可知识在外贸中的重要意义及促进作用。

二、制定认证监管工作目标、认真履行工作职责

根据国家认监委工作安排，制定西藏局备案企业监管计划、认证行政执法专项监督检查工作方案、管理体系认证活动监督检查计划、2015年强制性产品认证获证产品抽查预算和实施方案，并报送国家认监委。年中按计划和方案开展相关工作，并向国家认监委报送相关总结和经费绩效报告。

2015年，西藏局变更1家备案企业信息，注销3家出口食品生产企业备案（均为2年无出口产品，内销情况好于外销），无新增备案企业。备案办理过程均符合相关要求，时限符合率达100%。

由于西藏自治区出口企业少且分散，出口品种单一，监管费用高，西藏局将出口食品备案监管、食品农产品认证监管、质量管理体系认证活动检查和认证认可宣传结合起来，减少企业负担和西藏局用车困难、路途遥远及冰雪期、评审员不足等问题，监管过程中部分采信HACCP认证，缩短检查时间，采取验证检查、现场监管、审核记录的方式，派遣卫生注册评审员14人次，计划监管企业7家，实际监管企业7家，年度监管计划完成率100%。监管中未发现获证企业和认证机构涉嫌违规事宜，出口食品生产企业无相关重大安全卫生质量事件。监管中发现获证组织主要有记录不全、一线工作人员对体系的认识不够深入等问题。

2015年，结合援藏力量举办了一次出口食品生产企业知识培训，参加的有相关业务人员和企业。

向国家认监委报送2015年西藏局认证认可年鉴、出口食品生产企业备案行政许可相关信息、西藏出口食品企业内销转型情况调查问卷。

三、大力发展有机产品认证示范区和生态原产地产品保护相关工作

西藏局近年来努力发挥检验检疫服务地方产业升级，扩大出口，增加产品附加值的积极作用，以扶持西藏特色产业和新兴产业发展为己任，为促进地区经济社会发展作出了应有贡献。特别是2015年以来在西藏日喀则市开展的有机产品认证示范区创建活动，在助推地方经济转型升级、促进农牧民增收等方面，获得了国家认监委、地方政府和当地农牧民等各方的一致好评。这是以往没有出现过的新工作，西藏局及时与国家认监委沟通，及时跟进，采取急事急办，特殊情况特殊对待，举全局之力，取得了这项工作的好成绩。

2015年初，经西藏局与日喀则市委、市政府协商，共同决定在日喀则市开展有机产品认证示范区创建活动，这项活动得到了国家认监委的大力支持，国家认监委副主任王大宁亲自带队于2015年8月赴日喀则市对当地有机产业发展状况和有机产品认证情况进行了实地调研，随行专家进行了现场授课。王大宁副主任一行充分肯定了日喀则市有机产业发展的现状及发展规划，以及该市为申请国家有机产品认证示范区所做的前期准备工作，决定下拨专项资金30万元用于示范区创建工作开展和对获证企业的扶持。12月30日，经西藏局初评推荐，以该市26家企业的27种获得有机产品认证或有机转换产品认证的产品为重点，向国家认监委提交了日喀则市有机产品认证示范区创建申请。

随着有机产品认证示范区创建活动的深入开展，日喀则市围绕青稞、岗巴羊、马铃薯、特色蔬菜、藏鸡、林下资源等特色产业，进一步组织开展了农牧产品的有机产品认证工作。截至2015年底，整个日喀则市各相关企业已成功申领有机转换认证证书、有机产品认证证书共计43张。其中艾玛土豆、白朗康桑糌粑、酷龙达菜籽油、谢雄藏鸡等农产品获得了有机转换产品认证证书；岗巴羊、岗巴羊肉系列食品、亚东木耳、拉孜藜米等获得了有机产品认证证书。

有机农牧产业的发展壮大，有力推动了日喀则市农牧业结构的优化升级，促进了现代农牧业的快速发展，拉动了农牧民收入快速增长。亚东木耳人工种植，实现产值1 200万元，群众户均增收4 300元；南木林有机马铃薯比传统种植每亩多增收500元；尤其是岗巴羊经济圈效益越来越好，群众收益越来越大、增加的收入也越来越多。2016年，岗巴羊销售价格已由2013年的每只750元增长到每只1 700元，整个岗巴羊产业规模市值达到15.3亿元，与2013年相比产值净增9亿元，带动岗巴羊经济圈农牧民人均增收1 500元。

西藏局将总结在日喀则市开展有机产品认证示范区创建活动的先进经验，在全区范围内加快推进有机产品认证示范区建设工作，进一步落实好《质检总局关于进一步支持西藏和四川云南甘肃青海省藏区质检事业发展推进经济社会发展长治久安的意见》（国质检办［2015］556号）文件精神，争取为地方经济实现跨越式发展和社会的长治久安作出更大贡献。

向国家认监委咨询生态原产地相关信息，并完成宣传资料订购工作。向相关部门索取生态原产地宣传资料，并将相关材料邮发辖区内10家生产企业，在西藏局门户网站上发布相关信息和申请书。经西藏局申请有2家生产企业的两项产品获得生态原产地产品保护。

四、2015年工作的不足之处

一是因人员紧张问题，对工作计划的落实存在着跟

进不及时与不到位的现象，工作按时完成率不够，应该多加强督导与检查，并进行及时总结。

二是备案注册评审员培训工作没有及时跟进，培训与档案有待加强。

撰稿人：唐 利　审稿人：傅金波

真抓实干　不断提升认证监管有效性

——西藏自治区质量技术监督局2015年认证监管工作概况

2015年，西藏自治区质量技术监督局（以下简称“西藏质监局”）深入贯彻落实党的十八届三中、四中全会和自治区党委八届五次、六次全委会精神，坚持以邓小平理论、“三个代表”重要思想指导，全面落实科学发展观，在局党委的正确领导下，围绕国家认监委和本局确定的全年工作要点，按照“保障质量安全、夯实质量基础、突出质量法制、强化组织保障”等工作部署，严格行政审批，严格履行监管职责，扎实推进认证认可工作。

一、严格把关，资质认定工作稳步推进

（一）积极推进实验室资质认定各项工作

按照《检验检测机构资质认定管理办法》规定，认真开展实验室资质认定的各项工作。在实验室资质认定的基础工作中，严格按照国家认监委颁布的《实验室资质认定评审准则》《食品检验机构资质认定评审准则》等相关规定和程序要求，规范行政许可的受理、技术评审和审批各个环节，严格按照评审准则的要求对检验机构的人员、管理体系、仪器设备和设施条件等方面进行全面考核，不降低评审标准，确保评审结果客观、公正，对不符合资质认定条件的实验室，一律不予受理、审批。2015年，完成10家实验室资质认定审查工作，其中新申请实验室4家，5家复审换证，1家名称变更。截至2015年底，全区获证检验检测资质认定有效证书65张（省级），食品检验机构资质认定有效证书4张（省级），共完成24家实验室资质认定审查工作，其中新申请实验室4家，19家复审换证，1家名称变更。目前，西藏自治区实验室服务涉及食品、卫生疾控、司法、岩矿、建筑、消防等相关多个领域，为保障辖区产品质量安全提供了有力的技术支撑。

（二）促进检验检测服务行业有序发展

进一步规范检测市场，促进检验检测服务行业的有序发展。按照制度健全、能力适应、行为规范、监管到位的要求，着力解决检测管理中存在的突出问题和检测工作中存在的薄弱环节，开展不定期监督检查和专项监督检查等多种形式监督检查。一是结合扩项、标准变更等行政审批事项申报时开展监督检查；二是落实国家认监委的工作要求，开展专项检查。下发了《关于开展2015年实验室资质认定获证实验室专项监督检查工作的通知》，在国家认监委统一规定检查内容基础上，结合辖区实际，细化检查内容、制定检查标准，有效开展监督检查，此次专项监督检查重点对实验室遵守法律法规以及规范、诚信提供检验检测服务情况进行核查，杜绝超范围检测、出具虚假报告等严重违法违规行为，通过持续加强对资质认定获证实验室的监督管理，确保获证实验室检验检测质量；各地市局按照通知要求，严格对照《2015年资质认定获证实验室专项监督检查表》的相关内容开展检查，并对所检查实验室作出真实有效的评价，此次检查涉及67家获证实验室，监督检查达到全覆盖，目前各地（市）质监局已完成检验检测机构的监督检查各项工作任务，已完成汇总分析总结，相关监督检查情况已报自治区政府办公厅。

（三）开展检验检测服务统计工作

根据《国家质检总局国家认监委关于开展2014年度检验检测服务业统计工作的通知》（国质检认联［2015］80）文件要求，对全区获证实验室基础信息进行统计，获证检验检测机构登录国家认监委门户网站检验检测服务业统计质保系统网页进行录入，同时要求各地（市）质监局在2015年监督检查工作中对统计开展情况进行监督检查，及时处理有关实施不力、拖

延不报、数据严重错误等问题，并责令有关机构改正，相关获证实验室已按要求完成录入工作，现已完成32家实验室数据统计工作，并通过国家认监委审核。

（四）与检验检测机构积极沟通，掌握机构现状与需求

为贯彻落实习近平总书记“推动中国制造向中国创造转变、中国速度向中国质量转变、中国产品向中国品牌转变”的重要指示精神，充分发挥质量技术监督部门的技术保障作用，促进全区经济社会发展提质增效。7月15日，召开了检验检测机构负责人座谈会。加强质监部门同检验检测机构的沟通，掌握机构现状与需求，宣贯《检验检测机构资质认定管理办法》，充分发挥质监部门监管与服务职能，西藏质监局副局长多吉坚赞、系统相关人员和拉萨市质监局相关人员以及拉萨市21家资质认定获证检验检测机构负责人参加了座谈会。

座谈会解读学习了新修订的《检验检测机构资质认定管理办法》相关内容，使检验检测机构进一步明确了《检验检测机构资质认定管理办法》相关条款及规定，做到心中有数，明确职责，在检验检测过程中突出主体责任，确保检验检测质量；各检验检测机构负责人积极踊跃发言，本着机构未来发展远景、本着服务于西藏经济发展角度，实事求是地提出机构当前存在的问题以及需要质监部门提供服务的需求。会上，多吉坚赞副局长强调了检验检测工作的重要性及《检验检测机构资质认定管理办法》中相关规定的同时对检验检测机构提出新的要求。此次座谈会，进一步加强了质监部门和检验检测机构的沟通了解，监管部门与机构共商检验检测事业发展的新举措，对检验检测机构增强自身核心竞争力，提高检验检测能力和水平，不断发展壮大，服务地方经济发展具有十分重要的意义。

（五）开展卫生类检验检测机构能力验证工作

为加强卫生类检验检测机构的监督管理，提高检验检测机构检验结果的科学性和准确性，对辖区5家获证疾病预防控制中心开展了4个样品10个参数的能力验证工作，已向各检验检测机构发放样品，正在开展样品检测工作。

二、措施有力，管理体系认证监管工作有序开展

围绕特色产业发展和经济结构调整，积极引导规模企业开展质量管理体系、职业健康安全管理体系、环境管理体系认证，促进企业管理水平提升。借世界认可日活动的开展，对上规模企业进行了体系认证的宣传。2015年，新认证质量管理体系12家、职业健康安全管理体系4家、环境管理体系认证5家。

加强对认证机构的管理。为加强对认证机构的监督管理，规范认证活动，提高认证有效性，进一步了解辖区认证机构运行情况，有效推动认证工作，西藏质监局5月中旬对中国质量认证中心西藏分中心进行了走访。中国质量认证中心西藏分中心自成立以来，主要从事行政、企事业单位的质量管理体系、环境管理体系、职业健康安全管理体系以及食品安全管理体系、有机产品、GAP等认证业务，是区内唯一设立的一家认证机构。西藏质监局工作人员同西藏分中心相关人员就机构各项认证工作开展情况进行了交流，同时针对西藏实际，督促认证机构积极引导区内规模企业开展各项认证，确保认证质量，为提升企业整体水平奠定基础。走访当中，西藏质监局工作人员对机构备案资料进行了更新，建立了机构档案。此次走访加强了西藏质监局和认证机构的沟通，全面掌握了机构开展认证业务情况，为下一步西藏质监局对认证机构的有效监管与服务提供了支撑。

根据西藏质监局统一安排，在辖区范围内开展管理体系认证工作。结合西藏质监局质量手册、程序文件和作业指导书的要求，按照体系的要求开展日常工作，完成了2015年度内审整改工作，并接受国家质检总局专家评审组的评审。

三、突出重点，强制性认证产品监管工作进一步深入

为切实保障产品质量安全，维护消费者合法权益，按照年初局里工作任务分解及辖区实际，制定了强制性认证产品质量安全专项监督检查方案，工作重点是集中力量对辖区全部强制性认证产品获证企业（8家）进行专项检查，严厉查处无证生产销售强制性认证产品、假冒伪造超期、超范围使用认证标志、认证证书违法违规行为。按照相关要求各地市局开展了强制性认证产品监督检查工作，大部分获证企业运行良好，检查中拉萨市局发现1家企业存在未实用认证标志、原辅材料进货验收制度不健全、出厂检验不规范的问题，针对存在的问题，责令企业进行了整改。

按照《国家认监委关于印发2015年认证认可各项业务领域监督检查工作方案的通知》（国认办［2015］25号）和《国家认监委关于开展2015年强制性产品认证获证产品监督抽查工作的补充通知》（国认证函［2015］47号）的通知精神，结合辖区内灯具销售分布实际，对拉萨市灯具市场开展了国家监督抽查。为更好地完成这项工作任务，前期制定了工作方案，由西藏

质监局牵头会同拉萨市质量技术监督局、四川省产品质量监督检验检测院的专业技术抽样工作人员参加了本次专项监督抽查工作，确保了专项检查工作从抽样、封样、送样、检验的顺利开展。7月27日—31日，共对拉萨市的20家销售企业进行了检查。由于西藏自治区销售灯具的企业对灯具强制性产品认证的认识不足，加之消费者喜欢较便宜的产品，所以辖区内流通的灯具产品多为无证产品，给抽样工作带来了一定的困难，本次抽样符合条件的共12组样品，覆盖经销企业6家，生产企业10家，样品经检验合格率为58.3%。不合格原因主要是厂家为缩减成本，将电路中的滤波线路去除，减少所使用的元器件；外部或内部线径过细，只能满足“导通”的要求，部分产品使用塑料不能满足器件工作高温的要求等。同时，抽样过程中发现许多被抽样单位销售的产品存在超CCC证书范围CCC证书早已经被注销、无CCC证书等情况。针对灯具市场存在的问题，考虑到西藏质监局的执法主体不在流通领域，10月14日，西藏质监局会同拉萨市质监局、拉萨市工商局进行了沟通协商，针对本次抽查的5个批次不合格样品涉及的3家经销企业，由拉萨市工商局对不合格CCC灯具产品进行下架等后处理工作，此项工作得到了拉萨市工商局的大力支持和配合；除未抽到CCC灯具样品的另外14家经销商外，还有无证、超范围冒用CCC证书的灯具产品在辖区市场上流通，给老百姓生产生活造成较大安全隐患。由于西藏质监局在流通领域不具备执法职能，对这些问题灯具产品的监管，已向自治区工商局去函请求自治区工商局进行处理，西藏质监局进行协助。下一步，西藏质监局同自治区工商局协作，联合行文，加强对流通领域强制性认证产品的监管，以达到净化灯具销售市场目的，把安全、质量可靠的灯具产品引进市场，更好地为广大消费者服务。

四、总结经验，做好认证认可宣传工作

为更好地展示、宣传质监系统认证认可工作，进一步总结认证认可工作经验，结合西藏自治区认证认可工作的发展实际，按照国家认监委关于做好《中国认证认可年鉴》编纂发行工作的通知，安排了中国认证认可年鉴西藏部分的编撰工作，从实验室资质认定、体系认证、强制性产品三方面认真归纳总结了西藏自治区认证认可作及工作经验，完成年鉴编纂工作，并上报国家认监委。

2015年6月9日是第八个世界认可日。为了深入宣传认证认可的作用，动员社会各方共同推进认证认可工作，更好地服务对外贸易和经济社会发展，安排部署各地市局开展了多种形式的宣传活动。走访企业、召集检验检测机构座谈，发放宣传资料、宣传海报、与相关部门联动等多途径宣传认证认可的作用成效，在宣传认证认可相关工作的同时，进一步了解企业现状，掌握企业获证后质量管理体系运行情况，对存在的问题帮助企业及时改进和解决，促进获证企业不断提升整体水平；积极督促引导未开展认证的企业开展各类相关认证，充分发挥质监系统职能，进一步为企业提供服务。此次宣传共向企业发放宣传招贴画200余张、资料450余份。

按照西藏质监局统一部署，完成网站认证认可专栏的更新工作，加大对外宣传。对辖区获证实验室、强制性产品认证获证企业相关名录予以公布，并就日常行政审批使用的表格、说明等信息提供下载，方便行政相对人及时了解掌握政策、信息及办事程序。

撰稿人：王　威　审稿人：杨　军

强化认证监管 服务经济发展

——陕西出入境检验检疫局2015年认证监管工作概况

2015年，陕西出入境检验检疫局（以下简称“陕西局”）认真落实全国认证认可工作会议精神，主动适应经济发展新常态，按照支局长提出的“创优服务、创新治理”的要求，坚持创新发展，强化认证行政监管职能，贯彻国家“一带一路”建设战略要求，积极服务地方经济发展。截至2015年底，陕西省共有出口食品生产备案企业133家，办理CCC免办证明1 072批，目录外认定1 665批。

一、强化食品企业备案及监管

（一）引入风险管理理念，落实企业主体责任

实施企业年度报告制度，根据出口产品风险程度、出口产品的质量情况以及企业的质量体系运行情况，结合企业年度报告情况，对备案食品企业进行分类管理，在监管中做到抓住重点，有的放矢。制定了《2015年陕西地区出口食品备案企业监管计划》，落实了监管人员和检查时间。

（二）探索企业备案和认证监管模式改革

一是实施备案和认证监管联动，将HACCP认证监管工作融入到对企业的备案监管中。对40余家企业进行了联动监管。二是正式上线运行出口食品企业备案管理系统，利用信息化手段，提升监管效能。三是积极简政放权，将备案工作的初审环节，下放给相关分支机构，提高了备案工作效率。四是总结近两年备案监管采信第三方认证结果的做法和经验，制定了《陕西检验检疫局出口食品备案采信第三方认证结果实施办法（试行）》，2015年，对到期换证的果汁生产企业的延续备案中全部实施采信第三方结果，简化了备案程序，提高了备案效率。

（三）开展了对陕西局系统的进口食品境外生产企业口岸核查工作的专项监督检查

对陕西口岸直接进口的《目录》内产品是否来自进口注册企业以及进口食品的认证信息进行了批批查验。组织检查组对各口岸核查工作进行了专项监督检查。

二、强化强制性产品认证的行政监管

做好进口强制性产品认证的入境验证和进口强制性产品认证的免办工作。对所有免办货物进行现场查验和后续监管；CCC免办后续监管和入境验证及查验率均达到了100%。

适应通关模式改革，发布了《关于进一步做好入境验证及核查工作的通知》，对强制性认证入境验证和核查货证工作模式进行了适时调整。实施入境验证、货物核查、后续监管的三个一致，进一步强化了强制性认证管理工作的有效性，提高了通关效率，为企业提供方便。

落实国家认监委要求，开展2015年强制性产品认证获证产品监督抽查工作，结合陕西地区实际，制定了抽查计划及方案，并按计划完成了监督抽查工作。

三、强化认证执法工作

加强陕西局认证执法体系建设，提高认证执法人员素质。邀请兄弟局认证执法专家对40余人进行了认证执法专项培训，为陕西局认证执法队伍建设打下坚实的基础。

精心策划，周密安排，组织多方力量，完成了国家认监委下达给陕西局的50家企业管理体系认证专项检查。2015年，共出动检查人员150余人次，用时三个月，发现认证机构和获证企业管理体系运行存在的问题100余项。针对检查发现的问题，对获证企业和认证机构进行了反馈，要求及时整改。

四、利用认证认可手段，服务地方经济发展

一是加强认证认可知识宣传，扩大认证认可影响。在6月9日“世界认可日”，与陕西省质监局共同举

办认证认可知识大讲堂活动。另外，在陕西局网站以在线访谈的形式，宣传认证认可知识。

二是发挥认证认可作用，支持农村经济发展。一是对延安革命老区给予认证认可技术与资金支持。配合国家认监委和供销合作总社的领导和技术专家赴延川县和富县调研，对两县进行了认证认可知识和电子商务培训。二是继续加强对富县GAP认证示范县的工作进行监督指导，确保他们能持续符合GAP标准要求，促进富县农业产业的可持续发展。三是加大富县的示范宣传效应，配合中央媒体“一带一路”质检行活动，对富县的GAP示范县创建工作进行了现场采访和宣传，《光明日报》、新华网对富县的工作进行了大篇幅报道，取得了很好的宣传效果。在富县的示范带动下，延长县的中哈苹果友谊园也成功地获得了GAP认证，太白县政府也正在为创建GAP示范县积极做好前期准备工作。在两地的申请过程中，陕西局领导和专家多次赴当地培训、指导，并给予了资金扶持。

三是采取急事急办措施，促进外贸出口。2015年，陕南汉中仙毫绿茶、陕北沙棘红茶、清真速冻水饺首次走出国门，实现了陕西清真食品和茶叶出口零的突破。

撰稿人：戴素霞　审稿人：党继祥

主动改革　创新发展
不断提升认证监管的科学性和有效性

——陕西省质量技术监督局2015年认证监管工作概况

2015年，陕西省质量技术监督局（以下简称“陕西省质监局”或“省局”）认证认可工作在国家质监总局和国家认监委的大力支持和指导帮助下，在省局党组的正确领导下，认真学习贯彻党的十八届四中、五中全会精神，始终坚持“抓质量、保安全、促发展、强质监”十二字方针，按照“创优服务、创新治理”的总要求，紧紧围绕“丝绸之路”经济带建设，不断深化改革，锐意进取，充分发挥认证认可“传递信任，服务发展”的职能作用和技术优势，大力推进认证认可在经济社会的广泛应用，为促进全省经济社会的快速发展和实现“三个陕西”宏伟目标作出了积极贡献。

一、全省认证认可基本情况

2015年，是全面深化改革的关键一年，也是陕西省认证认可工作取得新的成效和发展的一年。全省质监部门紧紧围绕当前深化改革和年初确定的各项重点工作任务，以拓展认证认可服务领域，提升认证服务的有效性，加强和规范检验检测机构能力建设为目标，大力开展质量管理体系（QMS）、环境管理体系（EMS）、职业健康安全管理体系（OHSMS）等各类认证，重点加强CCC、有机、绿色、无公害等产品认证，尝试推进低碳、节能、环保等新型产品和服务体系认证，不断构建新的认证和检验检测机构监管模式。认证已成为全省企业提高管理水平，提升产品质量，转变产业结构发展方式，带动区域经济协调可持续发展的重要支撑点。

截至2015年10月31日，全省各类组织共获得国家认可的主要认证证书14 978张，其中强制性产品认证证书3 575张，质量管理体系认证证书6 515张，环境管理体系认证证书2 380张，职业健康安全管理体系认证证书2 194张，能源管理体系认证证书12张，有机产品认证证书302张。颁发省级资质认定证书927张，食品检验机构资质认定证书98张。认证证书总量位居西部第三、西北第一。

二、主要工作及成效

（一）深入开展认证认可和检验检测知识宣传，不断提高社会的认知度和制度的影响力

利用6·9“世界认可日”等重要时机，组织开展一系列宣传活动。一是特邀陕西省政府副省长王莉霞、陕西省局局长乔军在6月9日《陕西日报》上发表有关认证认可署名文章；二是组织全省质监部门、检验检测从业机构进行现场宣传，发放宣传手册，并在6月9日《陕西日报》上利用一整版的篇幅，大力宣传和普及认证认可知识。活动其间，共组织户外宣传21场(次)，发放宣传手册1 600余份；三是举办“认证认可‘走进

社会、走进企业、走进生活’发展恳谈会”。邀请陕西省有关知名专家、学者、认证认可社会义务监督员和行业主管部门以及认证认可机构负责同志共50余人参会，进言献策，广泛听取和征求社会各界对认证认可的意见和建议，在社会上营造良好的舆论氛围；四是组织开展“认证认可知识大讲堂进企业”活动。紧紧围绕“深化认证认可合作，推动‘一带一路’建设”“认可支持健康和社会关怀”主题，邀请两名认证认可专家到获得陕西省2014年“质量管理奖”的陕西第五建设集团有限公司，进行点对点专题授课，受到企业的积极响应和欢迎。

配合“质量月”主题活动，组织开展全省检验检测实验室开放日活动。为了配合2015年全省“质量月”活动的开展，活动期间，组织全省检验检测实验室开展以“改革创新、诚信公正、服务发展”为主题的“2015年全省检验检测实验室开放日活动”，邀请省人大代表、政协委员、生产企业和消费者代表共计80余人参加了在省质检院举办的启动仪式。各地市质监局均按要求开展了形式多样的开放日活动，据统计，开放日当天各地共举办各类活动60余次，参加开放日活动的社会各界人数5 100余人，通过当地媒体、网络等，宣传报道有关“实验室开放日”活动30余次。通过开放日活动的开展，进一步加强了检测实验室与社会各界的沟通和交流，加深了全社会对检测工作的认识和理解。

结合全省有机产业发展的实际，组织开展“消费者走进洋县全国有机认证示范创建区”活动。为了加大对认证认可工作和洋县全国有机产品认证示范创建县的宣传，进一步普及有机产品和认证知识，提升和促进洋县全国有机产品认证示范创建县品牌建设，9月23日，陕西省局联合《三秦都市报》，开展了主题为“推动认证发展　共享有机生活”的消费者走进洋县全国有机产品认证示范创建县活动。经征集遴选，最终选出的30名消费者代表先后参观了洋县朱鹮湖有机米生产基地、陕西朱鹮黑米酒业有限公司和洋县双亚粮油工贸有限公司，让大家近距离地走近有机产品生产加工企业。通过专家的讲解、现场观摩和自己的亲身体验，消费者亲身感受到有机农业的巨大魅力，增强对有机产品的感性认识。活动受到洋县政府、有机生产企业和消费者代表的热烈欢迎和充分肯定，在社会上也引起强烈的反响。

（二）扎实推进实验室资质认定基础工作，进一步提升检验检测机构能力水平

组织开展了“溶液中镉、锌和滤膜中镉、锌测定”两个项目的2015年全省实验室能力验证工作。全省共有133家实验室报名参加，经首测、补测、结果审定等环节，此次能力验证共有2家机构3个项目为离群，并发文对相关机构的离群项目进行了撤销。

强化资质认定评审员队伍建设。举办了2次省级资质认定评审员换证培训班，共有300余名省级资质认定评审员参加了培训。同时根据新修订的《检验检测机构资质认定管理办法》以及《评审准则》要求，组织对部分评审员开展了知识更新培训。为了加快推进全省司法鉴定机构资质认定工作，组织对80余名司法鉴定机构资质认定评审员开展了选拔、培训以及考核工作。建立了全省500余名资质认定评审员的工作业绩评价系统，对参加评审及培训等事项及时跟踪录入，成为评审员年度业绩评价的主要依据。同时，每个季度在陕西省局网站中对资质认定实验室名单进行更新，及时向社会提供查询。

加强对机动车检验机构资质认定管理。组织对全省120余家机动车安检机构进行了《机动车安全技术检验项目和方法》（GB 21861—2014）标准变更及验收工作；按照陕西省质监局要求，配合产品质量监督处，赴汉中市、安康市、商洛市等地对各市质监局落实机动车安检机构监管责任进行督查；印发《关于加强机动车检验机构资质认定管理工作的通知》（陕质监认［2015］15号），着力强化安检机构属地管理。

组织开展了检测机构统计上报工作。按照国家认监委的工作安排，督促全省900余家获证机构通过“检验检测服务业统计直报”系统向国家认监委上报了检验检测相关数据，上报率达到了98%，比全国上报率高出9个百分点。

（三）加大对认证获证产品和资质认定获证实验室监督抽查力度，自觉维护好人民群众切身利益

1. 加强日常监管

为全面做好2015年全省认证认可工作，陕西省质监局先后印发了《2015年陕西省认证认可监管工作要点》《关于开展认证认可监督检查工作的通知》《关于开展2015年度有机认证产品质量监督抽查的通知》《关于加强对强制性产品认证无证违法行为执法查处工作的通知》等文件，明确了全年监督检查工作的重点，规范了相关工作要求，夯实了各地市、县（区）质监部门的工作责任，确保不发生系统性、区域性产品安全事故。年内，西安市、宝鸡市、渭南市质监局针对其辖区强制性认证产品多的实际，开展专项监督检查，重点检查家用电器、电线电缆等强制性认证产品的一

致性、质量保证能力以及获证产品的证书、标志使用情况，进一步掌握了解认证企业获证产品生产的实际情况；延安、汉中、安康三市质监局针对有机认证数较多的实际，对其辖区内所有获证产品的生产和销售企业进行证书和标志使用情况的监督检查；其余各市（区）质监局对其辖区质量体系认证产品及其企业进行有效监管。2015 年，省局自主组织对全省生产和流通领域中的粮谷类、水果类、蔬菜类有机认证产品，共 68 个批次进行了抽样检验，合格率达到 97%。

2. 组织开展强制性认证产品专项监督抽查工作

积极配合国家认监委在全省流通领域对强制性认证产品电线电缆进行监督抽查。组织陕西省产品质量监督检验研究院对全省辖区内市场上销售的电线电缆产品进行了调研，制定了《陕西省 2015 年强制性产品认证电线电缆产品监督抽查方案》，并按照方案要求，按时完成了此次监督抽查任务。此次专项监督抽查，共历时 2 个月，出动人员 45 人次，抽查电线电缆 60 批次，合格样品 52 批次，合格率为 86.7%；不合格样品 8 批次，不合格率为 13.3%。涉及生产企业 34 家，合格企业 29 家，合格率 85.3%；不合格企业 5 家，不合格率 14.7%。对抽查发现的问题，严格按照有关要求，加大后处理力度。一是对抽查的 8 个不合格批次的产品所涉及的 5 家生产企业，按照辖区管理的原则，函告当地质监部门，并将不合格检验报告一并邮寄；二是组织省局稽查局对省内 1 家不合格产品生产企业和 6 家销售不合格产品网点进行了查处；三是及时将此次专项监督抽查不合格产品情况函告中国质量认证中心，同时邮寄了不合格检验报告，督促落实好主体责任。

3. 组织开展食品农产品认证现场监督检查和见证检查工作

按照国家认监委的通知要求，为了圆满完成此次专项监督检查任务，省局组织在汉中市开展有机食品农产品认证现场监督检查和见证检查培训，全省各市（区）质监局负责认证认可工作的同志共计 40 余人参加了培训。为了确保培训和专项监督检查工作的效果，省局还通过国家认监委专门邀请胡东、徐长青、曹洁、和文龙四位老师进行授课和全程跟踪指导。此次专项监督检查，共组成 5 个专项监督检查小组，从 7 月 13 日开始，至 11 月 15 日结束，参与检查人员 34 名，分批次检查获证企业 15 家，涉及认证机构 4 家，分别是北京五洲恒通认证有限公司 3 家，杭州中农质量认证中心 2 家，北京中安质环认证中心 6 家，西北农林科技大学认证中心 4 家。主要认证领域为茶叶、稻米、苹果及其他食品农产品生产、加工和销售。对在检查中发现的获证企业存在的问题，及时责成当地质监部门依法依规进行处理；对认证机构存在的问题，汇总有关情况后向国家认监委进行专门报告。

4. 组织开展各类资质认定获证实验室监督检查工作

一是组织对全省 161 家涉及公共安全和群众身体健康财产安全的食品和食品包装材料、水质、建筑装修材料、建材、环境保护、机动车等检验检测领域实验室开展了监督检查工作；二是组织对全省 126 家获得资质认定证书的产品质检机构和疾病预防控制机构开展检验报告（含原始记录）质量评比活动；三是下发《关于开展 2015 年陕西省产品质检机构检测工作整顿活动的通知》（陕质监认［2015］13 号），本次整顿活动持续 3 个月，由各市质监局对辖区内取得实验室资质认定证书的各级依法设置和依法授权的产品质检机构在思想认识、体系建立、履行职能、制度落实、人员管理和检测规范等方面进行检查和整顿。

（四）深化改革，逐步探索全省资质认定审批下放和检验检测机构整合工作

拟定全省资质认定审批下放工作方案，调研起草了《关于检验检测机构资质认定行政许可现场评审工作下放及获证实验室分级管理工作的意见》。进一步理清程序，将认证认可行政许可内容进行规范，并移交行政许可受理大厅。制定并印发《关于检验检测机构资质认定管理工作改革措施的公告》，从 6 个方面对全省检验检测及认证机构行政管理实施改革，将改革的红利进行释放。

对全省质监系统内检验检测机构整合进行前期准备工作。协同陕西省编办形成《全省检验检测机构整合方案》并以陕西省政府名义进行了印发，转发了国家质检总局《全国质检系统检验检测认证机构整合指导意见》，要求各市（区）质监局根据指导意见开展相关机构情况前期调研工作，并及时将全省系统内检测机构检验检测能力进行了统计汇总，为下一步检验检测机构整合工作做了相关前期准备。协调陕西省局各相关业务处室及下属事业单位，初步形成全省质监部门检验检测机构整合方案，并就检验检测机构整合工作与陕西省编办进行了对接。

三、存在的主要问题

一是认证认可的社会认知度不高，对经济社会发展的贡献率不能明确量化评价；二是由于认证工作涉及领域广泛，认证种类繁多，而质监部门基层监管人员

数量有限，认证市场开展监管工作难度大；三是工作重心下移不够，行政许可权限过于集中。发证工作仅限国家和省级层面，监管工作由各级质监部门组织开展，基层对资质认定行政监管的力度不够；四是没有专门监管部门，缺乏必要的经费支持。陕西省目前仅有榆林市、宝鸡市质监局设立了认证监管科，其他各地市质监局均与计量科或是监督科同设，经费只能靠陕西省局拨付部门专项资金开展工作。

撰稿人：戴林涛　审稿人：景印玺

转变认证监管工作模式　服务甘肃经济发展

——甘肃出入境检验检疫局 2015 年认证监管工作概况

2015 年，甘肃出入境检验检疫局（以下简称“甘肃局”）根据国家认监委“创优服务、创新治理”的工作指导方针和甘肃局党组“加快建设西部强局，为建设幸福美好新甘肃再立新功”的总体要求，紧密融入大局，服务“一路一带”建设，主动适应新常态，锐意改革、积极进取，以促进出口企业“提质增效升级”为目标，扎实开展了以下重点工作。

一、出口食品企业备案监管模式改革

结合落实《质检总局关于进一步发挥职能作用促进经济稳定增长的意见》相关要求，甘肃局在全国率先制定了《出口食品生产企业备案管理办法（试行）》，全面改革创新出口食品生产企业备案管理制度。

该办法围绕“创优服务、创新治理”精神，按照“放、管、治”三位一体架构改革和优化备案管理工作，简化事前审批、便利企业办理出口备案，帮扶备案企业“提质增效升级”。

一是备案办理过程中全面采信企业自我检查声明和 HACCP 体系认证等第三方认证结果，简化文件审核、减少现场检查，突出体现企业主体责任。全年 22 家次企业申请，仅对 2 家高风险产品生产企业实施了现场检查，彻底改变了以往对申请企业全部进行现场检查的管理模式。

二是缩短备案全流程办理时间，受理、审查、决定、发证等各环节规定办理时限均缩短 50% 以上，符合采信规定的企业最长仅需 10 个工作日即可获得《出口食品生产企业备案证明》。

三是全面实行互联网电子申请和审批，向分支局下放备案受理权限，实现省内跨区域受理，便利企业办理出口备案，使平均办理时间缩短至 4.82 天。

四是在开展全方位风险评估的基础上，将 HACCP 认证后续监督审核结果引入备案企业后续监管，借助第三方认证力量提高监管效能、实现科学监管。

五是加强监管联动和多元共治，实现出口食品备案企业监管与 HACCP 认证活动监管 100% 联动，协调西北地区检验检疫机构和认证活动参与各方力量形成共治局面。2015 年按计划完成了对全部 44 家获得 HACCP 认证备案企业的联动监管。

六是帮促备案企业实现“提质增效升级”和“内销转型”，形成国内外市场竞争新优势。督促备案企业全面建立实施具有食品防护功能的 HACCP 体系；推动出口食品生产企业“同标同线”生产，鼓励备案企业获得 HACCP 认证，实现企业和区域经济质量安全管理水平的升级。

二、促进出口备案企业“提质增效升级”

在《甘肃检验检疫局出口食品生产企业备案管理办法（试行）》中明确规定“甘肃检验检疫局帮促备案企业实现‘提质增效升级’，形成市场竞争新优势”。

一是帮助省内全部 88 家备案企业于 10 月 1 日前全面建立实施了具有食品防护功能的 HACCP 体系，22 家备案企业将原有食品安全卫生控制体系升级为 HACCP 体系，47 家企业按照新国标建立或完善了食品防护计划。

二是加强备案企业食品安全管理培训和内审员资质确认。7 月在兰州召开了“甘肃省出口食品生产企业工作会议暨出口食品备案企业内审员培训班”，来自全省 85 家出口食品企业的 106 位食品安全专业技术人员和卫生质量管理人员参加培训。

三是积极倡导备案企业向管理先进、质量安全稳定的优秀企业学习，在企业间宣传交流优秀企业的先进

经验和有效做法，引导同行业企业比学赶超，实现企业和区域经济质量安全管理水平的升级。

四是鼓励备案企业获得 HACCP 认证，在备案申请、延续备案、后续监管等各环节全面采信 HACCP 认证和后续监督结果，引导企业加大国内宣传，促进企业利用认证认可手段扩展国内外市场。

三、推荐企业对国外注册和服务企业对外迎检

一是针对企业出口“一带一路”沿线国家迫切需要，甘肃局主动简化企业对国外官方注册推荐程序，采信第三方认证结果、企业年度报告和企业日常监管情况，积极通过国家认监委向国外推荐企业办理注册。重点推荐甘肃中盛公司和甘肃品高公司的肉类产品向哈萨克斯坦、吉尔吉斯斯坦、蒙古国和马来西亚官方注册。

二是积极做好 2015 年美国 FDA 拟检查甘肃省 2 家输美苹果汁企业的迎检帮扶工作，成立主管副局长挂帅的迎检工作组，制定并落实了迎检工作方案，为企业正式迎检打下了坚实的基础。

三是会同食品处、平凉局，接待了蒙古国技术监督总局 3 位高级兽医官对甘肃省 2 家输蒙肉类生产企业进行的现场检查，相关工作得到了蒙方检查组较高的评价，未对企业提出不符合项，企业顺利获得国外官方注册资格。

四、建立“双随机”检查机制规范出口备案企业事中事后监管

制定并有效实施《出口食品备案企业监督管理工作“双随机”检查机制实施办法（试行）》，在出口食品备案企业监督管理领域推广随机抽取检查对象、随机选派检查人员的“双随机”抽查机制，在甘肃检验检疫系统卫生注册评审员中随机抽调 6 人，随机选取 5 家 2015 年采信第三方认证（HACCP）结果予以备案的出口食品生产企业进行专项监督检查。

建立“双随机”检查机制有效创新了监管方式，提升监管效能、规范执法行为、增强执法透明度、保障企业合法权益，进一步完善和规范了出口食品备案企业监督管理工作，在简化事前审批之后，进一步加强了对企业的事中事后监管。

五、出口植物产品企业注册登记工作取得新成效

为落实“放、管、治”的总体要求，在 2014 年监管基础上结合甘肃局实际，改进行政许可受理、审查、决定、送达等各环节，优化审批流程（以“文件审查”代替“现场检查”，变“事前审批”为“事后监管”），提高审批效率。全年共受理 22 家企业申请，完成行政许可事项 22 家次，平均用时 2.7 个工作日。全年不定期监管企业 16 家次，发现问题 68 项，已要求企业限期整改，并对其中 1 家企业做了暂停其出口证书的处罚决定。截至 2015 年底，全省出口植物产品注册登记企业共 46 家。

六、认证市场监管工作

（一）管理体系认证监管工作

按照国家认监委要求，于 4 月初制订并上报了《2015 年管理体系认证活动监督检查工作方案》，结合西北五省区联动检查机制于 7 月至 10 月开展了管理体系合规性检查。

检查抽取了酒泉、张掖、平凉、庆阳 4 个行政区域获得质量管理体系认证证书的企业 14 家，出动检查员近 70 人次，发现问题共计 29 项，涉及企业 16 项，已要求企业整改。认证机构存在问题 13 项，首次对 5 家认证机构进行约谈，并对涉嫌违法的 2 家认证机构进行立案调查，实现了甘肃局认证行政执法立案查处零的突破。

（二）食品农产品认证监管工作

本次监督检查，甘肃局将出口备案监管和 HACCP 等认证监管结合进行，实现监管联动，整合优化监管资源，提高监管效能。按照国家质检总局绩效考核指标“对获得 HACCP 体系认证的出口备案企业开展联动监管达到 100%”的要求，对辖区内 44 家出口食品农产品企业进行了检查，并帮扶企业对发现的 82 项问题进行了整改。

七、积极推进甘肃省清真食品体系建设

参与清真认证标准体系建设，助推清真认证机构、市场良性有序发展，提出全行业发展建议

一是撰写《清真认证亟待发展及面临的问题一文》由国家质检总局汇总，以《质检部门支持清真食品出口为西北地区深度融入丝绸之路经济助力》（质检总局简报第 39 期）形式，经中办、国办报送国家领导人。

二是与省民委等部门加强沟通协作，将清真认证发展内容纳入甘肃省《加快全省清真产业发展的实施意见》中，指导临夏清真食品认证中心，帮助其尽早获得国家认证主管部门批准，合法、合规开展清真认证工作，确保甘肃省清真认证探索工作全国先行地位；参与清真认证标准体系建设完善工作，逐步将进口国，

特别是“一带一路”沿线伊斯兰国家清真认证准入要求引入甘肃省清真认证标准体系中，推动认证标准国际化、高起点建设，服务特色产业外向型发展。

八、向地方政府主管部门通报出口食品生产企业备案情况

甘肃局分别向全省 14 个市州人民政府通报了出口备案食品企业的动态情况。通报内容包括备案出口食品生产企业名录、出口量、货值和不合格产品情况介绍等市州人民政府关心的问题，并对地方食品安全监管工作给出建议。

九、积极开展宣传工作

2015 年，甘肃局重点开展了“世界认可日”“清真食品认证”等专项宣传活动。《经济日报》《工人日报》《法制日报》《中国报道》和《甘肃日报》等媒体，以《认证认可为农牧业发展护航》《认证认可，助力“一带一路”建设》《清真食品出“国门”，仍需过好“护照”关》《甘肃助推出口企业突破注册壁垒》等文章，对甘肃局出口企业备案改革创新，推动清真食品认证和助推企业产品出口“一带一路”国家进行了广泛宣传，有效提升了甘肃局认证认可工作在全社会的影响力。

撰稿人：许志恒　审稿人：陈　光

深化认证服务　强化执法监管
助推全省经济社会发展

——甘肃省质量技术监督局 2015 年认证监管工作概况

2015 年，甘肃省质量技术监督局（以下简称“甘肃省质监局”或“省局”）认证监管工作围绕“创优服务，创新治理”的总要求，积极创新工作、深化依法行政、增强监管能力、发挥监管职能、提升监管成效，努力为经济社会发展提供技术支撑和基础保障。

一、运用认证服务功能，助推经济发展质量提升

发挥认证认可和检验检测在“稳增长、调结构、促发展、惠民生”的基础性、制度性和支持性作用，积极推进各领域认证认可结果采信和运用。一是为全面反映甘肃省检验检测机构的规模、结构、效益等基本情况，为各级政府制定政策和规划、进行经济管理与调控提供依据，根据国家认监委统一部署，组织开展了全省检验检测机构统计工作，编制了《甘肃省检验检测机构统计报告》。统计表明，截至 2015 年底，全省共有各类取得资质认定的检验检测机构 592 家，共实现营业收入总额 18.76 亿元，开展检验检测收入 15.79 亿元，共向社会出具检验检测报告 309 万份。各类检验检测机构共有从业人员 1.5 万人，共拥有各类仪器设备 7 万多台（套），资产原值 38.5 亿万元，共有工作总面积 260 万m²。二是围绕提高甘肃省企业的质量管理和产品质量水平，大力推动管理体系认证和以节能节水、资源再生利用、低碳产品、良好农业规范和有机产品为重点的自愿性认证，截至 2016 年 3 月底，全省新增和保持的各类管理体系认证证书 4 921 张（包括质量管理体系证书 2 739 张、环境管理体系证书 1 013 张、职业健康安全管理体系证书 967 张、其他证书 202 张），各类自愿性产品认证证书 1 547 张。三是充分利用强制性认证产品市场准入制度，大力推进各领域的强制性产品认证，为消费者创造安全、放心消费的生产生活环境，全省新增和保持的强制性产品认证证书 1 140 张（包括电线电缆 37 张，低压电器 798 张，机动车辆及安全附件 28 张，安全玻璃 123 张，消防产品 121 张，装饰装修产品 33 张）。四是服务于大气污染防治，引导新建和已许可的机动车安检机构建设和改造尾气排放采用工况法检验的设施，截至 2015 年底，68 家机动车安检机构取得了尾气排放检验资质。五是积极推进安检机

构的检验社会化，本着方便群众就近就地检验车辆，减少检车成本，通过加强宣传、公开相关信息等方式引导社会力量科学投资设置安检机构，避免重复建设，截至2015年底，全省获证机动车安检机构83家，汽车检测线142条，摩托车检测线7条，机动车安检机构覆盖了65个县（区、市），保障交通安全的技术支撑能力增强。六是发挥检验检测机构资质认定制度的作用，大力推进各行业领域的检验检测机构资质认定工作。截至2015年底，全省取得省级检验检测资质认定机构613家，发放证书689张，检测业务范围覆盖了25个行业领域，基本能满足社会经济各方面检验检测需求。

二、创新监管方式，强化检验检测机构资质认定管理

以贯彻执行新的《检验检测机构资质认定管理办法》为契机，着力推进资质认定改革，加强资质认定管理。一是制定印发了《关于实施 < 检验检测机构资质认定管理办法 > 的若干意见》，明确了全省贯彻实施该办法的具体措施、步骤和相关要求。二是统一了检验检测机构资质认定申请，对申请资质认定的各类检验检测机构（包括食品、机动车安检、司法鉴定和公安刑事技术机构）要求统一填写和提交《检验检测机构资质认定申请书》，简化了申请材料，方便了机构申报。三是整合了检验检测机构资质认定项目，将原实验室资质认定（计量认证）、产品质量检验机构资格认定（审查 / 认可）合并实施，统一发放检验检测机构资质认定证书，消除了检验机构持有证书的差异，构建了公平、公开的检验检测市场环境。四是推进资质认定法人治理，对原省局授权的产品质量监督检验站因法律地位不明确、不清晰问题，从2015年8月1日起，采取停止使用资质证书、停止开展检验业务等措施，促使其法人化或以其法人母体重新核发资质认定证书，不得再以省质监局授权质检站名义开展检验工作，全省的25家授权质检站全部退出了检验检测市场。五是着力简政放权，强化机构自我管理，推进检验检测机构诚信建设和机构自我承诺制度，对检验检测机构资质认定证书有效期内办理名称变更、法人 / 负责人、标准变更事项的，实行企业自我声明和备案管理，减少不必要的行政审批，减轻企业申请和办理资质认定的负担。

三、突出事后事中监管，组织实施专项整治和监督检查

一是认真组织开展全省检验检测机构监督检查，各市、州局按照省局统一部署对全省获证检验检测机构遵守法律法规，规范、诚信提供检验检测服务的情况组织开展了监督检查，各市州局通过检查发现并提出了检验检测机构未按规定使用资质认定标志和检验专用章、未按规定对原始记录和报告进行管理和保存、未按规定办理变更手续、超出资质认定证书规定的检验检测能力范围出具数据或报告、非授权签字人签发检验报告等问题430多项，依法发出责令整改通知书187个，并督促机构整改；省局在各市州局实施检查的基础上，重点组织对兰州市内取得资质认定的23家消防检验检测机构开展了监督检查，召开检查结果通报会，提出了整改要求。通过对检验检测机构实施监督检查，强化了机构主体责任，规范了机构检验检测行为。二是根据国家认监委对强制性认证产品监督抽查要求，省局和兰州市局派出人员21人次，对兰州市内流通领域的CCC认证家用电器进行了专项监督抽查，共抽取产品26组，经广东威凯检测技术有限公司检验，检验结果合格产品批数为22组，合格率为84.6%。抽查结果反映出流通领域CCC认证产品合格率偏低，存在质量安全风险。三是根据国家认监委《2015年管理体系认证活动监督检查工作方案》的要求，省局会同12个市、州局组成专家检查组，首次对国家认监委统一抽取的甘肃省50个异常样本企业持有的认证证书相应的认证结果、认证机构、认证人员及其开展认证活动的合规性进行了现场核查。本次检查，认证机构和获证企业均发现问题的样本企业有35家，占样本企业总量的70%，对检查中发现的问题，通过与企业座谈、上报国家认监委等形式，提出整改的意见和建议，并由国家认监委将相关信息反馈认证机构，督促认证机构和获证企业共同整改。四是针对《工人日报》报道甘肃省部分检验检测认证机构涉及企业“红顶检测”，行政部门与检验检测认证机构间存在利益关联，借职权和工作之便，为团体或者个人谋取不正当利益等问题，根据省政府办公厅的安排对全省检验检测认证服务进行了专项整治，不断规范检验检测认证机构管理。五是按照省政府要求，对认证监管行政许可事项、行政权力进行清理，细化了权、责清单，明晰监管职权边界，厘清与职权对应的责任事项、责任主体和追责情形。

四、认真履行职能职责，推进检验检测认证机构整合工作

准确把握国家整合检验检测认证机构精神，按照省政府的统一部署要求，加强沟通协调，积极履行整合领导小组办公室职责。一是按照省政府夏红民副省长的指示组织召开了全省整合检验检测认证机构工作领导小组第一次会议，审议通过了《甘肃省检验检测认证机构整合指导意见》《庆阳市人民政府关于整合检

验检测认证机构的试点方案》《关于整合全省特种设备检验检测机构的试点方案》《甘肃建材检验检测认证集团有限公司整合试点方案》。二是省政府第78次常务会议，审议通过了《甘肃省检验检测认证机构整合指导意见》及试点方案。省政府办公厅以甘政办发[2015]69号文件将《甘肃省检验检测认证机构整合指导意见》印发各市、州政府、省直相关部门，要求结合实际，认真贯彻执行，3个试点单位的《整合试点方案》作为《甘肃省检验检测认证机构整合指导意见》的附件一并印发贯彻落实。三是积极加强与相关协调配合，强化督促和检查指导，及时收集汇总相关资料，确保整合工作稳妥有序实施。

五、不断深化部门、区域联合，大力构建齐抓共管格局

一是落实联席会议制度，加强与省公安厅交警总队在强机动车安检机构监管沟通交流，定期通报全省安检机构资格许可情况，检验结果采信情况，贯彻落实新的检验检测标准执行情况，及时互通监管信息、监管动态，监管合力进一步加强；二是参加了在银川召开的西北五省（区）质监部门认证监管区域合联席工作会议第四次会议，就进一步增强区域合作，推进“资源共享、联合执法、区域联动、优势互补、服务发展”实现认证结果互信互认进行交流；三是加强与省司法厅在司法鉴定机构资质认定工作方面的协调配合，共同推进评审员师资队伍建设，积极协助对未取证司法鉴定检验资质机构负责人开展业务培训，为下一步申请取证奠定基础。

六、注重自身能力建设，不断夯实认证监管基础

一是全省质监系统实行分级管理后，各市、州更加重视认证认可工作，市、州局能主动加强与地方党委政府协调，积极争取核定认证认可监管职能职责，增加内设管理机构和人员编制，目前，兰州市、酒泉市、天水市、金昌市、白银市和庆阳市局分别成立了专司认证监管工作的科室。二是加强了认证监管业务培训。2015年，省局组织各市、州认证监管分管领导、认证监管科长和认证监管岗位人员，采取统一授课方式，就认证监管工作实务、《检验检测机构资质认定管理办法》《认证机构管理办法》《食品检验机构资质认定管理办法》等内容进行了学习，开展了交流讨论，提高各级人员的监管能力。三是强化检查指导，注重从实践中提升能力。省局安排的各项专项监督检查，尽量让各市、州监督管人员组织实施、检查，发挥好基层局的作用，落实监管主体责任，确保职责履行到位，日常监管到位。

撰稿人：詹久斌　审稿人：丁建军　王忠习

创优服务　创新治理　认证认可工作改革进行时

——青海出入境检验检疫局2015年认证监管工作概况

2015年，青海出入境检验检疫局（以下简称“青海局”）围绕国家质检总局和国家认监委各项部署，全面贯彻落实全国认证认可工作会议精神，按照“创新服务，创新治理”的要求，积极推进“简政放权、放管结合、优化服务”改革，促进青海外贸经济提质增效升级，取得了显著成效。

一、出口食品备案监管工作改革进行时

（一）出口备案网上审批工作激发新活力

2015年，青海局按照“简政放权、放管结合、优化服务”和“加强事中事后监管”的原则修订《青海检验检疫局出口食品生产企业备案管理办法》，增加采信第三方HACCP认证结果备案和采信的具体内容和要求，全面推进备案网上备案审批工作，规范了采信认证结果、现场考核、联动监管的内容和具体要求，优化备案审批流程，简化备案审批程序，缩短备案审批时限，加强事中事后监管，提高审批效率。全年共完成文件审核和现场考核24家，占历年备案企业总数的50%，平均办理时限压缩至4天。及时制定、公布出口食品生产企业备案和注册登记服务指南和权力清单，公开承诺办理时限，将申请书样表在局网站“办事指南”

栏目公开，方便企业申请。

（二）监管模式改革有新进展

依据《青海局2015年出口食品生产企业备案监管工作方案和计划》，做到所有当年发生出口业务的备案企业100%实施现场监管，按照加强事中事后监管的原则，对获得管理体系认证和HACCP认证的企业做到100%联动监管。运用“出口食品风险分析＋企业质量管理水平＋出口食品企业信用”确定不同类型备案企业的监管频次和监管方式，特别规定了间隔三个月的备案企业在首次出口前必须实施现场监管和管理体系认证有效性联动监管，监管结果作为出口企业信用评价录入信息，将出口产品进口国别、产品安全风险等级和企业信用等级作为风险评价的主要因素。2015年，青海局共对36家出口食品备案企业实施了定期监管，其中对12家获得HACCP体系认证的企业验证了认证的合规性和有效性，在联动监管中发现认证机构的问题进行了及时反馈并得到整改答复。

（三）促进出口食品备案企业“提质增效升级”和“内销转型”有新成绩

向出口备案企业宣讲《美国食品安全现代化法》和香港《食品内除害剂规例》等技术贸易法案，增强出口备案企业应对国外技术贸易壁垒的能力。督促出口备案企业全面建立实施具有食品防护功能的HACCP体系，在对出口备案企业联动监管的过程中，了解企业内销状况，指导企业制定内销规划，向企业提供展会信息，鼓励出口食品生产企业参加不同形式的国内展会，推介出口产品和出口食品生产企业备案品牌，建议企业产品宣传推广中在产品包装上印制出口备案编号、HACCP认证标志等信息，提高产品信誉和附加值。鼓励企业加入电子商务行列，提高内销业绩。

二、认证监管工作改革进行时

（一）推动认证监管区域一体化建设取得新成绩

积极参与和融入“西北五省区检验检疫认证执法监管区域合作联动机制”和“丝绸之路经济带境内检验检疫认证监管合作联动机制”建设，实现“信息互通、资源共享、监管互认、执法互助”和交流学习、共同提高的目的，提高了青海局认证监管人员的执法水平，提升了国家认监委行业主管的影响力，强化了认证监管执法的主体地位。

依据《青海局2015年管理体系认证活动自主监督检查工作计划》，按照国家认监委“以问题为导向，改进监管工作”的原则组织开展管理体系认证监管工作，以西北五省区认证执法监管联动机制为平台，组成联合检查组，历时2个多月，共出动监管人员34人次对12家获证企业开展现场检查，顺利完成全年监督检查任务。

检查中，共发现各类问题42项，其中涉及获证企业的问题有31项，涉及认证机构的问题有11项。经对各类问题进行分类整理，结合本次监督检查的目的，针对获证企业的31个问题，已向被检查企业发出“问题整改通知”12份，责令获证企业将不符合项限期整改并将整改材料报认证机构和青海局相关部门。

（二）入境CCC产品监督抽查有新进展

依据《青海局2015年强制性产品认证获证产品监督抽查实施方案和经费预算方案》和《强制性产品认证目录内获证产品监督抽查工作规范》，青海局先后派出监督抽查人员10余人次，根据确定拟抽查的强制性认证产品种类，与中国汽车工程研究院股份有限公司联系确认检测依据、检测项目和检测费用，经过多次平衡与测算、对比监督抽查经费，最后确定共抽取样品4种、4批次，对所有抽取的样品进行现场核对、验收并与强制性产品认证证书逐项核查确认无误，并加施封识后送检，检测结果全部合格，合格率为100%。

（三）办理CCC免办证明取得新成果

2015年共收到8批CCC免办申请，其中7批免办申请通过审核并核发证明，1批通过系统判断申请产品不属于CCC目录之内未通过受理。青海局对批准免办的5批产品，采取联合检验监管处一起，在入境开箱检验时进行查验和入厂后续监管相结合的方式开展了100%后续监管并在“免予办理强制性产品认证电子审批系统”中进行及时录入后续监管结果。

三、加强内外培训，塑造新形象

（一）评审员队伍素质有新提升

为进一步提高青海局卫生注册审核员和认证监管人员业务素质，7月，青海局组织开展了卫生注册审核员暨认证监管人员持续培训活动，主要针对出口食品生产企业安全卫生要求、食品防护计划和食品追溯体系的建立、HACCP体系有效性验证的7大原则和要点、2015年管理体系认证活动自主检查工作要点、认证活动监督检查文件检查记录表和现场检查记录表的填写要求进行了重点讲解，同时对青海地区落实国家认监委2015年出口食品企业备案、认证联动监管工作等进行了部署。通过年度持续培训，为青海局开展备案认证联动监管、帮促出口企业“提质增效升级”和提高管理体系认证自主检查工作质量提供保证。

（二）服务出口食品企业培训取得新成效

青海局多方联系，购置100余册《出口食品生产企业安全卫生质量管理学习读本》和《食品防护计划建立与实施》等图书资料，深入出口食品备案企业对质量管理人员免费培训，发放各种培训资料80余册。在现场审核、定期联动监管过程中帮助出口食品企业不断完善出口食品质量安全追溯体系和产品防护计划，使出口食品备案企业管理水平不断提升，出口食品质量安全风险得到有效控制。

撰稿人：吴妍雯 审稿人：张乃愚

发挥认证认可职能作用 努力服务地方经济发展

——青海省质量技术监督局2015年认证监管工作概况

2015年，青海省质量技术监督局（以下简称“青海省质监局”或“省局”）在国家认监委和省局党组的正确领导下，按照省局年初工作部署，创新思路，攻坚破难，把加强认证认可监管作为保障产品质量安全，切实履行质监职能的重要基础性工作，发挥了认证认可在服务全省经济社会的突出作用。特别是在检验检测资质管理、提高认证认可监管效能等方面取得了一定的成效，圆满完成了全年工作任务。

一、积极帮扶国家有机产品认证示范区创建

围绕青稞、藏毯、枸杞等区域特色产业，在继续推进贵南县有机产品认证示范区创建工作的同时，帮扶河南县开展国家有机产品认证示范区创建，加快推进有机产品认证，促进食品农产品认证的健康发展。联合各州（市）、县局、新闻媒体、企业等单位，采取多种方式，多层次、全方位开展“世界认可日”宣传活动，推动认证在经济社会各领域的全面应用。同时加大对管理体系认证、食品农产品认证、有机产品认证执法检查力度，采取有效措施确保认证质量，发挥认证认可的桥梁作用。

二、制定推行检验检测认证服务业领域政府权力清单制度，实行行政审批事项清单管理

依据国家质检总局相关规定，进一步精简、规范检验检测认证服务业发展的相关审批事项，推动职能从注重事前准入转为注重事中事后监管，提高公共服务效率。

三、加强执法监督检查，全面规范认证主体和认证市场

（一）加大强制性产品认证监管力度

加强对CCC产品的认证监督管理，开展了CCC产品质量市场检查，对青海省流通领域组织开展获得CCC认证的电动食品加工器具类产品开展专项监督抽查工作。抽查了10家企业生产的20组产品，抽查合格率100%。开展省级电线电缆CCC产品抽样，对青海省电线电缆生产企业开展监督抽查工作。抽查了13家企业生产的22组产品，目前样品正在检测中。通过开展国家监督抽查和省级监督抽查，有效规范了认证市场行为。

（二）继续实行“区域监管”责任制，全面推进认证执法监管体系建设

根据国家认监委的工作部署，结合实际，在全省范围内开展以基层局为主的管理体系认证网格化监督检查。各州（市）局执法人员对本辖区内获取质量管理体系认证的多家获证企业进行了现场检查，重点检查体系未正常运行或未持续运行、未开展内审和管理评审工作、认证过程（程序）不规范、未开展监督审核等问题，有效促进了青海省认证市场规范化，提高了

认证工作有效性。

（三）加大实验室资质认定监管力度

进一步强化实验室资质认定准入制度，完成 36 家检测机构的资质认定审查及发证工作。精心组织开展检测工作整顿，对 21 个技术机构实行“飞行检查”，对 13 家获证实验室进行了监督检查，组织开展了机动车检测机构 6 个参数（项目）的比对考核，通过这些方式，有效推动了检验检测机构的自律、自警，强化了依法施检的责任意识，保障了检验检测行业规范经营，增强了检验检测行业出具的数据权威性和公信力，为提高产品质量提供了有力的支持保障。

（四）探索实验室资质管理新模式

摸清底数，开展全省检验检测机构统计及关键岗位人员资格审核工作，建立全省实验室资质认定相关档案并归档。在整体统计分类的基础上，严格实验室资质认定程序，强化日常监督检查，以机动车检测机构、建材检测机构为重点，采信第三方认证结果，鼓励机动车检测机构逐步落实质量保证体系。

（五）引导和帮扶质量监督机构的建立

鼓励、引导、帮扶青海省产品质量监督检验所、青海省纤维检验局建立国家光伏产品质量监督检验中心、国家藏毯及原辅料质量监督检验中心，另外在海西州德令哈市工业园区帮扶青海柴达木青元泛镁科技有限公司引进高层次专业技术人才，提高检测人员的专业素质，初步形成具有综合检验能力的国家级镁及镁合金产品质量检测中心，国家镁及镁合金产品质量监督检验中心已在整改待批阶段。

撰稿人：严　丹　审稿人：马占海

持续改革　锐意进取　推动宁夏认证认可事业发展

——宁夏出入境检验检疫局 2015 年认证监管工作概况

2015 年，宁夏出入境检验检疫局（以下简称“宁夏局”）紧紧围绕国家质检总局“创优服务、创新治理”的要求，坚持“四谋、四强、四创”的工作方针，抓住国家向西部开放的战略机遇，全面贯彻落实全国认证认可工作会议精神，扎实做好各项工作。

截至 2015 年 12 月 31 日，宁夏局有效出口食品备案企业 67 家，颁发新备案证书 15 份。

一、大胆改革、简化备案注册程序

2015 年，宁夏局继续将“放、管、治”惠及出口食品农产品备案注册企业，主动改革创新，通过风险评估和危害分析，对不同管理水平、不同风险的企业采取不同的备案注册审批方式。对于风险小、体系运行良好的企业，采取简化审批前手续、加强事中事后监管的措施进行“先注册后监管”，对获得 HACCP 认证的企业采信第三方认证结果予以备案，全面控制文件审核、现场评审、跟踪验证、决定发证等时间节点，提高行政效率。这些举措极大地缩短了备案办理时间，最多可缩短工作流程 15 天。2015 年通过文件审核和采信 HACCP 认证发证的出口食品农产品企业 3 家，占发证总数的 30%，有效提高了备案许可工作效率，降低了企业及监管成本，进一步为企业外贸出口提供便利化保障。

二、创新模式，提高监督管理效能

2015 年，宁夏局对备案获证企业采取备案认证监管联动、年度报告审查、现场检查、专项检查和日常监管等监管手段。督促企业全面建立实施具有食品防护功能的 HACCP 体系。研究第三方认证结果采信办法，开展第三方审核的见证评审和确认评审；把 HACCP 体系认证有效性检查结果作为出口备案采信的信息基础，同时对重点监管的 8 家备案企业进行联动监管。将检验监管、分类监管与定期监管有效结合，减少人力成本，整合监管资源。监管模式的改进，避免了企业重复检查，提高了工作效率，加强了针对性和有效性。

三、创新发展，认证监管区域合作联动机制显成效

为加强和深化西北地区认证执法监管机制改革，加

强合作，在国家认监委的领导下，宁夏局主动与陕西、甘肃、青海和新疆检验检疫局沟通协商，促成了西北五省区检验检疫认证执法监管区域合作联动机制的成立。宁夏局作为首届轮值局，制定了《2015年度西北五省区检验检疫认证执法监管联动工作方案》和《西部五省区检验检疫认证机构违法行为协查通报制度》。为加强东西部认证监管合作联动机制建设工作的交流合作，组织五省区局认证监管人员赴沪观摩学习了泛长十省认证执法监管第十次联席会议。邀请泛长十省4名专家参加和指导西北五省区管理体系认证监管联动检查工作。积极参与“丝绸之路经济带检验检疫认证监管合作联动机制”，主动承担了认证行政执法组的组长单位和清真认证监管组的副组长单位。实现认证执法监管工作“监管互认、执法互助、信息互享”，推进丝绸之路经济带的服务作用，提升向西部开放水平和内陆开放高地建设水平。

针对西北五省区认证执法监管检查人力资源缺乏，各省认证执法检查尺度不一等问题，联动机制策划和实施了联合培训方案。举办了第一期《西部五省区检验检疫认证执法监管区域联动合作机制检查员培训》。五省区现场检查工作全部结束后，宁夏局又及时组织开展了第二期联合培训。结合现场检查中发现问题，采用案例教学法，对五省区检查员和新疆伊犁局部分业务人员进行了管理体系认证执法检查违规问题性质判定、处理程序与技巧方面的培训。

检查工作分三个阶段开展，历时3个半月，出动检查员近118人次，聘请专家8人次，检查企业28家，涉及认证机构18家。发现认证机构及认证企业存在问题共计132项，其中认证企业存在问题79项。检查工作成效显著，现场检查发现涉嫌违规问题有所突破。西北五省区检验检疫认证执法监管区域合作联动机制的建立，为共同提高西北五省区认证执法监管效能搭建了平台，提供了相互学习交流的机会。通过联合检查，实现了信息互通、资源共享、互相交流学习，共同提高的目的。

四、带好队伍，提升认证监管业务素质

利用西北五省区检验检疫认证执法监管区域合作机制平台，举办检查员培训班。培训特邀国家认监委领导、认证认可协会专家授课，来自西北五省区的26名学员参加培训。培训采用课堂讲解与现场答疑相结合的方式进行。内容主要涵盖了管理体系认证监管相关法律规章及行政执法、认证人员注册管理规定及注册人员管理要求、管理体系认证合规性执法检查工作要求、质量管理体系认证活动违规行为与违规性质及管理体系认证执法检查记录的建立与保持五个方面的内容。通过此次培训，统一了西北五省区认证监管执法尺度，培养了认证监管人才队伍，为西北五省区区域联动认证监管执法提供技术保证。

五、保障安全、排查CCC市场风险

为切实发挥强制性产品认证对产品质量安全的监督保障作用，宁夏局成立以分管局领导为组长、各业务处室工作人员为成员的监督抽查工作小组，制定工作方案和经费预算上报国家认监委，并在宁夏银川市、石嘴山市、中卫市三市进口流通领域市场进行监督检查，项目包括3类低压电器（9种）、7类厨房家电（共8种）、10类照明电器（2种）、11类机动车辆及安全附件（共16种）、12类轮胎产品（共3种）、22类玩具（共6种）。抽取音箱进行产品安全检测和一致性核查。经检测，检测项目均符合标准要求。

六、加强宣传，认证认可理念入人心

按照国家认监委要求，宁夏局安排部署“世界认可日”宣传活动。一是张贴宣传海报。介绍认证认可有关知识、法律法规、认证认可发展趋势等，积极有效地引导社会舆论。二是播放宣传片。在局门户网站、分支机构报检大厅、银川市市民大厅电子显示屏滚动播放宣传片，宣传认证认可知识、认证认可有关规定等，提高认证认可公众认知度。三是利用新型媒体开展宣传活动。向宁夏局、中国出入境检验检疫协会等微信公众平台撰文《你可曾获得“认可”》《让我们来认识一下“认可”那些事儿》，向大众宣传认可知识，传递认可理念。四是深入企业开展宣传。发放国家认监委认证认可宣传资料，促进企业认识认证认可。五是加强相关部门的合作。与宁夏质量技术监督局、商务厅、宁夏清真食品国际贸易认证中心及西北五省区区域协作成员单位做好沟通协调，发挥各自优势，在清真食品认证、有机产品认证、节能低碳认证、新能源认证等领域的宣传方面加大合作。六是开展认证认可咨询活动。组织中检宁夏分公司、宁夏检验检疫协会开展认证认可咨询活动，帮助进出口企业解决在认证认可工作中遇到的疑难问题，推动进出口企业的认证认可工作。

七、帮促指导、积极应对国外检查

2015年，美国FDA来宁夏检查输美食品企业，宁夏局积极指导企业分阶段有条不紊进行准备工作。一是加强培训，打好迎检基础。进行21CFR Part 110、21CFR Part 120及HACCP法规等相关知识的培训；二是查漏补缺。按照标准要求，对工厂从基础设施、生

产设备、文件记录等方面进行逐一对比，查找不符合标准要求的问题以及缺失项目，列出整改计划具体责任到人。三是现场观摩。派关键岗位人员到其他接受过 FDA 检查的工厂进行实地学习。四是完善记录。对工厂填写的工作记录逐一进行了补充和完善。五是进行模拟审核。按照《美国食品安全现代化法》，对工厂进行模拟检查，发现问题及时整改。

八、服务清真论坛，推动清真产业发展

9 月 11 日—12 日，2015 中国（宁夏）国际清真（HALAL）食品认证合作论坛在宁夏银川召开。这既是中阿清真认证领域全方位合作交流的一次盛会，又是宁夏主动融入丝绸之路经济带建设、构筑向西部开放桥头堡的一次历史契机。为保障论坛顺利举行，宁夏局提前谋划准备，确保工作万无一失。主管副局长亲自主持各国认证合作交流专题活动，并邀请国家认监委领导参加并演讲。本次论坛以“深化合作、互认互通、互利共赢”为主题，分别与欧洲最高清真认证委员会、奥地利伊斯兰委员会签署了《清真食品认证标准互认合作协议》，与欧洲最高清真认证委员会、国际清真认证权威中心等 9 家认证机构达成《新丝路国际 HALAL(清真)食品认证合作联盟备忘录》，进一步深化了与宁夏签署清真食品标准互认协议的国外 17 家机构和国内清真食品标准联盟省区的交流合作，为宁夏乃至全国的清真食品企业及其产品走向世界搭建新的服务平台。截至 2015 年底，宁夏已与 17 个国家和地区、21 家国外清真认证机构签署了清真食品标准互认合作协议。

九、凸显优势，助力葡萄酒逆袭欧洲高端市场

宁夏局积极引导葡萄酒产业“提质增效升级”，走“小酒庄、大产业”发展模式，走出了一条迈向国际化、高端化、品牌化的发展之路。产品远销西班牙、丹麦、美国、澳大利亚、中国香港等国家和地区，在近年来我国葡萄酒进口大幅增长的情况下，宁夏葡萄酒成功逆袭，反向出口国际高端市场。一是严格把关，引进葡萄好苗。二是放管结合，创新备案机制。三是鼓励认证，保证产品质量。四是培育品牌，助力迈向高端。同时也得到了国家质检总局和国家认监委的大力支持，《经济日报》《工人日报》《中国报道》记者组成的“认证认可服务‘一带一路’建设专题宣传暨信息调研小组”对宁夏局运用认证认可手段帮扶宁夏葡萄酒产业发展工作进行了专题采访报道。

十、抓住特色，促进清真产品出口

为支持宁夏清真食品产业发展，宁夏局出台了一系列帮扶措施。一是在国家认监委支持下，组织专业人员开展进口肉类清真认证市场调查，积极协助我国首个国家级清真食品贸易认证中心——宁夏清真食品国际贸易认证中心正式获批运行。该中心的建立将为全国和宁夏清真食品企业走向国际市场搭建平台，尤其对宁夏打造面向阿拉伯国家和地区开放的内陆开放型经济区有着重要意义。目前，该中心已受理国内 200 多家企业的清真认证申请，其产品可出口到东南亚、中东、欧洲等国际清真食品市场。二是为进一步规范宁夏境内进出口清真食品的生产经营行为，宁夏局积极参与宁夏民委组织的《宁夏回族自治区清真食品认证通则》起草研讨工作。同时，牵头联合宁夏民委、银川海关制定了《宁夏回族自治区进出口清真食品监督管理暂行办法》，并及时向企业进行宣贯，为企业出口伊斯兰国家提前“补”好法律课。三是注重清真食品认证人才培养，积极派员开展国际交流合作调研；支持清真食品出口，针对企业初次出口没有经验的情况，提前深入加工现场对加工工艺、卫生指标和标识加贴等技术要求进行指导，帮助企业查找输往国家法律法规及标准，规范企业质量体系文件。目前，已在宁夏局备案的清真出口食品加工企业 8 家。2013 年—2015 年，宁夏共出口清真羊肉 32 589 件，货值 537.7 万美元。

撰稿人：李慧芳 王 平 吴 晖
审稿人：徐勤伟

以一带一路建设为契机
加强认证监管　服务地方经济建设

——宁夏回族自治区质量技术监督局2015年认证监管工作概况

2015年，在国家认监委的大力指导下，宁夏回族自治区质量技术监督局（以下简称“宁夏质监局”）积极创新与变革，以十八届五中全会精神为指导，牢固树立“创新、协调、绿色、开放、共享”的发展理念，加强认证事中事后监管，认证监管工作取得了一定的成绩，迈入了新的阶段。

一、有效组织实施，确保强制性认证监管实效

（一）强制性认证产品监督抽查工作情况

监督抽查涉及宁夏流通领域玩具类产品的经销商共4家，共抽查了41家经销商销售的企业生产的50批次CCC认证在有效状态的玩具类产品。监督抽查工作从7月10日开始历时1个多月，共出动监管（抽样）人员20人次。监督抽查了4家经销商销售的带电玩具、弹射玩具、塑胶玩具及娃娃玩具四大类共有50批次，其中29批为带电玩具，21批为非带电玩具，其中有15批不合格，占总比例的30%；合格的有35批，占总比例的70%。

（二）强制性产品认证活动监督检查情况

在监督检查中，全区各市、县（区）市场监管局及时通过国家认监委网站对本地获证企业信息进行查询，更新监管档案。全区共出动检查人员100多人次，抽查获证企业50家，证书95张，重点检查了强制性产品生产企业出厂、销售是否获得了强制性产品认证、是否建立了强制性产品认证标志使用的管理机制、是否存在在获得证书之前擅自出厂、销售目录内产品等行为。石嘴山市市场监管局在检查过程中对1家太阳能热水器生产企业未经认证擅自出厂、销售的违法行为进行查处。其他生产企业未发现伪造、冒用、超期、超范围使用认证证书和认证标志等违法行为。

二、加强组织领导，提高自愿性认证公信力

（一）管理体系认证活动监督检查情况

在监督检查中，全区各市、县（区）市场监管局区共抽查获证企业364家的377张证书，其中有效证书269张，暂停证书11张，撤销证书42张，过期证书55张。重点检查了企业认证证书、标志的使用情况、管理体系文件是否健全、是否按期评审等情况。经检查，证书在有效期内的企业，未发现伪造、冒用、买卖、转让、超范围使用和超有效期使用认证证书及认证标志等违法行为，并督促证书过期的55家企业及时进行复查。

（二）食品农产品认证活动监督检查情况

在监督检查中，全区各市、县（区）市场监管局通过自主检查、同农牧和民委等部门合作的形式，在全区范围内共抽查43家获证企业的62张证书，其中，有机产品认证企业21家，获证证书37张；危害分析及关键控制点（HACCP）体系认证企业10家，获证证书13张，其中1张证书撤销；清真食品认证12家，获证证书12张。重点对认证证书、标志的使用情况，是否使用禁用物质等方面进行了检查，获证企业均能够按照规定和要求生产。

三、履行监管职责，加强实验室资质认定监管

（一）实验室资质认定专项监督检查自查情况

截至2015年上半年，宁夏共有各类获证实验室250家，其中建筑材料检测109家，室内外环境检测23家，机动车检测23家，疾病预防控制中心检测实验室20家，农产品和粮油检测17家，煤炭检测13家，建筑消防检测8家，其他检测机构37家。

宁夏质监局高度重视实验室资质认定监督检查工作，按照实验室资质认定相关规定要求，明确内容、任务、目标要求，责任时限，认真落实专项检查工作任务，通过听、看、查、问等方式，重点查找资质认定获证实验室存在的突出问题和薄弱环节，检查资质认定获证实验室是否存在违法违规行为、是否持续符合法定条件，管理体系是否能有效运行。共250家获证实验室按照自查表进行了自查，重点抽查了从事食品、农资、建材等产品检验检测实验室和近年来有投诉举报记录的实验室55家，此项工作正在陆续开展中。经检查，各获证实验室资质合法，制定了质量目标和方针，各项规章制度健全完善，管理规范，程序文件齐全，质量手册完善，设备名称、编号、检定周期、检定单位、送检人等标识清楚，做到一设备一档案，基本符合资质认定管理规定。

（二）检验检测服务业统计工作自查情况

宁夏质监局高度重视此项工作，及时下发了《关于开展2015年度资质认定实验室检验检测统计工作的通知》，明确了各项工作要求和上报时限，对填报范围和方法进行了详细说明。统计工作开始后，局里安排专人对填报实验室在填报中出现的各种情况和问题，即时解答和解决，并通过集中发短信、实验室QQ群和电话反复通知等方式，确保了统计工作的顺利进行。截至2015年底，宁夏质监局共通过审核实验室166家。

三、完善认证执法监管体系建设，强化执法人员宣传教育

（一）完善相关制度情况

根据自治区政府的部署和要求，宁夏质监局遵循职权法定、简政放权、便民高效和权责一致的原则，最终制定和发布了101项行政权力和责任清单。宁夏质监局认真落实权力清单和责任清单，切实做到“法无授权不可为、法定职责必须为”，坚决杜绝和防止权力行使中的越位、缺位和错位行为，不断推进机构、职能、权限、程序、责任法定化。同时，宁夏质监局根据质量技术监督面临的新形势和新任务，制定并印发了《宁夏回族自治区质量技术监督事权划分意见》，进一步厘清自治区、地级市、县三级质量技术监督部门权责，规范职责事权，优化工作流程，提高行政效率，落实工作责任，在全区建立起权责统一、互相协作、上下联动的质量技术监管体系。

同时为进一步规范认证执法行为，各市、县市场监管局结合各自工作实际，先后制定和完善了《行政执法责任分解制度》《行政执法过错追究办法》《行政执法案卷管理制度》《认证执法统计制度》《获证企业分类监管制度》《获证企业巡查制度》《行政执法工作规范》等，使认证行政执法责任制得到较好的落实。各单位严格落实案件审理委员会集体审理制度和重大案件备案制度，严格履行行政处罚告知程序，在作出行政处罚决定之前向当事人履行告知义务，并听取其陈述和申辩，保护了当事人的合法权益。

（二）认证执法人员培训和宣传情况

根据《宁夏质监局2015年干部教育培训计划》安排部署，宁夏质监局分别于3月和4月在重庆和杭州中国计量大学举办了2期全区执法人员和认证执法人员专题培训，对全区所有市、县级认证监管人员进行一次轮训，全区共有30个市、县（区）市场监管局共46名认证监管人员参加了培训。培训班安排了认证认可管理基础知识、认证认可相关法律法规、认证认可及其在经济社会发展中的作用等教学内容。通过培训学习，提高了认证执法人员的法律法规、业务知识、业务技能和执法水平，为规范认证行政执法打下了坚实的基础。

今后，宁夏质监局将不断摸索和创新认证监管模式和手段，加强内部监督和社会监督，跳出小视野，放眼大格局，以一带一路发展战略为契机，力争使宁夏质监认证认可工作上新台阶。

撰稿人：叶　涛　审稿人：陆　靖

创新模式　提升效能　全力助推地方外贸经济发展

——新疆出入境检验检疫局2015年认证监管工作概况

2015年，新疆出入境检验检疫局（以下简称“新疆局”）认真贯彻落实国家质检总局、国家认监委有关工作会议精神，严格按照“抓质量、保安全、促发展、强质检”的工作方针，全面贯彻《质量发展纲要（2011—2020年）》，紧紧围绕新疆局中心工作和重点工作，切实履行“创优服务、创新治理”的总要求，精心安排，周密部署，齐心协力，较好地完成了2015年各项工作任务。

一、创新监管模式，全面落实国家专项工作

（一）认证行政执法专项监督检查工作

一是积极迎接国家认监委督导组专项监督检查。7月22日—25日，国家认监委2015年认证行政执法专项监督检查小组一行3人，先后对新疆局、伊犁局、霍尔果斯边境合作中心局开展出口食品生产企业备案监管模式改革落实情况专项督导工作。其中，专项监督检查小组重点监督检查新疆局采取的出口食品生产企业备案监管行政许可工作下放、备案采信企业自我声明和HACCP等第三方认证有效结果等工作举措；并赴企业进行了现场检查和座谈交流。此次专项监督检查工作小组充分肯定了新疆局严格落实备案监管改革等内容。

二是应国家认监委要求，积极派员参加国家认监委组织的认证行政执法专项监督抽查工作。11月3日—4日，派员1人参加对宁波检验检疫局的认证行政执法专项监督抽查工作。

（二）管理体系认证行政监管工作。

根据《国家认监委关于印发2015年认证认可各业务领域监督检查工作方案的通知》（国认办［2015］25号）要求，新疆局于2015年4月制定并上报了《2015年度管理体系认证活动自主监督检查工作计划》，并于7月—10月完成了监督检查工作。共检查21家企业，涉及认证机构3家，分别为中国质量认证中心、方圆标志认证集团有限公司、北京中大华远认证中心。发现认证机构及认证企业存在问题共计40项，其中认证企业存在的问题20项，认证机构存在的问题20项，涉及体系覆盖企业8家。

为了提高企业质量管理和第一责任人的意识，严厉打击从业机构、从业人员违法违规行为，新疆局还通过监督检查向企业发放有关法律法规和认证相关标准及规范等资料，使企业进一步增强对认证认可工作的认识。

（三）强制性产品认证获证产品监督抽查工作

为贯彻落实《国家认监委关于印发2015年认证认可各业务领域监督检查工作方案的通知》（国认办［2015］25号）及《关于开展2015年强制性产品认证获证产品监督抽查工作的补充通知》（国认证函［2015］47号）的要求，新疆局安排专人具体负责此项工作；及时制定了《新疆检验检疫局2015年强制性产品认证获证产品监督抽查工作方案》并报送国家认监委审定；通过市场调研，确定此次监督抽查产品为厨房家电；按照方案要求，先后完成了抽样（购买）、样品监送、委托检测、检测结果告知和总结等各项工作。随机抽取2个批次的厨房家电样品，经“江苏检验检疫机电产品检测中心”根据GB 4706.1、GB 4706.19、GB 4706.30标准的相应要求进行检测，检测结果：2个批次样品全部合格。

（四）进口食品生产企业注册考核工作

根据国家认监委安排，1月11日—23日，新疆局派员对加拿大申请向华出口的食品生产企业实施文件及现场评审，其中加拿大水产品和乳制品生产企业是首次考核，肉类企业属于复查。现场评审之后评审组对企业存在的问题进行了统一汇总上报国家认监委，

顺利地完成了评审任务。

（五）派员观摩美国 FDA 对企业的检查

7月6日—10日，根据FDA检查计划美国派员对轮台县华隆农林业开发有限公司（6500/01057, 以下简称“华隆公司”）进行了监督检查。新疆局、库尔勒局和第三方认证机构派员全程观摩了美国FDA对企业的检查，主要收获有以下几个方面：一是检查中美方关注的重点与我方基本一致，主要集中在CCP的设置和采取的监控措施、SSOP的执行情况等；二是认证机构应帮助企业进一步完善质量管理体系。三是企业做为迎检质量主体，其中FDA现场提出的问题，CIQ在之前的监管已多次发现并向企业提出整改要求，但是企业由于人力、员工素质等种种原因依然存在执行不到位等现象，导致问题反复发生。检查结束后按要求将检查的相关情况进行统一汇总并上报国家认监委。

（六）食品农产品认证监管工作

按照国家认监委工作部署，新疆局对辖区内的有机产品认证示范创建区进行了专项监督检查。9月7日—8日，认可中心对此次参加专项监督检查的人员以及有机认证示范区日常监管人员共计8人进行了业务培训指导。9月9日—11日，检查组对喀什地区泽普县内获得有机认证的3家企业实施了现场监督检查，涉及的认证机构1家：中国质量认证中心新疆分公司，主要认证领域为红枣、苹果的种植以及红枣的加工；9月11日—14日，检查组对塔城地区裕民县内获得有机认证的4家企业实施了现场监督检查，涉及认证机构数量为2家，分别为中国质量认证中心新疆分公司和自治区兵团环境保护科学研究所，主要认证领域为红花的种植及其加工、巴什拜羊的养殖及其加工。

通过检查发现的主要问题有以下几个方面：一是获证组织对有机法规、标准等了解不够，如管理手册、作业指导书等未根据新标准实施修订，有些作业指导书中内容不符合有机的要求；二是获证组织未严格按照有机管理的要求对基地实施管控，如基地地块图不能真实反映地块实际情况；三是获证组织工作人员责任心不足，如部分档案、记录不完整；四是认证机构未严格按照有机标准实施检查，如认证机构在实施现场检查时未能对基地实施全覆盖检查；五是认证机构认证合同内容不完整；六是认证机构证书中有机核定产量不严谨。

检查结束后按要求将检查的相关情况进行统一汇总并上报国家认监委。

二、提升监管效能，认真做好各项业务工作

（一）出口食品生产企业备案工作

根据《质检总局关于深化质检系统行政审批制度改革的意见》（国质检法［2015］128号）的要求，新疆局从制度建设和实际工作入手，积极开展出口食品生产企业备案（简称备案）监管行政许可工作下放、备案采信等备案监管改革工作：一是于2015年4月24日，制定并发布了《关于下放出口食品生产企业备案行政许可事项的通知》（新检认发［2015］87号），将此项工作的受理、技术审核等事项交由11个分支局负责办理；二是备案及其监管采信工作的制度化，修订了《认证监管控制程序》《新疆出口食品生产企业备案监督管理工作实施方案》，从制度明确了原则性要求和记录等相关内容，规范了备案工作新模式；三是组织全疆检验检疫系统在《中国出口食品生产企业备案管理系统》开展出口食品生产企业网上备案工作。

此外，还通过采取备案及HACCP监管联动、提质增效升级等一系列措施，有效提升了备案及监管工作效率。截至2015年底，新疆辖区内备案企业271家，前21类企业189家，占备案企业总数的69.74%；第22类企业82家，占备案企业总数的30.26%，其中前21类企业以罐头生产加工企业为主，共计101家，占全部备案企业总数的37.27 %。2015年共受理备案企业备案申请53家，考核53家（其中涉及企业HACCP体系验证10家），发证53家。其中，新增企业34家，主要为番茄酱、食用植物油、沙棘果油、饮料等食品种类；受理备案变更申请23家（变更法人、地址等），已办理变更企业23家；注销11家企业备案资格，原因为两年内未出口备案范围内食品。经测量，备案工作及变更工作时限符合率100%。

（二）强制性产品认证监管工作

截至2015年底，共办理CCC免办证明5份，主要为“直接为最终用户维修目的所需的产品”类的设备和零部件。按照国家认监委相关文件要求，对2014年CCC免办入境商品制定了监管计划，并根据监管计划，完成了2014年入境的9批CCC免办商品的现场监管任务，后续监管覆盖率100%。

通过与天津检验检疫局沟通协调，帮助乌鲁木齐市城市管理委员会（行政执法局），以特殊免办的方式从意大利进口7辆专业小型清扫车。

（三）出口食品生产企业对外注册工作

根据《国家认监委办公室关于提供推荐对哈萨克斯坦注册禽肉加工企业名单的通知》《关于上报对蒙古肉类、蔬菜加工企业名单的通知》要求，结合新疆辖区出口食品生产企业的出口需求，向哈萨克斯坦推荐了 2 家鸡肉加工企业，向蒙古国推荐了 2 家鸡肉加工企业，1 家猪肉加工企业。

（四）积极开展 “质量月” 宣传活动

积极协同相关单位向有机生产、销售、进出口企业和消费者宣传有机产品认证知识，配合国家认监委开展有机产品认证系列宣传等相关工作，积极向社会宣传认证认可工作：一是新疆局包括各分支局通过局门户网站转发认证认可相关内容；二是通过新疆局微信公众号、QQ 群等网络工具转发有机产品、强制性产品认证（简称“CCC”）、HACCP 基本知识等相关文章；三是在各类活动中向辖区企业及广大市民发放认证认可宣传材料 1000 余份；四是把有机认证知识宣传进展会，扩大宣传影响面。积极参加各类展会宣传食品农产品认证相关知识，专门设置了出入境检验检疫咨询服务区，张贴有机认证宣传海报，现场开展了检验检疫政策、有机认证知识咨询服务活动，交易会上发放有机认证知识问答等各类宣传资料 500 余份，对企业和个人 80 余人次提出的有机认证知识方面问题给予了现场解答。通过宣传服务活动扩大了检验检疫的影响面，满足了参展企业和消费者对有机认证法律法规需求，取得了良好的社会影响及效果。

三、多项举措并举，不断加强评审员队伍建设

（一）认真开展评定工作，评审员队伍进一步优化

新疆局对评审员实施动态管理，对调离岗位及退休的人员取消其资质，对符合评审员条件的人员进行资格评定，截至 2015 年底，新疆检验检疫系统共有主任评审员 11 人，评审员 51 人。

（二）积极开展征文活动，评审员素质进一步提升

新疆局认真组织新疆检验检疫系统评审员及相关业务人员按照国家认监委“第十三届全国 HACCP 应用与认证研讨会”相关要求撰写论文，积极投稿。经专家组评审，由新疆检验检疫局选报的 4 篇论文全部入选《第十三届全国 HACCP 应用与认证研讨会论文集》。同时，组织人员赴北京参加国家认监委举办的“第十三届全国 HACCP 应用与认证研讨会”，其中五家渠中基番茄制品有限责任公司在研讨会议中做了新疆食品安全与防护的专题报告，此次会议开拓了备案监管及企业管理人员的眼界，提升评审员及监管工作人员的能力和素质。

（三）积极响应国家认监委组织的“中国好师父”活动

依据《国家认监委办公室关于开展“进出口食品企业评审专家传帮带”活动的通知》（认办注函［2015］105 号）要求，新疆局积极参与和推荐符合条件的人员参加此项活动。新疆局共有 3 人入选“进出口食品企业评审专家传帮带”活动，分别加入乳制品、食品防护团队。随后，新疆局派出入选 3 人分别参加了在上海、青岛、内蒙古、潍坊组织的“进出口食品企业评审专家传帮带”理论培训及现场观摩学习，培养了新疆检验检疫系统的师资力量，加强了新疆与内地发达地区的交流。

（四）积极派员参加各类培训班，提升人员素质

4 月 20 日—24 日，派员赴北京参加国家认监委与 FDA 联合举办的出口低酸罐头和酸化食品企业监管培训班。6 月 9 日—12 日，派员赴西安参加国家认监委举办的 2015 年认证活动监督检查工作培训班。8 月 18 日—21 日，派员赴辽宁参加国家认监委组织 2015 年度卫生注册主任评审员培训班。10 月 8 日—9 日，派员赴武汉参加进口蜂蜜注册研讨会。

（五）举办“出口食品生产企业备案管理系统（V2.0 版）推广培训班”

为便利出口食品生产企业备案业务的办理，提升检验检疫监管部门监管水平，国家认监委信息中心开发了“出口食品生产企业备案管理系统（V2.0 版）”（以下简称“出口备案系统”），该系统于 2015 年 1 月 1 日起全面上线运行。为确保新疆辖区内出口备案系统应用工作顺利开展，新疆局于 1 月 5 日—6 日举办了“出口食品生产企业备案管理系统（V2.0 版）推广培训班”。

该系统上线运行后，企业通过网上注册用户名，按要求在该系统上提交材料即可办理出口食品生产企业备案相关业务，为企业节约了时间及交通费用。

（六）举办“认证监管业务培训班”

为不断提升新疆检验检疫系统认证监管业务工作的有效性，不断提升监管人员对认证监管业务的理解和认识，全面规范行政执法行为。6 月 23 日—25 日，举

办了“新疆检验检疫系统认证监管业务培训班”，共有40名来自认证监管一线的工作人员参加了此次培训，重点讲解了出口食品生产企业备案管理系统、备案监管与HACCP监管联动、食品防护与食品安全管理体系、进口食品入境查验等内容。

（七）举办“对美注册业务培训班”

为了有效应对美国FDA的现场检查，提升分支局业务监管人员和企业人员的业务能力，11月15日—16日，新疆局举办了“对美注册业务培训班”，共有20名来自系统内及出口企业的人员参加，主要讲解了FDA检查注意事项等。

四、围绕“一带一路”建设，不断强化跨区域合作

2015年，新疆局借助西北五省（区）检验检疫局认证执法监管区域联盟、西部十省渝新欧丝绸之路经济带境内地区检验检疫认证监管合作联动，着眼西部地区、西北地区跨区域合作平台的建设，立足本职工作，积极探讨丝绸之路经济带沿线国家和地区认证认可制度的协作机制、创新特殊监管区进口食品生产企业监管模式的协作机制、丝绸之路经济带沿线国家和地区食品注册监管制度的协作机制、内陆进口汽车口岸认证监管协作机制的研究，有计划、有步骤的推动新疆进出口业务、人员的培养。

4月9日，宁夏、陕西、甘肃、青海、新疆检验检疫局签署了《西北五省（区）检验检疫认证执法监管区域合作联动机制建设备忘录》，这一举措标志着西北五省（区）检验检疫认证执法监管工作区域合作全面启动。

6月—9月，联合检查组分三个阶段，历时18天，出动检查员近118人次，聘请专家8人次，完成了宁夏、陕西、甘肃、青海、新疆五省区的检查，共检查企业28家，涉及认证机构18家。发现认证机构及认证企业存在问题共计132项，其中认证企业存在的问题79项，检查组已全部通报企业，并提出整改要求。认证机构存在的问题56项，其中19项事实清楚，未涉嫌违规，37项事实尚不清楚或涉嫌违规，需进一步核查。

11月9日—12日，针对联合检查组发现认证机构存在的问题，经核查后，分别在宁夏检验检疫局、甘肃检验检疫局对北京五洲通公司、中国质量认证中心宁夏有限公司、中国质量认证中心甘肃有限公司等8家认证机构进行了约谈，并提出存在的问题和整改的要求，被约谈认证机构接受以上整改要求，目前正在整改中。同时，联合检查组将相关内容和信息及时报送国家认监委。

联合检查组团结协作，互帮互助，较好地发挥了区域合作联动优势，达到了资源共享，信息互通，共同提高的目标。

撰稿人：郭伟杰　曹红建　审稿人：徐日新

开拓创新优化服务　多措并举强化治理
持续不断提升认证认可工作监管的有效性

——新疆维吾尔自治区质量技术监督局2015年认证监管工作概况

2015年，新疆维吾尔自治区质量技术监督局（以下简称“新疆质监局”）在新疆维吾尔自治区党委、政府、国家质检总局及国家认监委的正确领导下，深入贯彻全国认证认可工作会议、自治区质监工作会议精神，围绕新常态，展现新作为，以改革创新的精神抓质量、保安全、促发展、强质检，按照“创优服务、创新治理”的要求，简政放权优化服务、多措并举强化治理，在服务社会经济发展，创新监管举措方面取得了显著成效，保质保量完成了全年的各项工作任务。

一、认证认可工作基本情况

2015年，新疆（含新疆生产建设兵团）企事业单位（组织）获颁国家各类认证认可有效证书9 216张。较2014年增长了22.33%。其中，通过国家强制性认证产品的生产企业461家，有效证书1 484张；通过国家各类管理体系认证有效证书5 578张；通过国家食品农

产品认证有效证书 2 154 张（通过国家有机产品认证有效证书 534 张）。有 879 家实验室获得检验检测机构资质认定证书，较 2014 年增长了 18.14%。

二、2015 年业务工作的主要做法和特点

（一）创新监管模式，加强事中事后监管

1. 创新举措，强化监管

为了强化对检验检测机构资质认定行政许可的事中事后监管，新疆质监局在做好规定动作的同时积极开展自选动作，在对检验检测机构现场技术评审派驻观察员的基础上，开展“检查人员随机、抽查机构随机”的双随机模式，对技术评审现场进行监督。全年共委派 236 名认证监管人员作为观察员，对检验检测机构资质认定现场评审工作进行了全过程监督。派出 20 名监管人员对 10 家现场开展技术评审工作进行“双随机”监督检查，对评审组长、评审员和观察员的工作进行现场监督抽查。

2. 抽查监督，双管齐下

组织开展检验检测机构资质认定专项监督检查。在资质认定获证检验检测机构 100% 进行自查的基础上，抽调 30 余名评审专家和认证监管人员，分成 5 个工作组，对全疆 19 个地州市的 50 家获证检验检测机构进行了专项监督抽查，抽查比例为 5.9%。对检验检测行为规范、管理良好的 6 家检验检测机构予以表扬；对 1 家拒不接受监督检查的消防设施检测机构予以通报批评，责成辖区质监局依法进行处理；对存在问题、限期整改的 39 家检验检测机构，要求辖区质监部门及时跟踪验证、加强监管。

3. 自加压力，真抓实干

按照国家认监委《2015 年管理体系认证活动监督检查工作方案》，面对监管人员不足、新手多的困难，创新监管思路，积极向国家认监委上报了《关于报送新疆维吾尔自治区质量技术监督局开展管理体系认证活动有效性监督检查工作计划的函》主动申请对辖区 35 家管理体系认证获证组织（企业），开展了以获得质量和环境管理体系认证的生产制造企业为重点，围绕认证活动的合规性和认证档案的真实性，组织 20 多名监管人员和管理体系方面的专家对涉及的 8 个地州的 35 家管理体系认证获证组织（企业）认证活动记录和认证资料档案进行了深入细致的检查。对 7 家在检查中发现问题较多的认证机构进行了通报。同时，积极配合国家认监委组织的对新疆昆仑认证有限公司及其认证的新疆科盛水电设备防腐工程有限公司和奎屯旭泰保温材料厂两家获证机构进行了检查。对检查中发现的认证机构存在的档案资料无法有效监管、机构评审人员确定评审领域标准不明确等问题，要求认证机构整改落实。

4. 突出重点，坚持不懈

为了持续加强对流通领域强制性认证产品的监管，继续在流通领域开展液体加热器强制性认证产品质量监督抽检工作，重点抽检电热水壶、电压力锅产品。共对 16 家经销商销售的 24 家生产企业生产的 25 个批次产品进行了抽检，合格 17 个批次，产品质量批次合格率为 68%。其中，抽检电水壶 17 批次，9 个批次合格，合格率仅 52.9%。对监督抽查不合格的产品，由乌鲁木齐市质量技术监督局负责责令经销商下架封存并停止销售，同时将抽查不合格产品的信息通报广东省质监局、中国质量认证中心，按国家相关法律法规进行后处理工作。

（二）强化服务企业与基层意识，提升机构与监管部门的能力水平

1. 重能力验证，更重技术服务

2015 年，新疆质监局对全区建筑材料、建筑工程检测实验室开展通用硅酸盐水泥物理性能检测、混凝土钢筋保护层厚度和钢筋间距测定共计两类 8 个项目的实验室能力验证工作时，要求承担验证的单位在验证中做好技术指导与培训工作。全区共有 275 家次实验室参加了能力验证。水泥物理性能项目结果满意率 74%，混凝土钢筋保护层厚度结果满意率 86.1%，钢筋间距测定结果满意率 63.3%。新疆质监局组织技术力量认真分析能力验证中各实验室存在的问题，指导、帮助检测结果不满意的实验室有针对性地进行整改，并组织开展复测，对复测结果仍不满意的 13 家检验检测机构暂停其该项目的检测工作，对 5 家未参加能力验证活动的检验检测机构予以通报，由辖区质监部门进行监督检查。

2. 优化流程压缩时限，做好行政许可服务

对行政许可前置事项进行清理，取消了业务处室对新申请材料的事前审核，对无法律法规设定依据的前置事项一律废除，做到“一个窗口受理、一个机构评审、一个处室审核”“受理、评审、审核”三分离的行政许可流程得到进一步优化，缩短行政许可审批时限 5 个工作日。严格执行收费政策，10 月 1 日起，停止收取 1 200 元的计量认证行政许可收费。

简化流程，服务机构。针对机动车检验标准变更涉及到全区150家机构的重新申报问题，为减少企业负担，多次与相关专家研讨，在确保企业具备新标准检验检测能力的前提下，充分利用各地质监局的属地优势，采取简化合法的程序帮助企业快速变更。全年共审核检验检测机构资质认定行政许可材料共552家，其中资质认定首次发证的检验检测机构124家。对4家不符合要求的检验检测机构未于许可。截至2015年底，共有资质认定获证机构879家，有效证书958张。

3. 服务基层监管人员，提升监管能力素质

针对国家认监委领导、专家来新疆授课的有利时机，组织全疆19个地州市的30名认证认可监管人员近距离聆听国家认监委领导、专家对最新法律法规的解读，解决困扰基层质监局检验检测监管的政策理论问题。针对检验检测统计直报系统的审核要求和认证认可业务综合监管平台的查询操作进行了针对性的培训和指导。

（三）乘援疆春风，提素质强基础

1. 争取智力援疆，提升能力素质

2015年，在《检验检测机构资质认定管理办法》实施宣贯过程中，新疆质监局争取到国家认监委的有力支持，将新疆的检验检测机构资质认定评审员培训工作纳入到国家认监委的宣贯培训日程中，由国家认监委的领导协同《检验检测机构资质认定管理办法》起草人在新疆举办了3期检验检测机构资质认定评审员培训班。对412名获资质认定评审员进行《检验检测机构资质认定管理办法》等法律法规和技术规范的宣贯培训。为管理办法的顺利实施和2016年新《评审准则》的实施打下坚实的人才基础。

2. 争取专项资金，夯实监管基础

针对新疆地域辽阔、财力匮乏、监管力量薄弱的现状，积极争取国家认监委在培训政策、专项资金上给予倾斜，得到了国家认监委的有力支持。2015年，争取到国家认监委在自愿性体系认证、有机产品认证等专项监管资金共18.5万元，确保了自愿性体系、有机产品认证等专项监督检查活动的顺利实施，使辖区监督检查得以顺利完成。

（四）加强对认证认可宣传力度，扩大社会认知度

1. 多措并举，积极开展世界认可日宣传活动

以6·9“世界认可日”为契机，向新疆各地质监部门、有关实验室、认证机构发放了“世界认可日”宣传画，协调电信、移动、联通三家电信运营商向社会发布近6万条认证认可宣传公益短信，通过在门户网站设“世界认可日”网络宣传专题栏、在公共场所开展宣传咨询服务、张贴宣传画、宣传条幅、电子屏滚动宣传、政务微博、开放实验室等形式积极开展6·9“世界认可日”宣传活动。据不完全统计，全区共张贴宣传画600余张，发放宣传单6 500余份。通过全方位、多角度地开展宣传，提高认证认可的社会认知度。

2. 突出质量基础，加强“有机宣传周”宣传活动

质量月期间，积极组织开展“有机宣传周”系列宣传活动。通过设立网站专题、发布微博微信、在公共场所播放有机产品宣传视频、发放张贴宣传画，组织各地州市局开展食品农产品专项监督检查，开展“有机宣传进校园”活动等方式，广泛宣传普及有机生产、生活理念，全面展现自治区有机产业发展及有机产品认证实施成果，营造了质量月活动氛围，增强了社会质量意识，为构建多元共治的认证市场治理体系，促进自治区有机产业的健康发展，助推农业可持续发展和生态文明建设打下了良好的基础。

撰稿人：刘 伟　审稿人：范聪红

2016

Yearbook of Certification and Accreditation of China

第十七部分　认证及相关机构

Part Seventeen　Certification and Certification-related Bodies

中国检验认证（集团）有限公司

认真履行职责　扎实推进认证工作

2015年，在全球经济增速放缓，央企业绩大幅下降，同业机构低增长甚至负增长的背景下，集团根据支树平局长、孙大伟副局长在全球总经理会上的指示精神，按照年初工作部署，齐心协力、开拓创新，较好地完成了年度任务目标。截至2015年底，资产总额、总收入分别同比增长16.21%、8.31%，资产总额和经营规模再创历史新高。全年批准投资项目63个，在事业发展进程中又迈出坚实一步。

一、行业机构整合进一步推进

分别与天津、河北检验检疫局签署了战略合作协议；推动了集团与秦皇岛煤检中心、乌鲁木齐技术监督局合作，地方公司与当地检验检疫部门所属机构的合作，接管国家铜原料及产品检测实验室、惠州局技术中心下属纺织、轻工和煤炭实验室，配合厦门局完成政府协议检验及成套设备项目“管检分离”改革试点工作。

二、客户公关市场营销进一步加强

经过多年的努力，2015年集团获准以准会员身份加入国际检验联盟(IFIA)，标志着中检集团在国际化方面又迈上了新台阶。2015年开发了一批集团总部和行业标杆型客户，与中粮集团、澳优乳业签署战略合作协议，获得伊拉克、苏丹、巴基斯坦等出口中国区委托独家装船前检验资质，完成与CSA现场跟踪检验协议续签。联合多家企业成立中国智能光伏产业创新战略联盟；与美国绿色电子理事会签署产品注册实体协议。承接9个省市工商局667批次流通领域商品质量抽查任务。汇编检验鉴定营销案例，分享市场开发成功经验。

三、业务领域进一步拓展

与阿里巴巴、京东等国内排名前十的电商企业建立了电商质检合作，业务覆盖大陆全部省区市。加大对创新业务资金扶持，获得12项新业务资质，在5个领域填补集团业务空白。成功中标中石油绿洲石油艾哈代布油田设备监造项目。颁发全国首张“碳中和”核查证书。开展乘用车内空气质量评价、光伏产品监造等业务。组建生态原产地产品保护评定机构联盟，生态原产地业务范围覆盖13个省市区。完成首批缅甸输华大米检验，柬埔寨公司获得老挝输华大米装运前检验。农食风险评估扩展至餐饮市场。

四、业务资质进一步扩展

获得大连商品交易所期货玉米淀粉指定第三方质检机构资质、上海期货交易所期货镍、锡指定第三方质检机构资质、渤海商品交易所期货硫磺指定检验机构资质、中石油产品监造资质。进入中国连锁经营协会“中国商品数据共享中心”电子系统平台超市供应商证照审核第三方机构名单。成为国内唯一授权开展GC标志认证机构；美国环保署正式认可CQC成为其能源之星认证机构；获得英国零售商协会认证、互世认证、日本有机认证等国际认证资质。电科院、中检南方、中检中原、中检理化、中检评价共获取10多项新业务资质。

五、区域管理协作进一步增强

西南区域以“区域联合体”形式中标广西工商局流通领域商品检验，华北区域利用协作平台实现计量校准业务快速发展。推进欧洲区域化管理试点，完成日本两家公司合并。采用“境内采信 + 国际公关”双轮驱动的模式，助推进口巴西大豆业务取得历史性突破。检验公司联合澳大利亚、印度等公司开展铁矿石、原油等装卸两港检验。菲律宾公司与福建公司联手推动镍矿检验。

六、质量管控水平进一步提升

积极落实国家质检总局和国家认监委“质量月”活动要求，强化职业道德教育和现场监督检查。协调CNAS进行对集团52家海内外公司实施监督评审。强化国外政府授权符合性验证业务管理。启动了集团实验室管理体系文件换版修订。全面梳理认监委CCC专项检查中发现的问题，选取七类产品作为内审重点，全流程核查实施规则/细则的符合性，建立了“五位一体”的质量控制手段。

七、资金资本运营管理进一步加强

2015年集团批准34个股权投资项目，审批固定资产投资项目29个。向欧洲测试、中检理化完成增资。合资设立对朝结算和投资公司及朝鲜办事处，福建、湖南、天津等公司设立12家分子公司。中检南方新三板交易所提交挂牌申请已获财政部批准，成为质检系统内第一家上市的公司，实现历史性突破。天津华和公司股权转让进展顺利，共计回款为初始投资成本的18.36倍。

八、企业人员管理进一步到位

按时完成人员身份清理规范工作，确认了调入企业的297人名单，将313人（含中检公司16人）的关系调入集团公司及地方公司。组织干部培训，交流聘免系统单位干部近百人；出台地方公司制定高管人员薪酬指导意见和应用指引。组织海外公司员工代表回集团总部参观学习活动。

九、财务管理进一步加强

定期进行系统财务分析，加强财务支出审核，组织开展26家海外公司资产财务清查工作，并利用离任审计和检查的机会，对资产财务清查情况进行了核实，并提出整改建议。配合发改委等部门开展了进出口环节涉企收费检查。

十、内部基础性管理进一步规范

出台《微信公众平台管理规定》《业务质量事故处理办法》等10余项制度；加强预算、资金、资产及应收账款管理。科研方面有5项课题获得2015年度国家质检总局科技计划立项和国家认监委认证认可科技支撑计划项目，“纺织品评价关键技术研究”项目获得总局科技兴检二等奖；联合申报的科技部“第三方检验检测综合科技服务平台研发与示范应用”项目获批，成功申报国家发改委“基于检验检测技术服务的全球商品溯源平台建设”项目。信息化建设方面，建立了集团本部WIFI系统，搭建完成ZARA进口服装预评估信息化系统，启动搭建“业务可扩展、流程可配置”的煤炭和进口食品标签业务信息系统，制定全球商品溯源云平台技术方案。

十一、品牌形象宣传稳步开展

完成“中检计量”“中检石油”“中检职卫”等12个二级商标注册，以及“中检集团”及CCIC商标续展。策划举办新建欧洲测试公司海外推广活动，组织参加新西兰-中国食品安全协会研讨会、中国国际煤炭大会、中国国际矿业大会、非洲矿业大会等；制作2015版集团中英文营销推介短片，开通“中检集团”“中检检验”“中检测试”等一批微信公众号，开辟新媒体宣传渠道。

十二、全面从严治党得到进一步加强

深入开展“三严三实”专题教育，开展集团2015年员工问卷调查活动并专题通报情况，形成9个方面59项整改任务，139条整改措施，并按照“立即整改”“创造条件整改”和“解释说明”进行分类，确保整改任务落到实处。落实党风廉政建设“两个责任”，开展纪律教育月活动和党性党纪集中教育活动。严格遵守中央八项规定，强化作风建设长效机制。落实纪检监察“转职能、转方式、转作风”工作，制定廉洁约谈、监督责任等4项廉政制度，定期编发廉政教育材料，全年未发现系统性重大违纪违法问题。开展文明单位和青年文明号创建工作，征集中检文化故事，开展中检风采摄影比赛，组织“乐动中检”系列文体活动等，营造向善向上的文化氛围。

撰稿人：李胜武　审稿人：齐京安

中国信息安全认证中心

围绕大局 锐意改革 服务发展

2015年是“十二五”收官、“十三五”开局之年，中国信息安全认证中心（以下简称“中心”）以党的十八届三中、四中、五中全会和中央经济会议精神为指导，全面贯彻中国质量（北京）大会、全国质检工作会议和认证认可工作会议精神，进一步落实“抓质量、保安全、促发展、强质检”十二字方针，牢牢把握服务国家网络安全保障工作、促进网络安全产业健康发展这个大方向，主动适应网络安全保障和经济发展新常态，突出改革创新，优化服务质量，稳步推进各项业务开展，信息安全服务能力进一步增强，各项工作取得显著成绩。

一、机构建设

2015年中心探讨推行业务运行机制改革，组建了3个事业部，并首次开展了总监、副总监竞聘，增强了内部活力；顺利完成了四川、福建、江苏分中心挂牌工作，至此，经国家质检总局批准设立的7个分中心全部成立，布局合理、覆盖完整的分支机构体系开始形成，为中心做大做强、更好地服务地方政府和广大企事业单位奠定了坚实基础；5月11日，经国家质检总局和国家认监委批准，依托中心筹建的国家信息安全产品质量监督检验中心（北京）正式成立，这是我国信息安全领域首家国家质检中心。

二、科研与技术创新

中心积极开展科研攻关，顺利完成了中央网信办“关键信息基础设施安全保障框架研究”、“十二五”国家科技支撑计划“IT产品信息安全认证关键技术研究”、发改委信息安全专项“下一代互联网关键信息安全产品相关标准”、质检公益专项“身份鉴别类产品信息安全认证关键技术研究”、认监委短平快项目“信息技术服务安全认证与信息安全人员认证制度研究”等5项重大课题。

中心牵头制定了《无线传感网安全测评规范》《关键信息基础设施网络安全评价框架》等2项国家标准草案和《数据中心服务能力成熟度评价指南》等4项认证认可行业标准草案。参与研制的《物联网安全关键技术—射频识别空中接口安全协议（TRAIS）》被国际标准化组织采纳，正式发布为国际标准ISO/IEC 29167-16:2015。

中心业务支撑性技术研发取得新成果，成功研制出“智能卡COS安全性检测平台”“Java卡安全性检测平台”“WLAN无线网络安全扫描工具”“WAF产品检测工具”，获得软件著作权2项，申请发明专利2项。

三、政策和制度研究

中心研究提出了完善网络安全审查工作流程、网络安全审查范围和目录的建议，协助网信办开展了网络安全审查工作；围绕开展移动终端管理软件第三方测评认证，协助网信办开展了技术研发和相关筹备工作；配合发改委建立推出了电子招投标信息系统认证制度，配合认监委建立推出了良好电子商务规范认证制度。

四、国际合作

持续派员参加CCRA、GARTNER IT、FIRST、OPENGROUP、ISO/IEC SC 27、ISO/IEC SC 40等国际组织会议；新开拓了中俄、两岸、IECEE合作交流渠道；深度参与国际标准规则制修订，先后推荐4名专家加入到ISO/IEC SC27、SC40和IECEE体系工控系统信息安全认证工作组；认证业务延伸到美国、韩国，并吸引VISA、IBM、DELL等国际知名企业到访交流。中心正多渠道、更实质性地融入到国际合作框架。

五、信息安全产品认证

2015年，中心获批08类音视频设备和16类通讯终端设备强制性产品认证资质；推出电子元器件产品、运维监控产品、事务型数据库产品、环境监控产品、移动终端安全域加固产品、应用安全防护前置机产品、容错服务器、电子招投标系统认证等新认证业务。全年新颁发认证证书 349 张，累计颁证 1 412 张。

六、信息安全管理体系与服务认证

中心新推出质量管理体系、业务连续性管理体系认证业务，以及安全运维服务资质认证、软件安全开发服务资质认证、B2C 电子商务交易服务认证。全年新颁发体系认证证书 126 张，累计颁证 516 张。新颁发服务认证证书 255 张，累计颁证 624 张。

七、人员认证与培训

2015 年新推出了信息系统安全运维、软件安全开发、电子政务安全、CA 认证 4 个方向的人员认证业务，新增注册教师 34 人，开发出版《电子政务安全》《信息安全技术》《信息系统安全集成》《软件安全开发》《信息安全风险管理》《信息安全技术应用》等 6 种教材。全年新颁发证书 2 051 张，累计颁证 4 967 张。

八、检测业务

积极履行国家信息安全产品质量监督检验中心职能，独立承担并圆满完成了 2015 年“安全隔离网闸产品”国家质量监督抽查任务。国家保密科技测评中心（质检总局）分中心申请工作取得重要进展，筹建工作即将开始。

九、对外宣传

以重要活动为平台强化对外宣传。2015 年，中心申请主办了首届互联网安全领袖峰会，承办协办了四川、广东网络安全周，积极参与了第二届世界互联网大会、国家网络安全周、中国－阿拉伯国家博览会丝绸之路论坛、首届智慧能源博览会、首届全国网络空间安全人才创新发展论坛、智慧城市研讨会、智慧能源研讨会等重要活动。魏昊主任在第二届世界互联网大会网络安全论坛作“标准与认证认可——网络安全治理体系的重要手段”主题演讲，引起业内的广泛关注，影响深远。

十、党建工作

按照国家质检总局和国家认监委党组的部署，紧扣认证机构的特点，把握主题方向，突出问题导向，注重讲究实效，落实“规定动作”，创新“自选动作”，扎实开展了“三严三实”活动。实施支部考核、支部述职、党委述职，推进党务工作正规化规范化。组织签订《党风行风廉政建设目标责任书》，开展经常性主题教育，持续改进廉政风险防控管理，切实推进“三转”工作，国家质检总局副局长孙大伟对中心落实“两个责任”情况给予充分肯定。

中国信息安全认证中心 供稿

中国质量认证中心

开辟国际合作“快车道” 助推中国企业“走出去”

20 世纪 90 年代以来，认证认可领域的国际组织和国际互认制度相继建立，并由此推动了认证认可进入国际化发展阶段。我国的各类产品认证、体系认证等工作也随着市场经济的不断完善并融入国际经济体系中发展。

中国质量认证中心（以下简称“中心”）在国家认监委搭建的认证认可国际合作平台上，致力于在认证领域里为国际贸易提供便利化服务。经过多年的努力，中心不仅加入了多个国际多边互认体系，还与 22 个国家和地区的 41 家认证机构先后建立双边合作关系，同时获得多个国家或机构的授权和认可，取得相关领域的业务资质，为中国企业提供本地化认证服务，便利企业产品出口。此外，中心还依托多边和双边合作平台，大力开拓如新能源、绿色低碳认证等新兴业务领域，服务社会节能减排。近年来，中心在国际合作和国际业务发展方面主要有以下收获。

一、配合国家发展战略，深入开展国际合作

（一）推进“一带一路”沿线国际认证

2015 年我国政府发布的《推动共建丝绸之路经济带和 21 世纪海上丝绸之路的愿景与行动》，明确将认证认可列入合作重点，提出沿线国家加强认证认可双多边合作，提高贸易自由化便利化水平。中心积极配合国家认监委“推动认证认可服务‘一带一路’建设的愿景与行动”，开展“一带一路”沿线国家合格评定制度及政策研究。一方面在原有业务基础上深度开发，在对沙特阿拉伯 SASO 认证制度研究的基础上，继续研发开展沙特能效业务；另一方面继续开拓国内产品出口新兴市场，重点研究了东盟地区、俄白哈海关联盟认证及印度等国家的认证制度，并在此基础上与上述国家认证机构开展合作，推行机构间互认，降低企业出口成本。

同时，中心还举办了“一带一路”沿线国家合格评定制度系列宣贯会，讲解印度、越南、沙特、阿根廷、海湾联盟和海合会的合格评定制度与市场准入法规。宣贯活动始于“21 世纪海上丝绸之路核心区”的福建，止于“丝绸之路经济带核心区”的新疆，沿途涵盖了广州、厦门、上海、青岛、北京、西安等多个重要节点城市，受到广泛欢迎。

为及时解决客户出口认证的实际问题，中心还在广西建立东盟认证研究中心，计划在广东筹建中东认证研究中心，以及在新疆筹建中亚认证研究中心，服务全方位开放需求。

（二）建立对台港澳合作机制

根据国家质检总局及国家认监委的工作部署，中心自 2010 年《海峡两岸经济合作框架协议》(ECFA) 签署后，积极参与两岸认证认可论坛等多项活动。“十二五”期间，中心已与数家台湾认证机构在自愿认证、LED 路灯产品及光伏产品领域签署了合作协议。

依据《内地与香港关于建立更紧密经贸关系的安排》（英文简称 CEPA），根据认监委部署，中心自 2012 年起，共与 3 家香港地区检测实验室签署了合作协议，并于 2015 年通过香港标准及检定中心 CCC 实验，颁发了首张符合 CEPA 协议的音视频类产品的 CCC 证书。

（三）开展自贸区框架下合格评定互认合作

自《中韩自贸协定》签订后，国家认监委与韩国标准署签署了合格评定领域互认工作方案。2015 年 10 月中心作为中方认证机构与韩方三家认证机构进行商谈，明确了互认工作可能存在的技术障碍及解决方法，并拟于2016年3月1日前签署合作协议并开展互认试点项目。

二、结合市场需求，多渠道提供国际认证服务

（一）开展本土化国际认证服务

积极参与电工产品测试证书互认体系（IECEE

CB）体系的运作，为电子电气产品提供“一次测试，多处适用”的 CB 认证检测服务。截至 2015 年底，已累计发证 CB 证书 3 万余张。中心还与 30 余家国外认证机构签订了合作协议，为国内企业提供“一次测试，多张证书”的合格评定服务。

根据国内企业出口需求，重点开拓多种国际认证业务资质，努力实现出口认证本地化，助力企业“走出去”。2007 年 4 月，获得日本经产省授权，成为日本强制产品（PSE）认证机构，目前认证范围覆盖 PSE 全部十大类产品，已累计发放证书 1200 余张；2008 年 12 月，获得授权成为沙特 SASO 在中国开展出口沙特认证业务的唯一授权机构，目前已帮助 800 余家企业出口产品满足 SASO 要求，累计出口贸易量逾 3.6 亿美元；2015 年 6 月，获得海湾合作委员会标准化组织（GSO）授权成为其指定机构，成为中国大陆唯一可以针对海湾七国（阿联酋、阿曼、巴林、卡塔尔、科威特、沙特阿拉伯和也门）颁发电器和玩具类产品 GC 认证证书的机构，为国内企业出口海湾地区产品提供认证服务；2015 年 7 月，获得美国环境保护署（EPA）授权，成为“能源之星（ENERGY STAR）”认证机构，为我国企业申请美国“能源之星”节能认证提供本地化服务。

（二）开拓新型合格评定业务

在应对气候变化方面，中心在 2009 年 3 月获得联合国气候变化框架公约组织（UNFCCC）的授权，获得清洁发展机制指定经营实体（CDM-DOE）资质，可在 13 个专业范围内开展 CDM 审定和核查工作，是国内第一家获得该资质的第三方机构。截至目前，共完成 CDM 项目审定与核查项目 300 余项。2015 年 5 月，中心与美国绿色电子理事会（GEC）签署产品注册实体（PRE）协议，正式成为美国 EPEAT 产品注册实体，可为国内外电子产品企业申请 EPEAT 注册提供评价与核查服务。中心通过新领域认证业务的开展，积极承担社会责任，服务中国经济转型，致力“资源节约、环境友好”型社会的构建。

中国质量认证中心一贯积极响应政府倡导和政策指引，始终致力于通过认证帮助客户提高产品和服务质量，开辟国际合作快车道，推动中国企业走出去。

中国质量认证中心　供稿

方圆标志认证集团

打造具有竞争力的方圆标志认证检验集团

作为行业领军机构之一的方圆标志认证集团开创了中国自愿性产品认证之先河，无论在国内市场还是国际上，方圆标志都是中国认证认可行业的一张名片，为我国认证认可事业发展以及企业管理提升做出了不可或缺的贡献。

第一，以质量求发展，靠诚信行天下。2015 年是方圆集团成立二十五周年。二十五年来，方圆一直秉持“以质量求发展，靠诚信行天下”的经营理念，一步一个脚印，几年一个台阶，随着综合实力地不断提升，如今的方圆，已经确立了方圆认证在中国认证机构的领先地位。方圆的前身是原国家技术监督局批准成立的“中国方圆标志认证委员会”，与生俱来的服务国计民生的责任感让方圆人充满进取意识和创新精神，并以此树立了方圆认证独特的品牌形象，也收获了社会各界的尊重。

抬眼国外，世界认证认可技术及其应用在飞速发展，检视国内，当前国家深化改革以及全国检验检测认证机构整合已经步入深水区，认证机构发展所面临的环境也更为复杂。而方圆与国外知名认证机构相比，在技术实力、人才建设、组织网络、管理体制、国际化发展等方面还存在一定差距，国际化发展道路仍面临着不少困难和挑战。

第二，标准、检验、认证三位一体，打造具有竞争力的认证检验集团。“鉴证优秀，成就卓越”是方圆集团的使命，“成为最具竞争力的国际服务机构”是方圆集团的愿景。在肩负使命，实现愿景的道路上，“顺势而为，创新有为”才能不断推动方圆持续、健康的发展。

近几年是认证认可行业全面深化改革创新驱动年，也是方圆集团实施战略调整、深化集团改制和转型升级的关键年。检验检测认证机构整合是当前我国检测机构改革的“重头戏”，也是业内的热点、焦点话题。2015年3月6日，国家质检总局印发《全国质检系统检验检测认证机构整合指导意见》，对全国质检系统所属的检验检测认证机构的整合进行指导，并将方圆集团列入试点单位，明确“支持方圆标志认证集团发挥品牌与全国性网络优势，以市场为导向、以资本为纽带，与质检系统内外检验检测认证机构进行资源整合，重组构建股份制方圆标志认证检验集团。”

在国家质检总局、两委（认监委、标准委）及各地质监局的关爱与大力支持下，方圆集团适应国家深化改革、简政放权、事业单位改革的大背景要求，积极顺应总局、两委开展认证体制改革与检验认证整合工作，确定并围绕标准、认证、检验三位一体融合发展的理念，大力加强产品认证、队伍建设与作风建设，探索检验认证业务融合，推进方圆与质检系统内外检验检测资源整合，打造方圆标志认证检验集团。

2015年8月18日，国家质检总局党组书记、局长支树平及质检总局党组成员、国家标准委主任田世宏一行，来到方圆集团调研工作，在参观了方圆集团文化展厅，考察了方圆集团的办公环境并向一线干部职工表示慰问，听取工作汇报后，支树平要求，方圆集团要围绕标准、认证、检验三位一体融合发展的理念，深化改革、转型升级，在深化改革、支撑质检事业发展和强化自身管理与发展三个方面走在前面，努力建成国际国内知名、具有竞争力的认证检验集团。

为贯彻落实质检总局要求，重组构建股份制方圆标志认证检验集团，结合实际，方圆集团成立了筹建领导小组和工作小组，切实推进方圆与质检系统内外检验检测资本的融合发展。目前，方圆第一家试点混合所有制股权激励机制的天津鲲鹏翔资产管理中心（有限合伙）正式成立。方圆集团与质检系统外的检验机构广电计量合作成立了混合所有制“方圆广电检验检测股份有限公司”已经挂牌，重组构建方圆标志认证检验集团工作取得突破性进展。此外，方圆集团还与广西质量技术监督局签署战略合作协议，共同筹建了“中国方圆—东盟认证检验检测研究中心”，与新疆质量技术监督局共同筹建了“中国方圆－东亚认证检验检测研究中心”，为其他省市整合检验检测认证资源树立了榜样。

第三，对中国认证机构以及方圆未来的事业发展充满信心。2015年，党中央、国务院在《“十三五”规划纲要》和《政府工作报告》首次明确提出实施质量强国、制造强国战略，今后中国质检工作包括认证认可工作的全面发展将迎来新的重大机遇。今后，方圆集团将紧跟国家深化改革以及全国检验检测认证机构整合政策导向，围绕“标准、认证、检验三位一体融合发展”的理念，加快转型升级步伐，切实推进方圆与质检系统内外（包括外资与民营机构）质检院所的业务整合与资本融合，加快方圆标志认证检验检测集团的组建进程；同时，坚持以人为本，不断进行机制创新激发方圆内生活力，营造创业干事的氛围，与合作伙伴携手为构建和谐、诚信的社会而不遗余力，为建设质量强国、制造强国积极贡献力量！

撰稿人：冀晓东

北京东方计量测试研究所

静电防护产品认证工作纪事

北京东方计量测试研究所是中国航天科技集团公司第五研究院所属的专业计量测试研究所，建于1985年。经过30多年发展，成为集电磁学、无线电电子学、时间频率、几何量、热学、力学、真空、卫星应用、静电防护和电磁干扰等专业为一体的综合性计量测试研究所，承担着国防、军队系统量值传递和计量校准测试任务，同时面向社会提供公正的校准、检测等服务。

2015年，研究所获得新设立认证机构批准为自愿性产品认证，认证机构批准号为CNCA-R-2016-221，认证类别为产品认证，认证领域为静电防护产品（包括防静电用品、防静电包装、防静电工具、防静电设施、防静电设备等），正式具备对外开展静电防护产品认证资格，这是我所首次获得国家认证机构授权，有利于进一步拓展业务服务领域、推动静电防护产业化进程。

研究所一直关注自愿性产品认证机构申报。2014年11月国家认监委发布《国家认监委关于发布自愿性认证业务分类目录及主要审批条件的公告》，正式逐步放开自愿性产品认证机构设立政策，积极与认监委主管领导咨询，正式确立2015年申报材料准备、人员取证等工作计划；《国家认监委关于进一步深化认证机构行政审批制度改革有关事项的公告》在2016年8月正式实施后，已完成全员自愿性产品认证检查员考试并完成相应人员注册；《国家认监委关于加快发展自愿性产品认证工作的指导意见》于2015年11月出台后，趁势推进产品认证体系文件、机构设立、人员资格文件等申报筹备工作，正式上报国家认监委并获得批复。

此次资质获得，是近年来我所打响产业转型发展攻坚战的缩影之一。在国家放宽认证机构审批条件的有利政策下，我所经过近三年筹备组织，最终实现了所经营范围的实质性扩展，正式攻占了对外开展产品认证服务“桥头堡”，紧跟国家产业政策发展并获得改革红利，为后续补充我所优势检测资源形成更多产品认证能力打下了坚实基础。

同时，静电防护产品认证工作将有效补充航天电子产品静电防护管理体系认证效果，扩展静电防护产业化综合服务平台能力，充分体现航天企业通过认证认可服务经济发展、传递社会责任，也是促进我国静电防护产品创新、产业升级、推动结构改革，进而助力“中国制造2025”实施的重要举措。

北京东方计量测试研究所 供稿

中铁检验认证中心

积极履职尽责　主动深化改革

中铁检验认证中心（以下简称“中心”，英文缩写CRCC）自2002年成立以来，为了适应铁路的发展需求，按照《认证认可条例》、CNAS认可准则等认可规范、铁路产品认证管理办法等文件的要求，在国家铁路局、中国铁路总公司、国家认监委的领导和支持下，努力提高认证能力，提升服务质量，改进工作作风，积极稳妥地推进铁路产品认证工作。

一、认证中心概况

（一）基本情况

中铁检验认证中心（原名中铁铁路产品认证中心）成立于2002年，2013年4月更名为“中铁检验认证中心”，2014年1月经国家质检总局授权成立“国家铁路产品质量监督检验中心”，业务范围是产品认证，陆地交通设备、铁路产品、城市轨道交通产品认证。

CRCC下设综合业务部、机车车辆事业部、基础设备事业部、城轨装备认证部、申诉监理部、技术管理部、综合办公室、财务管理室等职能部门，以及机车车辆、接触网零部件、通信信号、金属化学、运输包装、铁专计量等7个专业检测实验室，青岛、常州、大连、株洲等4个检验业务合资有限公司，10余家签约分包检测机构。现有专、兼职技术人员1 270余人，其中专职人员400余人，认证管理人员70余人；国家注册检查人员911人，包括专职检查员246人、兼职检查员665人；高级检查员420人，检查员491人，管理体系审核员（含实习）101人；检验人员200多人，形成一支开展铁路产品检测、认证的专业技术队伍。

（二）资质情况

中铁检验认证中心拥有认证机构国家批准书、实验室国家资质认定计量认证证书以及国家依据国际认可准则对认证机构、检测实验室的认可证书，覆盖铁路及城轨装备领域内的全部产品类别。

（三）业务范围

中铁检验认证中心开展业务包括以下5个方面：

（1）铁路标准化及城轨协会认证用标准技术服务；

（2）铁路专用计量技术服务；

（3）铁路产品及城轨装备的检测检验；

（4）铁路产品认证、城轨装备认证；

（5）城轨及铁路安全相关设备的安全评估。

（四）公正性管理

CRCC成立铁路产品认证公正性管理委员会和城市轨道交通装备认证工作委员会，由客户、客户的顾客、制造商、供方、用户、合格评定专家、政府监管机构、非政府组织等各相关方组成，负责监督铁路及城轨装备产品认证运作的公正性。

2015年6月25日召开第二届铁路公正性管理委员会全体委员会议，通过新一届《铁路产品认证公正性管理委员会委员名单》和《铁路产品认证公正性管理委员会主任委员、秘书长名单》，听取和审议CRCC铁路产品认证工作报告，审议《铁路产品认证公正性管理委员会章程》《最高管理层公正性声明与承诺》《公正性风险管理办法》。

2015年，CRCC按照法律法规及国际认可准则有关公正性的管理要求开展铁路产品认证工作，在认证运作中持续保持客观公正。

一是组织的公正性。CRCC是独立第三方技术机构，提供标准、计量、质检、认证及科技服务，不提供获证产品设计、制造、安装、分销或维护等服务，不为客户提供咨询。

二是认证人员的公正性。CRCC管理人员、复核和认证决定人员不参与提供或生产获证产品（拟认证产品）或提供咨询关联企业的活动，并对铁路产品认证相关机构及相关机构的业务活动可能与认证活动产品的利益冲突进行识别，并采取有效措施进行控制。

三是体系文件的公正性。CRCC《质量手册》包含

"投资人声明""公正性声明""4.2 公正性管理""4.4 非歧视性条件""5.2 维护公正性的机制"等，从制度上对认证公正性管理作出了要求。

四是认证信息的公开透明。CRCC 建立了信息公开制度，通过网络或期刊杂志及时向社会各界和申请方发布公开信息，接受认证各方和社会的监督。

五是认证实施规则的相关方审议。CRCC 按认证业务范围，认证实施方案充分征询设计、生产、采购、使用、政府等相关方意见，经会议审议后发布，报 CNCA 和行业主管部门备案。

六是认证过程的自检、互检、他检控制。CRCC 从认证申请的接收、申请评审、工厂审查、产品抽样、产品检验、认证结果汇总、认证复核、认证决定至证书制作等一系列过程，均由不同的部门或人员分别进行，采用自我检查、下一道程序检查上一道程序以及独立的复核、决定人员进行他检的质量控制过程，确保认证过程客观公正、认证评价结果科学准确。

（五）建立认证责任保险机制

为进一步提高认证的公信力，认证中心更好地履行社会责任，提升抗风险能力，CRCC 自 2014 年起向中国人民财产保险股份有限公司投保"认证认可职业责任保险"，2015 年 5 月继续投保"认证认可职业责任保险"。

二、铁路产品／城轨装备认证

（一）科学规范公正地开展认证业务

2015 年，CRCC 按照国家铁路局《铁路产品认证目录》《中国铁路总公司铁路专用产品认证采信目录》，以及 CRCC 机构自愿性产品认证目录，组织制修订铁路产品认证实施规则 179 个，发布新规则 2 个。目前，有效认证实施规则 333 个。

经过 2 年的筹备和前期准备，CRCC 试行开展城轨装备认证业务，完成 8 家企业的城轨装备认证，颁发 URCC 认证证书 11 张，在广大城市轨道交通装备研发制造企业和业主中得到积极的响应，已具备全面推进城市轨道交通装备认证的市场环境条件。

CRCC 全年受理初次认证申请企业 328 厂项，复评企业 127 厂项，受理扩大产品认证 379 厂项、受理获证后变更 346 厂项，复查审核 68 厂项，复查检验 59 厂项，共计 1 307 厂项。发布产品认证公告 50 期，颁布新证书 1 178 张，原获证企业扩项、变更证书 1 297 张，认证未通过 109 个厂项，完成监督评审 1 036 家，监督、复查检查和检验 1 578 厂项，暂停证书 355 张，涉及 238 个企业 182 种产品；撤销证书 19 张，涉及 16 个企业 10 种产品；注销证书 217 张，涉及 117 个企业 150 种产品。

截至 2015 年底，CRCC 累计发证 6 759 张、涉及企业 1 711 家，当前有效证书 4 391 张、涉及企业 1 514 家，其中暂停证书 222 张。

（二）铁路产品行政许可的技术检验审核与车辆零部件技术审查

配合铁路产品行政许可，开展相关技术检验审核工作。2015 年，CRCC 完成整车和系统运用考核 70 项，其中机车系统／配件 9 项，动车系统／配件 27 项，机车整车 4 项，货车整车 10 项，动车整车 7 项，大型养路机械 13 项；完成整车和系统解体检查 10 项，其中机车系统／配件 2 项，机车整车 1 项，货车整车 3 项，大型养路机械 4 项；完成整车型式试验及部件专项试验大纲审查 50 项和报告审查 54 项。

响应总公司在铁路车辆（含动车组、客车、货车）采购、运用过程中，对认证目录以外的铁路车辆零部件的技术管理、进一步开放铁路专用产品市场、推进铁路车辆零部件自主化和简统化的需求，CRCC 及主机厂承担零部件制造企业产品的技术审查。2015 年，CRCC 向社会统一公开发布技术审查信息，货车零部件技术审查通知（含 CRCC 认证证书）54 家 102 张，客车零部件技术审查通知（含 CRCC 认证证书）100 家 328 张，动车组零部件技术审查通知（含 CRCC 认证证书）107 家 317 张。

（三）有效开展检验检测业务，实现检验认证一体化

根据国务院加快发展高技术服务业指导意见、《质量发展纲要（2011—2020 年）》，"鼓励检验检测技术服务机构由提供单一认证型服务向提供综合检测服务延伸"，落实原铁道部关于"做大做强中国铁路产品认证机构品牌"的战略思想，进一步推进铁路产品认证采信制度的有效实施，CRCC 扩展产品检测检验业务资质。2015 年，CRCC 完成国家行政许可铁路产品混凝土简支梁、轨枕的现场审查、产品检验 120 余场（厂）项，国家铁路局产品监督抽查 22 种 166 厂项、复查 13 厂项，中国铁路总公司专用产品质量抽查 150 厂项、复查 29 厂项。

（四）联合整合检验检测资源，提升认证检测试验能力

为落实国家质检总局、国家铁路局检验检测认证机构整合要求，加快建设技术先进的检测检验技术平台，联合行业相关检验检测认证机构，形成整体优势，提

升核心竞争力，提升 CRCC 整体品牌形象。2015 年，CRCC 与青岛四方车辆研究所有限公司、南车戚墅堰机车车辆研究所有限公司、大连机车车辆研究所有限公司、南车株洲电力机车有限公司合资成立中铁检验认证（青岛）车辆检验站有限公司、中铁检验认证（常州）机车车辆配件检验站有限公司、中铁检验认证（大连）机车检验站有限公司和中铁检验认证株洲牵引电气检验站有限公司。

（五）稳步开展铁路信号设备产品安全评估与安全证据复核

根据国家铁路局、中国铁路总公司认证 / 采信目录中的信号设备技术标准提出的安全完整性 SIL 等级要求，2015 年开展产品及工程安全评估 11 项，其中产品安全评估 4 项，工程安全评估 7 项；完成安全证据复核 12 项，涉及计算机联网、轨道电路、列控车载、计轴、应答器等六类产品。

（六）为中国铁路走出去提供产品认证服务

在“一带一路”建设、“高铁外交”的大背景下，中国高铁已在技术、标准、设计、施工、装备、运营管理等方面全方位走出去，由中国公司主导的总承包（设计、采购、施工总承包合同）模式在肯尼亚蒙 – 内铁路得到应用。蒙 – 内铁路全长 485.303 千米、设计时速 120km/h，是国际上第一条采用中国标准建造的现代化新型铁路。根据肯尼亚铁路公司的要求，应蒙 – 内铁路总承包方中国路桥公司委托，CRCC 负责该铁路预制预应力混凝土铁路桥简支梁及预应混凝土轨枕的产品认证，该认证首次实现了对境外中国企业的合格评定活动。

三、认证管理体系有效运行

（一）质量管理体系运行

CRCC 按照国际标准 ISO/IEC 17065、ISO/IEC 17025 认可准则、国家质检总局《实验室和检查机构资质认定管理办法》的要求分别建立了认证、检测两套完整的管理体系，按照科学、公正、服务、规范的质量方针，有效的运作和实施管理体系。

2015 年，按照 CNAS-CC02 新版认可准则、CNAS-CC01《管理体系认证机构要求》，改版修订 CRCC 体系文件进行，发布新版质量手册和程序文件，启动 CRCC 扩展“管理体系认证”领域的相关工作程序。

2015 年组织 2 次内审，对落实 CNAS 转版要求进行审核，针对 3 个不合格项，采取纠正措施并完成纠正。7 月通过 CNAS 换版评审，12 月进行 CNAS 监督变更评审，认可范围涉及 17 个产品 36 个标准。内审、管理评审及 CNAS 认可评审的结果表明，CRCC 认证管理体系文件符合认可准则的要求，建立了纠正、预防不合格和持续改进的工作机制，质量方针和目标合理、管理体系运行有效，满足第三方认证和检测机构的相关要求。

（二）专业人员培训

CRCC 根据注册培训、年度培训、再注册培训、日常培训以及职业道德和廉政教育等必修内容，组织认证中心行业作风廉政建设、CRCC 数据库、CRCC 检查员、CRCC 检查组长、审核技巧与方法、检查员和审核员继续教育、体系文件宣贯、评定专家、ISO 9001：2015 换版培训、检验机构管理体系文件宣贯、安全评估、安全证据复核人员、城轨认证工程师等培训班。2015 年，组织培训班 18 次，培训人员 1177 人次，培训课时 260 小时。培训通过笔试、面试结果以及顾客满意度调查结果显示，CRCC 的培训充分和有效。

（三）服务客户及申投诉处理

坚持开展日常监督、客户满意度调查和行业作风专项检查。2015 年，日常监督收集、处理和反馈的信息表 1 757 份涉及 4 399 人次，其中 10 个企业反馈出现“○”符号（表示“一般”），厂次占实收率的 0.6%；反馈 17 人出现 40 人次“○”符号，人次占审查人次的 0.91%。2015 年收到对认证工作的申诉 1 起，对认证人员的投诉 1 起，受理对供方的有效投诉 10 起，均按程序处理。委托第三方机构开展 CRCC 客户满意度调查，调查结果显示，2015 年满意度评价为历年得分最高，达到非常高的满意度水平，表明 CRCC 在机构形象建设、过程服务规范、专业能力提升、廉洁自律建设等方面所作的努力取得了较好的成效。

（四）履行社会责任

2015 年 1 月中铁检验认证中心（CRCC）发布新一期的社会责任报告，郑重承诺要遵守法律、规范运作、诚实守信，通过责任管理、市场绩效、社会绩效、环境绩效，全面报告 CRCC 的价值观、经营原则以及履行社会责任的措施和绩效。CRCC 愿意广泛听取各方面的意见和建议，接受社会各界监督，持续改进我们的工作，将机构的可持续发展和社会责任理念与各项工作紧密结合，通过提升公开透明度，与各利益相关方建立从互动到理解、从理解到认同的信任关系。

撰稿人：宋小平　审稿人：刘 越

中国船级社质量认证公司

不断完善自身建设　积极履行社会责任

中国船级社（CCS）成立于1956年，是国家的船舶技术检验机构，其前身是中华人民共和国船舶检验局，是中国唯一从事船舶入级检验业务的专业机构，国际船级社协会的正式会员。中国船级社坚持“技术立社、诚信为本、与众不同、国际一流”的建社方针，秉承“安全、环保，为客户和社会创造价值”的价值理念，牢牢把握服务国家水运安全、维护国家海事权益、推进造船强国建设的根本要求，努力建设与海洋强国相适应的国际一流船级社。

中国船级社质量认证公司（CCSC）是承担中国船级社路上检验与认证业务的专业机构。作为首批国家获准、并率先在国内开展管理体系认证业务的机构之一，CCSC自1993年成立以来，始终秉持“独立、公正、诚信”的工作方针，坚持不以盈利为目的，致力于打造检验认证领域的民族品牌，服务于国家经济发展大局。作为技术密集型和专业服务型组织，CCSC依托中国船级社强大的技术资源和遍布全球的服务网络，坚持走技术路线，不断加强自身能力建设，打造经验丰富的专业团队，始终把企业质量的提升作为机构发展的首要前提。

经过二十多年的发展，公司的业务范围从单一管理体系认证业务逐步发展到覆盖管理体系认证、产品认证、产品检验、集装箱检验、节能减排审定核查、职业资质培训、安全及风险管理等服务品种的综合性检验检测、认证服务机构，在冶金、机械制造、电气设备、船舶建造、交通运输、工程设计与建设、石油化工、贸易、教育、金融、物流服务以及国防建设等众多领域开展检验认证服务。同时，经过多年来的业务锤炼和培养，建立起一支专业素质高、技术能力强的专职检验认证队伍，成为具有品牌影响力的业界领先的综合型认证机构，目前在全国共设有25个分支机构。

一、守法经营，诚信服务

CCSC严格遵守国家法律法规及各项规章制度的要求，按照《中华人民共和国认证认可条例》《认证机构管理办法》中的有关规定，服从国家质检总局和国家认监委的领导，开展相应的认证业务活动。

2015年，共91家获证客户接受了地方监督检查，未发生不符合情况，未发生损害公司的经营资质及声誉的重大问题，未出现重大安全质量责任事故，无重大责任申（投）诉。

同时，加大对八个业务板块的质量监督和监控力度，全年共发放客户满意度调查表1 000余份，通过客户意见反馈、回访客户、动态监督等形式进行质量监控，每季度通报服务质量监控情况，对在监督过程中发现的问题，逐一核查，对问题属实的责成分公司对其采取措施，积极落实。

二、加强能力建设，提升服务质量

能力是认证机构确保认证审核有效性的基础。CCSC通过加强管理能力、技术能力及人员能力建设，保证认证审核活动的有效性，为可持续健康发展提供保证。

一是服务网络进一步完善。2015年，CCSC新成立了黑龙江、宁夏分公司，在全国各省市共设立25个分公司，逐步形成了覆盖全国的服务网络，密切了与当地政府主管部门的联系，提升了服务能力，扩大了市场拓展和维护的幅度和广度，为事业发展打下了基础。

二是技术研发不断加强。公司秉承技术为导向的发展理念，加大了技术研发力度，积极参与科研项目及相关行业标准制订。2015年，由CCSC负责的国家“十二五”科技支撑计划课题“国际背景下，我国水上运输碳排放核查关键技术研究与示范”课题研究取得多项成果：全年完成了四家船公司的现场调研，采集了35家公司、船舶484艘、2万余个航次的营运能效数据；编制了《水运企业船舶碳排放MRV现状、发展趋势调研报告》等4项规范报告。该课题实现了多项成果创新，在9月召开的课题中期报告会上，收到了国家发改委和认监委的高度肯定。

全年参与10多项各类标准制订，其中包括ISO/TR 17028《服务认证方案导则及示例》国际标准，《质量管理体系要求》《环境管理体系要求》《道路交通安全管理体系要求》《资产管理体系要求》《公共机构能源管理体系实施指南》《船舶修造行业能源管理体系实施指南》等国家标准，《汽车维修服务认证技术要求》《城市轨道交通服务认证技术要求》认证认可行业标准等标准的制定，提升了公司知名度，同时为公司新业务的开发提供了技术保障。

三是业务资质进一步扩大。管理体系认证方面，获得了IRIS（International Railway Industry Standard，国际铁路行业标准）管理体系认证资质，道路交通安全管理体系和资产管理体系认证已通过了国家认监委的备案，可开展认证业务；能源管理体系认证通过了CNAS的认可评审，CNAS认可扩大了EMS工业清洗和QMS/EMS废旧物资回收两个业务范围；再次获得中石化质量管理体系认证机构准入资质。

产品认证业务方面，业务范围进行了调整，调整后获得了陆地交通设备、金属材料、水路交通设备、电机等12个认证领域。安全生产标准化考评业务方面，获得了多个省市二、三级考评资质。节能减排业务方面，在保持原有6个试点地区碳排放权交易核查机构资质的基础上，新获得了多个非试点地区资质，如甘肃、江西、河北、无锡、苏州等。同时，正在积极争取安全评价机构、集装箱ADR/RID发证授权等业务资质。

四是人才队伍不断壮大。截至2015年底，公司专职人员共计651人，比2014年末人数净增105人，占2015年专职总人数的16.1%。2015年度公司按培训计划开展了各类培训及继续教育，培训对象从原来的业务人员为主，向全员覆盖过渡，公司组织实施了中高层管理人员培训，总部/分公司各类管理人员培训等。2015年总部及各分公司共完成内/外部培训5 700余人次。培训内容覆盖业务运作（市场拓展、业务规划、开展及完善、标准研讨等），内部管理（体系建设、文件贯彻学习、廉洁从业等）、经营管理知识等内容。完成了审核员等各类资质人员的继续教育，保持了各类人员的资质。在技术能力建设方面，组建技术专业组。开展专业领域技术研讨，为确保认证审核有效性提供技术支持。

五是公司管理体系进一步健全。2015年新编业务管理手册、须知、程序26份，修订120份，确保了管理体系文件符合认可机构及外部相关方的要求，为公司业务的有效、规范运作提供了制度保障。同时，通过加强检验认证业务过程控制、强化认证决定控制及监督监控、实施绩效考核等途径，确保认证审核质量。

三、优化制度，提升服务

2015年，CCSC切实加强基层建设、基础工作和基本功训练，全面梳理优化工作流程，建立系统、科学、实用的标准和制度体系。同时，不断加大内部资源整合力度，持续进行管理创新与改革，使内部制度进一步规范化和科学化。

CCSC全年制修订了《管理层领导选拔聘用管理办法》《特殊绩效奖管理办法》《专项任务管理办法（暂行）》等管理规定或制度共26份，其中新增21个，修订5个，涉及公司人力资源、财务、综合、薪酬、绩效考评等内部管理制度，为公司规范运作发展打下了坚实的基础。

2015年，CCSC廉洁从业作风建设进一步加强，公司党政紧密结合工作实际，强化组织领导，加强检查考核，开展多项整治、自查等实践活动，逐步完善了廉洁从业风险防控管理体系，努力营造风清气正的发展环境。

四、弘扬文化，持续发展

优秀的企业文化是企业发展的灵魂，多年来，公司在狠抓业务的同时，注重精神文明和企业文化建设，铸造了蓬勃向上的企业文化，提振了积极向上的企业精神，取得了物质文明和精神文明的双丰收。

公司充分发挥工会、共青团组织的优势和作用，以党建带工建、以党建带团建，在加强组织领导的基础上，广泛开展了形式多样的文体活动，并组织开展了一系列爱心捐赠、关爱重病职工等慈善活动，向中国红十字基金会进行了捐赠，所捐款项全部用以支持红基会制度建设和能力建设，促进红基会规范管理和加强风险管控。

加强了宣传工作的力度。一方面加强与行业主流媒体的合作，在《中国船检》《中国认证认可》等媒体发表专业技术和管理文章36篇；另一方面认真做好内部宣传，全年编辑发布《CCSC简讯》电子内刊24期；另一方面，2015年公司建立了微信平台，全年共发布新闻24期，同时积极做好公司网站建设，打造真实有效的对外窗口。

积极履行社会责任。公司积极履行社会责任，向社会提供的就业岗位新增加105个，缓解了就业压力；积极开展公益慈善活动，包括向公益组织开展爱心捐赠、参加义务献血等；倡导员工低碳出行，外出办事尽量选择公共交通工具；加强办公用品的管理，号召员工提高节约办公用纸的意识，绿色办公。2015年公司编制并发布了《中国船级社认证公司2014年度社会责任报告》。

精神文明取得成效：

获得2015年“质量之光”卓越技术机构奖；

天津分公司总经理刘忠基同志被人力资源保障部和交通部授予“全国交通运输系统劳动模范”荣誉称号；

四川分公司杨春来获得中国船级社“双文明”先进个人荣誉；

产品设计评估中心获得中国船级社“双文明”先进集体荣誉；

公司邵晓琳、顾丽娜两位同志获得中央国家机关“最美家风故事奖”。

CCSC继续以服务国家相关大局为己任，充分运用认证认可这个市场经济的信用工具，大力弘扬诚信为本、以质取胜的核心价值观，力争创造一个先进的、具备持久核心竞争力的认证机构的民族品牌，为继续构建和谐社会而倾尽自己绵薄之力！

中国船级社质量认证公司 供稿

北京五洲天宇认证中心

加强研究　打造售后服务认证专业品牌

2006年，国内贸易标准《商品售后服务评价体系》（SB/T 10401—2006）颁布实施，由国家商务部推荐，国家认监委批准，北京五洲天宇认证中心正式成立，开始在全国范围开展“商品售后服务认证”工作。2011年，《商品售后服务评价体系》（GB/T 27922—2011）正式上升为国家标准。

由于我国的服务认证整体处于起步阶段，研究工作是重中之重。北京五洲天宇认证中心一直按商务部、认监委“抓好试点、稳中求好”的要求，在对代表性企业认证的同时，不断深化售后服务认证研究，目前已发布和出版了300多万字，一系列的专业书籍和研究报告。如一百多万字的《感动上帝——商品售后服务实用指南》（全八册）《售后服务管理师职业培训教程》《商品售后服务评价体系认证评审员培训教材》，又如覆盖全行业、侧重不同的售后服务研究报告，如《2008年中国售后服务报告》《2009年全国顾客满意度评测报告》《2009年中国品牌发展报告》《2010年全国售后服务报告》《2012年度中国售后服务发展报告》《售后服务与品牌评价宣贯指南》等，有关报告年年发布，产生了良好的社会影响，多次被中央电视台等新闻媒体报道，也为商品售后服务认证奠定了扎实的理论基础。

据中国认证认可协会出版的《服务认证通用知识和技术》一书统计，商品售后服务认证是“国家批准的第一个全国性全行业服务类认证”。同时，商品售后服务认证也开创了多项第一：我国第一部售后服务评价的行业标准（商务部颁布），第一部售后服务评价的国家标准，也是出版相关研究资料和书籍最多的服务认证领域。

“商品售后服务认证”从本质来说，是需要被认证的企业建立完善的服务标准化体系。而中国企业对服务标准化建设的漠视程度是比较严重的，认证工作就是指出企业的服务漏洞并监督其改进，而这恰恰是一些企业领导者忌讳甚至不理解的，再加之商品售后服务认证并非强制性认证，所以在开始推行试点工作时，只能从行业领先企业着手，以树立样板。

对比国外服务标准化发展，中国服务标准化起步较晚，各地区发展不均衡，不同行业的服务水平参差不齐、法律未赋予服务标准化强制要求等问题，造成了服务标准化发展缓慢。究其本质，是不少中国企业还未将服务作为经营过程中需要重视的特别元素。增强企业参加服务标准化的主动性和自觉性，是推动服务标准化发展的突破口。

识别并按照科学的方法建立服务体系，是企业建立服务标准化最为有效的方法，难点在于企业如何识别并运用服务标准化体系的要素、过程、方法等。究其原因，一是行业、规模、服务特征、产品的不同，造就了服务体系的不尽相同；二是方法论的建立，需要大量的调研和相当范围的企业实际案例；三是建立适应于全行业的服务标准化体系，运用科学的方法，需要很强的甄别能力，工作量巨大。通过这些年的实践，从行业标准到国家标准，并建立认证相关的技术规范，这一套理论和实践的模型还在不断完善中。

目前，商品售后服务认证的获证企业主要集中在家电、电子、工程机械等售后服务水平较高，管理思路较先进的代表性企业。也因为认证的专业性，凸出“服务”的重要性，以及帮助企业建立和完善服务标准化的方法论，得到获证企业的一致好评。

具有自主知识产权的创新认证项目来之不易，加强研究，严把质量关，让每一张证书都经得起推敲，是打造和保护服务认证自身品牌的核心所在。经过这些年的售后服务认证工作，很多企业也意识到建立标准化售后服务体系的重要性，并愿意以认证为推动力，提升优质服务，打造品牌，获得更多的社会和经济效益。

北京五洲天宇认证中心 供稿

北京新世纪检验认证股份有限公司

以专业服务呵护客户的发展

一、栉风沐雨，高掌远跖

北京新世纪检验认证股份有限公司（以下简称“新世纪”）自1994年成立，20多年来始终秉承客观公正、科学严谨的工作理念，持有高度的使命感和责任心，在认证认可和检验检测的道路上不断改革创新。经过多年发展，新世纪的业务领域已扩展到包含体系认证、产品认证、服务认证、检测服务、检验鉴定、技术培训等多个方面，服务能力已全面覆盖到工业、建筑业、汽车、矿产、石化、农产、食品、纺织品、服装、电子电气、化妆品等多个行业的供应链上下游，用过硬的专业技术与优质的本地化服务在企业组织、政府和个人间传递着信任。

2015年，新世纪牢牢把握认证认可和检验检测作为现代服务业、生产性服务业、高技术服务业的国家战略定位，在技术研发和客户服务上下足工夫，在拓展业务范围的同时提升服务质量，为打造优秀品牌而努力。

二、凡益之道，与时偕行

为进一步保障我国信息系统建设的业务安全需要，中国通信工业协会启动了“信息系统业务安全服务资质”评审工作，在全国范围内遴选第三方授权评审机构；在遴选过程中，新世纪积极响应，并凭借自身的综合实力于2015年11月12日正式获得中国通信工业协会“信息系统业务安全服务资质”第三方授权评审机构资格，承接“信息系统业务安全服务资质”的文案及现场评审工作。通过该项活动，新世纪成功帮助大批企业加强网络和信息安全服务市场的规范化管理，帮助各级政府、央企及大中型国有企业选择信息化服务承建单位，保证了信息系统行业领域的安全服务质量，广泛获得了客户好评。

近年来，面对国内外立法要求以及全球公众对环保的关注，木材加工者、制造商和贸易商不断被要求使用来自管理良好的森林木材，从而保护未来的森林资源的可持续发展。作为国内领先的认证机构之一，新世纪始终将积极履行社会责任视为第一要务，于2015年向中国国家认证认可监督管理委员会提出产销监管链CFCC/COC中国森林认证的资格申请，并于2015年11月得到该项资格授权。CFCC/COC认证主要对产品从森林的源头进行全过程的产销监管链跟踪。获此认证资格，意味着BCC可通过专业的评估认证能力为消费者提供一份保证、为企业提供一个承担社会责任和参与环境保护的证明、为环境保护贡献一份力量！

与此同时，新世纪还向中国国家认证认可监督管理委员提出分包英国土壤协会（Soil Association)的PEFC森林认证－产销监管链认证业务的申请，并顺利获得授权。这意味着企业可以通过一次审核同时获得FSC和PEFC产销监管链证书。PEFC（Programmme for the Endorsement of Forest Certification）全称为森林认证体系认可，是一个独立、非营利性的非政府组织，建立于1999年，通过第三方独立认证促进可持续性的森林管理。PEFC为推广可持续性森林管理的木材和纸制品的买方提供了一个保障机制。通过PEFC认证可以帮助企业更好的进入市场，提高企业经济效益，表明企业对可持续发展的责任与态度。目前，PEFC已与包括中国森林认证(CFCC)在内的多个国家的森林认证实现互认。因此，获得了PEFC的森林认证证书即符合了中国森林认证（CFCC）的要求。

为更好的为境内外贸易企业服务，提升新世纪认证证书的国际互认程度，2015年，新世纪向英国皇家认可委员会（UKAS）提出认可申请，并成功获得UKAS质量管理体系（ISO 9001:2008）和医疗器械质量管理体系（ISO 13485:2003）认可资格。UKAS是历史悠久的认可机构，与CNAS一样，是世界最权威的认可机构之一。自此，新世纪便可为国内外企业提供符合UKAS认可要求的认证服务，签发具有BCC和UKAS认可标识的认证证书。这不仅意味着新世纪证书可以得到更广泛的国际认可，更进一步印证了新世纪在检验认证领域的公正性、独立性以及过硬的技术和服务能力。

三、为求精益，夙夜在公

2015年是多个国际标准换版之年，新世纪作为国内知名认证机构，高度重视标准换版技术研究工作。为保证获证组织所持有的旧版体系认证证书的顺利换版，新世纪根据国家认监委2015年第30号公告《国家认监委关于管理体系认证标准换版工作安排的公告换版工作安排的公告》、IAF(国际认可论坛)相关标准的换版指南以及CNAS/ANAB/UKAS的认可要求，对获证客户换版工作进行详细策划和安排。为向广大获证客户提供更好的质量管理体系和环境管理体系认证服务，让获证客户第一时间了解新版标准的核心变化思想，新世纪抽调精英，针对新版标准技术研究成立了专项工作组，充分研究和论证新版标准对广大客户和相关方带来的影响，并为广大获证客户在全国范围内举办了多期免费新版标准内容培训，帮助获证客户及时了解新版标准变化内容，掌握新版标准的要求。

除了面授培训外，为确保新世纪所有获证客户可以在第一时间了解和学习最新的标准内容，同时充分照顾获证客户在地域分布及自身工作时间安排上的不同，新世纪国英卓越培训中心（北京国英卓越教育科技有限公司）潜心设计了“E学院”线上网络教育平台，并于2015年9月15日正式上线运营。“E学院”网络教育平台会第一时间发布最新标准培训课程并推出网络微课程，让获证客户及其他学员拥有更弹性、更自由的学习时间和学习渠道。

2014年国务院总理李克强在国务院常务会议上部署加快生产性服务业重点和薄弱环节发展促进产业结构调整升级，并在会议上强调研发设计、检验检测认证、节能环保等生产性服务业企业可申请认定高新技术企业。在国家给予检验认证行业较大鼓励和支持的形势下，新世纪抓住机遇，不断提升自身能力，并于2015年初获得北京市科学技术委员会、北京市财政局、北京市国家税务局、北京市地方税务局联合颁发的“高新技术企业证书”，成为了第一家获得北京市高新技术企业认定的检验认证机构。新世纪能够成为高新技术企业，与国家的政策支持、产业的发展分不开，更与自身的创新能力、技术能力的提升紧密相关，也是新世纪全体员工不断努力的成果。荣誉的背后，新世纪将继续笃行而奋进，为我国产业升级做出自己的贡献，今后将继续加大创新力度，增加科技研发投入，保持并提升技术优势，使科技创新能力不断提升，技术管理不断完善！

在2015年9月，中国质检报刊社根据质检总局工作安排举办的2015“质量之光”公众评选活动中，新世纪作为一家集检验、检测、认证等多个业务领域的综合服务机构，荣获了2015质量之光“年度卓越技术机构”奖项。“创新发展，追求卓越”是新世纪永恒的宗旨，是新世纪的生命线，也是新世纪核心竞争力的源泉！荣获此奖，是社会各界对新世纪综合实力的肯定，是对全体公司成员工作的肯定，会鼓舞我们在今后的工作中不断争优创新、追求卓越，继续为社会质量提升贡献力量！

新世纪的不断进步，也是与审核老师们专业、高效的工作能力和爱岗敬业、尽职尽责的工作态度密不可分的。在中国认证认可协会举办的良好认证审核案例评议交流活动中，BCC的某仪器科技南通有限公司审核案例、上海某印刷厂审核案例在33家参评机构的激烈竞争中脱颖而出、荣登榜单，这也再一次证明了新世纪优秀的专业审核认证实力。

四、不忘初心，砥砺前进

回顾2015年，新世纪屡获殊荣，我们的持续发展离不开社会各界的支持与信任，虽然我国经济仍然处在结构调整、转型升级的增速换挡阶段，未来国内外经济形势复杂多变，经济增速将进一步放缓，但新世纪会在竞争中求发展，我们会牢记使命、继续努力，不断创优服务，帮助企业提升质量和管理水平，充分利用我们的专业能力为社会做出一份贡献！

北京新世纪检验认证股份有限公司 供稿

2016

Yearbook of Certification and Accreditation of China

第十八部分　认证实效

Part Eighteen　Effectiveness of Certification

陕西省富县人民政府

推行良好农业规范认证 打造西部绿色生态强县

富县位于陕西省延安市南部，总面积 4 182 平方千米，总人口 15.7 万人，其中农业人口 11.7 万人。境内四季分明，降水适中，森林覆盖率 64.5%，是世界苹果最佳优生区之一。全县以苹果为主导产业，苹果总面积达到 36 万亩，其中挂果面积 28 万亩。我县苹果产业在规模迅速扩张的同时也遇到诸多问题，生产标准不统一、组织化程度不高，过量使用农药化肥导致土壤板结、有机质含量下降，苹果品质效益下滑，农民增收遇到瓶颈，产业发展亟待转型。习总书记对延安革命老区人民的生活一直非常牵挂。县委、县政府牢记总书记提出的“绿水青山就是金山银山”的道理，开始寻求向绿色生态产业转型发展的新路子。

在国家质检总局、国家认监委的指导和帮助下，富县正式启动了创建全国良好农业规范认证示范县活动，按照“政府主导、市场运作、龙头带动、农户参与、标准统一、产品安全、企社增效、农民增收”的工作思路，牢固树立质量就是生命、质量决定效益的理念，以认证为手段建立了全新的“良好农业规范”管理模式。2013 年，富县被国家认监委批准为全国首个“良好农业规范认证创建示范县”，并以此带动，相继被国家质检总局授予“国家出口水果质量安全示范区”称号，被国家农业部确定为全国首批“农产品质量安全县”创建县。正是认证的带动，帮助富县走出了高消耗、高污染、低质量、低回报的传统发展模式，形成了绿色、生态、可持续发展的现代农业新格局。在创建工作中，富县结合认证要求做到“四个全”。

一是创建工作“全动员”。组建了以县委书记任组长、县长任第一副组长的创建工作领导小组，把创建活动作为全县“一号工程”，纳入县域经济发展规划和政府目标责任考核，各乡镇、各部门齐抓共管，调动各方力量，整合各种资源，形成了纵到底、横到边、合成圈的工作局面，营造了“人人知道认证，人人关心认证，人人参与认证”的浓厚氛围。

二是创建活动“全覆盖”。按照出口农产品生产基地备案、出口农产品质量示范区和良好农业规范认证要求，编写了《富县农业标准化生产技术规程》和农民简明读本，组建“富县农业生产技术服务专家团”，深入田间地头现场讲解指导，在全县普及良好农业规范标准化生产，全县按一个标准、一套流程操作，开展“出口农产品质量安全示范区”和“良好农业规范认证示范区”共建双创，保证了农产品质量安全和认证质量。2014 年我县被国家质检总局授予“出口农产品质量安全示范区”，良好农业规范认证结果被陕西出入境检验检疫局农产品出口出口基地备案和检验检疫监管采信。目前，全县良好农业规范认证面积 25.5 万亩，达到全县成龄果园总面积的 90% 以上。

三是质量管理“全过程”。建立了农业标准体系和农业投入品配送监管体系，实行农资统配制度，组建三级监管队伍，从源头上杜绝了违禁农资进入市场。加快农产品检验检测体系建设，建成县级和乡镇检测室 8 个、企业检测室 5 个。同时，推进质量安全可追溯体系建设，建成农业生产全程数字化监管平台和质量安全可追溯平台，保证产品质量可控可追溯。

四是服务保障“全要素”。制定财政扶持政策，将创建费用纳入县级财政预算全额解决；完善农技服务体系，组织全县农技队伍和认证机构专家提供技术指导；构建现代产销体系，组建25个专业销售公司，建立12个电商网点，加大宣传推广力度，培育“富县苹果”知名品牌，打造全产业链条，让认证带来的增值效益体现在终端环节，让农民切实感受到“获得感”。

通过创建活动，全县农业发展由规模扩张转入提质增效阶段。首先表现为经济效益大幅提升。与2011年相比，2015年全县苹果产量达到55万吨，增长31%；产值达到25亿元，增长39%；苹果出口创汇翻了三番，达到240万美元；果农人均纯收入翻了一番，达到14 000元；果园亩均节约生产成本400余元，亩均增产100千克，“一减一增”亩均增加产值800元。其次是生态和社会效益日益显现。通过认证的实施，农民养成了良好的农作习惯，化学农药喷施量减少，面源污染得到治理，土壤有机质明显提高，果园周边生物链得到了保护。同时，农业产业化程度提高，产业链条延长，解决了农村剩余劳动力就业难的问题。第三是地方品牌形象得到提升。“全国良好农业规范认证示范县”成为富县最响亮的名片，沃尔玛、麦德龙等高端市场纷纷前来采购，各地也派团前来参观交流，富县的知名度不断提高。此外，认证结果被质检、农业等部门采信，提高了政府监管效率，降低了企业经营成本，认证作用得到充分体现。

这些成绩的取得，与国家质检总局、国家认监委及陕西检验检疫局领导的关怀和支持密不可分。国家质检总局副局长、认监委主任孙大伟亲临富县调研，他提出的农资“优进”、农产品“优出”成为我们推动创建工作的核心理念。国家认监委和陕西检验检疫局有关领导多次来富县指导工作。各级领导的关怀指导，为创建工作指明了方向，提供了坚强后盾。

通过创建工作，富县政府深深体会到，认证认可是提高质量、保护环境、推动产业升级的重要手段。良好农业规范认证作为主要针对初级农产品种、养殖生产的认证，已经成为新常态下农产品质量控制最有力的抓手。今后，富县将在认监委和陕西质检部门的指导下，持续推进创建工作不断深化。富县政府有决心、有信心让良好农业规范认证在富县落地生根、开花结果，为其他地方提供可复制可推广经验，为现代农业发展和农产品质量安全管理探索一条新路子。

山西省富县人民政府 供稿

陕西省洋县人民政府

发展有机产业　打造生态品牌　推动洋县经济社会可持续发展

洋县是“朱鹮之乡”，位于秦岭南麓，汉中盆地东缘，总面积3 206平方千米，人口44万。境内建有朱鹮和长青两个国家级自然保护区，是国家南水北调中线工程和陕西省引汉济渭工程的水源涵养地。秦岭四宝朱鹮、大熊猫、金丝猴、羚牛齐聚境内，自然资源丰富，生态环境优良，被誉为“中国的肺脏”和“世界天然物种基因库”！如何把洋县良好的自然资源和生态环境优势变为商品优势、经济优势，成为新常态下洋县人民的历史使命和洋县政府的神圣职责！

2010年以来，国家质检总局、国家认监委先后与陕西省政府、洋县人民政府签订了“建设西部经济强省”“认证认可工作联系点”等合作备忘录，在政策、技术、宣传等方面全力支持洋县，推进了洋县经济社会的和谐可持续发展。

一、实现了洋县经济社会发展与生态环境保护“双赢”

有机产业成为支柱。有机产业使洋县经济步入稳中求进的新常态。“十二五”末，全县国民生产总值、财政总收入、社会消费品零售总额、城镇居民可支配收入、农民人均纯收入等各项经济指标均达到2010年的2倍以上。有机产业成为洋县富民强县的拳头和重点产业之一。

生态环境持续趋好。发展有机产业、打造生态品牌的目标是经济与环境协调可持续发展。我县通过推行有机标准，发展生态经济林，加强天然林和汉江水系保护等措施，保证了良好的空气、水质和土质质量，维护了多样化的生态平衡系统，世界珍禽朱鹮由原来的

7只发展到2 000多只，现在，野生朱鹮随处可见，游荡区已扩展到周边县区。

示范效应初步显现。洋县有机产业赢得了各级各部门的肯定。国家质检总局批准洋县为“全国朱鹮生态保护产业知名品牌创建示范区”，国家认监委授予洋县“国家有机产品认证示范区”，陕西省政府表彰洋县为“全省有机产业综合示范县”，汉中市政府把洋县有机产业园区作为市县共建园区，以“有机、生态”为主题，以洋县为典范，在全市推广经验。洋县为全汉中市解决发展与保护的矛盾，发挥了示范作用。

二、促进了洋县旅游产业的快速发展

生态旅游和有机产业是洋县县域经济发展的两大抓手。长青华阳、朱鹮梨园分别创建成4A级旅游景区，节假日和旅游旺季，已呈现出住宿紧张、餐饮接待能力不足的局面。在全县初步形成了“游华阳景区”“逛朱鹮梨园”“赏秦岭四宝”“观蔡伦造纸”“购有机产品”的生态旅游产业链。在旅游和有机产业的拉动下，洋县三次产业由2010年的27:40:33优化到23:46:31，结构更趋科学合理。

三、促进了循环经济产业链的完善

推进种、养业平衡，商贸流通相互促进的良好格局，是生态文明建设的重要抓手。有机种、养殖及加工过程剩余的辅料和废料，是生产有机饲料和有机肥料的优质原料。洋县在示范区创建中建成了年产5万吨、3万吨的两个有机肥厂，正在筹建年产5万吨的有机饲料厂。基本达到了全县有机产物“无剩余”，污染物“零排放”，初步实现了循环、可持续发展。

四、从根本上保障了食品安全

洋县在发展有机生产，推行国家标准的进程中提高了农产品质量安全水平，增强了全民食品安全意识，全县连续多年食品安全“0”事故。赏生态美景、购有机产品，已成为洋县消费者的共识，洋县人民为社会奉献了“天蓝、水清、山绿、宁静”的生存环境，为人类的健康事业创造了福祉。

五、使洋县人民“名、利”双收

一是增加了群众收入。有机生产商品化率和经济效益提高明显。近年来，洋县有机生产基地由2010年的5 200亩，迅速发展到现在的12.3万亩，累计发展有机企业24户，认证产量3.36万吨，有机产业总产值达到9.41亿元，占农业总产值的五分之一，占全县生产总值的十分之一，有机生产示范区的农民人均纯收入大大高出全县平均水平。

二是提高了洋县知名度。在国家认监委认证认可工作联系点建设中，洋县有机产业得到全国普遍关注，有机产品的对外知名度和影响力明显攀升。“朱鹮”“有机”已成为洋县的代名词。

六、有机品牌战略有效推行

通过推行有机认证、打造生态品牌，洋县骨干企业广泛采用了ISO 9000、HACCP、有机认证等国际通用的先进管理方法，不断提升了产品质量和品牌效益。全县注册“朱鹮牌”商标6大类，2个企业取得自营出口资格，获得陕西省名牌产品5个，“中华老字号”3个，陕西省著名商标6件，中国驰名商标1件，地理标志保护产品2个。起草了《洋县黑米》《洋县红米》《洋县黑米酒》《洋县黑米、红米地理标志保护产品》等技术标准。“集约、高效、安全、持续”已成为洋县的发展主流，正在由地域品牌向全国知名品牌转变。

国家认监委还在洋县开展了“党支部共建”活动和“一对一精准扶贫助学帮扶”活动，为把洋县朱鹮牌黑米酒打造成全国知名品牌奠定了坚实基础，激发了洋县山区儿童励志成才的志气。认证认可联系点建设，在洋县发挥了实效，政府得民心，百姓得实惠！

实践证明，实施认证认可，发展有机产业、打造生态品牌是洋县立足县情实际的科学抉择，是富民强县的必由之路，是转变经济发展方式、实现传统农业向现代产业转变的重要途径。在今后的发展中，洋县将贯彻绿色发展理念，以建设美丽中国为目标，全力推进国家有机产品认证示范县、全国知名品牌示范区，为把洋县打造成为中国最大的黑色有机食品基地、西北地区最大的有机产品集散地和有机食品加工集群、全国知名的有机产业聚集区和知名品牌示范区而奋斗。

山西省洋县人民政府 供稿

江西省会昌县人民政府

为权力编织制度的笼子

——会昌县探索创建基于ISO 9001标准的廉政风险防控管理体系的做法与成效

为切实履行党风廉政建设主体责任，拓展从源头上预防腐败工作领域，进一步增强预防腐败工作实效，在国家质检总局、国家认监委的关怀帮助和江西省委、赣州市委的正确领导下，会昌县委、县政府结合实际，以“权责明确、风险清晰、事前防控、措施严密、监督有力、风清气正”为方针，将质量认证体系、风险管理理论和廉政风险防控工作有机结合，探索建立了全国首创、基于ISO 9001标准的廉政风险防控管理体系。

一、创建背景

2013年以来，会昌县委、县政府原主要领导因违纪违法被查处，对全县各级党委、政府和干部队伍形象造成了严重影响。反思过去的深刻教训，权力缺乏约束和监督，是造成个别领导干部腐败堕落的重要原因。痛定思痛，当务之急必须建立起一套管用的廉政风险防控管理体系，扎紧制度笼子，最大限度地降低腐败行为发生的可能性，确保权力运行安全、项目建设安全、资金使用安全、干部成长安全和群众利益安全。为此，会昌县建立了基于ISO 9001标准的廉政风险防控管理体系。

二、主要做法

如何有效遏制腐败、实现党风政风清廉，会昌县委、县政府通过深入调研，认为必须针对因教育、制度、监督不到位和党员干部不能廉洁自律而产生的廉政风险，通过采取前期预防、中期监控、后期处理等措施，运用现代管理理念和科学管理方法，建立一套可量化操作的廉政风险防控管理体系，对预防腐败工作实施科学防控，发挥体系威力真正打造“不敢腐、不能腐、不愿腐”的机制。基于以上认识，会昌县在体系建设过程中，按照质量管理、风险管理和廉政建设“三位一体”的建设理念和目标定位，立足风险防控，做好“三个结合”文章，即：质量管理手段与基层廉政建设相结合；风险管理理论与廉政风险防控相结合；自我监督与第三方及社会监督相结合。

（一）厘清风险点，实现清权无盲区、查险无死角

一是全方位识别风险。按照“思想道德、岗位职责、业务流程、制度机制、外部环境”五大分类，通过自己找、互相点、群众提、组织审、科学评等方式，全面识别查找风险。二是多层次排查风险。把“晒权”“亮责”作为廉政风险防控的关键一招，通过制定权力清单、责任清单、负面清单、自由裁量清单全面排查廉政风险点，并制定风险防控措施，消除权力运行的“灰色地带”。同时，实行廉政公开承诺制，通过政务公开网、电视台、手机报等渠道向社会公示，主动接受监督。

（二）筑牢风险“堤坝”，实现用权不任性、风险有人管

根据不同部门、不同岗位的廉政风险种类和特点，对症下药、分类施策，重点筑牢廉政风险防控的“三道防线”：一是创新廉政教育，筑牢思想防线。针对思想道德类的廉政风险，把干部廉政教育作为廉政风险防控的“第一道防线”，深入开展常态化的廉政教育。二是创新流程管理，筑牢制度防线。针对监管漏洞、“盲区”，对每一个岗位的决策事项、运行环节、审批流程都建立标准化、可追溯的廉政风险防控机制。三是常态化监测，筑牢机制防线。邀请方圆标志认证集团以第三方的名义，对全县廉政风险防控管理体系运行情况进行年审监督，发现问题及时整改；对实践检验有效的经验做法予以标准化，对没有解决的问题提交给下一个循环周期进行改进。

（三）消除风险苗头，实现制权不手软、事前有预防

一是启用“智慧防腐”平台。通过登录平台，可实时查询政务公开、工作进度及群众投诉举报情况，通过信息化提高了廉政风险防控管理体系运行效力，增强了内部制约和群众监督的威力。二是建立廉政风险预警处置机制。实行预警信息员（监督员）、部门党委（党组）和县党风廉政建设领导小组三级监督管理。同时，建立了“月度工作清单制度”，形成直线型、链条式的监督模式，实现由下而上、由点至面的层层实时监督。

三、建设成效

会昌县建立的廉政风险防控管理体系重点解决了主体责任不明确、用权不透明、监督没抓手、评估没依据、认证没标准等问题，通过管理体系这张覆盖全方位、全过程的“大网”，初步达到了“五个更加”的工作成效。

一是构筑了制度大框架，纪律挺在前面更具操作性。该县廉政风险防控管理体系，梳理了各级各部门的行政管理依据，界定了各层级的权力、责任，明确了上至县主要领导，下至乡村干部的岗位和操作流程，为研究地方政府管理工作提供了初始数据和资料，形成了初粗浅的管理经验。

二是实现了认识大转变，落实主体责任更加自觉。试点之前，不少干部认为“只有领导有风险，一般干部无险可防”；试点以后，越来越多的干部认识到，“有权力就有责任，有权力就有风险”“有岗位职权就有廉政风险”。

三是推动了风险大排查，权力责任清单更加清晰。通过深入查找“思想道德、岗位职责、业务流程、制度机制、外部环境”五大类廉政风险，有效地识别了各个岗位的廉政风险点，突破了责任、风险难以“量化”、难以“考核”的问题。截至2015年，第一、二批单位共查找各类廉政风险点7 530个。

四是促进了行为大规范，风险防范措施更加明确。通过定岗、清权、查找风险、制定措施等步骤，第一、二批单位共制定防控措施16 566条，健全完善了“三重一大”、征地拆迁、村级“三资”管理、项目建设管理等与基层发展密切相关的制度，使各项制度的涵盖面更广、执行力和约束力更强。

五是推进了作风大整顿，监督检查方式更加有效。通过建立预警信息员（监督员）、部门党委（党组）、县党风廉政建设领导小组以及县纪检监察机关、第三方认证的五级监督体系，形成了全方位、多维度、立体化的权力运行监督模式。

廉政风险防控管理体系建设是会昌县的一项重要制度创新，是提升党建和行政管理水平的重要途径，也为质量管理体系标准运用于党政部门提供了有益经验。

江西省会昌县人民政府 供稿

阿里巴巴集团

联通认证认可云桥　助力电商质量提升

从1999年成立至今，阿里巴巴一直坚守自己的使命“让天下没有难做的生意”，致力改变中小企业与创业者原有的营商方式，并从中为消费者带来更多的产品及服务选择。互联网和大数据时代的到来和普及，不仅是社会经济升级转型的契机，也是全社会共同改善消费环境治理假货的一次契机。

电商产品质量是平台信誉乃至互联网经济发展质量的一个重要衡量指标。阿里巴巴对假货问题一直秉持“零容忍”态度，一经查实绝不姑息。从2013年到2014年的两年间，阿里集团在消费者保障及打假方面的投入已经超过10亿元人民币。并且，阿里巴巴在人力投入方面也不断加大力度，目前已有超过2 000名员工全职负责打假，另有近3 000名员工志愿参与打假。

目前淘宝、天猫平台共有约12亿商品销售，而且每天还在新增上千万商品，传统的质量管理模式已经无法实现平台质量管控的需求。如何在十几亿件海量商品和近千万海量商家的挑战下，建立可靠的电子商务质量管控体系，是阿里巴巴一直以来不断思考、不断投入的一项重要工作。

对此，阿里巴巴的总体思路是：互联网的问题，用互联网手段解决。也就是，用质量大数据管控商品，实现品质闭环管理。阿里巴巴作为电商的领头企业，除了财力、物力、人力的投入，还充分运用平台积累数据、沉淀技术。阿里巴巴基于互联网大数据建立起各类质量管理的数学模型，管控商品发布，开展店铺及商品的日常排查，进行品牌评价与管理，实现海量商品的分层与筛选，将可疑劣质商品接入品质抽检系统，与权威检测机构合作检测产品质量，与品牌商合作进行假货鉴定等等。截至2015年底，阿里巴巴累计做出近500万次商品处罚，被删除或下架的伪劣商品数逾400万件。现在阿里不仅可以成功追踪到假货卖家，还能追踪到假货制造者、整个产品链路，并且已实现GPS精准定位。

在过去十几年，电商业态已成为所有企业的常态。在这个过程中，我们越来越坚信，为了更高效地解决电子商务发展中的问题，必须社会共治。国家质检总局支树平局长会见马云董事长以来，双方遵循支树平局长提出的“帮、打、促”三个指导性原则，进一步拓展合作。

认证认可是国际通行、理念先进的保障产品质量的重要技术性贸易措施。在国家认监委的统一管理之下，我国认证认可体制自加入WTO以来，有了长足的发展，为保障人民生命健康和安全作出了突出贡献。特别是CCC认证制度，给我国高风险产品质量上了一道“安全阀”，市场化程度高，实施效果好，社会公信力强。随着电商平台上销售的CCC产品品类越来越多、数量越来越大，在提升市场总体产品质量的同时，也给不法商家制假售假提供了新的“花样”。不良商家销售假冒CCC产品，骗取消费者信任，最终不仅损害消费者权益，损害电商平台信誉，也损害了CCC的权威性和可信度。为此，阿里巴巴一直将CCC产品作为重点来管理，但囿于自身不掌握权威CCC数据，管控起来可谓事倍功半。

政企合作的PPP模式是近年各国社会的热点词之一。阿里巴巴和国家认监委在长期接洽、互相增进了解的基础上，于2015年4月正式启动合作对接，经过长达半年多的努力，双方的数据对接合作终于水到渠成。2015年12月24日，国家认监委推出了认证认可信息服务共享平台——云桥。同日，国家认监委信息中心与阿里巴巴正式签署合作框架协议，阿里巴巴成为首家接入“云桥”的电商平台。随着“云桥”的建立，阿里巴巴在线商品数据与权威管控数据得以打通，阿里巴巴可以通过“云桥”读取认监委强制性产品认证（简称CCC认证）信息数据，从而对平台上涉及CCC认证目录内商品实施全流程的精准管控，确保平台上销售的CCC认证目录内商品为有效获证产品，真正实现了线上商品有效、精准的品控管理，消费者网购商品将更安全、更放心。

国家认监委和阿里巴巴开展的合作充分说明，政府的权威平台和信息资源与企业的互联网技术积累和商业实践完美结合，可以产生1+1远大于2的化学反应，堪称政企合作的典范。双方在“互联网＋”时代和“大众创业、万众创新”的浪潮中，面对新问题，采取新思路，利用新手段，谋划新模式，共同推动了我国电子商务的健康发展以及全球影响力的提升。

阿里巴巴集团　供稿

博世电动工具（中国）有限公司

电动工具行业的领跑者

博世集团总部位于德国斯图加特，博世在中国生产和销售汽车零配件和售后市场产品、工业传动和控制技术、包装技术、电动工具、安防和通讯系统、热力技术以及家用电器。博世在1909年进入中国市场。博世2014年在中国经营着62家公司，合并销售额达到521亿人民币。截至2015年4月1日，公司在华员工人数达53 000名。

博世电动工具（中国）有限公司成立于1995年，坐落于浙江省杭州市，当时名为杭州博世电动工具有限公司，是博世与杭州汽轮动力集团有限公司以及中国的销售合作伙伴美最时洋行（不来梅）的合资企业。2003年，博世购买了合资伙伴杭州汽轮动力集团在合资企业的股份，成为外商独资企业。同年12月，公司正式更名为"博世电动工具（中国）有限公司"。为了进一步大量提高产能，公司搬迁到了新址，位于风景秀丽的钱塘江南岸——杭州国家高新技术产业开发区，并建立了自己的销售、市场推广及售后服务团队。今天的博世电动工具（中国）有限公司占地14万平方米，包括电动工具和附件工厂、中国区市场销售中心、亚太区工具研发中心、亚太区附件研发中心、亚太区产品培训中心及全球采购、质量设在杭州的办事机构，是博世集团在全球重要的电动工具分支机构。博世电动工具，传承着128年的工程技术和创新力量，提供了全系列产品，包括锤钻、冲击钻、曲线锯、电镐、角磨机、电刨和砂磨机，适用于混凝土、木工和金属加工各行业。创新的锂电充电式工具也同样适用于家具厂商、装修行业人士和"DIY自己动手"一族。另外，博世电动工具在中国出售超过1 000种博世电动工具附件产品，如圆锯片、螺丝批头、孔锯、钻头等产品。

2011年，博世电动工具（中国）有限公司正式推出了T系列电动工具，这标志着博世电动工具正式进军中国中端工具市场这一全新领域。T系列电动工具在保持博世一贯的高质量水准下，以实在的功能确保实际运用，以平实的价格让广大中国用户"用的起"。

目前，中国已成为全球博世电动工具业务增长最快的地区，杭州更已成为博世电动工具亚洲最大的技术研发中心。公司以自主研发为主，与供应商合作研发为辅的模式，获得了"省级研发中心""国家级高新技术企业"和"杭州市专利试点"的称号，申请专利150余项，部分已经转化为自主知识产权并投入生产。公司也是全国电动工具标准化技术委员会委员之一，参与电动工具国家标准的修订与制定，战略意义深远。

其研发检测中心拥有大量的国内外高精度的测试设备以及专业的技术人才，检测环境、硬件设备、软件、实验操作、人员管理等各个方面均符合国际统一规范要求。拥有UL WTDP 认证资格（以美国UL标准为基础）、KEMA WMTL和Dekra SMT认证资格（以IEC/EN标准为基础）、Intertek ITS认证资格。通过了ISO 17025实验室管理体系认证，获得中国合格评定国家认可委员会（CNAS）的认可，拥有国际互认联合徽标的使用权，拥有ISO 9001质量管理体系认证。另外检测中心为提升测试能力，还自行开发了各种系统集成软件，如PLC、LabVIEW等。因此，博世电动工具实验室所做的UL、CB初始安规认证实验结果准确，国际认可，完全有资格以公正的行为，科学的手段，准确的结果为各界提供优质的服务。检测中心还拥有500平方米的实验室，其主要功能是对产品的预研发进行验证以及对运转时的工具性能进行检验，是博世工具确保质量全面手段中的重要方式之一。

博世电动工具的产品销往世界各地，除了符合国家标准要求以外，博世还符合任何销往国家的强制要求，如欧盟国家要求的CE认证（EU机械指令）、EMC电磁兼容性认证以及RoHS指令；还有一些国家要求在当地政府指定的实验室做强制认证，认可CB的同时做差异检测，如亚太国家或地区中的中国CCC、韩国KTL、中国台湾BSMI、日本PSE、澳大利亚C-TICK、关税同盟国家的海关联盟CU-TR（EAC）、乌克兰的UA以及拉美国家的阿根廷IRAM，墨西哥NOM等等。

博世认证团队精通各国的法律法规，遵纪守法，始终保持与各地政府和当地实验室的良好合作关系，确保了在本土市场的销售份额，也为拓展新市场奠定了一定的基础。同时为各类消费者确保了使用上的舒适安全，便利和实惠。

博世电动工具（中国）有限公司不仅严格遵循国际/国家标准，充分尊重客户需求，积极进行产品的研发创新，在社会公益事业方面，也做出了大量贡献，拥有职业健康安全管理体系认证，获得了“杭州市按比例安排残疾人就业先进单位”“促进就业特别贡献企业”的称号；在环境保护方面，拥有ISO 14001环境管理体系认证，获得了“中华环境友好企业”“杭州市节能工作先进企业”的称号；在贸易税收方面，获得了“重点外贸出口企业”“进口一类企业”“经济发展突出贡献奖”“浙江省外商独资百强企业”等称号。

作为一家专注于电动工具产品的杰出外资企业，过去20年来在实践中稳健成长，在品质、技术革新及售后服务方面一直保持着高标准，成为中国改革开放成功推进的标杆性企业及电动工具行业的领跑者。未来二十年，博世将继续保持电动工具行业的龙头地位，坚持走创新、和谐之道，不断地为社会创造更大的价值。

撰稿人：叶晓红 倪陈霞

中国印钞造币总公司

认证认可上水平　技术创新出成果

中国印钞造币总公司是直属中国人民银行总行领导的、国家唯一的法定货币生产企业，下属20余家大中型企业和一个国家级企业技术中心，主要从事印钞、造币、钞票纸、银行信用卡的研制生产、印钞造币专用机械和银行机具的设计制造、高纯度金银精炼和印制增值税专用发票、有价证券、银行专用票据、高级防伪证书等方面的生产经营活动。集团员工2万多人，净资产总额220亿元，是世界上整体规模最大的货币生产企业。

中国印钞造币总公司秉承“为央行履行职责服务”的行业使命、“优质安全保发行、科学管理增效益”的行业宗旨以及“忠诚印制、追求第一”的行业理念，致力于提高自主创新能力，提升人民币的综合防伪水平，满足人民币发行和流通的需要。为增强整体技术实力和国际竞争能力，中国印钞造币总公司大力加强硬件基础设施建设，积极开展国家认可实验室认定工作，鼓励企业加大对国家认可实验室的支持。截至2015年底，中国印钞造币总公司共建立了4个国家认可实验室：中钞长城贵金属有限公司分析检测中心、上海造币有限公司理化实验室、国家金银及制品质量监督检验中心（沈阳）、银行卡检测中心。在中国印钞造币总公司的支持下，4个国家认可实验室在分析、检测和科技项目研究方面都取得了长足的进步。

中钞长城贵金属有限公司分析检测中心2002年3月通过中国合格评定国家认可委员会认证，2015年通过国家认可实验室复评审。检测中心配备了德国Spectro M10光电直读光谱仪、Spectro Lab S光电直读光谱仪、Spectro CIROS VISION电感耦合等离子体发射光谱仪、Spectro能量色散型X荧光光谱仪、赛默飞世尔电感耦合等离子体发射光谱仪、Lambda 650型紫外/可见分光光谱仪、尼通X荧光光谱仪等多台世界顶级的分析设备，充分表明中心已拥有国际先进水平的贵金属元素测试手段和完善的检测能力。检测范围包括纯金、纯银中杂质分析，原料金、原料银中主成分及杂质分析，高纯金、高纯银中杂质分析，金合金、银合金中主成分及杂质分析，以及金银提炼、金银深加工过程控制分析；2015年在国家认可实验室复评审过程中，新增了GB/T 11066.8—2009《金化学分析方法　银、铜、铁、铅、锑、铋、钯、镁、镍、锰和铬量的测定　乙酸乙酯萃取-电感耦合等离子体原子发射光谱法》、GB/T 11066.7—2009《金化学分析方法　银、铜、铁、铅、锑、铋、钯、镁、锡、镍、锰和铬量的测定　火花原子发射光谱法》两个认可方法，扩大实验室认可范围。作为伦敦贵金属市场协会组织的会员单位，积极参与国际金银冶炼、分析技术交流与合作，实时掌握国际发展动态；2015年累计分析试样18 000余件，其中纯银成品生产试样10 000余件，纯金成品生产试样6 500余件，工业金银材成品生产试样500余件，金验收料600余件，其他试样400余件；及时准确的报出分析数据100 000余个，努力做到了无安全、质量事故。

上海造币有限公司理化实验室2006年11月获得国家认可委的实验室资格认定，2015年再次通过国家认可委的认可评定。实验室通过了中实国金国际实验室能力验证研究中心组织的能力验证和测量审核，内容为GB/T 230.1—2009《金属洛氏硬度试验 第1部分：试验方法》HRC、HRB项目的检测，为验证技术能力提供了有力支撑。实验室现有体系文件完整、系统、协调，能够服从或服务于质量方针；组织结构描述清晰，内部职责分配合理，满足认可准则要求。在内部管理中，实验室通过制定季度、年度计划，有效实施内审、管理评审活动，以质量监督记录、不符合报告、质量满意度调查，客户反馈意见为抓手，进一步规范了实验室的检测活动，提高了实验室现有管理水平，加强了人员规范意识；同时，积极提高人员素质，从上海计量测试研究所聘请专家团队培训实验室人员，使实验室认可工作更具备可操作性、合理性；在一系列质量保证的技能操作活动中，组织人员数据比对、留样再测、参加测量审核及与业内权威实验室进行检测比对等质控活动，提升实验室人员的工作效率，切实提高检测的技能水平；实验室主任和质量及技术负责人参加了实验室管理培训班，学习了ISO/IEC 17025国家实验室认可的新准则，获得了中国计量测试技术协会的相关证书，增加了实验室管理人员的理论修养。

国家金银及制品质量监督检验中心（沈阳）1997年12月取得CNAS的认可资格，2015年1月通过了中国合格评定国家认可委进行的实验室复评审。对内蒙古乾坤金银精炼股份有限公司等15家可提供标准金锭企业和山东黄金矿业（莱州）有限公司等26家可提供标准银锭企业的产品及检测报告开展了质量监督工作，完成了共82件样品的检验及复验工作，及时向上交所提交了2015年度可提供标准金锭、银锭企业质检结果报告，并完成了上述企业样品的退还工作。依托上海黄金交易所，借助印钞造币行业优势，中心金银检测水平得到业内广泛的认可；除上交所交办的年度质量监督检验业务以外，中心与多家企业建立了长期业务关系，本年度共完成金银及制品的对外检测业务近两百件，此项检测收入近20万元。开展实验室间的比对，与国家金银及制品质量监督检验中心（长春）依据GB/T 11066.2~11066.4-2008及GB/T 11066.8-2009对金锭样品进行了Ag、Cu、Fe、Pb、Sb、Bi、Ni、Cr、Mg、Mn、Pd含量的实验室间比对检验；与国家金银及制品质量监督检验中心（长春）依据GB/T 15249.1—2009对合质金样品进行了Au含量的实验室间比对检验；与国家金银及制品质量监督检验中心（长春）依据GB/T 11067.2~11067.6—2006、CTSW H 6806.00E1—2006对银样品进行了Cu、Fe、Pb、Sb、Bi、Pd、Se、Te含量的实验室间比对检验上述比对检验结果均在允许差范围之内。在内部管理方面，进行了2次实验室内部比对。

银联卡检测中心在国家合格评定认可委员会（CNAS）认可的检测能力范围内，积极开展各项测试工作，为落实各项国家和行业标准提供了技术支持，为国内银行卡支付和受理环境的改善做出了贡献。2015年通过多个国际组织的技术评审并获取相关检测资质，主要包括Master Card M/Chip Advance IC卡检测资质、GlobalPlatform终端TEE功能检测资质、EMVCo非接触检测设备自校准资质等。承建的“国家金融IC卡安全检测平台”和“移动支付安全技术研究与应用”项目入选2014年度中国人民银行“银行科技发展奖”，其中“国家金融IC卡安全检测平台”项目获得特等奖，“移动支付安全技术研究和应用”项目获得一等奖。参加了在新加坡举行的2015年亚洲智能卡和支付展，并在借鉴前次经验的基础上首次展出了公司自主研发的测试工具。配合北京市公安局和银联分别在4月份、6月份和12月份参加了在北京举办的4·29首都网络宣传日、第二届国家网络安全宣传周、2015中国国际物联网博览会以及商用密码展，普及了银行卡和网络支付安全保护的相关知识。在开展测试业务的同时，中心积极提升质量管理水平，组织质量体系内审并按要求完成监督评审，全面覆盖ISO/IEC 17025标准。

国家认可试验室的建立促进了资源优化，有利于提高管理水平和技术水平。在新的历史时期，中国印钞造币总公司将继续以“高起点、高质量、高效率、出精品”为目标，以公正的行为、科学的手段、准确的结果，更好地为企业和社会服务，为企业发展提供技术支持。

中国印钞造币总公司 供稿

第十九部分　国家认监委机关综合管理工作

Part Nineteen　Administrative Management of CNCA

一、加强直属机关党建工作

（一）围绕中心抓党建，创新工作方法，党建和业务工作力争实现深度融合

1. 抓思想建设，理论武装取得良好效果

机关党委以三个“积极的态度”坚持抓好最新理论的学习和宣贯。一是以积极的态度协助委党组中心组抓好理论学习。全年协助党组中心组组织了6次集中学习，开展了2次学习研讨。二是以积极的态度推进委机关学习型党组织建设。按照中央《关于推进学习型党组织建设的意见》要求，结合认监委党建工作实际，以“三会一课”、质检大讲堂、影视观摩、座谈调研等形式，组织各支部开展内容丰富的学习研讨，举办了“两个责任”培训班和支部工作法学习培训，组织各单位党员干部撰写了86篇党建和思想政治工作论文，多篇优秀论文在质检总局获奖。三是以积极的态度创新学习方式方法。借助现代媒体的优势，成立了读书会，并建立微信群、QQ群等学习平台，通过新书发布、好书推荐、读书心得、新闻推送等方式开展形式多样的学习交流；五四青年节前后，分别以“青春飞扬——读书·事业·人生”和“奉献点亮青春，创造成就未来”为主题，开展了主题团日和演讲比赛，为青年干部搭建了阐释青春理想、展示青年才华、聆听委领导谆谆教诲的平台。

2. 抓组织建设，机关党建工作创立新机制

结合认监委党员队伍实际情况，坚持行政负责人“一岗双责”的党建工作格局。一是强化基层党组织建设。2015年科标部、认证部、实验室部、法律部、注册部进行了支委会换届或补选，认证认可协会党总支成立了第三党支部，信安中心增补了纪委委员，基层党组织工作的活力和战斗堡垒作用进一步增强。二是规范组织发展程序。认真贯彻《党和国家机关基层组织工作条例》及发展党员工作细则，严格遵循“坚持标准、保证质量、改善结构、慎重发展”的党员发展方针，直属机关共发展党员16人，同时注重对入党积极分子进行培训，引导骨干向党组织靠拢，积极分子队伍不断壮大。三是深化认证认可联系点工作。在委机关各支部的大力支持下，在推进一线工作法的同时，积极创新支部活动，选择了6个部室党支部与联系点5个基层党支部签订了共建协议，切实帮助基层解决实际困难。

3. 抓文化建设，提升队伍素质展现新风貌

一是加大文化建设宣传力度。2015年是实施《国家认监委文化建设规划》的起步之年，根据认监委文化建设的目标和任务分工，动员全委干部职工为塑造认监委文化品牌贡献力量；组织党员干部职工积极参加质检总局主办的“书香质检”等系列活动；加大对文化建设规划阶段性目标任务的宣传，进一步增强了党员干部营造先进文化氛围、增强文化素质的自觉性和主动性。二是加大文化载体创新力度。积极发挥机关工会的职能作用，组织参加中央国家机关“公仆杯”羽毛球等比赛和联谊活动、举办书法摄影展，组织秋游、健步走和重大节庆纪念活动，让各类活动注入新的时代要素，增强了干部职工的团队意识和集体荣誉感。三是加大帮扶共建工作力度。深入了解干部职工困难，举办了暑期托管班，用足用活政策，为困难职工解决部分自费医药费，让困难职工感受到组织的温暖，安心工作。同时，继续深化与陕西洋县开展的扶贫助学帮扶活动，为江西等贫困地区捐衣捐物和向贫困母亲献爱心捐款等，彰显了机关职工队伍良好的精神风貌。

（二）围绕责任抓党建，落实“两个责任”，履职和党风廉政建设力争落实到位

1. 抓主体责任，强化责任意识，“一岗双责”得到落实

一是协助党组抓贯彻、强推进。机关党委注重率先学习领会全面从严治党的重要意义，按照委党组要求积极主动部署和扎实推进党风廉政建设主体责任。对各级

党组织的主体责任层层分解、传导压力、推动落实。二是悉心督导抓教育、促落实。认真推动教育、制度、监督等党风廉政建设日常工作的开展。督促党员干部严格遵守党纪国法，坚决同腐败现象作斗争。注重抓党委（党支部）书记的培训，举办了为期4天的主体责任培训班，全系统32名党委、党支部书记参加培训。

2. 抓监督责任，理顺工作分工，“三个形象”得以提升

一是完善机构，梳理职能。按照孙大伟副局长指示，在许武何组长带领下，进一步完善了纪检监察部门的组织机构，并对相关职能进行了全面梳理，明确了认监委纪检组、直属机关纪委、纪检监察室三层领导体系的机构定位、双重领导关系和各自的任务分工。二是确定措施，明确分工。根据认监委党风廉政建设的总体部署和具体安排，抓好反腐倡廉工作任务分工，年初确定了6个方面31项具体工作措施，明确了牵头单位和责任单位，细化了各职能部门（部、室）责任分工并督促落实，年底各部门工作全部按计划完成。三是强化教育，严守规矩。组织党员干部学习《廉洁自律准则》和《纪律处分条例》等最新党内法规。组织开展纪律教育月活动，分两批组织机关全体干部和下属单位班子成员赴中央国家机关廉政教育基地——北京市检察院参观预防职务犯罪专题展览，加强正反两方面的警示教育。四是抓好信访，有效督办。认真处理信访举报，坚持从严从细核实，不放过每条线索。对举报件均提出了办结及处理建议，根据信访举报核实中发现的薄弱环节，又及时下发《关于重申严肃外事纪律加强执纪问责的通知》，查遗补漏，有效发挥信访举报办理的警示作用。

（三）围绕活动抓党建，践行“三严三实”，整改和创新举措取得实效

在“三严三实”专题教育中，立足于抓早、抓严、抓效果，做到“规定动作”不走样，“自选动作”有特色。一是以学促思见成效。自专题教育开展以来，党组书记孙大伟作为第一责任人，率先垂范，以上率下，带头讲党课，委其他党组成员也分别在分管部门和单位讲了党课，有的还结合业务调研、支部共建等深入基层的机会，在认证认可联系点、支部共建单位讲党课，把认监委“三严三实”专题教育延伸到了所有业务开展到的地方。专题教育活动中，共组织编发《党建工作动态》26期，刊发专题新闻50多条，设立了宣传展板11块，形成了以学促思、以学促干的良好氛围。二是问题整改见成效。坚持问题导向，方向不偏；持续整改落实，力度不减；通过各种形式共收集意见建议、网站留言500多条，经过汇总、分类和梳理，归纳了“不严不实”6大项9类问题59种具体表现，委党组对这9类问题进行了集体“会诊”，形成了《认监委“不严不实”问题整改清单》，共制定了26项整改措施，明确了责任人和完成时限，确保按时高标准完成整改任务。三是求新求实见成效。按照质量管理体系要求，在专题教育开展之初，将3个专题30项具体工作中的活动事项、任务分工、进度安排和措施要求梳理成“流程图”，将专题教育纳入绩效考核确保各项部署能落地、抓实。国家认监委也在国家质检总局“三严三实”专题教育总结会上作了典型发言。

二、围绕认证认可服务“一带一路”战略，不断提升委机关工作效率

（一）服务中心工作，为重大活动、重点任务做好保障

1. 圆满完成2015年“世界认可日”活动各项工作

按照委里的统一部署，国家认监委组织开展第八个“世界认可日”主题活动。2015年世界认可日活动具有几个突出特点：一是整体站位高。活动以深化认证认可合作、推进“一带一路”建设为主题，以举行共同推动认证认可服务“一带一路”建设的愿景与行动启动仪式为主体，紧扣国家重大战略，受到各方高度重视。二是规格层次高。王勇国务委员出席启动仪式并致辞，支树平局长亲自担任主持，出席主会场活动的国内外部级高级官员共计20人。三是规模影响大。来自认证认可国际组织，有关国家政府主管部门、认可组织和国内有关政府部门、认可组织、检验检测认证机构的代表500余人参加主会场活动。

国家认监委精心制定、组织实施活动方案，整合系统有效资源，在全委的共同努力下，活动取得了圆满成功。一是团结协作，形成合力。一方面，认监委办公室积极投身世界认可日活动的活动策划、会议筹备、会务保障和宣传报道工作。另一方面，在活动筹备过程中统筹协调、上传下达，制定工作方案，成立了由委领导牵头，各部室、下属单位参与的活动领导小组。充分整合现有人力、物力资源，发挥最大效力。二是细化分工，明确责任。在人员多、事务杂的情况下，对整体工作方案进一步梳理，细化各专项小组的任务及过程的衔接，并绘制了流程图，理顺了横向与纵向的关系。三是实时通报，形成机制。为方便各级领导

实时掌握活动筹备工作进展情况，认监委办公室建立了日通报制度，每日汇总、整理、发布会务组、宣传组、内宾组、外宾组、后勤组及三个分论坛的工作进展情况、下一步工作计划、需要领导明确的事项及需其他工作组配合的事项等，使得各项工作有序开展。四是总结经验，分析问题。活动的成功举办得到了各级领导的肯定，显著扩大了中国认证认可的国际影响，提升了国家认监委的形象。活动结束后，组织总结经验，以供借鉴。

2. 发挥职能，确保改革措施取得实效

2015年，认监委办公室充分发挥牵头作用，加强统筹协调，完善督查督办通报机制，及时督促检查深化改革工作要点落实情况，确保改革措施取得实效。年初，改革办按照中央及国家质检总局全面深化改革工作要点要求，根据前期确定的工作思路，本着突出重点、相互关联、保证改革质量的指导思想，研究制定了《认证认可深化改革2015年工作要点》，确定了深化认证市场准入及监管制度改革、深化检验检测机构资质监督管理制度改革等具有积极探路性质，有力度、有特色、有影响，体现了“放、管、治”总体思路，充分契合了中央深改组明确的5项改革成果体现形式的六项重点任务。为确保各项改革措施稳步推进，对工作要点进行了责任分工，并按季度对改革措施落实情况、完成进度进行督查、汇总和评估，确保各项工作稳步推进。同时，结合全国认证认可工作会议精神落实情况督查工作，深入基层，对各项改革措施的落实效果进行了充分的调研，广泛听取了地方两局、从业机构、获证组织代表的意见和建议，并将调研结果反馈给各相关业务部门，以便各部室找出改革推进过程中的薄弱环节、有的放矢、主动而为、齐抓共推，取得实效。

（二）积极主动，以正面宣传推动中心工作开花结果

积极围绕国家认监委中心工作部署，贴近服务，在营造良好舆论环境、推动业务工作开展方面取得了突出成效。围绕深化改革、简政放权、优化服务等重点领域工作，相继组织了强制性产品认证改革、自愿性产品认证改革、检验检测机构资质认定管理改革、进出口食品注册备案改革、上海自贸区外资准入和进口CCC管理改革等一系列改革举措的宣传报道，及时有效地宣传了认监委改革的进展成效；围绕认证认可业务创新，相继组织了两型认证、保健服务认证、电子商务认证、进口燕窝注册、儿童安全座椅强制认证、检验检测机构诚信国家标准发布等业务创新的宣传。截至2015年10月底，共组织新闻发布会3次，编发新闻稿40余份，组织新闻媒体进行专题报道30余次，主流媒体报道500余条，宣传报道的频次、质量和效果均有明显提升。宣传工作的成效，得到了社会各界的认可和好评，有效激发了系统内各单位开展信息宣传工作的积极性，形成了宣传工作与业务工作相互协调、相互促进的良好局面。

三、强化综合管理职能，规范管理

（一）以制度为抓手，推动公文处理工作规范化

2015年以制度为抓手，进一步规范公文处理工作。一是按照公文处理办法，严格审核把关，加强对发文质量的审核。据不完全统计，全年共对200余件文件、签报进行修改，对部分文件、签报提出退回重办要求。二是根据电子公文流转情况更新了文件印刷流程单，对校对人、印刷人、电子文件分送人的要求更加明确和严格。三是规范行文规则。如按照目前的管理办法规定，认可准则、人员注册准则执行向管理机关报告制度，无特殊情况不需要文件答复，因此取消了对认证认可协会关于人员注册准则及培训课程大纲备案的复函。四是按照定期审批、集中办文的原则，减少公文数量。如将暂停5家检测机构部分领域强制性产品认证指定检测业务的通知合并为一个，并以公告的形式发布。五是以督促改，建立定期通报制度。每季度对公文精简情况及起草和运转过程中存在的问题进行通报，并将公文运转过程中的不规范情况纳入绩效考核。截至2015年底，全年共发文581件、签报519件，比2014年同期分别减少了5%和3%。

（二）从严管理，切实做好干部兼职（任职）清理工作

根据中央和国家质检总局深化干部监督工作有关精神，一方面对委机关及直属单位干部在企业兼职（任职）进行清理规范。深入查摆、厘清问题，明确了清理规范对象。按照干部管理权限，建立了分级分类审批备案制度。在清理规范中，重新履行任前审批备案手续7人次，清理规范后，认监委不存在干部在企业违规兼职（任职）问题。另一方面，配合国家质检总局人事司开展对中检集团及中检公司清理规范的督导工作。采取会议研讨、实地考察、个别谈话、查阅资料等方式，稳步推进两家企业清理规范工作。截至11月20日，两家企业共313人将人事关系从原单位调入企业，按时完成了清理规范工作。

（三）双轮驱动，规范内部管理

紧紧围绕三定规定，依托机关体系运行和绩效管理工作，通过内审和自查活动，坚持梳理错位、越位和不作为行为，保证法定职责不落空、不走样；通过不断建章立制，以文件化的形式实现管权、管事、管人，最大限度降低自由裁量权；通过推行信息化系统，促使各项工作严格依照法定权限和程序实施，确保法律、行政法规有效执行。各项基础工作有效落实，开展了年度档案统计和档案工作检查，赴海南省琼海市质量技术监督局，对档案管理工作进行了调研；强化保密意识和责任意识，制定了以防为主、以查促防的工作模式，加大保密检查的力度；履职尽责，认真办理人大建议政协提案，连续六年被国家质检总局评为“建议提案办理工作先进承办单位”。

四、立足本职，创优服务

（一）加强综合管理职能，服务业务工作开展

切实履行归口管理和综合协调职能，加强对各项重要工作的协调把关，保证了各项工作的规范有序运行，提升了工作质量。对机关内部，从减轻各部室负担、提升内部管理效能出发，将工作要点和年度主要工作任务分解整合在一起。既减少了发文，又实现了统一布置任务、统一考核指标、统一组织自查、统一年底考核、统一评定成绩和统一结果使用。要求各部门要积极贯彻中央关于精简会议的有关精神，在办实事、抓改革上多下工夫，尽量少开会、不开会，尽量开视频会、开短会。与各部室经过多轮协商沟通，将2015年会议数量减少为33个，是2014年的三分之一。对两局系统，国家认监委加强工作统筹，将委内各业务部门的认证行政执法专项监督检查、管理体系认证活动专项监督检查等六项工作任务进行有机整合，于年初统一印发。通过“六合一”的整合，规范了各项业务工作的开展。对社会公众，采取多种措施加强政府信息公开力度。根据“主动公开是常态、不公开是特例”的信息公开原则，改进公文运转流程，承办人在文件起草时就提出是否公开的意见建议，并在正文中标注公开属性，属于主动公开的，印发后及时在委网站公开。同时进一步完善了委网站服务查询功能，方便公众及时、快捷、有效获取相关信息。

（二）狠抓政务信息工作，服务对上宣传

大伟主任多次强调要切实加强政务信息工作，坚持“对上宣传”和“对外宣传”两手抓。2015年，围绕认证认可深化改革、简政放权、优化服务、业务创新等重点题材，精心组织报送了一批有分量的政务信息。全年共计编报政务信息109条，被国家质检总局采用专报16期、质检简报2期、动态56条。其中，《建设供港生鲜食品交易公共服务平台 推动出口食品内外销“同线同标”》得到李克强总理、王勇国务委员的亲笔批示，6期专报、2期简报先后被中办、国办采用，信息采用量和得分均创历年之最。

（三）整合有效资源，服务干部队伍发展

按照2015年全国认证认可工作会议提出的“全面提升能力素质”“加大人员培训力度”的总体要求，以及部署的“深入开展学习型创新型组织创建活动，着力提升队伍素质和工作质量”的工作任务，结合国家质检总局关于“推动领导干部上讲台”的精神，组织开展了“认监委综合行政管理培训”，组织委机关各部室负责人就认证认可业务知识、机关工作要求等内容进行专题授课。截至2015年底，顺利举办9期，委机关累计参训326人次。该系列培训水平高、参与度广、实用性强，有效加深了各级干部对认证认可工作的全面了解，促进了各部门间的横向交流，为认证认可干部队伍的成长提供了优质平台。

（四）完善绩效管理体系，服务履职能力

2015年的绩效管理体系工作，注意从考核、评价和奖惩等方面增强激励和约束效果。组织制定了《2015年认监委机关主要工作任务细化分解表》，涵盖中央、总局和认监委三个层级、14个来源、共319项任务。组织发布了《2015年认监委机关绩效考核实施办法》，全面修订了共性指标、突出成绩加分判定标准、下调等级和一票否决的判定标准。通过考核、评估“重大决策的部署落实情况”“部门职责履行情况”“重点工作推进情况”以及“部室自身建设”和“财经纪律执行”等工作，实现了对10个部室、25个处和所有在岗人员的全覆盖，考核结果被人事考核工作所采信，成为年底评选优秀司局级干部和优秀公务员的重要参考。强化了委机关内部管理，进一步推动了机关工作作风转变，提升了行政履职能力。

五、财务管理工作

（一）坚持科学规范管理，全面提升理财能力

1. 科学编制预算，积极应对国家财政制度改革

采取积极开展政策研究、审慎编制项目库、精心编制绩效目标、科学编制预算等一系列措施，积极应对预算制度改革工作，使预算资金更好地服务于认证认

可事业发展。

2. 强化预算执行，在执行进度上取得新进展

通过召开专题会议、定期总结分析、每月通报项目执行进度、个别沟通和指导等多项措施进行预算执行督办，2015 年，认监委在总局预算执行进度通报中排名第五。

3. 坚持管理创新，全面推进绩效考评

成立了认监委项目支出绩效评价工作组，完成了对 2014 年的 24 个项目的绩效评价工作，24 个项目平均分为 87.89 分，被评为“有效”的项目 19 个，被评为“基本有效”的项目 5 个，没有被评为“一般”和“无效”的项目。

4. 严格控制三公经费，做好信息公开工作

一是在 OA 系统公开认监委预算批复情况，每月公开预算项目执行情况，接受认监委系统内群众的监督。二是在现有经费条件下，大力压缩一般性支出，严格按照出国（境）费支出标准审核，控制公务接待费的支出。

（二）围绕认证认可发展大局，提升经费保障能力

1. 部门预算资金规模不断提升

认监委机关 2015 年预算总规模达到 11 602.43 万元，比 2014 年增长 12.33%。

2. 计量认证专项经费保障成功立项

2015 年，财政部批复国家认监委计量认证专项工作经费 800 万元，不仅解决了计量认证工作多年来无经费保障的困难，而且推动了计量认证收费制度的改革。

3. 统筹协调资金的能力不断增强

统筹安排经费 140 万元用于认监委“十三五”规划课题研究工作这一预算外新增工作，目前部分课题已取得了阶段性成果。

（三）严格执行财政政策，提升规范管理能力

1. 规范国有资产管理

一是严格执行总局批复的 2015 年新增资产配置预算。二是严格按照审批程序分两批完成了 2015 年委机关固定资产报废及向总局备案工作。三是完善财政部行政事业单位资产管理系统中国有资产有关数据信息。

2. 严格执行政府采购管理规定

一是进一步严格执行会议费、差旅的签批程序；二是对印刷费超过 5 万元至 20 万元、20 万元至 90 万元的印刷事项，提出政府采购相关要求；三是成立了国家认监委机关政府采购工作领导小组；四是首次由认监委机关自行组织的检验检疫标准出版印刷政府采购工作顺利完成。

（四）加强财务统计分析，进一步掌控财务管理中的风险

1. 委机关 2014 年度预算经费执行情况财务分析工作

对 2014 年委机关基本支出中人员经费、日常公用经费和住房改革类经费以及项目经费的使用情况进行了统计分析。

2. 委机关 2014 年委托业务费使用情况财务分析工作

通过对 2014 年认监委项目支出中委托业务费进行系统的分析，针对发现的问题，提出建议，为委托业务费管理工作提供了参考依据。

（五）顺应形势、主动改革，有效开展认证认可收费的监督管理工作

1. 认真开展 2015 年涉企收费专项清理规范工作

成立认监委涉企收费专项清理规范工作领导小组，签署《规范收费行为承诺书》，发文布置各单位对收费情况进行全面自查。

2. 配合发改委放开部分检验检测经营服务收费的改革工作

及时向 170 多家机构印发国家发展改革委《关于放开部分检验检测经营服务收费的通知》文件，并对各专业服务机构提出价格自律的要求。

3. 顺应形势，主动改革

向财政部、国家发展改革委申请取消“计量认证费”收费并获得批准。

（六）认监委系统财务监督管理工作得到加强，国有资产实现保值增值

1. 主动适应改革形势，对《国家认监委对中检集团、中检公司财务监管暂行办法》进行修订

此次修订将投资事项审批权限下放给企业自身，由以前的事前审批改为事中、事后监督，加强责任追究。

修订过程中，多次向国家质检总局相关司局、中检集团、中检公司征求意见，修订稿已经质检总局、委领导批准，从2015年7月9日起正式发布执行。

2. 严格把关，提高重大财务事项审批科学合理性

2015年共承办了信息中心报废固定资产，认可中心三次报废固定资产，认证认可协会报废固定资产，中检集团2014年利润分配方案，中国质量认证中心、中检集团测试技术有限公司、中检集团西班牙公司向中检集团欧洲测试公司增资，中检集团国际控股公司向中检集团非洲有限公司追加投资，中检公司购置员工宿舍，2015年投资计划备案，三亚福朋喜来登项目竣工财务决算，服务中心报废固定资产，质量认证中心报废固定资产，中检公司投资参股华夏立鸿商品检验有限公司、三亚福朋喜来登酒店员工宿舍项目初步设计和投资总概算等15个重大财务事项的审批工作。

3. 认真完成财务报表汇总编报工作

完成2014年度部门决算、固定资产投资决算、政府采购计划和执行情况统计报表、行政事业单位资产年报、企业决算、企业快报、事业单位月度财务分析表等十几类财务报表的编报任务，不断提高财务信息管理水平。2014年度企业决算报表和质检系统行政事业单位资产报表编报工作获得国家质检总局通报表扬。

（七）内部审计工作不断推进，审计监督作用不断加强

充分发挥经济责任审计联席会议组织协调作用。召开认监委2015年经济责任审计工作联席会议，通报2014年内部审计工作情况，确定2015年经济责任审计工作总体思路，并初步确定认监委开展任中经济责任审计工作的原则。

积极组织下属单位对支树平局长经济责任审计报告中涉及认监委有关问题进行整改。根据国家质检总局反馈给认监委的有关国家审计署对支树平局长经济责任审计报告中涉及我委的4个问题，组织各单位认真分析研究，查找原因，制定方案，积极整改。

积极开展经济责任审计工作。根据人事任免安排，坚持逢离必审，完成中国检验认证（集团）有限公司原董事长刘生明的离任审计。开展对信息中心主任王海、服务中心主任崔红卫的任中经济责任审计。组织委机关和各直属单位开展了政府采购专项审计工作。

（八）加强自身建设，提升队伍战斗力

紧扣“三严三实”专题教育活动，联系财务、内审工作实际，通过召开认监委2015年财务暨内审工作会议、举办2015年财务暨内部审计业务培训等多种方式，进一步提升财务、内审工作质量和管理水平。

六、认监委机关服务保障工作

（一）以改革创新精神抓服务，促进保障服务上台阶

1. 精心服务，机关后勤服务保障有力

一是机关办公设备保障有力。根据《国家认监委固定资产管理办法》，对委机关工作人员更换便携式电脑71台，报废达到使用年限要求的固定资产108件，涉及金额983 417元。二是办公用品、政府采购及维修维护保障有力。批量采购便捷式电脑60台，台式计算机10台，打印机6台，金额约49万余元；办公用品及耗材10余次，金额10万余元；提供设备维修50次，响应时间不超过两个工作日，保证了委机关工作正常开展。三是办公用房调整及时有力。2月，根据《关于进一步做好办公用房清理整改的通知》（中办发［2014］64号）文件中对办公用房调整的要求，克服时间紧、任务重，人手短缺等困难，加班加点，以编制人员为基准进行核算，反复推算委机关办公面积，形成多种整改方案，最终建立了“七表一图”台账，并将相关数据录入办公用房清理整改管理信息系统上报总局。同时，全力配合国家质检总局办公厅对认监委部分超标办公室进行了改造装修工作，保质保量完成本次办公用房整改工作。四是职工住房保障有力。在积极做好职工住房核算、费用补贴及交通费用核算工作的同时，2015年开展认监委机关职工住房配租配售，最终2人配售，1人配租；协同认监委财务部解决了搁置多年的外地调京干部地区差额补贴。五是会议服务保障有力。为认监委机关各部室各类会议提供服务26次，为保证会议室音响设备音效，更换部分音响设备。六是票务服务保障有力。结合公务机票改革政策，重新制定公务机票订购流程，既符合改革要求，又保证机关订票服务。截至2015年底，订购国内机票717张，国际机票116张，办理退票105张，办理机票改签180余次。

2. 创新服务，提升机关后勤服务能力

一是设立职工洗衣点。创新服务方式，以机关职工需求为出发点，积极联系福耐特洗衣公司洽商合作事宜，在B座2105设立洗衣点，并在福耐特4个洗衣店也可接收职工衣物，更大程度为机关职工提供方便。二是售卖有机食品，为提高职工健康饮食，丰富职工餐桌品种，不定期售卖有机蔬菜、肉类，受到广大职

工好评。

（二）以改革精神创新标志管理，促进标志业务纵深发展

1. 稳步推进，做好委36号公告落实工作

自认监委2014年第36号公告，即《国家认监委关于强制性产品认证标志发放管理工作改革有关事项的公告》发布以来，标志中心以“全力保障、全员投入”的总思路，克服一切困难，确保36号公告平稳执行。截至2015年底，共颁发CCC标志印刷/模压批准书109 531份，其中43 057份为免费换发，免费换发的批准书约占总工作量的39%，累计为企业释放红利1 291万余元（12 917 100万元）。共完成7家获证企业（北京5家，宁波2家）标准规格认证标志回收退费工作，主要涉及3个标志尺寸和两类认证标志类型（“S”和“F”），共计回收CCC标准规格认证标志291 800枚，完成退费5 180元。

2. 全面落地开花，标志重点业务稳步推进

一是与指定认证机构合作，实现“一站式”证书和标志的申请和发放、无缝对接。相继走访了16家强制性产品指定认证机构，多次商讨“一站式”证书和标志的申请和发放、无缝对接事宜。并先后与13家认证机构签订“一站式”服务协议，累计外派人员7名，实施业务培训3次。二是前移服务，将印刷/模压标志审核业务全部下放到各地分中心。在2014年底和2015年初，先后两次组织外埠7家分中心开展印刷/模压审核业务的基础知识和技能实操培训。三是开展标准标志改版前期调研。随着认证认可事业的发展，互联网信息的广泛应用，标准规格认证标志面临体现更多信息的变革。标志中心广泛开展调查研究，先后与认监委信息中心、陆桥质检印务有限公司召开多次座谈会研讨标准标志改版，取得改版初步思路。

3. 加强信息建设，促标志服务能力提升

以现代化的信息技术手段，促标志服务能力提升，以非标准规格印刷/模压标志系统重组、搭建为突破口，创建标志审批管理的“更优模式”。历时8个月开发的标志发放管理系统（二期）平台，于2015年3月正式投入使用，优化了标志中心发放管理系统。下半年，该系统增值企业端服务，让企业直接参与标志发放管理工作，增强企业标志信息备案管理的主动性和易操作性，改变了企业以往“被管理”的模式，便捷其业务受理的申请和查询。12月，标志中心组织多家VIP企业赴现场进行企业端口初期测试。

4. 加强调研，拓展标志业务范围

为更好地探索我国强制性产品认证标志以电子标签形式加施的可行性，积极配合认监委认证部，与苹果公司亚太区域认证项目部多次沟通和座谈，就苹果产品中CCC标志以电子标签形式加施的问题进行多方面的技术探讨，制定了以软件标注方式加施CCC标志的实施方案，使“软件标注”这种新型加施方式在包括苹果公司在内的所有企业中间全面推开。

（三）以改革精神创新物业管理，促进服务质量不断提升

1. 加强安全管理，确保一方平安

一是开展节前安全检查。为确保节假日期间消防、楼宇、设施安全，法定节假日前，加强对各项目部重点环节展开巡查。对查出安全隐患，限时要求做出整改。二是与驻楼单位签订《2015年消防安全协议书》，双方共同预防消防隐患，提高驻楼单位安全意识与安全责任。三是定期进行安全巡检测试。着重对安防系统、消防系统、供电系统、餐厅燃气等重点领域排查自查，秉承“防范大于抢救”原则，将安全隐患扼制在萌芽状态，抓早抓小，避免重大安全事故发生。四是完善食品监管制度，提高食品安全质量。定期组织餐饮工作人员办理健康证，并对对餐厅、后厨、库房卫生情况进行检查。

2. 加强设备设施管理，确保楼宇运转正常

一是改造中认大厦南门雨棚及地面，确保人员进出安全。二是维护保养中认大厦高压配电柜等高压设备，进入夏季以来，楼内用电量激增，为保障高压设备运行正常，工程人员细致入微对大厦各类设备设施定期进行清扫维护。三是维护维修楼宇制冷机组，维修2台中央空调制冷机组和3台冷却塔，保障夏季空调系统正常使用。

3. 注重服务质量，做好驻楼单位服务保障

一是做好会议服务工作。派员担任“认证认可服务‘一带一路’建设的愿景与行动”启动仪式重要来宾的迎宾工作；全力保障认监委“有机宣传周”后勤服务工作。二是认可项目部获得免费清运餐余垃圾资格，提升餐饮服务水平。三是不断创新餐饮服务。餐饮部在工作中不断摸索和总结经验，持续改进厨艺水平，不断满足顾客就餐服务需求。四是张贴禁烟标识。在公共场所张贴禁烟标识，利用楼道内电视播放禁烟宣传视频，大力宣传控烟、禁烟，创建无烟办公环境。

五是开展满意度调查。中认大厦满意率 94%、可接受率 5%、不满意率 1%。认证项目部满意率 94.7%、可接受 4.8%、不满意 0.5%。认可项目部总体满意率 99.5%、可接受 0.5%、不满意 0%。针对不满意事项，坚持问题导向，制定整改措施，能够立即改正的绝不推诿，一时办不成，条件不成熟的，做好解释工作。

国家认监委办公室 供稿

2016

Yearbook of Certification and Accreditation of China

第二十部分　法　规

Part Twenty　　Regulations

认证证书和认证标志管理办法

第一章　总则

第一条 为加强对产品、服务、管理体系认证的认证证书和认证标志（以下简称认证证书和认证标志）的管理、监督，规范认证证书和认证标志的使用，维护获证组织和公众的合法权益，促进认证活动健康有序的发展，根据《中华人民共和国认证认可条例》（以下简称条例）等有关法律、行政法规的规定，制定本办法。

第二条 本办法所称的认证证书是指产品、服务、管理体系通过认证所获得的证明性文件。认证证书包括产品认证证书、服务认证证书和管理体系认证证书。

本办法所称的认证标志是指证明产品、服务、管理体系通过认证的专有符号、图案或者符号、图案以及文字的组合。认证标志包括产品认证标志、服务认证标志和管理体系认证标志。

第三条 本办法适用于认证证书和认证标志的制定、发布、使用和监督检查。

第四条 国家认证认可监督管理委员会（以下简称国家认监委）依法负责认证证书和认证标志的管理、监督和综合协调工作。

地方质量技术监督部门和各地出入境检验检疫机构（以下统称地方认证监督管理部门）按照各自职责分工，依法负责所辖区域内的认证证书和认证标志的监督检查工作。

第五条 禁止伪造、冒用、转让和非法买卖认证证书和认证标志。

第二章　认证证书

第六条 认证机构应当按照认证基本规范、认证规则从事认证活动，对认证合格的，应当在规定的时限内向认证委托人出具认证证书。

第七条 产品认证证书包括以下基本内容：

（一）委托人名称、地址；

（二）产品名称、型号、规格，需要时对产品功能、特征的描述；

（三）产品商标、制造商名称、地址；

（四）产品生产厂名称、地址；

（五）认证依据的标准、技术要求；

（六）认证模式；

（七）证书编号；

（八）发证机构、发证日期和有效期；

（九）其他需要说明的内容。

第八条 服务认证证书包括以下基本内容：

（一）获得认证的组织名称、地址；

（二）获得认证的服务所覆盖的业务范围；

（三）认证依据的标准、技术要求；

（四）认证证书编号；

（五）发证机构、发证日期和有效期；

（六）其他需要说明的内容。

第九条 管理体系认证证书包括以下基本内容：

（一）获得认证的组织名称、地址；

（二）获得认证的组织的管理体系所覆盖的业务范围；

（三）认证依据的标准、技术要求；

（四）证书编号；

（五）发证机构、发证日期和有效期；

（六）其他需要说明的内容。

第十条 获得认证的组织应当在广告、宣传等活动中正确使用认证证书和有关信息。获得认证的产品、服务、管理体系发生重大变化时，获得认证的组织和个人应当向认证机构申请变更，未变更或者经认证机构调查发现不符合认证要求的，不得继续使用该认证证书。

第十一条 认证机构应当建立认证证书管理制度，对获得认证的组织和个人使用认证证书的情况实施有效跟踪调查，对不能符合认证要求的，应当暂停其使用直至撤销认证证书，并予以公布；对撤销或者注销的认证证书予以收回；无法收回的，予以公布。

第十二条 不得利用产品认证证书和相关文字、符号误导公众认为其服务、管理体系通过认证；不得利用服务认证证书和相关文字、符号误导公众认为其产品、管理体系通过认证；不得利用管理体系认证证书和相关文字、符号，误导公众认为其产品、服务通过认证。

第三章 认证标志

第十三条 认证标志分为强制性认证标志和自愿性认证标志。

自愿性认证标志包括国家统一的自愿性认证标志和认证机构自行制定的认证标志。

强制性认证标志和国家统一的自愿性认证标志属于国家专有认证标志。

认证机构自行制定的认证标志是指认证机构专有的认证标志。

第十四条 强制性认证标志和国家统一的自愿性认证标志的制定和使用，由国家认监委依法规定，并予以公布。

第十五条 认证机构自行制定的认证标志的式样（包括使用的符号）、文字和名称，应当遵守以下规定：

（一）不得与强制性认证标志、国家统一的自愿性认证标志或者其他认证机构自行制定并公布的认证标志相同或者近似；

（二）不得妨碍社会管理秩序；

（三）不得将公众熟知的社会公共资源或者具有特定含义的认证名称的文字、符号、图案作为认证标志的组成部分；

（四）不得将容易误导公众或者造成社会歧视、有损社会道德风尚以及其他不良影响的文字、符号、图案作为认证标志的组成部分；

（五）其他法律、行政法规，或者国家制定的相关技术规范、标准的规定。

第十六条 认证机构应当向社会公布认证标志的式样（包括使用的符号）、文字、名称、应用范围、识别方法、使用方法等信息。

第十七条 认证机构应当建立认证标志管理制度，明确认证标志使用者的权利和义务，对获得认证的组织使用认证标志的情况实施有效跟踪调查，发现其认证的产品、服务、管理体系不能符合认证要求的，应当及时作出暂停或者停止其使用认证标志的决定，并予以公布。

第十八条 获得产品认证的组织应当在广告、产品介绍等宣传材料中正确使用产品认证标志，可以在通过认证的产品及其包装上标注产品认证标志，但不得利用产品认证标志误导公众认为其服务、管理体系通过认证。

第十九条 获得服务认证的组织应当在广告等有关宣传中正确使用服务认证标志，可以将服务认证标志悬挂在获得服务认证的区域内，但不得利用服务认证标志误导公众认为其产品、管理体系通过认证。

第二十条 获得管理体系认证的组织应当在广告等有关宣传中正确使用管理体系认证标志，不得在产品上标注管理体系认证标志，只有在注明获证组织通过相关管理体系认证的情况下方可在产品的包装上标注管理体系认证标志。

第四章 监督检查

第二十一条 国家认监委组织地方认证监督管理部门对认证证书和认证标志的使用情况实施监督检查，对伪造、冒用、转让和非法买卖认证证书和认证标志的违法行为依法予以查处。

第二十二条 国家认监委对认证机构的认证证书和认证标志管理情况实施监督检查。

认证机构应当对其认证证书和认证标志的管理情况向国家认监委提供年度报告。年度报告中应当包括其对获证组织使用认证证书和认证标志的跟踪调查情况。

第二十三条 认证机构应当公布本机构认证证书和认证标志使用等相关信息，以便于公众进行查询和社会监督。

第二十四条 任何单位和个人对伪造、冒用、转让和非法买卖认证证书和认证标志等违法、违规行为可以向国家认监委或者地方认证监督管理部门举报。

第五章 罚则

第二十五条 违反本办法第十二条规定，对混淆使用认证证书和认证标志的，地方认证监督管理部门应当责令其限期改正，逾期不改的处以2万元以下罚款。

未通过认证，但在其产品或者产品包装上、广告等其他宣传中，使用虚假文字表明其通过认证的，地方认证监督管理部门应当按伪造、冒用认证标志、违法行为进行处罚。

第二十六条 违反本办法规定，伪造、冒用认证证书的，地方认证监督管理部门应当责令其改正，处以3万元罚款。

第二十七条 违反本办法规定，非法买卖或者转让认证证书的，地方认证监督管理部门责令其改正，处以3万元罚款；认证机构向未通过认证的认证委托人出卖或转让认证证书的，依照条例第六十二条规定处罚。

第二十八条 认证机构自行制定的认证标志违反本办法第十五条规定的，依照条例第六十一条规定处罚；违反其他法律、行政法规规定的，依照其他法律、行政法规处罚。

第二十九条 认证机构发现其认证的产品、服务、管理体系不能持续符合认证要求，不及时暂停其使用认证证书和认证标志，或者不及时撤销认证证书或者停止其使用认证标志的，依照条例第六十条规定处罚。

第三十条 认证机构违反本办法第十六条、第二十三条规定，未向社会公布相关信息的，责令限期改正；逾期不改的，予以警告。

第三十一条 伪造、冒用、非法买卖认证标志的，依照《中华人民共和国产品质量法》和《中华人民共和国进出口商品检验法》等有关法律、行政法规的规定处罚。

第六章　附则

第三十二条 认证证书和认证标志的收费按照国家有关价格法律、行政法规的规定执行。

第三十三条 本办法由国家质量监督检验检疫总局负责解释。

第三十四条 本办法自2004年8月1日起施行。1992年2月10日原国家技术监督局发布的《产品质量认证证书和认证标志管理办法》和1995年9月21日原国家商检局发布的《进出口商品标志管理办法》中有关认证标志的部分规定同时废止。

检验检测机构资质认定管理办法

第一章　总则

第一条 为了规范检验检测机构资质认定工作，加强对检验检测机构的监督管理，根据《中华人民共和国计量法》及其实施细则、《中华人民共和国认证认可条例》等法律、行政法规的规定，制定本办法。

第二条 本办法所称检验检测机构，是指依法成立，依据相关标准或者技术规范，利用仪器设备、环境设施等技术条件和专业技能，对产品或者法律法规规定的特定对象进行检验检测的专业技术组织。

本办法所称资质认定，是指省级以上质量技术监督部门依据有关法律法规和标准、技术规范的规定，对检验检测机构的基本条件和技术能力是否符合法定要求实施的评价许可。

资质认定包括检验检测机构计量认证。

第三条 检验检测机构从事下列活动，应当取得资质认定：

（一）为司法机关作出的裁决出具具有证明作用的数据、结果的；

（二）为行政机关作出的行政决定出具具有证明作用的数据、结果的；

（三）为仲裁机构作出的仲裁决定出具具有证明作用的数据、结果的；

（四）为社会经济、公益活动出具具有证明作用的数据、结果的；

（五）其他法律法规规定应当取得资质认定的。

第四条 在中华人民共和国境内从事向社会出具具有证明作用的数据、结果的检验检测活动以及对检验检测机构实施资质认定和监督管理，应当遵守本办法。

法律、行政法规另有规定的，依照其规定。

第五条 国家质量监督检验检疫总局主管全国检验检测机构资质认定工作。

国家认证认可监督管理委员会（以下简称国家认监委）负责检验检测机构资质认定的统一管理、组织实施、综合协调工作。

各省、自治区、直辖市人民政府质量技术监督部门（以下简称省级资质认定部门）负责所辖区域内检验检测机构的资质认定工作；

县级以上人民政府质量技术监督部门负责所辖区域内检验检测机构的监督管理工作。

第六条 国家认监委依据国家有关法律法规和标

准、技术规范的规定，制定检验检测机构资质认定基本规范、评审准则以及资质认定证书和标志的式样，并予以公布。

第七条 检验检测机构资质认定工作应当遵循统一规范、客观公正、科学准确、公平公开的原则。

第二章 资质认定条件和程序

第八条 国务院有关部门以及相关行业主管部门依法成立的检验检测机构，其资质认定由国家认监委负责组织实施；其他检验检测机构的资质认定，由其所在行政区域的省级资质认定部门负责组织实施。

第九条 申请资质认定的检验检测机构应当符合以下条件：

（一）依法成立并能够承担相应法律责任的法人或者其他组织；

（二）具有与其从事检验检测活动相适应的检验检测技术人员和管理人员；

（三）具有固定的工作场所，工作环境满足检验检测要求；

（四）具备从事检验检测活动所必需的检验检测设备设施；

（五）具有并有效运行保证其检验检测活动独立、公正、科学、诚信的管理体系；

（六）符合有关法律法规或者标准、技术规范规定的特殊要求。

第十条 检验检测机构资质认定程序：

（一）申请资质认定的检验检测机构（以下简称申请人），应当向国家认监委或者省级资质认定部门（以下统称资质认定部门）提交书面申请和相关材料，并对其真实性负责；

（二）资质认定部门应当对申请人提交的书面申请和相关材料进行初审，自收到之日起5个工作日内作出受理或者不予受理的决定，并书面告知申请人；

（三）资质认定部门应当自受理申请之日起45个工作日内，依据检验检测机构资质认定基本规范、评审准则的要求，完成对申请人的技术评审。技术评审包括书面审查和现场评审。技术评审时间不计算在资质认定期限内，资质认定部门应当将技术评审时间书面告知申请人。由于申请人整改或者其它自身原因导致无法在规定时间内完成的情况除外；

（四）资质认定部门应当自收到技术评审结论之日起20个工作日内，作出是否准予许可的书面决定。准予许可的，自作出决定之日起10个工作日内，向申请人颁发资质认定证书。不予许可的，应当书面通知申请人，并说明理由。

第十一条 资质认定证书有效期为6年。

需要延续资质认定证书有效期的，应当在其有效期届满3个月前提出申请。

资质认定部门根据检验检测机构的申请事项、自我声明和分类监管情况，采取书面审查或者现场评审的方式，作出是否准予延续的决定。

第十二条 有下列情形之一的，检验检测机构应当向资质认定部门申请办理变更手续：

（一）机构名称、地址、法人性质发生变更的；

（二）法定代表人、最高管理者、技术负责人、检验检测报告授权签字人发生变更的；

（三）资质认定检验检测项目取消的；

（四）检验检测标准或者检验检测方法发生变更的；

（五）依法需要办理变更的其他事项。

检验检测机构申请增加资质认定检验检测项目或者发生变更的事项影响其符合资质认定条件和要求的，依照本办法第十条规定的程序实施。

第十三条 资质认定证书内容包括：发证机关、获证机构名称和地址、检验检测能力范围、有效期限、证书编号、资质认定标志。

检验检测机构资质认定标志，由China Inspection Body and Laboratory Mandatory Approval的英文缩写CMA形成的图案和资质认定证书编号组成。式样如下：

第十四条 外方投资者在中国境内依法成立的检验检测机构，申请资质认定时，除应当符合本办法第九条规定的资质认定条件外，还应当符合我国外商投资法律法规的有关规定。

第十五条 检验检测机构依法设立的从事检验检测活动的分支机构，应当符合本办法第九条规定的条件，取得资质认定后，方可从事相关检验检测活动。

资质认定部门可以根据具体情况简化技术评审程序、缩短技术评审时间。

第三章 技术评审管理

第十六条 资质认定部门根据技术评审需要和专业要求，可以自行或者委托专业技术评价机构组织实施技术评审。

资质认定部门或者其委托的专业技术评价机构组织现场技术评审时，应当指派两名以上与技术评审内容相适应的评审员组成评审组，并确定评审组组长。必要时，可以聘请相关技术专家参加技术评审。

第十七条　评审组应当严格按照资质认定基本规范、评审准则开展技术评审活动，在规定时间内出具技术评审结论。

专业技术评价机构、评审组应当对其承担的技术评审活动和技术评审结论的真实性、符合性负责，并承担相应法律责任。

第十八条　评审组在技术评审中发现有不符合要求的，应当书面通知申请人限期整改，整改期限不得超过30个工作日。逾期未完成整改或者整改后仍不符合要求的，相应评审项目应当判定为不合格。

评审组在技术评审中发现申请人存在违法行为的，应当及时向资质认定部门报告。

第十九条　资质认定部门应当建立并完善评审员专业技能培训、考核、使用和监督制度。

第二十条　资质认定部门应当对技术评审活动进行监督，建立责任追究机制。

资质认定部门委托专业技术评价机构组织开展技术评审的，应当对专业技术评价机构及其组织的技术评审活动进行监督。

第二十一条　专业技术评价机构、评审员在评审活动中有下列情形之一的，资质认定部门可以根据情节轻重，作出告诫、暂停或者取消其从事技术评审活动的处理：

（一）未按照资质认定基本规范、评审准则规定的要求和时间实施技术评审的；

（二）对同一检验检测机构既从事咨询又从事技术评审的；

（三）与所评审的检验检测机构有利害关系或者其评审可能对公正性产生影响，未进行回避的；

（四）透露工作中所知悉的国家秘密、商业秘密或者技术秘密的；

（五）向所评审的检验检测机构谋取不正当利益的；

（六）出具虚假或者不实的技术评审结论的。

第四章　检验检测机构从业规范

第二十二条　检验检测机构及其人员从事检验检测活动，应当遵守国家相关法律法规的规定，遵循客观独立、公平公正、诚实信用原则，恪守职业道德，承担社会责任。

第二十三条　检验检测机构及其人员应当独立于其出具的检验检测数据、结果所涉及的利益相关各方，不受任何可能干扰其技术判断因素的影响，确保检验检测数据、结果的真实、客观、准确。

第二十四条　检验检测机构应当定期审查和完善管理体系，保证其基本条件和技术能力能够持续符合资质认定条件和要求，并确保管理体系有效运行。

第二十五条　检验检测机构应当在资质认定证书规定的检验检测能力范围内，依据相关标准或者技术规范规定的程序和要求，出具检验检测数据、结果。

检验检测机构出具检验检测数据、结果时，应当注明检验检测依据，并使用符合资质认定基本规范、评审准则规定的用语进行表述。

检验检测机构对其出具的检验检测数据、结果负责，并承担相应法律责任。

第二十六条　从事检验检测活动的人员，不得同时在两个以上检验检测机构从业。

检验检测机构授权签字人应当符合资质认定评审准则规定的能力要求。非授权签字人不得签发检验检测报告。

第二十七条　检验检测机构不得转让、出租、出借资质认定证书和标志；不得伪造、变造、冒用、租借资质认定证书和标志；不得使用已失效、撤销、注销的资质认定证书和标志。

第二十八条　检验检测机构向社会出具具有证明作用的检验检测数据、结果的，应当在其检验检测报告上加盖检验检测专用章，并标注资质认定标志。

第二十九条　检验检测机构应当按照相关标准、技术规范以及资质认定评审准则规定的要求，对其检验检测的样品进行管理。

检验检测机构接受委托送检的，其检验检测数据、结果仅证明样品所检验检测项目的符合性情况。

第三十条　检验检测机构应当对检验检测原始记录和报告归档留存，保证其具有可追溯性。

原始记录和报告的保存期限不少于6年。

第三十一条　检验检测机构需要分包检验检测项目时，应当按照资质认定评审准则的规定，分包给依法取得资质认定并有能力完成分包项目的检验检测机构，并在检验检测报告中标注分包情况。

具体分包的检验检测项目应当事先取得委托人书面同意。

第三十二条　检验检测机构及其人员应当对其在检验检测活动中所知悉的国家秘密、商业秘密和技术秘密负有保密义务，并制定实施相应的保密措施。

第五章　监督管理

第三十三条　国家认监委组织对检验检测机构实施监督管理，对省级资质认定部门的资质认定工作进行监督和指导。

省级资质认定部门自行或者组织地（市）、县级质量技术监督部门对所辖区域内的检验检测机构进行监督检查，依法查处违法行为；定期向国家认监委报送年度资质认定工作情况、监督检查结果、统计数据等相关信息。

地（市）、县级质量技术监督部门对所辖区域内的检验检测机构进行监督检查，依法查处违法行为，并将查处结果上报省级资质认定部门。涉及国家认监委或者其他省级资质认定部门的，由其省级资质认定部门负责上报或者通报。

第三十四条 资质认定部门根据检验检测专业领域风险程度、检验检测机构自我声明、认可机构认可以及监督检查、举报投诉等情况，建立检验检测机构诚信档案，实施分类监管。

第三十五条 检验检测机构应当按照资质认定部门的要求，参加其组织开展的能力验证或者比对，以保证持续符合资质认定条件和要求。

鼓励检验检测机构参加有关政府部门、国际组织、专业技术评价机构组织开展的检验检测机构能力验证或者比对。

第三十六条 资质认定部门应当在其官方网站上公布取得资质认定的检验检测机构信息，并注明资质认定证书状态。

国家认监委应当建立全国检验检测机构资质认定信息查询平台，以便社会查询和监督。

第三十七条 检验检测机构应当定期向资质认定部门上报包括持续符合资质认定条件和要求、遵守从业规范、开展检验检测活动等内容的年度报告，以及统计数据等相关信息。

检验检测机构应当在其官方网站或者以其他公开方式，公布其遵守法律法规、独立公正从业、履行社会责任等情况的自我声明，并对声明的真实性负责。

第三十八条 资质认定部门可以根据监督管理需要，就有关事项询问检验检测机构负责人和相关人员，发现存在问题的，应当给予告诫。

第三十九条 检验检测机构有下列情形之一的，资质认定部门应当依法办理注销手续：

（一）资质认定证书有效期届满，未申请延续或者依法不予延续批准的；

（二）检验检测机构依法终止的；

（三）检验检测机构申请注销资质认定证书的；

（四）法律法规规定应当注销的其他情形。

第四十条 对检验检测机构、专业技术评价机构或者资质认定部门及相关人员的违法违规行为，任何单位和个人有权举报。相关部门应当依据各自职责及时处理，并为举报人保密。

第六章 法律责任

第四十一条 检验检测机构未依法取得资质认定，擅自向社会出具具有证明作用数据、结果的，由县级以上质量技术监督部门责令改正，处3万元以下罚款。

第四十二条 检验检测机构有下列情形之一的，由县级以上质量技术监督部门责令其1个月内改正；逾期未改正或者改正后仍不符合要求的，处1万元以下罚款：

（一）违反本办法第二十五条、第二十八条规定出具检验检测数据、结果的；

（二）未按照本办法规定对检验检测人员实施有效管理，影响检验检测独立、公正、诚信的；

（三）未按照本办法规定对原始记录和报告进行管理、保存的；

（四）违反本办法和评审准则规定分包检验检测项目的；

（五）未按照本办法规定办理变更手续的；

（六）未按照资质认定部门要求参加能力验证或者比对的；

（七）未按照本办法规定上报年度报告、统计数据等相关信息或者自我声明内容虚假的；

（八）无正当理由拒不接受、不配合监督检查的。

第四十三条 检验检测机构有下列情形之一的，由县级以上质量技术监督部门责令整改，处3万元以下罚款：

（一）基本条件和技术能力不能持续符合资质认定条件和要求，擅自向社会出具具有证明作用数据、结果的；

（二）超出资质认定证书规定的检验检测能力范围，擅自向社会出具具有证明作用数据、结果的；

（三）出具的检验检测数据、结果失实的；

（四）接受影响检验检测公正性的资助或者存在影响检验检测公正性行为的；

（五）非授权签字人签发检验检测报告的。

前款规定的整改期限不超过3个月。整改期间，检验检测机构不得向社会出具具有证明作用的检验检测数据、结果。

第四十四条 检验检测机构违反本办法第二十七条规定的，由县级以上质量技术监督部门责令改正，处3万元以下罚款。

第四十五条 检验检测机构有下列情形之一的，资质认定部门应当撤销其资质认定证书：

（一）未经检验检测或者以篡改数据、结果等方式，出具虚假检验检测数据、结果的；

（二）违反本办法第四十三条规定，整改期间擅自对外出具检验检测数据、结果，或者逾期未改正、改正后仍不符合要求的；

（三）以欺骗、贿赂等不正当手段取得资质认定的；

（四）依法应当撤销资质认定证书的其他情形。

被撤销资质认定证书的检验检测机构，三年内不得再次申请资质认定。

第四十六条 检验检测机构申请资质认定时提供虚假材料或者隐瞒有关情况的，资质认定部门不予受理或者不予许可。检验检测机构在一年内不得再次申请资质认定。

第四十七条 从事资质认定和监督管理的人员，在工作中滥用职权、玩忽职守、徇私舞弊的，依法予以处理；构成犯罪的，依法追究刑事责任。

第七章 附则

第四十八条 资质认定收费，依据国家有关规定执行。

第四十九条 本办法由国家质量监督检验检疫总局负责解释。

第五十条 本办法自2015年8月1日起施行。国家质量监督检验检疫总局于2006年2月21日发布的《实验室和检查机构资质认定管理办法》同时废止。

认证机构管理办法

第一章 总则

第一条 为加强对认证机构的监督管理，规范认证活动，提高认证有效性，根据《中华人民共和国认证认可条例》（以下简称认证认可条例）等有关法律、行政法规的规定，制定本办法。

第二条 本办法所称认证机构是指依法经批准设立，独立从事产品、服务和管理体系符合标准、相关技术规范要求的合格评定活动，并具有法人资格的证明机构。

第三条 在中华人民共和国境内从事认证活动，以及对认证机构的监督管理，适用本办法。

第四条 国家质量监督检验检疫总局（以下简称国家质检总局）统一负责认证机构的监督管理工作。

国家认证认可监督管理委员会（以下简称国家认监委）负责认证机构的设立和相关审批及其从业活动的监督管理工作。

省、自治区、直辖市人民政府质量技术监督部门（以下简称省级质量技术监督部门）和直属出入境检验检疫机构（以下简称直属检验检疫机构）依照本办法的规定，按照职责分工负责所辖区域内认证活动的监督管理工作。

第五条 认证机构从事认证活动应当遵循公正公开、客观独立、诚实信用的原则，维护社会信用体系。

第六条 认证机构及其人员对其从业活动中所知悉的国家秘密、商业秘密和技术秘密负有保密义务。

第二章 设立与审批

第七条 设立认证机构，应当依法取得法人资格，并经国家认监委批准后，方可从事批准范围内的认证活动。

未经批准，任何单位和个人不得从事认证活动。

第八条 设立认证机构，应当具备下列条件：

（一）具有固定的办公场所和必备设施；

（二）具有符合认证认可要求的章程和管理制度；

（三）注册资本不得少于人民币300万元；

（四）具有10名以上相应领域的专职认证人员；

（五）认证机构董事长、总经理（主任）和管理者代表（以下统称高级管理人员）应当符合国家有关法律、法规以及国家质检总局、国家认监委相关规定要求，具备履行职务所必需的管理能力；

（六）其他法律法规规定的条件。

从事产品认证活动的认证机构，还应当具备与从事相关产品认证活动相适应的检测、检查等技术能力。

第九条 外方投资者在中国境内设立认证机构除应当具备本办法第八条规定的条件外，还应当符合下列要求：

（一）外方投资者为在中国境外具有 3 年以上相应领域认证从业经历的机构，具有所在国家或者地区有关当局的合法登记，无不良记录；

（二）外方投资者取得其所在国家或者地区认可机构相应领域的认可或者有关当局的承认。

外方投资者在中国境内设立认证机构还应当符合有关外商投资法律、行政法规和国家有关外商投资产业指导政策等规定。

第十条 设立认证机构的审批程序：

（一）设立认证机构的申请人（以下简称申请人），应当向国家认监委提出申请，并提交符合本办法第八条、第九条规定条件的有效证明文件和材料；

（二）国家认监委应当对申请人提交的申请材料进行初步审查，并自收到申请材料之日起 5 日内作出受理或者不予受理申请的书面决定，对申请材料不齐全或者不符合法定形式的，应当一次性告知申请人需要补正的全部内容；

（三）国家认监委应当自受理认证机构设立申请之日起 45 日内，作出是否批准的决定。决定批准的，向申请人出具《认证机构批准书》，决定不予批准的，应当书面通知申请人，并说明理由；

（四）国家认监委可以根据需要组织有关专家对申请人的认证、检测等技术能力进行评审。专家评审的时间不超过 30 日，该时间不计算在国家认监委作出批准的期限；

（五）国家认监委应当向社会公告，并在其网站上公布依法设立的认证机构名录。

国家认监委实施认证机构审批工作中应当遵循资源合理配置、便利高效、公开透明的原则。

第十一条 《认证机构批准书》有效期为 6 年。

认证机构需要延续《认证机构批准书》有效期的，应当在《认证机构批准书》有效期届满 30 日前向国家认监委提出申请。

国家认监委应当对提出延续申请的认证机构按照本办法规定的设立条件和审批程序进行书面复查，并在《认证机构批准书》有效期届满前作出是否准予延续的决定。

第十二条 认证机构设立子公司，应当依法取得公司登记机关登记，由国家认监委依据本办法第八条、第十条的规定批准后，方可从事批准范围内的认证活动。

第十三条 认证机构可以设立从事批准范围内的业务宣传和推广活动的办事机构。

第十四条 境外认证机构可以在中国境内设立从事其业务范围内的宣传和推广活动的代表机构。

第十五条 认证机构通过合约方式，分包认证结果在境外使用的境外认证机构认证业务的，应当事先取得相关认证领域的从业批准，并自签订合约之日起 10 日内向国家认监委备案，承担相应认证风险和责任。

第十六条 有下列情形之一的，认证机构应当依法向国家认监委申请办理相关变更手续：

（一）认证机构缩小批准业务范围的；

（二）认证机构变更法人性质、股东、注册资本的；

（三）认证机构合并或者分立的；

（四）认证机构变更名称、住所、法定代表人、高级管理人员的；

（五）认证机构发生其他重大事项变更的。

扩大业务范围的申请由国家认监委参照本办法第十条的规定予以办理。

第三章　行为规范

第十七条 认证机构应当公正、独立和客观开展认证活动，建立风险防范机制，对其认证活动可能引发的风险和责任，采取合理、有效措施，并承担相应的社会责任。

认证机构及其子公司、分公司、办事机构不得与认证咨询机构和认证委托人在资产、管理或者人员上存在利益关系。

第十八条 认证机构应当建立保证认证活动规范有效的质量体系，按照认证基本规范和认证规则规定的程序实施认证，并作出认证结论。

国家认监委尚未制定认证规则的，认证机构可以自行制定认证规则，并报国家认监委备案。

第十九条 认证机构应当通过网站或者以其他形式公布其认证范围、认证规则、收费标准以及其设立的子公司、分公司和办事机构的名称、业务范围、地址等信息内容，并保证信息内容真实、有效。

第二十条 认证机构及其分公司、子公司同时开展活动时，除应当遵守法律法规规定的责任义务外，还应当遵守以下要求：

（一）认证机构在工商注册登记的地址，为核心办公场所，统一发布和报送认证信息。

（二）认证机构有多个办公场所开展认证活动时，应当确保所有办公场所采用相同质量管理体系和程序，控制所有人员和认证过程。

第二十一条 认证机构应当建立健全认证人员管理制度，定期对认证人员的能力进行培训和评价，保证认证人员的能力持续符合要求，并确保认证审核过程中具备合理数量的专职认证人员和技术专家。

认证机构不得聘任或者使用国家法律法规禁止从事认证活动的人员。

第二十二条　认证机构应当对认证委托人委托认证的领域、产品和内容是否符合相关法律法规以及其法人资格等资质情况进行核实，根据认证委托人的规模、性质和组织及产品的复杂程度，对认证全过程进行策划，制定具体实施、检测、检查和监督等方案，并委派具有相应能力的认证人员和技术专家实施认证。

第二十三条　认证机构应当按照认证基本规范、认证规则规定的程序对认证全过程实施有效控制，确保认证和产品测试过程完整、客观、真实，并具有可追溯性，不得增加、减少或者遗漏认证程序和活动，并配备具有相应能力和专业的认证人员对上述过程进行评价。

认证机构应当制定相应程序对认证结果进行评定和有效控制，并对认证证书发放、暂停或者撤销有明确规定及评价要求。

第二十四条　认证机构应当对认证全过程做出完整记录，保留相应认证资料。记录应当真实、准确，以证实认证活动得到有效实施。记录、资料应当使用中文，归档留存时间应当与认证证书有效期一致。

第二十五条　认证机构及其认证人员应当及时做出认证结论，并保证认证结论客观、真实。认证结论经认证人员签字，由认证机构提供给认证委托人。认证机构及其认证人员应当对认证结果负责并承担相应法律责任。

第二十六条　认证机构对认证结论符合要求的，应当及时向认证委托人出具认证证书、准许使用认证标志，认证证书应当经认证机构授权的人员签发。

认证证书应当载明获证组织的名称、地址、覆盖范围或者产品、认证依据的标准或者相关技术规范、有效期等内容，认证证书所含内容应当符合认证实施的实际情况。

认证机构的认证证书式样应当在确定后30日内报国家认监委备案。

认证机构应当向公众提供查询认证证书有效性的方式。

第二十七条　经合并或者分立的认证机构应当对其发生变更之前出具的认证证书作出处理，并按照规定程序转换相关认证证书。

认证机构被注销、撤销批准资格后，持有该机构有效认证证书的获证组织，可以向经国家认监委批准的认证机构转换认证证书；受理证书转换的认证机构应该按照规定程序进行转换，并将转换结果报告国家认监委。

第二十八条　认证机构应当要求获证组织在认证范围内正确使用认证证书和认证标志，对误用和未按照规定使用认证证书和认证标志的，应当采取有效的纠正措施。

第二十九条　认证机构应当按照认证基本规范、认证规则的要求对其认证的产品、服务、管理体系实施有效的跟踪监督，确定合理的监督检查频次，以保证通过认证的产品、服务、管理体系持续符合认证要求；对不能持续符合认证要求的，认证机构应当暂停或者撤销其认证证书，及时向社会公布，并采取有效措施避免无效认证证书和认证标志继续使用。

第三十条　认证机构设立的子公司应当以认证机构的名义从事其批准范围内的认证活动，并依照本办法的规定和认证基本规范、认证规则的要求开展工作。

第三十一条　认证机构设立的办事机构和境外认证机构在中国境内设立的代表机构及人员，不得从事签订认证合同、组织现场审核（检查）、出具审核（检查）报告、实施认证决定、收取认证费用等活动，不得直接或者变相从事认证培训和认证咨询活动。

第四章　监督检查

第三十二条　国家质检总局、国家认监委对认证机构遵守认证认可条例和本办法的情况进行监督。

国家认监委负责对认证机构的运行情况进行检查，对认证结果和认证活动进行抽查，并公布检查、抽查结果和相关认证机构及获证组织名单。

第三十三条　国家认监委对认证机构实行认证业务信息报送和年度工作报告公示制度。

认证机构应当按照相关规定向国家认监委报送认证业务信息，包括：设立分公司和办事机构的情况，获得认证的组织详细情况、暂停或者撤销认证证书情况以及与认证结果相关的业务信息情况。

国家认监委应当及时汇总认证机构报送的相关信息和数据，并予以公布。

认证机构应当于每年3月底之前将上一年度工作报告报送国家认监委，报告内容包括：从业基本情况、人员、业务状况、质量分析以及符合国家资质要求的会计师事务所出具的财务会计审计报告等。

第三十四条　各级质量技术监督部门和各地出入境检验检疫机构（以下统称地方认证监督管理部门）应当按照各自职责，定期对所辖区域的认证活动实施监督，查处认证违法行为，并建立相应的监督协调工作机制。

第三十五条　国家质检总局、国家认监委应当对省级质量技术监督部门和直属检验检疫机构实施的认证执法工作进行监督和指导。

省级质量技术监督部门应当对所属市、县质量技术监督部门实施的认证执法工作进行监督和指导。直属检验检疫机构应当对其所属分支出入境检验检疫机构实施的认证执法工作进行监督指导。

省级质量技术监督部门和直属检验检疫机构应当于每年3月底之前将上一年度所辖区域认证监督管理工作情况报送国家认监委。

第三十六条 国家认监委和地方认证监督管理部门在行政管理中发现下列问题，经调查核实后，应当给予认证机构告诫并责令其改正：

（一）与境外认证机构签订分包合约未向国家认监委备案的；

（二）自行制定的认证规则未向国家认监委备案的；

（三）认证证书未备案或者向获证组织、产品出具的证书式样与备案证书式样不符的。

第三十七条 国家鼓励认证机构通过认可机构的认可，以证明其实施认证的能力符合要求；法律、行政法规规定应当取得认可的，认证机构应当按照法定要求通过认可。

认可机构应当对取得认可的认证机构进行有效跟踪监督，对认证结果的符合性进行抽查。对不能持续符合认可要求的认证机构，应当作出暂停或者撤销认可资格的处理。对认可监督中发现的违法违规行为，及时报告国家认监委。

第三十八条 认证认可协会应当加强认证机构的行业自律管理工作，对认证机构遵守法律法规、履行行业自律规范的情况进行评议，发现认证机构的违法违规行为，应当及时向国家认监委报告。

第三十九条 认证机构和获证组织应当对国家认监委和地方认证监督管理部门实施的监督检查工作予以配合和协助，对有关事项的询问和调查如实提供相关材料和信息。

第四十条 对于获证组织出现产品质量安全事故、环境污染或者职业健康安全事故以及经行政机关监督抽查中发现不符合法定要求产品的，认证机构应当根据具体情形依法暂停或者撤销认证证书，及时向国家认监委、地方认证监督管理部门以及相关部门通报，并配合有关行政机关对获证组织进行跟踪监督检查。

第四十一条 认证机构有下列情形之一的，国家认监委应当依法办理《认证机构批准书》注销手续：

（一）《认证机构批准书》有效期届满，未申请延续的；

（二）《认证机构批准书》有效期届满，经复查不符合延续批准决定的；

（三）认证机构依法终止的；

（四）法律法规规定的应当注销的其他情形。

第四十二条 有下列情形之一的，国家认监委根据利害关系人的请求或者依据职权，可以撤销对认证机构作出的批准决定：

（一）国家认监委工作人员滥用职权、玩忽职守作出批准决定的；

（二）超越法定职权作出批准决定的；

（三）违反法定程序作出批准决定的；

（四）对不具备申请资格或者不符合法定条件的申请人准予批准的；

（五）认证机构已经不具备或者不能持续符合法定条件和能力的；

（六）依法可以撤销批准决定的其他情形。

第四十三条 任何单位和个人对认证活动中的违法违规行为，有权向国家质检总局、国家认监委或者地方认证监督管理部门投诉或者举报，国家认监委或者地方认证监督管理部门应当及时调查处理，并为举报人保密。

第五章 法律责任

第四十四条 申请人隐瞒有关情况或者提供虚假材料申请认证机构设立等审批事项的，国家认监委不予受理或者不予批准，并给予警告；申请人在1年内不得再次申请设立认证机构等审批事项。

第四十五条 申请人以欺骗、贿赂等不正当手段获得认证机构设立等审批事项批准证书的，国家认监委应当撤销其批准证书；申请人在3年内不得再次申请设立认证机构。

第四十六条 认证机构未经批准，擅自设立子公司从事认证活动的，地方认证监管部门应当责令其子公司停止认证活动，处10万元以上50万元以下罚款，有违法所得的，没收违法所得；国家认监委给予认证机构停业整顿6个月，对负有责任的认证人员，给予停止执业1年的处罚；情节严重的，国家认监委撤销认证机构批准证书，对负有责任的认证人员，撤销其执业资格，并予公布。

第四十七条 认证机构设立的办事机构从事签订认证合同、组织现场审核（检查）、出具审核（检查）报告、实施认证决定、收取认证费用等认证活动的，地方认证监管部门应当处10万元以上50万元以下罚款，有违法所得的，没收违法所得；国家认监委给予认证机构停业整顿6个月，对负有责任的认证人员，给予停止执业1年的处罚，并予公布。

第四十八条 境外认证机构在中国境内设立的代表机构从事签订认证合同、组织现场审核（检查）、出具审核（检查）报告、实施认证决定、收取认证费用等认证活动的，地方认证监管部门应当责令其停止违法行为，处10万元以上50万元以下罚款，有违法所得的，没收违法所得。

第四十九条　认证机构未取得相应认证领域从业批准，分包认证结果在境外使用的境外认证机构认证业务的，国家认监委应当责令其改正，给予警告；情节严重的，给予其停业整顿6个月，并予公布；对负有责任的认证人员，给予停止执业1年的处罚；有违法所得的，没收违法所得。

第五十条　认证机构有下列情形之一的，国家认监委或者地方认证监管部门应当责令其改正，给予警告，并予以公布：

（一）专职认证人员发生变更，其数量不符合要求的；

（二）认证机构发生变更事项，未按照规定办理变更手续的；

（三）未按时提交年度审查报告、未按照规定提交设立分公司和办事机构信息、获证组织等信息或者提交的材料失实的；

（四）其他违反本办法规定的。

第五十一条　认证机构有下列情形之一的，国家认监委或者地方认证监管部门应当责令其限期改正，逾期未改正的，可以处3万元以下罚款：

（一）对已经暂停和撤销的认证证书，未向社会公布的；

（二）未向认证委托人提供认证审核文件的；

（三）审核时间严重不足，低于认证基本规范、认证规则规定的；

（四）从事认证咨询活动的；

（五）获证组织的产品不符合相关法律法规要求或者产品生产标准未按照法定要求备案，认证机构未按照规定暂停其认证证书或者未采取其他纠正措施的；

（六）在行政机关的监督检查中，拒绝提供反映其从业活动的情况或者隐瞒有关情况、提供虚假材料的；

（七）其他违反本办法规定的。

第五十二条　认证机构有下列情形之一的，地方认证监管部门应当责令其改正，处5万元以上10万元以下罚款，有违法所得的，没收违法所得；情节严重的，国家认监委应当责令其停业整顿6个月直至撤销其批准证书，并予公布：

（一）聘用未经国家注册（确认）的人员或者使用不符合认证要求和能力的人员从事认证审核、检查活动的；

（二）增加、减少、遗漏认证基本规范、认证规则规定程序要求，认证人员未到审核现场或者未对认证委托人的纠正措施进行有效验证即出具认证证书的；

（三）内部管理混乱、多办公场所作出认证决定，导致未按照认证基本规范、认证规则的程序和要求对其认证的产品、服务、管理体系实施有效的认证或者跟踪监督，造成不良社会影响的；

（四）认证的产品、服务、管理体系不能持续符合认证要求，认证机构未按照规定暂停或者撤销认证证书，并对外公布的；

（五）其他违反认证基本规范、认证规则规定的。

第五十三条　认证机构有下列情形之一的，地方认证监管部门应当责令其改正，处10万元以上20万元以下罚款，有违法所得的，没收违法所得；情节严重的，国家认监委应当撤销其批准证书，并予公布：

（一）超出批准范围开展认证活动；

（二）涂改、伪造《认证机构批准书》，或者以其他形式非法转让批准资格的；

（三）停业整顿期间，继续从事认证活动的；

（四）停业整顿期满后，仍未按照整改要求从事认证活动的。

第五十四条　认证机构存在出具虚假认证结论或者出具的结论严重失实的，国家认监委应当撤销其批准证书，并予公布；对直接负责的主管人员给予警告，对负有直接责任认证人员，撤销其执业资格；构成犯罪的，依法追究刑事责任；造成损失的，依法承担赔偿责任。

第五十五条　对于认证机构的其他违法行为，依照《认证认可条例》等有关法律法规予以处罚。

第五十六条　国家认监委和地方认证监管部门及其工作人员应当依法对认证活动实施监督，有滥用职权、徇私舞弊、玩忽职守等违法行为的，依法给予行政处分；构成犯罪的，依法追究刑事责任。

第六章　附则

第五十七条　香港、澳门和台湾地区的认证机构在大陆设立认证机构或者代表机构，依照本办法第二章关于境外认证机构的规定办理相关审批手续，并遵守本办法的规定。

第五十八条　本办法由国家质检总局解释。

第五十九条　本办法自2011年9月1日起施行。

食品检验机构资质认定管理办法

第一章　总则

第一条 为规范食品检验机构资质认定工作，加强食品检验机构的监督管理，提升食品检验机构的技术能力和管理水平，根据《中华人民共和国食品安全法》、《中华人民共和国认证认可条例》等有关法律、行政法规的规定，制定本办法。

第二条 本办法所称的食品检验机构资质认定，是指依法对食品检验机构的基本条件和能力，是否符合食品安全法律法规的规定以及相关标准或者技术规范要求实施的评价和认定活动。

第三条 对向社会出具具有证明作用的数据和结果的食品检验机构开展资质认定活动应当遵守本办法。

第四条 国家质量监督检验检疫总局（以下简称国家质检总局）统一管理食品检验机构资质认定工作。

国家认证认可监督管理委员会（以下简称国家认监委）负责食品检验机构资质认定实施、监督管理和综合协调工作。

各省级质量技术监督部门按照职责分工，负责所辖区域内食品检验机构资质认定实施和监督检查工作。

第五条 食品检验机构资质认定工作，应当遵循客观公正、科学准确、公开透明、高效便利的原则，并避免不必要的重复认定和评审。

第六条 食品检验机构及其检验人员从事食品检验活动，应当依照国家有关法律、法规和食品安全标准、检验规范的规定，尊重科学，恪守职业道德，并保证向社会出具的检验数据和结果客观、公正和准确。

第二章　资质认定条件与程序

第七条 食品检验机构应当按照国家有关认证认可的规定依法取得资质认定后，方可从事食品检验活动。

未依法取得资质认定的食品检验机构，不得向社会出具具有证明作用的检验数据和结果。

第八条 食品检验机构应当符合国务院食品药品监督管理部门规定的资质认定条件。

第九条 国务院有关主管部门所属和经其批准设立的食品检验机构资质认定，由国家认监委负责实施；除上述机构外的食品检验机构资质认定，由省级质量监督部门负责实施。

第十条 食品检验机构资质认定程序：

（一）申请资质认定的食品检验机构（以下简称申请人），应当向国家认监委或者省级质量监督部门（以下统称资质认定部门）提出书面申请，并提交符合本办法第八条规定的相关证明材料，申请材料应当真实有效；

（二）资质认定部门应当对申请人提交的申请材料进行书面审查，并自收到材料之日起5个工作日内作出受理或者不予受理的书面决定；申请材料不齐全或者不符合法定形式的，应当一次性告知申请人需要补正的全部内容；

（三）资质认定部门应当自受理申请之日起45个工作日内，对申请人完成技术评审工作，评审时间不计算在作出批准的期限内；

（四）资质认定部门应当自技术评审完结之日起20个工作日内，对技术评审结果进行审查，并作出是否批准的决定。决定批准的，自批准之日起10个工作日内，向申请人颁发资质认定证书，并准许其使用资质认定标志；不予批准的，应当书面告知申请人，并说明理由。

第十一条 国家认监委和省级质量监督部门应当定期公布依法取得资质认定的食品检验机构名录及其检验范围、技术能力等信息，并向公众提供查询渠道。

第十二条 食品检验机构资质认定证书有效期为6年。

食品检验机构需要延续依法取得的资质认定的有效期的，应当在资质认定证书有效期届满3个月前，向资质认定部门提出复查换证申请。

第十三条 食品检验机构资质认定证书式样、编号规则和资质认定标志式样由国家认监委统一制定。

食品检验机构应当在其对外出具的食品检验报告或

者其他宣传材料中正确使用资质认定标志和证书，用以证明其取得资质认定。

第十四条 有下列情形之一的，食品检验机构应当依法向资质认定部门申请办理相关变更手续：

（一）食品检验机构变更资质认定检验项目、检验方法的；

（二）食品检验机构名称、地址、法定代表人、授权签字人以及技术管理者发生变化的；

（三）食品检验机构发生其他重大事项变化的。

食品检验机构申请增加资质认定检验项目的，资质认定部门应当参照本办法第十条的规定予以办理。

第十五条 因发生重大食品安全事故或者其他食品安全紧急情况，需要食品检验机构临时增加检验项目的，资质认定部门应当及时启动应急预案，并向社会公布符合资质要求的食品检验机构名录。

第三章 技术评审

第十六条 国家认监委根据国家有关法律法规，国务院食品药品监督管理部门、国务院卫生行政部门规定的资质认定条件、相关国家标准的规定，制定食品检验机构资质认定评审准则。

第十七条 资质认定部门应当按照评审准则的要求，组成技术评审组，对申请人的基本条件、管理体系和检验能力等资质条件的符合性情况进行技术评审。技术评审组应当由 2 名以上评审员组成，必要时，可以聘请技术专家参加评审。

第十八条 从事技术评审的人员应当具有食品检验、科研或者管理等方面的工作经历和与评审工作相适应的能力，并经资质认定部门考核合格。

第十九条 技术评审组对申请人的检验能力进行评审时，应当审查确认申请人具备相关能力验证、比对试验、测量审核的证明；需要进行现场试验的，应当按照评审准则的要求进行考核。

第二十条 技术评审组应当按照评审准则规定的时限组织评审，评审发现有不符合项的，技术评审组应当书面通知申请人限期整改，整改期限不得超过 30 个工作日。逾期不整改或者整改后仍不符合要求的，判定为评审不合格。

技术评审组完成评审后，应当提出评审意见并制作评审报告，及时报送资质认定部门。

第二十一条 技术评审组实施评审中发现申请人存在重大问题的，应当及时向资质认定部门报告。

技术评审组组长应当对评审活动和评审结论负责，评审人员应当对其所承担的评审工作负责。

第二十二条 资质认定部门应当对食品检验机构资质认定技术评审组以及评审人员的评审活动进行监督检查，并组织评审人员专业技能培训，提高评审人员的评审能力和水平。

第二十三条 评审人员有下列情形之一的，资质认定部门应当根据情节轻重，对其作出暂停或者停止从事评审的处理决定：

（一）未依照食品检验机构资质认定评审准则的规定实施评审活动的；

（二)同时对同一申请人既实施评审又提供咨询的;

（三）与申请人有利害关系或者其评审可能对公正性产生影响，未进行回避的；

（四）透露工作中所知悉的国家秘密、商业秘密和技术秘密的；

（五）收受当事人礼金、有价证券以及谋取其他不当利益的；

（六）出具虚假或者不实评审结论的；

（七）违反国家有关规定的其他行为。

第四章 监督管理

第二十四条 国家质检总局统一监督管理食品检验机构的相关检验活动。

国家认监委负责组织对取得资质认定的食品检验机构进行监督检查，发现食品检验机构有违法违规行为的，应当予以查处，涉及国务院有关部门职责的，及时通报有关部门并协调处理。

第二十五条 国家认监委应当对省级质量监督部门实施的食品检验机构资质认定工作进行监督、指导。

省级质量监督部门应当组织地（市）、县级质量监督部门对所辖区域内的食品检验机构进行监督检查或者专项监督检查，地（市）、县级质量监督部门应当对所辖区域内的食品检验机构进行日常监督，发现违法行为的，及时查处。省级质量监督部门应当将所辖区域内违法行为的处理结果上报国家质检总局、国家认监委。

各直属出入境检验检疫局应当对所属食品检验机构进行日常监督管理，发现违规行为的，及时整改处理，重大事项及时上报。

第二十六条 国家质检总局、国家认监委、省级质量监督部门应当组织食品检验机构开展能力验证或者实验室间比对，以保证食品检验机构持续符合资质认定条件，并鼓励食品检验机构参与国务院有关部门以及国际组织、合格评定机构等机构开展的能力验证或者实验室间比对，不断提高检验水平和能力。

第二十七条 食品检验机构应当独立于食品检验

活动所涉及的利益相关方，不受任何可能干扰其技术判断因素的影响，并确保检验数据和结果不受其他组织或者人员的影响。

食品检验机构不得以广告或者其他形式向消费者推荐食品。

第二十八条 食品检验机构应当指定检验人独立进行食品检验，与检验业务委托人有利害关系的检验人应当予以回避。

食品检验人不得与其食品检验活动所涉及的检验业务委托人存在利益关系；不得参与任何影响其检验判断独立性和公正性的活动。

食品检验人应当具备与食品检验活动相适应的检验能力和水平，并符合国家有关食品检验人员资质要求的规定。

第二十九条 食品检验实行食品检验机构与检验人负责制。食品检验机构应当依据法律法规、检验规范的相关规定及委托检验合同的约定出具食品检验报告。食品检验报告应当加盖食品检验机构公章，并有检验人（授权签字人）的签名或者盖章。食品检验机构和检验人对出具的食品检验报告负责。

第三十条 食品检验机构有下列情形之一的，资质认定部门应当依法办理资质认定证书注销手续：

（一）资质认定证书有效期届满，未申请延续的；

（二）资质认定证书有效期届满，经复查不符合延续批准决定的；

（三）食品检验机构依法终止的；

（四）法律法规规定的应当注销的其他情形。

第三十一条 食品检验机构应当建立申诉和投诉机制，处理食品生产经营企业、食品行业协会等组织或者消费者提出的委托检验结论争议。

任何单位和个人对食品检验机构的检验活动中的违法违规行为，有权向资质认定部门举报，资质认定部门应当及时调查处理，并为举报人保密。

第五章　罚则

第三十二条 申请人在申请食品检验机构资质认定或者复查换证时，隐瞒有关情况或者提供虚假材料申请食品检验机构资质认定的，资质认定部门不予受理或者不予批准，并给予警告；申请人在1年内不得再次申请食品检验机构资质认定。

第三十三条 申请人以欺骗、贿赂等不正当手段获得食品检验机构资质认定证书的，资质认定部门应当撤销资质认定证书；申请人在3年内不得再次申请食品检验机构资质认定。

第三十四条 未依法取得资质认定的食品检验机构，擅自向社会出具具有证明作用的食品检验数据和结果的，县级以上质量技术监督部门应当责令其改正，处3万元罚款，并予以公布。

第三十五条 食品检验机构有下列情形之一的，县级以上质量技术监督部门应当责令其改正，处3万元以下罚款；情节严重的，责令限期整改，暂停资质认定证书3个月，证书暂停期间不得对外出具食品检验报告：

（一）不能持续符合资质认定条件继续从事食品检验活动的；

（二）违反本办法规定，擅自增加检验项目或者超出资质认定批准范围从事食品检验活动并对外出具食品检验报告的；

（三）接受影响检验公正性的资助或者存在影响检验公正性行为的；

（四）未依照食品安全标准、检验规范的规定进行食品检验，造成不良后果的；

（五）利用承担行政机关指定检验任务，进行其他违规行为的。

第三十六条 食品检验机构有下列情形之一的，资质认定部门应当撤销其资质认定证书：

（一）出具虚假食品检验报告或者出具的食品检验报告不实造成严重后果的；

（二）聘用国家有关法律、行政法规规定禁止从事食品检验工作人员的；

（三）资质认定证书暂停期间对外出具食品检验报告的；

（四）逾期未整改或者整改后仍不符合资质认定要求的；

（五）依法撤销资质认定的其他情形。

第三十七条 食品检验人员出具虚假检验报告的，依照《中华人民共和国食品安全法》第一百三十八条的规定予以处罚。

第三十八条 食品检验机构以广告或者其他形式向消费者推荐食品的，依照《中华人民共和国食品安全法》第一百四十条第四款的规定予以处罚。

第三十九条 从事食品检验机构资质认定以及监督管理的工作人员滥用职权、玩忽职守、徇私舞弊的，依法给予行政处分；构成犯罪的，依法追究刑事责任。

第四十条 对于食品检验机构的其他违法行为，依照相关法律法规的规定予以处罚。

第六章　附则

第四十一条 农产品质量安全检测机构的资质管

理，依照《中华人民共和国农产品质量安全法》的有关规定执行。

第四十二条 本办法由国家质检总局负责解释。

第四十三条 本办法自2010年11月1日起施行。

有机产品认证管理办法

第一章 总则

第一条 为了维护消费者、生产者和销售者合法权益，进一步提高有机产品质量，加强有机产品认证管理，促进生态环境保护和可持续发展，根据《中华人民共和国产品质量法》、《中华人民共和国进出口商品检验法》、《中华人民共和国认证认可条例》等法律、行政法规的规定，制定本办法。

第二条 在中华人民共和国境内从事有机产品认证以及获证有机产品生产、加工、进口和销售活动，应当遵守本办法。

第三条 本办法所称有机产品，是指生产、加工和销售符合中国有机产品国家标准的供人类消费、动物食用的产品。

本办法所称有机产品认证，是指认证机构依照本办法的规定，按照有机产品认证规则，对相关产品的生产、加工和销售活动符合中国有机产品国家标准进行的合格评定活动。

第四条 国家认证认可监督管理委员会（以下简称国家认监委）负责全国有机产品认证的统一管理、监督和综合协调工作。

地方各级质量技术监督部门和各地出入境检验检疫机构（以下统称地方认证监管部门）按照职责分工，依法负责所辖区域内有机产品认证活动的监督检查和行政执法工作。

第五条 国家推行统一的有机产品认证制度，实行统一的认证目录、统一的标准和认证实施规则、统一的认证标志。

国家认监委负责制定和调整有机产品认证目录、认证实施规则，并对外公布。

第六条 国家认监委按照平等互利的原则组织开展有机产品认证国际合作。

开展有机产品认证国际互认活动，应当在国家对外签署的国际合作协议内进行。

第二章 认证实施

第七条 有机产品认证机构（以下简称认证机构）应当依法取得法人资格，并经国家认监委批准后，方可从事批准范围内的有机产品认证活动。

认证机构实施认证活动的能力应当符合有关产品认证机构国家标准的要求。

从事有机产品认证检查活动的检查员，应当经国家认证人员注册机构注册后，方可从事有机产品认证检查活动。

第八条 有机产品生产者、加工者（以下统称认证委托人），可以自愿委托认证机构进行有机产品认证，并提交有机产品认证实施规则中规定的申请材料。

认证机构不得受理不符合国家规定的有机产品生产产地环境要求，以及有机产品认证目录外产品的认证委托人的认证委托。

第九条 认证机构应当自收到认证委托人申请材料之日起10日内，完成材料审核，并作出是否受理的决定。对于不予受理的，应当书面通知认证委托人，并说明理由。

认证机构应当在对认证委托人实施现场检查前5日内，将认证委托人、认证检查方案等基本信息报送至国家认监委确定的信息系统。

第十条 认证机构受理认证委托后，认证机构应当按照有机产品认证实施规则的规定，由认证检查员对有机产品生产、加工场所进行现场检查，并应当委托具有法定资质的检验检测机构对申请认证的产品进行检验检测。

按照有机产品认证实施规则的规定，需要进行产地（基地）环境监（检）测的，由具有法定资质的监（检）测机构出具监（检）测报告，或者采信认证委托人提供的其他合法有效的环境监（检）测结论。

第十一条 符合有机产品认证要求的，认证机构应当及时向认证委托人出具有机产品认证证书，允许其使用中国有机产品认证标志；对不符合认证要求的，应当书面通知认证委托人，并说明理由。

认证机构及认证人员应当对其作出的认证结论负责。

第十二条 认证机构应当保证认证过程的完整、客观、真实，并对认证过程作出完整记录，归档留存，保证认证过程和结果具有可追溯性。

产品检验检测和环境监（检）测机构应当确保检验检测、监测结论的真实、准确，并对检验检测、监测过程做出完整记录，归档留存。产品检验检测、环境监测机构及其相关人员应当对其作出的检验检测、监测报告的内容和结论负责。

本条规定的记录保存期为5年。

第十三条 认证机构应当按照认证实施规则的规定，对获证产品及其生产、加工过程实施有效跟踪检查，以保证认证结论能够持续符合认证要求。

第十四条 认证机构应当及时向认证委托人出具有机产品销售证，以保证获证产品的认证委托人所销售的有机产品类别、范围和数量与认证证书中的记载一致。

第十五条 有机配料含量（指重量或者液体体积，不包括水和盐，下同）等于或者高于95%的加工产品，应当在获得有机产品认证后，方可在产品或者产品包装及标签上标注“有机”字样，加施有机产品认证标志。

第十六条 认证机构不得对有机配料含量低于95%的加工产品进行有机认证。

第三章　有机产品进口

第十七条 向中国出口有机产品的国家或者地区的有机产品主管机构，可以向国家认监委提出有机产品认证体系等效性评估申请，国家认监委受理其申请，并组织有关专家对提交的申请进行评估。

评估可以采取文件审查、现场检查等方式进行。

第十八条 向中国出口有机产品的国家或者地区的有机产品认证体系与中国有机产品认证体系等效的，国家认监委可以与其主管部门签署相关备忘录。

该国家或者地区出口至中国的有机产品，依照相关备忘录的规定实施管理。

第十九条 未与国家认监委就有机产品认证体系等效性方面签署相关备忘录的国家或者地区的进口产品，拟作为有机产品向中国出口时，应当符合中国有机产品相关法律法规和中国有机产品国家标准的要求。

第二十条 需要获得中国有机产品认证的进口产品生产商、销售商、进口商或者代理商（以下统称进口有机产品认证委托人），应当向经国家认监委批准的认证机构提出认证委托。

第二十一条 进口有机产品认证委托人应当按照有机产品认证实施规则的规定，向认证机构提交相关申请资料和文件，其中申请书、调查表、加工工艺流程、产品配方和生产、加工过程中使用的投入品等认证申请材料、文件，应当同时提交中文版本。申请材料不符合要求的，认证机构应当不予受理其认证委托。

认证机构从事进口有机产品认证活动应当符合本办法和有机产品认证实施规则的规定，认证检查记录和检查报告等应当有中文版本。

第二十二条 进口有机产品申报入境检验检疫时，应当提交其所获中国有机产品认证证书复印件、有机产品销售证复印件、认证标志和产品标识等文件。

第二十三条 各地出入境检验检疫机构应当对申报的进口有机产品实施入境验证，查验认证证书复印件、有机产品销售证复印件、认证标志和产品标识等文件，核对货证是否相符。不相符的，不得作为有机产品入境。

必要时，出入境检验检疫机构可以对申报的进口有机产品实施监督抽样检验，验证其产品质量是否符合中国有机产品国家标准的要求。

第二十四条 自对进口有机产品认证委托人出具有机产品认证证书起30日内，认证机构应当向国家认监委提交以下书面材料：

（一）获证产品类别、范围和数量；

（二）进口有机产品认证委托人的名称、地址和联系方式；

（三）获证产品生产商、进口商的名称、地址和联系方式；

（四）认证证书和检查报告复印件（中外文版本）；

（五）国家认监委规定的其他材料。

第四章　认证证书和认证标志

第二十五条 国家认监委负责制定有机产品认证证书的基本格式、编号规则和认证标志的式样、编号规则。

第二十六条 认证证书有效期为1年。

第二十七条 认证证书应当包括以下内容：

（一）认证委托人的名称、地址；

（二）获证产品的生产者、加工者以及产地（基地）的名称、地址；

（三）获证产品的数量、产地（基地）面积和产品种类；

（四）认证类别；

（五）依据的国家标准或者技术规范；

（六）认证机构名称及其负责人签字、发证日期、有效期。

第二十八条　获证产品在认证证书有效期内，有下列情形之一的，认证委托人应当在15日内向认证机构申请变更。认证机构应当自收到认证证书变更申请之日起30日内，对认证证书进行变更：

（一）认证委托人或者有机产品生产、加工单位名称或者法人性质发生变更的；

（二）产品种类和数量减少的；

（三）其他需要变更认证证书的情形。

第二十九条　有下列情形之一的，认证机构应当在30日内注销认证证书，并对外公布：

（一）认证证书有效期届满，未申请延续使用的；

（二）获证产品不再生产的；

（三）获证产品的认证委托人申请注销的；

（四）其他需要注销认证证书的情形。

第三十条　有下列情形之一的，认证机构应当在15日内暂停认证证书，认证证书暂停期为1至3个月，并对外公布：

（一）未按照规定使用认证证书或者认证标志的；

（二）获证产品的生产、加工、销售等活动或者管理体系不符合认证要求，且经认证机构评估在暂停期限内能够能采取有效纠正或者纠正措施的；

（三）其他需要暂停认证证书的情形。

第三十一条　有下列情形之一的，认证机构应当在7日内撤销认证证书，并对外公布：

（一）获证产品质量不符合国家相关法规、标准强制要求或者被检出有机产品国家标准禁用物质的；

（二）获证产品生产、加工活动中使用了有机产品国家标准禁用物质或者受到禁用物质污染的；

（三）获证产品的认证委托人虚报、瞒报获证所需信息的；

（四）获证产品的认证委托人超范围使用认证标志的；

（五）获证产品的产地（基地）环境质量不符合认证要求的；

（六）获证产品的生产、加工、销售等活动或者管理体系不符合认证要求，且在认证证书暂停期间，未采取有效纠正或者纠正措施的；

（七）获证产品在认证证书标明的生产、加工场所外进行了再次加工、分装、分割的；

（八）获证产品的认证委托人对相关方重大投诉且确有问题未能采取有效处理措施的；

（九）获证产品的认证委托人从事有机产品认证活动因违反国家农产品、食品安全管理相关法律法规，受到相关行政处罚的；

（十）获证产品的认证委托人拒不接受认证监管部门或者认证机构对其实施监督的；

（十一）其他需要撤销认证证书的情形。

第三十二条　有机产品认证标志为中国有机产品认证标志。

中国有机产品认证标志标有中文“中国有机产品”字样和英文“ORGANIC”字样。图案如下：

第三十三条　中国有机产品认证标志应当在认证证书限定的产品类别、范围和数量内使用。

认证机构应当按照国家认监委统一的编号规则，对每枚认证标志进行唯一编号（以下简称有机码），并采取有效防伪、追溯技术，确保发放的每枚认证标志能够溯源到其对应的认证证书和获证产品及其生产、加工单位。

第三十四条　获证产品的认证委托人应当在获证产品或者产品的最小销售包装上，加施中国有机产品认证标志、有机码和认证机构名称。

获证产品标签、说明书及广告宣传等材料上可以印制中国有机产品认证标志，并可以按照比例放大或者缩小，但不得变形、变色。

第三十五条　有下列情形之一的，任何单位和个人不得在产品、产品最小销售包装及其标签上标注含有“有机”、“ORGANIC”等字样且可能误导公众认为该产品为有机产品的文字表述和图案：

（一）未获得有机产品认证的；

（二）获证产品在认证证书标明的生产、加工场所外进行了再次加工、分装、分割的。

第三十六条　认证证书暂停期间，获证产品的认证委托人应当暂停使用认证证书和认证标志；认证证书注销、撤销后，认证委托人应当向认证机构交回认证证书和未使用的认证标志。

第五章　监督管理

第三十七条　国家认监委对有机产品认证活动组

织实施监督检查和不定期的专项监督检查。

第三十八条 地方认证监管部门应当按照各自职责，依法对所辖区域的有机产品认证活动进行监督检查，查处获证有机产品生产、加工、销售活动中的违法行为。

各地出入境检验检疫机构负责对外资认证机构、进口有机产品认证和销售，以及出口有机产品认证、生产、加工、销售活动进行监督检查。

地方各级质量技术监督部门负责对中资认证机构、在境内生产加工且在境内销售的有机产品认证、生产、加工、销售活动进行监督检查。

第三十九条 地方认证监管部门的监督检查的方式包括：

（一）对有机产品认证活动是否符合本办法和有机产品认证实施规则规定的监督检查；

（二）对获证产品的监督抽查；

（三）对获证产品认证、生产、加工、进口、销售单位的监督检查；

（四）对有机产品认证证书、认证标志的监督检查；

（五）对有机产品认证咨询活动是否符合相关规定的监督检查；

（六）对有机产品认证和认证咨询活动举报的调查处理；

（七）对违法行为的依法查处。

第四十条 国家认监委通过信息系统，定期公布有机产品认证动态信息。

认证机构在出具认证证书之前，应当按要求及时向信息系统报送有机产品认证相关信息，并获取认证证书编号。

认证机构在发放认证标志之前，应当将认证标志、有机码的相关信息上传到信息系统。

地方认证监管部门通过信息系统，根据认证机构报送和上传的认证相关信息，对所辖区域内开展的有机产品认证活动进行监督检查。

第四十一条 获证产品的认证委托人以及有机产品销售单位和个人，在产品生产、加工、包装、贮藏、运输和销售等过程中，应当建立完善的产品质量安全追溯体系和生产、加工、销售记录档案制度。

第四十二条 有机产品销售单位和个人在采购、贮藏、运输、销售有机产品的活动中，应当符合有机产品国家标准的规定，保证销售的有机产品类别、范围和数量与销售证中的产品类别、范围和数量一致，并能够提供与正本内容一致的认证证书和有机产品销售证的复印件，以备相关行政监管部门或者消费者查询。

第四十三条 认证监管部门可以根据国家有关部门发布的动植物疫情、环境污染风险预警等信息，以及监督检查、消费者投诉举报、媒体反映等情况，及时发布关于有机产品认证区域、获证产品及其认证委托人、认证机构的认证风险预警信息，并采取相关应对措施。

第四十四条 获证产品的认证委托人提供虚假信息、违规使用禁用物质、超范围使用有机认证标志，或者出现产品质量安全重大事故的，认证机构5年内不得受理该企业及其生产基地、加工场所的有机产品认证委托。

第四十五条 认证委托人对认证机构的认证结论或者处理决定有异议的，可以向认证机构提出申诉，对认证机构的处理结论仍有异议的，可以向国家认监委申诉。

第四十六条 任何单位和个人对有机产品认证活动中的违法行为，可以向国家认监委或者地方认证监管部门举报。国家认监委、地方认证监管部门应当及时调查处理，并为举报人保密。

第六章 罚则

第四十七条 伪造、冒用、非法买卖认证标志的，地方认证监管部门依照《中华人民共和国产品质量法》、《中华人民共和国进出口商品检验法》及其实施条例等法律、行政法规的规定处罚。

第四十八条 伪造、变造、冒用、非法买卖、转让、涂改认证证书的，地方认证监管部门责令改正，处3万元罚款。

违反本办法第四十条第二款的规定，认证机构在其出具的认证证书上自行编制认证证书编号的，视为伪造认证证书。

第四十九条 违反本办法第八条第二款的规定，认证机构向不符合国家规定的有机产品生产产地环境要求区域或者有机产品认证目录外产品的认证委托人出具认证证书的，责令改正，处3万元罚款；有违法所得的，没收违法所得。

第五十条 违反本办法第三十五条的规定，在产品或者产品包装及标签上标注含有“有机”、“ORGANIC”等字样且可能误导公众认为该产品为有机产品的文字表述和图案的，地方认证监管部门责令改正，处3万元以下罚款。

第五十一条 认证机构有下列情形之一的，国家认监委应当责令改正，予以警告，并对外公布：

（一）未依照本办法第四十条第二款的规定，将有机产品认证标志、有机码上传到国家认监委确定的信息系统的；

（二）未依照本办法第九条第二款的规定，向国家认监委确定的信息系统报送相关认证信息或者其所报送信息失实的；

（三）未依照本办法第二十四条的规定，向国家认监委提交相关材料备案的。

第五十二条　违反本办法第十四条的规定，认证机构发放的有机产品销售证数量，超过获证产品的认证委托人所生产、加工的有机产品实际数量的，责令改正，处1万元以上3万元以下罚款。

第五十三条　违反本办法第十六条的规定，认证机构对有机配料含量低于95%的加工产品进行有机认证的，地方认证监管部门责令改正，处3万元以下罚款。

第五十四条　认证机构违反本办法第三十条、第三十一条的规定，未及时暂停或者撤销认证证书并对外公布的，依照《中华人民共和国认证认可条例》第六十条的规定处罚。

第五十五条　认证委托人有下列情形之一的，由地方认证监管部门责令改正，处1万元以上3万元以下罚款：

（一）未获得有机产品认证的加工产品，违反本办法第十五条的规定，进行有机产品认证标识标注的；

（二）未依照本办法第三十三条第一款、第三十四条的规定使用认证标志的；

（三）在认证证书暂停期间或者被注销、撤销后，仍继续使用认证证书和认证标志的。

第五十六条　认证机构、获证产品的认证委托人拒绝接受国家认监委或者地方认证监管部门监督检查的，责令限期改正；逾期未改正的，处3万元以下罚款。

第五十七条　进口有机产品入境检验检疫时，不如实提供进口有机产品的真实情况，取得出入境检验检疫机构的有关证单，或者对法定检验的有机产品不予报检，逃避检验的，由出入境检验检疫机构依照《中华人民共和国进出口商检检验法实施条例》第四十六条的规定处罚。

第五十八条　有机产品认证活动中的其他违法行为，依照有关法律、行政法规、部门规章的规定处罚。

第七章　附则

第五十九条　有机产品认证收费应当依照国家有关价格法律、行政法规的规定执行。

第六十条　出口的有机产品，应当符合进口国家或者地区的要求。

第六十一条　本办法所称有机配料，是指在制造或者加工有机产品时使用并存在（包括改性的形式存在）于产品中的任何物质，包括添加剂。

第六十二条　本办法由国家质量监督检验检疫总局负责解释。

第六十三条　本办法自2014年4月1日起施行。国家质检总局2004年11月5日公布的《有机产品认证管理办法》（国家质检总局第67号令）同时废止。

节能低碳产品认证管理办法

第一章　总则

第一条　为了提高用能产品以及其它产品的能源利用效率，改进材料利用，控制温室气体排放，应对气候变化，规范和管理节能低碳产品认证活动，根据《中华人民共和国节约能源法》《中华人民共和国认证认可条例》等法律、行政法规的规定，制定本办法。

第二条　本办法所称节能低碳产品认证，包括节能产品认证和低碳产品认证。节能产品认证是指由认证机构证明用能产品在能源利用效率方面符合相应国家标准、行业标准或者认证技术规范要求的合格评定活动；低碳产品认证是指由认证机构证明产品温室气体排放量符合相应低碳产品评价标准或者技术规范要求的合格评定活动。

第三条　在中华人民共和国境内从事节能低碳产品认证活动，应当遵守本办法。

第四条　国家质量监督检验检疫总局（以下简称国家质检总局）主管全国节能低碳产品认证工作；国家发展和改革委员会（以下简称国家发展改革委）负责指导开展节能低碳产品认证工作。

国家认证认可监督管理委员会（以下简称国家认监

委）负责节能低碳产品认证的组织实施、监督管理和综合协调工作。

地方各级质量技术监督部门和各地出入境检验检疫机构（以下统称地方质检两局）按照各自职责，负责所辖区域内节能低碳产品认证活动的监督管理工作。

第五条 国家发展改革委、国家质检总局和国家认监委会同国务院有关部门建立节能低碳产品认证部际协调工作机制，共同确定产品认证目录、认证依据、认证结果采信等有关事项。

节能、低碳产品认证目录由国家发展改革委、国家质检总局和国家认监委联合发布。

第六条 国家发展改革委、国家质检总局、国家认监委以及国务院有关部门，依据《中华人民共和国节约能源法》以及国家相关产业政策规定，在工业、建筑、交通运输、公共机构等领域，推动相关机构开展节能低碳产品认证等服务活动，并采信认证结果。

国家发展改革委、国务院其他有关部门以及地方政府主管部门依据相关产业政策，推动节能低碳产品认证活动，鼓励使用获得节能低碳认证的产品。

第七条 从事节能低碳产品认证活动的机构及其人员，对其从业活动中所知悉的商业秘密和技术秘密负有保密义务。

第二章 认证实施

第八条 节能、低碳产品认证规则由国家认监委会同国家发展改革委制定。涉及国务院有关部门职责的，应当征求国务院有关部门意见。

节能、低碳产品认证规则由国家认监委发布。

第九条 从事节能低碳产品认证的认证机构应当依法设立，符合《中华人民共和国认证认可条例》《认证机构管理办法》规定的基本条件和产品认证机构通用要求，并具备从事节能低碳产品认证活动相关技术能力。

第十条 从事节能低碳产品认证相关检验检测活动的机构应当依法经过资质认定，符合检验检测机构能力的通用要求，并具备从事节能低碳产品认证检验检测工作相关技术能力。

第十一条 国家认监委对从事节能低碳产品认证活动的认证机构，依法予以批准。

节能低碳产品认证机构名录及相关信息经节能低碳产品认证部际协调工作机制研究后，由国家认监委公布。

第十二条 从事节能低碳产品认证检查或者核查的人员，应当具备检查或者核查的技术能力，并经国家认证人员注册机构注册。

第十三条 产品的生产者或者销售者（以下简称认证委托人）可以委托认证机构进行节能、低碳产品认证，并按照认证规则的规定提交相关资料。

认证机构经审查符合认证条件的，应当予以受理。

第十四条 认证机构受理认证委托后，应当按照节能、低碳产品认证规则的规定，安排产品检验检测、工厂检查或者现场核查。

第十五条 认证机构应当对认证委托人提供样品的真实性进行审查，并根据产品特点和实际情况，采取认证委托人送样、现场抽样或者现场封样后由委托人送样等方式，委托符合本办法规定的检验检测机构对样品进行产品型式试验。

第十六条 检验检测机构对样品进行检验检测，应当确保检验检测结果的真实、准确，并对检验检测全过程做出完整记录，归档留存，保证检验检测过程和结果具有可追溯性，配合认证机构对获证产品进行有效的跟踪检查。

检验检测机构及其有关人员应当对其作出的检验检测报告内容以及检验检测结论负责，对样品真实性有疑义的，应当向认证机构说明情况，并作出相应处理。

第十七条 根据认证规则需要进行工厂检查或者核查的，认证机构应当委派经国家认证人员注册机构注册的认证检查员或者认证核查员，进行检查或者核查。

节能产品认证的检查，需要对产品生产企业的质量保证能力、生产产品与型式试验样品的一致性等情况进行检查。

低碳产品认证的核查，需要对产品生产工艺流程与相关提交文件的一致性、生产相关过程的能量和物料平衡、证据的可靠性、生产产品与检测样品的一致性、生产相关能耗监测设备的状态、碳排放计算的完整性以及产品生产企业的质量保证水平和能力等情况进行核查。

第十八条 认证机构完成产品检验检测和工厂检查或者核查后，对符合认证要求的，向认证委托人出具认证证书；对不符合认证要求的，应当书面通知认证委托人，并说明理由。

认证机构及其有关人员应当对其作出的认证结论负责。

第十九条 认证机构应当按照认证规则的规定，采取适当合理的方式和频次，对取得认证的产品及其生产企业实施有效的跟踪检查，控制并验证取得认证的产品持续符合认证要求。

对于不能持续符合认证要求的，认证机构应当根据相应情形作出暂停或者撤销认证证书的处理，并予公布。

第二十条　认证机构应当依法公开节能低碳产品认证收费标准、产品获证情况等相关信息，并定期将节能低碳产品认证结果采信等有关数据和工作情况，报告国家认监委。

第二十一条　国家认监委和国家发展改革委组建节能低碳认证技术委员会，对涉及认证技术的重大问题进行研究和审议。

认证技术委员会为非常设机构，由国务院相关部门、行业协会、认证机构、企业代表以及相关专家担任委员。

第二十二条　认证机构应当建立风险防范机制，采取设立风险基金或者投保等合理、有效的防范措施，防范节能低碳产品认证活动可能引发的风险和责任。

第三章　认证证书和认证标志

第二十三条　节能、低碳产品认证证书的格式、内容由国家认监委统一制定发布。

第二十四条　认证证书应当包括以下基本内容：

（一）认证委托人名称、地址；

（二）产品生产者（制造商）名称、地址；

（三）被委托生产企业名称、地址（需要时）；

（四）产品名称和产品系列、规格 / 型号；

（五）认证依据；

（六）认证模式；

（七）发证日期和有效期限；

（八）发证机构；

（九）证书编号；

（十）产品碳排放清单及其附件；

（十一）其他需要标注的内容。

第二十五条　认证证书有效期为 3 年。

认证机构应当根据其对取得认证的产品及其生产企业的跟踪检查情况，在认证证书上注明年度检查有效状态的查询网址和电话。

第二十六条　认证机构应当按照认证规则的规定，针对不同情形，及时作出认证证书的变更、扩展、注销、暂停或者撤销的处理决定。

第二十七条　节能产品认证标志的式样由基本图案、认证机构识别信息组成，基本图案如下图所示，其中 ABCDE 代表认证机构简称：

低碳产品认证标志的式样由基本图案、认证机构识别信息组成，基本图案如下图所示，其中 ABCDE 代表认证机构简称。

第二十八条　取得节能低碳产品认证的认证委托人，应当建立认证证书和认证标志使用管理制度，对认证标志的使用情况如实记录和存档，并在产品或者其包装物、广告、产品介绍等宣传材料中正确标注和使用认证标志。

认证机构应当采取有效措施，监督获证产品的认证委托人正确使用认证证书和认证标志。

第二十九条　任何组织和个人不得伪造、变造、冒用、非法买卖和转让节能、低碳产品认证证书和认证标志。

第四章　监督管理

第三十条　国家质检总局、国家认监委对节能低碳产品认证机构和检验检测机构开展定期或者不定期的专项监督检查，发现违法违规行为的，依法进行查处。

第三十一条　地方质检两局按照各自职责，依法对所辖区域内的节能低碳产品认证活动实施监督检查，对违法行为进行查处。

第三十二条　认证委托人对认证机构的认证活动以及认证结论有异议的，可以向认证机构提出申诉，对认证机构处理结果仍有异议的，可以向国家认监委申诉。

第三十三条　任何组织和个人对节能低碳产品认证活动中的违法违规行为，有权向国家认监委或者地方质检两局举报，国家认监委或者地方质检两局应当及时调查处理，并为举报人保密。

第三十四条　伪造、变造、冒用、非法买卖或者转让节能、低碳产品认证证书的，由地方质检两局责令改正，并处 3 万元罚款。

第三十五条　伪造、变造、冒用、非法买卖节能、低碳产品认证标志的，依照《中华人民共和国进出口商品检验法》、《中华人民共和国产品质量法》的规定处罚。

转让节能、低碳产品认证标志的，由地方质检两局责令改正，并处 3 万元以下的罚款。

第三十六条　对于节能低碳产品认证活动中的其他违法行为，依照相关法律、行政法规和部门规章的规定予以处罚。

第三十七条 国家发展改革委、国家质检总局、国家认监委对节能低碳产品认证相关主体的违法违规行为建立信用记录，并纳入全国统一的信用信息共享交换平台。

第五章 附则

第三十八条 认证机构可以根据市场需求，在国家尚未制定认证规则的节能低碳产品认证新领域，自行开展相关产品认证业务，自行制定的认证规则应当向国家认监委备案。

第三十九条 节能低碳产品认证应当依照国家有关规定收取费用。

第四十条 本办法由国家质检总局、国家发展改革委在各自职权范围内负责解释。

第四十一条 本办法自2015年11月1日起施行。国家发展改革委、国家认监委于2013年2月18日制定发布的《低碳产品认证管理暂行办法》同时废止。

2016

Yearbook of Certification and Accreditation of China

第二十一部分　大事记

Part Twenty-one　Major Events

一月

1月4日 程方副主任出席办公室党支部民主生活会。

1月5日 （一）国家质检总局党组到国务院向王勇国务委员汇报工作，孙大伟主任出席。（二）王大宁副主任出席科标部、注册部党支部民主生活会。（三）许武何组长出席服务中心党支部民主生活会。

1月6日 孙大伟主任主持召开专题会议研究电子商务认证工作。

1月7日 （一）孙大伟主任出席委直属机关党委党支部民主生活会。（二）谢军副主任出席法律部党支部民主生活会。（三）刘卫军副主任出席认证部党支部民主生活会。（四）许武何组长出席财务部党支部民主生活会。

1月7日—9日 王大宁副主任赴海南出席中亚肉类注册技术研讨会并调研。

1月8日 （一）程方副主任出席国家质检总局直属机关党委、纪委全委会（扩大）会议。（二）谢军副主任出席实验室部党支部民主生活会。（三）刘卫军副主任出席信安中心党委民主生活会。（四）许增德总工程师出席认可部党支部民主生活会。

1月9日 （一）孙大伟主任出席2015年国务院抗震救灾工作会议。（二）孙大伟主任、程方副主任出席中检集团党委民主生活会。（三）刘卫军副主任出席国家质检总局处理上访事件协调会议。（四）刘卫军副主任出席国际部党支部民主生活会。（五）许增德总工程师出席2015年认证认可工作部际联席会议筹备会议。（六）许增德总工程师出席认可中心党总支民主生活会。（七）许武何组长出席认证认可协会党总支民主生活会。

1月12日 （一）孙大伟主任会见天津市委常委、副市长段春华一行。（二）刘卫军副主任陪同支树平局长会见英国农业大臣。

1月14日 （一）孙大伟主任、程方副主任出席中检集团下属企业人员兼职问题专题会议。（二）程方副主任列席总局党组扩大会议。（三）刘卫军副主任出席国际互认专题研讨会议。

1月14日—15日 孙大伟主任、刘卫军副主任赴杭州出席“浙江制造”工作推进会议。

1月15日 孙大伟主任礼节性会见美国消费品安全委员会主席艾略特·凯伊。

1月15日—17日 孙大伟主任、程方副主任赴上海出席全国质量监督检验检疫工作会议和自贸区创新制度复制推广会议。

1月16日 （一）王大宁副主任出席国家质检总局和国家认监委共同组织实施的国家软科学研究计划重大合作项目“认证认可理论及政策研究”项目验收会。（二）刘卫军副主任出席认证认可国际合作与外事工作会议。

1月19日 （一）党组书记孙大伟主持召开国家认监委党组中心组第一次学习（扩大），党组成员程方、王大宁、谢军、刘卫军、许增德、许武何参加学习。（二）孙大伟主任会见法国新任驻华大使顾山。

1月20日 （一）孙大伟主任会见河南省副省长赵建才一行。（二）许增德总工程师走访中国铁路总公司。

1月21日 （一）程方副主任出席国家质检总局党校工作会议。（二）谢军副主任与法规司商谈工作。

1月22日 （一）党组书记孙大伟主持召开国家认监委党组会议。党组成员程方、王大宁、谢军、刘卫军、许增德、许武何出席会议。会议听取了办公室关于全国认证认可工作会议筹备情况的汇报，审议并原则通过了大伟主任代表党组做的全国认证认可工作会议工作报告；听取了直属机关党委关于2014年委机关及下属单位民主生活会有关情况的汇报，审议并原则通过了认监委党组2014年民主生活会情况报告及整改方案；审议并原则通过了《认监委机关缺乏两年以上基层工作经历处级以下干部到基层挂职锻炼工作实施细则》；讨论了2013年度领导干部个人有关事项报告抽查核实结果相关情况。（二）孙大伟主任会见台湾海基会代表团。（三）程方副主任、许武何组长与国家认监委2014年度新提任干部集体谈话。

1月23日 （一）全国认证认可工作会议（视频）在北京召开。国家质检总局局长支树平，副局长、国家认监委主任孙大伟，副主任程方、王大宁、谢军、刘卫军，总工程师许增德，纪检组长许武何出席会议。全国认证认可工作部际联席会议成员单位和特邀单位代表，国家质检总局有关司局、标准委和在北京单位负责人，委机关全体干部及下属单位班子成员在主会场参加了会议；各直属检验检疫局，各省、自治区、直辖市、新疆生产建设兵团和副省级城市、计划单列市质监局，天津、深圳市场和质量监督管理委员会及有条件的分支局和市县局参加了分会场会议。(二)孙大伟主任出席国家质检总局党组会议和局长办公会议，程方副主任列席会议。(三)王大宁副主任、许增德总工程师走访国家发展改革委。

1月26日　(一)孙大伟主任出席中央有关工作会议。(二)孙大伟主任出席国务院自贸区有关工作专题会议。

1月27日　(一)王大宁、谢军、刘卫军副主任，许增德总工程师，许武何组长出席国家质检总局领导班子年度考核和干部选拔任用“一报告两评议”测评会。(二)刘卫军副主任陪同国家质检总局支树平局长会见芬兰欧洲事务及外贸部部长托伊娃卡女士一行。

1月28日　(一)国家认监委与国家能源局共同组建的光伏产品检测认证技术委员会成立大会暨第一次工作会议在北京举行，刘卫军副主任出席会议。(二)许增德总工程师出席中国合格评定认可委员会(CNAS)第三届专门委员会第一次会议。

1月29日　(一)孙大伟主任出席国务院自贸区有关工作专题会议。(二)孙大伟主任出席国家质检总局党组会议。(三)程方副主任出席国务院食品安全委员会第二次全体会议。(四)王大宁副主任出席研究所年度考核会议。(五)谢军副主任出席法律部年度考核会议。

1月30日　(一)孙大伟主任、程方副主任出席国家质检总局全面深化改革领导小组质量安全市场监管专项小组和质监分级管理专项小组会议。(二)孙大伟主任会见新西兰驻华大使麦康年，刘卫军副主任陪同会见。(三)程方副主任出席办公室年度考核会议。(四)谢军副主任出席实验室部干部年度考核会议。(五)许增德总工程师与方圆集团进行工作座谈。(六)许增德总工程师出席认可部年度考核会议。

1月31日　孙大伟主任出席国家质检总局2015年离退休干部春节团拜会。

二月

2月1日　孙大伟主任出席国务院关于推进“一带一路”建设工作会议暨“一带一路”建设工作领导小组第一次会议。

2月2日　(一)孙大伟主任出席省部级主要领导干部“学习贯彻十八届四中全会精神，全面推进依法治国”专题研讨班。(二)程方副主任、许增德总工程师出席认证认可深化改革领导小组专题工作会议。(三)刘卫军副主任出席认证部年度考核会议。

2月1日—3日　谢军副主任赴深圳出席全国质量管理暨质量强市示范城市创建工作现场会议。

2月3日　(一)程方副主任出席信息中心年度考核会议。(二)王大宁副主任走访农业部。(三)刘卫军副主任出席国际部年度考核会议。(四)许武何组长出席国家质检总局事业单位分类改革专项小组工作会议。(五)许武何组长出席服务中心年度考核会议。

2月4日　(一)程方副主任出席直属机关党委年度考核会议。(二)王大宁副主任出席注册部年度考核会议。(三)谢军副主任出席国家质检总局2015年立法计划协调会。

2月5日　(一)孙大伟主任主持召开检验检疫监管体制改革专项小组会议，程方副主任出席会议。(二)程方副主任、许武何组长出席国家认监委系统纪检工作总结会议。(三)许增德总工程师走访体育总局。

2月6日　(一)孙大伟主任主持召开国家认监委领导班子2014年度考核会议，程方、王大宁、谢军、刘卫军副主任，许增德总工程师，许武何组长出席会议。(二)孙大伟主任看望慰问国家质检总局老干部。(三)程方副主任出席直属机关党委党建工作总结会议。(四)谢军副主任出席国家认监委立法工作专题会议。(五)刘卫军副主任出席产品认证战略研讨会。

2月9日　(一)孙大伟主任出席信安中心年度工作总结会议。(二)刘卫军副主任赴标志中心调研CCC标志改革事宜。

2月9日—13日　程方副主任赴香港中检公司进行年度工作考核。

2月10日　(一)孙大伟主任，王大宁、谢军、刘卫军副主任，许武何组长出席全国质检系统党风廉政建设工作会议。(二)孙大伟主任出席国家质检总局党组民主生活会情况通报会议。(三)孙大伟主任，王大宁、谢军、刘卫军副主任，许增德总工程师，许武何组长参加认监委机关拔河比赛。(四)许增德总工程师走访中国人民银行。(五)许武何组长出席国家质检总局服务中心年度工作总结会议。

2月11日　(一)孙大伟主任、刘卫军副主任出席全国进出口商品检验监管工作电视电话会议。(二)王大宁副主任走访商务部。(三)谢军副主任走访国家统计局。(四)刘卫军副主任与北京检验检疫局进行工作座谈。(五)许增德总工程师与国家发展改革委有关司局商谈工作。

2月12日　(一)孙大伟主任、谢军副主任出席国家质检总局全面深化改革领导小组第三次会议。(二)孙大伟主任主持国家认监委党组中心组(扩大)第二次学习，党组成员王大宁、谢军、刘卫军、许增德、许武何参加学习。(三)刘卫军副主任出席中央网信办有关工作会议。(四)刘卫军副主任陪同支树平局长出席国家质检总局与国家外专局合作协议签字仪式。(五)许增德总工程师走访住建委。

2月13日　（一）孙大伟主任出席国家质检总局局长办公会议、党组会议，许武何组长列席会议。（二）王大宁副主任走访慰问国家认监委退休老干部。（三）谢军副主任走访海关总署和总参测绘导航局。（四）刘卫军副主任走访交通运输部及国家铁路局。（五）许增德总工程师出席全国产品质量监督工作会议。

2月14日　孙大伟主任、谢军副主任出席中国航天科技集团航天产业计量中心揭牌仪式。

2月15日　（一）孙大伟主任、刘卫军副主任出席国家质检总局外事工作领导小组第二次会议。（二）程方副主任出席国家认监委退休干部新春团拜会。

2月16日　（一）孙大伟主任主持召开国家认监委2015年第一次委务会议。程方、王大宁、谢军、刘卫军副主任，许增德总工程师，许武何组长出席会议。会议审议并原则通过了2015年国家认监委会议计划、培训计划和工作要点暨主要工作任务分解。（二）孙大伟主任主持召开国家认监委外事工作领导小组第一次会议，程方、刘卫军副主任出席会议。外事工作领导小组全体成员参加了会议。会议传达学习了中央、国家质检总局外事管理工作要求，审议并原则通过了2015年认监委外事计划。

2月26日　（一）孙大伟主任主持召开国家质检总局检验检测认证机构整合改革领导小组第八次会议，程方副主任出席会议。（二）孙大伟主任出席全国外贸工作电视电话会议。（三）许武何主任主持召开国家认监委经济责任审计工作联席会议。

2月27日　孙大伟主任出席国家质检总局党组会议。

三月

3月2日　（一）国家质检总局、国家认监委联合举行全国检验检测服务业统计信息新闻发布会。谢军副主任发布相关统计信息。程方副主任和委相关部室负责同志参加。（二）刘卫军副主任主持召开网络安全工作专题会议。

3月3日　（一）刘卫军副主任会见巴西驻华大使雷昂及巴西食品集团（BRF）代表一行，双方就企业注册相关议题进行了交流。（二）许增德总工程师主持召开第十三次认证认可工作部际联席会筹备工作会议。

3月4日　（一）程方副主任组织召开国家认监委全国“两会”舆情工作专题会议。（二）刘卫军副主任率认证部、认可部、实验室部相关负责人到公安部消防局走访并座谈。公安部消防局副局长兼总工程师杜兰萍出席座谈会。双方就做好第三批消防产品强制实施前的相关准备工作、完善消防产品目录动态调整机制、推进消防产品认证指定机构建设等议题进行了探讨。

3月5日　（一）程方、王大宁、谢军、刘卫军副主任，许增德总工程师与委机关人员集体收看第十二届全国人大第三次会议开幕式实况转播。（二）刘卫军副主任出席中央网信办有关会议。

3月6日　（一）程方副主任出席中编办事改司，国家质检总局科技司、人事司，国家认监委联合召开的整合检验认证机构专题座谈会。（二）谢军副主任出席国家质检总局《计量法》修订座谈会。

3月9日　（一）孙大伟主任列席全国政协十二届三次会议第二次全体会议。（二）谢军副主任率注册部、实验室部相关负责人到国家食品药品监督管理总局走访并座谈。双方就共同做好医疗器械检验机构资质认定工作、修订食品检验机构资质认定条件、发布第三批食品检验复检机构名录以及加强进口食品安全监管领域合作等议题进行了沟通交流。

3月9日—11日　王大宁副主任赴上海出席上海自贸区检验检疫行业标准审定会议并就进口食品注册监管工作进行调研。

3月10日　孙大伟主任，程方、谢军、刘卫军副主任，许增德总工程师出席中检集团全球总经理会议。

3月11日　（一）程方、谢军副主任，许增德总工程师出席认监委“十三五”规划编制工作专题会议。（二）程方、刘卫军副主任，许增德总工程师出席国际标准化发展趋势和战略讲座。（三）低碳产品认证技术委员会专家会议在北京召开，刘卫军副主任出席会议并讲话。会议审议了《低碳产品认证目录（第二批）》及相关技术规范文件。（四）刘卫军副主任陪同国家质检总局支树平局长会见ISO秘书长罗博·斯蒂尔。（五）许增德总工程师陪同国家质检总局支树平局长会见新希望集团董事长刘永好。

3月11日—13日　谢军副主任赴上海出席国家机器人质检中心筹建论证会。

3月12日　（一）程方副主任出席国家质检总局保密委员会全体会议。（二）强制性产品认证指定认证机构及工厂检查员专项监督通报会议在北京举行，刘卫军副主任出席会议并讲话。（三）刘卫军副主任会见深圳市市场和质量监督管理委员会副主任祁兵。（四）许增德总工程师与林业局商谈工作。

3月13日　（一）程方副主任带队赴中检集团进行集团班子年度考核。（二）许增德总工程师走访中华全国供销合作总社。

3月14日　孙大伟主任出席国家口岸办研究改进口岸工作支持外贸发展专题会议。

3月15日　孙大伟主任出席国务院研究改进口岸工作支持外贸发展专题会议。

3月17日　刘卫军副主任出席检验检疫学会工作会议。

3月17日—18日　程方副主任参加国家质检总局直属机关党委党组织书记培训班暨认监委基层党组织书记培训班。

3月18日　（一）谢军副主任出席2014年度全国检验检测服务业统计工作部署视频会议。（二）谢军副主任与认可中心商谈工作。

3月19日　（一）第十三次全国认证认可工作部际联席会议在北京召开。总局支树平局长出席会议并讲话，全国认证认可工作部际联席会议召集人、国家认监委主任孙大伟主持会议并作工作报告。各成员单位代表，中国人民银行、国家统计局、中华全国供销合作总社、总参测绘导航局等特邀单位代表出席会议并发言。程方、王大宁、谢军副主任，许增德总工程师出席会议。国家质检总局有关司局负责人，委机关各部室、下属单位主要负责人参加会议。（二）孙大伟主任出席国家质检总局党组会议。（三）程方副主任出席国家认监委挂职干部动员会议。（四）刘卫军副主任出席中国与经合组织合作二十周年研讨会。

3月20日　（一）程方副主任出席全国质检系统计量工作会议（视频）。（二）程方副主任出席国家质检总局迎接《中国共产党党和国家机关基层组织工作条例》抽查工作协调会。（三）王大宁副主任赴青岛出席《非传统食品安全问题及应对策略》图书编写和研讨部署会。

3月23日　（一）程方副主任主持召开国家认监委贯彻落实国家质检总局深改要点专题会议。（二）程方副主任出席国家质检总局深化改革领导小组全体会议，列席总局局务会议、总局局长办公会议。（三）刘卫军副主任陪同支树平局长会见德国农业部部长施密特。（四）许增德总工程师出席国家质检总局工业强基项目专题工作会议。

3月24日　（一）程方、王大宁、谢军、刘卫军副主任，许增德总工程师出席2015年国家质检总局第一期质检大讲堂暨第一次党组中心组学习（扩大）。（二）王大宁副主任出席“十二五”国家科技支撑计划“司法鉴定/法庭科学认可评价技术研究与示范”课题验收会。（三）谢军副主任同实验室部商谈工作。

3月25日　（一）孙大伟主任出席国务院有关会见希腊副总理兹拉加萨基斯筹备工作会。（二）王大宁副主任出席“十二五”国家科技支撑计划“快速检测技术及电动汽车相关产品和材料检测验证技术研究与示范”课题验收会。

3月25日—27日　国家认监委2015年一季度认证认可业务工作会议在长沙召开，程方副主任出席会议。会议对2015年认证行政执法、管理体系认证活动监督检查、强制性产品认证获证产品监督抽查、检验检测机构资质认定监督管理、认证认可信息宣传等工作进行了探讨和部署。委机关相关业务部室负责人、地方两局及部分认证机构代表100余人参加了会议。

3月25日—28日　刘卫军副主任赴湖北出席国家质检总局业务督查工作会议并调研。

3月27日　中国合格评定国家认可委员会（CNAS）第三届全体委员会第二次会议在北京召开。孙大伟主任、认可委员会主任王凤清出席会议并讲话，国家认监委总工程师、CNAS常务副主任许增德出席会议。

3月31日　刘卫军副主任出席CCC证书与标志“一站式”服务协议签署仪式。

四月

4月1日　王大宁副主任陪同吴清海副局长会见吉林省副省长谷春立一行。

4月3日　（一）孙大伟主任，程方、王大宁、谢军、刘卫军副主任，许增德总工程师出席国家质检总局党组（扩大）会议。（二）刘卫军副主任到国家质检总局人事司宣讲认证认可知识。

4月6日—8日　谢军副主任赴湖南长沙参加梅克保副局长带队开展的《计量法》修订工作调研。

4月7日　程方副主任出席认监委绩效考核领导小组工作会议。

4月7日—10日　王大宁副主任赴广东出席2015年全国质检系统科技工作会议。

4月8日　（一）孙大伟主任、程方副主任出席中检集团干部大会，宣布人事任免。（二）程方副主任主持召开认监委“一带一路”工作筹备会议，刘卫军副主任出席会议。

4月9日—10日　（一）谢军副主任赴银川出席陕西、甘肃、宁夏、青海、新疆西北五省区检验检疫系统区域联动机制启动暨第一次联席会议。（二）刘卫军副主任赴南京出席交通产品认证工作会议。（三）许增德总工程师赴上海出席中国质量认证中心廉政建设工作会议。

4月10日　（一）孙大伟主任到检验司、通关司宣布人事任免。（二）程方副主任列席国家质检总局局长办公会议、党组会议。

4月13日　孙大伟主任，程方、王大宁、谢军、刘卫军副主任，许增德总工程师出席国家质检总局干部大会。

4月14日　谢军副主任与食品药品监管总局药品总监孙咸泽进行会谈。

4月15日　（一）孙大伟主任出席国际组织人才工作领导小组第1次会议。（二）程方、王大宁、谢军、刘卫军副主任，许增德总工程师出席国家认监委以“青春飞扬——读书·事业·人生”为主题的第二届干部职工演讲比赛。

4月16日　谢军副主任赴发展改革委协调《节能低碳产品认证管理办法》相关事宜。

4月17日　（一）孙大伟主任出席国家质检总局党组（扩大）会议。（二）王大宁副主任出席国家质检总局企业标准自我声明工作专题会议。（三）谢军副主任出席国家质检总局有关工作会议并部署。

4月20日　（一）孙大伟主任主持召开国家认监委专题工作会议，王大宁、谢军、刘卫军副主任，许增德总工程师出席会议。（二）党组书记孙大伟主持召开国家认监委2015年第3次党组会议，党组成员王大宁、谢军、刘卫军、许增德出席会议。会议研究部署了近期重点工作；听取了办公室关于全国质检系统先进集体和先进工作者评选表彰推荐工作有关情况，研究确定了委机关及直属单位推荐对象。

4月21日　（一）党组书记孙大伟主持召开国家认监委2015年第4次党组会议。党组成员王大宁、谢军、刘卫军、许增德、许武何出席会议。会议听取了服务中心关于北京中强认产品标志技术服务中心购置物业有关情况的汇报。（二）孙大伟主任出席国务院中美战略经济对话有关会议。（三）国家认监委在北京安利隆开展2015年春季义务植树活动，王大宁、谢军、刘卫军副主任，委机关干部职工、退休干部80余人参加了植树活动。（四）王大宁、谢军、刘卫军副主任，许增德总工程师出席2015年第二期质检大讲堂暨总局党组中心组（扩大）学习。

4月22日—23日　许武何组长赴浙江嘉兴出席全国质检直属系统纪检监察工作会议。

4月23日　（一）孙大伟主任主持召开国家认监委认证认可深化改革领导小组第三次会议。王大宁、谢军、刘卫军副主任，许增德总工程师出席会议。会议传达学习了中央全面深化改革领导小组第八至十一次会议精神和质检总局深化改革领导小组第三、四次会议精神；听取了认证认可深化改革领导小组办公室关于2014年国家认监委改革工作进展情况的汇报审议并原则通过了2015年认证认可深化改革工作要点；对进一步推进认证认可深化改革工作进行了部署。认证认可深化改革领导小组全体成员，各专项小组组长、副组长，各部室、下属单位负责人出席了会议；深改办成员列席了会议。（二）王大宁副主任到安贞医院走访。（三）谢军副主任出席国家质检总局深化行政审批制度改革专项小组会议。

4月27日　（一）谢军副主任新修订发布的《检验检测机构资质认定管理办法》接受中央电视台记者采访。（二）谢军副主任列席国家质检总局局务会和局长办公会议。（三）许增德总工程师赴国家民委与政法司王平、金春子副司长商谈清真认证有关工作。

4月28日　（一）孙大伟主任出席中国认证认可协会二届七次理事会暨二届七次常务理事会会议。（二）中央深改办、中组部对国家认监委贯彻落实《关于加强干部选拔任用工作监督的意见》的情况进行监督检查，王大宁副主任向检查组汇报落实情况。（三）刘卫军副主任主持召开研究深圳标准产品认证专题研究会议。

4月29日　（一）孙大伟主任、王大宁、谢军、刘卫军副主任，许增德总工程师出席全国质检系统“三严三实”专题党课。（二）2015年度认证认可专业技术委员会全体会议在北京召开。专业委主任委员、国家认监委副主任王大宁出席会议并讲话，国家质检总局科技司副司长王越薇、专业委专家顾问及全体委员、委机关各业务部门负责人等70余人参加了会议。会议审议通过了2014年度专业委工作报告和2015年专业委重点工作，并对“十三五”认证认可重点领域10个项目进行了讨论。（三）谢军副主任主持召开国家认监委推进行政审批制度改革工作专题会议。（四）刘卫军副主任出席全国政协建设工程消防设计审核和消防验收专题组座谈会。

3月1日—4月29日　（一）孙大伟主任参加中央党校省部级干部进修班学习。（二）许武何组长参加中央党校厅局级干部进修班学习。

4月30日　（一）孙大伟主任主持召开国家认监委世界认可日筹备会议，王大宁、谢军、刘卫军副主任，许增德总工程师，许武何组长出席会议。（二）谢军副主任出席国家质检总局“确定加快成品油质量升级措施，推动大气污染治理和企业技术升级”工作会议。

五月

5月4日　（一）国家认监委举行纪念五四运动96周年“奉献点亮青春，创造成就未来”主题活动，孙大伟主任，谢军、刘卫军副主任，许增德总工程师、许武何组长出席活动。（二）孙大伟主任出席国家质检总局举办的纪念五四运动96周年全国质检系统青年演讲比赛获奖作品展演活动。（三）许增德总工程师出席中国计量院建院60周年活动。

5月4日—8日　王大宁副主任参加北京大学司局级干部自主选学。

5月5日　刘卫军副主任陪同国家质检总局支树平局长会见拉脱维亚农业部长杜克拉夫斯。

5月5日—7日　孙大伟主任、许增德总工程师赴杭州出席中国合格评定国家认可委员会第三届执行委员会战略研讨会议。

5月6日—8日　刘卫军副主任赴深圳就深圳标准自愿性认证相关工作进行调研。

5月7日　谢军副主任陪同国家质检总局梅克保副局长到丰台区进行工作调研。

5月7日—8日　国家认监委在深圳召开儿童用品强制性产品认证技术专家组2015年会议，刘卫军副主任出席会议并讲话。会议审议了2014年专家组工作报告，审定了新修订的《玩具类产品强制性认证实施规则》和《童车类产品强制性认证实施规则》。

5月8日　（一）孙大伟主任会见欧盟委员会农业和农村发展总司长普莱瓦。（二）孙大伟主任出席国家质检总局党组会议。

5月12日　（一）孙大伟主任会见巴西农业畜牧食品供应部副部长塔提亚娜·帕勒莫。（二）王大宁、谢军、刘卫军副主任，许增德总工程师、许武何组长出席国务院关于全国推进简政放权放管结合职能转变工作电视电话会议。（三）王大宁副主任主持召开国家认监委世界认可日筹备会议，刘卫军副主任出席会议。

5月13日　（一）孙大伟主任出席国务院第92次常务会议。（二）孙大伟主任主持国家质检总局党组（扩大）会议。（三）党组书记孙大伟主持2015年国家认监委党组中心组（扩大）第三次学习，研究部署三严三实专题教育活动。党组成员王大宁、谢军、刘卫军、许增德、许武何参加学习，机关各部室，服务中心、信息中心、研究所主要负责人列席。

5月14日　（一）孙大伟主任出席国务院研究新形势下支持外贸稳定增长有关政策措施专题会议。（二）中德产品安全合作工作组第五次年会认证认可分会在北京召开，刘卫军副主任与德国联邦经济能源部工业政策司司长施海默特共同主持会议，双方就中德认证认可领域的合作进行了交流，来自中德政府主管部门、检测认证机构和企业界40余名代表参加了会议。

5月14日—15日　孙大伟主任赴安徽出席全国质检科技周启动仪式并调研。

5月15日　（一）王大宁副主任、许增德总工程师参加中央党校司局级干部自主选学。（二）谢军副主任主持召开国家认监委行政审批制度改革工作专题会议。（三）刘卫军副主任出席世界认可日筹备工作会议。

5月16日　孙大伟主任出席2015年全国科技活动周启动式。

5月18日　（一）王大宁副主任主持召开国家认监委保密工作领导小组会议。（二）谢军副主任出席《检验检测机构资质认定管理办法》配套文件研讨会议。

5月18日—19日　许增德总工程师赴江西就会昌县基于ISO 9000的廉政风险防控管理体系建设以及认证实施情况进行调研。

5月19日　（一）孙大伟主任出席国务院关于中俄投资合作委员会第二次会议筹备工作会议。（二）谢军副主任出席国家质检总局落实国务院政策措施督查工作专题会议。（三）刘卫军副主任出席联合国开发计划署（UNDP）在北京举办的“私营部门参与减缓气候变化”亚洲区研讨会开幕式并致辞。（四）刘卫军副主任出席旅游服务质量提升活动启动仪式。

5月20日　（一）孙大伟主任、谢军副主任出席纪念“5·20世界计量日”活动。（二）王大宁、刘卫军副主任出席国家认监委世界认可日活动筹备会议。（三）谢军副主任主持召开国家认监委落实国务院政策措施督查工作专题会议。

5月20日—22日　许增德总工程师赴湖南就两型（资源节约型和环境友好型）社会认证评价制度进行调研。其间，分别与湖南质检两局和湖南省长株潭试验区管委会、省旅游局等单位进行了座谈研讨，实地考察了长沙湘江新区洋湖湿地等第一批试点单位创建工作相关情况。

5月21日　王大宁副主任出席国家科技支撑计划项目验收会议。

5月21日—22日　孙大伟主任赴南昌出席首届江西省井冈质量奖奖励大会暨全省质量工作会议。

5月22日　国家认监委举办第十次“专家公开课”。此次活动是认证认可科技周系列活动之一，邀请了中国科学技术发展战略研究院研究员高志前以《创新驱动战略实施与任务》为题作了专题讲座。许武何组长出席活动，委机关及下属单位40余名干部职工参加活动。

5月25日　刘卫军副主任出席“童车安全行”质量教育活动。

5月25日—26日　国家认监委在重庆进行《强制性产品认证管理规定》立法后评估研讨和工作部署，谢军副主任出席并讲话。

5月26日　（一）国家认监委举办“三严三实”专题教育党课。党组书记孙大伟以“严以修身、加强党性修养，做对党忠诚、个人干净、敢于担当的好干部”为题，为国家认监委系统党员干部讲专题党课，党组成员王大宁、刘卫军、许增德、许武何，委机关全体党员干部，下属单位领导班子成员参加党课。（二）孙大伟主任会见智利中智议会政治对话委员会智方主席罗伯特·莱昂众议员。（三）王大宁副主任陪同国家质检总局梅克保副局长会见珠海市委书记李嘉。

5月27日　谢军副主任赴绵阳出席2015年机床产品检验检测暨军民发展交流促进会议。

5月27日—29日　孙大伟主任、刘卫军副主任赴重庆出席第一届“一带一路”检验检疫高层国际研讨会议。

5月27日—30日　许武何组长赴江西出席国家认监委与万载县人民政府认证认可工作联系点合作备忘录签约

仪式并调研。

5月28日　(一)谢军副主任赴成都出席国家质检总局直属技术机构和试点单位检验检测认证机构整合工作座谈会议。(二)许增德总工程师出席国家质检总局公职律师管理办公室挂牌暨首批公职律师颁证仪式。

5月29日　(一)王大宁副主任主持召开国家认监委世界认可日活动筹备会议。(二)谢军副主任赴成都主持召开《实验室资质认定管理办法》实施座谈会。

5月30日—6月1日　孙大伟主任赴重庆出席中俄动植物检验检疫和食品安全常设工作组第四次会议。

5月31日　孙大伟主任在重庆出席中俄动植物检验检疫和食品安全常设工作组第四次会议。

六月

6月1日　刘卫军副主任陪同国家质检总局梅克保副局长会见澳门行政法务司司长陈海帆。

6月1日—5日　许增德总工程师参加司局级干部自主选学。

6月2日　(一)孙大伟主任，王大宁、刘卫军副主任出席世界认可日活动筹备工作会议。(二)谢军副主任出席认可机构确定事项专题会议。

6月2日—5日　许武何组长赴乌鲁木齐出席援藏援疆工作会议。

6月3日　(一)孙大伟主任，王大宁、谢军副主任出席国务院第四督查组到总局督查工作汇报会及分组座谈会。(二)王大宁副主任出席国务院第四督查组到国家质检总局督导工作“质量基础”专题交流会。

6月3日—5日　谢军副主任赴上海出席以“对接‘一带一路’，融入长江经济带——认证监管区域一体化建设”为主题的认证认可自贸区政研机制运作及泛长十局认证执法区域联动工作会议。

6月5日　(一)孙大伟主任主持召开认可日活动筹备工作会议。(二)刘卫军副主任会见丹麦认可机构执行总裁霍伊(Jesper Hoy)，双方就立法及执法监管发挥认可作用等方面进行了沟通和交流。(三)王大宁、刘卫军副主任出席2015年度第三期“质检大讲堂”暨党组中心组(扩大)学习。

6月8日　(一)孙大伟主任会见比利时小企业主、中小企业、自营、农业与社会联合会联邦部长波尔苏。(二)刘卫军副主任会见美国标准学会(ANSI)主席巴堤亚(Joe Bhatia)一行，双方就认证认可领域相关问题进行了沟通和交流。

6月9日　(一)由国家质检总局、国家认监委共同主办的2015年世界认可日暨“共同推动认证认可服务‘一带一路’建设的愿景与行动”启动仪式及分论坛在北京举办，孙大伟主任，王大宁、谢军、刘卫军副主任，许增德总工程师、许武何组长出席活动。认证认可国际组织，有关国家政府主管部门、认可组织和国内有关政府部门、认可组织、地方两局以及检验检测认证机构代表近400人出席了活动。(二)国家认监委与全球良好农业规范组织、比利时联邦食品链安全局分别签订了合作协议，并与全球良好农业规范组织、比利时联邦食品链安全局分别续签良好农业规范认证体系基准比较和输华猪肉生产企业注册认证的谅解备忘录。(三)孙大伟主任，刘卫军副主任会见蒙古标准化与计量局局长钢特木尔，双方就“一带一路”背景下继续加强和提升两国在认证认可领域的务实合作进行了交流。(四)孙大伟主任，刘卫军副主任会见海湾阿拉伯国家合作委员会标准化组织(GSO)秘书长莫拉，双方就继续加强和提升认证认可领域合作，共同推进打击假冒伪劣产品、确保出口产品质量安全等议题进行了交流。

6月10日　(一)孙大伟主任出席国务院第94次常务会议。(二)谢军副主任出席行政诉讼应诉专题工作会议。(三)谢军副主任为法律部、实验室部上“三严三实”专题教育党课。(四)刘卫军副主任出席信息安全产品认证专题工作会议。

6月10日—11日　许增德总工程师赴西安出席认证活动监督检查培训班，并赴检验检测机构认证和基层质检机构进行调研。

6月11日　(一)孙大伟主任，刘卫军副主任会见沙特标准、计量和质量局局长萨德。(二)孙大伟主任，谢军、刘卫军副主任，许武何组长出席国家质检总局处级以上干部大会。(三)许武何组长主持召开国家认监委2015年财务暨内审工作会议。会议传达了质监系统2015年财务工作会议精神和内审工作要点；总结了2014年财务和内审工作并研究部署了下一步工作思路和工作任务。

6月11日—14日　王大宁副主任赴昆明出席“云南国际认证联盟”推介会，并与出口食品生产企业、相关认证机构代表进行了座谈。

6月12日　(一)孙大伟主任主持召开国家认监委2015年第2次委务会议，谢军、刘卫军副主任，许增德总工程师，许武何组长出席会议。会议审议并原则通过了《国家认监委规章起草程序规定》《国家认监委规范性文件制定程序规定》。(二)党组书记孙大伟主持召开国家认监委2015年第5次党组会议，党组成员谢军、刘卫军、许增德、许武何出席会议。会议研究了有关人事工作。(三)孙大伟主任、刘卫军副主任出席世界认可日活动总结会议。(四)谢军副主任与特设局商谈工作。(五)许武何组长出席全国质检系统先进集体先进工作者表彰评选活动。

6月13日—14日 许武何组长赴山东检验检疫学会调研。

6月15日 孙大伟主任、许武何组长出席国家质检总局机关节能宣传周活动。

6月15日—16日 刘卫军副主任赴瑞士日内瓦出席IEC合格评定局（CAB）2015年第一次会议并访问中国驻WTO使团。

6月16日 （一）孙大伟主任出席国家科技计划（专项、基金等）管理部际联席会议第二次全体会议。（二）孙大伟主任陪同中央党校经济建设和经济体制改革专题研究班领导同志赴计量院调研。（三）王大宁副主任为办公室、注册部、科标部、信息中心、研究所上“三严三实”专题教育党课。

6月17日 许增德总工程师与商业联合会会长商谈工作。

6月17日—18日 （一）孙大伟主任赴青岛出席“丝绸之路经济带”检验检疫“9+1”区域一体化工作研讨会议并调研。（二）谢军副主任赴瑞士日内瓦出席IEC理事局（CB）2015年第一次会议。

6月19日 （一）孙大伟主任出席外交部关于国家领导人出访有关工作筹备会议。（二）孙大伟主任出席国家质检总局党组会议。（三）刘卫军副主任为国际部上“三严三实”专题教育党课。（四）许增德总工程师主持召开认证人员职业资格专题会议。

6月21日—23日 谢军副主任赴黑龙江漠河出席北极检验检测研究中心建设专题研讨会。

6月23日 孙大伟主任出席国家质检总局党组“三严三实”专题教育“专题一”集中研讨会议。

6月24日 （一）王大宁、谢军、刘卫军副主任，许增德总工程师出席认监委干部大会。（二）王大宁副主任主持召开国家认监委政府网站普查专题会议。

6月25日 谢军副主任主持召开国家认监委行政审批制度改革工作专题会议。

6月26日 （一）王大宁、谢军副主任，许增德总工程师出席国家质检总局“党旗下的质监人”—全国先进工作者事迹报告会。（二）王大宁副主任出席国家关键技术（公共安全领域）高层专家咨询会。

6月22日—29日 许武何组长赴中检集团西班牙、英国公司进行财务检查。

6月24日—29日 孙大伟主任赴巴西出席中国-巴西高层协调与合作委员会第四次会议。

6月29日 （一）谢军副主任主持召开认监委清理行政类文件专题会议。（二）许增德总工程师为认可部上“三严三实”专题教育党课。

6月29日—7月1日 国家认监委2015年二季度认证认可业务工作会议在宁波召开，刘卫军副主任出席会议。会议对产品认证制度改革、2015年CCC获证产品抽查、自愿性产品认证实施指导意见、产品认证负面清单管理模式、出口食品企业备案监管模式改革督导情况及认证认可检验检测发展规划等工作进行了部署和研讨，对《检验检测机构资质认定管理办法》《认证机构管理办法》进行了宣贯。地方两局及部分CCC制定实验室代表130余人参加了会议。会议期间，刘卫军副主任赴宁波工业园区进行了调研。

6月30日 （一）谢军副主任出席国家质检总局质检事业发展“十三五”规划编制工作领导小组第一次会议。（二）刘卫军副主任赴宁波开展CCC获证企业工作调研，与14家当地重点CCC获证企业的代表进行了座谈。

七月

7月1日—2日 刘卫军副主任赴扬州出席国家认监委认证部、财务部党支部与扬州检验检疫局轻工中心党支部认证认可联系点支部共建活动并调研。

7月2日—3日 谢军副主任赴成都出席2015年认证机构普法培训班开班仪式并调研。

7月3日 （一）孙大伟主任出席中国与新加坡建交25周年招待会。（二）孙大伟主任出席国家质检总局党组会议。

7月6日 谢军副主任主持召开国家认监委贯彻落实李克强总理考察工信部讲话精神专题会议。

7月6日—7日 孙大伟主任出席中央党的群团工作会议。

7月7日 许增德总工程师会见BSI总裁。

7月7日—8日 刘卫军副主任赴上海出席2015国际工业防爆技术论坛（EXTC）并调研。

7月7日—9日 王大宁副主任赴深圳出席自贸试验区检验检疫标准化工作研讨会并调研。

7月8日 （一）谢军副主任出席电子商务监管工作推进小组会议。（二）许增德总工程师主持召开检验检测认证机构高技术企业认定推动工作组第三次工作会议。

7月9日 许武何组长参加国家质检总局纪律教育月专题党课。

7月10日 （一）孙大伟主任出席国家质检总局局务会议、局长办公会议，王大宁副主任列席会议。（二）孙大伟主任出席国家质检总局党组会议。（三）刘卫军副主任出席国际部干部会议。

7月13日 国家认监委党组进行2015年第4次党组中心组（扩大）学习，专题学习了《质检总局党政领导干部选拔任用工作办法》《质检总局领导干部交流管理办法》《中国共产党党组工作条例（试行）》。党组书记孙大伟主持学习并就贯彻落实工作提出具体要求，党组成员王大宁、谢军、刘卫军、许增德、许武何参加学习。

7月14日　刘卫军副主任主持召开国家认监委推动电商工作专题会议。

7月15日　孙大伟主任出席国务院第98次常务会议。

7月16日—17日　第三次全国检验检测机构资质认定工作会议在北京召开，孙大伟主任出席会议并讲话，谢军副主任作工作报告，国务院法制办郭启文副司长出席会议并讲话。国家质检总局相关司局负责人出席会议并作专题发言，公安部、司法部、交通部、水利部、农业部等相关部门负责人应邀出席了会议。来自国务院相关部委、行业的27个国家资质认定评审组，各直属检验检疫局，各省、自治区、直辖市质量技术监督局及委机关各部室、直属单位，认可中心，检科院的200余名代表参加了会议。

7月17日　（一）刘卫军副主任到认可中心调研。（二）许增德总工程师出席中国船级社理事会2015年年会。

7月20日　（一）孙大伟主任出席国家质检总局党组会议。（二）王大宁副主任出席碳排放认证认可制度建设总体工作组第九次会议。

7月20日—22日　谢军副主任赴上海出席上海检验检疫局认证执法监管培训班动员会并授课。参加由上海、江苏、浙江质监局召开的检验检测机构资质管理工作座谈会。

7月21日　（一）孙大伟主任、刘卫军副主任出席2015年第39届ISO大会筹备委员会成立大会暨第一次工作会议。（二）孙大伟主任出席推进“一带一路”建设工作领导小组第二次全体会议。

7月23日　（一）谢军副主任出席南京市检验检测服务业集聚区发展推进会工作汇报会议。（二）谢军副主任出席国家行政学院到总局开展“减政放权、放管结合、优化服务”第三方评估调研工作座谈会。

7月24日　（一）王大宁、谢军副主任，许增德总工程师出席研究认证人员职业资格专题工作会议。（二）王大宁副主任出席企业产品和服务标准自我声明公开和监督制度建设领导小组第一次会议。

7月27日　（一）孙大伟主任主持召开认监委2015年第3次委务会议，王大宁、谢军、刘卫军副主任，许增德总工程师，许武何组长出席会议。会议听取了办公室关于认监委2015年上半年工作总结的汇报。（二）孙大伟主任出席国家质检总局局务会议、党组会议。

7月27日—29日　谢军副主任赴南京出席由南京市人民政府举办的南京检验检测服务业集聚区发展推进会。

7月28日　（一）孙大伟主任，王大宁、刘卫军副主任，许增德总工程师，许武何组长出席全国质检系统表彰大会暨人事工作会议。（二）王大宁副主任出席全国质检系统人事工作会议。

7月29日　（一）孙大伟主任，刘卫军副主任出席全国检验检疫工作座谈会。（二）孙大伟主任出席推进中欧班列建设工作会议。

7月30日　（一）孙大伟主任出席国家质检总局党组会议。（二）刘卫军副主任出席中国“互联网+”招标采购发展论坛并作主题演讲。

7月31日　孙大伟主任出席商务部商务战略研讨会。

八月

8月3日　许增德总工程师主持召开全国认证机构工作会议筹备会。

8月5日　王大宁副主任出席国家质检总局推进职能转变协调小组资格改革专题组第一次工作会议。

8月6日　王大宁、谢军副主任，许增德总工程师及认监委全体干部职工赴中央国家机关反腐倡廉法制教育基地—北京市检察院开展反腐倡廉专题教育活动。

8月7日—9日　王大宁副主任赴山东潍坊有机示范区调研。

8月12日　（一）孙大伟主任主持召开进出口环节经营性收费有关工作专题会议。（二）谢军副主任到中国检科院调研。

8月13日　首期检验检测机构资质认定评审员师资培训班在北京召开，谢军副主任出席开班仪式并讲话。

8月14日　孙大伟主任主持召开安全生产工作专题会议。

8月17日　（一）党组书记孙大伟主任主持召开国家认监委第6次党组会议，党组成员王大宁、谢军、刘卫军、许增德、许武何出席会议。会议研究了人事工作。（二）孙大伟主任、许武何组长出席国家质检总局学习《中国共产党巡视工作条例》电视电话会议。（三）王大宁副主任主持召开认证人员注册专题工作会议，许武何组长出席会议。（四）谢军副主任主持召开“推广双随机抽查规范事中事后监管”专题工作会议。

8月17日—21日　王大宁副主任赴大连出席2015年度卫生注册主任评审员培训班开班仪式并讲话。

8月18日　（一）孙大伟主任，许增德总工程师出席质监调研工作汇报会议。（二）刘卫军副主任陪同支树平局长赴中国标准化协会、方圆集团调研。（三）谢军副主任赴中国有色金属研究总院调研。

8月18日—20日　谢军副主任在成都出席西南四省质检系统认证执法监管区域联动会并调研。

8月19日　（一）孙大伟主任会见白俄罗斯农业和食品部第一副部长马里尼奇。（二）孙大伟主任出席国家质检总局进出口环节涉企收费专题会议。(三)孙大伟主任出席国家质检总局"三严三实"专题教育第二专题集体研讨会。(四)谢军副主任赴成都出席西南地区质监部门认证执法监管区域合作会议。

8月19日—20日　孙大伟主任出席国务院有关工作专题会议。

8月20日　(一)第三期检验检测机构资质认定评审员师资培训班在成都召开,谢军副主任出席开班仪式并讲话。(二)许武何组长出席国家质检总局检验检疫业务督察工作专题会议。

8月21日　(一)党组书记孙大伟主持召开国家认监委第五次党组中心组学习,党组成员王大宁、谢军、刘卫军、许增德、许武何参加学习。(二)孙大伟主任、谢军副主任出席全国质量技术监督工作座谈会。(三)王大宁副主任出席国家认监委"三严三实"专题教育活动推进会。

8月22—26日　中韩合格评定分委会第十二次会议在韩国庆州举行,刘卫军副主任与韩国技术标准研究院技术法规局局长卞荣万分别率团参会。双方根据两国今年签署的自贸协定中国合格评定互认合作有关条款,就开展相关合作及互认安排进行了磋商。

8月25日　(一)孙大伟主任,许武何纪检组长出席2015年第五期"质检大讲堂"暨党组中心组学习(扩大)。(二)谢军副主任赴南戴河为国家质检总局举办的"基层质监(市场监管)局长改革专题研修班"授课。

8月25日—28日　孙大伟主任、许增德总工程师赴宁波出席中俄总理定期会晤机制委员会经贸分委会标准计量检验认证常设工作组第13次会议并调研。

8月26日　谢军副主任出席国家工业控制产品与系统质检中心筹建论证会。

8月26日—27日　谢军副主任赴山东淄博出席全球轮胎市场准入与测试认证座谈会。

8月27日　许武何组长主持召开迎接驻国家质检总局监察局来委调研工作布置会议。

8月27日—29日　刘卫军副主任率团分别访问了印度尼西亚国家标准局(BSN)和东南亚国家联盟(ASEAN)秘书处贸易便利化局,就双方在认证认可领域的深入合作交换了意见。

8月28日　(一)国家认监委2015年度综合行政管理培训班在北京召开,谢军副主任出席开班仪式并讲话。(二)许武何组长赴人社部与专业技术人员管理司李金山副司长商谈认证人员职业资格建设有关工作事宜。

8月31日　孙大伟主任会见埃及贸工部部长阿卜杜·努尔。

8月31日—9月1日　谢军副主任赴青岛出席全国"质量月"启动仪式并调研。

8月31日—9月2日　许武何组长参加高级会计人员继续教育培训班。

九月

9月1日　孙大伟主任、王大宁副主任出席国家认监委信息化工作领导小组十一次会议。会议听取了信息化工作成果、信息化"十三五"规划思路、大数据业务分析模型及示范应用建设、认证认可业务统计指标体系构建及相关研究工作的汇报,信息化工作领导小组成员和联络员参加了会议。

9月2日　(一)孙大伟主任出席国家质检总局局长办公会议、王大宁副主任列席会议。(二)孙大伟主任出席国家质检总局党组会议。(三)孙大伟主任会见韩国产业通商资源部副部长文在涛,双方就深化中韩质检机制化合作等议题进行了会谈,并共同签署了中韩《关于加强质量监督检验检疫合作的谅解备忘录》,刘卫军副主任陪同会见。

9月6日—7日　谢军副主任赴哈尔滨出席黑龙江省检验检测服务创新战略联盟成立大会暨检验检测产业发展高峰论坛。

9月7日　(一)孙大伟主任出席"2015年消费品质量安全进社区、进校园、进乡镇消费者教育活动"启动仪式。(二)王大宁副主任出席国家质检总局有关工作专题会议。(三)许武何组长出席国家认监委纪检监察专题座谈会议。

9月9日　(一)由国家质检总局、江苏省人民政府和国家认监委共同主办,江苏省质量技术监督局、江苏出入境检验检疫局和中国检验检疫科学研究院承办的"全国检验检测机构开放日"活动启动仪式在南京举办。孙大伟主任出席启动仪式并致辞,国家质检总局和国家认监委有关部门及下属单位负责人、江苏质检两局和当地各级政府相关负责人、全国质监系统资质认定管理部门负责人以及社会各界代表约500人参加启动仪式,并参观了地方检验检测机构展台。(二)王大宁副主任主持召开国家认监委促进进出口食品企业内外销"同线同标"专题工作会议。(三)许增德总工程师出席国务院审改办来国家质检总局调研座谈会。

9月9日—10日　刘卫军副主任赴成都出席汽车产品认证质量分析与风险防控专题专家组会议。

9月9日—11日　王大宁副主任赴青岛出席国家质检总局科技成果评审会议。

9月10日　孙大伟主任赴银川出席2015中国-阿拉伯国家博览会并调研。

9月10日—11日　谢军副主任赴南京出席第七届中国第三方检测实验室发展论坛并调研。

9月11日　（一）孙大伟主任主持召开出访白俄罗斯、哈萨克斯坦和韩国的访前准备会议。（二）许增德总工程师会见来访的国家中医药管理局于文明副局长一行，双方就共同推动中医药健康服务业认证制度进行了会谈。

9月13日—22日　孙大伟主任率团出访白俄罗斯、哈萨克斯坦和韩国，分别访问了白俄罗斯国家标准委、农业与食品部，哈萨克斯坦投资发展部技术法规与计量委员会、消费者权利保护署、农业部，韩国产业通商资源部、技术标准院、交通安全研究院，就深化双边质检领域尤其是技术法规与合格评定领域的机制化合作达成了共识，并与相关部门签署了合作文件。许增德总工程师陪同出访。

9月14日　（一）谢军副主任到航天科技第九研究院调研。（二）刘卫军副主任出席全国人大法制工作委员会会议。

9月16日　（一）刘卫军副主任出席第三届国际检验检测技术与装备博览会。（二）刘卫军副主任在全国市（地）领导干部质量发展与质量安全专题研究班授课。（三）许武何组长陪同国家质检总局支树平局长会见孙家栋院士。

9月16日—18日　（一）王大宁副主任赴福建开展自贸区对台注册工作改革调研。（二）谢军副主任赴浙江就认证执法监管区域联动、认证认可“十三五”规划和《检验检测机构管理条例》立法等工作进行调研。

9月17日　（一）刘卫军副主任会见成都市副市长田蓉，双方就认证认可如何在成都市“质量兴市”中发挥作用进行了探讨。（二）国家认监委举办保密教育培训，刘卫军副主任、认监委机关所有人员（含借调人员），下属单位处以上领导干部及保密工作人员参加了培训。

9月18日　刘卫军副主任出席建设质量强市提升城市发展质量座谈会。

9月20日—23日　2015年第三季度认证认可业务工作会议在陕西西安召开，王大宁副主任出席会议并讲话。会议对推进落实出口食品企业备案监管模式改革、全面实施进口食品境外生产企业注册等工作进行了部署，并就认监委在“不严不实”及政风行风方面存在的问题进行了调查。国家认监委相关部门负责人，地方两局及部分检验检测机构代表近100人参加了会议。其间，王大宁副主任赴陕西省质监局评审中心等单位进行了调研。

9月21日　刘卫军副主任出席《中国地理标志产品大典》出版总结表彰会。

9月21日—22日　刘卫军副主任赴哈尔滨参加两岸认可领域合作交流工作会议。

9月22日—23日　谢军副主任赴长沙出席湖南省清洁低碳技术推广工作暨两型认证颁证会议并讲话，会议听取了清洁地毯技术工作汇报和经验介绍，并向首批获得“两型”认证的旅游景区颁发了证书。

9月23日　（一）孙大伟主任出席国务院第106次常务会议。（二）刘卫军副主任出席2015年强制性产品认证制定机构工作交流研讨会。（三）刘卫军副主任出席国际电工委员会合格评定局（IEC/CAB）国内工作组会议。（四）许武何组长出席中国质量万里行服务质量大会。（五）许武何组长听取服务中心工作汇报。

9月24日　（一）“有机宣传周”系列活动启动仪式在京举办，王大宁副主任出席活动。启动仪式上，发布了《中国有机产业发展报告（2014）》，公布了2014年度有机产品认证专项监督检查结果，并向有机产品认证社会监督员颁发了聘书。同时，启动了京津冀三地共建有机产业示范区迎接北京冬奥会的活动。（二）谢军副主任赴宁波开展检验检疫口岸认证执法联盟工作调研。（三）国际电工委员会合格评定体系国内运作机制可再生能源设备认证互认体系（IECRE）国内对口工作组首次会议在京举行，刘卫军副主任出席并讲话。该工作组由国家认监委组建，成员代表来自国家认监委、协会、相关检测认证机构及企业共20人。（四）许武何组长到委经济实体单位调研。

9月25日　（一）2015年度全国认证机构管理工作会议在京召开，孙大伟主任出席会议并讲话，王大宁、谢军、刘卫军副主任，许增德总工程师、许武何组长出席会议。各部室、下属单位负责人，认证机构代表共260余人参加了会议。（二）党组书记孙大伟主持召开国家认监委2015年第7次党组会议，党组成员王大宁、谢军、刘卫军、许增德、许武何出席会议。会议研究了有关人事工作；审议并通过了《认监委纪检监察机构工作体制和职责分工》（送审稿）。

9月28日　（一）孙大伟主任出席国务院中国-新加坡双边合作联合委员会第十二次会议筹备工作会议。（二）孙大伟主任出席国务院分析当前外贸形势工作会议。（三）王大宁副主任列席国家质检总局局长办公会议。

9月28日—30日　谢军副主任赴黑龙江参加国务院质量工作考核组考核。

9月29日　（一）孙大伟主任出席国家科技计划（专项、基金等）管理部际联席会议第四次全体会议。（二）谢军副主任到认可中心调研认证认可深化改革工作，并与认可中心干部职工进行了座谈。法律部、实验室部分别介绍了“十三五”规划研究方向《检验检测机构资质认定管理办法》发布后重点工作，认可中心汇报了认可领域深化改革的阶段性成果。（三）刘卫军副主任到华为公司参观调研。

十月

10月8日　谢军、刘卫军副主任出席IEC第79届大会代表团筹备会议。

10月8日—9日　孙大伟主任赴杭州出席外贸工作座谈会、杭州跨境电商综合试验区工作汇报会。

10月10日　孙大伟主任主持召开认监委干部大会，王大宁、谢军副主任，许增德总工程师，许武何纪检组长出席会议。根据中共质检总局党组2015年9月2日会议研究决定，大会宣布免去谢军同志的国家认监委党组成员、副主任职务，另有任用。

10月10日—13日　孙大伟主任赴黑龙江出席第二届中国—俄罗斯博览会暨第二十六届中国哈尔滨国际经济贸易洽谈会。

10月12日　孙大伟主任在哈尔滨会见俄罗斯联邦兽医与植物卫生监督局副局长涅波克洛诺夫一行，双方就食品农产品检验检疫问题进行了讨论并签署会议纪要。

10月12日-16日　（一）刘卫军副主任赴白俄罗斯参加第79届国际电工委员会（IEC）大会，并做了“合格评定及中国市场准入”的专题报告。本届大会适逢中国选举年，大会选举刘卫军副主任连任IEC合格评定局（CAB）成员，许增德总工程师为IEC理事局（CB）成员。（二）许武何纪检组长赴大连参加审计署举办的培训班。

10月13日　孙大伟主任在哈尔滨会见了参加中俄技术规范合作研讨会的俄方代表，与俄罗斯联邦技术标准与计量署、俄工贸部技术标准委员会官员就加强中俄标准化、认证认可和检验检测领域的交流合作交换了意见。

10月14日　（一）孙大伟主任出席国际司干部大会。（二）许增德总工程师出席世界标准日中国宣传周主题活动。

10月15日　（一）孙大伟主任出席全国进出口商品质量安全风险管理推进部署会议。（二）王大宁副主任出席国际有机区域产业发展论坛暨国家有机产品认证示范建设工作会议。会议总结了5年来有机产品认证示范创建经验，交流探讨了我国有机农业区域产业发展等相关问题。（三）许增德总工程师出席认监委依法行政法治讲座并讲话。

10月16日　（一）孙大伟主任出席总局局长办公会议、党组会议。（二）首期“检验检测认证行业创新发展高级研讨班”在福州举办，许增德总工程师出席开班式并讲话。

10月19日—21日　孙大伟主任赴上海出席首届中国自贸试验区检验检疫创新发展论坛并调研。

10月20日　国家认监委财务暨内部审计业务培训班在京举办，许武何纪检组长出席开班仪式并讲话。

10月21日　刘卫军副主任出席第六期国家认监委综合行政管理培训班。

10月21日—23日　许武何纪检组长赴陕西参加认证认可联系点支部共建活动。

10月23日　中国认证认可协会二届八次常务理事会议在北京召开，孙大伟主任出席并讲话。

10月25日　孙大伟主任出席国家质检总局党组“三严三实”专题三集中研讨会议、总局党组会议。

10月26日　（一）党组书记孙大伟主持召开认监委2015年第8次党组会议，党组成员王大宁、刘卫军、许增德、许武何出席会议。会议研究了有关人事工作。（二）孙大伟主任会见荷兰王国农业大臣戴克斯玛女士一行，双方就加强中荷质检领域合作交换了意见，并共同签署了《荷兰输华猪肉生产企业注册认证合作意向备忘录》等合作文件，刘卫军副主任陪同会见。

10月26日—28日　王大宁副主任赴云南出席“十二五”国家科技支撑计划“区域优势特色有机产品认证关键技术研究与示范”中期汇报会。

10月27日—28日　孙大伟主任赴广东出席泛珠三角区域通关一体化签约仪式并调研广东检验检疫“三互”开展情况。

10月28日　刘卫军副主任参加国际部党支部活动。

10月28日—30日　王大宁副主任赴西安出席农业部三品一标工作会议。

10月29日　孙大伟主任在广东出席中国消费品质量安全促进会第一届理事会第二次会议。

10月30日　（一）孙大伟主任，王大宁、刘卫军副主任，许增德总工程师，许武何纪检组长出席国家质检总局传达学习党的十八届五中全会精神干部大会。（二）孙大伟主任会见商务部国际贸易谈判副代表张向晨。

十一月

11月2日　（一）国家认监委与“全球食品安全倡议”组织签署合作协议，标志着该组织正式承认中国的危害分析与关键控制点认证制度。孙大伟主任会见世界消费品论坛执行总裁傅睿德并出席签字仪式，王大宁副主任陪同。（二）刘卫军副主任参加中央有关会议。

11月3日　（一）孙大伟主任出席国务院自由贸易试验区工作部际联席会议第二次全体会议。（二）王大宁副主任出席GFSI中国日主题活动。（三）王大宁副主任、许武何组长出席国家认监委党风廉政建设“两个责任”专项检查工作部署会。

11月3日—5日　刘卫军副主任出席2015年中国（无锡）国际光伏产品检测认证及标准技术论坛。

11月4日　许增德总工程师出席亚太计量组织（APMP）大会“展望2025——国际计量发展重大挑战”国际研讨会。

11月5日　(一)孙大伟主任主持召开中美商贸联委会SPS工作组会议准备会。(二)许增德总工程师陪同国家质检总局支树平局长会见斯洛文尼亚副总理兼农林食品部长及欧盟健康与食品安全委员戴扬·日丹。

11月6日　(一)孙大伟主任出席国家质检总局局务会议，王大宁副主任列席会议。(二)孙大伟主任陪同汪洋副总理会见斯洛文尼亚副总理兼农林食品部长戴扬·日丹。(三)王大宁副主任列席国家质检总局党组会议。(四)刘卫军副主任陪同国家质检总局梅克保副局长会见冰岛渔业农业部长西格于尔·约翰松。

11月9日　刘卫军副主任、许增德总工程师与“大国质量”栏目组座谈。

11月10日　许增德总工程师出席第21届亚太质量组织国际会议暨第十届上海国际质量研讨会，并作“国家质量基础 认证认可的发展”主题演讲。国家质检总局副局长吴清海、上海市副市长时光辉出席了会议。

11月10日　(一)孙大伟主任，王大宁、刘卫军副主任，许武何组长，出席国家质检总局直属系统第三次思想政治工作会议。(二)孙大伟主任出席国务院关于第26届中美商贸联委会筹备工作会议。

11月11日　(一)孙大伟主任出席第26届中美商贸联委会SPS工作组会议。(二)第八届国际电工委员会(IEC)合格评定体系国内运作机制年会在广州召开，刘卫军副主任出席会议并讲话。(三)许增德总工程师与供销总社商谈工作。

11月12日　(一)孙大伟主任，王大宁副主任，许增德总工程师，许武何组长出席国家质检总局党组中心组(扩大)学习。(二)孙大伟主任会见丹麦环境和食品部大臣伊娃·克耶·汉森。(三)王大宁副主任陪同国家质检总局支树平局长会见澳大利亚农业及水资源部长巴纳比·乔伊斯。

11月13日　(一)党组书记孙大伟主持召开国家认监委2015年第9次党组会议，党组成员王大宁、刘卫军、许增德、许武何、董乐群出席会议。会议研究了党组成员分工调整。(二)孙大伟主任主持召开国家认监委干部大会，王大宁、刘卫军副主任，许增德总工程师，许武何组长出席会议。(三)党组书记孙大伟主持召开国家认监委党组中心组(扩大)2015年第6次学习会，研究部署新形势下认监委系统的思想政治工作。党组成员王大宁、刘卫军、许增德、许武何、董乐群参加学习，各部室、下属单位支部(总支、支部)书记列席。(四)刘卫军副主任陪同国家质检总局支树平局长会见英国环境食品农村事务部国务大臣伊丽莎白·特拉斯。

11月16日　(一)孙大伟主任出席中俄能源合作委员会第十二次会议。(二)孙大伟主任出席国务院分析研判外贸形势及有关工作会议。(三)王大宁副主任陪同国家质检总局张沁荣副局长会见西班牙农业、食品及环境部副部长。(四)王大宁副主任出席国家质检总局科技评学推荐会议。

11月17日　(一)孙大伟主任会见苏丹内阁事务部长艾哈默德·萨义德·奥马尔。(二)刘卫军副主任出席认监委第八期综合行政管理培训。(三)刘卫军副主任出席指定认证机构工作座谈会。(四)刘卫军副主任陪同国家质检总局支树平局长会见巴西农业畜牧和食品供应部部长阿布莱乌。

11月18日　(一)第四届全国合格评定机构认可工作会议在北京召开，孙大伟主任出席会议并讲话，许增德总工程师、董乐群副主任出席会议。(二)刘卫军副主任主持召开海峡两岸工作会议预备会。

11月18日—19日　孙大伟主任赴江苏出席全国检验检疫通关一体化启动仪式、外贸形势与检验检疫通关工作座谈会。

11月19日　(一)刘卫军副主任会见芬兰新任驻华大使，双方就芬兰猪肉、水产品卫生注册事宜进行了会谈。(二)刘卫军副主任出席智能家电产业发展座谈会。(三)许增德总工程师会见国际汽车工作组(IATF)北美监督办公室美国国际汽车监督署(IAOB)总裁及执行总监戴尔·汉默先生。双方就IATF授权认证机构在华开展认证活动等事宜进行了交流。(四)许武何组长参加《中国共产党廉洁自律准则》和《中国共产党纪律处分条例》专题培训班。(五)董乐群副主任出席国家质检总局深化改革工作部署会议。

11月20日　孙大伟主任出席国家科技体制改革和创新体系建设领导小组第十二次会议。

11月21日—22日　第六届海峡两岸标准计量检验认证认可及消费品安全研讨会在四川成都召开，刘卫军副主任出席会议并做了关于对海峡两岸认证认可合作未来展望的演讲。

11月21日—23日　孙大伟主任赴广东出席第26届中美商贸联委会。

11月23日　许增德总工程师出席中编办医疗器械检验检测机构工作会议。

11月23日—24日　丝绸之路经济带检验检疫认证执法监管合作联动机制第一届联席会议在重庆召开，董乐群副主任出席会议并讲话。

11月24日　孙大伟主任出席第24届冬奥会工作领导小组第一次全体会议。

11月25日　(一)孙大伟主任出席国家质检总局党组会议。(二)孙大伟主任出席国家质检总局局长办公会议。(三)孙大伟主任出席国务院关于中俄总理定期会晤委员会第十九次会议筹备工作会。（四）王大宁副主任、许增德总工程师会见中华全国供销合作总社理事会副主任肖仲凯。（五）刘卫军副主任出席中央有关工作会议。

11月26日　（一）孙大伟主任，许增德总工程师，董乐群副主任出席国家质检总局2015年第六期“质检大讲堂”暨第九次党组中心组学习（扩大）。（二）孙大伟主任会见保加利亚农业与食品部部长黛茜·斯拉娃·特妮娃。（三）孙大伟主任陪同支树平局长会见中国贸促会姜增伟会长、尹宗华副会长并出席国家质检总局与贸促会《关于加强原产地签证工作 服务“走出去”战略合作备忘录》签署仪式。（四）刘卫军副主任出席中韩电子电气合格评定互认工作会议。（五）刘卫军副主任陪同国家质检总局支树平局长会见马其顿副总理兼外交部长、经济部副部长佩舍夫斯基。（六）刘卫军副主任、许增德总工程师、董乐群副主任出席认证认可检验检测发展“十三五”规划前期重大课题成果汇报会。

11月25日—27日　许武何组长赴西安参加中国出入境检验检疫协会中国国际旅行卫生保健协会第四届二次会员代表大会。

11月26日—27日　认证认可联系点工作座谈会在江西宜春召开。其间，注册部党支部、宜春检验检疫局机关党支部、万载县农业局机关党支部、万载县三兴镇闹坪村党支部在万载县三兴镇有机产业示范园签订《践行“三严三实”要求，三级四方支部共建备忘录》，王大宁副主任出席签字仪式并讲话。

11月27日　（一）孙大伟主任主持召开检验检疫监管体制改革专项小组第二次会议，董乐群副主任出席。（二）孙大伟主任在李克强总理与捷克总理索博特卡共同见证下，与捷克工贸部副部长哈夫里切克共同签署《中华人民共和国认证认可监督管理局与捷克标准计量检测局关于合格评定（认证和检测）领域的合作谅解备忘录》。

11月30日　刘卫军副主任主持召开信息安全产品质量安全认证工作会议。

11月30日—12月1日　国家认监委举行直属机关纪检干部“两项法规”专题学习班，集中学习研讨了《中国共产党廉洁自律准则》和《中国共产党纪律处分条例》，许武何纪检组长出席。

十二月

12月1日　许武何纪检组长出席国家质检总局党组“三严三实”专题民主生活会征求意见座谈会。

12月1日—3日　孙大伟主任赴深圳出席检验检疫口岸信息化工作座谈会、助产业转型升级促外贸稳定增长暨深圳全球维修业务发展成果汇报会并调研。

12月2日　刘卫军副主任到国家密码局商谈信息安全产品认证工作。

12月2日—4日　刘卫军副主任赴贵州出席中国绿色标识产品认证（合格评定）体系国际研讨会。

12月3日　董乐群副主任出席国家质检总局缺陷产品召回工作推进小组会议。

12月4日　（一）孙大伟主任主持召开检验检测认证机构整合改革专项小组第九次会议，许增德总工程师出席会议。（二）王大宁副主任、许武何纪检组长、董乐群副主任出席国家认监委第十期综合行政管理培训暨结业式。

12月7日　（一）孙大伟主任出席国家质检总局局长办公会议，王大宁副主任列席会议。（二）党组成员王大宁主持召开委党组“三严三实”专题民主生活会征求意见座谈会，并代表党组征求意见。（三）董乐群副主任出席认证认可系列规章新闻发布会。

12月8日　（一）孙大伟主任出席国务院关于中泰经贸联委会第四次会议及相关活动筹备工作会议。（二）许增德总工程师出席实验室部工作总结会议。

12月9日　董乐群副主任主持召开认证认可统计制度分析会议。

12月9日—10日　孙大伟主任赴内蒙古开展质检直属系统党风廉政建设“两个责任”等工作落实情况专项检查。

12月9日—11日　刘卫军副主任赴厦门参加国家认监委“海峡两岸强制性产品认证互认合作实施研究”课题鉴定会，对该“短平快”课题验收并调研。

12月10日　许增德总工程师会见美国船级社质量认证公司（ABS QE）总裁威森伯格一行，双方就我国认证机构行政审批改革、认证领域推动等议题交换了意见，并就下一步合作进行交流。

12月11日　（一）孙大伟主任出席国家质检总局党组会议。（二）王大宁副主任主持召开认证认可深化改革领导小组第4次会议，刘卫军副主任、许增德总工程师、许武何纪检组长、董乐群副主任出席，会议总结了2015年认证认可深化改革工作，对2016年工作进行了谋划。（三）王大宁副主任出席全国有机产品认证示范区工作会议。

12月13日—14日　许增德总工程师赴上海出席创建“国家公共检验检测认证服务平台示范区”暨检验检测认证产业推进会。

12月14日　（一）孙大伟主任赴信安中心开展质检直属系统党风廉政建设“两个责任”等工作落实情况专项检查。（二）孙大伟主任出席国务院中泰经贸联委会筹备汇报会。（三）许武何纪检组长出席国家质检总局《关于提升质量促进国内消费的意见（征求意见稿）》修改工作专题部署会议。

12月15日—16日　孙大伟主任、许增德总工程师赴深圳出席全国检验检测认证机构整合改革工作会议。

12月16日　(一)刘卫军副主任、许武何纪检组长、董乐群副主任参加第七期“质检大讲堂”暨第十次党组中心组(扩大)学习。(二)刘卫军副主任会见UL集团亚太区总裁费歇尔一行，双方就中国强制性产品认证制度、自愿性产品认证项目开发及下一步合作等相关事宜进行了交流。(三)董乐群副主任出席质检事业发展“十三五”规划编制工作领导小组第二次会议。

12月17日　(一)刘卫军副主任陪同支树平局长会见俄罗斯农业部长斯科伦尼克一行。(二)许增德总工程师会见国际联合委员会(JCI)亚太区总监。(三)董乐群副主任与科标部商谈工作。

12月16日—18日　王大宁副主任赴厦门出席第四季度认证认可业务工作会议，会议围绕“认证认可深化改革领导小组第四次会议”精神，对相关业务工作进行了交流研讨和部署，征求了各参会代表对2016年认证认可工作会议的相关意见。

12月18日　董乐群副主任出席总局质检体制改革领导小组会议。

12月16日-20日　孙大伟主任赴泰国出席中国-泰国经济贸易合作联合委员会第四次会议。

12月18日—20日　王大宁副主任赴福州出席中国生态文明论坛。

12月21日　(一)孙大伟主任，刘卫军副主任，许增德总工程师，许武何纪检组长出席国家质检总局党组(扩大)会议。(二)孙大伟主任出席国家质检总局党组会议。(三)孙大伟主任出席国务院自由贸易试验区工作部际联席会议成员专题会议。(四)许增德总工程师主持召开认证认可工作部际联席会议办公室工作会议。(五)董乐群副主任出席科标部、法律部、研究所“三严三实”专题民主生活会。

12月22日　(一)王大宁副主任主持召开与阿里巴巴集团合作专题会议。(二)王大宁副主任出席办公室党支部“三严三实”专题民主生活会。(三)许武何纪检组长出席中国农产品流通质量万里行出征仪式。(四)董乐群副主任出席总局“中国制造2025”贯彻落实工作领导小组第一次会议。

12月23日　(一)孙大伟主任主持召开国家认监委党组“三严三实”专题民主生活会，王大宁、刘卫军副主任，许增德总工程师，许武何纪检组长，董乐群副主任出席。(二)孙大伟主任出席国务院2019年中国北京世界园艺博览会组委会第二次会议。

12月24日　(一)孙大伟主任出席中检集团领导班子“三严三实”专题民主生活会。(二)国家认监委“云桥”认证认可信息公共服务共享平台在京开通，王大宁副主任出席开通仪式。阿里巴巴成为首家导入认证认可信息共享平台的电商企业。(三)王大宁副主任主持召开国家认监委2015年第4次主任办公会议，刘卫军副主任、许增德总工程师、董乐群副主任出席会议。会议专题研究了出口食品企业“同线同标”有关工作。(四)许增德总工程师到公安部刑侦局商谈工作并调研。(五)许武何纪检组长出席服务中心党总支“三严三实”专题民主生活会。(六)董乐群副主任出席认证认可统计指标体系研讨会。

12月25日　(一)王大宁副主任出席信息中心党总支、注册部党支部“三严三实”专题民主生活会。(二)刘卫军副主任出席信息安全标准化委员会主任办公会议。(三)董乐群副主任出席国家质检总局执法司述职工作会议。

12月28日　(一)王大宁副主任到国家新闻出版广电总局走访。(二)工业产品认证工作交流促进会议在北京召开，刘卫军副主任出席会议并讲话。(三)许武何纪检组长出席2015“质量之光”年度质量盛典活动。(四)刘卫军副主任出席国际部党支部“三严三实”专题民主生活会。(五)许增德总工程师出席实验室部党支部“三严三实”专题民主生活会。(六)许武何纪检组长出席财务部党支部“三严三实”专题民主生活会。

12月29日　(一)孙大伟主任、王大宁副主任出席质检工作务虚会。(二)刘卫军副主任赴南京出席信息安全产品认证体系建议研讨会。(三)许增德总工程师出席认可部党支部“三严三实”专题民主生活会。

12月30日　(一)孙大伟主任出席国家质检总局党组2015年度“三严三实”专题民主生活会。(二)刘卫军副主任出席认证部党支部、信安中心党委“三严三实”专题民主生活会。(三)许增德总工程师参加认可部党支部活动。(五)许增德总工程师出席认证认可协会党委“三严三实”专题民主生活会。(六)许武何纪检组长出席认可中心党委“三严三实”专题民主生活会。

12月30日—31日　王大宁副主任赴青岛出席进出口食品企业评审专家传帮带总结与启动会。

12月31日　(一)孙大伟主任出席国家质检总局局长办公会议，许增德总工程师列席会议。(二)孙大伟主任出席国家质检总局党组会议。(三)孙大伟主任参加委直属机关党委党支部“三严三实”专题民主生活会。(四)许增德总工程师出席国家质检总局与食品药品监管总局签署合作协议仪式。

2016

Yearbook of Certification and Accreditation of China

第二十二部分　统计资料

Part　Twenty-two　Statistics

截至 2015 年 12 月 31 日，全国共批准认证机构 252 家。各认证领域共颁发有效认证证书 1 585 308 份，其中强制性产品认证证书 496 646 份，自愿性产品（不包含食品农产品）认证证书 248 984 份；颁发体系认证证书 704 232 份，其中质量管理体系认证证书 434 725 份，环境管理体系认证证书 138 366 份；食品农产品认证证书 121 206 份；出口食品生产企业备案 13 154 份；颁发的服务认证有效证书 1 086 份。

截至 2015 年底，现行有效的涉及认证认可的法律、行政法规、部门规章共 52 部，其中法律 20 部，行政法规 17 部、部门规章 15 部。

一、强制性产品认证信息

按产品大类统计证书数及企业数（统计截至 2015 年 12 月 31 日的当前有效）

大类名称	当前有效	
	证书数	企业数
电线电缆	173 98	5 954
电路开关	14 266	2 658
低压电器	126 103	16 782
小功率电动机	6 940	2 718
电动工具	2 107	241
电焊机	2 689	532
家用设备	78 933	7 065
音视频设备	14 110	2 254
信息技术	30 448	3 589
照明电器	15 458	3 151
机动车辆	96 930	7 851
机动轮胎	3 497	479
安全玻璃	18 130	4 091
农机产品	781	401
电信终端	12 913	1 525
消防	36 653	4 351
安全技术防范	1 364	383
无线局域	54	21
装饰装修	4 681	1 820
玩具	13 191	2 909
合计	496 646	65 626

二、体系及自愿性产品认证信息

（一）按认证标准统计体系认证证书情况

主要体系	证书情况		CNAS 标志数	其他标志数
	证书数	比率 /%		
质量管理	434 725	62	272 927	154 681
环境管理	138 366	20	95 738	36 364
其他	131 141	19	92 892	19 978
合计	704 232	100	461 557	211 023

（二）按认证标准统计自愿性认证证书情况

主要产品	证书情况		CNAS 标志数
	证书数	比率 /%	
良好农业规范	694	—	593

三、出口食品生产企业卫生备案信息

按产品类别情况统计

分类名称	有效数	注销数	撤销数
备案	13 154	648	7
罐头类	987	35	1
水产品类（不包括活品和晾晒品）	1 853	65	0
肉及肉制品	558	29	0
茶类	493	16	0
肠衣类	147	1	0
蜂产品类（不包括蜂蜡）	141	6	2
蛋制品类（不包括鲜蛋）	68	1	0
速冻果蔬类、脱水果蔬类（不包括晾晒品）	1 328	72	1
糖类（指蔗糖、甜菜糖）	151	9	0
乳及乳制品类	65	6	0
饮料类（包括固体饮料）	589	35	0
酒类	394	22	0
花生、干果、坚果制品类（不包括炒制品）	393	18	0
果脯类	155	4	0
粮食制品及面、糖制品类	1 286	80	1
食用油脂类	259	14	0
调味品类（不包括天然的香辛干料及粉料）	665	27	0
速冻方便食品类	278	18	0
功能食品类	241	18	0
食品添加剂类（专指食用明胶）	38	0	0
腌渍菜类	524	38	0
其他类	3 289	148	2

四、CNAS 机构认可机构年报

截至 2015 年底，获得认可的认证机构颁发的当前有效认证证书共 1 001 933 份，其中质量管理体系认证证书 272 927 份；环境管理体系认证证书 95 738 份；职业健康安全管理体系认证证书 80 449 份；食品安全管理体系认证证书 8 631 份；软件过程及能力成熟度评估证书 17 份；自愿性产品认证证书 31 214 份；强制性产品认证证书 496 646 份；有机产品认证证书 13 973 份；良好农业规范认证证书 593 份，信息安全认证证书 1 745 份。

（一）认可的认证机构统计信息（截至2015年12月31日）

<table>
<tr><th colspan="3">认可领域</th><th>认可的领域数量</th><th>业务范围类型</th><th>分支机构</th></tr>
<tr><td rowspan="4">1</td><td colspan="2">质量管理体系（QMS）认证</td><td>98</td><td>2 385</td><td>196</td></tr>
<tr><td colspan="2">通讯业质量管理体系（TL 9000）认证</td><td>5</td><td>17</td><td></td></tr>
<tr><td colspan="2">工程建设施工企业质量管理体系认证</td><td>54</td><td>783</td><td>33</td></tr>
<tr><td colspan="2">中国共产党基层组织质量管理体系认证</td><td>9</td><td>9</td><td>1</td></tr>
<tr><td>2</td><td colspan="2">环境管理体系（EMS）认证</td><td>91</td><td>2 047</td><td>73</td></tr>
<tr><td>3</td><td colspan="2">职业健康安全管理体系（OHSMS）认证</td><td>86</td><td>2 120</td><td>58</td></tr>
<tr><td>4</td><td colspan="2">食品安全管理体系（FSMS）认证</td><td>32</td><td>120</td><td>19</td></tr>
<tr><td>5</td><td colspan="2">危害分析与关键控制点（HACCP）体系认证</td><td>19</td><td>29</td><td></td></tr>
<tr><td>6</td><td colspan="2">良好生产规范（GMP）认证</td><td>5</td><td>5</td><td></td></tr>
<tr><td>7</td><td colspan="2">信息安全管理体系（ISMS）认证</td><td>9</td><td>29</td><td></td></tr>
<tr><td>8</td><td colspan="2">能源管理体系（EnMs）认证</td><td>12</td><td>51</td><td></td></tr>
<tr><td>9</td><td colspan="2">信息技术服务管理体系（ITSMS）认证</td><td>4</td><td>16</td><td></td></tr>
<tr><td rowspan="6">10</td><td rowspan="6">产品认证（合计70家）</td><td>常规产品认证</td><td>44</td><td>2 307</td><td>13</td></tr>
<tr><td>低碳产品认证</td><td>1</td><td>1</td><td></td></tr>
<tr><td>服务认证</td><td>2</td><td>3</td><td></td></tr>
<tr><td>良好农业规范（GAP）认证</td><td>15</td><td>50</td><td></td></tr>
<tr><td>有机产品认证</td><td>21</td><td>58</td><td></td></tr>
<tr><td>森林认证</td><td>2</td><td>4</td><td></td></tr>
<tr><td>11</td><td colspan="2">软件过程及能力成熟度评估（SPCA）</td><td>3</td><td>5</td><td></td></tr>
<tr><td>12</td><td colspan="2">人员认证</td><td>1</td><td>2</td><td></td></tr>
<tr><td colspan="3">认证机构总计：141</td><td>合计：513</td><td>认证机构业务范围类型 合计：10 041
其中管理体系认证机构业务范围类型 合计：7 611</td><td>合计：393</td></tr>
</table>

（二）认可的实验室等机构统计信息（截至2015年12月31日）

项目	数量
校准实验室	822
检测实验室	5 916
能力验证提供者	41
标准物质/标准样品生产者	12
医学实验室	200
生物安全实验室	64
合计	7 055

（三）认可的检查机构统计信息（截至2015年12月31日）

项目	数量
检验机构	396

（四）暂停、撤销与注销机构认可资格统计信息（截至2015年12月31日）

序号	机构	暂停	撤销	注销
1	认证机构	40	24	23
2	实验室	1 119	457	610
3	检验机构	30	57	33
总 计		1 189	538	666

（五）对认证证书的分类统计（截至 2015 年 12 月 31 日）

认证领域	标准类型 / 认证规范	证书数	比率 /%
质量管理体系认证	GB/T 19001-2008/ISO 9001:2008	368 132	24.26
	TL9000 4.0	249	0.02
	中国共产党基层组织质量管理体系	45	0.00
	工程建筑施工企业质量管理体系	31 653	2.09
环境管理体系认证	GB/T 24001-2004/ISO 14001:2004	138 366	9.12
职业健康安全管理体系认证	GB/T 28001-2001	99 137	6.53
食品安全管理体系认证	GB/T 22000:2006/ISO 22000:2005	11 186	0.74
软件过程及能力成熟度评估	SJ/T 11234 或 SJ/T 11235	17	0.00
产品认证	自愿性产品认证	354 025	23.33
	强制性产品认证	496 646	32.73
有机产品认证	GB/T 19630-2005	13 988	0.92
良好农业规范	GB/T 20014.1~20014.11-2005	694	0.05
信息安全认证	GB/T 22080-2008/ISO/IEC 27001:2005	3 348	0.22
总　　计		1 517 486	100

六、CCAA 年报

（一）工厂检察员注册情况统计

分类	人项数	比率 /%
强制性产品	3 981	38.32
自愿性产品	6 407	61.68
合计	10 388	100

（二）咨询师注册情况统计

分类	人项数	比率 /%
质量管理	40 145	47.05
职业健康安全	16 963	19.88
其他	28 213	33.07
合计	85 321	100.00

（三）审核员注册情况统计

注册类别	质量管理		环境管理		职业健康安全		食品安全		合计	
	人项数	比率 /%	人项数	比率 /%	人项数	比率 /%	人项数	比率 /%	人项数	比率 /%
实习审核员	8 349	20.80	5 259	24.37	4 269	25.17	952	34.83	18 829	23.13
审核员	25 394	63.26	12 849	59.55	9 739	57.41	1 452	53.13	49 434	60.72
高级审核员	6 402	15.95	3 470	16.08	2 955	17.42	329	12.04	13 156	16.16
合计	40 145	100	21 578	100	16 963	100	2 733	100	81 419	100

2016

Yearbook of Certification and Accreditation of China

第二十三部分　附　录

Part Twenty-three　Appendixes

2015年国家认监委发布的公告（选登）

国家认监委关于部分强制性产品认证指定实验室名称等信息变更的公告

（2015 年第 1 号）

经审核，现对部分强制性产品认证指定实验室名称等信息变更予以确认，具体见附件。

特此公告。

附件：强制性产品认证指定实验室名称等信息变更确认表

国家认监委

2015 年 1 月 16 日

附件：

强制性产品认证指定实验室名称等信息变更确认表

实验室编号	变更前信息			变更后信息		
	实验室名称	实验室地址及联系方式	法人名称	实验室名称	实验室地址及联系方式	法人名称
01801	江苏出入境检验检疫局工业产品检测中心建筑与装饰材料检测实验室	江苏省南京市中华路99号 联系人：袁敏 电话：025-52345203 传真：025-52345243	江苏出入境检验检疫局工业产品检测中心	江苏出入境检验检疫局工业产品检测中心化矿金属材料实验室	江苏省南京市中华路99号 联系人：袁敏 电话：025-52345203 传真：025-52345243	江苏出入境检验检疫局工业产品检测中心
04001	青岛市产品质量监督检验所	（CNCA-C12-01：机动车辆轮胎对应内容） 青岛市崂山区科苑纬四路77号 青岛市胶南市青岛中路637号 联系人：孙光明 电话：0532-68069157 传真：0532-68069156 E-mail：sgm5904@163.com	青岛市产品质量监督检验所	青岛市产品质量监督检验研究院	（CNCA-C12-01：机动车辆轮胎对应内容） 青岛市崂山区科苑纬四路77号 青岛市黄岛区凤凰山路637号 联系人：孙光明 电话：0532-68069157 传真：0532-68069156 E-mail：sgm5904@163.com	青岛市产品质量监督检验研究院

续表

实验室编号	变更前信息			变更后信息		
	实验室名称	实验室地址及联系方式	法人名称	实验室名称	实验室地址及联系方式	法人名称
07301	陕西省产品质量监督检验研究院	西安市咸宁西路30号 联系人：王兵部 电话：029-62653939 E-mail：ly_31@sina.com	陕西省产品质量监督检验研究院	陕西省产品质量监督检验研究院	西安市咸宁西路30号 联系人：王兵部 电话：029-62653939 E-mail：jssbk@163.com	陕西省产品质量监督检验研究院
09201	国家涂料质量监督检验中心	江苏省常州市龙江中路22号 联系人：刘琳、周文沛 电话：0519-83295116 0519-83971609 传真：0519-83299560 0519-83971609	中海油常州涂料化工研究院	国家涂料质量监督检验中心	江苏省常州市龙江中路22号 联系人：刘琳、周文沛 电话：0519-83295116 0519-83971609 传真：0519-83299560 0519-83971609	中海油常州涂料化工研究院有限公司
09901	济南汽车检测中心	山东省济南市英雄山路165号 联系人：孙利 电话：0531-85586162 传真：0531-85586176	济南汽车检测中心	济南汽车检测中心（国家重型汽车质量监督检验中心）	山东省济南市英雄山路165号 联系人：孙利 电话：0531-85586162 传真：0531-85586176	济南汽车检测中心
14201	杭州中检电气研究院有限公司	杭州市拱墅区沈半路267号 联系人：吴华 电话：0571-87882283 传真：0571-88296681 E-mail：hdjc001@163.com 网址：www.hztest.	杭州中检电气研究院有限公司	中检质技检验检测科学研究院有限公司	杭州市拱墅区沈半路267号 联系人：吴华 电话：0571-87882283 传真：0571-88296681 E-mail：hdjc001@163.com 网址：www.hztest.	中检质技检验检测科学研究院有限公司
14301	江苏检验检疫车辆灯具检测实验室	江苏丹阳市经济开发区葛丹路3号 联系人：葛志晨 电话：0511-86229936 传真：0511-86225170 E-mail：gezhichen@163.com 网址：www.jsdjjc.com 邮编：212300	江苏检验检疫车辆灯具检测实验室	江苏检验检疫车辆灯具检测实验室	江苏省丹阳市葛丹路3号 联系人：葛志晨 电话：0511-86229936 传真：0511-86225170 E-mail：gezhichen@163.com 网址：www.jsdjjc.com 邮编：212300	江苏检验检疫车辆灯具检测实验室

国家认监委关于注销北京联合智业认证有限公司扬州分公司的公告

（2015 年第 2 号）

北京联合智业认证有限公司扬州分公司是国家认监委批准设立的认证机构分支机构（批准号：CNCA-R-2002-043B），批准的业务范围是质量管理体系、环境管理体系。现北京联合智业认证有限公司申请注销扬州分公司，并已完成分公司工商注销登记。

国家认监委决定，自公告发布之日起，注销北京联合智业认证有限公司扬州分公司认证资质。

特此公告。

国家认监委

2015 年 1 月 20 日

国家认监委关于贵州省分析测试研究院良好实验室规范（GLP）检查合格的公告

（2015 年第 3 号）

根据国家认监委 2008 年第 17 号公告及《国家认监委关于修订良好实验室规范（GLP）及评价程序的有关文件的通知》、《良好实验室规范原则》和《良好实验室规范符合性检查程序》的有关要求和程序，经国家认监委组织中国合格评定认可中心检查合格，现正式批准贵州省分析测试研究院成为国家认监委承认的符合良好实验室规范（GLP）的实验室，该实验室可以在化学品“理化性质测试”“水生和陆生生物的环境毒性研究”“水、土壤和空气中行为学研究”“生物富集试验”以及“其他研究”等方面开展 GLP 研究，并出具 GLP 研究报告。贵州省分析测试研究院的 GLP 实验室资格有效期为 2015 年 2 月 2 日—2018 年 2 月 1 日。

国家认监委

2015 年 2 月 5 日

国家认监委 国家发展改革委关于联合发布第二批能源管理体系认证机构的公告

（2015 年第 4 号）

为了推动万家企业能源管理体系建设工作，国家认监委和国家发展改革委联合公布第二批能源管理体系认证机构名单。

附件：第二批能源管理体系认证机构名单

国家认监委　国家发展改革委

2015 年 2 月 13 日

附件：

第二批能源管理体系认证机构名单

序号	认证机构名称	认证机构批准号
1	华信技术检验有限公司	CNCA-R-2002-004
2	杭州万泰认证有限公司	CNCA-R-2002-015
3	北京中安质环认证中心	CNCA-R-2002-028
4	北京联合智业认证有限公司	CNCA-R-2002-043
5	中电联（北京）认证中心有限责任公司	CNCA-R-2002-050
6	上海环科环境认证有限公司	CNCA-R-2002-098

国家认监委关于对机械工业电线电缆质量检测中心（北京）等 5 家单位的部分强制性产品认证指定检测业务进行停业整顿的公告

（2015 年第 5 号）

根据 2014 年度国家认监委强制性产品认证指定实验室专项监督检查的结果，发现下列 5 家单位存在影响认证检测有效性的严重问题，现决定自即日起对其承担的部分领域强制性产品认证指定检测业务进行停业整顿。

存在的主要问题和停业整顿的业务范围如下：

1. 机械工业电线电缆质量检测中心（北京）：存在关键检测设备不满足新版标准要求和人员技术能力不足等问题，对其家用和类似用途插头插座（CNCA-C02-01：电路开关及保护或连接用电器装置（电器附件））强制性产品认证指定检测业务进行停业整顿。

2. 宁波市产品质量监督检验研究院：存在缺少关键检测设备的问题，对其室内加热器（CNCA-C07-01：家用和类似用途设备）强制性产品认证指定检测业务进行停业整顿。

3. 宁波出入境检验检疫局电气安全检测中心：存在人员技术能力不满足相应要求的问题，对其室内加热器（CNCA-C07-01：家用和类似用途设备）强制性产品认证指定检测业务进行停业整顿。

4. 国家摩托车及配件质量监督检验中心（广东）：存在人员技术能力严重不足的问题（多项见证试验均出现较多问题），对其摩托车（CNCA-C11-02：摩托车）强制性产品认证指定检测业务进行停业整顿。

5. 成都市产品质量监督检验院：存在日常检测报告和实验记录质量差的问题（严重影响了认证有效性），对其室内加热器（CNCA-C07-01：家用和类似用途设备）强制性产品认证指定检测业务进行停业整顿。

特此公告。

国家认监委

2015年2月25日

国家认监委关于撤销广西壮族自治区产品质量监督检验研究院溶剂型木器涂料产品强制性产品认证检测业务的公告

（2015年第6号）

根据2014年度国家认监委强制性产品认证指定实验室专项监督检查的结果，发现广西壮族自治区产品质量监督检验研究院在溶剂型木器涂料产品检测领域中存在严重问题，检测能力、标准物质管理等方面不满足相应要求。根据《强制性产品认证机构、检查机构和实验室管理办法》（国家质检总局第65号令）第十一条、第三十九条的规定，现决定自即日起撤销广西壮族自治区产品质量监督检验研究院承担的溶剂型木器涂料（CNCA-C21-01：装饰装修产品）强制性产品认证检测业务。

特此公告。

国家认监委

2015年2月25日

国家认监委关于发布《关于〈内地与香港关于建立更紧密经贸关系的安排〉〈关于内地在广东与香港基本实现服务贸易自由化的协议〉中认证认可有关条款的实施指南》的公告

（2015年第7号）

2014年12月18日，内地与香港签署了《关于建立更紧密经贸关系的安排》《关于内地在广东与香港基本实现服务贸易自由化的协议》（以下简称CEPA新协议）。

为推进CEPA新协议中认证认可相关条款的落实，国家认监委制定了《关于〈内地与香港关于建立更紧密经贸关系的安排〉〈关于内地在广东与香港基本实现服务贸易自由化的协议〉中认证认可有关条款的实施指南》，现将该实施指南予以公布。

特此公告。

国家认监委

2015年4月7日

附件：

关于《内地与香港关于建立更紧密经贸关系的安排》《关于内地在广东与香港基本实现服务贸易自由化的协议》中认证认可有关条款的实施指南

《关于内地在广东与香港基本实现服务贸易自由化的协议》及其附件中涉及认证认可的内容的实施指南如下：

一、关于“在自愿性认证领域，允许经香港特区政府认可机构（香港认可处）认可的具备相关产品检测能力的香港检测机构与内地认证机构合作，对香港本地或内地生产或加工的产品进行检测”的实施指南

（一）实施范围

1.产品产地：适用于香港本地及在内地生产或加工的产品及其经营活动的认证。

2.认证种类：适用的认证种类为所有内地的自愿性认证。

（二）检测机构资质要求

香港境内的检测机构，如从事实施范围内的认证检测业务，应具备相应的检测能力，获得香港特区政府认可机构相关领域的认可，并由香港特区政府认可机构通过监督评审确认持续符合条件。认证制度对检测机构资质有特殊要求的，除认可以外，检测机构应经香港特区政府认可机构确认符合上述特殊要求。

对于经确认不再持续符合条件或主动放弃认可资质的检测机构，香港特区政府认可机构应向国家认监委通报相关信息。

（三）实施程序

1.获得香港特区政府认可机构认可并有意承担认证检测业务的香港检测机构可与内地有资质的认证机构就相关检测业务进行接洽并提出合作意向。内地认证机构联系方式及其业务资质范围，可通过国家认监委网站（www.cnca.gov.cn）查询。

2.按照相关认证基本规范和认证实施规则要求，检测机构与内地相关认证机构建立委托关系，并在约定的范围内承担认证检测业务。委托关系建立后，由认证机构将委托合作协议报国家认监委备案。国家认监委在其官方网站上公布与认证机构签署合作协议的香港检测机构名录。

3.对于香港特区政府认可机构向国家认监委通报的不能持续符合条件的香港检测机构，国家认监委告知有关认证机构，认证机构对与该检测机构的合作做出调整，并向国家认监委备案调整结果。国家认监委在其官方网站上公布调整名录。

4.内地认证监督管理部门发现香港检测机构在承担认证检测业务中违反相关认证认可法律法规、实施规则的，应当将相关情况上报国家认监委，由国家认监委将相关情况通报香港特区政府主管部门。

二、关于“在强制性产品认证（CCC）领域，允许经香港特区政府认可机构（香港认可处）认可的具备中国强制性产品认证制度相关产品检测能力的香港检测机构，与内地指定机构开展合作，承担在港设计定型且在广东省加工或生产的音视频设备类产品的CCC检测任务”的实施指南

（一）实施范围

1.产品范围

试点产品范围为CCC目录中音视频设备类产品。

2.产品产地

适用于在港设计定型且在广东省加工或者生产的产品。

（二）检测机构资质要求

香港境内的检测机构，如从事CCC音视频设备类产品检测业务，应获得香港特区政府认可机构认可，具备CCC音视频设备类产品检测能力。

香港特区政府认可机构应参照《强制性产品认证机构、检查机构和实验室管理办法》（国家质检总局第65号令）第十一条、音视频类产品CCC认证实施规则（CNCA-C08-01:2014）以及《检测和校准实验室能力认可准则在电气检测领域的应用说明》（CNAS-CL11:2006）对香港检测机构是否具备CCC音视频设备类产品检测能力进行确认，并对具备条件的实验室出具确认文件。对于已确认具备条件的实验室，香港特区政府认可机构每年进行一次监督评审，确认其持续符合条件。

对于香港特区政府认可机构通过监督评审发现不能持续符合条件的香港检测实验室，香港特区政府认可机构及时向国家认监委通报。

（三）实施程序

1.具备相关资质并有意承担CCC音视频设备类产品检测业务的香港检测机构可与内地CCC音视频设备类产品指定认证机构就相关检测业务进行接洽并提出合作意向。内地指定认证机构联系方式及其业务资质范围，可通过国家认监委网站（www.cnca.gov.cn）查询。

2.按照认证实施规则要求，检测机构与内地指定认证机构达成合作意向，通过建立委托关系在约定的范围内承担认证检测业务。指定认证机构将委托合作协议报国家认监委审批，协议经国家认监委审批后方可签署生效（注：审批内容不涉及检测实验室资质认定）。CCC指定认证机构将签署的合作协议报国家认监委备案。国家认监委在其官方网站上公布与CCC音视频设备类产品指

定认证机构签署合作协议的香港检测机构名录，并告知广东省质量技术监督局和广东出入境检验检疫局。

3.对于香港特区政府认可机构向国家认监委通报的不能持续符合条件的香港检测机构，国家认监委告知有关CCC指定认证机构，CCC指定认证机构对与该检测机构的合作做出调整，并向国家认监委报告调整结果。国家认监委在其官方网站上公布调整名录，并告知广东省质量技术监督局和广东出入境检验检疫局。

4. 内地认证监督管理部门发现香港检测机构在承担CCC认证检测业务中违反相关认证认可法律法规、实施规则的，应当将相关情况上报国家认监委，由国家认监委将相关情况通报香港特区政府主管部门。

三、内地认证监督管理部门负责对依据本指南开展的活动的监督管理

内地认证监督管理部门依据《关于内地在广东与香港基本实现服务贸易自由化的协议》和本指南对相关认证、检测机构在内地开展的活动进行监督管理。

附件：

1.《内地与香港关于建立更紧密经贸关系的安排》《关于内地在广东与香港基本实现服务贸易自由化的协议》及其附件中涉及认证认可的内容

2. 相关单位联系方式

附件 1：

《内地与香港关于建立更紧密经贸关系的安排》《关于内地在广东与香港基本实现服务贸易自由化的协议》及其附件中涉及认证认可的内容

1.在自愿性认证领域，允许经香港特区政府认可机构（香港认可处）认可的具备相关产品检测能力的香港检测机构与内地认证机构合作，对香港本地或内地生产或加工的产品进行检测。

2. 在强制性产品认证（CCC）领域，允许经香港特区政府认可机构（香港认可处）认可的具备中国强制性产品认证制度相关产品检测能力的香港检测机构，与内地指定机构开展合作，承担在港设计定型且在广东省加工或生产的音视频设备类产品的CCC检测任务。

附件 2：

相关单位联系方式

国家认监委
国际合作部
联系人：刘志伟
电子邮件：liuzw@cnca.gov.cn
电话：(86)　10 82262682
传真：(86) 10 82260767

香港创新科技署
香港认可处
联系人：陈健华
电子邮件：kwchen@itc.gov.hk
电话：(852) 2829 4826
传真：(852) 2824 1302

广东省质量技术监督局
认证监管处
联系人：卢卫军
电子邮件：luwjun@163.com
电话：(86) 20 38835937

广东出入境检验检疫局
认证处
联系人：何腾瑞
电子邮件：hetr@gdciq.gov.cn
电话：(86) 20 38290501

国家认监委关于发布《关于〈内地与澳门关于建立更紧密经贸关系的安排〉〈关于内地在广东与澳门基本实现服务贸易自由化的协议〉中认证认可有关条款的实施指南》的公告

2015 年第 8 号

2014 年 12 月 18 日，内地与澳门签署了《关于建立更紧密经贸关系的安排》《关于内地在广东与澳门基本实现服务贸易自由化的协议》（以下简称 CEPA 新协议）。

为推进 CEPA 新协议中认证认可相关条款的落实，国家认监委制定了《关于〈内地与澳门关于建立更紧密经贸关系的安排〉〈关于内地在广东与澳门基本实现服务贸易自由化的协议〉中认证认可有关条款的实施指南》，现将该实施指南予以公布。

特此公告。

国家认监委
2015 年 4 月 7 日

附件：

关于《内地与澳门关于建立更紧密经贸关系的安排》《关于内地在广东与澳门基本实现服务贸易自由化的协议》中认证认可有关条款的实施指南

《关于内地在广东与澳门基本实现服务贸易自由化的协议》及其附件中涉及认证认可的内容的实施指南如下：

一、关于“在自愿性认证领域，允许经澳门特区政府认可机构认可的具备相关产品检测能力的澳门检测机构与内地认证机构合作，对澳门本地或内地生产或加工的产品进行检测”的实施指南

（一）实施范围

1.产品产地：适用于澳门本地及在内地生产或加工的产品及其经营活动的认证。

2.认证种类：适用的认证种类为所有内地的自愿性认证。

（二）检测机构资质要求

澳门境内的检测机构，如从事实施范围内的认证检测业务，应具备相应的检测能力，获得澳门特区政府认可机构相关领域的认可，并由澳门特区政府认可机构通过监督评审确认持续符合条件。认证制度对检测机构资质有特殊要求的，除认可以外，检测机构应经澳门特区政府认可机构确认符合上述特殊要求。

对于经确认不再持续符合条件或主动放弃认可资质的检测机构，澳门特区政府认可机构应向国家认监委通报相关信息。

（三）实施程序

1.获得澳门特区政府认可机构认可并有意承担认证检测业务的澳门检测机构可与内地有资质的认证机构就相关检测业务进行接洽并提出合作意向。内地认证机构联系方式及其业务资质范围，可通过国家认监委网站（www.cnca.gov.cn）查询。

2.按照相关认证基本规范和认证实施规则要求，检测机构与内地相关认证机构建立委托关系，并在约定的范围内承担认证检测业务。委托关系建立后，由认证机构将委托合作协议报国家认监委备案。国家认监委在其官方网站上公布与认证机构签署合作协议的澳门检测机构名录。

3.对于澳门特区政府认可机构向国家认监委通报的不能持续符合条件的澳门检测机构，国家认监委告知有关认证机构，认证机构对与该检测机构的合作做出调整，并向国家认监委备案调整结果。国家认监委在其官方网站上公布调整名录。

4.内地认证监督管理部门发现澳门检测机构在承担认证检测业务中违反相关认证认可法律法规、实施规则的，应当将相关情况上报国家认监委，由国家认监委将

相关情况通报澳门特区政府主管部门。

二、关于“在强制性产品认证（CCC）领域，允许经澳门特区政府认可机构认可的具备中国强制性产品认证制度相关产品检测能力的澳门检测机构，与内地指定机构开展合作，承担在澳设计定型且在广东省加工或生产的音视频设备类产品的CCC检测任务”的实施指南

（一）实施范围

1.产品范围

试点产品范围为CCC目录中音视频设备类产品。

2.产品产地

适用于在澳设计定型且在广东省加工或者生产的产品。

（二）检测机构资质要求

澳门境内的检测机构，如从事CCC音视频设备类产品检测业务，应获得澳门特区政府认可机构认可，具备CCC音视频设备类产品检测能力。

澳门特区政府认可机构应参照《强制性产品认证机构、检查机构和实验室管理办法》（国家质检总局第65号令）第十一条、音视频类产品CCC认证实施规则（CNCA-C08-01:2014）以及《检测和校准实验室能力认可准则在电气检测领域的应用说明》（CNAS-CL11:2006）对澳门检测机构是否具备CCC音视频设备类产品检测能力进行确认，并对具备条件的实验室出具确认文件。对于已确认具备条件的实验室，澳门特区政府认可机构每年进行一次监督评审，确认其持续符合条件。

对于澳门特区政府认可机构通过监督评审发现不能持续符合条件的澳门检测实验室，澳门特区政府认可机构及时向国家认监委通报。

（三）实施程序

1.具备相关资质并有意承担CCC音视频设备类产品检测业务的澳门检测机构可与内地CCC音视频设备类产品指定认证机构就相关检测业务进行接洽并提出合作意向。内地指定认证机构联系方式及其业务资质范围，可通过国家认监委网站（www.cnca.gov.cn）查询。

2.按照认证实施规则要求，检测机构与内地指定认证机构达成合作意向，通过建立委托关系在约定的范围内承担认证检测业务。指定认证机构将委托合作协议报国家认监委审批，协议经国家认监委审批后方可签署生效（注：审批内容不涉及检测实验室资质认定）。CCC指定认证机构将签署的合作协议报国家认监委备案。国家认监委在其官方网站上公布与CCC音视频设备类产品指定认证机构签署合作协议的澳门检测机构名录，并告知广东省质量技术监督局和广东出入境检验检疫局。

3.对于澳门特区政府认可机构向国家认监委通报的不能持续符合条件的澳门检测机构，国家认监委告知有关CCC指定认证机构，CCC指定认证机构对与该检测机构的合作做出调整，并向国家认监委报告调整结果。国家认监委在其官方网站上公布调整名录，并告知广东省质量技术监督局和广东出入境检验检疫局。

4. 内地认证监督管理部门发现澳门检测机构在承担CCC认证检测业务中违反相关认证认可法律法规、实施规则的，应当将相关情况上报国家认监委，由国家认监委将相关情况通报澳门特区政府主管部门。

三、内地认证监督管理部门负责对依据本指南开展的活动的监督管理

内地认证监督管理部门依据《关于内地在广东与澳门基本实现服务贸易自由化的协议》和本指南对相关认证、检测机构在内地开展的活动进行监督管理。

附件：

1. 《内地与澳门关于建立更紧密经贸关系的安排》《关于内地在广东与澳门基本实现服务贸易自由化的协议》及其附件中涉及认证认可的内容

2. 相关单位联系方式

附件 1：

《内地与澳门关于建立更紧密经贸关系的安排》《关于内地在广东与澳门基本实现服务贸易自由化的协议》及其附件中涉及认证认可的内容

1.在自愿性认证领域，允许经澳门特区政府认可机构认可的具备相关产品检测能力的澳门检测机构与内地认证机构合作，对澳门本地或内地生产或加工的产品进行检测。

2. 在强制性产品认证（CCC）领域，允许经澳门特区政府认可机构认可的具备中国强制性产品认证制度相关产品检测能力的澳门检测机构，与内地指定机构开展合作，承担在澳设计定型且在广东省加工或生产的音视频设备类产品的CCC检测任务。

附件 2：

相关单位联系方式

国家认监委
国际合作部
联系人：刘志伟
电子邮件：liuzw@cnca.gov.cn
电话：(86) 10 82262682
传真：(86) 10 82260767

广东省质量技术监督局
认证监管处
联系人：卢卫军
电子邮件：luwjun@163.com
电话：(86) 20 38835937

广东出入境检验检疫局
认证处
联系人：何腾瑞
电子邮件：hetr@gdciq.gov.cn
电话：(86) 20 38290501

国家认监委关于明确 LTE FDD 移动终端设备强制性认证要求的公告

（2015 年第 9 号）

随着 4G（第四代移动通信）技术在我国的发展和应用，LTE FDD 牌照已正式发放。LTE FDD 移动终端设备属于《第一批实施强制性产品认证的产品目录》（国家质检总局、国家认监委 2001 年联合公告第 33 号）中“电信终端设备”类别的“移动用户终端”产品。现将 LTE FDD 移动终端设备实施强制性产品认证相关要求明确如下：

一、LTE FDD 移动终端设备强制性认证适用《强制性产品认证实施规则 电信终端设备》（编号：CNCA-C16-01：2014），认证依据标准为：GB 4943.1—2011、YD/T 2583.14—2013。

二、即日起，对于带有 LTE FDD 的单一或多制式移动终端设备，指定认证机构在办理强制性认证申请时，应增加相应 LTE FDD 制式的检测要求；已获强制性认证但型式试验未包含 LTE FDD 制式检测内容的，认证证书持有人应尽快向指定认证机构提出补充检测申请，并于 2015 年 12 月 31 日前完成补充检测；未按规定日期完成补充检测的，应注销相应证书。

国家认监委
2015 年 4 月 14 日

国家认监委关于发布《良好农业规范认证实施规则》和《良好农业规范认证目录》的公告

（2015 年第 10 号）

为进一步完善良好农业规范认证制度，规范良好农业规范认证活动，保证认证活动的一致性和有效性，充分发挥认证认可对促进我国综合农业生产能力和农业可持续发展的作用，根据《中华人民共和国认证认可条例》等法规、规章的有关规定，国家认监委对 2007 年 8 月 21 日发布的《良好农业规范认证实施规则》（国家认监委 2007 年第 22 号公告，以下简称旧版认证实施规则）进行了修订，现将修订后的《良好农业规范认证实施规则》（以下简称新版认证实施规则）予以公布。

各机构应尽快依据新版认证实施规则修订管理体系文件，并做好新版认证实施规则和新版 GB/T 20014《良好农业规范》系列国家标准的宣贯。自 2015 年 8 月 1 日起，认证机构对新申请良好农业规范认证的企业及已获认证企业的认证活动均需依据新版认证实施规则执行。

附件：

1. 良好农业规范认证实施规则（CNCA-N-004:2014）（略）
2. 良好农业规范认证产品目录

国家认监委

2015 年 5 月 25 日

附件：

良好农业规范认证产品目录

类别	模块	具体产品
作物类	果蔬模块	**水果类** **仁果亚类：**苹果、梨（包括秋子梨、白梨、沙梨、洋梨等）、枇杷、山楂、榅桲（别名：木梨）、刺梨、沙果、海棠果、欧楂果 **落叶核果亚类：**桃（包括：蟠桃、油桃等）、杨梅、樱桃、李子、油萘（别名：萘李、青布林）、李杏、梅、杏、枣、冬枣、酸枣、君迁子（别名：黑枣）、柿、稠李、欧李 **浆果亚类：**葡萄、桑椹、无花果、猕猴桃、枸杞、 枳椇子（别名：拐枣、鸡爪梨）、草莓、树莓、木莓、黑莓、蓝莓、罗干莓、醋栗(鹅莓)、穗醋栗(包括:黑穗醋栗（别名：黑豆果）、红穗醋栗和白穗醋栗)、石榴、越桔、沙棘、酸浆、诺尼果 **坚果亚类：**核桃、山核桃、榛子、扁桃（别名：巴旦杏）、白果、板栗、阿月浑子（别名：开心果）、腰果、澳洲坚果(别名：昆士兰栗、澳洲胡桃、夏威夷果)、松子、香榧、巴西胡桃、苹婆、长山核桃、杏仁 **橘亚类：**柑桔、橘、橙、甜橙、酸橙、柠檬、来檬、柚、葡萄柚、金柑（别名：金桔）、佛手 **热带亚热带水果亚类：**香蕉、菠萝、荔枝、龙眼、菠萝蜜、韶子(别名:红毛丹)、槟榔、榴莲、椰子、木瓜、火龙果、杨桃、西番莲（别名：鸡蛋果）、黄皮、莲雾、蛋黄果、蒲桃、番木瓜（别名：木瓜、番瓜）、人心果、番石榴、莽吉柿（别名：倒捻子或山竹）、油梨（别名：鳄梨）、芒果、毛叶枣、橄榄、白榄、乌榄、余甘子、海枣、仁面、酸豆(别名：罗望子、酸角)、角豆、霸王果、果蔗、木菠萝、面包果、番荔枝、刺番荔枝、南胡颓子 瓜水果亚类：西瓜、西瓜子、甜瓜、哈密瓜、西甜瓜、华莱士瓜、银瓜、香瓜 **蔬菜类** **根菜亚类：**萝卜、胡萝卜、芜菁（别名：盆菜、蔓青、圆根或灰萝卜）、芜菁甘蓝（别名：紫米菜或洋蔓茎）、牛蒡（别名：大力子、蝙蝠刺）、根恭菜（别名：红菜头、紫菜头）、美洲防风（别名：芹菜萝卜、蒲芹萝卜）、欧洲防风草、婆罗门参（别名：西洋牛蒡）、菊牛蒡（别名：鸦葱、黑婆罗门参）、根芹菜（别名：根洋芹、球根塘蒿）、山葵（别名：山萮菜）、桔梗、玛咖 **白菜亚类：**普通白菜（别名：小白菜、青菜、油菜）、菜薹（别名：菜心、薹心菜、菜尖）、乌塌菜（别名：塌菜、塌棵菜、油塌菜、太古菜、乌菜）、薹菜、大白菜（别名：结球白菜、包心白菜、黄芽菜、绍菜、卷心白菜、黄秧白）、紫菜薹（别名：红薹菜）

续表

类别	模块	具体产品
作物类	果蔬模块	**甘蓝亚类:** 孢子甘蓝(别名:芽甘蓝、子持甘蓝、汤菜甘蓝)、结球甘蓝(别名:洋白菜、包菜、圆白菜、卷心菜、莲花白、椰菜)、花椰菜(别名:花菜、菜花)、青花菜(别名:西兰花、绿菜花、意大利芥蓝、木立花椰菜)、球茎甘蓝(别名:苤头、苤蓝、擎蓝、玉蔓青)、芥蓝(别名:白花芥蓝)、根用芥菜(别名:大头菜、疙瘩菜、芥菜头、春头、生芥)、叶用芥菜(别名:散叶芥菜和结球芥菜、包心芥、辣菜、苦菜、石榴红、芥菜、主园菜、梨叶)、茎用芥菜(别名:青菜头、羊角菜)、薹用芥菜、子芥菜(别名:蛮油菜、辣油菜、大油菜)、分蘖芥(别名:雪里蕻、雪菜、毛芥菜、紫菜英)、抱子芥(别名:四川儿菜、芽芥菜) **茄果亚类:** 番茄(别名:西红柿、洋柿子)、樱桃番茄(别名:圣女果、小番茄)、茄子(别名:茄瓜、矮瓜、落苏、茄包)、辣椒(别名:小青椒、番椒、海椒、秦椒、辣茄、大椒、辣子)、甜椒(别名:大青椒、菜椒、柿子椒)、酸浆(别名:红姑娘、灯笼草、洛神珠) **菜豆亚类:** 大豆(别名:毛豆、枝豆、青豆,包括禾根豆和泥豆)、蚕豆(别名:胡豆、罗汉豆、佛豆、马齿豆)、豌豆(别名:青元、麦豆)、长豇豆(别名:长豆角、带豆、裙带豆)、菜豆、扁豆(别名:娥眉豆、眉豆、沿篱豆、鹊豆)、黎豆(别名:狸豆、虎豆、狗爪豆)、红花菜豆(别名:龙爪豆、荷包豆或大白云豆)、刀豆(别名:大刀豆、刀鞘豆)、四棱豆(别名:翼豆)、莱豆(别名:利马豆、棉豆、荷包豆、皇帝豆、玉豆)、荷兰豆(别名:软荚豌豆、甜荚豌豆)、黑吉豆、红小豆、白小豆、芸豆、绿豆、爬豆、红珠豆、花豆、菜用豆荚、甜豆 **瓜菜亚类:** 黄瓜(别名:王瓜、胡瓜、刺瓜、青瓜)、冬瓜(别名:东瓜、枕瓜、白冬瓜)、南瓜(别名:窝瓜、倭瓜、番瓜、北瓜、饭瓜)、南瓜子、金瓜、节瓜(别名:毛瓜、毛节瓜、水影瓜)、蛇瓜(别名:蛇丝瓜、印度丝瓜、蛇豆)、佛手瓜(别名:拳头瓜、隼人瓜、万年瓜、菜肴梨、洋丝瓜、菜苦瓜、合掌瓜)、笋瓜(别名:印度南瓜、玉瓜、北瓜)、西葫芦(别名:美洲南瓜、角瓜、葫芦瓜、搅瓜、番瓜)、西葫芦子、越瓜(别名:梢瓜、脆瓜)、菜瓜(别名:蛇甜瓜)、丝瓜(别名:布瓜、天罗瓜、天丝瓜、天络瓜)、苦瓜(别名:凉瓜、哈哈瓜、癞瓜、金荔枝)、瓠瓜(别名:瓠子、扁蒲、蒲瓜、夜开花、葫芦)、黑子南瓜、灰子南瓜 **绿叶菜亚类:** 菠菜(别名:波斯草、赤根菜)、芹菜(别名:芹、旱芹、药芹菜)、叶用莴苣(别名:千金菜)、莴苣(别名:茎用莴苣、莴苣笋、青笋、莴菜、生笋、莴笋)、蕹菜(别名:竹叶菜、空心菜、通心菜)、茴香(别名:小茴香菜)、苋菜(别名:苋、仁汉菜、米苋菜、棉苋、苋菜梗)、芝麻菜、马齿苋、香菜(别名:芫荽、香荽、胡荽)、叶甜菜(别名:叶菾菜、莙荙菜、牛皮菜、厚皮菜)、茼蒿(别名:蓬蒿、蒿子杆、春菊)、荠菜(别名:护生草、菱角菜)、落葵(别名:木耳菜、软浆叶、胭脂菜、豆腐菜、软姜子)、番杏(别名:新西兰菠菜、夏菠菜)、金花菜(别名:黄花苜蓿、南苜蓿、刺苜蓿、草头)、紫背天葵(别名:血皮菜、观音苋)、罗勒(别名:毛罗勒、兰香)、榆钱菠菜(别名:食用滨藜、洋菠菜)、薄荷尖(别名:蕃荷菜)、菊苣(别名:欧洲菊苣、苞菜、结球菊苣和软化菊苣)、鸭儿芹(别名:三叶芹、野蜀葵)、紫苏(别名:荏、赤苏)、香芹(别名:洋芫荽、旱芹菜、荷兰芹)、苦苣、菊花脑(别名:路边黄、菊花叶、黄菊仔、菊花菜)、莳萝(别名:土茴香)、甜荬菜、苦荬菜、油麦菜(别名:油荬菜)、油菜薹、蒌蒿(别名:蒌蒿薹、芦蒿、水蒿、香艾蒿、小艾、水艾)、鱼腥草(别名:蕺儿菜、菹菜、蕺儿根、鱼鳞草)、食用芦荟(别名:油葱、龙舌草)、食用仙人掌、蒲公英、冬寒菜、蕨菜、薇菜、发菜、焊菜、沙芥、马兰、凉粉草(仙人草,仙人冻,仙草) **葱蒜亚类:** 韭菜(别名:草钟乳、起阳草、懒人菜、青韭)、韭菜花、韭菜薹、韭黄、洋葱(别名:葱头、圆葱、团葱、球葱、玉葱)、薤(别名:藠头、藠子、三白)、大葱、韭葱、细香葱、分葱、胡葱、楼葱、大蒜(别名:蒜、蒜头、胡蒜)、蒜薹(别名:蒜苗)、青蒜、蒜黄、薤白 **薯芋亚类:** 甘薯、木薯、马铃薯(别名:土豆、山药蛋、洋芋、地蛋、荷兰薯)、山药(别名:大薯、薯蓣、佛掌薯)、芋(别名:芋头、芋艿、毛芋)、豆薯(别名:沙葛、凉薯、新罗葛、土瓜)、草石蚕(别名:螺丝菜、宝塔菜、甘露儿、地蚕)、葛(别名:葛根、粉葛)、香芋(别名:美洲土圞儿、菜用土圞儿)、蕉芋(别名:蕉藕、姜芋)、魔芋(别名:蒟蒻、麻芋、鬼芋)、菊芋(别名:洋姜、鬼子姜)、生姜(别名:姜、黄姜) **水生菜亚类:** 莲藕、茭白(别名:茭瓜、茭笋、菰手)、慈菇 (别名:茨菰、慈菰)、荸荠(别名:马蹄)、莲子、菱、菱角、芡实、豆瓣菜(别名:西洋菜、水蔊菜、水田芥、水芥菜)、莼菜(别名:马蹄草、水莲叶)、水芹(别名:楚葵)、蒲菜(别名:香蒲、蒲草、蒲儿菜、草芽)、水芋、水蕹菜 **多年生菜亚类:** 竹笋(别名:笋)、鲜百合、枸杞尖(别名:枸杞头)、芦笋(别名:石刁柏)、辣根(别名:马萝卜)、朝鲜蓟(别名:法国百合、荷花百合、洋蓟、洋百合、菜蓟、刺菜蓟)、襄荷、霸王花、黄花菜(别名:金针菜、忘忧草、草萱菜、黄花)、食用大黄(别名:菜用大黄、圆叶大黄、酸菜)、款冬(别名:冬花,款冬花,款花)、黄秋葵(别名:秋葵、羊角豆)、树仔菜(别名:守宫木、天绿香)、刺老鸦(别名:龙牙楤木、虎阳刺、刺龙牙)、辣木 **芽苗菜亚类:** 绿豆芽、黄豆芽、萝卜苗(别名:娃娃萝卜菜、萝卜芽)、芽豆(别名:芽蚕豆)、豌豆尖、豌豆苗(别名:豆苗)、香椿芽、荞麦芽、苜蓿芽、黑豆芽、青豆芽、红豆芽、向日葵芽、花生芽、香椿、银条根、棕榈嫩芽、玉米笋 **食用菌亚类:** 双孢蘑菇(别名:白蘑菇)、滑菇(别名:珍珠菇)、口蘑、松茸(别名:松口蘑、大花菌)、榛蘑、黄伞、榆蘑(别名:胶韧革耳、榆耳)、香菇(别名:香菌、冬菇、香信、香蕈)、平菇、草菇(别名:苞脚菇、兰花菇,中国蘑菇)、乳菇、金针菇(别名:朴菇、构菌、金菇、毛柄金钱菌)、凤尾菇(别名:袖珍菇、秀珍菇)、柳钉菇、白灵菇(别名:阿魏菇、白灵侧耳、翅鲍菇)、杏鲍菇(别名:刺芹侧耳)、斑玉蕈(别名:真姬菇、蟹味菇、海鲜菇)、金顶侧耳(别名:榆黄蘑)、鲍鱼侧耳(别名:鲍鱼菇)、美味蘑菇(别名:高温蘑菇)、大杯伞(别名:猪肚菇、笋菇)、小白平菇(别名:小平菇、小百灵)、皱环球盖菇(别名:大球盖菇)、元蘑(别名:亚侧耳)、洛巴口蘑(别名:金福菇)、灰树花(别名:栗子蘑)、大肥蘑、巴西蘑菇(别

续表

类别	模块	具体产品
作物类	果蔬模块	名：姬松茸）、黑木耳（别名：木耳、云耳）、毛木耳（别名：粗木耳）、银耳（别名：白木耳、雪耳）、金耳（别名：云南黄木耳）、地耳、血耳（别名：红耳）、鸡棕（别名:鸡枞）、竹荪（别名：僧笠蕈、长裙竹荪）、猴头菌（别名：猴头菇、阴阳菇、刺猥菌）、牛肝菌、牛舌菌（别名：牛排菌、猪肝菌、猪舌菌）、羊肚菌、多孔菌、鸡油菌、马鞍菌、灵芝（别名：红芝）、茯苓、蛹虫草、鸡腿菇（别名：姬菇）、茶树菇、松乳蘑、块菌,冬虫夏草（别名：虫草、夏草冬虫） **食用花亚类：**茉莉花、玫瑰花、桅子花、菊花（包括甘菊、雪菊）、桂花、梨花、桃花、白兰花、荷花（包括莲、水花）、山茶花、金雀花、百合花、丁香花、芙蓉、月季、海棠、玉兰花（别名：辛夷）、霸王花（别名：量天尺花、剑花、霸王鞭）、大丽花（别名：天竺牡丹、西番莲、大理菊、洋芍药）、金银花、木槿、樱花 **保健食用药材亚类：**小蓟、火麻仁、代代花、玉竹、栀子、甘草、决明子、 罗汉果、郁李仁、 砂仁、胖大海、香橼、香薷、桑叶、益智仁、荷叶、莱菔子（别名:萝卜籽）、淡竹叶、黄精、槐米、槐花、 酸枣仁、鲜白茅根、鲜芦根 、红花、牛蒡、人参、人参叶、人参果、三七、土茯苓、大蓟、女贞子、山茱萸、川牛膝、川贝母、川芎、丹参、五加皮、五味子、升麻、天门冬、天麻、太子参、巴戟天、木香、木贼、车前子、车前草、沙参（别名：南沙参）、北沙参、平贝母、玄参、生地黄、生何首乌、白及、白术、白芍、白豆蔻、石决明、石斛、地骨皮、当归、竹茹、红花、红景天、西洋参、吴茱萸、怀牛膝、杜仲、杜仲叶、沙苑子、牡丹皮、苍术、补骨脂、诃子、赤芍、远志、麦门冬、佩兰、侧柏叶、刺五加、刺玫果、泽兰、泽泻、玫瑰茄、知母、罗布麻、苦丁茶、金荞麦、金樱子、青皮、厚朴、厚朴花、姜黄、枳壳、枳实、柏子仁、绞股蓝、胡芦巴、茜草、荜茇、韭菜子、首乌藤、香附、骨碎补、党参、桑白皮、桑枝、浙贝母、益母草、积雪草、淫羊藿、菟丝子、银杏叶、黄芪、湖北贝母、番泻叶、槐实、蒲黄、蒺藜、酸角、墨旱莲、熟大黄、熟地黄、肉苁蓉、麦冬 （注释：对该类产品须在GAP证书上标注“认证产品仅能作为保健食品、保健食品配料使用”） **香辛料** 花椒、胡椒、白胡椒、黑胡椒、八角（别名：大料、大茴香）、肉桂、月桂、小茴香、茴香、丁香、孜然(别名:枯茗)、肉豆蔻（别名:玉果）、甘牛至、留兰香、欧芹、多香果（别名：众香果）、牛至、香草兰、香荚兰、香蜂草、罗勒、琉璃苣、猫薄荷、细叶芹、莳萝、熏衣草、香茅草、胡耳特藁、胡椒薄荷（别名:椒样薄荷）、紫花南芥、迷迭香、鼠尾草、香薄荷、 荷兰薄荷 、龙蒿、百里香、小豆蔻、良姜、红豆蔻、柠檬草、香荚兰豆、白芷、姜黄、薄荷、藿香、啤酒花、甜叶菊、黄芥子
	大田模块	**谷物亚类：**水稻、小麦、大麦（别名：皮大麦、裸大麦、米大麦、元麦、裸麦、青稞、米麦）、斯佩尔特小麦、黑麦、黑小麦、燕麦、荞麦、玉米、鲜食玉米、鲜食花生、麦芽、粟（别名：谷子）、小米（别名：粟米）、黍（别名：糜子）、黍米（别名：大黄米、黄米、软黄米）、稷（别名：稷子、禾稷）、稷米、高粱（别名：红粮、小蜀黍、红棒子）、薏苡（别名：薏米仁、六谷子、草珠子、药玉米、回回米） 、芡实（别名:鸡头米）、莲子、大米、紫米、江米、香米、糯玉米、莜麦 **豆亚类：**蚕豆、豌豆、扁豆（别名：蛾眉豆、眉豆）、黎豆（别名：狸豆、虎豆或狗爪豆）、红花菜豆（别名：多花菜豆、大白芸豆、看花豆、大花豆、龙爪豆、荷包豆或大白云豆）、红小豆、白小豆、绿小豆、芸豆、绿豆、爬豆、红珠豆、禾根豆、花豆、泥豆、鹰嘴豆（别名：桃豆、鸡豆、鸡头豆、鸡豌豆）、饭豆、小扁豆（别名：滨豆、鸡眼豆）、羽扇豆、瓜尔豆（别名：鸽豆、无脐豆、树豆、柳豆、黄豆树、刚果豆）、利马豆（别名：莱豆、棉豆、荷包豆、皇帝豆、玉豆、金甲豆、糖豆、洋扁豆）、木豆（别名：鸽豆、无脐豆、树豆、柳豆、黄豆树、刚果豆、三叶豆、千年豆） **油料亚类：**大豆、花生、油菜籽、棉籽、芝麻、葵花籽、亚麻籽、红花籽、芸苔籽、大麻籽、蓖麻籽、胡麻籽、芸芥、紫苏、油橄榄、棕果、油茶籽、栝楼籽、南美油藤（印奇果） **薯亚类：**甘薯（别名：山芋、地瓜、番薯、红苕）、木薯、马铃薯 **糖料亚类：**甜菜、甘蔗 **棉麻亚类：**棉花、黄红麻、苎麻、大麻、亚麻
	茶叶模块	红茶、绿茶、青茶、黄茶、黑茶、白茶
	花卉模块	切花、切枝、切叶、切果、盆栽观花植物、盆栽观叶植物、盆栽观果植物、盆景、仙人掌及多浆植物、水生植物、花坛植物、观赏苗木、观赏草、种球、宿根花卉和草坪
	烟草模块	烤烟、白肋烟、香料烟
畜禽类	牛羊模块	繁育、产奶或肉用的牛；繁育或肉用的羊
	奶牛模块	犊牛、奶牛
	家禽模块	圈养、散养或放养的家禽
	生猪模块	繁育或肉用生猪
水产类	工厂化养殖模块 网箱养殖模块	**虾类：**日本沼虾（别名:青虾）、罗氏沼虾、克氏螯虾、南美白对虾、小龙虾、对虾 **鱼类：**团头鲂（别名:武昌鱼）、三角鲂、广东鲂、长春鳊、鳊鱼、黄鳝、泥鳅、大黄鱼、美国红鱼、鮸鱼、鮸状黄姑鱼、黄姑鱼、双棘黄姑鱼、浅色黄姑鱼、日本黄姑鱼、褐毛鲿、石斑鱼、鲆、鲽、鳎、斑点叉尾鮰、黑鲷、真鲷、红古鱼、鲟鱼、东方鲀、虹鳟、金鳟、鳜鱼、乌鳢、鲑鱼（别名三文鱼）、鲥鱼、翘嘴红鲌、黄颡鱼、长吻鮠、罗非鱼、鳗鲡、鲈鱼、青鱼、草鱼、鲢鱼、鳙鱼、鲤鱼、鲫鱼、鲮、鲶鱼 **蟹类：**中华绒螯蟹、锯缘青蟹、梭子蟹

续表

类别	模块	具体产品
水产类	围栏养殖模块	**其他**：中华鳖、甲鱼（团鱼）、牡蛎、棘皮动物（海胆、海参等）、无脊椎软体动物（贝类、海螺、黄泥螺、红螺、鲍鱼、鱿鱼、沙蚕等）和藻类
	池塘养殖模块	
	滩涂/底播/吊养养殖模块	
蜜蜂类		蜂蜜、蜂花粉、蜂胶、蜂蜡、蜂王浆、蜂毒、雄蜂蛹、蜂王幼虫(此八类蜂产品应为蜜蜂饲养过程中的原产物，未经任何加工处理)

国家认监委关于进一步深化认证机构行政审批制度改革有关事项的公告

（2015 年第 11 号）

为深入贯彻落实党的十八大和十八届二中、三中、四中全会精神，认真落实党中央、国务院关于深化行政体制改革、转变政府职能的决策部署，国家认监委决定进一步深化认证机构行政审批制度改革。依照《国家质量监督检验检疫总局关于修改〈认证机构管理办法〉的决定》（质检总局令第 164 号，以下简称 164 号令），现将有关事项公告如下：

一、 取消以下审批、备案及限制事项

取消认证机构非法人分支机构的审批；取消认证机构分包境外认证机构认证业务的审批；取消认证机构办事机构在地方认证监管部门的备案；取消境外认证机构常驻代表机构的备案；取消中外合资、合作经营认证机构的中国合营、合作者的特别管理措施；取消认证机构从业一年以上才可扩大业务范围的限制；取消认证机构从业两年以上才可设立子公司的限制。

二、 简化审批程序缩短审批时间

将设立认证机构行政审批时限由 90 日缩短至 45 日；将认证机构批准书有效期由 4 年延长至 6 年。

三、 认证机构审批与认证人员注册分离

取消设立认证机构审批条件中专职认证人员需要先取得注册资格的要求。

四、其他事项

1. 根据以上改革事项，国家认监委简化了“认证机构行政审批材料要求”，完善了“认证机构行政审批服务指南”，具体内容将于 2015 年 8 月 1 日前在国家认监委网站的行政许可相关栏目公布。

2. 根据 164 号令相关规定，国家认监委将建立认证机构设立非法人分支机构和办事机构、认证机构分包境外认证机构认证业务的信息报送系统，于 2015 年 8 月 1 日启用。

3. 以上第一、二、三项改革举措从 2015 年 8 月 1 日起实行。

4. 从 2015 年 8 月 1 日起，停止执行《国家认监委关于发布自愿性认证业务分类目录及主要审批条件的公告》（2014 年第 38 号）中与审批相关的专职认证人员注册要求。

国家认监委

2015 年 6 月 1 日

国家认监委关于高博认证有限公司在华从事非法认证活动的公告

（2015年第12号）

经查证，高博认证有限公司（英文名称：GlobalGROUP of Companies Limited）违反《中华人民共和国认证认可条例》规定，在未经国家认监委批准的情况下，擅自在中国境内非法开展认证活动，并向部分企业颁发SA8000认证证书。其颁发的认证证书在中国境内无效。

国家认监委提醒社会各界，应选择国家认监委批准的合法的认证机构提供认证服务。合法的认证机构名录可从国家认监委官方网站查询。欢迎认证委托人及社会各方对认证机构的资质及其行为进行监督，发现非法从事认证活动的机构，可向所在地出入境检验检疫局、质量技术监督局或国家认监委举报，共同维护公平竞争认证市场环境。

特此公告。

国家认监委

2015年6月1日

国家认监委关于发布《国家认监委规章起草程序规定》和《国家认监委规范性文件制定程序规定》的公告

（2015年第13号）

《国家认监委规章起草程序规定》和《国家认监委规范性文件制定程序规定》已经2015年6月12日国家认证认可监督管理委员会委务会审议通过，现予公告，自2015年7月1日起施行。

附件：1. 国家认监委规章起草程序规定（略）

2. 国家认监委规范性文件制定程序规定（略）

国家认监委

2015年6月12日

国家认监委　国家林业局关于发布《森林认证规则》的公告

（2015 年第 14 号）

为规范森林认证工作，保障森林认证活动公正、公平、有序进行，国家认证认可监督管理委员会、国家林业局根据《中华人民共和国认证认可条例》的有关规定，制定了《森林认证规则》（以下简称“本规则”），现公告如下：

一、森林认证机构应按照本规则的要求，修订有关管理及技术文件，按照认证依据开展森林认证审核活动。现有的获证组织应结合监督审核等方式按照本规则实施转换审核等工作。

二、国家认监委 2014 年第 38 号公告《关于发布自愿性认证业务分类目录及主要审批条件的公告》中的“森林认证 PEFC”和“森林认证 FSC”调整至“森林认证”领域，与“中国森林认证 CFCC”实施统一管理。

三、现从事“森林认证 PEFC”和“森林认证 FSC”的认证机构，按照本规则规定的条件和要求，于 2015 年底前取得森林认证领域的批准资质，逾期未取得的须停止开展相关认证工作。同时，遵照自愿原则对获证组织做出合理安排。

四、本规则自发布之日起实施。国家认监委 2009 年第 5 号公告《关于发布 < 中国森林认证实施规则 > 的公告》同时废止。

附件：森林认证规则

国家认监委　国家林业局
2015 年 6 月 18 日

附件：

森林认证规则

1 目的

为规范森林认证工作，保障森林认证活动公正、公平、有序进行，根据《中华人民共和国行政许可法》、《中华人民共和国认证认可条例》，按照“统一管理，共同实施”原则，制订本规则。

2 范围

2.1 适用范围

凡在中华人民共和国境内开展森林认证活动的认证机构和其他组织均应遵守本规则。

2.2 认证范围

森林认证范围包括森林经营认证、产销监管链认证、非木质林产品经营认证、竹林经营认证、自然保护区森林生态环境服务认证、森林公园森林生态环境服务认证、生产经营性珍稀濒危野生动物饲养管理认证等。根据林业行业的特点，认证范围可随着林业发展的需要而增减。

3 认证依据

森林认证以相关国家标准或行业标准为认证依据（详见附录）。

4 认证机构条件

为保证森林认证工作的专业性和有效性，认证机构应符合下列条件：

4.1 满足《中华人民共和国认证认可条例》规定的法律地位的组织；

4.2 了解国家林业管理法律、法规、政策和标准等；

4.3 有10名以上森林认证专职认证人员；

4.4 具有符合认证认可要求的管理制度。

5 审核员条件

5.1 审核员资格要求

5.1.1 具备林业及相关专业的学历及工作经历；

5.1.2 取得森林认证审核员注册资格。

注：相关专业或学科包括林学、林木遗传育种、森林植物、森林经理、森林培育、森林保护、生态学、森林防火、森林资源保护与游憩、野生动物与自然保护区管理、野生动物可持续利用、动物遗传育种与繁殖、野生动植物保护与利益、自然保护区学、动物学、园林规划与设计生态学、水土保持、林业经济管理、社会学、森林工程、林业机械、木材科学与技术、林产化学加工等。

5.2 审核员继续教育

审核员每年应接受相关机构开展的持续教育培训，并在相关网站上公布，以保证其在森林认证领域的能力持续满足森林认证审核的需要。

6 认证程序和要求

6.1 申请

6.1.1 森林经营单位、林产品生产加工、销售及贸易等组织可以作为申请人，向认证机构提出森林认证申请。

6.1.2 申请材料包括：

（1）申请书；

（2）国家工商行政管理部门或有关机构注册登记的法人资格证书复印件；

（3）认证机构要求的其他材料。

6.2 受理

6.2.1 认证机构应建立程序，对申请文件和资料进行评审并保存评审记录。

6.2.2 认证机构自收到申请人提交的书面申请之日起，应在20个工作日内完成评审；认证机构应书面通知申请人评审结果。

6.3 审核准备

6.3.1 编制审核方案：认证机构应对认证全过程进行策划，编制审核方案。

6.3.2 组建审核组：审核组应具备实施森林认证审核的能力。审核组中应指定一名有资格的审核员担任审核组长,并至少有一名相应认证业务范围的森林认证审核员，必要时可配备相应的技术专家（单地点的产销监管链认证审核组可由一名审核员组成）。

6.3.3 编制审核计划：针对每次特定的审核活动，审核组长应根据受审核方的特点、规模、性质和复杂性编制审核计划。

6.4 审核实施

6.4.1 预审和主审

（1）森林经营认证应开展预审和主审；其他认证类型可直接进行主审。

（2）预审是在主审之前，确定受审核方与审核准则的主要差距或问题，为主审做准备。

（3）主审是对受审核方做出正式和全面的审核，应覆盖认证依据的所有要求。

6.4.2 现场审核程序

（1）首次会议。审核组应与受审核方相关人员召开首次会议，主要内容包括介绍审核组成员及职责、明确审核目的、范围和准则、确认审核计划、宣读审核员规范文件和保密事项，以及提示认证风险等。

（2）文件审核。审核管理体系文件及其他相关文件和记录。

（3）现地审核。核查、验证现地操作与认证标准要求的符合性。

（4）利益方访谈。咨询当地政府部门、社区与居民代表、相关社团组织、企业职工等利益方的意见。

（5）末次会议。审核组提出综合性评价和审核发现、确认不符合项等。

6.5 同行专家评议

认证机构应将审核报告和相关文件交由至少2名独立的同行专家进行评议（产销监管链认证除外）。

森林认证的同行专家应是在森林认证相应认证范围具有丰富理论知识和实践经验的专家。

6.6 认证决定

6.6.1 审核报告

审核组应针对审核活动形成书面报告，审核报告应对受审核方管理的符合性和有效性进行全面描述和评价。

6.6.2 认证决定

受审核方的管理符合国家或行业标准要求的，应予以通过认证，并颁发认证证书。

6.7 监督审核

6.7.1 监督审核的频次

（1）认证机构应根据获证组织的不同特点、性质确定监督审核频次，但两次监督审核的时间间隔不应超过12个月。

（2）在获证组织发生重大变化可能影响认证结果时，认证机构应当及时增加监督审核频次，以保证监督审核的有效性。

6.7.2 监督审核的程序

监督审核的现场审核程序与初次认证现场审核程序基本相同。

6.7.3 监督审核的内容

监督审核应重点关注上次审核中确定的不符合项整改情况和有效性。在一个认证周期内，监督审核应覆盖相应认证标准的全部内容和所有类型的经营活动。

6.8 再认证

6.8.1 获证组织应在证书有效期结束之前6个月，提出再认证申请。

6.8.2 因不可抗力导致不能按期进行再认证的获证组织，应在证书有效期内向认证机构提出书面申请。经认证机构确认，证书有效期最多可延长6个月。

6.8.3 再认证程序与首次认证审核程序相同。再认证可不进行预审核。

7 认证证书

7.1 认证证书的内容

获证组织的认证证书应至少涵盖以下基本信息：

7.1.1 证书编号；

7.1.2 获证组织名称、地址和组织机构代码；

7.1.3 认证覆盖范围；

7.1.4 认证依据及版本号；

7.1.5 颁证日期、证书有效期；

7.1.6 发证机构名称、地址。

7.2 认证证书的管理

7.2.1 认证证书有效期五年。

7.2.2 认证机构除应当公布认证证书在本机构网站查询的方式外，还应当在证书上注明："本证书信息可在国家认监委公示的网站（www.cnca.gov.cn）上查询"，以便于社会监督。

7.2.3 认证机构应当对获证组织认证证书的使用情况进行有效管理。当获证组织出现影响管理体系正常有效运行的情况且经现场验证不能在规定时间内纠正的，认证机构应视情况对认证证书做出暂停或撤销的决定。

7.3 森林认证标志样式由国家认监委和国家林业局另行发布。

8 信息报告

为及时了解认证工作的进展情况，国家认监委对森林认证工作实行认证信息月报制度。在认证证书颁发后30日内，各认证机构应及时将认证信息报送国家认监委。

国家认监委在其网站开设专栏向社会公开各认证机构上报的认证证书等信息。

9 认证证书转换

认证机构应审慎受理其他认证证书转换申请，对违反国家林业管理法律法规且受到相关执法监管部门查处的获证组织，除非彻底整改，否则原则上不予受理。

10 认证机构认可和认证人员注册要求

10.1 认可机构应根据GB/T 27065《合格评定　产品、过程和服务认证机构要求》，结合森林认证管理部门的有关要求，建立森林认证机构的认可制度，为认证机构提供认可并加强后续监督。相关认可规范报国家认监委和国家林业局备案。

10.2 人员注册机构应根据GB/T 27024《合格评定　人员认证机构通用要求》，结合森林认证管理部门的有关要求，建立森林认证审核员的注册制度。相关人员注册准则报国家认监委和国家林业局备案。

11 附 则

11.1 国家认监委和国家林业局根据职责分工，加强对森林认证活动、认证机构工作情况的监督检查，对违法、违规的认证机构进行处罚，直至撤销认证机构资格。

11.2 本规则自发布之日起施行。

附录：

森林认证业务范围和认证依据

序号	认证范围	认证依据
1	森林经营	《中国森林认证　森林经营》（GB/T 28951—2012）
2	产销监管链	《中国森林认证　产销监管链》（GB/T 28952—2012）
3	非木质林产品经营	《中国森林认证　森林经营》（GB/T 28951—2012） 《中国森林认证　非木质林产品经营》（LY/T 2273—2014）
4	竹林经营	《中国森林认证　森林经营》（GB/T 28951—2012） 《中国森林认证　竹林经营》（LY/T 2275—2014）
5	自然保护区 森林生态环境服务	《中国森林认证　森林经营》（GB/T 28951—2012） 《中国森林认证　森林生态环境服务　自然保护区》（LY/T 2239—2013）
6	森林公园森林 生态环境服务	《中国森林认证　森林经营》（GB/T 28951—2012） 《中国森林认证　森林公园生态环境服务》（LY/T 2277—2014）
7	生产经营性珍稀濒危 野生动物 饲养管理	《中国森林认证　生产经营性珍稀濒危野生动物　饲养管理》（LY/T 2279—2014）

国家认监委关于注销北京华思联认证中心危害分析与关键控制点（HACCP）认证资质的公告

（2015 年第 15 号）

北京华思联认证中心是国家认监委批准设立的认证机构（认证机构批准号：CNCA-R-2003-116）。该机构申请，不再延续危害分析与关键控制点（HACCP）体系认证资质。

国家认监委决定自公告发布之日起，注销北京华思联认证中心危害分析与关键控制点（HACCP）认证资质。

特此公告。

国家认监委

2015 年 6 月 29 日

国家认监委关于发布《关于〈内地与澳门关于建立更紧密经贸关系的安排〉补充协议十》中自然人流动条款实施指南的公告

（2015 年第 16 号）

2013 年 8 月 29 日，内地与澳门签署了《关于建立更紧密经贸关系的安排补充协议十》。

为推进其中认证认可领域自然人流动条款的落实，国家认监委制定了《关于〈内地与澳门关于建立更紧密经贸关系的安排补充协议十〉中认证认可领域自然人流动条款的实施指南》，现将该实施指南予以公布。

特此公告。

国家认监委

2015 年 6 月 30 日

附件：

关于《内地与澳门关于建立更紧密经贸关系的安排补充协议十》中认证认可领域自然人流动条款的实施指南

在《内地与澳门关于建立更紧密经贸关系的安排补充协议十》的附件中包含认证认可领域自然人流动的相关内容“允许澳门服务提供者雇用的合同服务提供者以自然人流动的方式在内地提供本部门或分部门分类项下的服务”，现对该条款制定实施指南如下：

一、澳门认可机构向国家认监委提供获认可的澳门认证机构名录，如机构名录发生变更，应及时通报国家认监委。名录内的澳门认证机构可派员赴内地出口企业实施仅为出口需要、认证结果在境外使用的认证。

二、获认可的认证机构在实施认证活动前，应向内地主管机关备案，并提供以下材料：①内地申请认证的出口企业的名称、地址、联系方式和计划审核时间；②赴内地审核人员信息以及认证机构聘用或派遣文件。

三、内地认证监督管理部门负责对依据本指南在内地开展的活动的监督管理。如发现澳门认证机构派员赴内地实施认证未备案的，应当将相关情况上报国家认监委，由国家认监委将相关情况通报澳门特区政府主管部门。

联系方式：

国家认监委国际合作部

联系人：刘志伟

电子邮件：liuzw@cnca.gov.cn

电话：(86) 10 82262682

传真：(86) 10 82260767

国家认监委关于发布《关于〈内地与香港关于建立更紧密经贸关系的安排〉补充协议十》中自然人流动条款实施指南的公告

2015 年第 17 号

2013 年 8 月 29 日，内地与香港签署了《关于建立更紧密经贸关系的安排补充协议十》。

为推进其中认证认可领域自然人流动条款的落实，国家认监委制定了《关于〈内地与香港关于建立更紧密经贸关系的安排补充协议十〉中认证认可领域自然人流动条款的实施指南》，现将该实施指南予以公布。

特此公告。

国家认监委

2015 年 6 月 30 日

附件：

关于《内地与香港关于建立更紧密经贸关系的安排补充协议十》中认证认可领域自然人流动条款的实施指南

在《内地与香港关于建立更紧密经贸关系的安排补充协议十》的附件中包含认证认可领域自然人流动的相关内容“允许香港服务提供者雇用的合同服务提供者以自然人流动的方式在内地提供本部门或分部门分类项下的服务”，现对该条款制定实施指南如下：

一、香港认可机构向国家认监委提供获认可的香港认证机构名录，如机构名录发生变更，应及时通报国家认监委。名录内的香港认证机构可派员赴内地出口企业实施仅为出口需要、认证结果在境外使用的认证。

二、获认可的认证机构在实施认证活动前，应向内地主管机关备案，并提供以下材料：①内地申请认证的出口企业的名称、地址、联系方式和计划审核时间；②赴内地审核人员信息以及认证机构聘用或派遣文件。

三、内地认证监督管理部门负责对依据本指南在内地开展的活动的监督管理。如发现香港认证机构派员赴内地实施认证未备案的，应当将相关情况上报国家认监委，由国家认监委将相关情况通报香港特区政府主管部门。

相关单位联系方式：

国家认监委 国际合作部

联系人：刘志伟

电子邮件：liuzw@cnca.gov.cn

电话：（86）10 82262682

传真：（86）10 82260767

香港创新科技署 香港认可处

联系人：陈健华

电子邮件：kwchen@itc.gov.hk

电话：（852）2829 4826

传真：（852）2824 1302

国家认监委关于认证规则备案的公告

（2015年第18号）

为激发认证行业创新活力，促进认证市场健康发展，根据《中华人民共和国认证认可条例》和《认证机构管理办法》的有关规定，现将认证规则备案有关工作要求公告如下：

一、备案范围

认证规则是规定产品、服务和管理体系等认证程序要求类文件。国家认监委尚未制定发布，由取得相应认证领域从业批准的认证机构自行制定或实施的认证规则适用于本公告范围。主要包括但不限于《国家认监委关于发布自愿性认证业务分类目录及主要审批条件的公告》（2014年第38号）附件《认证业务分类目录》中“认证项目”的认证规则。

认证机构应按照本公告的要求提交认证规则备案。

二、备案原则

认证机构应当对备案材料的科学性、合法性、完整性、适用性等负责，并做出公开承诺。申请备案的认证规则应当符合以下条件：

1. 符合国家法律法规和政策规定；

2. 不得影响国家安全和社会公共利益；

3. 不得与现行的国家或地方相关行政审批事项相抵触；

4. 不得违反社会公序良俗；

5. 符合国家民族、宗教政策和民族习惯；

6. 不得与国家认监委制定发布的认证基本规范、认证规则要求相抵触；

7. 不得与现行的相关国家标准和行业标准相抵触；

8. 不得违反知识产权相关规定。

三、备案内容

1. 认证类别

2. 认证领域

3. 认证项目分类代码

4. 认证规则的名称、编号、发布单位及发布/更新时间

5. 认证依据用标准或技术规范的名称、编号、发布单位及发布/更新时间

6. 认证标志

四、备案程序

1. 提交备案

认证机构应当在认证规则发布后30日内，通过“认证认可业务信息统一上报平台（http://report.cnca.cn）”，使用“认证规则备案”功能模块提交认证规则备案。

2. 备案认证规则修订

已备案的认证规则如有修订，应当在修订发布后30日内重新提交备案。备案内容和要求同上。

3. 备案注销

已备案的认证规则废止的，应当在废止后的5日内通过“认证认可业务信息统一上报平台”，使用“认证规则备案”功能模块提交注销备案。

五、备案监管

1. 国家认监委在国家认监委网站（www.cnca.gov.cn）统一公布认证机构认证规则备案的相关信息，以供社会公众查询和监督。认证机构应按照《认证认可条例》第21条和《认证机构管理办法》第19条的规定，公开认证规则等信息。

2. 认证机构应当依据认证规则开展认证活动，按照《认证机构管理办法》的相关规定，将相关认证信息报送国家认监委。

3. 认证机构应定期对认证规则的科学性、合规性、适用性等进行评估，并及时修订更新。

4. 国家认监委接受社会公众对认证规则的投诉、举报，经查证属实，确有违反本公告有关备案条件、要求或者虚假承诺的，国家认监委将撤销相关认证规则备案并向社会公布，相关认证机构应当撤销已颁发的认证证书并承担相应的责任。

5. 对于属于备案范围的认证规则不按照本公告规定进行备案而开展认证活动的认证机构，国家认监委将依据《认证机构管理办法》的有关规定予以处理。

六、其他事项

1. 各认证机构现已实施但未提交备案的认证规则，应当于2015年8月底前将属于备案范围的认证规则

按照本公告要求提交备案。

2. 已按照《国家认监委关于明确自愿性产品认证实施规则备案工作要求的通知》(认办证函〔2013〕36号)提交备案的自愿性产品认证规则无需重新提交备案。

3. 自本公告发布之日起,《关于认证机构开展备案认证业务有关问题的通知》(国认可〔2011〕67号)、《国家认监委关于明确自愿性产品认证实施规则备案工作要求的通知》(认办证函〔2013〕36号)、《认证技术规范管理办法》(国家认监委公告2006年第3号)和《认证技术规范管理办法实施细则》(国认科〔2007〕81号)同时废止。

已按照《认证技术规范管理办法》(国家认监委公告2006年第3号)和《认证技术规范管理办法实施细则》(国认科〔2007〕81号)提交备案的认证技术规范,无需重新提交备案;本公告发布前提交备案但未完成备案的认证技术规范,遵照本公告执行。

附件:国家认监委认证规则备案表

国家认监委

2015年7月7日

国家认监委关于拟补充指定强制性产品认证机构和实验室的公告

(2015年第19号)

为深入贯彻党中央、国务院关于全面深化改革的总体要求,巩固强制性产品认证改革成果,进一步激发认证检测行业活力,挖掘认证检测资源潜力,便利生产企业获得认证,国家认监委依据《认证认可条例》和《强制性产品认证机构、检查机构和实验室管理办法》(国家质检总局65号令)的有关规定,拟补充指定承担强制性产品认证相关任务的认证机构和实验室,现将相关信息公告如下:

一、指定原则

(一)公开公正,公平竞争,择优使用,资源合理利用。

(二)满足产业集中地和边远地区企业需求以及企业"一站式"服务需求。

(三)同等条件下,优先考虑标准检测认证一体化、具有行业影响力、产业集中地、具备关联产品认证经验的认证机构。

(四)同等条件下,优先考虑标准检测认证一体化、具备关联产品检测经验的实验室。

二、指定需求

(一)拟在部分强制性认证产品领域增加指定认证机构(具体需求详见附件1,指定项目编号1.1~1.20)。

(二)拟在部分强制性认证产品领域增加指定实验室(具体需求详见附件1,指定项目编号2.1~2.20)。

(三)对于现有指定实验室,在我委已开展的各项监督检查活动中无不良记录并属于以下情形之一的,进一步完善其"一站式"检测能力:

1. 同一产品领域指定业务范围授权不完整,且实际已具备检测能力(产品领域划分及需求详见附件1,指定项目编号3.1~3.24);

2. 已有整机CCC授权,而整机所用部件未授权,且实际已具备检测能力(整机与零部件对应关系及需求详见附件1,指定项目编号4.1~4.8)。

三、指定申请的受理条件

(一)申请从事强制性产品认证活动的认证机构,应当具备下列条件:

1. 依照《条例》规定设立,具有相应领域2年以上认证经历或者颁发相关产品认证证书20份以上;

2. 取得国家确定的认可机构的认可;

3. 在申请前6个月内无不良记录;

4. 本机构的法人性质、产权构成和组织结构等能够保证其强制性认证活动的客观公正;

5. 具备能够公正、独立和有效地从事强制性产品认证活动的技术与管理能力;

6. 具备从事强制性产品认证活动所需要并且可以独立调配使用的检测、检查资源,拥有与强制性产品认证工作任务相适应的符合《条例》规定的认证人员和稳定的财力资源。

7. 建立相应程序以确保认证机构负责人和认证人员(包括初评、复评、签发)能够承担相应法律责任。

(二)申请从事强制性产品认证检测活动的实验室,应当具备下列条件:

1. 具有法律、行政法规规定的基本条件和能力,并经依法认定；

2. 获得资质认定并具有相关领域检测经验，从事检测工作 2 年以上或者对外出具相关产品检测报告 20 份以上；

3. 取得国家确定的认可机构的认可；

4. 在申请前 6 个月内无不良记录；

5. 本单位的法人性质、产权构成以及组织结构能够保证其公正、独立地实施检测活动；

6. 具备承担相应产品认证检测活动所需的全部设备、设施，或者经相关设备、设施所有权单位的授权，可以独立使用设备、设施；

7. 检测人员接受过与其承担的相应产品认证检测所必需的教育和培训，并掌握相关的标准、技术规范和强制性产品认证实施规则的要求，具备必要的产品检测能力。

8. 建立相应程序以确保实验室负责人和检测人员（包括主检、审核、签发）能够承担相应法律责任。

四、指定工作安排

（一）符合上述条件并有承担相应认证或检测任务意愿的认证机构和实验室，请按照附件 2 的要求填写申请书，并请注意以下事项：

1. 申请书应按不同指定项目编号分别填写；

2. 本次指定采取网上填报和寄送纸质申请书并行的方式进行申请。网上申报地址：http://cccxzsp.cnca.cn/aasp，邮寄地址：北京市海淀区马甸东路 9 号，国家认监委认证监管部，邮编 100088；

3. 申请机构应于 2015 年 7 月 24 日 17：00 前（以收到为准）将纸质申请书寄达国家认监委，并提交网上申请；

4. 申请机构应确保申请材料的真实性，如发现存在虚假、瞒报等情况的，一律取消指定资格；

5. 为保证工作秩序，我委不受理直接上门报送纸质申请书；寄送材料建议使用 EMS 邮政特快专递，由质检总局收发室统一收取。

（二）2015 年 7 月 27 日至 8 月 7 日，国家认监委对申请机构提交的申请材料进行审查，提出初审意见，并将初审意见反馈给申请机构。

（三）2015 年 8 月 10 日至 8 月 21 日，国家认监委组织专家进行评审，并提出评审结论。需要时，国家认监委将组织专家进行现场调查，本阶段所需时间将相应延长。

（四）2015 年 9 月 4 日前，国家认监委确定并公布本次指定认证机构和实验室的名录及业务范围。需要进行现场调查时，本阶段完成时间将相应顺延。

（五）申请机构对指定决定有异议的，自指定名录公布之日起 15 个工作日内向国家认监委提出书面申诉和投诉。

五、信息咨询及联络

（一）电气电子类

联系人：邱磊

电 话：010–82262779

（二）非电气电子类

联系人：关钧文

电 话：010–82262674

（三）网络平台技术支持

电 话：010–58116300/400–668–4166

附件：

1. 拟补充指定认证机构和实验室需求表

2. 申请成为强制性产品认证指定认证机构、检查机构与实验室的申请书（略）

国家认监委

2015 年 7 月 10 日

附件 1：

拟补充指定认证机构和实验室需求表

一、拟在部分产品领域增加指定认证机构

序号	业务领域		拟指定认证机构数量
	实施规则号	产品名称	
1.1	CNCA–C11–09	汽车内饰件	1家
1.2	CNCA–C11–10	汽车门锁及门保持件	1家
1.3	CNCA–C11–13	车身反光标识	1家
1.4	CNCA–C11–14	汽车行驶记录仪	1家
1.5	CNCA–C14–01	农机产品	1家
1.6	CNCA–C18–01	火灾报警设备	1家
1.7	CNCA–C18–02	火灾防护产品	1家

续表

序号	业务领域		拟指定认证机构数量
	实施规则号	产品名称	
1.8	CNCA-C18-03	灭火设备产品	1家
1.9	CNCA-C18-04	消防装备产品	1家
1.10	CNCA-C19-01	防盗报警产品	1家
1.11	CNCA-C19-02	安防实体防护产品	1家
1.12	CNCA-C21-01	装饰装修产品（混凝土防冻剂）	1家
1.13	CNCA-C22-03	机动车儿童乘员用约束系统	1家
1.14	CNCA-C03-01 CNCA-C03-02	低压电器	1家
1.15	CNCA-C04-01	小功率电动机	1家
1.16	CNCA-C06-01	电焊机	2家
1.17	CNCA-C07-01	家用和类似用途设备	4家
1.18	CNCA-C08-01	音视频设备	5家
1.19	CNCA-C09-01	信息技术设备	5家
1.20	CNCA-C16-1	电信终端设备	6家

二、拟在部分强制性认证产品领域增加指定实验室

序号	业务领域		拟指定实验室所在地域	拟指定实验室数量
	实施规则号	产品名称		
2.1	CNCA-C11-07	机动车外部照明及光信号装置	浙江	1家
2.2	CNCA-C11-14	汽车行驶记录仪	上海	1家
2.3	CNCA-C12-01	机动车辆轮胎	辽宁	1家
2.4	CNCA-C13-01	安全玻璃	江苏	1家
2.5	CNCA-C13-01	安全玻璃	安徽	1家
2.6	CNCA-C14-01	农机产品	浙江	1家
2.7	CNCA-C22-01	童车产品	河北、浙江、湖北	各1家
2.8	CNCA-C22-02	电玩具类产品	深圳	1家
2.9	CNCA-C22-02	塑胶玩具类产品	浙江	1家
2.10	CNCA-C22-02	金属玩具类产品	广东（不含深圳）	1家
2.11	CNCA-C22-02	弹射玩具产品	广东（不含深圳）	1家
2.12	CNCA-C22-02	娃娃玩具产品	浙江	1家
2.13	CNCA-C22-03	机动车儿童乘员用约束系统	北京	1家
2.14	CNCA-C01-01	电线电缆	内蒙古	1家
2.15	CNCA-C03-01 CNCA-C03-02	低压电器	浙江	1家
2.16	CNCA-C05-01	电动工具	上海	1家
2.17	CNCA-C07-01	家用和类似用途设备	江苏、四川、北京	各1家
			广东（不含深圳）、上海	各2家
2.18	CNCA-C08-01	音视频设备	深圳、北京	各1家
			广东（不含深圳）	3家
2.19	CNCA-C09-01	信息技术设备	深圳、北京、上海	各1家
			广东（不含深圳）	3家
2.20	CNCA-C10-01	照明电器	江苏、上海、陕西	各1家
			浙江	2家

三、完善已指定实验室 “一站式”检测能力

(一)产品领域划分表

序号	产品领域	实施规则
3.1	电线电缆	CNCA-C01-01：电线电缆
3.2	电器附件	CNCA-C02-01：电路开关及保护或连接用电气装置
3.3	低压电器	CNCA-C03-01：低压成套开关设备 CNCA-C03-02：低压元器件
3.4	小功率电动机	CNCA-C04-01：小功率电动机
3.5	电动工具	CNCA-C05-01：电动工具
3.6	电焊机	CNCA-C06-01：电焊机
3.7	家用和类似用途设备	CNCA-C07-01：家用和类似用途设备
3.8	电子设备	CNCA-C08-01：音视频设备 CNCA-C09-01：信息技术设备 CNCA-C16-01：电信终端设备
3.9	照明电器	CNCA-C10-01：照明电器
3.10	汽车	CNCA-C11-01：汽车
3.11	摩托车 摩托车发动机	CNCA-C11-02：摩托车 CNCA-C11-03：摩托车发动机
3.12	汽车安全带 汽车座椅及座椅头枕 机动车儿童乘员用约束系统	CNCA-C11-12：汽车座椅及座椅头枕 CNCA-C22-03：机动车儿童乘员用约束系统 CNCA-C11-04：汽车安全带
3.13	机动车外部照明及光信号装置 机动车辆间接视野装置 车身反光标识	CNCA-C11-07：机动车外部照明及光信号装置 CNCA-C11-08：机动车辆间接视野装置 CNCA-C11-13：车身反光标识
3.14	机动车喇叭 汽车门锁及门保持件 汽车燃油箱 机动车制动软管	CNCA-C11-05：机动车喇叭 CNCA-C11-10：汽车门锁及门保持件 CNCA-C11-11：汽车燃油箱 CNCA-C11-06：机动车制动软管
3.15	汽车内饰件	CNCA-C11-09：汽车内饰件
3.16	汽车行驶记录仪	CNCA-C11-14：汽车行驶记录仪
3.17	机动车辆轮胎	CNCA-C12-01：机动车辆轮胎
3.18	安全玻璃	CNCA-C13-01：安全玻璃
3.19	农机产品	CNCA-C14-01：农机产品
3.20	防盗报警产品	CNCA-C19-01：防盗报警产品
3.21	安防实体防护产品	CNCA-C19-02：安防实体防护产品
3.22	装饰装修产品	CNCA-C21-01：装饰装修产品
3.23	机动车儿童乘员用约束系统 童车产品	CNCA-C22-03：机动车儿童乘员用约束系统 CNCA-C22-01：童车产品
3.24	玩具产品	CNCA-C22-02：玩具产品

注：同一序号为同一产品领域，以上共计24个产品领域。

(二)整机关联零部件产品类别表

序号	整机产品	关联零部件产品
4.1	低压电器	电线电缆
		器具附件
4.2	电动工具	电线电缆
		器具附件
		小功率电动机
4.3	电焊机	电线电缆
		器具附件
4.4	家用和类似用途设备	电线电缆

续表

序号	整机产品	关联零部件产品
4.4	家用和类似用途设备	器具附件
		小功率电动机
4.5	音视频设备、信息技术设备、电信终端设备	电线电缆
		器具附件
		小功率电动机
4.6	照明电器	电线电缆
		器具附件
4.7	汽车	汽车安全带
		汽车座椅及座椅头枕
		机动车儿童乘员用约束系统
		机动车回复反射器
		汽车外部照明及光信号装置
		汽车后视镜
		车身反光标识
		机动车喇叭
		汽车门锁及车门保持件
		汽车燃油箱
		机动车制动软管
		汽车内饰件
4.8	摩托车	摩托车发动机
		机动车回复反射器
		摩托车外部照明及光信号装置
		摩托车后视镜
		机动车喇叭

国家认监委关于部分强制性产品认证指定实验室信息变更的公告

（2015 年第 20 号）

经审核，现对部分强制性产品认证指定实验室信息变更予以确认，具体见附件。

附件：强制性产品认证指定实验室信息变更确认表

国家认监委

2015 年 7 月 10 日

附件:

强制性产品认证指定实验室信息变更确认表

实验室编号	变更前信息				变更后信息		
	实验室名称	指定业务范围	实验室地址及联系方式	法人名称	实验室名称	实验室地址及联系方式	法人名称
02401	浙江省质量检测科学研究院	CNCA-C02-01: 电路开关及保护或连接用电器装置(电器附件)中的下列产品 ——插头插座(家用和类似用途)、家用和类似用途固定式电气装置的开关、家用和类似用途固定式电器装置电器附件外壳 CNCA-C04-01: 小功率电动机 CNCA-C05-01: 电动工具中的下列产品 ——电钻、电动螺丝刀和冲击扳手、电动砂轮机、砂光机、圆锯、电锤、电剪刀、攻丝机、往复锯、插入式混凝土振动器、电刨、电木铣和修边机、电动石材切割机 CNCA-C07-01: 家用和类似用途设备中的下列产品 ——家用电冰箱和食品冷冻箱、电风扇、空调器、家用电动洗衣机、电热水器、室内加热器、真空吸尘器、皮肤及毛发护理器具、电熨斗、电烤箱、电动食品加工器具、电灶、灶台、烤炉和类似器具、吸油烟机、液体加热器和冷热饮水机、电饭锅 CNCA-C21-01: 装饰装修产品 CNCA-C03-01: 低压成套开关设备 CNCA-C03-02: 低压元器件 CNCA-C22-02: 玩具产品 CNCA-C22-01: 童车产品	杭州市杭州经济技术开发区下沙路300号 联系人: 童艳、赵奇 电话: 0571-85129824 0571-85128929 传真: 0571-85129824 0571-85128929	浙江省质量检测科学研究院	浙江省质量检测科学研究院	杭州市杭州经济技术开发区下沙路300号 联系人: 徐建楚 电话: 0571-85128182 传真: 0571-85120675 E-mail: 7173862@qq.com 联系人: 赵新建 电话: 0571-86918250 传真: 0571-86918251 E-mail: 7173862@qq.com 浙江省嘉兴市广穹路400号 联系人: 黄芳 电话: 0573-82099578 0573-82077118 传真: 0573-82077898 E-mail: 7173862@qq.com 联系人: 姚波 电话: 0573-82077511 0573-82077811 传真: 0573-82077822 E-mail: 7173862@qq.com 杭州市西湖区西溪路934号 联系人: 邴智刚、张杰 电话: 0571-85026381 0571-85027205 传真: 0571-85027205 E-mail: 7173862@qq.com	浙江省质量检测科学研究院
08201	重庆市电子电器商品质量监督检验站	CNCA-C01-01: 电线电缆中的下列产品 ——额定电压450/750V及以下聚氯乙烯绝缘电线电缆 CNCA-C02-01: 电路开关及保护或连接用电器装置(电器附件)中的下列产品 ——插头插座(家用和类似用途)、家用和类似用途固定式电气装置的开关 CNCA-C04-01: 小功率电动机中的下列产品 ——GB12350覆盖的小功率电动机 CNCA-C07-01: 家用和类似用途设备中的下列产品 ——家用电冰箱和食品冷冻箱、电风扇、电动机-压缩机、家用电动洗衣机、电热水器、室内加热器、真空吸尘器、皮肤和毛发护理器具、电磁灶、电烤箱、电动食品加工器具、微波炉(限频率	重庆市渝中区嘉滨路151号 联系人: 张文、陈琴 电话: 023-63724062 023-63841535 传真: 023-63521360 E-mail: zw.6806@163.com 505957720@qq.com 网址: www.ccccq.org 邮编: 400010	重庆商社(集团)有限公司	重庆市电子电器商品质量监督检验站	重庆市渝中区嘉滨路151号 联系人: 张文、陈琴 电话: 023-63724062 023-63841535 传真: 023-63521360 E-mail: zw.6806@163.com 505957720@qq.com 网址: www.ccccq.org 邮编: 400010	重庆仕益产品质量检测有限责任公司

续表

实验室编号	变更前信息				变更后信息		
	实验室名称	指定业务范围	实验室地址及联系方式	法人名称	实验室名称	实验室地址及联系方式	法人名称
08201	重庆市电子电器商品质量监督检验站	300MHz~30GHz）、电灶、灶台、烤炉和类似器具、吸油烟机、液体加热器和冷热饮水机、电饭锅	重庆市渝中区嘉滨路151号 联系人：张文、陈琴 电话：023-63724062 023-63841535 传真：023-63521360 E-mail: zw.6806@163.com 505957720@qq.com 网址：www.ccccq.org 邮编：400010	重庆商社（集团）有限公司	重庆市电子电器商品质量监督检验站	重庆市渝中区嘉滨路151号 联系人：张文、陈琴 电话：023-63724062 023-63841535 传真：023-63521360 E-mail: zw.6806@163.com 505957720@qq.com 网址：www.ccccq.org 邮编：400010	重庆仕益产品质量检测有限责任公司
12701	慈溪出入境检验检疫局综合技术服务中心/慈溪市天瑞消费品检测技术有限公司	CNCA-C22-01：童车产品 CNCA-C22-02：玩具产品	浙江省慈溪市科技路389号 联系人：龚慧 电话：0574-63036155 传真：0574-63029697 E-mail: 359783473@qq.com 邮编：315300	慈溪市天瑞消费品检测技术有限公司	慈溪出入境检验检疫局综合技术服务中心/宁波中龙检测技术有限公司	浙江省慈溪市科技路389号 联系人：韩振国 电话：0574-63025467 传真：0574-63025467 邮编：315300	宁波中龙检测技术有限公司
13001	中认英泰（苏州）检测技术有限公司	CNCA-C04-01：小功率电动机中的下列产品 ——GB 12350覆盖的小功率电动机 CNCA-C05-01：电动工具中的下列产品 ——电钻、电动砂轮机、砂光机、圆锯、电锤、往复锯、电链锯、电刨、电动修枝剪 CNCA-C07-01：家用和类似用途设备 CNCA-C08-01：音视频设备中的下列产品 ——除显像（示）管外的其他产品 CNCA-C09-01：信息技术设备 CNCA-C10-01：照明电器	江苏省苏州市吴中经济开发区吴中大道1368号东太湖科技金融城 联系人：朱益新 电话：0512-66303621 传真：0512-66303621 E-mail: cqc_zhuyx@126.com 网址：www.cqc-it.com 邮编：215104	中认英泰（苏州）检测技术有限公司	中认英泰检测技术有限公司	江苏省苏州市吴中经济开发区吴中大道1368号东太湖科技金融城 联系人：蒋应龙 电话：0512-66303621 传真：0512-66303621 E-mail: cqc_jiangyl@126.com 网址：www.cqc-it.com 邮编：215104	中认英泰检测技术有限公司
15201	河北出入境检验检疫局检验检疫技术中心沧州分中心	CNCA-C01-01：电线电缆中的下列产品 ——额定电压450/750V及以下橡皮绝缘电缆	河北省沧州市运河区解放西路66号 联系人：贾方 电话：0317-2063718 传真：0317-2063718 E-mail: qingdaojiafang@163.com 邮编：061001	河北出入境检验检疫局检验检疫技术中心	河北出入境检验检疫局检验检疫技术中心沧州分中心	河北省沧州市运河区解放西路66号 联系人：王建忠 电话：0317-2063688 15613777906 传真：0317-2063718 E-mail: 394023025@qq.com 邮编：061001	河北出入境检验检疫局检验检疫技术中心

国家认监委关于发布《有机产品认证增补目录（三）》的公告

（2015 年第 21 号）

根据《有机产品认证管理办法》（国家质检总局令第 155 号）、《有机产品认证实施规则》（国家认监委公告 2014 年第 11 号）规定，按照有序推进、动态调整的原则，结合有机产品生产实际需求及相关方面的意见建议，并经中国有机产品认证工作组专家技术评议，现将《有机产品认证增补目录（三）》予以公布。

自本公告发布之日起，有机产品认证机构可受理新增《有机产品认证目录》（以下简称《目录》）内产品的有机产品认证申请。

特此公告。

附件：有机产品认证增补目录（三）

国家认监委

2015 年 7 月 17 日

附件：

有机产品认证增补目录（三）

序号	产品名称	产品范围
8	杂粮	藜麦
13	绿色蔬菜	海篷子；碱蓬；冰菜
19	新鲜多年生蔬菜	辣木；沙葱；荨麻；椒蒿
34	其他水果	黑果腺肋花楸
37	其他坚果	角豆
39	其他油料作物	南美油藤
40	花卉	金花葵；
41	香辛料作物产品	啤酒花
43	青饲料植物	皇竹草；甜象草
46	野生采集的植物	笋；刺梨；沙葱；荨麻；椒蒿；鹅绒委陵菜；山苦茶（鹧鸪茶）；青钱柳；毛建草（岩青兰）；地耳；鹿角菜；霞草（麻杂菜）；猕猴桃
49	植物类中药	黄精；巴拉圭冬青；苦参；荨麻；萝芙木；牛大力
71	淡水鱼（尾）	泥鳅；亚东鱼（鲑）；银鱼
76	海藻和海草类	蛋白核小球藻
104	其他谷物碾磨加工品	藜麦
110	“饼干及面包”更改为“饼干、面包及其他烘焙产品”	月饼

国家认监委关于发布 2014 年能力验证满意结果实验室名单的公告

（2015 年第 22 号）

国家认监委 2014 年实验室能力验证所有项目均已顺利实施完毕，并通过专家总结验收。现将参加 2014 年国家认监委组织的能力验证项目并取得满意结果的实验室名单予以公布（见附件）。

根据有关规定，对取得满意结果的实验室，计入实验室参加能力验证活动的记录，并在 2015 年度进行资质认定（计量认证 / 审查认可）、验收（授权）或实验室认可评审时，可以免除该项目的现场实验。

附件：2014 年国家认监委能力验证满意结果实验室名单

国家认监委

2015 年 7 月 23 日

附件：

2014年国家认监委能力验证满意结果实验室名单

一、伊蚊形态学鉴定能力验证项目（48家）

编号	机构名称	鉴定人
1	云南国际旅行卫生保健中心国家质检总局云南医学媒介生物监测中心实验室	卢云南、李玉平
2	重庆国际旅行卫生保健中心医学媒介生物实验室	骆星丹
3	河北出入境检验检疫局区域性医学媒介生物监测实验室	刘思东、聂维忠
4	中山出入境检验检疫局检验检疫技术中心	胡文、岳巧云
5	珠海国际旅行卫生保健中心医学媒介生物监测中心实验室	廉国胜、柯明剑
6	浙江省国际旅行卫生保健中心温州分中心医学媒介生物实验室	刘峰、高雪萌、陈建国
7	黄埔出入境检验检疫局综合技术服务中心检验检测中心	林炳厚
8	安徽国际旅行卫生保健中心传染病检测实验室	王赛寒、叶伯光
9	江苏出入境检验检疫局医学媒介生物监测实验室	杨庆贵、孙立新
10	青岛机场出入境检验检疫局技术中心医学媒介实验室	姜光城、王海燕
11	河南出入境检验检疫局医学媒介生物实验室	张勤
12	广西检验检疫局技术中心钦州保税港区分中心医学媒介实验室	谭军
13	福建国际旅行卫生保健中心国家虫媒病检测重点实验室	方义亮、孙建庆
14	广西凭祥出入境检验检疫局综合技术服务中心	梁平中、何成伟
15	南沙出入境检验检疫局综合技术服务中心媒介生物实验室	赵爽、陈志强
16	中国检验检疫科学研究院综合检测中心	曹梅晓
17	喀什出入境检验检疫局综合技术服务中心医学媒介生物实验室	李淼
18	西藏国际旅行卫生保健中心医学媒介生物实验室	冯娟
19	北京出入境检验检疫局技术中心首都机场分中心检测三室	田洁
20	海南国际旅行卫生保健中心国家质检总局医学媒介监测区域性中心实验室	王崇财、韩坚定
21	四川出入境检验检疫局机场中心机场实验室	赵锋、陈琳
22	广州机场出入境检验检疫局综合技术服务中心综合实验室	陆敏
23	上海市徐汇区疾病预防控制中心医学媒介生物实验室	刘志勇、朱伟
24	浙江国际旅行卫生保健中心嘉兴分中心实验室	曹振宁、陈志刚
25	厦门国际旅行卫生保健中心国家医学媒介生物（蚤、蠓）监测与检测重点实验室	陈剑、苏水宽

续表

编号	机构名称	鉴定人
26	昆明市疾病预防控制中心病媒生物实验室	杨健、苏洪海
27	浙江国际旅行卫生保健中心国家质检总局医学媒介生物检测中心实验室	郑伟
28	南京军区军事医学研究所消毒与媒介生物防治所	谭伟龙
29	国家质检总局医学媒介生物监测区域性中心实验室（天津）	陈军卫、张琛
30	上海国际旅行卫生保健中心国境口岸卫生监督检测重点实验室	田桢干、张子龙
31	二连浩特国际旅行卫生保健中心内蒙古区域性医学媒介实验室	魏怀波、田丽
32	勐腊出入境检验检疫局检验检疫综合技术中心	刘宇夫、刘铁
33	广州出入境检验检疫局综合检测中心国家卫生处理安全及适用性检测重点实验室	何侠凤
34	北京市疾病预防控制中心消毒与有害生物防治所	张勇、刘美佳
35	烟台出入境检验检疫局技术中心	王颖
36	黑龙江国际旅行卫生保健中心国家质检总局医学媒介监测区域性中心实验室	程成、刘国平、温占清
37	太仓出入境检验检疫局口岸有害生物检疫实验室	孙佳佳、吕飞
38	辽宁出入境检验检疫局医学媒介控制中心	程晓兰、宋锋林
39	常州出入境检验检疫局常州港办事处医学媒介生物实验室	何雨德、邱文毅
40	上海机场出入境检验检疫局综合实验室	邓耀华
41	上海洋山出入境检验检疫局病媒生物初筛实验室	曹敏、闫伟峰
42	甘肃国际旅行卫生保健中心口岸医学媒介生物监测实验室	王平军、刘芬
43	成都军区疾病预防控制中心标本鉴定实验室	石明清、邱成玉
44	陕西出入境检验检疫局检验检疫技术中心动植检实验室	梁靓
45	无锡市疾病预防控制中心病媒实验室	沈元、兰策介
46	黄骅港出入境检验检疫局口岸公共卫生应急处置中心	黄克迈、曹保海
47	江西国际旅行卫生保健中心医学媒介生物检测实验室	徐铁龙
48	吉林出入境检验检疫局检验检疫技术中心卫生检疫实验室	王伟琳、罗新

二、地方流行性牛白血病病毒抗体酶联免疫吸附试验检测能力验证项目（37家）

编号	机构名称	备注
1	吉林出入境检验检疫局检验检疫技术中心	
2	中国兽医药品监察所	
3	福建出入境检验检疫局检验检疫技术中心	
4	河南出入境检验检疫局检验检疫技术中心	
5	四川出入境检验检疫局检验检疫技术中心动物检疫实验室	
6	浙江出入境检验检疫局检验检疫技术中心动物检疫实验室	
7	天津出入境检验检疫局动植物与食品检测中心反刍动物疫病检测实验室	
8	内蒙古出入境检验检疫局检验检疫技术中心微生物实验室	
9	上海市松江区食用农产品安全监督检测中心	
10	云南出入境检验检疫局检验检疫技术中心动检实验室	
11	河北出入境检验检疫局检验检疫技术中心生物室	
12	湖南出入境检验检疫局检验检疫技术中心	
13	重庆出入境检验检疫局技术中心动物检疫实验室	
14	新疆出入境检验检疫局检验检疫技术中心动植检实验室	
15	珠海出入境检验检疫局检验检疫技术中心	
16	安徽出入境检验检疫局检验检疫技术中心	
17	阿拉山口出入境检验检疫局综合技术服务中心动植食品纺织实验室	
18	江苏出入境检验检疫局动植物与食品检测中心动检实验室	
19	宁波出入境检验检疫局检验检疫技术中心生物分中心	
20	湖北出入境检验检疫局检验检疫技术中心	

续表

编号	机构名称	备注
21	山东出入境检验检疫局检验检疫技术中心动物检疫实验室	
22	河北出入境检验检疫局检验检疫技术中心燕郊分中心	
23	海南出入境检验检疫局检验检疫技术中心动物检疫实验室	
24	上海市奶牛研究所	
25	山西出入境检验检疫局检验检疫技术中心【国家质检总局动物检疫区域性中心实验室（山西）】	
26	深圳出入境检验检疫局动植物检验检疫技术中心动物检验检疫实验室	
27	西藏出入境检验检疫局检验检疫技术中心动物检疫实验室	
28	唐山出入境检验检疫局综合实验室	
29	北海出入境检验检疫局综合实验室	
30	上海市宝山区动物疫病预防控制中心	
31	广东出入境检验检疫局动植物检验检疫技术中心动物检验检疫实验室	
32	厦门出入境检验检疫局检验检疫技术中心	
33	北京出入境检验检疫局检验检疫技术中心动物实验室	
34	伊犁出入境检验检疫局综合技术服务中心综合实验室	
35	辽宁出入境检验检疫局检验检疫技术中心动检室	
36	黑龙江出入境检验检疫局检验检疫技术中心	补测满意
37	宁夏出入境检验检疫局检验检疫综合技术中心	补测满意

三、芒果象检疫鉴定能力验证项目（90家）

编号	机构名称	备注
1	珠海出入境检验检疫局检验检疫技术中心	
2	上海出入境检验检疫局动植物与食品检验检疫技术中心	
3	江苏出入境检验检疫局动植物与食品检测中心植物检疫实验室	
4	四川出入境检验检疫局检验检疫技术中心植物检疫实验室	
5	广西出入境检验检疫局检验检疫技术中心	
6	唐山出入境检验检疫局综合实验室	
7	文山出入境检验检疫局综合实验室	
8	海南出入境检验检疫局热带植物隔离检疫中心	
9	吉林出入境检验检疫局检验检疫技术中心	
10	凭祥出入境检验检疫局综合技术服务中心	
11	湖北出入境检验检疫局检验检疫技术中心植物检疫实验室	
12	国家仓储有害生物检疫重点实验室(苏州)	
13	佛山出入境检验检疫局动植物与食品实验室	
14	河口出入境检验检疫局综合实验室	
15	绥芬河出入境检验检疫局综合技术中心植物实验室	
16	宁波出入境检验检疫局检验检疫技术中心植检实验室	
17	深圳出入境检验检疫局动植物检验检疫技术中心植物检验检疫实验室	
18	腾冲出入境检验检疫局综合技术服务中心植检实验室	
19	湛江出入境检验检疫局检验检疫技术中心	
20	天津出入境检验检疫局动植物与食品检测中心	
21	阿拉山口出入境检验检疫局综合技术服务中心动植食品纺织实验室	
22	顺德出入境检验检疫局综合技术服务中心动植物实验室	
23	重庆出入境检验检疫局检验检疫技术中心	

续表

编号	机构名称	备注
24	浙江出入境检验检疫局检验检疫技术中心植物检疫实验室	
25	云南出入境检验检疫局检验检疫技术中心	
26	山东出入境检验检疫局检验检疫技术中心	
27	舟山出入境检验检疫局动植物检疫实验室	
28	浙江省检验检疫科学技术研究院温州分院	
29	江西出入境检验检疫局综合技术中心	
30	四川出入境检验检疫局检验检疫技术中心机场实验室	
31	二连浩特出入境检验检疫局检验检疫技术中心植物检疫实验室	
32	东莞出入境检验检疫局综合技术中心	
33	陕西出入境检验检疫局检验检疫技术中心	
34	厦门出入境检验检疫局检验检疫技术中心	
35	安徽出入境检验检疫局检验检疫技术中心	
36	赤峰出入境检验检疫局综合技术中心	
37	浙江省检验检疫科学技术研究院嘉兴分院	
38	西双版纳出入境检验检疫局检验检疫综合技术中心	
39	太仓出入境检验检疫局口岸有害生物检疫实验室	
40	广西出入境检验检疫局技术中心钦州保税港分中心	
41	高明出入境检验检疫局检测中心	
42	河北出入境检验检疫局检验检疫技术中心	
43	中山出入境检验检疫局检验检疫技术中心	
44	盐城出入境检验检疫局综合技术服务中心	
45	临沧出入境检验检疫局检验检疫综合技术中心综合实验室	
46	四川出入境检验检疫局技术中心泸州综合实验室	
47	湖州出入境检验检疫局植物检疫实验室	
48	宁夏出入境检验检疫局综合技术中心	
49	防城港出入境检验检疫局综合实验室	
50	进口木材材种鉴定与检疫重点实验室	
51	汕头出入境检验检疫局植检实验室	
52	南海出入境检验检疫局技术中心生物实验室	
53	莆田检验检疫局检验检疫技术中心国家林木重点实验室（筹）	
54	梧州出入境检验检疫局检验检疫综合实验室	
55	湖南出入境检验检疫局检验检疫技术中心	
56	河北出入境检验检疫局检验检疫技术中心京唐港分中心	
57	沈阳出入境检验检疫局综合技术中心动植物检疫实验室	
58	广州机场出入境检验检疫局综合技术服务中心综合实验室	
59	广东出入境检验检疫局检验检疫技术中心植物实验室	
60	辽宁出入境检验检疫局检验检疫技术中心植物检验科	
61	南沙出入境检验检疫局综合技术服务中心植物检疫实验室	
62	秦皇岛出入境检验检疫局植物检疫实验室	
63	黑龙江出入境检验检疫局检验检疫技术中心植物检疫实验室	
64	泰州出入境检验检疫局植物实验室	
65	连云港出入境检验检疫局动植物实验室	
66	烟台出入境检验检疫局检验检疫技术中心动植物实验室	

续表

编号	机构名称	备注
67	番禺出入境检验检疫局检测技术中心动植物检疫实验室	
68	日照出入境检验检疫局综合技术服务中心	
69	玉林出入境检验检疫局检验检疫综合实验室	
70	福建出入境检验检疫局检验检疫技术中心	
71	威海出入境检验检疫局检验检疫技术中心	
72	伊犁出入境检验检疫局综合技术服务中心综合实验室霍尔果斯检测场所	
73	伊犁出入境检验检疫局综合技术服务中心综合实验室伊宁检测场所	
74	河南出入境检验检疫局检验检疫技术中心	
75	开平出入境检验检疫局综合技术服务中心综合实验室	
76	普洱出入境检验检疫局检验检疫综合实验室	
77	桂林出入境检验检疫局综合实验室	
78	浙江省检验检疫科学技术研究院绍兴分院植检实验室	
79	东兴出入境检验检疫局综合实验室	
80	广西出入境检验检疫局检验检疫技术中心龙邦分中心	
81	临沂出入境检验检疫局检验检疫技术中心	
82	进出境有害生物防控技术安全重点实验室	
83	贵州出入境检验检疫局技术中心	
84	无锡出入境检验检疫局外来有害生物检疫实验室	
85	阳江出入境检验检疫局综合技术服务中心综合实验室	补测满意
86	黄埔出入境检验检疫局综合技术服务中心检验检测中心植检实验室	补测满意
87	新会出入境检验检疫局综合技术服务中心综合实验室	补测满意
88	勐腊出入境检验检疫局检验检疫综合技术中心	补测满意
89	柳州出入境检验检疫局检验检疫综合实验室	补测满意
90	瑞丽出入境检验检疫局检验检疫综合技术中心	补测满意

四、玉米酒糟粕转基因检测和转基因玉米品系检测能力验证项目（67家）

编号	机构名称	满意参数
1	农业部转基因植物环境安全监督检验测试中心（武汉）	玉米酒糟粕转基因检测、转基因玉米品系检测
2	中国检验检疫科学研究院综合检测中心	玉米酒糟粕转基因检测、转基因玉米品系检测
3	烟台杰科检测服务有限公司	玉米酒糟粕转基因检测
4	新疆出入境检验检疫局动植检实验室	玉米酒糟粕转基因检测、转基因玉米品系检测
5	上海市质量监督检验技术研究院	玉米酒糟粕转基因检测、转基因玉米品系检测
6	北京出入境检验检疫局检验检疫技术中心	玉米酒糟粕转基因检测、转基因玉米品系检测
7	吉林出入境检验检疫局技术中心卫生检疫实验室	玉米酒糟粕转基因检测、转基因玉米品系检测
8	湖南出入境检验检疫局检验检疫技术中心	玉米酒糟粕转基因检测、转基因玉米品系检测
9	河北出入境检验检疫局技术中心生物室	玉米酒糟粕转基因检测
10	江西出入境检验检疫局综合技术中心	玉米酒糟粕转基因检测、转基因玉米品系检测
11	鲅鱼圈出入境检验检疫局综合技术服务中心	玉米酒糟粕转基因检测
12	广西出入境检验检疫局检验检疫技术中心食品实验室	玉米酒糟粕转基因检测、转基因玉米品系检测
13	通标标准技术服务（上海）有限公司检测中心	玉米酒糟粕转基因检测、转基因玉米品系检测
14	宁波出入境检验检疫局检验检疫技术中心（生物分中心）	玉米酒糟粕转基因检测、转基因玉米品系检测
15	天津出入境检验检疫局动植物与食品检测中心	玉米酒糟粕转基因检测、转基因玉米品系检测
16	广州质量监督检测研究院	玉米酒糟粕转基因检测、转基因玉米品系检测
17	番禺出入境检验检疫局综合技术服务中心实验室	玉米酒糟粕转基因检测、转基因玉米品系检测
18	安徽省食品药品检验研究院	玉米酒糟粕转基因检测、转基因玉米品系检测
19	深圳市华测检测技术股份有限公司上海分公司食品实验室	玉米酒糟粕转基因检测

续表

编号	机构名称	满意参数
20	广东产品质量监督检验研究院	转基因玉米品系检测
21	山东省产品质量监督检验研究院	转基因玉米品系检测
22	中山出入境检验检疫局检验检疫技术中心	转基因玉米品系检测
23	四川出入境检验检疫局检验检疫技术中心动物检疫实验室	玉米酒糟粕转基因检测
24	黄埔出入境检验检疫局综合技术服务中心检验检测中心	转基因玉米品系检测
25	珠海出入境检验检疫局检验检疫技术中心	玉米酒糟粕转基因检测、转基因玉米品系检测
26	福建出入境检验检疫局检验检疫技术中心	玉米酒糟粕转基因检测、转基因玉米品系检测
27	南沙出入境检验检疫局综合技术中心实验室	玉米酒糟粕转基因检测
28	舟山出入境检验检疫局动植物检疫实验室	玉米酒糟粕转基因检测、转基因玉米品系检测
29	大连出入境检验检疫局检验检疫技术中心生物检测实验室	转基因玉米品系检测
30	成都市产品质量监督检验院	玉米酒糟粕转基因检测、转基因玉米品系检测
31	湖南省产商品质量监督检验院	玉米酒糟粕转基因检测、转基因玉米品系检测
32	深圳市计量质量检测研究院	玉米酒糟粕转基因检测、转基因玉米品系检测
33	四川出入境检验检疫局检验检疫技术中心植物检疫实验室	玉米酒糟粕转基因检测、转基因玉米品系检测
34	陕西出入境检验检疫局技术中心动植检实验室	玉米酒糟粕转基因检测、转基因玉米品系检测
35	甘肃出入境检验检疫局检验检疫综合技术中心（中心实验室）	玉米酒糟粕转基因检测
36	湖北出入境检验检疫局技术中心动植物检疫分中心	玉米酒糟粕转基因检测、转基因玉米品系检测
37	深圳出入境检验检疫局动植物检验检疫技术中心植物检验检疫实验室	玉米酒糟粕转基因检测、转基因玉米品系检测
38	武汉产品质量监督检验所	玉米酒糟粕转基因检测、转基因玉米品系检测
39	山西出入境检验检疫局技术中心植物检疫实验室	转基因玉米品系检测
40	黑龙江出入境检验检疫局食品转基因检测实验室	玉米酒糟粕转基因检测
41	上海交通大学转基因生物分子特征验证测试中心	转基因玉米品系检测
42	厦门出入境检验检疫局检验检疫技术中心微生物实验室	玉米酒糟粕转基因检测、转基因玉米品系检测
43	阳江出入境检验检疫局综合技术服务中心综合实验室	玉米酒糟粕转基因检测
44	北京出入境检验检疫局检验检疫技术中心植物实验室	玉米酒糟粕转基因检测、转基因玉米品系检测
45	浙江出入境检验检疫局检验检疫技术中心植物检验检疫实验室	玉米酒糟粕转基因检测、转基因玉米品系检测
46	云南出入境检验检疫局检验检疫技术中心	玉米酒糟粕转基因检测、转基因玉米品系检测
47	广东出入境检验检疫技术中心植物检疫实验室	玉米酒糟粕转基因检测、转基因玉米品系检测
48	辽宁出入境检验检疫局技术中心生物检验科	玉米酒糟粕转基因检测、转基因玉米品系检测
49	防城港出入境检验检疫局	玉米酒糟粕转基因检测、转基因玉米品系检测
50	东莞出入境检验检疫局综合技术中心动植检实验室	玉米酒糟粕转基因检测、转基因玉米品系检测
51	内蒙古出入境检验检疫局检验检疫技术中心	玉米酒糟粕转基因检测
52	吉林省食品检验所	玉米酒糟粕转基因检测、转基因玉米品系检测
53	重庆出入境检验检疫局植物中心实验室	玉米酒糟粕转基因检测
54	上海出入境检验检疫局动植物与食品检验检疫技术中心	玉米酒糟粕转基因检测、转基因玉米品系检测
55	江苏出入境检验检疫局动植物与食品检测中心	玉米酒糟粕转基因检测、转基因玉米品系检测
56	秦皇岛出入境检验检疫局检验检疫技术中心	玉米酒糟粕转基因检测*、转基因玉米品系检测
57	河北省食品检验研究院（国家果类及农副加工产品质量监督检验中心）	玉米酒糟粕转基因检测*、转基因玉米品系检测
58	山东出入境检验检疫局技术中心基因检测实验室	玉米酒糟粕转基因检测、转基因玉米品系检测*
59	江苏省产品质量监督检验研究院宝应食品中心	转基因玉米品系检测*
60	河南出入境检验检疫局检验检疫技术中心	玉米酒糟粕转基因检测、转基因玉米品系检测*
61	安徽出入境检验检疫局生物技术分中心	玉米酒糟粕转基因检测、转基因玉米品系检测*
62	贵州出入境检验检疫局检验检疫综合技术中心	玉米酒糟粕转基因检测、转基因玉米品系检测*
63	长沙市食品质量安全监督检测中心	转基因玉米品系检测*
64	成都市食品药品检测中心	玉米酒糟粕转基因检测*、转基因玉米品系检测

续表

编号	机构名称	满意参数
65	黑龙江省质量监督检测研究院	玉米酒糟粕转基因检测*
66	烟台出入境检验检疫局技术中心动植检实验室	玉米酒糟粕转基因检测、转基因玉米品系检测*
67	连云港出入境检验检疫局动植物实验室	玉米酒糟粕转基因检测*、转基因玉米品系检测*

注:*表示该检测参数为补测满意。

五、生活饮用水中三氯甲烷、硝酸盐氮检测能力验证项目(569家)

编号	机构名称	满意参数
1	淮河流域水资源保护局淮河流域水环境监测中心	三氯甲烷、硝酸盐氮
2	安徽出入境检验检疫局检验检疫技术中心化学分中心	三氯甲烷、硝酸盐氮
3	安徽省疾病预防控制中心	三氯甲烷、硝酸盐氮
4	合肥市城市排水监测中心	三氯甲烷、硝酸盐氮
5	国家城市供水水质监测网合肥监测站	三氯甲烷、硝酸盐氮
6	国家城市供水水质监测网北京监测站	三氯甲烷、硝酸盐氮
7	北京城市排水集团有限责任公司水质检测中心	三氯甲烷、硝酸盐氮
8	国家食品质量监督检验中心/中国食品发酵工业研究院	三氯甲烷、硝酸盐氮
9	北京市城市排水监测总站	三氯甲烷、硝酸盐氮
10	北京市水环境监测中心大兴分中心	三氯甲烷、硝酸盐氮
11	北京市疾病预防控制中心	三氯甲烷、硝酸盐氮
12	北京市丰台区疾病预防控制中心	三氯甲烷、硝酸盐氮
13	北京市水环境监测中心	三氯甲烷、硝酸盐氮
14	建设部城市供水水质监测中心	三氯甲烷、硝酸盐氮
15	北京市海淀区产品质量监督检验所	三氯甲烷、硝酸盐氮
16	水利部水质监督检验测试中心	三氯甲烷、硝酸盐氮
17	北京市石景山区疾病预防控制中心	三氯甲烷、硝酸盐氮
18	国家城市供水水质监测网福州监测站	三氯甲烷、硝酸盐氮
19	福建省水环境监测中心	三氯甲烷、硝酸盐氮
20	福建出入境检验检疫局检验检疫技术中心	三氯甲烷、硝酸盐氮
21	福建省产品质量检验研究院	三氯甲烷、硝酸盐氮
22	厦门出入境检验检疫局检验检疫技术中心	三氯甲烷、硝酸盐氮
23	厦门市疾病预防控制中心	三氯甲烷、硝酸盐氮
24	国家城市供水水质监测网厦门监测站	三氯甲烷、硝酸盐氮
25	国家城市供水水质监测网兰州监测站	三氯甲烷、硝酸盐氮
26	广东省水文水资源监测中心佛山分中心	三氯甲烷、硝酸盐氮
27	国家城市供水水质监测网佛山监测站	三氯甲烷、硝酸盐氮
28	广东城市供水水质监测网南海监测站	三氯甲烷、硝酸盐氮
29	广东产品质量监督检验研究院	三氯甲烷、硝酸盐氮
30	广东省城市供水水质监测网顺德监测站	三氯甲烷、硝酸盐氮
31	广东省疾病预防控制中心	三氯甲烷、硝酸盐氮
32	国家糖业质量监督检验中心	三氯甲烷、硝酸盐氮
33	国家城市供水水质监测网广州监测站	三氯甲烷、硝酸盐氮
34	广东省水文水资源监测中心	三氯甲烷、硝酸盐氮
35	珠江水利委员会珠江水利科学研究院中心试验室	三氯甲烷、硝酸盐氮
36	珠江流域水环境监测中心	三氯甲烷、硝酸盐氮
37	中国广州分析测试中心	三氯甲烷、硝酸盐氮
38	广州质量监督检测研究院	三氯甲烷、硝酸盐氮
39	广州市城市排水监测站	三氯甲烷、硝酸盐氮

续表

编号	机构名称	满意参数
40	广东出入境检验检疫局检验检疫技术中心食品实验室	三氯甲烷、硝酸盐氮
41	广东省水文水资源监测中心江门分中心	三氯甲烷、硝酸盐氮
42	深圳市质鼎检测技术有限公司	三氯甲烷、硝酸盐氮
43	深圳市龙华新区疾病预防控制中心	三氯甲烷、硝酸盐氮
44	深圳市疾病预防控制中心	三氯甲烷、硝酸盐氮
45	国家城市供水水质监测网深圳水务局监测站	三氯甲烷、硝酸盐氮
46	深圳市计量质量检测研究院	三氯甲烷、硝酸盐氮
47	珠海市水质监测中心	三氯甲烷、硝酸盐氮
48	国家城市供水水质监测网珠海监测站	三氯甲烷、硝酸盐氮
49	广西城市供水水质监测网柳州监测站	三氯甲烷、硝酸盐氮
50	广西壮族自治区产品质量监督检验研究院	三氯甲烷、硝酸盐氮
51	广西壮族自治区水环境监测中心	三氯甲烷、硝酸盐氮
52	国家城市供水水质监测网南宁监测站	三氯甲烷、硝酸盐氮
53	广西壮族自治区疾病预防控制中心	三氯甲烷、硝酸盐氮
54	广西出入境检验检疫局检验检疫技术中心	三氯甲烷、硝酸盐氮
55	贵州省疾病预防控制中心	三氯甲烷、硝酸盐氮
56	国家城市供水水质监测网贵阳监测站	三氯甲烷、硝酸盐氮
57	海口市城市排水监测站	三氯甲烷、硝酸盐氮
58	海南省水环境监测中心	三氯甲烷、硝酸盐氮
59	海南省产品质量监督检验所	三氯甲烷、硝酸盐氮
60	河北省疾病预防控制中心	三氯甲烷、硝酸盐氮
61	河北省水环境监测中心	三氯甲烷、硝酸盐氮
62	国家城市供水水质监测网石家庄监测站	三氯甲烷、硝酸盐氮
63	农业部畜禽产品质量安全监督检验测试中心	三氯甲烷、硝酸盐氮
64	国家城市供水水质监测网郑州监测站	三氯甲烷、硝酸盐氮
65	国家城市供水水质监测网大庆监测站	三氯甲烷、硝酸盐氮
66	国家城市供水水质监测网哈尔滨监测站	三氯甲烷、硝酸盐氮
67	黑龙江省疾病预防控制中心	三氯甲烷、硝酸盐氮
68	黑龙江省城市供水水质监测网黑河监测站	三氯甲烷、硝酸盐氮
69	湖北省城市供水水质监测网鄂州监测站	三氯甲烷、硝酸盐氮
70	武汉产品质量监督检验所	三氯甲烷、硝酸盐氮
71	湖北省城市供水水质监测网东西湖监测站	三氯甲烷、硝酸盐氮
72	湖北省疾病预防控制中心	三氯甲烷、硝酸盐氮
73	长江流域水环境监测中心	三氯甲烷、硝酸盐氮
74	国家城市供水水质监测网武汉监测站	三氯甲烷、硝酸盐氮
75	湖北省产品质量监督检验研究所	三氯甲烷、硝酸盐氮
76	咸宁市食品监督检验检测所	三氯甲烷、硝酸盐氮
77	湖北省城市供水水质监测网孝感监测站	三氯甲烷、硝酸盐氮
78	湖南省郴州市疾病预防控制中心	三氯甲烷、硝酸盐氮
79	湖南省衡阳市疾病预防控制中心	三氯甲烷、硝酸盐氮
80	湖南省怀化市疾病预防控制中心	三氯甲烷、硝酸盐氮
81	湖南省浏阳市疾病预防控制中心	三氯甲烷、硝酸盐氮
82	益阳市疾病预防控制中心	三氯甲烷、硝酸盐氮
83	湖南省疾病预防控制中心	三氯甲烷、硝酸盐氮
84	国家城市供水水质监测网长沙监测站	三氯甲烷、硝酸盐氮
85	长沙县疾病预防控制中心	三氯甲烷、硝酸盐氮
86	国家城市供水水质监测网株洲监测站	三氯甲烷、硝酸盐氮

续表

编号	机构名称	满意参数
87	湖南省株洲市疾病预防控制中心	三氯甲烷、硝酸盐氮
88	吉林省产品质量监督检验院	三氯甲烷、硝酸盐氮
89	吉林省疾病预防控制中心	三氯甲烷、硝酸盐氮
90	吉林省水环境监测中心	三氯甲烷、硝酸盐氮
91	国家城市供水水质监测网长春监测站	三氯甲烷、硝酸盐氮
92	江苏省水环境监测中心常州分中心	三氯甲烷、硝酸盐氮
93	常州市天龙水质检测有限公司	三氯甲烷、硝酸盐氮
94	江苏省昆山市流通领域食品质量检测中心	三氯甲烷、硝酸盐氮
95	国家城市排水水质监测网南京监测站	三氯甲烷、硝酸盐氮
96	国家城市供水水质监测网南京监测站	三氯甲烷、硝酸盐氮
97	江苏省疾病预防控制中心	三氯甲烷、硝酸盐氮
98	江苏省水环境监测中心苏州分中心	三氯甲烷、硝酸盐氮
99	苏州工业园区清源华衍水务有限公司水质检测中心	三氯甲烷、硝酸盐氮
100	泰兴市疾病预防控制中心	三氯甲烷、硝酸盐氮
101	国家城市供水水质监测网无锡监测站	三氯甲烷、硝酸盐氮
102	徐州市城市供水水质检测中心	三氯甲烷、硝酸盐氮
103	徐州出入境检验检疫局食品化矿实验室	三氯甲烷、硝酸盐氮
104	盐城出入境检验检疫局综合检测中心	三氯甲烷、硝酸盐氮
105	抚州市供水公司	三氯甲烷、硝酸盐氮
106	江西出入境检验检疫局检验检疫技术中心	三氯甲烷、硝酸盐氮
107	国家城市供水水质监测网南昌监测站	三氯甲烷、硝酸盐氮
108	江西省城市供水水质监测网新余监测站	三氯甲烷、硝酸盐氮
109	鞍山市水质检测中心	三氯甲烷、硝酸盐氮
110	大连市产品质量监督检验所	三氯甲烷、硝酸盐氮
111	大连市疾病预防控制中心	三氯甲烷、硝酸盐氮
112	国家城市供水水质监测网大连监测站	三氯甲烷、硝酸盐氮
113	国家城市供水水质监测网沈阳监测站	三氯甲烷、硝酸盐氮
114	辽宁省疾病预防控制中心	三氯甲烷、硝酸盐氮
115	大连出入境检验检疫局技术中心	三氯甲烷、硝酸盐氮
116	国家城市供水水质监测网呼和浩特监测站	三氯甲烷、硝酸盐氮
117	宁夏回族自治区疾病预防控制中心	三氯甲烷、硝酸盐氮
118	宁夏城市供水水质监测网石嘴山监测站	三氯甲烷、硝酸盐氮
119	青海省水环境监测中心	三氯甲烷、硝酸盐氮
120	潍坊市嘉源水质监测中心	三氯甲烷、硝酸盐氮
121	菏泽市水质检测中心	三氯甲烷、硝酸盐氮
122	济南泓泉制水有限公司生产技术部中心化验室	三氯甲烷、硝酸盐氮
123	济南市疾病预防控制中心	三氯甲烷、硝酸盐氮
124	山东省产品质量检验研究院	三氯甲烷、硝酸盐氮
125	山东省疾病预防控制中心	三氯甲烷、硝酸盐氮
126	济南市历城区疾病预防控制中心	三氯甲烷、硝酸盐氮
127	济南水务集团有限公司水质检测中心	三氯甲烷、硝酸盐氮
128	山东省水环境监测中心	三氯甲烷、硝酸盐氮
129	国家城市供水（排水）监测网济南监测站	三氯甲烷、硝酸盐氮
130	山东省聊城市疾病预防控制中心	三氯甲烷、硝酸盐氮
131	青岛经济技术开发区供排水监测站	三氯甲烷、硝酸盐氮
132	国家城市供水水质监测网青岛监测站	三氯甲烷、硝酸盐氮

续表

编号	机构名称	满意参数
133	青岛市黄岛区疾病预防控制中心	三氯甲烷、硝酸盐氮
134	青岛市崂山区疾病预防控制中心	三氯甲烷、硝酸盐氮
135	山东出入境检验检疫局检验检疫技术中心	三氯甲烷、硝酸盐氮
136	青岛市疾病预防控制中心	三氯甲烷、硝酸盐氮
137	山东省泰安市疾病预防控制中心	三氯甲烷、硝酸盐氮
138	威海市产品质量监督检验所	三氯甲烷、硝酸盐氮
139	潍坊市市政公用事业产品服务质量监测中心	三氯甲烷、硝酸盐氮
140	国家蔬菜质量监督检验中心	三氯甲烷、硝酸盐氮
141	烟台市芝罘区疾病预防控制中心	三氯甲烷、硝酸盐氮
142	晋中市天湖水质检测有限公司	三氯甲烷、硝酸盐氮
143	山西省朔州市自来水公司水质监测站	三氯甲烷、硝酸盐氮
144	国家城市供水水质监测网太原监测站	三氯甲烷、硝酸盐氮
145	山西省水环境监测中心	三氯甲烷、硝酸盐氮
146	运城市海华水质检测有限公司	三氯甲烷、硝酸盐氮
147	国家城市供水水质监测网西安监测站	三氯甲烷、硝酸盐氮
148	西安市疾病预防控制中心	三氯甲烷、硝酸盐氮
149	上海市水环境监测中心实验室	三氯甲烷、硝酸盐氮
150	上海市宝山区疾病预防控制中心	三氯甲烷、硝酸盐氮
151	上海市奉贤区疾病预防控制中心	三氯甲烷、硝酸盐氮
152	上海市嘉定区疾病预防控制中心	三氯甲烷、硝酸盐氮
153	国家城市供水水质监测网上海监测站	三氯甲烷、硝酸盐氮
154	上海市金山区疾病预防控制中心	三氯甲烷、硝酸盐氮
155	上海市质量监督检验技术研究院	三氯甲烷、硝酸盐氮
156	上海市闵行区疾病预防控制中心	三氯甲烷、硝酸盐氮
157	上海市普陀区疾病预防控制中心	三氯甲烷、硝酸盐氮
158	上海市青浦区疾病预防控制中心	三氯甲烷、硝酸盐氮
159	上海市松江区疾病预防控制中心	三氯甲烷、硝酸盐氮
160	上海市黄浦区疾病预防控制中心	三氯甲烷、硝酸盐氮
161	上海谱尼测试技术有限公司	三氯甲烷、硝酸盐氮
162	通标标准技术服务（上海）有限公司环境服务部	三氯甲烷、硝酸盐氮
163	上海市杨浦区疾病预防控制中心	三氯甲烷、硝酸盐氮
164	上海市浦东新区疾病预防控制中心	三氯甲烷、硝酸盐氮
165	上海市疾病预防控制中心	三氯甲烷、硝酸盐氮
166	四川省产品质量监督检验检测院	三氯甲烷、硝酸盐氮
167	国家城市供水水质监测网成都监测站	三氯甲烷、硝酸盐氮
168	四川省城市供水排水水质监测网泸州监测站	三氯甲烷、硝酸盐氮
169	四川省城市供水水质监测网攀枝花监测站	三氯甲烷、硝酸盐氮
170	国家城市供水水质监测网天津监测站	三氯甲烷、硝酸盐氮
171	天津市疾病预防控制中心	三氯甲烷、硝酸盐氮
172	海河流域水环境监测中心	三氯甲烷、硝酸盐氮
173	天津市水环境监测中心	三氯甲烷、硝酸盐氮
174	天津市产品质量监督检测技术研究院	三氯甲烷、硝酸盐氮
175	天津市津南区疾病预防控制中心	三氯甲烷、硝酸盐氮
176	国家海水及苦咸水利用产品质量监督检验中心	三氯甲烷、硝酸盐氮
177	新疆和田地区疾病预防控制中心	三氯甲烷、硝酸盐氮
178	塔里木油田分公司质量检测中心	三氯甲烷、硝酸盐氮

续表

编号	机构名称	满意参数
179	新疆巴音郭楞蒙古自治州疾病预防控制中心	三氯甲烷、硝酸盐氮
180	新疆维吾尔自治区疾病预防控制中心	三氯甲烷、硝酸盐氮
181	国家城市供水水质监测网乌鲁木齐监测站	三氯甲烷、硝酸盐氮
182	云南出入境检验检疫局检验检疫技术中心	三氯甲烷、硝酸盐氮
183	国家城市供水水质监测网昆明监测站	三氯甲烷、硝酸盐氮
184	云南省昆明市五华区疾病预防控制中心	三氯甲烷、硝酸盐氮
185	云南省普洱市疾病预防控制中心	三氯甲烷、硝酸盐氮
186	浙江省疾病预防控制中心	三氯甲烷、硝酸盐氮
187	浙江省质量检测科学研究院	三氯甲烷、硝酸盐氮
188	杭州市水文水资源监测总站	三氯甲烷、硝酸盐氮
189	国家城市供水水质监测网杭州监测站	三氯甲烷、硝酸盐氮
190	浙江省城市供水水质监测网萧山监测站	三氯甲烷、硝酸盐氮
191	浙江省水资源监测中心	三氯甲烷、硝酸盐氮
192	浙江省城市供水水质监测网台州监测站	三氯甲烷、硝酸盐氮
193	国家城市供水水质监测网宁波监测站	三氯甲烷、硝酸盐氮
194	宁波市疾病预防控制中心	三氯甲烷、硝酸盐氮
195	绍兴市水务集团有限公司技术质量中心水质检测实验室	三氯甲烷、硝酸盐氮
196	国家城市供水水质监测网温州监测站	三氯甲烷、硝酸盐氮
197	温州市质量技术监督检测院	三氯甲烷、硝酸盐氮
198	温州市疾病预防控制中心	三氯甲烷、硝酸盐氮
199	重庆市疾病预防控制中心	三氯甲烷、硝酸盐氮
200	云阳县疾病预防控制中心	三氯甲烷、硝酸盐氮
201	环境所	三氯甲烷、硝酸盐氮
202	成都市产品质量监督检验院	三氯甲烷、硝酸盐氮
203	漳州出入境检验检疫局综合技术服务中心实验室	三氯甲烷、硝酸盐氮
204	福州市疾病预防控制中心	三氯甲烷、硝酸盐氮
205	临汾市欣润洁水质检测有限公司	三氯甲烷、硝酸盐氮
206	国家白酒产品质量监督检验中心/宿迁市产品质量监督检验所	三氯甲烷、硝酸盐氮
207	江西省产品质量监督检测院	三氯甲烷、硝酸盐氮
208	广州金域医学检验中心有限公司	三氯甲烷
209	广东省城市供水水质监测网梅州监测站	三氯甲烷
210	贵州省产品质量监督检验院	三氯甲烷
211	河南出入境检验检疫局检验检疫技术中心	三氯甲烷
212	湖北省城市供水水质监测网咸宁监测站	三氯甲烷
213	湖南省城市供水水质监测网吉首监测站	三氯甲烷
214	长春市产品质量监督检验院	三氯甲烷
215	江苏省产品质量监督检验研究院	三氯甲烷
216	内蒙古自治区产品质量检验研究院	三氯甲烷
217	宁夏回族自治区食品检测中心	三氯甲烷
218	宁夏城市供水水质监测网中卫监测站	三氯甲烷
219	青海省西宁市疾病预防控制中心	三氯甲烷
220	济南市产品质量检验院	三氯甲烷
221	山西省城市供水水质监测网同煤集团监测站	三氯甲烷
222	陕西省产品质量监督检验研究院	三氯甲烷
223	上海市城市排水监测站	三氯甲烷
224	新疆维吾尔自治区阿克苏地区疾病预防控制中心	三氯甲烷

续表

编号	机构名称	满意参数
225	新疆克拉玛依市疾病预防控制中心	三氯甲烷
226	新疆吐鲁番地区疾病预防控制中心	三氯甲烷
227	云南省城市供水水质监测网曲靖监测站	三氯甲烷
228	宁波出入境检验检疫局检验检疫技术中心(食品分中心)	三氯甲烷
229	国家城市供水水质监测网重庆监测站	三氯甲烷
230	泸溪县疾病预防控制中心	三氯甲烷
231	黄河流域水环境监测中心	三氯甲烷
232	商丘市质量技术监督检验测试中心	三氯甲烷
233	辽宁出入境检验检疫局检验检疫技术中心	三氯甲烷
234	北京市水环境监测中心昌平分中心	硝酸盐氮
235	北京市水环境监测中心官厅水库分中心	硝酸盐氮
236	铁道部产品质量监督检验中心安全卫生检验站	硝酸盐氮
237	北京市水环境监测中心海淀分中心	硝酸盐氮
238	北京市南水北调调水运行管理中心	硝酸盐氮
239	北京市门头沟区疾病预防控制中心	硝酸盐氮
240	北京市水环境监测中心密云水库分中心	硝酸盐氮
241	北京市水环境监测中心顺义分中心	硝酸盐氮
242	北京市水环境监测中心通州分中心	硝酸盐氮
243	福建省水环境监测中心龙岩分中心	硝酸盐氮
244	福建省水环境监测中心南平分中心	硝酸盐氮
245	南平食品检测综合实验室	硝酸盐氮
246	福建省宁德市疾病预防控制中心	硝酸盐氮
247	福建省水环境监测中心宁德分中心	硝酸盐氮
248	福建省水环境监测中心莆田分中心	硝酸盐氮
249	福建省水环境监测中心泉州分中心	硝酸盐氮
250	厦门市城市排水监测站	硝酸盐氮
251	福建省水环境监测中心漳州分中心	硝酸盐氮
252	甘肃出入境检验检疫局检验检疫综合技术中心实验室	硝酸盐氮
253	黄埔出入境检验检疫局综合技术服务中心检验检测中心	硝酸盐氮
254	广东省水文水资源监测中心惠州分中心	硝酸盐氮
255	广东省水文水资源监测中心茂名分中心	硝酸盐氮
256	广东省水文水资源监测中心梅州分中心	硝酸盐氮
257	广东省水文水资源监测中心汕头分中心	硝酸盐氮
258	广东省水文水资源监测中心韶关分中心	硝酸盐氮
259	深圳出入境检验检疫局食品检验检疫技术中心	硝酸盐氮
260	阳江出入境检验检疫局综合技术服务中心综合实验室	硝酸盐氮
261	广东省水文水资源监测中心湛江分中心	硝酸盐氮
262	广东省水文水资源监测中心肇庆分中心	硝酸盐氮
263	广西壮族自治区水环境监测中心百色分中心	硝酸盐氮
264	广西壮族自治区水环境监测中心桂林分中心	硝酸盐氮
265	广西壮族自治区水环境监测中心河池分中心	硝酸盐氮
266	广西壮族自治区水环境监测中心南宁分中心	硝酸盐氮
267	广西壮族自治区水环境监测中心沿海分中心	硝酸盐氮
268	广西壮族自治区水环境监测中心梧州分中心	硝酸盐氮
269	广西壮族自治区水环境监测中心玉林分中心	硝酸盐氮
270	贵州省水环境监测中心安顺分中心	硝酸盐氮

续表

编号	机构名称	满意参数
271	贵州省水环境监测中心毕节市分中心	硝酸盐氮
272	贵州省水环境监测中心黔南州分中心	硝酸盐氮
273	贵州省水环境监测中心	硝酸盐氮
274	贵州省水环境监测中心铜仁市分中心	硝酸盐氮
275	秦皇岛市引青工程水质监测中心	硝酸盐氮
276	河北出入境检验检疫局检验检疫技术中心	硝酸盐氮
277	南水北调中线干线工程建设管理局河北水质监测中心	硝酸盐氮
278	河南出入境检验检疫局检验检疫技术中心安阳分中心	硝酸盐氮
279	河南省水环境监测中心	硝酸盐氮
280	黑龙江省水环境监测中心	硝酸盐氮
281	湖北省水环境监测中心恩施分中心	硝酸盐氮
282	湖北省水环境监测中心黄冈分中心	硝酸盐氮
283	湖北省水环境监测中心黄石分中心	硝酸盐氮
284	湖北省水环境监测中心荆州分中心	硝酸盐氮
285	长江水利委员会水文局荆江水环境监测中心	硝酸盐氮
286	湖北省城市供水水质监测网潜江监测站	硝酸盐氮
287	湖北省水环境监测中心十堰分中心	硝酸盐氮
288	湖北省水环境监测中心武汉分中心	硝酸盐氮
289	水利部长江科学院工程质量检测中心	硝酸盐氮
290	长江水利委员会水文局长江中游水环境监测中心	硝酸盐氮
291	武汉市城市排水监测站	硝酸盐氮
292	湖北省水环境监测中心咸宁分中心	硝酸盐氮
293	湖北省水环境监测中心襄阳分中心	硝酸盐氮
294	长江水利委员会水文局汉江水环境监测中心	硝酸盐氮
295	湖北省水环境监测中心孝感分中心	硝酸盐氮
296	湖北省水环境监测中心宜昌分中心	硝酸盐氮
297	湖南省澧县疾病预防控制中心	硝酸盐氮
298	常德市疾病预防控制中心	硝酸盐氮
299	湖南省水环境监测中心常德分中心	硝酸盐氮
300	湖南省水环境监测中心衡阳分中心	硝酸盐氮
301	湖南省水环境监测中心怀化分中心	硝酸盐氮
302	吉首市疾病预防控制中心	硝酸盐氮
303	湖南省临湘市疾病预防控制中心	硝酸盐氮
304	湖南省水环境监测中心娄底分中心	硝酸盐氮
305	湘乡市疾病预防控制中心	硝酸盐氮
306	湖南省水环境监测中心湘潭分中心	硝酸盐氮
307	湖南省水环境监测中心湘西分中心	硝酸盐氮
308	湖南省安化县疾病预防控制中心	硝酸盐氮
309	湖南省益阳市赫山区疾病预防控制中心	硝酸盐氮
310	湖南省南县疾病预防控制中心	硝酸盐氮
311	汨罗市疾病预防控制中心	硝酸盐氮
312	岳阳楼区疾病预防控制中心	硝酸盐氮
313	湖南省岳阳市云溪区疾病预防控制中心	硝酸盐氮
314	湖南省岳阳县疾病预防控制中心	硝酸盐氮
315	湖南省宁乡县疾病预防控制中心	硝酸盐氮
316	湖南省水环境监测中心	硝酸盐氮

续表

编号	机构名称	满意参数
317	长沙市天心区疾病预防控制中心	硝酸盐氮
318	湖南出入境检验检疫局检验检疫技术中心	硝酸盐氮
319	湖南出入境检验检疫局检验检疫技术中心/湖南中检检测有限公司	硝酸盐氮
320	湖南省水环境监测中心长沙分中心	硝酸盐氮
321	湖南省炎陵县疾病预防控制中心	硝酸盐氮
322	湖南省攸县疾病预防控制中心	硝酸盐氮
323	吉林省水环境监测中心白城分中心	硝酸盐氮
324	吉林省水环境监测中心吉林分中心	硝酸盐氮
325	吉林省水环境监测中心四平分中心	硝酸盐氮
326	长春市水产品质量安全检测中心	硝酸盐氮
327	松辽流域水资源保护局松辽流域水环境监测中心	硝酸盐氮
328	吉林出入境检验检疫局检验检疫技术中心	硝酸盐氮
329	江苏省水环境监测中心	硝酸盐氮
330	长江水利委员会水文局长江下游水环境监测中心	硝酸盐氮
331	国家轻工业食品质量监督检测南京站	硝酸盐氮
332	江苏省水环境监测中心南通分中心	硝酸盐氮
333	苏州出入境检验检疫局检验检疫综合技术中心	硝酸盐氮
334	江苏省水环境监测中心泰州分中心	硝酸盐氮
335	无锡市城市排水监测站	硝酸盐氮
336	江苏省水环境监测中心无锡分中心	硝酸盐氮
337	江苏省水环境监测中心宿迁分中心	硝酸盐氮
338	江苏省水环境监测中心徐州分中心	硝酸盐氮
339	江苏省水环境监测中心盐城分中心	硝酸盐氮
340	江苏省水环境监测中心扬州分中心	硝酸盐氮
341	江苏省水环境监测中心镇江分中心	硝酸盐氮
342	抚州市水资源监测中心	硝酸盐氮
343	赣州水务集团南康区自来水有限公司水质检测中心	硝酸盐氮
344	江西省赣州市水资源监测中心	硝酸盐氮
345	江西省吉安市水资源监测中心	硝酸盐氮
346	景德镇市自来水公司水质检测中心	硝酸盐氮
347	江西省景德镇市水资源监测中心	硝酸盐氮
348	江西省鄱阳湖水资源监测中心	硝酸盐氮
349	江西省九江市水资源监测中心	硝酸盐氮
350	九江市水质监测有限公司	硝酸盐氮
351	江西省水资源监测中心	硝酸盐氮
352	江西省上饶水环境监测中心	硝酸盐氮
353	江西省宜春水资源监测中心	硝酸盐氮
354	辽宁省水环境监测中心	硝酸盐氮
355	黄河宁蒙水环境监测中心	硝酸盐氮
356	内蒙古自治区水环境监测中心包头分中心	硝酸盐氮
357	内蒙古自治区水环境监测中心	硝酸盐氮
358	水利部牧区水利科学研究所实验中心	硝酸盐氮
359	通辽市水质检测中心	硝酸盐氮
360	宁夏回族自治区水环境监测中心	硝酸盐氮
361	青海省水环境监测中心海东分中心	硝酸盐氮
362	山东省东平县疾病预防控制中心	硝酸盐氮

续表

编号	机构名称	满意参数
363	山东省东营市疾病预防控制中心	硝酸盐氮
364	肥城市疾病预防控制中心	硝酸盐氮
365	黄河山东水环境监测中心	硝酸盐氮
366	山东省济宁市兖州疾病预防控制中心	硝酸盐氮
367	山东省莱西市疾病预防控制中心	硝酸盐氮
368	山东省宁阳县疾病预防控制中心	硝酸盐氮
369	青岛经济技术开发区疾病预防控制中心	硝酸盐氮
370	青岛市城市排水监测站	硝酸盐氮
371	泰安市岱岳区疾病预防控制中心	硝酸盐氮
372	泰安市泰山区疾病预防控制中心	硝酸盐氮
373	山东省滕州市疾病预防控制中心	硝酸盐氮
374	滕州中科检测技术有限公司	硝酸盐氮
375	潍坊市疾病预防控制中心	硝酸盐氮
376	山东省新泰市疾病预防控制中心	硝酸盐氮
377	烟台市牟平区疾病预防控制中心	硝酸盐氮
378	大同市沃特水质检测有限责任公司	硝酸盐氮
379	山西省水环境监测中心大同分中心	硝酸盐氮
380	高平市自来水公司	硝酸盐氮
381	山西省水环境监测中心晋中分中心	硝酸盐氮
382	黄河中游水环境监测中心	硝酸盐氮
383	山西省水环境监测中心临汾分中心	硝酸盐氮
384	山西省水环境监测中心吕梁分中心	硝酸盐氮
385	太原市城市排水监测站	硝酸盐氮
386	山西省水环境监测中心太原分中心	硝酸盐氮
387	山西省水环境监测中心忻州分中心	硝酸盐氮
388	阳泉市德源水质检测有限公司	硝酸盐氮
389	山西省水环境监测中心运城分中心	硝酸盐氮
390	山西省水环境监测中心长治分中心	硝酸盐氮
391	陕西省水环境监测中心安康分中心	硝酸盐氮
392	陕西省水环境监测中心宝鸡分中心	硝酸盐氮
393	陕西省水环境监测中心汉中分中心	硝酸盐氮
394	陕西省水环境监测中心	硝酸盐氮
395	陕西省水环境监测中心延安分中心	硝酸盐氮
396	上海市水环境监测中心崇明分中心	硝酸盐氮
397	青草沙水库水质监测中心	硝酸盐氮
398	上海市水环境监测中心奉贤分中心	硝酸盐氮
399	上海市水环境监测中心嘉定分中心	硝酸盐氮
400	上海市水环境监测中心金山分中心	硝酸盐氮
401	上海市水环境监测中心闵行分中心	硝酸盐氮
402	长江水利委员会水文局长江长江口水环境监测中心	硝酸盐氮
403	上海市水环境监测中心浦东新区分中心	硝酸盐氮
404	上海市水环境监测中心青浦分中心	硝酸盐氮
405	上海市水环境监测中心松浦分中心	硝酸盐氮
406	石家庄市城市排水监测站	硝酸盐氮
407	四川省水环境监测中心阿坝分中心	硝酸盐氮
408	国家轻工业食品质量监督检测成都站	硝酸盐氮

续表

编号	机构名称	满意参数
409	四川省水环境监测中心	硝酸盐氮
410	四川省水环境监测中心乐山分中心	硝酸盐氮
411	四川省水环境监测中心绵阳分中心	硝酸盐氮
412	四川省水环境监测中心内江分中心	硝酸盐氮
413	四川省水环境监测中心西昌分中心	硝酸盐氮
414	四川省水环境监测中心雅安分中心	硝酸盐氮
415	天津市滨海新区汉沽疾病预防控制中心	硝酸盐氮
416	天津市城市排水监测站	硝酸盐氮
417	天津市河西区疾病预防控制中心	硝酸盐氮
418	通标标准技术服务(天津)有限公司环境实验室	硝酸盐氮
419	天津市武清区疾病预防控制中心	硝酸盐氮
420	阿勒泰地区疾病预防控制中心	硝酸盐氮
421	新疆博州疾病预防控制中心	硝酸盐氮
422	新疆哈密地区疾病预防控制中心	硝酸盐氮
423	新疆维吾尔自治区产品质量检验研究院	硝酸盐氮
424	乌鲁木齐市疾病预防控制中心	硝酸盐氮
425	新疆维吾尔自治区地质矿产勘查开发局第一水文工程地质大队	硝酸盐氮
426	新疆维吾尔自治区水环境监测中心	硝酸盐氮
427	云南省水环境监测中心保山市分中心	硝酸盐氮
428	云南省水环境监测中心楚雄州市分中心	硝酸盐氮
429	云南省楚雄州大姚疾病预防控制中心	硝酸盐氮
430	南华县疾病预防控制中心	硝酸盐氮
431	云南省双柏县疾病预防控制中心	硝酸盐氮
432	云南省巍山县彝族回族自治县疾病预防控制中心	硝酸盐氮
433	云南省水环境监测中心德宏州分中心	硝酸盐氮
434	昆明市城市排水监测站	硝酸盐氮
435	昆明市呈贡区疾病预防控制中心	硝酸盐氮
436	云南省水环境监测中心丽江市分中心	硝酸盐氮
437	云南省水环境监测中心临沧市分中心	硝酸盐氮
438	云南省水环境监测中心普洱市分中心	硝酸盐氮
439	云南省水环境监测中心曲靖市分中心	硝酸盐氮
440	云南省水环境监测中心文山州分中心	硝酸盐氮
441	西双版纳州景洪市疾病预防控制中心	硝酸盐氮
442	云南省盐津县疾病预防控制中心	硝酸盐氮
443	云南省水环境监测中心玉溪市分中心	硝酸盐氮
444	云南省水环境监测中心昭通市分中心	硝酸盐氮
445	昭通市昭阳区疾病预防控制中心	硝酸盐氮
446	浙江省水资源监测中心湖州分中心	硝酸盐氮
447	浙江省水资源监测中心金华分中心	硝酸盐氮
448	浙江省水资源监测中心丽水分中心	硝酸盐氮
449	浙江省水资源监测中心宁波分中心	硝酸盐氮
450	浙江省水资源监测中心温州分中心	硝酸盐氮
451	长江水利委员会水文局长江上游水环境监测中心	硝酸盐氮
452	重庆市水环境监测中心	硝酸盐氮
453	云南省水环境监测中心西双版纳分中心	硝酸盐氮
454	南通出入境检验检疫局检验检疫综合技术中心农畜食品实验室	硝酸盐氮

续表

编号	机构名称	满意参数
455	海南出入境检验检疫局技术中心	硝酸盐氮
456	福清出入境检验检疫局检验检疫技术中心	硝酸盐氮
457	泉州出入境检验检疫局综合技术服务中心(食品检测分中心)	硝酸盐氮
458	古丈县疾病预防控制中心	硝酸盐氮
459	花垣县公共卫生检验检测中心	硝酸盐氮
460	黄河三门峡库区水环境监测中心	硝酸盐氮
461	江苏省水环境监测中心淮安分中心	硝酸盐氮
462	安徽省水环境监测中心	硝酸盐氮
463	安徽省水环境监测中心安庆分中心	硝酸盐氮
464	安徽省水环境监测中心巢湖分中心	硝酸盐氮
465	安徽省水环境监测中心阜阳分中心	硝酸盐氮
466	安徽省水环境监测中心芜湖分中心	硝酸盐氮
467	安徽省水环境监测中心蚌埠分中心	硝酸盐氮
468	清华大学环境质量检测中心	硝酸盐氮
469	青岛华通检测评价有限公司	硝酸盐氮
470	北京市昌平区疾病预防控制中心	三氯甲烷*、硝酸盐氮
471	中国检验检疫科学研究院综合检测中心	三氯甲烷*、硝酸盐氮
472	北京市大兴区疾病预防控制中心	三氯甲烷*、硝酸盐氮
473	北京市产品质量监督检验院	三氯甲烷*、硝酸盐氮
474	福建省疾病预防控制中心	三氯甲烷*、硝酸盐氮
475	莆田市疾病预防控制中心	三氯甲烷*、硝酸盐氮
476	甘肃省疾病预防控制中心	三氯甲烷*、硝酸盐氮
477	甘肃省水环境监测中心	三氯甲烷*、硝酸盐氮
478	珠海出入境检验检疫局检验检疫技术中心	三氯甲烷*、硝酸盐氮
479	海南省疾病预防控制中心	三氯甲烷*、硝酸盐氮
480	河北省食品检验研究院	三氯甲烷*、硝酸盐氮
481	国家粮油及肉制品质量监督检验中心	三氯甲烷*、硝酸盐氮
482	河南省疾病预防控制中心	三氯甲烷*、硝酸盐氮
483	湖南省长沙市疾病预防控制中心	三氯甲烷*、硝酸盐氮
484	湖南省产商品质量监督检验研究院	三氯甲烷*、硝酸盐氮
485	国家饮用水产品质量监督检验中心/白山市产品质量检验所	三氯甲烷*、硝酸盐氮
486	江苏省金坛市疾病预防控制中心	三氯甲烷*、硝酸盐氮
487	连云港出入境检验检疫局动植物实验室	三氯甲烷*、硝酸盐氮
488	南京市产品质量监督检验院	三氯甲烷*、硝酸盐氮
489	泰州出入境检验检疫局综合技术服务中心	三氯甲烷*、硝酸盐氮
490	太湖流域水环境监测中心	三氯甲烷*、硝酸盐氮
491	江西省城市供水水质监测网上饶监测站	三氯甲烷*、硝酸盐氮
492	国家城市供水水质监测网西宁监测站	三氯甲烷*、硝酸盐氮
493	东营市自来水公司水质检测中心	三氯甲烷*、硝酸盐氮
494	济宁水司水质监测中心	三氯甲烷*、硝酸盐氮
495	山东省临沂市疾病预防控制中心	三氯甲烷*、硝酸盐氮
496	长治市慧泉水质检测有限公司	三氯甲烷*、硝酸盐氮
497	上海建科检验有限公司	三氯甲烷*、硝酸盐氮
498	四川出入境检验检疫局检验检疫技术中心	三氯甲烷*、硝酸盐氮
499	四川省疾病预防控制中心	三氯甲烷*、硝酸盐氮
500	天津市北辰区疾病预防控制中心	三氯甲烷*、硝酸盐氮
501	保山市疾病预防控制中心	三氯甲烷*、硝酸盐氮

续表

编号	机构名称	满意参数
502	云南省水环境监测中心	三氯甲烷*、硝酸盐氮
503	重庆出入境检验检疫局检验检疫技术中心	三氯甲烷*、硝酸盐氮
504	漳州市疾病预防控制中心	三氯甲烷、硝酸盐氮*
505	通标标准技术服务有限公司广州分公司环境实验室	三氯甲烷、硝酸盐氮*
506	国家城市供水水质监测网深圳监测站	三氯甲烷、硝酸盐氮*
507	深圳市南山区疾病预防控制中心	三氯甲烷、硝酸盐氮*
508	中山市小榄水质检测有限公司	三氯甲烷、硝酸盐氮*
509	广西城市供水水质监测网钦州监测站	三氯甲烷、硝酸盐氮*
510	国家城市排水监测网哈尔滨监测站	三氯甲烷、硝酸盐氮*
511	湖北省城市供水水质监测网随州监测站	三氯甲烷、硝酸盐氮*
512	湖南省湘潭县疾病预防控制中心	三氯甲烷、硝酸盐氮*
513	国家城市供水水质监测网银川监测站	三氯甲烷、硝酸盐氮*
514	青海省疾病预防控制中心	三氯甲烷、硝酸盐氮*
515	山东省日照市疾病预防控制中心	三氯甲烷、硝酸盐氮*
516	山西省晋城市碧源水质检测有限公司	三氯甲烷、硝酸盐氮*
517	陕西省疾病预防控制中心	三氯甲烷、硝酸盐氮*
518	上海市闸北区疾病预防控制中心	三氯甲烷、硝酸盐氮*
519	国家城市供水水质监测网滨海监测站	三氯甲烷、硝酸盐氮*
520	新疆喀什地区疾病预防控制中心	三氯甲烷、硝酸盐氮*
521	克拉玛依市环境科研监测中心站	三氯甲烷、硝酸盐氮*
522	新疆伊犁哈萨克自治州疾病预防控制中心	三氯甲烷、硝酸盐氮*
523	楚雄州疾病预防控制中心	三氯甲烷、硝酸盐氮*
524	云南省疾病预防控制中心	三氯甲烷、硝酸盐氮*
525	安徽省食品药品检验研究院/国家农副加工食品质量监督检验中心	三氯甲烷*、硝酸盐氮*
526	国家青少年食品质量监督检验中心	三氯甲烷*、硝酸盐氮*
527	湖北省城市供水水质监测网东风监测站	三氯甲烷*、硝酸盐氮*
528	湘潭市疾病预防控制中心	三氯甲烷*、硝酸盐氮*
529	岳阳市疾病预防控制中心	三氯甲烷*、硝酸盐氮*
530	江西省疾病预防控制中心	三氯甲烷*、硝酸盐氮*
531	山西出入境检验检疫局检验检疫技术中心	三氯甲烷*、硝酸盐氮*
532	上海出入境检验检疫局动植物与食品检验检疫技术中心	三氯甲烷*、硝酸盐氮*
533	国家海洋食品质量监督检验中心	三氯甲烷*、硝酸盐氮*
534	日照市城市供水水质检测中心	三氯甲烷*
535	昌吉州疾病预防控制中心	三氯甲烷*
536	龙岩出入境检验检疫局综合技术服务中心	硝酸盐氮*
537	福建省水环境监测中心三明分中心	硝酸盐氮*
538	厦门市同安区疾病预防控制中心	硝酸盐氮*
539	黄河上游水环境监测中心	硝酸盐氮*
540	南海出入境检验检疫局综合技术服务中心检测中心	硝酸盐氮*
541	广西壮族自治区水环境监测中心柳州分中心	硝酸盐氮*
542	北海市环境监测中心站	硝酸盐氮*
543	广西壮族自治区城市供水水质监测网梧州监测站	硝酸盐氮*
544	贵州省水环境监测中心黔东南分中心	硝酸盐氮*
545	贵州省水环境监测中心遵义市分中心	硝酸盐氮*
546	湖北出入境检验检疫局技术中心	硝酸盐氮*
547	湖南省安乡县疾病预防控制中心	硝酸盐氮*
548	湖南省水环境监测中心郴州分中心	硝酸盐氮*

续表

编号	机构名称	满意参数
549	湖南省水环境监测中心邵阳分中心	硝酸盐氮*
550	湖南省水环境监测中心洞庭湖分中心	硝酸盐氮*
551	长沙市水质检测中心	硝酸盐氮*
552	吉林省水环境监测中心通化分中心	硝酸盐氮*
553	吉林省水环境监测中心延边分中心	硝酸盐氮*
554	内蒙古自治区水环境监测中心呼伦贝尔分中心	硝酸盐氮*
555	内蒙古自治区水环境监测中心通辽分中心	硝酸盐氮*
556	日照市岚山区疾病预防控制中心	硝酸盐氮*
557	陕西省水环境监测中心商洛分中心	硝酸盐氮*
558	上海申丰地质新技术应用研究所有限公司	硝酸盐氮*
559	上海勘测设计研究院工程检测中心	硝酸盐氮*
560	新疆塔城地区疾病预防控制中心	硝酸盐氮*
561	新疆出入境检验检疫局技术中心	硝酸盐氮*
562	云南省腾冲县疾病预防控制中心	硝酸盐氮*
563	云南省楚雄州禄丰县疾病预防控制中心	硝酸盐氮*
564	云南省楚雄州元谋县疾病预防控制中心	硝酸盐氮*
565	云南省水环境监测中心大理州分中心	硝酸盐氮*
566	剑川县疾病预防控制中心	硝酸盐氮*
567	云南省水环境监测中心红河州分中心	硝酸盐氮*
568	云南省施甸县疾病预防控制中心	硝酸盐氮*
569	浙江省水资源监测中心台州分中心	硝酸盐氮*

注：*表示该检测参数为补测满意。

六、婴幼儿奶粉中水溶性维生素的测定能力验证项目（93家）

编号	机构名称	满意参数
1	深圳出入境检验检疫局食品检验检疫技术中心	维生素B_2；维生素B_6
2	四川出入境检验检疫局检验检疫技术中心	维生素B_2；维生素B_6
3	云南出入境检验检疫局检验检疫技术中心	维生素B_2；维生素B_6
4	内蒙古出入境检验检疫局检验检疫技术中心	维生素B_2；维生素B_6
5	山西出入境检验检疫局技术中心食品与农产品检测实验室	维生素B_2；维生素B_6
6	湖南出入境检验检疫局检验检疫技术中心	维生素B_2；维生素B_6
7	苏州出入境检验检疫局技术中心	维生素B_2；维生素B_6
8	吉林出入境检验检疫局技术中心	维生素B_2；维生素B_6*
9	山东出入境检验检疫局食品农产品中心	维生素B_2*；维生素B_6
10	黑龙江出入境检验检疫局技术中心	维生素B_2*；维生素B_6
11	广东出入境检验检疫局检验检疫技术中心食品实验室	维生素B_2；维生素B_6
12	湖南出入境检验检疫局检验检疫技术中心/湖南中检检测有限公司	维生素B_2；维生素B_6
13	海南省疾病预防控制中心	维生素B_6
14	哈尔滨市产品质量监督检验院	维生素B_2；维生素B_6
15	陕西省产品质量监督检验研究院	维生素B_2；维生素B_6
16	天津产品质量监督检测技术研究院	维生素B_2；维生素B_6
17	山东省产品质量监督检验院	维生素B_2；维生素B_6
18	重庆市食品药品检验所	维生素B_2；维生素B_6*
19	广州市质量监督检测研究院	维生素B_2；维生素B_6
20	上海市质量监督检验技术研究院	维生素B_2；维生素B_6
21	江西省产品质量监督检测院（国家果蔬产品与加工食品监督检测中心）	维生素B2；维生素B6
22	吉林省产品质量监督检验院	维生素B_2；维生素B_6*

续表

编号	机构名称	满意参数
23	张家口市食品药品检验中心	维生素B_2
24	深圳市计量质量检测研究院	维生素B_2；维生素B_6
25	广西壮族自治区产品质量监督检验研究所	维生素B_2；维生素B_6
26	济南市质量技术监督局食品质量监督检验中心（济南市产品质量检验院）	维生素B_2；维生素B_6
27	湖北省产品质量监督检验研究院	维生素B_2*；维生素B6*
28	西安市食品药品检验所	维生素B_2；维生素B_6
29	河北省食品质量监督检验研究院/国家果类及农副加工产品质量监督检验中心	维生素B_2；维生素B_6
30	沈阳产品质量监督检验院	维生素B_6
31	广州金域医学检验中心有限公司卫检实验室	维生素B_2*；维生素B_6
32	昆山市流通领域食品质量检测中心	维生素B_6
33	国家青少年食品质量监督检验中心（中食检测研究院有限公司）	维生素B_2；维生素B_6
34	国家农副加工产品质量监督检验中心（宁夏）宁夏回族自治区食品检测中心	维生素B_2；维生素B_6
35	国家乳制品质量监督检验中心	维生素B_2*；维生素B_6
36	圣元营养食品有限公司中心实验室	维生素B_2；维生素B_6
37	农业部乳品质量监督检验测试中心（哈尔滨）黑龙江省哈尔滨市农垦乳品检测中心	维生素B_2；维生素B_6*
38	国家糖业质量监督检验中心（国家轻工业甘蔗糖业质量监督检测中心）	维生素B_2；维生素B_6
39	美赞臣营养品（中国）有限公司	维生素B_2；维生素B_6
40	国家酒类及加工食品质量监督检验中心（四川省产品质量监督检验检测院）	维生素B_2；维生素B_6
41	成都市产品质量检验院	维生素B_2；维生素B_6
42	中国商业联合会农副商（产）品质量监督检验测试中心（长沙）	维生素B_2
43	中国检验检疫科学研究院综合检测中心	维生素B_2；维生素B_6
44	武汉食品化妆品检验所	维生素B_2；维生素B_6
45	江西出入境检验检疫局综合技术中心	维生素B_2；维生素B_6
46	河北出入境检验检疫局检验检疫技术中心	维生素B_2；维生素B_6
47	厦门出入境检验检疫局检验检疫技术中心	维生素B_2；维生素B_6
48	大连市产品质量监督检验所	维生素B_2；维生素B_6
49	中国广州分析测试中心	维生素B_2；维生素B_6
50	国家加工业食品质量监督检测南京站--南京工业大学	维生素B_2；维生素B_6
51	中国商业联合会食品质量监督检验测试中心（兰州）	维生素B_6*
52	西安市产品质量监督检验院	维生素B_2；维生素B_6
53	湖南省产商品质量监督检验研究院	维生素B_2；维生素B_6
54	广东省疾病预防控制中心	维生素B_2
55	浙江省质量检测科学研究院	维生素B_2；维生素B_6
56	广西出入境检验检疫局检验检疫技术中心	维生素B_2；维生素B_6
57	海南省产品质量监督检验所	维生素B_2；维生素B_6
58	国家食品质量监督检验中心（中国食品发酵工业研究院）	维生素B_2；维生素B_6
59	陕西省食品药品检验所	维生素B_2；维生素B_6
60	大连出入境检验检疫局检验检疫技术中心	维生素B_6
61	贵州省产品质量监督检验院	维生素B_2；维生素B_6
62	内蒙古自治区产品质量监督检验院	维生素B_2
63	湖南省疾病预防控制中心（湖南省公共卫生检测检验中心）	维生素B_2
64	浙江省疾病预防控制中心	维生素B_2；维生素B_6
65	河南省疾病预防控制中心	维生素B_2；维生素B_6*
66	新疆维吾尔自治区产品质量监督检验研究院	维生素B_2；维生素B_6
67	上海谱尼测试技术有限公司	维生素B_2；维生素B_6
68	国家食品质量安全监督检验中心（北京市海淀区产品质量监督检验所）	维生素B_2；维生素B_6
69	河南省粮油饲料产品质量监督检验中心	维生素B_6*

续表

编号	机构名称	满意参数
70	河南省产品质量监督检验院	维生素B_2；维生素B_6*
71	福建省产品质量检验研究院	维生素B_2；维生素B_6
72	南京市产品质量监督检验院	维生素B_2；维生素B_6
73	上海市疾病预防控制中心/上海市预防医学研究院	维生素B_2
74	江苏省产品质量监督检验研究院	维生素B_2；维生素B_6
75	上海出入境检验检疫局动植物与食品检验检疫技术中心	维生素B_2；维生素B_6
76	重庆出入境检验检疫局技术中心	维生素B_2；维生素B_6
77	北京市产品质量监督检验院	维生素B_2；维生素B_6*
78	广东产品质量监督检验研究院	维生素B_2；维生素B_6
79	安徽省食品药品检验研究院	维生素B_2；维生素B_6
80	河南出入境检验检疫局检验检疫技术中心	维生素B_2；维生素B_6
81	陕西出入境检验检疫局检验检疫技术中心	维生素B_2；维生素B_6
82	黑龙江省质量监督检测研究院	维生素B_2；维生素B_6
83	上海源本食品质量检验有限公司（国家轻工业食品质量监督检测上海站）	维生素B_2；维生素B_6
84	国家轻工业食品质量监督监测郑州站	维生素B_2*；维生素B_6
85	福建出入境检验检疫局检验检疫技术中心	维生素B_6
86	安徽出入境检验检疫局技术中心食品化学实验室	维生素B_6
87	武汉产品质量监督检验所	维生素B_2；维生素B6
88	湖北省食品质量安全监督检验研究院	维生素B_2*；维生素B_6*
89	青岛质检所	维生素B_2*；维生素B_6*
90	浙江迪恩安正检测技术有限公司	维生素B_2*；维生素B_6*
91	吉林省食品检验所	维生素B_2*；维生素B_6*
92	宁波出入境检验检疫局技术中心	维生素B_2*；维生素B_6*
93	湖北出入境检验检疫局技术中心	维生素B_2*；维生素B_6*

注：*表示该检测参数为补测满意。

七、绿豆中致病菌检测能力验证项目（139家）

编号	机构名称	满意参数
1	江西出入境检验检疫局综合技术中心	沙门氏菌氏菌、肠出血性大肠杆菌O157
2	苏州出入境检验检疫局综合技术中心	沙门氏菌
3	天津出入境检验检疫局动植物与食品检测中心	沙门氏菌、肠出血性大肠杆菌O157、致病性大肠杆菌
4	中国检验检疫科学研究院综合检测中心	沙门氏菌、肠出血性大肠杆菌O157
5	国家海洋食品质量监督检验中心（舟山市质量技术监督检测研究院）	沙门氏菌、肠出血性大肠杆菌O157、致病性大肠杆菌
6	河北省食品质量监督检验研究院（国家果类及农副加工产品质量监督检验中心）	沙门氏菌、肠出血性大肠杆菌O157、致病性大肠杆菌
7	天津市产品质量监督检测技术研究院	沙门氏菌
8	国家食品质量监督检验中心（中国食品发酵工业研究院）	沙门氏菌、肠出血性大肠杆菌O157、致病性大肠杆菌
9	广西壮族自治区产品质量监督检验研究院	沙门氏菌
10	成都市产品质量监督检验院	沙门氏菌、肠出血性大肠杆菌O157、致病性大肠杆菌
11	四川省产品质量监督检验检测院	沙门氏菌、肠出血性大肠杆菌O157
12	国家乳制品质量监督检验中心（黑龙江省乳品工业技术开发中心）	沙门氏菌
13	湖南省疾病控制中心（湖南省公共卫生检测检验中心）	沙门氏菌、致病性大肠杆菌

续表

编号	机构名称	满意参数
14	威海市产品质量监督检验所	沙门氏菌、肠出血性大肠杆菌O157、致病性大肠杆菌
15	连云港出入境检验检疫局动植物实验室	沙门氏菌、肠出血性大肠杆菌O157、致病性大肠杆菌
16	韶关出入境检验检疫局综合技术服务中心综合实验	沙门氏菌、肠出血性大肠杆菌O157、致病性大肠杆菌
17	珠海出入境检验检疫局检验检疫技术中心	沙门氏菌、肠出血性大肠杆菌O157
18	北京市昌平区疾病预防控制中心	沙门氏菌、肠出血性大肠杆菌O157、致病性大肠杆菌
19	泰兴市疾病预防控制中心	肠出血性大肠杆菌O157
20	浙江省质量检测科学研究院/浙江方圆检测集团有限公司	沙门氏菌、肠出血性大肠杆菌O157、致病性大肠杆菌
21	湖南出入境检验检疫局检验检疫技术中心/湖南中检检测有限公司	沙门氏菌、肠出血性大肠杆菌O157
22	中国商业联合会肉禽蛋食品质量监督检测中心（北京）/商务部流通产品促进中心	沙门氏菌、肠出血性大肠杆菌O157、致病性大肠杆菌
23	青海省产品质量监督检验所	沙门氏菌
24	河北出入境检验检疫局检疫技术中心张家口分中心	沙门氏菌
25	上海谱尼测试技术有限公司	沙门氏菌、肠出血性大肠杆菌O157、致病性大肠杆菌
26	浙江省检验检验科学技术研究嘉兴分院（嘉兴出入境检验检疫局）	沙门氏菌、致病性大肠杆菌
27	安徽出入境检验检疫局技术中心	沙门氏菌、肠出血性大肠杆菌O157、致病性大肠杆菌
28	珠海国际旅行卫生保健中心	沙门氏菌、肠出血性大肠杆菌O157、致病性大肠杆菌
29	河南出入境检验检疫局技术中心微生物实验室	沙门氏菌、肠出血性大肠杆菌O157、致病性大肠杆菌
30	深圳出入境检验检疫局食品检验检疫技术中心	沙门氏菌、肠出血性大肠杆菌O157、致病性大肠杆菌
31	甘肃出入境检验检疫局食品检验检疫综合技术中心	沙门氏菌
32	上海实力可商品检验有限公司检验检测中心	沙门氏菌、肠出血性大肠杆菌O157、致病性大肠杆菌
33	广州质量监督检测研究院	沙门氏菌、肠出血性大肠杆菌O157、致病性大肠杆菌
34	国家食品质量安全监督检验中心/北京市海淀区产品质量监督检验所	沙门氏菌、肠出血性大肠杆菌O157、致病性大肠杆菌
35	国家农副加工产品质量监督检验中心（宁夏回族自治区食品检测中心）	沙门氏菌
36	湛江出入境检验检疫局检验检疫技术中心食品实验室	致病性大肠杆菌
37	赤峰出入境检验检疫局综合技术服务中心	肠出血性大肠杆菌O157
38	河南省产品质量监督检验院	沙门氏菌、肠出血性大肠杆菌O157、致病性大肠杆菌
39	花都出入境检验检疫局综合技术服务中心综合实验室	沙门氏菌
40	深圳市华测检测技术股份有限公司上海分公司	肠出血性大肠杆菌O157
41	上海市徐汇食品药品检验所	肠出血性大肠杆菌O157
42	鲅鱼圈出入境检验检疫局综合技术服务中心	沙门氏菌、肠出血性大肠杆菌O157、致病性大肠杆菌
43	福建省产品质量检验研究院	沙门氏菌、肠出血性大肠杆菌O157、致病性大肠杆菌
44	东山出入境检验检疫局综合技术服务中心	沙门氏菌、肠出血性大肠杆菌O157
45	江门出入境检验检疫局检验检疫技术中心	沙门氏菌、肠出血性大肠杆菌O157

续表

编号	机构名称	满意参数
46	吉林省产品质量监督检验院	沙门氏菌、肠出血性大肠杆菌O157、致病性大肠杆菌
47	海南出入境检验检疫局技术中心食品安全实验室	沙门氏菌、肠出血性大肠杆菌O157、致病性大肠杆菌
48	上海市疾病预防控制中心/上海预防医学研究院	沙门氏菌、肠出血性大肠杆菌O157、致病性大肠杆菌
49	国家葡萄、普糖酒质量监督检验中心（秦皇岛市食品质量安全监督检验中心）	沙门氏菌、肠出血性大肠杆菌O157、致病性大肠杆菌
50	湖南省产品质量监督检验研究院	沙门氏菌、肠出血性大肠杆菌O157、致病性大肠杆菌
51	上海市浦东新区计量质量检测所	沙门氏菌
52	福清出入境检验检疫局检验检疫局	沙门氏菌
53	深圳市计量质量检测研究院	沙门氏菌、肠出血性大肠杆菌O157、致病性大肠杆菌
54	吉林出入境检验检疫局检疫技术中心	沙门氏菌、肠出血性大肠杆菌O157、致病性大肠杆菌
55	广东产品质量监督检验研究院	沙门氏菌
56	镇江出入境检验检疫局检验检疫综合技术中心	沙门氏菌
57	山东出入境检验检疫局检验检疫技术中心微生物检测实验室	沙门氏菌、肠出血性大肠杆菌O157、致病性大肠杆菌
58	宁波市产品质量监督检验研究院	沙门氏菌、肠出血性大肠杆菌O157、致病性大肠杆菌
59	阿拉山口出入境检验检疫局综合技术服务中心动植食品纺织实验室	沙门氏菌
60	秦州出入境检验检疫局综合技术服务中心	沙门氏菌
61	重庆出入境检验检疫局检验检疫技术中心动物检验实验室	沙门氏菌、肠出血性大肠杆菌O157、致病性大肠杆菌
62	四川出入境检验检疫局技术中心泸州综合实验室	沙门氏菌
63	陕西省产品质量监督检验研究院	沙门氏菌、致病性大肠杆菌
64	宁夏出入境检验检疫局综合技术中心	沙门氏菌、肠出血性大肠杆菌O157、致病性大肠杆菌
65	无锡出入境检验检疫局综合技术中心	沙门氏菌
66	国家质检总局云南微生物检测中心实验室/云南出入境检验检疫局技术中心	沙门氏菌、肠出血性大肠杆菌O157、致病性大肠杆菌
67	常州进出口工业及消费品安全检测中心	沙门氏菌
68	湖北省产品质量监督检验研究院	沙门氏菌、肠出血性大肠杆菌O157、致病性大肠杆菌
69	顺德出入境检验检疫局综合技术服务中心	沙门氏菌、肠出血性大肠杆菌O157
70	上海市产品质量监督检验技术研究院	沙门氏菌、肠出血性大肠杆菌O157
71	山西出入境检验检疫局检验检疫技术中心	沙门氏菌、肠出血性大肠杆菌O157
72	国家汽车零部件产品质量监督检验中心（长春）长春市产品质量监督检验院	沙门氏菌
73	天津经济技术开发区卫生防疫站	沙门氏菌、肠出血性大肠杆菌O157、致病性大肠杆菌
74	南京市产品质量监督检验院	沙门氏菌、肠出血性大肠杆菌O157、致病性大肠杆菌
75	江苏省产品质量监督检验研究院	肠出血性大肠杆菌O157
76	宁德出入境检验检疫局检验检疫技术中心	沙门氏菌
77	南平出入境检验检疫局食品检测综合实验室	沙门氏菌
78	黄埔出入境检验检疫局检验检测中心微生物实验室	沙门氏菌
79	福建出入境检验检疫局检验检疫技术中心	沙门氏菌、肠出血性大肠杆菌O157、致病性大肠杆菌

续表

编号	机构名称	满意参数
80	开平出入境检验检疫局综合技术服务中心综合实验室	沙门氏菌
81	北京出入境检验检疫局技术中心首都机场分中心	肠出血性大肠杆菌O157
82	黑龙江出入境检验检疫局检验检疫技术中心微生物实验室	沙门氏菌、肠出血性大肠杆菌O157
83	北京市产品质量监督检验院	沙门氏菌、肠出血性大肠杆菌O157、致病性大肠杆菌
84	泉州出入境检验检疫局综合技术服务中心	沙门氏菌
85	大连市产品质量监督检验所	沙门氏菌
86	山东省产品质量检验研究院	沙门氏菌、肠出血性大肠杆菌O157
87	日照出入境检验检疫局综合技术服务中心	沙门氏菌、肠出血性大肠杆菌O157、致病性大肠杆菌
88	河南省农业科学院农业质量标准与检测技术研究所	沙门氏菌、肠出血性大肠杆菌O157
89	茂名出入境检验检疫局综合实验室	沙门氏菌
90	武汉产品质量监督检验所	沙门氏菌、肠出血性大肠杆菌O157、致病性大肠杆菌
91	徐州出入境检验检疫局食品化矿（胶合板）实验室	沙门氏菌
92	陕西出入境检验检疫局检验检疫技术中心微生物实验室	沙门氏菌、肠出血性大肠杆菌O157、致病性大肠杆菌
93	大连出入境检验检疫局检验检疫技术中心	沙门氏菌、肠出血性大肠杆菌O157、致病性大肠杆菌
94	新疆出入境检验检疫局检验检疫技术中心	沙门氏菌、肠出血性大肠杆菌O157、致病性大肠杆菌
95	厦门出入境检验检疫局检验检疫技术中心	沙门氏菌、肠出血性大肠杆菌O157、致病性大肠杆菌
96	湖北出入境检验检疫局检验检疫技术中心	沙门氏菌、肠出血性大肠杆菌O157、致病性大肠杆菌
97	湖南出入境检验检疫局检验检疫技术中心	沙门氏菌、肠出血性大肠杆菌O157
98	黑龙江省产品质量监督检测院	肠出血性大肠杆菌O157
99	安徽省食品药品检验研究院（国家农副加工食品质量监督检验中心）	沙门氏菌、肠出血性大肠杆菌O157、致病性大肠杆菌
100	蚌埠出入境检验检疫局农产品检测实验室	沙门氏菌
101	青岛市产品质量监督检验所（国家啤酒及饮料质量监督检验中心）	沙门氏菌
102	湖北省食品质量安全监督检验研究院	沙门氏菌、肠出血性大肠杆菌O157、致病性大肠杆菌
103	广西出入境检验检疫局检验检疫技术中心	沙门氏菌、肠出血性大肠杆菌O157、致病性大肠杆菌
104	四川省出入境检验检疫局检验检疫技术中心微生物室	沙门氏菌、肠出血性大肠杆菌O157
105	广东中测食品化妆品安全评价中心有限公司	沙门氏菌
106	河北出入境检验检疫局技术中心生物实验室	沙门氏菌、肠出血性大肠杆菌O157、致病性大肠杆菌
107	北京出入境检验检疫局技术中心食品实验室	沙门氏菌、肠出血性大肠杆菌O157、致病性大肠杆菌
108	内蒙古出入境检验检疫局检验检疫技术微生物实验室	沙门氏菌、肠出血性大肠杆菌O157、致病性大肠杆菌
109	内蒙古二连浩特出入境检验检疫局技术中心	沙门氏菌、肠出血性大肠杆菌O157
110	吉林省食品检验所	沙门氏菌、肠出血性大肠杆菌O157、致病性大肠杆菌
111	浙江省检验检疫科学技术研究院	沙门氏菌、肠出血性大肠杆菌O157
112	广东检验检疫局技术中心食品实验室	沙门氏菌、肠出血性大肠杆菌O157、致病性大肠杆菌

续表

编号	机构名称	满意参数
113	宁波出入境检验检疫局检验检疫技术中心(食品分中心)	沙门氏菌、肠出血性大肠杆菌O157、致病性大肠杆菌
114	江苏出入境检验检疫局动植物与食品检测中心	沙门氏菌、肠出血性大肠杆菌O157、致病性大肠杆菌
115	张家港出入境检验检验局综合技术中心粮油实验室	沙门氏菌、肠出血性大肠杆菌O157
116	上海出入境检验检疫局	沙门氏菌
117	西藏出入境检验检疫局检验检疫技术中心	沙门氏菌
118	贵州出入境检验检疫局综合技术中心	沙门氏菌、肠出血性大肠杆菌O157、致病性大肠杆菌
119	汕头检验检验局技术中心动检实验室	沙门氏菌、肠出血性大肠杆菌O157、致病性大肠杆菌
120	浙江迪思安正检测技术有限公司	沙门氏菌、肠出血性大肠杆菌O157
121	大连出入境检验检疫局检验检疫技术中心旅顺分中心	沙门氏菌、肠出血性大肠杆菌O157
122	广东增城出入境检验检疫局综合实验室	沙门氏菌
123	佛山出入境检验检疫局检验检疫综合技术中心	沙门氏菌*、肠出血性大肠杆菌O157
124	龙岩出入境检验检疫局综合技术服务中心	沙门氏菌*
125	喀什出入境检验检疫局综合技术服务中心综合实验室	沙门氏菌*
126	沈阳产品质量监督检验院	沙门氏菌、肠出血性大肠杆菌O157、致病性大肠杆菌*
127	盐城出入境检验检疫局综合检测中心	沙门氏菌*、肠出血性大肠杆菌O157、致病性大肠杆菌
128	新疆维吾尔自治区产品质量监督检验研究院	沙门氏菌、肠出血性大肠杆菌O157*
129	瑞丽出入境检验检疫局检验检疫综合技术中心	沙门氏菌*、肠出血性大肠杆菌O157、致病性大肠杆菌
130	大理出入境检验检疫局综合技术中心	沙门氏菌*
131	中国检验认证集团上海有限公司	沙门氏菌、肠出血性大肠杆菌O157*、致病性大肠杆菌
132	内蒙古自治区产品质量检验研究院	沙门氏菌*、肠出血性大肠杆菌O157、致病性大肠杆菌
133	国家轻工业食品质量监督检测南京站	沙门氏菌*
134	南通出入境检验检疫局农畜食品实验室	致病性大肠杆菌*
135	天津市质量监督检验站第六十九站/中国商业联合会食品质量监督检验测试中心(天津)	沙门氏菌*、肠出血性大肠杆菌O157、致病性大肠杆菌
136	上海市浦东新区疾病预防控制中心	沙门氏菌*、肠出血性大肠杆菌O157、致病性大肠杆菌
137	三明出入境检验检疫局综合技术服务中心	沙门氏菌*

注:*表示该检测参数为补测满意。

八、肉制品中牛、羊、猪、鸡源性成分的测定能力验证项目(68家)

编号	机构名称	备注
1	河南出入境检验检疫局技术中心	
2	吉林出入境检验检疫局检验检疫技术中心	
3	广西出入境检验检疫局检验检疫技术中心-动物检疫实验室	
4	沈阳出入境检验检疫局综合技术中心-动植物检疫实验室	
5	福建出入境检验检疫局检验检疫技术中心	
6	河北出入境检验检疫局检验检疫技术中心廊坊分中心	
7	陕西出入境检验检疫局技术中心	
8	重庆出入境检验检疫局检验检疫技术中心-动物检疫实验室	

续表

编号	机构名称	备注
9	甘肃出入境检验检疫局检验检疫综合技术中心–中心实验室	
10	内蒙古出入境检验检疫局检验检疫技术中心–微生物实验室	
11	广东出入境检验检疫局检验检疫技术中心–动物检疫实验室	
12	广东出入境检验检疫局检验检疫技术中心–食品实验室	
13	四川出入境检验检疫局检验检疫技术中心–动物检疫实验室	
14	河北出入境检验检疫局检验检疫技术中心	
15	河北出入境检验检疫局检验检疫技术中心–燕郊分中心	
16	新疆出入境检验检疫局检验检疫技术中心–动植检实验室	
17	天津出入境检验检疫局动植物与食品检测中心	
18	安徽出入境检验检疫局技术中心	
19	江西出入境检验检疫局综合技术中心	
20	珠海出入境检验检疫局检验检疫技术中心	
21	汕头出入境检验检疫局检验检疫技术中心–基因检测实验室	
22	深圳出入境检验检疫局动植物检验检疫技术中心	
23	大连出入境检验检疫局检验检疫技术中心	
24	宁波出入境检验检疫局检验检疫技术中心–生物分中心	
25	厦门出入境检验检疫局检验检疫技术中心	
26	辽宁出入境检验检疫局技术中心–毒素检验科	
27	湖北出入境检验检疫局技术中心动植物检疫中心	
28	湖南出入境检验检疫局检验检疫技术中心	
29	南京市产品质量监督检验院	
30	广东产品质量监督检验研究院	
31	黑龙江省质量监督检测研究院	
32	广州质量监督检测研究院	
33	山东省产品质量检验研究院	
34	上海市质量监督检验技术研究院	
35	深圳市计量质量检测研究院	
36	广西壮族自治区产品质量监督检验研究院	
37	吉林省产品质量监督检验院	
38	成都市产品质量监督检验院	
39	沈阳产品质量监督检验院	
40	国家农副加工产品质量监督检验中心（宁夏）	
41	国家食品质量安全监督检验中心	
42	国家质检总局动物检疫区域性中心实验室（山西）	
43	成都市食品药品检验研究院	
44	北京市理化分析测试中心生物技术部	
45	上海之江生物科技股份有限公司	
46	上海天祥质量技术服务有限公司	
47	通标标准技术服务有限公司–广州分公司	
48	浙江迪恩安正食品检测实验室	
49	江苏出入境检验检疫局–动检实验室	
50	宁夏出入境检验检疫局综合技术中心	补测满意
51	内蒙古二连浩特出入境检验检疫局技术中心–动检实验室	补测满意
52	山东出入境检验检疫局检验检疫技术中心–基因检测室	补测满意
53	济南出入境检验检疫局检验检疫技术中心	补测满意
54	苏州出入境检验检疫局综合技术中心	补测满意
55	舟山出入境检验检疫局–动植物检疫实验室	补测满意

续表

编号	机构名称	备注
56	秦皇岛出入境检验检疫局检验检疫技术中心	补测满意
57	大连市产品质量监督检验所	补测满意
58	湖南省产商品质量监督检验研究院	补测满意
59	深圳市农产品质量安全检验检测中心	补测满意
60	中国商业联合会肉禽蛋食品质量监督检测中心(北京)	补测满意
61	西安市食品药品检验所	补测满意
62	广西壮族自治区柳州食品药品检验所	补测满意
63	安徽省食品药品检验研究院(国家农副加工质量监督检验中心)	补测满意
64	上海凡测质量检测有限公司-分子生物学实验室	补测满意
65	深圳市华测检测技术股份有限公司上海分公司-食品实验室	补测满意
66	广东出入境检验检疫局检疫技术中心植物检疫实验室	补测满意
67	国家轻工业食品质量监督检测南京站	补测满意
68	北京出入境检验检疫局检验检疫技术中心-疯牛病实验室	补测满意

九、高分子防水材料片材拉伸性能能力验证项目(134家)

编号	机构名称	备注
1	广州合成材料研究院有限公司化学工业合成材料老化质量监督检验中心	
2	青州市建筑工程质量检测站	
3	天津市产品质量监督检测技术研究院	
4	湖北省建筑工程质量监督检验测试中心	
5	国家塑料制品质量监督检验中心(北京)	
6	苏州物理实验室	
7	国家涂料质量监督检验中心	
8	九江市建设工程质量检测中心	
9	农业部建材产品质量监督检验测试中心	
10	成都产品质量检验研究院有限责任公司/国家建材产品质量监督检验中心(四川)	
11	江苏省产品质量监督检验研究院	
12	广州市质量监督检测研究院	
13	长春市建筑工程质量检测中心	
14	贵州省建材产品质量监督检验院	
15	北海市建设工程检测中心	
16	克拉玛依市建筑材料测试中心	
17	国家乳胶制品质量监督检验中心	
18	山东方圆建筑工程检测中心	
19	深圳市福田建设工程质量检测中心	
20	哈尔滨市产品质量监督检验院	
21	广州橡胶工业制品研究所有限公司检测中心	
22	安徽省产品质量监督检验研究院	
23	北京市化工产品质量监督检验站/石油和化学工业橡塑与化学品质量监督检验中心(北京)	
24	北京科筑建筑工程质量监测有限公司	
25	国家建筑材料质量监督检验中心	
26	中铁二十局集团第四工程有限公司检测实验中心/青岛铁信力源工程检测有限公司	
27	上海市质量监督检验技术研究院	
28	广西壮族自治区产品质量监督检验研究院	
29	黄河勘测规划设计有限公司实验中心	
30	中铁八局重庆工程检测中心	

续表

编号	机构名称	备注
31	广东省建筑科学研究院	
32	武汉产品质量监督检验所	
33	河北省产品质量监督检验院	
34	辽宁省橡胶制品质量监督检验中心	
35	中铁十五局集团有限公司计量测试中心	
36	中铁十六局计量测试中心	
37	上海勘测设计研究院工程检测中心	
38	重庆市计量质量检测研究院	
39	青岛市产品质量监督检验所	
40	大连市产品质量检验所	
41	中铁十八局集团有限公司工程检测中心/天津中铁工程检测有限责任公司	
42	中铁十二局集团第三工程有限公司计量测试中心	
43	山西省产品质量监督检验研究院	
44	中铁西南科学研究院有限公司工程检测中心	
45	铁道部产品质量监督检验中心金属化学检验站	
46	天津天诚工程检测技术有限公司	
47	江苏省建工建材质量检测中心	
48	湖北省产品质量监督检验研究院	
49	铁道部产品质量监督检验中心铁道建筑检验站	
50	中铁十九局集团有限公司计量测试中心	
51	河北出入境检验检疫局检验检疫技术中心	
52	扬州大学测试中心	
53	张家口市建设工程质量检测中心有限责任公司	
54	宁波市产品质量监督检验研究院	
55	深圳市计量质量检测研究院	
56	天津市建筑材料产品质量监督检测中心	
57	中铁三局集团第六工程有限公司工程试验中心	
58	中铁六局集团有限公司检测中心	
59	西安市产品质量监督检验院	
60	浙江省质量检测科学研究院（国家化学建材质量监督检验中心）/浙江方圆检测集团股份有限公司	
61	中铁十七局集团第五工程有限公司中心试验室	
62	中铁西北科学研究院有限公司工程检测试验中心	
63	湖北省公路工程咨询监理中心	
64	淮河流域水工程质量检测中心	
65	上海天祥质量技术服务有限公司金桥分公司	
66	中铁二十一局集团检测中心/甘肃铁鹰建筑质量检测有限公司	
67	内蒙古自治区产品质量检验研究院	
68	济南铁路诚意工程检测有限公司	
69	山东省产品质量检验研究院	
70	水利部基本建设工程质量检测测中心/南京水利科学研究院实验中心	
71	中铁三局集团第二工程有限公司工程试验中心	
72	中铁九局集团工程检测试验有限公司	
73	陕西省产品质量监督检验研究院	
74	中铁七局集团有限公司工程质量检测中心	
75	中铁隧道集团有限公司工程试验中心	
76	沈阳产品质量监督检验院	

续表

编号	机构名称	备注
77	金华市建筑材料试验所有限公司	
78	中铁十七局集团第四工程有限公司试验室	
79	中铁十七局集团建筑工程有限公司试验室	
80	河南省产品质量监督检验院	
81	深圳市华测检测技术股份有限公司上海分公司汽车材料实验室	
82	国家高分子材料与制品质量监督检验中心	
83	长春市产品质量监督检验院(国家汽车零部件产品质量监督检验中心)	
84	福建省产品质量监督检验研究院	
85	南京市产品质量监督检验院/国家建材产品质量监督检验中心(南京)	
86	上海众材工程检测有限公司	
87	湖南省产商品质量监督检验研究院	
88	中铁十七局集团第一工程有限公司工程检测中心	
89	中铁十七局集团第六工程有限公司工程测试中心站	
90	四川恒固建设工程检测有限公司	
91	中铁十七局集团有限公司工程检测中心/山西铧兴工程检测有限公司	
92	江苏省建筑工程质量检测中心有限公司	
93	北京陆建鸿兴工程质量检测有限公司	
94	中铁十二局集团第二工程有限公司计量试验中心	
95	中铁十二局集团第一工程有限公司计量测试中心	
96	中铁十二局集团有限公司计量试验中心	
97	南车株洲电力机车研究所有限公司新材料检测中心/国家轨道交通高分子材料及其制品质量监督检验中心(筹)	
98	吉林省产品质量监督检验院	
99	青岛澳康质量检测技术有限公司/化学工业海洋涂料质量监督检验中心	
100	江西省产品质量监督检测院	
101	宁夏产品质量监督检验院	
102	广东锐科标准技术有限公司	
103	辽宁省产品质量监督检验院(辽宁省建筑材料监督检验院)	
104	盘锦市产品质量监督检验所	
105	中铁三局集团建筑安装工程有限公司工程试验中心/太原建辉工程检测有限公司	
106	中铁八局集团有限公司贵阳工程检测中心/贵州金川工程检测有限公司	补测满意
107	中铁第四勘察设计院集团有限公司工程测试中心	补测满意
108	中铁六局集团北京铁路建设有限公司中心试验室	补测满意
109	中铁十六局集团第二工程有限公司计量测试中心/天津中铁信达工程检测技术有限公司	补测满意
110	水利部海河水利委员会基本建设工程质量检测中心	补测满意
111	新疆维吾尔自治区产品质量监督检验研究院	补测满意
112	吉林省水利水电工程质量检测中心	补测满意
113	北京市建设工程质量第四检测所	补测满意
114	无锡市产品质量监督检验中心	补测满意
115	中铁二十二局集团有限公司工程检测中心	补测满意
116	甘肃环通工程试检测有限公司	补测满意
117	中铁电气化局集团西安铁路工程有限公司中心试验室	补测满意
118	中国铁建大桥工程局集团有限公司中心试验室/中铁津桥工程检测有限公司	补测满意
119	哈密科信建设工程检测中心有限责任公司	补测满意
120	宁夏筑之信检测有限公司	补测满意
121	国家橡胶密封制品质量监督检验中心	补测满意
122	中铁三局集团有限公司工程检测中心	补测满意

续表

编号	机构名称	备注
123	中国水利水电科学研究院工程检测中心	补测满意
124	水利部松辽水利委员会水利基本建设工程质量检测中心	补测满意
125	四川省建材产品质量监督检验中心	补测满意
126	中铁建设集团有限公司中心试验室	补测满意
127	中铁八局集团昆明铁路建设有限公司试验检测中心/昆明中铁建设工程质量检测有限公司	补测满意
128	中铁一局集团第四工程有限公司中心试验室	补测满意
129	中铁十七局集团第二工程有限公司中心试验室	补测满意
130	广州市建设工程质量安全检测中心	补测满意
131	中铁八局集团有限公司工程检测中心	补测满意
132	贵州省建筑科学研究检测中心	补测满意
133	中铁十二局集团建筑安装工程有限公司测试中心	补测满意
134	通标标准技术服务（上海）有限公司	补测满意

十、溶剂型涂料中苯、甲苯、二甲苯、乙苯含量检测能力验证项目（126家）

编号	机构名称	满意参数
1	国家金属材料质量监督检验中心（上海材料研究所检测中心、机械工业材料质量检测中心）	抗拉强度、断后伸长率
2	上海天祥质量技术服务有限公司奉贤分公司	抗拉强度、断后伸长率
3	宝钢金属有限公司金属制品实验室	抗拉强度、断后伸长率*
4	福建省产品质量检验研究院	抗拉强度、断后伸长率
5	云南省产品质量监督检验研究院/国家热带农副产品质量监督检验中心	抗拉强度、断后伸长率
6	中铁十局集团第三建设有限公司质量检测中心	抗拉强度、断后伸长率
7	鲅鱼圈出入境检验检疫局综合技术服务中心	抗拉强度、断后伸长率
8	国家铜铅锌及制品质量监督检验中心	抗拉强度、断后伸长率
9	广州市质量监督检测研究院	抗拉强度、断后伸长率
10	安徽省产品质量监督检验研究院	抗拉强度、断后伸长率
11	江西省产品质量监督检测院	抗拉强度、断后伸长率
12	中铁十局集团有限公司第八工程公司检测试验中心	抗拉强度、断后伸长率
13	广西壮族自治区产品质量监督检验研究院	抗拉强度、断后伸长率
14	中铁二十局集团第六工程有限公司试验测试中心	抗拉强度、断后伸长率
15	天津市质量监督检验站第十六站(天津钢铁集团有限公司理化检测中心)	抗拉强度、断后伸长率
16	宁波市产品质量监督检验研究院	抗拉强度、断后伸长率
17	常熟出入境检验检疫局综合技术服务中心	抗拉强度、断后伸长率
18	上海市工具工业研究所检测中心	抗拉强度、断后伸长率
19	中铁二局工程测试中心	抗拉强度、断后伸长率
20	马鞍山出入境检验检疫局金属材料实验室	抗拉强度、断后伸长率
21	中铁港航局集团有限公司工程检测中心/中铁港航局集团（广州）工程检测中心有限公司	抗拉强度、断后伸长率
22	台州市质量技术监督检测研究院	抗拉强度、断后伸长率
23	上海出入境检验检疫局工业品与原材料检测技术中心	抗拉强度、断后伸长率
24	中铁四局集团第二工程有限公司质量检测中心	抗拉强度、断后伸长率
25	中铁十一局集团第五工程有限公司中心试验室/重庆中铁建筑工程质量检测有限公司	抗拉强度、断后伸长率
26	中铁五局集团第五工程有限责任公司工程试验检测中心	抗拉强度、断后伸长率
27	眉山市质量技术监督检测中心	抗拉强度、断后伸长率
28	中铁四局集团工程质量检测中心	抗拉强度、断后伸长率
29	南京汽车集团有限公司汽车检测中心（南京汽车质量监督检验鉴定试验所）	抗拉强度、断后伸长率
30	西安市产品质量监督检验院	抗拉强度、断后伸长率
31	中铁四局集团建筑工程有限公司质量检测中心	抗拉强度、断后伸长率

续表

编号	机构名称	满意参数
32	中铁四局集团第四工程有限公司质量检测中心	抗拉强度、断后伸长率
33	中铁第五勘察设计院集团有限公司试验检测中心/北京铁五院工程试验检测有限公司	抗拉强度、断后伸长率
34	中铁四局集团第一工程有限公司质量检测中心	抗拉强度、断后伸长率
35	中国石油天然气集团公司管材研究所石油管检测实验室	抗拉强度、断后伸长率
36	国家金融设备及零配件质量监督检验中心	抗拉强度、断后伸长率
37	水利部西北水利科学研究所实验中心/陕西省水利工程质量检测中心站	抗拉强度、断后伸长率
38	上海金艺检测技术有限公司	抗拉强度、断后伸长率
39	广东建源检测技术有限公司	抗拉强度、断后伸长率
40	中铁十一局集团第二工程有限公司中心试验室/十堰市中铁工程检测有限公司	抗拉强度、断后伸长率
41	中国铁建重工集团有限公司中心实验室	抗拉强度、断后伸长率
42	中铁十一局集团第四工程有限公司中心试验室	抗拉强度、断后伸长率
43	国家建筑钢材质量监督检验中心	抗拉强度、断后伸长率
44	南京水利科学研究院实验中心/水利部基本建设工程质量检测中心	抗拉强度、断后伸长率
45	江苏省产品质量监督检验研究院	抗拉强度、断后伸长率
46	东北电力科学研究院有限公司	抗拉强度、断后伸长率
47	济南铁路诚意工程检测有限公司	抗拉强度、断后伸长率
48	中铁九局集团工程检测试验有限公司	抗拉强度、断后伸长率
49	内蒙古自治区产品质量检验研究院	抗拉强度、断后伸长率
50	中铁七局集团有限公司工程质量检测中心	抗拉强度、断后伸长率
51	山东省分析测试中心	抗拉强度、断后伸长率
52	国家标准件产品质量监督检验中心	抗拉强度、断后伸长率
53	江苏省产品质量监督检验研究院	抗拉强度、断后伸长率
54	中铁五局集团建筑工程有限责任公司中心试验室/贵州黔建工程质量检测咨询有限责任公司	抗拉强度*、断后伸长率
55	国家钢铁及制品质量监督检验中心/马鞍山市产品质量监督检验所	抗拉强度、断后伸长率
56	国家建筑材料质量监督检验中心	抗拉强度、断后伸长率
57	国家石油机械产品质量监督检验中心	抗拉强度、断后伸长率
58	国家有色金属质量监督检验中心	抗拉强度、断后伸长率
59	国家特种电线电缆产品质量监督检验中心(芜湖)	抗拉强度、断后伸长率
60	江苏省特种设备安全监督检验研究院无锡分院/国家桥门式起重机械产品质量监督检验中心	抗拉强度、断后伸长率
61	青岛市产品质量监督检验所	抗拉强度、断后伸长率
62	国家康复辅具质量监督检验中心	抗拉强度、断后伸长率
63	贵州省建材产品质量监督检验院	抗拉强度、断后伸长率
64	水利部松辽水利委员会水利基本建设工程质量检测中心	抗拉强度、断后伸长率
65	上海市质量监督检验技术研究院	抗拉强度、断后伸长率
66	大连市产品质量监督检验所	抗拉强度、断后伸长率
67	首钢总公司技术中心中心试验室(北京市黑色冶金产品质量监督检验站)	抗拉强度、断后伸长率
68	东营市产品质量监督检验所	抗拉强度、断后伸长率
69	国家钢铁产品质量监督检验中心（唐山）	抗拉强度、断后伸长率*
70	广东省揭阳市质量计量监督检测所	抗拉强度、断后伸长率
71	天津市产品质量监督检测技术研究院	抗拉强度、断后伸长率*
72	广东出入境检验检疫局检验检疫技术中心化矿金属材料实验室	抗拉强度、断后伸长率
73	山东出入境检验检疫局检验检疫技术中心	抗拉强度、断后伸长率
74	厦门检验检疫局检验检疫技术中心	抗拉强度、断后伸长率
75	国家钒钛制品质量监督检验中心/攀枝花市产品质量监督检验所	抗拉强度、断后伸长率
76	山东玲珑轮胎股份有限公司钢丝化验室	抗拉强度、断后伸长率
77	武汉材料保护研究所表面工程实验室	抗拉强度、断后伸长率

续表

编号	机构名称	满意参数
78	河北省产品质量监督检验院	抗拉强度、断后伸长率
79	河南省煤炭科学研究院有限公司钢丝绳检测检验中心	抗拉强度、断后伸长率
80	吉林省水利水电工程质量检测中心	抗拉强度*、断后伸长率
81	新疆维吾尔自治区产品质量监督检验研究院	抗拉强度、断后伸长率
82	上海电缆研究所检测中心(国家电线电缆质量监督检验中心)	抗拉强度、断后伸长率
83	淮北中成检测有限公司	抗拉强度、断后伸长率
84	湖北省产品质量监督检验研究院	抗拉强度、断后伸长率
85	国家不锈钢制品质量监督检验中心	抗拉强度、断后伸长率
86	机械工业通用零部件产品质量监督检测中心/机械科学研究总院零部件质量检测中心	抗拉强度、断后伸长率
87	电力工业电力工程材料部件质量检验测试中心	抗拉强度、断后伸长率
88	国家电力器材产品安全性能质量监督检验中心	抗拉强度、断后伸长率
89	成都产品质量检验研究院有限责任公司	抗拉强度、断后伸长率*
90	天津出入境检验检疫局化矿金属材料检测中心	抗拉强度、断后伸长率
91	铁道部产品质量监督检验中心金属化学检验站	抗拉强度、断后伸长率
92	深圳市计量质量检测研究院	抗拉强度、断后伸长率
93	重庆市计量质量检测研究院	抗拉强度、断后伸长率
94	广东省冶金产品质量监督检测中心	抗拉强度、断后伸长率
95	广州能信电力线路器材检测有限公司	抗拉强度、断后伸长率
96	安徽省水利工程质量检测中心站	抗拉强度、断后伸长率
97	辽宁出入境检验检疫局技术中心金属材料实验室	抗拉强度、断后伸长率
98	陕西省产品质量监督检验研究院	抗拉强度、断后伸长率
99	海南出入境检验检疫局检验检疫技术中心工业品实验室	抗拉强度、断后伸长率
100	福建出入境检验检疫局检验检疫技术中心	抗拉强度、断后伸长率
101	国家矿用支护产品质量监督检验中心/济宁市产品质量监督检验所	抗拉强度、断后伸长率
102	中铁二十二局集团第四工程有限公司中心试验室	抗拉强度、断后伸长率
103	湖南省产商品质量监督检验研究院	抗拉强度、断后伸长率
104	中铁二局集团新运工程有限公司工程试验室	抗拉强度、断后伸长率
105	无锡市产品质量监督检验中心	抗拉强度、断后伸长率*
106	中铁十一局集团第三工程有限公司中心试验室	抗拉强度、断后伸长率
107	中铁二局第六工程有限公司检测中心	抗拉强度、断后伸长率
108	山西省产品质量监督检验研究院	抗拉强度、断后伸长率
109	北京出入境检验检疫局检验检疫技术中心金属实验室	抗拉强度、断后伸长率
110	中铁五局集团第四工程有限责任公司工程试验检测中心	抗拉强度*、断后伸长率
111	中铁五局测绘试验中心/贵州铁建工程质量检测咨询有限公司	抗拉强度*、断后伸长率
112	汕头检验检疫局检验检疫技术中心化矿金属实验室	抗拉强度、断后伸长率
113	中铁二十三局集团有限公司工程试验检测中心	抗拉强度、断后伸长率
114	中铁大桥局集团第一工程有限公司试验检测中心	抗拉强度、断后伸长率
115	中铁五局集团机械化工程有限责任公司试验检测公司	抗拉强度、断后伸长率
116	淮南矿业集团商品检测检验有限公司	抗拉强度
117	中铁四局集团第五工程有限公司中心试验室	抗拉强度、断后伸长率
118	中铁十六局集团第一工程有限公司计量测试中心	抗拉强度、断后伸长率
119	中铁十六局集团第三工程有限公司计量测试中心	抗拉强度、断后伸长率
120	上海中储材料检验有限公司	抗拉强度、断后伸长率
121	东南大学分析测试中心	抗拉强度、断后伸长率
122	杭州制氧机研究所有限公司检测中心	抗拉强度、断后伸长率
123	中铁三局集团建筑安装工程有限公司工程试验中心/太原建辉工程检测有限公司	抗拉强度、断后伸长率
124	中铁工程设计咨询集团有限公司/中铁咨询集团北京工程检测有限公司	抗拉强度、断后伸长率

续表

编号	机构名称	满意参数
125	北京建筑材料检验研究院有限公司	抗拉强度、断后伸长率*
126	广东省江门市质量计量监督检测所摩托车检测中心	抗拉强度*、断后伸长率

注：*表示该检测参数为补测满意。

十一、建筑玻璃光学性能测试能力验证项目（70家）

编号	机构名称	备注
1	天津建科建筑节能环境检测有限公司	
2	节能室/北京市建设工程质量第六检测所有限公司	
3	天津津贝尔建筑工程试验检测技术有限公司	
4	天津市建筑工程质量检测中心	
5	成都产品质量检验院有限责任公司	
6	上海中测行工程检测咨询有限公司	
7	广州市质量监督检测研究院	
8	江苏方建工程质量鉴定检测有限公司	
9	安徽省建筑工程质量第二监督检测站	
10	贵州省建材产品质量监督检验院	
11	浙江省质量检测科学研究院/浙江方圆检测集团股份有限公司	
12	国家建筑节能质量监督检验中心	
13	湖南省产商品质量监督检验研究院	
14	武汉产品质量监督检验所	
15	大连市产品质量监督检验所	
16	重庆市计量质量检测研究院	
17	湖北省产品质量监督检验研究院	
18	厦门市工程检测中心有限公司	
19	常熟市产品质量监督检验所	
20	国家建筑工程质量监督检验中心	
21	国家玻璃质量监督检验中心/中国建材检验认证集团秦皇岛有限公司	
22	福建省建筑工程质量检测中心有限公司	
23	四川省建筑工程质量检测中心	
24	江苏省建筑节能技术中心/江苏省建筑工程质量检测中心有限公司	
25	浙江省质量检测科学研究院（国家化学建材质量监督检验中心）/浙江方圆检测集团股份有限公司	
26	通标标准技术服务（上海）有限公司	
27	南京市建筑安装工程质量检测中心	
28	广州建设工程质量安全检测中心有限公司	
29	南玻集团深圳高性能节能玻璃工程实验室	
30	贵州省建筑科学研究检测中心	
31	深圳市恒义建筑技术有限公司	
32	国家太阳能光伏产品质量监督检验中心/无锡产品质量监督检验中心	
33	苏州市建设工程质量检测中心有限公司	
34	深圳市建筑科学研究院股份有限公司	
35	广西壮族自治区建筑工程质量检测中心	
36	公安部交通安全产品质量监督检测中心	
37	北京建筑材料检验研究院有限公司（国家建筑材料工业建筑五金水暖产品质量监督检验测试中心）	
38	广东省质量监督玻璃检验站	

续表

编号	机构名称	备注
39	上海众材工程检测有限公司	
40	中国质量认证中心华中实验室	
41	上海建科检验有限公司	
42	深圳华星光电技术有限公司实验中心	
43	北京金晶智慧有限公司	
44	上海耀皮玻璃集团股份有限公司检测中心	
45	河南安彩太阳能玻璃有限责任公司	
46	国家安全玻璃及石英玻璃质量监督检验中心	
47	浙江省建设工程质量检测站有限公司	补测满意
48	湖北省建筑工程质量监督检验测试中心	补测满意
49	昆山市建设工程质量检测中心	补测满意
50	广东省建设工程质量安全监督检测总站	补测满意
51	上海市质量监督检验技术研究院/国家建筑材料及装饰装修材料质量监督检验中心	补测满意
52	深圳市建设工程质量检测中心	补测满意
53	山东方圆建筑工程检测中心	补测满意
54	长沙市建设工程质量检测中心站	补测满意
55	国家特种玻璃质量监督检验中心	补测满意
56	广东省建筑科学研究院	补测满意
57	安徽省产品质量监督检验研究	补测满意
58	天津市建筑材料产品质量监督检测中心	补测满意
59	深圳市计量质量检测研究院	补测满意
60	山东省建筑工程质量监督检验测试中心	补测满意
61	金华市建筑材料试验所有限公司	补测满意
62	陕西省产品质量监督检验研究院	补测满意
63	上海市建筑科学研究院	补测满意
64	镇江市丹徒区建筑工程质量检测中心	补测满意
65	青岛市建筑材料研究所有限公司	补测满意
66	三亚建筑工程质量检测中心	补测满意
67	国家建筑五金材料产品质量监督检验中心/杭州市质量技术监督检测院	补测满意
68	佛山市顺德区建设工程质量安全监督检测中心	补测满意
69	江苏省玻璃制品质量监督检验中心（宿迁）/宿迁市产品质量监督检验所	补测满意
70	国家轻工业眼镜玻璃搪瓷产品质量监督检测长沙站/湖南省日用玻璃产品质量监督检验授权站/长沙市轻工研究所	补测满意

十二、电气产品的输入功率试验能力验证项目（203家）

编号	机构名称	备注
1	宁波方太厨具有限公司	
2	泉峰（中国）贸易有限公司泉峰测试中心	
3	江苏白雪电器股份有限公司产品检测中心	
4	青岛中海博睿检测技术服务有限公司	
5	成都三方电气有限公司	
6	南德认证检测（中国）有限公司广州分公司	
7	佛山市质量计量监督检测中心	
8	广东天际电器股份有限公司	
9	中检集团南方电子产品测试（深圳)有限公司	
10	广州质量监督检测研究院	

续表

编号	机构名称	备注
11	深圳必维华法商品检定有限公司	
12	珠海格力电器股份有限公司检测中心	
13	湛江出入境检验检疫局检验检疫技术中心	
14	通标标准技术服务有限公司广州分公司电气安全实验室	
15	重庆电信研究院	
16	滨州市产品质量监督检验所	
17	德凯质量认证（上海）有限公司	
18	经续检验技术（东莞）有限公司实验室	
19	广东省潮州市质量计量监督检测所	
20	广东惠晟检验科技有限公司	
21	顺德出入境检验检疫局综合技术服务中心	
22	香港商汉德技术监督服务亚太有限公司台湾分公司	
23	深圳市信特斯检测科技有限公司	
24	苏州UL美华认证有限公司广州分公司	
25	宁德市产品质量检验所	
26	莱茵技术-商检（宁波）有限公司	
27	国内贸易工程设计研究院制冷和食品加工设备检测实验室	
28	深圳天祥质量技术服务有限公司	
29	重庆医疗器械质量检验中心	
30	浙江苏泊尔家电制造有限公司	
31	佛山市顺德区美的洗涤电器制造有限公司测试中心	
32	中国质量认证中心华南实验室(中山基地)	
33	国家家用电器质量监督检验中心	
34	松下•万宝（广州）压缩机有限公司 检测中心	
35	东莞市冠准检测技术有限公司	
36	中国质量认证中心华南实验室(东莞基地)	
37	杭州九阳小家电有限公司	
38	扬州光电产品检测中心	
39	四川省电子产品监督检验所	
40	通标标准技术服务（天津）有限公司	
41	中国电力科学研究院（能效测试与节能技术检测部）	
42	宁波市产品质量监督检验研究院	
43	广西壮族自治区产品质量监督检验研究院	
44	上海电气器具检验测试所（上海市宝庆路10号）	
45	东莞标检产品检测有限公司	
46	中国检验检疫科学研究院综合检测中心	
47	江苏省产品质量监督检验研究院	
48	浙江绍兴苏泊尔生活电器有限公司检测中心	
49	通标标准技术服务有限公司深圳分公司	
50	程智电子科技（昆山）有限公司	
51	深圳市兴日生实业有限公司实验室	
52	河北省电子信息产品监督检验院	
53	江苏出入境检验检疫局机电产品及车辆检测中心	
54	惠州TCL照明电器有限公司检验中心	
55	义乌出入境检验检疫局综合技术服务中心	
56	新疆维吾尔自治区产品质量监督检验研究院	
57	西安市产品质量监督检验院	

续表

编号	机构名称	备注
58	安徽省产品质量监督检验研究院	
59	北京泰瑞特检测技术服务有限责任公司（国家广播电视产品质量监督检验中心）	
60	上海谱尼测试技术有限公司	
61	中认英泰（苏州）检测技术有限公司	
62	中国铁道科学研究院检验实验中心/中铁检验认证中心（铁道部产品质量监督检验中心通信信号检验站）	
63	浙江中讯电子有限公司电子电器产品检测实验室	
64	天津市产品质量监督检测技术研究院	
65	深圳市鑫宇环检测有限公司	
66	优力胜邦质量检测（上海）有限公司	
67	新疆出入境检验检疫局检验检疫技术中心轻纺包装室	
68	浙江三花股份有限公司计量测试中心	
69	贵州省机械电子产品质量监督检验院	
70	中国建筑科学研究院建筑能源与环境检测中心	
71	先锋电器集团有限公司实验中心	
72	北京市轻工产品质量监督检验一站	
73	倍科电子技术服务(深圳)有限公司	
74	广东白云检测有限公司	
75	潮州出入境检验检疫局综合技术服务中心(检测中心)	
76	上海冠思检测技术有限公司	
77	济宁国家半导体及显示产品质量监督检验中心	
78	威凯检测技术有限公司（嘉兴实验室）/嘉兴威凯检测技术有限公司	
79	南德认证检测（中国）有限公司深圳分公司	
80	江苏苏美达五金工具有限公司测试中心	
81	浙江科正电子信息产品检验有限公司（国家电子计算机外部设备质量监督检验中心）	
82	TCL集团股份有限公司产品认证实验室	
83	山东出入境检验检疫局检验检疫技术中心	
84	广东省江门市质量计量监督检测所检测实验室	
85	安徽省电子产品监督检验所	
86	公安部安全与警用电子产品质量检测中心	
87	国家防爆电气产品质量监督检验中心	
88	上海出入境检验检疫局机电产品检测技术中心	
89	通用电气（中国）研究开发中心有限公司 通用电气照明集团(亚洲)技术中心实验室	
90	上海市质量监督检验技术研究院	
91	佛山出入境检验检疫局检验检疫综合技术中心	
92	无锡小天鹅股份有限公司	
93	亚伦工业科技（惠州）有限公司检测校准中心	
94	三菱重工金羚空调器有限公司实验室测试科	
95	山东省电子产品监督检验所/中国赛宝（山东）实验室	
96	深圳市安姆特检测技术有限公司	
97	金华出入境检验检疫技术中心	
98	杭州市质量技术监督检测院	
99	江苏省计量科学研究院	
100	海南省产品质量监督检验所	
101	江西省产品质量监督检测院	
102	广东省惠州市质量计量监督检测所	

续表

编号	机构名称	备注
103	济南市产品质量检验院	
104	宁波出入境检验检疫局检验检疫技术中心/宁波中盛产品检测公司(电气安全检测分中心出口加工区光电检测实验室)	
105	上海天祥质量技术服务有限公司	
106	广东美的厨房电器制造有限公司	
107	中认（沈阳）北方实验室有限公司/辽宁出入境检验检疫局机电产品检测中心	
108	中煤科工集团上海研究院检测中心	
109	吉林省产品质量监督检验院	
110	福建出入境检验检疫局检验检疫技术中心福安电机实验室	
111	浙江出入境检验检疫局检验检疫技术中心（浙江省检验检疫科学技术研究院）	
112	山东省产品质量检验研究院	
113	番禺出入境检验检疫局综合技术服务中心实验室	
114	合肥海尔洗衣机有限公司质量监测中心	
115	柳州市产品质量监督检验所	
116	通标标准技术服务（上海）有限公司	
117	东莞出入境检验检疫局检验检疫综合技术中心	
118	松下家电研究开发（杭州）有限公司	
119	广东美的环境电器制造有限公司中心实验室	
120	河北省产品质量监督检验院	
121	浙江立德产品技术有限公司低压电器实验室	
122	江苏省电子信息产品质量监督检验研究院	
123	广东省中山市质量计量监督检测所（广东省中山市中山三路华夏街268号）	
124	广东省中山市质量计量监督检测所（广东省中山市东区博爱六路48号）	
125	长沙矿山研究院有限责任公司检测中心	
126	四川特讯机电检测有限公司	
127	湖北省产品质量监督检验研究院	
128	湖南中检检测有限公司/湖南出入境检验检疫局检验检疫技术中心	
129	欧司朗(中国)照明有限公司检测实验室	
130	天津市电子仪表实验所	
131	合肥美的洗衣机有限公司测试中心	
132	珠海出入境检验检疫局检验检疫技术中心	
133	青岛市产品质量监督检验所	
134	广东省珠海市质量计量监督检测所	
135	山西省产品质量监督检验研究院	
136	飞利浦（中国）投资有限公司照明检测中心	
137	辽宁省医疗器械检验所	
138	深圳市计量质量检测研究院	
139	北京市产品质量监督检验院（国家中文信息处理产品质量监督检验中心）	
140	上海华测品标检测技术有限公司	
141	广东新宝电器股份有限公司认证测试中心	
142	南京市产品质量监督检验院	
143	成都产品质量检验研究院有限责任公司（检验地址：成都市龙泉驿兴茂街16号）	
144	成都产品质量检验研究院有限责任公司（检验地址：成都市西航港经济开发区腾飞2路355号）	
145	成都产品质量检验研究院有限责任公司（检验地址：成都市温江区新南路）	
146	倍科质量技术服务（东莞）有限公司	
147	陕西省产品质量监督检验研究院	
148	国家轻型电动车及电池产品质量监督检验中心/无锡市产品质量监督检验中心	

续表

编号	机构名称	备注
149	深圳市世标检测有限公司	
150	广东优科检测技术服务有限公司	
151	丹佛斯（天津）有限公司制冷空调实验室	
152	广州广电计量检测股份有限公司	
153	电信科学技术第一研究所泰峰通信实验室	
154	国家质量监督检验检疫总局危险品中心实验室（天津出入境检验检疫局工业产品安全技术中心）	
155	广东省湛江市质量计量监督检测所	
156	上海市医疗器械检测所	
157	铁道部产品质量监督检验中心信号产品检验站	
158	上海市安全生产科学研究所特种电器检测站	
159	四川出入境检验检疫局检验检疫技术中心	
160	浙江方正家用电器质量检测有限公司(国家轻工业家用电器质量监督检测杭州站)	
161	浙江省质量检测科学研究院（国家电器安全质量监督检验中心（浙江））/浙江方圆检测集团股份有限公司	
162	赫比（上海）通讯科技有限公司	
163	福建出入境检验检疫局检验检疫技术中心	
164	上海电气器具检验测试所（上海市桂菁路19号）	
165	绵阳市产品质量监督检验所	
166	国家食品药品监督管理局湖北医疗器械质量监督检验中心	
167	昆山市产品质量监督检验所	
168	必维欧亚电气技术咨询服务（上海）有限公司	
169	上海市计量测试技术研究院	
170	襄阳市产品质量监督检验所（湖北省蓄电池产品质量监督检验中心）	
171	国家通用电子元器件及产品质量监督检验中心/信息产业通用电子产品质量监督检验中心/工业和信息化部电子第五研究所/中国赛宝实验室	
172	湖南省产商品质量监督检验研究院	
173	厦门出入境检验检疫局检验检疫技术中心	
174	福建省产品质量检验研究院	
175	合肥通用机电产品检测院有限公司	
176	江苏出入境检验检疫局能效检测中心	
177	天祥公证行有限公司	
178	株洲变流技术国家工程研究中心实验中心	
179	石油和化学工业电气产品防爆质量监督检验中心	
180	沈阳产品质量监督检验院	
181	武汉产品质量监督检验所	
182	南海出入境检验检疫局综合技术服务中心检测中心	
183	欧陆检测技术服务（上海）有限公司	
184	国家金融设备及零配件质量监督检验中心	
185	高明出入境检验检疫局检测中心	
186	徐州市产品质量监督检验中心	
187	广东出入境检验检疫局检验检疫技术中心	
188	江西省工业和信息产品监督检验院	
189	国家电炉质量监督检验中心	
190	厦门市产品质量监督检验院	
191	汕头出入境检验检疫局检验检疫技术中心（家电检测实验室）	
192	国家太阳能光伏产品质量监督检验中心/无锡市产品质量监督检验中心	

续表

编号	机构名称	备注
193	江门出入境检验检疫局检验检疫技术中心	
194	科沃斯机器人有限公司中心实验室	
195	北京出入境检验检疫局机电产品检测中心/北京中认检测技术服务有限公司	
196	铁道部产品质量监督检验中心机车车辆检验站	
197	中国农业机械化科学研究院标准与质量检测中心	补测满意
198	北京市服务机械研究所商用饮食加工设备检测实验室/国家饮食服务机械质量监督检验中心	补测满意
199	铁道部产品质量监督检验中心车辆检验站(法人单位：青岛四方车辆研究所有限公司)	补测满意
200	无锡市天兴净化空调设备有限公司检测中心	补测满意
201	青海省产品质量监督检验所	补测满意
202	飞利浦灯具（上海）有限公司实验室	补测满意
203	深圳拓邦股份有限公司中心实验室	补测满意

十三、土壤及沉积物中重金属元素测定能力验证项目（157家）

编号	机构名称	土壤满意参数	沉积物满意参数
1	国家糖业质量监督检验中心（国家轻工业甘蔗糖业质量监督检测中心）	砷、汞、镉、铅、铬、铀、钍、锰	砷、汞、镉、铅、铬、铀、钍、锰
2	克拉玛依市环境科研监测中心站	砷、汞、镉、铅	砷、汞、镉、铅
3	国土资源部东北矿产资源监督检测中心	砷、汞、镉、铅、铬、铀、钍、锰	砷、汞、镉、铅、铬、铀、钍、锰
4	上海市松江区食用农产品安全监督检测中心	砷	砷
5	内蒙古出入境检验检疫局检验检疫技术中心	铅*	铅
6	天津市产品质量监督检测技术研究院	砷、汞、镉、铅、铬、铀、钍*、锰*	砷、汞、镉、铅、铬、铀*、钍、锰*
7	淮河流域水资源保护局淮河流域水环境监测中心	砷、汞、镉、铅、铬	砷、汞、镉、铅、铬
8	云南省水环境监测中心/云南省水文水资源局	砷、汞、镉、铅、铬*	砷、汞、镉、铅*、铬*
9	上海市水环境监测中心青浦分中心	砷、汞、镉、铅、铬	砷、汞、镉*、铅、铬
10	珠海出入境检验检疫局检验检疫技术中心	汞、铅、铬	汞、铅、铬
11	上海市水环境监测中心嘉定分中心（嘉定区水文站）	砷、汞、镉*、铅、铬、锰*	砷、汞、镉*、铅、铬、锰*
12	四川出入境检验检疫局检验检疫技术中心	砷、汞、镉*、铅、铬	砷*、汞、镉、铅*、铬
13	国土资源部贵阳矿产资源监督检测中心/贵州省地质矿产中心实验室	砷、汞、镉、铅、铬、铀、钍、锰	砷、汞、镉、铅、铬、铀、钍、锰
14	重庆市土壤肥料测试中心	砷、汞*、铅	砷*、汞、铅
15	苏州出入境检验检疫局检验检疫综合技术中心	镉、铅	镉、铅
16	河南省水环境监测中心/河南省水文水资源局	砷、汞、镉、铅、铬	砷、汞、镉、铅、铬
17	云南省水环境监测中心文山州分中心/云南省水文水资源局文山分局	砷、汞*、镉、铅、铬*	砷、汞、镉、铅、铬*
18	江西省景德镇市水资源监测中心/江西省景德镇市水文局	砷、汞、镉、铅	砷、汞、镉、铅
19	水利部牧区水利科学研究所实验中心	砷*、镉*、铅、铬	砷、镉、铅、铬
20	国家地质实验测试中心	砷、汞、镉、铅、铬、铀*、钍、锰	砷、汞、镉、铅、铬、铀、钍、锰*
21	珠江流域水环境监测中心	砷、汞、镉、铅、铬	砷、汞、镉、铅、铬
22	河北省食品质量监督检验研究院/国家果类及农副加工产品质量监督检验中心/河北省食品质量监督检验研究院	砷、汞、镉、铅、铬	砷、汞、镉、铅、铬
23	湖南出入境检验检疫局检验检疫技术中心/湖南中检检测有限公司	砷、汞、镉、铅、铬	砷、汞、镉、铅、铬
24	江苏省水环境监测中心常州分中心/江苏省水文水资源勘测局常州分局	砷、汞、镉、铅、铬	砷、汞、镉、铅、铬

续表

编号	机构名称	土壤满意参数	沉积物满意参数
25	贵州省分析测试研究院	砷、汞、镉、铅、铬*	砷、汞、镉、铅、铬
26	江西省抚州市水资源监测中心/江西省抚州市水文局	砷、汞、镉、铅	砷、汞、镉、铅
27	江西省水资源监测中心	砷、汞、镉、铅	砷、汞、镉、铅
28	江西省鄱阳湖水资源监测中心	砷、汞、镉、铅	砷、汞、镉、铅
29	江西省吉安市水资源监测中心	砷*、汞*、镉、铅	砷、汞*、镉、铅*
30	上海勘测设计研究院工程检测中心	砷、汞、镉、铅、铬	砷、汞、镉、铅、铬
31	江苏省水环境监测中心无锡分中心	砷、汞*、镉、铅	砷、汞*、镉*、铅
32	国土资源部合肥矿产资源监督检测中心/安徽省地质实验研究所	砷、汞、镉、铅*、铬、铀、钍、锰*	砷*、汞、镉、铅、铬、铀、钍、锰
33	上海市水环境监测中心奉贤分中心	砷、汞、镉、铅、铬	砷、汞、镉*、铅、铬
34	云南省水环境监测中心保山市分中心/云南省水文水资源局保山分局	砷、汞、镉、铅、铬*	砷*、汞、镉、铅、铬*
35	湖北省水环境监测中心武汉分中心	砷、汞、镉、铅、铬	砷、汞、镉、铅、铬
36	湖北省水环境监测中心荆州分中心	砷*、镉、铅、铬	砷*、汞*、镉*、铅、铬*
37	湖北省水环境监测中心襄阳分中心	砷、汞、镉、铅、铬	砷、汞*、镉、铅、铬
38	湖北省水环境监测中心黄冈分中心	砷、镉、铅、铬	砷、汞*、镉、铅、铬
39	万州出入境检验检疫局综合实验室/万州出入境检验检疫局	铅	铅
40	龙岩出入境检验检疫局综合技术服务中心/龙岩出入境检验检疫局	砷、汞、镉、铅、铬*	砷、汞、镉、铅、铬
41	云南省水环境监测中心临沧市分中心/云南省水文水资源局临沧分局	砷、汞、铅、铬*	砷、汞、镉*、铅*、铬*
42	重庆市水环境监测中心	砷、镉、铅	砷、镉、铬
43	江西省上饶水资源监测中心	砷、汞、镉、铅	砷、汞、镉、铅
44	中国地质科学院矿产综合利用研究所分析测试中心/中国地质科学院矿产综合利用研究所	砷、汞、镉、铅、铬、铀、钍、锰	砷、汞、镉、铅、铬、铀、钍、锰
45	中国广州分析测试中心	砷、汞、镉、铅、铬、锰*	砷、汞、镉、铅、铬、锰*
46	国土资源部郑州矿产资源监督检测中心/河南省岩石矿物测试中心	砷、汞、镉、铅、铬、铀、钍、锰	砷、汞、镉、铅、铬、铀、钍、锰
47	江苏省水环境监测中心苏州分中心/江苏省水文水资源勘测局苏州分局	砷*、汞*、镉、铅、铬*	砷、汞*、镉*、铅、铬
48	海河流域水环境监测中心	砷*、汞、镉、铅、铬	砷*、汞、镉、铅、铬
49	江西出入境检验检疫局综合技术中心	砷、汞、镉*、铅、铬	砷、汞、镉、铅、铬
50	珠江水利委员会珠江水利科学研究院中心试验室	砷*、汞、镉、铅、铬	砷、汞、镉*、铅、铬
51	江西省宜春水资源监测中心	砷、汞、镉、铅	砷、汞、镉、铅
52	重庆出入境检验检疫局检验检疫技术中心	铅	铅
53	国土资源部太原矿产资源监督检测中心/山西省岩矿测试应用研究所	砷、汞、镉、铅、铬、铀、钍、锰	砷、汞、镉、铅、铬、铀、钍、锰
54	辽宁省水环境监测中心/辽宁省水文局	砷*、汞、镉、铅	砷、汞*、镉、铅
55	上海市水环境监测中心浦东新区分中心/上海市浦东新区水文水资源管理署	镉、铅	镉*、铅
56	农业部渔业环境及水产品质量监督检验测试中心（舟山），法人单位：浙江省海洋水产研究所	砷	砷
57	上海市水环境监测中心实验室/上海市水文总站	砷、汞、镉*、铅、铬	砷、汞、镉*、铅、铬
58	吉林出入境检验检疫局检验检疫技术中心	砷*、汞、铅	砷*、汞、镉*
59	贵州省地质矿产局西部煤炭岩矿测试中心	砷、镉*、铅*、铬、锰*	砷、镉*、铅、铬、锰
60	国土资源部南昌矿产资源监督检测中心（江西省地质调查研究院）	砷、汞*、镉、铅、铬、铀、钍、锰	砷、汞*、镉、铅*、铬*、铀、钍、锰

续表

编号	机构名称	土壤满意参数	沉积物满意参数
61	广西壮族自治区产品质量监督检验研究院	砷、汞、镉*、铅、铬	砷、汞、镉*、铅、铬
62	甘肃省水环境监测中心/甘肃省水环境监测中心	砷*、铬*	砷*
63	长江流域水环境监测中心	砷、汞、镉、铅、铬、铀、钍、锰	砷、汞、镉、铅、铬、铀、钍、锰
64	湖南出入境检验检疫局检验检疫技术中心	砷、汞、镉、铅、铬	砷、汞、镉、铅*、铬
65	深圳市计量质量检测研究院	镉*、铅	镉、铅
66	浙江省质量检测科学研究院/浙江方圆检测集团股份有限公司	砷、汞、镉、铅、铬	砷、汞、镉、铅、铬
67	江西省赣州市水资源监测中心	砷、汞、镉*、铅*	砷、汞、镉*、铅
68	海河流域水环境监测中心引滦工程分中心	汞*、镉*、铅*、铬*	砷、汞*、镉、铅、铬
69	宁波出入境检验检疫局检验检疫技术中心（消费品分中心）/宁波出入境检验检疫局检验检疫技术中心	镉、锰	镉、铅、铬*、锰*
70	云南省水环境监测中心大理州分中心/云南省水文水资源局大理分局	砷	砷、汞、镉、铅、铬*
71	青海省水环境监测中心	镉	砷、镉、铅、铬
72	青海省水环境监测中心格尔木分中心	汞、铅	汞
73	青海省水环境监测中心海东分中心		砷、汞
74	中国石油化工股份有限公司江苏油田分公司地质科学研究院勘探开发实验中心	锰	镉
75	国土资源部岩溶地质资源环境监督检测中心/中国地质科学院岩溶地质研究所	砷、汞、镉、铅、铬、锰	砷、汞、镉、铅、铬*、锰*
76	核工业新疆理化分析测试中心/核工业二一六大队	砷、汞、铅、铬*、钍、锰	砷、汞、镉*、铅、铬*、锰
77	海河流域水环境监测中心漳卫南运河分中心	砷、汞、镉、铅、铬	砷、汞、镉、铅*、铬
78	国土资源部广州矿产资源监督检测中心（广东省地质实验测试中心）	砷、汞、镉、铅、铬、铀、钍、锰	砷、汞、镉、铅、铬、铀、钍、锰
79	肇庆出入境检验检疫局检验检疫综合技术中心 / 肇庆出入境检验检疫局检验检疫综合技术中心（肇庆国际旅行卫生保健中心）	砷、镉、铅	砷、镉、铅
80	国土资源部乌鲁木齐矿产资源监督检测中心新疆维吾尔自治区矿产实验研究所	砷、汞、镉、铅、铬、铀、钍、锰	砷、汞、镉*、铅、铬、铀、钍、锰
81	福建出入境检验检疫局检验检疫技术中心	铅、锰	铅、锰
82	天津市水环境监测中心	砷、汞、镉*、铅、铬	砷、汞、镉*、铅、铬
83	长江水利委员会水文局荆江水环境监测中心	砷、汞*、镉*、铅*、铬*	砷、汞*、镉*、铅*、铬
84	贵州省产品质量监督检验院	砷、汞、铬、锰	砷、汞、锰
85	国土资源部武汉矿产资源监督检测中心（武汉综合岩矿测试中心、湖北省地质实验研究所）	砷、汞、镉、铅、铬、铀、钍、锰	砷、汞、镉、铅、铬、铀、钍、锰
86	西南冶金地质测试所	砷、汞、镉、铅、铬、铀、钍、锰	砷、汞*、镉*、铅、铬、铀、钍、锰
87	太湖流域水环境监测中心	砷、汞、镉、铅、铬*	砷、汞*、镉、铅、铬
88	国土资源部华东矿产资源监督检测中心	砷、汞、镉、铅*、铬、铀、钍、锰	砷、汞、镉*、铅、铬、铀、钍、锰
89	国土资源部呼和浩特矿产资源监督检测中心/内蒙古自治区矿产实验研究所	砷、汞、镉、铅、铬、铀、钍、锰	砷*、汞、镉、铅、铬、铀、钍、锰*
90	四川省德阳地质工程勘察院德阳地矿检测中心	砷、汞、镉*、铅、锰	砷*、汞、镉*、铅、锰*
91	山东省产品质量检验研究院/山东省产品质量检验研究院	砷、汞、镉、铅、铬	砷、汞、镉、铅、铬
92	国土资源部福州矿产资源监督检测中心（福建省地质测试研究中心）	砷、汞、镉、铅、铬、铀、钍、锰	砷、汞、镉、铅、铬、铀、钍、锰
93	西安地质矿产研究所实验测试中心/中国地质调查局西安地质调查中心	砷*、汞、镉、铅、铬、铀*、钍、锰	砷*、汞、镉、铅、铬、铀、钍、锰*
94	国土资源部长沙矿产资源监督检测中心/湖南省地质测试研究院	砷、汞、镉、铅、铬、铀、钍、锰	砷、汞、镉、铅、铬、铀、钍、锰

续表

编号	机构名称	土壤满意参数	沉积物满意参数
95	国土资源部兰州矿产资源监督检测中心/甘肃省中心实验室	砷、汞、镉、铅、铬、铀、钍、锰	砷*、汞、镉、铅*、铬、铀、锰*
96	湖北出入境检验检疫局技术中心	砷、汞、镉	砷、汞、镉
97	河北省地矿中心实验室	砷、汞、镉、铅、铬、铀、钍、锰	砷、汞、镉、铅、铬、铀、钍、锰
98	黄山出入境检验检疫局黄山茶叶质量安全研究中心	铬*	砷*
99	徐州出入境检验检疫局食品化矿实验室（胶合板实验室）	砷、汞、镉、铅、铬	砷、汞、镉、铅、铬
100	安徽省水环境监测中心/安徽省水文局	砷、汞、镉、铅*	砷、汞、镉、铅
101	国土资源部海洋地质实验检测中心（青岛海洋地质研究所）	砷、汞、镉、铅、铬*、铀、钍、锰	砷、汞、镉*、铅、铬*、铀、钍、锰*
102	江西省九江市水资源监测中心/江西省九江市水文局	砷、汞、镉*、铅*	砷、汞、镉*、铅
103	上海华测品标检测技术有限公司	砷、汞、镉、铅、铬	砷、汞、镉、铅、铬
104	国土资源部银川矿产资源监督检查中心（宁夏回族自治区地质矿产中心实验室）	砷、汞、镉、铅、铬、铀、钍、锰	砷、汞、镉、铅、铬、铀、钍、锰
105	湖北省地质局鄂东北实验室/湖北省地质局第六地质大队	砷、汞、镉*、铅、铬、铀、钍、锰	砷、汞、镉*、铅、铬、铀、钍*、锰
106	国土资源部哈尔滨矿产资源监督检测中心/黑龙江省地质矿产测试应用研究所	砷、汞、镉、铅、铬、铀、钍、锰	砷、汞、镉、铅、铬、铀、钍、锰
107	西南冶金地质测试中心 / 四川省冶金地质勘查院	砷、汞、镉、铅、铬、铀、钍、锰	砷、汞、镉、铅、铬、铀、钍、锰
108	国土资源部南京矿产资源监督检测中心/江苏省地质调查研究院	砷、汞、镉、铅、铬、铀*、钍*、锰	砷*、汞*、镉、铅、铬、铀、钍、锰
109	广西出入境检验检疫局检验检疫技术中心	砷、汞、镉、铅、铬	砷、汞、镉、铅、铬*
110	国土资源部沈阳矿产资源监督检测中心（辽宁省地质矿产研究院）	砷、汞、镉、铅、铬、铀、钍、锰	砷、汞、镉、铅、铬、铀、钍、锰
111	国土资源部放射性矿产资源监督检测中心/广东省矿产应用研究所	砷、汞、镉、铅、铬、铀、钍、锰	砷、汞、镉、铅、铬、铀、钍、锰
112	上海谱尼测试技术有限公司	砷、镉、铅	砷、镉、铅
113	四川省地质矿产勘查开发局成都综合岩矿测试中心	砷、汞、镉、铅、铬、铀、钍*、锰	砷、汞、镉、铅、铬、铀、钍*、锰
114	云南省水环境监测中心红河州分中心	砷*、汞*、镉*、铅*	砷、汞*、镉、铅*、铬*
115	松辽流域水资源保护局松辽流域水环境监测中心	砷、汞、镉、铅、铬*	砷、汞、镉*、铅*、铬
116	江苏省华东南工地质技术研究有限公司	砷、汞、镉、铅、铬、锰	砷*、汞、镉、铅、铬、锰*
117	中国冶金地质总局山东局测试中心	砷、汞、镉、铅、铬、铀、钍、锰*	砷、汞、镉、铅、铬、铀、钍、锰
118	国土资源部长春矿产资源监督检测中心/吉林省地质科学研究所	砷、汞、镉、铅、铬、铀、钍、锰	砷、汞、镉、铅、铬、铀、钍、锰
119	国家海洋局北海海洋工程勘察研究院（青岛环海海洋工程勘察研究院）	砷、镉	镉
120	国土资源部重庆矿产资源监督检测中心/重庆地质矿产研究院	砷、汞*、镉、铅、铬、铀、钍、锰	砷*、汞*、镉、铅、铬、铀、钍、锰
121	三明出入境检验检验局综合技术服务中心	汞	汞
122	国家海洋局南通海洋环境监测中心站	砷、汞、镉*、铅、铬	砷、汞、镉、铅、铬
123	赤峰出入境检验检疫局综合技术服务中心	镉	镉
124	四川省冶金地质岩矿测试中心	砷、汞、镉、铅、铬、铀、钍、锰	砷、汞、镉、铅、铬、铀、钍、锰
125	国土资源部地下水矿泉水及环境监测中心（中国地质科学院水文地质环境地质研究所）	砷、铅、铬、钍、锰	砷、铬、锰
126	西藏自治区地质矿产勘查开发局中心实验室	砷、汞、镉、铅、铬、铀、钍、锰	砷、汞、镉、铅、铬、铀、钍、锰
127	甘肃省检验检疫科学技术研究院/甘肃出入境检验检疫局检验检疫综合技术中心（甘肃省检验检疫科学技术研究院）	汞、镉	汞*、镉
128	国土资源部中南矿产资源监督检测中心　武汉地质调查中心	砷、汞、镉、铅、铬、铀、钍、锰	砷、汞、镉、铅、铬、铀、钍、锰

续表

编号	机构名称	土壤满意参数	沉积物满意参数
129	水利部水质监督检验测试中心	砷、汞、镉、铅、铬	砷、汞、镉、铅、铬*
130	国土资源部天津矿产资源监督检测中心/天津市地质矿产测试中心	砷、汞、镉、铅、铬、铀、钍、锰	砷、汞、镉、铅、铬、铀、钍、锰
131	国土资源部广州海洋资源监测中心/广州海洋地质调查局	铅、铬、铀*、钍、锰	铅*、铬、铀*、钍*、锰
132	国家林业局经济林产品质量检验检测中心（杭州）/中国林业科学研究院亚热带林业研究所	铅、铬	铅、铬
133	贵州有色地质中心实验室	砷、汞、镉、铅、铬、铀、钍、锰	砷、汞、镉、铅、铬、铀、锰
134	临沧出入境检验检疫局检验检疫综合技术中心综合实验室	砷	砷
135	北京市水环境监测中心/北京市水文总站	砷、汞、镉、铅、铬	砷、汞、镉*、铅、铬
136	青海省柴达木综合地质矿产勘查院测试中心/青海省柴达木综合地质矿产勘查院	砷、镉、铅、铬、铀、钍、锰	砷、镉、铅、铬、铀、钍、锰
137	国土资源部实物地质资料及煤炭监督检测中心/国土资源实物地质资料中心	砷、汞、铅	砷、汞、镉、铅
138	国土资源部华北矿产资源监督检测中心/天津地质矿产研究所	砷、汞、镉、铅、铬、铀、钍、锰	砷、汞、镉、铅、铬、铀、钍、锰
139	江苏省产品质量监督检验研究院宝应实验室/江苏省产品质量监督检验研究院	砷、汞	砷、汞
140	厦门绿之素环境与食品安全检测有限公司	砷、汞*、镉、铅、铬	砷、汞*、镉*、铅*、铬
141	国土资源部昆明矿产资源监督检测中心	砷、汞、镉、铅、铬、铀*、钍*、锰	砷、汞、镉*、铅*、铬、铀、钍、锰
142	国土资源部海口矿产资源监督检测中心/海南省地质测试研究中心	砷、汞、镉、铅、铬、铀、钍、锰	砷、汞、镉、铅、铬、铀、钍*、锰
143	国土资源部西安矿产资源监督检测中心（陕西省地质矿产实验研究所）	砷、汞、镉、铅、铬、铀、钍、锰	砷、汞、镉、铅、铬、铀、钍、锰
144	国土资源部西宁矿产资源监督检测中心/青海省地质矿产测试应用中心	砷、汞、镉、铅、铬、铀、钍、锰	砷、汞、镉、铅、铬、铀、钍、锰
145	黄河流域水环境监测中心	砷、汞、镉*、铅*、铬	砷、汞、镉、铅、铬
146	山东出入境检验检疫局食品农产品检测中心/山东出入境检验检疫局检验检疫局技术中心	砷、汞、镉、铅、铬、锰	砷、汞、镉、铅、铬、锰*
147	大理出入境检验检疫局综合技术中心	砷、汞、镉、铅、铬	砷、汞、镉、铅、铬
148	湖北省地矿局鄂南实验研究所/湖北省第四地质大队	砷、汞、镉*、铅*、铬*、锰	砷*、汞、镉*、铅*、铬*、锰
149	威海出入境检验检疫局检验检疫技术中心	镉	镉*
150	通标标准技术服务（上海）有限公司化学实验室/通标标准技术服务（上海）有限公司	铅、铬、锰	砷*、铬*
151	中国冶金地质总局一局测试中心	砷、汞、镉、铅、铬、铀、钍、锰	砷、汞、镉、铅、铬、铀、钍、锰
152	中国人民解放军军事医学科学院生物医学分析中心	镉*、铅、铬、铀*、锰	镉、铅、铬、铀、锰
153	陕西出入境检验检疫局检验检疫技术中心	砷*、汞、镉*、铅、铬、锰	砷、汞、镉、铅、铬、锰
154	水利部长江科学院工程质量检测中心/长江水利委员会长江科学院	砷、汞*	砷、汞*
155	陕西煤田地质化验测试有限公司	砷、汞、镉、铅、铬、锰	砷、汞、镉、铅、铬、锰
156	甘肃省有色金属地质勘查局兰州矿产勘查院中心实验室	砷、汞、镉、铅、铬、铀、钍、锰	砷、汞、镉、铅、铬、铀、钍、锰
157	北京建筑材料检验研究院有限公司	砷、汞、镉、铅、铬	砷、汞、镉、铅、铬

注：*表示该检测参数为补测满意。

十四、镶嵌钻石鉴定及分级能力验证项目（75家）

编号	机构名称	备注
1	海南省产品质量监督检验所	
2	温州市质量技术监督检测院	
3	天津市产品质量监督检测技术研究院	
4	广州出入境检验检疫局综合技术服务中心珠宝鉴定实验室	
5	广东省珠宝玉石及贵金属检测中心	
6	中国冶金地质总局山东局测试中心	
7	宁波市产品质量监督检验研究院	
8	浙江省珠宝玉石首饰鉴定中心	
9	南京珠宝研究检测中心有限公司	
10	江苏省质量技术监督南京大学珠宝产品质量检验站	
11	国家首饰质量监督检验中心	
12	辽宁省宝玉石质量监督检验中心	
13	江苏省质量技术监督珠宝首饰产品质量检验站	
14	云南省珠宝玉石质量监督检验研究院	
15	湖南省黄金宝玉石制品质量监督检验授权站	
16	国家首饰质量监督检验中心（深圳实验室）	
17	山西省珠宝玉石首饰产品质量监督检验站	
18	唐山市宝玉石产品质量监督检验站	
19	北京北大宝石鉴定中心	
20	国家金银制品质量监督检验中心（上海）	
21	国家金银制品质量监督检验中心（上海）	
22	国家金银制品质量监督检验中心（上海）	
23	杭州市质量技术监督检测院	
24	国家黄金钻石制品质量监督检验中心	
25	国家黄金钻石制品质量监督检验中心	
26	华东理工大学宝石检测中心	
27	辽宁省金银珠宝玉石质量监督检验中心	
28	陕西省宝玉石金银首饰质量监督检验站	
29	中国地质大学（武汉）珠宝检测中心 广州实验室	
30	国土资源部保定矿产资源监督检测中心（河北省地矿中心实验室）	
31	吉林省金银宝石饰品质量监督检验中心	
32	新疆维吾尔自治区产品质量监督检验研究院金银珠宝所	
33	无锡石地黄金珠宝首饰检测中心有限公司	
34	广西壮族自治区产品质量监督检验研究院	
35	内蒙古自治区产品质量检验研究院	
36	哈尔滨市产品质量监督检验院	
37	四川省珠宝玉石首饰产品质量监督检验中心	
38	福州戴信珠宝首饰检测有限公司	
39	绍兴市质量技术监督检测院	
40	山西省贵金属首饰产品质量监督检验站	
41	国土资源部郑州矿产资源监督检测中心	
42	国土资源部武汉矿产资源监督检测中心	
43	重庆市计量质量检测研究院	
44	大连市产品质量监督检验所	
45	广东省珠海市质量计量监督检测所	
46	广东省珠海市质量计量监督检测所	
47	广东省珠海市质量计量监督检测所	

续表

编号	机构名称	备注
48	南京市产品质量监督检验院/国家金银制品质量监督检验中心（南京）	
49	甘肃省金银贵金属珠宝玉石饰品质量监督检验站	
50	深圳市宁深检验检测技术有限公司	
51	安徽省产品质量监督检验研究院	
52	中钢集团天津地质研究院有限公司地质矿产测试中心	
53	浙江省质量检测科学研究院/浙江方圆检测集团股份有限公司	
54	青海省金银饰品珠宝玉石产品质检站/国土资源部西宁矿产资源监督检测中心	
55	广东产品质量监督检验研究院	
56	国家珠宝玉石质量监督检验中心（上海实验室）	
57	国家珠宝玉石质量监督检验中心（云南实验室）	
58	国家珠宝玉石质量监督检验中心（广州实验室）	
59	国家珠宝玉石质量监督检验中心（香港实验室）	
60	国家珠宝玉石质量监督检验中心（深圳实验室）	
61	国家珠宝玉石质量监督检验中心	
62	江苏省黄金珠宝检测中心	
63	甘肃省产品质量监督检验中心	
64	山西省金银珠宝玉石质检协会	
65	江苏省常州质量技术监督黄金珠宝产品质量检验站	
66	北京市中工商联珠宝检测中心广州办事处	补测满意
67	成都市产品质量检验研究院有限责任公司	补测满意
68	大连恒鑫珠宝首饰鉴定有限责任公司	补测满意
69	秦皇岛市珠宝玉石质量监督检验站/燕山大学珠宝玉石鉴定研究中心	补测满意
70	北京中商宏业珠宝鉴定服务中心	补测满意
71	中国地质大学（武汉）珠宝检测中心 武汉实验室	补测满意
72	中国地质大学（武汉）珠宝检测中心 深圳实验室	补测满意
73	广东省金银珠宝检测中心/广东省质量监督金银珠宝检验站	补测满意
74	海南省三亚质量技术监督技术所	补测满意
75	广东省东莞市质量监督检测中心	补测满意

十五、混纺产品纤维含量的测定能力验证项目（158家）

编号	机构名称	备注
1	江苏出入境检验检疫局轻工产品与儿童用品检测中心	
2	纺织工业（苏州）检测中心	
3	联合厂商会检定中心（上海）有限公司	
4	国家服装质量监督检验中心（上海）	
5	佛山市质量计量监督检测中心	
6	南海出入境检验检疫局综合技术服务中心检测中心	
7	宁波出入境检验检疫局技术中心鄞州分中心	
8	山东出入境检验检疫局检验检疫技术中心生态纺织实验室	
9	深圳市华测检测技术股份有限公司	
10	成都产品质量检验研究院有限责任公司	
11	深圳市计量质量检测研究院	
12	上海可泰检验有限公司上海实验中心	
13	珠海出入境检验检疫局检验检疫技术中心	
14	广东省质量监督服装检验站（揭阳）	
15	中山出入境检验检疫局技术中心	

续表

编号	机构名称	备注
16	福建出入境检验检疫局检验检疫技术中心	
17	湖北省纤维检验局	
18	上海中纺伊纺织技术检验服务有限公司	
19	江西出入境检验检疫局综合技术中心	
20	国家纺织制品质量监督检验中心/中纺标（北京）检验认证中心有限公司	
21	上海市质量监督检验技术研究院	
22	国家茧丝绸产品质量监督检验中心（柳州）	
23	潍坊市纤维检验所	
24	内蒙古自治区纤维检验局（国家毛绒质量监督检验中心）	
25	广州市增城质量技术监督检测所	
26	上海爱丽服装检验修理有限公司	
27	哈尔滨市产品质量监督检验院	
28	重庆市纤维检验局	
29	山西省纤维检验局	
30	深圳市谱尼测试科技有限公司	
31	国家服装质量监督检验中心（天津）	
32	四川出入境检验检疫局检验检疫技术中心轻工纺织品实验室	
33	中国检验认证集团宁波有限公司	
34	石家庄市纺织产品质量监督检验所	
35	杭州市质量技术监督检测院	
36	国家纺织服装产品质量监督检验中心（浙江）/宁波市纤维检验所	
37	北京出入境检验检疫局检验检疫技术中心	
38	江苏出入境检验检疫局工业产品检测中心纺织实验室	
39	广东产品质量监督检验研究院	
40	河北出入境检验检疫局检验检疫技术中心	
41	国家棉花及纺织服装产品质量监督检验中心	
42	广西壮族自治区产品质量监督检验研究院	
43	北京市纺织纤维检验所	
44	桐乡市产品质量监督检验所/浙江省羊毛衫质量检验中心	
45	浙江省检验检疫科学技术研究院绍兴分院	
46	重庆出入境检验检疫局检验检疫技术中心	
47	江阴市纤维检验所	
48	北京市毛麻丝织品质量监督检验站	
49	苏州出入境检验检疫局检验检疫综合技术中心	
50	惠州出入境检验检疫局检验检疫综合技术中心	
51	国家纺织服装产品质量监督检验中心（浙江）	
52	温州市质量技术监督检验院	
53	荆州市纤维检验局	
54	国家生态纺织品质量监督检验中心滨州实验室	
55	天津市纺织纤维检验所	
56	浙江省检验检疫科学技术研究院嘉兴分院	
57	轻纺产品检测实验室	
58	通标标准技术服务有限公司广州分公司纺织品及鞋类实验室	
59	广东省珠海市质量计量监督检测所	
60	浙江省质量检测科学研究院（国家皮革质量监督检验中心（浙江））	
61	海南出入境检验检疫局检验检疫技术中心	
62	飞迪商品检验（上海）有限公司	

续表

编号	机构名称	备注
63	通标标准技术服务有限公司宁波分公司	
64	常州进出口工业及消费品安全检测中心	
65	上海古岛莎保得检测技术有限公司	
66	深圳市华测检测技术股份有限公司上海分公司	
67	瀚莎测试技术（上海）有限公司	
68	绍兴出入境检验检疫局综合技术服务中心柯桥分中心/浙江省检验检疫科学技术研究院绍兴分院柯桥分中心	
69	湖北出入境检验检疫局检验检疫技术中心工业品检测分中心	
70	泰安市纺织纤维检验所	
71	新会出入境检验检疫局综合技术服务中心综合实验室	
72	辽宁省纤维检验局	
73	通标标准技术服务有限公司青岛分公司	
74	河南出入境检验检疫局检验检疫技术中心	
75	通标标准技术服务有限公司杭州分公司	
76	广东增城出入境检验检疫局综合实验室	
77	上海市纤维检验所	
78	中国商业联合会针棉织商品质量监督检验测试中心（天津）	
79	安庆市纤维检验所	
80	国家棉印染产品质量监督检验中心	
81	汕头出入境检验检疫局检验检疫技术中心(纺织品实验室)	
82	颛泓（上海）测试技术服务有限公司	
83	南通出入境检验检疫局综合技术中心	
84	广东检验检疫技术中心纺织实验室	
85	黄冈市纤维检验局	
86	桂林市产品质量检验所	
87	马鞍山市纤维检验所	
88	江苏出入境检验检疫局纺织工业产品检测中心	
89	国家羽绒制品质量监督检验中心(成都)	
90	国家纺织服装产品质量监督检验中心（福建）/福建省纤维检验局	
91	国家纺织服装产品质量监督检验中心（福建晋江）服装分中心/福建省纤维检验局晋江实验室	
92	深圳出入境检验检疫局工业品检测技术中心纺织实验室	
93	浙江省检验检疫科学技术研究院	
94	国家茧丝绸产品质量监督检验中心（山东）	
95	国家毛纺织产品质量监督检验中心（上海）	
96	南京市产品质量监督检验院	
97	国家丝绸及服装产品质量监督检验中心	
98	国家丝绸及服装产品质量监督检验中心(常熟实验室)	
99	国家丝绸及服装产品质量监督检验中心(张家港实验室)	
100	国家纺织服装产品质量监督检验中心（湖北）	
101	江苏省纺织产品质量监督检验研究院	
102	广州质量监督检测研究院	
103	国家羊绒产品质量监督检验中心	
104	湖南省纤维检验局/国家苎麻产品质量监督检验中心	
105	徐州市纤维检验中心	
106	浙江中天纺检测有限公司	
107	国家羊绒及其制品质量监督检验中心	
108	国家针织产品质量监督检验中心	

续表

编号	机构名称	备注
109	安徽出入境检验检疫局检验检疫技术中心	
110	上海出入境检验检疫局工业品与原材料检测技术中心	
111	深圳天祥质量技术服务有限公司广州开发区分公司	
112	国家地毯质量监督检验中心	
113	镇江市产品质量监督检验中心	
114	恒标技术（上海）有限公司	
115	国家纤维纺织服装产品质量监督检验中心	
116	国家纺织品服装服饰产品质量监督检验中心（广州）	
117	苏州世标检测技术有限公司	
118	灏泓（上海）测试技术服务有限公司青岛分公司	
119	东莞市以纯集团有限公司质量检测中心	
120	通标标准技术服务有限公司南京分公司	
121	中国广州分析测试中心	
122	通标标准技术服务有限公司常州分公司	
123	上海申磐奈辛格检测技术有限公司	补测满意
124	国家亚麻产品质量监督检验中心	补测满意
125	新疆巴州纤维检验所	补测满意
126	贵州省纺织品服装监督检验所（贵州省纤维检验局）	补测满意
127	顺德出入境检验检疫局综合技术服务中心	补测满意
128	上海天祥质量技术服务有限公司宁波分公司	补测满意
129	长春市产品质量监督检验院 国家汽车零部件产品质量监督检验中心(长春)	补测满意
130	通标标准技术服务（上海）有限公司检测中心	补测满意
131	泉州出入境检验检疫局综合技术服务中心（纺织品检测分中心）	补测满意
132	中国检验认证集团上海有限公司	补测满意
133	大连市产品质量监督检验所	补测满意
134	中纺协检验（泉州）技术服务有限公司	补测满意
135	番禺出入境检验检疫局综合技术服务中心实验室	补测满意
136	浙江省质量检测科学研究院/浙江方圆检测集团股份有限公司	补测满意
137	喀什地区纤维检验所	补测满意
138	梅州出入境检验检疫局综合技术服务中心综合实验室	补测满意
139	甘肃省纤维检验局	补测满意
140	湖州出入境检验检疫局综合技术服务中心（浙江省）	补测满意
141	上海天祥质量技术服务有限公司杭州分公司	补测满意
142	吉林省纤维检验处	补测满意
143	浙江检疫检验科学研究院温州分院	补测满意
144	欧陆检测技术服务（上海）有限公司	补测满意
145	国家特种防护服装质量监督检验中心	补测满意
146	上海科恳检验服务有限公司	补测满意
147	张家港检验检疫局检验检疫综合技术中心	补测满意
148	国家生态纺织品质量监督检验中心	补测满意
149	莱茵技术（上海）有限公司	补测满意
150	国家毛纺织产品质量监督检验中心（北京）	补测满意
151	国家棉花质量监督检验中心（新疆）	补测满意
152	国家羽绒制品质量监督检验中心(萧山)	补测满意
153	陕西省纤维检验局	补测满意
154	义乌出入境检验检疫局综合技术服务中心	补测满意
155	湖南出入境检验检疫局检验检疫技术中心/湖南中检检测有限公司	补测满意

续表

编号	机构名称	备注
156	江门出入境检验检疫局技术中心	补测满意
157	威海出入境检验检疫局技术中心	补测满意
158	盐城市纤维检验所	补测满意

十六、玩具油漆涂层中可迁移有机锡含量的测定能力验证项目(67家)

编号	机构名称	满意参数
1	东莞启汇技术服务有限公司	BuT、DBT、MOT
2	广东出入境检验检疫局粤东玩具检测中心	BuT、DBT、MOT
3	广东华科检测技术服务有限公司	BuT、DBT、MOT
4	中山永辉化工有限公司实验室	BuT、DBT、MOT
5	杭州希科检测技术有限公司	BuT、DBT、MOT
6	天津市产品质量监督检测技术研究院	BuT、DBT、MOT
7	深圳松辉化工有限公司测试实验室	BuT、DBT、MOT
8	中华制漆(深圳)有限公司检测中心	BuT、DBT、MOT
9	科铨塑胶(深圳)有限公司检测中心	BuT、DBT、MOT
10	ICQ (HK) Limited	BuT、DBT、MOT
11	深圳天祥质量技术服务有限公司	BuT、DBT、MOT
12	美泰玩具技术咨询(深圳)有限公司 – 品质检定实验室	BuT、DBT、MOT
13	东莞出入境检验检疫局检验检疫综合技术中心	BuT、DBT、MOT
14	广东省东莞市优越检测技术服务股份有限公司	BuT、DBT、MOT
15	江苏出入境检验检疫局轻工产品与儿童用品检测中心(中华人民共和国扬州进出口玩具检验所)	BuT、DBT、MOT
16	江苏捷通检验认证有限公司	BuT、DBT、MOT
17	东莞标检产品检测有限公司	BuT、DBT、MOT
18	韶关旭日国际有限公司–旭日实验室	BuT、DBT、MOT
19	长荣玩具(东莞)有限公司化学实验室	BuT、DBT、MOT
20	东莞市中鼎检测技术有限公司	BuT、DBT、MOT
21	东莞昌明印刷有限公司检测中心	BuT、DBT、MOT
22	浙江省检验检疫科学技术研究院台州分院	BuT、DBT、MOT
23	镇泰(中国)工业有限公司实验室	BuT、DBT、MOT
24	深圳市华测检测技术股份有限公司上海分公司	BuT、DBT、MOT
25	恒昌涂料(惠阳)有限公司检测实验室	BuT、DBT、MOT
26	宝钜(中国)儿童用品有限公司测试实验中心	BuT、DBT、MOT
27	宁波市产品质量监督检验研究院(国家文教用品质量监督检验中心)	BuT、DBT、MOT
28	东莞市隽思产品检测有限公司	BuT、DBT、MOT
29	广东出入境检验检疫局检验检疫技术中心玩具实验室	BuT、DBT、MOT
30	上海标检产品检测有限公司	BuT、DBT、MOT
31	联合厂商会检定中心(上海)有限公司	BuT、DBT、MOT
32	广东产品质量监督检验研究院	BuT、DBT、MOT
33	山东出入境检验检疫技术中心国家妇女儿童用品检测重点实验室	BuT、DBT、MOT
34	宁波出入境检验检疫局检验检疫技术中心(消费品分中心)	BuT、DBT、MOT
35	鹤山利奥计量检测服务有限公司	BuT、DBT、MOT
36	义乌出入境检验检疫局综合技术服务中心	BuT、DBT、MOT
37	颛泓(上海)测试技术服务有限公司	BuT、DBT、MOT
38	三和化工(深圳)有限公司	BuT、DBT、MOT
39	消费品检测技术(越南)有限公司Consumer Testing Technology (Vietnam) Co., Ltd.	BuT、DBT、MOT

续表

编号	机构名称	满意参数
40	联志玩具礼品（东莞）有限公司-实验室	BuT、DBT、MOT
41	无锡天祥质量技术服务有限公司	BuT、DBT、MOT
42	天祥公证行（香港）有限公司	BuT、DBT、MOT
43	诺思技术分析（深圳）有限公司	BuT、DBT、MOT
44	国家鞋类检测中心莆田实验室	BuT、DBT、MOT
45	至诚产品检测（深圳）有限公司	BuT、DBT、MOT
46	通标标准技术服务（上海）有限公司化学实验室	BuT、DBT、MOT
47	浙江省检验检疫科学技术研究院	BuT、DBT、MOT
48	广州环宇标准及检测技术有限公司	BuT、DBT、MOT
49	Korea Conformity Laboratories	BuT、DBT、MOT
50	KOREA TESTING & RESEARCH INSTITUTE	BuT、DBT、MOT
51	KOTITI TESTING & RESEARCH INSTITUTE	BuT、DBT、MOT
52	SGS KOREA CO., LTD. ANYANG LABORATORY	BuT、DBT、MOT
53	明门（中国）幼童用品有限公司测试实验中心	BuT、DBT、MOT
54	安徽出入境检验检疫局检验检疫技术中心	BuT、DBT、MOT
55	宜家分拨（上海）有限公司宜家中国测试及培训中心	BuT*、DBT、MOT
56	优力胜邦质量检测（上海）有限公司深圳分公司	BuT*、DBT、MOT
57	深圳市伟利丰塑胶制品有限公司检测中心	BuT*、DBT、MOT
58	福建出入境检验检疫局检验检疫技术中心	BuT*、DBT、MOT
59	深圳出入境检验检疫局玩具检测技术中心	BuT*、DBT、MOT
60	东莞保辉电子有限公司化学实验室	BuT、DBT*、MOT
61	洋紫荆油墨（中山）有限公司检测实验室	BuT、DBT*、MOT
62	上海出入境检验检疫局机电产品检测技术中心	BuT、DBT*、MOT
63	珠海出入境检验检疫局检验检疫技术中心	BuT、DBT*、MOT
64	Intertek Testing Services Korea Ltd.	BuT、DBT*、MOT
65	佛山市南海福和玩具有限公司化学实验室	BuT*、DBT*、MOT
66	惠州出入境检验检疫局综合技术中心	BuT*、DBT、MOT*
67	深圳市计量质量检测研究院	BuT*、DBT、MOT*

注：*表示该检测参数为补测满意。

十七、流感病毒分型及亚型实时荧光定量RT-PCR检测能力验证项目（46家）

编号	机构名称	满意参数
1	海南国际旅行卫生保健中心	甲、乙型流感病毒分型 甲型H1N1、H3N2、H5N1、H7N9亚型分型检测
2	厦门国际旅行卫生保健中心	甲、乙型流感病毒分型 甲型H1N1、H3N2、H5N1、H7N9亚型分型检测
3	北京市昌平区疾病预防控制中心	甲、乙型流感病毒分型* 甲型H1N1、H3N2、H5N1、H7N9亚型分型检测满意
4	湖南国际旅行卫生保健中心	甲、乙型流感病毒分型 甲型H1N1、H3N2、H5N1、H7N9亚型分型检测
5	上海之江生物科技股份有限公司	甲、乙型流感病毒分型 甲型H1N1、H3N2、H5N1、H7N9亚型分型检测
6	上海市徐汇区疾病预防控制中心	甲、乙型流感病毒分型 甲型H1N1、H3N2、H5N1、H7N9亚型分型检测
7	深圳国际旅行卫生保健中心	甲、乙型流感病毒分型 甲型H1N1、H3N2、H5N1、H7N9亚型分型检测
8	山东国际旅行卫生保健中心	甲、乙型流感病毒分型 甲型H1N1、H3N2、H5N1、H7N9亚型分型检测

续表

编号	机构名称	满意参数
9	浙江国际旅行卫生保健中心	甲、乙型流感病毒分型 甲型H1N1、H3N2、H5N1、H7N9亚型分型检测
10	北京市门头沟区疾病预防控制中心	甲、乙型流感病毒分型 甲型H1N1、H3N2、H5N1、H7N9亚型分型检测
11	江西国际旅行卫生保健中心医学媒介生物实验室	甲、乙型流感病毒分型 甲型H1N1、H3N2、H5N1、H7N9亚型分型检测
12	甘肃国际旅行卫生保健中心	甲、乙型流感病毒分型 甲型H1N1、H3N2、H5N1、H7N9亚型分型检测
13	上海市杨浦区疾病预防控制中心	甲、乙型流感病毒分型 甲型H1N1、H3N2、H5N1、H7N9亚型分型检测
14	上海市普陀区疾病预防控制中心	甲、乙型流感病毒分型 甲型H1N1、H3N2、H5N1、H7N9亚型分型检测
15	深圳市南山区疾病预防控制中心	甲、乙型流感病毒分型* 甲型H1N1、H3N2、H5N1、H7N9亚型分型检测满意
16	珠海市疾病预防控制中心	甲、乙型流感病毒分型 甲型H1N1、H3N2、H5N1、H7N9亚型分型检测
17	北京市疾病预防控制中心营养与食品卫生所	甲、乙型流感病毒分型 甲型H1N1、H3N2、H5N1、H7N9亚型分型检测
18	江苏国际旅行卫生保健中心无锡分中心	甲、乙型流感病毒分型 甲型H1N1、H3N2、H5N1、H7N9亚型分型检测
19	福建国际旅行卫生保健中心	甲、乙型流感病毒分型 甲型H1N1、H3N2、H5N1、H7N9亚型分型检测
20	上海市嘉定区疾病预防控制中心	甲、乙型流感病毒分型 甲型H1N1、H3N2、H5N1、H7N9亚型分型检测
21	沈阳出入境检验检疫局	甲型H1N1、H7N9亚型分型检测
22	辽宁国际旅行卫生保健中心	甲、乙型流感病毒分型 甲型H1N1、H3N2、H5N1、H7N9亚型分型检测
23	天津国际旅行卫生保健中心	甲、乙型流感病毒分型 甲型H1N1、H3N2、H5N1、H7N9亚型分型检测
24	上海市浦东新区疾病预防控制中心	甲、乙型流感病毒分型 甲型H1N1、H3N2、H5N1、H7N9亚型分型检测
25	重庆国际旅行卫生保健中心	甲、乙型流感病毒分型 甲型H1N1、H3N2、H5N1、H7N9亚型分型检测
26	安徽国际旅行卫生保健中心	甲、乙型流感病毒分型 甲型H1N1、H3N2、H5N1、H7N9亚型分型检测
27	新疆国际旅行卫生保健中心	甲、乙型流感病毒分型 甲型H7N9亚型检测
28	天津国际旅行卫生保健中心实验室（空港）	甲、乙型流感病毒分型 甲型H1N1、H3N2、H5N1、H7N9亚型分型检测
29	四川出入境检验检疫局	甲、乙型流感病毒分型 甲型H1N1、H3N2、H5N1、H7N9亚型分型检测
30	广东出入境检验检疫局检验检疫技术中心	甲、乙型流感病毒分型 甲型H1N1、H3N2、H5N1、H7N9亚型分型检测
31	上海市长宁区疾病预防控制中心	甲、乙型流感病毒分型检测
32	上海国际旅行卫生保健中心实验室	甲、乙型流感病毒分型 甲型H1N1、H3N2、H5N1、H7N9亚型分型检测
33	汕头国际旅行卫生保健中心	甲、乙型流感病毒分型 甲型H1N1、H3N2、H5N1、H7N9亚型分型检测
34	黑龙江国际旅行卫生保健中心	甲、乙型流感病毒分型 甲型H1N1、H3N2、H5N1、H7N9亚型分型检测
35	河北国际旅行卫生保健中心	甲、乙型流感病毒分型 甲型H1N1、H3N2、H5N1、H7N9亚型分型检测

续表

编号	机构名称	满意参数
36	广州市疾病预防控制中心	甲、乙型流感病毒分型 甲型H1N1、H3N2、H5N1、H7N9亚型分型检测
37	宁波国际旅行卫生保健中心综合实验室	甲、乙型流感病毒分型 甲型H1N1、H3N2、H5N1、H7N9亚型分型检测
38	四川省疾病预防控制中心	甲、乙型流感病毒分型 甲型H1N1、H3N2、H5N1、H7N9亚型分型检测
39	厦门市疾病预防控制中心检验科	甲、乙型流感病毒分型及甲型H7N9亚型检测
40	深圳市龙岗区疾病预防控制中心	甲、乙型流感病毒分型 甲型H1N1、H3N2、H5N1、H7N9亚型分型检测
41	深圳市福田区疾病预防控制中心	甲、乙型流感病毒分型 甲型H1N1、H3N2亚型分型检测
42	湖南省疾病预防控制中心	甲型H7N9亚型检测
43	中山出入境检验检疫局技术中心	甲型H1N1、H7N9亚型分型检测
44	深圳市罗湖区疾病预防控制中心	甲、乙型流感病毒分型 甲型H1N1、H3N2、H5N1、H7N9亚型分型检测*
45	湖南出入境检验检疫局检验检疫技术中心	甲型H1N1、H7N9亚型分型检测
46	江苏省淮安市疾病预防控制中心	甲、乙型流感病毒分型 甲型H1N1、H3N2、H5N1、H7N9亚型分型检测满意

注：*表示该检测参数为补测满意。

十八、禽流感病毒H7N9亚型核酸检测能力验证项目（46家）

编号	机构名称	备注
1	江西出入境检验检疫局综合技术中心	
2	上海市松江区食用农产品安全监督检测中心	
3	珠海出入境检验检疫局检验检疫技术中心	
4	上海市徐汇区疾病预防控制中心	
5	大龙兽医化验所	
6	福建出入境检验检疫局检验检疫技术中心	
7	北京市房山区疾病预防控制中心	
8	浙江国际旅行卫生保健中心	
9	四川省疾病预防控制中心	
10	天津出入境检验检疫局动植物与食品检测中心	
11	崇明县动物疫病预防控制中心	
12	湖北出入境检验检疫局技术中心	
13	天津市动物疫病预防控制中心	
14	河北出入境检验检疫局检验检疫技术中心燕郊分中心	
15	惠州出入境检验检疫局动物检疫实验室	
16	东莞出入境检验检疫局综合技术中心动检实验室	
17	深圳出入境检验检疫局动植物检验检疫技术中心	
18	宁波出入境检验检疫局检验检疫技术中心（生物分中心）	
19	中国兽医药品监察所	
20	上海市动物疫病预防控制中心	
21	河北国际旅行卫生保健中心实验室	
22	北京市西城区疾病预防控制中心	
23	广东省农业科学院动物卫生研究所	
24	北京市海淀区疾病预防控制中心	
25	镇江市疾病预防控制中心	

续表

编号	机构名称	备注
26	陕西出入境检验检疫局技术中心	
27	深圳市疾病预防控制中心	
28	天津国际旅行卫生保健中心实验室（海港）	
29	浙江出入境检验检疫局检验检疫技术中心动物检疫实验室	
30	上海市浦东新区疾病预防控制中心	
31	天津国际旅行卫生保健中心实验室（空港）	
32	重庆出入境检验检疫局检验检疫技术中心动物检疫实验室	
33	上海市虹口区疾病预防控制中心	
34	东莞市动物疫病预防控制中心	
35	山东凤祥股份有限公司检测中心	
36	上海普陀区疾病预防控制中心	
37	北京市石景山区疾病预防控制中心	
38	上海之江生物科技股份有限公司	
39	中山出入境检验检疫局技术中心	
40	广州市动物疫病预防控制中心	
41	上海市浦东新区农产品安全检测中心	
42	诸城绿安检测有限公司	
43	吉林出入境检验检疫局检验检疫技术中心	
44	云南出入境检验检疫局检验检疫技术中心动检实验室	
45	内蒙古出入境检验检疫局检验检疫技术中心	
46	上海市闵行区动植物检测检验中心	补测满意

十九、水生动物病毒性出血性败血症病毒核酸检测能力验证项目（26家）

编号	机构名称
1	天津出入境检验检疫局动植物与食品检测中心
2	连云港出入境检验检疫局动植物实验室
3	内蒙古满洲里出入境检验检疫局技术中心动物检疫实验室
4	福州市水生动物疫病预防控制中心实验室
5	宁波出入境检验检疫局检验检疫技术中心（生物分中心）
6	广东出入境检验检疫局检验检疫技术中心
7	中国检验检疫科学研究院水生动物疾病研究中心
8	临沂出入境检验检疫局检验检疫技术中心
9	福建出入境检验检疫局检验检疫技术中心
10	汕头出入境检验检疫局检验检疫技术中心基因检测实验室
11	烟台出入境检验检疫局检验检疫技术中心
12	云南出入境检验检疫局检验检疫技术中心动检实验室
13	中山出入境检验检疫局技术中心食品化妆品检测实验室
14	湖北出入境检验检疫局检验检疫技术中心动植物检疫分中心
15	辽宁出入境检验检疫局检验检疫技术中心丹东分中心
16	湛江出入境检验检疫局检验检疫技术中心动物检验检疫实验室
17	东莞出入境检验检疫局检验检疫综合技术中心动检实验室
18	广西渔业病害防治环境监测和质量检验中心
19	福建省农业科学院鱼病研究室
20	北京市水产技术推广站
21	阿拉山口出入境检验检疫局综合技术服务中心动植食品纺织实验室
22	北京出入境检验检疫局检验检疫技术中心动物实验室

续表

编号	机构名称
23	浙江出入境检验检疫局检验检疫技术中心动物检疫实验室
24	吉林出入境检验检疫局检验检疫技术中心动植物检疫实验室
25	中国水产科学研究院珠江水产研究所水产病害与免疫研究室
26	唐山出入境检验检疫局综合实验室

二十、大豆茎溃疡病菌特异性检测能力验证项目（48家）

编号	机构名称	备注
1	安徽出入境检验检疫局技术中心动植检实验室	
2	北京出入境检验检疫局检验检疫技术中心	
3	防城港出入境检验检疫局综合实验室	
4	福建出入境检验检疫局检验检疫技术中心	
5	深圳出入境检验检疫检验局动植物检验检疫技术中心植检实验室	
6	广东出入境检验检疫局检验检疫技术中心	
7	广西出入境检验检疫局检验检疫技术中心	
8	海南出入境检验检疫局热带植物隔离检疫中心	
9	河南出入境检验检疫局检验检疫技术中心	
10	黑龙江省绥芬河出入境检验检疫局综合技术中心	
11	湖北出入境检验检疫局技术中心植物检疫实验室	
12	湖南出入境检验检疫局检验检疫技术中心	
13	吉林出入境检验检疫局检验检疫技术中心	
14	江苏出入境检验检疫局动植物与食品检测中心植物检疫实验室	
15	广东省农业有害生物预警防控中心	
16	辽宁出入境检验检疫局检验检疫技术中心植物检验科	
17	满洲里出入境检验检疫局检验检疫技术中心	
18	内蒙古二连浩特出入境检验检疫局检验检疫技术中心植检实验室	
19	南沙出入境检验检疫局技术中心植检实验室	
20	宁波出入境检验检疫局检验检疫技术中心	
21	广西出入境检验检疫局技术中心凭祥分中心	
22	华南农业大学热带亚热带真菌研究所	
23	秦皇岛出入境检验检疫局植检实验室	
24	珠海出入境检验检疫局检验检疫技术中心	
25	山东省林业有害生物防控技术研究中心	
26	陕西出入境检验检疫局检验检疫技术中心	
27	四川出入境检验检疫局技术中心	
28	汕头出入境检验检疫局技术中心植物检疫实验室	
29	上海出入境检验检疫局动植物与食品检验检疫技术中心	
30	四川出入境检验检疫局技术中心四川酒类检测实验室	
31	国家仓储有害生物检疫重点实验室（苏州）	
32	唐山出入境检验检疫局综合实验室	
33	天津出入境检验检疫局动植物与食品检测中心	
34	厦门出入境检验检疫局检验检疫技术中心	
35	新疆出入境检验检疫局检验检疫技术中心	
36	盐城出入境检验检疫局综合技术服务中心	
37	伊犁出入境检验检疫局综合技术服务中心综合实验室	
38	云南出入境检验检疫局技术中心植物检验检疫实验室	
39	浙江出入境检验检疫局检验检疫技术中心植物检验检疫实验室	

续表

编号	机构名称	备注
40	浙江省检验检疫科学研究院温州分院植检实验室	
41	中国检验检疫科学研究院植物检疫研究所	
42	中山出入境检验检疫局检验检疫技术中心	
43	重庆出入境检验检疫局检验检疫技术中心	
44	舟山出入境检验检疫局动植物检疫实验室	
45	甘肃出入境检验检疫局检验检疫综合技术中心	补测满意
46	江西出入境检验检疫局综合技术中心	补测满意
47	钦州出入境检验检疫局检疫综合实验室	补测满意
48	山东出入境检验检疫局检验检疫技术中心	补测满意

二十一、糙果苋检疫鉴定能力验证项目(59家)

编号	机构名称	鉴定人	备注
1	福建出入境检验检疫局检验检疫技术中心	虞赟、于文涛	
2	国家林木检验检疫重点实验室	叶剑雄、郑茂灿	
3	泉州出入境检验检疫局	曾思海、陈劲松	
4	厦门出入境检验检疫局检验检疫技术中心植物检疫实验室	王宏毅	
5	东莞出入境检验检疫局技术中心植检实验室	郑晓薇杨红霞	
6	顺德出入境检验检疫局综合技术服务中心植检室	沈阳	
7	高明出入境检验检疫局	张永瑜、高兰兰	
8	广东出入境检验检疫局检验检疫技术中心	吴海荣	
9	湖州出入境检验检疫局植物检疫实验室	刘鹏程	
10	浙江省检验检疫科学技术研究院嘉兴分院	张建成、张红英	
11	深圳出入境检验检疫局动植物检验检疫技术中心	康林、陈冬美	
12	湛江出入境检验检疫局检验检疫技术中心	马新华、龙阳	
13	中山出入境检验检疫局检验检疫技术中心	王章根、杨雷亮	
14	珠海出入境检验检疫局	成晓维	
15	深圳出入境检验检疫局动植物检验检疫技术中心植检实验室	王筱筱、邵炜冬	
16	佛山出入境检验检疫局	李新芳、黄益燕	
17	广州出入境检验检疫局综合技术服务中心新沙实验室	华丽	
18	防城港出入境检验检疫局综合实验室	闫正跃	
19	宁波出入境检验检疫局检验检疫技术中心	王夏天	
20	浙江检科院绍兴分院植检实验室	陈鹏程	
21	浙江检科院温州分院	董晓慧	
22	梧州出入境检验检疫局检验检疫综合实验室	文新	
23	广西出入境检验检疫局检验检疫技术中心钦州保税港区分中心	杜永部、丘桑	
24	贵州出入境检验检疫局综合技术中心	陈霄、王艳	
25	海南出入境检验检疫局热带植物隔离检疫中心	敖苏	
26	秦皇岛植物检疫实验室	王旭	
27	绥芬河检验检疫局检验检疫综合技术中心植物检疫实验室	张箭、尤波	
28	湖北出入境检验检疫局检验检疫技术中心	王振华	
29	浙江出入境检验检疫局	张宁	
30	淮安出入境检验检疫局	韩阅叶、王萌	
31	连云港出入境检验检疫局动植食检测中心植物检疫实验室	胡伟毅	
32	南通出入境检验检疫局有害生物检疫实验室	孙民琴、徐宁	
33	国家仓储有害生物检疫重点实验室(苏州)	赵毓郎、陈云芳	
34	太仓出入境检验检疫局口岸有害生物检疫实验室	吕飞、孙佳佳	

续表

编号	机构名称	鉴定人	备注
35	泰州检验检疫局植检室	胡长松、朱林	
36	盐城出入境检验检疫局综合技术服务中心	毛克克	
37	国家材种鉴定与木材检疫重点实验室	陈正桥、孙旻旻	
38	江苏出入境检验检疫局动植物与食品检测中心植物检疫实验室	伏建国	
39	江西出入境检验检疫局技术中心	车飞、黄丽莉	
40	鲅鱼圈出入境检验检疫局综合技术服务中心	白会利	
41	赤峰出入境检验检疫局综合技术服务中心	王晓东	
42	舟山出入境检验检疫局动植物检疫实验室	王筱筱、邵炜冬	
43	满洲里出入境检验检疫局检验检疫技术中心	刘玮琦	
44	临沂出入境检验检疫局技术中心	伦才智	
45	山东出入境检验检疫局检验检疫技术中心	宋涛	
46	陕西出入境检验检疫局检验检疫技术中心	李毅然	
47	上海出入境检验检疫局动植物与食品检验检疫技术中心	薛华杰、傅怡宁	
48	四川出入境检验检疫局检验检疫技术中心动植物检疫实验室	王成华、邵宝林	
49	天津出入境检验检疫局	温华蔚	
50	阿拉山口检疫检疫局综合技术服务中心动植物实验室	莫善明、李兰	
51	南沙出入境检验检疫局综合技术服务中心实验室	李盼畔	补测满意
52	新会出入境检验检疫局综合技术服务中心综合实验室	陈达燊、伍长春	补测满意
53	伊犁出入境检验检疫局综合技术服务中心综合实验室霍尔果斯检测场所	乾义柯	补测满意
54	伊犁出入境检验检疫局综合技术服务中心综合实验室伊宁检测场所	乾义柯	补测满意
55	二连浩特出入境检验检疫局技术中心植检室	袁淑珍、魏宇虹	补测满意
56	常州检验检疫局植物检疫检测点	梁小松、张呈伟	补测满意
57	广西出入境检验检疫局检验检疫技术中心	陈展册	补测满意
58	凭祥出入境检验检疫局综合技术服务中心	庞茹文、钟勇	补测满意
59	钦州出入境检验检疫局综合实验室	颜超廷	补测满意

二十二、果蔬汁中常见农药残留量测定能力验证项目(98家)

编号	机构名称	备注
1	扬州市疾病预防控制中心	氯氰菊酯
2	湖南出入境检验检疫局检验检疫技术中心食品安全实验室	多菌灵、毒死蜱、氯氰菊酯
3	河北省食品检验研究院(国家果类及农副加工产品质量监督检验中心)	多菌灵、毒死蜱、氯氰菊酯
4	烟台杰科检测服务有限公司	多菌灵、毒死蜱、氯氰菊酯
5	吉林省产品质量监督检验院	毒死蜱、氯氰菊酯
6	青海省产品质量监督检验所食品检验中心	毒死蜱
7	四川省疾病预防控制中心	毒死蜱
8	江苏省产品质量监督检验研究院宝应食品中心	氯氰菊酯
9	盐城出入境检验检疫局综合检测中心	多菌灵、毒死蜱、氯氰菊酯
10	株洲出入境检验检疫局综合实验室	毒死蜱、氯氰菊酯
11	三明出入境检验检疫局综合技术服务中心	多菌灵、毒死蜱、氯氰菊酯
12	国家轻工业食品质量监督检测成都站	毒死蜱
13	北京出入境检验检疫局检验检疫技术中心	多菌灵、毒死蜱、氯氰菊酯
14	潍坊市产品质量监督检验所	多菌灵、毒死蜱、氯氰菊酯
15	新疆维吾尔自治区分析测试研究院	多菌灵、毒死蜱、氯氰菊酯
16	上海市松江区食用农产品安全监督检测中心	毒死蜱、氯氰菊酯
17	检测中心	毒死蜱

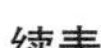

续表

编号	机构名称	备注
18	恩施土家族苗族自治州产品质量监督检验所	多菌灵、毒死蜱、氯氰菊酯
19	湖北省产品质量监督检验研究院	毒死蜱
20	天津市产品质量监督检测技术研究院	毒死蜱
21	浙江省检验检疫科学技术研究院嘉兴分院	毒死蜱、氯氰菊酯
22	徐州出入境检验检疫局食品化矿实验室	多菌灵、毒死蜱、氯氰菊酯
23	宁夏回族自治区食品检测中心/国家农副加工产品质量监督检验中心（宁夏）	氯氰菊酯
24	国家酒类及加工食品质量监督检验中心	毒死蜱
25	湖南出入境检验检疫局检验检疫技术中心/湖南中检检测有限公司（砂子塘实验室）	毒死蜱
26	张家口市食品药品检验中心	多菌灵、毒死蜱、氯氰菊酯
27	辽宁省疾病预防控制中心	氯氰菊酯
28	浙江省质量检测科学研究院/浙江方圆检测集团股份有限公司	多菌灵、毒死蜱、氯氰菊酯
29	成都市疾病预防控制中心	氯氰菊酯
30	江西出入境检验检疫局综合技术中心	毒死蜱、氯氰菊酯
31	鲅鱼圈出入境检验检疫局综合技术服务中心	多菌灵、毒死蜱、氯氰菊酯
32	广西出入境检验检疫局检验检疫技术中心	多菌灵、毒死蜱、氯氰菊酯
33	番禺出入境检验检疫局综合技术服务中心实验室	毒死蜱
34	中国食品发酵工业研究院检验实验室(国家食品质量监督检验中心)	毒死蜱、氯氰菊酯
35	天津出入境检验检疫局动植物与食品检测中心	多菌灵、毒死蜱、氯氰菊酯
36	黄山出入境检验检疫局茶叶质量安全研究中心	多菌灵、毒死蜱、氯氰菊酯
37	北京市海淀区产品质量监督检验所(国家食品质量安全监督检验中心)	多菌灵、氯氰菊酯
38	河北出入境检验检疫局检验检疫技术中心张家口分中心	多菌灵、毒死蜱、氯氰菊酯
39	阿克苏出入境检验检疫局综合实验室	多菌灵、毒死蜱
40	新会出入境检验检疫局综合技术服务中心综合检验检疫实验室	毒死蜱、氯氰菊酯
41	宁夏局技术中心	毒死蜱、氯氰菊酯
42	国家林业局经济林产品质量检验检测中心（杭州）	毒死蜱、氯氰菊酯
43	慈溪市食品安全检测中心	毒死蜱、氯氰菊酯
44	常德出入境检验检疫局综合实验室	毒死蜱
45	泉州出入境检验检疫局综合技术服务中心（食品检测分中心）	多菌灵、毒死蜱、氯氰菊酯
46	宁波市产品质量监督检验研究院	多菌灵、毒死蜱、氯氰菊酯
47	广东产品质量监督检验研究院	毒死蜱
48	山东省产品质量检验研究院	多菌灵、毒死蜱、氯氰菊酯
49	江苏出入境检验检疫局动植食中心	多菌灵、毒死蜱、氯氰菊酯
50	中山出入境检验检疫局技术中心	氯氰菊酯
51	深圳市谱尼测试科技有限公司	毒死蜱
52	重庆出入境检验检疫局技术中心	毒死蜱、氯氰菊酯
53	东山出入境检验检疫局综合技术服务中心	多菌灵、毒死蜱、氯氰菊酯
54	南京市产品质量监督检验院	多菌灵、毒死蜱、氯氰菊酯
55	西藏出入境检验检疫局检验检疫技术中心	多菌灵、毒死蜱、氯氰菊酯
56	北京市产品质量监督检验院	毒死蜱
57	威海市产品质量监督检验所	多菌灵、毒死蜱、氯氰菊酯
58	丹东市产品质量监督检验所	氯氰菊酯
59	黑龙江出入境出入境检验检疫局技术中心残留检测室	多菌灵、毒死蜱、氯氰菊酯
60	云南出入境检验检疫局技术中心食品室	毒死蜱、氯氰菊酯
61	甘肃省食品质量监督检验研究中心	氯氰菊酯
62	韶关出入境检验检疫局综合技术服务中心综合实验室	毒死蜱
63	四川省产品质量监督检验检测院	多菌灵、毒死蜱、氯氰菊酯
64	湖州出入境检验检疫局综合技术服务中心	多菌灵、毒死蜱、氯氰菊酯

续表

编号	机构名称	备注
65	中国广州分析测试中心	多菌灵、毒死蜱、氯氰菊酯
66	茂名出入境检验检疫局综合实验室	多菌灵、毒死蜱
67	河北冠卓检测科技有限公司	多菌灵、毒死蜱
68	江门出入境检验检疫局检验检疫技术中心	毒死蜱、氯氰菊酯
69	连云港出入境检验检疫局动植物实验室	多菌灵、毒死蜱、氯氰菊酯
70	沈阳出入境检验检疫局检验检疫综合技术中心	毒死蜱
71	湖北省食品质量安全监督检验研究院	多菌灵、毒死蜱、氯氰菊酯
72	成都市食品药品检测中心	毒死蜱、氯氰菊酯
73	广西北海食品药品检验所	毒死蜱
74	武汉产品质量监督检验所	氯氰菊酯
75	中检集团中原农食产品检测（河南）有限公司	多菌灵、毒死蜱、氯氰菊酯
76	上海市浦东新区疾病预防控制中心	氯氰菊酯
77	食品安全实验室	多菌灵、毒死蜱、氯氰菊酯
78	浙江迪恩安正检测技术有限公司	毒死蜱、氯氰菊酯
79	吉林省食品检验所	多菌灵、毒死蜱、氯氰菊酯
80	喀什出入境检验检疫局综合技术服务中心	毒死蜱
81	青岛日水食品研究开发有限公司实验室	多菌灵
82	福清出入境检验检疫局检验检疫技术中心	多菌灵*、毒死蜱、氯氰菊酯
83	龙岩出入境检验检疫局理化分析实验室	多菌灵*、毒死蜱、氯氰菊酯
84	上海出入境检验检疫局动植物与食品检验检疫技术中心理化实验室	多菌灵*、毒死蜱、氯氰菊酯
85	泰安检验检疫局技术中心	氯氰菊酯*、多菌灵、毒死蜱
86	镇江出入境检验检疫局检验检疫综合技术中心	氯氰菊酯*、毒死蜱
87	余姚市食品检验检测中心	毒死蜱*、氯氰菊酯
88	宁德出入境检验检疫局检验检疫技术中心	多菌灵*、毒死蜱、氯氰菊酯
89	山东威瑞信化学检测技术有限公司	氯氰菊酯*、多菌灵、毒死蜱、
90	湖南省疾病预防控制中心（湖南省公共卫生检测检验中心）	氯氰菊酯*
91	陕西出入境检验检疫局检验检疫技术中心食品实验室	毒死蜱*、氯氰菊酯*、多菌灵
92	新疆库尔勒出入境检验检疫局综合实验室	氯氰菊酯、多菌灵*
93	甘肃出入境检验检疫局检验检疫综合技术中心（中心实验室）	多菌灵*
94	河南出入境检验检疫局检验检疫技术中心	多菌灵*、毒死蜱、氯氰菊酯
95	秦皇岛出入境检验检疫局检验检疫技术中心	多菌灵*、毒死蜱*、氯氰菊酯*
96	广西产品质量监督检验研究院	多菌灵*、毒死蜱*、氯氰菊酯*
97	松原市产品质量计量检验检测所	毒死蜱*、氯氰菊酯*
98	莆田出入境检验检疫局检验检疫技术中心	多菌灵*、毒死蜱*、氯氰菊酯*

注：*表示该检测参数为补测满意。

二十三、大米中镉的测定能力验证项目（111家）

编号	机构名称	备注
1	四川出入境检验检疫局检验检疫技术中心	
2	吉林出入境检验检疫局检验检疫技术中心	
3	舟山市质量技术监督检测研究院/国家海洋食品质量监督检测中心	
4	保山市质量技术监督综合检测中心	
5	韶关出入境检验检疫局综合技术服务中心综合实验室	
6	株洲出入境检验检疫局综合实验室	
7	贵阳市南明区质量技术监督检测所	
8	阳江出入境检验检疫局综合技术服务中心综合实验室	

续表

编号	机构名称	备注
9	广西壮族自治区产品质量监督检验研究院	
10	天津市蓟县产品质量监督检验所	
11	四川出入境检验检疫局检验检疫技术中心四川酒类检测实验室	
12	北京市大兴区疾病预防控制中心	
13	肇庆市出入境检验检疫局检验检疫综合技术中心	
14	顺德出入境检验检疫局综合技术服务中心	
15	中检集团中原农食产品检测（河南）有限公司	
16	南海出入境检验检验局综合技术服务中心检测中心	
17	广州质量监督检测研究院	
18	青海省产品质量监督检验所	
19	上海出入境检验检疫局动植物与食品检验检疫技术中心	
20	湖北省产品质量监督检验研究院	
21	万州出入境检验检疫局综合实验室	
22	成都市产品质量监督检验院	
23	四川省产品质量监督检验检测院	
24	花都出入境检验检疫局综合技术服务中心综合实验室	
25	龙岩出入境检验检疫局综合技术服务中心	
26	吉林省产品质量监督检验院	
27	湖北出入境检验检疫局技术中心	
28	北京市丰台区疾病预防控制中心	
29	江西出入境检验检疫局综合技术中心	
30	重庆市万州食品药品检验所	
31	广西壮族自治区粮油质量检验站	
32	云浮出入境检验检疫局综合技术服务中心	
33	衡阳出入境检验检疫局综合实验室	
34	镇江出入境检验检疫局检验检疫综合技术中心	
35	中国林业科学研究院亚热带林业研究所南方经济林产品质检中心	
36	咸宁市食品监督检验检测所	
37	广西出入境检验检疫局检验检疫技术中心	
38	农业部环境质量监督检验测试中心（天津）	
39	佛山出入境检验检疫局检验检疫综合技术中心	
40	无锡出入境检验检疫局检验检疫综合技术中心	
41	青海出入境检验检疫局综合技术中心	
42	河南出入境检验检疫局检验检疫技术中心	
43	库尔勒出入境检验检疫局综合实验室	
44	国家食品质量安全监督检验中心	
45	鲅鱼圈出入境检验检疫局综合技术服务中心	
46	江门出入境检验检疫局检验检疫技术中心	
47	伊犁出入境检验检疫局综合技术服务中心综合实验室	
48	辽宁出入境检验检疫局检验检疫技术中心锦州分中心	
49	福清出入境检验检疫局检验检疫技术中心	
50	郑州市农产品质量检测流通中心	
51	常德出入境检验检疫局综合实验室	
52	泰州市产品质量监督检验所	
53	新会出入境检验检疫局综合技术服务中心综合检验检疫实验室	
54	西安市粮油质量监督检验站	
55	增城出入境检验检疫局综合技术服务中心综合实验室	

续表

编号	机构名称	备注
56	湖南出入境检验检疫局检验检疫技术中心	
57	深圳市谱尼测试科技有限公司	
58	连云港出入境检验检疫局动植物实验室	
59	中国检验认证集团上海有限公司	
60	从化出入境检验检疫局综合技术服务中心综合实验室	
61	莆田出入境检验检疫局检验检疫技术中心	
62	恩施土家族苗族自治州产品质量监督检验所	
63	湖南省食品质量监督检验研究院	
64	中华人民共和国盐城出入境检验检疫局综合检测中心	
65	阿勒泰出入境检验检疫局综合实验室	
66	湖南省粮油产品质量监测中心	
67	江苏出入境检验检疫局动植物与食品检测中心	
68	扬州市产品质量监督检验所	
69	四川省雅安市产品质量监督检验所	
70	天津出入境检验检疫局动植物与食品检测中心	
71	宁德出入境检验检疫局检验检疫技术中心	
72	阿克苏出入境检验检疫局综合实验室	
73	新疆出入境检验检疫局检验检疫技术中心	
74	河南省农业科学院农业质量标准与检测技术研究所	
75	云南出入境检验检疫局检验检疫技术中心	
76	湖南省产商品质量监督检验研究院	
77	番禺出入境检验检疫局综合技术服务中心实验室	
78	内蒙古自治区产品质量检验研究院	
79	开平出入境检验检疫局综合技术服务中心综合实验室	
80	江苏省食品药品监督检验研究院	
81	山东出入境检验检疫局检验检疫技术中心	
82	深圳市罗湖区疾病预防控制中心	
83	秦皇岛出入境检验检疫局检验检疫技术中心	
84	长春市粮油卫生检验监测站	
85	河北冠卓检测科技有限公司	
86	贵州省农产品质量安全监督检验测试中心	
87	青海省食品质量检验中心	
88	广东产品质量监督检验研究院	
89	中华人民共和国贺州出入境检验检疫局综合实验室	
90	塔城出入境检验检疫局综合实验室	
91	南通出入境检验检疫局综合技术中心	
92	国家轻工业食品质量监督检测成都站	
93	陕西出入境检验检疫局检验检疫技术中心	
94	厦门出入境检验检疫局检验检疫技术中心	
95	泉州出入境检验检疫局综合技术服务中心（食检分中心）	
96	浙江省检验检疫科学技术研究院温州分院	
97	农业部农产品质量安全监督检验测试中心（贵阳）	
98	国家葡萄、葡萄酒质量监督检验中心	
99	黔南州质量技术监督检测所	补测满意
100	柳州市产品质量监督检验所	补测满意
101	广州市穗粮粮油产品质量检测中心有限公司	补测满意
102	三明出入境检验检疫局综合技术服务中心	补测满意

续表

编号	机构名称	备注
103	德凯质量认证（上海）有限公司	补测满意
104	荔浦县产品质量监督检验所（广西饮料产品质量监督检验中心）	补测满意
105	江西省产品质量监督检测院（国家果蔬产品及加工食品质量监督检验中心）	补测满意
106	湖北出入境检验检疫局技术中心荆州综合实验室	补测满意
107	厦门市粮油质量监督站	补测满意
108	东山出入境检验检疫局综合技术服务中心	补测满意
109	钦州检验检疫局综合技术服务中心	补测满意
110	河北商华食品安全检测中心	补测满意
111	青岛市粮油质量检测中心	补测满意

二十四、葡萄酒中铜和胭脂红含量的测定能力验证项目（114家）

编号	机构名称	满意参数
1	国家糖业质量监督检验中心（国家轻工业甘蔗糖业质量监督检测中心）	铜、胭脂红
2	天津市产品质量监督检测技术研究院	铜、胭脂红
3	成都市产品质量监督检验院	铜、胭脂红
4	威海市产品质量监督检验所	铜、胭脂红
5	南海出入境检验检疫局综合技术服务中心检测中心	铜、胭脂红
6	河北省食品质量监督检验研究院（国家果类及农副加工产品质量监督检验中心）	铜、胭脂红
7	广西饮料产品质量监督检验中心/荔浦县产品质量监督检验所	铜、胭脂红
8	湖南出入境检验检疫局检验检疫技术中心/湖南中检检测有限公司	铜、胭脂红
9	温州市质量技术监督检测院	铜、胭脂红
10	四川出入境检验检疫局检验检疫技术中心	铜、胭脂红
11	北京市顺义区疾病预防控制中心	铜、胭脂红
12	上海市质量监督检验技术研究院	铜、胭脂红
13	黄埔出入境检验检疫局综合技术服务中心检验检测中心	铜、胭脂红
14	黑龙江出入境检验检疫局检验检疫技术中心	铜、胭脂红
15	西安市产品质量监督检验院	铜、胭脂红
16	内蒙古出入境检验检疫局检验检疫技术中心	铜、胭脂红
17	新会出入境检验检疫局综合技术服务中心综合检验检疫实验室	铜、胭脂红
18	中国检验检疫科学研究院综合检测中心	铜、胭脂红
19	上海市崇明食品药品检验所	铜、胭脂红
20	山东出入境检验检疫局食品农产品检测中心	铜、胭脂红
21	浙江省质量检测科学研究院/浙江方圆检测集团股份有限公司	铜、胭脂红
22	上海天祥质量技术服务有限公司	铜、胭脂红
23	南京市产品质量监督检验院	铜、胭脂红
24	莆田出入境检验检疫局检验检疫技术中心	铜、胭脂红
25	山东省产品质量检验研究院	铜、胭脂红
26	连云港出入境检验检疫局综合技术中心	铜、胭脂红
27	完美（中国）有限公司质保部检测中心	铜、胭脂红
28	广西出入境检验检疫局检验检疫技术中心	铜、胭脂红
29	天津出入境检验检疫局动植物与食品检测中心	铜、胭脂红
30	宁德出入境检验检疫局检验检疫技术中心	铜、胭脂红
31	江门出入境检验检疫局检验检疫技术中心	铜、胭脂红
32	镇江出入境检验检疫局检验检疫综合技术中心	铜、胭脂红
33	国家食品质量监督检验中心/中国食品发酵工业研究院	铜、胭脂红
34	国家果酒及果蔬饮品质量监督检验中心（通化市产品质量检验所）	铜、胭脂红

续表

编号	机构名称	满意参数
35	北京市产品质量监督检验院	铜、胭脂红
36	浙江省疾病预防控制中心	铜、胭脂红
37	湖南省疾病预防控制中心(湖南省公共卫生检测检验中心)	铜、胭脂红
38	上海谱尼测试技术有限公司	铜、胭脂红
39	三明出入境检验检疫局综合技术服务中心	铜、胭脂红
40	德凯质量认证(上海)有限公司	铜、胭脂红
41	江西省产品质量监督检测院(国家果蔬产品与加工食品监督检测中心)	铜、胭脂红
42	浙江省检验检疫科学技术研究院温州分院	铜、胭脂红
43	中国检验认证集团上海有限公司	铜、胭脂红
44	松原市食品药品检验所	铜、胭脂红
45	中山出入境检验检疫局技术中心	铜、胭脂红
46	威海出入境检验检疫局检验检疫技术中心	铜、胭脂红
47	陕西出入境检验检疫局检验检疫技术中心食品实验室	铜、胭脂红
48	湖州出入境检验检疫局综合技术服务中心	铜、胭脂红
49	云南天正检测技术有限公司	铜、胭脂红
50	重庆市计量质量检测研究院	铜、胭脂红
51	吉林省产品质量监督检验院	铜、胭脂红
52	湖北省食品质量安全监督检验研究院	铜、胭脂红
53	国家啤酒及饮料质量监督检验中心/青岛市产品质量监督检验所	铜、胭脂红
54	万州出入境检验检疫局综合实验室	铜*、胭脂红
55	龙岩出入境检验检疫局综合技术服务中心	铜*、胭脂红
56	宁波市产品质量监督检验研究院	铜*、胭脂红
57	国家葡萄酒及白酒、露酒产品质量监督检验中心	铜*、胭脂红
58	绥芬河出入境检验检疫局综合技术中心食品理化室	铜*、胭脂红
59	阿克苏出入境检验检疫局综合实验室	铜*、胭脂红
60	中国商业联合会肉禽蛋食品质量监督检测中心(北京)	铜*、胭脂红
61	上海市酒类产品质量检验中心有限公司	铜*、胭脂红
62	广西壮族自治区产品质量监督检验研究院	铜*、胭脂红
63	天津市蓟县产品质量监督检验所	铜*、胭脂红
64	国家农副加工产品质量监督检验中心(宁夏)/宁夏回族自治区食品检测中心	铜、胭脂红*
65	中国广州分析测试中心	铜、胭脂红*
66	北京市门头沟区疾病预防控制中心	铜、胭脂红*
67	新疆维吾尔自治区分析测试研究院	铜、胭脂红*
68	北京市昌平区疾病预防控制中心	铜、胭脂红*
69	泉州出入境检验检疫局综合技术服务中心(食品检测分中心)	铜、胭脂红*
70	松原市产品质量计量检验检测所	铜、胭脂红*
71	中国肉类食品综合研究中心检验实验室(国家肉类食品质量监督检验中心)	铜、胭脂红*
72	上海实力可商品检验有限公司检验检测中心	铜、胭脂红*
73	云南省疾病预防控制中心	铜*、胭脂红*
74	济南出入境检验检疫局检验检疫技术中心	铜*、胭脂红*
75	河南省疾病预防控制中心	铜*、胭脂红*
76	浙江省检验检疫科学技术研究院台州分院	铜
77	肇庆出入境检验检疫局检验检疫综合技术中心	铜
78	南沙出入境检验检疫局综合技术服务中心实验室	铜
79	吉林出入境检验检疫局检验检疫技术中心	铜
80	河南省农业科学院农业质量标准与检测技术研究所/农业部农产品质量监督检验测试中心(郑州)/河南省畜禽水产品质量监督检验测试中心	铜

续表

编号	机构名称	满意参数
81	苏州出入境检验检疫局检验检疫综合技术中心	铜
82	顺德出入境检验检疫局综合技术服务中心	铜
83	玉林出入境检验检疫局检验检疫综合实验室	铜
84	四川省产品质量监督检验检测院（国家酒类及加工食品质量监督检验中心）	胭脂红
85	青海省产品质量监督检验所	胭脂红
86	重庆出入境检验检疫局技术中心	胭脂红
87	国家食品质量安全监督检验中心(北京市海淀区产品质量监督检验所)	胭脂红
88	湖北省产品质量监督检验研究院	胭脂红
89	芜湖出入境检验检疫局农产品检测实验室	胭脂红
90	广东产品质量监督检验研究院	胭脂红
91	国家酒类及加工食品质量监督检验中心	胭脂红
92	江苏出入境检验检疫局动植物与食品检测中心	胭脂红
93	安徽出入境检验检疫局技术中心食品化学实验室	胭脂红
94	湖南出入境检验检疫局检验检疫技术中心食品安全实验室	胭脂红
95	沈阳出入境检验检疫局检验检疫综合技术中心	胭脂红
96	莱芜出入境检验检疫局技术中心	胭脂红*
97	番禺出入境检验检疫局综合技术服务中心实验室	胭脂红*
98	张家口市食品药品检验中心	铜
99	黔南州质量技术监督检测所	铜
100	北京市西城区疾病预防控制中心	铜
101	徐州出入境检验检疫局食品化矿实验室（胶合板实验室）	铜
102	丹东市产品质量监督检验所	铜
103	上海出入境检验检疫局动植物与食品检验检疫技术中心	铜
104	天津市西青区产品质量监督检验所	铜
105	恩施土家族苗族自治州产品质量监督检验所	铜
106	中检集团中原农食产品检测（河南）有限公司	铜
107	河北出入境检验检疫局检验检疫技术中心廊坊分中心	铜
108	阿勒泰出入境检验检疫局综合实验室	铜
109	盘锦市产品质量监督检验所	铜
110	中证检测科技（天津）有限公司	铜
111	上海市浦东新区疾病预防控制中心	铜
112	海南省出入境检验检疫局检验检疫技术中心	铜
113	浙江迪恩安正检测技术有限公司	铜
114	福清出入境检验检疫局检验检疫技术中心	胭脂红

注：*表示该检测参数为补测满意。

二十五、茶叶中稀土元素镧(La)、铈(Ce)的测定能力验证项目（42家）

编号	机构名称	满意参数
1	北京远东正大商品检验有限公司	镧（La）、铈（Ce）
2	广东省测试分析研究所（中国广州分析测试中心）	镧（La）、铈（Ce）
3	广西壮族自治区产品质量监督检验研究院	镧（La）、铈（Ce）
4	国家黑茶产品质量监督检验中心（湖南）/湖南省益阳市产商品质量监督检验所	镧（La）、铈（Ce）
5	国家糖业质量监督检验中心（国家轻工业甘蔗糖业质量监督检测中心）广州甘蔗糖业研究所检测中心	镧（La）、铈（Ce）
6	海南省产品质量监督检验所	镧（La）、铈（Ce）
7	吉林省产品质量监督检验院	镧（La）、铈（Ce）

续表

编号	机构名称	满意参数
8	可口可乐饮料（上海）有限公司亚太技术中心	镧（La）、铈（Ce）
9	昆山市流通领域食品质量检测中心	镧（La）、铈（Ce）
10	黔南州质量技术监测所	镧（La）、铈（Ce）
11	青岛市华测检测技术有限公司	镧（La）、铈（Ce）
12	泉州出入境检验检疫局综合技术服务中心	镧（La）、铈（Ce）
13	雀巢天津质量保证中心/雀巢（中国）有限公司	镧（La）、铈（Ce）
14	三明出入境检验检疫局综合技术服务中心	镧（La）、铈（Ce）
15	上海市检测中心生物与安全检测实验室	镧（La）、铈（Ce）
16	浙江省质量检测科学研究院/浙江方圆检测集团股份有限公司	镧（La）、铈（Ce）
17	安徽出入境检验检疫局检验检疫技术中心化学技术分中心	镧（La）、铈（Ce）
18	大理州质量技术监督综合检测中心	镧（La）、铈（Ce）
19	福州市产品质量检验所	镧（La）、铈（Ce）
20	广西出入境检验检疫局检验检疫技术中心	镧（La）、铈（Ce）
21	黑龙江省质量监督检测研究院	镧（La）、铈（Ce）
22	江苏省理化测试中心	镧（La）、铈（Ce）
23	上海出入境检验检疫局动植物与食品检验检疫技术中心	镧（La）、铈（Ce）
24	上海天祥质量技术服务有限公司	镧（La）、铈（Ce）
25	深圳市华测检测技术股份有限公司上海分公司	镧（La）、铈（Ce）
26	通标标准技术服务（上海）有限公司化学实验室	镧（La）、铈（Ce）
27	云南省保山市质量技术监督综合检测中心	镧（La）、铈（Ce）
28	云南天正检测技术有限公司	镧（La）、铈（Ce）
29	珠海出入境检验检疫局检验检疫技术中心	镧（La）、铈（Ce）
30	包头稀土研究院理化检测中心/瑞科稀土冶金及功能材料国家工程研究中心有限公司	镧（La）
31	国家茶叶质量监督检验中心（福建）泉州市产品质量检验所茶叶产品质量检测中心	铈（Ce）
32	上海凡测质量检测有限公司	铈（Ce）
33	广州金域医学检验中心有限公司卫检事业部	铈（Ce）
34	国家普洱茶产品质量监督检验中心/普洱市质量技术监督综合检测中心	镧（La）*、铈（Ce）*
35	广西壮族自治区柳州食品药品检验所	镧（La）*、铈（Ce）*
36	国家茶叶质量监督检验中心/中华全国供销合作总社杭州茶叶研究所	镧（La）*、铈（Ce）*
37	河北冠卓检测科技有限公司	镧（La）*、铈（Ce）*
38	江西省分析测试研究所	镧（La）*、铈（Ce）*
39	国家茶叶质量监督检验中心（福建）泉州市产品质量检验所茶叶产品质量检测中心	镧（La）*
40	黄山出入境检验检疫局黄山茶叶质量安全研究中心	镧（La）*
41	广州金域医学检验中心有限公司卫检事业部	镧（La）*
42	包头稀土研究院理化检测中心/瑞科稀土冶金及功能材料国家工程研究中心有限公司	铈（Ce）*

注：*表示该检测参数为补测满意。

二十六、水产品中硝基呋喃代谢物残留量的测定能力验证项目（63家）

编号	机构名称	备注
1	阳江出入境检验检疫局综合技术服务中心综合实验室	
2	天津出入境检验检疫局动植物与食品检测中心	
3	中国广州分析测试中心	
4	成都市产品质量监督检验院	
5	盐城出入境检验检疫局综合检测中心	
6	威海市产品质量监督检验所	
7	广州金域医学检验中心有限公司	

续表

编号	机构名称	备注
8	宁德出入境检验检疫局检验检疫技术中心	
9	重庆出入境检验检疫局检验检疫技术中心	
10	中国检验检疫科学研究院综合检测中心	
11	万州出入境检验检疫局综合实验室	
12	湖南出入境检验检疫局检验检疫技术中心	
13	吉林省产品质量监督检验院	
14	肇庆出入境检验检疫局检验检疫综合技术中心	
15	黑龙江出入境检验检疫局检验检疫技术中心	
16	江苏出入境检验检疫局动植物与食品检测中心	
17	上海谱尼测试技术有限公司	
18	浙江省检验检疫科学技术研究院绍兴分院	
19	汕尾出入境检验检疫局综合技术服务中心综合实验室	
20	海南蔚蓝海洋食品有限公司检测中心	
21	汕头出入境检验检疫局检验检疫技术中心食品检测实验室	
22	三明出入境检验检验局综合技术服务中心	
23	海南照丰水产有限公司检测中心	
24	上海实力可商品检验有限公司检验检测中心	
25	湛江出入境检验检疫局检验检疫技术中心	
26	北海北联食品工业有限公司	
27	福清出入境检验检疫局检验检疫技术中心	
28	北京市石景山区疾病预防控制中心	
29	顺德出入境检验检疫局综合技术服务中心	
30	莆田出入境检验检疫局检验检疫技术中心	
31	上海凡测质量检测有限公司	
32	徐州出入境检验检疫局食品化矿实验室	
33	深圳出入境检验检疫局动植物检验检疫技术中心	
34	中国水产科学研究院黄海水产研究所检测实验室/国家水产品质量监督检验中心	
35	临沂出入境检验检疫局检验检疫技术中心	
36	沈阳出入境检验检疫局检验检疫综合技术中心	
37	山东世通检测评价技术服务有限公司	
38	广东恒兴饲料实业股份有限公司质量检测中心	
39	福建出入境检验检疫局检验检疫技术中心	
40	国家肉类食品质量监督检验中心/中国肉类食品综合研究中心	
41	中粮肉食（宿迁）有限公司检测中心	
42	中山出入境检验检疫局检验检疫技术中心	
43	连云港出入境检验检疫局动植物实验室	
44	诸城绿安检测有限公司	
45	广东环球水产食品有限公司	
46	辽宁出入境检验检疫局检验检疫技术中心	
47	秦皇岛出入境检验检疫局检验检疫技术中心	
48	河南出入境检验检疫局检验检疫技术中心漯河分中心	
49	海南出入境检验检疫局检验检疫技术中心	
50	海南佳德信食品有限公司	
51	北京出入境检验检疫局检验检疫技术中心	
52	江西出入境检验检疫局检验检疫综合技术中心	补测满意
53	南海出入境检验检疫局综合技术服务中心检测中心	补测满意
54	中国商业联合会肉禽蛋食品质量监督检测中心（北京）	补测满意

续表

编号	机构名称	备注
55	荣成出入境检验检疫局综合技术服务中心	补测满意
56	广西壮族自治区柳州食品药品检验所	补测满意
57	东山出入境检验检疫局综合技术服务中心	补测满意
58	漳州出入境检验检疫局综合技术服务中心实验室	补测满意
59	百洋水产集团股份有限公司	补测满意
60	番禺出入境检验检疫局综合技术服务中心实验室	补测满意
61	陕西出入境检验检疫局检验检疫技术中心	补测满意
62	茂名新洲海产有限公司质量检测中心	补测满意
63	宁夏出入境检验检疫局检验检疫综合技术中心	补测满意

二十七、化妆品中4–羟基苯甲酸甲酯、4–羟基苯甲酸丙酯、水杨酸含量的测定能力验证项目（54家）

编号	机构名称	满意参数
1	中国检验检疫科学研究院综合检测中心	4–羟基苯甲酸甲酯、4–羟基苯甲酸丙酯、水杨酸
2	北京市药品检验所	4–羟基苯甲酸甲酯、4–羟基苯甲酸丙酯、水杨酸
3	福建省产品质量检验研究院	4–羟基苯甲酸甲酯、4–羟基苯甲酸丙酯、水杨酸
4	佛山市质量计量监督检测中心	4–羟基苯甲酸甲酯、4–羟基苯甲酸丙酯、水杨酸
5	广东产品质量监督检验研究院	4–羟基苯甲酸甲酯、4–羟基苯甲酸丙酯、水杨酸
6	广东省食品药品检验所	4–羟基苯甲酸甲酯、4–羟基苯甲酸丙酯、水杨酸
7	中国广州分析测试中心	4–羟基苯甲酸甲酯、4–羟基苯甲酸丙酯、水杨酸
8	广州质量监督检测研究院	4–羟基苯甲酸甲酯、4–羟基苯甲酸丙酯、水杨酸
9	广西壮族自治区柳州食品药品检验所	4–羟基苯甲酸甲酯、4–羟基苯甲酸丙酯、水杨酸
10	河北省产品质量监督检验院	4–羟基苯甲酸甲酯、4–羟基苯甲酸丙酯、水杨酸
11	黑龙江出入境检验检疫局技术中心	4–羟基苯甲酸甲酯、4–羟基苯甲酸丙酯、水杨酸
12	湖北省产品质量监督检验研究院	4–羟基苯甲酸甲酯、4–羟基苯甲酸丙酯、水杨酸
13	湖北省食品质量安全监督检验研究院	4–羟基苯甲酸甲酯、4–羟基苯甲酸丙酯、水杨酸
14	江苏省产品质量监督检验研究院	4–羟基苯甲酸甲酯、4–羟基苯甲酸丙酯、水杨酸
15	国家轻工业香料化妆品洗涤用品质量监督检测南京站	4–羟基苯甲酸甲酯、4–羟基苯甲酸丙酯、水杨酸
16	苏州出入境检验检疫局检验检疫综合技术中心	4–羟基苯甲酸甲酯、4–羟基苯甲酸丙酯、水杨酸
17	南通出入境检验检疫局检验检疫综合技术中心农畜食品实验室	4–羟基苯甲酸甲酯、4–羟基苯甲酸丙酯、水杨酸
18	大连市产品质量监督检验所	4–羟基苯甲酸甲酯、4–羟基苯甲酸丙酯、水杨酸
19	陕西出入境检验检疫局检验检疫技术中心	4–羟基苯甲酸甲酯、4–羟基苯甲酸丙酯、水杨酸
20	上海相宜本草化妆品股份有限公司技术中心	4–羟基苯甲酸甲酯、4–羟基苯甲酸丙酯、水杨酸
21	上海市质量监督检验技术研究院	4–羟基苯甲酸甲酯、4–羟基苯甲酸丙酯、水杨酸
22	上海市疾病预防控制中心	4–羟基苯甲酸甲酯、4–羟基苯甲酸丙酯、水杨酸
23	天津市药品检验所	4–羟基苯甲酸甲酯、4–羟基苯甲酸丙酯、水杨酸
24	天津市产品质量监督检测技术研究院	4–羟基苯甲酸甲酯、4–羟基苯甲酸丙酯、水杨酸
25	天津出入境检验检疫局动植物与食品检测中心	4–羟基苯甲酸甲酯、4–羟基苯甲酸丙酯、水杨酸
26	云南天正检测技术有限公司	4–羟基苯甲酸甲酯、4–羟基苯甲酸丙酯、水杨酸
27	浙江公正检验中心有限公司	4–羟基苯甲酸甲酯、4–羟基苯甲酸丙酯、水杨酸
28	浙江省食品药品检验研究院	4–羟基苯甲酸甲酯、4–羟基苯甲酸丙酯、水杨酸
29	玫琳凯（中国）化妆品有限公司	4–羟基苯甲酸甲酯、4–羟基苯甲酸丙酯、水杨酸
30	浙江出入境检验检疫局检验检疫技术中心	4–羟基苯甲酸甲酯、4–羟基苯甲酸丙酯、水杨酸
31	贵州省分析测试研究院	4–羟基苯甲酸甲酯*、4–羟基苯甲酸丙酯、水杨酸
32	河北省食品质量监督检验研究院	4–羟基苯甲酸甲酯、4–羟基苯甲酸丙酯*、水杨酸
33	黑龙江省质量监督检测研究院	4–羟基苯甲酸甲酯、4–羟基苯甲酸丙酯*、水杨酸
34	上海天祥质量技术服务有限公司	4–羟基苯甲酸甲酯、4–羟基苯甲酸丙酯、水杨酸*

续表

编号	机构名称	满意参数
35	宁波出入境检验检疫局	4-羟基苯甲酸甲酯、4-羟基苯甲酸丙酯*、水杨酸
36	福建省出入境检验检疫局技术中心	4-羟基苯甲酸甲酯*、4-羟基苯甲酸丙酯*、水杨酸
37	绥芬河出入境检验检疫局综合技术中心食品理化室	4-羟基苯甲酸甲酯*、4-羟基苯甲酸丙酯*、水杨酸
38	湖南出入境检验检疫局检验检疫技术中心食品安全实验室	4-羟基苯甲酸甲酯*、4-羟基苯甲酸丙酯*、水杨酸
39	海南出入境检验检疫局技术中心食品安全实验室	4-羟基苯甲酸甲酯*、4-羟基苯甲酸丙酯*、水杨酸*
40	北京市疾病预防控制中心 /实验室名称：环境卫生所	4-羟基苯甲酸甲酯、4-羟基苯甲酸丙酯
41	花都出入境检验检疫局综合技术服务中心综合实验室	4-羟基苯甲酸甲酯、4-羟基苯甲酸丙酯
42	国家轻工业香料化妆品洗涤用品质量监督检测广州站	4-羟基苯甲酸丙酯、水杨酸
43	深圳市计量质量检测研究院	4-羟基苯甲酸甲酯、4-羟基苯甲酸丙酯
44	完美（中国）有限公司质保部检测中心	4-羟基苯甲酸甲酯、4-羟基苯甲酸丙酯
45	苏州世标检测技术有限公司	4-羟基苯甲酸甲酯、4-羟基苯甲酸丙酯
46	太原市食品药品检验所	4-羟基苯甲酸甲酯、4-羟基苯甲酸丙酯
47	重庆出入境检验检疫局技术中心	4-羟基苯甲酸甲酯、4-羟基苯甲酸丙酯
48	深圳天祥质量技术服务有限公司	4-羟基苯甲酸丙酯、水杨酸*
49	广东省医疗器械质量监督检验所	4-羟基苯甲酸丙酯*、水杨酸
50	浙江省疾病预防控制中心	4-羟基苯甲酸甲酯*、4-羟基苯甲酸丙酯
51	国家化妆品质量监督检验中心（北京）	4-羟基苯甲酸甲酯*、4-羟基苯甲酸丙酯*
52	中国商业联合会肉禽蛋食品质量监督检测中心（北京）	4-羟基苯甲酸甲酯
53	北京市产品质量监督检验院	4-羟基苯甲酸甲酯
54	深圳市药品检验所（深圳市医疗器械检测中心）	水杨酸

注：*表示该检测参数为补测满意。

二十八、溶剂型木器涂料中游离甲苯二异氰酸酯（TDI）含量检测能力验证项目（53家）

编号	机构名称	备注
1	化学工业海洋涂料质量监督检验中心	
2	广东省中山市质量计量监督检测所	
3	福建省产品质量检验研究院	
4	国家建筑五金材料产品质量监督检验中心/杭州市质量技术监督检验院	
5	国家建筑装修材料质量监督检验中心	
6	成都产品质量监督检测研究院有限责任公司	
7	广州市质量监督检测研究院	
8	中华制漆（深圳）有限公司检测中心	
9	恒昌涂料（惠阳）有限公司检测实验室	
10	辽宁省产品质量监督检验院（辽宁省建筑材料监督检验院）	
11	广东华润涂料有限公司检测中心	
12	南车株洲电力机车研究所有限公司新材料检测中心/湖南省轨道交通高分子材料及其制品质量监督检验中心	
13	海南省产品质量监督检验所	
14	国家质量监督检验检疫总局危险品中心实验室	
15	江西省建材产品质量监督检验站	
16	广东出入境检验检疫局检验检疫技术中心化矿金属材料实验室	
17	深圳出入境检验检疫局工业品检测技术中心	
18	中山裕北涂料有限公司	
19	佛山市鸿昌涂料实业有限公司	
20	鹤山市君子兰涂料有限公司	
21	中山市大一涂料有限公司	

续表

编号	机构名称	备注
22	中山市巴德士化工有限公司	
23	威海出入境检验检疫局检验检疫技术中心	
24	汕头市出入境检验检疫局检验检疫技术中心化矿金属产品检测实验室	
25	厦门出入境检验检疫局检验检疫技术中心	
26	宁波市产品质量监督检验研究院	
27	湖北省产品质量监督检验研究院	
28	重庆市计量质量检测研究院	
29	中国广州分析测试中心	
30	上海市质量监督检验技术研究院(轻工所)	
31	广东省惠州市质量计量监督检测所	
32	青岛市产品质量监督检验所	
33	湖南省产商品质量监督检验研究院	
34	沈阳市产品质量监督检验院	
35	江苏出入境检验检疫局工业产品检测中心化矿金属材料实验室（原建筑与装饰材料检测实验室）	
36	广东省茂名市质量计量监督检测所	
37	顺德职业技术学院分析测试中心	
38	广东省南雄市质量技术监督检测所	
39	广东省华隆涂料实业有限公司	
40	国家化学建筑材料测试中心（材料测试部）	
41	信和新材料股份有限公司涂料检测中心	
42	上海标检产品检测有限公司	
43	通标标准技术服务（上海）有限公司化学实验室	补测满意
44	浙江省化工产品质量检验站有限公司	补测满意
45	河北出入境检验检验局检验检验局技术中心	补测满意
46	广东美涂士建材股份有限公司检测中心	补测满意
47	嘉宝莉化工集团股份有限公司检测中心	补测满意
48	上海出入境检验检疫局工业品与原材料检测技术中心	补测满意
49	深圳市赛德检测技术有限公司	补测满意
50	江苏中涂涂料检测中心有限公司	补测满意
51	东莞大宝化工制品有限公司	补测满意
52	国家危险化学品质量监督检验中心/四川省危险化学品质量监督检验所	补测满意
53	上海璀盛检测技术有限公司	补测满意

二十九、马丁代尔法织物耐磨性能测定能力验证项目（73家）

编号	机构名称	满意参数
1	上海天祥质量技术服务有限公司宁波分公司	试样破损时的总摩擦次数、规定摩擦次数下的质量损失
2	江苏省纺织产品质量监督检验研究院	试样破损时的总摩擦次数、规定摩擦次数下的质量损失
3	通标标准技术服务有限公司杭州分公司	试样破损时的总摩擦次数、规定摩擦次数下的质量损失
4	中国广州分析测试中心	试样破损时的总摩擦次数、规定摩擦次数下的质量损失
5	瀚莎测试技术（上海）有限公司	试样破损时的总摩擦次数、规定摩擦次数下的质量损失
6	广州纤维产品检测研究院	试样破损时的总摩擦次数、规定摩擦次数下的质量损失
7	通标标准技术服务有限公司广州分公司纺织品及鞋类实验室	试样破损时的总摩擦次数、规定摩擦次数下的质量损失
8	天津市纺织纤维检验所	试样破损时的总摩擦次数、规定摩擦次数下的质量损失
9	深圳天祥质量技术服务有限公司广州开发区分公司	试样破损时的总摩擦次数、规定摩擦次数下的质量损失
10	国家服装质量监督检验中心（上海）	试样破损时的总摩擦次数、规定摩擦次数下的质量损失

续表

编号	机构名称	满意参数
11	上海奥吉思质量技术服务有限公司	试样破损时的总摩擦次数、规定摩擦次数下的质量损失
12	欧陆检测技术服务（上海）有限公司	试样破损时的总摩擦次数、规定摩擦次数下的质量损失
13	江苏出入境检验检疫局工业产品检测中心纺织实验室	试样破损时的总摩擦次数、规定摩擦次数下的质量损失
14	上海市纤维检验所	试样破损时的总摩擦次数、规定摩擦次数下的质量损失
15	浙江省检验检疫科学技术研究院	试样破损时的总摩擦次数、规定摩擦次数下的质量损失
16	国家棉印染产品质量监督检验中心（上海市纺织工业技术监督所检测/校准实验室）	试样破损时的总摩擦次数、规定摩擦次数下的质量损失
17	天祥（天津）质量技术服务有限公司	试样破损时的总摩擦次数、规定摩擦次数下的质量损失
18	南德认证检测（中国）有限公司上海分公司测试中心	试样破损时的总摩擦次数、规定摩擦次数下的质量损失
19	上海天伟纺织质量技术服务有限公司	试样破损时的总摩擦次数、规定摩擦次数下的质量损失
20	青岛市纺织纤维检验所（国家生态纺织品质量监督检验中心）	试样破损时的总摩擦次数、规定摩擦次数下的质量损失
21	济宁出入境检验检疫局检验检疫中心枣庄综合实验室	试样破损时的总摩擦次数、规定摩擦次数下的质量损失
22	武汉产品质量监督检验所	试样破损时的总摩擦次数、规定摩擦次数下的质量损失
23	上海天祥质量技术服务有限公司杭州分公司	试样破损时的总摩擦次数、规定摩擦次数下的质量损失
24	佛山市质量计量监督检测中心	试样破损时的总摩擦次数、规定摩擦次数下的质量损失
25	福建省纤维检验局晋江实验室	试样破损时的总摩擦次数、规定摩擦次数下的质量损失
26	福建省纤维检验局	试样破损时的总摩擦次数、规定摩擦次数下的质量损失
27	天祥（天津）质量技术服务有限公司青岛分公司	试样破损时的总摩擦次数、规定摩擦次数下的质量损失
28	通标标准技术服务（上海）有限公司检测中心	试样破损时的总摩擦次数、规定摩擦次数下的质量损失
29	通标标准技术服务有限公司南京分公司纺织品实验室	试样破损时的总摩擦次数、规定摩擦次数下的质量损失
30	通标标准技术服务有限公司青岛分公司	试样破损时的总摩擦次数、规定摩擦次数下的质量损失
31	通标标准技术服务有限公司常州分公司	试样破损时的总摩擦次数、规定摩擦次数下的质量损失
32	通标标准技术服务有限公司宁波分公司	试样破损时的总摩擦次数、规定摩擦次数下的质量损失
33	南京市产品质量监督检验院	试样破损时的总摩擦次数、规定摩擦次数下的质量损失
34	重庆市纤维检验局	试样破损时的总摩擦次数、规定摩擦次数下的质量损失
35	贵州省纺织品服装监督检验所（贵州省纤维检验局）	试样破损时的总摩擦次数、规定摩擦次数下的质量损失
36	上海市纺织科学研究院纺织工业南方科技测试中心	试样破损时的总摩擦次数、规定摩擦次数下的质量损失
37	福建出入境检验检疫局检验检疫技术中心	试样破损时的总摩擦次数、规定摩擦次数下的质量损失
38	中纺协检验（泉州）技术服务有限公司	试样破损时的总摩擦次数、规定摩擦次数下的质量损失
39	浙江省检验检疫科学技术研究院绍兴分院（绍兴出入境检验检疫局综合技术服务中心/绍兴纺织品检测中心）	试样破损时的总摩擦次数、规定摩擦次数下的质量损失
40	国家服装质量监督检验中心（天津）	试样破损时的总摩擦次数、规定摩擦次数下的质量损失
41	中国纤维检验局检验中心/国家纤维纺织服装产品质量监督检验中心	试样破损时的总摩擦次数、规定摩擦次数下的质量损失
42	湖北省纤维检验局/国家棉花质量监督检验中心（湖北）	试样破损时的总摩擦次数、规定摩擦次数下的质量损失
43	甘肃省纤维检验局	试样破损时的总摩擦次数、规定摩擦次数下的质量损失
44	山东省纤维检验局/国家茧丝绸产品质量监督检验中心（山东）	试样破损时的总摩擦次数、规定摩擦次数下的质量损失
45	中国安全生产科学研究院	试样破损时的总摩擦次数、规定摩擦次数下的质量损失
46	广东检验检疫技术中心纺织实验室	试样破损时的总摩擦次数*、规定摩擦次数下的质量损失
47	上海爱丽服装检验修理有限公司	试样破损时的总摩擦次数*、规定摩擦次数下的质量损失
48	大连市产品质量监督检验所	试样破损时的总摩擦次数*、规定摩擦次数下的质量损失
49	国家棉花及纺织服装产品质量监督检验中心	试样破损时的总摩擦次数*、规定摩擦次数下的质量损失
50	山西省纤维检验局	试样破损时的总摩擦次数、规定摩擦次数下的质量损失*
51	成都产品质量检验研究院有限责任公司	试样破损时的总摩擦次数、规定摩擦次数下的质量损失*
52	株洲市产商品质量监督检验所	试样破损时的总摩擦次数、规定摩擦次数下的质量损失*
53	青海省纤维检验局	试样破损时的总摩擦次数
54	杭州市质量技术监督检测院	试样破损时的总摩擦次数

续表

编号	机构名称	满意参数
55	上海古岛莎保得检测技术有限公司	试样破损时的总摩擦次数
56	国家毛纺织产品质量监督检验中心(上海)	试样破损时的总摩擦次数
57	东莞中纺协检验技术服务有限公司	试样破损时的总摩擦次数
58	四川出入境检验检疫局检验检疫中心轻工纺织品实验室	试样破损时的总摩擦次数
59	西迪士质量检测技术服务(上海)有限公司东莞分公司	试样破损时的总摩擦次数
60	西迪士质量检测技术服务(上海)有限公司	试样破损时的总摩擦次数
61	纺织工业(苏州)检测中心	试样破损时的总摩擦次数
62	中国石油化工集团公司劳动防护用品检测中心	试样破损时的总摩擦次数
63	愉悦家纺有限公司检测中心	试样破损时的总摩擦次数
64	国家特种防护服装质量监督检验中心	试样破损时的总摩擦次数
65	天津田歌纺织有限公司	试样破损时的总摩擦次数
66	中纺协(北京)检验技术服务有限公司	试样破损时的总摩擦次数
67	深圳市华测检验技术股份有限公司上海分公司	规定摩擦次数下的质量损失
68	天津津滨华测产品检测中心有限公司	规定摩擦次数下的质量损失
69	必维申美商品检测(上海)有限公司	规定摩擦次数下的质量损失
70	河北出入境检验检疫局检验检疫技术中心	规定摩擦次数下的质量损失
71	浙江永信检测技术有限公司	规定摩擦次数下的质量损失
72	颛泓(上海)测试技术服务有限公司	规定摩擦次数下的质量损失*
73	深圳市鑫宇环检测有限公司	规定摩擦次数下的质量损失*

注:*表示该检测参数为补测满意。

三十、羽毛绒成分分析能力验证项目(126家)

编号	机构名称	备注
1	江苏出入境检验检疫局纺织工业产品检测中心	
2	浙江出入境检验检疫局羽毛绒检测实验室	
3	江苏出入境检验检疫局工业产品检测中心纺织实验室	
4	纺织工业(苏州)检测中心	
5	中纺协检验(泉州)技术服务有限公司	
6	北京市纺织纤维检验所	
7	湖北省纤维检验局	
8	重庆市纤维检验局	
9	北京市毛麻丝织品质量监督检验站	
10	河北出入境检验检疫局检验检疫技术中心保定分中心	
11	光隆羽绒制品(苏州)有限公司品管中心实验室	
12	通标标准技术服务有限公司杭州分公司	
13	通标标准技术服务有限公司常州分公司	
14	湛江出入境检验检疫局检验检疫技术中心	
15	波司登股份有限公司测试中心	
16	安徽出入境检验检疫局检验检疫技术中心	
17	绍兴出入境检验检疫局综合技术服务中心	
18	嘉兴市产品质量监督检验所	
19	肥西东羽羽绒有限公司羽毛绒检测实验室	
20	东莞中纺协检验技术服务有限公司	
21	安徽霞珍羽绒股份有限公司羽毛绒实验室	
22	派得羽绒家纺南通有限公司	
23	北京市服装质量监督检验一站	

续表

编号	机构名称	备注
24	全国纺织品标委会针织分会/国家针织产品质量监督检验中心	
25	上海市纺织工业技术监督所检测/校准实验室	
26	江苏省纺织产品质量监督检验研究院	
27	山东检验检疫局技术中心（工业品检测中心轻工实验室）	
28	柳桥集团有限公司羽毛绒及制品检测中心	
29	江阴市纤维检验所	
30	上海天祥质量技术服务有限公司	
31	苏州市纤维检验所（常熟实验室）	
32	烟台莱特轻纺产品检测中心	
33	深圳市计量质量检测研究院	
34	扬州骏翔羽绒制品有限公司	
35	江苏欣隆羽绒有限公司中心实验室	
36	国家羽绒制品质量监督检验中心（萧山）	
37	嘉善野鹅羽绒制品有限公司	
38	天长市天隆羽绒制品有限公司/羽绒成分检测室	
39	浙江华兴羽绒制品有限公司	
40	佛山市质量计量监督检测中心	
41	浙江省检验检疫科学技术研究院嘉兴分院/嘉兴出入境检验检疫局	
42	宁波市纤维检验所	
43	天津天羽羽绒羽毛检测服务有限公司	
44	广东检验检疫技术中心纺织实验室	
45	辽宁出入境检验检疫局检验检疫技术中心轻纺产品检测实验室	
46	江苏康乃馨织造有限公司产品检测中心	
47	上海市纤维检验所	
48	上饶市鹏强羽绒有限公司	
49	天津市纺织纤维检验所	
50	国家羽绒制品质量监督检验中心（成都）	
51	浙江三弘国际羽毛有限公司	
52	合隆企业（深圳）有限公司	
53	安徽亚华羽绒有限公司	
54	广东富利达羽绒制品有限公司	
55	宁波出入境检验检疫局检验检疫技术中心（鄞州分中心）	
56	北京安盛雪羽绒科技发展有限公司	
57	湛江紫荆羽绒制品有限公司	
58	无为东隆羽绒制品有限公司	
59	新会出入境检验检疫局综合技术服务中心综合检验检疫实验室	
60	杭州萧山荣达羽绒制品有限公司	
61	杭州爱达福乐检测有限公司	
62	IDFL	
63	IDFL Taiwan	
64	IDFL Europe	
65	国家毛纺织产品质量监督检验中心（上海）/上海市毛麻纺织科学技术研究所检测实验室	
66	杭州三星羽绒制品有限公司	
67	上海出入境检验检疫局动植物与食品检验检疫技术中心转基因与羽绒检测实验室	
68	国家丝绸及服装产品质量监督检验中心/苏州市纤维检验所	
69	广东羽顺羽绒制品有限公司	

续表

编号	机构名称	备注
70	广东鸿基羽绒制品有限公司	
71	上海天伟纺织质量技术服务有限公司	
72	南京市产品质量监督检验院	
73	宁夏华维羽毛有限公司	
74	德州商羽羽绒制品有限公司	
75	南京市雨花羽绒厂	
76	鸭鸭股份公司	
77	扬州万达羽绒制品股份有限公司	
78	深圳市英柏检测技术有限公司	
79	安徽文翔羽绒制品有限公司	
80	上海有唐商贸有限公司羽毛绒检测综合实验室	
81	安徽方翔羽绒制品有限公司	
82	扬州市仙娥羽绒制品有限公司	
83	上海古岛莎保得检测技术有限公司	
84	杭州奥兰特羽绒有限公司	
85	湖北出入境检验检疫局检验检疫技术中心轻纺实验室	
86	国家服装质量监督检验中心(天津)	
87	六安市海洋羽毛有限公司	
88	通标标准技术服务(上海)有限公司检测中心	
89	贵州省纺织品服装监督检验所(贵州省纤维检验局)	
90	北京出入境检验检疫局检验检疫技术中心	
91	安徽鸿润(集团)股份有限公司	
92	广州文华羽绒制品有限公司	
93	国家纺织制品质量监督检验中心/中纺标(北京)检验认证中心有限公司	补测满意
94	河北出入境检验检疫局检验检疫技术中心	补测满意
95	国家服装质量监督检验中心(上海)/上海市服装研究所	补测满意
96	南通金滢纺织产品检测中心有限公司	补测满意
97	国家苎麻产品质量监督检验中心/湖南省纤维检验局	补测满意
98	杭州赛尔美服饰有限公司	补测满意
99	杭州萧山新塘羽绒有限公司	补测满意
100	必维申美商品检测(上海)有限公司	补测满意
101	辽宁省纤维检验局	补测满意
102	深圳出入境检验检疫局动植物检验检疫技术中心	补测满意
103	中国纺织工业联合会检测中心/中纺协(北京)检验技术服务有限公司	补测满意
104	福建省纤维检验局	补测满意
105	国家纺织品服装服饰产品质量监督检验中心(广州)/广州纤维产品检测研究院	补测满意
106	淮安捷隆羽绒制品有限公司	补测满意
107	福建出入境检验检疫局检验检疫技术中心	补测满意
108	上海爱丽服装检验修理有限公司	补测满意
109	贵港出入境检验检疫局检验检疫综合实验室	补测满意
110	浙江中纺标检验有限公司	补测满意
111	山东省纤维检验局	补测满意
112	江苏名佳羽绒有限公司	补测满意
113	宁夏纺织纤维检验局	补测满意
114	浙江省质量检测科学研究院/浙江方圆检测集团股份有限公司	补测满意
115	杭州火炬羽绒制品有限公司	补测满意

续表

编号	机构名称	备注
116	通标标准技术服务有限公司广州分公司	补测满意
117	通标标准技术服务有限公司青岛分公司	补测满意
118	大加利(太仓)质量技术检测中心有限公司	补测满意
119	上海市纺织科学研究院纺织工业南方科技测试中心	补测满意
120	杭州市质量技术监督检测院	补测满意
121	武汉产品质量监督检验所	补测满意
122	佛山市高明高丽雅羽绒制品有限公司	补测满意
123	深圳市华测检测技术股份有限公司上海分公司	补测满意
124	滁州市淮滁羽绒制品有限公司	补测满意
125	江苏金阳羽绒制品有限公司	补测满意
126	国家纤维纺织服装产品质量监督检验中心/中国纤维检验局检验中心	补测满意

三十一、标准太阳电池STC条件下短路电流测量能力验证项目(12家)

编号	机构名称	备注
1	扬州光电产品检测中心	I_{STC} (Ur=2.7% k=2)
2	无锡市产品质量监督检验中心/国家太阳能光伏产品质量监督检验中心	I_{STC} (Ur=1.4% k=2)
3	上海市质量监督检验技术研究院	I_{STC} (Ur=3.0% k=2)
4	上海天祥质量技术服务有限公司	I_{STC} (Ur=3.0% k=2)
5	北京鉴衡认证中心	I_{STC} (Ur=2.5% k=2)
6	福建省计量科学研究院/国家光伏计量测试中心	I_{STC} (Ur=2.0% k=2)
7	广东产品质量监督检验研究院	I_{STC} (Ur=3.8% k=2)
8	常州天合光能有限公司	I_{STC} (Ur=2.7% k=2)
9	国家安全玻璃及石英玻璃质量监督检验中心/国家建筑材料工业太阳能光伏(电)产品质量监督检验中心	I_{STC} (Ur=2.5% k=2)
10	光焱科技股份有限公司	I_{STC} (Ur=1.4% k=2)
11	上海太阳能工程技术研究中心有限公司	I_{STC} (Ur=4.2% k=2)
12	深圳市计量质量检测研究院	I_{STC} (Ur=2.2% k=2)

三十二、复合肥中总氮、有效磷、氧化钾、氯含量的测定验证项目(67家)

编号	机构名称	满意参数
1	山东检验检疫局技术中心	总氮、有效磷、氧化钾
2	遵义市产品质量检验检测院	总氮、有效磷、氧化钾
3	宁波市产品质量监督检验研究院	总氮、有效磷、氧化钾
4	深圳出入境检验检疫局工业品检测技术中心石油实验室	总氮、有效磷、氧化钾
5	中国农业科学院农业资源与农业区划研究所土壤肥料测试中心	总氮、有效磷、氧化钾
6	吉林省产品质量监督检验院	总氮、有效磷、氧化钾
7	湖北省产品质量监督检验研究院	总氮、有效磷、氧化钾
8	黔南州质量技术监督检测所	总氮、有效磷*、氧化钾
9	河北省产品质量监督检验院	总氮、有效磷、氧化钾
10	云南省煤及煤化工产品质量监督检验中心	总氮*、有效磷、氧化钾
11	石河子质量与计量检测所	总氮、有效磷、氧化钾
12	广东出入境检验检疫局检验检疫技术中心化矿金属材料实验室	总氮、有效磷*、氧化钾
13	福建省建瓯市质量计量检测所	总氮、有效磷、氧化钾
14	天津市农产品质量监督检验测试中心	总氮、有效磷、氧化钾
15	天津海世达检测技术有限公司	总氮、有效磷、氧化钾

续表

编号	机构名称	满意参数
16	内蒙古自治区产品质量检验研究院	总氮、有效磷、氧化钾
17	佛山市质量计量监督检测中心	总氮、有效磷、氧化钾
18	广西壮族自治区产品质量监督检验研究院	总氮*、有效磷、氧化钾
19	万州出入境检验检疫局综合实验室	总氮、有效磷、氧化钾
20	上海谱尼测试技术有限公司	总氮、有效磷、氧化钾
21	海南省产品质量监督检验所	总氮、有效磷、氧化钾
22	南平市产品质量检验所	总氮、有效磷、氧化钾
23	珠海出入境检验检疫局检验检疫技术中心	总氮*、有效磷、氧化钾
24	大连市产品质量监督检验所	总氮、有效磷、氧化钾
25	广州市质量监督检测研究院	总氮、有效磷、氧化钾
26	广东省测试分析研究所 中国广州分析测试中心	总氮、有效磷、氧化钾
27	德阳市产品质量监督检验所	总氮*、有效磷、氧化钾
28	荔浦县产品质量监督检验所(广西饮料产品质量监督检验中心)	总氮、有效磷、氧化钾
29	云南省化工产品质量监督检验站	总氮、有效磷、氧化钾
30	铜川市产品质量监督检验所	总氮*、有效磷、氧化钾
31	广东省惠州市质量计量监督检测所	总氮、有效磷、氧化钾
32	辽宁出入境检验检疫局检验检疫技术中心	总氮、有效磷、氧化钾
33	重庆市计量质量检测研究院	总氮、有效磷、氧化钾
34	深圳市谱尼测试科技有限公司	总氮、有效磷、氧化钾
35	长春市产品质量监督检验院	总氮、有效磷、氧化钾
36	山东威瑞信化学检测技术有限公司	总氮、有效磷、氧化钾
37	沈阳产品质量监督检验院	总氮、有效磷、氧化钾
38	漳州市农业检验监测中心 福建省农产品质量安全检验检测中心(漳州)分中心	总氮、有效磷、氧化钾
39	通标标准技术服务(天津)有限公司	总氮、有效磷、氧化钾
40	恩施土家族苗族自治州产品质量监督检验所	总氮、有效磷、氧化钾
41	吉林出入境检验检疫局技术中心	总氮、有效磷、氧化钾
42	保山市质量技术监督综合检测中心	总氮、有效磷、氧化钾
43	贵州开磷质量检测中心有限责任公司	总氮、有效磷*、氧化钾
44	大理州质量技术监督综合检测中心	总氮、有效磷、氧化钾
45	广东产品质量监督检验研究院	总氮、有效磷、氧化钾
46	农业部农产品质量监督检验测试中心(郑州)	总氮、有效磷、氧化钾
47	山东省产品质量检验研究院	总氮、有效磷、氧化钾
48	湖南省产商品质量监督检验研究院	总氮、有效磷、氧化钾
49	烟台出入境检验检疫局技术中心化矿金实验室	总氮、有效磷、氧化钾
50	兰州中油合成橡胶检验实验室	总氮*、有效磷、氧化钾
51	昆山市产品质量监督检验所	总氮、有效磷、氧化钾
52	连云港出入境检验检疫局化矿实验室	总氮、有效磷、氧化钾
53	武汉产品质量监督检验所	总氮、有效磷、氧化钾
54	四平市产品质量检验所	总氮、有效磷、氧化钾
55	广东省茂名市质量计量监督检测所	总氮、有效磷、氧化钾
56	青岛市产品质量监督检验所	总氮、有效磷、氧化钾
57	内蒙古自治区石油化工监督检验研究院(国家天然气煤化工产品质量监督检验中心)	总氮、有效磷、氧化钾
58	鲅鱼圈出入境检验检疫局综合技术服务中心石油化工产品实验室	总氮、有效磷、氧化钾
59	临沂市产品质量监督检验所	总氮*、有效磷*、氧化钾
60	郑州市质量技术监督检验测试中心综合理化实验室	总氮、有效磷*、氧化钾

续表

编号	机构名称	满意参数
61	山西省能源产品质量监督检验研究院	总氮、有效磷、氧化钾
62	江苏省产品质量监督检验研究院	总氮、有效磷、氧化钾
63	山西省晋城市质量技术监督检验测试所	总氮、有效磷、氧化钾
64	中国检验认证集团广西有限公司综合实验室	总氮、有效磷、氧化钾
65	辽宁省产品质量监督检验院	总氮、有效磷、氧化钾
66	五洲检验（泰国）有限公司	总氮、有效磷、氧化钾
67	国家化肥质量监督检验中心（上海） 上海化工研究院检测中心	总氮、有效磷、氧化钾

注：*表示该检测参数为补测满意。

三十三、50W垂直火焰燃烧试验能力验证项目（52家）

编号	机构名称	备注
1	浙江科正电子信息产品检验有限公司（国家电子计算机外部设备质量监督检验中心）	
2	四川省电子产品监督检验所/中国赛宝（四川）实验室/四川省软件和信息系统工程测评中心	
3	镇江奇美化工有限公司质检中心	
4	通标标准技术服务有限公司广州分公司	
5	机械工业仪器仪表综合技术经济研究所测量控制设备及系统实验室	
6	深圳市中兴通讯技术服务有限责任公司认证检测事业部	
7	广东省惠州市质量计量监督检测所	
8	深圳市计量质量检测研究院	
9	安徽省产品质量监督检验研究院	
10	信华科技（深圳）有限公司-科丰路	
11	信华科技（深圳）有限公司- 科苑西	
12	威凯检测技术有限公司-嘉兴 / 嘉兴威凯检测技术有限公司	
13	广州质量监督检测研究院-机电消防检验部	
14	广州质量监督检测研究院-建材消防检验部	
15	上海市质量监督检验技术研究院	
16	四川长虹电器股份有限公司检测校准实验室	
17	天津市电工技术科学研究院/天津市质量监督检验站第十三站	
18	上海电气器具检验测试所	
19	贵州省建材产品质量监督检验院	
20	通标标准技术服务（上海）有限公司	
21	重庆市计量质量检测研究院	
22	长沙矿山研究院有限责任公司检测中心	
23	中煤科工集团常州研究院有限公司矿用通信监控设备实验室	
24	国家固定灭火系统和耐火构件质量监督检验中心	
25	福建出入境检验检疫局检验检疫技术中心	
26	上海建科检验有限公司	
27	山东省产品质量检验研究院	
28	必维欧亚电气技术咨询服务（上海）有限公司	
29	德凯质量认证（上海）有限公司	
30	中蓝晨光化工研究设计院有限公司合成材料检验实验室	
31	松下家电研究开发（杭州）有限公司评价中心	
32	上海天祥质量技术服务有限公司	
33	长兴县质量技术监督检测中心（国家动力及储能电池产品质量监督检验中心（浙江））	
34	天津市电子仪表实验所	

续表

编号	机构名称	备注
35	石油和化学工业电气产品防爆质量监督检验中心	
36	南京市产品质量监督检验院	
37	公安部四川消防研究所标准与检测技术研究室	
38	国家金融设备及零配件质量监督检验中心	
39	南车株洲电力机车研究所有限公司新材料检测中心	
40	国家半导体光源产品质量监督检验中心（广东）/国家信息技术设备质量监督检验中心	
41	广东出入境检验检疫局检验检疫技术中心	
42	天祥公證行有限公司–香港	
43	上海仪器仪表自控系统检验测试所	
44	上海电器设备检测所	
45	莱茵技术监督服务（广东）有限公司	
46	武汉产品质量监督检验所	
47	国家太阳能光伏产品质量监督检验中心（无锡市产品质量监督检验中心/新区）	
48	中国泰尔实验室–深圳（深圳电信研究院）	
49	北京尊冠科技有限公司（国家电子计算机质量监督检验中心）	
50	江门出入境检验检疫局技术中心	
51	TCL–罗格朗国际电工（惠州）有限公司实验室	补测满意
52	湖北省电子信息产品质量监督检验院	补测满意

三十四、危险化学品中易燃液体的闭杯闪点检测能力验证项目（55家）

编号	机构名称	备注
1	浙江省检验检疫科学技术研究院化学安全分析实验室	
2	中国石油天然气集团公司静电监测中心	
3	石油工业入井流体质量监督检验中心	
4	天津化工研究设计院检验中心	
5	广东出入境检验检疫局检验检疫技术中心化矿金属材料实验室	
6	北京迪捷姆空运技术开发有限公司	
7	中国石油天然气股份有限公司兰州石油产品质量监督检验中心/甘肃省石油产品质量监督检验站	
8	上海天祥质量技术服务有限公司	
9	北京迪捷姆空运技术开发有限公司上海分公司	
10	谱尼测试科技股份有限公司	
11	上海市计量测试技术研究院	
12	中国石化采油助剂与机电产品质量监督检验中心/胜利石油管理局质量监督检验所	
13	广州质量监督检测研究院	
14	上海化工研究院检测中心	
15	顺德出入境检验检疫局综合技术服务中心	
16	浙江省化工产品质量检验站有限公司	
17	石油工业油田化学剂质量监督检验中心	
18	宁波出入境检验检疫局检验检疫技术中心（化危分中心）	
19	深圳市计量质量检测研究院	
20	广东省安全生产技术中心	
21	中华人民共和国国家质量监督检验检疫总局危险品中心实验室	
22	贵州省分析测试研究院	
23	常州进出口工业及消费品安全检测中心	
24	上海市质量监督检验技术研究院	

续表

编号	机构名称	备注
25	江西出入境检验检疫局综合技术中心	
26	中华人民共和国厦门出入境检验检疫局检验检疫技术中心	
27	四川省危险化学品质量监督检验所	
28	深圳出入境检验检疫局工业品检测技术中心危险化学品实验室	
29	辽宁出入境检验检疫局检验检疫技术中心化学危险品实验室	
30	中国检验认证集团安徽有限公司	
31	浙江出入境检验检疫局包装检测实验室	
32	中国石油化工股份有限公司青岛安全工程研究院检测检验中心	
33	广西出入境检验检疫局危险品检测技术中心	
34	南京理工大学化学材料测试中心/南京理工化工材料检测服务有限公司	
35	云南省化工研究院检测中心	
36	珠海出入境检验检疫局检验检疫技术中心	
37	山东威瑞信化学检测技术有限公司	
38	重庆出入境检验检疫局检验检疫技术中心	
39	重庆航盾航空货物运输条件检测技术服务有限公司	
40	佛山市质量计量监督检测中心	
41	辽宁省分析科学研究院	
42	上海赛孚燃料检测有限公司	
43	国家安全生产监督管理总局化学品登记中心	
44	沈阳化工研究院农药检验实验室	
45	深圳市谱尼测试科技有限公司	
46	国家安全生产监督管理总局化学品登记中心烟台检测站	
47	中国检验检疫科学研究院综合检测中心	
48	长谷川香料（上海）有限公司	
49	上海出入境检验检疫局工业品与原材料检测技术中心	
50	北京市化工产品质量监督检验站/石油和化学工业橡塑与化学品质量监督检验中心（北京）	
51	奇华顿日用香精香料（上海）有限公司	
52	海南出入境检验检疫局检验检疫技术中心洋浦石化分中心	补测满意
53	国家级化学品分类鉴别与评估重点实验室（山东）	补测满意
54	上海市化工职业病防治院/上海市职业安全健康研究院	补测满意
55	北京信诺递捷运输咨询有限公司	补测满意

三十五、塑料中卤素的测定能力验证项目（14家）

编号	机构名称	备注
1	东莞讯滔电子有限公司实验室	Cl、Br
2	深圳市安姆特检测技术有限公司昆山分公司	Cl、Br
3	富智康精密电子（廊坊）有限公司FIH计量仪校（检测）中心	Cl、Br
4	深圳天祥质量技术服务有限公司广州分公司	Cl、Br
5	广东出入境检验检疫局检验检疫技术中心化矿金属材料实验室	Cl、Br
6	深圳市材料表面分析检测中心	Cl、Br
7	江苏省优联检测技术服务有限公司	Cl、Br
8	深圳市华测检测技术股份有限公司上海分公司	Cl、Br
9	上海天祥质量技术服务有限公司	Cl、Br
10	富智康精密组件(北京)有限公司华北检测中心	Cl、Br
11	深圳天祥质量技术服务有限公司	Cl、Br

续表

编号	机构名称	备注
12	南车株洲电力机车研究所有限公司新材料检测中心/国家轨道交通高分子材料及其制品质量监督检验中心(筹)	Cl、Br
13	上海出入境检验检疫局机电产品检测技术中心	Cl、Br
14	东莞市中鼎检测技术有限公司	Br*

注:*表示该检测参数为补测满意。

三十六、登革病毒检测能力验证项目(76家)

编号	机构名称	备注
1	海南国际旅行卫生保健中心	登革病毒分型检测满意
2	广州机场出入境检验检疫局综合技术服务中心	登革病毒定性检测满意
3	内蒙古国际旅行卫生保健中心	登革病毒定性检测满意
4	云南国际旅行卫生保健中心	登革病毒定性检测满意
5	珠海国际旅行卫生保健中心	登革病毒分型检测满意
6	江苏国际旅行卫生保健中心	登革病毒分型检测满意
7	陕西国际旅行卫生保健中心	登革病毒定性检测满意
8	广西国际旅行卫生保健中心	登革病毒定性检测满意
9	舟山国际旅行卫生保健中心	登革病毒定性检测满意
10	长春国际旅行卫生保健中心	登革病毒定性检测满意
11	日照国际旅行卫生保健中心	登革病毒定性检测满意
12	湖北国际旅行卫生保健中心	登革病毒分型检测满意
13	北京国际旅行卫生保健中心	登革病毒定性检测满意
14	贵州国际旅行卫生保健中心	登革病毒定性检测满意
15	湖南国际旅行卫生保健中心	登革病毒分型检测满意
16	深圳国际旅行卫生保健中心	登革病毒分型检测满意
17	山东国际旅行卫生保健中心	登革病毒分型检测满意
18	江西国际旅行卫生保健中心	登革病毒定性检测满意
19	甘肃国际旅行卫生保健中心	登革病毒定性检测满意
20	福建国际旅行卫生保健中心	登革病毒分型检测满意
21	辽宁国际旅行卫生保健中心	登革病毒定性检测满意
22	天津国际旅行卫生保健中心(海港)	登革病毒定性检测满意
23	天津国际旅行卫生保健中心(空港)	登革病毒定性检测满意
24	安徽国际旅行卫生保健中心	登革病毒定性检测满意
25	新疆国际旅行卫生保健中心	登革病毒定性检测满意*
26	四川国际旅行卫生保健中心	登革病毒分型检测满意
27	上海国际旅行卫生保健中心	登革病毒分型检测满意
28	汕头出入境检验检疫局	登革病毒定性检测满意
29	黑龙江国际旅行卫生保健中心	登革病毒定性检测满意
30	河北国际旅行卫生保健中心	登革病毒分型检测满意
31	宁波国际旅行卫生保健中心	登革病毒分型检测满意
32	厦门国际旅行卫生保健中心	登革病毒分型检测满意
33	重庆国际旅行卫生保健中心	登革病毒分型检测满意
34	江苏国际旅行保健中心苏州分中心	登革病毒定性检测满意
35	江苏国际旅行保健中心太仓分中心	登革病毒定性检测满意
36	江苏国际旅行保健中心无锡分中心	登革病毒分型检测满意
37	中山出入境检验检疫局技术中心	登革病毒定性检测满意
38	新疆喀什出入境检验检疫局综合技术服务中心保健中心	登革病毒定性检测满意

续表

编号	机构名称	备注
39	天津市疾病预防控制中心	登革病毒分型检测满意
40	海南省疾病预防控制中心	登革病毒分型检测满意
41	江苏省疾病预防控制中心	登革病毒分型检测满意
42	深圳市南山区疾病预防控制中心	登革病毒定性检测满意
43	北京市疾病预防控制中心	登革病毒定性检测满意
44	上海市浦东新区疾病预防控制中心	登革病毒定性检测满意
45	河南省疾病预防控制中心	登革病毒分型检测满意
46	宁夏回族自治区疾病预防控制中心	登革病毒定性检测满意
47	甘肃省疾病预防控制中心	登革病毒分型检测满意
48	珠海市疾病预防控制中心	登革病毒分型检测满意
49	深圳市龙华新区疾病预防控制中心	登革病毒分型检测满意
50	东莞市疾病预防控制中心	登革病毒分型检测满意
51	云南省疾病预防控制中心	登革病毒分型检测满意*
52	山西省疾病预防控制中心	登革病毒分型检测满意
53	青海省疾病预防控制中心病毒科	登革病毒分型检测满意
54	湖北省疾病预防控制中心	登革病毒分型检测满意
55	江苏淮安疾病预防控制中心	登革病毒分型检测满意
56	上海之江生物科技股份有限公司	登革病毒分型检测满意
57	浙江国际旅行卫生保健中心	登革病毒定性检测满意
58	广州市疾病预防控制中心	登革病毒分型检测满意
59	宁波检验检疫局技术中心大榭分中心	登革病毒定性检测满意
60	广州出入境检验检疫局综合检测中心卫生处理实验室	登革病毒定性检测满意
61	广东国际旅行卫生保健中心	登革病毒定性检测满意
62	沈阳国际旅行卫生保健中心	登革病毒定性检测满意
63	北京出入境检验检疫局技术中心	登革病毒定性检测满意
64	河南国际旅行卫生保健中心	登革病毒定性检测满意
65	南通国际旅行卫生保健中心	登革病毒定性检测满意
66	河南出入境检验检疫局技术中心	登革病毒定性检测满意
67	四川国际旅行卫生保健中心口岸综合实验室	登革病毒定性检测满意
68	东莞国际旅行卫生保健中心	登革病毒定性检测满意
69	二连浩特国际旅行卫生保健中心	登革病毒定性检测满意
70	满洲里国际旅行卫生保健中心	登革病毒定性检测满意
71	山西国际旅行卫生保健中心	登革病毒定性检测满意
72	包头出入境检验检疫局综合技术服务中心保健中心	登革病毒定性检测满意
73	荣成国际旅行卫生保健中心	登革病毒定性检测满意
74	威海国际旅行卫生保健中心	登革病毒定性检测满意
75	江苏国际旅行卫生保健中心昆山分中心	登革病毒定性检测满意
76	烟台国际旅行卫生保健中心	登革病毒定性检测满意

注：*表示该检测参数为补测满意。

国家认监委关于发布强制性产品认证目录产品与 2015 年 HS 编码对应参考表的公告

（2015 年第 23 号）

为便利贸易和监管，国家认监委组织相关专家编制完成《强制性产品认证目录产品与 2015 年 HS 编码对应参考表》，现予发布。

《强制性产品认证目录产品与 2015 年 HS 编码对应参考表》仅作为强制性产品认证目录产品判定的参考。有关强制性产品认证目录产品的具体描述与界定，以《国家认监委关于发布强制性产品认证目录描述与界定表的公告》（国家认监委 2014 年第 45 号公告）为准。

附件：强制性产品认证目录产品与 2015 年 HS 编码对应参考表

国家认监委

2015 年 7 月 29 日

附件：

强制性产品认证目录产品与2015年HS编码对应参考表

序号	强制性产品认证目录产品名称	2015年商品编码（HS编码）	商品编码对应的商品名称及备注
1	电线组件	8536909000	其他电压≤1000V电路连接器等电气装置
		8544422100	80V<额定电压≤1000V有接头电缆
2	交流额定电压3kV及以下铁路机车车辆用电线电缆	8544492100	1000V≥额定电压>80V其他电缆
		8544601200	1kV<额定电压≤35kV的电缆
3	额定电压450/750V及以下聚氯乙烯绝缘电线电缆	8544492100	1000V≥额定电压>80V其他电缆
4	额定电压 450/750V及以下橡皮绝缘电线电缆	8544492100	1000V≥额定电压>80V其他电缆
5	插头插座（家用和类似用途、工业用）	8536901900	其他36V<电压≤1000V的接插件
		8536690000	电压≤1000V的插头及插座
6	家用和类似用途固定式电气装置的开关	8536909000	其他电压≤1000V电路连接器等电气装置
7	器具耦合器（家用和类似用途、工业用）	8536909000	其他电压≤1000V电路连接器等电气装置
		8536690000	电压≤1000V的插头及插座
		8536901900	其他36V<电压≤1000V的接插件
8	热熔断体	8536100000	熔断器（电压不超过1000V）
9	家用和类似用途固定式电气装置电器附件外壳	8536909000	其他电压≤1000V电路连接器等电气装置
10	小型熔断器的管状熔断体	8536100000	熔断器（电压不超过1000V）
11	漏电保护器	8536300000	电压≤1000V其他电路保护装置
		8536419000	36V<电压≤60V的继电器
		8536490000	电压大于60V的继电器（用于电压不超过1000V的线路）
12	断路器	8535210000	电压<72.5kV自动断路器（用于电压超过1000V的线路）
		8536200000	电压不超过1000V自动断路器
13	熔断器	8535100000	电路熔断器（电压>1000V）

续表

序号	强制性产品认证目录产品名称	2015年商品编码（HS编码）	商品编码对应的商品名称及备注
13	熔断器	8536100000	熔断器（电压不超过1000V）
14	低压开关（隔离器、隔离开关、熔断器组合电器）	8535309000	隔离开关及断续开关（用于电压超过1000V的线路）
		8536500000	电压≤1000V的其他开关（用于电压不超过1000V的线路）
15	其他电路保护装置	8536300000	电压≤1000V其他电路保护装置
		8535900090	其他>1000V电路开关等电气装置
		8536419000	36V<电压≤60V的继电器
		8536490000	电压大于60V的继电器（用于电压不超过1000V的线路）
16	继电器	8536419000	36V<电压≤60V的继电器
		8536490000	电压大于60V的继电器（用于电压不超过1000V的线路）
17	其他开关	8536500000	电压≤1000V的其他开关
18	其他装置	8536300000	电压≤1000V其他电路保护装置（用于电压不超过1000V的线路）
19	低压成套开关设备	8537109090	其他电力控制或分配的装置（电压不超过1000V的线路）
20	小功率电动机	8501520000	>750W ≤75kW多相交流电动机（输出功率不超过750W，但不超过75kW）
		8501320000	>750W≤75KW直流电动机、发电机（输出功率超过750W,但不超过75kW）
		8501510090	其他不超过750W多相交流电动机（输出功率不超过750W）
		8501200000	>37.5W交直流两用电动机（输出功率超过37.5W）
		8501310000	其他≤750W直流电动机、发电机（输出功率不超过750W）
		8501400000	单相交流电动机
21	电钻	8467210000	手提式电动钻
		8467299000	其他手提式电动工具
22	电动螺丝刀和冲击扳手	8467299000	其他手提式电动工具
23	电动砂轮机	8467291000	手提式电动砂磨工具
		8467299000	其他手提式电动工具
24	砂光机	8467299000	其他手提式电动工具
25	圆锯	8467229000	其他手提式电锯
		8467299000	其他手提式电动工具
26	电锤	8467299000	其他手提式电动工具
27	不易燃液体电喷枪	8467299000	其他手提式电动工具
28	电剪刀	8467299000	其他手提式电动工具
29	攻丝机	8467299000	其他手提式电动工具
30	往复锯	8467229000	其他手提式电锯
		8467299000	其他手提式电动工具
31	插入式混凝土振动器	8467299000	其他手提式电动工具
32	电链锯	8467221000	手提式电动链锯
		8467299000	其他手提式电动工具
33	电刨	8467292000	手提式电刨
		8467299000	其他手提式电动工具
34	电动修枝剪	8467299000	其他手提式电动工具
35	电木铣和修边机	8467299000	其他手提式电动工具
36	电动石材切割机	8467299000	其他手提式电动工具
37	小型交流弧焊机	8515319900	其他电弧（包括等离子弧）焊接机及装置（全自动或半自动的）
		8515390000	其他电弧（等离子弧）焊接机器及装置（非全自动或半自动的）
		8515319100	螺旋焊管机[电弧（包括等离子弧）焊接式，全自动或半自动的]
		8515809090	其他焊接机器及装置

续表

序号	强制性产品认证目录产品名称	2015年商品编码（HS编码）	商品编码对应的商品名称及备注
37	小型交流弧焊机	8515900000	电气等焊接机器及装置零件（包括激光，其他光、光子束、超声波、电子束磁脉冲等）
38	交流弧焊机	8515319900	其他电弧（包括等离子弧）焊接机及装置（全自动或半自动的）
		8515390000	其他电弧（等离子弧）焊接机器及装置（非全自动或半自动）
		8515319100	螺旋焊管机[电弧（包括等离子弧）焊接式，全自动或半自动的]
		8515809090	其他焊接机器及装置
		8515900000	电气等焊接机器及装置零件（包括激光，其他光、光子束、超声波、电子束磁脉冲等）
		8515312000	电弧（包括等离子弧）焊接机器人
39	直流弧焊机	8515319900	其他电弧（包括等离子弧）焊接机及装置（全自动或半自动的）
		8515390000	其他电弧（等离子弧）焊接机器及装置（非全自动或半自动）
		8515319100	螺旋焊管机[电弧（包括等离子弧）焊接式，全自动或半自动的]
		8515809090	其他焊接机器及装置
		8515900000	电气等焊接机器及装置零件（包括激光，其他光、光子束、超声波、电子束磁脉冲等）
		8515312000	电弧（包括等离子弧）焊接机器人
40	TIG弧焊机	8515319900	其他电弧（包括等离子弧）焊接机及装置（全自动或半自动的）
		8515390000	其他电弧（等离子弧）焊接机器及装置（非全自动或半自动）
		8515319100	螺旋焊管机[电弧（包括等离子弧）焊接式，全自动或半自动的]
		8515809090	其他焊接机器及装置
		8515900000	电气等焊接机器及装置零件（包括激光，其他光、光子束、超声波、电子束磁脉冲等）
		8515312000	电弧（包括等离子弧）焊接机器人
41	MIG/MAG弧焊机	8515319900	其他电弧（包括等离子弧）焊接机及装置（全自动或半自动的）
		8515390000	其他电弧（等离子弧）焊接机器及装置（非全自动或半自动）
		8515319100	螺旋焊管机[电弧（包括等离子弧）焊接式，全自动或半自动的]
		8515809090	其他焊接机器及装置
		8515900000	电气等焊接机器及装置零件（包括激光，其他光、光子束、超声波、电子束磁脉冲等）
		8515312000	电弧（包括等离子弧）焊接机器人
42	埋弧焊机	8515319900	其他电弧（包括等离子弧）焊接机及装置（全自动或半自动的）
		8515390000	其他电弧（等离子弧）焊接机器及装置（非全自动或半自动）
		8515319100	螺旋焊管机[电弧（包括等离子弧）焊接式，全自动或半自动的]
		8515809090	其他焊接机器及装置
		8515900000	电气等焊接机器及装置零件（包括激光，其他光、光子束、超声波、电子束磁脉冲等）
		8515312000	电弧（包括等离子弧）焊接机器人
43	等离子弧焊机	8515319900	其他电弧（包括等离子弧）焊接机及装置（全自动或半自动的）
		8515390000	其他电弧（等离子弧）焊接机器及装置（非全自动或半自动）
		8515319100	螺旋焊管机[电弧（包括等离子弧）焊接式，全自动或半自动的]
		8515809090	其他焊接机器及装置
		8515900000	电气等焊接机器及装置零件（包括激光，其他光、光子束、超声波、电子束磁脉冲等）
		8515312000	电弧（包括等离子弧）焊接机器人
44	等离子弧切割机	8456901000	等离子切割机
45	弧焊变压器防触电装置	8515319900	其他电弧（包括等离子弧）焊接机及装置（全自动或半自动的）
		8515390000	其他电弧（等离子弧）焊接机器及装置（非全自动或半自动）

续表

序号	强制性产品认证目录产品名称	2015年商品编码（HS编码）	商品编码对应的商品名称及备注
45	弧焊变压器防触电装置	8515809090	其他焊接机器及装置
		8515900000	电气等焊接机器及装置零件（包括激光，其他光、光子束、超声波、电子束磁脉冲等）
46	电焊钳	8515319900	其他电弧（包括等离子弧）焊接机及装置（全自动或半自动的）
		8515390000	其他电弧（等离子弧）焊接机器及装置（非全自动或半自动）
		8515809090	其他焊接机器及装置
		8515900000	电气等焊接机器及装置零件（包括激光，其他光、光子束、超声波、电子束磁脉冲等）
47	焊接电缆耦合装置	8515319900	其他电弧（包括等离子弧）焊接机及装置（全自动或半自动的）
		8515390000	其他电弧（等离子弧）焊接机器及装置（非全自动或半自动的）
		8515809090	其他焊接机器及装置
		8515900000	电气等焊接机器及装置零件（包括激光，其他光、光子束、超声波、电子束磁脉冲等）
48	电阻焊机	8515219100	直缝焊管机（电阻焊接式，全自动或半自动的）
		8515212001	汽车生产线电阻焊接机器人
		8515212090	其他电阻焊接机器人
		8515219900	其他电阻焊接机器（全自动或半自动的）
		8515290000	其他电阻焊接机器及装置
49	TIG焊焊炬	8515319900	其他电弧（包括等离子弧）焊接机及装置（全自动或半自动的）
		8515390000	其他电弧（等离子弧）焊接机器及装置（非全自动或半自动）
		8515809090	其他焊接机器及装置
		8515900000	电气等焊接机器及装置零件（包括激光，其他光、光子束、超声波、电子束磁脉冲等）
50	MIG/MAG焊焊枪	8515319900	其他电弧（包括等离子弧）焊接机及装置（全自动或半自动的）
		8515390000	其他电弧（等离子弧）焊接机器及装置（非全自动或半自动）
		8515809090	其他焊接机器及装置
		8515900000	电气等焊接机器及装置零件（包括激光，其他光、光子束、超声波、电子束磁脉冲等）
51	送丝装置	8515319900	其他电弧（包括等离子弧）焊接机及装置（全自动或半自动的）
		8515390000	其他电弧（等离子弧）焊接机器及装置（非全自动或半自动）
		8515809090	其他焊接机器及装置
		8515900000	电气等焊接机器及装置零件（包括激光，其他光、光子束、超声波、电子束磁脉冲等）
52	家用电冰箱和食品冷冻箱	8418102000	200L＜容积≤500L冷藏冷冻组合机（各自装有单独外门的）
		8418103000	容积≤200L冷藏-冷冻组合机（各自装有单独外门的）
		8418211000	容积＞150L压缩式家用型冷藏箱
		8418212000	压缩式家用型冷藏箱（50L＜容积≤150L）
		8418213000	容积≤50L压缩式家用型冷藏箱
		8418291000	半导体制冷式家用型冷藏箱
		8418292000	电气吸收式家用型冷藏箱
		8418299000	其他家用型冷藏箱
		8418302900	制冷温度＞-40℃小的其他柜式冷冻箱（小的指容积≤500L）
		8418402900	制冷温度＞-40℃小的立式冷冻箱（小的指容积≤500L）
		8418500000	装有冷藏或冷冻装置的其他设备,用于存储及展示（包括柜、箱、展示台、陈列箱及类似品）
53	电风扇	8414511000	功率≤125W的吊扇（本身装有一个输出功率不超过125W的电动机）
		8414512000	其他功率≤125W的换气扇（装有一输出功率≤125W电动机）

续表

序号	强制性产品认证目录产品名称	2015年商品编码（HS编码）	商品编码对应的商品名称及备注
53	电风扇	8414513000	功率≤125W有旋转导风轮的风扇（本身装有一个输出功率不超过125W的电动机）
		8414519100	功率≤125W的台扇（本身装有一个输出功率不超过125W的电动机）
		8414519200	功率≤125W的落地扇（本身装有一个输出功率不超过125W的电动机）
		8414519300	功率≤125W的壁扇（本身装有一个输出功率不超过125W的电动机）
		8414519900	其他功率≤125W其他风机、风扇（本身装有一个输出功率不超过125W的电动机）
		8414591000	其他吊扇（电动机输出功率超过125W的）
		8414592000	其他换气扇（电动机输出功率超过125W的）
		8414599091	其他台扇、落地扇、壁扇（电动机输出功率超过125W的）
		8414599099	其他风机、风扇
54	空调器	8415101000	独立窗式或壁式空气调节器（装有电扇及调温、调湿装置,包括不能单独调湿的空调器）
		8415102100	制冷量≤4000大卡/时分体式空调,窗式或壁式（装有电扇及调温、调湿装置,包括不能单独调湿的空调器）
		8415102201	制冷量>4000大卡/时分体式空调,窗式或壁式（装有电扇及调温、调湿装置,包括不能单独调湿的空调器）
		8415102290	其他制冷量>4000大卡/时分体式空调,窗式或壁式（装有电扇及调温、调湿装置,包括不能单独调湿的空调器）
		8415811000	制冷量≤4000大卡/时热泵式空调器（装有制冷装置及一个冷热循环换向阀的）
		8415812001	制冷量>4000大卡/时热泵式空调器（装有制冷装置及一个冷热循环换向阀的）
		8415812090	制冷量>4000大卡/时热泵式空调器（装有制冷装置及一个冷热循环换向阀的）
		8415821000	制冷量≤4000大卡/时的其他空调器（仅装有制冷装置,而无冷热循环装置的）
		8415822001	制冷量>4000大卡/时的其他空调（仅装有制冷装置,而无冷热循环装置的）
		8415822090	其他制冷量>4000大卡/时的其他空调（仅装有制冷装置,而无冷热循环装置的）
		8479892000	空气增湿器及减湿器
55	电动机-压缩机	8414301100	电动机额定功率≤0.4kW冷藏或冷冻箱用压缩机
		8414301200	其他电驱动冷藏或冷冻箱用压缩机（指0.4kW<额定功率≤5kW的电动机）
		8414301300	电动机额定功率>0.4kW, 但≤5kW的空调器用压缩机
		8414301900	电动机驱动其他用于制冷设备的压缩机
56	家用电动洗衣机	8450111000	干衣量≤10kg全自动波轮式洗衣机
		8450112000	干衣量≤10kg全自动滚筒式洗衣机
		8450119000	其他干衣量≤10kg的全自动洗衣机
		8450120000	装有离心甩干机的非全自动洗衣机（干衣量≤10kg）
		8450190000	干衣量≤10kg的其他洗衣机
		8421121000	干衣量≤10kg的离心干衣机
		8421191000	脱水机
57	电热水器	8516101000	储存式电热水器
		8516102000	即热式电热水器
		8516109000	其他电热水器
58	室内加热器	8516299000	电气空间加热器
		8516292000	辐射式空间加热器

续表

序号	强制性产品认证目录产品名称	2015年商品编码（HS编码）	商品编码对应的商品名称及备注
58	室内加热器	8516293900	其他对流式空间加热器
		8516293100	风扇式对流空间加热器
		8516293200	充液式对流空间加热器
59	真空吸尘器	8508110000	电动的真空吸尘器（功率不超过1500W,且带有容积不超过20L的集尘袋或其他集尘容器）
		8508190000	其他电动的真空吸尘器
60	皮肤和毛发护理器具	8516310000	电吹风机
		8516320000	其他电热理发器具
		8516330000	电热干手器
61	电熨斗	8516400000	电熨斗
62	电磁灶	8516601000	电磁炉
63	电烤箱（便携式烤架、面包片烘烤器及类似烹调器具）	8516605000	电烤箱
		8516609000	其他电热炉（包括电热板、加热环、烧烤炉及烘烤器）
		8516721000	家用自动面包机
		8516722000	片式烤面包机（多士炉）
		8516729000	其他电热烤面包器
64	电动食品加工器具（食品加工机（厨房机械））	8509401000	水果或蔬菜的榨汁机
		8509409000	食品研磨机,搅拌器
		8509809000	其他家用电动器具
65	微波炉	8516500000	微波炉
66	电灶、灶台、烤炉和类似器具（驻立式电烤箱、固定式烤架及类似烹调器具）	8516799000	其他电热器具
		8516609000	其他电热炉（包括电热板、加热环、烧烤炉及烘烤器）
67	吸油烟机	8414601000	抽油烟机（指罩的平面最大边长不超过120cm,装有风扇的）
68	液体加热器和冷热饮水机	8516711000	滴液式咖啡机
		8516712000	蒸馏渗滤式咖啡机
		8516713000	泵压式咖啡机
		8516719000	其他电热咖啡机和茶壶
		8419810000	加工热饮料,烹调,加热食品的机器
		8516791000	电热饮水机
69	电饭锅	8516603000	电饭锅
70	总输出功率在500W（有效值）以下的单扬声器和多扬声器有源音箱	8518210000	单喇叭音箱
		8518220000	多喇叭音箱
71	音频功率放大器	8518400090	其他音频扩大器
		8543709200	其他高,中频放大器
		8518500000	电气扩音机组
72	各种广播波段的调谐接收机、收音机	8527920000	带时钟的收音机
		8527990000	其他收音机
73	各类载体形式的音视频录制播放及处理设备（包括各类光盘、磁带、硬盘等载体形式）	8517629900	其他接收、转换并发送或再生音像或其他数据用的设备
		8519200010	以特定支付方式使其工作的激光唱机（用硬币、钞票、银行卡、代币或其他支付方式使其工作）
		8519200090	其他以特定支付方式使其工作的声音录制或重放设备
		8519811100	未装有声音录制装置的盒式磁带型声音重放装置（编辑节目用放声机除外）
		8519811200	装有声音重放装置的盒式磁带型录音机
		8519811900	其他使用磁性媒体的声音录制或重放设备
		8519812100	激光唱机,未装有声音录制装置

续表

序号	强制性产品认证目录产品名称	2015年商品编码（HS编码）	商品编码对应的商品名称及备注
73	各类载体形式的音视频录制播放及处理设备（包括各类光盘、磁带、硬盘等载体形式）	8519812910	具有录音功能的激光唱机
		8519812990	其他使用光学媒体的声音录制或重放设备
		8519813100	装有声音重放装置的闪速存储器型声音录制设备
		8519813900	其他使用半导体媒体的声音录制或重放设备
		8519891000	不带录制装置的其他唱机,不论是否带有扬声器
		8519899000	其他声音录制或重放设备
		8521901110	具有录制功能的视频高密光盘（VCD）播放机
		8521901190	其他视频高密光盘（VCD）播放机
		8521901290	其他数字化视频光盘（DVD）播放机
		8521901910	具有录制功能的其他激光视盘播放机
		8521901990	其他激光视盘播放机（不论是否装有高频调谐放大器）
		8521909090	其他视频信号录制或重放设备（不论是否装有高频调谐放大器）
74	以上四种设备的组合	8527910000	其他收录（放）音组合机
75	音视频设备配套的电源适配器（含充/放电器）	8504401990	其他稳压电源
76	各种成像方式的彩色电视接收机	8528711000	彩色的卫星电视接收机（在设计上不带有视频显示器或屏幕的）
		8528718000	其他彩色的电视接收装置（在设计上不带有视频显示器或屏幕的）
		8528721100	其他彩色的模拟电视接收机，带阴极射线显像管的
		8528721200	其他彩色的数字电视接收机,阴极射线显像管的
		8528721900	其他彩色的电视接收机,阴极射线显像管的
		8528722100	彩色的液晶显示器的模拟电视接收机
		8528722200	彩色的液晶显示器的数字电视接收机
		8528722900	其他彩色的液晶显示器的电视接收机
		8528723100	彩色的等离子显示器的模拟电视接收机
		8528723200	彩色的等离子显示器的数字电视接收机
		8528723900	其他彩色的等离子显示器的电视接收机
		8528729100	其他彩色的模拟电视接收机
		8528729200	其他彩色的数字电视接收机
		8528729900	其他彩色的电视接收机
		8529901011	卫星电视接收用解码器
		8528691000	其他彩色的投影机
		8528699000	黑白或其他单色的投影机
77	监视器	8528491000	其他彩色的阴极射线管监视器
		8528499000	其他黑白或其他单色的阴极射线管监视器
		8528591090	其他彩色的监视器
		8528599000	黑白或其他单色的监视器
78	显像（示）管	8540110000	彩色阴极射线电视显像管（包括视频监视器用阴极射线管）
		8540120000	单色阴极射线电视显像管（包括视频监视器用阴极射线管）
		8540401000	点距<0.4mm彩色数据/图形显示管（指屏幕荧光点间距<0.4毫米）
		8540402000	单色数据/图形显示管
		8540609000	其他阴极射线管
79	录像机	8521101900	其他磁带型录像机（不论是否装有高频调谐放大器）
		8521102000	磁带放像机（不论是否装有高频调谐放大器）
		8521901210	具有录制功能的数字化视频光盘（DVD）播放机（不论是否装有高频调谐放大器）
80	电子琴	9207100000	通过电产生或扩大声音的键盘乐器（手风琴除外）

续表

序号	强制性产品认证目录产品名称	2015年商品编码（HS编码）	商品编码对应的商品名称及备注
81	天线放大器	8529102000	收音机、电视机天线及其零件（包括收音机的组合机用的天线及零件）
		8529109090	其他无线电设备天线及其零件
82	微型计算机	8471414000	微型机
		8471412000	小型自动数据处理设备
		8471419000	其他数字式数据处理设备（同一机壳内至少一个CPU和一个输入输出部件;包括组合式）
		8471492000	以系统形式报验的小型计算机
		8471494000	以系统形式报验的微型机
		8471499900	以系统形式报验的其他计算机
		8471900090	未列明的磁性或光学阅读器（包括将数据以代码形式转录的机器及处理这些数据的机器）
		8472901000	自动柜员机
		8471504001	含显示器和主机的微型机
		8470501000	销售点终端出纳机
		8470509000	其他现金出纳机
83	便携式计算机	8471301000	平板电脑
		8471309000	其他便携式自动数据处理设备
84	与计算机连用的显示设备	8528410000	专用或主要用于品目8471商品的阴极射线管监视器
		8528511000	专用或主要用于品目8471商品的液晶监视器
		8528519000	其他专用或主要用于品目8471商品的监视器
		8528610010	专用或主要用于品目8471商品的彩色投影机
		8528610090	其他专用或主要用于品目8471商品的投影机
		8528691000	其他彩色的投影机
		8528699000	黑白或其他单色的投影机
85	与计算机相连的打印设备	8443321100	专用于品目8471所列设备的针式打印机（可与自动数据处理设备或网络连接）
		8443321200	专用于品目8471所列设备的激光打印机（可与自动数据处理设备或网络连接）
		8443321300	专用于品目8471所列设备的喷墨打印机（可与自动数据处理设备或网络连接）
		8443321400	专用于品目8471所列设备的热敏打印机（可与自动数据处理设备或网络连接）
		8443321900	专用于品目8471所列设备的其他打印机（可与自动数据处理设备或网络连接）
		8472100000	胶版复印机、油印机
		8443329090	其他印刷（打印）机、复印机和电传打字机（可与自动数据处理设备或网络联接）
86	多用途打印复印机	8443311090	其他静电感光式多功能一体机（可与自动数据处理设或网络连接）
		8443311010	静电感光式多功能一体加密传真机（可与自动数据处理设或网络连接）
		8443319010	其他具有打印和复印两种功能的机器
		8443319090	其他具有打印、复印或传真中两种及以上功能的机器
87	扫描仪	8471605000	自动数据处理设备的扫描器
88	计算机内置电源及电源适配器充电器	8504401300	品目8471所列机器用的稳压电源
		8504401990	其他稳压电源
89	电脑游戏机	9504501900	视频游戏控制器及设备（与电视接收机配套使用的,编号950430的货品除外）
		9504509900	其他视频游戏控制器及设备（编号950430的货品除外）
		9504901000	其他电子游戏机

续表

序号	强制性产品认证目录产品名称	2015年商品编码（HS编码）	商品编码对应的商品名称及备注
90	学习机	9504901000	其他电子游戏机
91	复印机	8443329090	其他印刷（打印）机、复印机和电传打字机（可与自动数据处理设备或网络联接）
		8443391100	将原件直接复印的静电感光复印设备
		8443391200	将原件通过中间体转印的静电感光复印设备
		8443392100	带有光学系统的其他感光复印设备
		8443392200	接触式的其他感光复印设备
		8443392300	热敏复印设备
		8443392400	热升华复印设备
		8443399000	其他印刷（打印）机、复印机
92	服务器	8471414000	微型机
93	灯具	9405100000	枝形吊灯（包括天花板或墙壁上的照明装置，但露天或街道上的除外）
		9405200010	含濒危物种成分的电气台灯、床头灯、落地灯
		9405200090	其他电气台灯、床头灯、落地灯
		9405409000	其他电灯及照明装置
94	镇流器	8504101000	电子镇流器
		8504109000	其他放电灯或放电管用镇流器
95	汽车	8701200000	半挂车用的公路牵引车
		8701909000	其他牵引车（不包括品目8709的牵引车）
		8702109100	30座及以上大型客车（柴油型）（指装有柴油或半柴油发动机的30座及以上的客运车）
		8702109201	20≤座≤23装有压燃式活塞内燃发动机的客车
		8702109290	24≤座≤29装有压燃式活塞内燃发动机的客车
		8702109300	10≤座≤19装有压燃式活塞内燃发动机的客车
		8702901000	30座及以上大型客车（其他型，指装有其他发动机的30座及以上的客运车）
		8702902001	20≤座≤23装有非压燃式活塞内燃发动机的客车
		8702902090	24≤座≤29装有非压燃式活塞内燃发动机的客车
		8702903000	10≤座≤19装有非压燃式活塞内燃发动机的客车
		8703213001	排气量≤1L的装有点燃往复式活塞内燃发动机的小轿车
		8703214001	排气量≤1L的带点燃往复式活塞内燃发动机的越野车（4轮驱动）
		8703215001	排气量≤1L的带点燃往复式活塞内燃发动机的小客车（9座及以下）
		8703219001	排气量≤1L的带点燃往复式活塞内燃发动机的其他车辆
		8703223001	1L＜排气量≤1.5L带点燃往复式活塞内燃发动机小轿车
		8703224001	1L＜排气量≤1.5L带点燃往复活塞内燃发动机四轮驱动越野车
		8703225001	1L＜排气量≤1.5L带点燃往复式活塞内燃发动机小客车（≤9座）
		8703229001	1L＜排气量≤1.5L带点燃往复式活塞内燃发动机其他车
		8703234101	1.5L＜排气量≤2L装点燃往复式活塞内燃发动机小轿车
		8703234201	1.5L＜排气量≤2L装点燃往复式活塞内燃发动机越野车（4轮驱动）
		8703234301	1.5L＜排气量≤2L装点燃往复式活塞内燃发动机小客车（9座及以下的）
		8703234901	1.5L＜排气量≤2L装点燃往复式活塞内燃发动机的其他载人车辆
		8703235101	2L＜排气量≤2.5L装点燃往复式活塞内燃发动机小轿车
		8703235201	2L＜排气量≤2.5L装点燃往复式活塞内燃发动机越野车（4轮驱动）
		8703235301	2L＜排量≤2.5L装点燃往复式活塞内燃发动机小客车（9座及以下的）
		8703235901	2L＜排气量≤2.5L装点燃往复式活塞内燃发动机的其他载人车辆
		8703236101	2.5L＜排气量≤3L装点燃往复式活塞内燃发动机小轿车

续表

序号	强制性产品认证目录产品名称	2015年商品编码（HS编码）	商品编码对应的商品名称及备注
95	汽车	8703236201	2.5L＜排气量≤3L装点燃往复式活塞内燃发动机越野车（4轮驱动）
		8703236301	2.5L＜排气量≤3L装点燃往复式活塞内燃发动机旅行小客车（9座及以下的）
		8703236901	2.5L＜排气量≤3L装点燃往复式活塞内燃发动机的其他载人车辆（不包括非4轮驱动越野车）
		8703241101	3L＜排气量≤4L装点燃往复式活塞内燃发动机小轿车
		8703241201	3L＜排气量≤4L装点燃往复式活塞内燃发动机越野车（4轮驱动）
		8703241301	3L＜排气量≤4L装点燃往复式活塞内燃发动机的小客车（9座及以下的）
		8703241901	3L＜排气量≤4L装点燃往复式活塞内燃发动机的其他载人车辆（不包括非4轮驱动越野车）
		8703242101	排气量＞4L装点燃往复式活塞内燃发动机小轿车
		8703242201	排气量＞4L装点燃往复式活塞内燃发动机越野车（4轮驱动）
		8703242301	排气量＞4L装点燃往复式活塞内燃发动机的小客车（9座及以下的）
		8703242901	排气量＞4L装点燃往复式活塞内燃发动机的其他载人车辆（不包括非4轮驱动越野车）
		8703311101	排气量≤1L的装有压燃往复式活塞内燃发动机小轿车
		8703311901	排气量≤1L的装有压燃往复式活塞内燃发动机的其他载人车辆
		8703312101	1L<排气量≤1.5L装压燃往复式活塞内燃发动机小轿车
		8703312201	1L<排气量≤1.5L装压燃式活塞内燃发动机越野车（4轮驱动）
		8703312301	1L<排气量≤1.5L装压燃往复式活塞内燃发动机小客车（9座及以下的）
		8703312901	1L<排气量≤1.5L装压燃往复式活塞内燃发动机的其他载人车辆
		8703321101	1.5L＜排气量≤2L装压燃往复式活塞内燃发动机小轿车
		8703321201	1.5L＜排气量≤2L装压燃往复式活塞内燃发动机越野车（4轮驱动）
		8703321301	1.5L＜排气量≤2L装压燃往复式活塞内燃发动机小客车（9座及以下的）
		8703321901	1.5L＜排气量≤2L装压燃往复式活塞内燃发动机的其他载人车辆
		8703322101	2L＜排气量≤2.5L装压燃往复式活塞内燃发动机小轿车
		8703322201	2L＜排气量≤2.5L装压燃往复式活塞内燃发动机越野车（4轮驱动）
		8703322301	2L＜排气量≤2.5L装压燃往复式活塞内燃发动机小客车（9座及以下的）
		8703322901	2L＜排气量≤2.5L装压燃往复式活塞内燃发动机的其他载人车辆
		8703331101	2.5L＜排气量≤3L装压燃往复式活塞内燃发动机小轿车
		8703331201	2.5L＜排气量≤3L装压燃往复式活塞内燃发动机越野车（4轮驱动）
		8703331301	2.5L＜排气量≤3L装压燃往复式活塞内燃发动机小客车（9座及以下的）
		8703331901	2.5L＜排气量≤3L装压燃往复式活塞内燃发动机的其他载人车辆（不包括非4轮驱动越野车）
		8703332101	3L＜排气量≤4L装压燃往复式活塞内燃发动机小轿车
		8703332201	3L＜排气量≤4L装压燃往复式活塞内燃发动机越野车（4轮驱动）
		8703332301	3L＜排气量≤4L装压燃往复式活塞内燃发动机小客车（9座及以下的）
		8703332901	3L＜排气量≤4L装压燃往复式活塞内燃发动机的其他载人车辆（不包括非4轮驱动越野车）
		8703336101	排气量＞4L装压燃往复式活塞内燃发动机小轿车
		8703336201	排气量＞4L装压燃往复式活塞内燃发动机越野车（4轮驱动）
		8703336301	排气量＞4L装压燃往复式活塞内燃发动机小客车（9座及以下的）
		8703336901	排气量＞4L装压燃往复式活塞内燃发动机其他载人车辆（不包括非4轮驱动越野车）
		8703900001	其他型排气量≤1L的其他载人车辆
		8703900002	其他型1.5L＜排气量≤2L的其他载人车辆

续表

序号	强制性产品认证目录产品名称	2015年商品编码（HS编码）	商品编码对应的商品名称及备注
95	汽车	8703900003	其他型2L<排气量≤2.5L的其他载人车辆
		8703900004	其他型2.5L<排气量≤3L的其他载人车辆
		8703900005	其他型3L<排气量≤4L的其他载人车辆
		8703900007	1L<其他型排气量≤1.5L的其他载人车辆
		8703900006	其他型排气量>4L的其他载人车辆
		8703900010	电动汽车和其他无法区分排气量的载人车辆
		8704210000	柴油型其他小型货车（装有压燃式活塞内燃发动机,小型指车辆总重量≤5t ）
		8704223000	柴油型其他中型货车（装有压燃式活塞内燃发动机,中型指5<车辆总重量<14t）
		8704224000	柴油型其他重型货车（装有压燃式活塞内燃发动机,重型指14≤车辆总重≤20t）
		8704230010	固井水泥车、压裂车、混砂车、连续油管车、液氮泵车用底盘（车辆总重量>35t,装驾驶室）
		8704230020	起重≥55t汽车起重机用底盘（装有压燃式活塞内燃发动机）
		8704230030	车辆总重量≥31t清障车专用底盘
		8704230090	柴油型的其他超重型货车（装有压燃式活塞内燃发动机,超重型指车辆总重量>20t）
		8704310000	总重量≤5t的其他货车（汽油型,装有点燃式活塞内燃发动机）
		8704323000	5t<总重量≤8t的其他货车（汽油型,装有点燃式活塞内燃发动机）
		8704324000	总重量>8t的其他货车（汽油型,装有点燃式活塞内燃发动机）
		8704900000	装有其他发动机的货车
		8705102100	起重重量≤50t全路面起重车
		8705102200	50<起重量≤100t全路面起重车
		8705102300	起重量>100t全路面起重车
		8705109100	起重重量≤50t其他机动起重车
		8705109200	50<起重重量≤100t其他起重车
		8705109300	起重重量>100t其他机动起重车
		8705200000	机动钻探车
		8705400000	机动混凝土搅拌车
		8705901000	无线电通信车
		8705902000	机动放射线检查车
		8705903000	机动环境监测车
		8705904000	机动医疗车
		8705905900	其他机动电源车（频率为400Hz航空电源车除外）
		8705907000	道路（包括跑道）扫雪车
		8705908000	石油测井车,压裂车,混沙车
		8705909100	混凝土泵车
		8705909990	其他特殊用途的机动车辆（主要用于载人或运货的车辆除外）
		8706002100	车辆总重量≥14t的货车底盘（装有发动机的）
		8706002200	车辆总重量<14t的货车底盘（装有发动机的）
		8706004000	汽车起重机底盘（装有发动机的）
		8706009000	其他机动车辆底盘（装有发动机的,品目8701、8703和8705所列车辆用）
		8716100000	供居住或野营用厢式挂车及半挂车
		8716311000	油罐挂车及半挂车
		8716319000	其他罐式挂车及半挂车
		8716391000	货柜挂车及半挂车

续表

序号	强制性产品认证目录产品名称	2015年商品编码（HS编码）	商品编码对应的商品名称及备注
95	汽车	8716399000	其他货运挂车及半挂车
		8716400000	其他未列明挂车及半挂车
		8426411000	轮胎式起重机
96	摩托车	8711100010	微马力摩托车及脚踏两用车（装有往复式活塞发动机，微马力指排气量=50mL）
		8711100090	微马力摩托车及脚踏两用车（装有往复式活塞发动机,微马力指排气量<50mL）
		8711201000	50mL<汽缸容量≤100mL装往复式活塞内燃发动机摩托车及脚踏两用车
		8711202000	100mL<汽缸容量≤125mL装往复式活塞内燃发动机摩托车及脚踏两用车
		8711203000	125mL<汽缸容量≤150mL装往复式活塞内燃发动机摩托车及脚踏两用车
		8711204000	150mL<汽缸容量≤200mL装往复式活塞内燃发动机摩托车及脚踏两用车
		8711205010	200mL<排量<250mL装往复式活塞内燃发动机摩托车及脚踏两用车
		8711205090	排量=250mL装往复式活塞内燃发动机摩托车及脚踏两用车
		8711301000	250mL<汽缸容量≤400mL装往复式活塞内燃发动机摩托车及脚踏两用车
		8711302000	400mL<汽缸容量≤500mL装往复式活塞内燃发动机摩托车及脚踏两用车
		8711400000	500mL<汽缸容量≤800mL装往复式活塞内燃发动机摩托车及脚踏两用车
		8711500000	800mL<汽缸容量,装往复式活塞内燃发动机摩托车及脚踏两用车
		8711901090	其他电动及电动助力的摩托车及边车（包括机器脚踏两用车；脚踏车）
		8711909001	排气量≤250mL摩托车及脚踏两用车
		8711909002	排气量>250mL摩托车及脚踏两用车
		8711909009	其他无法区分排气量的摩托车及脚踏两用车
		8711909090	装有其他辅助发动机的脚踏车及边车
97	消防车	8705309000	其他机动救火车
		8705301000	装有云梯的机动救火车
98	摩托车发动机	8407310000	排气量≤50mL往复式活塞引擎（87章所列车辆用的点燃往复式活塞发动机，不超过50mL）
		8407320000	50mL<排气量≤250mL往复式活塞引擎（第87章所列车辆用的点燃往复式活塞发动机）
		8407330000	250mL<排气量≤1000mL往复活塞引擎（第87章所列车辆的点燃往复式活塞发动机）
		8407341000	1000mL<排气量≤3000mL车辆的往复式活塞引擎（第87章所列车辆的点燃往复式活塞发动机）
99	汽车安全带	8708210000	坐椅安全带，品目8701至8705的车辆用
100	机动车喇叭	8512301100	机动车辆用喇叭，蜂鸣器
101	机动车回复反射器	8512209000	其他照明或视觉信号装置(包括机动车辆用视觉装置）
102	机动车制动软管	8708309100	牵引车、拖拉机用制动器及其零件，包括助力制动器及其零件
		8708309200	大型客车用制动器及其零件，包括助力制动器及其零件
		8708309400	柴、汽油轻型货车用制动器及零件，指编号8704-2100、2230、3100、3230所列≤14t车辆用
		8708309500	柴、汽油型重型货车用制动器及其零件，指品目87042240、87042300及87043240所列车辆用
		8708309600	特种车用制动器及其零件，指品目8705所列车辆用，包括助动器及零件

续表

序号	强制性产品认证目录产品名称	2015年商品编码（HS编码）	商品编码对应的商品名称及备注
102	机动车制动软管	8708309990	其他机动车辆用制动器（包括助力制动器）的零件
		8708995900	总重≥14t柴油货车用其他零部件
		4009110000	未加强或其他材料合制硫化橡胶管（不带附件、硬质橡胶除外）
		4009120000	未加强或其他材料合制硫化橡胶管（装有附件、硬质橡胶除外）
		4009210000	加强或只与金属合制的硫化橡胶管（不带附件、硬质橡胶除外）
		4009220000	加强或只与金属合制的硫化橡胶管（装有附件、硬质橡胶除外）
		4009310000	加强或与纺织材料合制硫化橡胶管（不带附件、硬质橡胶除外）
		4009320000	加强或与纺织材料合制硫化橡胶管（装有附件、硬质橡胶除外）
103	机动车外部照明及光信号装置（汽车用灯具、摩托车用灯具）	8512201000	机动车辆用照明装置
104	机动车后视镜（汽车后视镜、摩托车后视镜）	7009100000	车辆后视镜（不论是否镶框）
105	汽车内饰件	8708299000	其他车身未列明零部件，包括驾驶室的零件、附件
		3926300000	塑料制家具，车厢及类似品的附件
		4016910000	硫化橡胶制铺地制品及门垫（硬质橡胶的除外）
		8708995900	总重≥14t柴油货车用其他零部件
106	汽车门锁及门保持件	8301209000	其他机动车用锁
		8301201000	机动车用中央控制门锁
		8302100000	铰链（折叶）
		8302300000	机车用贱金属附件及架座
107	汽车燃油箱	8708299000	其他车身未列明零部件，包括驾驶室的零件、附件
		8708995900	总重≥14t柴油货车用其他零部件
108	汽车座椅及座椅头枕	9401201000	皮革或再生皮革面的机动车辆用坐具
		9401209000	其他机动车辆用坐具
		9401901900	机动车辆用其他座具零件
		8708995900	总重≥14t柴油货车用其他零部件
109	车身反光标识	8512209000	其他照明或视觉信号装置（包括机动车辆用视觉装置）
110	汽车行驶记录仪	9106900000	其他时间记录器及其他类似装置
111	轿车轮胎	4011100000	机动小客车用新的充气轮胎（橡胶轮胎，包括旅行小客车及赛车用）
		4011200090	其他客或货车用新充气橡胶轮胎（指机动车辆用橡胶轮胎）
		4011990090	其他新的充气橡胶轮胎（其他用途，新充气橡胶轮胎，非人字形胎面）
112	载重汽车轮胎	4011100000	机动小客车用新的充气轮胎（橡胶轮胎，包括旅行小客车及赛车用）
		4011200090	其他客或货车用新充气橡胶轮胎（指机动车辆用橡胶轮胎）
		4011990090	其他新的充气橡胶轮胎（其他用途，新充气橡胶轮胎，非人字形胎面）
113	摩托车轮胎	4011400000	摩托车用新的充气橡胶轮胎
		4011990090	其他新的充气橡胶轮胎（其他用途，新充气橡胶轮胎，非人字形胎面）
114	汽车安全玻璃	7007219000	车辆用层压安全玻璃（规格及形状适于安装在车辆上的）
		7007119000	车辆用钢化安全玻璃（规格及形状适于安装在车辆上的）
		7008001000	中空或真空隔温、隔音玻璃组件
		7008009000	其他多层隔温、隔音玻璃组件
		8708294100	汽车电动天窗
		8708294200	汽车手动天窗
115	建筑安全玻璃	7007290000	其他层压安全玻璃
116	铁道车辆安全玻璃	7007190090	其他钢化安全玻璃
		7008001000	中空或真空隔温、隔音玻璃组件
		7008009000	其他多层隔温、隔音玻璃组件

续表

序号	强制性产品认证目录产品名称	2015年商品编码（HS编码）	商品编码对应的商品名称及备注
116	铁道车辆安全玻璃	7007190001	低铁钢化太阳能电池组件封装专用玻璃.指最大含铁量0.02%Fe203,厚度为2.5mm-3.5mm的玻璃
117	植物保护机械	8424810000	农业或园艺用喷射、喷雾机械器具
118	轮式拖拉机	8701901190	其他轮式拖拉机
119	调制解调器（含卡）	8517623400	调制解调器
		8517623300	IP电话信号转换设备
120	传真机	8443319090	其他具有打印、复印或传真中两种及以上功能的机器
		8443329010	传真机
		8443319020	其他多功能一体加密传真机（兼有打印、复印中一种
121	固定电话终端及电话机附加装置	8517180090	其他电话机
		8517180010	其他加密电话机
		8517699000	其他有线通信设备
		8519500000	电话应答机
122	无绳电话终端	8517110010	无绳加密电话机
		8517110090	其他无绳电话机
123	集团电话	8517621900	其他数字式程控电话交换机
		8517621100	局用电话交换机、长途电话交换机、电报交换机
124	移动用户终端	8517121019	其他GSM数字式手持无线电话机
		8517121029	其他CDMA数字式手持无线电话机
		8517121090	其他手持式无线电话机（包括车载式无线电话机）
		8517129000	其他用于蜂窝网络或其他无线网络的电话机
		8517629200	无线网络接口卡
		8517629300	无线接入固定台
		8517691090	其他无线通信设备
125	ISDN终端	8517699000	其他有线通信设备
126	数据终端（含卡）	8517622100	光端机及脉冲编码调制设备（PCM）
		8517622200	波分复用光传输设备
		8517622990	其他光通讯设备
		8517623100	非光通讯网络时钟同步设备
		8517623210	非光通讯加密以太网络交换机
		8517623290	其他非光通讯以太网络交换机
		8517623500	集线器
		8517623690	其他路由器
		8517623610	非光通讯加密路由器
		8517623700	有线网络接口卡
		8517622910	光通讯加密路由器
		8517699000	其他有线通信设备
127	多媒体终端	8517623900	其他有线数字通信设备
		8517629900	其他接收、转换并发送或再生音像或其他数据用的设备
		8517699000	其他有线通信设备
128	火灾报警产品	8531901000	防盗、防火及类似装置用零件
		8531100000	防盗或防火报警器及类似装置
129	消防水带	5909000000	纺织材料制水龙软管及类似管子（不论有无其他材料作衬里,护套或附件）
130	喷水灭火产品	8424902000	家用型喷射、喷雾器具的零件
		8424899990	其他用途的喷射、喷雾机械器具

续表

序号	强制性产品认证目录产品名称	2015年商品编码（HS编码）	商品编码对应的商品名称及备注
131	灭火剂	3813001000	灭火器的装配药
132	建筑耐火构件	7308300000	钢铁制门窗及其框架、门槛
		4418101000	辐射松木制的木窗，落地窗及其框架
		4418109010	拉敏木制木窗，落地窗及其框架
		4418109020	濒危木制木窗，落地窗及其框架
		4418109090	其他木制木窗，落地窗及其框架
		4418200090	木门及其框架和门槛
		7610100000	铝制门窗及其框架、门槛
		7008009000	其他多层隔温、隔音玻璃组件
		6303920010	合纤百叶窗，卷帘和窗幔
133	泡沫灭火设备产品	8424899910	分离喷嘴（由狭缝状、曲率半径极小的弯曲通道组成，内有分离楔尖）
		8424899990	其他用途的喷射、喷雾机械器具
134	消防装备产品	9020000000	其他呼吸器具及防毒面具（但不包括既无机械零件又无可互换过滤器的防护面具）
		8705309000	其他机动救火车
		8414599099	其他风机、风扇
		9405409000	其他电灯及照明装置
135	火灾防护产品	3210000091	其他油漆及清漆，皮革用水性颜料，施工状态下挥发性有机物含量大于420g/L（包括非聚合物为基料的瓷漆、大漆及水浆涂料）
		3210000099	其他油漆及清漆，皮革用水性颜料，施工状态下挥发性有机物含量不大于420g/L（包括非聚合物为基料的瓷漆、大漆及水浆涂料 ）
136	灭火器	8424100000	灭火器（不论是否装药）
137	消防给水设备产品	8481804090	其他阀门
		8481901000	阀门用零件
138	气体灭火设备产品	8424899910	分离喷嘴（由狭缝状、曲率半径极小的弯曲通道组成，内有分离楔尖）
		8424899990	其他用途的喷射、喷雾机械器具
139	干粉灭火设备产品	8424899910	分离喷嘴（由狭缝状、曲率半径极小的弯曲通道组成，内有分离楔尖）
		8424899990	其他用途的喷射、喷雾机械器具
140	消防防烟排烟设备产品	8481804090	其他阀门
		8414599099	其他风机、风扇
141	避难逃生产品	8512209000	其他照明或视觉信号装置（包括机动车辆用视觉装置）
		9405409000	其他电灯及照明装置
		9405600000	发光标志、发光铭牌及类似品
		9020000000	其他呼吸器具及防毒面具（但不包括既无机械零件又无可互换过滤器的防护面具）
142	消防通信产品	8531100000	防盗或防火报警器及类似装置
143	入侵探测器	8531100000	防盗或防火报警器及类似装置
144	防盗报警控制器	8531100000	防盗或防火报警器及类似装置
145	汽车防盗报警系统	8512301200	机动车辆用防盗报警器
146	防盗保险柜	8303000000	保险箱、柜、保险库的门
147	防盗保险箱		
148	无线局域网产品	注：根据质检总局、标准委、认监委2004年44号联合公告，该产品强制性认证的强制实施时间后延。	
149	溶剂型木器涂料	3208901091	其他聚胺酯油漆清漆等，施工状态下挥发性有机物含量大于420g/L（溶于非水介质以聚胺酯类化合物为基本成分，含瓷漆大漆）
		3208901099	其他聚胺酯油漆清漆等，施工状态下挥发性有机物含量不大于420g/L（溶于非水介质以聚胺酯类化合物为基本成分，含瓷漆大漆）

续表

序号	强制性产品认证目录产品名称	2015年商品编码（HS编码）	商品编码对应的商品名称及备注
149	溶剂型木器涂料	3208909010	溶于非水介质其他油漆、清漆溶液，施工状态下挥发性有机物含量大于420g/L（包括以聚合物为基本成分的漆）
		3208909090	溶于非水介质其他油漆、清漆溶液，施工状态下挥发性有机物含量不大于420g/L（包括以聚合物为基本成分的漆）
		3210000091	其他油漆及清漆，皮革用水性颜料，施工状态下挥发性有机物含量大于420g/L（包括非聚合物为基料的瓷漆，大漆及水浆涂料 ）
		3210000099	其他油漆及清漆，皮革用水性颜料，施工状态下挥发性有机物含量不大于420g/L（包括非聚合物为基料的瓷漆，大漆及水浆涂料 ）
150	瓷质砖	6904100000	陶瓷制建筑用砖
		6904900000	陶瓷制铺地砖，支撑或填充用砖（包括类似品）
		6905900000	其他建筑用陶瓷制品（包括烟囱罩通风帽，烟囱衬壁，建筑装饰物）
		6907100010	瓷砖，陶瓷等产品，未打磨上釉陶瓷（表面最宽<7cm）
		6907100090	未上釉的小陶瓷砖，瓦，块及类似品（小指最大表面积可置入边长<7cm的方格为限）
		6907900000	未上釉的大陶瓷砖，瓦，块及类似品（大指最大表面积超过子目号690710所列规格的）
		6908100000	上釉的小陶瓷砖，瓦，块及类似品（小指最大表面积以可置入边长<7cm的方格为限）
		6908900000	上釉的大陶瓷砖，瓦，块及类似品（大指最大表面积超过子目号690810所列规格的）
151	混凝土防冻剂	3824409000	其他水泥、灰泥及混凝土用添加剂
152	童车类产品	8712008110	12-16in的未列明自行车
		8712008190	11in及以下的未列明自行车
		8712008900	其他未列明自行车
		9503001000	三轮车、踏板车、踏板汽车和类似的带轮玩具；玩偶车
		8712009000	其他非机动脚踏车
		8715000000	婴孩车及其零件
		9503008900	其他未列明玩具
153	电玩具类产品	9503006000	智力玩具
		9503001000	三轮车、踏板车、踏板汽车和类似的带轮玩具；玩偶车
		9503002100	动物玩偶，不论是否着装
		9503002900	其他玩偶，不论是否着装
		9503003100	缩小（按比例缩小）的电动火车模型
		9503003900	其他缩小（按比例缩小）的全套模型组件，不论是否活动
		9503008100	组装成套或全套的其他玩具
		9503008200	其他带动力装置的玩具及模型
		9503008900	其他未列明玩具
		9503009000	玩具、模型零件
		9504901000	其他电子游戏机
		9503004000	其他建筑套件及建筑玩具
		9503005000	玩具乐器
154	塑胶玩具类产品	9503001000	三轮车、踏板车、踏板汽车和类似的带轮玩具；玩偶车
		9503002100	动物玩偶，不论是否着装
		9503002900	其他玩偶，不论是否着装
		9503004000	其他建筑套件及建筑玩具
		9503006000	智力玩具
		9503008100	组装成套或全套的其他玩具
		9503008900	其他未列明玩具

续表

序号	强制性产品认证目录产品名称	2015年商品编码（HS编码）	商品编码对应的商品名称及备注
154	塑胶玩具类产品	9503009000	玩具、模型零件
		9503005000	玩具乐器
		9503008200	其他带动力装置的玩具及模型
155	金属玩具类产品	9503001000	三轮车、踏板车、踏板汽车和类似的带轮玩具；玩偶车
		9503002100	动物玩偶，不论是否着装
		9503002900	其他玩偶，不论是否着装
		9503004000	其他建筑套件及建筑玩具
		9503006000	智力玩具
		9503008100	组装成套或全套的其他玩具
		9503008900	其他未列明玩具
		9503009000	玩具、模型零件
		9503008200	其他带动力装置的玩具及模型
156	弹射玩具类产品	9503002100	动物玩偶，不论是否着装
		9503002900	其他玩偶，不论是否着装
		9503008100	组装成套或全套的其他玩具
		9503008200	其他带动力装置的玩具及模型
		9503008900	其他未列明玩具
		9503009000	玩具、模型零件
157	娃娃玩具类产品	9503002900	其他玩偶，不论是否着装
		9503008900	其他未列明玩具
		9503009000	玩具、模型零件
158	机动车儿童乘员用约束系统	9503002900	其他玩偶，不论是否着装
		9503008900	其他未列明玩具
		9503009000	玩具、模型零件
		8708210000	坐椅安全带，品目8701至8705的车辆用
		9401201000	皮革或再生皮革面的机动车辆用坐具
		9401209000	其他机动车辆用坐具
		9401401000	皮革或再生皮革面的能作床用的两用椅（但庭园坐具或野营设备除外）
		9401409000	其他能作床用的两用椅（但庭园坐具或野营设备除外）
		9401809091	儿童用汽车安全座椅
		9401809099	其他坐具
		9401909000	其他座具的零件
		9401901900	机动车辆用其他座具零件

备注：

1.质检总局、公安部、国家认监委2014年第12号公告中的消防产品（2015年9月1日起强制实施）所对应编码已列入本参考表。

2.质检总局、国家认监委2014年第6号公告中的机动车儿童乘员用约束系统产品（2015年9月1日起强制实施）所对应编码已列入本参考表。

国家认监委关于注销辉固国际检验认证服务（北京）有限公司认证机构批准资质的公告

（2015 年第 24 号）

辉固国际检验认证服务（北京）有限公司是 2010 年经国家认监委批准设立的认证机构（认证机构批准号：CNCA-RF-2010-55），批准的业务范围为一般工业产品（仅限出口）。目前，该公司已完成工商注销登记，现申请注销其认证机构资质。

国家认监委决定自公告发布之日起注销辉固国际检验认证服务（北京）有限公司认证机构批准资质。请持有辉固国际检验认证服务（北京）有限公司有效认证证书的组织，按照自愿原则选择其他经国家认监委批准的具有相关认证领域的认证机构转换认证证书。

特此公告。

国家认监委

2015 年 8 月 11 日

国家认监委关于完善“危害分析与关键控制点体系”（HACCP）认证有关要求的公告

（2015 年第 25 号）

国家认监委 2009 年、2011 年相继发布《危害分析与关键控制点（HACCP）体系认证实施规则》、《乳制品生产企业危害分析与关键控制点（HACCP）体系认证实施规则（试行）》以来，HACCP 体系认证在规范食品企业管理、加强政府监管、促进进出口采信、提高消费者信心方面起到了积极的作用。为适应新形势下 HACCP 认证的发展要求，进一步提高 HACCP 认证机构的专业水平，方便社会公众和政府监管部门对 HACCP 认证组织生产的产品的辨识和追溯信息的查询，使通过 HACCP 认证组织生产的产品获得更广泛的采信基础，突出 HACCP 认证的过程要求和产品特性，现将完善 HACCP 认证相关要求公告如下：

一、专项 HACCP 审核方案要求

《危害分析与关键控制点（HACCP）体系认证实施规则》要求认证机构按照适用的我国和进口国（地区）相关法律、法规、标准和规范要求制定专项审核方案。认证机构实施 HACCP 认证（包括乳制品 HACCP 认证）需制定 HACCP 专项审核方案时，应充分考虑生产特性、目标市场相关法规标准、市场需求和监管采信需要等因素。为体现具体产品的特性，专项 HACCP 审核方案应考虑满足 ISO/IEC 17065 的要求。

专项 HACCP 审核方案应当包括但不限于以下两方面内容：

1. 专项 HACCP 审核方案应当考虑各相关方的具体需求确定具体产品的检验验证要求，明确产品检验的频次、项目、内容、方法和判定依据。在满足相关法律法规和标准要求的基础上，为相关方采信提供必要信息。

2. 专项 HACCP 审核方案应当根据相关方的需求制定必要的可追溯要求。获证组织需及时向认证机构报送获证产品每个批次的追溯信息，可包括认证证书信息、产品名称、生产企业相关信息、生产日期及保质期、主要原料来源、关键加工参数、检测报告、进口商信息、出入境口岸等。认证机构应建立并维护相应的追溯信息系统，向相关方提供公开的查询途径。

认证机构制定的专项HACCP审核方案应在认证证书上注明并随认证证书信息上传到国家认监委食品农产品认证信息系统。

二、标志使用

1.HACCP认证使用统一的认证标志。HACCP认证标志标有中文“危害分析与关键控制点”字样和英文“HACCP”字样。图案如下：

C100 M0 Y100 K0
C0 M60 Y100 K0

认证标志使用时可以等比例放大或缩小，但不允许变形、变色。

2.已实施HACCP专项审核方案并获得认证的，在使用统一的HACCP认证标志时，应当在认证证书限定的产品类别、范围和批次内与HACCP认证证书编号同时使用，并符合《认证证书和认证标志管理办法》（国家质检总局第63号令）的规定。

特此公告。

国家认监委

2015年8月25日

国家认监委关于发布强制性产品认证机构和实验室补充指定决定的公告

（2015年第26号）

根据《中华人民共和国认证认可条例》、《强制性产品认证机构、检查机构和实验室管理办法》（国家质检总局第65号令）、《强制性产品认证管理规定》（国家质检总局第117号令）和《关于拟补充指定强制性产品认证机构和实验室的公告》（国家认监委2015年第19号公告）有关要求，经组织专家评审，国家认监委对拟补充指定的强制性产品认证机构和实验室做出指定决定，现予以公告（详见附件）。

国家认监委2015年第19号公告中编号为1.3~1.11的指定项目，相关认证机构已获得专家评审委员会带有附加条件的推荐。待附加条件满足后，我委将再次组织专家评审委员会进行评审。相关指定决定另行公告。

对本补充指定决定有异议的，请在本公告发布之日起15个工作日内向我委提出申诉或者投诉（请注明联系人和联系方式）。

附件：强制性产品认证机构和实验室补充指定决定

国家认监委

2015年9月6日

附件：

强制性产品认证机构和实验室补充指定决定

一、增加指定认证机构

序号	业务领域		推荐指定认证机构名称	备注
	实施规则号	产品名称		
1.1	CNCA-C11-09	汽车内饰件	天津华诚认证中心（22）	
1.2	CNCA-C11-10	汽车门锁及门保持件	天津华诚认证中心（22）	
1.12	CNCA-C21-01	装饰装修产品（混凝土防冻剂）	中国建材检验认证集团股份有限公司（05）	
1.13	CNCA-C22-03	机动车儿童乘员用约束系统	北京中轻联认证中心（15）	
1.14	CNCA-C03-01 CNCA-C03-02	低压电器	上海添唯认证技术有限公司（26）	
1.15	CNCA-C04-01	小功率电动机	上海添唯认证技术有限公司（26）	
1.16	CNCA-C06-01	电焊机	广州威凯认证检测有限公司（18）	
			上海添唯认证技术有限公司（26）	
1.17	CNCA-C07-01	家用和类似用途设备	北京中轻联认证中心（15）	
			北京鉴衡认证中心（19）	家用电冰箱和食品冷冻箱、空调器、电动机-压缩机
			广州赛宝认证中心服务有限公司（20）	
			合肥通用机械产品认证有限公司（24）	
1.18	CNCA-C08-01	音视频设备	中国信息安全认证中心（16）	
			广州赛宝认证中心服务有限公司（20）	
			泰尔认证中心（21）	
			北京泰瑞特认证中心（23）	
			深圳维天认证中心有限公司（25）	
1.19	CNCA-C09-01	信息技术设备	北京赛西认证有限责任公司（10）	
			广州赛宝认证中心服务有限公司（20）	
			泰尔认证中心（21）	
			北京泰瑞特认证中心（23）	
			深圳维天认证中心有限公司（25）	
1.20	CNCA-C16-01	电信终端设备	北京赛西认证有限责任公司（10）	
			中国信息安全认证中心（16）	
			广州赛宝认证中心服务有限公司（20）	
			泰尔认证中心（21）	
			北京泰瑞特认证中心（23）	
			深圳维天认证中心有限公司（25）	

二、增加指定实验室

序号	业务领域		推荐指定实验室名称	备注
	实施规则号	产品名称		
2.1	CNCA-C11-07	机动车外部照明及光信号装置	浙江省质量检测科学研究院（02401）	
2.2	CNCA-C11-14	汽车行驶记录仪	国家安全防范报警系统产品质量监督检验中心（上海）（04601）	法人单位：公安部第三研究所
2.3	CNCA-C12-01	机动车辆轮胎	国家车用橡胶制品质量监督检验中心/沈阳产品质量监督检验院（06202）	法人单位：沈阳产品质量监督检验院
2.4	CNCA-C13-01	安全玻璃	中国建材检验认证集团苏州有限公司（16201）	仅限建筑安全玻璃 法人单位：中国建材检验认证集团苏州有限公司
2.5	CNCA-C13-01	安全玻璃	蚌埠市产品质量监督检测中心（国家特种玻璃质量监督检验中心）（16301）	仅限建筑安全玻璃 法人单位：蚌埠市产品质量监督检测中心
2.6	CNCA-C14-01	农机产品	台州市质量技术监督检测研究院（国家电机及机械零部件产品质量监督检验中心）（16401）	仅限背负式植保机械 法人单位：台州市质量技术监督检测研究院（台州质量技术监督宣教中心）
2.7	CNCA-C22-01	童车产品	邢台出入境检验检疫局自行车检测中心（16501）	仅限儿童自行车 法人单位：邢台出入境检验检疫局
			湖北中检检测有限公司（16601）	仅限儿童推车及婴儿学步车
			浙江立德产品技术有限公司（01601）	
2.8	CNCA-C22-02	电玩具类产品	华测检测认证集团股份有限公司（16701）	
2.9	CNCA-C22-02	塑胶玩具类产品	浙江立德产品技术有限公司（01601）	
2.10	CNCA-C22-02	金属玩具类产品	广州质量监督检测研究院（09501）	
2.11	CNCA-C22-02	弹射玩具产品	中国质量认证中心华南实验室（15801）	法人单位：中国质量认证中心
2.12	CNCA-C22-02	娃娃玩具产品	浙江立德产品技术有限公司（01601）	
2.13	CNCA-C22-03	机动车儿童乘员用约束系统	清华大学汽车安全与节能国家重点实验室汽车碰撞试验室（16801）	法人单位：清华大学
2.14	CNCA-C01-01	电线电缆	包头市产品质量计量检测所（16901）	额定电压450/750V及以下橡皮绝缘电缆（仅限GB/T 5013.3覆盖的所有产品型号）、额定电压450/750V及以下聚氯乙烯绝缘电线电缆（除JB/T 8734.6覆盖的所有产品型号）
2.15	CNCA-C03-01 CNCA-C03-02	低压电器	国家工业电器质量监督检验中心（17001）	低压成套开关设备、低压断路器、低压开关（隔离器、隔离开关及熔断器组合电器）、低压机电式接触器和电动机起动器、机电式控制电路电器、交流半导体电动机控制器和启动器、控制和保护开关电器、接近开关、自动转换开关电器、设备用断路器、家用及类似用途机电式接触器、MCB、RCBO（除B型RCBO）、RCCB（除B型RCCB）、PRCD、剩余电流动作继电器、低压熔断器 法人单位：浙江省高低压电器产品质量检验中心
2.16	CNCA-C05-01	电动工具	上海天祥质量技术服务有限公司（17101）	电动螺丝刀和冲击扳手、砂光机、电钻、电锤、电剪刀、攻丝机、往复锯、插入式混凝土振动器、电动石材切割机

续表

序号	业务领域		推荐指定实验室名称	备注
	实施规则号	产品名称		
2.17	CNCA-C07-01	家用和类似用途设备	江苏省产品质量监督检验研究院（07901）	家用电冰箱和食品冷冻箱、电风扇、空调器、家用电动洗衣机、电热水器、室内加热器、真空吸尘器、皮肤和毛发护理器具、电熨斗、电磁灶、电烤箱、电动食品加工器具、微波炉、电灶、灶台、烤炉和类似器具、吸油烟机、液体加热器和冷热饮水机、电饭锅
			四川省电子产品监督检验所（14601）	家用电冰箱和食品冷冻箱、电风扇、空调器、电磁灶、微波炉、吸油烟机、液体加热器和冷热饮水机、电饭锅
			国家广播电视产品质量监督检验中心（北京泰瑞特检测技术服务有限责任公司）（00201）	电风扇、电热水器（只包括储水式热水器）、室内加热器、真空吸尘器、皮肤和毛发护理器具、电熨斗、电磁灶（只包括便携式）、电烤箱、电动食品加工器具、吸油烟机、液体加热器和冷热饮水机（不带制冷功能）、电饭锅 法人单位：北京泰瑞特检测技术服务有限责任公司
			广州质量监督检测研究院（09501）	家用电冰箱和食品冷冻箱、电风扇、家用电动洗衣机、电热水器、室内加热器、真空吸尘器、皮肤和毛发护理器具、电熨斗、电磁灶、电烤箱、电动食品加工器具、电灶、灶台、烤炉和类似器具、吸油烟机、液体加热器和冷热饮水机、电饭锅
			北京鉴衡认证中心有限公司广州分公司（17201）	家用电冰箱和食品冷冻箱、电风扇、空调器、电热水器、室内加热器、真空吸尘器、皮肤和毛发护理器具、电熨斗、电磁灶、电烤箱、电动食品加工器具、微波炉、电灶、灶台、烤炉和类似器具、吸油烟机、液体加热器和冷热饮水机、电饭锅 法人单位：北京鉴衡认证中心有限公司
			上海电气器具检验测试所（01001）	电风扇、电热水器、室内加热器、真空吸尘器、皮肤和毛发护理器具、电熨斗、电磁灶、电烤箱、电动食品加工器具、吸油烟机、液体加热器和冷热饮水机、电饭锅
			上海市质量监督检验技术研究院（00301）	家用电冰箱和食品冷冻箱、电风扇、空调器、家用电动洗衣机、电热水器、室内加热器、皮肤毛发护理器具、电磁灶、电烤箱、电动食品加工器具、微波炉、电灶、灶台、烤炉和类似器具、吸油烟机、液体加热器和冷热饮水机、电饭锅
2.18	CNCA-C08-01	音视频设备	华测检测认证集团股份有限公司（16701）	
			中家院（北京）检测认证有限公司（中国家用电器检测所）（00601）	除显像（示）管外的其他产品 法人单位：中家院（北京）检测认证有限公司
			威凯检测技术有限公司（00501）	
			珠海出入境检验检疫局检验检疫技术中心（17301）	
			广东产品质量监督检验研究院（02301）	
2.19	CNCA-C09-01	信息技术设备	华测检测认证集团股份有限公司（16701）	
			中家院（北京）检测认证有限公司（中国家用电器检测所）（00601）	法人单位：中家院（北京）检测认证有限公司

续表

序号	业务领域		推荐指定实验室名称	备注
	实施规则号	产品名称		
2.19	CNCA-C09-01	信息技术设备	国家工业自动化仪表产品质量监督检验中心（上海仪器仪表自控系统检验测试所）(17401)	法人单位：上海仪器仪表自控系统检验测试所
			威凯检测技术有限公司(00501)	
			珠海出入境检验检疫局检验检疫技术中心(17301)	
			广东产品质量监督检验研究院(02301)	
2.20	CNCA-C10-01	照明电器	上海出入境检验检疫局机电产品检测技术中心(01501)	灯具、荧光灯用交流电子镇流器、荧光灯镇流器、LED模块用直流或交流电子控制装置
			中国兵器装备集团摩托车检测技术研究所（国家摩托车质量监督检验中心）(05401)	固定式通用灯具、嵌入式灯具、可移式通用灯具、LED模块用直流或交流电子控制装置
			浙江省质量检测科学研究院(02401)	
			浙江立德产品技术有限公司(01601)	

三、完善"一站式"检测能力的指定实验室

（一）完善同一产品领域检测能力的指定实验室

序号	产品领域	实施规则	推荐指定实验室名称	备注
3.1	电线电缆	CNCA-C01-01：电线电缆	江苏省产品质量监督检验研究院(07901)	交流额定电压3kV及以下铁路机车车辆用电线电缆
			杭州市质量技术监督检测院(08801)	额定电压450/750V及以下橡皮绝缘电线电缆（除GB/T 5013.8覆盖的60245 IEC 89（RQB）型号产品）
3.2	电器附件	CNCA-C02-01：电路开关及保护或连接用电气装置	上海市质量监督检验技术研究院(00301)	家用和类似用途固定式电器装置的开关
			上海电气器具检验测试所(01001)	电线组件、器具耦合器（家用和类似用途）、家用和类似用途固定式电气装置电器附件外壳
			浙江省质量检测科学研究院(02401)	电线组件
			湖南省产商品质量监督检验研究院(07701)	插头插座（家用和类似用途）
3.3	低压电器	CNCA-C03-01：低压成套开关设备 CNCA-C03-02：低压元器件	福建省产品质量检验研究院(02501)	低压熔断器（除半导体设备保护用熔断体）
			青岛市产品质量监督检验研究院(04001)	母线干线系统（母线槽）、建筑工地用成套设备（ACS）、公用电网动力配电成套设备
			天津天传电控设备检测有限公司(06301)	低压机电式接触器和电动机起动器、机电式控制电路电器、控制和保护开关电器、MCB、设备用断路器、家用及类似用途的机电式接触器、RCBO（除B型RCBO）、RCCB（除B型RCCB）、剩余电流动作继电器
			镇江市产品质量监督检验中心/国家中低压配电设备质量监督检验中心(12901)	控制和保护开关电器、设备用断路器、家用及类似用途的机电式接触器、PRCD 法人单位：镇江市产品质量监督检验中心
3.4	小功率电动机	CNCA-C04-01：小功率电动机	重庆市电子电器商品质量监督检验站(08201)	GB 14711覆盖的小功率电动机 法人单位：重庆仕益产品质量检测有限责任公司

续表

序号	产品领域	实施规则	推荐指定实验室名称	备注
3.4	小功率电动机	CNCA-C04-01：小功率电动机	中认英泰检测技术有限公司（13001）	GB 14711覆盖的小功率电动机
			中国质量认证中心华南实验室（15801）	GB 14711覆盖的小功率电动机 法人单位：中国质量认证中心
3.5	电动工具	CNCA-C05-01：电动工具	江苏出入境检验检疫局机电产品及车辆检测中心（01701）	电链锯
			浙江省机电产品质量检测所（06801）	电动螺丝刀和冲击扳手、电动砂轮机、砂光机、圆锯、电锤、攻丝机、往复锯、插入式混凝土振动器、电动修枝剪、电木铣和修边机、电动石材切割机
3.6	电焊机	CNCA-C06-01：电焊机	—	—
3.7	家用和类似用途设备	CNCA-C07-01：家用和类似用途设备	浙江质量检测科学研究院（02401）	电磁灶、微波炉
			山东省产品质量检验研究院（03101）	空调器、皮肤和毛发护理器具、电熨斗、电灶、灶台、烤炉和类似器具
			北京中认检测技术服务有限公司（06901）	电灶、灶台、烤炉和类似器具
			重庆市电子电器商品质量监督检验站（08201）	空调器、电熨斗 法人单位：重庆仕益产品质量检测有限责任公司
			中国质量认证中心华南实验室（15801）	电动机-压缩机 法人单位：中国质量认证中心
3.8	电子设备	CNCA-C08-01：音视频设备 CNCA-C09-01：信息技术设备 CNCA-C16-01：电信终端设备	中国泰尔实验室（01201）	音视频设备、信息技术设备 法人单位：工业和信息化部电信研究院
			深圳出入境检验检疫局工业品检测技术中心（01901）	信息技术设备
			浙江科正电子信息产品检验有限公司（国家电子计算机外部设备质量监督检验中心）（03701）	音视频设备、传真机、调制解调器（含卡）、固定电话终端及电话机附加装置、集团电话、ISDN终端、数据终端（含卡）、多媒体终端 法人单位：浙江科正电子信息产品检验有限公司
			江苏省电子信息产品质量监督检验研究院（08701）	4G移动用户终端
			重庆市计量质量检测研究院（10701）	音视频设备
			中认英泰检测技术有限公司（13001）	传真机、调制解调器（含卡）、固定电话终端及电话机附加装置、集团电话、ISDN终端、数据终端（含卡）、多媒体终端
			广东省通讯终端产品质量监督检验中心/国家通讯终端产品质量监督检验中心（13301）	音视频设备 法人单位：广东省通讯终端产品质量监督检验中心
			四川省电子产品监督检验所（14601）	信息技术设备
			中国质量认证中心华南实验室（15801）	传真机、调制解调器（含卡）、固定电话终端及电话机附加装置、集团电话、ISDN终端、数据终端（含卡）、多媒体终端 法人单位：中国质量认证中心
3.9	照明电器	CNCA-C10-01：照明电器	江苏出入境检验检疫局机电产品及车辆检测中心（01701）	LED模块用直流或交流电子控制装置
			福建省产品质量检验研究院（02501）	儿童用可移式灯具、镇流器
3.10	汽车	CNCA-C11-01：汽车		

续表

序号	产品领域	实施规则	推荐指定实验室名称	备注
3.11	摩托车 摩托车发动机	CNCA-C11-02：摩托车 CNCA-C11-03：摩托车发动机		
3.12	汽车安全带 汽车座椅及座椅头枕 机动车儿童乘员用约束系统	CNCA-C11-04：汽车安全带 CNCA-C11-12：汽车座椅及座椅头枕 CNCA-C22-03：机动车儿童乘员用约束系统	江苏出入境检验检疫局机电产品及车辆检测中心（01701）	汽车座椅及座椅头枕
			宁波出入境检验检疫局检验检疫技术中心汽车零部件检测中心（14101）	汽车安全带 法人单位：宁波汽车零部件检测有限公司
3.13	机动车外部照明及光信号装置 机动车辆间接视野装置 车身反光标识	CNCA-C11-07：机动车外部照明及光信号装置 CNCA-C11-08：机动车辆间接视野装置 CNCA-C11-13：车身反光标识	天津汽车检测中心（国家轿车质量监督检验中心）（04901）	机动车外部照明及光信号装置中摩托车外部照明及光信号装置；机动车辆间接视野装置中摩托车间接视野装置；车身反光标识 法人单位：天津汽车检测中心
			中国汽车工程研究院股份有限公司检测中心（国家机动车质量监督检验中心（重庆））（05101）	车身反光标识 法人单位：中国汽车工程研究院股份有限公司
			北京市产品质量监督检验院汽车检测中心（国家汽车质量监督检验中心（北京顺义））（08102）	机动车辆间接视野装置(仅限汽车)；车身反光标识 法人单位：北京市产品质量监督检验院
			国家道路交通安全产品质量监督检验中心（公安部交通安全产品质量监督检测中心）（11301）	机动车外部照明及光信号装置中机动车回复反射器 法人单位：公安部交通管理科学研究所
			宁波出入境检验检疫局检验检疫技术中心汽车零部件检测中心（14101）	机动车辆间接视野装置 法人单位：宁波汽车零部件检测有限公司
3.14	机动车喇叭 汽车门锁及门保持件 汽车燃油箱 机动车制动软管	CNCA-C11-05：机动车喇叭 CNCA-C11-10：汽车门锁及门保持件 CNCA-C11-11：汽车燃油箱 CNCA-C11-06：机动车制动软管	天津摩托车质量监督检验所（国家摩托车质量监督检验中心（天津））（05301）	汽车燃油箱 法人单位：天津摩托车质量监督检验所
			佛山市质量计量监督检测中心（09701）	汽车燃油箱；机动车制动软管
			武汉汽车车身附件研究所质量监督检验中心（11101）	机动车喇叭；机动车制动软管 法人单位：武汉汽车车身附件研究所有限公司
3.15	汽车内饰件	CNCA-C11-09：汽车内饰件	—	—
3.16	汽车行驶记录仪	CNCA-C11-14：汽车行驶记录仪	—	—
3.17	机动车辆轮胎	CNCA-C12-01：机动车辆轮胎	天津汽车检测中心（国家轿车质量监督检验中心）（04901）	机动车辆轮胎中摩托车轮胎 法人单位：天津汽车检测中心
			国家橡胶及橡胶制品质量监督检验中心（广西）（15701）	机动车辆轮胎中汽车轮胎 法人单位：桂林市产品质量检验所
3.18	安全玻璃	CNCA-C13-01：安全玻璃	中国质量认证中心华中实验室（15803）	安全玻璃中建筑安全玻璃 法人单位：中国质量认证中心
3.19	农机产品	CNCA-C14-01：农机产品	—	—
3.20	防盗报警产品	CNCA-C19-01：防盗报警产品	—	—
3.21	安防实体防护产品	CNCA-C19-02：安防实体防护产品	—	—
3.22	装饰装修产品	CNCA-C21-01：装饰装修产品	—	—

续表

序号	产品领域	实施规则	推荐指定实验室名称	备注
3.23	机动车儿童乘员用约束系统 童车产品	CNCA-C22-03：机动车儿童乘员用约束系统 CNCA-C22-01：童车产品		
3.24	玩具产品	CNCA-C22-02：玩具产品	东莞标检产品检测有限公司（16001）	
			广东省东莞市质量监督检测中心（16101）	

（二）完善与整机关联零部件产品检测能力的指定实验室

序号	产品领域	实施规则	推荐指定实验室名称	备注
4.1	低压电器	电线电缆 器具附件	天津市电工技术科学研究院（14501）	额定电压450/750V及以下橡皮绝缘电缆、额定电压450/750V及以下聚氯乙烯绝缘电线电缆(除JB/T 8734.6覆盖的所有产品型号)
4.2	电动工具	电线电缆 器具附件 小功率电动机	上海出入境检验检疫局机电产品检测技术中心（01501）	插头插座（家用和类似用途）
			浙江省机电产品质量检测所（06801）	小功率电动机
4.3	电焊机	电线电缆 器具附件	—	—
4.4	家用和类似用途设备	电线电缆 器具附件 小功率电动机	江苏出入境检验检疫局机电产品及车辆检测中心（01701）	小功率电动机
			中认（沈阳）北方实验室有限公司（02001）	额定电压450/750V及以下橡皮绝缘电缆、额定电压450/750V及以下聚氯乙烯绝缘电线电缆（除JB/T 8734.5覆盖的所有产品型号); 插头插座（家用和类似用途）、家用和类似用途电气装置的开关
			浙江省质量检测科学研究院（02401）	额定电压450/750V及以下橡皮绝缘电缆、额定电压450/750V及以下聚氯乙烯绝缘电线电缆
			山东省产品质量检验研究院（03101）	小功率电动机
			佛山市质量计量监督检测中心（09701）	GB12350覆盖的小功率电动机
			苏州UL美华认证有限公司（15501）	GB12350覆盖的小功率电动机
			中国质量认证中心华南实验室（15801）	额定电压450/750V及以下橡皮绝缘电缆、额定电压450/750V及以下聚氯乙烯绝缘电线电缆; 电线组件、插头插座（家用和类似用途）、家用和类似用途电气装置的开关、器具耦合器（家用和类似用途） 法人单位：中国质量认证中心
4.5	音视频设备 信息技术设备 电信终端设备	电线电缆 器具附件 小功率电动机	上海市质量监督检验技术研究院（00301）	额定电压450/750V及以下橡皮绝缘电缆（仅限GB/T 5013.3~.8覆盖的所有产品型号）、额定电压450/750V及以下聚氯乙烯绝缘电线电缆(仅限GB/T 5023.5覆盖的所有产品型号)
			工业和信息化部电子第五研究所/中国赛宝实验室（00401）	额定电压450/750V及以下聚氯乙烯绝缘电线电缆(仅限GB/T 5023.3~.5、JB/T 8734.2~.5覆盖的所有产品型号)、GB12350覆盖的小功率电动机 法人单位：工业和信息化部电子第五研究所/中国赛宝实验室/中国电子产品可靠性与环境试验研究所

续表

序号	产品领域	实施规则	推荐指定实验室名称	备注
4.5	音视频设备 信息技术设备 电信终端设备	电线电缆 器具附件 小功率电动机	重庆市计量质量检测研究院（10701）	额定电压450/750V及以下橡皮绝缘电缆（仅限GB/T 5013.3~.6、JB/T 8735.2覆盖的所有产品型号）、额定电压450/750V及以下聚氯乙烯绝缘电线电缆(仅限GB/T 5023.3~.5、.7、JB/T 8734.2~.5覆盖的所有产品型号)
4.6	照明电器	电线电缆 器具附件	—	—
4.7	汽车	汽车安全带 汽车座椅及座椅头枕 机动车儿童乘员用约束系统 机动车回复反射器 汽车外部照明及光信号装置 汽车后视镜 车身反光标识 机动车喇叭 汽车门锁及车门保持件 汽车燃油箱 机动车制动软管 汽车内饰件	机械工业专用汽车产品质量检测中心（13801）	机动车喇叭；汽车燃油箱；汽车内饰件 法人单位：武汉华威专用汽车检测有限责任公司
4.8	摩托车	摩托车发动机 机动车回复反射器 摩托车外部照明及光信号装置 摩托车后视镜 机动车喇叭	—	—

国家认监委关于发布机动车辆轮胎强制性产品认证实施规则的公告

（2015 年第 27 号）

为全面深化改革、系统完善强制性产品认证制度，国家认监委依据相关法律法规要求，结合试点认证实施规则实施经验，全面开展了强制性产品认证实施规则的调整修订工作。现将已修订完成的机动车辆轮胎强制性产品认证实施规则予以公告（见附件，以下简称"新版规则"）。新版规则于 2016 年 1 月 1 日起正式实施，替代旧版规则（编号：CNCA–03C–027:2013）。

各相关指定认证机构应依据新版规则和已发布的强制性产品认证通用实施规则的要求制定对应产品认证实施细则，于 2015 年 12 月 1 日前向国家认监委认证监管部备案实施细则后方可开展相关指定领域的认证活动。自新版规则实施之日起，对新受理的认证委托业务，指定认证机构应按照新版规则实施认证。新版规则实施前已经颁发的有效强制性产品认证证书可继续使用，指定认证机构认证证书转换工作可采取到期换证、标准换版、产品变更等方式自然过渡。

由于技术发展、新产品出现和认证使用标准不断完善，本次修订依据标准对实施规则适用产品范围进行了微调，适用范围描述调整为"新的机动车辆充气轮胎，包括轿车轮胎、载重汽车轮胎、摩托车轮胎，其原始设计的目的是在 M、N、O 和 L 类的机动车辆上使用的机动车辆轮胎"，增加了部分新的轮胎规格。相关指定认证机构应根据新增产品情况对相关生产企业做好认证实施及宣贯工作。调整新增的产品自 2016 年 1 月 1 日起指定认证机构开始受理认证委托，自 2018 年 1 月 1 日起强制实施，未经认证不得擅自出厂、销售、进口或者在其他经营活动中使用。

附件：机动车辆轮胎强制性产品认证实施规则（编号：CNCA–C12–01:2015）（略）

国家认监委

2015 年 9 月 8 日

国家认监委关于进一步推进被整机强制性认证承认的零部件产品自愿认证的公告

（2015 年第 28 号）

为进一步顺应产品认证制度体系改革需要，激发认证市场活力，促进认证结果的有效使用，提升产品供应链整体质量管理水平，减少整机企业申请强制性产品认证费用，缩短认证时间，我委现提出进一步推进被整机强制性认证承认的零部件产品自愿认证的有关措施，现予以公告。

一、各强制性产品认证指定机构应结合我委认证实施规则相关要求，并基于自身管理和风险控制建立健全零部件、原材料管理机制。相关管理机制应明确可被整机强制性认证接受零部件、原材料自愿性认证产品范围、对发证机构（检验检测机构）的具体技术要求及管理措施等，并通过公开文件的方式发布以便于管理部门、认证委托人及发证机构了解相关信息及要求。

二、凡经我委批准的产品认证机构，均可本着自愿的原则在批准的认证业务范围内开展相关零部件、原材料产品的认证工作。

三、鼓励从事整机强制性产品认证的指定机构之间以及与开展零部件、原材料的认证业务机构建立认证联盟，形成有效的结果互认与采信机制，通过同行评议、专家评审等方式，实现认证机构的自我约束和管理，提升认证效率，消除无序竞争，进而为强制性产品认证的实施提供技术服务保障。

四、自本公告发布之日起，国家认监委 2003 年第 6 号公告自行废止。

国家认监委

2015 年 9 月 14 日

国家认监委关于更新强制性产品认证指定认证机构和实验室名录业务范围的公告

（2015 年第 29 号）

为进一步便利认证委托人办理强制性产品认证，结合近期强制性产品认证实施机构调整工作，我委对强制性产品认证指定认证机构和实验室名录及业务范围进行了更新，现予发布。国家认监委 2014 年第 26 号公告同时废止。

附件：1. 强制性产品认证指定认证机构名录及业务范围

2. 强制性产品认证指定实验室名录及业务范围

国家认监委

2015 年 9 月 22 日

附件 1：

强制性产品认证指定认证机构名录及业务范围

序号	认证机构编号	认证机构名称	指定业务范围	地址及联系方式
1	01	中国质量认证中心	CNCA-C01-01：电线电缆 CNCA-C02-01：电路开关及保护或连接用电器装置（电器附件） CNCA-C03-01：低压成套开关设备 CNCA-C03-02：低压元器件 CNCA-C04-01：小功率电动机 CNCA-C05-01：电动工具 CNCA-C06-01：电焊机 CNCA-C07-01：家用和类似用途设备 CNCA-C08-01：音视频设备 CNCA-C09-01：信息技术设备 CNCA-C10-01：照明电器 CNCA-C11-01：汽车 CNCA-C11-02：摩托车 CNCA-C11-03：摩托车发动机 CNCA-C11-04：汽车安全带 CNCA-C11-05：机动车喇叭 CNCA-C11-06：机动车制动软管 CNCA-C11-07：机动车外部照明及光信号装置 CNCA-C11-08：机动车辆间接视野装置 CNCA-C11-09：汽车内饰件 CNCA-C11-10：汽车门锁及门保持件 CNCA-C11-11：汽车燃油箱 CNCA-C11-12：汽车座椅及座椅头枕 CNCA-C12-01：机动车辆轮胎 CNCA-C13-01：安全玻璃 CNCA-C16-01：电信终端设备 CNCA-C19-01：防盗报警产品中的下列产品 —入侵探测器（主动红外入侵探测器、室内用被动红外探测器、室内用微波多普勒探测器、微波和被动红外外复合入侵探测器） CNCA-C21-01：装饰装修产品中的下列产品 —溶剂型木器涂料、瓷质砖 CNCA-C22-01：童车产品 CNCA-C22-02：玩具产品 CNCA-C22-03：机动车儿童乘员用约束系统	北京市丰台区南四环西路188号9 区 电话：010-83886666 传真：010-83886282 E-mail：cqcsc@cqc.com.cn 网址：www.cqc.com.cn 邮编：100070
2	03	中国安全技术防范认证中心	CNCA-C19-01：防盗报警产品 CNCA-C19-02：安防实体防护产品 CNCA-C11-13：车身反光标识 CNCA-C11-14：汽车行驶记录仪	北京市海淀区首都体育馆南路一号 电话：010-88513160 传真：010-88513161 E-mail：cspa@vip.163.com 网址：www.csp.gov.cn
3	04	北京东方凯姆质量认证中心	CNCA-C14-01：农机产品	北京市朝阳区东三环南路96 号农丰大厦 电话：010-59199075 传真：010-59199077 网址：www.ocam.com.cn
4	05	中国建材检验认证集团股份有限公司	CNCA-C13-01：安全玻璃 CNCA-C21-01：装饰装修产品中的下列产品 —瓷质砖、混凝土防冻剂	北京市朝阳区管庄东里1 号中国建材总院南楼 电话：010-51167395/51167735 传真：010-51167352/51167334 网址：www.ctc.ac.cn
5	06	北京中化联合认证有限公司	CNCA-C12-01：机动车辆轮胎 CNCA-C21-01：装饰装修产品中的下列产品 —溶剂型木器涂料	北京市朝阳区安慧里四区16 号楼 电话：010-84885497 传真：010-84885414 网址：www.hqc-china.com

续表

序号	认证机构编号	认证机构名称	指定业务范围	地址及联系方式
6	08	公安部消防产品合格评定中心	CNCA-C11-01/A1：汽车（消防车） CNCA-C18-01：火灾报警产品 CNCA-C18-02：火灾防护产品 CNCA-C18-03：灭火设备产品 CNCA-C18-04：消防装备产品	北京市崇文区永外西革新里甲108号 联系人：胡群明 电话：010-67274320 传真：010-87278660 E-mail：cccf@263.net 网址：www.cccf.net.cn 邮编：100077
7	09	中汽认证中心	CNCA-C11-01：汽车（暂不承担进口汽车认证工作） CNCA-C11-02：摩托车 CNCA-C11-03：摩托车发动机 CNCA-C11-04：汽车安全带 CNCA-C11-05：机动车喇叭 CNCA-C11-06：机动车制动软管 CNCA-C11-07：机动车外部照明及光信号装置 CNCA-C11-08：机动车辆间接视野装置 CNCA-C11-09：汽车内饰件 CNCA-C11-10：汽车门锁及门保持件 CNCA-C11-11：汽车燃油箱 CNCA-C11-12：汽车座椅及座椅头枕 CNCA-C22-03：机动车儿童乘员用约束系统	北京市海淀区首体南路2号11层 联系人：伍岳 电话：010-88301243 传真：010-88301243 E-mail：office@cccap.org.cn 网址：test.cccap.org.cn 邮编：100044
8	10	北京赛西认证有限责任公司	CNCA-C08-01：音视频设备 CNCA-C09-01：信息技术设备 CNCA-C16-01：电信终端设备	北京市安定门东大街1号 电话：010-64102700 传真：010-64102695 E-mail：ccqe@cesi.cn 网址：www.cc.cesi.cn 邮编：100007
9	11	北京国建联信认证中心有限公司	CNCA-C21-01：装饰装修产品中的下列产品 —瓷质砖、混凝土防冻剂	北京市海淀区三里河路11号 电话：010-57811111 传真：010-57811123 网址：www.gj-c.cn
10	12	方圆标志认证集团有限公司	CNCA-C03-01：低压成套开关设备 CNCA-C03-02：低压元器件 CNCA-C05-01：电动工具 CNCA-C06-01：电焊机 CNCA-C21-01：装饰装修产品中的下列产品 —溶剂型木器涂料、瓷质砖	北京市海淀区增光路33号 电话：400-6681677 传真：010-68437171 E-mail：pcc@cqm.com.cn 网址：www.cqm.com.cn 邮编：100048
11	15	北京中轻联认证中心	CNCA-C22-01：童车产品 CNCA-C22-02：玩具产品 CNCA-C22-03：机动车儿童乘员用约束系统 CNCA-C07-01：家用和类似用途设备	北京市西城区阜外大街乙22号 电话：010-68396625 传真：010-68396565 E-mail：cclc@cclc.cn 网址：www.cclc.cn 邮编：100833
12	16	中国信息安全认证中心	CNCA-C08-01：音视频设备 CNCA-C09-01：信息技术设备 CNCA-C16-01：电信终端设备	北京市朝阳区朝外大街甲10号 电话：010-65994456 传真：010-65994271 E-mail：product@isccc.gov.cn 网址：www.isccc.gov.cn
13	17	广东质检中诚认证有限公司	CNCA-C01-01：电线电缆 CNCA-C03-01：低压成套开关设备 CNCA-C03-02：低压元器件 CNCA-C10-01：照明电器	广州市海珠区新港东路海诚西街7号三楼自编301 电话：020-89232208 传真：020-89232078 E-mail：zcctc@21cn.com 网址：www.qtctc.org 邮编：510330

续表

序号	认证机构编号	认证机构名称	指定业务范围	地址及联系方式
14	18	广州威凯认证检测有限公司	CNCA-C02-01：电路开关及保护或连接用电器装置（电器附件） CNCA-C04-01：小功率电动机 CNCA-C06-01：电焊机 CNCA-C07-01：家用和类似用途设备	广东省广州市广州高新技术产业开发区科学城天泰一路3号1410房 电话：020-32293680 传真：020-32293889 E-mail：liugr@cvc.org.cn 网址：www.cvc.or.cn 邮编：510663
15	19	北京鉴衡认证中心有限公司	CNCA-C07-01：家用和类似用途设备	北京市朝阳区北三环东路18号13号楼301室 电话：010-59796665 传真：010-64228215 E-mail：cgc@cgc.org.cn 网址：www.cgc.org.cn 邮编：100013
16	20	广州赛宝认证中心服务有限公司	CNCA-C07-01：家用和类似用途设备 CNCA-C08-01：音视频设备 CNCA-C09-01：信息技术设备 CNCA-C16-01：电信终端设备	广州市天河区东莞庄路110号大院301号楼二层 电话：020-87239617 传真：020-87236230 E-mail：pangghy@ceprei.org 网址：www.ceprei.org 邮编：510610
17	21	泰尔认证中心	CNCA-C08-01：音视频设备 CNCA-C09-01：信息技术设备 CNCA-C16-01：电信终端设备	北京市西城区新街口外大街28号 电话：010-82053533 传真：010-82054308 E-mail：huyuenan@caict.ac.cn 网址：www.tlc.com.cn 邮编：100088
18	22	天津华诚认证中心	CNCA-C11-09：汽车内饰件 CNCA-C11-10：汽车门锁及门保持件	天津市东丽区先锋东路68号科研楼336 电话：022-84379333-1329 传真：022-84379328 E-mail：chubaolei@catarc.ac.cn 网址：www.cagc.org 邮编：300300
19	23	北京泰瑞特认证中心	CNCA-C08-01：音视频设备 CNCA-C09-01：信息技术设备 CNCA-C16-01：电信终端设备	北京市朝阳区酒仙桥北路乙7号 电话：010-59570270 传真：010-59570260 E-mail：haomiao@cetc3.cn 网址：www.tirt.org.cn 邮编：100015
20	24	合肥通用机械产品认证有限公司	CNCA-C07-01：家用和类似用途设备	合肥市长江西路888号 电话：0551-65335670 传真：0551-65325105 E-mail：fankui@gc.org.cn 网址：www.gc.org.cn 邮编：230031
21	25	深圳维天认证中心有限公司	CNCA-C08-01：音视频设备 CNCA-C09-01：信息技术设备 CNCA-C16-01：电信终端设备	深圳市福田区上沙科技园16栋208室 电话：0755-83888166-803 E-mail：jiangqiuhong@artc.org.cn 网址：www.vcs.org.cn 邮编：518048
22	26	上海添唯认证技术有限公司	CNCA-C03-01：低压成套开关设备 CNCA-C03-02：低压元器件 CNCA-C04-01：小功率电动机 CNCA-C06-01：电焊机	上海市武宁路505号 电话：021-62574990-442 传真：021-62435543 E-mail：liushu56@seari.com.cn 网址：www.tilva.com 邮编：200063

附件 2:

强制性产品认证指定实验室名录及业务范围

序号	实验室编号	实验室名称	指定业务范围	实验室地址及联系方式	法人名称
1	00101	电子工业安全与电磁兼容检测中心/中国电子技术标准化研究院赛西实验室	CNCA-C02-01: 电路开关及保护或连接用电器装置(电器附件)中的下列产品 —电线组件、插头插座(家用和类似用途)、器具耦合器(家用和类似用途)、热熔断体、小型熔断器的管状熔断体 CNCA-C08-01: 音视频设备 CNCA-C09-01: 信息技术设备 CNCA-C16-01: 电信终端设备中的下列产品 —传真机、调制解调器(含卡)、固定电话终端及电话机附加装置、集团电话、ISDN终端、数据终端(含卡)、多媒体终端	北京经济技术开发区亦庄同济南路8号 联系人: 胡京平 电话: 010-67831963 E-mail: hujp@cesi.ac.cn	工业和信息化部电子工业标准化研究院
2	00201	国家广播电视产品质量监督检验中心(北京泰瑞特检测技术服务有限责任公司)	CNCA-C02-01: 电路开关及保护或连接用电器装置(电器附件)中的下列产品 —电线组件、插头插座(家用和类似用途)、家用和类似用途固定式电气装置的开关、器具耦合器(家用和类似用途)、热熔断体、小型熔断器的管状熔断体 CNCA-C07-01: 家用和类似用途设备中的下列产品: —电风扇、储水式电热水器、室内加热器、真空吸尘器、皮肤和毛发护理器具、电熨斗、电磁灶、电烤箱、电动食品加工器具、吸油烟机、液体加热器、电饭锅 CNCA-C08-01: 音视频设备 CNCA-C09-01: 信息技术设备 CNCA-C10-01: 照明电器中的下列产品 —除高强度气体放电灯用电子镇流器外的其他产品 CNCA-C16-01: 电信终端设备	北京市朝阳区酒仙桥北路乙7号 联系人: 吴昕 电话: 010-59570588 传真: 010-59570553 E-mail: wuxin@tirt.com.cn 网址: www.tirt.com.cn 邮编: 100015	北京泰瑞特检测技术服务有限责任公司
3	00301	上海市质量监督检验技术研究院	CNCA-C01-01: 电线电缆中的下列产品: —额定电压450/750V及以下橡皮绝缘电线电缆和聚氯乙烯绝缘电线电缆(GB/T 5013.3~.8、GB/T 5023.5覆盖的型号产品) CNCA-C02-01: 电路开关及保护或连接用电器装置(电器附件)中的下列产品 —电线组件、插头插座(家用和类似用途)、器具耦合器(家用和类似用途)、热熔断体、家用和类似用途固定式电气装置电器附件外壳、小型熔断器的管状熔断体 CNCA-C08-01: 音视频设备 CNCA-C09-01: 信息技术设备 CNCA-C16-01: 电信终端设备中的下列产品 —传真机、调制解调器(含卡)、固定电话终端及电话机附加装置、集团电话、ISDN终端、数据终端(含卡)、多媒体终端 CNCA-C21-01: 装饰装修产品中的下列产品 —溶剂型木器涂料、瓷质砖 CNCA-C22-01: 童车产品 CNCA-C22-02: 玩具产品 CNCA-C13-01: 安全玻璃中的下列产品 —汽车安全玻璃、建筑安全玻璃 CNCA-C07-01: 家用和类似用途设备中的下列产品: —家用电冰箱和食品冷冻箱、电风扇、空调器、家用电动洗衣机、电热水器、室内加热器、皮肤和毛发护理器具、电磁灶、电烤箱、电动食品加工器具、微波炉、电灶、灶台、烤炉和类似器具、吸油烟机、液体加热器和冷热饮水机、电饭锅	上海市闸北区万荣路918号 联系人: 林钧斌 电话: 021-56033415 传真: 021-56033415 E-mail: linjb@sqi.org.cn 网址: www.sqi.org.cn 邮编: 200072 上海市江月路900号 联系人: 翟佳斌、林蔚、俞毅敏 电话: 021-54336322 021-54336280 传真: 021-54336146 021-54336281 E-mail: sqidz@sqi.org.cn 邮编: 201114 联系人: 章若红、施慧娟 电话: 021-54336268 021-54336256 传真: 021-54336263 021-54336256 上海市苍梧路381号/上海市江月路900号 联系人: 俞毅敏 电话: 021-54336280 传真: 021-54336281	上海市质量监督检验技术研究院

续表

序号	实验室编号	实验室名称	指定业务范围	实验室地址及联系方式	法人名称
4	00302	国家电光源质量监督检验中心(上海)	CNCA-C10-01：照明电器	上海市闵行区江月路900号 联系人：俞安琪、裘继红 电话：021-54337202 021-51097935-3182 传真：021-54337200-0539 021-54337200-0563 E-mail：yuaq@saltnet.com.cn qiujh@saltnet.com.cn 网址：www.saltnet.con.cn www.sqi.org.cn	上海市质量监督检验技术研究院
5	00303	国家灯具质量监督检验中心	CNCA-C10-01：照明电器	上海市闵行区江月路900号 联系人：陈超中、于立成 电话：021-54337201 021-51097935-3181 传真：021-54337200-0538 021-54337200-0551 E-mail：chencz@saltnet.com.cn yulc@saltnet.com.cn 网址：www.saltnet.com.cn www.sqi.org.cn	上海市质量监督检验技术研究院
6	00401	工业和信息化部电子第五研究所/中国赛宝实验室	CNCA-C01-01：电线电缆中的下列产品： —额定电压450/750V及以下聚氯乙烯绝缘电线电缆(GB/T 5013.3~.5、JB/T 8734.2~.5覆盖的型号产品) CNCA-C04-01：小功率电动机中的下列产品 —GB 12350覆盖的小功率电动机 CNCA-C02-01：电路开关及保护或连接用电器装置(电器附件)中的下列产品 —电线组件、插头插座(家用和类似用途)、家用和类似用途固定式电气装置的开关、器具耦合器(家用和类似用途)、热熔断体、家用和类似用途固定式电器装置电器附件外壳、小型熔断器的管状熔断体 CNCA-C07-01：家用和类似用途设备 CNCA-C08-01：音视频设备 CNCA-C09-01：信息技术设备 CNCA-C16-01：电信终端设备	广东省广州市天河区东莞庄路110号 联系人：杨林 电话：020-85131105 传真：020-87236171 E-mail：lynny@ceprei.biz 网址：www.ceprei.com 邮编：510610	工业和信息化部电子第五研究所/中国赛宝实验室/中国电子产品可靠性与环境试验研究所
7	00501	威凯检测技术有限公司	CNCA-C01-01：电线电缆中的下列产品 —额定电压450/750 V 及以下橡皮绝缘电缆和聚氯乙烯绝缘电线电缆 CNCA-C02-01：电路开关及保护或连接用电器装置(电器附件) CNCA-C04-01：小功率电动机 CNCA-C06-01：电焊机中的下列产品 —小型交流弧焊机、交流弧焊机、直流弧焊机、TIG 弧焊机、MIG/MAG 弧焊机、埋弧焊机、等离子弧焊机、等离子弧切割机、电焊钳、焊接电缆耦合装置、电阻焊机、送丝装置 CNCA-C07-01：家用和类似用途设备 CNCA-C08-01：音视频设备 CNCA-C09-01：信息技术设备 CNCA-C10-01：照明电器 CNCA-C11-05：机动车喇叭 CNCA-C11-07：机动车外部照明及光信号装置 CNCA-C22-01：童车产品 CNCA-C22-02：玩具产品	广州市科学城开泰大道天泰一路3号 联系人：谢浩江 电话：020-32292666 传真：020-32293889 E-mail：office@cvc.org.cn 网址：www.cvc.org.cn 邮编：510663	威凯检测技术有限公司

续表

序号	实验室编号	实验室名称	指定业务范围	实验室地址及联系方式	法人名称
8	00601	中家院（北京）检测认证有限公司（中国家用电器检测所）	CNCA-C01-01：电线电缆中的下列产品 —额定电压450/750 V及以下橡皮绝缘电缆和聚氯乙烯绝缘电线电缆（GB/T 5013.3~.5、JB/T 8735.2~.3、GB/T 5023.3~.5、JB/T8734.2~.5覆盖的型号产品） CNCA-C02-01：电路开关及保护或连接用电器装置（电器附件）中的下列产品 —电线组件、插头插座（家用和类似用途）、家用和类似用途固定式电气装置的开关、器具耦合器（家用和类似用途）、家用和类似用途固定式电器装置电器附件外壳、小型熔断器的管状熔断体 CNCA-C04-01：小功率电动机 CNCA-C05-01：电动工具中的以下产品 —电钻、电动砂轮机、往复锯、砂光机 CNCA-C07-01：家用和类似用途设备 CNCA-C08-01：音视频设备 —除显像（示）管外的其他产品 CNCA-C09-01：信息技术设备 CNCA-C10-01：照明电器中的下列产品 —除高强度气体放电灯用电子镇流器外的其他产品 CNCA-C22-02：玩具产品	北京经济技术开发区博兴八路3号 联系人：潘权 电话：010-58083802 传真：010-58083806 E-mail：panq@cheari.com 网址：www.cheari.com 邮编：100176	中国家用电器研究院
9	00701	机械工业电线电缆质量检测中心（北京）	CNCA-C01-01：电线电缆中的下列产品 —额定电压450/750 V及以下橡皮绝缘电缆和聚氯乙烯绝缘电线电缆（除GB/T 5023.7覆盖的型号产品） CNCA-C02-01：电路开关及保护或连接用电器装置（电器附件）中的下列产品 —电线组件、插头插座（家用和类似用途）、器具耦合器（家用和类似用途）	北京市海淀区翠微路2号院 联系人：赵军民 电话：010-68183165 010-68222807 E-mail：zjmin0606@sina.com	机械工业北京电工技术经济研究所
10	00801	国家电线电缆质量监督检验中心	CNCA-C01-01：电线电缆 CNCA-C02-01：电路开关及保护或连接用电器装置（电器附件）中的下列产品 —电线组件、插头插座（家用和类似用途）、器具耦合器（家用和类似用途）	上海市军工路1000号 联系人：吴长顺 电话：021-65494605 传真：021-65490171 E-mail：wcs@ticw.com.cn	上海电缆研究所
11	00901	上海电器设备检测所	CNCA-C03-01：低压成套开关设备 CNCA-C03-02：低压元器件 CNCA-C04-01：小功率电动机 CNCA-C06-01：电焊机	上海市武宁路505号 联系人：易颖、严蓓兰 电话：021-62574990-405 021-62574990-568 传真：021-62435543 021-62545249 E-mail：yy@seari.com.cn yanbl@seari.com.cn 网址：www.stiee.com 邮编：200063	上海电器设备检测所
12	01001	上海电气器具检验测试所	CNCA-C02-01：电路开关及保护或连接用电器装置（电器附件）中的下列产品 —电线组件、插头插座、家用和类似用途固定式电气装置的开关、器具耦合器、家用和类似用途固定式电器装置电器附件外壳 CNCA-C04-01：小功率电动机 CNCA-C05-01：电动工具 CNCA-C07-01：家用和类似用途设备中的下列产品： —电风扇、电热水器、室内加热器、真空吸尘器、皮肤和毛发护理器具、电熨斗、电磁灶、电烤箱、电动食品加工器具、吸油烟机、液体加热器和冷热饮水机、电饭锅	上海市宝庆路10号/上海市桂箐路19号 联系人：陈建秋 电话：021-64314863 传真：021-64339515 E-mail：aqiu7184@hotmail.com、 网址：www.tiet.org 邮编：200233	上海电气器具检验测试所

续表

序号	实验室编号	实验室名称	指定业务范围	实验室地址及联系方式	法人名称
13	01101	国家电光源质量监督检验中心(北京)	CNCA-C10-01：照明电器	北京市朝阳区大北窑厂坡村甲3号 联系人：王方 电话：010-67708989 传真：010-67708989转1111 E-mail：wangfang@nltc.cn	国家电光源质量监督检验中心(北京)
14	01201	中国泰尔实验室	CNCA-C08-01：音视频设备 CNCA-C09-01：信息技术设备 CNCA-C16-01：电信终端设备	北京市西城区月坛南街11号/北京市海淀区花园北路52 号/北京市海淀区学院路51号首享大厦/北京市北京经济开发区康定街甲18号 联系人：孟梦、陈晖、常蕊 电话：010-68094017 010-62304633-2513 010-62304633-2500 传真：010-68011404 010-62304633-2504 E-mail：liuwei@chinattl.com	工业和信息化部电信研究院
15	01401	上海市安全生产科学研究所特种电器检测站	CNCA-C03-02：低压元器件中的下列产品 —MCB、RCCB(除B型RCCB)、RCBO(除B型RCBO)、PRCD	上海市田林路191号 联系人：王翔 电话：021-64854126 传真：021-64854126 E-mail：zhuyf@shaks.com.cn	上海市安全生产科学研究所
16	01501	上海出入境检验检疫局机电产品检测技术中心	CNCA-C02-01：电路开关及保护或连接用电器装置(电器附件)中的下列产品 —插头插座(家用和类似用途)、家用和类似用途固定式电器装置的开关 CNCA-C04-01：小功率电动机 CNCA-C05-01：电动工具 CNCA-C07-01：家用和类似用途设备 CNCA-C10-01：照明电器中的下列产品 —灯具、荧光灯用交流电子镇流器、荧光灯镇流器、LED模块用直流或交流电子控制装置	上海浦东新区民生路1208号/上海市闸北区灵石路709号44栋 联系人：徐胜、章稼新 电话：021-38620850 021-38620830 传真：021-68545620 021-68546965 E-mail：xusheng@shciq.gov,cn zhangjiaxin@shciq.gov,cn 网址：smec.shciq.gov.cn 邮编：200135	上海出入境检验检疫局机电产品检测技术中心
17	01502	中国上海进出口玩具检测中心	CNCA-C22-01：童车产品中的下列产品 —儿童三轮车、儿童推车、婴儿学步车、玩具自行车、电动童车、其他玩具车辆 CNCA-C22-02：玩具产品 CNCA-C22-01：童车产品中的下列产品 —儿童自行车	上海浦东新区民生路1208号 上海市闸北区灵石路709号44栋 联系人：缪俊文 电话：021-38620885 E-mail：miaojunwen@shciq.gov.cn 上海市闸北区灵石路709号44栋	上海出入境检验检疫局机电产品检测技术中心
18	01601	浙江立德产品技术有限公司	CNCA-C01-01：电线电缆中的下列产品 —额定电压450/750V 及以下橡皮绝缘电缆和聚氯乙烯绝缘电线电缆 CNCA-C02-01：电路开关及保护或连接用电器装置(电器附件)中的下列产品 —插头插座(家用和类似用途)、家用和类似用途固定式电气装置的开关 CNCA-C04-01：小功率电动机 CNCA-C05-01：电动工具 CNCA-C07-01：家用和类似用途设备中的下列产品 —家用电冰箱和食品冷冻箱、电风扇、空调器、家用电动洗衣机、电热水器、室内加热器、真空吸尘器、皮肤和毛发护理器具、电熨斗、电磁灶、电烤箱、电动食品加工器具、微波炉、电灶、灶台、烤炉和类似器具、吸油烟机、液体加热器和冷热饮水机、电饭锅 CNCA-C10-01：照明电器 CNCA-C22-01：童车产品 CNCA-C22-02：玩具产品中的下列产品 —塑胶玩具类产品、娃娃玩具产品	杭州市萧山区建设三路555号 联系人：程丽玲 电话：0571-83527005 传真：0571-83527100 E-mail：cll@lead-int.com 网址：www.lead-int.com 邮编：311215	浙江立德产品技术有限公司

续表

序号	实验室编号	实验室名称	指定业务范围	实验室地址及联系方式	法人名称
19	01602	浙江立德产品技术有限公司低压电器实验室	CNCA-C03-01: 低压成套开关设备中的下列产品 —配电板 CNCA-C03-02: 低压元器件中的下列产品 —低压断路器、低压开关(隔离器、隔离开关与熔断器组合电器)、低压机电式接触器和电动机起动器、机电式控制电路电器、设备用断路器、家用及类似用途的机电式接触器、MCB、(除B型RCCB)、RCBO(除B型RCBO)、PRCD、低压熔断器(限专职人员使用的熔断器)	浙江省乐清市柳市镇进港大道检验检疫大楼 联系人: 吴献东 电话: 0577-61728997 传真: 0577-61729109 E-mail: wxd@wz.ziq.gov.cn 网址: www.lead-int.com 邮编: 325604	浙江立德产品技术有限公司
20	01701	江苏出入境检验检疫局机电产品及车辆检测中心	CNCA-C04-01: 小功率电动机 CNCA-C05-01: 电动工具中的下列产品: —电钻、电动螺丝刀和冲击板手、电动砂轮机、砂光机、圆锯、电锤、电剪刀、攻丝机、往复锯、电刨、电动修枝剪、电木铣和修边机、电动石材切割机 CNCA-C07-01: 家用和类似用途设备中的下列产品: —家用电冰箱和食品冷冻箱、电风扇、空调器、家用电动洗衣机、电热水器、室内加热器、真空吸尘器、皮肤和毛发护理器具、电熨斗、电磁灶、电烤箱、电动食品加工器具、微波炉、电灶、灶台、烤炉和类似器具、吸油烟机、液体加热器和冷热饮水机、电饭锅 CNCA-C10-01: 照明电器中的下列产品: —灯具、LED模块用直流或交流电子控制装置 CNCA-C11-04: 汽车安全带 CNCA-C11-12: 汽车座椅及座椅头枕 CNCA-C22-03: 机动车儿童乘员用约束系统	江苏省无锡市惠山区堰新路328号 联系人: 赵介军 电话: 0510-88219787 传真: 0510-83583539 E-mail: zhaojiejunciq@126.com 网址: www.jsmetc.com 邮编: 214174 联系人: 陈晓东 电话: 0510-83583538 传真: 0510-83583537 E-mail: xiaodong-chen@163.com	江苏出入境检验检疫局机电产品及车辆检测中心
21	01801	江苏出入境检验检疫局工业产品检测中心化矿金属材料实验室	CNCA-C21-01: 装饰装修产品中的下列产品 —溶剂型木器涂料	江苏省南京市中华路99号 联系人: 袁敏 电话: 025-52345203 传真: 025-52345243	江苏出入境检验检疫局工业产品检测中心
22	01901	深圳出入境检验检疫局工业品检测技术中心	CNCA-C07-01: 家用和类似用途设备中的下列产品 —家用电冰箱和食品冷冻箱、电风扇、电热水器、室内加热器、真空吸尘器、皮肤和毛发护理器具、电熨斗、电磁灶、电烤箱、电动食品加工器具、微波炉、电灶、灶台、烤炉和类似器具、吸油烟机、液体加热器和冷热饮水机、电饭锅 CNCA-C08-01: 音视频设备 CNCA-C09-01: 信息技术设备	广东省深圳市南山区工业八路289号 联系人: 鹿文军 电话: 0755-26673796 传真: 0755-26673227 E-mail: 13823261340@139.com 网址: www.szciq.gov.cn/gypjc 邮编: 518067	深圳出入境检验检疫局工业品检测技术中心
23	02001	中认(沈阳)北方实验室有限公司	CNCA-C01-01: 电线电缆中的下列产品 —额定电压450/750V 及以下橡皮绝缘电缆和聚氯乙烯绝缘电线电缆(除JB/T 8734.5覆盖的型号产品) CNCA-C02-01: 电路开关及保护或连接用电器装置(电器附件)中的下列产品 —插头插座(家用和类似用途)、家用和类似用途固定式电器装置的开关 CNCA-C04-01: 小功率电动机中的下列产品 —GB12350覆盖的小功率电动机 CNCA-C07-01: 家用和类似用途设备中的下列产品 —电风扇、室内加热器、真空吸尘器、皮肤和毛发护理器具、电熨斗、电磁灶、电烤箱、电动食品加工器具、微波炉(限频率在300MHz以上)、电灶、灶台、烤炉和类似器具、吸油烟机、液体加热器和冷热饮水机、电饭锅 CNCA-C08-01: 音视频设备	沈阳经济技术开发区二期四号街14甲-2 联系人: 赵敏 电话: 024-25279212 传真: 024-25375286 E-mail: lnjjzx@163.com 网址: www.cqcnl.com 邮编: 110141	中认(沈阳)北方实验室有限公司

续表

序号	实验室编号	实验室名称	指定业务范围	实验室地址及联系方式	法人名称
23	02001	中认(沈阳)北方实验室有限公司	CNCA-C09-01:信息技术设备 CNCA-C10-01:照明电器中的下列产品 —固定式通用灯具、可移式通用灯具、水族箱灯具、电源插座安装的夜灯、嵌入式灯具、地面嵌入式灯具、荧光灯镇流器、荧光灯用交流电子镇流器、LED模块用直流或交流电子控制装置	沈阳经济技术开发区二期四号街14甲-2 联系人:赵敏 电话: 024-25279212 传真: 024-25375286 E-mail: lnjjzx@163.com 网址: www.cqcnl.com 邮编: 110141	中认(沈阳)北方实验室有限公司
24	02101	中检集团南方电子产品测试(深圳)有限公司	CNCA-C07-01:家用和类似用途设备中的下列产品 —家用电冰箱和食品冷冻箱、电风扇、电热水器、室内加热器、真空吸尘器、皮肤和毛发护理器具、电熨斗、电磁灶、电烤箱、电动食品加工器具、微波炉、电灶、灶台、烤炉和类似器具、吸油烟机、液体加热器和冷热饮水机、电饭锅 CNCA-C08-01:音视频设备 CNCA-C09-01:信息技术设备中的下列产品 —除复印机外的其他产品 CNCA-C10-01:照明电器中的下列产品 —除高强度气体放电灯用电子镇流器外的其他产品 CNCA-C16-01:电信终端设备	广东省深圳市南山区西丽街道西丽工业区石鼓东28、29栋 联系人:吴立安 电话: 0755-26627966 传真: 0755-26628013 E-mail: wla@ccic-set.com 网址: www.ccic-set.com 邮编: 518055	中检集团南方电子产品测试(深圳)有限公司
25	02201	广东出入境检验检疫局检验检疫技术中心	CNCA-C04-01:小功率电动机中的下列产品 —GB12350覆盖的小功率电动机 CNCA-C07-01:家用和类似用途设备中的下列产品 —家用电冰箱和食品冷冻箱、电风扇、空调器、家用电动洗衣机、电热水器、室内加热器、真空吸尘器、皮肤和毛发护理器具、电熨斗、电磁灶、电烤箱、电动食品加工器具、微波炉、电灶、灶台、烤炉和类似器具、吸油烟机、液体加热器和冷热饮水机、电饭锅 CNCA-C10-01:照明电器 CNCA-C22-01:童车产品中的下列产品 —玩具自行车、电动童车、其他玩具车辆 CNCA-C22-02:玩具产品 CNCA-C22-01:童车产品中的下列产品 —儿童自行车、儿童三轮车、儿童推车、婴儿学步车 CNCA-C22-03:机动车儿童乘员用约束系统	广东省广州市珠江新城花城大道66号 联系人:周娜、黄宇斌 电话: 020-38290492 020-38291635 传真: 020-38290490 E-mail: zhoun@iqtc.cn huangyb@iqtc.cn 网址: www.iqtc.cn 邮编: 510520 联系人:何惠蝉 电话: 020-38290587 传真: 020-38290599 E-mail: gz0587@iqtc.cn 广东省广州市天河软件工业园建工路19号 广东省广州科学城南翔之路1号102房 联系人:黄宇斌 电话: 020-38291635 传真: 020-38290490 E-mail: huangyb@iqtc.cn	广东出入境检验检疫局检验检疫技术中心
26	02301	广东产品质量监督检验研究院	CNCA-C01-01:电线电缆中的下列产品 —额定电压450/750V及以下橡皮绝缘电缆和聚氯乙烯绝缘电缆 CNCA-C02-01:电路开关及保护或连接用电器装置(电器附件) CNCA-C04-01:小功率电动机中的下列产品 —GB12350覆盖的小功率电动机 CNCA-C05-01:电动工具 CNCA-C07-01:家用和类似用途设备中的下列产品 —家用电冰箱和食品冷冻箱、电风扇、空调器、家用电动洗衣机、电热水器、室内加热器、真空吸尘器、皮肤和毛发护理器具、电熨斗、电磁灶、电烤箱、电动食品加工器具、微波炉、电灶、灶台、烤炉	广东省广州市海珠区新港东路海诚东街6号 联系人:高晓东 电话: 020-89232890 传真: 020-89232876 E-mail: gxd@gqi.org.cn 网址: www.gqi.org.cn 邮编: 510330 联系人:杨典 电话: 020-89232662 传真: 020-89232500	广东产品质量监督检验研究院

续表

序号	实验室编号	实验室名称	指定业务范围	实验室地址及联系方式	法人名称
26	02301	广东产品质量监督检验研究院	和类似器具、吸油烟机、液体加热器和冷热饮水机、电饭锅 CNCA-C08-01：音视频设备 CNCA-C09-01：信息技术设备 CNCA-C10-01：照明电器 CNCA-C22-01：童车产品 CNCA-C22-02：玩具产品 CNCA-C03-01：低压成套开关设备 CNCA-C03-02：低压元器件中的下列产品 —低压断路器、低压开关（隔离器、隔离开关与熔断器组合电器）、低压机电式接触器和电动机起动器、交流半导体电动机控制器、控制和保护开关电器、接近开关、自动转换开关电器、设备用断路器、家用及类似用途的机电式接触器、MCB、（除B型RCCB）、RCBO（除B型RCBO）、PRCD、剩余电流动作继电器、低压熔断器 CNCA-C21-01：装饰装修产品中的下列产品 —溶剂型木器涂料	广东省东莞市石龙镇西湖了68号 联系人：苗本健 电话：0769-81867328 传真：0769-81867328 E-mail： miaobenjian027@sian.com 网址：www.gqi.org.cn 邮编：510330 广东省佛山市顺德区大良新城区德胜东路1号 联系人：陈纪文 电话：0757-22802680 传真：0757-22802618	广东产品质量监督检验研究院
27	02401	浙江方圆检测集团股份有限公司	CNCA-C01-01：电线电缆中的下列产品 —额定电压450/750V及以下橡皮绝缘电缆和聚氯乙烯绝缘电缆 CNCA-C02-01：电路开关及保护或连接用电器装置（电器附件）中的下列产品 —电线组件、插头插座（家用和类似用途）、家用和类似用途固定式电气装置的开关、家用和类似用途固定式电器装置电器附件外壳 CNCA-C04-01：小功率电动机 CNCA-C05-01：电动工具中的下列产品 —电钻、电动螺丝刀和冲击板手、电动砂轮机、砂光机、圆锯、电锤、电剪刀、攻丝机、往复锯、插入式混凝土振动器、电刨、电木铣和修边机、电动石材切割机 CNCA-C07-01：家用和类似用途设备中的下列产品 —家用电冰箱和食品冷冻箱、电风扇、空调器、家用电动洗衣机、电热水器、室内加热器、真空吸尘器、皮肤及毛发护理器具、电熨斗、电烤箱、电动食品加工器具、电灶、灶台、烤炉和类似器具、吸油烟机、液体加热器和冷热饮水机、电饭锅 CNCA-C10-01：照明电器 CNCA-C21-01：装饰装修产品 CNCA-C03-01：低压成套开关设备 CNCA-C03-02：低压元器件中的下列产品 —低压断路器、低压开关（隔离器、隔离开关与熔断器组合电器）、低压机电式接触器和电动机起动器、交流半导体电动机控制器、控制和保护开关电器、接近开关、自动转换开关电器、设备用断路器、家用及类似用途的机电式接触器、MCB、（除B型RCCB）、RCBO（除B型RCBO）、PRCD、剩余电流动作继电器、低压熔断器 CNCA-C11-07：机动车外部照明及光信号装置 CNCA-C22-02：玩具产品 CNCA-C22-01：童车产品	杭州市杭州经济技术开发区下沙路300号 联系人：徐建楚 电话：0571-85128182 传真：0571-85120675 E-mail：7173862@qq.com 联系人：赵新建 电话：0571-86918250 传真：0571-86918251 E-mail：7173862@qq.com 浙江省嘉兴市广穹路400号 联系人：黄芳 电话：0573-82099578 0573-82077118 传真：0573-82077898 E-mail：7173862@qq.com 联系人：姚波 电话：0573-82077511 0573-82077811 传真：0573-82077822 E-mail：7173862@qq.com 杭州市西湖区西溪路934号 联系人：翁文祥、张杰 电话：0571-85026381 0571-85027205 传真：0571-85027205 E-mail：7173862@qq.com	浙江省质量检测科学研究院
28	02501	福建省产品质量检验研究院	CNCA-C03-01：低压成套开关设备 CNCA-C03-02：低压元器件中的下列产品 —低压断路器、低压开关（隔离器、隔离开关及熔断器组合电器）、低压机电式接触器和电动机低压机电式接触器和电动机起动器、机电式控制电路电器、交流半导体电动机控制器和启动器、	福建省福州市鼓楼区杨桥西路山头角121号 联系人：林彤 电话：0591-83774485	福建省产品质量检验研究院

续表

序号	实验室编号	实验室名称	指定业务范围	实验室地址及联系方式	法人名称
28	02501	福建省产品质量检验研究院	控制和保护开关电器、接近开关、自动转换开关电器、设备用断路器、家用及类似用途机电式接触器、MCB、RCBO、RCCB、PRCD、剩余电流动作继电器、低压熔断器（除半导体设备保护用容断体） CNCA-C21-01：装饰装修产品中的下列产品 —溶剂型木器涂料、瓷质砖 CNCA-C01-01：电线电缆 CNCA-C02-01：电路开关及保护或连接用电器装置（电器附件）中的下列产品 —插头插座（家用和类似用途）、家用和类似用途固定式电气装置的开关 CNCA-C04-01：小功率电动机 CNCA-C08-01：音视频设备 CNCA-C09-01：信息技术设备 CNCA-C10-01：照明电器 CNCA-C22-01：童车产品 CNCA-C22-02：玩具产品	传真：0591-83710867 E-mail：lintong12350@163.com 网址：www.fcii.net 邮编：350002 福建省福州市马尾经济开发区快安延伸区创新路101号	福建省产品质量检验研究院
29	02601	成都产品质量监督检验研究院有限责任公司	CNCA-C01-01：电线电缆中的下列产品 —额定电压450/750V 及以下橡皮绝缘电缆和聚氯乙烯绝缘电线电缆（除GB/T 5023.5中覆盖的60227 IEC 41（RTPVR）型号产品） CNCA-C02-01：电路开关及保护或连接用电器装置（电器附件）中的下列产品 —插头插座（家用和类似用途）、家用和类似用途固定式电器装置电器附件外壳 CNCA-C10-01：照明电器中的下列产品 —除高强度气体放电灯用电子镇流器外的其他产品 CNCA-C21-01：装饰装修产品中的下列产品 —溶剂型木器涂料 CNCA-C21-01：装饰装修产品中的下列产品 —瓷质砖 CNCA-C03-01：低压成套开关设备 CNCA-C07-01：家用和类似用途设备中的下列产品 —储水式电热水器、室内加热器、液体加热器和冷热饮水机、电风扇	四川省成都市龙泉驿经开区兴茂街16号 联系人：李建、王燕、杨春尧（后两位的联系方式仅在第一条中列出，后面不赘述） 电话：028-65099193 028-65099056 028-65099016 E-mail：13709038998@163.com 2665176568@qq.com ycy2000@sina.com 网址：www.cqi.org 联系人：张亚斌、王燕、杨春尧 电话：028-84844711 E-mail：zyb1340@126.com 联系人：谭诗珂、王燕、杨春尧 电话：028-65099251 E-mail：16451961@qq.com 联系人：赵华堂、王燕、杨春尧 电话：028-65099241 E-mail：13709038998@163.com 成都市温江区新南路425号 联系人：艾劼、王燕、杨春尧 电话：028-82767925 E-mail：scaijie@qq.com 四川省成都市龙泉驿兴茂街16号 成都市西航港经济开发区腾飞2路355号 联系人：张亚斌、王燕、杨春尧	四川省产品质量监督检验检测院
30	02801	深圳市计量质量检测研究院	CNCA-C01-01：电线电缆中的下列产品 —额定电压450/750V 及以下橡皮绝缘电缆和聚氯乙烯绝缘电线电缆（除RX系列产品） CNCA-C02-01：电路开关及保护或连接用电器装置（电器附件）中的下列产品 —插头插座（家用和类似用途）、家用和类似用途固定式电气装置的开关	深圳市南山区龙珠大道中段计量质检院大楼 联系人：骆红（联系方式只在第一条列出） 电话：0755-26941627 0755-86009836	深圳市计量质量检测研究院

续表

序号	实验室编号	实验室名称	指定业务范围	实验室地址及联系方式	法人名称
30	02801	深圳市计量质量检测研究院	CNCA-C07-01：家用和类似用途设备中的下列产品 —电风扇、电热水器、室内加热器、真空吸尘器、皮肤和毛发护理器具、电熨斗、电磁灶、电烤箱、电动食品加工器具、微波炉、电灶、灶台、烤炉和类似器具、液体加热器和冷热饮水机、吸油烟机、电饭锅 CNCA-C08-01：音视频设备 CNCA-C09-01：信息技术设备 CNCA-C16-01：电信终端设备 CNCA-C22-01：童车产品 CNCA-C22-02：玩具产品	E-mail：sonry01@yahoo.com.cn tech@smq.com.cn 网址：www.smq.com.cn 邮编：518055 深圳市南山区西丽街道办同发路4号国家数字电子产品质量监督检验中心大楼 联系人：曹卫东、骆红 电话：0755-86009898-31286 传真：0755-86009898-31299 E-mail：caowd@smq.com.cn 联系人：林兰芬、骆红 电话：0755-86009898-31266 传真：0755-86009898-31299 E-mail：linzinancy@126.com 联系人：林斌、骆红 电话：0755-86009898-31353 传真：0755-86009898-31396 E-mail：linb@smq.com.cn 深圳市宝安区民治街道办民治大道民康路 联系人：柯灯明、杨志鹏 电话：0755-27528486 0755-27528421 传真：0755-27528417 E-mail：smqty@126.com	深圳市计量质量检测研究院
31	02901	大连市产品质量监督检验所	CNCA-C01-01：电线电缆中的下列产品 —额定电压450/750V 及以下橡皮绝缘电缆和聚氯乙烯绝缘电线电缆（除GB/T 5013.8覆盖的型号产品、GB/T 5023.6覆盖的60227IEC 71c（TVV）型号产品） CNCA-C03-01：低压成套开关设备 CNCA-C03-02：低压元器件中的下列产品 —低压断路器、低压开关（隔离器、隔离开关及熔断器组合电器）、低压机电式接触器和电动机起动器、机电式控制电路电器、交流半导体电动机控制器和起动器、MCB CNCA-C21-01：装饰装修产品中的下列产品 —混凝土防冻剂	辽宁省大连市甘井子区革镇堡新水泥路150号 联系人：郑顺利 电话：0411-84603949 传真：0411-84603289 E-mail：13840814566@139.com 辽宁省大连市沙河口区万岁街68-2号	大连市产品质量监督检验所
32	03001	山东省计量科学研究院	CNCA-C07-01：家用和类似用途设备中的下列产品 —家用电冰箱和食品冷冻箱、空调器、电风扇、家用电动洗衣机、电热水器、室内加热器、真空吸尘器、皮肤和毛发护理器具、电熨斗、电磁灶、电烤箱、电动食品加工器具、微波炉、电灶、灶台、烤炉和类似器具、吸油烟机、液体加热器和冷热饮水机、电饭锅	济南市千佛山东路28号 联系人：许宏雷、咸美玲、吕惠政 电话：0531-88728911 传真：0531-88728911 0531-82603694 E-mail：mailxhl@sohu.com xianmeiling1985@163.com lvhuizheng@yeah.net 网址：www.sdim.cn	山东省计量科学研究院
33	03101	山东省产品质量检验研究院	CNCA-C01-01：电线电缆中的下列产品 —额定450/750V 及以下橡皮绝缘电缆和聚氯乙烯绝缘电线电缆（除GB/T 5013.8覆盖的型号产品） CNCA-C03-01：低压成套开关设备	山东省济南市经十东路31000号 联系人：王锋 电话：0531-88013226 传真：0531-89701996 E-mail：wfzj0531@sina.com	山东省产品质量检验研究院

续表

序号	实验室编号	实验室名称	指定业务范围	实验室地址及联系方式	法人名称
33	03101	山东省产品质量检验研究院	CNCA-C03-02：低压元器件中的下列产品 —低压断路器、低压开关（隔离器、隔离开关及熔断器组合电器）、低压机电式接触器和电动机低压机电式接触器和电动机起动器、机电式控制电路电器、交流半导体电动机控制器和启动器、控制和保护开关电器、接近开关、自动转换开关电器、设备用断路器、家用及类似用途机电式接触器、MCB、SMCB、RCBO（除B型RCBO）、RCCB（除B型RCCB）、PRCD、SRCD、剩余电流动作继电器、低压熔断器 CNCA-C04-01：小功率电动机 CNCA-C06-01：电焊机中的下列产品 —小型交流弧焊机、交流弧焊机、直流弧焊机、TIG 弧焊机、MIG/MAG弧焊机、埋弧焊机、等离子弧焊机、等离子弧切割机 CNCA-C07-01：家用和类似用途设备中的下列产品 —家用电冰箱和食品冷冻箱、电风扇、家用电动洗衣机、电热水器、室内加热器、真空吸尘器、电磁灶、电烤箱、电动食品加工器具、微波炉、吸油烟机、液体加热器和冷热饮水机、电饭锅	网址：www.sdqi.com.cn 邮编：250102	山东省产品质量检验研究院（山东省低压电器产品质量检验站、山东省产品质量认证咨询服务中心）
34	03201	国家办公设备及耗材质量监督检验中心	CNCA-C09-01：信息技术设备中的下列产品 —多用途打印复印机、复印机（除静电复印机）	天津市红桥区昌图道7号 联系人：邝亚明 电话：022-26650880 传真：022-26650880 E-mail：k-yaming57@163.com	机械工业办公自动化设备检验所
35	03301	北京尊冠科技有限公司	CNCA-C09-01：信息技术设备	北京北四环中路211号 联系人：符荣梅 电话：010-89055897 传真：010-98055885 E-mail：nctcfrm@163.com 网址：www.nctc.org.cn 邮编：100083	北京尊冠科技有限公司
36	03401	湖南电器检测所	CNCA-C03-01：低压成套开关设备中的下列产品 —成套电力开关和控制设备、母线干线系统（母线槽）、配电板、低压成套无功功率补偿装置 CNCA-C03-02：低压元器件中的下列产品 —低压断路器、低压开关（隔离器、隔离开关及熔断器组合电器）、低压机电式接触器和电动机起动器、机电式控制电路电器、自动转换开关电器、设备用断路器、家用及类似用途机电式接触器、MCB、SMCB、RCBO（除B型RCBO）、RCCB（除B型RCCB）、PRCD、SRCD、剩余电流动作继电器、低压熔断器	湖南省长沙市新中路4号 联系人：薛正山 电话：0731-85414370 传真：0731-85412094 E-mail：xue1964@163.com 网址：www.hnetc.com 邮编：410009	湖南电器检测所
37	03501	电力工业电气设备质量检验测试中心	CNCA-C03-01：低压成套开关设备中的下列产品 —成套电力开关和控制设备、母线干线系统（母线槽）、配电板、低压成套无功功率补偿装置	湖北省武汉市洪山区珞瑜路143号 电话：027-59835861 13971036925 E-mail：Lxj0411013@163.com	中国电力科学研究院
38	03601	苏州电器科研究院股份有限公司	CNCA-C03-01：低压成套开关设备 CNCA-C03-02：低压元器件 CNCA-C08-01：音视频设备中的下列产品 —除像（示）管外的其他产品 CNCA-C09-01：信息技术设备 CNCA-C10-01：照明电器中的下列产品 —固定式通用灯具、嵌入式灯具、可移式通用灯具、水族箱灯具、电源插座安装的夜灯、地面嵌入式灯具、荧光灯镇流器、荧光灯用交流电子镇流器、放电灯（荧光灯除外）用镇流器、高强度气体放电灯用镇流器	苏州新区滨河路永和街7号 联系人：厉丽华 电话：0512-68252753 0512-68081686 E-mail：eservice@eeti.cn 网址：www.eeti.cn 邮编：215104 苏州市吴中区越溪前珠路5号	苏州电器科学研究院股份有限公司

续表

序号	实验室编号	实验室名称	指定业务范围	实验室地址及联系方式	法人名称
39	03701	浙江科正电子信息产品检验有限公司（国家电子计算机外部设备质量监督检验中心）	CNCA-C08-01：音视频设备 CNCA-C09-01：信息技术设备 CNCA-C16-01：电信终端设备中的下列产品 —传真机、调制解调器（含卡）、固定电话终端及电话机附加装置、集团电话、ISDN终端、数据终端（含卡）、多媒体终端	浙江省杭州市马塍路36号 联系人：蔡方明 电话：0571-88366802 0571-88828284 13605707612 传真：0571-88366821 E-mail：cfm@chinacptc.net 网址：www.ksign.cn 邮编：310012	浙江科正电子信息产品检验有限公司
40	03801	国家橡胶轮胎质量监督检验中心	CNCA-C12-01：机动车辆轮胎	北京市海淀区阜石路甲19号 联系人：李红伟 电话：010-51338174 15311229956	北京橡胶工业研究设计院
41	03901	化学工业力车胎质量监督检验中心	CNCA-C12-01：机动车辆轮胎	广东省广州市工业大道中270号 联系人：谢四海 电话：020-84351770 传真：020-84128611	广州橡胶工业制品研究所有限公司
42	04001	青岛市产品质量监督检验研究院（国家电子电器安全质量监督检验中心）	CNCA-C01-01：电线电缆中的下列产品 —额定电压450/750V 及以下橡皮绝缘电缆和聚氯乙烯绝缘电线电缆［除GB/T 5013.5覆盖的型号产品、GB/T 5013.8覆盖的型号产品、GB/T 5023.6覆盖的60227 IEC 71c（TVV）型号产品、GB/T 5023.7覆盖的60227 IEC 74（RVVYP）型号产品］ CNCA-C03-01：低压成套开关设备 CNCA-C03-02：低压元器件中的下列产品 —低压开关（隔离器、隔离开关、熔断器组合电器）、低压机电式接触器和电动机起动器、MCB	青岛市崂山区科苑纬四路77号 联系人：贾洪亮、赵岩 电话：0532-68069114 0532-68069106 传真：0532-68069114 0532-68069102 E-mail：diyadq@126.com qdzjs@public.qd.sd.cn 青岛市崂山区深圳路173号 联系人：贾洪亮 电话：0532-88918006 传真：0532-88918006 E-mail：diyadq@126.com	青岛市产品质量监督检验研究院
43	04002	青岛市产品质量监督检验研究院（国家轮胎及橡胶制品质量监督检验中心）	CNCA-C12-02：机动车辆轮胎	青岛市崂山区科苑纬四路77号 青岛市黄岛区凤凰山路2552号 联系人：孙光明 电话：0532-68069157 传真：0532-68069156 E-mail：sgm5904@163.com	青岛市产品质量监督检验研究院
44	04101	国家安全玻璃及石英玻璃质量监督检验中心/国家建筑材料测试中心	CNCA-C13-01：安全玻璃 CNCA-C21-01：装饰装修产品	北京市朝阳区管庄东里1号 联系人：韩松 电话：010-51167345 传真：010-65711591 联系人：刘元新 电话：010-51167655 传真：010-65764684	中国建材检验认证集团股份有限公司
45	04201	国家玻璃质量监督检验中心	CNCA-C13-01：安全玻璃中的下列产品 —汽车安全玻璃、建筑安全玻璃	河北省秦皇岛河北大街西段91号 联系人：李勇 电话：0335-5911589 13603238229	中国建材检验认证集团秦皇岛有限公司
46	04301	国家植保机械质量监督检验中心	CNCA-C14-01：农机产品中的下列产品 —植物保护机械	江苏省南京市中山门外柳营100号 联系人：陈小兵 电话：025-84431331 传真：025-84346068	农业部南京农业机械化研究所

续表

序号	实验室编号	实验室名称	指定业务范围	实验室地址及联系方式	法人名称
47	04401	国家农机具质量监督检验中心	CNCA-C14-01：农机产品中的下列产品 —植物保护机械	北京市朝阳区德胜门外北沙滩一号 联系人：陈戈 电话：010-64882637 传真：010-64873702	中国农业机械化科学研究院
48	04501	国家安全防范报警系统产品质量监督检验中心（北京）	CNCA-C19-01：防盗报警产品 CNCA-C19-02：安防实体防护产品	北京市首都体育馆南路1号 联系人：刘琳 电话：010-68773379 传真：010-68773387	公安部第一研究所
49	04601	国家安全防范报警系统产品质量监督检验中心（上海）	CNCA-C11-14：汽车行驶记录仪 CNCA-C19-01：防盗报警产品 CNCA-C19-02：安防实体防护产品	上海市岳阳路76号 联系人：陆曙蓉 电话：13901864918 传真：021-64335838	公安部第三研究所
50	04701	长春汽车检测中心［国家汽车质量监督检验中心（长春）］	CNCA-C11-01：汽车 CNCA-C11-04：汽车安全带 CNCA-C11-05：机动车喇叭 CNCA-C11-06：机动车制动软管 CNCA-C11-07：机动车外部照明及光信号装置中的下列产品 —机动车回复反射器、汽车外部照明及光信号装置 CNCA-C11-08：机动车辆间接视野装置中的下列产品 —汽车后视镜 CNCA-C11-09：汽车内饰件 CNCA-C11-10：汽车门锁及门保持件 CNCA-C11-11：汽车燃油箱 CNCA-C11-12：汽车座椅及汽车头枕 CNCA-C11-13：车身反光标识 CNCA-C22-03：机动车儿童成员用约束系统	吉林省长春市创业大街1063号 联系人：周锋、范纯云 电话：0431-85788311 0431-85788317 传真：0431-85788310 E-mail：catc_jc@163.com fanchunyun@163.com 邮编：130011	长春汽车检测中心
51	04801	襄阳达安汽车检测中心［国家汽车质量监督检验中心（襄阳）］	CNCA-C11-01：汽车 CNCA-C11-04：汽车安全带 CNCA-C11-05：机动车喇叭 CNCA-C11-06：机动车制动软管 CNCA-C11-07：机动车外部照明及光信号装置中的下列产品 —机动车回复反射器、汽车外部照明及光信号装置 CNCA-C11-08：机动车辆间接视野装置中的下列产品 —汽车后视镜 CNCA-C11-09：汽车内饰件 CNCA-C11-10：汽车门锁及门保持件 CNCA-C11-11：汽车燃油箱 CNCA-C11-12：汽车座椅及座椅头枕 CNCA-C22-03：机动车儿童乘员用约束系统	湖北省襄阳市高新区汽车试验场 联系人：韩鹏、李学强 电话：0710-3994020 0710-3994019 E-mail：hanpeng@nast.com.cn lxq@nast.com.cn 网址：www.nast.com.cn 邮编：441004	襄阳达安汽车检测中心
52	04901	天津汽车检测中心（国家轿车质量监督检验中心）	CNCA-C11-01：汽车 CNCA-C11-04：汽车安全带 CNCA-C11-05：机动车喇叭 CNCA-C11-06：机动车制动软管 CNCA-C11-07：机动车外部照明及光信号装置CNCA-C11-08：机动车辆间接视野装置 CNCA-C11-09：汽车内饰件 CNCA-C11-10：汽车门锁及门保持件 CNCA-C11-11：汽车燃油箱 CNCA-C11-12：汽车座椅及座椅头枕 CNCA-C11-13：车身反光标识 CNCA-C12-01：机动车辆轮胎 CNCA-C22-03：机动车儿童乘员用约束系统	天津市东丽区先锋东路68号 联系人：颜燕 电话：022-84379680 传真：022-24375350 网址：www.tatc.com.cn 邮编：300300	天津汽车检测中心

续表

序号	实验室编号	实验室名称	指定业务范围	实验室地址及联系方式	法人名称
53	05001	重庆中交机动车检测中心（国家客车质量监督检验中心）	CNCA-C11-01：汽车 CNCA-C11-04：汽车安全带 CNCA-C11-05：机动车喇叭 CNCA-C11-06：机动车制动软管 CNCA-C11-07：机动车外部照明及光信号装置中的下列产品 —机动车回复反射器、汽车外部照明及光信号装置 CNCA-C11-08：机动车辆间接视野装置中的下列产品 —汽车后视镜 CNCA-C11-09：汽车内饰件 CNCA-C11-10：汽车门锁及门保持件 CNCA-C11-11：汽车燃油箱 CNCA-C11-12：汽车座椅及座椅头枕 CNCA-C22-03：机动车儿童乘员用约束系统	重庆市北部新区汇星路1号 联系人：谭龙、曹飞 电话：023-86305436 023-86305435 传真：023-86305440 E-mail：tanlong@cmhk.com caofei@cmhk.com 网址：www.cqvtri.com 邮编：401122	重庆中交机动车检测中心
54	05101	中国汽车工程研究院股份有限公司检测中心［国家机动车质量监督检验中心（重庆）］	CNCA-C11-01：汽车 CNCA-C11-04：汽车安全带 CNCA-C11-05：机动车喇叭 CNCA-C11-06：机动车制动软管 CNCA-C11-07：机动车外部照明及光信号装置 CNCA-C11-08：机动车辆间接视野装置 CNCA-C11-09：汽车内饰件 CNCA-C11-10：汽车门锁及门保持件 CNCA-C11-11：汽车燃油箱 CNCA-C11-12：汽车座椅及座椅头枕 CNCA-C11-13：车身反光标识 CNCA-C12-01：机动车辆轮胎中的下列产品 —轿车轮胎、载重汽车轮胎 CNCA-C22-03：机动车儿童乘员用约束系统	重庆市北部新区金渝大道9号 联系人：傅勇 电话：023-68677860 传真：023-68966987 E-mail：fuyongcq@vip.sina.com 网址：www.cmvic.com 邮编：401122	中国汽车工程研究院股份有限公司
55	05201	机械科学研究总院工程机械军用改装车试验场（国家工程机械质量监督检验中心）	CNCA-C11-01：汽车中的下列产品 —专用、特种车辆、N类、O类汽车 CNCA-C11-05：机动车喇叭 CNCA-C11-06：机动车制动软管 CNCA-C11-07：机动车外部照明及光信号装置中的下列产品 —机动车回复反射器、汽车外部照明及光信号装置 CNCA-C11-08：机动车辆间接视野装置中的下列产品 —汽车后视镜 CNCA-C11-09：汽车内饰件 CNCA-C11-11：汽车燃油箱 CNCA-C11-12：汽车座椅及座椅头枕（客车座椅除外）	北京市延庆县东外大街55号 联系人：陆明 电话：010-69101140 传真：010-69101904 E-mail：luryue@126.com 网址：www.syc.org.cn 邮编：102100	机械科学研究总院
56	05301	天津摩托车质量监督检验所［国家摩托车质量监督检验中心（天津）］	CNCA-C11-02：摩托车 CNCA-C11-03：摩托车发动机 CNCA-C11-05：机动车喇叭 CNCA-C11-06：机动车制动软管中的下列产品 —液压制动软管 CNCA-C11-07：机动车外部照明及光信号装置中的下列产品 —机动车回复反射器、摩托车外部照明及光信号装置 CNCA-C11-08：机动车辆间接视野装置 CNCA-C11-11：汽车燃油箱	天津市南开区卫津路92 号天津大学内 联系人：贺文杰 电话：022-27892002 传真：022-27407628 E-mail：tmtchwj@tju.edu.cn 网址：www.cnmtctj.com 邮编：300072	天津摩托车质量监督检验所
57	05401	中国兵器装备集团摩托车检测技术研究所	CNCA-C10-01：照明电器中的下列产品 —固定式通用灯具、嵌入式灯具、LED模块用直流或交流电子控制装置 CNCA-C11-02：摩托车 CNCA-C11-03：摩托车发动机	陕西省西安市灞桥区米秦路6号 联系人：李宝基 电话：029-86795288-8401 传真：029-86795296 E-mail：libaoji@cnmtc.com.cn	中国兵器装备集团摩托车检测技术研究所

续表

序号	实验室编号	实验室名称	指定业务范围	实验室地址及联系方式	法人名称
57	05401	中国兵器装备集团摩托车检测技术研究所（国家摩托车质量监督检验中心）	CNCA-C11-05：机动车喇叭 CNCA-C11-07：机动车外部照明及光信号装置 CNCA-C11-08：机动车辆间接视野装置中的下列产品 —摩托车后视镜	网址：www.cnmtc.com.cn 邮编：710032	中国兵器装备集团摩托车检测技术研究所
58	05501	南昌摩托车质量监督检验所	CNCA-C11-02：摩托车 CNCA-C11-03：摩托车发动机 CNCA-C11-05：机动车喇叭 CNCA-C11-07：机动车外部照明及光信号装置中的下列产品 —机动车回复反射器、摩托车外部照明及光信号装置 CNCA-C11-08：机动车辆间接视野装置中的下列产品 —摩托车后视镜	江西省南昌市新溪桥 联系人：陈建发 电话：0791-88469387 传真：0791-88430119	南昌摩托车质量监督检验所
59	05601	上海机动车检测中心［国家机动车产品质量监督检验中心（上海）］	CNCA-C11-01：汽车 CNCA-C11-02：摩托车 CNCA-C11-03：摩托车发动机 CNCA-C11-04：汽车安全带 CNCA-C11-05：机动车喇叭 CNCA-C11-06：机动车制动软管 CNCA-C11-07：机动车外部照明及光信号装置 CNCA-C11-08：机动车辆间接视野装置 CNCA-C11-09：汽车内饰件 CNCA-C11-10：汽车门锁及门保持件 CNCA-C11-11：汽车燃油箱 CNCA-C11-12：汽车座椅及座椅头枕 CNCA-C22-03：机动车儿童乘员用约束系统	上海市嘉定区安亭镇于田南路68号 联系人：张舒 电话：021-69502137 传真：021-69502111 E-mail：shuz@smvic.com.cn 网址：www.smvic.com.cn 邮编：201805	上海机动车检测中心
60	05701	国家消防装备质量监督检验中心	CNCA-C11-01/A1：汽车（消防车） CNCA-C18-03：灭火设备产品中的下列产品 —喷水灭火产品（感温元件、管道及连接件、减压阀、加速器、末端试水装置、预作用装置、自动跟踪定位射流灭火装置、细水雾灭火装置）、泡沫灭火设备产品（厨房设备灭火装置、泡沫喷雾灭火装置）、干粉灭火设备产品、气体灭火设备产品、灭火剂（A类泡沫灭火剂、六氟丙烷（HFC236fa）灭火剂）、灭火器、消防水带、消防给水设备产品、阻火抑爆产品 CNCA-C18-04：消防装备产品	上海市闵行区莘庄西环路391号 联系人：沈坚敏 电话：021-54959910 传真：021-54959909 E-mail：shenjianmin@xfjyzx.com 网址：www. xfjyzx.com 邮编：201199	公安部上海消防研究所
61	05801	国家消防电子产品质量监督检验中心	CNCA-C18-01：火灾报警产品	辽宁省沈阳市皇姑区文大路218-20号甲 联系人：张德成 电话：024-31535833 传真：024-31535850 E-mail：zhangdecheng@efire.cn 网址：www.efire.cn 邮编：110034	公安部沈阳消防研究所
62	05901	国家固定灭火系统和耐火构件质量监督检验中心	CNCA-C18-01：火灾报警产品中的下列产品 —线型感温火灾探测器、家用火灾报警产品、城市消防远程监控产品、可燃气体报警产品、消防应急照明和疏散指示产品、消防安全标志、火警受理设备、119火灾报警装置、消防车辆动态管理装置 CNCA-C18-02：火灾防护产品 CNCA-C18-03：灭火设备产品中的下列产品	天津市西青区津涞公路富兴路2号 联系人：杨震铭 电话：022-58387855 传真：022-58387855 E-mail：yangzhenming@tfri.com.cn 网址：www.cncf.com.cn 邮编：300382	公安部天津消防研究所

续表

序号	实验室编号	实验室名称	指定业务范围	实验室地址及联系方式	法人名称
62	05901	国家固定灭火系统和耐火构件质量监督检验中心	CNCA-C18-03：灭火设备产品中的下列产品 —喷水灭火产品、泡沫灭火设备产品、干粉灭火设备产品、气体灭火设备产品、灭火剂、灭火器、消防水带（消防吸水胶管）、消防给水设备产品、阻火抑爆产品 CNCA-C18-04：消防装备产品中的下列产品 —消防员个人防护装备、消防摩托车、抢险救援产品、逃生产品、自救呼吸器	天津市西青区津涞公路富兴路2号 联系人：杨震铭 电话：022-58387855 传真：022-58387855 E-mail：yangzhenming@tfri.com.cn 网址：www.cncf.com.cn 邮编：300382	公安部天津消防研究所
63	06001	合肥通用机电产品检测院有限公司	CNCA-C04-01：小功率电动机中的下列产品 —GB12350覆盖的小功率电动机 CNCA-C07-01：家用和类似用途设备中的下列产品 —家用电冰箱和食品冷冻箱、电风扇、空调器、电动机-压缩机、家用电动洗衣机、电热水器、电熨斗、电灶、灶台、烤炉和类似器具、液体加热器和冷热饮水机、电饭锅	安徽省合肥市长江西路888号 联系人：曲本连、李道平 电话：0551-65335599 0551-65335670 传真：0551-65325105 E-mail：ldp009@163.com 网址：www.gmpicn.com 邮编：230031	合肥通用机电产品检测院有限公司
64	06101	辽宁省产品质量监督检验院（辽宁省建筑材料监督检验院）/国家电线电缆质量监督检验中心（辽宁）	CNCA-C01-01：电线电缆中的下列产品 —额定电压450/750V 及以下橡皮绝缘电缆和聚氯乙烯绝缘电线电缆 CNCA-C03-01：低压成套开关设备中的下列产品 —配电板 CNCA-C21-01：装饰装修产品中的下列产品 —瓷质砖、混凝土防冻剂	辽宁省沈阳市经济技术开发区沈西三东路2甲3号 联系人：秦猛、赵琳琳 电话：024-86610662 024-23921295 传真：024-89308317 沈阳市皇姑区崇山东路61号 联系人：闫飞、秦猛 电话：024-86610662 024-23892841 传真：024-86610662	辽宁省产品质量监督检验院（辽宁省建筑材料监督检验院）
65	06201	沈阳产品质量监督检验院	CNCA-C01-01：电线电缆中的下列产品 —额定电压450/750V 及以下橡皮绝缘电线电缆和聚氯乙烯绝缘电线电缆（除GB/T 5013.8覆盖的型号产品、GB/T 5023.5覆盖的60227 IEC41(RTPVR)型号产品、GB/T 5023.7 覆盖的60227IEC74(RVVYP)型号产品） CNCA-C21-01：装饰装修产品中的下列产品 —溶剂型木器涂料	沈阳市铁西区滑翔路26号 联系人：丁婉婷 电话：024-25893230 传真：024-25893230 E-mail：delia8292@163.com	沈阳产品质量监督检验院
66	06202	国家军用橡胶制品质量监督检验中心/沈阳产品质量监督检验院	CNCA-C12-01：机动车辆轮胎	沈阳经济技术开发区细河四北街6号 联系人：富海涛 电话：13504988250 传真：024-25890601 E-mail：f312003@126.com 网址：www.syzjy.com	沈阳产品质量监督检验院
67	06301	天津天传电控设备检测有限公司	CNCA-C03-01：低压成套开关设备 CNCA-C03-02：低压元器件中的下列产品 —低压断路器、低压开关（隔离器、隔离开关、熔断器组合开关）、低压机电式接触器和电动机起动器、交流半导体电动机控制器和起动器、控制和保护开关电器、自动转换开关电器、设备用断路器、家用及类似用途的机电式接触器、MCB、RCCB（除B型RCCB）、RCBO（除B型RCBO）、剩余电流动作继电器	天津市东丽开发区一经路信通路6号 联系人：王春武 电话：022-24981806 传真：022-84376022 E-mail：wangchunwu@tried.com.cn 网址：www.ccdt-tj.com 邮编：300300	天津天传电控设备检测有限公司
68	06401	甘肃电器科学研究院	CNCA-C03-01：低压成套开关设备 CNCA-C03-02：低压元器件中的下列产品 —低压断路器、低压开关（隔离器、隔离开关、熔断器组合开关）、低压机电式接触器和电动机起动器、机电式控制电路电器、交流半导体电动机控制器和起动器、控制和保护开关电器、接近开关、自动	甘肃省天水市秦州区长开路6-6号 联系人：胡新明 电话：0938-8381214 传真：0938-8381214 E-mail：neic01@163.com	甘肃电器科学研究院

续表

序号	实验室编号	实验室名称	指定业务范围	实验室地址及联系方式	法人名称
68	06401	甘肃电器科学研究院	转换开关电器、设备用断路器、家用及类似用途的机电式接触器、MCB、RCCB（除B型RCCB）、RCBO（除B型RCBO）、PRCD、剩余电流动作继电器、低压熔断器	网址：www.tsccs.com.cn 邮编：741018	甘肃电器科学研究院
69	06501	重庆电气产品检测中心	CNCA-C03-01：低压成套开关设备中的下列产品 —成套电力开关和控制设备、母线干线系统（母线槽）、配电板、低压成套无功功率补偿装置 CNCA-C03-02：低压元器件中的下列产品 —低压断路器、低压开关（隔离器、隔离开关及熔断器组合电器）、低压机电式接触器和起动器、机电式控制电路电器、自动转换开关电器	重庆市渝中区红岩村99号 联系人：廖家秋 电话：023-63301736 传真：023-63318968 E-mail：liaojiaqiu@163.com	重庆电气产品检测中心
70	06601	遵义市产品质量检验检测院	CNCA-C03-01：低压成套开关设备 CNCA-C03-02：低压元器件中下列产品 —低压断路器、低压开关（隔离器、隔离开关及熔断器组合电器）、机电式接触器和电动机起动器、机电式控制电路电器、控制和保护开关电器（限交流产品）、自动转换开关电器、MCB	遵义市上海路126号 联系人：张宗琴 电话：0852-8624009 传真：0852-8622627 E-mail：czyjs@czyjs.sina.net 网址：www.gzzyjc.cn 邮编：563002	遵义市产品质量检验检测院
71	06701	机械工业低压防爆电器产品质量监督检测中心	CNCA-C03-01：低压成套开关设备中的下列产品 —成套电力开关和控制设备、母线干线系统（母线槽）、配电板、建筑工地用成套设备、低压成套无功功率补偿装置 CNCA-C03-02：低压元器件中的下列产品 —低压断路器、低压开关（隔离器、隔离开关及熔断器组合电器）、低压机电式接触器和起动器、机电式控制电路电器、控制和保护开关电器、自动转换开关电器、低压熔断器	沈阳市于洪区巢湖街10号 联系人：田杰 电话：024-85831461 传真：024-25313368 E-mail：sytianjie@sina.cn 网址：www.fbdqhy.com 邮编：110141	沈阳电气传动研究所（有限公司）
72	06801	浙江省机电产品质量检测所	CNCA-C03-01：低压成套开关设备中的下列产品 —成套电力开关和控制设备、母线干线系统（母线槽）、配电板、低压成套无功功率补偿装置 CNCA-C03-02：低压元器件中的下列产品 —低压断路器、低压开关（隔离器、隔离开关及熔断器组合电器）、低压机电式接触器和电动机起动器、机电式控制电路电器、交流半导体电动机控制器和启动器、控制和保护开关电器、自动转换开关电器、设备用断路器、家用及类似用途机电式接触器、MCB（限交流产品）、SMCB、RCCB、RCBO、PRCD、SRCD、剩余电流动作继电器 CNCA-C06-01：电焊机中的下列产品 —小型交流弧焊机、交流弧焊机、直流弧焊机、TIG 弧焊机、MIG/MAG弧焊机、等离子弧焊机、等离子弧切割机、电阻焊机 CNCA-C06-01：小功率电动机 CNCA-C05-01：电动工具中的下列产品： —电钻、电动螺丝刀和冲击板手、电动砂轮机、砂光机、圆锯、电锤、电剪刀、攻丝机、往复锯、电刨、电动修枝剪、电木铣和修边机、电动石材切割机	浙江省杭州市滨江区庙后王路125号 联系人：杜量 电话：0571-88023690 传真：0571-88281776 E-mail：liangd298@163.com 网址：www.ztme.com 邮编：310051 浙江省临安市青山湖创业街道28号 联系人：何朝辉 电话：0571-61132002 传真：0571-61132009 浙江省杭州市滨江区庙后王路125号/浙江省临安市青山湖创业街道28号 联系人：何朝辉	浙江省机电产品质量检测所
73	06901	北京中认检测技术服务有限公司	CNCA-C07-01：家用和类似用途设备中的下列产品 —电风扇、电热水器、室内加热器、真空吸尘器、皮肤及毛发护理器具、电熨斗、电磁灶、电烤箱、电动食品加工器具、微波炉、吸油烟机、液体加热器和冷热饮水机、电饭锅 CNCA-C08-01：音视频设备 CNCA-C09-01：信息技术设备 CNCA-C16-01：电信终端设备	北京经济技术开发区荣华中路16号 联系人：何鹏颖 电话：010-67888592 传真：010-67863835 E-mail：hey@bjciq.gov.cn 网址：www.cqc-ts.com 邮编：100176	北京中认检测技术服务有限公司

续表

序号	实验室编号	实验室名称	指定业务范围	实验室地址及联系方式	法人名称
74	07001	福建出入境检验检疫局检验检疫技术中心	CNCA-C02-01：电路开关及保护或连接用电器装置（电器附件）中的下列产品 —插头插座（家用和类似用途）、家用和类似用途固定式电气装置的开关、器具耦合器（家用和类似用途） CNCA-C04-01：小功率电动机	福建省福州市湖东路312号国检广场 联系人：梁鸣 电话：0591-87065505 E-mail：1052948629@qq.com	福建出入境检验检疫局检验检疫技术中心
75	07101	厦门出入境检验检疫局检验检疫技术中心	CNCA-C07-01：家用和类似用途设备中的下列产品 —电风扇、真空吸尘器、电熨斗、电烤箱、电动食品加工器具、电灶、灶台、烤炉和类似器具、液体加热器和冷热饮水机、电饭锅	福建省厦门市集美区杏南路37号 联系人：魏彧展 电话：0592-6228596 传真：0592-6228591 E-mail：weiyz@xmciq.gov.cn 网址：www.xmciqtech.gov.cn 邮编：361012	厦门出入境检验检疫局检验检疫技术中心
76	07201	武汉产品质量监督检验所［国家电线电缆产品质量监督检验中心（武汉）］	CNCA-C01-01：电线电缆中的下列产品 —额定电压450/750V 及以下橡皮绝缘电缆和聚氯乙烯绝缘电线电缆（除GB 5013.4覆盖的227 IEC 51（RX）型号产品、GB/T 5023.5覆盖的60227 IEC 41（RTPVR）型号产品、GB/T 5023.7覆盖的60227IEC 74(RVVYP) 型号产品）	湖北省东西湖区金银湖东二路5号 联系人：王煜红 电话：027-68853759 传真：027-5795691 E-mail：zbs@whzj.org.cn	武汉产品质量监督检验所
77	07301	陕西省产品质量监督检验研究院	CNCA-C01-01：电线电缆中的下列产品 —额定电压450/750V 及以下橡皮绝缘电缆和聚氯乙烯绝缘电线电缆（除RX系列产品、GB/T 5013.8覆盖的型号产品、GB/T 5023.6覆盖的60227 IEC 71c(TVV)型号产品、GB/T 5023.7覆盖的60227 IEC74(RVVYP) 型号产品）	西安市咸宁西路30号 联系人：王兵部 电话：029-62653939 E-mail：jssbk@163a.com	陕西省产品质量监督检验研究院
78	07401	国家特种电缆产品质量监督检验中心	CNCA-C01-01：电线电缆中的下列产品 —额定电压450/750V 及以下橡皮绝缘电缆和聚氯乙烯绝缘电线电缆（除GB 5013.4覆盖的227 IEC 51（RX）型号、GB/T 5013.7覆盖的型号产品、GB/T 5023.6 覆盖的60227 IEC 71c（TVV）型号产品）	河北省宁晋县新兴路103号 联系人：韩光 电话：0311-67568575 传真：0311-67568575 E-mail：Hg1963@sina.com	河北省产品质量监督检验院
79	07501	吉林省产品质量监督检验院	CNCA-C01-01：电线电缆中的下列产品 —额定电压450/750V 及以下橡皮绝缘电缆和聚氯乙烯绝缘电线电缆（除GB/T 5013.7覆盖的型号产品、GB/T 5013.8覆盖的型号产品、GB/T 5023.6覆盖的60227 IEC 71c（TVV）型号产品）	吉林省长春市南关区东南湖大路1088号 电话：0431-85237231 E-mail：liuzhigang5818@163.com	吉林省产品质量监督检验院
80	07601	天津市产品质量监督检测技术研究院	CNCA-C01-01：电线电缆中的下列产品 —额定电压450/750V 及以下橡皮绝缘电缆和聚氯乙烯绝缘电线电缆 CNCA-C07-01：家用和类似用途设备中的下列产品 —液体加热器 CNCA-C10-01：照明电器中的下列产品 —固定式通用灯具、嵌入式灯具、可移式通用灯具、儿童用可移式灯具 CNCA-C21-01：装饰装修产品中的下列产品 —溶剂型木器涂料	天津市华苑产业区开华道26号 联系人：刘萍 电话：022-23078930 传真：022-23078631 E-mail：Zhiliang8638@163.com	天津市产品质量监督检测技术研究院
81	07701	湖南省产商品质量监督检验研究院	CNCA-C01-01：电线电缆中的下列产品 —额定电压450/750V 及以下橡皮绝缘电缆和聚氯乙烯绝缘电线电缆（除RX系列产品、GB/T 5013.5覆盖的型号产品、GB/T 5013.7覆盖的型号产品、GB/T 5013.8 覆盖的型号产品、GB/T 5023.5 覆盖的60227 IEC 41(RTPVR)型号产品、GB/T 5023.6覆盖的型号产品、GB/T 5023.7覆盖的型号产品） CNCA-C02-01：电路开关及保护或连接用电器装置（电器附件）中的下列产品 —插头插座（家用和类似用途）、家用和类似用途固定式电气装置的开关	湖南省长沙市雨花区新建西路189号 联系人：刘平、唐玲 电话：0731-85350641 0731-85535825 传真：0731-85557071 E-mail：1085651960@qq.com	湖南省产商品质量监督检验研究院

续表

序号	实验室编号	实验室名称	指定业务范围	实验室地址及联系方式	法人名称
82	07801	河南省产品质量监督检验院	CNCA-C01-01：电线电缆中的下列产品 —额定电压450/750V 及以下橡皮绝缘电缆和聚氯乙烯绝缘电线电缆［除GB/T 5013.4覆盖的227 IEC51（RX）型号产品、GB/T 5023.5覆盖的60227 IEC 41（RTPVR）型号产品、GB/T 5023.7覆盖的60227IEC 74（RVVYP）型号产品］	郑州市东明路北17号 联系人：王勇 电话：0371-55015003 传真：0371-63318907 E-mail：wywyx111@163.com 网址：www.zz315.com 邮编：450004	河南省产品质量监督检验院
83	07901	江苏省产品质量监督检验研究院	CNCA-C01-01：电线电缆 CNCA-C02-01：电路开关及保护或连接用电器装置（电器附件）中的下列产品 —插头插座（家用和类似用途）、家用和类似用途固定式电气装置的开关、家用和类似用途固定式电器装置电器附件外壳 CNCA-C05-01：电动工具 CNCA-C07-01：家用和类似用途设备中的下列产品 —家用电冰箱和食品冷冻箱、电风扇、空调器、家用电动洗衣机、电热水器、室内加热器、真空吸尘器、皮肤及毛发护理器具、电熨斗、电磁灶、电烤箱、电动食品加工器具、微波炉、电灶、灶台、烤炉和类似器具、吸油烟机、液体加热器和冷热饮水机、电饭锅	宜兴市新街街道绿园路500号 电话：0510-80713755 0510-80713702 E-mail：jszjgyp@163.com 江苏省南京市光华东街5号 联系人：水利民 电话：025-84470228 传真：025-84470203 E-mail：13515121212@yeah.net 网址：www.jszj.net.cn 邮编：210007	江苏省产品质量监督检验研究院
84	08001	无锡市产品质量监督检验中心/国家轻型电动车及电池产品质量监督检验中心	CNCA-C06-01：电焊机中的下列产品 —小型交流弧焊机、交流弧焊机、直流弧焊机、TIG 弧焊机、MIG/MAG弧焊机、埋弧焊机 CNCA-C11-02：摩托车中的下列产品 —电动摩托车	无锡市东亭春新东路8号 联系人：龚皓 电话：0510-88208722 18961779015 传真：0510-88204261 E-mail：gonghao@wxzjs.com	无锡市产品质量监督检验中心
85	08101	北京市产品质量监督检验院	CNCA-C01-01：电线电缆中的下列产品 —额定450/750V 及以下橡皮绝缘电缆和聚氯乙烯绝缘电线电缆（除GB/T 5013.5覆盖的型号产品、GB/T 5013.7覆盖的型号产品、GB/T 5013.8覆盖的型号产品、GB/T 5023.5覆盖的60227 IEC 41（RTPVR）型号产品、GB/T 5023.6 覆盖的型号产品、GB/T 5023.7覆盖的型号产品）	北京市顺义区顺兴路9号 联系人：高凡 电话：010-57520908 传真：010-57520904 E-mail：zjs@bqi.gov.cn	北京市产品质量监督检验院
86	08102	北京市产品质量监督检验院汽车检测中心［国家汽车质量监督检验中心（北京顺义）］	CNCA-C11-07：机动车外部照明及光信号装置中的下列产品 —汽车外部照明及光信号装置 CNCA-C11-08：机动车辆间接视野装置中的下列产品 —汽车后视镜 CNCA-C11-09：汽车内饰件 CNCA-C11-13：车身反光标识	北京市顺义区顺兴路9号 联系人：杨林 电话：010-57521163 传真：010-57521186 E-mail：batc_zlb_yl@126.com 邮编：101300	北京市产品质量监督检验院
87	08201	重庆市电子电器商品质量监督检验站	CNCA-C01-01：电线电缆中的下列产品 —额定电压450/750V及以下聚氯乙烯绝缘电线电缆 CNCA-C02-01：电路开关及保护或连接用电器装置（电器附件）中的下列产品 —插头插座（家用和类似用途）、家用和类似用途固定式电气装置的开关 CNCA-C04-01：小功率电动机 CNCA-C07-01：家用和类似用途设备	重庆市渝中区嘉滨路151号 联系人：张文、陈琴 电话：023-63724062 023-63841535 传真：023-63521360 E-mail：zw.6806@163.com 505957720@qq.com 网址：www.ccccq.org 邮编：400010	重庆仕益产品质量检测有限责任公司
88	08301	宁波市产品质量监督检验研究院	CNCA-C02-01：电路开关及保护或连接用电器装置（电器附件）中的下列产品 —家用和类似用途固定式电气装置的开关 CNCA-C04-01：小功率电动机中的下列产品 —GB12350覆盖的小功率电动机	浙江省宁波市慈溪市兴检路99号 联系人：鲍俊 电话：0574-55126601 传真：0574-87889216 E-mail：nbdq@nbzjy.gov.cn	宁波市产品质量监督检验研究院

续表

序号	实验室编号	实验室名称	指定业务范围	实验室地址及联系方式	法人名称
88	08301	宁波市产品质量监督检验研究院	CNCA-C07-01：家用和类似用途设备中的下列产品 —家用电冰箱和食品冷冻箱、电风扇、电热水器、室内加热器、皮肤和毛发护理器具、电熨斗、电烤箱、电动食品加工器具、电灶、灶台、烤炉和类似器具、吸油烟机、液加热器和冷热饮水机、电饭锅 CNCA-C10-01：照明电器中的下列产品 —固定式通用灯具、可移式通用灯具、嵌入式灯具、电源插座安装的夜灯、地面嵌入式灯具、荧光灯镇流器、放电灯（荧光灯除外）用镇流器、荧光灯用交流电子镇流器	网址：www. nbzjy.gov.cn 邮编：315048	宁波市产品质量监督检验研究院
89	08401	温州市质量技术监督检测院	CNCA-C02-01：电路开关及保护或连接用电器装置（电器附件）中的下列产品 —插头插座（家用和类似用途）、家用和类似用途固定式电气装置的开关	浙江省温州市滨海园区滨海12路758号 联系人：方温至 电话：0577-86909112 传真：0577-86909110 E-mail：fangwz_1202@163.com	温州市质量技术监督检测院
90	08501	东北电力电器产品质量检测站	CNCA-C03-01：低压成套开关设备中的下列产品 —成套电力开关和控制设备	辽宁省沈阳市沈北新区虎石台镇南 联系人：田勇 电话：13514254322 传真：024-89874900 E-mail：13514254322@126.com	东北电力科学研究院有限公司
91	08601	山东出入境检验检疫局检验检疫技术中心	CNCA-C04-01：小功率电动机	青岛市瞿塘峡路70号 联系人：王会永 电话：0532-80885537	山东出入境检验检疫局检验检疫技术中心
92	08701	江苏省电子信息产品质量监督检验研究院	CNCA-C08-01：音视频设备 CNCA-C09-01：信息技术设备 CNCA-C16-01：电信终端设备	江苏省无锡市金水路100号 联系人：杨东岩、秦峰 电话：0510-85110601 0510-85105775 传真：0510-85104572 0510-85110601 E-mail：hs@jnlab.com qf@jnlab.org 网址：www.jnab.org 邮编：214073	江苏省电子信息产品质量监督检验研究院
93	08801	杭州市质量技术监督检测院	CNCA-C01-01：电线电缆中的下列产品 —额定电压450/750V 及以下聚氯乙烯绝缘电线电缆［除GB/T5023.5覆盖的60227 IEC 41（RTPVR）型号产品、GB/T 5023.7覆盖的60227 IEC 74（RVVYP）型号产品、GB/T 5023.6 覆盖的60227 IEC71c（TVV）型号产品］	浙江省杭州市九环路50号 联系人：王达 电话：0571-81995099 传真：0571-81994918 E-mail：12810830@qq.com 网址：www.hzzjy.net 邮编：310019	杭州市质量技术监督检测院
94	08901	安徽省产品质量监督检验研究院	CNCA-C01-01：电线电缆中的下列产品 —额定电压450/750V 及以下橡皮绝缘和聚氯乙烯绝缘电缆（除GB/T 5013.8 覆盖的型号产品、GB/T 5023.6 覆盖的60227 IEC71c（TVV）型号产品） CNCA-C04-01：小功率电动机中的下列产品 —GB12350覆盖的小功率电动机 CNCA-C07-01：家用和类似用途设备 CNCA-C11-09：汽车内饰件 CNCA-C11-06：机动车制动软管	安徽省合肥市包河工业园区延安路13号 联系人：宣萍、金爱咏 电话：0551-63356289 0551-63356315 传真：0551-63356286 E-mail：jay3700@163.com 网址：www.ahzjy.org.cn 邮编：230051	安徽省产品质量监督检验研究院
95	09001	重庆市机动车质量监督检验中心	CNCA-C11-02：摩托车 CNCA-C11-03：摩托车发动机 CNCA-C11-05：机动车喇叭 CNCA-C11-07：机动车外部照明及光信号装置中的下列产品	重庆市北部新区汇星路1号 联系人：谭龙、杨建中 电话：023-86305436 023-86305412 传真：023-86305440	重庆市机动车质量监督检验中心

续表

序号	实验室编号	实验室名称	指定业务范围	实验室地址及联系方式	法人名称
95	09001	重庆市机动车质量监督检验中心［国家摩托车质量监督检验中心（重庆）］	—机动车回复反射器、摩托车外部照明及光信号装置 CNCA-C11-08：机动车辆间接视野装置中的下列产品 —摩托车后视镜	E-mail：tanlong@cmhk.com yangjianzhong@cmhk.com	重庆市机动车质量监督检验中心
96	09101	国家无线电监测中心检测中心	CNCA-C08-01：音视频设备 CNCA-C09-01：信息技术设备 CNCA-C16-01：电信终端设备	北京市石景山区实兴大街30 号院15栋/北京市大兴区北藏村赵家场 联系人：王文俭 电话：13910628226 传真：010-57996388 E-mail：wangwenjian@srtc.org.cn 网址：www.srtc.org.cn 邮编：100041	国家无线电监测中心检测中心
97	09201	国家涂料质量监督检验中心	CNCA-C21-01：装饰装修产品中的下列产品 —溶剂型木器涂料	江苏省常州市龙江中路22号 联系人：刘琳、周文沛 电话：0519-83295116 0519-83971609 传真：0519-83299560 0519-83971609	中海油常州涂料化工研究院
98	09301	国家化学建筑材料测试中心（材料测试部）	CNCA-C21-01：装饰装修产品中的下列产品 —溶剂型木器涂料	北京市朝阳区北三环东路14号 联系人：杨勇、者东梅 电话：010-59202465 010-59202733 传真：010-84290301	中国石油化工股份有限公司北京化工研究院
99	09401	广州合成材料研究院有限公司/化学工业合成材料老化质量监督检验中心	CNCA-C21-01：装饰装修产品中的下列产品 —溶剂型木器涂料	广东省广州市天河区棠下车陂西路396号 联系人：谢宇芳 电话：020-32373200 传真：020-32373159	广州合成材料研究院有限公司
100	09501	广州质量监督检测研究院	CNCA-C07-01：家用和类似用途设备中的下列产品 —家用电冰箱和食品冷冻箱、电风扇、空调器、家用电动洗衣机、电热水器、室内加热器、真空吸尘器、皮肤及毛发护理器具、电熨斗、电磁灶、电烤箱、电动食品加工器具、微波炉、电灶、灶台、烤炉和类似器具、吸油烟机、液体加热器和冷热饮水机、电饭锅 CNCA-C22-02：玩具产品中的下列产品 —金属玩具类产品 CNCA-C21-01：装饰装修产品	广州市番禺区石楼潮田工业区珠江路1-2号 联系人：朱丽萍 电话：020-83179030 传真：020-83390780 E-mail：zb@qmark.com.cn 网址：www.qmark.com.cn 邮编：511447 广州市黄埔东路3598号 邮编：510110	广州质量监督检测研究院
101	09601	国家建筑卫生陶瓷质量监督检验中心	CNCA-C21-01：装饰装修产品中的下列产品 —瓷质砖	陕西省咸阳市秦都区渭阳西路35号 联系人：张卫星 电话：029-38136072 传真：029-33575203	中国建材检验认证集团（陕西）有限公司
102	09701	佛山市质量计量监督检测中心	CNCA-C04-01：小功率电动机中的下列产品 —GB12350覆盖的小功率电动机 CNCA-C07-01：家用和类似用途设备中的下列产品 —家用电冰箱和食品冷冻箱、电风扇、空调器、家用电动洗衣机、电热水器、室内加热器、真空吸尘器、皮肤和毛发护理器具、电熨斗、电磁灶、电烤箱、电动食品加工器具、微波炉、电灶、灶台、烤炉和类似器具、吸油烟机、液体加热器和冷热饮水机、电饭锅	广东省佛山市南海区佛山一环科技路口 联系人：陈敏玲、张兆芝 电话：0757-88735142 0757-88735599 传真：0757-88735555-22 E-mail：zzz8398@163.com 网址：www.fszjzx.com 邮编：528225	佛山市质量计量监督检测中心

续表

序号	实验室编号	实验室名称	指定业务范围	实验室地址及联系方式	法人名称
102	09701	佛山市质量计量监督检测中心	CNCA-C21-01：装饰装修产品中的下列产品 —溶剂型木器涂料、瓷质砖 CNCA-C11-12：汽车座椅及座椅头枕 CNCA-C11-10：汽车门锁及门保持件 CNCA-C11-06：机动车制动软管 CNCA-C11-08：机动车辆间接视野装置中的下列产品 —汽车后视镜 CNCA-C11-09：汽车内饰件 CNCA-C11-11：汽车燃油箱	广东省佛山市禅城区季华西路罗格工业园科汇路2号 联系人：肖文建 电话：0757-88036998	佛山市质量计量监督检测中心
103	09801	国家轻工业装饰材料陶瓷质量监督检测广州站	CNCA-C21-01：装饰装修产品中的下列产品 —瓷质砖	广州市天河区黄埔大道东742 号AEC世贸建材广场丰田夹层三楼 联系人：陈丽娜 电话：020-82574248 传真：020-82563102	国家轻工业装饰材料陶瓷质量监督检测广州站
104	09901	济南汽车检测中心（国家重型汽车质量监督检验中心）	CNCA-C11-01：汽车中的下列产品 —N、O类汽车 CNCA-C11-05：机动车喇叭 CNCA-C11-06：机动车制动软管 CNCA-C11-09：汽车内饰件 CNCA-C11-10：汽车门锁及门保持件 CNCA-C11-11：汽车燃油箱	山东省济南市英雄山路165号 联系人：孙利 电话：0531-85586162 传真：0531-85586176	济南汽车检测中心
105	10001	新疆维吾尔自治区产品质量监督检验研究院	CNCA-C01-01：电线电缆中的下列产品 —额定电压450/750V 及以下聚氯乙烯绝缘电线电缆（除GB/T5023.6覆盖的型号产品、GB/T 5023.7覆盖的型号产品） CNCA-C03-01：低压成套开关设备中的下列产品 —配电板 CNCA-C21-01：装饰装修产品中的下列产品 —溶剂型木器涂料	新疆乌鲁木齐市河北东路188号 联系人：张辽生、王爱冬 电话：0991-3191170 0991-3191160 传真：0991-3191171 0991-3191161 E-mail：wad1117@163.com zhangliaosheng.1@163.com	新疆维吾尔自治区产品质量监督检验研究院
106	10101	湖北省电力公司电力科学研究院	CNCA-C03-01：低压成套开关设备中的下列产品 —成套电力开关和控制设备、母线干线系统（母线槽）、配电板、低压成套无功功率补偿装置	湖北省武汉市徐东大街227号 电话：027-88566011 E-mail：yusy63@163.com	湖北省电力公司电力科学研究院
107	10201	宁波出入境检验检疫局检验检疫技术中心/宁波中盛产品检测公司	CNCA-C07-01：家用和类似用途设备中的下列产品 —电风扇、电热水器、室内加热器、皮肤和毛发护理器具、电熨斗、电磁灶、电烤箱、电动食品加工器具、微波炉、吸油烟机、液体加热器和冷热饮水机、电饭锅	浙江省宁波市出口加工区珠峰路5-9/浙江省宁波市慈溪市兴检路99号/余姚市城东新区双河路余姚市科创中心2号楼 联系人：陈晓东 电话：0574-87169360 传真：0574-87169070 E-mail：chenxd@nbciq.gov.cn 网址：www.nbciqtc.com 邮编：315800	宁波中盛产品检测公司
108	10301	江西省产品质量监督检测院	CNCA-C01-01：电线电缆中的下列产品 —额定电压450/750V 及以下聚氯乙烯绝缘电线电缆［除GB/T5023.5覆盖的60227 IEC 41（RTPVR）型号产品、GB/T 5023.7覆盖的60227 IEC 74（RVVYP）型号产品、GB/T 5023.6覆盖的60227 IEC71c（TVV）型号产品］	江西省南昌市江大南路9号 联系人：胡晓云 电话：0791-88331420 E-mail：hxy666@163.com	江西省产品质量监督检测院
109	10501	山西省产品质量监督检验研究院	CNCA-C21-01：装饰装修产品中的下列产品 —溶剂型木器涂料	山西省太原市长治路106号 联系人：郭学桃、杨志军 电话：0351-7244331 0351-7235332 传真：0351-7243704 E-mail：sxzj@vip.sina.com	山西省产品质量监督检验研究院
110	10601	湖北省产品质量监督检验研究院	CNCA-C21-01：装饰装修产品中的下列产品 —溶剂型木器涂料	武汉市武昌区公平路6号 联系人：姚鹏 电话：027-88219972	湖北省产品质量监督检验研究院

续表

序号	实验室编号	实验室名称	指定业务范围	实验室地址及联系方式	法人名称
111	10701	重庆市计量质量检测研究院	CNCA-C01-01：电线电缆中的下列产品： 额定电压450/750V及以下橡皮绝缘电线电缆和聚氯乙烯绝缘电线电缆（GB/T 5013.3~.6、JB/T 8735.2、GB/T 5023.3~.5、GB/T 5013.7、JB/T 8734.2~.5覆盖的所有产品型号） CNCA-C08-01：音视频设备 CNCA-C09-01：信息技术设备 CNCA-C13-01：安全玻璃中的下列产品 ——建筑安全玻璃 CNCA-C21-01：装饰装修产品中的下列产品 ——溶剂型木器涂料	重庆市渝北区杨柳北路1号 联系人：李立 电话：023-89232097 传真：023-67951136 E-mail：lili@cqjz.com.cn 网址：www.cqjz.com.cn 邮编：401123	重庆市计量质量检测研究院
112	10801	江西出入境检验检疫局景德镇陶瓷检测中心	CNCA-C21-01：装饰装修产品中的下列产品 ——瓷质砖	江西省景德镇市瓷都大道910号 联系人：袁文瓒 电话：0798-8330253	景德镇出入境检验检疫局
113	10901	江苏大学车辆产品实验室	CNCA-C11-05：机动车喇叭 CNCA-C11-07：机动车外部照明及光信号装置 CNCA-C11-08：机动车辆间接视野装置 CNCA-C11-09：汽车内饰件 CNCA-C11-07：机动车外部照明及光信号装置	江苏省镇江市学府路301号 联系人：陆勇 电话：0511-88791797 传真：0511-88780220 江苏省常州市新北区孟河镇小河富平路19-1号	江苏大学
114	11001	北京中汽寰宇机动车检验中心有限公司	CNCA-C11-07：机动车外部照明及光信号装置 CNCA-C11-09：汽车内饰件 CNCA-C11-04：汽车安全带 CNCA-C11-08：机动车辆间接视野装置中的下列产品 ——汽车后视镜 CNCA-C11-10：汽车门锁及门保持件 CNCA-C11-06：机动车制动软管	北京市大兴区北臧村镇天荣街32号 联系人：杨新影 电话：010-60273218 传真：010-60279702 E-mail：lab@cccap.org.cn 网址：www.cccap.org.cn 邮编：310012	北京中汽寰宇机动车检验中心有限公司
115	11101	武汉汽车车身附件研究所质量监督检验中心	CNCA-C11-05：机动车喇叭 CNCA-C11-06：机动车制动软管 CNCA-C11-08：机动车辆间接视野装置中的下列产品 ——汽车后视镜 CNCA-C11-09：汽车内饰件 CNCA-C11-10：汽车门锁及门保持件	湖北省武汉市硚口区古田五路17号 联系人：高敏 电话：027-82318175-801 传真：027-82302973 E-mail：whcfs@ponytest.com	武汉汽车车身附件研究所有限公司
116	11201	江苏省车用灯具产品质量监督检验中心	CNCA-C11-07：机动车外部照明及光信号装置 CNCA-C11-08：机动车辆间接视野装置 CNCA-C11-09：汽车内饰件	江苏省丹阳市新桥镇中心路18号 联系人：陈娜、王惠平 电话：0511-86357899 0511-86302799 传真：0511-86357899 E-mail：jscdsys@yahoo.com.cn	丹阳市产品质量监督检验所
117	11301	国家道路交通安全产品质量监督检验中心（公安部交通安全产品质量监督检测中心）	CNCA-C11-14：汽车行驶记录仪 CNCA-C11-13：车身反光标识 CNCA-C11-07：机动车外部照明及光信号装置中的下列产品 ——机动车回复反射器、汽车外部照明及光信号装置（除前照灯、前雾灯、倒车灯、转向灯、驻车灯、侧标志灯外的其他汽车外部照明及光信号装置）、摩托车外部照明及光信号装置（摩托车牌照灯、轻便摩托车牌照灯及前照灯）	江苏省无锡市钱荣路88号 联系人：邹永良 电话：0510-85511602 13961861182 传真：0510-85503152 E-mail：jczx001@126.com	公安部交通管理科学研究所
118	11401	国家汽车零部件产品质量监督检验中心（长春）	CNCA-C11-06：机动车制动软管 CNCA-C11-09：汽车内饰件 CNCA-C11-11：汽车燃油箱	长春市南湖大路6888号 联系人：刘洪全 电话：0431-85546499 13843177000	长春市产品质量监督检验院

续表

序号	实验室编号	实验室名称	指定业务范围	实验室地址及联系方式	法人名称
118	11401	国家汽车零部件产品质量监督检验中心(长春)	CNCA-C11-06:机动车制动软管 CNCA-C11-09:汽车内饰件 CNCA-C11-11:汽车燃油箱	传真:0431-85510488 E-mail:lliuhongquan928@163.com	长春市产品质量监督检验院
119	11501	中华人民共和国扬州进出口玩具检验所	CNCA-C22-01:童车产品 CNCA-C22-02:玩具产品	江苏省扬州市开发西路6号 电话:0514-87869580	中华人民共和国扬州进出口玩具检验所
120	11601	江苏检验检疫自行车检测中心	CNCA-C22-01:童车产品中的下列产品 —儿童自行车、儿童三轮车、儿童推车、婴儿学步车	昆山市苇城南路1699号 联系人:钱烈辉 电话:0512-57379763 传真:0512-57372425 E-mail:jsbtc@163.com	昆山产品安全检验所
121	11701	广东出入境检验检疫局粤东玩具检测中心	CNCA-C22-01:童车产品中的下列产品 —电动童车、玩具自行车、其他玩具车辆 CNCA-C22-02:玩具产品	广东省汕头市澄海区外经大楼(324国道岭亭路段) 联系人:许晓阳 电话:0754-85859644 传真:0754-85859540 E-mail:stjszxwj@st.gdciq.gov.cn	汕头出入境检验检疫局检验检疫技术中心
122	11801	深圳出入境检验检疫局玩具检测技术中心	CNCA-C22-01:童车产品中的下列产品 —儿童自行车、电动童车、其他玩具车辆 CNCA-C22-02:玩具产品	广东省深圳市福田区福强路1011号 深圳市罗湖区和平路2049号和平大厦B座6楼 广东省深圳市宝安国际机场机场道10号CIQ大楼1、4楼 联系人:董夫银 电话:0755-83886164 传真:0755-83396454	深圳出入境检验检疫局玩具检测技术中心
123	11901	国家玩具质量监督检验中心	CNCA-C22-01:童车产品 CNCA-C22-02:玩具产品	上海市万荣路1218 弄6 号(B座)五楼 联系人:王晓琴 电话:158215550289 传真:021-64378969 E-mail:wangxiaoqin@cciclab.com 网址:www.cciclab.com 邮编:200436	中检集团理化检测有限公司
124	12001	北京出入境检验检疫局检验检疫技术中心	CNCA-C22-02:玩具产品	北京市海淀区西北旺镇德政路10号四层 联系人:高欣 电话:010-58648735 传真:010-82403682	北京出入境检验检疫局检验检疫技术中心
125	12101	国家自行车电动自行车质量监督检验中心	CNCA-C22-01:童车产品中的下列产品 —儿童自行车、儿童三轮车、儿童推车、婴儿学步车	天津市南开区黄河道501号 联系人:徐俊丽 电话:022-27363036 传真:022-27640673	天津市自行车研究院
126	12201	农业部农业机械试验鉴定总站/国家拖拉机质量监督检验中心(北京)	CNCA-C14-01:农机产品中的下列产品 —轮式拖拉机	北京市朝阳区东三环南路96号 联系人:李英杰 电话:010-59199061 传真:010-59199062	农业部农业机械试验鉴定总站
127	12301	洛阳西苑车辆与动力检验所有限公司(国家拖拉机质量监督检验中心)	CNCA-C14-01:农机产品中的下列产品 —轮式拖拉机 CNCA-C11-11:汽车燃油箱 CNCA-C11-05:机动车喇叭	河南省洛阳市涧西区西苑路39号 河南省洛阳市涧西区王祥路206号 联系人:李京忠、郎志中 电话:0379-62690108 0379-62690111 传真:0379-64967099	洛阳西苑车辆与动力检验所有限公司

续表

序号	实验室编号	实验室名称	指定业务范围	实验室地址及联系方式	法人名称
127	12301	洛阳西苑车辆与动力检验所有限公司(国家拖拉机质量监督检验中心)	CNCA-C14-01：农机产品中的下列产品 —轮式拖拉机 CNCA-C11-11：汽车燃油箱 CNCA-C11-05：机动车喇叭	E-mail：cottec@vip.163.com 网址：www.tractorinfo.com 邮编：471039	洛阳西苑车辆与动力检验所有限公司
128	12401	山东省农业机械产品质量监督检验站	CNCA-C14-01：农机产品中的下列产品 —轮式拖拉机	山东省济南市桑园路19号 山东省济南市章丘枣园大街53号 联系人：张波 电话：0531-88623868 传真：0531-88623868	山东省农业机械科学研究所
129	12501	机械工业拖拉机农用运输车产品质量检测中心/吉林大学车辆产品检测实验室	CNCA-C14-01：农机产品中的下列产品 —轮式拖拉机	吉林省长春市人民大街5988 号吉林大学车辆产品检测实验室 联系人：彭彦宏 电话：0431-85681966 传真：0431-85695947	吉林大学
130	12601	四川省农业机械鉴定站	CNCA-C14-01：农机产品中的下列产品 —植物保护机械(背负式喷雾器、背负式电动喷雾器)	四川省成都市金牛区银沙西街19号 联系人：米洪友 电话：028-87613473 传真：028-87607892	四川省农业机械鉴定站
131	12701	慈溪市出入境检验检疫局综合技术服务中心/宁波中龙检测技术有限公司	CNCA-C22-01：童车产品 CNCA-C22-02：玩具产品	浙江省慈溪市科技路389号 联系人：韩振国 电话：0574-63025467 传真：0574-63025467 邮编：315300	宁波中龙检测技术有限公司
132	12801	国家汽车质量监督检验中心(北京通州)	CNCA-C11-01：汽车中的下列产品 —M3、O类汽车产品	北京市通州区马驹桥镇大杜社 联系人：刘元鹏 电话：010-61585618 传真：010-61585490	交通运输部公路科学研究所
133	12901	镇江市产品质量监督检验中心	CNCA-C03-01：低压成套开关设备 CNCA-C03-02：低压元器件中的下列产品 —低压断路器、低压开关(隔离器、隔离开关及熔断器组合电器)、低压机电式接触器和电动机起动器、机电式控制电路电器、自动转换开关电器、MCB(限交流产品)、RCCB(除B型RCCB)、RCBO(除B型RCBO)、PRCD、剩余电流动作继电器	江苏省镇江新区港南路333号 联系人：丁志东 电话：0511-83996108 传真：0511-83996076 E-mail：gjzjcjb@163.com 网址：www.ccqte.com 邮编：212009	镇江市产品质量监督检验中心
134	13001	中认英泰检测技术有限公司	CNCA-C04-01：小功率电动机 CNCA-C05-01：电动工具中的下列产品 —电钻、电动砂轮机、砂光机、圆锯、电锤、往复锯、电链锯、电刨、电动修枝剪 CNCA-C07-01：家用和类似用途设备 CNCA-C08-01：音视频设备中的下列产品 —除显像(示)管外的其他产品 CNCA-C09-01：信息技术设备 CNCA-C10-01：照明电器的下列产品 —除高强度气体放电灯用电子镇流器外的其他产品 CNCA-C16-01：电信终端设备中的下列产品 —传真机、调制解调器(含卡)、固定电话终端及电话机附加装置、集团电话、ISDN终端、数据终端(含卡)、多媒体终端	江苏省苏州市吴中经济开发区吴中大道1368号东太湖科技金融城 联系人：蒋应龙 电话：0512-66303621 传真：0512-66303621 E-mail：cqc_jiangyl@126.com 网址：www.cqc-it.com 邮编：215104	中认英泰检测技术有限公司
135	13101	国家防火建筑材料质量监督检验中心	CNCA-C18-02：火灾防护产品	四川省都江堰市都江村鱼嘴试验基地 联系人：程道彬 电话：028-87516751	公安部四川消防研究所

续表

序号	实验室编号	实验室名称	指定业务范围	实验室地址及联系方式	法人名称
135	13101	国家防火建筑材料质量监督检验中心	CNCA-C18-02：火灾防护产品	传真：028-87516330 E-mail：cdbfire_119@126.com 网址：www.fire-testing.net 邮编：610036	公安部四川消防研究所
136	13201	成都三方电气有限公司	CNCA-C06-01：电焊机	四川省成都市东三环路二段龙潭工业区航天路24号 联系人：邢军 电话：028-84216623 传真：028-84216690 E-mail：yqx@cdsfe.com	成都三方电气有限公司
137	13301	广东省通讯终端产品质量监督检验中心/国家通讯终端产品质量监督检验中心	CNCA-C08-01：音视频设备 CNCA-C09-01：信息技术设备 CNCA-C16-01：电信终端设备	广东省河源市高新技术开发区科技大道 联系人：骆建 电话：0762-3607181 传真：0762-3603336 E-mail：hzljian@126.com 网址：www.ncct.org.cn 邮编：517001	广东省通讯终端产品质量监督检验中心
138	13401	广东省中山市质量计量监督检测所［国家灯具质量监督检验中心（中山）］	CNCA-C10-01：照明电器	广东省中山市东区博爱六路48号 联系人：彭振坚 电话：0760-88320103 13392928868 传真：0760-88381175 E-mail：13392928868@126.com	广东省中山市质量计量监督检测所
139	13501	厦门市产品质量监督检验院［国家半导体发光器件(LED)应用产品质量监督检验中心］	CNCA-C10-01：照明电器中的下列产品 —除高强度气体放电灯用电子镇流器外的其他产品	福建省厦门市翔安产业区翔星路88号育成中心 联系人：傅诺毅 电话：0592-2699790 传真：0592-2699700 E-mail：funuoyi@126.com 网址：www.ntclxm.com 邮编：361000	厦门市产品质量监督检验院
140	13601	苏州市产品质量监督检验所	CNCA-C02-01：电路开关及保护或连接用电器装置(电器附件)中的下列产品 —插头插座(工业用)、家用和类似用途固定式电气装置的开关、器具耦合器(工业用)	江苏省苏州市吴中区吴中大道1368号B楼 联系人：陈兴慧 电话：0512-65137116 传真：0512-65137116 E-mail：chenxinghui72@sina.com 网址：www.szzjzx.cn 邮编215104	苏州市产品质量监督检验所
141	13701	扬州光电产品检测中心	CNCA-C10-01：照明电器中的下列产品 —固定式通用灯具、嵌入式灯具、可移式通用灯具	江苏省扬州市开发西路10号 联系人：刘炘、赵文 电话：0514-87862465 传真：0514-87885882 E-mail：liux1965@126.com zen3306@hotmail.com	扬州光电产品检测中心
142	13801	机械工业专用汽车产品质量检测中心	CNCA-C11-01：汽车中的下列产品 —专用汽车 CNCA-C11-05：机动车喇叭 CNCA-C11-09：摩托车发动机 CNCA-C11-11：汽车燃油箱	湖北省武汉市经济技术开发区沌阳大道318号 联系人：王维 电话：027-84298086 13647200727 传真：027-84298053 E-mail：wangwei@catarc.ac.cn	武汉华威专用汽车检测有限责任公司

续表

序号	实验室编号	实验室名称	指定业务范围	实验室地址及联系方式	法人名称
143	13901	国家摩托车及配件质量监督检验中心（广东）	CNCA-C11-02：摩托车 CNCA-C11-03：摩托车发动机 CNCA-C11-05：机动车喇叭 CNCA-C11-07：机动车外部照明及光信号装置中的下列产品 —机动车回复反射器、摩托车外部照明及光信号装置 CNCA-C11-08：机动车辆间接视野装置中的下列产品 —摩托车后视镜 CNCA-C12-01：机动车辆轮胎中的下列产品 —摩托车轮胎	广东省江门市建设三路48号 联系人：邱杰 电话：0750-3286126 传真：0750-3286125 E-mail：qiujie7788@126.com 网址：www.cnmtcgd.com 邮编：529000	广东省江门市质量计量监督检测所
144	14001	国家陶瓷与耐火材料产品质量监督检验中心	CNCA-C21-01：装饰装修产品中的下列产品 —瓷质砖	山东省淄博市张店区昌国西路88号 联系人：林晓慧 电话：0533-2858006 13953353205 传真：0533-2858060	淄博市产品质量监督检验所
145	14101	宁波出入境检验检疫局检验检疫技术中心汽车零部件检测中心	CNCA-C11-04：汽车安全带 CNCA-C11-07：机动车外部照明及光信号装置 CNCA-C11-08：机动车辆间接视野装置 CNCA-C11-12：汽车座椅及座椅头枕 CNCA-C22-03：机动车儿童乘员用约束系统	浙江省宁波市鄞州投资创业中心金谷南路99号 联系人：严国荣 电话：0574-28888228 传真：0574-28888200 E-mail：yanguorong@catarc.ac.cn 网址：www.catarc-nb.com 邮编：315104	宁波汽车零部件检测有限公司
146	14201	中检质技检验检测科学研究院有限公司	CNCA-C03-01：低压成套开关设备中的下列产品 —成套电力开关和控制设备、配电板 CNCA-C03-02：低压元器件中的下列产品 —低压断路器、低压开关（隔离器、隔离开关及熔断器组合电器）、低压机电式接触器和电动机起动器、机电式控制电路电器、交流半导体电动机控制器和启动器、控制和保护开关电器、自动转换开关电器、设备用断路器、家用及类似用途机电式接触器、MCB、RCCB（除B型RCCB）、RCBO（除B型RCBO）、剩余电流保护继电器	杭州市拱墅区沈半路267号 联系人：吴华 电话：0571-87882283 传真：0571-88296681 E-mail：hdjc001@163.com 网址：www.hztest.cn 邮编：310015	中检质技检验检测科学研究院有限公司
147	14301	江苏检验检疫车辆灯具检测实验室	CNCA-C11-07：机动车外部照明及光信号装置	江苏丹阳市经济开发区葛丹路3号 联系人：葛志晨 电话：0511-86229936 传真：0511-86225170 E-mail：gezhichen@163.com 网址：www.jsdjjc.com 邮编：212300	江苏检验检疫车辆灯具检测实验室
148	14401	广东省汕头市质量计量监督检测所/国家玩具质量监督检验中心（汕头）	CNCA-C22-02：玩具产品	广东省汕头市东厦北路155号 联系人：余石金 电话：0754-88382350 传真：0754-88532247	广东省汕头市质量计量监督检测所
149	14501	天津市电工技术科学研究院	CNCA-C01-01：电线电缆中的下列产品： 额定电压450/750V及以下橡皮绝缘电线电缆和聚氯乙烯绝缘电线电缆（除JB/T 8734.6覆盖的产品型号） CNCA-C03-01：低压成套开关设备 CNCA-C03-02：低压元器件中的下列产品 —低压断路器、低压开关（隔离器、隔离开关及熔断器组合电器）、低压机电式接触器和电动	天津市河北区南口路40号 联系人：杨万生、牛萦 电话：022-86562056 传真：022-26340928 E-mail：tjeari_171b@vip.163.com	天津市电工技术科学研究院

续表

序号	实验室编号	实验室名称	指定业务范围	实验室地址及联系方式	法人名称
149	14501	天津市电工技术科学研究院	机起动器、机电式控制电路电器、自动转换开关电器、设备用断路器、家用及类似用的机电式接触器、MCB、SMCB、RCCB(除B型RCCB)、RCBO(除B型RCBO)	天津市河北区南口路40号 联系人：杨万生、牛萦 电话：022-86562056 传真：022-26340928 E-mail：tjeari_171b@vip.163.com	天津市电工技术科学研究院
150	14601	四川省电子产品监督检验所	CNCA-C07-01：家用和类似用途设备中的下列产品 —家用电冰箱和食品冷冻箱、电风扇、空调器、电磁灶、微波炉、吸油烟机、液体加热器和冷热饮水机、电饭锅 CNCA-C08-01：音视频设备 CNCA-C09-01：信息技术设备	四川省成都市龙泉驿文明东街45号 联系人：张良龙 电话：028-84877546 传真：028-84856001 E-mail：cepreisc@cepreisc.org 邮编：610100	四川省电子产品监督检验所
151	14701	国家建筑装修材料质量监督检验中心	CNCA-C21-01：装饰装修产品中的下列产品 —瓷质砖、溶剂型木器涂料	郑州市东明路北17号 电话：0371-63210121	国家建筑装修材料质量监督检验中心
152	14801	青岛致鉴检验有限公司	CNCA-C12-01：机动车辆轮胎	山东省青岛保税区北京路53号 联系人：刘晓民、苏杰 电话：0532-86760071 0532-86766962 传真：0532-86766550	青岛致鉴检验有限公司
153	14901	江苏亿科检测技术服务有限公司	CNCA-C22-03：机动车儿童乘员用约束系统	江苏省昆山市陆家镇陆丰东路28号 联系人：邹宇 电话：0512-57871057 传真：0512-57876161 E-mail：yu.zou@eqots.com 网址：www.eqots.com 邮编：215331	江苏亿科检测技术服务有限公司
154	15001	青海省产品质量监督检验研究所	CNCA-C01-01：电线电缆中的下列产品 —额定电压450/750V 及以下橡皮绝缘电缆和聚氯乙烯绝缘电线电缆	青海省西宁市冷湖路6号 联系人：徐小艳 电话：0971-6308792 传真：0971-6313770 E-mail：qhzjxxy@163.com 邮编：810008	青海省产品质量监督检验研究所
155	15101	云南省产品质量监督检验研究院	CNCA-C01-01：电线电缆中的下列产品 —额定电压450/750V 及以下橡皮绝缘电缆和聚氯乙烯绝缘电线电缆(GB/T 5013.3~.4、JB/T 8735.2~.3、GB/T 5023.3~.5、JB/T8734.2~.3覆盖产品)	云南省昆明市教场东路23号 联系人：马勇 电话：0871-65199021 传真：0871-65110872 E-mail：eggrollkm@163.com 网址：www.yqsi.org 邮编：650223	云南省产品质量监督检验研究院
156	15201	河北出入境检验检疫局检验检疫技术中心沧州分中心	CNCA-C01-01：电线电缆中的下列产品 —额定电压450/750V及以下橡皮绝缘电缆	河北省沧州市运河区解放西路66号 联系人：王建忠 电话：0317-2063688 15613777906 传真：0317-2063718 E-mail：394023025@qq.com 邮编：061001	河北出入境检验检疫局检验检疫技术中心
157	15301	机械工业高原电器产品质量监督检测中心	CNCA-C03-01：低压成套开关设备中的下列产品 —成套电力开关和控制设备、母线干线系统(母线槽)、配电板、建筑工地用成套设备	云南省昆明市嵩明县三公里武警中队旁 联系人：赵磊 电话：0871-66243005 传真：0871-66243234 E-mail：km2198@126.com 网址：www.kmghb.com 邮编：650221	云南省电器产品质量监督检验站(机械工业高原电器产品质量监督检测中心)

续表

序号	实验室编号	实验室名称	指定业务范围	实验室地址及联系方式	法人名称
158	15401	通标标准技术服务有限公司广州分公司	CNCA-C08-01：音视频设备	广东省广州市经济技术开发区科学城科珠路198号 联系人：廖彩苑 电话：020-82155379 传真：020-82075058 E-mail：Bonnie.liao@sgs.com 网址：www.sgsgroup.com.cn 邮编：510663	通标标准技术服务有限公司
159	15501	苏州UL美华认证有限公司	CNCA-C04-01：小功率电动机中的下列产品 —GB 12350覆盖的小功率电动机 CNCA-C07-01：家用和类似用途设备中的下列产品 —家用电冰箱和食品冷冻箱、空调器、电动机-压缩机	苏州工业园区澄湾路2号 联系人：陈宁 电话：010-85277110 传真：010-65668108 E-mail：ning.chen@ul.com 网址：www.ul.com 邮编：215122	苏州UL美华认证有限公司
160	15601	安徽中认倍佳科技有限公司	CNCA-C07-01：家用和类似用途设备中的下列产品 —家用电冰箱和食品冷冻箱、电风扇、空调器、家用电动洗衣机、电热水器、室内加热器、真空吸尘器、皮肤和毛发护理器具、电磁灶、电烤箱、电动食品加工器具、电灶、灶台、烤炉和类似器具、吸油烟机、液体加热器和冷热饮水机、电饭锅	安徽省滁州市经济技术开发区昭阳工业园10号楼 联系人：刘杰 电话：0550-3533162 传真：0550-3533881 E-mail：liujie@cheari.com 网址：www.cqc-cheari.com 邮编：239000	安徽中认倍佳科技有限公司
161	15701	国家橡胶及橡胶制品质量监督检验中心（广西）	CNCA-C12-01：机动车辆轮胎	广西壮族自治区桂林市铁山路12号 联系人：庾国新 电话：0773-3133215 传真：0773-3133205 E-mail：576469019@qq.com 邮编：541004	桂林市产品质量检验所
162	15801	中国质量认证中心华南实验室	CNCA-C01-01：电线电缆中的下列产品 —额定电压450/750V及以下橡皮绝缘电缆和聚氯乙烯绝缘电线电缆 CNCA-C02-01：电路开关及保护或连接用电器装置（电器附件）中的下列产品 —电线组件、插头插座（家用和类似用途）、家用和类似用途固定式电器装置的开关、器具耦合器（家用和类似用途） CNCA-C04-01：小功率电动机 CNCA-C07-01：家用和类似用途设备中的下列产品 —家用电冰箱和食品冷冻箱、电风扇、空调器、电热水器、室内加热器、真空吸尘器、皮肤和毛发护理器具、电熨斗、电磁灶、电烤箱、电动食品加工器具、微波炉、电灶、灶台、烤炉和类似器具、吸油烟机、液体加热器和冷热饮水机、电饭锅 CNCA-C08-01：音视频设备 CNCA-C09-01：信息技术设备 CNCA-C10-01：照明电器的下列产品 —除高强度气体放电灯用电子镇流器外的其他产品 CNCA-C16-01：电信终端设备中的下列产品 —传真机、调制解调器（含卡）、固定电话终端及电话机附加装置、集团电话、ISDN终端、数据终端（含卡）、多媒体终端 CNCA-C22-02：玩具产品中的下列产品 —弹射玩具产品	广东省中山市南头镇升辉南路11号 联系人：胥凌 电话：0760-22519820 传真：0760-22519969 E-mail：xuling@cqc.com.cn 网址：www.cqc.com.cn/southchinalab 邮编：528427 广东省广州增城市新塘镇宁西工业园区 邮编：511300	中国质量认证中心

续表

序号	实验室编号	实验室名称	指定业务范围	实验室地址及联系方式	法人名称
163	15802	中国质量认证中心华东实验室	CNCA-C08-01：音视频设备 CNCA-C09-01：信息技术设备	上海市浦东新区金海路1000号金领之都园区17号楼 联系人：陈海洋 电话：021-60133108 传真：021-60133098 E-mail：chenhaiyang@cqc.com.cn 网址：www.cqc.com.cn 邮编：201206	中国质量认证中心
164	15803	中国质量认证中心华中实验室	CNCA-C13-01：安全玻璃中的下列产品—汽车安全玻璃、建筑安全玻璃	湖北省武汉市东湖开发区高新大道999号 联系人：肖红清 电话：027-87908588 传真：027-87908026 E-mail：xiaohongqing@cqc.com.cn 邮编：430000	中国质量认证中心
165	15901	中国建材检验认证集团浙江有限公司	CNCA-C13-01：安全玻璃中的下列产品—建筑安全玻璃	浙江省杭州市教工路533号 联系人：翟跃忠 电话：0571-85063796 传真：0571-88806279 E-mail：bmtest@126.com 邮编：310012	中国建材检验认证集团浙江有限公司
166	16001	东莞标检产品检测有限公司	CNCA-C22-02：玩具产品中的下列产品—金属玩具	广东省东莞市大朗镇富民南路68号 联系人：黄志 电话：0769-81119888转8901 传真：0769-81116222 E-mail：jason_huang@hkstc.com.cn 网址：www.dgstc.com 邮编：523770	东莞标检产品检测有限公司
167	16101	广东省东莞市质量监督检测中心	CNCA-C22-02：玩具产品中的下列产品—弹射玩具	广东省东莞市松山湖工业南路2号 联系人：梁俊威 电话：13686180239 传真：0769-23077215 E-mail：ljw@gddqt.com 网址：www.gddqt.com 邮编：523808	广东省东莞市质量监督检测中心
168	16201	中国建材检验认证集团苏州有限公司	CNCA-C13-01：安全玻璃中的下列产品—建筑安全玻璃	江苏省苏州市广济路282号 联系人：朱德明 电话：0512-65566587 传真：0512-65566587 E-mail：ctcszh@163.com 邮编：215008	中国建材检验认证集团苏州有限公司
169	16301	蚌埠市产品质量监督检测中心（国家特种玻璃质量监督检验中心）	CNCA-C13-01：安全玻璃中的下列产品—建筑安全玻璃	安徽省蚌埠市货场一路18号 联系人：史靖宏 电话：0552-4915001 传真：0552-4078558 E-mail：bbzjssjh@126.com 邮编：233040	蚌埠市产品质量监督检测中心
170	16401	台州市质量技术监督检测研究院（国家电机及机械零部件产品质量监督检验中心）	CNCA-C14-01：农机产品中的下列产品	浙江省台州市中心大道399号 联系人：罗勇波 电话：0576-88320898 传真：0576-88320911 E-mail：tz88320898@163.com 邮编：318000	台州市质量技术监督检测研究院（台州质量技术监督宣教中心）

续表

序号	实验室编号	实验室名称	指定业务范围	实验室地址及联系方式	法人名称
171	16501	邢台出入境检验检疫局自行车检测中心	CNCA-C22-01：童车产品中的下列产品 —儿童自行车	河北省平乡县文明路317号 联系人：张宏欣 电话：0319-7980389 传真：0319-7883506 E-mail：ciqhbbtc@163.com 邮编：054500	邢台出入境检验检疫局
172	16601	湖北中检检验有限公司	CNCA-C22-01：童车产品中的下列产品 —儿童推车、婴儿学步车	湖北省武汉市琴台大道588号第3栋实验楼107室 联系人：曾蕾 电话：027-58906085 传真：027-58906109 E-mail：zenglei@hb.ccic.com 邮编：430050	湖北中检检验有限公司
173	16701	华测检验认证集团股份有限公司	CNCA-C08-01：音视频设备 CNCA-C09-01：信息技术设备 CNCA-C22-02：玩具产品中的下列产品 —电玩具类产品	广东省深圳市宝安区70区鸿威工业园 联系人：张波 电话：0755-33681259 传真：0755-33683385 E-mail：bo.zhang@cti-cert.com 网址：www.cti-cert.com 邮编：518101	华测检验认证集团股份有限公司
174	16801	清华大学汽车安全与节能国家重点实验室汽车碰撞试验室	CNCA-C22-03：机动车儿童乘员用约束系统	北京市海淀区中关村清华园1号 联系人：许述财 电话：010-62798897 传真：010-62798897 E-mail：xushc@tsinghua.edu.cn 邮编：100084	清华大学
175	16901	包头市产品质量计量检验所	CNCA-C01-01：电线电缆中的下列产品 —额定电压450/750V 及以下橡皮绝缘电缆和聚氯乙烯绝缘电线电缆（GB/T 5013.3、GB/T 5023.3~.7、JB/T8734.2~.5覆盖的型号产品）	内蒙古自治区包头市青山区钢铁大街34号 联系人：袁利兵 电话：0472-5153255 E-mail：ylb19601020@sohu.com 邮编：014030	包头市产品质量计量检验所
176	17001	国家工业电器质量监督检验中心	CNCA-C03-01：低压成套开关设备 CNCA-C03-02：低压元器件中的下列产品 —低压断路器、低压开关（隔离器、隔离开关及熔断器组合电器）、低压机电式接触器和电动机起动器、机电式控制电路电器、交流半导体电动机控制器和启动器、控制和保护开关电器、接近开关、自动转换开关电器、设备用断路器、家用及类似用的机电式接触器、MCB、RCCB（除B型RCCB）、RCBO（除B型RCBO）、PRCD、剩余电流动作继电器、低压熔断器	浙江省乐清市北白象镇大桥工业区楠溪江路 联系人：李孟 电话：13868329175 传真：0577-62752910 E-mail：19691965@qq.com 网址：www.niqs.cn 邮编：325603	浙江省高低压电器产品质量检验中心
177	171101	上海天祥质量技术服务有限公司	CNCA-C05-01：电动工具中的下列产品 —电钻、电动螺丝刀和冲击扳手、砂光机、电锤、电剪刀、插入式混凝土振动器、往复锯、电动石材切割机	上海市钦州北路1198号86号楼 联系人：徐红丽 电话：021-61278329 传真：021-54262347-329 E-mail：leah.xu@intertek.com 网址：www.intertek.com.cn 邮编：200233	上海天祥质量技术服务有限公司
178	17201	北京鉴衡认证中心有限公司广州分公司	CNCA-C07-01：家用和类似用途设备中的下列产品 —家用电冰箱和食品冷冻箱、电风扇、空调器、电热水器、室内加热器、真空吸尘器、皮肤和毛发护理器具、电熨斗、电磁灶、电烤箱、电动食品加工器具、微波炉、灶台、烤炉和类似器具、	广州高新技术产业开发区科学城尖塔山路2号办公楼四楼403 联系人：吴伟民 电话：020-32204370 传真：020-32207831	

续表

序号	实验室编号	实验室名称	指定业务范围	实验室地址及联系方式	法人名称
178	17201	北京鉴衡认证中心有限公司广州分公司	吸油烟机、液体加热器和冷热饮水机、电饭锅	E-mail: wuwm@cgc.org.cn 网址: www.cgc.org.cn 邮编: 510663	北京鉴衡认证中心有限公司
179	17301	珠海出入境检验检疫局检验检疫技术中心	CNCA-C08-01: 音视频设备 CNCA-C09-01: 信息技术设备	珠海市唐家湾金凤路18号 联系人: 王粤威 电话: 0756-6128288 传真: 0756-6128299 E-mail: 563733359@qq.com 网址: www.zhtech,cn 邮编: 519085	珠海出入境检验检疫局检验检疫技术中心
180	17401	国家工业自动化仪表产品质量监督检验中心(上海仪器仪表自控系统检验测试所)	CNCA-C09-01: 信息技术设备	上海市漕宝路103号 联系人: 郭爱华 电话: 021-648395868 传真: 021-64838381 E-mail: 13386276879@163.com 网址: www.sitiias,com.cn 邮编: 200233	上海仪器仪表自控系统检验测试所

注: 法人编号为对应实验室编号的前三位数字

国家认监委关于管理体系认证标准换版工作安排的公告换版工作安排的公告

(2015 年第 30 号)

为做好管理体系认证标准换版工作, 确保获证组织能够及时获得新版标准认证, 现将有关事项公告如下:

一、在国家标准等同采用国际标准的领域内, 具备该领域批准资格的认证机构, 可在新版国际标准发布实施之后至新版国家标准发布实施之前的时间段内, 向客户颁发以新版国际标准作为认证依据的认证证书。在新版国家标准发布实施后, 认证机构应依据国家标准对认证过程进行复核, 确保在整个认证过程中对新版标准要求理解实施准确到位, 对符合新版国家标准要求的, 在第一次监督后换发认证依据标准为新版国家标准和国际标准的认证证书; 对不符合新版国家标准要求的, 应及时做出暂停或撤销处理。

二、新版标准的转换期, 按照相关国际组织的统一安排施行。

三、在标准换版过程中, 中国认证认可协会要明确注册审核员转换要求, 做好审核员转换工作, 确保审核员具有按照新版标准审核所需的知识和能力。中国合格评定国家认可委员会(CNAS)要结合国际认可论坛(IAF)的统一要求, 根据我国认证机构工作实际, 制定标准换版工作方案, 开展认可证书的换证工作。在新版国际标准发布实施之后至新版国家标准发布实施之前的时间段内, CNAS 可对依据新版国际标准开展认证的认证机构进行认可。

国家认监委

2015 年 9 月 8 日

国家认监委关于公布现行有效规范性文件和废止部分规范性文件的公告

（2015 年第 31 号）

按照《国家认监委规范性文件制定程序规定》的要求，国家认监委对规范性文件进行了清理。截至 2015 年 9 月 30 日，国家认监委现行有效规范性文件 26 件，决定废止规范性文件 5 件，现予公布。

附件：1. 国家认监委现行有效规范性文件目录

2. 国家认监委决定废止的规范性文件目录

国家认监委

2015 年 10 月 9 日

附件 1：

国家认监委现行有效规范性文件目录

序号	名称	文号	发布部门	发布时间
1	强制性产品认证标志管理办法	国家认监委2001年第1号公告	国家认监委	2001.12.3
2	进口食品国外生产企业注册程序	国认注〔2001〕35号	国家认监委	2001.12.25
3	国家认可机构监督管理办法	国认可〔2002〕20号	国家认监委	2002.4.4
4	食品生产企业危害分析与关键控制点（HACCP）管理体系认证管理规定	国家认监委2002年第3号公告	国家认监委	2002.3.20
5	出口食品生产企业申请国外卫生注册管理办法	国家认监委2002年第15号公告	国家认监委	2002.12.19
6	无公害农产品标志管理办法	农业部、国家认监委2002年第231号公告联合发布	农业部、国家认监委	2002.11.25
7	国家认证认可监督管理委员会实施认证认可行政处罚若干规定	国家认监委2003年第17号公告	国家认监委	2003.12.9
8	绿色市场认证管理办法	国家认监委、商务部2003年第14号公告联合发布	国家认监委、商务部	2003.10.23
9	饲料产品认证管理办法	国家认监委2003年第19号公告	国家认监委、农业部	2003.12.31
10	强制性产品认证检查员管理办法	国家认监委2004年第29号公告	国家认监委	2004.12.3
11	无需办理强制性产品认证或可免予办理强制性产品认证的条件	国家认监委2005年第3号公告	国家认监委	2005.3.3
12	软件过程能力及成熟度评估管理办法	国家认监委2005年第4号公告	国家认监委	2005.3.2
13	体育服务认证管理办法	国家认监委、国家体育总局2005年第32号公告联合发布	国家认监委、国家体育总局	2005.11.10
14	实验室能力验证实施办法	国家认监委2006年第9号公告	国家认监委	2006.3.13
15	国家产品质量监督检验中心授权管理办法	国家认监委2007年第23号公告	国家认监委	2007.9.12
16	免于强制性产品认证的特殊用途进口产品检测处理程序	国家认监委2008年第38号公告	国家认监委	2008.12.11
17	认证认可申诉投诉处理办法	国家认监委公告2011年第1号	国家认监委	2011.1.11
18	认证认可同行评审员推荐与任职管理办法	国家认监委2011年第31号公告	国家认监委	2011.11.9
19	铁路产品认证管理办法	铁科技〔2012〕95号	铁道部、国家认监委	2012.5.11
20	国家认监委关于认证规则备案的公告	国家认监委2015年第18号公告	国家认监委	2015.7.7
21	关于发布自愿性认证业务分类目录及主要审批条件的公告	国家认监委2014年第38号公告	国家认监委	2014.11.19

续表

序号	名称	文号	发布部门	发布时间
22	国家认监委关于实施《检验检测机构资质认定管理办法》的若干意见	国认实〔2015〕49号	国家认监委	2015.7.31
23	电子招标投标系统检测认证管理办法	国认证联〔2015〕53号	国家认监委、国家发改委、工业和信息化部、住房城乡建设部、交通运输部、水利部、商务部	2015.8.13
24	测量管理体系认证管理办法	国质检量联（2005）213号	质检总局、国家认监委	2005.6.28
25	关于印发知识产权管理体系认证实施意见的通知	国认可联（2013）56号	国家认监委、国家知识产权局	2013.11.6
26	关于明确计量认证/审查认可工作有关规定的通知	国认实函〔2002〕78号	国家认监委	2002.6.18

附件 2:

国家认监委决定废止的规范性文件目录

序号	名称	文号	发布部门	发布时间
1	认证机构、检查机构、实验室取得境外认可机构认可备案管理办法	国家认监委2004年第4号公告	国家认监委	2004.2.20
2	关于对外资实验室开展资质认定有关规定的公告	国家认监委2007年第14号公告	国家认监委	2007.6.20
3	实验室资质认定评审员管理办法	国家认监委2007年第24号公告	国家认监委	2007.9.12
4	低碳产品认证管理暂行办法	发改气候〔2013〕279号	国家发改委、国家认监委	2013.2.18
5	认证技术规范管理办法	国家认监委2006年第3号公告	国家认监委	2006.1.23

国家认监委关于恢复机械工业电线电缆质量检测中心（北京）等2家单位的部分领域强制性产品认证指定检测业务的公告

（2015 年第 32 号）

按照《国家认监委关于对机械工业电线电缆质量检测中心（北京）等 5 家单位的部分强制性产品认证指定检测业务进行停业整顿的公告》（国家认监委 2015 年第 5 号公告）的要求，机械工业电线电缆质量检测中心（北京）、国家摩托车及配件质量监督检验中心（广东）已于近期完成了相应的整顿和整改工作，经我委组织专家现场核查验证，上述两家单位在相应领域的检测能力和规范性已符合强制性产品认证的相关要求。

根据有关规定，现决定即日起恢复上述两家单位承担的部分领域强制性产品认证指定检测业务，具体业务范围如下：

1. 机械工业电线电缆质量检测中心（北京）：恢复其家用和类似用途插头插座（CNCA-C02-01：电路开关及保护或连接用电器装置（电器附件））强制性产品认证指定检测业务。

2. 国家摩托车及配件质量监督检验中心（广东）：恢复其摩托车（CNCA-C11-02：摩托车）强制性产品认证指定检测业务。

特此公告。

国家认监委

2015 年 10 月 21 日

国家认监委关于母线干线系统（母线槽）产品强制性认证依据标准变更的公告

（2015年第33号）

GB7251.6-2015《低压成套开关设备和控制设备 第6部分：母线干线系统（母线槽）》已发布，并将于2016年6月1日起正式实施，替代GB7251.2-2006标准。

自该标准正式实施之日起，相应强制性产品认证实施规则（编号：CNCA-C03-01：2014）及《强制性产品认证目录描述与界定表》（国家认监委2014年第45号公告）中的母线干线系统（母线槽）产品认证依据由GB7251.2变更为GB7251.6，相关产品的证书转换工作应按照《关于强制性产品认证依据用标准修订时有关要求的公告》（国家认监委2012年第4号公告）执行。

国家认监委

2015年10月23日

国家认监委关于发布进一步深化强制性认证实施机构指定审批制度改革工作举措的公告

（2015年第34号）

为深入贯彻党的十八大和十八届二中、三中、四中全会精神，认真落实党中央、国务院关于深化行政审批制度改革的总体部署，继续巩固强制性产品认证改革成果，激发认证检测行业活力，优化检测认证资源配置，便利生产企业获得认证，国家认监委将进一步深化强制性产品认证实施机构指定审批制度改革，建立常态化的指定工作机制。现将具体工作举措公告如下：

一、日常指定

即日起，针对以下两种情形的实验室指定申请实施日常指定；有意愿承担相关强制性产品认证检测业务的实验室可随时提交申请（申请提交方式和要求详见 http://cccxzsp.cnca.cn/aasp）。

（一）已指定实验室提升“一站式”检测服务能力的指定申请

1. 同一产品领域指定业务范围授权不完整，且实际已具备检测能力（产品领域划分表详见附件1）。

2. 已有整机CCC授权，而整机所用的CCC范围内部件未授权，且实际已具备检测能力（整机与零部件对应关系表详见附件2）。

（二）试点产品的实验室指定申请

目前，试点产品为小功率电动机、低压成套开关设备、汽车内饰件和溶剂型木器涂料（试点产品对应实施规则表详见附件3）。我委将定期评估试点实施情况，并逐步扩大试点产品范围。

二、年度指定

除日常指定的两种情形外，认证各相关方（包括各有关行政管理部门、生产方、消费者、认证机构、实验室等）可于每年4月1日前以信函或电子邮件（ccczd@cnca.gov.cn）形式向我委提出认证机构/实验室指定需求的书面建议，我委将结合工作实际对建议进行综合评估，确定是否需要补充指定；确需指定的，我委将于每年 4 月 30 日前发布本年度强制性产品认证实施机构补充指定 / 调整计划公告，符合指定 / 调整计划并有意愿承担相关强制性产品认证 / 检测业务的认证机构 / 实验室可按公告要求提交申请。

我委将严格按照《行政许可法》、《强制性产品认证机构、检查机构和实验室管理办法》（质检总局第 65 号令）及有关文件规定对收到的申请开展后续指定审批工作。

此外，对于强制性产品认证目录调整时涉及的机构指定，我委将根据工作需要，适时发布机构指定 / 调整计划公告。

附件：1. 产品领域划分表（略）

2. 整机与零部件对应关系表（略）

3. 试点产品领域对应实施规则表（略）

国家认监委

2015 年 10 月 30 日

国家认监委关于注销上海恩可埃认证有限公司一般工业产品认证业务领域的公告

（2015 年第 35 号）

上海恩可埃认证有限公司是国家认监委批准设立的认证机构（批准号：CNCA-RF-2003-19），目前该机构申请注销其一般工业产品认证业务领域。

国家认监委决定，自发布公告之日起注销上海恩可埃认证有限公司一般工业产品认证业务领域。请持有上海恩可埃认证有限公司有效产品认证证书的组织，按照自愿原则选择其他经国家认监委批准具有相关一般工业产品认证领域的认证机构转换认证证书。

特此公告。

国家认监委

2015 年 11 月 23 日

国家认监委关于注销上海欧瑞特认证有限公司认证机构批准资质的公告

（2015 年第 36 号）

上海欧瑞特认证有限公司是 2015 年经国家认监委批准设立的认证机构（批准号：CNCA-R-2015-194），批准的认证业务范围为质量管理体系、环境管理体系和职业健康安全管理体系，现该公司自愿申请注销其认证机构批准资质。

国家认监委经研究决定，自公告发布之日起注销上海欧瑞特认证有限公司认证机构批准资质。即日起该机构所持有的《认证机构批准书》（批准号：CNCA-R-2015-194）作废。

请持有上海欧瑞特认证有限公司有效认证证书的组织，按照自愿原则选择其他经批准的具有相关认证业务资质的认证机构转换认证证书。

特此公告。

国家认监委

2015 年 11 月 25 日

国家认监委关于对部分国家产品质检中心进行行政处理的公告

（2015 年第 37 号）

为进一步加强对国家产品质量监督检验中心（以下简称“国家质检中心”）的监督管理，整顿国家质检中心队伍，提升国家质检中心的能力水平和权威性，国家认监委近期组织开展了“国家质检中心专项监督检查”工作。经检查，决定对国家炭黑质检中心等 7 个国家质检中心进行行政处理，现予以公告。请相关国家质检中心应吸取教训，严肃整改，避免类似违规情况再度发生。

有关违规情况及处理结果如下：

序号	国家质检中心名称	所属法人名称	主要违规事实	处理结果
1	国家炭黑质量监督检验中心	中橡集团炭黑工业研究设计院	原授权证书到期、新授权证书尚未取得期间违规对外出具多份检验报告	限期整改，整改期间不得对外出具报告
2	国家钨与稀土产品质量监督检验中心	江西省钨与稀土产品质量监督检验中心	原授权证书到期、新授权证书尚未取得期间违规对外出具多份检验报告	限期整改，整改期间不得对外出具报告
3	国家仪器仪表元器件质量监督检验中心	机械工业仪器仪表元器件质量检验所	原授权证书到期、新授权证书尚未取得期间违规对外出具多份检验报告	限期整改，整改期间不得对外出具报告
4	国家渔业机械仪器质量监督检验中心	中国水产科学研究院渔业机械仪器研究所	原授权证书到期、新授权证书尚未取得期间违规对外出具多份检验报告	限期整改，整改期间不得对外出具报告
5	国家电子计算机质量监督检验中心	北京尊冠科技有限公司	在营业执照经营范围中误加入影响公正性内容	行政告诫
6	国家电子标签产品质量监督检验中心	北京尊冠科技有限公司	在营业执照经营范围中误加入影响公正性内容	行政告诫
7	国家汽车零部件产品质量监督检验中心（长春）	长春市产品质量监督检验院	多台检测设备检定周期超期，未采取暂停措施	行政告诫

特此公告。

国家认监委

2015 年 11 月 26 日

国家认监委关于自贸区平行进口汽车 CCC 认证改革试点措施的公告

（2015 年第 38 号）

为落实国务院相关文件要求，加快推进自贸区认证认可制度改革创新，国家认监委决定进一步调整汽车产品强制性认证制度，开展自贸区汽车平行进口认证实施试点工作，现将有关措施公告如下：

一、放宽制造商授权文件要求

自贸区内开展平行进口汽车试点业务的企业，在已建立了完善的“三包”和召回体系情况下，CCC 认证申请时，可放宽提供原厂授权文件的相关要求。在认证过程中，指定认证机构须增加对认证申请人“三包”、召回能力和体系的检查工作。

二、调整认证模式

自贸区内开展平行进口汽车试点业务的企业，在经指定认证机构确认已对申请认证车辆的一致性实施有效管理情况下，可取消非量产车认证模式数量要求。指定认证机构应采取有效手段，加强获证后监督和核查工作，确保标准符合性和产品一致性。

三、简化工厂检查要求

自贸区内开展平行进口汽车试点业务的企业，如已有效保证进口车辆一致性，且在自贸区内仅进行标准符合性整改的（不包括车辆结构性改装），在符合产业政策、海关和检验检疫相关规定的前提下，可视情况仅对其在自贸区内的改装场所进行 CCC 认证工厂检查。

本公告自 2016 年 1 月 1 日起实施。

国家认监委

2015 年 12 月 28 日

认证认可风采

（一）

图文宣传

广东出入境检验检疫局

2015年，广东出入境检验检疫局认证监管工作主动适应经济发展新常态，坚持提高质量和效益为中心，深化改革、创优服务、创新治理。

一是大力开展“提质增效升级”活动,帮助企业提升质量安全管理水平，提高监管人员的能力素质，促进实验室管理和技术能力上新台阶。

二是全面推进出口食品备案采信第三方认证，缩短备案办理时间。

三是充分利用CCC免办政策，扶持大型、新兴企业做大做强。

四是全力配合国家认监委开展供港生鲜食品交易公共服务平台，推动出口食品内外销“同标同线”。

五是对管理体系认证监管工作引入风险机制，突出认证活动合规性检查的重点，提高监管的针对性和有效性。

六是全面实施CCC免办审批人员资质管理，强化CCC入境查验和CCC免办审批及后续监管工作，维护CCC认证制度的有效落实。

对出口食品生产企业监管现场

对入境CCC产品进行入境验证

对以CCC免办形式入境的车辆进行后续监管

地址：广东省广州市珠江新城花城大道66号　　邮编：510623　　网址：www.gdciq.gov.cn

辽宁出入境检验检疫局

2015年，辽宁出入境检验检疫局紧密围绕国家质检总局“抓质量、保安全、促发展、强质检”十二字方针，全面贯彻全国认证认可工作会议的各项部署和国家认监委“创新发展、创优服务”的整体思路，以“法制建设年”为载体，主动适应经济发展新常态，积极推进依法行政，深化改革创新，服务东北振兴，在认证监管工作中取得了卓有成效的进展。一是推进依法治检，提升监管效能；二是深化改革创新，促进贸易便利化；三是服务东北振兴，实现提质增效升级；四是加强培训宣传，广泛传递认证认可信任。

2015年6月辽宁检验检疫局在“世界认可日”向大学生发放宣传资料

2015年6月辽宁检验检疫局在丹东指导企业实施热分布检测

2015年8月辽宁检验检疫局开展进口汽车监督抽查

2015年11月辽宁局现场指导企业应对国外注册检查

2015年12月辽宁检验检疫局吕小斌副局长在沈阳华晨宝马公司现场调研

2015年12月辽宁检验检疫局在沈阳开展东北四省区认证执法监管培训

深圳出入境检验检疫局

2015年，深圳出入境检验检疫局依照国家认监委“创新发展、创优服务”的整体思路，牢牢把握“适应经济发展新常态，创造质检工作新水平”发展方向，围绕“提升工作质量、提升改革发展质量”，“让社会满意、让地方政府满意”的工作目标，扎实开展认证认可各项工作，取得了显著成效。一是成立跨境电商检验认证联盟，借助认证认可手段打造电商质量品牌。二是配合深圳市“一带一路”建设，倡导认证认可的信任传递作用。三是深化出口食品备案监管与HACCP认证监管联动，积极推动出口备案采信HACCP认证工作。四是扶持出口食品企业开展内销转型和提质增效升级活动。五是加强进口食品及有机产品入境验证工作，保障国内消费者合法权益。六是积极配合国家认监委开展食品新法规新理论的研究和应用。七是进一步完善CCC免办及获证产品闭环管理、开展CCC入境验证督查工作，提高口岸一线把关能力。八是积极运用“后市场”监管措施提升管理体系认证有效性。九是组织开展第三方检验结果采信工作，探索检验监管新模式；十是配合广东省生态文明建设和深圳市低碳城市建设，全面推广入境商品能效标识管理系统、探索小批量进口模式，满足热销产品市场需求。

在日常监管中，验证生产线中金属探测器是否正常运行

深圳市跨境电商联盟挂牌

深圳局2016年认证认可工作会议

重庆市质量技术监督局

“十二五”期间，重庆认证工作“双提升”“双促进”得到了国家认监委主要领导表扬，并多次作经验交流。

一是机构建设：已累计建成国家检测中心12个，行业国家级检测中心13个。重庆两江新区获批成为 “国家公共检验检测服务平台示范区”。

二是资质升级：重庆5家3C认证指定实验室，新增36个产品的3C检测指定资质。

三是监管工作：开展了“神秘买家”、检验报告质量抽查工作。建立分级评价和分类管理制度。

四是优化服务：全面实现网上申请，行政许可周期平均缩短30%，免除行政许可、证书、培训等所有费用。

五是改革创新方面。实施受理、评审、批准三分离。财政支付专家评审费。实施简政放权，备案下放。

六是诚信建设：建立实验室人员诚信档案。2012年率先启动了检验机构社会责任报告工作。

七是理论研究：开展了“检验检测机构国际化和市场化研究与应对”等政策研究工作，编制了《重庆市实验室发展报告》等。

八是开放合作：与行业主管部门共同实施“二合一”联合评审和联合监督检查工作。牵头建立了西南地区质监部门认证执法监管区域合作机制。

九是舆论宣传：《实验室资质认定目录制管理的建议》获认监委《认证认可条例》征文活动一等奖。编撰《质量重庆（认证认可专刊）》杂志。开展多次公益免费检测活动。在大专院校开设“实验室管理与计量”课程。

重庆市质监局王戈阳副局长调研石柱县企业认证认可工作

重庆市永川区小学生走进实验室参观低速风洞室，了解检验检测知识提高质量意识

重庆市九龙坡区质监局对玩具进行3C检查

重庆市铜梁区质监局检查辖区3C企业，开展走访调研帮扶“质量季”活动

重庆市潼南区质监局宣传认证认可知识

伊犁出入境检验检疫局

伊犁出入境检验检疫局于1999年11月批复成立，内设办公室、财务科、人事政工监察科、综合业务科、检验检疫科，下设独立法人事业单位综合技术服务中心。共有在编人员52人，其中行政31人、事业21人。主要承担伊犁河谷出口食品、动植物及其产品的卫生注册、基地备案管理，承担伊犁国际邮件中心检验检疫工作，开展伊宁二类口岸、伊宁市边民互市贸易区的检验检疫监管等工作。

2015年，伊犁出入境检验检疫局坚持“抓质量、保安全、促发展、强质检”的工作方针，主要抓好以下工作：

一是促进地产农产品出口：指导建立外向型农业质量安全管理种植区域化管理体系，帮助特克斯县成功创建国家级出口农产品质量安全示范区，扶持霍尔果斯出口基地备案，推行出口水果分类管理，全力促进伊犁地产农产品出口。

二是扶持酵母产业发展：多次深入开展技术咨询服务，指导企业申报检验检疫AA级企业，继续推行“分类管理”和“合格假定”监管模式。

三是提升技术服务水平：成功创建“酵母产品检测国家重点实验室”；顺利通过CNAS“三合一”复评审及扩项评审，CNAS认可的检测项目20类、341项；申报或完成各类科研项目、标准、专利等17项。

图1：2月15日徐日新局长出席伊犁检验检疫局干部任命大会；

图2：6月4日梅克保与伊犁州领导、自治区和伊犁质检两局领导座谈；

图3：伊犁检验检疫局对出口食品生产企业进行监管；

图4：伊犁检验检疫局邀请植物病虫害专家指导出口盆花基地生产。

抓体系建设，促特色林果业发展

——库尔勒检验检疫局

近年来，库尔勒检验检疫局着眼长效抓质量，全力以赴保安全，不遗余力促发展，取得了明显成效。一是抓质量，提升监管水平，加大对出口食品农产品备案/注册基地的监管力度，帮助企业提高自检自控能力和管理水平。二是保安全，降低出口风险，着力推进风险管理、分类管理、企业诚信“三个体系”建设，强化风险分析与研判，有针对性地做好风险防范。三是促发展，推动经济发展，主动融入地方经济发展大局，积极推动出口农产品质量安全示范区建设，建立健全特色种植业和优质特色林果业区域化监管机制。四是强质检，夯实事业发展根基大力加强科技能力建设，抓好法制、思想作风和干部队伍建设，为检验检疫事业发展提供制度保障和人才支持。面对未来的道路，充满生机和活力的库尔勒出入境检验检疫局将继续结合地方经济发展实际，努力适应经济发展形势变化，在举国上下改革开放的经济大潮中栉风沐雨，再铸辉煌，续写新篇章。

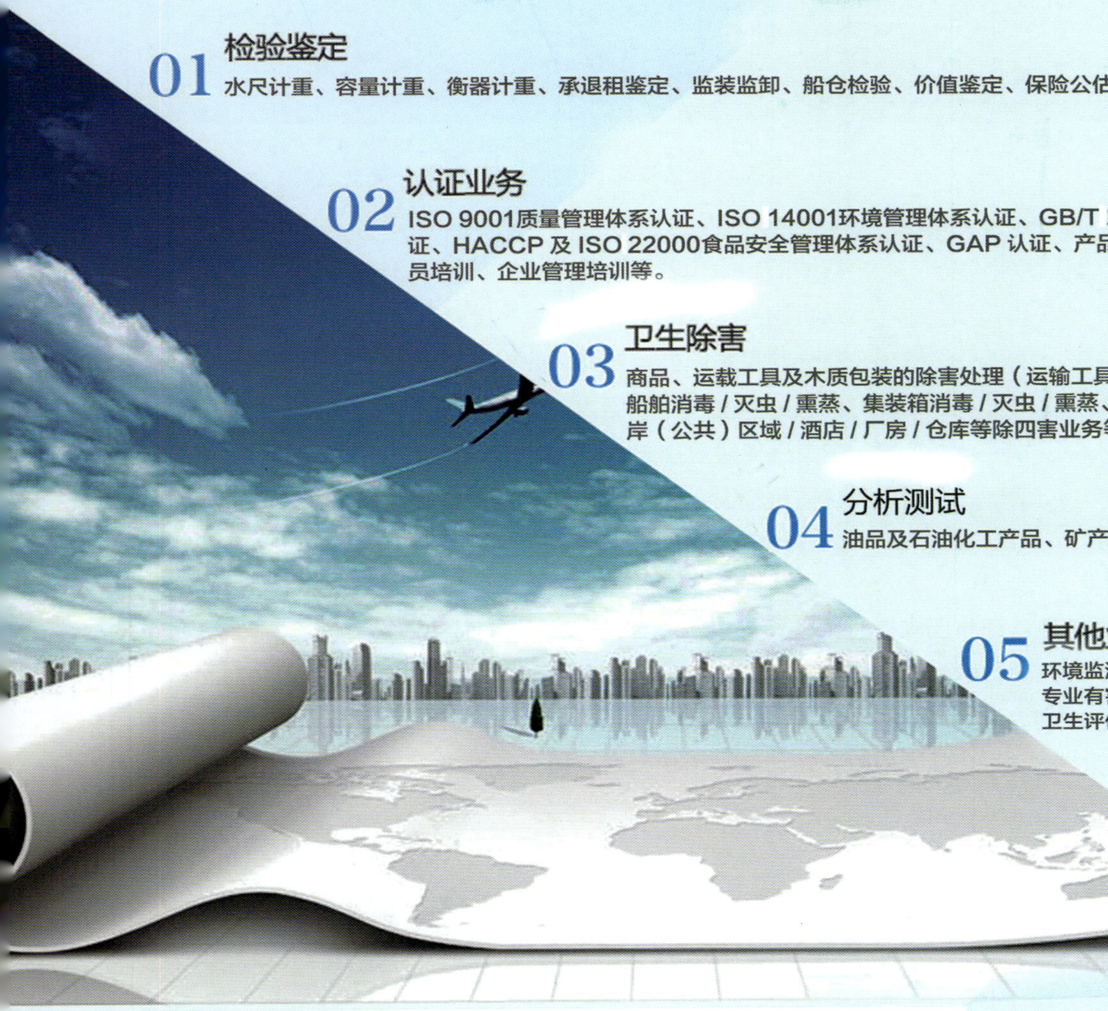

中国检验认证集团安徽有限公司

中国检验认证集团安徽有限公司（英文名称： China Certification & Inspection Group AnHui Co.,Ltd. 简称：CCIC安徽）是中国检验认证集团的一级子公司，是从事“检验、鉴定、认证、测试”为主的权威性机构。十余年来，公司始终坚持“公正诚信、准确可靠”的宗旨,并充分利用集团公司在海外建立的35家全资子公司网络优势，赢得了广大客户的信任，在国内外贸易和检验认证界树立了良好的信誉。根据国家法律法规规定，CCIC作为国家质量监督检验检疫总局许可的检验认证机构，还在一定范围内负责实施国家法律、法规规定的进出口商品检验、鉴定和认证业务。

2007年8月，中国检验认证集团安徽有限公司与中国质量认证中心安徽评审中心重组后成立的中国检验认证集团安徽有限公司按照现代企业制度的要求，改革管理体制，优化资源配置，将相关的检验、鉴定、认证、测试业务归类合并，充分发挥CCIC和CQC的品牌优势，积极参与市场竞争，现已成为安徽省最大的检验认证机构。

CCIC安徽业务范围包括：进出口商品委托检验、鉴定业务、矿产品装港及到货的检验检测、PSI、工程监造、价值鉴定、供应商评审、卫生处理；ISO 9001质量管理体系、ISO 14001环境管理体系、GB/T 28001职业健康安全管理体系、HACCP食品安全管理体系、ISO/TS 16949、GMP、GAP、绿色市场认证和生态纺织品、饲料产品、自愿性产品认证及培训；商务代理和咨询等。

CCIC安徽置身于遍布世界各大港口和货物集散地的CCIC全球网络，将继续勇于开拓、锐意创新、不断提升核心竞争力，进一步规范工作流程和检验鉴定行为，提高服务质量和管理水平，树立CCIC良好的品牌形象，为安徽进出口贸易的发展和壮大贡献一份力量!

中国检验认证集团云南有限公司

茶叶基地种植指导

哈萨克斯坦电解铝工程监造

韩国沥青监视装载

中国检验认证集团云南有限公司（英文名称China Certification&Inspection Group Yunnan Co.,Ltd,英文缩写 CCIC Yunnan Co.,Ltd)成立于2004年6月，由云南出入境检验检疫局机关服务中心和中国检验认证（集团）有限公司共同出资设立，其中中国检验认证（集团）有限公司持股51%，云南出入境检验检疫局机关服务中心持股49%。公司是经国家质量监督检验检疫总局和国家认证认可监督管理委员会批准，以检验检测、认证为主业，同时提供计量校准、认证培训、工厂评估、办理/代理业务（法律文书公证、报检、报关…）、卫生除害（对商品及其运载工具的消杀灭、熏蒸等卫生除害处理）、实验室检验检测、检验检测技术开发与服务等业务的综合性检验认证测试机构。

公司目前内设行政管理部、财务部、检验鉴定部、审核部、市场部、客户服务部、业务发展部七个部门，机场、车站二个办事处，下设红河、河口、版纳、勐腊、普洱、瑞丽、德宏、腾冲、临沧、文山、怒江、江城十二个分公司以及腾冲中检珠宝检测有限公司一个全资子公司，云南中检测试科技有限公司、云南中检检验检测技术有限公司两个控股合资子公司，形成了立足云南、面向东南亚发展的网络格局。

公司目前共有员工180人，其中检验鉴定业务方面有报检员22人，获全国进出口商品检验鉴定机构从业人员资格19人，获保险公估资格2人。审核业务方面，有专兼职国家注册审核员105人，其中质量管理体系97人，环境管理体系31人，职业健康安全管理体系27人，食品安全管理体系33人，乳制品认证审核员3人，工程建设类别审核员7人，能源管理体系审核员4人。公司下属两个合资子公司亦拥有强大的科研与管理队伍，云南中检测试科技有限公司共有员工48人，其中高级工程师3人，工程师 15人；云南中检检验检测技术有限公司共有员工51人，其中高级专业技术职称12人（研究员3人），占员工总数的23.5%。公司将员工个人的职业生涯发展与CCIC的发展有机结合起来，通过培训、在职教育等方式不断提高全员的政治思想水平、业务水平、管理知识以及职业技能，为客户提供检验、检测、认证等领域的专业化服务。

为保证公司与时俱进的发展趋势，进一步提高公司工作质量及风险管控水平，公司取得了中国合格评定国家认可委员会（CNAS)检查机构认可证书，CMA检验检测机构资质认定证书、代理报检企业注册登记证书、进出口检验鉴定机构资格证书、自理报检企业资格证书等资质，三个子公司也分别通过了CNSA检测校准实验室认可考核,取得了CNAS证书，可为全球客户提供高质量的第三方检验检测及认证服务。

公司本部位于云南省昆明市滇池路，自成立以来，以优质、高效的服务广泛赢得了客户的信赖与赞誉，积累下了一大批优质客户，包扩昆明国家高新技术产业开发区管理委员会、云南滇中工业园区、昆明市工商行政管理系统14家工商局、昆明海关缉私局、云南省食品药品监督管理局、石林检察院及云南省疾病预防控制中心等数拾家行政部门和云天化集团、云南锡业集团、云南驰宏锌诸有限公司、云南复烤有限公司、云南铜业（集团）有限公司、大益普洱茶和通海、元谋出口农业示范区近千家企业，客户遍及省内外行行业业。在全球经济持续下行，国内经济转型的大潮下，云南公司全体上下奋力拼搏，近年来多次获得云南局文明处室称号、云南局创先争优先进单位称号以及集团公司目标超额奖等奖励。

中检集团云南公司始终坚持“为全球顾客提供公正、快捷、可靠、一致的本地化服务”的宗旨,赢得了广大客户的信任，在国内外贸易和检验认证界树立了良好的信誉。今后公司还将继续坚持以“公平公正、团结协作、坚韧不拔、不断创新、永争第一、报效国家”的体育精神作为企业文化，开拓创新，不断提升核心竞争力，规范工作流程和检验鉴定行为，进一步提升检验、检测的一致性和认证的有效性，不断提高服务质量和管理水平。依托公司在全球的业务网络和于国际检验认证机构之间良好的合作关系，凭借高素质的员工队伍和中国检验认证（集团）有限公司、云南出入境检验检疫局强大的技术支持，竭诚为国内外客户提供公正、快捷、可靠的本地化服务。

地址：云南省昆明市滇池路正和小区路口中检楼　　邮编：650238

电话：0871-64604025　　网址：www.ccicyn.com

认可护航　一证行万里

——认证认可助力国际旅行卫生保健工作

一、概况

上海国际旅行卫生保健中心是上海出入境检验检疫局直属单位，承担上海口岸出入境人员传染病监测、口岸技术保障和社会人群的健康评估工作。医学实验室作为保健中心的重要科室，为中心业务部门和口岸卫生检疫提供技术保障。出入境人员的综合健康情况特别是实验室检测结果是申请相关签证的必须条件，申请者的健康评估结果及实验室检测报告需要提交给世界各国的使领馆、国外公司、学校以及外国卫生防疫等机构。因此实验室的结果获得 “国际通行证”是从事出入境人员健康评估服务的要求，同时开展实验室认可，使科室纳入国际先进标准化管理，也是加强实验室建设的自身要求。

保健中心医学实验室于2003年通过了CNAS ISO/IEC17025的实验室认可，通过实验室认可及每年的实验室评审工作，对保证工作质量、提升客户服务以及支持医疗服务体系等方面都起到了显而易见的积极作用。

二、 认可能力、赢得发展

2003年，中心实验室通过了CNAS评审，获得CNAS ISO/IEC17025实验室认可。13年来，每年的实验室评审使实验室获得持续改进，更好地满足客户要求、改进服务，保障持续发展。上海国际旅行卫生保健中心开展实验室认可工作，与国际先进标准接轨，实现实验室结果的国际互认。2003年至今，实验室为上百万名出入境人员进行了健康体检样本的检测，提供了近6000万个检测结果，没有出现一次错判或漏判的情况。受检者受益于认可工作进行的全方位持续改进，获得了更好的服务。我们的检测结果万里远行，多年以来赢得了服务对象、政府部门、国际组织的信任，提高了中心的声誉和知名度，也增加了市场竞争力，中心的业务量逐年递增。 2008年经过多次磋商及现场考核，美国疾病预防控制中心，取消了上海福建等地其他的授权单位，授权我中心作为华东地区一家指定单位，开展美国移民体检业务。国外专家在进行实验室技术能力考核时，实验室获得的认可证书及参加的各类能力验证证书，发挥了最主要的作用。自2008年中心开始承担移民体检业务，从最初全年2000人次的体检量，到去年已经增至赴美、加、英、澳、新西兰以及韩国等地，体检量每年数万人次。实验室认可工作不但保障了实验室的检测能力，同时也帮助中心实现了业务不断拓展。

三、科学创新、锐意进取

通过认证认可工作的深入开展，实验室能力不断提升，中心的结核病检测重点实验室工作得到了长足的发展，硬件设施、管理水平、检测能力在系统内堪称一流，甚至在国家卫生系统中，也处于领先水平。实验室举办了全国检验检疫系统培训班，到中心来学习的兄弟单位络绎不绝。实验室承担多项省部级国家科研项目，取得丰硕成果。

结核病实验室综合能力通过认证认可工作不断提高，开发研制了“用于能力验证活动中抗酸杆菌显微镜检查的痰涂片”，获得自主知识产权，在检验检疫科技博览会上展示，应用该项研究成果2009年即成功组织了国家认监委能力验证活动，这是我国国内首次开展的结核病实验室检测领域的能力验证活动。2013、2015年度实验室再次组织了该能力验证项目，本次能力验证活动，系统内外参加单位达88家，还应用了自主开发的实验室管理系统完成能力验证网上申报。得到中国疾病预防控制中心、国家认监委专家地一致好评，认为该项目参加单位代表性强，组织严谨，能反映相关实验室该领域检测能力，能为相关部门使用该领域实验室提供了技术参考。

借力认证认可，掌握先进的管理手段，给实验室不断审视、评价自身的机会，帮助我们改进工作，从而大大改善服务质量，提高服务能力。实验室在认可体系保驾护航之下，不断谱写新的篇章。

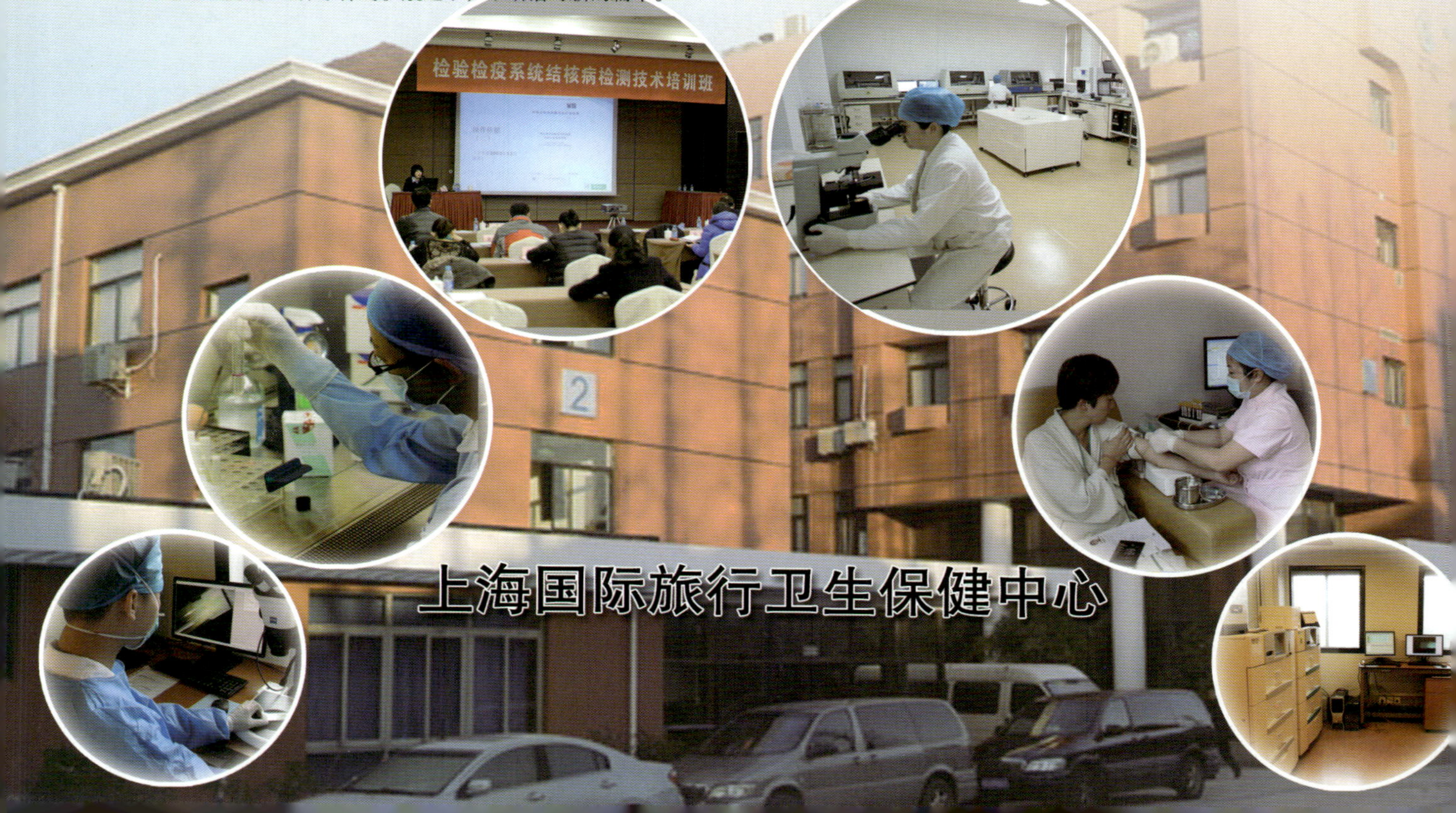

检验检疫系统结核病检测技术培训班

上海国际旅行卫生保健中心

上海质量教育培训中心

Shanghai Quality Educational Training Center

上海质量教育培训中心（简“SQTC”）隶属上海质量管理科学研究院，是1990年在国内较早成立的质量管理专门培训机构。自成立以来，已为近200万名企业职工实施了全面质量管理知识、班组长岗位知识等在内的质量培训课程，50余万人次企业领导干部和管理技术人员接受了质量管理知识的培训，为本市乃至全国质量专业人员的培训和质量管理知识的普及和推进作出了积极的贡献。

SQTC作为中国认证认可监督管理委员会（CNCA）批准的审核员培训机构，是中国认证认可协会（CCAA）常务理事单位，目前获得CCAA认可的课程包括ISO9001质量管理体系、ISO14001环境管理体系、GB/T28001职业健康安全管理体系、ISO22000食品安全管理体系、GB/T23331能源管理体系等管理体系审核员和服务认证审查员通用知识培训课程，至今已培训了16000余人次的各类注册审核员和审查员。2016年初，SQTC通过了CCAA2015版的ISO9001质量管理体系及ISO14001环境管理体系审核员培训课程评审，获得了CCAA对课程的认可。

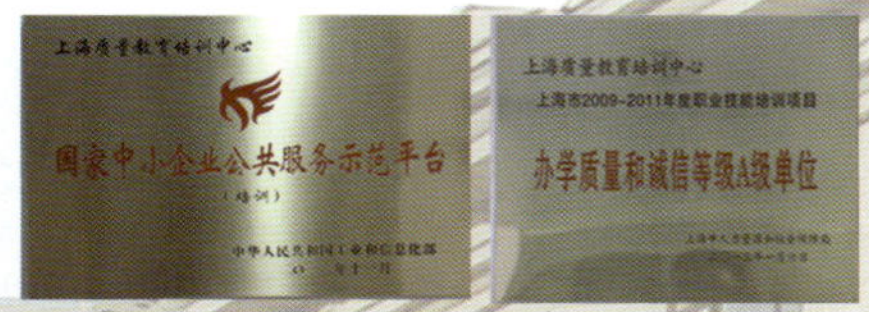

SQTC积极拓展职业教育课程，开设食品质量检验员辅导等职业资格课程，与同济大学联合培养工程硕士，已经有100多位学员获得硕士学位证书。作为美国质量学会、中国质量协会认可的注册六西格玛黑带/绿带、注册质量经理等培训机构，已为近万名质量管理和技术人员提供相关知识培训。

近年来，SQTC还根据中小微企业的特点，专门开设了各类有针对性的质量知识培训课程，同时还开设了“质量大讲堂”公益性讲座活动，为广大中小微企业提供所需的质量知识培训服务。2011年被上海市经信委认定为“上海市中小企业公共服务示范平台（中小企业质量管理服务平台）”，2012年被工信部认定为“国家中小企业公共服务示范平台”，同时还积极配合政府有关部门推进企业社会责任工作，开展相关知识的研讨和培训教育，被中共上海市社会工作委员会、上海市经济团体联合会、上海市质量协会认定为“上海‘两新’组织社会责任培训基地”。SQTC还经上海市总工会授权，开展班组长的岗位知识普及及培训工作，为广大企业和各类人员在知识、技术和技能以及资格考试培训方面提供了良好的服务。

目前，中心共开设管理标准类、卓越绩效和生产运作管理类、六西格玛和管理技术类、职业资格证书类等4大类，87门质量培训课程。获得批准和认可的部分资格、证书如下：

国家认证认可监督管理会员会批准的认证培训机构（批准号CNCA-P-2002-007）

中国认证认可协会批准的首批审核员课程培训机构（认可注册号：CCAA-007-2007）

国内首家培养工业工程硕士（质量管理方向）培训机构（与同济大学合办）

国内率先开展食品质量检验员等国家职业资格培训机构（享受政府补贴）

美国质量学会（ASQ）授权考试及指定培训机构

授权开展包括注册质量工程师（CQE）、质量经理（CMQ）、服务质量经理（SCMQ）、六西格玛绿带（CSSGB）和六西格玛黑带（CSSBB）考试和培训。

国家质检总局授权开展首席质量官培训

SQTC将在CNCA、CCAA及政府有关部门的指导下，不断拓展培训服务的覆盖面，为广大企事业单位提供优质的教育培训服务。

地址：中国上海市武夷路258号，200050
Add：No.258,Wuyi Road,Shanghai,China,200050
Tel:86-21-52389932 52389939 52389937
Fax:86-21-52389931
www.sqtc.org.cn
E-mail:peixun@sqtc.org.cn

赛宝认证中心
CEPREI CERTIFICATION BODY

科学 · 公正 · 服务 · 价值 | SCIENCE IMPARTIALITY SERVICE VAL

赛宝认证中心是经国家授权批准并得到国内外多方认可、专业从事第三方认证的权威机构，具有独立的法人资格。中心前身为成立于 1955 年的中国电子产品可靠性与环境试验研究所审查部。该研究所是中国专业从事产品质量与可靠性研究的国家科研机构。

序号	年份	大事记
1	1979 年	筹建中国电子元器件认证项目
2	1980 年	代表中国加入 IECQ 体系，成为中国最早的认证机构，为企业提供全面质量管理培训服务，从事生产许可证的审查工作；开展电子产品质量认证工作 与 IECEE 接轨，开展安全认证（长城认证）
3	1994 年	获得 CNACR 和 CNAB 双重认可，开展 ISO 9000 认证
4	1997 年	作为中国认证机构代表，接受国际认可论坛（IAF）同行见证评审
5	1998 年	获得国家环保总局 CACEB 认可，开展 ISO 14001 认证 获得美国三大汽车公司授权，开展 QS 9000 认证
6	2000 年	获得 CNACR 认可，开展 OHSMS 认证 获得信息产业部授权，开展计算机信息系统集成资质认证
7	2001 年	获得美国认可机构 RAB 认可，开展 ISO 9001、ISO14001、TL 9000 认证 获得 CNAB 认可，开展 TL9000 认证 获得 CNAB 授权，开展 BS7799 认证试点工作和 OHSMS 认证
8	2002 年	获得 CNAT 认可，开展国家注册审核员和内审员培训
9	2003 年	开展 ISO/TS 16949 认证 获得信息产业部授权，开展软件过程能力评估和培训、信息系统工程监理资质认证和监理工程师培训、计算机信息系统集成项目经理培训和高级项目经理培训
10	2004 年	获得 CNAB 认可，开展自愿性产品认证 与美国 SEI 授权机构合作开展 CMMI 技术服务及相关培训
11	2005 年	获得 IECQ 认可，开展 IECQ 危害物质过程管理体系认证（中国唯一机构） 作为北京九鼎国联汽车管理体系认证有限责任公司股东机构，配合完成汽车行业 ISO/TS 16949：2002 认证项目认可，并开展认证工作 获得美国质量学会（ASQ）授权，成为“ASQ 南中国专业人员培训中心”，开展 ASQ 注册专业技术人员培训
12	2006 年	获得 ISTQB 认可，开展国际软件测试工程师培训
13	2007 年	获得信息产业部授权，开展 SPCA 软件过程改进评估师培训
14	2008 年	开展 IT 治理与 IT 审计业务
15	2009 年	获得 ANAB 认可，开展 ISO 27001 认证 与美国 SEI 授权机构合作开展 CMMI for Service 技术服务 获得 APMG 授权，开展 ITIL 培训及认证考试
16	2010 年	获得 CNAS 认可，开展 ISO 27001 认证 获得 UNFCCC CDM EB 认可，开展 CDM 审定 / 核查
17	2011 年	获得欧盟自愿性碳减排黄金标准（GS）协会认可，开展黄金标准审定 / 核查 获得国家财政部、发展改革委批准，开展第三方节能量审核 获得“广东省节能技术服务单位”资格 成为工信部品牌培育技术服务支撑单位
18	2012 年	获工业和信息化部授权，开展信息技术服务运行维护（ITSS）符合性评估工作
19	2013 年	获国家发展改革委批准，开展中国自愿减排碳交易审定与核查 获国家认证认可监督管理委员会批准，开展信息技术服务管理体系认证，并获 ANAB 认可。
20	2014 年	获得工业和信息化授权，开展两化融合管理体系贯标业务
21	2015 年	获得认监委 CCC 认证指定认证机构资格 与 CSA 推出中国首个全球认可的云安全评估服务 C-STAR 当选为电子商务认证联盟副理事长单位

泰尔认证中心

、中心概况

认证机构批准书

认证机构批准书　附件

泰尔认证中心（简称TLC），隶属于中国信息通信研究院，是目前国内的一家专从事邮电通信行业企业质量管理体系认证、环境管理体系认证、职业健康安全管理系认证和产品认证的机构。中心秉承中国信息通信研究院“鼎力支撑政府，热忱服行业”的宗旨，树立了“促进通信行业新技术的产业化发展、提高行业整体技术、量和管理水平”的企业责任观，积极推动政府、通信运营企业、通信设备制造企、消费者和第三方认证检测机构间相互关系的和谐发展。成立十余年来始终专注于务国内邮电通信行业，获证企业全部为通信运营企业、通信设备制造企业、通信程施工企业及邮政系统单位。

泰尔认证中心是国内较早通过国家主管部门批准、开展认证业务的机构之一，早在1996年就通过了国家质量技术监督局的批准和国人可。2003年泰尔认证中心按照原信息产业部和国家认证认可监督管理委员会的要求完成了企业法人工商注册，注册资本为人民币伍亍元，是目前国内注册资本金最高的认证机构。2006年中心再次通过了国家认证认可监督管理委员会对认证资格的重新确认，隹的业务范围为：质量管理体系认证、环境管理体系认证、职业健康安全管理体系议证、邮电通信产品认证，批准编号为：CA-R-2002-030。

为了确保认证活动的科学性、客观性和公正性，泰尔认证中心组建了管理委员会，由来自工业和信息化部相关司局、中国信息通信究院、中国电信、中国移动、中国联通、中国通信标准化协会、部分大型通信设备制造企业及相关研究机构等单位的代表组成，从E运作方针、运营战略及政策实施方面给予指导和监管。

、历史沿革

1.1994年10月，根据原邮电部科技司科质[1994]170号文件要求，在邮电部邮电工业标准化研究所内筹建通信设备质量体系审中心，1995年3月正式成立。

2.1995年7月，根据原邮电部科技司科质[1995]154号批复要求，更名为邮电通信质量体系认证中心。

3.1996年12月，经原国家质量技术监督局批准，正式成为国家注册的第三方专业认证机构。

4.2001年3月，根据国务院办公厅国办发[2000]38号、科学技术部中科发[2000]300号文件要求，随信息产业部邮电工业标准化研究建制并入信息产业部电信研究院。

5.2002年12月，根据原信息产业部信部科[2002]639号批复要求，更名为泰尔认证中心。

6.2002年12月，通过了国家认证认可监督管理委员会(CNCA)对机构认证资格的重新确认，批准业务范围为：质量管理体系认证、竟管理体系认证、职业健康安全管理体系认证、邮电通信类产品认证。

7.2003年1月，根据信息产业部和国家认证认可监督管理委员会的批准，信息产业部电信研究院出资人民币伍仟万元，正式设立泰人证中心并完成工商注册。

、业务范围

目前泰尔认证中心在质量管理体系认证、环境管理体系认证、职业健康安全管理体系认证方面服务的专业范围包括：邮电通信运营业及橡胶和塑料制品、基础金属及金属制品、机械及设备、电气电子和光学设备等制造行业企业和通信工程设计施工、通信系统及计机信息系统集成、软件开发等行业企业。

泰尔认证中心开展的产品认证覆盖了通信电源、通信电缆光缆、蓄电池、配线设备、手机充电器、移动基站天线等六大类共80余种言产品。

、主要业绩

目前泰尔认证中心颁发的产品认证证书已被各大电信运营商全面采信，普遍作为招投标时的基本资质要求之一。同时在部分政府机其它行业的采购招标活动中，中心颁发的产品认证证书也被作为招投标时的基本资质要求之一。

长期以来泰尔认证中心在行业主管部门的关心和广大邮电通信运营及通信设备制造企业、通信工程设计施工企业的支持下，在产品E和管理体系认证方面取得了长足发展，截止目前累计发放各类认证证书约6400余张，涉及企业2700余家。

、远景展望

泰尔认证中心始终秉承“坚持标准、审核公正、作风廉洁、保守机密、为用户提供优质服务”的质量方针，并将继续坚持和不断强专业特色的发展策略，力争为邮电通信行业的发展保驾护航、为企业产品质量和管理水平的稳步提高倾心尽力。同时，为顺应认证事内发展尤其是广大企业的需要，泰尔认证中心还将在原有认证业务范围的基础上，逐步向更宽、更广、技术含量更高的领域拓展，以巨好地为广大通信行业企业服务。

泰尔认证中心热切期望越来越多的通信行业企业能加入到泰尔认证中心的获证企业行列中来，在信息通信业和认证认可行业主管部内领导下、携手电信运营商、共同开创通信行业美好的明天！

深圳市标准技术研究院

深圳市标准技术研究院成立于1984年3月，直属于深圳市市场和质量监督管理委员会，业务接受深圳市市场监督管理局和深圳市食品药品监督管理局指导，是深圳市专业从事标准化科研、服务和应用的新型科研机构。

我院主要职能包括：国内外标准、技术法规供给服务；标准化研究、咨询、培训、符合性检验、国际交流与合作；技术性贸易措施研究与服务；现代产业公共技术与标准化研究与服务；编码技术在经济社会中的应用研究与服务；RFID公共技术与标准研究；公共标识标准化研究、应用与服务；组织机构代码、商品条码、标准备案、标签备案、防伪管理等行政委托管理及服务；电子商务研究；质量技术监督信息化技术支持；与质量技术监督相关的认定、评定、鉴定、评价、公估、验货等第三方公正性技术服务。

我院凭借在各个领域沉淀积累的标准化科研优势，建立标准实施的联动机制，为业务领域内的企业提供具体的量化的管理体系及服务认证，为企业提供体系及服务的过程、产品和服务的认证业务。目前我院已荣获中国认证认可监督管理委员会审批的质量管理体系、环境管理体系、职业健康安全管理体系和第三方物流服务的认证资质，同时接受深圳市企业社会责任促进会的委托为企业提供专业的评价服务，此外，作为深圳市首批碳核查服务机构之一，我院积极参与深圳市碳交易体系筹备以及核查工作，助推城市绿色发展。以标准来表现并通过认证的实施来控制和保障，从而推动企业提高服务质量，树立良好市场形象，提高行业竞争力；同时，通过这种良好的行业规范，充分保障消费者权益，促进行业和市场的健康有序发展。

地址：深圳市滨河大道3002号无线电管理大厦十、十一楼
电话：+86 755-83997937　传真：+86 755-8399 7920
网址：http://www.sist.org.cn

环境保护部有机食品发展中心（OFDC-MEP）
南京国环有机产品认证中心（OFDC）

OFDC——中国有机事业的发起机构，推动中国有机事业发展的主力军与核心力量，开创了中国有机事业的先河。OFDC 是中国率先同时获得国内（CNCA）和国际（IFOAM）认可的有机认证机构，亚洲首家获得加拿大官方认可的有机认证机构，同时也是全球第一批获得欧盟等效性认可的 30 家有机认证机构之一。

OFDC 能提供的服务

1. 认证服务领域：

- OFDC 有机认证帮助您的产品顺利进入以下有机市场：

中国、美国、欧盟、日本、加拿大、东盟、韩国、中国台湾和中国香港等国家和地区。

- 良好农业规范（China-GAP）认证——国际通行的从生产源头加强农产品和食品质量安全控制的有效措施。

OFDC 业务范围世界分布图

《有机产品》国家标准认证

OFDC 有机标准认证

JAS 认证

欧盟有机标准

加拿大有机认证

美国有机认证

Gertall 合作认证

GAP 认证

2. 其他有机相关领域的服务：

有机农业领域的科学研究、区域有机食品发展规划研究、国际项目合作、标准培训和技术支持、宣传和推广等。

地址：南京市蒋王庙街8号（邮编：210042）
Add：8 Jiang-Wang-Miao Street，Nanjing 210042，P. R. China
电话/Tel：+86-25-85287238/85287244
传真/Fax：+86-25-85287242 / 85420606
E-mail：info@ofdc.org.cn
网址/Web：www.ofdc.cn / www.ofdc.org.cn

国家林业局调查规划设计院

面对资源约束趋紧、环境污染严重、生态系统退化的严峻形势，树立尊重自然、顺应自然、保护自然的生态文明理念，走可持续发展道路已成为当前世界各国发展的必然趋势。生态文明建设作为中国“五位一体”的发展战略之一，把可持续发展提升到了绿色发展高度，目的就是要发展更多的生态资产。森林资源的蓄积量增长和质量提高是增加和提升生态建设成果的基础。随着森林资源开发利用投资主体的市场化、多元化、国际化，在保证森林可持续利用的前提下，如何合理提高森林经营的管理水平、正确评估森林资源的有效价值、真正建立森林产品的产销链条，通过为森林所有者、经营者提供科学、准确、可靠的森林认证服务，确保投资者的权益得到保障、收益最大化，并帮助企业树立社会责任意识，是森林认证工作的内涵和精髓。

作为全国调查规划设计的国家队，国家林业局调查规划设计院是我国生态与资源监测、信息化建设、规划设计、资源评估方面一流的咨询服务单位，业务领域涉及森林监测与评价、森林经营与管理、野生动植物保护与驯养、国家公园（自然保护区、湿地公园、森林公园、沙漠公园等）设立与发展、旅游设计与拓展、生态价值评估与服务及森林碳汇计量与交易等林业建设的各个领域，专业技术力量雄厚，行业影响力大，一直为全国性、区域性的生态建设提供技术支撑和咨询服务。

近年来，国家林业局调查规划设计院根据经济社会发展趋势，及时调整业务格局，积极拓展森林认证业务，通过参与认证标准的起草、认证业务培训，培养了一支熟练掌握森林认证知识、认证政策与规则并具有丰富实践经验的队伍。2015年11月，国家林业局调查规划设计院获得国家认证认可监督管理委员会颁发的《认证机构批准书》（批准号：CNCA-R-2015-203），成为具有独立法人地位的第三方认证机构，主要从事中国森林经营——森林经营（FM）（GB/T 28951—2012）、中国森林认证——产销监管链（GB/T 28952—2012）以及中国森林认证-生产经营性珍贵濒危野生动物-饲养管理（LY/T 2279—2014）等认证业务。

长期以来，国家林业局调查规划设计院一贯秉承“求实开拓、巩固提高、精兵高能、优质高效”的宗旨，立足国内、放眼世界，竭诚与国内外森林资源开发利用的企业进行合作，为壮大全球林业、改善自然环境、维护生态安全、应对气候变化提供优质、高效服务。

地址：北京市东城区和平里东街18号4号楼　邮政编码：100714

电话：010-84238007　网址：http://ghy.forestry.gov.cn

江苏九州认证有限公司

JIANGSU JIUZHOU CERTIFICATION CO., LTD.

总经理　林军

江苏九州认证有限公司（原江苏质量保证中心）成立于1995年，由原江苏省计划与经济委员会组建；1996年获得原国家技术监督局批准，同年12月30日在江苏省人民政府8楼会议室正式挂牌，属全额拨款的事业单位。2002年11月19日，由原江苏省经贸委下属全额拨款的事业单位整体改制为股份制企业，是江苏省第一家一级资质的认证机构。批准号为CNCA-R-2002-029。

公司自创建以来，始终坚持以顾客满意为服务宗旨，以振兴江苏经济为己任，以公正、客观、快捷、高效来服务企业、服务社会。先后荣获江苏省计经委、江苏省经贸委“二个文明建设先进集体”和江苏省质量技术监督局“质量认证先进集体”荣誉称号，并且在国家认监委组织的“认证机构顾客满意度调查评比”活动中，连续多年名列前茅。

近年来，江苏九州认证有限公司在国家法律规范、行政监管、认可约束、行业自律、社会监督“五位一体”机制的管理下，按照“客观公正、热情服务、崇尚信誉、严谨务实”的质量方针和“统一思想、振奋精神、扎实工作、努力开创九州认证工作新局面”的总要求，全体员工团结一致，认真学习实践科学发展观和十八大精神，认真贯彻国务院《认证认可条例》和国家认监委《认证机构管理办法》，自觉履行规范要求，强化风险管理，完善规章制度，不断提升认证机构的服务能力和水平，不断提高获证组织体系运行的有效性，坚持任尔东西南北风，咬定“质量”不放松，脚踏实地，认真做好每一件事情，把握好每一次审核，坚持不设分公司，不设办事处，公司一级管理，坚持不求数量最多，但求信誉最好，不求急功近利，但求科学发展，以“诚信和规范”赢得了CNCA、CNAS、CCAA以及省发改委、省质监局、省安监局、省环保厅、省市消费者协会和社会相关方的信任和好评。目前，公司是由省政府牵头，省民政厅社会组织管理局、省行业主管部门、省行业协会、省专业服务机构及各市民政局所组成的江苏省社会力量参与市场监管工作成员单位之一，江苏省监狱管理局指定的认证机构，同时还是中国500强之首的“中国石化集团公司”在江苏省境内指定的认证机构。

东南标准认证中心（英文缩写SEC），是国家认证认可监督管理委员会（CNCA）批准设立的认证机构（机构批准：CNCA-R-2002-083）。本中心按ISO/IEC导则建立第三方认证制度，经中国合格评定国家认可委员会（CNAS）依据认可准则予以认可。本中心依托福建省产品质量检验研究院雄厚的人力和技术资源开展认证工作，秉持公开、公正、独立的原则，为广大客户提供规范、便捷的增值认证服务，为客户创造价值。

宗旨：公正、科学、效率、价值

目标：创建管理一流、技术一流、作风一流、服务一流的多学科的第三方认证机构

理念：以提升客户的产品质量和管理水平为己任，通过公正、科学的认证服务，为客户创造价值。

队伍：中心拥有各类专兼职审核员100多名，技术专家80余名，涉及种植、养殖、食品、机械、建材、塑胶、纺织、电子、电器等，均为行业内权威人士，为中心各行业认证服务提供了强大的技术支撑。

东南认证服务项目：

——→认证业务：

管理体系认证：ISO 9001、ISO 14001、OHSAS 18001、ISO 22000、HACCP等各类管理体系认证

国家注册号：CNAS C083-M CNAS C083-P

中国认可
国际互认
产品
PRODUCT
CNAS C083-P

中国认可
国际互认
管理体系
MANAGEMENT SYSTEM
CNAS CXXX-M

产品认证：中国饲料产品认证、纺织品安全认证、其他自愿性产品认证，涉及塑料、机械、建材、轻工、化工、纺织等行业产品，针对不同产品和企业的需求，颁发产品认证证书和标志

产品认证检测机构：福建省产品质量检验研究院、国家加工食品质量监督检验中心、国家塑料制品质量监督检验中心、国家电子信息产品质量监督检验中心、 国家中小型电机产品质量监督检验中心、国家低压开关电器产品质量监督检验中心 、国家建筑装饰装修产品质量监督检验中心等

GAP良好农业规范认证

体系认证、产品认证双认证服务

——→技术培训：认证审核、工厂检查相关培训 、GB/T 19580—2012《卓越绩效评价准则》的宣贯和培训、产品检验相关知识培训、产品标准及检测、实验室相关知识培训（实验室资质认定、实验室认可、检验员等）、管理知识培训、安全生产标准化培训

中心审核员与认可委专家在见证企业现场审核

中心主任陈永煊与国际知名机构合影

地址：福建省福州市杨桥中路杨南街83号
邮编：350002
传真：0591-83705673
电话：0591-83762042 83775245
电子信箱：khb@fjsec.com
网址：http://www.fzsec.com

北京国体世纪体育用品质量认证中心

中心简介

认证机构批准书

中国合格评定国家认可委员会

产品认证机构认可证书

(No. CNAS C099-P)

北京国体世纪体育用品质量认证中心有限公司

北京国体世纪体育用品质量认证中心有限公司（简称“北京国体认证中心”,NSCC）于2002年经国家认证认可监督管理委员会批准，由国家体育总局同意组建的具有独立法人地位、负责体育用品认证的第三方专业产品认证机构（出资方：国家体育总局体育器材装备中心、国家体育总局体育科学研究所、华体集团有限公司、河北省质量检验协会）。

国家认证认可监督管理委员会批准号：CNCA-R-2002-099

中国合格评定国家认可委员会认可号：CNAS C099-P

北京国体认证中心开展体育用品产品认证工作，坚持国际通行的认证准则，执行国家有关法律、法规及相关政策，严守认证工作纪律。做到认证：科学、公正、权威；服务：热诚、高效、负责。

北京国体认证中心与国家标准化管理委员、全国各单项体育运动协会、国家级质量检验中心以及国际相关产品认证机构保持密切联系与合作。

北京国体认证中心注重社会效益，不以盈利为目的。在国家体育总局、国家认证认可监督管理委员会的指导和监督下，积极开展体育用品产品质量认证工作，促使我国的体育产品质量不断提高，逐步树立民族品牌形象，为我国竞技体育运动以及全民健身活动的发展提供良好的质量保证，为我国体育事业和体育产业的发展做出贡献。

北京国体认证中心认证业务范围：室内健身器材，室外健身器材，运动鞋，运动服装，国民体质监测器材，体操器材，田径器材，乒羽器材，球类器材，户外攀岩类体育器材，冰雪运动器材，水上运动器材，轮滑器材，休闲娱乐康复器材，人造草、塑胶跑道、木地板等场地场馆设施辅助器材。

地　　址：北京市东城区体育馆路11号5层

邮政编码：100061

联系电话：010-67102638　67160958

传　　真：010-67102638

官方网站：www.nscc.com.cn

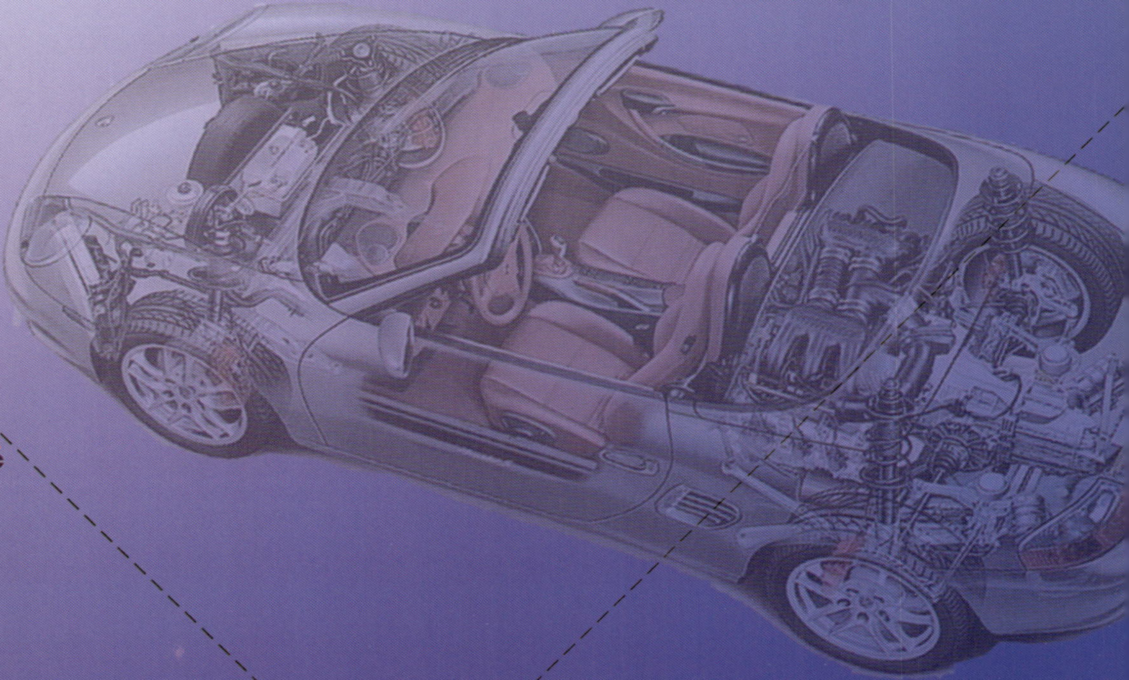

科学公正 专业客观 诚信热情 服务高效

北京东方计量测试研究所

Beijing Oriental Institute of Measurement and Test

北京东方计量测试研究所是中国航天科技集团公司第五研究院所属的专业计量测试研究所，建于1985年。经过30多年发展，成为集电磁学、无线电电子学、时间频率、几何量、热学、力学、真空、卫星应用、静电防护和电磁干扰等专业为一体的综合性计量测试研究所，承担着国防、军队系统量值传递和计量校准测试任务，同时面向社会提供公正的校准、检测等服务。近年来，积极开展航天型号研制计量保障工作，为以载人航天工程、探月工程等为代表的型号任务圆满完成做出了贡献。

博士、硕士研究生培养单位，2011年成为教育部授权的硕士学位“仪器科学与技术”专业一级学科点，现有博士生导师、硕士生导师、学科带头人10余名，至今培养博士、硕士30余名。通过了国家实验室认可、计量认证和国防科技工业实验室认可、军用实验室认可，具有独立的产品认证管理体系。已经与美国国家标准学会（ANSI）、美国静电放电协会（ESDA）、中国电子仪器行业协会防静电装备分会、上海防静电工业协会等静电防护产品相关组织开展认证合作。

机构资质授权

- 国家静电防护产品认证机构 ***国家认监委授***
- 国家卫星应用产品质量监督检验中心 ***国家认监委授***
- 国家航天器研制计量测试中心（筹建） ***国家质检总局授***
- 国防科技工业电学一级计量站 ***科工局授***
- 工业（静电防护）产品质量控制和技术评价实验室 ***工信部授***
- 中国航天科技集团公司静电防护技术中心 ***集团公司授***
- 五院静电防护管理体系认证中心 ***五院授***

静电防护产品认证业务范围

防静电用品类：如防静电服、鞋、手套、工作帽等

防静电包装类：如防静电包装袋、周转容器等

防静电工具类：如防静电镊子、刷子、拔线器等

防静电设施类：如防静电地板、陶瓷砖、工作台、椅等

防静电设备类：如离子风机、人体电阻测试仪等

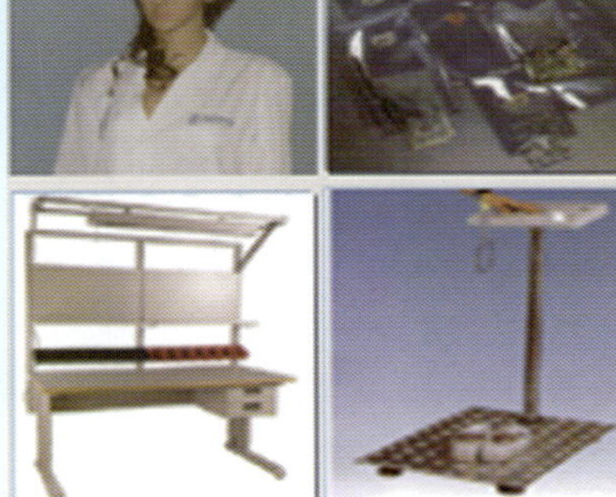

地址：北京市海淀区知春路82号　　通信地址：北京市9628信箱1分箱 100086
电话：010-68112012 010-68112047　　传真：010-68112054
网址：http://www.cast514.com

国家摩托车质量监督检验中心(天津)

国家摩托车质量监督检验中心(天津)是2001年11月由国家认证认可监督管理委员会批准，在天津摩托车质量监督检验所（始建于1988年）基础上成立的，具有独立法人资格和第三方公正性地位的，由中国合格评定国家认可委员会认可，国家工业和信息化部、国家认证认可监督管理委员会、国家环境保护部、国家质量监督检验检疫总局等部委授权指定的国家摩托车检验机构。

中心自成立以来，始终以“方法科学先进，服务优质高效，结论公正准确”为质量方针，坚持公正性、独立性和诚实性，为政府部门和国内外广大客户提供值得信赖的检验服务和技术支持，现已发展成为国内摩托车行业的权威检验机构，是各部委进行摩托车行业管理的技术支撑单位及摩托车国家标准编制起草单位。中心检验业务领域涉及摩托车、电动摩托车、电动自行车、全地形车、摩托车发动机、非道路小型通用汽油机以及零部件等产品，是目前国内被美国环保署(EPA)认可排放测试数据的国家级实验室。近年来中心在提升传统检测能力的同时，在出口认证、标准法规、科研等领域不断开拓创新，向着国际一流水平实验室不断迈进。

中心现有员工70余人，检验试验室面积7000余m^2，各种主要仪器设备约500余台（套），拥有排放检测、燃油蒸发、电磁兼容、发动机性能、整车性能、零部件、电动自行车等20余个先进试验室，能够满足44大类296项授权检验项目要求，同时能为企业提供摩托车E（e）–mark、DOT、EPA、CT等出口认证检测服务。

中心拥有占地60万m^2的摩托车专用试验场，试验场建有全长5km的高速环路、性能试验跑道及符合国际标准要求的噪声测试场地，为进行各种摩托车道路性能试验、可靠性及耐久性试验提供了专业、安全的测试场地。2009年试验场建设完成国内摩托车专用可靠性试验场地，可靠性试验跑道全长约4km，包含比利时路、石板路、鹅卵石路、鱼鳞坑路、正弦波路等19种特殊路面，可组合进行摩托车及其部件的强化试验，准确高效地进行产品的性能评价。

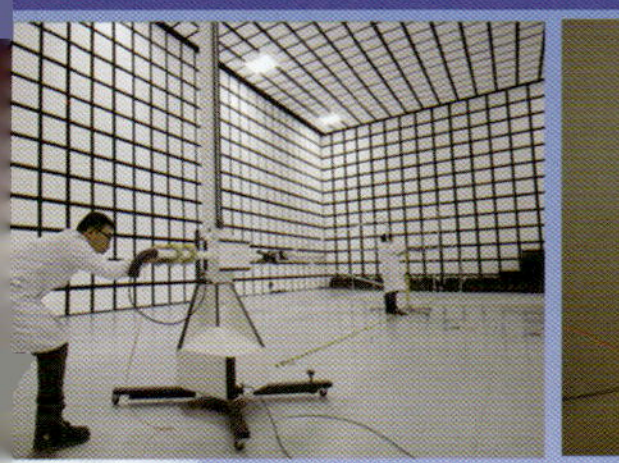

遵义市产品质量检验检测院

一、组织概述

遵义市产品质量检验检测院是遵义市质量技术监督局依法设置的计量检定及产品质量检验技术机构，财政全额拨款，独立核算的副县级检验检测事业单位，执行事业单位分级管理II类。

下设三个"国检中心"：国家茶及茶制品质量监督检验中心（贵州）、国家低压电器产品质量监督检验中心（贵州）、国家分接开关产品质量监督检验中心（贵州）（筹建中）；四个省级站（中心）：贵州省烟花爆竹产品质量监督检验站、贵州省低压电器产品质量监督检验站、贵州省危险化学品产品质量监督检验站、贵州省茶叶及茶产品质量监督检验中心；一个分中心：贵州省大数据智能终端产品质量监督检验中心；两个省级检测技术公共服务平台：贵州省高中低压电器产品公共检测技术服务平台、贵州茶产品公共检测技术服务平台；一个国际试点实验室：联合国-西班牙千年发展目标基金儿童食品企业生产加工安全控制子项目试点实验室；两个高等院校教学实践基地：遵义医学院教育实践基地、遵义师范学院教学实践基地；一个硕士生联合培养基地：遵义医学院公共安全学院食品安全检测硕士生联合培养基地；一个国家中小学生质量教育社会实践基地；一个国家职能鉴定站：国家劳动技能鉴定第三十四站。

二、实验设施和技术装备

全院实验室、办公面积22000m²，检测设备固定资产1.3亿元。其中电器产品实验面积8000m²，检测设备7100多万元；食品及相关产品（食品包装材料等）实验室面积5000m²（其中标准微生物室达300m²），检测设备3700多万元；工业产品实验室面积3500m²，检测设备1000多万元；计量检定、校准实验室面积4000m²，检测设备1200多万元。

三、人才团队

全院在职职工140人。在编80人（编制86人），其中博士1人，正高1人，副高15人，硕士研究生12人，工程师38人；入选西部访问学者1人，省千层次创新人才2人。

聘用人员60人，其中享受国务院特殊津贴专家1人，博士生导师1人，博士后1人，研究生5人，高等院校本科生31人。食品及相关产品检测人员38人、电器检测人员37人、计量检定校准人员31人、工业产品检测人员15人、后勤保障人员24人。

四、技术能力

2009年通过中国合格评定国家认可委员会（CNAS）认可，目前高中低压电器、食品、化肥等188种产品，参数1236个；国家茶及茶制品质量监督检验中心通过国家认可委和国家认监委三合一认证99种产品114个参数。

全省首家通过食品检验机构资质认定，食品及相关产品528种产品650个参数；通过省级实验室资质认定708种产品，参数379个；

建立计量技术标准103项，正在申请计量技术标准考核的项目53项。

五、科技工作

参与制定国家标准1项《工业、科学和医疗(ISM)射频设备 骚扰特性限制和测量方法》，主持制定行业标准1项《调容分接开关》，主持制定省级地方标准（规范）20项：《贵州绿茶》系列标准、《地理标志产品—正安白茶》、《贵州米粉（米皮）》、《凤冈天然富锌富硒茶》、《方竹笋 保鲜笋及笋干》、《湄潭翠芽》、《遵义红》、《绿宝石》、《雷山银球茶》、《茶籽油中茶并芘检测方法》、《豆芽中生长激素检测方法》、《地理标志产品 虾子辣椒》、《地理标志产品 道真绿茶》、《地理标志产品 道真灰豆腐》、《地理标志产品 赤水晒醋》；计量检定/校准规范1项：《液化天然气加气机校准规范》。

完成国家质检总局科研项目3项：《稀土叶面肥在茶叶生产上安全应用的研究》、《地理标志产品-凤冈锌硒茶的指纹图谱分析及鉴定方法研究》、《有载调容分接开关切换试验检测技术研究》；获总局批准立项3项：《贵州重要茶叶产品农药多残留现状与风险研究》、《低压交流软启动器测试与评估系统开发》、《遵义红茶加工过程中茶黄素、茶红素等品质特征动态及其与感官品质的关系》；获遵义市科技局批准立项1项《有载调容开关电寿命试验装置及方法的研发》。

2014年获国家科技部立项"2014年度中小企业发展专项资金科技创新、科技服务和科技型中小企业创业投资引导基金" 《贵州省高中低压电器产品公共检测技术服务平台》，项目资金500万元；国家总局"公益性行业科研专项"《有载调容开关试验与检测技术研究》，项目资金104万；国家总局"技改技装"《提升低压电器成套温升试验检测能力》，项目资金30万元。

共申请发明专利及实用新型授权10项，其中发明专利公示6项，实用新型专利已发布3项。共发表中文核心期刊论文6篇、SCI论文5篇、E I论文1篇、外文期刊论文1篇。

六、检测业务发展

遵义市产品质量检验检测院是国家质监总局、贵州省质监局重点支持建立的综合性检测技术机构，在贵州省综合检测实力最强，食品及相关产品、工业产品业务覆盖全省九个地（州）市，承担全省三分之一的监督抽查任务。

产品质量检测范围包括食品，覆盖国家24大类123个食品种类180个食品细类，农残检测能力达400多种，具备兽残、生物激素、抗生素检测能力；工业产品，如化肥、煤炭、危化品、水泥、钢筋、塑料管材、混凝土制品、家具、冶金产品等；电器产品，如配电柜、断路器、变电站、分接开关、调容开关、电机、变压器等。

积极参与食品安全突发事件，如辣椒掺加苏丹红、绿茶掺铅铬绿、牛奶掺三聚氰胺、白酒生产中迁移塑化剂等；低压电器检测西部地区最强的，其中分接开关是全国的第三方检测实验室；调容开关检测技术设备，具有完全自主知识产权，全国唯一的实验室；承担四川省、云南省、贵州省、重庆市低压电器成套、元件CCC检测任务。承担全国分接开发、调容开关研发性试验、型式试验任务。2015年检测样品12500多个批次。

计量建标103项、校准53项，主要服务遵义市行政区域，覆盖长度、力学、电学、理化、电离辐射、温度、光学、时间、频率、声学十类专业，其中锅炉能效测试、医疗卫生、矿用安全计量器具、燃气计量器具、离子色谱仪、大容量装置检定校准能力居全省前列。2015年检定、校准计量器具53000多台（件）。

七、近年来获得的荣誉

2006年荣获"全国质量检验检疫科技兴检先进集体"；

2008年荣获"全国产品质量监督工作先进单位"；

2011年荣获"全国质量监督检验检疫工作先进单位"。

2015年荣获"全国质量监督检验检疫系统先进单位"。

亲切/合理/专业

我/们/优/质/的/服/务/将/是/您/成/功/的/首/选

Company Introduction 公/司/概/况

上海凯瑞克质量体系认证有限公司是中国国家认证认可监督管理委员会批准备案的认证公司（批准文号为CNCA-RF-2004-37）。也是中国认证认可协会（CCAA）的会员单位，是英国QA国际认证公司（QAIC-UK）在华独资的唯一授权认证公司，也是QAIC在亚洲地区最大的认证集团，管辖范围涵盖了大中华地区（中港澳台）及日本、韩国、泰国、新加坡、马来西亚等亚洲分公司。

QAIC是世界知名的国际认证机构之一，始建于1993年，总部位于英国的重工业城市达灵顿市，致力于为全球客户提供国际质量认证及产品认证服务达10余年。通过全球性的服务网络，帮助客户获得权威、直接而价格合理的国际认证证书。（UKAS认可编号046号）。

QAIC审核范围之广，几乎涵盖了工业领域的所有范围，其中英国的绝大多数知名商业、工业制造企业均为QAIC的客户。QAIC拥有各领域的专家及学者，并以持续扩大自身的规模为已任，在全球的许多国家建立了自己的分支机构和办事处（包括欧美、亚洲及中东国家）。

上海凯瑞克质量体系认证有限公司具有严格的审核员培训及考核制度，集团内所有聘用的审核员均具有英国（IRCA）、澳大利亚（QSA/RAB）、中国（CCAA）注册的审核员和高级审核员资格，具有丰富的工业、服务等领域的行业经验，善于将国际上知名企业的先进管理模式灵活介绍，运用到国内企业之中，使其能真正与国际质量接轨，提升客户在全球市场的竞争力。

作为外资机构，上海凯瑞克质量体系认证有限公司既遵循国际标准和要求，又着手立足中国国情，在2012年向中国合格评定国家认可委员会（CNAS）申请递交了OHSMS的认可申请，并于同年通过国家认可。从此，上海凯瑞克逐渐向具有中国特色的认证机制方面迈进。通过多年经营运作，发展为既要遵循国际标准，又要符合中国国情，走国际化与中国特色相结合的认证发展之路，是上海凯瑞克对未来公司发展的正确选择。

为保证上海凯瑞克质量体系认证有限公司的独立性和客观性，以奠定其国际市场上之领先地位，上海凯瑞克的一贯宗旨是绝不从事制造、贸易、金融和咨询工作。权威性、公正性不但是上海凯瑞克的永久承诺，也是接受上海凯瑞克服务的企业其长期利益的保证基础。

凯瑞克认证集团中心思想：科学、公正、诚信、责任！保证认证服务的质量，给企业提供最佳的服务是我们的一贯宗旨。

必维国际检验集团

必维认证（北京）有限公司

Bureau Veritas Certification是全球领先的认证机构，颁发的证书超过100 000份，在100多个国家拥有客户80 000余家。凭借由5 700名资深审核员组成的全球网络以及40多个国家和国际授信机构认可的广泛专业技能，Bureau Veritas Certification能够依据国际/行业标准和量身定制的认证方案为您提供全面的质量、健康、安全、环保、社会责任(QHSE-SR)认证和审核服务。

我们的服务

- ISO 9001 质量管理体系
- ISO 14001 环境管理体系
- OHSAS18001 职业健康与安全管理体系
- ISO 50001 能源管理体系
- FSMS 食品安全管理体系
- SA 8000 社会责任管理体系
- ISO / TS 16949 汽车工业质量管理体系
- AS / EN 9100 系列航空航天工业质量管理体系
- IRIS 国际铁路工业质量管理体系
- TL 9000 通信行业质量管理体系
- QC 080000 IECQ - HSPM 有害物质过程管理体系
- 森林认证
- ISO 14064 温室气体排放与清除量化的审核与核查
- CSR 企业社会责任报告验证
- CDM 清洁发展机制
- 第二方审核
- 温室气体排放验证 ISO 14064

ONE WORLD ○ OUR APPROVAL

国际权威检测认证机构

Nemko 北美市场准入服务

针对北美市场，Nemko可以颁发NRTL认证和FCC/IC等无线认证以及EPA/NRCAN等能效认证。

2016年Nemko的NRTL认证范围扩展到家电类产品，现在，Nemko NRTL 认证可以涵盖以下产品类别:

信息技术; 视听设备；电源； 医疗设备；测试测量设备和家电设备。

Nemko Europe 认证

涵盖LVD; EMC; RoHS; ErP; R&TTE 等要求CE标识的指令

由Nemko做全面的审核和评估

证明产品完全符合欧盟CE标识所有指令的要求

用一张权威证书换取你的欧洲进口商的完全放心

申請Nemko Europe的同時也颁发传统的N标志证书

工厂检查和年费与N标志合并仅收一次

Nemko Europe Certification Service

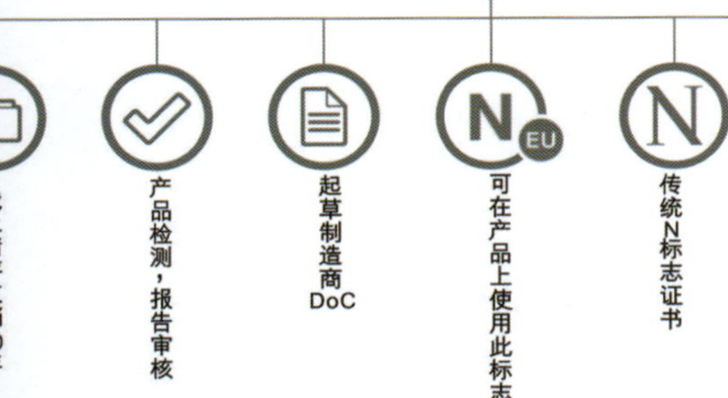

Nemko 是世界性独立的机电产品测试认证机构；

Nemko 是国际性CB方案和CB-FCS方案的创立成员；

欧洲ENEC 方案的创立成员; 北欧EMKO方案成员；

北美OHSA认可的NRTL; FCC 和IC认可的TCB机构。

Nemko 颁发的CB证书总量具有极高认可度；

基于Nemko CB的国际转证持续名列前茅；

Nemko的GS证书免收证书年费;

Nemko的GS证书最长有效期可达5年；

在Nemko，一套测试可以同時获得CB; ENEC; Nemko-Europe; N mark; GS; NRTL; CE; FCC; IC 等认证；

Nemko 国际转证服务方案可说明客户获得一百多个国家的市场准入通行证；

www.nemko.com

深圳 深圳市南山区科技园科发路8号金融基地2栋10楼CD单元

Tel:+86 755 8221 0420 Email: Gary.yang@nemko.com

香港 香港 新界 屯门 海荣路22号 屯门中央广场19楼23室

Tel:+852 2675 0288 Email: Mark.leung@nemko.com

上海 上海市徐汇区中山西路1800号兆丰环球大厦18G

Tel:+86 21 5445 3132 Email: Dominic.ye@nemko.com

台湾 台北市内湖区堤顶大道二段411号5楼

Tel:+886 2 8797 8790 Email: Danny.lu@nemko.com

Sherry.kuo@nemko.com

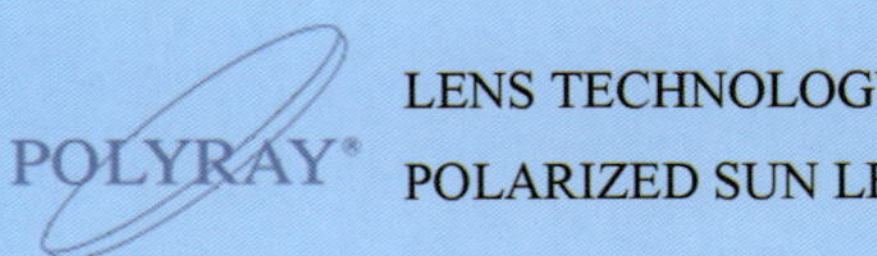

厦门虹泰光学有限公司检测中心

成立于 2012 年，隶属于厦门虹泰光学有限公司。2016 年 7 月 25 日，中心正式通过中国合格评定国家认可委员会（CNAS）实验室认可并授予证书，注册号：CNAS L9206。

中心拥有一支技术力量雄厚，素质优良，集检验分析，标准研究，科研开发于一体的专业团队，负责人为眼镜行业的资深专家，是全国光学和光子学标准化技术委员会眼镜光学技术委员会（代号 SAC/TC103/SC3）委员、厦门眼镜协会委员。

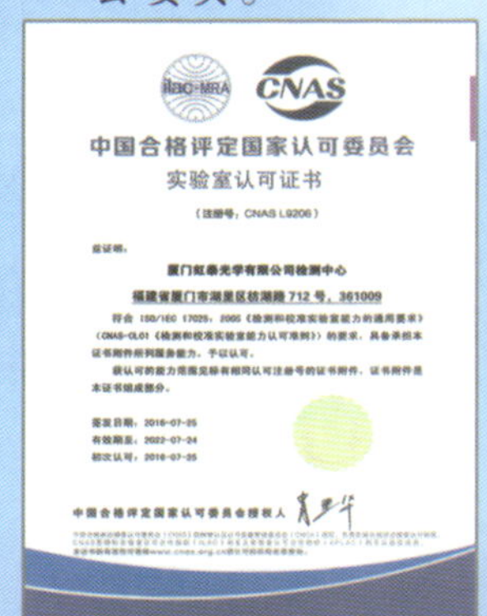

中国合格评定国家认可委员会
实验室认可证书
（注册号：CNAS L9206）

厦门虹泰光学有限公司检测中心
福建省厦门市湖里区枋湖路 712 号，361009

签发日期：2016-07-25
有效期至：2022-07-24
初次认可：2016-07-25

China National Accreditation Service for Conformity Assessment
LABORATORY ACCREDITATION CERTIFICATE
(Registration No. CNAS L9206)

Xiamen Hongtai Optical Co., Ltd. Testing Center
No.712, Fanghu Road, Huli District, Xiamen, Fujian, China

is accredited in accordance with ISO/IEC 17025: 2005 General Requirements for the Competence of Testing and Calibration Laboratories(CNAS-CL01 Accreditation Criteria for the Competence of Testing and Calibration Laboratories) for the competence to undertake the service described in the schedule attached to this certificate.

The scope of accreditation is detailed in the attached schedule bearing the same registration number as above. The schedule form an integral part of this certificate.

Date of Issue: 2016-07-25
Date of Expiry: 2022-07-24
Date of Initial Accreditation: 2016-07-25

中心拥有上百台国际先进的检测设备，且检测能力范围涵盖了 ISO 国际太阳眼镜标准、ANSI 美国太阳眼镜及安全眼镜标准、GB 国标眼镜镜片标准、QB 太阳镜行业标准，检测对象包含太阳眼镜及镜片、眼镜镜片及安全眼镜等。

我们将始终坚持“科学、公正、优质、创新”之质量方针，促进新产品研发与创新，不断提升企业市场占有率和综合竞争力，实现企业国际化。

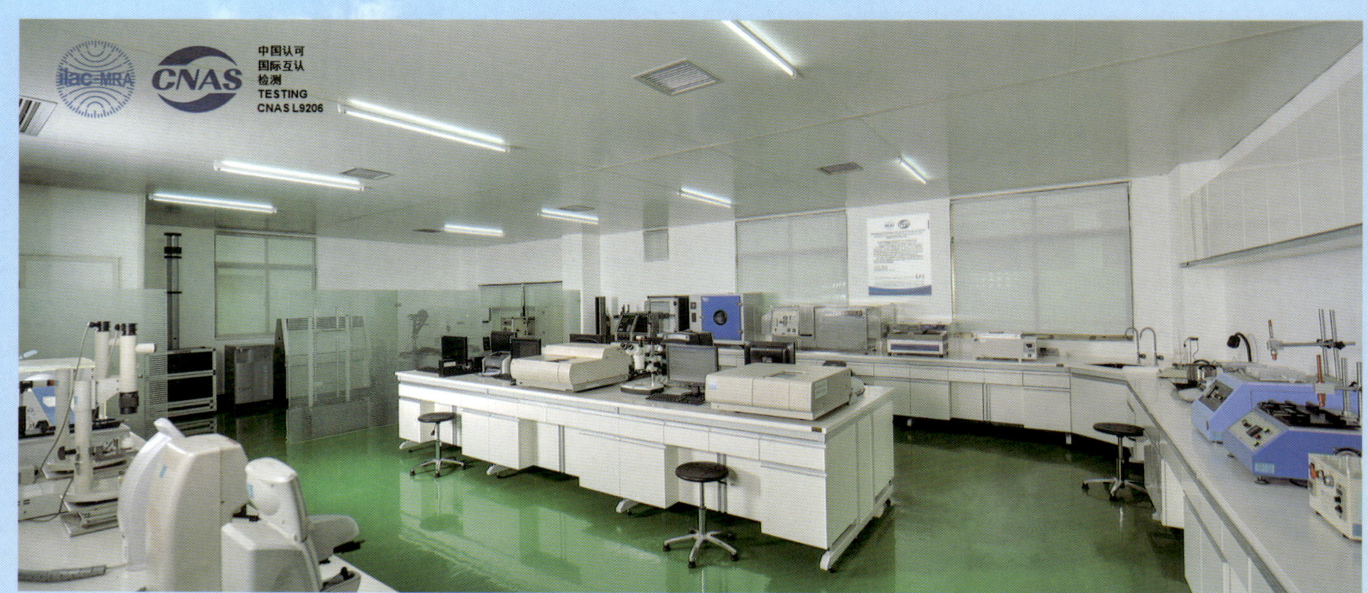

电话：0592-5783191-5
地址：福建省厦门市湖里区枋湖路712号
网址：www.hongtaig.cn

安徽高诚司法鉴定所

安徽高诚司法鉴定所于2005年4月4日经安徽省司法厅批准正式成立，是具有独立法人资格的司法鉴定机构。鉴定类别囊括法医精神病鉴定、法医临床鉴定、法医毒物鉴定、法医病理鉴定、医疗纠纷鉴定，对涉及与法律有关的医学问题，如：颅脑损伤所致的精神障碍、智力缺损、刑事责任能力、民事行为能力、血液中乙醇含量定性、定量分析、道路交通事故受伤人员伤残程度鉴定、职工工伤与职业病致残程度鉴定、劳动能力鉴定、医疗损害鉴定、医疗费用合理性审查、 死亡原因、死亡时间等鉴定，均能出具符合国家相关法律规定的正式鉴定文书。

我所现办公用房面积达1000余平方米，设有办公室、检查室、会议室、档案室、调阅室等。所内环境优雅舒适，基础设施齐全，技术力量雄厚，检测设备精良。我所具备副高以上技术职称的司法鉴定人员45名，其中多人具有数十年的公安、检察院、法院的法医鉴定及临床工作经验。本着“公平、公正、高效、诚信”的工作宗旨，竭诚为广大被鉴定人服务。

2013年，我所荣获安徽省档案局颁发“机关档案工作目标管理考核安徽省一级单位”；六安市司法局授予我所2013年度、2014年度“先进司法鉴定所”。

2016年3月8日我所获得《中国合格评定国家认可委员会实验室认可证书》，2016年3月17日获得中国国家认证认可监督管理委员会颁发的《检验检测机构资质认定证书》。

我们将以此为契机，再接再励争创佳绩……

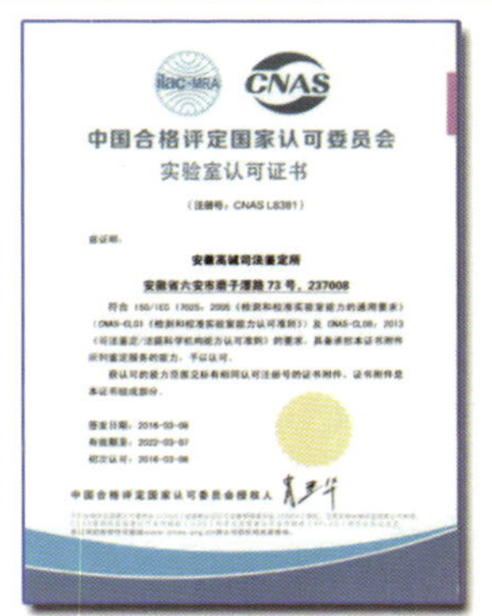

2016年3月8日通过CNAS认可

2016年3月17日通过国家认证认可监督管理委员会认证

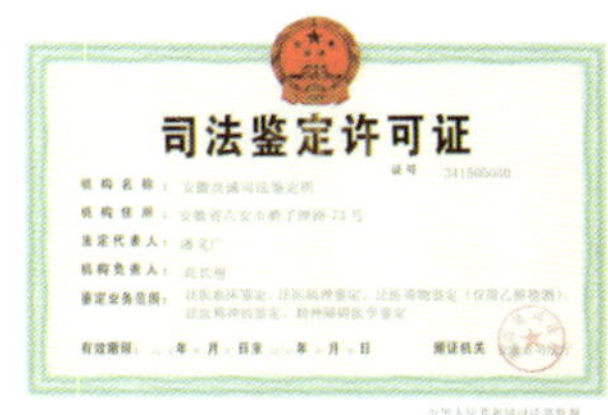

安徽高诚司法鉴定所成立于2005年4月4日

四川医科大学司法鉴定中心

Judicial Authentication Center of SiChuan Medical University

四川医科大学司法鉴定中心（以下简称“中心”）于2014年2月13日由四川省司法厅依法核准设立，司法鉴定许可证号为：510514315。中心具有独立法人资格，是面向社会服务的中立性司法鉴定机构。中心不仅接受全国各级公、检、法、司机关的委托，也接受行政机关、企事业单位、社会团体及公民个人的委托，本着“合法、独立、客观、公正、科学、规范、准确、高效”的原则开展鉴定。

中心以西南医科大学及其附属医院、附属中医医院、附属口腔医院为依托，具有雄厚的鉴定科学实力、强大的鉴定技术力量和先进的鉴定设备。我校是四川省普通高等院校，是川南、川滇黔渝结合地区的医学中心，其学科文理兼备、种类齐全、医学师资力量雄厚，鉴定科学技术已有几十年历史积淀，中心开展的鉴定项目具有显著优势。中心的业务范围包括：法医精神病鉴定、精神障碍医学鉴定、法医临床鉴定、法医病理鉴定、法医物证（亲权）鉴定。中心通过了由司法部司法鉴定科学技术研究所进行的能力验证，五项验证均获得“满意”的成绩。

强大的鉴定专家团队

中心现有鉴定专家24人，均为泸州市、西南医科大学及三所附属医院的专家或学术技术带头人。其中，正高级职称8名、副高级职称11名、中级职称3名。24名司法鉴定人具有丰富的鉴定经验，在各自的鉴定领域内均具备较高的鉴定能力。中心充分整合三附院的专家资源，建立司法鉴定会诊专家库，汇集基础、临床各个专业具有高级职称以上的专家164人，为司法鉴定工作提供全面的技术支持。

高精的专业技术设备

中心与学校和三个附属医院共用所有的仪器设备，现拥有全自动基因分析仪、PET-CT、3.0T磁共振、128排螺旋CT、ECT、直线加速器、DSA、热疗机、彩色多普勒B超、全自动生化分析仪等5亿多元的大型现代化仪器设备，符合司法部《司法鉴定机构仪器设备配置标准》要求，能全面满足开展五个项目司法鉴定的需求。

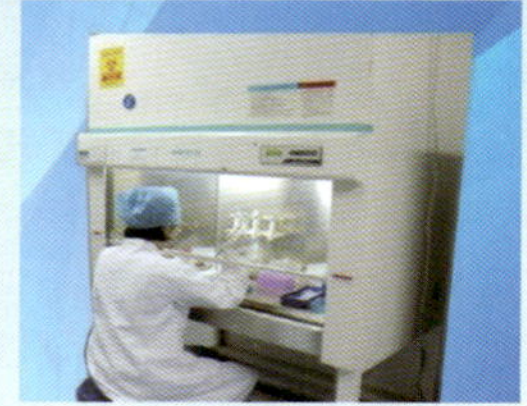
生物安全柜

3500DX

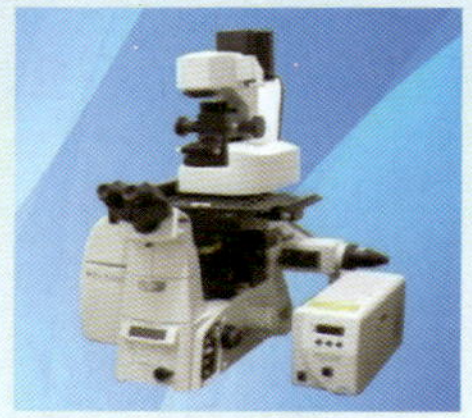
激光捕获显微切割系统

正置荧光显微镜

先进的理念和严格的管理

中心高度重视制度建设和行风建设，构建长效发展机制。中心编制了以质量管理体系文件为重点的系列内部管理制度，对鉴定质量实施有效控制；鉴定工作按照严格的程序和规范进行，定期对鉴定人进行系统的培训；严格鉴定质量监督。

中心在工作中将继续坚持改革、创新、发展，坚持“四个一流”——一流的技术，一流的管理，一流的水准，一流的服务——的目标，以西南医科大学为依托，充分发挥其在人才、技术、资源、学科方面的综合优势，立足西南，面向全国，把中心建成公信力高、影响力大的司法鉴定机构，使之成为泸州法律服务高地建设的重要支撑，为学校医科大学建设和地方社会经济文化发展作贡献。

2016年5月28-29日，中心接受国家级司法鉴定机构资质认定和实验室认可评审组专家、领导的评审现场。评审组由最高人民检察院检察技术信息研究中心主任评审员程剑峰、中国合格评定国家认可委员会（CNAS）主任评审员王彦斌和司法部司法鉴定科学技术研究所评审员朱广友组成，程剑峰任组长。

法医临床现场工作照。

开展重大、疑难、复杂案件讨论。

鉴定专家出庭作证。

法定代表人：程文玉　　地址：四川.泸州.忠山.西南医科大学含光楼一楼
联系电话（传真）：0830-6669956　网址：http://www.swmu.edu.cn//html/sfjdzx/

长安福特汽车有限公司

Changan Ford Motor Company

Changan Ford Motor Company, a joint venture established by Ford Motor Company and Changan Auto Group in April 2001, is a modern automaker capable of producing whole vehicles, engines and transmissions.

At present, Changan Ford boasts seven plants, five assembly plants, one Engine Plant and one Transmission Plant. When all of these plants are put into operation, Changan Ford's capacity can reach 1.2 million units.

Currently Changan Ford produces and sells 7 models and they are New Focus, Kuga, EcoSport, New Mondeo, Escort, Edge and Taurus. With more models coming in future, Changan Ford's product portfolio will cover all major segments in order to meet and lead customers' needs.

路途，遥无止境，与唐骏同行，路，永远只在脚下

山东唐骏欧铃汽车制造有限公司

山东唐骏欧铃汽车制造有限公司（原淄博汽车制造厂）位于山东省淄博市，始建于1956年，是国家定点汽车生产企业，是国内较早生产轻型汽车的厂家之一。主导产品有新能源电动物流车、搅拌车、自卸车，箱式车、轻型载货汽车等。

公司拥有专业技术人员300多人，获得山东省企业技术中心称号，占地面积55万平方米，建筑面积16万平方米，拥有冲压、焊接、涂装、总装等汽车生产线20多条，全部采用程序化控制、机械化输送。总资产8亿多元，目前已形成10万辆汽车的生产能力，所生产的欧贝小卡、欧铃轻卡、唐骏金刚居国内同类产品领先水平。现有国内销售网点200多个，维修服务站300多家，网络遍布28个省市，并批量出口到东南亚、中南美、中东、非洲等十几个国家和地区。

企业通过了ISO 9000质量体系、ISO 14000环境管理体系认证、ISO 18000职业安全卫生管理体系、汽车产品均通过了国家CCC认证，综合实力居国内同行业前六名，被评为最具竞争力的万辆汽车的生产能力，所生产的欧贝小卡、欧铃轻卡、唐骏金刚居国内同类产品领先水平。现有国内销售网点200多个，维修服务站300多家，网络遍布28个省市，并批量出口到东南亚、中南美、中东、非洲等十几个国家和地区。

企业通过了ISO 9000质量体系、ISO 14000环境管理体系认证、ISO 18000职业安全卫生管理体系，汽车产品均通过了国家CCC认证，综合实力居国内同行业前六名，被评为最具竞争力的轻卡品牌。

唐骏欧铃汽车50年专业品质，带给您全新体验。长距离运输的致臻之选，搭载强劲共轨柴油机，劲量十足动力；高效承载更经济；人机工程设计更舒适，让您畅临座驾，轻松自在。

地址：山东省淄博市淄川区经济开发区　　邮编：255100

传真：0533-5180889　　热销电话：0533-5419858　　客服电话：0533-5174031

欢迎访问：www.tjolauto.com

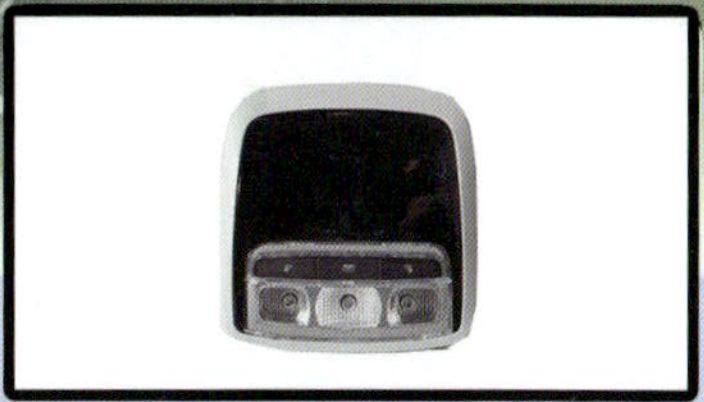

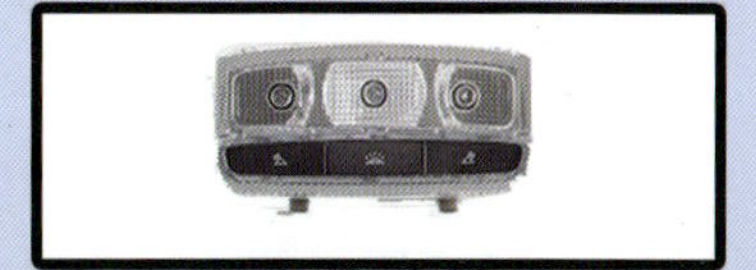

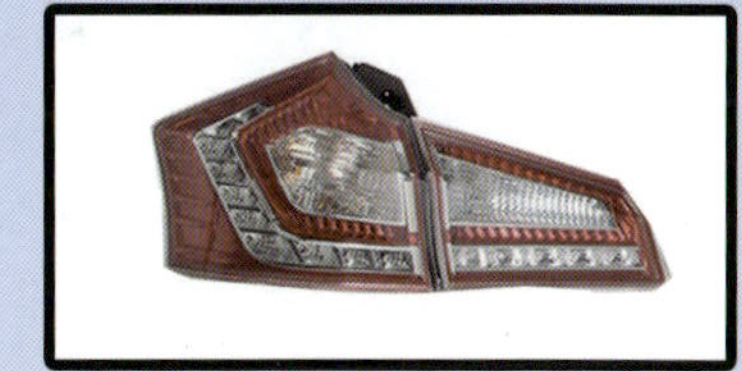

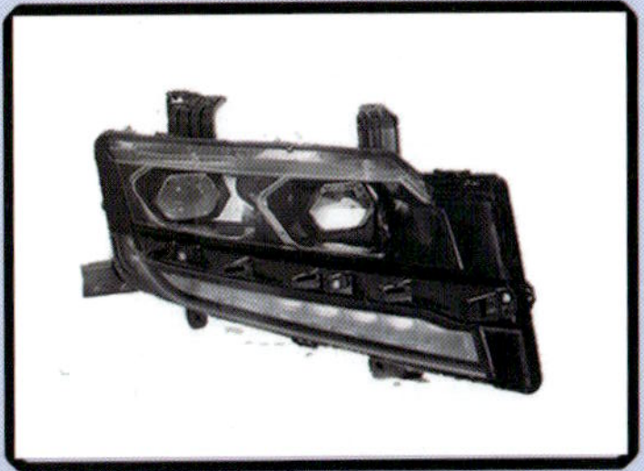

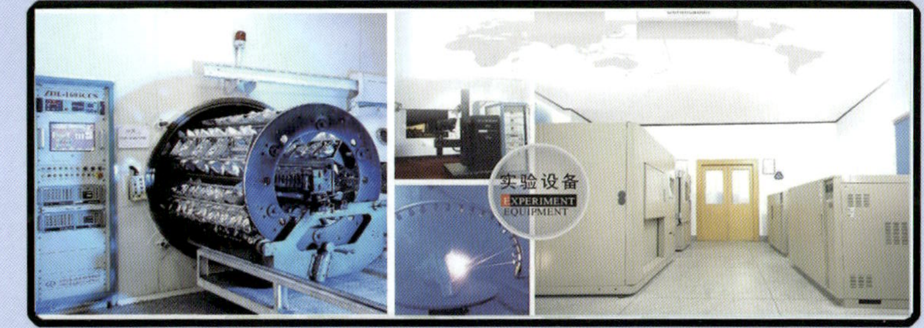

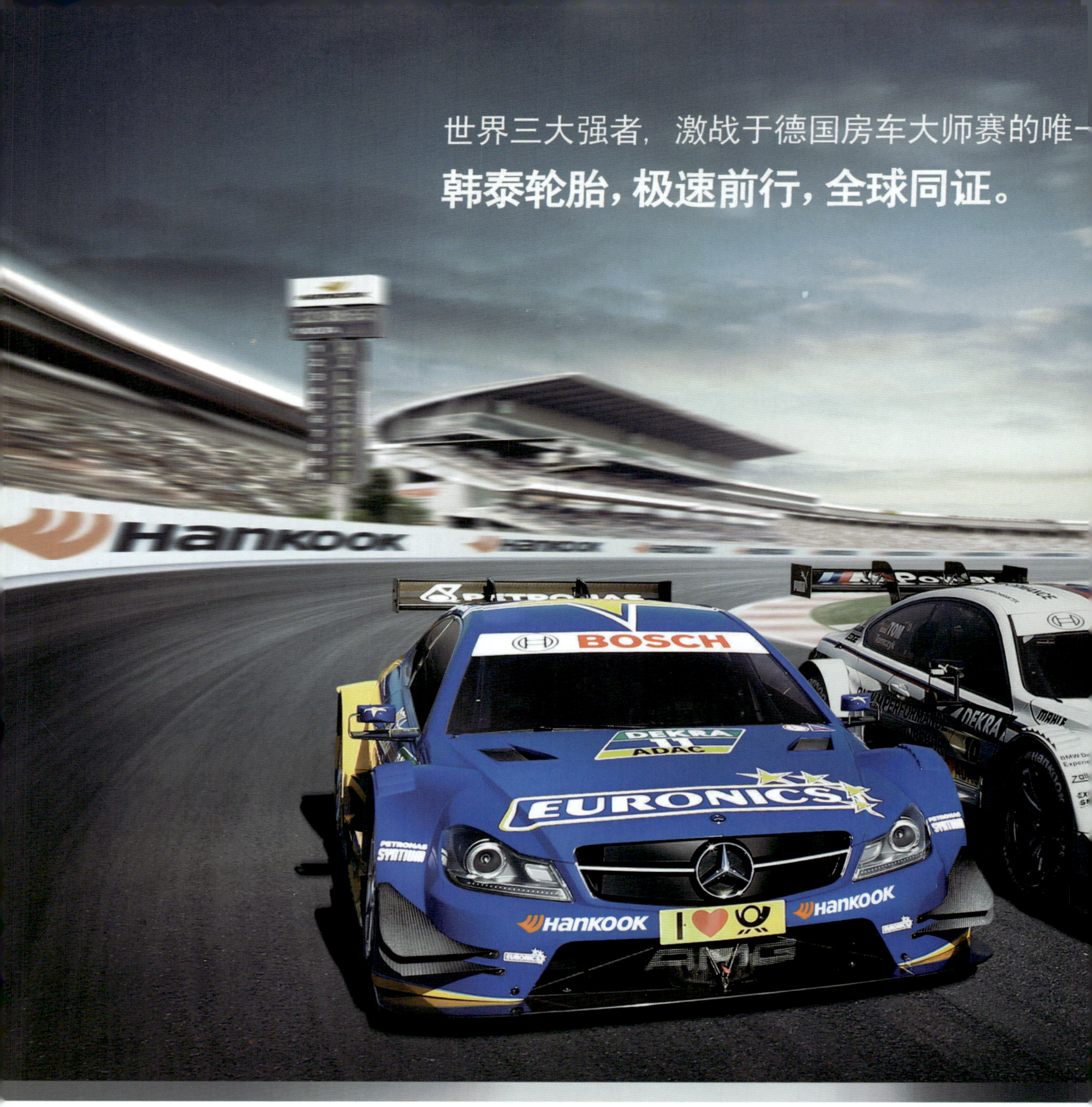

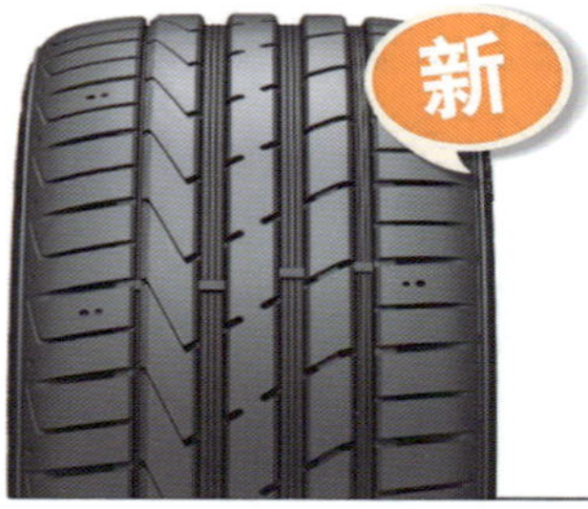

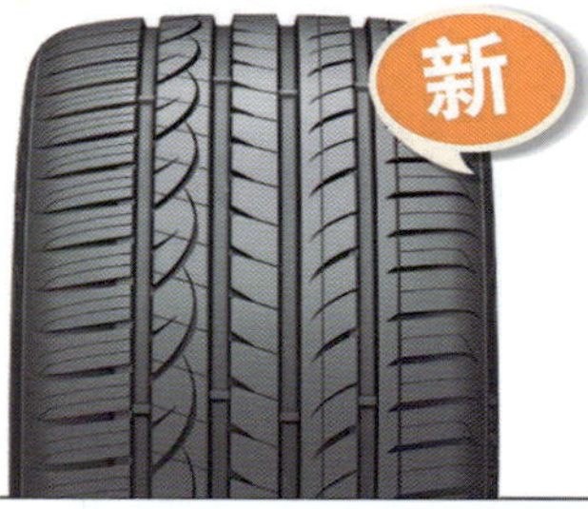

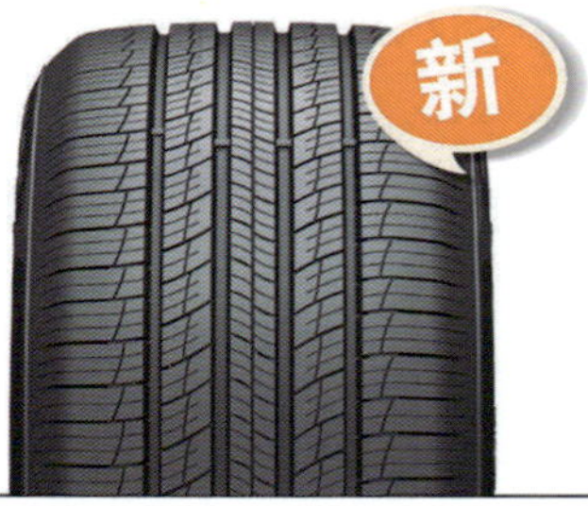

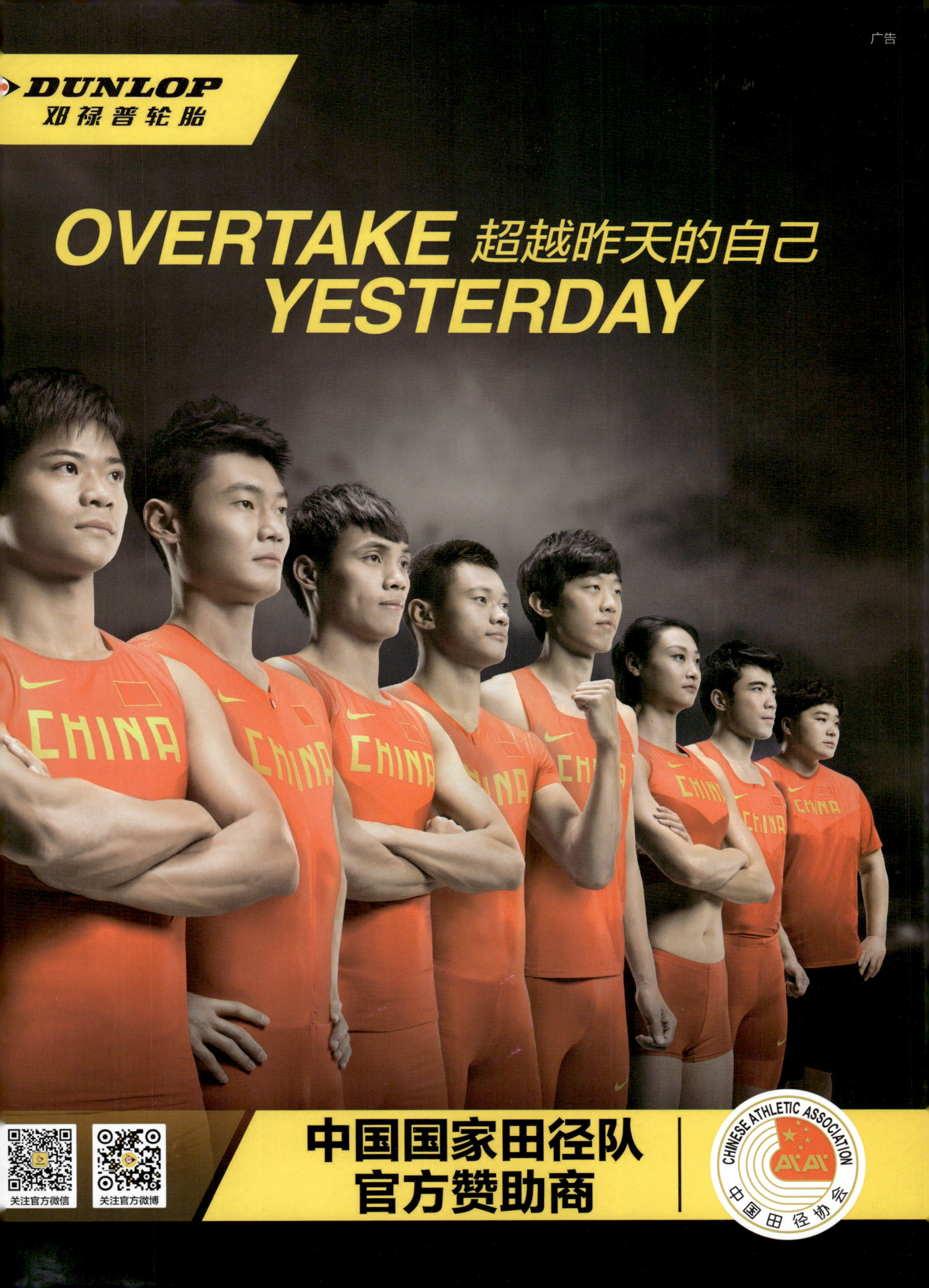
广告
DUNLOP
邓禄普轮胎
OVERTAKE 超越昨天的自己
YESTERDAY
中国国家田径队
官方赞助商
关注官方微信
关注官方微博
CHINESE ATHLETIC ASSOCIATION
中国田径协会

25 years of customer innovation

2016: NRF retail trade show

2015: New brand celebration, Cebu, Philipp

- 2014年的营业额达37.1亿美元
- 13 300名员工
- 170个分公司遍布全球
- 1991年从IBM公司分离出来
- 总部在美国肯塔基州列克星敦市
- 纽约股票交易所代码：LXK

2008: Earth Week, Geneva

2011: Diamond Club, Lexington

2006: Boulder Day of Caring

2010: PSW Corporate Challenge, Kansas Cityco

2010: Former Shenzhen, China, site

2005: Habitat for Humanity build, Lexington

2012: Tornado relief, Kentucky

2002: Lexmark India opens

25 years ago......in Madrid - Spain

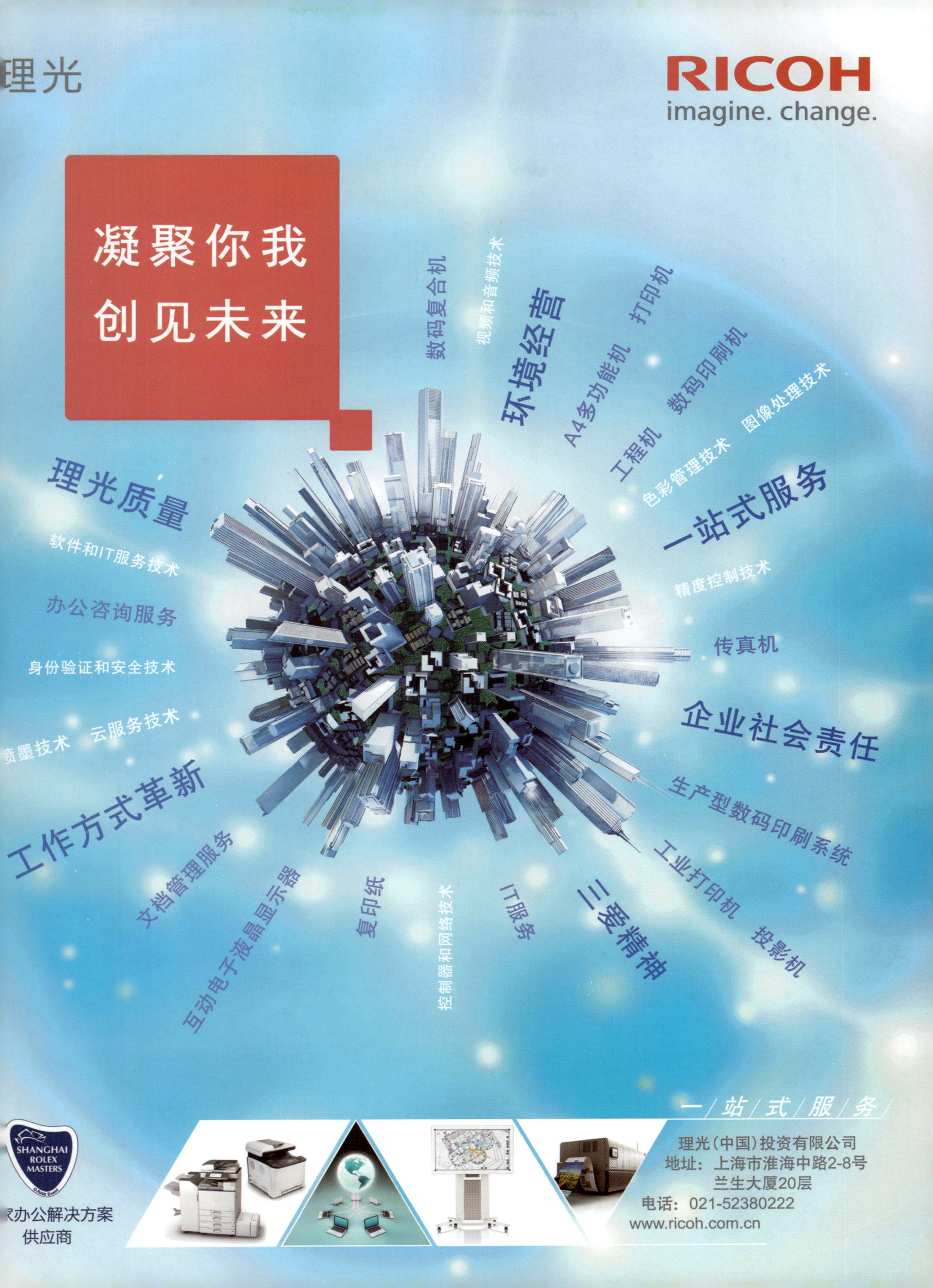

PORTÉGÉ Z30-B

超长续航 坚固典范

东芝信息机器(杭州)有限公司是由东芝株式会社在杭州经济开发区出口加工区内设立的IT制造企业，2003年4月正式投产以来，全体员工本着“齐心协力、持续改善、精益求精”的企业精神，致力于笔记本电脑的研发和生产。

本公司于2002年成立，作为百年东芝品牌下的海外自制量产基地，继承东芝20多年笔记本电脑的设计制造技术及能力，向全世界提供高附加值高性能的笔记本电脑。2005年以来，通过90日为单位的短期革新PJ活动的持续不断的推进，实现了高品质产品的高效率生产。曾获得由日本能率协会设立的“GOOD FACTORY奖”的“制造过程革新奖”。迄今为止全亚洲地区仅有11家企业获得此项殊荣。这是对本公司多年以来所做的革新成果的肯定。今后公司将继续在“精益求精”的理念下不断进步。同时本公司检测中心获得了CNAS 认可（注册号：L6383）。认可检测领域：信息技术和音频、视频类电子设备安全性能检测；电子电器产品及原料有毒有害物质检测；信息技术、电气照明、电动工具以及类似电器的电磁兼容检测。

面对多变多彩的市场，本公司以为全球客户提供优质IT产品为己任，积极创造更新、更高的TOSHIBA品牌价值。

流畅操作

windows 7 Professional，简洁高效

专为企业用户预装Windows 7 Professional，更熟悉的操作体验，更出色的程序兼容性，更完善的服务组件，不仅为企业减少迁移和培训成本，更全面提升办公效率。同时提供简体中文、英语、日语等多种语言版本供选择，可满足不同客户需求，方便实用。

强悍性能

锐利洞察，尽显夺目视界

13.3” 高清雾面屏幕，细腻画质呈现惊艳视觉享受。在会议播放演示时，让您的提案神采飞扬，给客户营造深刻印象。特别加载的防眩光功能，即使在强烈光芒下，画面依旧清晰呈现，始终保持锐利洞察，避免疏漏。

新一代智能英特尔®酷睿™i7-5600U，14纳米技术，崭露精锐动力

Portégé Z30-B搭载全新英特尔高端i7博锐™处理器，14纳米制程工艺，崭露令人振奋的高速处理速度，即使面对多重棘手情况也能轻松迎刃而解，是胜任苛刻任务得理想选择。支持AMT主动管理技术，为您节约宝贵时间和维护成本，并在博锐平台处理器的助力下，赋予强悍的执行能力，减轻您的工作重担，在职场中尽显精锐风范。

*i7机型仅限于型号Z30-B K10M

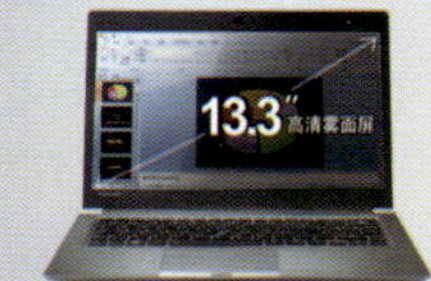

全天候续航，安心行走世界

对于时常外出的商务人士，可靠的电池供给是首要选择。即使Portege Z30-B拥有如此轻薄机身，也绝对不会锐减充沛电量。特别内载的52Wh电池，拥有强劲续航表现，伴您轻松横跨世界任何一角，每时每刻静候任务来临。

安全可靠

蜂巢肋条加固，尊享纤薄商务

利用高强度镁合金材质结合内部蜂巢肋条加固技术，塑造至薄处仅约13.9mm与1.2Kg重量的精湛融合，令外壳坚毅耐磨且兼具轻巧有型，经得起时光磨练。以简约干练的纤巧线条，勾勒出收放自如的睿智气息。即使身处瞬息万变中，仍能安然如初。

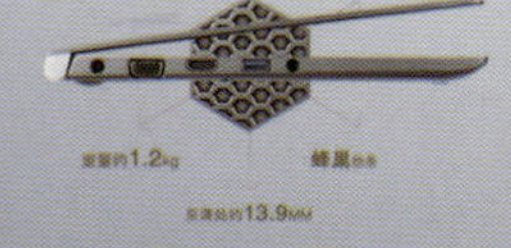

人性设计

无限拓展，周全每一时刻

复杂的职场环境，需要机智应变的商务利器，才能始终保持处变不惊。Portege Z30-B在机身两侧贴心设计易插拔的多个接口：三个USB3.0高速通道，不仅实现多文件转瞬即达，更有睡眠充电功能*，令您保持领先一步的优势；更配有HDMI接口，VGA视频连接口，RJ45网络接口，轻松相连高清办公设备与网络。除此之外，我们更为你准备可选配的扩展坞，实现更卓越的多方位拓展。

*部分USB接口支持睡眠充电功能

细致入微，行动高效不受限

Portege Z30-B将精细融入每个细节，让行动高效不受限制。在键盘处有背光功能，即使处于微弱光源，依旧清晰照亮字符，令您保持流畅敲击。键盘中央的Accupoint指点杆设计，可胜任鼠标功能的灵活杠杆，智慧感应指尖力量，带来便捷的操控。指纹识别功能将您的机密紧锁其中，并省去繁琐密码。只需轻触，即时开启笔记本工作。

航嘉机构（Huntkey）成立于1995年，总部位于深圳，是国际电源制造商协会（PSMA）会员、中国电源行业协会（CPSS）副会长单位、中国电动汽车充电技术与产业联盟会员单位。在美国、日本等地设有分公司，在巴西、阿根廷、印度等多国拥有合作工厂。自主设计、研发、制造开关电源、电脑机箱、显示器、适配器等IT周边产品，手机等移动电子产品充电器、旅行充等消费周边产品，智能插座、智能小家电等智能家居产品，充电桩、新能源汽车车载电源(充电机、DC/DC等)、LED照明产品。

公司凭借自有技术和制造实力，长年服务于联想、华为、海尔、中兴、DELL、BESTBUY等大型企业，获得了客户的一致认可和充分信任，是电源行业极具实力的供应商。

目前拥有航嘉（深圳）工业园、航嘉（河源）工业园、航嘉（合肥）工业园三地工业园区近百万平方米。

主要产品：Huntkey航嘉车载充电桩、机箱、服务器电源、消费电源、排插、车充

服务电话：4006788388

充电器

适配器

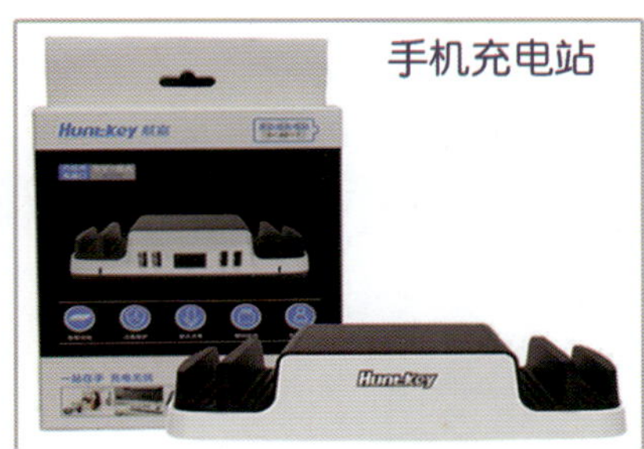

手机充电站

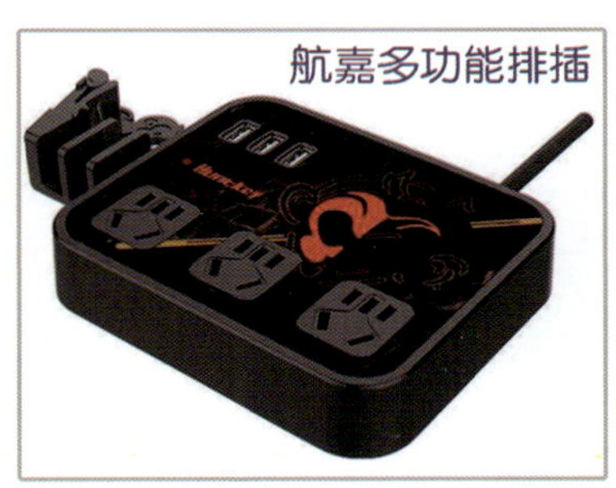

航嘉多功能排插

充电桩

航嘉PC电源

Silverlit®
银辉品牌 挑战未来

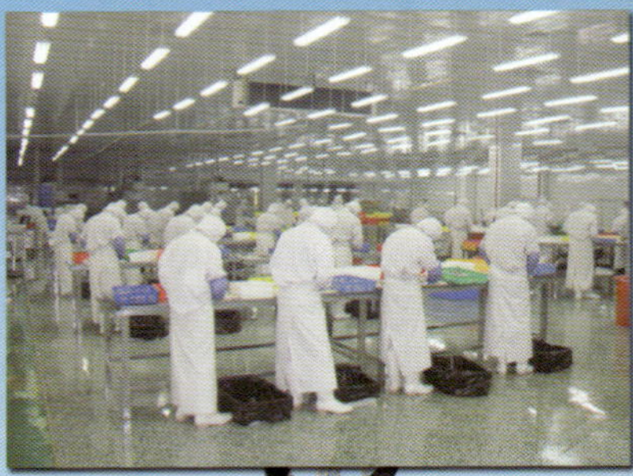

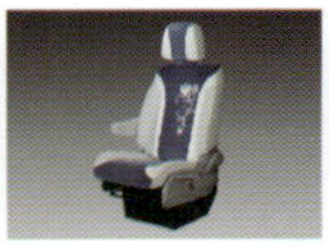

麦格纳汽车镜像(上海)有限公司成都分公司

一、公司规模

工厂全貌
车间全貌

麦格纳汽车镜像(上海)有限公司成都分公司于2010年5月建厂，随一汽-大众成都工厂落地于成都经济技术开发区，占地4780平方米。

主要产品工艺为汽车外后视镜总成的装配，专供客户一汽-大众成都工厂在产的速腾和捷达车型后视镜总成。

二、公司产销经营

随着客户需求逐年提升，公司也注重增强产销经营能力。产品套份产量在2015年完成56万的基础上，2016年预计产量将提升至67万量份，产能提升达20%。同时，随着客户新车型的投放，公司也在开展Jetta PA、神龙P84油箱盖等新项目的投入工作：针对大众Jetta PA新项目新增两条设备线，针对神龙汽车项目新增一条设备线，以全面发展公司的业务能力。

速腾外后视镜总成

捷达外后视镜总成

神龙P84油箱盖

Jetta PA外后视镜总成

Jetta PA新产品线

神龙项目新产品线

三、质量管理体系的构建

在线电性能检测设备

镜面拔脱力检测设备

自动铆接设备

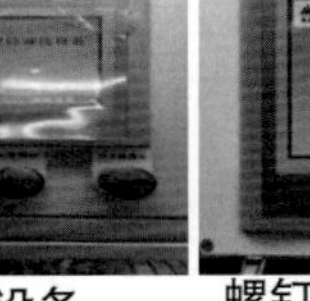
螺钉电子防错设备

为了实现“全球满意度最高的供应商”愿景，公司以“预防为主、零缺陷”为产品质量方针，不断致力于打造客户满意的产品和服务。

为此，公司设立了质量能力提升专项小组，以过程内部审核和体系内部审核为手段，不断提高公司质量管理能力。

首先设备工艺环节，通过在线电性能100%全检、镜面拔脱力检测、折叠力检测等检测手段和设备，保证产品质量100%满足客户质量标准。为了持续提升质量保证能力及客户满意度，JEETA PA项目生产线新增一套电子防错装置和一台全自动铆接设备。

同时，从体系和过程方面，不断优化提升过程和体系标准化，逐步通过相关认证。2012年5月取得ISO/TS16949证书。

2011年5月-2015年5月连续5年被评为一汽-大众A级供应商。

2012年6月通过国家认证中心3C检查、2016年6月通过3C复审。

ISO/TS16949证书

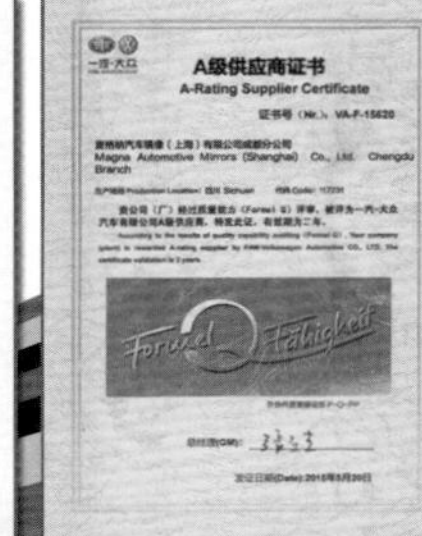

一汽-大众A级供应商证书

CCC国家强制性产品认证证书

奥托立夫中国

统计数据表明，每年全球有超过一百万人死于交通事故，而遭受严重伤害的人数远大于此。预计，到2020年，交通死亡人数将会翻倍。在人们承受无法计算的痛苦同时，全世界每年因交通事故而付出的医疗、康复等费用超过千亿美元。

基于此事实，奥托立夫确定了自己的使命和愿景：拯救更多的生命以及成为“未来汽车”安全系统的领先供应商，为之完美整合自动化驾驶技术。为此我们每天都在努力。现在奥托立夫几乎为全球所有汽车厂商提供主被动安全产品，包括安全带、方向盘、安全气囊、行人保护系统、远红外夜视系统、雷达系统、刹车控制系统、集成式儿童增高座垫、断电安全保护开关，以及相关的电子产品。

我们的产品每年拯救超过30 000条生命，并防止10倍于此的严重伤害。尽管成绩斐然，但我们不会因此止步。我们拥有拯救生命的激情；我们全心全意为顾客提供满意的服务，重视他们的驾驶安全；我们尽力提高员工的技术、知识及创造性；我们始终遵守最高标准的道德伦理行为；我们坚持全球化思维和本地化运作的高度融合。

为了实现我们的使命，奥托立夫在中国进行了一系列的投资。

1990年建立了中国第一家汽车安全带生产企业：南京宏光奥托立夫汽车安全装备有限公司

1994年建立了生产安全带的长春宏光奥托立夫汽车安全装备有限公司。

1999年建立了生产安全气囊的上海奥托立夫汽车安全系统有限公司。

2002年后，伴随着中国汽车市场进入了新一轮快速发展的轨道，我们实施了更大规模的投资。

2005年建立了生产安全带及安全气囊的广州奥托立夫汽车安全系统有限公司。

2006年建立了生产汽车安全电子产品的奥托立夫（中国）电子有限公司，生产气体发生器的奥托立夫（上海）气体发生器有限公司，生产方向盘的奥托立夫（中国）汽车方向盘有限公司。

2007年建立了生产安全带织带的太仓维欧爱申达特种纺织品有限公司。全资收购长春奥托立夫贸鸿汽车安全系统有限公司，并更名为长春奥托立夫汽车安全系统有限公司。

2009年奥托立夫（上海）管理有限公司、奥托立夫（上海）汽车安全系统研发有限公司、上海奥托立夫汽车安全系统有限公司新址落成；全资收购南京宏光奥托立夫汽车安全装备有限公司，并更名为南京奥托立夫汽车安全系统有限公司。

2010年上海奥托立夫汽车安全系统有限公司自产安全气囊气袋。

2011年南京奥托立夫和长春奥托立夫新工厂相继建成并投入使用。

2012年建立了生产气囊产气药的奥托立夫（江苏）汽车安全零部件有限公司。

2013年奥托立夫中国产气药火药/气体发生器/点火炬基地在江苏金坛建立。

2014年建立了织物和气袋生产研发基地-奥托立夫（中国）汽车安全系统有限公司。

2016年奥托立夫徐水工厂正式投入安全气囊的生产。

目前奥托立夫中国拥有1家总部，1家技术中心及17家制造工厂。

这些投资业务，一方面是为了适应中国市场的高速增长，另一方面是为了实现奥托立夫[illegible]略，满足亚太地区需求。

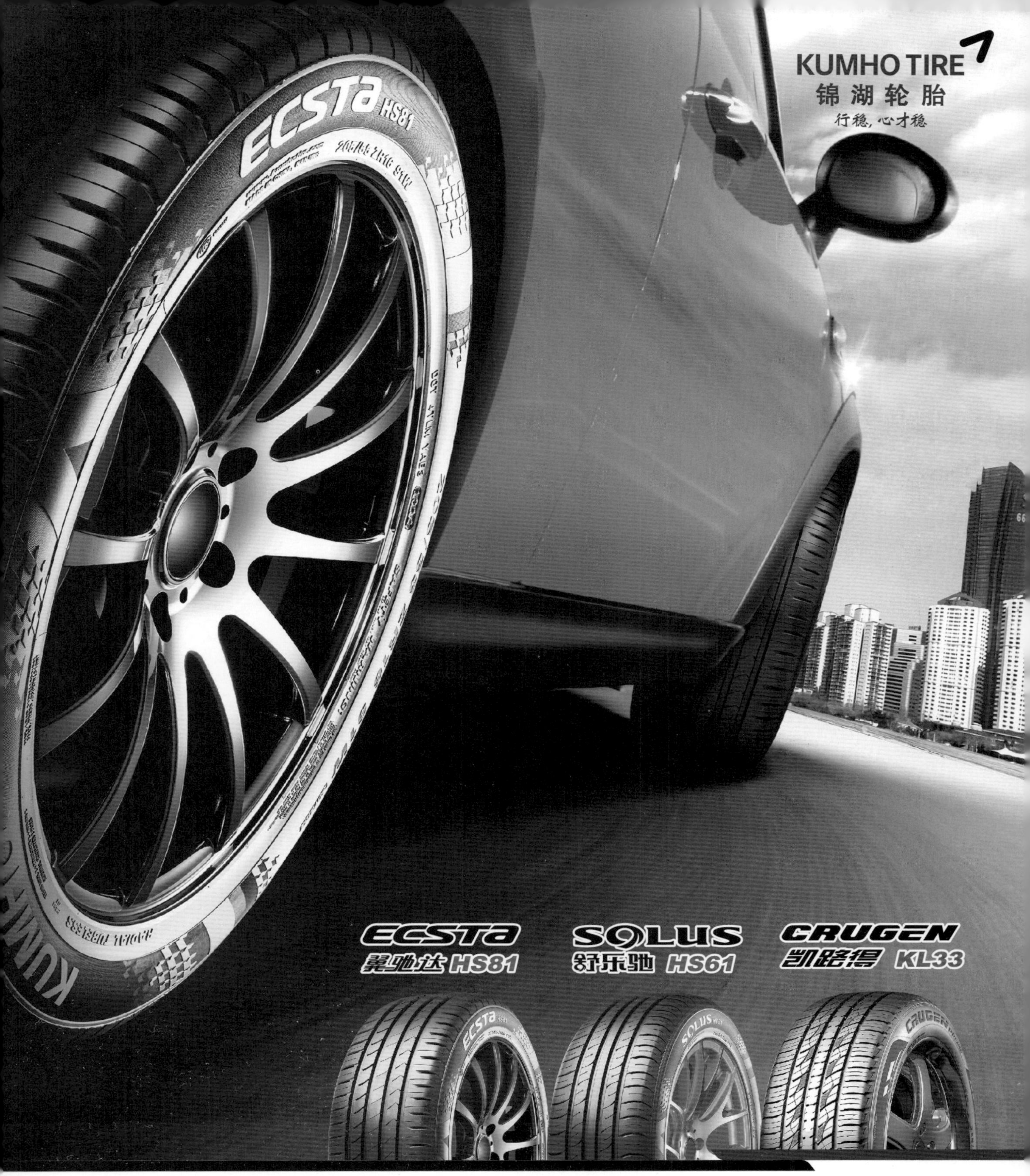
KUMHO TIRE
锦湖轮胎
行稳，心才稳
ECSTA
翼驰达 HS81
SOLUS
舒乐驰 HS61
CRUGEN
凯路得 KL33

晋亿实业股份有限公司晋亿集团检测实验室

晋亿实业股份有限公司晋亿集团检测实验室（以下简称本实验室）是晋亿实业股份有限公司法定代表人授权可以在检测能力范围内独立开展产品检测工作的组织，于1998开始从事紧固件及扣件性能的检测。

实验室具有良好的ISO/IEC 17025实验室体系管理和技术管理基础，并拥有各种先进的检测仪器。如德国产直读光谱仪、菲希尔电镀膜厚试验机、德国蔡司金相显微镜、美国schatz螺纹紧固件试验分析系统等。实验室积淀了深厚的检验工作经验并收集了较全的专业技术资料和检验标准，自成立以来，实验室对标准和资料的查新十分及时，对于制定新的检测方法也极为重视。

实验室占地面积400平方米，其中试验场地400平方米。实验室现有检测技术人员20名，主要检验产品包括螺栓、螺丝、螺帽等紧固件及扣件。主要检测项目有产品的尺寸、拉伸试验、冲击试验、布氏硬度、洛氏硬度、维氏硬度、脱碳层深度、金相检验、中性盐雾试验、楔负载拉力试验、扭矩试验和拉伸应力应变等。

实验室按照CNAS-CL01:2006《检测和校准实验室能力认可准则》、CNAS-CL52:2014《CNAS-CL01<检测和校准实验室能力认可准则>应用要求》、CNAS-CL19:2010《检测和校准实验室能力认可准则在金属材料检测实验室的应用说明》建立管理体系，贯彻了公正检测、服务客户和风险防范的原则，这也是本实验室质量管理和质量活动的准则。2016年7月，实验室通过了中国合格评定国家认可委员会（CNAS）的现场审核并获得了认可证书。

实验室全体人员恪尽职守，竭诚为广大客户提供优质服务，并接受各界人士和单位对实验室公正性的监督和检查。

晋亿实业股份有限公司晋亿集团检测实验室
负责人：欧元程　　通讯地址：中国浙江省嘉善经济开发区晋亿大道8号
联系电话：0573-84185001-796　　网址：www.gem-year.com　　电子信箱：gsp@gem-year.net

总实验室

铁扣实验室

铁扣实验室

摩擦试验机

光谱分析仪

金相显微镜

万能材料拉力试验机

上海枫林司法鉴定有限公司

上海枫林司法鉴定有限公司（原上海枫林国际医学交流和发展中心司法鉴定所）,成立于2009年3月6日，2012年通过CNAS检查机构认可，2016年1月21日通过CNAS实验室认可。本机构系上海的独立第三方司法鉴定机构、上海市法医学会常务理事单位、上海市司法鉴定协会理事单位、上海市司法行政系统先进集体，主要从事法医临床鉴定（损伤程度鉴定、伤残鉴定等）、法医病理鉴定、法医精神病鉴定、精神障碍医学鉴定、法医物证鉴定（亲子鉴定、个体识别等）、法医毒化鉴定（血液酒精检测）和痕迹司法鉴定。

本机构现有执业鉴定人19名，均为长期从事法医工作的一线工作者，老中青三代结合，分别来自于公安、医疗和高等院校等系统，并拥有Clarus680气象色谱仪、TurboMatrix40顶空进样器、ABI9700PCR仪及ABI3100基因测序仪等先进的仪器设备。